Erich Frese / Matthias Graumann / Ludwig Theuvsen

Grundlagen der Organisation

Erich Frese
Matthias Graumann
Ludwig Theuvsen

Grundlagen der Organisation

Entscheidungsorientiertes Konzept
der Organisationsgestaltung

10., überarbeitete
und erweiterte Auflage

Bibliografische Information der Deutschen Nationalbibliothek
Die Deutsche Nationalbibliothek verzeichnet diese Publikation in der
Deutschen Nationalbibliografie; detaillierte bibliografische Daten sind im Internet über
<http://dnb.d-nb.de> abrufbar.

1. Auflage 1980
.
.
8. Auflage 2000
9. Auflage 2005
10. Auflage 2012

Alle Rechte vorbehalten
© Gabler Verlag | Springer Fachmedien Wiesbaden GmbH 2012

Lektorat: Ulrike Lörcher | Katharina Harsdorf

Gabler Verlag ist eine Marke von Springer Fachmedien.
Springer Fachmedien ist Teil der Fachverlagsgruppe Springer Science+Business Media.
www.gabler.de

Das Werk einschließlich aller seiner Teile ist urheberrechtlich geschützt. Jede Verwertung außerhalb der engen Grenzen des Urheberrechtsgesetzes ist ohne Zustimmung des Verlags unzulässig und strafbar. Das gilt insbesondere für Vervielfältigungen, Übersetzungen, Mikroverfilmungen und die Einspeicherung und Verarbeitung in elektronischen Systemen.

Die Wiedergabe von Gebrauchsnamen, Handelsnamen, Warenbezeichnungen usw. in diesem Werk berechtigt auch ohne besondere Kennzeichnung nicht zu der Annahme, dass solche Namen im Sinne der Warenzeichen- und Markenschutz-Gesetzgebung als frei zu betrachten wären und daher von jedermann benutzt werden dürften.

Umschlaggestaltung: KünkelLopka Medienentwicklung, Heidelberg
Gedruckt auf säurefreiem und chlorfrei gebleichtem Papier

ISBN 978-3-8349-3029-3

Vorwort zur 10. Auflage

Eine betriebswirtschaftliche Theorie der Organisationsgestaltung hat Strukturmodelle zu entwickeln, die als Grundlage für Organisationsentscheidungen des Managements geeignet sind. Es geht dabei um die Bewältigung der elementaren Anforderungen, die bei interpersoneller Arbeitsteilung zwangsläufig durch die Trennung zusammenhängender Aufgabenkomplexe und die Einbeziehung einer Mehrzahl von Personen mit jeweils individuellen Zielen entstehen. Bei der Verfolgung dieses Anliegens orientiert sich auch die Neuauflage der „Grundlagen der Organisation" unverändert am bewährten entscheidungstheoretischen Konzept der Organisationsgestaltung, das einen fundierten anwendungsbezogen Zugang zum Verständnis und zur Lösung komplexer Organisationsprobleme eröffnet. Auf der Grundlage der Unterscheidung zwischen der statischen Organisationsgestaltung (Ausschöpfung gegebener Potenziale) und der dynamischen Organisationsgestaltung (Aufbau zukünftiger Potenziale) werden die zentralen Koordinations- und Motivationsanforderungen untersucht und die Möglichkeiten ihrer Erfüllung durch eine auf die Ziele der Unternehmung und die verfolgte Wettbewerbsstrategie ausgerichtete Gestaltung des Kompetenz- und Steuerungssystems entwickelt. Für ein solches Gestaltungsmodell kommt der systematischen Erfassung und Bewertung der verfügbaren Gestaltungsinstrumente herausragende Bedeutung zu. Verfolgt wird eine Perspektive, die über die Sichtweise betriebswirtschaftlicher Einzeldisziplinen hinweg den Stand des Anwendungswissens hinsichtlich seiner organisatorischen Relevanz prüft. Bedeutsam sind dabei vor allem die etablierten Systeme der Planung und des Rechnungswesens. Sie werden unter Herausarbeitung ihrer Koordinations- und Motivationseffekte in den entscheidungsorientierten Organisationsansatz integriert.

Die Überarbeitung aktualisiert den Text durch Berücksichtigung der aktuellen Literatur und strafft die Darstellung einzelner Kapitel. Tiefgreifende Änderungen waren nur in wenigen Teilen nötig. Weitgehend neu gefasst wurde der Abschnitt zur Corporate Governance. Hier wird unter Einbeziehung der aktuellen Diskussion noch konsequenter die organisatorische Dimension der verschiedenen Konzepte mit ihren koordinations- und motivationsbezogenen Wirkannahmen untersucht. Um die Perspektive der Organisationsgestaltung noch stärker in die Governance-Forschung einzubringen, wird auf der Grundlage einer Typologie aktienrechtlich aussagefähiger Steuerungsmodelle die Frage untersucht, welche Organisationstheorien eine Rekonstruktion gesetzgeberischer Maßnahmen erlauben.

Mit dieser Auflage vergrößert sich die Zahl der Autoren. Meine Kollegen Matthias Graumann und Ludwig Theuvsen, die als ehemalige Mitarbeiter am Kölner Organisationsseminar mit dem entscheidungsorientierten Ansatz vertraut sind und in Forschung und Lehre Beiträge zu seiner Weiterentwicklung leisten, bringen willkommene neue Ideen und Akzente in die Gedankenwelt eines langjährigen Alleinautors.

Frau Dipl.-Kff. Oda Schliebusch-Jacob hat wie bei den vorangegangenen Auflagen wieder die redaktionelle Arbeit mit Sorgfalt und Umsicht übernommen. Dafür danken wir ihr ganz herzlich.

Köln, Juli 2011   Erich Frese

Vorwort zur 1. Auflage

Dieses Buch gibt auf der Grundlage einer entscheidungstheoretisch ausgerichteten Konzeption eine geschlossene Darstellung der mit der Gestaltung von Organisationsstrukturen in Unternehmungen verbundenen Probleme. Es will dem Leser durch die Analyse der Entscheidungs- und Informationszusammenhänge in arbeitsteiligen Systemen einen systematischen Zugang zu organisatorischen Fragestellungen in Theorie und Praxis eröffnen.

Eine solche umfassende Auseinandersetzung mit dem Stand der Organisationstheorie, wie sie mit den *Grundlagen der Organisation* vorgelegt wird, hätte sich nicht verwirklichen lassen, wenn ich nicht Rat und Unterstützung in vielfältiger Form erfahren hätte.

Es ist mir ein besonderes Anliegen, meinem akademischen Lehrer, Herrn Prof. Dr. Dr. h. c. mult. Erwin Grochla, Universität zu Köln, zu danken. Er hat mein Interesse an organisationstheoretischen Fragen geweckt und meine wissenschaftliche Arbeit stets gefördert. Dies gilt insbesondere für meine 1970 an der Wirtschafts- und Sozialwissenschaftlichen Fakultät der Universität zu Köln eingereichte Habilitationsschrift, deren Ergebnisse eine wesentliche Grundlage dieses Buches bilden.

Dank schulde ich meinen Mitarbeitern. Verpflichtet fühle ich mich vor allem meinen Assistenten, den Herren Dipl.-Math. Rolf Franken, Dr. Horst Glaser, Dipl.-Kfm. Helmut Mensching, Dr. Ernst Friedrich Schröder (jetzt Zentralverwaltung der Oetker-Gruppe, Bielefeld) und Dr. Dierk Schwarze (jetzt Deutsche Außenhandels- und Verkehrsschule, Bremen). Sie haben mit großem Engagement zahllose Manuskriptentwürfe durchgesehen, Schwächen aufgedeckt und wertvolle Hinweise gegeben. Herr Dipl.-Ing., Dipl.-Wirtsch.-Ing. Hans Claus und Herr Dipl.-Ing., Dipl.-Wirtsch.-Ing. Ulrich Hemmert haben die mühevolle Arbeit der Anfertigung von Tabellen und Abbildungen übernommen; Frau Gerda Hogen hat die Manuskripte mit Geduld und Sorgfalt getippt. Auch Ihnen sage ich meinen herzlichen Dank.

Aachen, Februar 1980 Erich Frese

Inhaltsverzeichnis

Erster Teil: Überblick über das Gesamtkonzept 1

Zweiter Teil: Grundlagen der Organisationsgestaltung 17

A. Organisation, Organisationstheorien und Organisationsgestaltung 20

B. Gestaltungsorientierung von Organisationstheorien 29

   I. Jacob Marschak und Roy Radner: Optimale aufgabendominierte Koordinationsregeln 29

   II. Herbert A. Simon, James G. March und Richard M. Cyert: Begrenzte Rationalität und komplexe Entscheidungsprozesse 34

   III. James D. Thompson: Bewältigung von Aufgabenungewissheit durch Strategie- und Organisationsgestaltung 40

   IV. Jay R. Galbraith: Aufgabenfokus und kohärenter Einsatz organisatorischer Instrumente 46

C. Konzept der entscheidungsorientierten Organisationsgestaltung 50

   I. Organisatorische Gestaltung als Entscheidungsproblem 50

   II. Entscheidung bei unvollkommener Information und kognitiven Grenzen 54

III. Entscheidungen über Organisationsstrukturen ... 58

    a. Gesamtmodell der Organisationsgestaltung ... 58

    b. Komponenten des Gestaltungsmodells ... 60

        1. Problemverständnis: Aufgabeninduzierte Gestaltungsanforderungen ... 61
        2. Lösungsmethode: Modularisierung von Problemen ... 67
        3. Gestaltungsphilosophie: Kognitive Orientierungsmuster ... 71

    c. Aussagefähigkeit des entscheidungsorientierten Gestaltungsansatzes ... 75

Dritter Teil: Statisches Konzept der Organisationsgestaltung – Ausschöpfung gegebener Handlungspotenziale ... 91

A. Konzeptionelle Grundtatbestände ... 93

I. Grundtatbestände der Koordination ... 93

    a. Entscheidung und Information ... 93

        1. Modell der Entscheidung ... 93
        2. Problemgerechte Informationsstruktur ... 97
        3. Entscheidung und Ungewissheit ... 102

    b. Lösung komplexer Entscheidungsprobleme ... 104

        1. Einschränkung der Handlungsmenge ... 106
        2. Veränderung des Formalziels ... 107
        3. Veränderung der Informationsstruktur ... 107

    c. Entscheidung und Arbeitsteilung ... 108

        1. Strukturierung von Entscheidungen ... 110
        2. Segmentierung von Entscheidungen ... 112
        3. Interdependenzen zwischen Entscheidungen ... 112
            3.1 Formen von Entscheidungsinterdependenzen ... 112
                3.1.1 Sequenzielle Verknüpfung von Realisationsprozessen ... 114
                3.1.2 Überschneidung von Entscheidungsfeldern ... 117
            3.2 Entscheidungslogische Konsequenzen von Entscheidungsinterdependenzen ... 120

    d. Koordination von Entscheidungen ... 123

	e. Koordinationsrelevante kognitive Orientierungen	126
II.	**Grundtatbestände der Motivation**	133
	a. Motivationsorientierte Organisationsgestaltung	133
	b. Motivationstheoretische Erklärung des Aufgabenverhaltens	135
	1. Motivation und Handlungsergebnis	136
	2. Motivation und Zufriedenheitsgrad	141
	c. Motivationstheorien und Gestaltung des Kompetenz- und Steuerungssystems	145
III.	**Kompetenz- und Steuerungssystem**	147
	a. Entscheidungsspielräume als Ergebnis und Objekt der Organisationsgestaltung	147
	b. Planung als Basis der Organisationsgestaltung	149
	c. Kompetenzregelung als Rahmensetzung	157
	d. Steuerung der Rahmenausfüllung	160
	1. Selbst- und Fremdsteuerung	161
	2. Handlungs- und Ergebnissteuerung	162
	3. Plan- und Marktsteuerung	168

B. Koordination 182

I. Kompetenzsystem 182

a. Segmentierung 182
   1. Festlegung des Kompetenzinhalts 182
   2. Ein- und mehrdimensionale Kompetenzsysteme 185
      2.1 Dimensionen von Kompetenzstrukturen 186
      2.2 Eindimensionale Kompetenzstrukturen 190
      2.3 Mehrdimensionale Kompetenzstrukturen 193
         2.3.1 Prinzipien mehrdimensionaler Strukturausrichtung 194
            2.3.1.1 Überschneidung von Aufgaben 194
            2.3.1.2 Ausgliederung von Aufgaben 201
         2.3.2 Erscheinungsformen mehrdimensionaler Kompetenzstrukturen 203

  b. Strukturierung 205

    1. Einräumung von Entscheidungsautonomie 205
    2. Bestimmungsgrößen der Entscheidungsautonomie 209
    3. Entscheidungsautonomie und (De)Zentralisation 211
      3.1 (De)Zentralisationsbegriffe in der Literatur 214
      3.2 Ausgewählte Messkonzepte 215
      3.3 Problematik von (De)Zentralisationsmaßen 219

  c. Kommunikationsbeziehungen 220

    1. Elemente der Kommunikation 220
    2. Kommunikationsarten 221

II. Steuerungssystem 223

  a. Entscheidungsautonomie im Rahmen umfassender Unternehmungspläne 223

  b. Bereichsinterne Steuerungsaktivitäten 227

  c. Bereichsübergreifende Steuerungsaktivitäten 230

    1. Vertikale Informationsautonomie 231
    2. Horizontale Informationsautonomie 235
      2.1 Interdependenzen und Steuerungsaktivitäten 236
      2.2 Uneingeschränkte Informationsautonomie 239
      2.3 Eingeschränkte Informationsautonomie 242
    3. Schnittstellenmanagement 244

  d. Reale interne Märkte 249

C. Motivation 256

I. Kompetenzsystem 256

  a. Motivationstheoretische Fundierung 256

  b. Kompetenzsystem und Motivationsannahmen des Managements 258

  c. Motivationseffekte und steuerungsorientierte Kompetenzregelung 260

II. Steuerungssystem 263

  a. Motivationstheoretische Fundierung 263

  b. Sicherung von Handlungsergebnissen 265

    1. Planung und Benchmarking 266

      2. Planbasierte Steuerungseffekte 268
      3. Steuerungseffekte fiktiver interner Märkte................................ 271
   c. Förderung von Handlungs-Commitment 274

D. Koordinations- und motivationseffiziente Gestaltung 281

I. Organisatorische Gestaltung als Entscheidungsproblem 283

II. Kriterien der Koordinationseffizienz 290

   a. Kompetenzsystem 290
      1. Globaler Koordinationsbedarf und Effizienzbeurteilung 290
      2. Segmentierungseffizienz 291
      3. Strukturierungseffizienz 300

   b. Steuerungssystem 302
      1. Detaillierter Koordinationsbedarf und Effizienzbeurteilung 302
      2. Informationswert und Steuerungsregelungen 306

III. Kriterien der Motivationseffizienz 309

   a. Kompetenzsystem 309
      1. Kompetenzvorgabe und motivationsbezogene Effizienzbeurteilung 310
      2. Originäre und derivative Motivationseffizienz......................... 311

   b. Steuerungssystem 314
      1. Laufender Motivationsbedarf und Effizienzbeurteilung 314
      2. Indikatororientierte Motivationseffizienz 315

IV. Stellenwert von Gestaltungsphilosophien 319

E. Strategiebestimmte Organisationsgestaltung 323

I. Organisatorischer Stellenwert von Strategien 323

II. Koordinationsrelevante Merkmale von Wettbewerbsstrategien 327

III. Ausprägung strategiekonformer Organisationsstrukturen in der Praxis ... 342

F. Integration von Koordinations- und Motivationseffekten in ausgewählten Konzepten ... 365

I. Gestaltung von Gruppen ... 365

II. Ausdifferenzierung des internen Rechnungswesens ... 370

    a. Organisatorische Dimension des internen Rechnungswesens ... 370

    b. Handlungsdefizit, Steuerung und verhaltensorientierte Informationsgestaltung ... 374

    c. Integration verhaltensorientierter Gestaltungsinstrumente ... 381

III. Gestaltung computergestützter Informationssysteme ... 391

    a. Informationstechnische Entwicklung ... 391

    b. Organisatorische Konsequenzen ... 394

        1. Informationszugriff und Problemlösungshilfe als informationstechnologische Potenziale ... 395
        2. Gestaltungsoptionen ... 396
            2.1 Kommunikationsoptionen ... 398
            2.2 Strukturierungsoptionen ... 402
            2.3 Segmentierungsoptionen ... 405
        3. Netzbasierte Kommunikationseffekte ... 408
            3.1 Koordinationseffekte ... 412
            3.2 Motivationseffekte ... 418

G. Organisatorische Gestaltung der Gesamtunternehmung ... 422

I. Konfiguration der Gesamtunternehmung ... 422

II. Organisatorische Grundformen von Unternehmungsbereichen ... 424

    a. Handlungsorientierte Organisationsstrukturen: Funktionalorganisation ... 424

        1. Charakterisierung der Funktionalorganisation ... 424
        2. Koordinations- und Motivationseffizienz ... 425

       3. Typische Modifizierungen 429
       4. Empirische Studien 435

   b. Produktorientierte Organisationsstrukturen: Spartenorganisation 436

       1. Charakterisierung der Spartenorganisation 437
       2. Koordinations- und Motivationseffizienz 443
       3. Typische Modifizierungen 451
       4. Empirische Studien 454

   c. Marktorientierte Organisationsstrukturen: Regionalorganisation 456

       1. Charakterisierung der Regionalorganisation 456
       2. Koordinations- und Motivationseffizienz 459
       3. Typische Modifizierungen 461
       4. Empirische Studien 465

III. Ausgewählte bereichsübergreifende Organisationskonzepte 466

   a. Zentralbereichs- und Centerkonzepte 466
       1. Zentralbereiche als Ausformung von Kompetenzsystemen 467
          1.1 Erscheinungsformen und begriffliche Präzisierung 467
          1.2 Typisierung von Zentralbereichen 469
          1.3 Koordinations- und Motivationseffizienz 471
       2. Zentralbereiche als Center 475

   b. Regionalmanagement im Kontext von Internationalisierungsstrategien 478

       1. Koordinationskonsequenzen der regionalen Konfiguration der Wertschöpfungskette 479
       2. Koordinationsanforderungen bei länderbezogenem und länderübergreifendem Fokus der Wertschöpfungskette 483
       3. Entscheidungsautonomie der Landesgesellschaften 487

   c. Projektmanagement 488

       1. Projekte in Unternehmungen 489
          1.1 Projektbegriff und Projektaufgaben 489
          1.2 Projektphasen und Projektarten 490

2. Projektorientierte Organisationsformen 493
    2.1 Organisation ohne strukturelle Projektausrichtung 495
    2.2 Stabs-Projektorganisation 496
    2.3 Matrix-Projektorganisation 496
    2.4 Reine Projektorganisation 498
3. Ausgestaltung der Projektorganisation 500
    3.1 Hierarchische Eingliederung des Projektbereichs in die Gesamtorganisation 500
    3.2 Interne Organisation des Projektbereichs 501
    3.3 Verbindung zu Projektexternen 503
4. Koordinations- und Motivationseffizienz 504
    4.1 Projektplanung und Entscheidungskompetenz 504
    4.2 Koordinationseffizienz 507
    4.3 Motivationseffizienz 510
5. Neuere Entwicklungen 512

IV. Organisatorische Gestaltung der Unternehmungsleitung (Corporate Governance) 515

a. Unternehmungsleitung als Kerngruppe der Unternehmung 515

  1. Unternehmungsleitung 515
  2. Unternehmungsverfassung 516

b. Kompetenzabgrenzung innerhalb der Unternehmungsleitung 520

  1. Grenzziehung zum operativen Geschäft 520
  2. Interne Gremienstruktur 523
  3. Angliederung unterstützender Einheiten 530

c. Überwachung des Geschäftsführungsorgans börsennotierter Aktiengesellschaften 532

  1. Delegation und Kontrolle 533
  2. Einführung und vergleichende Betrachtung des Partizipations-, Audit- und Disziplinierungsmodells 536
  3. Verankerung der Modelle im deutschen Aktienrecht 542
    3.1 Planbasierte Expertenurteile des Aufsichtsrats: Partizipationsmodell 543
    3.2 Regelbasierte Informationsfundierung: Auditmodell 549
    3.3 Marktbasierte monetäre Anreize: Disziplinierungsmodell 557

Vierter Teil: Dynamisches Konzept der Organisationsgestaltung - Aufbau zukünftiger Handlungspotenziale 565

A. Dynamische Sicht der Organisationsgestaltung 567

B. Module dynamischer Organisationsgestaltung 578

   I. Individuelle Handlungsspielräume 578

   II. Innovationsorientierte Motivationseffekte 584

   III. Absorption und Transfer von Wissen 589

C. Gestaltung innovationsorientierter Organisationsstrukturen 597

   I. Änderung und Anpassungsfähigkeit 603

   II. Organisatorische Sicherung der strategischen Anpassungsfähigkeit 628

   III. Innovative Organisationskonzepte 644

Symbolverzeichnis 655
Literaturverzeichnis 657
Sachregister 704

Erster Teil

Überblick über das Gesamtkonzept

„Als ich vor zwanzig Jahren nach Antworten auf einige Fragen der Kommunalorganisation suchte – unter anderem ob das Dezernat für Erholung und Freizeit der Schulbehörde oder der Stadtverwaltung unterstellt werden sollte und wie die Planungsaufgaben einer Stadt organisiert sein sollten – musste ich feststellen, dass es keine Theorie gab, die einen Zugang zu der Lösung dieser Fragen eröffnete. Ich kam auf diese Weise dazu, Art und Weise, in der Organisationen menschliche Wahlhandlungen beeinflussen, zu analysieren. Ich fand auch zu diesem neuen Komplex von Fragen keine befriedigenden Antworten und hielt es deshalb für notwendig, die Theorie rationalen Entscheidens zu überprüfen".

Herbert A. Simon

(Administrative Behavior, S. XIII/XIV)

Um dem Leser den Zugang zu dem Buch zu erleichtern, formuliert der erste Teil in Form von Thesen das Konzept und die grundlegenden Begriffe der entscheidungsorientierten Organisationstheorie.

Der entscheidungsorientierte Ansatz unterscheidet zwischen dem statischen und dem dynamischen Gestaltungsziel. Der Unterschied besteht in der jeweils verfolgten strategischen Perspektive. Die statische Gestaltung ist darauf ausgerichtet, die durch die gültige Strategie aufgebauten Potenziale zielkonform auszuschöpfen. Die dynamische Gestaltung soll Spielräume zur Weiterentwicklung der Strategie zum Aufbau künftiger Handlungspotenziale eröffnen.

Die Thesen behandeln zunächst nur die statische Gestaltung. Danach wird das Konzept der dynamischen Gestaltung charakterisiert.

Methodische Grundlagen des Gestaltungsmodells

(1) Die entscheidungsorientierte Organisationstheorie vermittelt *methodische Grundlagen für Entscheidungen über Organisationsstrukturen*. Das Management einer Unternehmung soll in die Lage versetzt werden, die Auswahl zwischen verfügbaren Gestaltungsinstrumenten so vorzunehmen, dass die Unternehmungsziele in einem möglichst hohen Maße realisiert werden können. Mit dem Anspruch, bei der Entscheidung über die Etablierung von Organisationsstrukturen dem *Prinzip der intendierten Rationalität* zu folgen, d.h. fundierte Zweck-Mittel-Abschätzungen vorzunehmen, bildet die normative Entscheidungstheorie die Basis des Ansatzes. Die Entscheidungen orientieren sich damit an einer vorgegebenen Norm. Es werden Aussagen darüber gemacht, wie Entscheidungen über Organisationsstruk-

turen getroffen werden *sollten*, nicht darüber, wie bei der Einführung von Organisationsstrukturen tatsächlich entschieden wird.

(2) Die Aktivitäten in arbeitsteiligen Systemen werden auf ihren *Entscheidungskern* und damit auf die Gewinnung, Übermittlung und Verarbeitung von Informationen reduziert. Der Bezugspunkt der organisationstheoretischen Analyse ist das *individuelle Entscheidungsverhalten*. Die heuristischen Prinzipien der organisatorischen Gestaltung werden aus den kognitiven Grenzen des Individuums abgeleitet.

(3) Das Organisationsproblem von Unternehmungen entsteht durch interpersonelle Arbeitsteilung. Auf Grund der begrenzten individuellen Kapazität für die Informationsgewinnung und -verarbeitung ist die Gesamtaufgabe einer Unternehmung ab einer bestimmten Größenordnung zu komplex, um von einem einzelnen Entscheidungsträger vollständig gelöst zu werden. Die Aufteilung der Gesamtentscheidungsaufgabe in handhabbare Teilprobleme und deren Zuordnung zu verschiedenen Entscheidungseinheiten wird unumgänglich. Arbeitsteiligen Systemen wohnt folglich eine starke Tendenz zur Differenzierung inne. Eine solche Differenzierung ist stets mit einer Beeinträchtigung der Gesamtzielerreichung verbunden. Auf Grund der Abhängigkeiten zwischen Teilentscheidungen ist es notwendig, geeignete Regelungen zur Abstimmung zu implementieren, um hierdurch eine möglichst vollständige Erreichung der Unternehmungsziele zu sichern. Die Gestaltung von Organisationsstrukturen bewegt sich somit stets im Spannungsfeld zwischen der Notwendigkeit zur Differenzierung der Gesamtaufgabe in bearbeitbare Teilaufgaben sowie dem Erfordernis der Abstimmung interdependenter Teileinheiten (Integration). Die vollständige Abstimmung aller Teilentscheidungen ist in arbeitsteiligen Systemen nicht zu realisieren – eine solche Lösung würde implizit die Prämisse der begrenzten Kapazität der Mitglieder und damit die Notwendigkeit der Arbeitsteilung aufheben. Vollkommene Abstimmung ist deshalb ein Ideal, das nur näherungsweise realisiert werden kann. Unvollkommenheit der Integration ist das Merkmal jeder organisatorischen Regelung.

(4) Im Fokus jeder organisatorischen Gestaltung steht die Heuristik der *Zerlegung eines Gesamtproblems in Teilprobleme*. Die entstandenen Teilprobleme werden zunächst unabhängig voneinander gelöst. Zusammenhänge zwischen den Teilproblemen werden dann in Form iterativer Anpassungen der Teillösungen in die Gestaltung einbezogen. Für den hier vorgestellten Ansatz zentral ist die Unterscheidung zwischen den Teilproblemen der Gestaltung von Koordinations- und Motivationsregelungen einerseits sowie der Gestaltung des Kompetenz- und des Steuerungssystems andererseits.

- Unter der Lösung von Koordinationsproblemen werden aufgabenorientierte Maßnahmen verstanden, bei denen die Frage des zielkonformen Mitarbeiterverhaltens ausgeblendet wird. Es wird unterstellt, dass alle Mitarbeiter das übergeordnete Ziel verfolgen. Diese Regelungen sollen als Koordinationsmaßnahmen bezeichnet werden; sie betreffen den Einsatz von Koordinationsinstrumenten. Motivationsmaßnahmen sind durch eine Personenorientierung gekennzeichnet; sie berücksichtigen die individuellen Einstellungen und Verhaltensweisen der Mitarbeiter. Motivationsinstrumente werden eingesetzt, weil die Diskrepanz zwischen individuellem und übergeordnetem Ziel überwunden oder abgebaut werden soll.

- Die Unterscheidung zwischen dem Kompetenz- und dem Steuerungssystem führt zur Einführung zweier Gestaltungsebenen. Bei der Gestaltung des Kompetenzsystems wird der Rahmen für das Handeln der Mitarbeiter gesetzt. Durch die Festlegung der Entscheidungskompetenz wird einer Entscheidungseinheit das Recht übertragen, in dem durch die Struktur der jeweils zugewiesenen Entscheidungsaufgabe gezogenen Rahmen Entscheidungen zu fällen. Die Gestaltung des Steuerungssystems sucht sicherzustellen, dass die verbliebenen Entscheidungsspielräume mit dem Ziel einer möglichst vollkommenen Realisation der übergeordneten Unternehmungsziele ausgefüllt werden. Es geht darum, die sich in dem durch das Kompetenzsystem gesetzten Rahmen vollziehenden Entscheidungs- und Kommunikationsaktivitäten zu regeln.

(5) In aller Regel ist es nicht möglich, einen unmittelbaren Kausalzusammenhang zwischen der implementierten Organisationsstruktur und dem Zielerreichungsgrad in Bezug auf die obersten Unternehmungsziele (z.B. Gewinnziel) herzustellen. Insofern ist ein Rückgriff auf operationale Ersatzziele unumgänglich. Die Einführung von Ersatzzielen für das Gewinnziel beruht auf der These, dass der Aufbau und die Sicherung eines strategischen Wettbewerbsvorteils positive Auswirkungen auf die Gewinnerzielung haben. An Stelle des Gewinnziels werden also strategisch begründete Ziele verfolgt. Die für die Organisationsgestaltung relevanten Ziele formulieren den Anspruch, eine bestimmte Wettbewerbsstrategie umzusetzen. Die Ermittlung von Austauschbeziehungen zwischen den einzelnen Ersatzzielen zur Bestimmung der jeweiligen Gewichte der einzelnen Ziele orientiert sich ebenfalls am Strategieziel.

(6) Jedes Konzept der organisatorischen Gestaltung beruht in Anbetracht der Komplexität des Gestaltungsproblems auf der Anwendung *heuristischer Prinzipien* zur Bewältigung der methodischen Anforderungen von Gestaltungsentscheidungen und auf der Orientierung an *Gestaltungsphilosophien*

zum Abbau von Mehrdeutigkeit angesichts der begrenzten empirischen Absicherung von Aussagen über Wirkungszusammenhänge.

(7) Wie jeder Gestaltungsansatz ist auch die entscheidungsorientierte Organisationstheorie auf Wirkungsannahmen angewiesen, die nur eingeschränkt empirisch fundiert werden können. Der entscheidungsorientierte Gestaltungsansatz beruht insbesondere auf drei solcher Wirkungsannahmen.

- Die Internalisierung von Kommunikationsaktivitäten, d.h. die Koordination von Entscheidungen innerhalb eines Systems und nicht zwischen verschiedenen Systemen, fördert das kooperative Verhalten der Beteiligten.

- Die Lösung von Motivationsproblemen, d.h. die Ausrichtung des individuellen Verhaltens auf die übergeordneten Unternehmungsziele, vollzieht sich vorrangig im Rahmen eines Steuerungskonzepts, dessen zentrale Größen die Vorgabe von Ergebniszielen und ihr Vergleich mit realisierten Ergebniswerten sind. Die rechtzeitige Wahrnehmung von Ergebnisabweichungen und die rasche Identifizierung von Abweichungsursachen haben deshalb eine herausgehobene Bedeutung.

- Die Lösung für ein komplexes organisatorisches Gestaltungsproblem wird sequenziell und iterativ aus Teillösungen abgeleitet. Der entscheidungsorientierte Gestaltungsansatz beginnt den Prozess der Problemlösung mit der koordinationsbezogenen Teillösung und führt Motivationsmaßnahmen flankierend ein. Diese Koordinationsdominanz fördert die Generierung von Lösungen mit einer ausgeprägten Betonung der Koordinationsanforderungen.

Grundlegende Begriffe und Grundtatbestände

(8) *Organisatorische Gestaltung (Regelung)* soll sicherstellen, dass eine Mehrheit von Individuen in möglichst hohem Maße im Sinne der übergeordneten Unternehmungsziele handelt. Jede organisatorische Regelung formuliert Erwartungen hinsichtlich der Durchführung von Handlungen durch Vorgabe von Aufgaben oder durch weitere, das Verhalten der Individuen beeinflussende Maßnahmen.

(9) *Handlungen* können in Entscheidungs- und Realisationshandlungen unterschieden werden. Die Aussagen des zu entwickelnden organisatorischen Gestaltungskonzepts beziehen sich auf die Regelung sich arbeitsteilig vollziehender *Entscheidungen*, d.h. auf Akte der Gewinnung und Verarbeitung von Informationen.

(10) Das Ergebnis organisatorischer Regelungen soll als „*Organisationsstruktur*" bezeichnet werden. Organisationsstrukturen beschreiben die Ausprägung der eingesetzten *Gestaltungsinstrumente*. Die Instrumente können aufgaben- und personenorientiert sein.

(11) Wenn auf Seiten der Mitarbeiter Konflikte zwischen ihren individuellen Zielen und den übergeordneten Unternehmungszielen ausgeschlossen werden könnten, d.h. wenn kein Motivationsproblem bestünde, ließe sich auf theoretisch-abstrakter Ebene ein vollständiger Katalog von Gestaltungsinstrumenten formulieren. Die Organisationsstruktur würde dann aus Regelungen bestehen, die über die *Feld-, Handlungs- und Zielkomponente von Aufgaben* (eventuell ergänzt um anzuwendende Lösungsmethoden) das erwartete Entscheidungs- und Kommunikationshandeln festlegten.

Eine abschließende Erfassung der Gestaltungsinstrumente ist nicht möglich, wenn davon ausgegangen werden muss, dass die Mitarbeiter auch ihre individuellen Ziele zu Lasten des übergeordneten Ziels verfolgen, d.h. wenn ein Motivationsproblem besteht. Zur Bewältigung solcher Zielkonflikte lässt sich kein abgeschlossener Katalog von Instrumenten formulieren. Jede Maßnahme, die einen *Beeinflussungseffekt* verspricht, d.h. die die Wahrscheinlichkeit erhöht, dass das individuelle Handeln dem übergeordneten Unternehmungsziel entspricht, ist ein potenzielles *Instrument der organisatorischen Gestaltung*. Jeder Versuch einer Systematisierung von (Beeinflussungs-)Instrumenten muss deshalb unvollkommen bleiben. Er muss zum einen unvollkommen sein, weil empirisch häufig ungeklärt bleibt, ob irgendeine Maßnahme das individuelle Verhalten des Mitarbeiters im organisatorischen Kontext, d.h. hinsichtlich ihrer Auswirkung auf die Realisierung der übergeordneten Unternehmungsziele, beeinflusst. Der Versuch muss zum anderen unvollkommen bleiben, weil es keine geschlossene sozialwissenschaftliche Theorie gibt, von der selbst die nach allgemeinem Konsens einflussrelevanten Maßnahmen sprachlich (begrifflich) lückenlos und überschneidungsfrei erfasst würden. Der (notwendige) Rückgriff auf sozialwissenschaftliche Theorien äußert sich deshalb in einer bis zu einem gewissen Grade pragmatischen Auswahl einzelner Theorien, insbesondere einzelner *Motivationstheorien*. Je nach Motivationstheorie ergeben sich verschiedene Kataloge von Organisationsinstrumenten, die auf die Verhaltensbeeinflussung ausgerichtet sind.

(12) Das Ergebnis der Aufgabenerfüllung durch die handelnden Individuen („Mitarbeiter") hängt neben Einflüssen der Umwelt und der Qualität der Aufgabenvorgaben (Präzision, Widerspruchsfreiheit) vorrangig von der *Fähigkeit des einzelnen Mitarbeiters* (Qualifikation) und der *Akzeptanz der mit der Aufgabe formulierten Verhaltenserwartung* ab.

- Die Fähigkeit des Mitarbeiters wird insofern als gegeben unterstellt, als Maßnahmen der Personalentwicklung nicht Bestandteile organisatorischer Regelungen sind. Die Fähigkeit des Mitarbeiters bzw. ihre Einschätzung durch den Gestalter werden jedoch in zweifacher Hinsicht bei der Aufgabenvorgabe berücksichtigt. Zum einen erfordert jede Aufgabenzuweisung die vergleichende Betrachtung des Anforderungsprofils der Aufgaben und des Fähigkeitsprofils der Mitarbeiter. Zum anderen muss die Schwierigkeit, das Fähigkeitsprofil zuverlässig einzuschätzen, bei der organisatorischen Regelung berücksichtigt werden.

- Fragen der mangelnden Akzeptanz der formulierten Aufgabenerwartung müssen bei der organisatorischen Gestaltung berücksichtigt werden. Das Akzeptanzproblem wird im Gestaltungskonzept auf die Verfolgung eines individuellen, vom übergeordneten Ziel abweichenden Zieles durch den Mitarbeiter zurückgeführt (Motivationsproblem). Der Fall, dass bei Identität von übergeordnetem und individuellem Ziel die Aufgabenvorgabe wegen unterschiedlicher Einschätzung ihres Beitrags zur Zielerreichung nicht akzeptiert wird, soll nicht betrachtet werden.

Effiziente Gestaltung

(13) Die eingeführten Ersatzziele verfolgen Kriterien der *Koordinationseffizienz* und der *Motivationseffizienz*. Auf diese Weise entsteht ein Gestaltungsproblem mit Mehrfachzielsetzung. Die Frage, wie mögliche Zielkonflikte zwischen diesen beiden Effizienzkriterien aufgelöst werden können, wird im Konzept der entscheidungsorientierten Organisationsgestaltung durch die höhere Gewichtung der Koordinationseffizienz beantwortet. Die Koordinationsperspektive dominiert die Entwicklung einer Organisationsstruktur, Motivationsmaßnahmen haben eine flankierende Funktion.

(14) Die Orientierung am Kriterium der *Koordinationseffizienz* soll sicherstellen, dass die in arbeitsteiligen Entscheidungssystemen zwangsläufig entstehenden *Entscheidungsinterdependenzen* und *Trennungen von Potenzialen* bei der organisatorischen Gestaltung hinsichtlich ihrer Auswirkung auf die Realisierung der übergeordneten Unternehmungsziele berücksichtigt werden. Die Existenz von Interdependenzen zwischen organisatorischen Einheiten und die Aufspaltung von Markt- oder Ressourcenpotenzialen lässt sich hinsichtlich ihrer begrifflichen Abgrenzung und der entstehenden Koordinationsanforderungen folgendermaßen beschreiben:

- Zwei Einheiten sind über Interdependenzbeziehungen miteinander verbunden, wenn die Entscheidung der Einheit A das Entscheidungsfeld der Einheit B zielrelevant verändert. Konkret bedeutet dies, dass sich B nach der Entscheidung von A einer geänderten Ressourcensituation (Ressourceninterdependenz: z.B. zur Verfügung stehende Nutzungszeit von maschinellen Anlagen, die durch mehrere Bereiche genutzt werden), einer veränderten internen Umwelt (Prozessinterdependenz: z.B. Angebot von Vorprodukten durch vorgelagerte Fertigungsbereiche) oder veränderten externen Marktbedingungen (Marktinterdependenz: z.B. Befriedigung der Kundennachfrage durch einen anderen Unternehmungsbereich) gegenübersieht. In diesen Fällen wird die Einheit B ohne Wissen um die Entscheidung von A unter Umständen eine andere Handlung auswählen als bei vollständiger Information über die entsprechende Entscheidung. Alternative organisatorische Kompetenzregelungen weisen jeweils spezifische Interdependenzkonstellationen auf. Welche Interdependenzen im konkreten Fall als erfolgskritisch zu beurteilen sind und infolgedessen einen hohen Abstimmungsbedarf aufweisen, kann nur vor dem Hintergrund der jeweils verfolgten Wettbewerbsstrategie der Unternehmung entschieden werden.

- Neben der Entstehung von Interdependenzen kann die Trennung zusammenhängender Entscheidungskomplexe eine Aufspaltung von Ressourcen- oder Marktpotenzialen bewirken bzw. den Aufbau und die effiziente Nutzung solcher Potenziale verhindern. Als Beispiel für die Trennung von Ressourcenpotenzialen kann die Ausstattung mehrerer Produktionsbereiche mit gleichartigen maschinellen Anlagen angeführt werden, was unter Umständen einen Verzicht auf die Nutzung von Größendegressionsvorteilen bedeutet. Marktpotenziale werden z.B. dann nur unzureichend ausgenutzt, wenn mehrere Produktbereiche (Sparten) eigenständig Beschaffungsentscheidungen treffen und günstigere Beschaffungskonditionen durch gemeinsame Auftragsvergabe an einen Lieferanten infolgedessen nicht realisiert werden können.

(15) Die Beurteilung der Koordinationseffizienz des Kompetenzsystems knüpft an die Funktion der Rahmensetzung an. Seine Gestaltung erfordert die Auseinandersetzung mit einem durch Potenzial- und Prozesseffekte verursachten globalen Koordinationsbedarf. In diesem Zusammenhang bilden Ersatzziele der Koordinationseffizienz ab, wie weit eine Organisationsstruktur Interdependenz- und Potenzialeffekte berücksichtigt. Alle denkbaren Interdependenz- und Potenzialeffekte sind durch die Teilziele *„Ressourceneffizienz"*, *„Markteffizienz"*, *„Prozesseffizienz"* und *„Delegationseffizienz"* abschließend erfasst.

- Ressourceneffizienz bezieht sich auf die umfassende (kosteneffiziente) Nutzung von Potenzialfaktoren, also von Personen, maschinellen Anlagen und immateriellen Ressourcen (z.B. Know-how). Zur Gewährleistung einer hohen Ressourceneffizienz muss die Ressourcennutzung über Bereichsgrenzen hinweg auf die Ziele der Gesamtunternehmung ausgerichtet werden. Gelingt dies nicht, ist u.a. mit der Existenz von Zwischenlagern und einer problematischen Ressourcenallokation zu rechnen.

- Gegenstände der Markteffizienz sind die umfassende Nutzung von Potenzialen sowie die Vermeidung von Interdependenzen auf dem Beschaffungs- und dem Absatzmarkt. Hohe Markteffizienz erfordert, die Kontakte zu Kunden und Lieferanten bereichsübergreifend auf die Ziele der Gesamtunternehmung auszurichten. Anzeichen für mangelnde Markteffizienz sind vor allem entgangene Absatzchancen sowie schlechte Konditionen bei der Abwicklung von Markttransaktionen.

- Die Gestaltung des Leistungsprozesses von seiner Auslösung bis zur Vertragserfüllung steht im Mittelpunkt der Prozesseffizienz. Um eine hohe Prozesseffizienz zu erreichen, ist es erforderlich, den Leistungsprozess über alle Wertschöpfungsstufen auf die Ziele der Gesamtunternehmung auszurichten. Üblicherweise sind Zwischenlager und lange Durchlaufzeiten Anzeichen für unzureichende Prozesseffizienz.

- Die Delegationseffizienz spiegelt wider, in welchem Umfang die realisierte organisatorische Lösung die Nutzung des Informations- und Entscheidungspotenzials unterschiedlicher Hierarchieebenen erlaubt. Mangelnde Delegationseffizienz äußert sich generell in einer problematischen Allokation von Ressourcen.

(16) Die vier Effizienzkriterien, die Zerlegung des Gestaltungsziels „Koordinationseffizienz" in Teilziele zur Reduzierung der Gestaltungskomplexität, begründen ein *Gestaltungsproblem unter Mehrfachzielen* mit konfliktären Beziehungen. Ihre Berücksichtigung erfordert die Einbringung von Zielgewichten. Die Zielgewichte werden in dem Gestaltungskonzept aus der jeweils verfolgten Strategie abgeleitet. So wird eine Unternehmung, die Kostenführerschaft anstrebt, der Ressourceneffizienz möglicherweise einen hohen Stellenwert einräumen. Die Strategie bestimmt nicht nur die Gewichte, sie bezeichnet auch die Merkmalsausprägungen der einzelnen Effizienzvariablen, die in die Beurteilung eingehen. So führt die vorrangige Verfolgung der Kostensenkung dazu, dass bei der Prozesseffizienz die Durchlaufzeit unter dem Aspekt der Vermeidung von Kapitalbindungskosten durch Zwischenlager betrachtet wird. Wird die Reduzierung der

Lieferzeit im Rahmen einer Strategie der Kundenindividualisierung der Leistungen verfolgt, steht bei der Prozesseffizienz der Faktor „Zeit" im Fokus.

(17) Während bei der Gestaltung des Kompetenzsystems nur eine grobe Abschätzung des Koordinationsbedarfs in die Effizienzbeurteilung eingeht, erfordert die effiziente Gestaltung des *Steuerungssystems* nach dem Kriterium der *Koordinationseffizienz* die detaillierte Analyse der laufenden Entscheidungen. Effizienzüberlegungen beziehen sich im Rahmen des Steuerungssystems auf alle Entscheidungs- und Informationsaktivitäten, die auf die zielkonforme Ausfüllung bestehender Kompetenzspielräume auszurichten sind. Es geht damit um die Sicherung der Entscheidungsqualität durch die Entwicklung von Regeln zur Verbesserung des Informationsstandes und der Methodenbasis der einzelnen Entscheidungen. Es werden zwei *Steuerungsprinzipien der Koordination* unterschieden. Einmal werden aus dem *Planungssystem* von übergeordneten Einheiten (die möglicherweise durch Experten unterstützt werden) Aufgabenvorgaben abgeleitet und der Entscheidungsspielraum eingeschränkt. Bei sehr dynamischen und komplexen Planungssituationen kann die methodische Qualität der Planung so gering sein, dass man von *„Quasi-Planung"* sprechen kann. Zum anderen füllt die betrachtete Einheit unter Orientierung an den vorgegebenen Zielen den *Spielraum* unter Rückgriff auf vorhandene Informationen sowie auf Akte der Informationsgewinnung und Kommunikation aus. In diesem Problemkontext ist die Koordinationsfunktion *interner Märkte* zu sehen. Wenn Dynamik, Komplexität und begrenztes Wissen über die Handlungstechnologie die Möglichkeiten einer Vorgabe von Handlungskomponenten für individuelle Einheiten einschränkt, reduziert die Einführung eines realen internen Marktes die Anforderungen an die Koordination. Die betroffenen Einheiten können jeweils autonom unter Orientierung an vorgegebenen monetären Erfolgsgrößen entscheiden. Die Steuerung ohne Einführung von Preisen wird als *„Plansteuerung"*, die Steuerung mit Einführung von Preisen als *„Marktsteuerung"* bezeichnet.

(18) Bei der Gestaltung des *Kompetenzsystems* nach Kriterien der *Motivationseffizienz* werden zwei Rahmen setzende Gestaltungsprinzipien verfolgt. Das erste Prinzip geht von der Annahme aus, dass die jeweilige Aufgabenzuweisung Motivationswirkungen hat. Positive Wirkungen lassen sich vom Kriterium der Eigenverantwortung und dem Kriterium der Überschaubarkeit erwarten. Grundgedanke des Kriteriums der Eigenverantwortung ist die betonte Delegation von Entscheidungen, die Vergrößerung des Entscheidungsspielraums „vor Ort". Nach dem Kriterium der Überschaubarkeit wirken die Bildung möglichst abgeschlossener Aufgabenkomplexe, die Realisierung kleiner Einheiten und die damit verbundene Möglichkeit

der räumlichen Konzentration der Aktivitäten tendenziell motivierend auf die Mitarbeiter. Daneben wird ein Motivationskonzept verfolgt, das *Anreizwirkungen* an einen *Soll-Ist-Vergleich* bezüglich der Handlungserwartungen knüpft. Das Kompetenzsystem ist dann danach zu beurteilen, wie weit es die Einführung eines entsprechenden Indikatorsystems unterstützt.

(19) Bei der Gestaltung des *Steuerungssystems* nach Kriterien der *Motivationseffizienz* geht es um die Sicherung der zielkonformen Ausfüllung der durch das Kompetenzsystem bestimmten Spielräume. Bei Verfolgung des Konzepts eines Soll-Ist-Vergleichs gewinnt die Frage der Generierung von Indikatoren für Sollgrößen zentrale Bedeutung. Indikatoren sind informationelle Konstrukte, die Ereignisse und Zustände zu einem bestimmten Zeitpunkt abbilden. Je nach der Indikatorstruktur werden spezifische Wahrnehmungs- und Sucheffekte generiert, die auf Konzepte der Planung (bzw. Quasiplanung) und des Benchmarking zurückgeführt werden können. Beim Benchmarking kann auch auf Formen der Marktsteuerung (vor allem fiktive interne Märkte) zurückgegriffen werden. Als Effizienzkriterien sind die *Wahrnehmungs- und die Sucheffizienz* zu unterscheiden. Die Indikatoreffizienz steigt mit zunehmender Indikatorpräzision, mit abnehmendem Indikatoraufwand und zunehmender Indikatorakzeptanz.

Dynamische Gestaltung

(20) Die *dynamische Organisationsgestaltung* verfolgt das Ziel, Organisationsstrukturen zu etablieren, die den *Aufbau zukünftiger Handlungspotenziale* fördern. Es soll durch organisatorische Regelungen sichergestellt werden, dass die Unternehmung langfristig auf den Märkten eine Position einnimmt, die ihren Bestand sichert und eine den Erfolgszielen entsprechende Realisierung von Absatzchancen erlaubt. Zu untersuchen ist insbesondere die Frage, welche Organisationsstruktur den geeigneten Rahmen für die Weiterentwicklung der Unternehmungsstrategie und ihre erfolgreiche Umsetzung schafft. Die Antwort lässt sich nur sehr begrenzt im Wege der planerischen Durchdringung der komplexen Zusammenhänge finden. Es spricht vieles für die These, dass die Lösungen Teile eines Spektrums sind, das von der auf subjektiven Einschätzungen des Managements beruhenden Quasi-Planung und dem zufallsbehafteten evolutorischen Prozess der internen Variation und Selektion begrenzt wird.

(21) *Wissenschaftlich fundierte Gestaltungsempfehlungen* lassen sich für *Probleme der dynamischen Gestaltung* nur bedingt formulieren. Eine geschlossene Konzeption wie es der statische Gestaltungsansatz darstellt, der ein in der normativen Entscheidungstheorie verankertes System der Koordination aufweist und auf gut entwickelte Motivationstheorien zurückgreifen kann,

existiert für das dynamische Gestaltungsanliegen nicht. Koordinationsregelungen erfüllen in einem ganz auf die Generierung neuer Ideen und die Durchsetzung von Änderungen ausgerichteten arbeitsteiligen System nur eine flankierende Funktion und ein weitgehend an definierten Aufgaben ansetzendes Motivationsmodell wird der Dynamik von Änderungen nicht gerecht. Auch dürfte die Vorstellung unrealistisch sein, man könnte dem dynamischen Gestaltungsziel in der Weise Rechnung tragen, dass die Mitarbeiter neben dem „laufenden Geschäft" permanent oder phasenweise die Generierung von Änderungen als Aufgabe aktiv verfolgten. Ein solches Modell würde nicht nur die Realisierung des statischen Gestaltungsziels, die effiziente Ausschöpfung der zur Umsetzung der gültigen Strategie aufgebauten Kapazitäten sicherzustellen, gefährden, es würde auch angesichts der für die Mitarbeiter mit Änderungen häufig verbundenen Nachteile gravierende Motivationsprobleme schaffen. Je nach Situation und agierendem Management sind deshalb andere Lösungen zu erwarten.

(22) Die Auseinandersetzung mit Beiträgen in der Literatur erlaubt die Unterscheidung von vier dynamischen *Gestaltungsmodulen* die in den darzustellenden dynamisch ausgerichteten Strukturtypen jeweils eine spezifische Ausprägung finden. Es handelt sich um die folgenden Gestaltungskonzepte:

- Schaffung individueller Handlungsspielräume. Empfohlen werden Strukturen, die den Einheiten ein hohes Maß an Autonomie einräumen und durch eine Kultur der Offenheit und des Dialogs gekennzeichnet sind.

- Entfaltung intrinsischer Motivationswirkungen. Tragendes Fundament eines solchen Motivationskonzepts ist die These von der grundsätzlich positiven Einstellung gegenüber dem Wandel bei einem durch Qualifizierung handlungsfähigen Mitarbeiter.

- Förderung der Absorption und des Transfers von Wissen. Mit Blick auf die Absorption bemisst sich die Wirkung einer organisatorischen Gestaltungsmaßnahme nach der Förderung der Fähigkeit der Mitarbeiter zur kognitiven Verarbeitung und Integration neuen Wissens. Geht man von der These aus, dass die Absorption neuen Wissens von der Struktur des vorhandenen Wissens abhängt, kommt der Gestaltung des Kompetenzsystems ein besonderer Stellenwert zu. Die organisatorische Zuweisung von Aufgaben determiniert zu einem erheblichen Teil die Wahrnehmung, Aufnahme und Verarbeitung von Informationen durch die jeweilige Person und bestimmt damit ihre Wissensstruktur. Wendet man sich der Frage des Transfers von Wissen zu, so erfordert das Problem der Fähigkeit zur Artikulation von Wissen besondere Beachtung. Die Artikulationsfähigkeit stellt bei komplexen, häufig vom konkreten Anwendungsbezug abstrahierenden Wissensinhalten und bei implizitem, (nicht oder nur schwer kodifizierbarem) Wissen, einen limitierenden Faktor dar.

- Förderung der Fähigkeit zur Umsetzung von Änderungen. Hier ist der ganze Problemkreis der Implementierung in die Betrachtung einzubeziehen. Konflikthandhabung und Akzeptanzsicherung sowie die Einbeziehung von Mitarbeitern gelten als die wichtigsten Maßnahmen.

(23) Der Einsatz und die Ausgestaltung der Gestaltungsmodule hängen in hohem Maße davon ab, welche Rolle das Management im Prozess der Generierung und Durchsetzung von Änderungen spielt. Zur Vereinfachung der Argumentation soll zwischen einem *Managementmodell* und einem *Evolutionsmodell* unterschieden werden.

(24) Beim *Managementmodell* liegen der organisatorischen Gestaltung Vorstellungen des Managements über die strategische Domäne zu Grunde, in der sich die Unternehmung zur Realisierung ihrer langfristigen Ziele positionieren sollte. Änderungsaktivitäten sind deshalb bis zu einem gewissen Grade geplant und fokussiert. Die Konzentration auf die strategische Domäne, die häufig eine Eingrenzung der zu entwickelnden bzw. zu erwerbenden Fähigkeiten erlaubt, erklärt die in der Praxis zu beobachtende Tendenz zur *Separierung* von *Änderungsaktivitäten*. Auf diese Weise lassen sich das statische und das dynamische Gestaltungsziel weitgehend unabhängig voneinander verfolgen. Im Extremfall wird das operative, ganz durch die Realisierung statischer Effizienzkriterien geprägte Kompetenz- und Steuerungssystem erst dann zum Objekt der organisatorischen Gestaltung aus dynamischer Sicht, wenn die Ergebnisse der separierten Änderungsprozesse operativ umgesetzt werden.

Das Prinzip der Separation von Änderungsaktivitäten kann sich in *verschiedenen Formen* äußern. Die extremste Separation liegt vor, wenn Änderungsprogramme im Wege der externen Akquisition, sei es durch die Anwerbung von Mitarbeitern mit spezifischen Fähigkeiten oder durch Firmenakquisitionen, in die Unternehmung eingebracht werden. Von den Gestaltungsmodulen sind dann vorrangig organisatorische Maßnahmen zur Umsetzung von Änderungen bedeutsam, wenn die Integration der neuen Aktivitäten in die bestehenden Unternehmungsbereiche vorgesehen ist. Eine in der Praxis sehr verbreitete Form der Separation stellt die Bildung eigener Bereiche zur Generierung von Änderungsideen dar. Die meisten dieser Einheiten sind auf Produktinnovationen und die Weiterentwicklung von Produkten ausgerichtet. Eine schwächere Form stellen Formen der Projektorganisation dar, die zeitlich begrenzt Aufgaben der Neuproduktplanung übernehmen. Wachsende Bedeutung gewinnt vor allem in technologisch geprägten Branchen die Bildung von „New Venture" – Bereichen, bei denen häufig die Entwicklung der Marktreife einer Produktidee im Vordergrund steht. Generell lässt sich feststellen, dass bei der internen Bildung separierter Bereiche mit Änderungsaufgaben die Ausgestaltung aller vier Gestaltungsmodule zur Umsetzung dynamischer Gestaltungsziele die Organisationsstruktur bestimmt.

(25) Im *Evolutionsmodell* lassen sich Änderungsideen auf Impulse zurückführen, die in der gesamten Wertschöpfungskette einer Unternehmung entstehen können. Solche Impulse werden in jeder Unternehmung generiert. Sie gewinnen allerdings nur selten eine das zukünftige Handlungspotenzial bestimmende Bedeutung. Die Auswertung der relevanten Literatur legt den Schluss nahe, dass vor allem zwei Konstellationen die Hervorbringung nachhaltiger Änderungen mit strategischem Gewicht begünstigen, die Existenz langfristiger Beziehungen zu Transaktionspartnern auf dynamischen Märkten und der Einfluss von Experten mit ausgeprägter Professionalisierung bei der operativen Steuerung. Der Stellenwert von *Marktkontakten* für eine dynamische Unternehmungsentwicklung ist vor allem für den Absatzmarkt hinsichtlich der Frage untersucht worden, wie weit neue Produkte auf Impulse änderungsorientierter Kunden zurückgehen. Das Änderungspotenzial von *Expertenpools* steht im Mittelpunkt der Erklärung von Impulsen zur Änderung praktizierter Technologien sowie bestehender Strukturen und Prozesse, z.B. in der Produktion. Die Auseinandersetzung mit der vorliegenden Literatur stützt die These, dass vor allem die Ausprägung zweier Gestaltungsmodule Änderungen generiert. Zum einen ist ohne ein gewisses Maß an offiziell gewährter oder faktisch existierender Handlungsautonomie die Entstehung neuer Ideen unwahrscheinlich. Zum anderen müssen die strukturellen Rahmenbedingungen die Entwicklung einer Motivation fördern, die auf einer positiven Einstellung zum Wandel beruht. Im Unterschied zum Managementmodell, in dem die Fokussierung auf Änderungen die Wahrnehmung von Ideen erleichtert und dem Management die Notwendigkeit von Entscheidungen bewusst ist, ist die Beschäftigung mit neuen Ideen auf Seiten des Managements nicht gesichert. Die Lösung dieses Problems ist die große organisatorische Herausforderung im Evolutionsmodell.

Zweiter Teil

Grundlagen der Organisationsgestaltung

Das zu entwickelnde organisationstheoretische Konzept, das zur Vereinfachung der Verständigung als „entscheidungsorientierte Organisationstheorie" bezeichnet werden soll, ist gestaltungsorientiert. Es behandelt den planmäßigen Einsatz von Gestaltungsinstrumenten zur Etablierung von Organisationsstrukturen. Dabei wird zur Konkretisierung der abgeleiteten theoretischen Aussagen und zur Demonstration ihrer anwendungsbezogenen Tragfähigkeit die Unternehmung als Bezugsobjekt gewählt. Die folgenden Abschnitte beschreiben die konzeptionellen Grundlagen der entscheidungsorientierten Organisationstheorie und grenzen ihren Erklärungsanspruch von anderen Organisationstheorien ab.

A. Organisation, Organisationstheorien und Organisationsgestaltung

Dieser Abschnitt thematisiert den Begriff der Organisation, gibt einen knappen Überblick über verschiedene Richtungen der Organisationstheorie und erörtert die Gestaltungsorientierung in der Organisationstheorie.

Organisation

Es gibt keine einheitliche Auffassung über den Begriff „Organisation". Das ist keine überraschende Erkenntnis. Viele Begriffe, die wie „Institution" oder „Struktur" in einem breiten sozialwissenschaftlichen Kontext häufig benutzt werden, teilen mit dem Organisationsbegriff eine hohe Assoziationsfähigkeit hinsichtlich als relevant anzusehender Merkmale mit einer nur diffusen Beschreibung des Gegenstands. Offensichtlich gehen viele Autoren davon aus, der Versuch einer möglichst präzisen Abgrenzung würde den Vorteil einer leichten Verständigung über den gemeinsamen Gegenstand in Frage stellen. Die meisten bedeutsamen organisationstheoretischen Schriften verzichten deshalb auf eine präzise Organisationsdefinition. Sie unterstellen beim Leser ein gewisses Vorverständnis. Insgesamt entsteht der Eindruck, dass auf die präzise Fassung des Organisationsbegriffs in dem Maße verzichtet wird, in dem einem Wissenschaftler bewusst ist, dass er sich einem sehr komplexen Gegenstand nur selektiv aus einer eingeschränkten Problemperspektive nähern kann. Aufschlussreich sind in diesem Zusammenhang die Begründungen, die *James G. March* und *Karl E. Weick* für den Verzicht auf die Definition von „Organisation" geben (vgl. Übersicht 1).

Auch die weitere Untersuchung geht nicht von einer präzisen begrifflichen Abgrenzung des Organisationsbegriffs aus. Es erscheint aber unumgänglich, essenzielle Merkmale des Objekts „Organisation" zu nennen. Andernfalls ließe sich nicht begründen, warum im folgenden Abschnitt die behandelten Theorien als „Organisations"-Theorien bezeichnet werden. Wir klassifizieren im Folgenden eine Theorie oder ein Konzept als Organisationstheorie oder Organisationskonzept, wenn das betrachtete System zwei Merkmale aufweist:

1. Es werden eine Mehrzahl von Personen und ihre Handlungen (Aktivitäten) betrachtet.
2. Die Personen und ihr Handlungen verbindet die Ausrichtung auf ein gemeinsames Ziel; dadurch hat innerhalb des Systems das Handeln einer Person potenziell Einfluss auf das Handeln anderer Personen.

James G. March zum Begriff der Organisation

Frage: Herr March, seit mehr als 40 Jahren forschen Sie zu Fragen der Entscheidungsfindung in Organisationen. Welcher Begriff von „Organisation" liegt Ihren Forschungen zu Grunde?

Antwort: Das kann ich Ihnen absolut nicht beantworten. Im ersten Buch, das ich mit Herbert Simon geschrieben habe, sagten wir, es sei einfacher, das Phänomen jeweils nach und nach zu spezifizieren, statt es vorweg definitiv zu fixieren. Es hat sich gezeigt, dass wir Recht hatten. Da ich auch ohne eine Definition von „Organisation" ein ziemlich glückliches Leben geführt habe, sehe ich keinen Grund, sie jetzt zu definieren.

Frage: Vielleicht versuchen Sie es einmal für uns, "Organisation" zu definieren.

Antwort: Ich kann Sie scheinbar nicht davon abbringen. Aber es ist wirklich so, dass ich den Versuch, Organisation zu definieren, für nicht besonders fruchtbar halte. Ich würde sagen, eine Organisation ist immer das, wofür eine Organisationstheorie sie hält.

Frage: Ja, aber woher weiß man denn, dass Sie über eine Organisation und nicht über irgendetwas anderes reden?

Antwort: Ich würde darauf zeigen und den Leuten sagen: „Seht, heute rede ich über die Army" – z.B. Ich würde einfach beanspruchen, dass es sich dabei zweifelsfrei um eine Organisation handelt. Ich brauch also keine Definition, um sagen zu können, dass ich über eine Organisation rede. ....

Karl E. Weick zum Begriff der Organisation

Frage: Herr Weick, wir möchten das Interview mit einer Frage zu Ihrem Grundverständnis von Organisationen beginnen. Welche Definition von Organisation liegt Ihrem Sinngebungs-Ansatz und Ihren Forschungen zugrunde?

Antwort: Wie Sie sicherlich wissen, bin ich kein Anhänger von Substantiven, sondern vielmehr von Verben. In diesem Sinne ziehe ich es vor, über das Organisieren statt über Organisationen zu sprechen. Ich schaue in erster Linie auf die Interaktionen und frage mich: „Wie stabilisieren sich diese Interaktionen mit der Zeit? Wie bilden sich in den Koordinationsversuchen der Menschen Muster heraus und wie werden diese Muster wiederum von den Personen repräsentiert?" Unter Organisation verstehe ich somit ein Aneinanderreihen und Verknüpfen von Interaktionsprozessen, ein Zusammenspiel von unterschiedlichen Prozessen, aus denen schließlich habitualisierte Routinen und Netzwerke von Handlungen hervorgehen. Eigentlich könnte ich viele Definitionen akzeptieren, aber wichtig wäre mir, dass sie den Prozessgedanken beinhalten. Für meine eigenen Arbeiten ziehe ich es vor, mich nicht auf eine Definition festzulegen. Nur so kann ich mich mit so unterschiedlichen Dingen wie dem Zusammenspiel in einem Jazz-Orchester, dem Bekämpfen von Waldbränden, dem Improvisieren beim Theaterspiel, dem Dienst von Lotsen oder dem Alltag in einem Krankenhaus beschäftigen. Ich unterscheide auch nicht zwischen Wirtschaftsunternehmen und sonstigen Organisationen. Auf all diesen Feldern geht es mir um die Koordination von Handlungen, um den Versuch von Menschen, Stabilitäten zu erzeugen und Routinen auszubilden. Mein Interesse an der Frage, wie sich soziales Handeln organisiert, macht es mir so schwer, mich auf eine konkrete Definition von Organisation festzulegen.

Übersicht 1: Ansichten zur Zweckmäßigkeit, den Begriff Organisation zu definieren (Quelle: Interviews in Bardmann/Groth [Organisation] S. 21 u. S. 123.)

Organisationstheorien

Die Zahl der in den letzten hundert Jahren entstandenen Organisationstheorien ist außerordentlich groß. Es bereitet nicht nur Schwierigkeiten, einen repräsentativen Überblick über die verschiedenen Richtungen zu geben.[1] Schwer einzulösen ist auch der Anspruch, die Abgrenzung und inhaltliche Würdigung der Theorien auf einheitliche Kriterien auszurichten. Die folgende knappe Skizzierung organisationstheoretischer Richtungen soll dem Leser eine gewisse Orientierung ermöglichen und die Einordnung des hier vertretenen entscheidungsorientierten Ansatzes erleichtern.[2]

Beschränkt man sich auf organisationstheoretische Richtungen, die aus betriebswirtschaftlicher Sicht besondere Beachtung verdienen und konzentriert sich auf eine Systematisierung nach inhaltlichen Aussagen, dann lassen sich die folgenden drei Gruppen unterscheiden:

- Organisationstheorien, die darauf ausgerichtet sind, das Entstehen von Organisationsstrukturen zu erklären.
- Organisationstheorien, die Organisationsstrukturen als Regelungen zur zielgerichteten Beeinflussung individuellen und kollektiven Verhaltens oder in ihren Auswirkungen auf das Verhalten betrachten.
- Organisationstheorien, die mit einem humanistischen Anspruch Organisationsstrukturen aus der Perspektive der individuellen Selbstentfaltung analysieren.

Die entscheidungsorientierte Organisationstheorie ist der zweiten Gruppe zuzuordnen.

Erklärung von Organisationsstrukturen

Organisationsstrukturen, die hier betrachtet werden, sind künstliche Gebilde und damit das Ergebnis menschlichen Handelns. Man sollte deshalb erwarten, dass in den auf die Erklärung von Organisationsstrukturen ausgerichteten Theorien dem gestalterischen Handeln eine zentrale Position zugewiesen wird. Das ist jedoch nur eingeschränkt der Fall.

So weist der gegenwärtig weit verbreitete Ansatz der Organisationsökologie (organizational ecology) dem Gestaltungshandeln einen sehr geringen Stellen-

---

1) Einen knappen Überblick geben Kieser/Walgenbach [Organisation] 32 ff.; umfassend informieren Kieser/Ebers [Organisationstheorien]; Schreyögg [Organisation]; Wolf [Organisation].
2) Die Darstellung stützt sich im Wesentlichen auf Frese [Organisationstheorie] 109 ff. und verzichtet deshalb auf einen umfassenden Literaturnachweis.

wert zu. Die Erklärung der Entstehung und Veränderung von Organisationsstrukturen erfolgt in Analogie zu biologischen Selektionsprozessen; sie negiert weitgehend die Anpassungsfähigkeit und damit die planmäßige Gestaltung von organisatorischen Systemen. Betrachtet werden Umweltänderungen, die zu Variationen innerhalb einer Population in Form des Entstehens und Verschwindens von Organisationen führen.

Auch in einer weiteren bedeutsamen theoretischen Richtung, der kontingenztheoretischen Organisationstheorie, die Organisationsstrukturen auf den Einfluss „situativer" Variablen (z.B. Unternehmungsgröße, Technologien) zurückführt, rückt der Aspekt der Gestaltung ganz in den Hintergrund oder wird sogar ausgeblendet. Nur wenn man bei der Anpassung von Organisationsstrukturen einen rigiden Determinismus unterstellt, der Gestaltungsspielräume ausschließt, ist eine solche Theorie konzeptionell nachzuvollziehen.

Eine explizite Modellierung findet der Gestaltungsvorgang in mikroökonomischen Organisationstheorien, in denen die Entstehung von Organisationsstrukturen im größeren Kontext der Entstehung von Unternehmungen thematisiert wird. Nach dem gängigen Erklärungsmuster werden Transaktionen aus dem Markt „herausgenommen" und in Unternehmungen abgewickelt, wenn sich auf diese Weise Transaktionskosten vermeiden lassen. Entsprechend wird die Ausformung von Organisationsstrukturen in der Unternehmung durch Rückgriff auf das marginalanalytische Instrumentarium der Mikroökonomie auf die Anwendung eines Kostenkalküls zurückgeführt. Insofern bildet die Gestaltungsentscheidung, allerdings auf relativ hohem Abstraktionsgrad, den Kern der Erklärung.

Zielkonforme Verhaltensbeeinflussung durch Organisationsstrukturen

Konzepte für Organisationsstrukturen mit dem Anspruch, das individuelle Verhalten auf übergeordnete Ziele auszurichten, sind mit einem gewissen wissenschaftlichen Anspruch zuerst von Ingenieuren in der zweiten Hälfte des 19. Jahrhunderts entwickelt worden. Die auf diese Ursprünge zurückgehenden Ansätze, zu denen auch die in den dreißiger Jahren des vorigen Jahrhunderts entstandenen Beiträge der betriebswirtschaftlichen Organisationslehre zu rechnen sind, können unter der Bezeichnung des „Systems Engineering" zusammengefasst werden. Konzepte des „Systems Engineering" lassen sich durch drei vorherrschende Merkmale kennzeichnen: (1) Dominanz funktionaler Zweck-Mittel-Zusammenhänge. (2) Einsatz differenzierter Gestaltungsmethoden, die im Kern aus Analyse-Synthese-Schritten bestehen. (3) Begrenzte, „Sachzwängen" untergeordnete Einbeziehung verhaltenswissenschaftlicher, primär motivationstheoretischer Erkenntnisse.

Seine konsequenteste Umsetzung erfährt der Gedanke einer zielgerichteten Handlungssteuerung in mathematischen Organisationsmodellen; sie sind ganz auf die Gewährleistung der Optimalität unter den Bedingungen interpersoneller Arbeitsteilung ausgerichtet. Im Mittelpunkt der Ansätze, die ihre stärksten Impulse der Weiterentwicklung der normativen Entscheidungstheorie und den Verfahren des Operations Research verdanken, stehen zwei organisatorische Kernprobleme. Zum einen geht es um die Koordination der Entscheidungen und des Informationsaustausches einer Mehrzahl von Individuen angesichts bestehender Interdependenzen zwischen den einzelnen Aktivitäten. Diesen Fragen widmen sich vor allem preistheoretische und teamtheoretische Modelle. Zum anderen werden Koordinationslösungen für die Entscheidungen von Individuen unter expliziter Berücksichtigung divergierender Ziele entwickelt. Dieses Problem ist insbesondere Gegenstand der Agency Theory.

Während die Ansätze des „Systems Engineering" und die mathematischen Organisationsmodelle bezüglich der zu steuernden Einheiten von relativ globalen Annahmen ausgehen, erfasst der größte Teil der gegenwärtig beachteten Theorien, in denen die Verhaltensbeeinflussung thematisiert wird, die Determinanten des Verhaltens wesentlich differenzierter.

Eine Strömung, die man als kognitionswissenschaftlich orientiert bezeichnen kann, stellt die Entscheidungen der Organisationseinheiten in den Mittelpunkt. Der vorherrschende Gedanke besteht darin, zur Gewährleistung der Erfüllung der übergeordneten Unternehmungsziele die Entscheidungsautonomie der einzelnen Mitarbeiter in einer Weise einzuschränken, die der begrenzten qualitativen und quantitativen Kapazität der Akteure bei der Gewinnung und Verarbeitung von Informationen Rechnung trägt. Organisationsstrukturen werden aus dieser Sicht als Systeme heuristischer Prinzipien zur Anpassung der Entscheidungsprämissen an die begrenzte Kapazität der Akteure aufgefasst. Kognitionswissenschaftlich verankerte Motivationstheorien bilden dabei in einem Teil der Beiträge das Fundament für die Formulierung von Verhaltenserwartungen.

Aus einer anderen Perspektive setzen sich sozialpsychologische Beiträge mit der verhaltensbeeinflussenden Wirkung von Organisationsstrukturen auseinander. Betrachtet werden Gruppen mit ihren Führungsstrukturen. Im Mittelpunkt der führungstheoretischen Studien und der aus ihnen abgeleiteten Verhaltensempfehlungen stehen die Variablen „Führerverhalten", „Führungssituation" und „Führungsergebnis". Untersucht werden Beziehungen zwischen einem Führer und einer überschaubaren Zahl von Personen, zu denen ein unmittelbarer Kontakt besteht. Über den engen Kontext der Gestaltung der Führungsbeziehungen im „Vorgesetzten-Mitarbeiter-Verhältnis" hinaus hat die Gruppenforschung nachhaltig die Einsicht in die verhaltensbeeinflussende Funktion so genannter Organisationskulturen verbessert. Führung beinhaltet demnach auch die Schaffung kohärenter Orientierungsmuster durch Sinnstiftung. Durch Betonung von Werten, Nutzung von Symbolen und Sinn stiftenden Handlungen schafft der Führer „soziale Realität" und beeinflusst die Fähigkeit der Organisation, die Anforderungen der internen Integration und der externen Umwelt erfolgreich zu bewältigen.

Organisationsstrukturen und individuelle Selbstentfaltung

Den bisher betrachteten Ansätzen lag eine primär instrumentelle Sichtweise zu Grunde; Organisationsstrukturen wurden als Systeme von Regelungen verstanden, die das Handeln in arbeitsteiligen Systemen auf übergeordnete Ziele ausrichten sollen. Die Bedürfnisse und Wertvorstellungen der Individuen wurden allenfalls als einzugrenzende Störgrößen oder als durch Anreizmaßnahmen zu kontrollierende Faktoren betrachtet. In der Organisationstheorie ist aber immer auch eine emanzipatorische Sichtweise verfolgt worden. Die Ansprüche des Individuums auf Selbstentfaltung und Selbstverwirklichung sind dann eine selbständige Zielsetzung, die in Konflikt zu den Unternehmungszielen geraten kann. Organisationstheorien mit einer solchen Perspektive sind durch ein Verständnis geprägt, das sich durch drei Merkmale kennzeichnen lässt: (1) Organisationen werden vorrangig als Produkte menschlicher Gestaltungshandlungen und damit bis zu einem gewissen Grade unabhängig von äußeren Gestaltungszwängen angesehen. (2) Es wird unterstellt, dass Organisationen einen großen Einfluss auf den Mitarbeiter – sein Wohlbefinden, seine Einstellung zur Arbeit, seine geistige Entwicklung – haben. (3) Es werden Defizite bezüglich der Möglichkeiten der Betroffenen diagnostiziert, ihre Interessen in die Gestaltung von Organisationsstrukturen einzubringen. Als Kristallisationspunkt für die Entwicklung humanistischer Organisationstheorien kann die Human-Relations-Bewegung angesehen werden. Sie prägte Entwicklungen in der Organisationstheorie und der angewandten Psychologie, in denen für die Gestaltung von Organisationsstrukturen das Ziel formuliert wird, die Integration von Individuum und Organisation unter Einräumung individueller Spielräume zur Selbstentfaltung zu erreichen.

Organisationsgestaltung

Unter Organisationsgestaltung soll im Folgenden die planmäßige Einführung organisatorischer Regelungen zur zielgerichteten Beeinflussung der Handlungen einer Mehrzahl von Personen verstanden werden. Wie der Überblick über die verschiedenen Richtungen der Organisationstheorie gezeigt hat, wird das Gestaltungsanliegen nicht von allen Ansätzen verfolgt. *Gouldner*[3] hat versucht,

---

3) Gouldner [Analysis].

die unterschiedliche Berücksichtigung des Gestaltungsaspekts durch eine viel beachtete Differenzierung zwischen „rationalen Systemen" und „natürlichen Systemen" zu erfassen. Rationale Systeme sind das Ergebnis einer instrumentellen, auf die Realisierung angestrebter Ziele ausgerichteten Sichtweise. Die Betrachtung von Organisationen als natürliche Systeme betont demgegenüber, dass Organisationssysteme ein von „offiziellen" Zielen und Regeln mehr oder weniger losgelöstes Eigenleben entfalten können.

Gouldner lenkt mit seiner Unterscheidung die Aufmerksamkeit auf die Tatsache, dass eine Beschäftigung mit Organisationssystemen lediglich aus der instrumentellen Perspektive der Gestaltung der Vielschichtigkeit des Untersuchungsgegenstands nicht gerecht werden kann. Sie macht zugleich deutlich, dass hinsichtlich des Versuchs, für ein so komplexes Objekt Gestaltungskonzepte zu entwickeln, keine einheitliche Auffassung über den richtigen Weg erwartet werden kann – und in der Tat ist das Spektrum der vertretenen Auffassungen außerordentlich breit. Es schließt auch Positionen ein, die überhaupt Bestrebungen zur planmäßigen Gestaltung oder Änderung von Organisationsstrukturen für wenig aussichtsreich halten.[4] Um dem Leser einen Eindruck davon zu vermitteln, wie das jeweilige Organisationsverständnis eines Wissenschaftlers die Sicht des Gestaltungsproblems beeinflusst, soll im Folgenden auf eine Unterscheidung zwischen mechanistischen, kognitiv-mechanistischen und interpretativen Theorien zurückgegriffen werden.[5]

Mechanistische Ansätze betrachten Organisationen als Systeme mit im Wesentlichen zwei Komponenten. Sie bestehen zum einen aus Einheiten, die durch ihre Kapazität zur Informationsverarbeitung beschrieben werden können, zum anderen aus Kanälen, über die Informationen zwischen den Einheiten übermittelt werden. Die Deutung der Systemzusammenhänge ist kausal oder quasi-kausal. Es wird angenommen, dass die sendende Einheit über den Kommunikationskanal die empfangende Einheit beeinflusst. Die unterstellte enge Verkettung der Einheiten äußert sich in der Weiterleitung eines von einer Einheit ausgelösten Impulses über die Kommunikationskanäle zu anderen Einheiten. Der sendenden Einheit wird dabei besondere Aufmerksamkeit gewidmet. Zentrales Element der Prozesse sind Informationen in ihrer konkreten, materiell fixierten Erscheinungsform. Die Analyse von Systemzusammenhängen ist durch eine reduktionistische Perspektive geprägt: Bei der Erklärung der Funktionsweise eines Systems erfolgt mit unterschiedlicher Detaillierung eine Zerlegung in Tei-

---

[4] Diese Position wird am Schluss dieses Teils bei der Erörterung der Grenzen des entwickelten Gestaltungsansatzes erörtert.

[5] Die folgende Darstellung stützt sich auf Krone/Jablin/Putnam [Theory]; Pondy/Mitroff [Models]; Weick/Daft [Effectiveness].

le, deren Funktion für das Gesamtsystem über ihre Verkettung mit anderen Teileinheiten erschlossen wird.

Kognitiv-mechanistische Ansätze behalten die Deutungsmuster der Quasi-Kausalität, der Verkettung, der materiellen Ausprägung von Informationen und die reduktionistische Methode der mechanistischen Ansätze weitgehend bei. Sie betrachten aber die Einheiten als Individuen, die sich einer Fülle von Stimuli gegenübersehen, deren Erfassung und Verarbeitung ihre Kapazität überfordert. Durch primären Rückgriff auf psychologische Theorien wird das individuelle Verhalten auf bestimmte (individuelle) Ausprägungen kognitiver Prozesse bei der Aufnahme (Filterung) und Verarbeitung von Stimuli in Form von Informationen zurückgeführt. Im Gegensatz zu den mechanistischen Ansätzen, bei denen die sendende Einheit im Mittelpunkt steht, verlagert sich das Interesse stärker auf die empfangende Einheit.

Interpretative Ansätze lösen sich in radikaler Weise von den Annahmen der bisher betrachteten Konzepte; kaum eine ihrer Prämissen und methodischen Prinzipien wird beibehalten. Beim interpretativen Ansatz ist das System organisatorischer Regelungen keine weitgehend unabhängige Variable, deren Verhaltenswirkungen untersucht wird – die Existenz, die Wahrnehmung und die Änderung von Organisationsstrukturen sind selbst das Ergebnis sozialer Interaktionen. Die soziale Dimension wird damit als Variable eigener Qualität, und nicht als Ausfluss einer reduktionistischen Denkweise durch Aggregation individueller Aktivitäten, in den Erklärungsansatz eingeführt.

Betrachtet man die Abstufung organisationstheoretischer Erklärungsansätze nach ihrer Komplexität in mechanistische, kognitiv-mechanistische und interpretative Modelle, dann wird, je mehr man sich in Richtung der interpretativen Modelle bewegt, das Verständnis für die Komplexität sozialer Interaktionen größer. Gleichzeitig nimmt aber die Möglichkeit, den gestiegenen Erkenntnisgewinn in praktisches Gestaltungshandeln umzusetzen, ab.

Die entscheidungsorientierte Organisationstheorie greift auf mechanistische und kognitiv-mechanistische Theorieelemente zurück. Die zu entwickelnde Gestaltungskonzeption bewegt sich dabei in einer organisationstheoretischen Tradition, die durch die folgenden bedeutenden Konzepte repräsentiert wird:

1. Teamtheorie von *Marschak* und *Radner*

    Die Teamtheorie erweitert die normative Entscheidungstheorie um die Annahme interpersonaler Arbeitsteilung und bringt das methodische Instrumentarium rationalen Entscheidens in die Gestaltung von Organisationsstrukturen ein.

2. Theorie interpersonaler Entscheidungsprozesse von *Simon*, *March* und *Cyert*

   Diese Theorie eröffnet den Zugang zum Verständnis organisatorischer Systeme durch die konsequente Fokussierung der Analyse auf die kognitiven Beschränkungen der Entscheidungen in Organisationen.

3. Sozialwissenschaftlich geprägte Theorie der Organisationsgestaltung von *Thompson*

   Thompson unternimmt den groß angelegten Versuch, auf der Grundlage einer umfassenden Bestandsaufnahme der Ergebnisse sozialwissenschaftlicher Organisationsforschung die von *Gouldner*[6] entwickelten Perspektiven rationaler und natürlicher Systeme in einem geschlossenen Ansatz zusammenzuführen.

4. Betriebswirtschaftlich geprägte Theorie der Gestaltung von *Galbraith*

   Diese Theorie entwickelt das Gestaltungskonzept unter Einbeziehung der verfolgten Strategie aus den Aufgabenanforderungen. Im Unterschied zur klassischen betriebswirtschaftlichen Organisationslehre und zum „Systems Engineering"[7] berücksichtigt *Galbraith* sozialwissenschaftliche und entscheidungstheoretische Forschungsergebnisse.

---

6) Vgl. S. 25.
7) Vgl. S. 23.

B. Gestaltungsorientierung von Organisationstheorien

I. Jacob Marschak und Roy Radner: Optimale aufgabendominierte Koordinationsregeln

Die von *Jacob Marschak* und *Roy Radner* entwickelte Teamtheorie[1] modelliert Entscheidungen in multipersonalen Handlungssystemen (Teams) mit dem Anspruch, die verfügbaren Ressourcen und Märkte so auszuschöpfen, dass das Gewinnziel optimiert wird. Im Unterschied zum traditionellen Entscheidungsmodell berücksichtigt die Teamtheorie explizit, dass durch Maßnahmen der Informationsgewinnung bessere Entscheidungen getroffen werden können. Der Informationswert einer solchen Veränderung des Informationsstandes hängt allerdings von den Kosten der Gewinnung und Verarbeitung von Informationen ab. Die zu gestaltende Organisationsstruktur besteht aus einem System von Regeln, die für die Teammitglieder die Entscheidungs- und Informationshandlungen festlegen. Die folgende Darstellung beschreibt die Grundprinzipien, nach denen im Modell der Teamtheorie die arbeitsteilige Lösung eines komplexen Entscheidungsproblems in einem Team organisiert wird.

Im Rahmen der vorgegebenen Regeln entscheidet jedes Teammitglied unter Rückgriff auf die zugänglichen Informationen über seine Handlungen, z.B. in Unternehmungen über die Annahme oder Ablehnung eines Kundenauftrags. Die Teamtheorie untersucht die Auswirkungen verschiedener Informationsstrukturen als Formen der arbeitsteiligen Informationsgewinnung (Beobachtung der Umwelt) und Informationsübermittlung (Kommunikation) auf das Teamergebnis (monetärer Erfolg) in Abhängigkeit von vorgegebenen Entscheidungsregeln. Angestrebt wird für das Team die simultane Optimierung der Informationsstrukturen und Entscheidungsregeln. Den Kern des Modells bildet die Bewertung systematisch abgeleiteter Organisationsformen nach Kostenkriterien (Kosten der Gewinnung und der Übermittlung von Informationen). Dabei erfolgt keine explizite Einführung empirisch gestützter Annahmen über das Entscheidungs- und Informationsverhalten. In der Terminologie des entscheidungstheoretischen Ansatzes formuliert, betrachtet die Teamtheorie das Gestaltungsproblem ausschließlich aus der Perspektive der Koordination. Es wird unterstellt, dass die Teammitglieder bei ihren Entscheidungen die Ziele des Teams vorbehaltlos verfolgen; es existiert damit kein Motivationsproblem.

---

[1] Marschak/Radner [Theory].

Fragestellung und Lösungsansatz der Teamtheorie lassen sich mit einem von *Marschak* und *Radner* benutzten Beispiel verdeutlichen.[2] Betrachtet wird eine Unternehmung, die Jachten herstellt. Sie verfügt über zwei Werften, auf denen jeweils nur ein Schiff in der betrachteten Periode gebaut werden kann. Auf Grund unterschiedlicher Ausstattung sind die Kosten für den Bau einer Jacht in den Werften A und B verschieden. Der Verkauf der Jachten erfolgt über zwei Verkaufsmanager, von denen der eine sein Büro in Ost und der andere in West hat. Jeder der Verkaufsmanager kann im Planungszeitraum höchstens einen Auftrag zum Bau eines Schiffes annehmen. Dabei sind auf beiden Märkten (Ost und West) nur zwei Preise möglich. Wissen die Manager bei der Abgabe ihrer Aufträge nicht, welchen Preis sie bei ihren Verkaufsabschlüssen tatsächlich realisieren, so handelt es sich um ein Entscheidungsproblem unter Ungewissheit. Das Beispiel unterstellt, dass die beiden Manager jeweils Wahrscheinlichkeitsverteilungen über die möglichen Marktpreise schätzen. Besitzen die Verkaufsmanager keine weiteren Kenntnisse über die wirklichen Marktpreise als die Wahrscheinlichkeitsverteilung, so müssen sie Entscheidungen treffen, ohne die Ergebnisse ihrer Entscheidungen genau zu kennen. Das kann für die Unternehmung problematische Konsequenzen haben. Unter den Annahmen des Beispiels wird z.B. der Gewinn nicht maximiert, wenn beide Manager je einen Auftrag erteilen und die Preise auf den Märkten niedrig sind.

Erforderlich ist deshalb eine Wertgröße, die es erlaubt, eine Handlung auf Grund ihrer Ergebnisse bei den möglichen Umweltzuständen unter Berücksichtigung der Information, die man über die Umwelt hat, zu beurteilen. In der entscheidungstheoretischen Literatur werden verschiedene Werte vorgeschlagen; *Marschak* und *Radner* wählen den „Erwartungswert". Der Erwartungswert einer Handlung wird bestimmt, indem man die Ergebnisse der Handlungen bei den verschiedenen Umweltzuständen mit den geschätzten Wahrscheinlichkeiten für das Eintreten dieser Zustände gewichtet und summiert. Das Kriterium für die Auswahl zwischen den möglichen Handlungen ist dann die Maximierung des Erwartungswerts des Gewinns.

Wendet man diese Regel auf die konkreten Daten des Beispiels an, so besteht die optimale Handlung darin, dass ein Manager den Auftrag zum Schiffsbau erteilt und der andere nicht. Welcher Manager den Auftrag erteilt, ob Ost oder West, ist auf Grund der angenommenen Daten des Beispiels für den Erwartungswert des Gewinns ohne Bedeutung. Allerdings beruht diese Lösung auf der Annahme eines gegebenen Informationsstandes der Manager. *Marschak* und *Radner* erweitern deshalb das Entscheidungsmodell um eine Informations-

---

[2] Marschak/Radner [Theory] 132 ff. Eine detaillierte formale Darstellung des Beispiels findet sich in Frese [Organisationstheorie] 399 ff.

komponente. Der Informationsstand einer Entscheidungseinheit über ihre Umwelt wird durch die Abbildungsgenauigkeit (Partition[3]) der Information über die möglichen Umweltzustände bestimmt. Als Resultat einer Beobachtung erhält die Einheit ein Signal, welches Auskunft über die Beschaffenheit des tatsächlichen Umweltzustandes gibt. Ein Beobachtungsverfahren lässt sich durch eine Informationsfunktion beschreiben, die angibt, bei welchem Umweltzustand welches eindeutig bestimmte Signal gemeldet wird. Eine Entscheidungseinheit, deren Informationsstand über die Umwelt durch die Partition der Information beschrieben werden kann, bestimmt dann in Abhängigkeit von diesem Signal (von dieser Information) die für sie optimale Handlung.

Mit dieser Erweiterung lässt sich zwar das Informationsproblem der Entscheidungseinheit konkreter fassen – nämlich als Wahl zwischen alternativen Informationspartitionen – eine organisatorische Dimension besitzt das Modell jedoch noch nicht. Schließlich wurde das Entscheidungsproblem der Unternehmung bislang als ein Problem analysiert, an dessen Lösung zwar zwei Entscheidungsträger beteiligt sind, indes ohne jede Form von Arbeitsteilung. Die Einbeziehung der Arbeitsteilung muss die Tatsache berücksichtigen, dass beide Verkaufsmanager in West und Ost selbständig entscheiden. Ihr gemeinsames Ziel ist jedoch, Jachten mit einem möglichst hohen Gewinn für die Unternehmung zu verkaufen."[4].

In dem Beispiel sind die Entscheidungsaufgaben der Manager nach Märkten abgegrenzt, was Entscheidungsinterdependenzen[5] verursacht. So entstehen in dem Beispiel durch Rückgriff auf dieselben Werften so genannte Ressourceninterdependenzen: Die Inanspruchnahme der kostengünstigeren Werft durch einen der beiden Verkaufsmanager verändert das Entscheidungsfeld des anderen auf eine Weise, dass er nur noch die weniger kostengünstigere Werft in Anspruch nehmen kann.

Um trotz der bestehenden Interdependenzen das gemeinsame Ziel der Optimierung des Unternehmungsgewinns zu gewährleisten, müssen organisatorische Maßnahmen zur Koordination der beiden Verkaufsmanager getroffen

---

3) Durch die jeweilige Partition wird die Feinheit bzw. Grobheit der Abbildung definiert. Vgl. hierzu und insbesondere zur problemgerechten Partition (Informationsstruktur) Marschak [Description].

4) Es wird damit unterstellt, dass keinerlei Zielkonflikte zwischen den beiden Verkaufsmanagern bzw. zwischen Verkaufsmanagern und Unternehmung bestehen. Unter diesen Voraussetzungen und der ebenfalls stillschweigend unterstellten Voraussetzung einer konsistenten Meinung über die Umwelt (d.h. gleiche subjektive Wahrscheinlichkeiten) spricht man in der Entscheidungstheorie von einem „Team". (Zur genauen Explikation der Prämissen der Teamtheorie vgl. Marschak/Radner [Theory] 123.)

5) Vgl. zum Begriff der Entscheidungsinterdependenz und zu den verschiedenen Interdependenzarten S. 8 f. und S. 112 ff.

werden. Das teamtheoretische Koordinationsproblem besteht in der simultanen Lösung zweier Teilprobleme:

1. Festlegung der Entscheidungskompetenz

Wie viel Entscheidungsautonomie kann den beiden Verkaufsmanagern bei der Bestimmung ihrer Handlungen eingeräumt werden? Wann können die Verkaufsmanager selbst entscheiden, ob sie einen verbindlichen Auftrag annehmen und zur Produktion weiterleiten und wann nicht?

2. Gestaltung der Kommunikation

Welche Informationen über die Marktpreise in Ost und West (Information über die unternehmungsexterne Umwelt) und über die Entscheidung des anderen Verkaufsmanagers (Information über die unternehmungsinterne Umwelt) muss jeder Verkaufsmanager besitzen, um im Rahmen seiner Entscheidungskompetenz die optimale Entscheidung treffen zu können? Und damit verbunden: Auf welchem Wege soll er diese Information bekommen, d.h. wie sollen die Gewinnung und Übermittlung von Informationen geregelt werden?

Die Festlegung der Entscheidungsautonomie und die Bestimmung der optimalen Informationspartitionen bedingen sich gegenseitig. Ob und wie weit interdependenzbezogene Informationen, z.B. über die von den Managern getroffenen Entscheidungen, erforderlich sind, hängt von der jeweiligen Entscheidungskompetenz der Verkaufsmanager ab. So kann im Fall der „zentralen Planung", bei der den beiden Managern eine eindeutige Handlungsregel in Bezug auf die Information über die unternehmungsexterne Umwelt vorgegeben wird, die Kommunikation zwischen den beiden Verkaufsmanagern ganz auf die entscheidungsunabhängige Kommunikation reduziert werden. Es werden dann nur Marktdaten übermittelt. Dagegen kann im Fall der „vollkommenen Dezentralisation", bei dem den Managern keinerlei Beschränkungen bei ihren Entscheidungen auferlegt werden, interdependenzbezogene Kommunikation sinnvoll sein. Die Manager informieren sich dann über ihre Entscheidungen.

Bei aller Notwendigkeit zur Abstraktion und Vereinfachung ist die Teamtheorie für eine entscheidungsorientierte Gestaltungstheorie vor allem aus zwei Gründen bedeutsam. Zum einen liefert sie ein Bezugskonzept, das im dritten Teil[6] seine anwendungsorientierte Ausdifferenzierung bei der Entwicklung des Koordinationszusammenhangs erfährt. Zum anderen gibt es kein anderes mathematisches Organisationsmodell, das bei aller Abstraktion eine solche Fülle praktisch relevanter Probleme erfasst und Einblicke in grundlegende entscheidungstheoretische Mechanismen und Prinzipien der Koordination vermittelt.

---

6) Vgl. S.91 ff.

Der Grund für diese Aussagekraft liegt nicht zuletzt darin, dass die Teamtheorie die Frage der horizontalen Segmentierung von Entscheidungsaufgaben und damit die für alle Systeme der Realität zentrale Problematik der Interdependenzen zwischen verselbständigten Einzelentscheidungen, behandelt.

II. Herbert A. Simon, James G. March und Richard M. Cyert: Begrenzte Rationalität und komplexe Entscheidungsprozesse

Das Verhalten von Gruppen und Individuen in Entscheidungssituationen und die Struktur von Entscheidungsprozessen sind Untersuchungsgegenstände, die in den letzten Jahrzehnten in der Organisationstheorie außerordentlich großes Interesse gefunden haben. Diese Entwicklung ist maßgeblich durch *Herbert A. Simon* geprägt worden, dessen 1947 erschienenes Buch „Administrative Behavior. A Study of Decision-Making Process in Administrative Organization"[1] den Ausgangspunkt eines bis in die Gegenwart verfolgten Forschungsanliegens bildet. Der Beitrag von *Simon* hat wie kaum ein anderer Ansatz die Organisationstheorie beeinflusst.

Es ist keine Übertreibung, wenn man feststellt: Mit der Etablierung der entscheidungsorientierten Sichtweise beginnt die rigorose wissenschaftliche Auseinandersetzung mit der Gestaltung von Organisationsstrukturen. Wenn man das Handeln von bzw. in Institutionen verstehen will, muss man sich nach der Auffassung von Simon mit den Bestimmungsgrößen von Entscheidungen und insbesondere mit der eingeschränkten Rationalität des Individuums auf Grund seiner begrenzten Kapazität bei der Informationsgewinnung und –verarbeitung auseinandersetzen: „If any „theory" is involved, it is that decision-making is the heart of administration, and that the vocabulary of administrative theory must be derived from the logic and psychology of human choice."[2]

Simon, der an der Carnegie-Mellon-University in Pittsburgh (USA) lehrte, hat dort über seine eigenen Studien hinaus eine große Zahl organisationstheoretischer Arbeiten angeregt. Auf Grund ihrer relativ homogenen Fokussierung auf Fragen der Entscheidung und der Verfolgung einer kognitionswissenschaftlichen Perspektive kann man sie einer „Pittsburgher Schule" zuordnen.

Im Jahre 1958 erschien unter dem Titel „Organizations" ein gemeinsam von *Simon* und *March* verfasstes Buch, das im Kern eine konzeptionelle Weiterführung und Präzisierung von „Administrative Behavior" darstellt. Die Komponenten der von Simon bis dahin zum Teil nur bruchstückhaft formulierten Theorie werden in Form exakter Hypothesen zu Modellen zusammengefasst. Dabei wird die vor allem in den fünfziger Jahren erschienene psychologische, sozialpsychologische und soziologische Literatur berücksichtigt.

---

1) Simon [Behavior].
2) Simon [Behavior] XLVI.

Zu Beginn der sechziger Jahre etablierte sich in Pittsburgh unter Einfluss und Mitwirkung von *Simon* eine Forschungsgruppe, die sich mit der Struktur komplexer Entscheidungsprozesse beschäftigte. Das theoretische Grundkonzept und Ergebnisse der wichtigsten Einzelstudien wurden 1963 von *Cyert* und *March* unter dem Titel „A Behavioral Theory of the Firm"[3] veröffentlicht. Das Konzept weist zwei, nur begrenzt miteinander verknüpfte Schwerpunkte auf: Die Analyse des Zielproblems in Institutionen, die als Koalitionen interpretiert werden, und die Beschreibung von Auslösung und Ablauf komplexer Entscheidungsprozesse. Bei der Zielproblematik steht der Konflikt zwischen dem individuellen Ziel des Mitglieds und dem offiziellen Ziel der Institution im Mittelpunkt. Die Auflösung von Konflikten wird relativ formal unter Rückgriff auf spieltheoretische Konzepte, insbesondere durch Einführung von Ausgleichszahlungen gedeutet. Im Kern handelt es sich um die Weiterentwicklung der von *Barnard*[4] und *Simon* formulierten Anreiz-Beitrags-Theorie. Die Auseinandersetzung mit der Bewältigung komplexer Entscheidungsprobleme ist wesentlich durch das Konzept der begrenzten Rationalität von *Simon* geprägt. Nach Auffassung von *Cyert* und *March* lassen sich bei der einen Entscheidungsprozess auslösenden Wahrnehmung von Problemen und bei den Informations- und Entscheidungsaktivitäten Gesetzmäßigkeiten in Form eines bestimmten Anpassungsverhaltens feststellen, die eine Formulierung allgemeingültiger Regeln und Programme erlauben.

Das ursprüngliche Anliegen der Pittsburgher Gruppe, die Korrektur des Modells rationalen Entscheidens und die kognitionswissenschaftliche Durchdringung des Entscheidungsverhaltens, hat neben Simon, der sich allerdings mit der Hinwendung zur kognitiven Psychologie zunehmend von der Analyse der organisatorischen Dimension des Entscheidungsverhaltens entfernte, am konsequentesten *March* an der Stanford University weiter verfolgt. Der gegenwärtige Stand der Forschungsergebnisse von *March* und seiner Schüler lässt sich durch vier Schwerpunkte umreißen:[5]

Suchverhalten

Nur wenige Alternativen, Konsequenzen und Ziele können gleichzeitig in einer Entscheidungssituation berücksichtigt werden; die Entscheidungseinheit kann ihre Aufmerksamkeit nur Teilaspekten des gesamten Problemzusammenhanges widmen. Die Auseinandersetzung mit der Struktur der Suchprozesse gewinnt

---

3) Cyert/March [Theory].
4) Barnard [Functions].
5) Vgl. March [Decisions] und March [Pursuit].

damit für die Erfassung des Entscheidungsverhaltens zentrale Bedeutung. Grundlage des Erklärungsmodells bildet die Verknüpfung der Suchaktivitäten mit der jeweiligen Einschätzung der Wahrscheinlichkeit der Zielerreichung (Erfolg, Misserfolg). Zentrale Bedeutung für die Erklärung von Suchaktivitäten kommt dem jeweiligen Ausmaß an „Slack" zu. Darunter versteht *March* einen Überschuss an Ressourcen, der streng genommen hinsichtlich seines unmittelbaren Beitrags zur Verwirklichung des jeweils verfolgten Ziels nicht zwingend erforderlich wäre. *March* leitet aus der Unterscheidung zwischen problemorientierter und „slack"-orientierter Suche spezifische Verhaltensmuster, insbesondere hinsichtlich des Innovationsverhaltens, ab.

Konfliktverhalten

Arbeitsteilige Handlungssysteme sind politische Systeme; die Einbeziehung einer Mehrzahl von Personen mit inkonsistenten Präferenzen führt zwangsläufig zu Konflikten. In solchen Situationen nutzen Individuen und Gruppen ihre Ressourcen und insbesondere die ihnen zur Verfügung stehenden Informationen als Hebel zur Verfolgung ihrer eigenen Interessen. Die Studien von *March* zu dieser Thematik zeigen, dass Konfliktsituationen in arbeitsteiligen Systemen durch „Abpufferungen" entschärft werden, z.B. durch die Bildung bis zu einem gewissen Grade unabhängiger Teilsysteme und auf die Existenz von Ressourcenüberschüssen („Slack").

Regelorientiertes Verhalten

Nach den Ergebnissen von *March* lassen sich viele Erscheinungsformen des Verhaltens in arbeitsteiligen Systemen auf die Orientierung an Regeln zurückführen. Es werden bestimmte Verfahren angewendet, weil sie sich in bestimmten Situationen als angemessen erwiesen haben oder weil sie Teil einer übertragenen Aufgabe sind, weniger weil ihr unmittelbarer Beitrag zum Prinzip des rationalen Handelns offenkundig wäre. Die Analyse der weitgehend durch Lerneffekte geprägten Entstehung und Veränderung von Regeln und die Bewertung ihrer Auswirkungen bilden Schwerpunkte der Untersuchungen.

Mehrdeutigkeit in Entscheidungssituationen.

Mangelnde Eindeutigkeit untersucht *March* hinsichtlich der Präferenzstrukturen der Entscheidungseinheiten, der kausalen Verknüpfung zwischen den verschiedenen Aktivitäten, insbesondere der zwischen Problemformulierung und Problemlösung, und der Funktion von Aktivitäten als symbolische Handlungen, deren Sinn sich durch den Rückgriff auf das traditionelle Modell der rationalen Entscheidung nicht erschließen.

Bedeutsam für eine betriebswirtschaftliche Betrachtungsweise ist, dass der insbesondere bei *Simon* in der Anfangsphase der Forschungsarbeit ausgeprägte Gestaltungsaspekt[6] nach wie vor präsent ist. Ohne Zweifel ist dieses Anliegen nicht die treibende Kraft in den Studien von *March*. Dennoch stellt er bei aller Betonung der Mehrdeutigkeit von Entscheidungssituationen und der begrenzten Erklärungskraft von Zweck-Mittel-Zusammenhängen nicht die Fähigkeit von Institutionen zum Handeln und zur Anpassung in Frage: „There is considerable stability in organizations, but the changes we observe are substantial enough to suggest that organizations are remarkably adaptive, enduring institutions, responding to volatile environments routinely and easily, though not always optimally."[7] Für eine auf planvolles Gestalten ausgerichtete betriebswirtschaftliche Organisationstheorie, für eine die Grenzen individueller Informationsverarbeitung und die Eigendynamik multipersoneller Kontexte nicht ausblendende Theorie der Entscheidung über Organisationsstrukturen, ist das Konzept der „Pittsburgher Schule" ein aussagefähiges Modell.

Diese Einschätzung gilt umso mehr, als sich die Beiträge von *Simon*, *March* und ihrer Koautoren bei aller Vielfalt der Sichtweisen zu einer relativ kohärenten Theorie des Entscheidungsprozesses zusammenfügen lassen. Im Grunde eröffnet die vor vier Jahrzehnten erschienene „Behavioral Theory of the Firm" von *Cyert* und *March* nach wie vor einen aufschlussreichen Zugang zu den Problemlösungsaktivitäten („search") in Organisationen. Die Kernthesen lauten: (1) Die Aktivitäten sind das Ergebnis bestimmter motivationaler Aktivierungen („search is motivated"). (2) Die Aktivitäten folgen relativ einfachen Mustern („search is simple-minded"). (3) Die Aktivitäten sind geprägt durch Voreingenommenheit („search is biased"). Es ist keine Fehldeutung, wenn man einen großen Teil der Forschungen der „Pittsburgher Schule" als Beitrag zur Fundierung dieser Thesen charakterisiert. Die Orientierung an einer so konzipierten Theorie führt für die organisatorische Gestaltung nicht unmittelbar zur systematischen Ableitung von alternativen organisatorischen Regelungen und ihrer Bewertung. Sie gibt aber Aufschluss über die Prinzipien einer arbeitsteiligen Lösung komplexer und mehrdeutiger Entscheidungen – und als solche lassen sich auch organisatorische Gestaltungsprobleme charakterisieren.

Die ersten beiden Thesen bedürfen keiner näheren Erläuterung. Bei der Skizzierung der „Behavioral Theory of the Firm" wurde schon hervorgehoben, dass die Suche nach einer Lösung im Allgemeinen problemorientiert ist und ihre Intensität von dem Ausmaß an wahrgenommenem Problemdruck abhängt. Die

---

6) Vgl. hierzu die Hinweise von *Simon* im Vorwort der zweiten Auflage seines Buches „Administrative Behavior"; Simon [Behavior] XIII/XIV.
7) March [Decisions] 168.

Einfachheit des Suchmusters äußert sich vor allem im lokalen Charakter der Aktivitäten. Die Lösungssuche beginnt in der Nähe des wahrgenommenen Problems. Nur wenn diese Vorgehensweise keinen Erfolg verspricht, wird die Suche ausgedehnt. Zur Vereinfachung führt auch die Tendenz der sequenziellen Verfolgung einzelner Ziele, die als weitgehend voneinander unabhängig angesehen werden. Die ersten beiden Thesen sind plausibel: Abzuwarten bis ein Problem wahrgenommen wird und eine Lösung zunächst in kleinen Schritten anzustreben, das sind nahe liegende Prinzipien zur Vermeidung einer ausufernden Belastung durch Informationsaktivitäten. Die dritte These von der Vorprägung der Suche hat gerade für eine Theorie der organisatorischen Gestaltung einen herausgehobenen Stellenwert. Sie weist Beziehungen zur Funktion von Gestaltungsphilosophien und damit zu einer zentralen Komponente des zu entwickelnden Gestaltungskonzepts auf.

Die Vorprägung der Suche, die sich im Extremfall darin äußert, dass schon vor der Auseinandersetzung mit dem Problem mehr oder weniger klare Vorstellungen über die Lösung existieren, erfüllt vor allem angesichts der brüchigen empirischen Fundierung von Wirkannahmen[8] eine wichtige heuristische Funktion. Der Frage, welche Zusammenhänge zwischen der wahrgenommenen Problemsituation, den Aktivitäten der Informationsgewinnung und den Schlussfolgerungen hinsichtlich der ausgewählten Handlungen bestehen, widmen *Cyert* und *March* differenzierte theoretische Analysen und empirische Untersuchungen. Besonders aufschlussreich ist eine durchgeführte Fallstudie, die den Prozess der Entscheidung über eine Investition im Produktionsbereich untersuchte. Eine vorhandene Krananlage hatte sich als Sicherheitsrisiko erwiesen und wurde als Ergebnis einer längeren Untersuchung durch ein neues System („magnetic controller") ersetzt. Die von *Cyert* und *March* herausgearbeitete zentrale Erkenntnis kann auch für die Charakterisierung von Reorganisationen Gültigkeit beanspruchen: „Most conspicious is the fact that the connection between the stimulus (fatal accident) and the organizational reaction (new controller) is remote."[9] In der Überbrückung dieser Spanne liegt die heuristische Funktion der vorgeprägten Suche. *Cyert* und *March* beschreiben das so: „The alternative of magnetic controllers was discovered not so much because the organization at this time searched everywhere for solutions to a problem but because some parts of the organization were already (for whatever reason) predisposed toward the project and (1) thought of it as relevant and (2) were able

---

8) Cyert/March [Theory] 81 stellen in diesem Zusammenhang lapidar fest: "Information about the consequences of specific courses of action in a business organization is frequently hard to obtain and of uncertain reliability."

9) Cyert/March [Theory] 52.

to present it as relevant to the perceived problem in safety."[10] Ohne die Thematisierung solcher Vorprägungen und ihre Integration in ein Konzept der Gestaltung eröffnet sich schwerlich ein Zugang zum Verständnis von Organisationslösungen in der Praxis. Nur wenn man z.B. erkennt, dass der langwierige, durch Umwälzungen in der Informationstechnologie ausgelöste Prozess der Entwicklung einer neuen Organisation bei *IBM* in den achtziger Jahren des vorigen Jahrhunderts im Wesentlichen das Ergebnis einer Vorprägung in Form des Glaubens an die Überlegenheit und Beherrschbarkeit umfassender Planungssysteme ist, kann man die durchgeführte Reorganisation voll erfassen.

---

10) Cyert/March [Theory] 52.

III. James D. Thompson: Bewältigung von Aufgabenungewissheit durch Strategie- und Organisationsgestaltung

Das 1967 erschienene Buch „Organization in Action" von *James D. Thompson* ist der erste organisationstheoretische Beitrag, der auf der Grundlage des verfügbaren theoretischen Wissens das Problem der organisatorischen Gestaltung in einem geschlossenen Ansatz behandelt. Die Auswahl der berücksichtigten Literatur reicht von den Beiträgen des „Scientific Management" bis zur Psychologie. Das Buch erscheint in einer Zeit, in der unter dem Einfluss der Arbeiten der Pittsburgher Schule die Organisationstheorie einen Entwicklungssprung vollzieht. Wie die Pittsburgher Forscher sucht auch *Thompson* einen Zugang zur konzeptionellen Erfassung organisatorischer Systeme über die Analyse von Entscheidungen und Informationsaktivitäten, allerdings ohne eine kognitionswissenschaftliche Perspektive zu verfolgen. Mit der Fokussierung auf die Bewältigung von Ungewissheit wählt er einen eher traditionellen Ansatz: „Uncertainty appears as the fundamental problem for complex organizations, and coping with uncertainty, as the essence of the administrative process."[1]

Das Gestaltungskonzept von *Thompson* beruht auf der Annahme, dass Unternehmungen und andere Institutionen offene Systeme sind, deren Prozesse und langfristige Entwicklung durch Unbestimmtheit („indeterminance") und Ungewissheit („uncertainty") gekennzeichnet sind.[2] Gleichwohl erfordern solche Systeme planvolle Gestaltung, wenn sie als Instrumente zur planvollen Verwirklichung bestimmter Ziele („as vehicles for rational achievements"[3]) verstanden werden. *Thompson* betrachtet Institutionen, von denen erwartet wird, dass sie Leistungen erbringen und dass ihr Handeln hinsichtlich der Erfüllung dieser Erwartung vernünftig ist. Das Schlüsselkonzept seiner Theorie nennt *Thompson* „Technologie" oder „technische Rationalität" (vgl. Übersicht 2).

---

[1] Thompson [Organizations] 159.
[2] Thompson [Organizations] 14.
[3] Thompson [Organizations] 9.

> "Instrumental action is rooted on the one hand in desired outcomes and on the other hand in beliefs about cause/effect relationships. Given a desire, the state of man's knowledge at any point in time dictates the kinds of variables required and the manner of their manipulation to bring that desire to fruition. To the extent that the activities thus dictated by man's beliefs are judged to produce the desired outcomes, we can speak of technology, or technical rationality.
>
> Technical rationality can be evaluated by two criteria: instrumental and economic. The essence of the instrumental question is whether the specified actions do in fact produce the desired outcome, and the instrumentally perfect technology is one which inevitably achieves such results. The economic question in essence is whether the results are obtained with the least necessary expenditure of resources, and for this there is no absolute standard. Two different routes to the same desired outcome may be compared in terms of cost, or both may be compared with some abstract ideal, but in practical terms the evaluation of economy is relative to the state of man's knowledge at the time of evaluation."

Übersicht 2: Technische Rationalität nach Thompson[4]

Der Kerngedanke des *Thompson*-Modells lässt sich auf eine einfache Formel bringen: Um die Voraussetzungen eines den Anforderungen technischer Rationalität genügenden Gestaltungshandelns zu schaffen, muss ein offenes, mit der Umwelt in Austausch stehendes System in Richtung auf ein geschlossenes System verändert werden. Diese Transformation ist für eine Unternehmung in ausreichendem Maße erreicht, wenn die erfolgsbestimmenden Variablen soweit kontrolliert werden können, dass sich die Konsequenzen planvollen Handelns mit hinreichender Zuverlässigkeit prognostizieren lassen. Die größten Möglichkeiten zur Schließung des Systems sieht *Thompson* beim Ressourceneinsatz

---

[4] Thompson [Organizations] 14.

im Rahmen der internen Wertschöpfung („Produktion"). Er bezeichnet diesen Bereich als technischen Kern. Eine die Stabilität und Handlungskontrolle fördernde Abschottung dieses Kerns von der dynamischen Umwelt, insbesondere von den Märkten, lässt sich nach *Thompson* durch drei Maßnahmen erreichen:

- Stabilisierende Auswahl der strategischen Domäne, z. B. durch eine Politik der vertikalen Integration der Wertschöpfungsaktivitäten.
- Beeinflussung der Marktteilnehmer, z. B. durch Absprachen und Kooperationen.
- Abkopplung des technischen Kerns vom Markt durch Pufferung (z. B. Ressourcenlager), durch Glättung (z. B. Beeinflussung der Nachfrage durch Werbung), durch vorausschauende Planung (z. B. Verbesserung der Prognosefähigkeit) und Zuteilung (z. B. Prioritätsregeln für den Ressourceneinsatz).

In diesem durch den Einsatz stabilisierender Maßnahmen gesetzten Rahmen analysiert Thompson Probleme der organisatorischen Gestaltung, die im entscheidungsorientierten Ansatz Fragen der Segmentierung und der Strukturierung betreffen. Er entwickelt Prinzipien zum „Technologie"-Management", die sich auf die Gestaltung des technischen Kerns beziehen, und zum „Schnittstellen"-Management", die auf das Austauschverhältnis zwischen technischem Kern und marktlicher Umwelt ausgerichtet sind. Beide Problembereiche werden weitgehend isoliert betrachtet.

Technologiemanagement bedeutet für *Thompson* im Wesentlichen die Koordination von Interdependenzen. Für die organisatorischen Regelungen gilt dabei das Prinzip der Minimierung der Koordinationskosten: „Under norms of rationality, organizations group positions to minimize coordination costs."[5] Was zunächst wie ein der Teamtheorie vergleichbarer Lösungsansatz erscheint, erweist sich als das Ergebnis von (problematischen) Schlussfolgerungen aus einer Reihe im hohen Maße deterministischer Annahmen[6]. Im Einzelnen unterstellt *Thompson*, dass im technischen Kern drei Wertschöpfungsmuster vorherrschen: long-linked technology (Beispiel: Automobilbau), mediating technology (Beispiel: Banken) und intensive technology (Beispiel: Krankenhaus). Interdependenzen äußern sich als gepoolte, sequenzielle oder reziproke Beziehungen. Koordinationsregelungen werden durch Standardisierung, Planung oder gegenseitige Abstimmung getroffen.

---

5) Thompson [Organizations] 57.
6) Vgl. in diesem Zusammenhang auch die Kritik von Ebers [Organisationskultur] 61 ff.

Die von *Thompson* entwickelten Gestaltungsempfehlungen gehen davon aus, dass (1) die Ausprägung der Interdependenzen von dem vorherrschenden Technologiemuster abhängt, (2) den Interdependenzformen jeweils angemessene („appropriate"[7]) Koordinationsprinzipien zugeordnet werden können und (3) die Koordinationskosten („burdens on communication and decision"[8]) von der Standardisierung über die Planung bis zur gegenseitigen Abstimmung zunehmen. Auf der Grundlage dieser Annahmen entwickelt *Thompson* eine Heuristik zur Vermeidung des Einsatzes „kostenintensiver" Koordinationsinstrumente.

Für die Einschätzung dieses Gestaltungskonzepts ist von zentraler Bedeutung, dass die unterstellten deterministischen bzw. invarianten Beziehungen zwischen Technologien, Interdependenzen und Koordinationsprinzipien den Gestaltungsspielraum einschränken und damit die Komplexität der Gestaltungsaufgabe nachhaltig reduzieren. Allerdings halten diese Annahmen einer Überprüfung nicht Stand;[9] auch erfassen die betrachteten Ursachen und Instrumente der Koordination nicht die Vielfalt praktischer Gestaltungsprobleme. Gleichwohl vermitteln die Überlegungen von *Thompson* eine Fülle aufschlussreicher Einsichten in die Gestaltungsproblematik.

Andere Anforderungen an die Koordination stellt das Schnittstellenmanagement, das sich nicht im Rahmen des von der Dynamik der Umwelt mehr oder weniger abgeschotteten technischen Kerns vollzieht, sondern die Anpassung an exogene Marktentwicklungen sicherstellen muss. Nicht die Bewältigung von Interdependenzen, sondern die Ausgestaltung von Aktivitäten zur Gewinnung und Verarbeitung von Informationen rückt in den Mittelpunkt des Gestaltungsproblems. *Thompson* leitet die Anforderungen an die organisatorische Gestaltung aus der jeweiligen Homogenität und Stabilität der Umwelt ab. Das Ausmaß an Heterogenität bestimmt im Wesentlichen, wie groß die Fragmentierung der Aufgabenzuordnung ist. Von der Stabilität hängt im Wesentlichen ab, welche Koordinationsinstrumente eingesetzt werden. Die Aussagen von Thompson stellen einen Versuch dar, durch die Zusammenführung dieser beiden Einflüsse die Fülle praktischer Organisationsformen (z. B. Funktional-, Regional- und Spartenorganisation) zu erklären. Auch diesen Aussagen liegt letztlich keine zwingende Argumentation zu Grunde. Letztlich wird die Herausbildung der Organisationsformen auf Einflussfaktoren zurückgeführt, die in der empirischen Organisationsforschung eine gewisse Bestätigung gefunden

---

7) Thompson [Organizations] 56.
8) Thompson [Organizations] 56.
9) Vgl. hierzu die Kritik von Laßmann [Koordination] 34 ff.

haben. Insofern nimmt *Thompson* Bestandteile des Konfigurationsansatzes von *Mintzberg*[10] vorweg.

Das Koordinationsmodell von *Thompson* entspricht der Koordinationsdimension des entscheidungsorientierten Ansatzes insofern, als Probleme, die aus der Divergenz zwischen Unternehmungsziel und Individualziel resultieren, nicht thematisiert werden. Insgesamt lässt sich mit der Betonung der Gruppierung von Aufgaben als Gegenstand organisatorischer Regelungen eine Konzentration auf Fragen der Gestaltung des Kompetenzsystems feststellen.

Thompson erkennt durchaus die Bedeutung der Motivationsdimension und die Notwendigkeit, das individuelle Verhalten in die Betrachtung einzubeziehen. Er bringt diese Tatsache auf eine prägnante Formel: „But it must also be clear that such factors as technology and task environment seldom completely determine how organizations act. When the immutable facts of organizational life have been faced and contingencies spelled out, organizations have choices. It is at these points that discretion makes the difference; therefore we must examine the exercise of discretion by human actors in and around organizations."[11] Zugleich betont er die Grenzen einer planvollen Einbeziehung individuellen Verhaltens in die organisatorische Gestaltung: „Neither we nor organizations have the data or the calculus to understand organization members in their full complexity, and the requirements of complicated technologies in complicated task environments cannot be met if the full range of human variations comes into play within the organization."[12]

Die Behandlung des individuellen Verhaltens erfolgt bei Thompson in einem gesonderten zweiten Teil des Buches. Es handelt sich im Wesentlichen um eine Aufarbeitung der Literatur hinsichtlich ihres Erklärungsbeitrags zum Verständnis der individuellen Nutzung von Spielräumen in Organisationssystemen unter den jeweiligen Bedingungen des technischen Kerns und der Umwelt. Das Spektrum der einbezogenen Erscheinungsformen individuellen Verhaltens und der Handlungsmöglichkeiten von Organisationen bei der Auseinandersetzung mit dem Einfluss des „human actor" ist breit. Mit der Mitgliedschaftstheorie, der Motivationstheorie, der Machttheorie und der Konflikttheorie wird der verhaltenswissenschaftliche Erkenntnisstand der sechziger Jahre des vorigen Jahrhunderts in Hypothesenform in das Technologie- und Umweltgefüge eines organisatorischen Systems projiziert. Es erfolgt jedoch keine integrierte Betrachtung des organisatorischen Technologie- und Schnittstellenmanagements einerseits und der Etablierung sowie der Nutzung individueller Ermessensspielräu-

---

10) Mintzberg [Structuring].
11) Thompson [Organizations] 99.
12) Thompson [Organizations] 101.

me andererseits. Die für den entscheidungsorientierten Ansatz wichtige Frage, ob eine aus der Sicht bestehender Koordinationsanforderungen erwogene organisatorische Regelung angesichts von Eigengesetzlichkeiten des individuellen Verhaltens zu modifizieren ist, wird nicht aufgeworfen.

IV. Jay R. Galbraith: Aufgabenfokus und kohärenter Einsatz organisatorischer Instrumente

Das 1977 erschienene Buch „Organization Design" von *Jay R. Galbraith*[1] ist in der internationalen Literatur zur Organisationstheorie viel beachtet worden. *Galbraith*, der während seines Promotionsstudiums Vorlesungen bei *James D. Thompson* hörte, widmet seinem Lehrer das Buch. Sein Ansatz ist allerdings nicht nachhaltig von *Thompsons* „Organization in Action" beeinflusst, sondern wesentlich stärker durch die Arbeiten der Pittsburgher Schule geprägt worden.

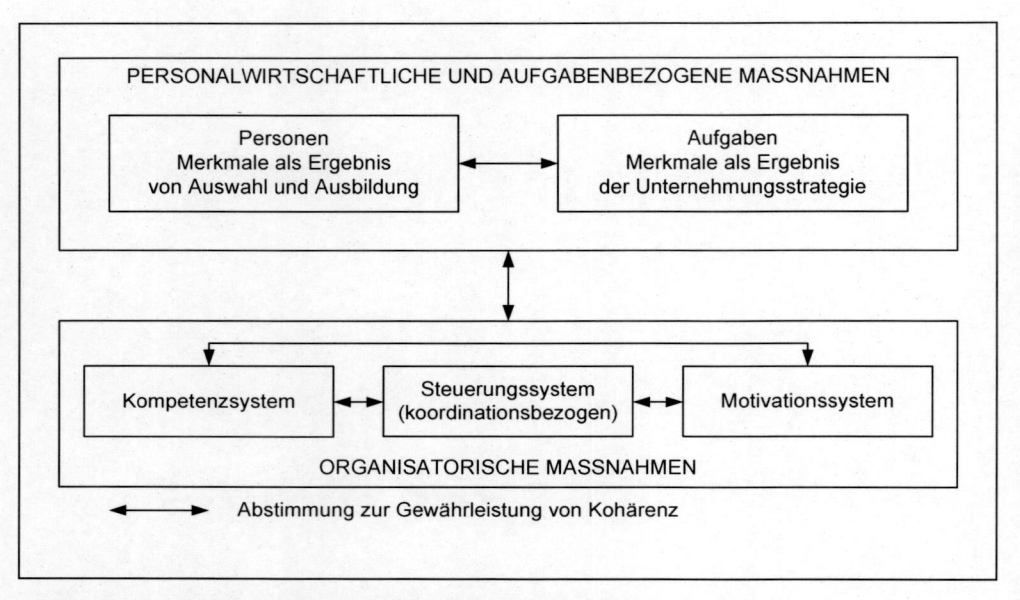

Abb. 1:   *Modell der Organisationsgestaltung von Galbraith*

Die Umrisse des von *Galbraith* entwickelten Gestaltungsmodells sind in Abb. 1 wiedergegeben. Unterschieden werden zum einen personalwirtschaftliche und aufgabenbezogene Maßnahmen und zum anderen organisatorischen Maßnahmen; letztere werden in der Abbildung durch Rückgriff auf die Begriffe des entscheidungsorientierten Ansatzes charakterisiert[2]. Bemerkenswert ist, dass

---

1) Galbraith [Organization].
2) Die in Abb. 1 ausgewiesenen organisatorischen Maßnahmen beschreibt *Galbraith* folgendermaßen: Kompetenzsystem: „Decomposition into subtasks"; Steuerungssystem: „Coordination for completion of whole tasks"; Motivationssystem: „Design of reward systems."

das Konzept alle Parameter der statischen Organisationsgestaltung umfasst. Sie werden allerdings nicht alle im Modell differenziert betrachtet.

Eine relativ globale Berücksichtigung finden die Merkmale der handelnden Personen. Sie werden in ihrem Potenzial und ihrer Einsatzmöglichkeit auf Grund vorangegangener Personalauswahl und Ausbildung als gegeben angesehen. Personenrelevante Merkmale finden jedoch indirekt eine differenzierte Berücksichtigung bei der Gestaltung des Motivationssystems.

Die Aufgabenmerkmale führt *Galbraith* auf die von der Unternehmung jeweils verfolgte Strategie zurück. Mit dem Konstrukt der „Aufgabenungewissheit" wird allerdings der Strategieeinfluss nur sehr selektiv erfasst. Die mit einer Aufgabe verbundene Ungewissheit wird zum einen durch den Grad der Vielfalt, Schwierigkeit und Dynamik determiniert,[3] von denen die Anforderungen an die Aufgabenerfüllung abhängen. Zum anderen wird die Ungewissheit durch das Ausmaß an vorhandenen aufgabenbezogenen Informationen bestimmt, auf die bei der Aufgabenerfüllung zurückgegriffen werden kann. Der Vergleich von erforderlicher und vorhandener Information definiert damit die Aufgabenungewissheit: „Task uncertainty ist the relative amount of information that must be acquired."[4]

Das Kompetenzsystem, „structure" nach *Galbraith*, wird im Sinne eines gegebenen, Funktionen und Positionen beschreibenden Rahmens eingeführt. Fragen der Stellen-, Abteilungs- und Bereichsbildung – und damit der ganze Komplex der im entscheidungsorientierten Ansatz als Segmentierungsproblematik behandelten Gestaltungsfragen – werden nicht aufgegriffen.

Im Fokus des *Galbraith*-Modells stehen organisatorische Regelungen, die in der Terminologie des entscheidungsorientierten Ansatzes der koordinationsbezogenen Steuerung zuzuordnen sind; *Galbraith* spricht von „processes". Betrachtet werden vorrangig Prinzipien der vertikalen und horizontalen Koordination des Planungsprozesses.[5] *Galbraith* geht es hier um die systematische Ableitung der verfügbaren Instrumente und Prinzipien der Steuerung. Der zentrale Gedanke ist die hierarchische Verankerung der Steuerung, die auf hierarchische Autorität, die Vorgabe genereller Regelungen, die Einräumung von Entscheidungsautonomie „vor Ort" und die Festlegung der Leitungsspanne zurückgreifen kann. Ist das hierarchische System nicht in der Lage, die anfallenden Informations- und Entscheidungsaktivitäten zu bewältigen, können zwei Gestaltungsprinzipien verfolgt werden. Zum einen kann angestrebt werden, die hierarchische

---

3) Galbraith [Organization] 30 f.
4) Galbraith [Organization] 39.
5) Galbraith [Organization] 40 ff.

Steuerung zu entlasten. *Galbraith* unterscheidet dabei zwei Prinzipien. Die Unternehmung kann zum einen durch Verhandlungen zur Stabilisierung der Umwelt oder durch Integration von Teilen der Wertschöpfung die Aufgabenungewissheit reduzieren. Sie kann hinsichtlich der Zielrealisation das Anspruchsniveau senken und damit auf die vollständige Ausschöpfung der verfügbaren Potenziale verzichten. Durch eine Internalisierung von Schnittstellen können quasi-autonome Aufgabenbereiche mit reduziertem Steuerungsbedarf gebildet werden. Zum anderen kann die Kapazität zur Gewinnung und Verarbeitung von Informationen vergrößert werden. Bei der Verfolgung dieses Prinzips kann durch Investitionen in computergestützte Informationssysteme oder in den Aufbau unterstützender Einheiten die Kapazität des hierarchischen Systems erweitert werden. In horizontaler, bereichsübergreifender Hinsicht können Kapazitätseffekte durch Förderung der direkten Kommunikation, durch Einsetzen von Schnittstellenmanagern und durch Bildung von Gruppen realisiert werden.

Hinsichtlich der Gestaltung des Motivationssystems, *Galbraith* spricht vom „reward system", werden zwei Betrachtungsweisen zusammengeführt. Durch Rückgriff auf den Stand der Motivationstheorie werden die verfügbaren Instrumente analysiert. Im Einzelnen werden unterschieden: autoritätsgestützte Regelvorgabe, mitgliedschaftsbezogene Anreize wie betriebliche Sozialleistungen, gruppenbasierte Anreize, individuelle Anreize sowie Förderung der Identifizierung mit den Aufgaben und Zielen der Unternehmung. Die Anreizinstrumente werden hinsichtlich ihrer Eignung zur Förderung folgender Verhaltensweisen charakterisiert: Eintritt und Verbleib in der Unternehmung, Verlässlichkeit der Aufgabenerfüllung, Leistungsanstrengung, Spontaneität und Innovationsorientierung sowie Kooperation.

Die Originalität des Beitrags von *Galbraith* liegt in der Entwicklung eines geschlossenen Konzepts der Koordination, in dem ausgehend vom Prinzip der hierarchischen Steuerung die Anforderungen an die Planung aus den zu erfüllenden Aufgaben abgeleitet und die verfügbaren Instrumente zur Gewährleistung der Steuerung eingeführt werden. *Galbraith* beschreibt den Kern seines Konzepts folgendermaßen: „The basic proposition is that the greater the uncertainty of the task, the greater the amount of information that has to be processed between decision makers during the execution of the task. If the task is well understood prior to its performance, much of the activity can be preplanned. If it is not understood, then during the actual task execution more knowledge is acquired which leads to changes in resource allocations, schedules, and priorities. All these changes require information processing during task performance. Therefore the greater the task uncertainty, the greater the amount of information that must be processed among decision makers during task execution in order to achieve a given level of performance. The basic effect of uncertainty is to limit the ability of the organization to preplan or to make decisions about activities in advance of their execution. Therefore, it is hypothesized that the observed variations in organizational forms are actually variations in the alternative organizing modes to (1) increase their ability to preplan, (2) increase their flexibility to adapt to their inability to preplan, or (3) decrease the level of performance required for continued viability. Which mode is chosen depends on the type of uncertainty and the relative costs of the alternatives modes."[6]

Selbst wenn von *Galbraith* nicht das ganze Spektrum verfügbarer Gestaltungsinstrumente betrachtet wird, zeigt sich doch, dass der Gestalter zwischen einer Fülle von Maßnahmen wählen kann. Verdienstvoll ist insbesondere der Hinweis, dass organisatorische Maßnahmen nicht nur unter einander sondern auch hinsichtlich personalwirtschaftlicher und strategischer Maßnahmen in einem Substitutionsverhältnis stehen – auch wenn *Galbraith* diese Optionen nicht im Einzelnen erörtert. Es bedarf keiner näheren Begründung, dass bei so vielen Gestaltungsalternativen die Frage der Bewertung der einzelnen Instrumente beantwortet werden muss. Hier bleibt *Galbraith* aber eine überzeugende Antwort schuldig. Er führt keine messbaren und operationalen Ziele ein, die den Gestaltungsentscheidungen zu Grunde gelegt werden könnten. Es wird statt dessen die etwas diffuse Forderung nach einer Kohärenz der entwickelten Lösungen aufgestellt: „The framework is based on an assumption that coherence is the primary determinant of success."[7] Wenn man von unmittelbar plausiblen Empfehlungen wie der Aussage absieht, dass es problematisch sei, bei erforderlichem kooperativem Verhalten durch Anreize Wettbewerb zu generieren,[8] wird zur Sicherung von Kohärenz auf die Ergebnisse der empirischen Organisationsforschung verwiesen. Angesichts des brüchigen empirischen Fundaments der Organisationstheorie kann aber von einer solchen Vorgehensweise allenfalls ein begrenzter Beitrag zur Begründung von Gestaltungsmaßnahmen erwartet werden.

---

6) Galbraith [Organization] 6.
7) Galbraith [Organization] 6.
8) Galbraith [Organization] 6.

C. Konzept der entscheidungsorientierten Organisationsgestaltung

I. Organisatorische Gestaltung als Entscheidungsproblem

Organisatorische Regelungen sollen sicherstellen, dass die Organisationsmitglieder im Sinne übergeordneter Ziele handeln. Jede organisatorische Regelung formuliert Erwartungen hinsichtlich der Durchführung von Handlungen, z.B. des Vertriebs eines Produktes, durch Vorgaben von Aufgaben oder durch weitere, das Verhalten beeinflussende Maßnahmen. Das Ergebnis organisatorischer Regelungen soll als „Organisationsstruktur" bezeichnet werden. Organisationsstrukturen beschreiben die Ausprägung der eingesetzten Gestaltungsinstrumente, z.B. durch die Vorgabe detaillierter Pläne für den Kontakt mit den Kunden im Vertriebsbereich.

In ihrer formalen Struktur unterscheidet sich die Auswahl zwischen alternativen Organisationsstrukturen nicht von anderen Entscheidungen. Organisatorische Gestaltungsentscheidungen lassen sich durch die folgenden vier Komponenten beschreiben (vgl. Abb. 2):[1]

1. Ausgangssituation

    Die gegebene Situation, die durch den Einsatz organisatorischer Gestaltungsinstrumente in eine veränderte Situation transformiert werden soll, ist bestimmt durch die Ausstattung mit Ressourcen, z.B. die Verfügbarkeit von Mitarbeitern im Außendienst mit hohem Produkt-Know-How, die herrschenden Umweltbedingungen, z.B. die hohe Änderungsrate der Produkte auf Grund des technologischen Fortschritts, und – im realistischen Fall der Reorganisation – durch das System bestehender organisatorischer Regelungen, z.B. die Existenz regionaler Vertriebseinheiten mit großer Autonomie.

2. Organisatorische Gestaltungsinstrumente

    Durch den Einsatz einer Vielzahl von Gestaltungsinstrumenten, die in dem betrachteten Modell die Entscheidungsvariablen bilden, können

---

[1] Die folgende Betrachtung beschränkt sich auf Probleme der statischen Organisationsgestaltung. Sie ist darauf ausgerichtet, die durch die gültige Strategie bezeichneten Handlungspotenziale zielkonform auszuschöpfen. Fragen der dynamischen Gestaltung, die Spielräume zur Weiterentwicklung der Strategie zum Aufbau künftiger Handlungspotenziale eröffnen soll, werden hier zunächst vernachlässigt.

verschiedene Organisationsstrukturen realisiert werden. Die zu berücksichtigenden Gestaltungsinstrumente[2] lassen sich zum einen nach ihren Verhaltensannahmen in Koordinations- und Motivationsinstrumente unterscheiden. Koordinationsmaßnahmen blenden die Frage des zielkonformen Mitarbeiterverhaltens aus und betrachten lediglich die zu erfüllenden Aufgaben. Sie sollen sicherstellen, dass die bei jeder Arbeitsteilung entstehenden Interdependenzen und Trennungen von Potenzialen bei der Etablierung von Organisationsstrukturen berücksichtigt werden. Motivationsinstrumente werden eingesetzt, weil die Diskrepanz zwischen individuellen und übergeordneten (kollektiven) Zielen überwunden oder abgebaut werden soll. Zum anderen lassen sich Gestaltungsinstrumente nach den Objekten der Gestaltung unterscheiden. Kompetenzbezogene Instrumente definieren durch Aufgabenvorgaben den Rahmen für das Handeln der Mitarbeiter. Steuerungsbezogene Instrumente suchen sicherzustellen, dass die Spielräume des Kompetenzsystems zielkonform ausgefüllt werden.

3. Verhaltenswirkungen und Handlungsergebnisse

Organisationsstrukturen sind auf die Erzielung von Verhaltenswirkungen ausgerichtet. Die Beurteilung organisatorischer Regelungen erfordert deshalb die Erfassung und Messung dieser Verhaltenseffekte sowie die Abschätzung ihrer Auswirkungen auf für die Unternehmung zielrelevanten Handlungsergebnisse. So muss sich das Management ein Urteil darüber bilden, ob eine bestimmte Organisationsregelung zu einer Veränderung des individuellen Verhaltens führt (z.B. höhere Intensität der Leistungsanstrengungen), dessen ökonomische Wirkung sich in bestimmten Handlungsergebnissen äußert (z.B. Umsatzsteigerung).

4. Gestaltungsziele

Die einer Organisationsstruktur zuzuordnenden Handlungsergebnisse werden nach Maßgabe der übergeordneten Unternehmungsziele bewertet. Die Gestaltungsalternative, die den höchsten Beitrag zur Realisierung der Unternehmungsziele leistet, wird realisiert. In diesem Bewertungsakt kulminiert die Schwierigkeit der Beurteilung alternativer Organisationsstrukturen: Jedes Konzept einer Organisationsstruktur umfasst mehrstufige, indirekte Effekte; es geht um die Schaffung einer Infrastruktur, die jeder Organisationsmaßnahme den Charakter einer vorgelagerten Handlung verleiht.

---

2) Vgl. zu den im Folgenden genannten Instrumenten die knappen Erläuterungen auf S. 4 f.

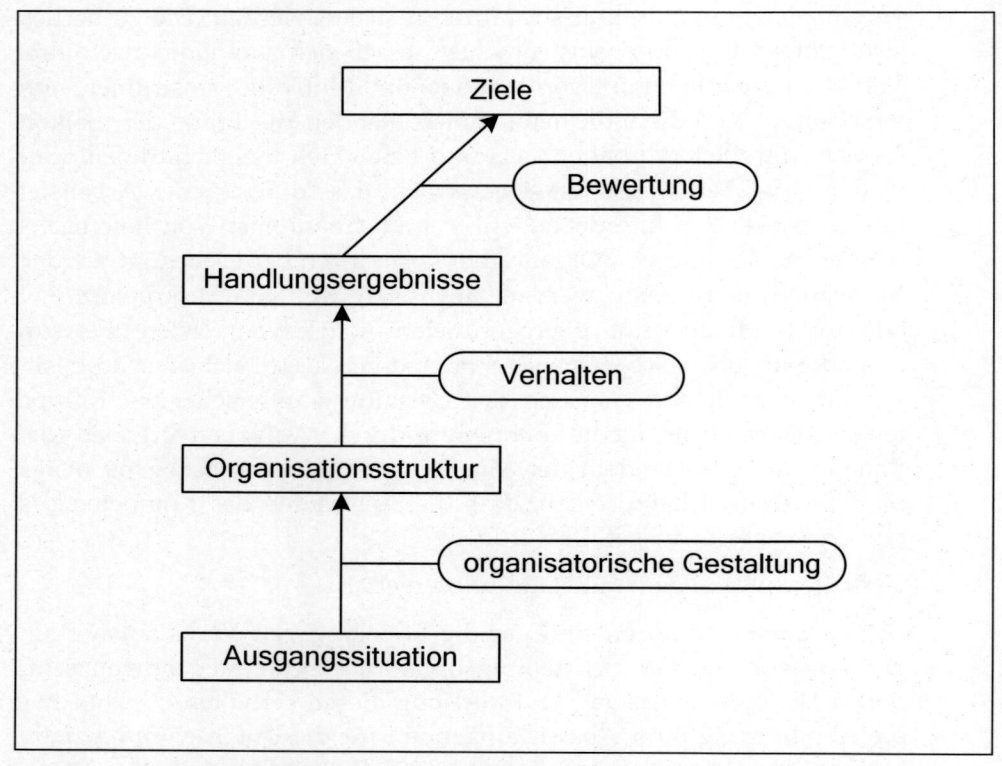

Abb. 2:   *Grundstruktur organisatorischer Gestaltungsentscheidungen*

Entscheidungen über organisatorische Regelungen werden den Anforderungen der normativen Entscheidungstheorie umso mehr entsprechen, je vollkommener die folgenden Voraussetzungen erfüllt sind:

1. Eindeutigkeit der Zielvorstellung

   Mit dieser Voraussetzung ist zunächst ein Informationsproblem formuliert; der Gestalter muss die durch Gestaltungsziele definierte Präferenzstruktur kennen bzw. verstanden haben. Darüber hinaus muss der Handelnde die Fähigkeit und Bereitschaft besitzen, Konflikte zwischen mehreren Zielen zu bewältigen.

2. Wissen über die Ausgangssituation und das verfügbare organisatorische Instrumentarium.

   Diese Voraussetzung besagt, dass der Handelnde die Struktur der Ausgangssituation kennen muss. Aus der gegebenen Ressourcenausstattung und den herrschenden Umweltbedingungen lassen sich dann die möglichen Organisationsstrukturen ableiten. So setzt der Mangel an Mitarbeitern mit ausreichendem Produkt-Know-How bei sich rasch ändernden

Produktanforderungen der Bildung zentraler Vertriebseinheiten Grenzen.

3. Wissen über die zielbezogenen Wirkungen alternativer Organisationsstrukturen

    Der Gestalter muss wissen, welche Auswirkungen die jeweils betrachtete Organisationsstruktur auf die Realisierung der Unternehmungsziele hat. Das Wissen bezieht sich einmal auf das empirische Problem der Prognose von Wirkungen alternativer Organisationsstrukturen auf das Verhalten der Organisationsmitglieder. Es erstreckt sich darüber hinaus auf die Prognose der Auswirkung des Verhaltens auf die zur Realisierung der Unternehmungsziele relevanten Handlungsergebnisse.

4. Wissen zur Beherrschung des Gestaltungsprozesses

    Diese Voraussetzung schafft die informationelle Grundlage, um den Prozess der Transformation der organisatorisch relevanten Ausgangssituation in die angestrebte Organisationsstruktur erfolgreich zu bewältigen. Dabei muss auch die Tatsache berücksichtigt werden, dass umfassende Reorganisationen zumeist das Ergebnis von konfliktträchtigen Gruppenentscheidungen sind.

Im strengen Sinne ist in der Realität keine dieser Voraussetzungen erfüllt. Vor allem steht die Organisationstheorie hinsichtlich der Erklärung und Prognose individuellen und kollektiven Verhaltens noch auf einem brüchigen Fundament. Eine empirisch gesicherte Theorie der verhaltensbezogenen Systemgestaltung existiert nicht; in einem großen Teil theoretischer Beiträge wird die Gestaltungsfrage nicht einmal thematisiert. Mehrdeutige Problemsituationen und mangelndes Gestaltungswissen schaffen Spielräume; im Extremfall erhält die Entscheidung für eine Organisationsstruktur den Charakter der Beliebigkeit. Die Konsequenzen, die sich aus der unvollkommenen Einsicht in ein so komplexes Problem für den Anspruch zielorientierten Handelns ergeben, bilden das Kernproblem jeder Theorie der Organisationsgestaltung.

Für ein Konzept wissenschaftlich fundierter Gestaltungsempfehlungen entstehen vor allem zwei Fragen. Ihre Beantwortung prägt die hier zu entwickelnde entscheidungsorientierte Gestaltungstheorie.

1. Kann die normative Entscheidungstheorie eine Leitbildfunktion übernehmen bei den Bemühungen, eine methodisch fundierte Handhabung komplexer Gestaltungsentscheidungen zu gewährleisten?
2. Wie kann eine anwendungsorientierte Gestaltungstheorie das Problem der unzureichenden empirischen Basis für Prognosen hinsichtlich der zielrelevanten Wirkungen alternativer Organisationsstrukturen lösen?

II. Entscheidung bei unvollkommener Information und kognitiven Grenzen

Die im vorangegangenen Abschnitt herausgearbeiteten Merkmale von Entscheidungen über Organisationsstrukturen charakterisieren die Wahl zwischen alternativen organisatorischen Regelungen in der Terminologie von *Simon*[1] als ein weitgehend unstrukturiertes Problem. Jeder Versuch, methodisch fundierte Empfehlungen für die praktische Bewältigung solcher Entscheidungen zu formulieren, ist eine Herausforderung. Gleichwohl weist die große Mehrheit der Entscheidungs- und Organisationstheoretiker dem Rationalmodell eine Leitbildfunktion bei der Lösungssuche für unstrukturierte Probleme zu. Die Ambivalenz, die eine solche Vorgehensweise auslöst, wird in den Folgenden Feststellungen von *March* deutlich: „Even granted that the theory of rational choice is flawed in fundamental ways, is there any other comparable complete theory that is better? The direct answer to that question is probably ‚no'."[2] Die Frage muss offen bleiben, ob es mehr die Einsicht in die Aussichtslosigkeit der Suche nach einem Alternativkonzept als die Überzeugung von der heuristischen Kraft des Rationalitätsprinzips ist, die den Stellenwert des Rationalitätskonzepts bei der Entwicklung von Modellen der „intendierten Rationalität"[3] zur Lösung unstrukturierter Entscheidungen begründen. Das Prinzip der intendierten Rationalität fordert ein Mindestmaß an systematischen Zweck-Mittel-Abwägungen und orientiert sich an dem von Simon in die Entscheidungs- und Organisationstheorie eingeführten Konzept der „begrenzten Rationalität" (bounded rationality). Begrenzte Rationalität äußert sich nach *Simon* in der Ausprägung des vorhandenen Wissens, der Antizipationsfähigkeit, dem Vorstellungsvermögen sowie der Kapazität und der Geschwindigkeit der Informationsverarbeitung[4].

Der Spielraum bei der Modifizierung der strengen Anforderungen der Rationalität an die begrenzten Kapazitäten des Entscheiders wird durch eine solche Norm allerdings nicht nachhaltig eingeschränkt. Es gibt viele Möglichkeiten, bei komplexen Entscheidungen Zweck-Mittel-Abwägungen vorzunehmen. Allerdings hat der Mensch nur begrenzte quantitative und qualitative Kapazitäten, die einer Bewältigung von Entscheidungsaufgaben Grenzen setzen. Das gilt selbst für gut strukturierte Entscheidungsprobleme, wenn die zu berücksichti-

---

1) Simon [Structure].
2) March [Ambiguity] 76.
3) Simon [Behavior] XXIII f.
4) Simon [Model].

gende Menge an Informationen eine kritische Grenze überschreiten. Noch ausgeprägter sind die Anforderungen, die sich im Fall unstrukturierter Entscheidungsprobleme ergeben.

Auf eine Herausarbeitung der differenzierenden Merkmale unstrukturierter Entscheidungsprobleme soll hier verzichtet werden.[5] Auch auf die zahlreichen Beiträge, die auf die Systematisierung und Typologisierung von Entscheidungsaktivitäten, die sich nicht dem Modell gut strukturierter Entscheidungen zuordnen lassen, ausgerichtet sind, soll hier nicht eingegangen werden.[6] Trotz des empirischen Nachweises, dass sich in der Realität ein breites Spektrum „nicht-rationaler" Verhaltensweisen findet und der Ablauf von Entscheidungen sogar chaotisch sein kann,[7] liefern die empirisch orientierten Studien wenig Hilfestellung für eine gestaltungsorientierte Konkretisierung des Konstrukts der intendiert rationalen Problemlösung. Analysiert man die Literatur zu Entscheidungen über unstrukturierte Probleme hinsichtlich der vermittelten Empfehlungen und vorgeschlagenen Heuristiken,[8] dann lässt sich als allgemeines Prinzip die Überführung unstrukturierter in gut oder ziemlich gut strukturierte Probleme erkennen. Vor allem Simon hat sich aus dieser Perspektive mit dem Problem der Entscheidungsheuristik intensiv beschäftigt und ein breites Handlungsinstrumentarium entwickelt. Auf diese Ergebnisse greift die Ausarbeitung des Gestaltungskonzepts im nächsten Abschnitt zurück. Hier sollen die generellen Prinzipien erläutert werden, die der Entscheidungsheuristik zu Grunde liegen.

Wesentlich für das Verständnis des Lösungskonzepts für unstrukturierte Probleme ist die Funktion von Ersatzzielen, die mit ihrer Einführung das ursprüngliche Problem neu definieren[9]. Wenn in einer Unternehmung bei der Organisationsgestaltung an Stelle des Gewinnziels das Ziel „möglichst vollkommene Ausschöpfung vorhandener Potenziale" zu beachten ist, wird ein anderes (vereinfachtes) Problem betrachtet. Ohne Ersatzziele ist auch keine Zerlegung des Ausgangsproblems in Teilprobleme möglich – und der Weg zur Generierung von Lösungen für unstrukturierte Probleme führt in aller Regel über die Lösung von Teilproblemen, deren Lösungen dann im Wege der iterativen Abstimmung zu einer Gesamtlösung integriert werden. Wichtig ist, dass sich über die Einführung vereinfachender Ersatzziele die Anforderungen an die Lö-

---

5) Vgl. hierzu Simon [Structure].
6) Vgl. hierzu Eisenhardt/Zbaracki [Decision]; Taylor [Decision]; Langley/Mintzberg/et al. [Decision].
7) Vgl. hierzu Langley/Mintzberg/et al. [Decision].
8) Vgl. hierzu Mosakowski [Strategy].
9) Vgl. hierzu im Einzelnen S. 5 und S. 283 ff.

sungssuche reduzieren lassen. Wird ein Gestaltungsproblem ausschließlich aus der Perspektive des Ziels „Koordinationseffizienz" betrachtet, werden alle aus der Divergenz zwischen Unternehmungsziel und Individualziel resultierenden Motivationsmaßnahmen vernachlässigt. Da die Einführung von Ersatzzielen, die nur einen Teil der Zielvariablen des ursprünglichen Problems erfassen, zu einer wirksamen Reduzierung des Lösungsraums führt, hat die Veränderung von Zielen für jede Entscheidungsheuristik einen herausragenden Stellenwert. Daneben finden vor allem zwei heuristische Einzelmaßnahmen Anwendung, die unmittelbar zu einer Reduzierung von Informationsaktivitäten führen. Es handelt sich dabei um die Vergröberung der Abbildung relevanter Informationen und um die Beschränkung der Lösungssuche auf einen Teil des Lösungsraums.

Vergröberung von Informationsstrukturen: Je stabiler die Struktur des Entscheidungsfeldes ist, desto geringer und überschaubarer sind die zu verarbeitenden Informationsmengen. Ein heuristisches Prinzip zur Reduzierung der Auswirkungen instabiler Feldstrukturen besteht darin, die Wahrnehmung der Veränderungen über die Variation der Abbildung des Entscheidungsfeldes zu beeinflussen. Je größer der Aggregationsgrad der Informationsgewinnung ist, desto geringer ist die Wahrscheinlichkeit, dass Veränderungen im Entscheidungsfeld von der Entscheidungseinheit wahrgenommen werden. Wenn der Leiter des Produktionsbereichs nur über (relativ selten auftretende) schwer wiegende Produktionsstörungen informiert wird, ist sein Entscheidungsfeld in hohem Maße stabil. Der Manager kann also durch die Manipulation des Aggregationsgrades der an ihn zu übermittelnden Informationen eine „künstliche" Stabilisierung des Entscheidungsfeldes herbeiführen.

Selektive Erfassung von Informationen: Es gibt viele Prinzipien, den Umfang der mit der organisatorischen Gestaltung verbundenen Aktivitäten der Generierung und Verarbeitung von Informationen zu reduzieren. So kann der Gestalter einfach darauf verzichten, bestimmte Gestaltungsinstrumente in die Überlegungen einzubeziehen. Ein Beispiel ist der Verzicht darauf, marktbasierte Instrumente der Organisationsgestaltung (interne Märkte) in die Betrachtung einzubeziehen. Das Prinzip der selektiven Informationserfassung findet einen praktisch bedeutsamen Ausdruck in der Tendenz zur lokalen, probleminduzierten Lösungssuche.[10] Bei einem solchen Problemlösungsverhalten handelt es sich in der Regel nicht um ein aktives Absuchen des ganzen Problemfeldes. Veränderungen in den relevanten Ressourcen- und Umweltbedingungen wer-

---

10) *Cyert* und *March* haben diese Heuristik eingehend untersucht; vgl. hierzu die Darstellung auf S. 34 ff. Zu diesem auch als „Konzept der kleinen Schritte" bezeichneten Modell findet sich ein Überblick über weitere Beiträge bei Frese [Entscheidungsstrategien] 290 ff.

den vielmehr über ihre Auswirkungen auf die jeweiligen Handlungsergebnisse erfasst. Insgesamt lässt sich feststellen, dass das Management weniger von sich aus agiert, als auf aufgezeigte Probleme reagiert: „...each problem is solved as it appears; the organization then waits for another problem to appear."[11] Suchakte werden demnach durch die Wahrnehmung eines Problems ausgelöst und sind auf das Finden einer Problemlösung ausgerichtet. Ein Problem entsteht, wenn die Erfüllung einer oder mehrerer Ziele nicht den Vorgaben entspricht. Gelöst wird das Problem durch die Ermittlung einer die Zielnorm befriedigenden Alternative oder durch eine Zielrevision. Die Suchprinzipien beruhen zunächst auf einfachen Verursachungsannahmen; unter Umständen erweist sich im Ablauf der Suchprozesse der Übergang zu komplexeren Zusammenhängen als erforderlich. Grundlegend sind zwei Regeln. Die Suche konzentriert sich auf die Nachbarschaft des Problemsymptoms und die der bisherigen Lösung. Erst wenn die Anwendung dieser beiden Regeln nicht zum Erfolg führt, wird die Suche auf komplexere Zusammenhänge ausgedehnt.

Die Anwendung all dieser Prinzipien ist mit der Aufgabe des Maximierungsprinzips verbunden. Wie *Simon* schon früh betont hat[12], lässt die Existenz begrenzter Rationalität nicht die Ableitung maximierender Lösungen zu, realistisch sind nur befriedigende Lösungen. Der Entscheider misst dann die Ausprägung des Realisationsgrades von Zielen nicht kardinal, sondern nominal. Er unterscheidet nur zwischen den Klassen „befriedigend" und „nicht-befriedigend". Es ist unmittelbar nachzuvollziehen, dass sich über die Reduzierung des Zielanspruchs, durch die Senkung der Grenze zwischen befriedigenden und nicht-befriedigenden Ergebnissen, das Ausmaß der mit der Lösungssuche verbundenen Informationsaktivitäten verringern lässt.

---

11) Cyert/March [Theory] 119.
12) Simon [Behavior] XXIV.

III. Entscheidungen über Organisationsstrukturen

a. Gesamtmodell der Organisationsgestaltung

Der entscheidungsorientierten Organisationstheorie liegt ein Konzept der intendiert rationalen Organisationsgestaltung zu Grunde. Ihre Aussagen orientieren sich insoweit am Modell des rationalen Handelns, als vom Manager erwartet wird, dass seine Entscheidung für eine bestimmte Organisationsstruktur das Ergebnis einer fundierten Zweck-Mittel-Abwägung ist. Der entscheidungsorientierte Ansatz formuliert damit in erster Linie *Normen für das Gestaltungshandeln*. Sein primäres Anliegen ist nicht, zu erklären, wie Manager in der Realität tatsächlich Strukturentscheidungen treffen. Diese normative Festlegung schließt aber nicht aus, dass empirisch untersucht wird, wie weit die Annahmen des entscheidungsorientierten Ansatzes das tatsächliche Gestaltungshandeln von Managern beschreiben. In diesem Fall wird die Hypothese überprüft, dass sich Manager intendiert rational verhalten. Diese empirisch ausgerichtete Betrachtungsweise spielt auch bei den folgenden Erörterungen eine Rolle. Es wird durch Rückgriff auf praktische Beispiele immer wieder thematisiert, wie weit sich in Unternehmungen realisierte Organisationsstrukturen unter Rückgriff auf die Gestaltungsregeln des entscheidungsorientierten Ansatzes erklären lassen.

Eine so konzipierte Organisationstheorie muss Aussagen zur Beantwortung von zwei Fragen bereitstellen:

- Wie ist das Gestaltungsproblem zu beschreiben?

    Mit der Beantwortung dieser Frage ist das Problemverständnis des entscheidungsorientierten Ansatzes formuliert.

- Wie ist das Gestaltungsproblem zu lösen?

    Mit der Beantwortung dieser Frage ist das Problemlösungskonzept des entscheidungsorientierten Ansatzes, insbesondere der Stellenwert der Modularisierung und der Gestaltungsphilosophie, formuliert.

Für die theoretische Herausarbeitung des *Problemverständnisses*, der ersten Komponente des Gestaltungsmodells, liegt eine Schwierigkeit darin, dass die Anforderung der intendierten Rationalität eine Fülle von Betrachtungsweisen zulässt. Sie reichen von einer engen Orientierung an der in Abb. 2[1] dargestell-

---

1) S. 52.

ten Struktur der Gestaltungsentscheidung unter möglichst umfassender Einbeziehung erkennbarer Handlungsalternativen und -bedingungen bis zur radikalen Reduzierung des Problems auf einen einfachen Zweck-Mittel-Zusammenhang. Die Herausforderung liegt darin, einerseits zur Gewährleistung des Realisationsbezugs möglichst viel von der komplexen Vielfalt organisatorischer Anforderungen in den Unternehmungen zu erfassen, andererseits die Handhabbarkeit der zur Problembewältigung formulierten Regeln sicher zu stellen. Dieses Spannungsverhältnis durchzieht die ganze Organisationstheorie.[2]

Vor diesem Hintergrund betrachtet, ist die Kennzeichnung des Problemverständnisses des entscheidungsorientierten Ansatzes als *Lösung aufgabeninduzierter Anforderungen an die Koordinations- und Motivationsgestaltung* bis zu einem gewissen Grade das Ergebnis einer subjektiven Fokussierung auf einen Komplex von Zweck-Mittel-Zusammenhängen. Allerdings erfolgt diese Festlegung nach einer Prüfung repräsentativer Organisationstheorien darauf hin, wie weit ihre Aussagen in Zweck-Mittel-Abwägungen eingebracht werden können.

Im Unterschied zur Abgrenzung des Problemverständnisses, zu dem eine Fülle heterogener Theorien herangezogen werden muss, ist der Erkenntnisstand für die *Lösung komplexer Organisationsprobleme* transparenter und einheitlicher. Ohne das methodische Prinzip der Modularisierung, d.h. ohne die Zerlegung eines Problems in bis zu einem gewissen Grade unabhängige Teilprobleme, lässt sich nach dem gegenwärtigen Stand der Entscheidungsheuristik ein komplexes Gestaltungsproblem nicht lösen. Die *Modularisierung* beruht auf der Einführung von Teilzielen. So erlauben die Teilziele „Sicherung der Koordinationseffizienz" und „Sicherung der Motivationseffizienz" jeweils die gesonderte Betrachtung von Koordinations- und Motivationsproblemen. Der *Problemlösungsprozess*, der als zweite Komponente des Gestaltungsmodells die Methodik der Organisationsgestaltung definiert, umfasst neben der Problemmodularisierung die sequenziell-iterative Integration der Modullösungen zu einer Gesamtlösung. Ein Beispiel für diese Gestaltungsmethodik ist die Entwicklung von Teillösungen jeweils für das Kompetenz- und Steuerungsproblem und die Integration der Kompetenz- und Steuerungsregelungen im Rahmen einer umfassenden Strukturkonzeption.

Die Methodik der Modularisierung kann als generell akzeptiertes Prinzip der Problemlösung zwar das Gestaltungshandeln strukturieren, sie lässt aber bei ihrer Anwendung im konkreten Fall Spielräume, die der Manager durch subjektive Setzungen ausfüllt. Im Wesentlichen handelt es sich dabei um teils

---

[2] Vgl. hierzu die Unterscheidung zwischen der Konstruktion von Verstehensmodellen und der Konstruktion von Entscheidungsmodellen bei Graumann [Theoriebildung] 274 ff.

internalisierte Verhaltensweisen bei der Wahrnehmung von Problemen und der Selektion zu berücksichtigender Gestaltungsalternativen und -bedingungen sowie der Abschätzung von Gestaltungswirkungen. Zwar kann man zur Sicherung des Anspruchs intendiert rationalen Handelns dem Manager Begründungspflichten hinsichtlich der Fundierung seiner Entscheidungen auferlegen,[3] es bleibt aber ein beträchtlicher Spielraum, der nur sehr begrenzt durch externe Normen erfasst werden kann. Die Frage, wie weit sich Gesetzmäßigkeiten oder Regelmäßigkeiten im Managerverhalten bei den beschriebenen subjektiven Setzungen feststellen lassen, hat in jüngerer Zeit mit der zunehmenden Bedeutung kognitiver Organisationstheorien größere Beachtung gefunden.

Im entscheidungsorientierten Ansatz finden diese subjektiven Sichtweisen des Managers als alle Entscheidungen durchdringende kognitive Orientierungsmuster ihre Berücksichtigung. Sie werden hier als *Gestaltungsphilosophien* bezeichnet und als dritte, die Wahrnehmung und Lösung von Problemen beeinflussende Gestaltungskomponente in den Ansatz eingeführt. Eine Gestaltungsphilosophie erklärt z.B. die durchgängige Orientierung des Managements an Marktmustern bei der Präferierung bestimmter Gestaltungsinstrumente und bei den Annahmen über bestimmte Verhaltenswirkungen.

b. Komponenten des Gestaltungsmodells

Die folgende Darstellung der drei Gestaltungskomponenten der entscheidungsorientierten Organisationstheorie – Problemverständnis, Lösungsmethode und Gestaltungsphilosophie – führt zur Vereinfachung der Argumentation drei Annahmen ein:

- Es wird unterstellt, dass ein einzelner Manager über die einzuführende Organisationsstruktur entscheidet.
- Es wird wegen seiner praktischen Bedeutung vom Fall der Reorganisation ausgegangen.
- Es wird zwischen einer statischen und einer dynamischen Gestaltungsdimension unterschieden.[4] Bei der Verfolgung des statischen Gestaltungsanliegens geht es um die Entwicklung und Umsetzung von Organisationsstrukturen, die eine möglichst umfassende Ausschöpfung des

---

[3] Vgl. hierzu die auf dem Konzept der Argumentationsrationalität beruhenden Arbeiten von v. Werder, insbesondere v. Werder [Unternehmungsführung] und v. Werder [Begründung].

[4] Vgl. zur knappen Erläuterung dieser Unterscheidung S. 3.

gegebenen Handlungspotenzials im Rahmen einer die relevanten Märkte und Produkte abgrenzenden Strategie gewährleisten sollen. Das dynamische Gestaltungsanliegen ist auf die Sicherung zukünftiger Handlungspotenziale in einer sich (möglicher Weise) ändernden strategischen Domäne durch langfristig wirksame Organisationsmaßnahmen ausgerichtet. Die folgende Erläuterung des Gestaltungsmodells konzentriert sich auf den Fall der statischen Organisationsgestaltung.[5]

1. Problemverständnis: Aufgabeninduzierte Gestaltungsanforderungen

Jede Theorie bildet die Realität nur selektiv ab. Benutzt ein Gestalter bei der Vorbereitung gestaltender Eingriffe in die Realität eine bestimmte Theorie, nimmt er die Objekte seines Handelns zwangsläufig nur selektiv wahr. Es ist deshalb aufschlussreich, gestaltungsorientierte Theorien danach zu unterscheiden, welche Leitbilder ihnen zu Grunde liegen. Die folgende Darstellung greift bei der Charakterisierung von Leitbildern auf die verbreitete Nutzung von Metaphern zur Charakterisierung von Theorien zurück.[6] Metaphern sind Bilder, die durch die Übertragungsleistung eines Vergleichs mit bekannten Mustern den Zugang zum Verständnis eines zu vermittelnden Konzepts erleichtern. Das klassische Beispiel ist der Vergleich einer Organisation mit einer Maschine. Im Folgenden werden in Anlehnung an den Beitrag von *McKenna* und *Wright*,[7] die eine betont anwendungsorientierte Perspektive verfolgen, vier Metaphern unterschieden. Berücksichtigt werden die Maschinen-Metapher, die Organismus-Metapher, die Gehirn-Metapher und die Metapher der politischen Arena.[8]

Charakterisierung des Organisationsverständnisses durch Metaphern

Organisationskonzepte, die sich durch die *Maschinen-Metapher* erfassen lassen, sind in ganz ausgesprochenem Maße durch den Aspekt der Gestaltung be-

---

5) Die dynamische Gestaltung ist Gegenstand des vierten Teils; vgl. S. 565 ff.
6) Vgl. zur Nutzung von Metaphern vor allem Burrell/Morgan [Paradigms].
7) McKenna/Wright [Metaphors].
8) Die von *McKenna* und *Wright* außerdem eingeführte Familienmetapher wird nicht berücksichtigt. Ohne Zweifel verbinden sich mit der Familie ganz spezifische organisatorische Merkmale. Der Eintritt und das Ausscheiden von Mitgliedern sind seltene Ereignisse, die besonderen Bedingungen unterliegen. Die Strukturen und Verhaltensmuster haben ganz überwiegend informellen Charakter. Es existieren strikte Formen der Grenzziehung und der Bildung von Teilsystemen. Für das Verständnis organisatorischer Strukturen in Unternehmungen erscheinen diese Merkmale jedoch als wenig aussagefähig.

stimmt. Das gewählte Bild beschreibt ein System mit von einander abhängigen Teilen, die von einem Gestalter („Ingenieur") in Hinblick auf einen übergeordneten Systemzweck in Beziehung gesetzt werden. Je mehr ein Organisationsansatz der Maschinen-Metapher entspricht, desto ausgeprägter sind die folgenden Merkmale:

1. Fokussierung der funktionalen Analyse und der Entwicklung von Gestaltungslösungen auf individuelle, abgegrenzte Einheiten.
2. Anwendung operationaler Effizienzkriterien bei der Beurteilung der Funktionsfähigkeit bestehender Systeme und ihrer Veränderung.
3. Gegebener oder in seiner Struktur weitgehend absehbarer Aufgabenbestand.

Beispiele für eine solche Problemperspektive bei der Auseinandersetzung mit organisatorischen Fragen sind die im Zuge der „Scientific Management"-Bewegung entstandenen ingenieurwissenschaftlichen Ansätze zur „Fabrikorganisation"[9] und die klassische betriebswirtschaftliche Organisationslehre.[10]

Die *Organismus-Metapher* lenkt den Blick auf ein lebendes System, dessen Verhalten im Spannungsfeld zwischen den Einflüssen eines internen genetischen Programms und den Anforderungen der Umwelt steht, auf deren Ressourcen das System zur Sicherung seines Bestands angewiesen ist. Verhalten wird als dynamische Kategorie verstanden; durch Lernen, Ändern und Wachsen reagiert das System auf interne und externe Einflüsse. Die Organismus-Metapher eröffnet eine umfassende Perspektive, die zum Teil über die „Organisations"-Betrachtung hinausgeht. Das gilt z.B. für den Ansatz der „Organizational Ecology"[11], die eine Theorie des Entstehens, Bestehens und Untergangs von Institutionen ist.

Näher am eingangs abgegrenzten Organisations-Objekt sind Ansätze, in denen Beziehungen zwischen internen Strukturen bzw. Verhaltensmustern sowie Merkmalen der Umwelt thematisiert werden. So besagt das Prinzip der internen Kongruenz,[12] dass die Ausformung interner Strukturen in einer Umwelt effektiv, in einer anderen ineffektiv sein kann. Eine vergleichbare Sichtweise führt zu der Erkenntnis, dass Interaktionen zwischen externer Umwelt und interner Systemdifferenzierung zu unterschiedlichen Organisationsstrukturen führen können.[13] Je nach der Phase im Lebenszyklus eines Systems finden be-

---

9) Vgl. Taylor [Principles].
10) Vgl. Nordsieck [Grundlagen].
11) Vgl. die knappe Charakterisierung auf S. 77 ff.
12) Vgl. Burns/Stalker [Management]; Lawrence/Lorsch [Environment].
13) Vgl. Mintzberg [Structuring].

stimmte Merkmale verschiedene Ausprägungen. So wird die These empirisch gestützt, dass Systeme, die in ihrem Lebenszyklus die Phase der Reife erreicht haben, Tendenzen zur bürokratischen Verkrustung entwickeln.

Die *Gehirn-Metapher* erleichtert den Zugang zum Verständnis des dezentralen, flexiblen und innovativen Charakters von Organisationssystemen. Funktionen wie Lernen, Kreativität, Anpassung und Selbstorganisation stehen im Mittelpunkt der Betrachtung. Die durch diese Metapher erfassten Konzepte sind ganz auf die Analyse vielfältiger, auf offener horizontaler und vertikaler Kommunikation beruhenden Beziehungen zwischen den Teilsystemen ausgerichtet, deren Funktion breit und flexibel definiert sind. Zwei Übertragungsleistungen der Verwendung der Gehirn-Metapher sollen besonders hervorgehoben werden. Es wird zum einen die Aufmerksamkeit auf die Fähigkeit von Systemen gelenkt, in hohem Maße effizientes Lernen auf der „lokalen" Ebene mit verallgemeinernden Verknüpfungen auf der Ebene des Gesamtsystems zu verbinden. Dieses Prinzip der gleichzeitigen Spezialisierung und Generalisierung liegt Ansätzen der Teambildung zu Grunde.[14] Zum anderen wird der Blick auf das Prinzip der Selbstorganisation gerichtet; betrachtet wird damit die Systemfähigkeit, zur Sicherung und Steigerung der Effektivität lokal Prozesse und Strukturen zu ändern.[15]

Die *Metapher der politischen Arena* hebt die Tatsache hervor, dass Organisationsstrukturen auch das Ergebnis interessengeleiteten politischen Handelns sind. Macht, die Fähigkeit von Individuen und Gruppen, die Handlungen in einer Organisation zu beeinflussen, ist die herausragende Kategorie zur Beschreibung und Erklärung von Prozessen im politischen Kontext. Konflikte sind der sichtbare Ausdruck divergierender Interessen und der Nutzung von Machtpotenzialen. Ein breites Spektrum theoretischer Ansätze thematisiert diese politische Dimension. Die Theorie der Mikropolitik geht davon aus, dass alles Handeln im Organisationskontext nicht von den eigenen Interessen der Akteure zu trennen ist.[16] Die Koalitionstheorie betrachtet eine Menge von Personen, die sich in wechselseitigen Verhandlungsprozessen auf die Verteilung von Macht geeinigt haben. [17]

Für die entscheidungsorientierte Organisationstheorie ist vor allem die Maschinen-Metapher aussagefähig. Ausgewählte Ergebnisse der durch die Organismus-Metapher bezeichneten Forschungsrichtungen finden ergänzende Berück-

---

14) Vgl. McKenna/Wright [Metaphors] 933 f.
15) Dieser Aspekt der Selbstorganisation spielt in der Lerntheorie von *Argyris* und *Schön* eine bedeutsame Rolle; vgl. Argyris/Schön [Learning].
16) Vgl. den Überblick bei Küpper [Mikropolitik].
17) Vgl. Mintzberg [Power].

sichtigung. Dagegen beschreiben die Gehirn-Metapher und die Metapher der politischen Arena allenfalls sehr begrenzt Orientierungen des entscheidungsorientierten Ansatzes.[18] Die Aussagefähigkeit der Maschinen-Metapher für die entscheidungsorientierte Organisationstheorie wird deutlich, wenn man die folgenden Bestandteile seines Gestaltungsansatzes betrachtet:

1. Es wird ein aktiver Gestalter unterstellt.
2. Aus den übergeordneten Unternehmungszielen werden Kriterien der Gestaltungseffizienz abgeleitet.
3. Die Gestaltung ist vorrangig auf die Handlungen einzelner Personen ausgerichtet.
4. Die organisatorischen Regelungen greifen auf einen weitgehend abgeschlossenen Bestand an Gestaltungsinstrumenten zurück.

Aufgaben- und personenbezogene Gestaltungsdimensionen

Vor dem Hintergrund der herausgearbeiteten konzeptionellen Bestandteile lässt sich der entscheidungsorientierte Ansatz durch eine aufgabenbezogene und durch eine personenbezogene Kernkomponente charakterisieren. Der aufgabenbezogenen Komponente liegt folgende These zu Grunde: Unter weitgehender Abstraktion von den individuellen Merkmalen der handelnden Personen lassen sich unter Orientierung an aufgabenbezogenen Zielen Organisationsanforderungen generieren, die den Ausgangspunkt und den Rahmen für den Prozess der Entwicklung organisatorischer Lösungen bilden.[19] Für die personenbezogene Komponente lautet die entsprechende These: Das Handeln einer Person ist in hohem Maße durch ihre Persönlichkeit bestimmt; Organisationsstrukturen müssen deshalb auch auf Persönlichkeitsmerkmale ausgerichtet werden. Der methodische Ansatz der entscheidungsorientierten Organisationstheorie besteht darin, in einem ersten Schritt aufgabenbezogene und personenbezogene Teillösungen zu entwickeln, um dann in einem zweiten Schritt durch iterative Anpassungen der Teillösungen zu einer Gesamtlösung zu kommen.

Die *aufgabenbezogene Kernkomponente* wird durch das Koordinationsmodell abgebildet. Es verbindet die normative Entscheidungstheorie mit Konzepten der Entscheidungsheuristik zur Handhabung komplexer Entscheidungen. Die Person als Träger von Entscheidungsaufgaben geht nur insoweit in die Betrach-

---

18) Das gilt allerdings nur für das statische Gestaltungsmodell; bei der Behandlung der dynamischen Gestaltung, vgl. S. 565 ff., gewinnen diese Metaphern an Bedeutung.
19) Eine solche methodische Verselbständigung der Aufgabengestaltung findet sich in vielen Ansätzen; vgl. z.B. Illgen/Hollenbeck [Structure] 167 ff.

tung ein, als ihre begrenzte Kapazität die Notwendigkeit der Arbeitsteilung begründet. Aufgabenzerlegungen und Zuordnungen von Teilaufgaben zu Personen („Organisationseinheiten") bilden die elementaren Kategorien der Organisationsgestaltung. Ihre Festlegung orientiert sich an Effizienzkriterien. Da die komplexen Entscheidungen über Gestaltungsalternativen aus Gründen ihrer mangelnden Operationalität nicht unmittelbar auf die Unternehmungsziele zurückgreifen können, haben die eingeführten Effizienzkriterien zumeist den Charakter von Ersatzzielen. Als generelle, für die organisatorische Gestaltung aussagefähige Ersatzziele werden für das Koordinationsmodell die Ziele der Potenzialausschöpfung und der Prozessabwicklung verfolgt. Alle im entscheidungsorientierten Ansatz berücksichtigten Kriterien der Koordinationseffizienz stellen Differenzierungen dieser potenzial- und prozessbezogenen Ziele dar, die den Anforderungen der Messbarkeit und der Operationalität genügen müssen.

Diese Betrachtung reduziert die Aktivitäten in arbeitsteiligen Systemen auf ihren Entscheidungskern und damit auf die Gewinnung, Übermittlung und Verarbeitung von Informationen. Dabei ist unbestritten, dass sich in jedem arbeitsteiligen System die Handlungen in Realisationshandlungen, z.B. die physische Montage eines Produktes nach Maßgabe detaillierter Vorgaben, und in Entscheidungshandlungen, z.B. die Festlegung der entsprechenden Vorgaben, gliedern lassen. Da Realisationshandlungen durch vorgelagerte (in organisatorischer Hinsicht häufig übergeordnete) Entscheidungen bestimmt werden, ist es konsequent, den Zugang zum Verständnis (und zur Gestaltung) von Handlungen in Organisationen über die Betrachtung von Entscheidungen zu suchen. Die Organisation von reinen Realisationshandlungen wird deshalb im Folgenden nicht behandelt. Diese Ausblendung hat allerdings keine praktische Bedeutung, weil bei rigoroser Verwendung des Entscheidungsbegriffs (die im Folgenden erfolgt) jede Handlung in einem arbeitsteiligen System immer noch Reste von Entscheidungen enthält. So sind z.B. auch bei der oben erwähnten Montage von Produkten noch Entscheidungen, etwa über die Abfolge der einzelnen Handlungsschritte, zu treffen.

Bei der konzeptionellen Verankerung der *personenbezogenen Organisationsgestaltung* im entscheidungsorientierten Ansatz kann auf Typologien der Persönlichkeitspsychologie zurückgegriffen werden.[20] Da im Folgenden nur gezeigt wird, wie Persönlichkeitsmerkmale in ein Modell der Organisationsgestaltung integriert werden könnten, kann vernachlässigt werden, dass in der Psychologie keine einheitliche Auffassung über die heranzuziehenden Dimensionen der Persönlichkeit besteht. Die folgende Darstellung orientiert sich an dem klassi-

---

20) Vgl. den Überblick in Fisseni [Persönlichkeitspsychologie].

schen Beitrag von *J P. Guilford*, der die Dimensionen empirisch ermittelt.[21] *Guilford* unterscheidet vier Dimensionen:

1. Somatische Dimensionen

   Diese Dimensionen umfassen morphologische Merkmale (z.B. Körperlänge) und physiologische Merkmale (z.B. Muskelspannung).

2. Eignungsdimensionen

   Eignung bezeichnet die (nicht beobachtbare) Dimension, die einer Fähigkeit als beobachtbarem Verhaltensausschnitt zu Grunde liegt. *Guilford* unterscheidet die Eignungsklassen der Wahrnehmung (z.B. Aufmerksamkeitsfaktor), der Psychomotorik (z.B. Stärke und Schnelligkeit von Arm und Hand) und der Intelligenz mit den Bereichen Gedächtnis und Denken.

3. Temperamentdimensionen

   Das Temperament erfasst die Antriebs- und Stimmungsstruktur von Personen („wie jemand etwas tut"). *Guilford* gliedert die Temperamentdimension in den generellen Verhaltensbereich (z.B. Offenheit versus Verschlossenheit), den emotionalen Verhaltensbereich (z.B. Selbstsicherheit versus Befangenheit) und den sozialen Verhaltensbereich (z.B. Akzeptanz versus kritische Distanz).

4. Motivationsdimension

   Hier erfolgt eine Gliederung in Bedürfnisse, Interessen und Einstellungen. Bedürfnisse umschreiben organisch begründete Triebe (z. B. Hunger) und aus Erfahrung entwickelte Bedürfnisse (z.B. Leistungsbedürfnis). Interessen können eine berufliche und eine außerberufliche Ausprägung erfahren. Ein Beispiel für die erste Ausprägung sind wissenschaftliche Interessen, für die zweite Ausprägung kann die Suche nach Zerstreuung und Abwechslung genannt werden. Hinsichtlich der Einstellungen hält *Guilford* fünf Arten für hinreichend belegt (u.a. humanitäre Haltung).

Die Dimensionen von *Guilford* zeigen, dass die Persönlichkeit nur durch ein breites Spektrum von Merkmalen erfasst werden kann. Für alle Dimensionen, möglicher Weise mit der Ausnahme der Temperamentdimension, lassen sich gestaltungsorientierte Organisationskonzepte nachweisen. Ein Beispiel sind arbeitswissenschaftliche Ansätze[22] zur Organisation vorwiegend realisations-

---

21) Vgl. die Darstellung in Fisseni [Persönlichkeitspsychologie] 321 ff.
22) Vgl. Luczak [Arbeitswissenschaft].

naher Aufgaben. Methodisch wird dabei zumeist so vorgegangen, dass organisationsrelevante, auf die jeweilige Dimension bezogene Effizienzkriterien abgeleitet werden, die unter Einbeziehung von Wirkannahmen die Entwicklung effizienter Organisationsstrukturen erlauben. In Abb. 3 wird deutlich, dass für die Gestaltung motivationseffizienter Kompetenz- und Steuerungssysteme die Ziele „Förderung des Handlungsergebnisses" und „Sicherung des Handlungs-Commitments" verfolgt werden.

Der entscheidungstheoretische Ansatz berücksichtigt in Einklang mit dem überwiegenden Teil der Organisationstheorie von den Persönlichkeitsdimensionen nur die Motivationsdimension bei der Organisationsgestaltung (vgl. Abb. 3).

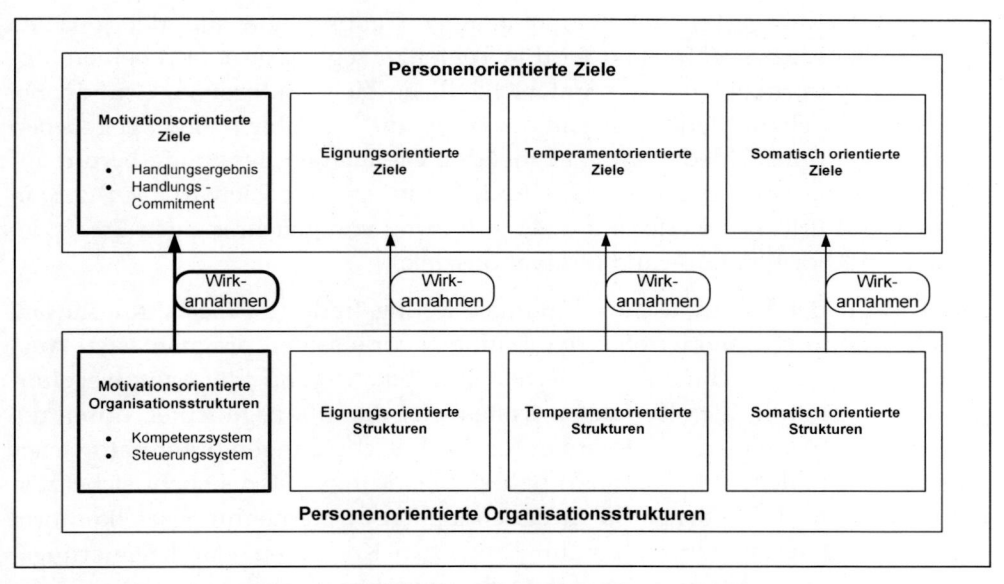

Abb. 3:   *Personenorientierte Gestaltung (Motivationsmodell)*

2. Lösungsmethode: Modularisierung von Problemen

Als gesichert kann beim gegenwärtigen Stand des Wissens gelten, dass sich die Lösung komplexer Probleme nur schrittweise in einem Prozess der Zerlegung in Teilprobleme, der Generierung isolierter Teillösungen und der Zusammenführung der Teillösungen zur Gesamtlösung vollzieht. Vor allem *Simon* hat sich mit diesem Prinzip der Modularisierung in vielen Studien auseinandergesetzt.[23] Eine solche Problemlösung erfordert die Einführung von Teilzielen; Problemmodule sind verselbständigte Ziel-Mittel-Beziehungen.

Das Prinzip der bis zu einem gewissen Grade isolierten Betrachtung von Teilproblemen ist in der Organisationslehre seit langem bekannt. Die folgende Betrachtung bemüht sich mit der Unterscheidung zwischen den Formen der hierarchischen und lateralen Modularisierung um eine differenzierte Ableitung verschiedener Formen der Problemzerlegung und der daraus resultierenden Anforderungen an den Prozess der Integration von Teillösungen zu Gesamtlösungen. Die hierarchische Modularisierung führt zu hierarchisch abgestuften Teilproblemen. Die jeweiligen Gestaltungsakte sind auf das Setzen eines (groben) Rahmens und seiner (detaillierten) Ausfüllung ausgerichtet. Bei der lateralen Modularisierung entstehen unabhängige Teilprobleme auf der gleichen Problemebene; ein Problemfeld wird in Teilfelder segmentiert. Den beiden Modularisierungsprinzipien liegen unterschiedliche Zielstrukturen zu Grunde. Bei der hierarchischen Modularisierung werden die Variablen einer gegebenen Zielfunktion unterschiedlich fein abgebildet. Die laterale Zerlegung beruht auf der Aufteilung einer gegebenen Zielfunktion in einzelne Zielvariablen (z.B. in Kosten- und Erlösziele) oder auf der Einführung von gleichrangigen Ersatzzielen (z.B. in Koordinations- und Motivationsziele).

Das Prinzip der hierarchischen Modularisierung findet im Gestaltungsansatz der entscheidungsorientierten Organisationstheorie seinen prägnantesten Ausdruck in der Unterscheidung zwischen Kompetenz- und Steuerungsregelungen. Die Gestaltung des Kompetenzsystems ist darauf ausgerichtet, durch die Vorgabe von Aufgaben den Rahmen für die Entscheidungen organisatorischer Einheiten festzulegen. Die Gestaltung des Steuerungssystems sucht sicherzustellen, dass die verbliebenen Spielräume möglichst unternehmungszielkonform genutzt werden. Die Unterscheidung zwischen Kompetenz- und Steuerungssystem weist gewisse Parallelen auf zu der zwischen Aufbau- und Ablauforganisation, wie sie in der betriebswirtschaftlichen Organisationslehre üblich ist. Unter Aufbauorganisation werden alle Fragestellungen subsumiert, die in Zusammenhang mit der Zuweisung abgegrenzter Aufgabenkomplexe auf organisatorische Einheiten (Stellenbildung) sowie mit der Gestaltung von Weisungs- und Kommunikationsbeziehungen zwischen den Einheiten stehen. Unter der Ablauforganisation versteht man die Gesamtheit aller in der Unternehmung abzuwickelnden Aufgabenerfüllungsprozesse.[24]

---

23) Vgl. hierzu den grundlegenden Beitrag zur „Architecture of Complexity" in Simon [Architecture].
24) Vgl. Nordsieck [Grundlagen]; Kosiol [Organisation]; Gaitanides [Prozessorganisation].

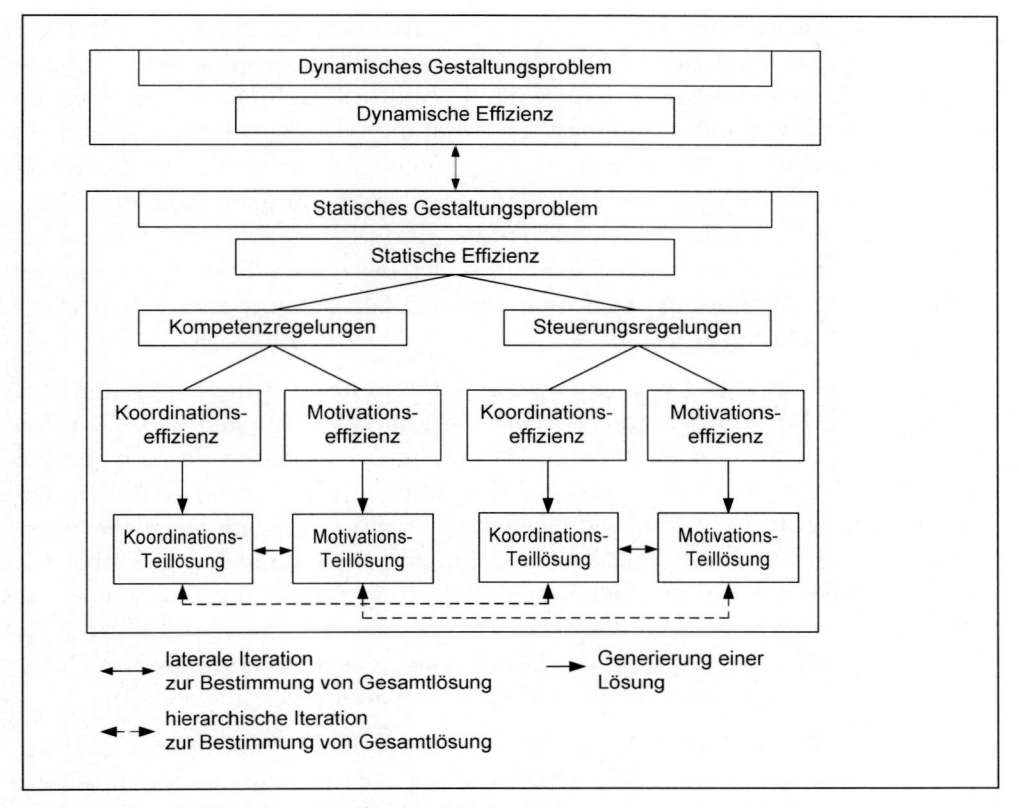

Abb. 4: Problem- und Lösungsmodule

Einen Überblick über die durch die jeweiligen Ziele generierten Problemmodule gibt Abb. 4. Wie die Darstellung zeigt, wird zunächst zwischen dem dynamischen und dem statischen Gestaltungsproblem mit den entsprechenden Zielen der dynamischen und statischen Effizienz unterschieden. Wie schon betont, wird der Modularisierungsansatz im Folgenden nur für die statische Organisationsgestaltung differenziert ausgearbeitet. Betrachtet werden dabei die Problembereiche der Kompetenz- und Steuerungsregelungen sowie die der koordinations- und motivationsbezogenen Regelungen. Die erste Problemgruppe entsteht im Wege der hierarchischen, die zweite im Wege der lateralen Modularisierung. Zu lösen sind dann jeweils koordinations- und motivationsbestimmte Teilprobleme bei der Kompetenz- und Steuerungsregelung. Die Generierung der Gesamtlösung vollzieht sich durch iterative Anpassung der entwickelten Teillösungen. Dabei gelten für die hierarchische Modularisierung andere Prinzipien als für die laterale Modularisierung.

Die hierarchische Modularisierung, die zur Bildung von Kompetenz- und Steuerungssystemen führt, ist das Ergebnis einer unterschiedlich feinen Abbildung desselben Regelungsproblems. Da das Ausmaß der zu berücksichtigenden Komplexität und Ungewissheit die Festlegung einer detaillierten Lösung in einem Schritt ausschließen, erfolgt eine abgestufte Regelung. In einem ersten Schritt wird mit der Aufgabenvorgabe der Rahmen definiert (Kompetenzinhalt, Kompetenzspielraum). Dann werden Regelungen getroffen, die auf die Steuerung der laufenden Entscheidungen im gegebenen Aufgabenrahmen ausgerichtet sind. Je besser der Informationsstand und je größer die Informationskapazität bei der organisatorischen Gestaltung ist, desto detaillierter kann mit der Folge einer Einschränkung des Entscheidungsspielraums die Kompetenzfestlegung geregelt werden.

Die laterale Modularisierung generiert im Unterschied zur hierarchischen Modularisierung Teillösungen, die durch konfliktäre Beziehungen zwischen den zu Grunde gelegten Zielen gekennzeichnet sind. Es müssen deshalb die bei Mehrfachzielen auftretenden Austauchbeziehungen (Trade-offs) zwischen den Einzelzielen berücksichtigt sowie Gewichte für die Einzelziele abgeleitet werden. Die Ermittlung von Austauschbeziehungen setzt Vorstellungen über ein übergeordnetes Ziel voraus. Es handelt sich dabei zumeist um Ersatzziele, die aus der jeweils verfolgten Wettbewerbsstrategie abgeleitet werden. So kann das Ziel der Potenzialausschöpfung im Produktionsbereich aus strategischen Gründen einen höheren Stellenwert haben als das Ziel der Prozessabwicklung.

Die bisherige Betrachtung des Problemlösungsprozesses konzentrierte sich auf die Herausarbeitung der Modularisierung als Basisprinzip der organisatorischen Gestaltung. Bei Entscheidungen über Organisationsstrukturen kommt darüber hinaus auch das ganze Instrumentarium zur Reduzierung von Komplexität und Ungewissheit zur Anwendung. Es handelt sich dabei um die schon dargestellten Prinzipien[25], die auf die Vereinfachung und Stabilisierung von Problemstrukturen ausgerichtet sind. Als Formen der Reduzierung von Komplexität werden die heuristischen Prinzipien der Aggregation von Informationen und der selektiven Erfassung von Informationen betrachtet. Die Lösung des Problems wird dabei durch „Weglassen" vereinfacht. Die Einführung im nächsten Abschnitt[26] zu behandelnder subjektiver Wirkungsannahmen beseitigt oder reduziert kausale Mehrdeutigkeiten hinsichtlich Verhaltenswirkungen und Handlungskonsequenzen beim Einsatz der Gestaltungsinstrumente. Reduzierung wird in diesem Fall durch „Ersetzen" erreicht; für unsichere Ursache-Wirkungs-Zusammenhänge werden Sicherheitssurrogate eingeführt.

---

25) Vgl. S. 55 f.
26) Vgl. S. 72 f.

3. Gestaltungsphilosophie: Kognitive Orientierungsmuster

Im vorangegangenen Abschnitt wurde das Gestaltungsproblem hinsichtlich der grundlegenden Lösungsmethode, der Modularisierung von Problemen, betrachtet. Es wurde dabei auf ein allgemeines Prinzip zurückgegriffen, das nicht nur für die Lösung organisatorischer Gestaltungsprobleme Gültigkeit beanspruchen kann. Die Einführung der Gestaltungsphilosophie, der dritten Komponente des Gestaltungsmodells, ist dagegen ein organisationsspezifischer Beitrag.

Gestaltungsphilosophien sind kognitive Orientierungen, die auf organisationsrelevanten Werten und Überzeugungen beruhen. Solche Orientierungen, die für den Gestalter die mit seiner Aufgabe verbundene Komplexität und Ungewissheit reduzieren, werden in der Organisationstheorie unter Rückgriff auf Erkenntnisse der Psychologie durch verschiedene konzeptionelle Konstrukte erfasst. Bei allen begrifflichen Unterschieden, verbreitet sind die Bezeichnungen „cognitive maps"[27] und „kognitive Schemata"[28], sind die Vorstellungen über den bezeichneten Gegenstand relativ einheitlich. Betrachtet werden generalisierte kognitive Konzepte, die Erfahrungen einen Sinn zuordnen[29] und generelles Wissen über eine Domäne beinhalten.

Als Elemente von Gestaltungsphilosophien werden im Folgenden Werte, Menschenbilder und Wirkungsannahmen unterschieden. Die nur durch Rückgriff auf differenzierte psychologische Theorien zu beantwortende Frage nach den Beziehungen zwischen diesen Elementen wird im Folgenden nicht thematisiert.

Unter *Werten* sollen in Anlehnung an *Kluckhohn*[30] explizite oder implizite Vorstellungen des Wünschenswerten verstanden werden. Da man Personen eine sehr große Zahl an Werten zuschreiben kann, schlagen *Hambrick* und *Brandon*[31] bei der Auseinandersetzung mit gestaltungsrelevanten Werten zwei Kriterien vor, um den Kreis potenzieller Werte einzugrenzen. Es sollten zum einen nur solche Werte in Betracht gezogen werden, die bei Managern unterschiedlich ausgeprägt sind, nicht also zum Beispiel die bei allen Managern zu erwartende hohe Leistungsorientierung. Außerdem erscheinen nur solche Werte relevant, die einen Einfluss auf wirtschaftliches Handeln haben.

---

27) Weick [Sense] 310. Vgl. auch Fiol/Huff [Maps] und den Überblick bei Walsh [Cognition].
28) Vgl. Gioia/Poole [Scripts].
29) Siehe hierzu näher Graumann [Theoriebildung] 132 ff.
30) Kluckhohn [Values].
31) Hambrick/Brandon [Executives].

Die Gesamtheit aus Überzeugungen, die den Menschen mit seinen Fähigkeiten, Einstellungen und Bedürfnissen betreffen, bestimmt das *Menschenbild* eines Managers. So unterscheiden *Weinert* und *Langer*[32)] als Ergebnis einer empirischen Untersuchung Manager danach, ob sie ihre Mitarbeiter als ichbezogen/egozentrisch, aktiv/eigenverantwortlich oder passiv/unselbständig sehen. In der Literatur lässt sich eine große Zahl von Typologien nachweisen, die aus unterschiedlichen theoretischen Perspektiven und unter Einsatz unterschiedlicher Methoden gebildet werden. Bemerkenswert ist, dass viele Typologien Bestandteile von Konzepten sind, in denen für das jeweilige Menschenbild typische mitarbeiterbezogene Verhaltensweisen des Managers unterstellt werden.[33)]

Die dritte Komponente von Gestaltungsphilosophien bilden *Wirkannahmen*. Sie beruhen auf subjektiven Überzeugungen von kausalen Zusammenhängen zwischen Handlungen und Handlungsergebnissen. Wie die Erörterung der in Abb. 2[34)] dargestellten Struktur der Entscheidung über Organisationsstrukturen gezeigt hat, ist das Fundament der Prognosen über die Zielwirkungen der Gestaltungsinstrumente brüchig. Kein Manager kann sich deshalb bei der Einschätzung von Ursache-Wirkungs-Zusammenhängen auf verlässliche Daten stützen. Auf die Frage, wie er angesichts solch kausaler Mehrdeutigkeiten bezüglich der für jede Organisationsgestaltung zentralen Annahmen über erwartete Verhaltenseffekte den Ansprüchen intendiert rationaler Entscheidungen genügen kann, gibt es keine eindeutige Antwort. Für die größte Zahl praktischer Fälle kann man davon ausgehen, dass die Möglichkeiten, den Informationsstand und damit die Basis der Wirkungsprognosen durch eigene Untersuchungen nachhaltig zu verbessern, sehr begrenzt sind. Die vorherrschende kognitionswissenschaftlich orientierte Organisationstheorie geht davon aus, dass Manager auf subjektive Theorien zurückgreifen, deren Basis subjektive Wirkannahmen sind. Ein Beispiel für eine solche Wirkannahme ist die Überzeugung, dass nur erreichbare Zielvorgaben bei den Mitarbeitern Motivationswirkungen erzielen. Vor allem *Argyris* und *Schön*[35)] haben solche subjektive Theorien – sie sprechen von „theories in use" – im Kontext lerntheoretischer Modelle in den Mittelpunkt ihrer Untersuchungen gestellt. Auch die Auseinandersetzung von *Weick* mit den Orientierungsmustern von Managern weist der „cause-effect-logic" eine zentrale Position zu.[36)] Dabei stützen Studien, wie die Untersuchung von *Gaveti* und *Levinthal*[37)], die These, dass die Orientierungs-

---

32) Weinert/Langer [Menschenbilder].
33) Vgl. zu den Typologien den Überblick bei Staehle [Management] 191 ff.
34) S. 52.
35) Argyris/Schön [Learning]; vgl. auch Franken [Grundlagen] 276 ff.
36) Weick [Sense] 326.
37) Gaveti/Levinthal [Looking].

muster mehr als die bloße Ausprägung einzelner Wirkannahmen darstellen, sondern dass die Annahmen zu Problemmustern verknüpft sind.

In umfassenden theoretischen Konzepten zur Organisationsgestaltung haben Gestaltungsphilosophien bisher keine geschlossene Berücksichtigung gefunden. Es erfolgen allenfalls Hinweise auf die Bedeutung kognitiver Filter bei der Wahrnehmung und Lösung organisatorischer Probleme. Ansätze zur Integration von mit der Gestaltungsphilosophie vergleichbaren Konstrukten finden sich allerdings schon in den siebziger Jahren des vorigen Jahrhunderts in Beiträgen, die ihren Ursprung in der Kritik der deterministischen Enge der kontingenztheoretisch ausgerichteten empirischen Organisationsforschung haben.[38] Allerdings sind diese Arbeiten mehr daran interessiert, zu begründen, warum die Variable „Gestaltungsphilosophie" in die Modelle eingeführt werden sollte, als einen Beitrag zu ihrer konzeptionellen Ausgestaltung zu liefern.

Gewisse Beziehungen zwischen dem Konzept der Gestaltungsphilosophie und Konzepten der Organisationsgestaltung werden in der wachsenden Literatur zur länder- und branchenspezifischen Ausprägung von organisationsrelevanten Orientierungen deutlich. Das gilt vor allem für Studien, denen kognitiv ausgerichtete Kulturkonzepte zu Grunde liegen. Einige dieser Ansätze betrachten wie das Konzept der Gestaltungsphilosophie die Wirkungen, die von den vorherrschenden Orientierungen in Form einer Reduzierung von Komplexität und Ungewissheit ausgehen.[39] Die in zahlreichen Studien untersuchte Tendenz zur länderspezifischen[40] und branchenspezifischen[41] Variation von Organisationskonzepten lässt sich aus dieser Sicht auch auf das Vorherrschen spezifischer Gestaltungsphilosophien zurückführen.[42]

Die bisherigen Überlegungen haben Werte, Menschenbilder und Wirkungsannahmen isoliert als Komponenten der Gestaltungsphilosophie betrachtet. Bei dieser Sichtweise lässt sich feststellen, dass die Organisationstheorie die Aussage stützt, dass die drei Komponenten über die Wahrnehmung von Handlungs-

---

38) Child [Structure]; Kubicek [Organisationstruktur].
39) Vgl. hierzu die Definition von Erez/Early [Culture] 23: „We view culture as a shared knowledge structure that results in decreased variability in individual response to stimuli."
40) Vgl. Campbell/Hollingsworth/Lindberg [Governance]; Djelic [Model]; Hickson [Management]; Whitley [Systems].
41) Vgl. Abrahamson/Fombrun [Macrocultures]; Schreyögg/Grieb [Branchenkultur].
42) Bemerkenswert ist in diesem Zusammenhang allerdings die Auffassung von Fligstein [Transformation], das für die vergleichende Unternehmungsforschung relevante soziale Aggregat sei immer mehr die Größe der Unternehmung als ihre Länder- und Branchenzugehörigkeit. Die Verbreitung bestimmter Organisationskonzepte wäre demnach eher durch die besonderen Herausforderungen an Großunternehmungen (Marktbeherrschung, Entbürokratisierung) bestimmt.

bedarf und die Ausprägung von Präferenzen für bestimmte Lösungen Einfluss auf die Gestaltungsentscheidungen des Managers haben. Eine andere, nur empirisch zu klärende Frage ist, ob Werte, Menschenbilder und Wirkungsannahmen in der Gestaltungsphilosophie von Managern eine kohärente Ausdifferenzierung erfahren. Wenn das so wäre, läge einer Gestaltungsphilosophie ein übergeordnetes, eine einheitliche Orientierung begründendes Prinzip zu Grunde.

Der entscheidungsorientierte Gestaltungsansatz unterstellt beim Gebrauch des Begriffs „Gestaltungsphilosophie", dass sich der Manager an einem kohärenten, Werte, Menschenbilder und Wirkungsannahmen einschließenden Muster orientiert. Dieses Konzept einer übergreifenden Ausformung der drei Elemente findet vor allem Unterstützung in den Ergebnissen der Ideologieforschung. Besonders von der politikwissenschaftlichen Ideologieforschung wurde herausgearbeitet, dass Ideologien immer Richtungsbegriffe oder übergreifende Orien-Orientierungsschemata enthalten, die es dem Einzelnen erlauben, politische Sachverhalte zu ordnen. In diesem Sinne betont *Converse*[43], dass zur Ideologie neben Wirkungsannahmen auch Kohärenzvorstellungen gehören. Ähnliche Gedanken entwickelt *Beyer*[44] in ihrem Konzept der Managementideologie.

Ein so konzipiertes Konzept der Gestaltungsphilosophie positioniert die mit dem Einsatz von Gestaltungsinstrumenten verbundenen Konsequenzen auf einer grundlegenden Dimension, die durch ein übergreifendes Prinzip definiert ist. Im politischen Raum ist das Links-Rechts-Schema eine solche Dimension. Auf gesamtwirtschaftlicher Ebene erfüllt die Gegenüberstellung von Markt und Plan offensichtlich eine ähnliche Funktion. Die zunehmende Etablierung marktorientierter Organisationsstrukturen in Unternehmungen, die eine Abkehr von planbasierten Lösungen impliziert, legt die Schlussfolgerung nahe, dass auch bei der organisatorischen Gestaltung das Plan-Markt-Schema den Bezugspunkt eines überlagernden Orientierungsmusters bildet und eine Gestaltungsphilosophie begründet.

Markt- oder planbasierte Gestaltungsphilosophien wären dann Orientierungsmuster, in denen Werte, Menschenbilder und Wirkungsannahmen eine markt- oder planaffine Ausprägung erfahren. Für die Gegenüberstellung von Markt und Plan erscheinen Wertepaare wie Freiheit-Gleichheit, Individualismus-Kollektivismus, Konflikt-Harmonie und Autonomie-Pflicht aussagefähig[45]. Auch hinsichtlich des Menschenbildes sind solche Eigenschaften heranzuziehen, die in Beziehung zum konstitutiven Prinzip, in unserem Beispiel zur

---

43) Converse [Nature].
44) Beyer [Ideologies]; vgl auch Starbuck [Oil].
45) Vgl. Inglehart/Basañez/Moreno [Values].

Markt-Plan-Orientierung, stehen. Manager, die glauben, der Mensch sei zu einer sorgfältigen, umfassenden Planung nicht imstande, werden dem Markt größere Sympathien entgegen bringen als solche, die von der Planbarkeit und Berechenbarkeit gesellschaftlicher und wirtschaftlicher Entwicklungen überzeugt sind. Auch wer der Auffassung ist, der Mensch sei von Natur aus leistungsavers und nur durch Konkurrenzdruck zu Höchstleistungen zu motivieren, wird ebenfalls Marktmechanismen favorisieren.

Die beispielhafte Beschreibung des Zusammenhangs zwischen der Ausprägung von Werten und Menschenbildern einerseits und Präferenzen für markt- oder planbasierte Lösungen durch Einsatz entsprechender Gestaltungsinstrumente andererseits zeigt, dass die Basis jeder Gestaltung Wirkungsannahmen sind – etwa in Form einer generellen Überlegenheit marktbasierter gegenüber planbasierter Instrumente hinsichtlich der Generierung von Motivationseffekten.

c. Aussagefähigkeit des entscheidungsorientierten Gestaltungsansatzes

Der entscheidungsorientierte Gestaltungsansatz will methodische Grundlagen für Entscheidungen über Organisationsstrukturen vermitteln. Das Management einer Unternehmung soll in die Lage versetzt werden, die Auswahl zwischen verfügbaren Gestaltungsinstrumenten so vorzunehmen, dass die Unternehmungsziele in einem möglichst hohen Maße realisiert werden können. Mit dem Anspruch, bei der Entscheidung über die Etablierung von Organisationsstrukturen dem Prinzip der intendierten Rationalität zu folgen, bildet die normative Entscheidungstheorie die Basis. Die Entscheidungen orientieren sich damit an einer vorgegebenen Norm. Es werden Aussagen darüber gemacht, wie Entscheidungen über Organisationsstrukturen getroffen werden *sollten*, nicht darüber, wie bei der Einführung von Organisationsstrukturen tatsächlich entschieden wird.

Auf der Grundlage einer so verankerten normativen Ausrichtung des Ansatzes erörtert dieser Abschnitt drei Fragen, deren Beantwortung den Aussagegehalt, insbesondere die Grenzen, des entscheidungsorientierten Ansatzes bestimmt. Herausgearbeitet werden

- der Stellenwert und die methodische Qualität empirischer Aussagen zu Zweck-Mittel-Zusammenhängen,
- Ausprägungen von Gestaltungsentscheidungen und ihre Kompatibilität mit dem Anspruch intendierter Rationalität sowie mögliche Einwände gegenüber dem Gestaltungsansatz und

- Das Spannungsverhältnis zwischen dem auf Verallgemeinerung ausgerichteten Anliegen des Gestaltungsansatzes und seine Beurteilung aus der Sicht der individuellen Gestaltungsphilosophie des handelnden Managers.

Stellenwert einer empirischen Fundierung der Gestaltungsaussagen

Für die Beurteilung der Aussagefähigkeit und insbesondere für die Herausarbeitung der Grenzen des entscheidungsorientierten Ansatzes kommt der Frage, welcher Stellenwert die empirische Fundierung der Gestaltungsaussagen hat, eine große Bedeutung zu.

Zunächst ist festzustellen, dass jedes Entscheidungsmodell bei der Prognose der Gestaltungswirkungen empirisch fundierte Informationen benötigt. Wenn im Zuge der Gestaltung darüber zu entscheiden ist, ob zur Beeinflussung der kostenwirksamen Entscheidungen der Unternehmungseinheiten auf planbasierte oder auf marktbasierte Vorgaben zurückgegriffen werden sollte, ist die Abschätzung der jeweiligen Wirkung ein empirisches Problem.

Kein empirisches Problem wirft dagegen das Verhalten des Entscheiders unter der Annahme uneingeschränkter Rationalität auf. Das Verhalten des Entscheiders ist in diesem Fall axiomatisch bestimmt. Wird jedoch nur intendierte Rationalität gefordert, stellt sich durchaus die Frage nach dem tatsächlichen Verhalten des Managers bei seinen Entscheidungen über Organisationsstrukturen. Die empirische Dimension des Entscheidungsverhaltens kann dann nicht mehr ausgeblendet werden. Welches Entscheidungsverfahren angesichts der begrenzten kognitiven Kapazität des Entscheiders am besten die Realisierung der Unternehmungsziele gewährleistet, ist nur empirisch zu bestimmen. Solche Einschätzungen unterliegen bei dem unvollkommenen Stand der empirischen Entscheidungsforschung in erheblichem Maße subjektiven Einschätzungen.

Einwände gegenüber dem entscheidungsorientierten Ansatz

Es kann nicht überraschen, dass eine normativ konzipierte Theorie der Organisationsgestaltung nicht ohne Einwände bleibt. Drei mögliche Vorbehalte sollen im Folgenden erörtert werden:

1. Komplexe Entscheidungen über Organisationsstrukturen lassen sich nicht durch Zweck-Mittel-Abwägungen fundieren; komplexe Organisationsänderungen sind nur sehr bedingt oder überhaupt nicht planbar.

2. Die Verfolgung des Prinzips intendierter Rationalität ist mit einer Vereinfachung des Entscheidungsproblems verbunden, die eine Tendenz zur unangemessenen Ausblendung gestaltungsrelevanter Tatbestände und Erkenntnisse fördert.

3. Die Verfolgung des Prinzips intendierter Rationalität fördert die Einführung von Wirkannahmen, die das Merkmal der Beliebigkeit aufweisen.

Zu 1.: Negierung der Planbarkeit komplexer Organisationsänderungen

In der Organisationstheorie wird mit unterschiedlichem Grad an Rigorosität die These vertreten, planvolle umfassende Änderungen von Organisationsstrukturen seien nicht oder nur sehr begrenzt möglich. Vor allem Vertreter des organisationsökologischen Ansatzes (organizational ecology) sind der Auffassung, dass Organisationen nur sehr begrenzt planvoll geändert werden können. Besonders in dem auf *Hannan* und *Freeman*[46] zurückgehenden Forschungszweig wird für große Unternehmungen strukturelle Trägheit (structural inertia) unterstellt;[47] größere und erfolgreiche Anpassungen der Organisationsstruktur sind nach dieser Theorie eher die Ausnahme.

Hannan und *Freeman* werfen die grundlegende Frage auf, ob die strukturelle Vielfalt von Organisationen das Ergebnis geplanter Anpassungen an die Anforderungen der Umwelt oder von Selektionen durch die Umwelt ist. Die Frage lautet dann: Entscheidet das Management innerhalb der Organisation oder „entscheidet" die Umwelt? Die Autoren leugnen nicht prinzipiell die individuelle Anpassungsfähigkeit von Organisationen, sie halten die Möglichkeiten für solche Änderungen aber für äußerst begrenzt. Insofern bedarf das traditionelle Konzept der Anpassung einer Ergänzung, die sie im Konzept der Selektion durch die Umwelt sehen. Nicht Anpassung, sondern Selektion erklärt nach dieser Auffassung existierende Organisationsstrukturen. In diesem evolutionstheoretischen Ansatz kommt der handelnde Manager deshalb nicht vor.

Mit der Orientierung am Konzept der Selektion ist eine Verschiebung der Betrachtungsebene verbunden. Betrachtet wird nicht eine einzelne Organisation, sondern eine Gruppe, eine Population von Organisationen, die durch Veränderungen der Umwelt in ähnlicher Weise betroffen sind bzw. in vergleichbarer Weise gefährdet werden. Die Leistungsfähigkeit („Fitness") einer Population wird in diesem Konzept durch die Wahrscheinlichkeit definiert, dass die Strukturen der Population in der jeweiligen Umwelt der Population Bestand haben. Diese Wahrscheinlichkeit wiederum wird bestimmt durch die Intensität des Wettbewerbs um begrenzte Ressourcen. Bestimmte Populationen können unter diesen Bedingungen durch Populationen, deren Strukturmerkmale den Anforderungen der Umwelt besser gerecht werden, verdrängt werden.

---

46) Hannan/Freeman [Ecology].
47) Hannan/Freeman [Inertia].

Diese Konzeption kann hier nicht im Einzelnen analysiert und beurteilt werden.[48] Eine eingehende Auseinandersetzung mit den Konsequenzen eines solchen Modells für das Gestaltungsanliegen erübrigt sich auch deshalb, weil *Hannan* und *Freeman* in jüngster Zeit die – organisationstheoretische – Basis ihrer bisherigen Argumentation in bemerkenswerter Weise verändert haben. Man könnte auch sagen, dass sie die bisher allenfalls fragmentarischen organisationstheoretischen Elemente ihres Modells durch ein neues konsistentes Erklärungsmuster ersetzt haben[49]. Im Ergebnis geben sie die These von der strukturellen Trägheit auf und ersetzen sie durch die Auffassung, dass tief greifende Reorganisationen die Existenz großer Unternehmungen in Frage stellen können. Sie nähern sich damit einer eher traditionellen organisationstheoretischen Sichtweise, die wir im Einzelnen im vierten Teil bei der Erörterung der dynamischen Gestaltung behandeln werden.

Vereinfacht betrachtet, kann man die Reformulierung des organisationsökologischen Ansatzes auf zwei Präzisierungen zurückführen. Zum einen wird ausgearbeitet, was unter Organisationsänderung (organizational change) verstanden wird; zum anderen wird die Wirkung des Selektionsmechanismus auf neu eingeführte Effekte zurückgeführt.

Wie in dem ursprünglichen Modell ist die Organisationsstruktur Bestandteil der Kernmerkmale einer Institution, die neben den Strukturmerkmalen die „Mission", die strategischen Grundannahmen und die vorherrschende Technologie umfasst. Neu ist, dass formale (assigning work coordination) und informale Strukturkomponenten (process by which work actually gets completed) in einen Code eingebunden sind. Durch ihn ist die Menge der „zulässigen" Kombinationen von Organisationskomponenten zu „Architekturen" eingeschränkt.[50] Reorganisationen, die den herrschenden Architektur-Code tangieren oder sogar verletzen (code violation), was insbesondere bei Änderungen der informellen Strukturelemente (Organisationskultur) der Fall sein kann, erweisen sich für Organisationen als äußerst kritisch. Sie erfassen in Form kaskadenförmiger Änderungsprozesse die gesamte Organisation und binden so viele Ressourcen und Aufmerksamkeit im Innern, dass die Generierung von Ressourcen in der externen Umwelt und das Bestehen im Wettbewerb in einer die Existenz der Unternehmung bedrohenden Weise beeinträchtigt werden kann.

Damit vertritt der organisationsökologische Ansatz der Forschungsgruppe um *Hannan* und *Freeman* nicht mehr die extreme Position der strukturellen Träg-

---

48) Vgl. hierzu Frese [Organisationstheorie] 198 ff.
49) Vgl. u.a. Hannan/Pólos/Carroll [Change].
50) Diese Sichtweise weist Beziehungen zum Konzept der Pfadabhängigkeit auf, das im vierten Teil eingeführt wird; vgl. S. 606 ff.

heit, sondern relativiert die Einschätzung der Möglichkeiten einer geplanten Anpassung der Organisationsstruktur durch die Betrachtung von Reorganisationen mit außergewöhnlichen Anforderungen. Nach dem „Kaskadenmodell" der Reorganisation hätten von Beginn an die Aussichten der in den achtziger Jahren des vorigen Jahrhunderts von *John Akers*, seinerzeit Chief Executive Officer von *IBM*, eingeführten „Kulturrevolution" skeptisch beurteilt werden müssen. Die Tatsache, dass *Akers* mit seiner Ablösung der planbasierten durch eine marktbasierte Kultur gescheitert ist, kann als Bestätigung des Kaskadenmodells angesehen werden. Hier lag mit Sicherheit eine Verletzung des Architektur-Codes vor. Diese Bewertung besagt aber nicht, dass generell keine tief greifenden Reorganisationen Aussicht auf Erfolg haben. *Louis V. Gerstner*, der Nachfolger von *Akers* hat die Organisationsstruktur in geradezu dramatischer Weise auf die neuen Anforderungen in der Informationstechnologie-Branche angepasst, wie noch im Einzelnen behandelt wird.[51] Er hat jedoch nicht versucht, den bisherigen Architektur-Code außer Kraft zu setzen. Man könnte sogar sagen: Er hat den herrschenden Code, der auf der Überzeugung von der Fähigkeit zur Planung beruht, mit aller Konsequenz seinen Reorganisationen zu Grunde gelegt.[52]

Zu 2.: Tendenz zur unangemessenen Problemvereinfachung

Die Lösung komplexer unstrukturierter Entscheidungen ist zwangsläufig mit der Vereinfachung des ursprünglichen Ausgangsproblems verbunden. Es ist eine plausible Annahme, dass in dem Maße, in dem für den Manager der Problemlösungsdruck steigt, seine Bereitschaft zunimmt, die Lösungsaussichten durch eine nachhaltige Reduzierung der Problemkomplexität zu erhöhen – mit der möglichen Folge, dass die präsentierte Lösung das eigentlich zu lösende Problem nicht mehr angemessen repräsentiert.

Der entscheidungsorientierte Ansatz führt eine Reihe von Vereinfachungen mit erheblichen Konsequenzen ein. Auf zwei zentrale konzeptionelle Annahmen soll hingewiesen werden.

Die Rückführung von Organisationsstrukturen auf Restriktionen in der qualitativen und quantitativen Kapazität der *individuellen* Entscheidungseinheit ist eine Prämisse mit weit reichenden Konsequenzen. Sie berührt u.a. die klassische Kontroverse in den Sozialwissenschaften um die Erklärung sozialer Phänomene auf der Basis individueller Faktoren. Die Fokussierung auf den individuellen Entscheidungsakt stellt eine nachhaltige Vereinfachung dar, die nur eine unvollkommene Erfassung der Vielschichtigkeit des „Sozialen" erlaubt.

---

51) Vgl. S. 347 ff.
52) Vgl. zur Reorganisation bei IBM Garr [IBM].

In vielen anwendungsorientierten Gestaltungsansätzen werden individuelle Personenmerkmale im Wege einer typisierenden Betrachtung weitgehend ausgeblendet.[53] So wird z.B. unterstellt, durch eine entsprechende Personalauswahl sei sichergestellt, dass die durch die Organisationsstruktur bestimmten Aufgaben von den ausgewählten Personen erfüllt werden. Auch der entscheidungsorientierte Ansatz verfolgt dieses Prinzip, allerdings mit Ausnahme der Motivationsdimension. Aber auch dem Konzept der Gestaltung motivationsorientierter Kompetenz- und Steuerungssysteme liegt eine Vereinfachung in Form einer typisierenden, generalisierenden Betrachtung zu Grunde. Dabei kann es keinen Zweifel darüber geben, dass sich Mitarbeiter hinsichtlich ihrer Motivationsstruktur unterscheiden. Die auf generellen Motivationsannahmen beruhenden Organisationslösungen können deshalb nicht für jede Person motivationseffizient sein. Selbst wenn man berücksichtigt, dass im Führungsverhalten „vor Ort" eine Anpassung der organisatorischen Regelungen an die Interessen, Bedürfnisse und Einstellungen konkreter Personen möglich ist, wird sich jeder reflektierende Manager der Problematik einer nur globalen Betrachtung eines höchst differenzierten Systems bewusst sein.

Für den entscheidungsorientierten Ansatz stellt sich deshalb insbesondere die Frage, wie weit das in hohem Maße durch die Maschinenmetapher geprägte Gestaltungsverständnis durch Öffnung gegenüber Theorien, die durch die Organismus- und Gehirnmetapher beschrieben werden, ausdifferenziert werden kann. Wie im Einzelnen beschrieben wurde, erfolgt eine solche Öffnung auch bis zu einem gewissen Grad. Aber der Anspruch, planvolles praktisches Handeln zu unterstützen, setzt der Verwirklichung eines solchen Anliegens rasch Grenzen. Die Einsicht, dass soziale Systeme außerordentlich komplex sind und dass er bei seinem Handeln extrem vereinfacht, wird keinem reflektierenden Manager neu sein. Für ihn besteht die Schwierigkeit letztlich darin, dass differenzierte Erklärungsansätze, abgesehen von der Wirkung einer generellen Sensibilisierung für die Schwierigkeit der Gestaltungsaufgabe, keine gestaltungsleitende Funktion haben. Sein Problem ist es nicht primär, zu erkennen, dass Organisationssysteme komplex und in ihren Strukturen und Prozessen nur schwer zu verstehen sind, sondern wie trotz dieses begrenzten Informationsstandes zielorientiert gehandelt werden kann.

Zu 3.: Beliebigkeit von Wirkungsannahmen

Es gibt keine auf der methodischen Grundlage des entscheidungsorientierten Ansatzes abgeleitete Empfehlung, der nicht eine andere gegenübergestellt werden könnte, die nach den strengen Maßstäben der empirischen Fundierung

---

53) Vgl. die Vorgehensweise der betriebswirtschaftlichen Organisationslehre (Kosiol [Grundlagen]) und der Arbeitspsychologie (Harvey [Job] 9).

gleichwertig wäre. So lässt sich in dem schon angeführten *IBM*-Beispiel der empirische Nachweis nicht führen, dass die marktbasierte Dezentralisation von Akers der planbasierten Zentralisation von Gerstner unterlegen ist. Das Gerstner-Konzept wurde letztlich realisiert, weil die bei *IBM* für unternehmungspolitische Entscheidungen verantwortliche Kerngruppe *glaubte*, die planbasierte Lösung sei die bessere. Betrachtet man aus dieser Perspektive den entscheidungsorientierten Ansatz, dann stehen nur die Teile des Koordinationsmoduls auf „festem Boden", die durch die Analyse alternativer Segmentierungs- und Strukturierungsoptionen den jeweils entstehenden Koordinationsbedarf aufzeigen. Immer, wenn der Schritt von der Analyse zur Synthese vollzogen wird, wenn der analytisch ermittelte Koordinationsbedarf durch eine konkrete organisatorische Regelung berücksichtigt werden soll, konkurrieren alternative, auf subjektiven Wirkungsannahmen beruhende Lösungen um ihre Anwendung, ohne dass der objektive Nachweis unterschiedlicher Zielbeiträge geführt werden könnte.

Für einen externen Betrachter organisatorischer Gestaltungsentscheidungen kann angesichts der Vielfalt methodisch gleichwertiger Alternativen der Eindruck einer gewissen *Beliebigkeit* bei der Wahl der Organisationsstruktur entstehen. Nur eine detaillierte Analyse des im Einzelfall faktisch vollzogenen Prozesses, der zur Entscheidung über die Ausgestaltung einer Organisationsstruktur führte, kann die Berechtigung eines solchen Einwands klären. Angesichts der Bedeutung, die dem Einwand der Beliebigkeit für jedes anwendungsorientierte Gestaltungskonzept zukommt, soll im Folgenden versucht werden, typische Ausprägungen faktischer Entscheidungsprozesse herauszuarbeiten. Die im Folgenden eingeführten drei Verhaltenstypen sollen deutlich machen, wie die im entscheidungsorientierten Ansatz vorherrschende Innensicht des für die Gestaltung verantwortlichen Managers durch die Einbringung externer Akteure und Bezugseinheiten erweitert wird.

Autonome Gestaltungsentscheidung auf der Grundlage einer ausgeprägten individuellen Gestaltungsphilosophie

Die in den vorangegangenen Abschnitten aus Gründen der Vereinfachung eingeführte Annahme, ein einzelner Manager würde seine Gestaltungsentscheidung unter Berücksichtigung der jeweiligen Situationsbedingungen auf der Grundlage seiner mehr oder weniger ausdifferenzierten Gestaltungsphilosophie auf nennenswerte eigene Zweck-Mittel-Abwägungen stützen, kann nicht den Anspruch erheben, die Realität zuverlässig zu beschreiben. Die folgenden Abschnitte erörtern Formen der Einführung neuer Organisationsstrukturen, die sich von der Vorstellung einer autonomen Gestaltungsentscheidung des Managers entfernen und bis zum Fall einer bloßen Übernahme externer Konzepte reichen. Obwohl unseres Wissens keine empirischen Studien zum Engagement der Unternehmungsleitung bei der Entwicklung und Einführung neuer Organisationsstrukturen vorliegen, erscheint die Fokussierung auf den autonom handelnden Manager unabhängig von ihrem Beitrag zur Vereinfachung der Argumentation auch empirisch gerechtfertigt. Eine breite Literatur beschreibt, wie Unternehmer und Manager eigenständige und differenzierte Vorstellungen über leistungsfähige Organisationsstrukturen umsetzen. Hingewiesen sei nur auf die Erarbeitung der Organisationskonzeption für *General Motors* durch *Sloan*[54)] in den zwanziger Jahren des vorigen Jahrhunderts, auf die Einführung innovativer Strukturen für den Produktionsbereich von *Toyota* durch *Ohno*[55)] sowie auf die Gestaltungsphilosophien von *Welch* (*General Electric*) und *Piëch* (*Volkswagen AG*)[56)].

Rückgriff auf Organisations-Know-How von Experten

In Großunternehmungen kommt auch bei Entscheidungen über Reorganisationen Beratern eine bedeutende Rolle zu. Beim Rückgriff auf solche Unterstützungsleistungen delegiert der Manager Teile der Organisationsentscheidungen auf interne Einheiten, insbesondere Zentralbereiche[57)], oder auf externe Berater.[58)] Die wachsende Bedeutung der Einbeziehung von Beratern ist auch vor dem Hintergrund der Tatsache zu sehen, dass der sich verschärfende Wettbewerb zunehmend um die überlegene Organisationskonzeption geführt wird. Die Basis eines solchen Wettbewerbs um „Best Practice"[59)] ist die von global tätigen Beratern[60)] geförderte weltweite Mobilität von Ideen und Personen. Angesichts dieser Entwicklungen kann es nicht überraschen, dass das Engagement des Managers bei Reorganisationen in der Realität ein breites Spektrum abdeckt. Es reicht von dem aktiven Einbringen eigener Gestaltungsvorstellungen bis zur Übernahme eines präsentierten Vorschlags in Vertrauen auf die Kompetenz des Beraters.

Generell lässt sich feststellen, dass die Einbeziehung von Experten zwar zu einer weitgehenden Verlagerung der Gestaltungsentscheidung auf externe Träger führen kann, sie muss aber nicht die Aufgabe des Prinzips der intendierten Rationalität bedeuten. Das gilt auch für den Fall der weitgehenden Delegation der

---

54) Faber [Sloan].
55) Ohno [Toyota].
56) Vgl. den Vergleich der Vorstellungen von *Welch* und *Piëch* in Graumann [Managementkonzepte].
57) Vgl. S. 466 ff. und Theuvsen [Beratung].
58) Vgl. generell zur Bedeutung von Beratern Kieser [Beratung].
59) Vgl. Best [Competition]; Liker/Fruin/Adler [Management].
60) March [Consultants].

Entscheidung, so lange die Frage der Kompetenz und Vertrauenswürdigkeit des Beraters durch den verantwortlichen Manager geprüft wird.

Orientierung an institutionalisierten Organisationsmustern

„Doing what others do, so as to be „in", is a generic form of social behavior"[61]. Bei einer Betrachtung von Organisationsänderungen aus einer solchen Perspektive der Anpassung, die gegenwärtig einen großen Teil der Organisationstheorie bestimmt, wird unterstellt, dass die Orientierung bei der Auslösung und Umsetzung von Änderungen in hohem Maße außengerichtet ist. Diese Sichtweise, die Erkenntnis, dass das Handeln in Organisationen in gesellschaftliche Entwicklungen eingebettet ist,[62] hat insbesondere in der Soziologie eine lange Tradition.

Ein Überblick über den Stand der Literatur wird erleichtert, wenn man danach unterscheidet, ob das jeweilige Anpassungsverhalten politisch oder kognitiv begründet wird.[63]

Die *politische Interpretation* führt das Managerverhalten auf die Einschätzung zurück, dass die Ankündigung und die mehr oder weniger konsequente Umsetzung einer Organisationsstruktur Einheiten und Institutionen beeinflusst, die für die Unternehmung wichtige Ressourcen kontrollieren und abweichendes Verhalten mit Sanktionen belegen können. Ein Beispiel sind sachliche Auflagen von staatlich eingesetzten Aufsichtsämtern bei Risiken (Versicherung, Kraftwerke). Als „politisch" ist auch die Überlegung einzustufen, durch Organisationsmaßnahmen den Forderungen bedeutsamer Interessengruppen (Stakeholder) nachzukommen und dadurch Ressourcenvorteile zu realisieren. Diese Form ist für große Kapitalgesellschaften angesichts der sich verstärkenden Tendenzen zur Kapitalmarktkontrolle besonders aktuell. Die positive Reaktion des Kapitalmarkts auf die Ankündigung der *Mannesmann AG* im Jahre 1999, die Aktivitäten zukünftig in zwei Bereiche („Automotive/Engineering" und „Telecommunications") zu trennen, beleuchtet die politische Dimension einer Reorganisation.

Mit der Fokussierung auf externe Ressourcenabhängigkeit und extern verankertes Sanktionspotenzial kommt dem Legitimationsgedanken die Funktion einer konzeptionellen Klammer zu, die so unterschiedliche Richtungen wie die institutionalistische Soziologie, die Organisationsökologie und die Evolutions-

---

61) Han [Isomorphism] 637.
62) Vgl. hierzu und zu einem Überblick über die wichtigsten Theorierichtungen Türk [Ansätze]; Schiller-Merkens [Wandel] 46 ff.
63) Diese Unterscheidung findet sich bei Baum/Powell [Cultivating] 529.

theorie bündelt.[64] Der Legitimitätsgedanke soll deshalb unter Konzentration auf die Kernaussagen des einflussreichen Beitrags von *Meyer* und *Rowan*[65] näher betrachtet werden.

Meyer und *Rowan*[66] beschreiben die Gründe und Wirkungen einer Außenorientierung bei der Etablierung von formalen Organisationsstrukturen folgendermaßen: „Organizaions are driven to incorporate the practices and procedures defined by prevailing rationalized concepts of organizational work and institutionalized in society. Organizations that do so increase their legitimacy and their survival prospects, independent of the immediate efficacy of the acquired practices and procedures. Institutionalized products, services, techniques, policies, and programs function as powerful myths, and many organizations adopt them ceremonially. But conformity to institutionalized rules often conflicts sharply with efficiency criteria and, conversely, to coordinate and control activity in order to promote efficiency undermines an organization's ceremonial conformity and sacrifices its support and legitimacy. To maintain ceremonial conformity, organizations that reflect institutional rules tend to buffer their formal structures from the uncertainties of technical activities by becoming loosely coupled, building gaps between their formal structures and actual work activities." Die Schlussfolgerung, dass die Organisationsstruktur zu einer Legitimationsfassade werden kann, wenn allein die Etablierung einer bestimmten formalen Organisationsstruktur einen Ressourcenzugang für die Unternehmung sichert und die Überlebenswahrscheinlichkeit erhöht, hat Konsequenzen für jede Theorie der Gestaltung. Verlangen Koordinations- und Motivationsanforderungen eine vom Legitimationsmuster abweichende Lösung, kann die Organisationsgestaltung zu einem auf Außenwirkung ausgerichteten doppelbödigen Spiel werden: „Formal structures that celebrate institutionalized myths differ from structures that act efficiently".[67]

Während die politische Erklärung im Wesentlichen den Zugang zu Ressourcen über die Beeinflussung der Ressourceneigner verbessern will, verweist die *kognitive Interpretation* auf Manager, die die Komplexität der Entscheidung durch Übernahme als bewährt eingestufter Konzepte reduzieren wollen: „Organizations may not know how to figure out the relationship between means and ends, or they may not have explicit organizational goals set forth."[68] Das Spektrum der Formen bei der Adoption von Organisationskonzepten ist breit. Es reicht

---

64) Vgl. den Überblick bei Walgenbach [Ansätze].
65) Meyer/Rowan [Structure].
66) Meyer/Rowan [Structure] 340 f.
67) Meyer/Rowan [Structure] 355.
68) Han [Isomorphism] 638.

von der Imitation als erfolgreich eingeschätzter Organisationskonzepte einzelner Unternehmungen über die Ausrichtung an Mustern, die sich in Gruppen von Organisationen herausgebildet haben,[69] bis zur „blinden" Orientierung an Managementmoden.[70]

Wie bei der Einbeziehung von Beratern muss auch der politisch und kognitiv begründete Rückgriff auf institutionalisierte Organisationsmuster[71] nicht die Aufgabe des Anspruchs auf intendiert rationale Gestaltung implizieren. Die Fähigkeit zur Abschätzung von Zweck-Mittel-Zusammenhängen wird dadurch nicht zwangsläufig in Frage gestellt. Eigenständige Zweck-Mittel-Abschätzungen liegen der Einführung einer Organisationsstruktur insbesondere dann zu Grunde, wenn mit der Wahl der Organisationsform den Verhaltenerwartungen einer externen, den Zugang zu kritischen Ressourcen kontrollierenden Institution entsprochen wird. Auch die Tendenz zur weitgehenden Übernahme der Konzepte als erfolgreich eingeschätzter Vorbilder kann als Ausdruck intendiert rationalen Verhaltens gelten, so lange der verantwortliche Manager die Frage der Übertragbarkeit kritisch prüft.

Spannungsverhältnis zwischen generellen Gestaltungsaussagen des entscheidungsorientierten Ansatzes und individualisierten Gestaltungsanforderungen des Anwenders

Die entscheidende Frage für die Einschätzung des entscheidungsorientierten Ansatzes ist angesichts der Durchdringung aller Gestaltungsempfehlungen mit Wirkannahmen das Problem ihrer Begründung. Da der empirische Beweis der unterstellten Wirkungen im strengen Sinne nicht zu erbringen ist, kann jedes Gestaltungskonzepts nur Wirkungseffekte illustrieren, wenn der an der Anwendung interessierte Manager auf Grund seiner Gestaltungsphilosophie von eigenen Annahmen über die Wirkungen ausgeht. Für ihn läge der Wert des entscheidungsorientierten Konzepts dann primär in der Vermittlung einer Methodik zur Ableitung effizienter Organisationsstrukturen. Die zur Illustration

---

69) Vgl. Hierzu das Konzept der "organizational fields" in DiMaggio/Powell [Cage] und Fligstein [Transformation].

70) Vgl. zum Versuch einer begrifflichen Erfassung und empirischen Identifizierung von Moden Zeitz/Mittal/McAulay [Adoption].

71) Nur hingewiesen werden kann an dieser Stelle darauf, dass die politische und kognitive Interpretation von Strukturentscheidungen weit reichende Folgen für empirische Studien zur Verbreitung bestimmter Organisationsformen hat. So greift ein Erklärungsansatz zu kurz, der aus dem Nachweis einer bestimmten Organisationsstruktur in der Realität ohne weiteres auf das Wirksamwerden von Effizienzeffekten schließt. Aufschlussreich ist in diesem Zusammenhang die Kontroverse um die effizienzbasierte und institutionalistische Begründung der von ihnen durchgeführten empirischen Studien zur Verbreitung der Spartenorganisation zwischen *Teece* und *Fligstein*; vgl. Baum/Dobbin [Economics] 79 ff.

eingeführten Wirkungsannahmen bildeten dann Leerstellen, die vom Manager durch eigene Annahmen ersetzt werden müssten.

Bei der Auseinandersetzung mit dieser Konsequenz ist zunächst festzustellen, dass in der Erfüllung der genannten methodischen Funktion der wesentliche Beitrag des Gestaltungsansatzes liegt. Unabhängig von diesem Anliegen ist zu beachten, dass der entscheidungsorientierte Ansatz nur eine begrenzte Zahl empirischer Annahmen mit generellem Anspruch einführt. Bei den meisten der diskutierten Wirkungsannahmen wird kein solcher Gültigkeitsanspruch formuliert, sondern nur ihre Auswirkung im Falle ihrer Einführung aufgezeigt. So erfolgt z.B. keine Festlegung hinsichtlich der generellen Vorteilhaftigkeit plan- oder marktbasierter Lösungen.

Gleichwohl muss beachtet werden, dass der radikale Austausch aller Wirkannahmen des entscheidungsorientierten Ansatzes dem Manager die Aufgabe aufbürdet, unter Rückgriff auf die eingeführten organisationsrelevanten theoretischen Bausteine ein eigenes Gestaltungskonzept zu entwickeln. Eine solche Aufforderung zur Eigenentwicklung dürfte für jeden Manager von zweifelhaftem praktischem Wert sein. Es liegt deshalb nahe, die tragenden Wirkungsannahmen des entscheidungsorientierten Ansatzes zu benennen, deren Akzeptanz die Übernahme des geschlossenen Gestaltungskonzepts erlaubt. Die folgenden drei Wirkungsannahmen sind bei der Verfolgung dieses Gedankens zu prüfen:

1. *Koordinationsdimension*: Eine Internalisierung von Kommunikationsaktivitäten fördert kooperatives Verhalten.

2. *Motivationsdimension*: Zur wirksamen Ausrichtung des individuellen Verhaltens auf die übergeordneten Unternehmungsziele sollten Steuerungsimpulse aus Ergebnisabweichungen generiert werden.

3. *Problemlösungsdimension*: Bei der sequenziellen Generierung einer Gesamtlösung aus Teillösungen ist die Koordinationsdominanz das überlegene Prinzip.

Für einen Manager, der vor der Frage steht, ein ausgearbeitetes Gestaltungskonzept zu übernehmen oder den Weg einer möglicherweise aufwändigen Eigenentwicklung zu gehen, kann der Autor die im Folgenden erläuterten Argumente liefern. Über ihre Triftigkeit muss der potenzielle Anwender des Konzepts selbst entscheiden.[72]

---

[72] Die folgende Argumentation verzichtet weitestgehend auf Literaturhinweise; sie werden im dritten Teil bei der Ausarbeitung des Konzepts eingebracht.

Zu 1.: These der Kooperationsförderung

Die Aussage, dass sich die Kommunikation bzw. Kooperation innerhalb eines Teilsystems reibungsloser vollzieht als zwischen verschiedenen Teilsystemen, ist in der Organisationstheorie und in der Organisationspraxis weit verbreitet. Eine Fülle von Ergebnissen der empirischen Organisationsforschung stützt die These von einer solchen Regelmäßigkeit im Verhalten. Auch hinsichtlich der Organisationspraxis gibt es zahlreiche Anhaltspunkte dafür, dass das Management eine solche Annahme für plausibel und in Übereinstimmung mit seinen eigenen Erfahrungen hält. Aufschlussreich sind in diesem Zusammenhang Auswertungen der tief greifenden Restrukturierungen der achtziger und neunziger Jahre, die zeigen, dass dem Prinzip der Internalisierung eine zentrale Rolle in den verschiedenen Konzepten zukommt.[73] Zahlreiche empirische Studien, die auf der konzeptionellen Grundlage des entscheidungsorientierten Ansatzes durchgeführt wurden, führen zu Ergebnissen, die ebenfalls die zentrale Bedeutung des Internalisierungsprinzips stützen.

Zu 2.: These der Generierung von Motivationseffekten

Die zentrale Motivationsannahme des Ansatzes besagt, dass nachhaltige Motivationswirkungen vor allem durch die Gestaltung des Steuerungssystems erzielt werden können und dass die Etablierung motivationswirksamer Regelungen hier am Prozess der Zielbildung ansetzen muss. In Großunternehmungen bilden nach dieser Annahme die Formulierung bzw. Vorgabe von Ergebniszielen und ihr Vergleich mit realisierten Ergebniswerten die zentralen Größen des Motivationskonzepts. Steuerungssysteme sind deshalb so zu konzipieren, dass sie die rechtzeitige Wahrnehmung von Ergebnisabweichungen und die rasche Identifizierung von Abweichungsursachen sicherstellen. Mit Blick auf die Organisationstheorie lässt sich diese Motivationskonzeption durch zwei Argumente stützen. Wie die breite Rezeption der am Zielbildungsprozess anknüpfenden Motivationstheorie von *Locke* und *Latham* in Forschung und akademischer Lehre zeigt, entspricht die zielorientierte Verankerung der Motivationsdimension im entscheidungsorientierten Ansatz einer verbreiteten Sichtweise. Neben diesem auf dem konzeptionellen und empirischen Entwicklungsstand einer bestimmten Theorierichtung beruhendem Argument kann eine zweite Überlegung angeführt werden, der ein genereller Anspruch zu Grunde liegt. Unter dem Einfluss mikroökonomisch ausgerichteter Konzepte wird in der Betriebswirtschaftslehre die Unternehmung zunehmend in Abgrenzung zum Markt konzeptionell erfasst. Im Unterschied zum Markt, in dem autonome Entscheidungen unabhängiger Einheiten die Transaktionen bestimmen,

---

73) Vgl. Frese/Maly [Organisationsstrategien].

vollzieht sich die Steuerung in Unternehmungen auf der Grundlage eines auf Autoritätsbeziehungen beruhenden und hierarchisch strukturierten Planungssystems. Ein solches Konzept weist bei der Steuerung der Unternehmungsaktivitäten Soll-Ist-Vergleichen eine zentrale Funktion zu. Die umfangreiche Literatur zur Ausgestaltung von Steuerungssystemen in der Praxis bestätigt die Fokussierung auf die Ergebnisabweichung bei der Generierung von Motivationseffekten.

Zu 3.: These der Koordinationsdominanz

Für die Lösung komplexer Probleme gilt unbestritten das Konzept der Modularisierung. Die Frage der Integration von Teillösungen zu einer Gesamtlösung ist deshalb für jedes Konzept der Organisationsgestaltung zentral. Bei der ebenso unbestrittenen Methode der sequenziellen Iteration determiniert in hohem Maße die Wahl der Ausgangs-Teillösung die iterativ abgeleitete Gesamtlösung. Der entscheidungsorientierte Ansatz beginnt den Prozess der Problemlösung mit der koordinationsbezogenen Teillösung und führt Motivationskomponenten im iterativen Prozess flankierend ein. Das Gestaltungskonzept fördert deshalb die Generierung aufgabeninduzierter Lösungen mit einer ausgeprägten Berücksichtigung von Koordinationsanforderungen.

Das zentrale Argument für diese Vorgehensweise besteht in der Erkenntnis, dass der Erfolg einer Unternehmung, die Sicherung ihrer Überlebensfähigkeit, von der Qualität der marktlichen Transaktionen abhängt. Die Ausrichtung aller Aktivitäten auf den Markterfolg wird damit zwangsläufig zur dominierenden Handlungsperspektive. In diesem Zusammenhang haben organisatorische Regelungen vorrangig die Aufgabe, eine Vielzahl von Einzelentscheidungen im Hinblick auf das Sachziel der Unternehmung, d. h. auf die Bereitstellung von Sachgütern oder Dienstleistungen für den Markt, zu koordinieren. Hierzu ist es erforderlich, die Entscheidungsaufgabe für die verschiedenen organisatorischen Einheiten inhaltlich zu spezifizieren. Dies kann z.B. durch die Übertragung einer bestimmten funktionalen Aufgabe (z.B. Produktion einer Maschine) an einen Bereich sowie die Ausstattung mit den für die Erfüllung dieser Aufgabe notwendigen Ressourcen (Maschinen und Betriebsmittel) geschehen. Eine solche Formulierung von Verhaltenserwartungen an die Entscheidungsträger ist eine zentrale Aufgabe organisatorischer Regelungen. Motivationsmaßnahmen sind nicht in der Lage, diese Aufgabe zu erfüllen. Sie können lediglich einen Beitrag dazu leisten, die potenzielle Diskrepanz zwischen Verhaltenserwartungen und tatsächlichem Verhalten der Entscheidungsträger zu überwinden, nicht aber die Verhaltenserwartungen selbst inhaltlich vorgeben. Bezogen auf das obige Beispiel bedeutet dies, dass durch die Implementierung eines adäquaten Anreizsystems der Leiter des Bereichs „Produktion" lediglich dahingehend beeinflusst werden kann, seine Leistungsanstrengung zur Erreichung der Bereichs- bzw. Unternehmungsziele zu erhöhen und eventuell davon abweichende persönliche Zielsetzungen in den Hintergrund zu stellen. Es ist jedoch nicht möglich, durch eine solche Maßnahme seinen Entscheidungsrahmen verbindlich zu definieren. Diese zielleitende Funktion kann allein durch den Einsatz der Koordinationsinstrumente wahrgenommen werden.

Dritter Teil

Statisches Konzept der Organisationsgestaltung – Ausschöpfung gegebener Handlungspotenziale

A. Konzeptionelle Grundtatbestände

I. Grundtatbestände der Koordination

Die Untersuchung von Organisationsstrukturen für arbeitsteilige Entscheidungssysteme erfordert die Darstellung entscheidungslogischer Grundtatbestände. Zu Beginn dieses Abschnitts sollen die Begriffe „Handlung" und „Entscheidung" sowie die Beziehung zwischen Handlung und Entscheidung geklärt werden.

a. Entscheidung und Information

1. Modell der Entscheidung

Unter einer Handlung wird eine Verhaltensweise verstanden, durch die ein gegebener Zustand der Realität (Ausgangszustand) in einen veränderten Zustand (Endzustand) überführt wird[1] (vgl. Abb. 5).

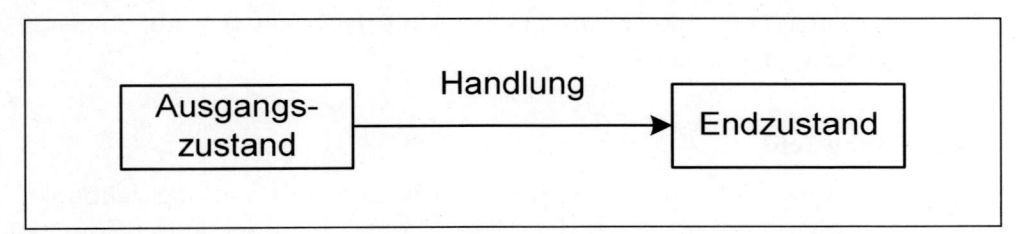

Abb. 5: *Handlung*

In der Regel gibt es für einen Handelnden eine Mehrzahl möglicher Handlungen, die er alternativ verfolgen kann.

Für die Handlungseinheit entsteht deshalb ein Auswahlproblem, das durch einen der Realisation der auszuwählenden Handlung vorgelagerten Prozess der Informationsgewinnung und -verarbeitung gelöst werden muss. Die Auswahl zwischen Handlungen nach Maßgabe bestimmter Ziele wird als Entscheidung bezeichnet (vgl. Abb. 6).

---

[1] Der Sonderfall der Identität von Ausgangszustand und Endzustand soll bei dieser Definition eingeschlossen sein.

```
┌─────────────────────────────────────────────────────────┐
│  ┌─────────────────────────────┐                        │
│  │ Entscheidung                │                        │
│  │ - Informationsgewinnung     │───────▶  Realisation   │
│  │ - Informationsverarbeitung  │                        │
│  └─────────────────────────────┘                        │
└─────────────────────────────────────────────────────────┘
```

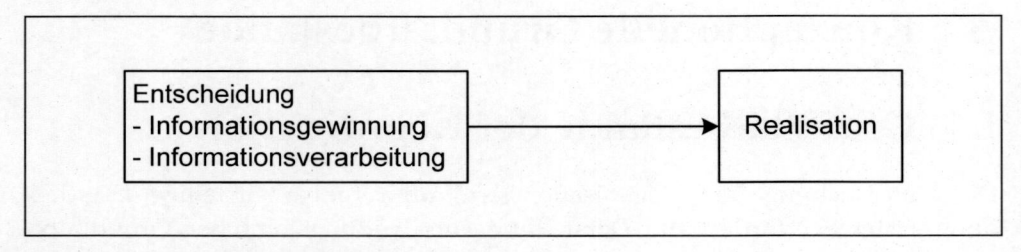

Abb. 6:   Entscheidung und Realisation

Für die weiteren Überlegungen ist die Präzisierung der Begriffe „Entscheidung" und „Realisation" notwendig. Entscheidungen bedingen Akte der Informationsgewinnung und -verarbeitung, die darauf ausgerichtet sind, die nachgelagerte Realisation festzulegen. „Realisation" bedeutet vor diesem Hintergrund Vollzug einer Handlung nach Maßgabe vorangegangener Entscheidungen. Jede Realisation ist damit durch vorangegangene Entscheidungen determiniert; sie weist keinen Spielraum auf. Das unterscheidet sie von Entscheidungsakten, bei denen hinsichtlich der festzulegenden Realisation notwendigerweise ein Spielraum besteht.

Prozesse der Informationsgewinnung und -verarbeitung, die auf die Festlegung zu realisierender Handlungen ausgerichtet sind, beziehen sich auf folgende Entscheidungskomponenten:

Entscheidungsfeld

Das Entscheidungsfeld bildet den Zustand der Realität im Handlungszeitpunkt, den Ausgangszustand, ab. Nach den Dispositionsrechten der Entscheidungseinheit wird das Entscheidungsfeld in „Ressourcen" und „Umwelt" gegliedert. Die Ressourcen bilden den Bereich des Entscheidungsfeldes, über den die Einheit aufgrund physischer oder rechtlicher Gegebenheiten disponieren kann, der ihrer Verfügungsgewalt unterliegt. Ein Beispiel sind maschinelle Anlagen. Die Umwelt umfasst den Feldbereich, der nicht der Disposition der Entscheidungseinheit unterliegt, wohl aber teilweise in seiner Struktur durch die Entscheidungseinheit verändert bzw. beeinflusst werden kann. Zur Umwelt eines Entscheidungsfeldes zählt beispielsweise das durch absatzpolitische Maßnahmen der Unternehmung in gewissen Grenzen zu beeinflussende Verhalten einer Käuferschicht[2].

---

[2]   In der Entscheidungstheorie wird die „Umwelt" häufig nach dem Kriterium der Beeinflussbarkeit als der Teil des Entscheidungsfeldes abgegrenzt, der in Hinblick auf das Ziel des Handelnden nicht verändert werden oder auch nicht von einer Veränderung bewahrt werden kann. Dieser Definition wird hier nicht gefolgt, da dann Teile des – prinzipiell

b.w.

Aus der Sicht einer organisatorischen Teileinheit muss zwischen der internen Umwelt, die alle organisationsinternen, nicht der Disposition dieser Einheit unterliegenden Größen – wie das Entscheidungsverhalten anderer Einheiten – umfasst, und der externen Umwelt bzw. dem Markt außerhalb des Dispositionsbereichs der Gesamtorganisation unterschieden werden.

In der Regel müssen von einer Entscheidungseinheit bei ihrer Entscheidung verschiedene mögliche Entscheidungsfelder in Betracht gezogen werden. Zur Abbildung von realistischen Entscheidungssituationen muss deshalb die Menge der möglichen Ressourcensituationen R (r ∈ R) und die Menge der möglichen Umweltzustände X (x ∈ X) in das Entscheidungsmodell aufgenommen werden.

Handlung

Eine Handlung h (h ∈ H*) kann durch einen Akt der Kombination von Ressourcen – eine Werbehandlung etwa durch das Anbringen eines Plakates an einer Anzeigentafel – charakterisiert werden. Jede Handlung bedeutet Verfügung über Ressourcen. Der Informationsstand einer Entscheidungseinheit über ihre Handlungsmöglichkeiten ist gegeben durch die Kenntnis der vorhandenen Ressourcen und durch das jeweilige technische Wissen über die Möglichkeiten der Kombination dieser Ressourcen.

Handlungskonsequenz

Die Konsequenz einer Handlung h bei gegebenem Umweltzustand x (x ∈ X) bestimmt den Endzustand e (e ∈ E*), beispielsweise die Absatzmenge eines bestimmten Produktes auf Grund von Werbemaßnahmen in einer gegebenen Wettbewerbssituation. Die Ableitung (Prognose) von Endzuständen wird durch die Handlungsfunktion *hnd_fkt*: X × H* → E* dargestellt. Bei den weiteren Überlegungen wird immer unterstellt, dass über die Handlungsfunktion *hnd_fkt* vollkommene Information besteht[3].

---

durch absatzpolitische Maßnahmen „beeinflussbaren" – Marktes nicht zur Umwelt zu zählen wären. In dem hier vertretenen begrifflichen Konzept wird der Markt der Umwelt zugerechnet.

3) Prognoseungewissheit wird damit auf mangelnde Information über die Handlungsmöglichkeiten oder die bestehende Umweltsituation zurückgeführt.

Entscheidungsziel

Die Beschreibung realistischer Entscheidungssituationen in Unternehmungen erfordert die Unterscheidung zwischen dem Sachziel und dem Formalziel.

Das Sachziel Sa (Sa $\subset$ E*) beschreibt die Menge aller Endzustände e (e $\in$ E*), die von der Entscheidungseinheit angestrebt werden. Durch die Vorgabe eines Sachziels – beispielsweise die Erzielung eines bestimmten Marktanteils für ein Produkt – wird die bei der Entscheidung zu berücksichtigende Handlungsmenge H (H $\subset$ H*) abgegrenzt: Es werden nur solche Handlungen h (h $\in$ H) einbezogen, die bei einem möglichen Umweltzustand x zur Erreichung des Sachziels beitragen können (h$\in$H $\frown$ $\exists$x $\in$ X : e (x,h) $\in$ Sa).

Das Formalziel F = ((Z, $\leq$), N) – beispielsweise das Ziel der Gewinnmaximierung – bildet die Grundlage für die Formulierung von Auswahlregeln, in der die Präferenz (Z, $\leq$) der Entscheidungseinheit für alternative Endzustände ihren Ausdruck findet. Die Bewertung der einzelnen Endzustände vollzieht sich nach Maßgabe der Nutzenfunktion *ntz_fkt*: E $\rightarrow$ N. Das Formalziel ist einer empirischen Bestimmung nur schwer zugänglich. Bei Entscheidungen einzelner Individuen wird es in der Regel gar nicht zur expliziten Ausformulierung des Formalziels kommen. In Handlungssystemen mit interpersonaler Arbeitsteilung ist es jedoch unumgänglich, auch Formalziele operational und intersubjektiv nachvollziehbar zu formulieren, um die notwendige Abstimmung der individuellen Handlungen aufeinander zu gewährleisten.

Nach der Definition der Entscheidungskomponenten soll nun das für die weiteren organisationstheoretischen Erörterungen gültige Entscheidungsmodell formuliert werden. Wie in Abb. 7 dargestellt ist, werden die eingeführten Komponenten eines Entscheidungsproblems entweder der Feld-, der Handlungs- oder der Zielkomponente zugeordnet. Die Feldkomponente bildet mit der Menge der Ressourcen R und der Menge der möglichen Umweltzustände X das Entscheidungsfeld ab. Die Handlungskomponente umfasst die Menge der auf Grund des vorgegebenen Sachziels Sa relevanten Handlungen H. Die im Entscheidungsmodell berücksichtigte Handlungsmenge H bildet damit eine Teilmenge der auf Grund der Ressourcensituation technisch möglichen Handlungen H* (H $\subset$ H*). Dementsprechend besteht die Menge der Endzustände E (E $\subset$ E*) aus all den Handlungskonsequenzen, die bei der gegebenen Menge der zulässigen Handlungen H und der gegebenen Menge der Umweltzustände X eintreten können. In der Regel werden nicht alle Endzustände e $\in$ E mit dem Sachziel Sa vereinbar sein, d.h. es gilt Sa $\subset$ E. Diese Tatsache ist darauf zurückzuführen, dass es Handlungen h $\in$ H gibt, die bei einer bestimmten Umweltsituation x $\in$ X zu einem nicht mit dem Sachziel zu vereinbarenden Endzustand e $\notin$ Sa führen.

```
┌─────────────────────┐     ┌─────────────────┐     ┌──────────────────────┐
│  Umweltzustände X   │────▶│  Endzustände E  │◀────│ Präferenzstruktur (Z, ≤) │
└─────────────────────┘     └─────────────────┘     └──────────────────────┘
                                    ▲
┌─────────────────────┐     ┌─────────────────┐     ┌──────────────────────┐
│    Ressourcen R     │--- ▶│   Handlungen H  │◀ ---│      Sachziel Sa     │
└─────────────────────┘     └─────────────────┘     └──────────────────────┘
    Feldkomponente          Handlungskomponente         Zielkomponente
```
────▶ funktionale Beziehung
- - -▶ Zulässigkeitskriterium

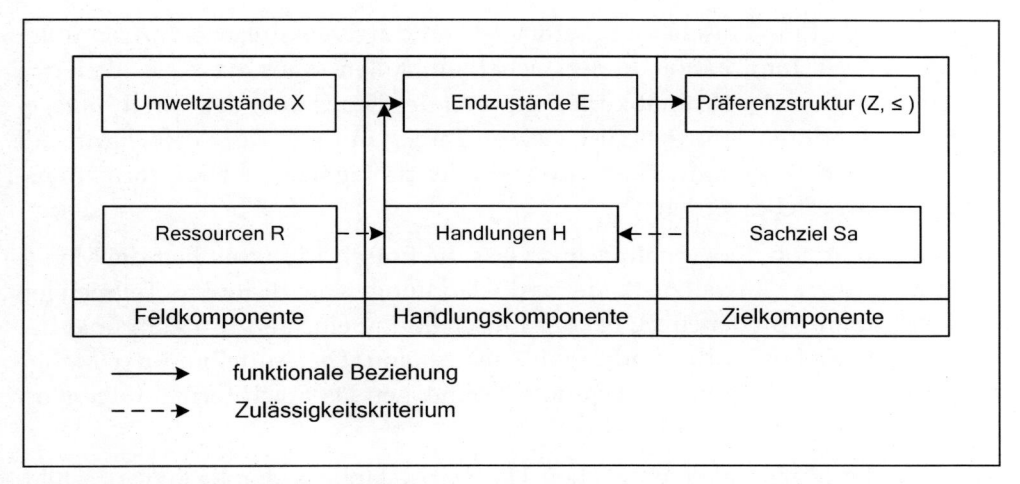

Abb. 7:   Entscheidungsmodell

Das in Abb. 7 dargestellte Entscheidungsmodell unterscheidet sich von dem bekannten „klassischen" Entscheidungsmodell. Im klassischen Entscheidungsmodell wird die Abhängigkeit der zu berücksichtigenden Handlungen von den verfügbaren Ressourcen und von der Struktur des vorgegebenen Sachziels nicht explizit ausgewiesen[4]. In Unternehmungen sind jedoch die Zuteilung von Ressourcen und die Vorgabe von aus der Unternehmungsaufgabe abgeleiteten Teilsachzielen für die einzelnen Entscheidungseinheiten wesentliche Bestimmungsgrößen für die zu berücksichtigenden Handlungen. Aus der Struktur des vorgegebenen Sachziels und dem Charakter der vorhandenen Ressourcen ergeben sich Zulässigkeitskriterien, die von den einer Entscheidung zu Grunde gelegten Handlungen erfüllt sein müssen: Die Handlungen müssen auf Grund der gegebenen Ressourcen durchführbar und in Hinblick auf das Sachziel relevant sein.

2. Problemgerechte Informationsstruktur

Bei der Entwicklung des Entscheidungsmodells im vorigen Abschnitt wurden die Komponenten einer Entscheidung dargestellt, über die eine Entscheidungseinheit „Informationen" besitzen muss. Diese Feststellung lässt offen, wie „genau" die Informationen sein müssen. Üblicherweise setzt man die Frage nach der „Genauigkeit" von Informationen mit der nach dem Ungewissheitsgrad von Entscheidungen gleich. Diese Vorstellung ist jedoch in so genereller Form

---

[4]   Vgl. Eisenführ/Weber/Langer [Entscheiden] 20.

nicht haltbar. Eine Entscheidungseinheit kann durchaus Entscheidungen unter vollkommener Information (unter Sicherheit) fällen, ohne dass sie über den exakten Zustand der Realität zum Zeitpunkt der Realisation der von ihr ausgewählten Handlung informiert ist. Dieser Tatbestand soll durch Rückgriff auf das von *J. Marschak*[5] entwickelte Konzept der problemgerechten Informationsstruktur dargestellt werden[6].

Marschak geht von der Annahme aus, dass die Entscheidungseinheit die Menge aller möglichen Umweltzustände und Handlungen in disjunkte Teilmengen aufteilen kann, von denen sie bei der Entscheidung eine als zum Zeitpunkt der Realisation effektiv vorliegend identifizieren kann. Die Aufteilung der Menge aller möglichen Zustände in disjunkte Teilmengen lässt sich formal folgendermaßen einführen:

Wenn X die Menge aller möglichen Umweltzustände x der Realität darstellt, dann kann die Informationsstruktur einer Entscheidungseinheit durch eine Partition (Zerlegung) $p(X)$ der Menge X angegeben werden:

(1) $\quad p(X) \subset P(X)$ mit $\bigcup_{x \in p(X)} x = X$ und $\forall\, x, x' \in p(X) : x \cap x' \neq \emptyset \,\frown\, x = x'$.

Die Elemente x dieser Partition sind die von der Entscheidungseinheit unterscheidbaren Teilmengen von möglichen Zuständen.

Die Menge aller möglichen Partitionen von X entspricht also gleichzeitig der Menge aller theoretisch möglichen Informationsstrukturen einer Entscheidungseinheit über die Zustandsmenge X. Kann eine Entscheidungseinheit verschiedene Informationen über die Umwelt – beispielsweise aus unterschiedlichen Quellen – bekommen, so entsteht für sie das Problem des Vergleichs und der Auswahl zwischen verschiedenen Informationsstrukturen.

Ein nahe liegendes Kriterium für den Vergleich von Informationsstrukturen ist die „Genauigkeit" (Feinheit) der Information. Allerdings lassen sich nicht alle Informationsstrukturen hinsichtlich dieses Kriteriums vergleichen. Ein einfaches Beispiel soll diese Tatsache verdeutlichen. Ein Börsenspekulant weiß, dass der Kurs der ihn interessierenden Aktie um maximal eine Geldeinheit (GE) steigen oder fallen kann. Wenn er von einer Informationsquelle erfahren kann, ob die Kursänderung größer als eine halbe GE ist oder nicht, und von einer anderen Quelle, ob der Kurs steigt oder nicht, kann er beide Informationsstruktu-

---

5) Vgl. Marschak [Description].
6) *Marschak* unterstellt in seinem Ansatz, dass die Menge der Handlungen gegeben ist. Ressourcen und Sachziele werden deshalb nicht explizit berücksichtigt. Um die Darstellung zu vereinfachen, wird hier auf die Erweiterung des Modells um Ressourcen- und Sachzielinformationen verzichtet. Es wird angenommen, dass die gegebene Handlungsmenge den durch Ressourcen und Sachziel determinierten Zulässigkeitskriterien entspricht.

ren nicht nach dem Kriterium der Genauigkeit oder Feinheit vergleichen. Eine Informationsstruktur lässt sich nur dann im Vergleich zu einer anderen als feiner bezeichnen, wenn sie mindestens die gleiche Unterscheidbarkeit von Ereignissen ermöglicht:

(2) Eine Informationsstruktur $p_1(X)$ heißt feiner als $p_2(X)$, $p_1 \prec p_2$, wenn für jedes Element $x_1 \in p_1$ ein Element $x_2 \in p_2$ existiert mit $x_1 \subset x_2$.

Eine Entscheidungseinheit, deren Aufgabe darin besteht, für das ihr gestellte Problem eine Lösung zu finden, kann mit dem Vergleichskriterium allein nichts anfangen, wenn sie darum bemüht ist, ihre Informationsaktivitäten möglichst gering zu halten. Sie braucht eine auf ihr Problem zugeschnittene, eine problemgerechte Informationsstruktur. Zur exakten Lösung des Entscheidungsproblems benötigt die Entscheidungseinheit ein gewisses Maß an Feinheit der Information über die Umwelt, das dadurch gekennzeichnet ist, dass jede Handlung bei allen unterscheidbaren Umweltereignissen x ($x \in p(X)$) zu einem eindeutigen Ergebnis führen soll. Es gilt also:

(3) $\forall h \in H \,\forall x \in p(X) \,\forall x', x'' \in x: e(x',h) = e(x'',h)$.

Im Mittelpunkt unserer bisherigen Überlegungen stand die Partition der Menge der möglichen Umweltzustände X. Entsprechende Überlegungen gelten für die Menge der möglichen Handlungen H. Auch Handlungen müssen so weit differenziert werden, dass jede unterscheidbare Handlung für alle Umweltzustände zu einem eindeutigen Ergebnis führt. Insgesamt ist also ein Paar von Partitionen ($p(X)$, $p(H)$) der Menge der Umweltzustände X und der Menge der Handlungen H gesucht, bei dem jeder Handlungskomplex $h \in p(H)$ bei jedem Umweltereignis $x \in p(X)$ zu einem eindeutigen Ergebnis führt:

(4) $\forall h \in p(H) \,\forall x \in p(X): e(x,h)$ ist einelementig,

wobei $e(x,h) := \bigcup_{x \in X, h \in H} \{e(x,h)\}$.

Die hinreichende Feinheit der Informationen über Umwelt und Handlungen garantiert der Entscheidungseinheit die prinzipielle Lösbarkeit ihres Entscheidungsproblems mit dieser Informationsstruktur. Hinreichende Feinheit bewahrt sie aber nicht davor, unter Umständen Unterscheidungen zwischen Umweltereignissen oder Handlungskomplexen vorzunehmen, die in dieser Differenziertheit nicht erforderlich sind. In diesem Fall sind die Informationen zu fein, d.h. es gilt

(5) $\exists\, x_1, x_2 \in p(X)\quad \forall\, h \in p(H): e(x_1, h) = e(x_2, h)\quad$ oder
$\exists\, h_1, h_2 \in p(H)\quad \forall\, x \in p(X): e(x, h_1) = e(x, h_2)$.

Wie *Marschak* gezeigt hat[7], existiert genau ein ergebnisrelevantes Partitionspaar ($p(X)$, $p(H)$), dessen Informationsstruktur sowohl hinreichend fein ist, um eindeutige Ergebnisse zu garantieren, als auch hinreichend grob ist, also keine überflüssigen Informationen in dem angegebenen Sinne liefert. Zu jedem vollständig lösbaren, deterministischen Entscheidungsproblem existiert also eine problemgerechte Informationsstruktur.

Zur Veranschaulichung der vorangegangenen Überlegungen soll das oben angeführte Börsenbeispiel noch einmal aufgegriffen werden. Ein Spekulant besitzt zum Zeitpunkt t_0 10 Aktien einer bestimmten Unternehmung und verfügt über entsprechende Geldmittel, um 10 weitere Aktien derselben Art zu diesem Zeitpunkt hinzukaufen zu können. Die im Zeitpunkt t_0 sich im Besitz des Spekulanten befindlichen Aktien müssen entweder in t_0 oder im Zeitpunkt t_1 verkauft werden. Die Kauf- bzw. Verkaufsentscheidung hängt davon ab, ob die Kursdifferenz zwischen den Zeitpunkten t_1 und t_0 positiv oder negativ ist. Der Gewinn bzw. Verlust wird durch den Vergleich des wertmäßigen Besitzstandes im Zeitpunkt t_1 gegenüber dem Zeitpunkt t_0 ermittelt. Es wird unterstellt, dass im Zeitpunkt t_0 genaue Informationen über die Kursentwicklung von einem Börsenmakler beschafft werden können.

Geht man zunächst einmal davon aus, dass den Spekulanten auf Grund seiner persönlichen Interessenlage als Ergebnis einer möglichen Handlung interessiert zu wissen, ob

- er einen Gewinn erzielt (e_1),
- er einen Verlust hinnehmen muss (e_2) oder
- der Wert seines Besitzes unverändert bleibt (e_3),

so wäre eine mögliche Informationsstruktur:

$x_1 \in p(X) \equiv$ (Kurs wird fallen),

$x_2 \in p(X) \equiv$ (Kurs wird gleich bleiben),

$x_3 \in p(X) \equiv$ (Kurs wird steigen)

und für die Handlungen:

$h_1 \in p(H) \equiv$ (verkaufen),

$h_2 \in p(H) \equiv$ (nichts tun),

$h_3 \in p(H) \equiv$ (kaufen).

---

7) Vgl. Marschak [Description] 722 f.

Die Handlungsergebnisse bei verschiedenen Umweltereignissen lassen sich dann in folgender Ergebnismatrix (vgl. Tabelle 1) erfassen:

	h_1	h_2	h_3
x_1	e_3	e_2	e_2
x_2	e_3	e_3	e_3
x_3	e_3	e_1	e_1

Tabelle 1:   Ergebnismatrix 1

Die Handlungen „nichts tun" (h_2) und „kaufen" (h_3) führen für jeden einzelnen Umweltzustand zum gleichen Ergebnis. Eine Unterscheidung der Handlungen ist also irrelevant für die Ergebnisse, sie werden daher in der relevanten Informationsstruktur zu einer Handlung „nichts tun oder kaufen" zusammengefasst.

Es ergibt sich folgende relevante Informationsstruktur:

p (X)   bleibt wie bisher,

p'(H) = {h1', h2'} mit

h1' ≡   (verkaufen)

h2' ≡   (nichts tun oder kaufen).

Die Ergebnismatrix lautet dann (vgl. Tabelle 2):

	h'_1	h'_2
x_1	e_3	e_2
x_2	e_3	e_3
x_3	e_3	e_1

Tabelle 2:   Ergebnismatrix 2

Beschließt der Spekulant schließlich, dass ihn nur noch interessiert, ob er einen Gewinn macht (e'_1) oder nicht (e'_2), so reduziert sich seine relevante Informationsstruktur auf:

$$p'(X) = \{x'_1, x'_2\} \quad \text{und} \quad p'(H) = \{h'_1, h'_2\}$$

mit $\quad x'_1 \equiv$ (Kurs wird nicht steigen) und

$\qquad x'_2 \equiv$ (Kurs wird steigen)

Die Ergebnismatrix (vgl. Tabelle 3) hat dann folgendes Aussehen:

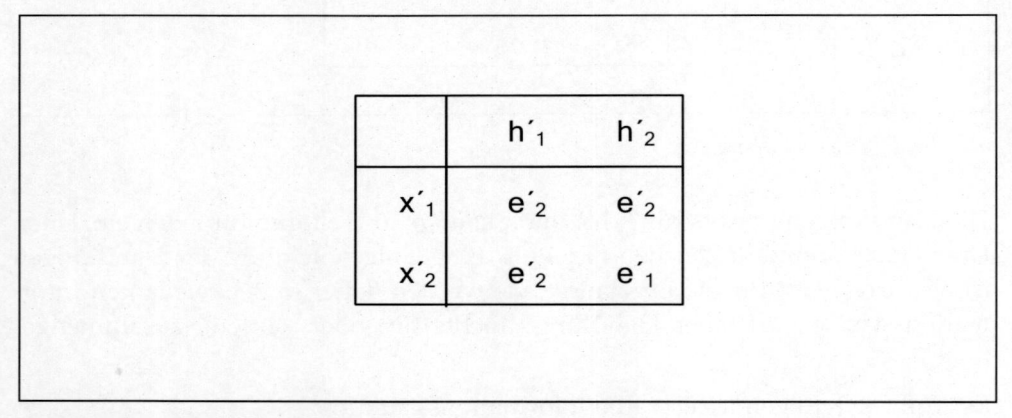

	h'_1	h'_2
x'_1	e'_2	e'_2
x'_2	e'_2	e'_1

Tabelle 3: Ergebnismatrix 3

3. Entscheidung und Ungewissheit

In der Realität müssen Entscheidungen in der Regel unter unvollkommener Information über die Entscheidungskomponenten gefällt werden: Es handelt sich um Entscheidungen unter Ungewissheit.

Ungewissheit kann bestehen über

- die Feldkomponente,
- die Handlungskomponente,
- die Zielkomponente.

Mangelnde Informationen über die Zielkomponente werden üblicherweise nicht dem Problemkreis „Entscheidung unter Ungewissheit" zugerechnet. Diese Ausklammerung ist gerechtfertigt, wenn man den spezifischen Charakter der Ungewissheit über die Zielkomponente berücksichtigt. Während der unvollkommene Informationsstand über die Feld- und Handlungskomponente grundsätzlich durch Maßnahmen der empirischen Informationsbeschaffung verbessert werden kann, lässt sich fehlende Zielinformation nicht durch Informationsaktivitäten beheben. Hier muss vielmehr beim Individuum ein Prozess der Klärung der Präferenzstruktur und des angestrebten Sachziels erfolgen.

Eine andere Dimension erhält das Problem der Zielungewissheit in arbeitsteiligen Systemen, in denen den einzelnen Entscheidungseinheiten von hierarchisch übergeordneten Einheiten Ziele vorgegeben werden. Zielungewissheit lässt sich hier im Wege einer operationalen Formulierung des Sach- und Formalziels durch die zuständigen Entscheidungseinheiten aufheben.

Hinsichtlich der Feld- und Handlungskomponente lassen sich bei der Beschreibung des Informationsstandes verschiedene Dimensionen unterscheiden (vgl. Übersicht 3). Der jeweilige Informationsstand, d.h. der jeweilige Grad an Ungewissheit, wird einmal von der Abbildungsgenauigkeit bestimmt. Eine Abbildung, die nicht zu grob ist, ermöglicht die Verwirklichung eines vollkommenen Informationsstandes, eine zu grobe Abbildung führt zu Entscheidung unter Ungewissheit in dem Sinne, dass einigen oder allen möglichen Handlungen kein eindeutiges Ergebnis zugeordnet werden kann. Die zweite Dimension betrifft die Frage, ob die Entscheidungseinheit Überblick über die überhaupt möglichen Umweltzustände und Handlungen hat oder ob ihr nicht alle überhaupt möglichen Umweltzustände oder Handlungen bekannt sind. Im ersten Fall kennt die Entscheidungseinheit z.B. alle denkbaren Umweltzustände, im zweiten Fall ist ihr nur ein Teil der grundsätzlich möglichen Umweltzustände bekannt. Schließlich hängt der Grad der Ungewissheit noch davon ab, ob die Entscheidungseinheit in der Lage ist, den Zuständen Wahrscheinlichkeiten zuzuordnen oder nicht.

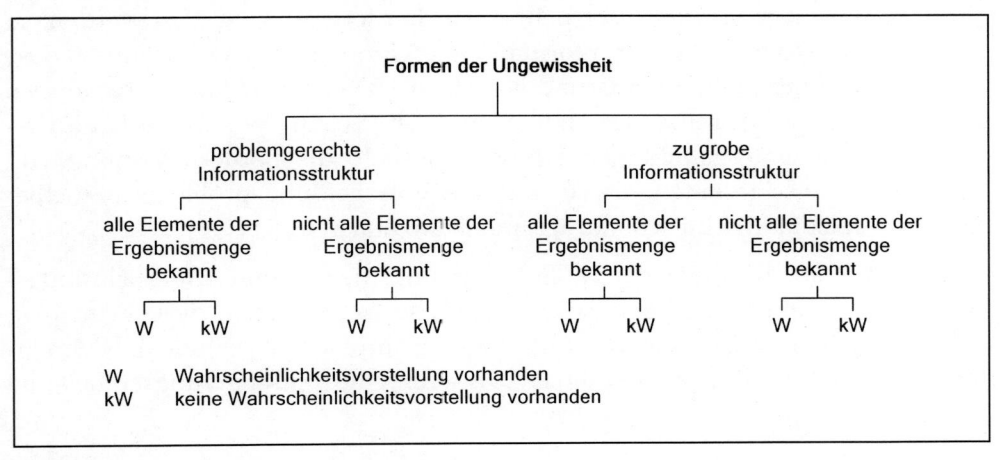

Übersicht 3: Formen der Ungewissheit

Je nach der Form der Ungewissheit und der betrachteten Entscheidungskomponente (Feld- oder Handlungskomponente) können Entscheidungen unter Ungewissheit folgende Auswirkungen auf das Entscheidungs- bzw. Realisationsergebnis haben:

1. Es werden bezüglich einer Handlung mehrwertige Endzustände prognostiziert.
2. Es werden mögliche Handlungen nicht berücksichtigt.
3. Es wird eine Handlung in Betracht gezogen, die technisch nicht durchführbar ist.
4. Es können bei der Realisation einer Handlung Abweichungen vom erwarteten Endzustand auftreten.

Die vorangegangenen Ausführungen zeigen, dass sich Ungewissheit in Entscheidungssituationen in vielfältigen Formen äußert und unterschiedliche Auswirkungen auf die Entscheidungen haben kann – ein Tatbestand, der insbesondere die Abstimmung von Entscheidungen in arbeitsteiligen Systemen außerordentlich erschwert.

b. Lösung komplexer Entscheidungsprobleme

Das Entscheidungsproblem einer individuellen Entscheidungseinheit – vom Fall der Arbeitsteilung wird zunächst abgesehen – besteht darin, aus der Menge der relevanten Handlungen diejenige auszuwählen, bei deren Durchführung der erwartete Nutzen des realisierten Endzustandes im Sinne des vorgegebenen Formalzielkriteriums optimal ist. Bei der Mehrzahl praktischer Entscheidungsprozesse entstehen bei dem Versuch, dieser Forderung gerecht zu werden, so umfangreiche Aktivitäten der Informationsgewinnung und -verarbeitung, dass die Entscheidungseinheit auf Grund ihrer begrenzten Kapazität überfordert ist. Eine realistische Auseinandersetzung mit der Lösung von Entscheidungsproblemen in Unternehmungen erfordert deshalb die Berücksichtigung von Prinzipien, die es gestatten, die Struktur des Entscheidungsproblems an die begrenzte Kapazität der Entscheidungseinheit anzupassen.

Betrachtet man die Fülle der in Entscheidungstheorie und Unternehmungspraxis entwickelten Anpassungsprinzipien[8], so beziehen sich diese Prinzipien immer auf die Reduzierung von Entscheidungsproblemen: Durch eine Vereinfachung des Entscheidungsproblems wird für eine Entscheidungseinheit die

---

8) Vgl. zum grundsätzlichen Problem der Anpassung von Entscheidungsproblemen an die begrenzte Kapazität einer Entscheidungseinheit Frese [Entscheidungsstrategien] und Laux/Liermann [Grundlagen] 53 ff. Einen umfassenden Überblick, der auch psychologische Aspekte einschließt, geben MacCrimmon/Taylor [Decision].

Anforderung aus der Gewinnung und Verarbeitung von Informationen verringert.

Bevor die verschiedenen Prinzipien zur Reduzierung von Entscheidungsproblemen im Einzelnen dargestellt werden, ist auf eine grundlegende entscheidungslogische Konsequenz jeder Anpassung eines Entscheidungsproblems an die begrenzte Kapazität von Entscheidungseinheiten hinzuweisen. Jede Reduzierung eines Entscheidungsproblems hat zur Folge, dass die Realisierung der für das ursprüngliche Entscheidungsproblem existierenden optimalen Lösung nicht garantiert werden kann.

Die Reduzierung eines Entscheidungsproblems kann einmal durch eine Veränderung von Entscheidungskomponenten (Einschränkung der Handlungsmenge, Veränderung des Formalziels) oder durch eine veränderte informationelle Abbildung von Entscheidungskomponenten (Veränderung der Informationsstruktur) erreicht werden. Die Folge ist eine Reduzierung der Menge der zu berücksichtigenden Informationen. Unabhängig von dieser Vorgehensweise können zum anderen die methodischen Anforderungen an die Informationsverarbeitung, etwa durch die Einführung vereinfachter Lösungsverfahren, reduziert werden[9]. Die folgenden Ausführungen beschränken sich auf den ersten Aspekt. Wir betrachten dabei eine Entscheidungseinheit, die als Ergebnis ihrer Entscheidung eine realisationsreife Handlung festlegen muss. Die realisationsreife Lösung eines Entscheidungsproblems hat folgende Eigenschaften: Die Information über die zu realisierende Handlung ist so detailliert, dass bei der Realisation eine unmittelbare Identifizierung der einzusetzenden Ressourcen und eine direkte Durchführung aller Teilaktivitäten möglich ist. Ein so formuliertes Entscheidungsergebnis erlaubt dann eine Umsetzung der gedanklich vorbereiteten Handlung in die Tat, ohne dass weitere Vorgänge der Informationsgewinnung und -verarbeitung notwendig sind.

Aus entscheidungslogischer Sicht lassen sich die folgenden drei Reduzierungsprinzipien unterscheiden:

1. Einschränkung der Handlungsmenge,
2. Veränderung des Formalziels,
3. Veränderung der Informationsstruktur.

---

9) Vgl. hierzu insbesondere zum Zusammenhang zwischen Problemstruktur und anzuwendenden Lösungsverfahren Frese [Entscheidungsstrategien] 285 f.

1. Einschränkung der Handlungsmenge

Die Reduzierung der Menge möglicher Handlungen, aus der von der Entscheidungseinheit die optimale auszuwählen ist, kann erfolgen:
- direkt über eine Verringerung der betrachteten Handlungsmenge,
- indirekt über die Ressourcensituation,
- indirekt über die Struktur des Sachziels.

Eine direkte Verringerung der Handlungsmenge vollzieht sich in der Weise, dass Handlungen, die auf Grund der Ressourcensituation durchführbar wären, nicht in das Entscheidungskalkül einbezogen werden. So kann beispielsweise eine Absatzeinheit zur Vereinfachung des Problems auf die Berücksichtigung von Werbeaktivitäten verzichten, obwohl grundsätzlich die Möglichkeit zur Durchführung von Werbeaktivitäten besteht.

Über die Ressourcensituation wird die berücksichtigte Handlungsmenge eingeschränkt, wenn der Einsatz an sich vorhandener Ressourcen bei der Bestimmung der Handlungsmöglichkeiten nicht in die Überlegungen einbezogen wird. Allerdings wird diese Art der Reduzierung gegenüber der direkten Einschränkung der Handlungsmenge vergleichsweise geringe praktische Bedeutung haben.

Die Formulierung eines Sachziels beeinflusst durch die Festlegung der anzustrebenden Endzustände die Menge der relevanten Handlungen. Aus diesem Grunde lässt sich eine Reduzierung der zu berücksichtigenden Handlungsmenge durch eine Einschränkung des Sachziels erreichen. Ein Beispiel ist die Entscheidung eines Automobilwerks, die Produktion von Lastkraftwagen einzustellen; die Menge der relevanten Handlungsalternativen wird auf diese Weise verringert. Allerdings ist nicht mit jeder Einschränkung des Sachziels zwangsläufig eine Reduzierung der Informationsaktivitäten verbunden. Unter Umständen lässt sich aus der Struktur des Sachziels nicht unmittelbar folgern, welche der auf Grund der Ressourcensituation möglichen Handlungen nicht relevant sind.

Reduzierungen der Handlungsmenge haben häufig Auswirkungen auf die Menge der zu berücksichtigenden Umweltsituationen. So bedeutet der Verzicht auf die Produktion von Lastkraftwagen zwangsläufig, dass bestimmte Bereiche des bisherigen Absatzmarktes für die Entscheidungen irrelevant werden. Unabhängig von diesem Zusammenhang zwischen Handlungs- und Umweltbereich kann die Entscheidungseinheit bewusst auf die Berücksichtigung bestimmter Umweltsektoren verzichten. Eine solche Einschränkung kann jedoch auf Kosten der Sicherheit bei der Prognose des eintretenden Endzustandes bei einer gegebenen Handlung gehen. Es wird dann nicht die Menge der möglichen Endzustände, sondern die Sicherheit der Erreichung des optimalen Endzustandes verringert.

2. Veränderung des Formalziels

Eine weitere Begrenzung der Informationsaktivitäten ist durch eine Anpassung in der Struktur des Formalziels möglich: Es erfolgt eine Vergröberung des Bewertungsmaßstabes (Präferenzstruktur), z.B. in Form der Einführung eines Anspruchsniveaus[10]. Die ursprünglich feinere Bewertung wird auf die zweiwertige Skala „ausreichend" und „nicht-ausreichend" reduziert. Da die Entscheidungseinheit alle als „ausreichend" eingestuften Ergebnisse als gleichwertig betrachtet, kann sie den Prozess der Informationsgewinnung vor Überprüfung aller Handlungsmöglichkeiten abbrechen, wie eine Handlung zu einem als „ausreichend" klassifizierten Ergebnis führt. Die Entscheidungseinheit erspart sich dadurch die Betrachtung der restlichen noch nicht untersuchten Handlungsalternativen. Je nachdem, ob das Anspruchsniveau in der ursprünglichen Skala sehr hoch oder mehr im unteren Bereich angesetzt wird, verändert sich die Chance einer Lösung des Entscheidungsproblems mit geringem Aufwand an Informationsgewinnung und -verarbeitung.

3. Veränderung der Informationsstruktur

Die bisher betrachteten Reduzierungsprinzipien, die Einschränkung der Handlungsmenge und die Veränderung der Präferenzstruktur, beruhen auf Anpassungen von Entscheidungskomponenten. Bei Anwendung des dritten in diesem Abschnitt zu behandelnden Reduzierungsprinzips wird dagegen der Umfang der Informationsaktivitäten über die Informationsstruktur, d.h. über die Genauigkeit der informationellen Abbildung von Entscheidungskomponenten, verringert.

Wir betrachten zunächst den Fall, dass den Entscheidungsaktivitäten einer Einheit eine zu feine, d.h. nicht problemgerechte Informationsstruktur zu Grunde liegt. Der schon erwähnte Börsenspekulant legt z.B. die in der Ergebnismatrix 1 (Tabelle 1) dargestellte Informationsstruktur zu Grunde, obwohl ihn nur interessiert, ob er einen Gewinn realisieren kann oder nicht, also Ergebnismatrix 3 (Tabelle 3) seine problemgerechte Informationsstruktur wäre. Eine Anpassung der Abbildungsgenauigkeit würde den Umfang der Informationsaktivitäten verringern.

Man könnte gegen dieses Beispiel einwenden, die Reduzierung der Abbildungsgenauigkeit verringere wohl die erforderlichen Aktivitäten der Informa-

---

10) Vgl. zur Bedeutung des Anspruchsniveaus für die Zielformulierung March/Simon [Organizations] 140 f.

tionsverarbeitung (es wird nicht bei jedem Kurs die optimale Handlung bestimmt), nicht jedoch den Umfang der Informationsgewinnung; denn eine grobe Beschreibung der Kursentwicklung setze trotzdem eine genaue Beobachtung der jeweiligen Kurse voraus. Dieses Argument trifft in dem dargestellten Beispiel ohne Zweifel zu. Es hat jedoch keine generelle Gültigkeit. Der Umfang der Informationsgewinnung verringert sich beispielsweise, wenn die Informationen, wie es für viele organisatorische Problemstellungen gilt, in aggregierter Form von einer anderen Einheit übermittelt werden. Erfolgt von der kommunizierenden Einheit nur dann eine Mitteilung, wenn der bisherige Zustand – etwa die Situation „Kurs steigt" – sich ändert, verringert sich der Umfang der Informationsgewinnung (Informationsaufnahme). Eine Reduzierung des Aufwands bei der Informationsgewinnung ist jedoch selbst dann möglich, wenn die Entscheidungseinheit die Informationen selbst beschafft. Wenn z.B. bei der Entscheidung über die Einführung eines neuen Produktes die Genauigkeit bei der Abbildung der voraussichtlichen Umsatzentwicklung verringert wird, nimmt die Intensität der Marktforschungsaktivitäten ab.

Wird anstelle der problemgerechten bzw. der zu feinen eine zu grobe Informationsstruktur gewählt, dann nimmt die Entscheidungseinheit zur Reduzierung ihrer Informationsaktivitäten in Kauf, unter Ungewissheit zu entscheiden.

c. Entscheidung und Arbeitsteilung

Bei der bisherigen Auseinandersetzung mit dem Problem der Anpassung der Informationsaktivitäten an die begrenzte Kapazität von Entscheidungseinheiten wurde nur eine einzelne Einheit betrachtet. In der Realität vollzieht sich die Lösung komplexer Entscheidungen dagegen als arbeitsteiliger Prozess, bei dem mehrere Entscheidungseinheiten selbständig und bis zu einem gewissen Grade getrennt voneinander Teilentscheidungen treffen.

Mit jeder arbeitsteiligen Lösung eines komplexen Entscheidungsproblems ist die Aufgliederung eines Entscheidungskomplexes in Teile verbunden. Die Aufteilung eines Entscheidungsproblems kann vertikal durch die Bildung über- und untergeordneter Teilentscheidungen oder horizontal durch die Bildung gleichrangiger Teilentscheidungen erfolgen. Die vertikale Zerlegung soll als Strukturierung, die horizontale als Segmentierung bezeichnet werden[11].

---

11) Die folgende Darstellung beschränkt sich auf eine knappe Skizzierung der Strukturierungs- und Segmentierungsproblematik. Eine eingehende Analyse folgt im nächsten Abschnitt bei der Behandlung der verschiedenen Koordinationsprinzipien.

Strukturierung und Segmentierung führen zur Auflösung eines Entscheidungskomplexes in Teilentscheidungen, die von verschiedenen organisatorischen Einheiten getroffen werden müssen. Es liegt in der Logik der interpersonellen Arbeitsteilung, dass eine isolierte Betrachtung der einzelnen Teilentscheidungen bis zu einem gewissen Grade unvermeidlich ist. Allerdings müssen bei der organisatorischen Gestaltung die ökonomischen Konsequenzen der jeweils gewählten Strukturierungs- und Segmentierungslösung bedacht werden. Wie noch im Einzelnen erläutert wird,[12] bedeutet das vor allem die Beantwortung der Frage, wie weit bei einer Strukturierungsmaßnahme das Problemlösungspotenzial übergeordneter Einheiten ausgeschöpft wird. Hinsichtlich der Segmentierung sind zwei Fragen zu prüfen:

- Welche Interdependenzen sind mit einer bestimmten Form der Segmentierung verbunden?
  Interdependenzen entstehen, wenn die Entscheidung einer Einheit Auswirkungen auf die Entscheidungssituation einer anderen Einheit hat. Wie im Abschnitt 3[13] gezeigt wird, lassen sich solche Auswirkungen auf Ressourcen-, Prozess- und Marktinterdependenzen zurückführen.

- Welche Trennung von Potenzialen ist mit einer bestimmten Form der Segmentierung verbunden?
  Jede Zuordnung von Aufgaben schließt die Zuweisung von Ressourcen und – soweit es sich um marktbezogene Aufgaben handelt – von Märkten (Absatz- und Beschaffungsmärkte) ein. Insofern ist mit jeder Segmentierung die Trennung von Potenzialen verbunden.

Interdependenz- und Potenzialeffekte sind zunächst bei der Auswahl des Segmentierungskriteriums zu berücksichtigen. In formaler Hinsicht besteht bezüglich dieser beiden Effekte kein Unterschied. Der Koordinationsbedarf, der durch Bestrebungen entsteht, Interdependenzen zu berücksichtigen oder nachhaltige Wirkungen der Potenzialsplittung zu reduzieren, wird ermittelt und nach Maßgabe der Unternehmungsziele, insbesondere der wettbewerbsstrategischen Ziele, bewertet[14]. So liegt es nahe, Segmentierungen, die zielkritische Interdependenzen und Potenzialtrennungen verursachen, zu harmonisieren.

Bei als gegeben unterstellter Segmentierung stellen Interdependenz- und Potenzialeffekte hinsichtlich der laufenden Koordination unterschiedliche Anforderungen.

---

12) Vgl. S. 300 f.
13) Vgl. S. 112 ff.
14) Dieses Problem wird auf S. 327 ff. behandelt.

Interdependenzen verändern die Entscheidungssituation einer Einheit. Sie führen zu Entscheidungen unter Unsicherheit. Wenn die Entscheidung der Beschaffungseinheit die Endprodukte der Produktionseinheit beeinflusst (Prozessinterdependenz), trifft die Produktionseinheit, wenn sie nicht von der Beschaffungseinheit informiert wird, Entscheidung unter Ungewissheit. Das hat vor allem nachhaltige Auswirkungen bei physischem Ressourcen- und Prozessverbund. In unserem Beispiel der Produktionsentscheidung kann bei fehlender Information über die Beschaffungsentscheidung wegen Materialmangel die Unterbrechung der Produktion die Folge sein.

Potenzialtrennungen führen tendenziell zu geringeren Anforderungen an die laufende Koordination als Interdependenzen. Wenn zwei Produktbereichen jeweils eine Produktionsanlage desselben Typs zugewiesen wird, verzichtet man zwar auf mögliche Vorteile der gemeinsamen Nutzung einer einzigen Anlage mit größerer Kapazität, die Koordination wird aber vereinfacht. Es besteht kein physischer Abstimmungsbedarf. Dies schließt natürlich nicht aus, dass die Unternehmungsleitung, um die Vorteile eines bereichsübergreifenden Kapazitätsausgleichs zu nutzen, die Koordination der Kapazitätsdisposition zwischen den beiden Bereichen für erforderlich hält.

Trotz der unbestreitbaren Unterschiede hinsichtlich des Koordinationsbedarfs bei Interdependenzen und Potenzialnutzungen ist auch hier (wie bei der Festlegung des Segmentierungskriteriums) formal betrachtet die Regelung der Koordination identisch. Es muss jeweils aus der Sicht der verfolgten Zielsetzung der Koordinationsbedarf bewertet und über den Einsatz von Koordinationsinstrumenten entschieden werden. Deshalb schließt sich an die folgende Darstellung der Strukturierung und Segmentierung von Entscheidungen die Analyse der Interdependenzproblematik an.

1. Strukturierung von Entscheidungen

Die Strukturierung eines Entscheidungsproblems vollzieht sich als schrittweise ablaufender Prozess, als dessen Ergebnis eine realisationsreife Lösung vorliegt. Das Grundproblem der Strukturierung von Entscheidungen lässt sich an einem Modell mit den Entscheidungseinheiten E_1, E_2 und E_3 verdeutlichen (vgl. Abb. 8).

Die Entscheidungseinheit E_1 kann auf Grund begrenzter Kapazität keine realisationsreife Lösung des gegebenen Entscheidungsproblems formulieren[15]. Sie begrenzt („strukturiert") vielmehr das Entscheidungsproblem für die nachgeordnete Entscheidungseinheit, indem sie direkt oder indirekt die Menge der zulässigen Handlungen einschränkt. Das Entscheidungsergebnis ist dabei noch nicht bis in alle Details bestimmt; es sind noch mehr oder weniger große Spielräume vorhanden. Das so strukturierte Problem wird an die Entscheidungseinheit E_2 zur weiteren Strukturierung übertragen. Dieser Prozess wiederholt sich bei der Einheit E_3, die den Prozess mit der Entwicklung einer realisationsreifen Lösung abschließt.

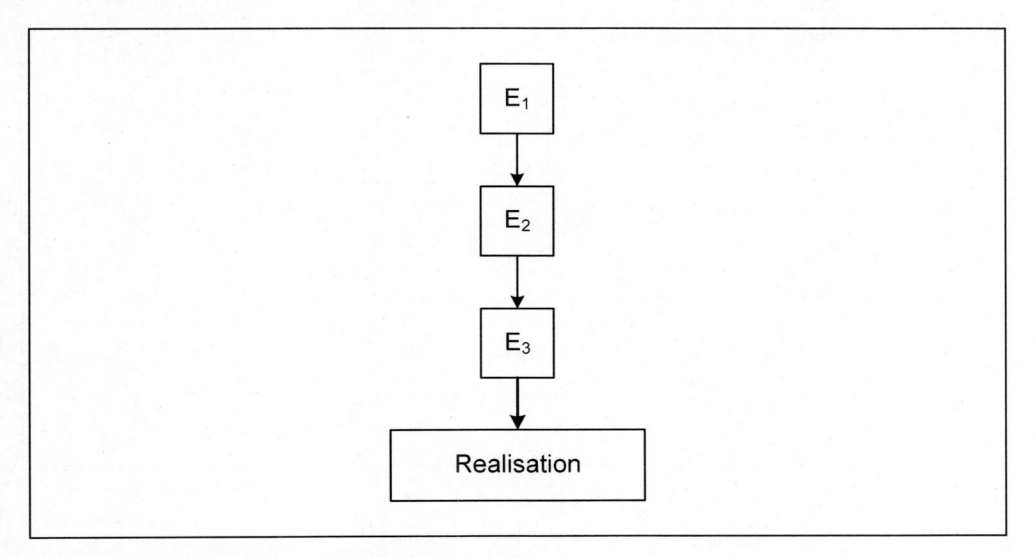

Abb. 8:   Strukturierung von Entscheidungen

„Entscheidungen" äußern sich nach dem beschriebenen Strukturierungsmodell also im Beitrag einer Einheit zur stärkeren Strukturierung der Komponenten eines gegebenen Entscheidungsproblems. Jede auf diese Weise auf einer Stufe des Entscheidungsprozesses vorgenommene Strukturierung der Entscheidungskomponenten verringert den Lösungsraum und schränkt den Spielraum für die Entwicklung von Alternativen auf den nachfolgenden Stufen ein. Das Entscheidungsproblem ist gelöst, wenn eine realisationsreife Handlung formuliert ist.

---

[15] Bei der hier angestrebten einführenden Darstellung der Strukturierungsproblematik wird davon abgesehen, die Möglichkeit der Angliederung von Stäben und Ausschüssen zur Entscheidungsvorbereitung explizit zu berücksichtigen; vgl. hierzu S. 223 ff.

2. Segmentierung von Entscheidungen

Bei der Auseinandersetzung mit dem Problem der Strukturierung von Entscheidungen wurde das betrachtete Entscheidungsproblem insofern als unteilbar angesehen, als die Lösung im Rahmen der vertikalen Aufteilung in der Festlegung einer realisationsreifen Handlung mit einem dadurch bestimmten Handlungsergebnis gesehen wurde. In der Realität erfolgt jedoch neben der vertikalen Aufteilung eine horizontale Zerlegung des Entscheidungsproblems. Durch die Segmentierung wird der zu Grunde liegende Entscheidungskomplex so auf mehrere Entscheidungseinheiten verteilt, dass diese bis zu einem gewissen Grade unabhängig voneinander Teilhandlungen mit entsprechenden Teilergebnissen festlegen (vgl. Abb. 9).

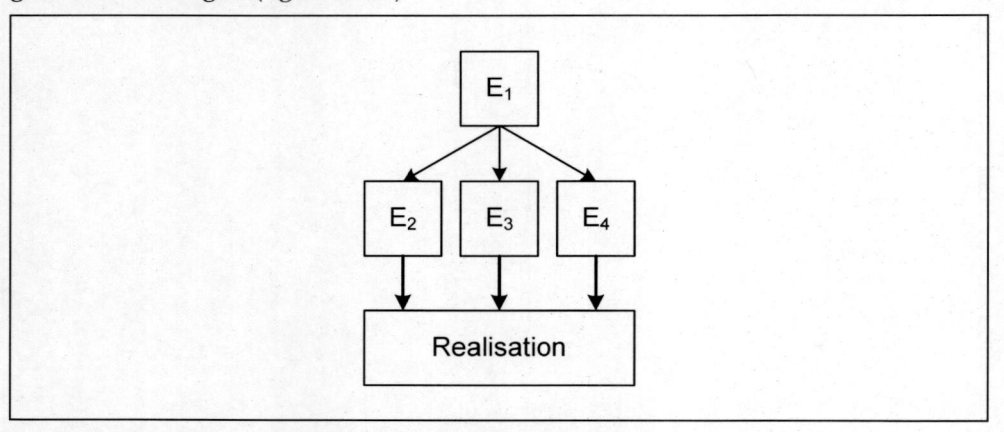

Abb. 9: Segmentierung von Entscheidungen

Die Segmentierung eines Entscheidungsgesamts in Teilentscheidungen kann sich an der Feld-, der Handlungs- oder der Zielkomponente orientieren.

3. Interdependenzen zwischen Entscheidungen

3.1 Formen von Entscheidungsinterdependenzen

Bei der Darstellung der Strukturierung und Segmentierung von Entscheidungen wurden die Beziehungen zwischen den entstehenden Teilentscheidungen – sie werden in der Organisationstheorie als Entscheidungsinterdependenzen bezeichnet – weitgehend unberücksichtigt gelassen. In diesem Abschnitt sollen der Begriff und die verschiedenen Formen von Entscheidungsinterdependenzen erläutert werden.

```
┌─────────────────────────────────────────────────────────────────┐
│   ┌─────────────────────┐                 ┌─────────────────────┐│
│   │    Entscheidung     │  - - - - - ->   │  Entscheidungsfeld  ││
│   │ Entscheidungseinheit A│               │Entscheidungseinheit B││
│   └─────────────────────┘                 └─────────────────────┘│
└─────────────────────────────────────────────────────────────────┘
```

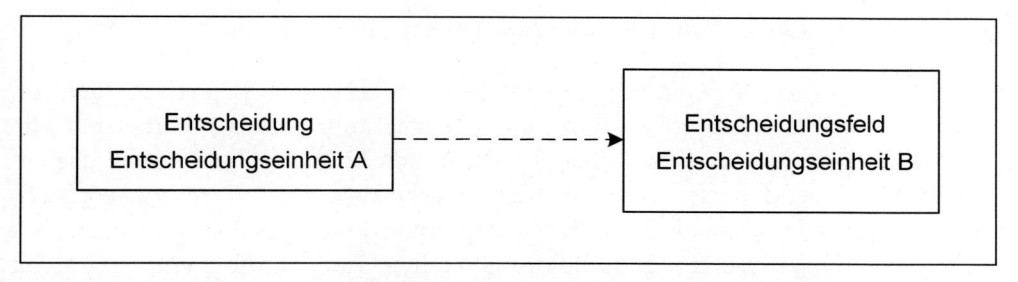

Abb. 10:   Beispiel für eine Entscheidungsinterdependenz zwischen zwei Einheiten

Die folgende Situation soll den Charakter einer Entscheidungsinterdependenz verdeutlichen. Wir betrachten zwei Entscheidungseinheiten A und B, die nicht in einer hierarchischen Beziehung zueinander stehen[16]. Die Entscheidung der Einheit A begründet eine Interdependenz, wenn sie bei ihrer Realisation das Entscheidungsfeld der Einheit B, d.h. die Ressourcensituation, die interne Umwelt oder den externen Markt der Einheit B, zielrelevant verändert (vgl. Abb. 10). In diesem Fall wird die Einheit B ohne Wissen um die Entscheidung von A eine andere optimale Handlung auswählen als bei voller Information über die Entscheidung von A. Die Einheiten A und B selbst werden als „interdependent" bezeichnet, wenn zwischen ihnen eine Entscheidungsinterdependenz besteht.

Interdependenzen beruhen nach der eingeführten Definition auf Veränderungen im Entscheidungsfeld einer Einheit, die durch die Entscheidungsaktivitäten einer anderen Einheit hervorgerufen werden. Dabei können Entscheidungsinterdependenzen grundsätzlich auf zwei Ursachen zurückgeführt werden:

- Auf sequenzielle Verknüpfungen der von den betrachteten Einheiten festzulegenden Realisationsprozesse und
- auf Überschneidungen von Entscheidungsfeldern.

---

[16] Der Interdependenzbegriff wird damit in diesem Buch auf nicht-hierarchische („horizontale") Beziehungen zwischen Entscheidungseinheiten eingeschränkt. Obwohl der Interdependenzbegriff prinzipiell auch auf Einheiten, die in einem hierarchischen („vertikalen") Verhältnis zueinander stehen, ausgedehnt werden könnte, erübrigt sich – wie die weitere Untersuchung zeigen wird – die Einführung vertikaler Interdependenzen für die Auseinandersetzung mit der Koordinationsproblematik. Auf eine Auseinandersetzung mit Interdependenzbegriffen in der Literatur wird hier verzichtet, vgl. hierzu Laßmann [Koordination] 34 ff. und Laux/Liermann [Grundlagen] 191 ff.

3.1.1 Sequenzielle Verknüpfung von Realisationsprozessen

Sequenzielle Verknüpfungen von Realisationsprozessen sind Ausdruck der Tatsache, dass bei der Verwirklichung des Unternehmungsziels innerbetriebliche Leistungsverflechtungen zwischen verschiedenen Einheiten bestehen. Entscheidungsinterdependenzen auf Grund innerbetrieblicher Leistungsverflechtungen – im Folgenden als Prozessinterdependenzen bezeichnet – sind dadurch gekennzeichnet, dass die Entscheidungen einer Einheit die interne Umwelt (Angebots- und Nachfragesituation) einer anderen Einheit zielrelevant verändern. Zur Verdeutlichung der folgenden Überlegungen soll die Realisationssequenz Beschaffung – Produktion – Absatz betrachtet werden[17].

Die genannte Sequenz beschreibt eine Ressourcenverknüpfung. Der Beschaffungsbereich stellt dem Produktionsbereich Ressourcen, z.B. Rohstoffe, zur Verfügung, der Produktionsbereich versorgt seinerseits nach Be- und Verarbeitung der bereitgestellten Güter den Absatzbereich mit Ressourcen in Form von Fertigprodukten. Eine auf innerbetrieblicher Leistungsverflechtung beruhende Entscheidungsinterdependenz (Prozessinterdependenz) wird z.B. zwischen Beschaffungseinheit und Produktionseinheit begründet, wenn die Beschaffungseinheit durch ihre Entscheidungen die interne Umwelt der Produktionseinheit, in diesem Fall die für diese Einheit bestehende Angebotssituation, zielrelevant verändert. Die Beschaffungsentscheidung beeinflusst damit letztlich die Ressourcensituation der Produktionseinheit. Verzögert sich beispielsweise durch eine Beschaffungsentscheidung die Anlieferung von Ressourcen, so führt diese Tatsache, je nachdem ob hierüber eine Information erfolgt oder nicht, zu jeweils unterschiedlichen Produktionsentscheidungen. In Abb. 11 ist dieser Zusammenhang dargestellt: Der auf Grund der Beschaffungsentscheidung erwartete Endzustand beeinflusst bei seiner Realisation das Entscheidungsfeld der Produktionseinheit.

Betrachtet man die Verknüpfung der Realisationsprozesse in der dem Ressourcenfluss entgegengesetzten Richtung, etwa die Beziehung zwischen einer Produktionseinheit und einer Beschaffungseinheit, so ist auch diese Perspektive für die Begründung von Entscheidungsinterdependenzen relevant. Da eine Einheit auf einer vorgelagerten Stufe ihre Funktion aus dem Ressourcenbedarf einer Einheit auf der nachgelagerten Stufe ableitet, beeinflussen Entscheidungen auf der nachgelagerten Stufe – Zielrelevanz vorausgesetzt – Entscheidungen auf der vorgelagerten Stufe. Diese Situation liegt z.B. vor, wenn Entscheidungen einer Produktionseinheit über das Ausbringungsvolumen die Festlegung der

---

[17] Es existiert natürlich eine Fülle weiterer Sequenzen, beispielsweise die Sequenz Instandhaltung-Produktion.

Beschaffungsmenge durch eine Beschaffungseinheit bestimmen. Die Beschaffungseinheit würde dann in Kenntnis der Produktionsausweitung eine andere Beschaffungsentscheidung fällen als ohne Information über diese Veränderung.

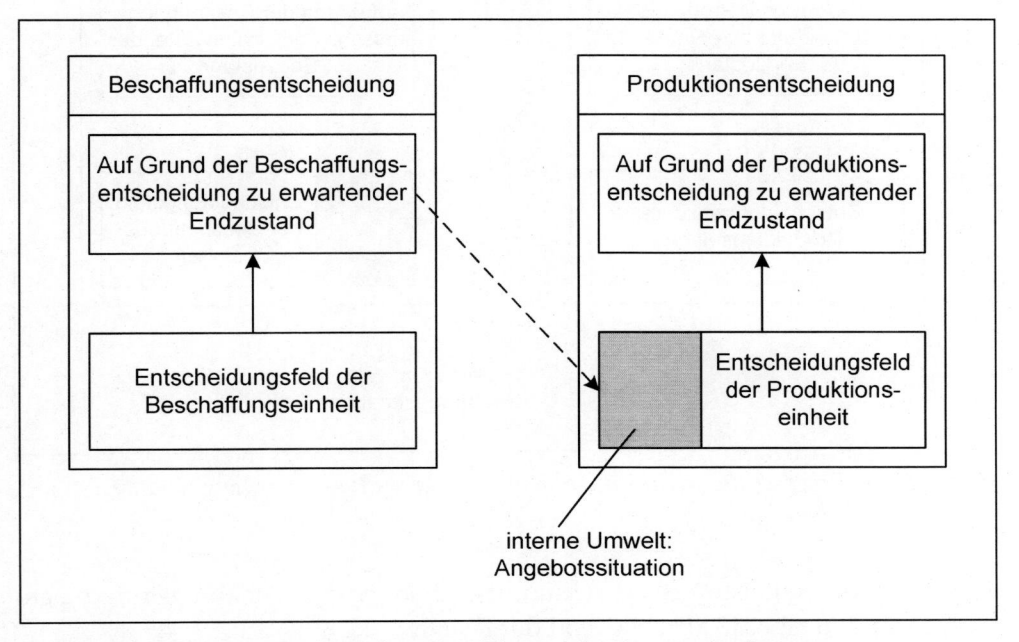

Abb. 11:   Prozessinterdependenz in Richtung des Ressourcenflusses

In Abb. 12 ist diese dem Ressourcenfluss entgegengesetzte Interdependenz dargestellt. Die Entscheidungen der Produktionseinheit (Einheit der nachgelagerten Stufe) beeinflussen die interne Umwelt, d.h. die Nachfragesituation der Beschaffungseinheit (Einheit der vorgelagerten Stufe). Dieser Zusammenhang lässt sich im Einzelnen folgendermaßen erläutern: Der von der Produktionseinheit angestrebte Endzustand determiniert ihren Ressourcenbedarf. Dieser Ressourcenbedarf bestimmt seinerseits die Nachfragesituation der Beschaffungseinheit, d.h. die Beschaffungseinheit muss den von ihr angestrebten Endzustand dem Ressourcenbedarf der Produktionseinheit anpassen.

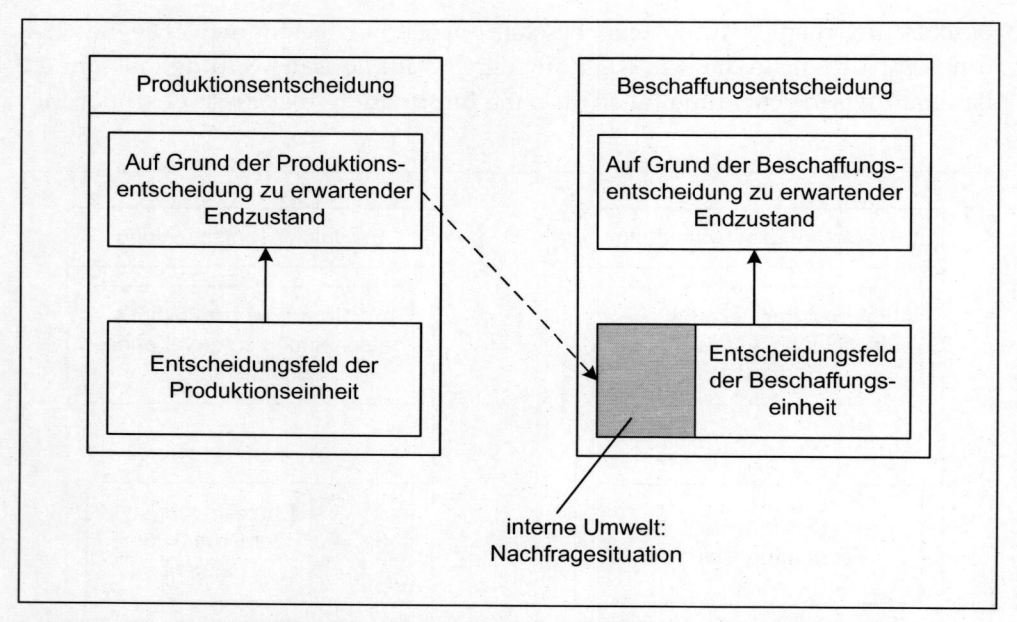

Abb. 12: Prozessinterdependenz in dem Ressourcenfluss entgegengesetzter Richtung

Die auf interner Leistungsverflechtung beruhenden Entscheidungsinterdependenzen sind in Abb. 13 abschließend dargestellt.

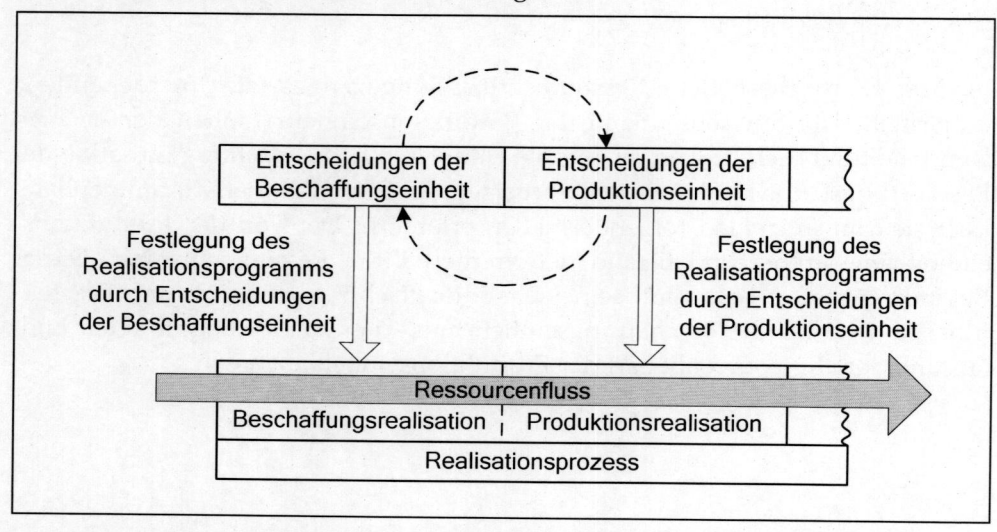

Abb. 13: Auf interner Leistungsverflechtung beruhende Entscheidungsinterdependenzen (Prozessinterdependenz)

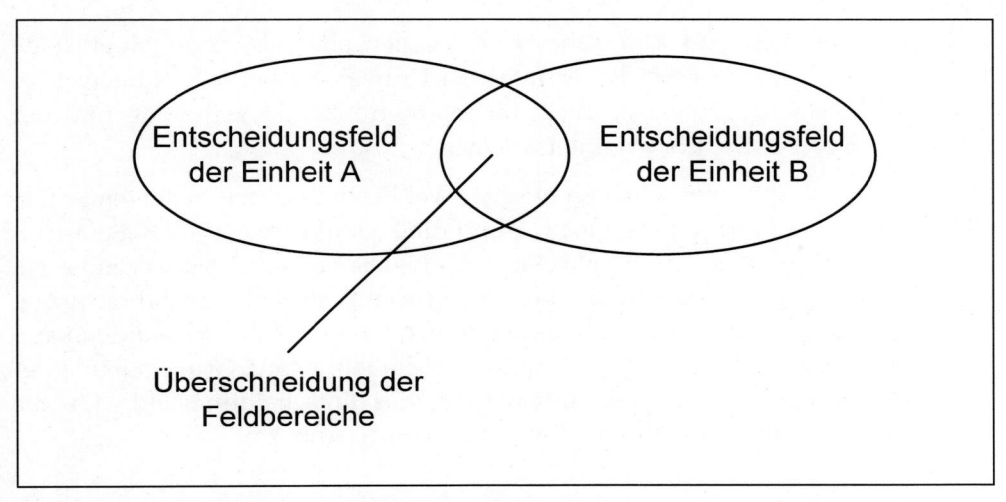

3.1.2 Überschneidung von Entscheidungsfeldern

Überschneidungen von Entscheidungsfeldern liegen vor, wenn ein Bestandteil des Entscheidungsfeldes einer Einheit A zugleich Bestandteil des Entscheidungsfeldes einer Einheit B ist (vgl. Abb. 14). Entscheidungen der einen Einheit können dann zu Veränderungen im Entscheidungsfeld der anderen Einheit führen und, falls es sich um zielrelevante Veränderungen handelt, Entscheidungsinterdependenzen auslösen.

Abb. 14: Überschneidung von Entscheidungsfeldern

Überschneidungen können hinsichtlich der Feldbereiche „Ressourcen", „Markt" und „interne Umwelt" auftreten.

Entscheidungsinterdependenzen auf Grund von Ressourcenüberschneidungen (Ressourceninterdependenzen) entstehen bei der gemeinsamen Nutzung knapper Ressourcen. Ein Beispiel bildet die Situation, dass zwei Entscheidungseinheiten mit ihren Entscheidungen über eine gemeinsam zu nutzende Produktionsanlage mit knapper Kapazität verfügen. Die Entscheidung der einen Einheit würde bei ihrer Realisation die verfügbare Produktionskapazität für die andere Einheit einschränken. Entscheidungsinterdependenzen auf Grund von Marktüberschneidungen (Marktinterdependenzen) existieren, wenn die Aktivitäten der betrachteten Einheiten auf den gleichen Marktsektor ausgerichtet sind. Derartige Marktinterdependenzen sind beispielsweise gegeben, wenn zwei Einheiten A und B mit ihren jeweiligen Produkten um die gleiche Käuferschicht konkurrieren. Die absatzpolitischen Maßnahmen von A verändern dann die Marktbedingungen für B und umgekehrt. Es bedarf häufig einer sorgfältigen Analyse, ob durch die Entscheidung von A (B) das Entscheidungsfeld von B (A) zielrelevant verändert wird, ob also Interdependenzen vorliegen. Wesentlich ist, ob die Entscheidung von A dieses Entscheidungsfeld von B zielrelevant verändert. Wenn die Bereiche A und B bei denselben Lieferanten dasselbe Material einkaufen und der Lagerbestand des Lieferanten begrenzt ist, kann die Einkaufsentscheidung von A das Entscheidungsfeld von B zielrelevant verändern. Es liegt dann eine (Beschaffungs-) Marktinterdependenz vor. Kaufen A und B unabgestimmt bei demselben Lieferanten ein und besteht kein Lieferengpass, dann wird durch Verzicht auf Poolung der Einkaufsmengen auf die Realisierung eines Preisrabattes verzichtet (Potenzialeffekt).

Neben Ressourcen- und Marktüberschneidungen sind als dritte Möglichkeit Überschneidungen im Bereich der internen Umwelt zu berücksichtigen. Hier sind Überschneidungen hinsichtlich der internen Nachfragesituation und der internen Angebotssituation zu unterscheiden.

Ein Beispiel soll den ersten Fall erläutern. Zwei Produktionseinheiten einer Unternehmung, die Produktionseinheit A und die Produktionseinheit B, liefern an denselben Vertriebsbereich das gleiche Produkt. Die von der Vertriebseinheit in einer Periode abgenommenen Mengen des Produkts sind auf Grund der gegebenen Absatzsituation auf dem Markt begrenzt. Unter diesen Umständen kann eine Lieferentscheidung, die die Produktionseinheit A auf Grund einer konkreten Nachfrage der Vertriebseinheit trifft, das Entscheidungsfeld, d.h. die Nachfragesituation für die Einheit B verändern (vgl. Abb. 15).

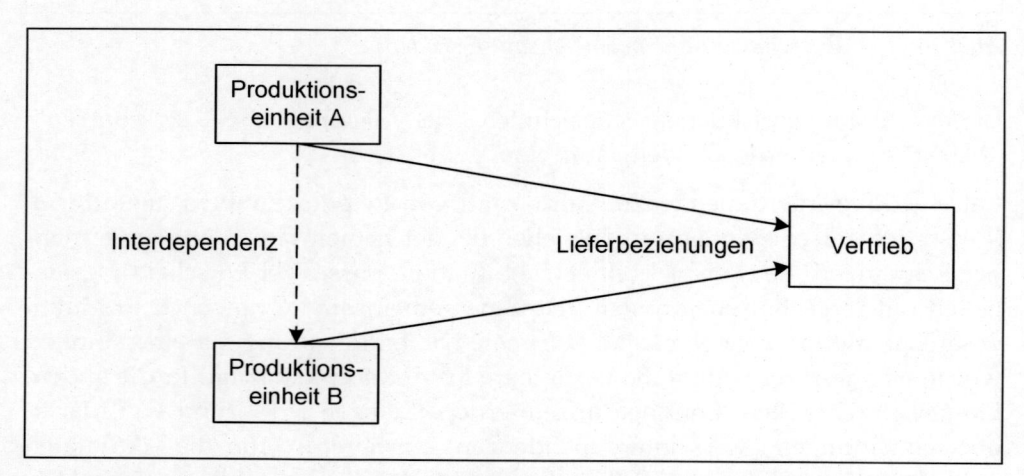

Abb. 15:   *Überschneidungen hinsichtlich der internen Nachfragesituation*

In seiner entscheidungslogischen Grundstruktur entspricht dieser Fall der Feldüberschneidung den schon dargestellten Marktüberschneidungen. Da eine differenzierte Auseinandersetzung mit den aus dieser Situation resultierenden Koordinationsproblemen in dieser Arbeit nicht erfolgt[18], wird für die weiteren Überlegungen der Fall von Überschneidungen in der externen und internen Nachfragesituation unter dem Begriff der Marktinterdependenz zusammengefasst.

Der zweite Fall, Feldüberschneidungen bezüglich der internen Angebotssituation, soll ebenfalls durch ein Beispiel verdeutlicht werden. Zwei Vertriebseinheiten A und B werden von einer Produktionseinheit beliefert. Die Produktionskapazität bildet einen Engpass; keine der von den beiden Einheiten nachgefragten Produktmengen kann voll befriedigt werden. In diesem Fall kann z.B. eine Entscheidung des Vertriebsbereichs A über Annahme oder Ablehnung einer von der Produktionseinheit angebotenen Liefermenge über die Auslastung der Produktionskapazität die Angebotssituation – und damit die interne Umwelt – der Vertriebseinheit B zielrelevant verändern (vgl. Abb. 16). Die ökonomische Problematik der dargestellten Interdependenzform entspricht der schon behandelten Interdependenz auf Grund von Ressourcenüberschneidungen: In beiden Fällen entstehen Interdependenzen auf Grund der Knappheit einer zu nutzenden Ressource. Der Unterschied liegt in dem Zugriff auf die Ressource durch die betroffenen Einheiten. Im Fall der Ressourcenüberschneidung haben die betroffenen Einheiten eine unmittelbare Verfügungsmöglichkeit über die Ressource; Entscheidungen über die Ressourcennutzung sind Bestandteile der jeweiligen Entscheidungskompetenz. Die beiden Vertriebseinheiten haben nur mittelbar über ihre Abnahmeentscheidungen Einfluss auf die Ressourcennutzung. Bei den folgenden Überlegungen werden beide durch Ressourcenknappheit verursachte Interdependenzformen unter dem Begriff „Ressourceninterdependenz" zusammengefasst.

Insgesamt werden damit in dieser Arbeit folgende drei Formen von Entscheidungsinterdependenzen unterschieden:

1. Prozessinterdependenzen,
2. Ressourceninterdependenzen,
3. Marktinterdependenzen.

---

18) Vgl. zur Bedeutung der internen Umwelt bei der Analyse von Koordinationsproblemen Noetel [Geschäftsfeldstrategie].

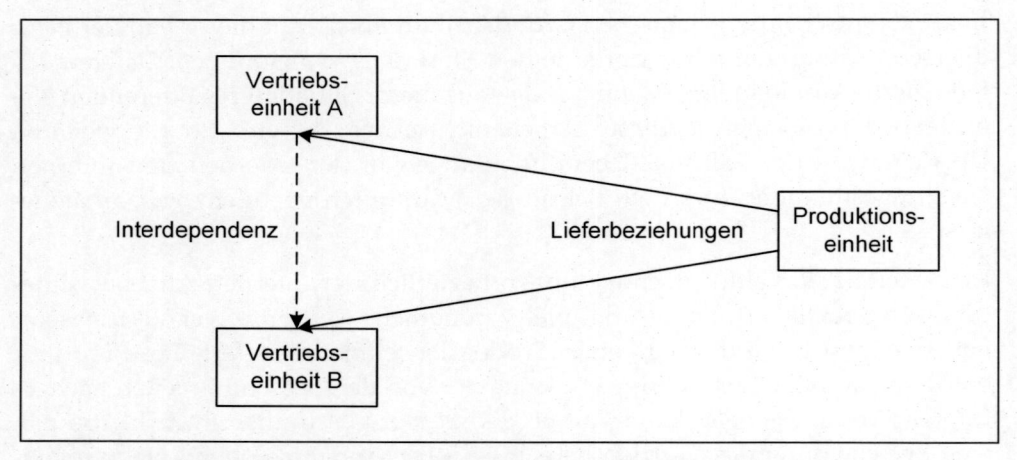

Abb. 16: *Überschneidungen hinsichtlich der internen Angebotssituation*

3.2 Entscheidungslogische Konsequenzen von Entscheidungsinterdependenzen

Nach diesem Überblick über die Formen von Entscheidungsinterdependenzen soll kurz auf ihre entscheidungslogischen Konsequenzen eingegangen werden. Betrachten wir die beiden Entscheidungseinheiten A und B, bei denen die Entscheidung von A das Entscheidungsfeld von B zielrelevant verändert, so begründet für B die Existenz von Entscheidungsinterdependenzen ein Prognoseproblem. Sie muss bei ihren Entscheidungen prognostizieren, welche Struktur ihr Entscheidungsfeld auf Grund möglicher Entscheidungen von A hat; B wird also, vorausgesetzt sie wird über die Entscheidung von A nicht informiert, unter Ungewissheit entscheiden. Die Unvollkommenheit des Informationsstandes von B lässt sich nur durch den Austausch von Informationen zwischen A und B, d.h. durch Kommunikation, beseitigen. Entscheidungsinterdependenz und Kommunikation sind damit zwei eng verknüpfte organisatorische Tatbestände.

Zum Schluss unserer Analyse der Struktur und entscheidungslogischen Konsequenz von Interdependenzen sind zwei ergänzende Anmerkungen erforderlich.

Die erste Anmerkung bezieht sich auf die in dieser Arbeit vorgenommene Beschränkung des Interdependenzbegriffs auf horizontale Beziehungen zwischen Entscheidungseinheiten. Um Missverständnisse zu vermeiden, soll jedoch kurz auf eine Situation eingegangen werden, die – im Gegensatz zur vorangegangenen Abgrenzung – als Beweis für die Notwendigkeit einer begrifflichen Berücksichtigung vertikaler Entscheidungsbeziehungen herangezogen werden könnte. Der Komplex der Beschaffungsentscheidungen sei in einer Unternehmung in die Teilentscheidungen „Einkauf" und „Lagerverwaltung" segmentiert (vgl. Abb. 17).

```
                    Beschaffungsentscheidungen
                         /            \
           Einkaufsentscheidungen    Lagerentscheidungen
```

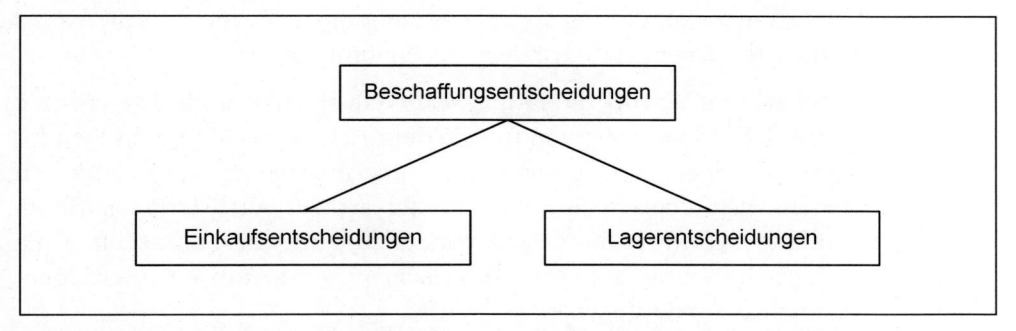

Abb. 17:   Beispiel für Segmentierung von Beschaffungsentscheidungen

Es wird unterstellt, dass der Leiter des Beschaffungsbereichs neben seinen übrigen Aufgaben den gesamten Komplex der Einkaufsentscheidungen übernimmt und nur bestimmte Lagerhaltungsentscheidungen an eine nachgeordnete Einheit überträgt (vgl. Abb. 18).

```
              Leiter des
          Beschaffungsbereichs
                  |
            Lagerverwaltung
```

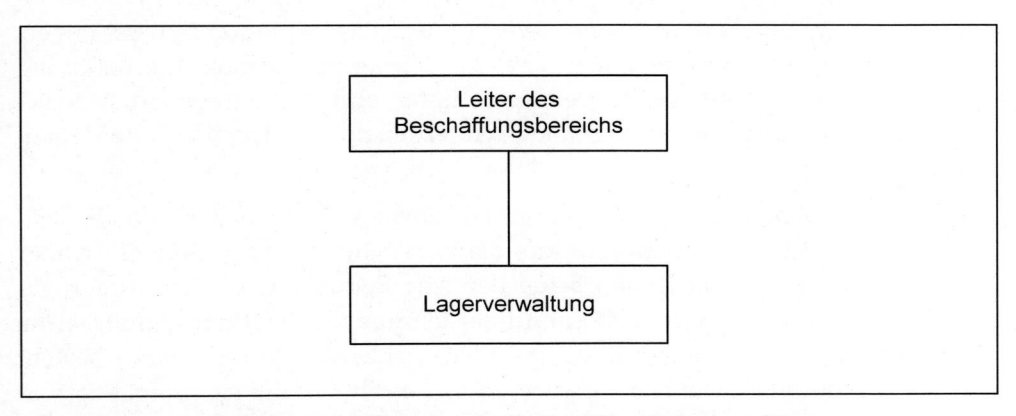

Abb. 18:   Organisatorische Zuordnung der in Abb. 17 dargestellten Teilentscheidungen

Unter diesen Bedingungen kann eine Entscheidung des Beschaffungsleiters – z.B. der auf Grund niedriger Rohstoffpreise vorgezogene Einkauf einer größeren Rohstoffmenge – das Entscheidungsfeld der Lagerverwaltung zielrelevant beeinflussen. Ohne Zweifel handelt es sich hier um eine vertikale Entscheidungsinterdependenz, die durch die Ausübung einer gegebenen Entscheidungskompetenz entsteht. Allerdings entspricht diese vertikale Beziehung ihrem Charakter nach einer auf innerbetrieblicher Leistungsverflechtung beruhenden horizontalen Entscheidungsinterdependenz. Es liegt somit eine „verschleierte" horizontale Interdependenz vor, die durch die beschriebene „ungleichmäßige" Aufteilung eines Entscheidungskomplexes entsteht. Da sich die Aussagen zur horizontalen Entscheidungsinterdependenz im Wesentlichen auf diesen Fall übertragen lassen, wird diese Beziehungsform nicht zum Anlass einer Erweiterung des Interdependenzbegriffs genommen.

Die zweite Anmerkung betrifft die Frage, wie weit der hier vertretene Ansatz mit der von *Thompson* [19] entwickelten und in der organisationstheoretischen Literatur weitgehend – aber nicht immer exakt – übernommenen Systematik von Interdependenzformen übereinstimmt [20]. In der Arbeit von *Thompson* findet sich keine explizite Definition des Interdependenzbegriffs, deshalb soll hier die beispielhafte Umschreibung der drei von *Thompson* eingeführten Interdependenzformen wörtlich wiedergegeben werden [21]:

„Die Annahme, eine Organisation bestehe aus interdependenten Teilen, impliziert nicht notwendigerweise, dass jeder Teil direkt von jedem anderen Teil abhängt oder jedes andere Teil unterstützt. Der Tuscaloosa-Bereich einer Unternehmung kann möglicherweise in keinem Austausch mit dem Oshkosh-Bereich stehen, und keiner der beiden Bereiche hat Beziehungen zum Kokomo-Bereich. Dennoch können alle in dem Sinne interdependent sein, dass die Entwicklung der Gesamtunternehmung beeinträchtigt wird, wenn jeder Bereich nicht ein angemessenes Ergebnis erwirtschaftet. Wir können diese Situation so beschreiben: Jeder Teilbereich leistet einen abgrenzbaren Beitrag zur Gesamtunternehmung und jeder Bereich wird durch die Gesamtunternehmung unterstützt. Wir bezeichnen diese Situation als gepoolte Interdependenz (pooled interdependence).

Interdependenz kann auch in sequenzieller Form auftreten – der Keokuk-Teilbereich produziert Zwischenprodukte, die im Tucumcari-Montagewerk weiter verarbeitet werden. Hier leisten beide Bereiche Beiträge zur Gesamtunternehmung und werden durch die Gesamtunternehmung unterstützt; damit ist die Voraussetzung der gepoolten Interdependenz gegeben. Darüber hinaus besteht aber auch eine direkte Interdependenz zwischen ihnen, die sich folgendermaßen präzisieren lässt: Der Keokuk-Bereich muss tätig werden, damit der Tucumcari-Bereich seinerseits tätig werden kann – und wenn der Tucumcari-Bereich nicht tätig wird, kann der Keokuk-Bereich sein Ausbringungsproblem nicht lösen. Wir werden diesen Tatbestand als sequenzielle Interdependenz (se-

---

19) Thompson [Organizations] 54 ff.; vgl. auch S. 40 ff.
20) Vgl. zum Konzept der Interdependenz von Thompson die Darstellung und Kritik bei Laßmann [Koordination] 34 ff. und Hüsch [Angebotsabwicklung] 78 ff.
21) Thompson [Organizations] 54 f.

quential interdependence) bezeichnen; festzustellen ist, dass es sich dabei um keine symmetrische Beziehung handelt.

Eine dritte Form kann als reziproke Interdependenz (reciprocal interdependence) gekennzeichnet werden; sie betrifft den Fall, dass die Ausbringungsgrößen jeder Einheit zugleich Eingangsgrößen der anderen sind. Diese Situation lässt sich am Beispiel einer Luftfahrtgesellschaft, die einen Flugbetrieb und einen Instandhaltungsbetrieb einschließt, verdeutlichen. Die Dienstleistung des Instandhaltungsbetriebs ist eine Eingangsgröße für den Flugbetrieb in Form einer gewarteten bzw. reparierten Maschine; als Ergebnis der Aktivitäten im Flugbetrieb entsteht in Form einer wartungs- oder reparaturbedürftigen Maschine eine Eingangsgröße für den Instandhaltungsbetrieb. Im Falle reziproker Interdependenzen sind damit die beteiligten Einheiten gegenseitig miteinander verkettet. Natürlich liegt der Situation auch eine gepoolte Interdependenz zu Grunde. Auch der Tatbestand der sequenziellen Interdependenz ist erfüllt; denn eine Maschine ist zunächst Gegenstand von Aktivitäten in einem Bereich, dann in einem anderen und schließlich wieder im erstgenannten Bereich. Aber das unterscheidende Kriterium ist der reziproke Charakter der Interdependenz – mit dem Ergebnis, dass sich die Aktivitäten der Bereiche gegenseitig bedingen."

Wenn man von der Tatsache absieht, dass *Thompson* nicht ausdrücklich den Entscheidungszusammenhang betrachtet, so wird mit den genannten Formen nach dem in diesem Abschnitt eingeführten Interdependenzbegriff von den möglichen Interdependenzen vor allem die auf der sequenziellen Verknüpfung von Realisationsprozessen beruhende Form der Interdependenz – einfache (sequenzielle) und schleifenförmige (reziproke) Leistungsverflechtung – berücksichtigt. Die gepoolte „Interdependenz" lässt sich auf Grund der vagen Erläuterung von *Thompson* mit dem hier vertretenen Interdependenzbegriff nicht vergleichen.

d. Koordination von Entscheidungen

Koordination bedeutet das Ausrichten von Einzelaktivitäten in einem arbeitsteiligen System auf ein übergeordnetes Gesamtziel.[22]

Die Notwendigkeit der Koordination wird durch das grundlegende Dilemma arbeitsteiliger Systeme gekennzeichnet: Die begrenzte qualitative und quantitative Kapazität der Organisationseinheiten bedingt auf der einen Seite die Auf-

---

22) Vgl. Albach [Koordination].

teilung eines komplexen Gesamtproblems und die bis zu einem gewissen Grade isolierte Entwicklung von Teillösungen, das Streben nach einer möglichst weitgehenden Verwirklichung des übergeordneten Gesamtziels erfordert auf der anderen Seite die integrierende Abstimmung aller Teilaktivitäten. Der Realisierungsgrad des Gesamtziels hängt von der Struktur der Realisationsprozesse ab, die ihrerseits durch vorgelagerte Entscheidungsprozesse bestimmt werden. Koordinationsmaßnahmen müssen deshalb dem Entscheidungssystem zugeordnet werden: Koordination bezweckt die Abstimmung von Entscheidungen.

Koordinationsmaßnahmen erstrecken sich auf zwei Bereiche: auf die Formulierung von Entscheidungskompetenzen und auf die Festlegung von Kommunikationsbeziehungen. Beim Einsatz der Koordinationsinstrumente zur Gestaltung der Koordination kann dementsprechend eine Entscheidungsdimension und eine Kommunikationsdimension unterschieden werden. Die Entscheidungsdimension betrifft die jeweilige Vorgehensweise bei der Zerlegung eines Entscheidungskomplexes in eine Hierarchie von Teilentscheidungen, die Kommunikationsdimension die Regelung des Informationsaustausches zwischen den mit der Lösung von Entscheidungsproblemen betrauten Einheiten. Diese beiden Dimensionen sind nicht unabhängig voneinander; die Art der Zerlegung eines komplexen Entscheidungsproblems in Teilprobleme bestimmt bis zu einem gewissen Grad die Kommunikationsbeziehungen.

Der Einsatz der Koordinationsinstrumente hat sich an der Forderung zu orientieren, durch Abgrenzung der Entscheidungskompetenzen und durch Abstimmung die verschiedenen Einzelaktivitäten in einer Organisation auf das übergeordnete Gesamtziel auszurichten. Da sich der Verzicht auf Koordination in einer Gewährung von Autonomie äußert, lässt sich die Gestaltung der Koordination auf die Frage reduzieren, in welchem Maße den Einheiten eines arbeitsteiligen Entscheidungssystems Autonomie – Entscheidungsautonomie und Informationsautonomie – eingeräumt werden soll. Bei der Koordination geht es also zum einen um die Entwicklung leistungsfähiger Prinzipien zur Zerlegung komplexer Probleme in Teilprobleme und ihre Zusammenfassung sowie zum anderen um die Verknüpfung der Aktivitäten in der Weise, dass unter Berücksichtigung der begrenzten Kapazität der Entscheidungseinheiten dem Gesamtziel der Unternehmung in möglichst hohem Maße Rechnung getragen wird. Ein Zugang zur Analyse dieser Problematik eröffnet die Unterscheidung zwischen Autonomie- und Abstimmungskosten. Ihre Aussagefähigkeit soll im Folgenden am Beispiel der Koordination von Interdependenzen verdeutlicht werden.

Entscheidungsinterdependenzen bestimmen einen großen Teil der in einer Organisation ablaufenden Kommunikationsaktivitäten. Das Ausmaß an Interdependenzen zwischen den Entscheidungen verschiedener Einheiten steigt insbesondere mit dem Knappheitsgrad einer Ressource, von der die betrachteten Einheiten abhängig sind. Da in der Realität Kapital für jeden Betrieb knapp ist, stehen zumindest hierdurch alle Entscheidungseinheiten in einem wechselseitigen Abhängigkeitsverhältnis zueinander. Jede Aktivität bedeutet damit streng genommen zugleich eine Kapitaldisposition, die das verfügbare Kapital verändert und damit indirekt alle übrigen Aktivitäten beeinflusst.

Der Versuch, diese Interdependenzen bei der organisatorischen Abstimmung lückenlos zu berücksichtigen, wäre gleichbedeutend mit der Entwicklung eines simultanen Planungsmodells für die gesamte Unternehmung. Die Verwirklichung eines solchen Ideals scheitert jedoch an der begrenzten Kapazität der Entscheidungseinheiten[23]. Man kann unter diesem Aspekt die in Unternehmungen praktizierten Koordinationsprinzipien, soweit sie die Einräumung von Autonomie betreffen, als die realistische Alternative zum theoretischen Ideal der simultanen Planung bezeichnen.

Das gemeinsame Merkmal dieser Koordinationsprinzipien besteht darin, dass bei der Abstimmung von Teilentscheidungen auf die Berücksichtigung eines Teils der Interdependenzen verzichtet wird. Den einzelnen Entscheidungseinheiten wird damit ein gewisser Spielraum eingeräumt. Betrachtet man aus dieser Sicht die Fülle der in Organisationen realisierten Koordinationsprinzipien, so lassen sie sich im Wesentlichen auf unterschiedliche Formen zur Berücksichtigung von Interdependenzen zurückführen.

Die Abkehr von dem Versuch einer vollständigen Berücksichtigung bestehender Interdependenzen bedeutet zwangsläufig, dass auf die Verwirklichung der theoretisch denkbaren Optimallösung – wie sie der simultanen Planung der Gesamtinterdependenzen entspricht – verzichtet wird. Die Differenz zwischen dem theoretisch möglichen Optimum und dem tatsächlich realisierten Ergebnis lässt sich durch Kosten der Autonomie ausdrücken[24].

Der Abbau von Autonomiekosten erfordert Abstimmungen, vor allem Kommunikationsakte, die in der Regel Abstimmungskosten verursachen. Die ökonomische Gestaltung der Koordination muss deshalb einen Ausgleich zwischen Abstimmungs- und Autonomiekosten anstreben. Wird unterstellt, dass die Kommunikationskosten mit zunehmender Berücksichtigung von Interdependenzen sehr stark ansteigen, so folgt hieraus, dass eine vollständige Koordination wirtschaftlich nicht sinnvoll ist. Es erweist sich vielmehr als zweckmäßig, auf die Abstimmung eines Teils der bestehenden Entscheidungsinterdependenzen zu verzichten.

---

23) Vgl. hierzu das „Dilemma der Organisationstheorie" bei Laux/Liermann [Grundlagen] 26 ff.
24) Vgl. hierzu Emery [Planning] 29 ff. Vgl. in diesem Zusammenhang auch *Galbraith*, der den Tatbestand unvollständiger Koordination in Anlehnung an *March* und *Simon* als Existenz von „slack resources" kennzeichnet (Galbraith [Designing] 24 ff.).

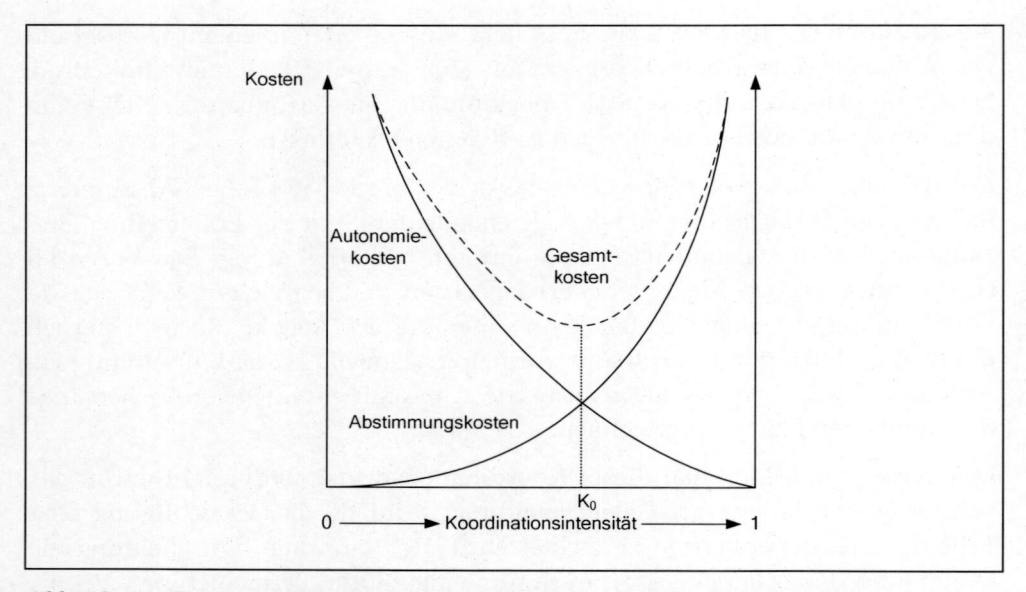

Abb. 19: Zusammenhang zwischen Autonomie- und Kommunikationskosten

In Abb. 19 ist der Zusammenhang zwischen Autonomie- und Abstimmungskosten grafisch dargestellt[25]. Die Autonomiekosten sinken mit zunehmender Koordinationsintensität, während die Abstimmungskosten steigen. Die Skala der Koordinationsintensitäten ist durch zwei Extrema begrenzt: Durch den Grenzfall vollkommener Autonomie (Koordinationsintensität = 0) und durch den Grenzfall vollkommener Koordination (Koordinationsintensität = 1). Das Optimum der Koordinationsintensität K_0 (optimaler Koordinationsgrad) wird durch das Minimum der Gesamtkostenkurve (Addition von Autonomie- und Abstimmungskostenkurve) bestimmt; in diesem Punkt sind die absoluten Steigungsmaße der beiden Kurven gleich. Bei der Interpretation der Abbildung ist aber zu beachten, dass die praktische Ermittlung der beiden Kostenarten beträchtliche Schwierigkeiten bereitet.

e. Koordinationsrelevante kognitive Orientierungen

Die Grundlage der vorangegangenen Analyse der Koordination bildet die normative Entscheidungstheorie. Es wird betrachtet, wie interpersonelle Arbeitstei-

---

[25] Nach Emery [Planning] 31.

lung zur Zerlegung des gesamten Entscheidungszusammenhangs in Teilentscheidungen führt, die dann organisatorischen Einheiten zugeordnet werden können. Wie die ebenfalls an der normativen Entscheidungstheorie orientierte Teamtheorie zeigt, geht es bei der Lösung der Koordinationsproblematik mit Blick auf die einzelnen Entscheidungseinheiten um die Beantwortung von zwei Fragen: Welche Informationen sollen bei den Entscheidungen berücksichtigt werden? Welche Regeln sollen für die Entscheidungen bei der Auswahl der Handlungen angewendet werden? Dieser entscheidungslogisch bestimmten Sicht, die keine über die generelle Annahme begrenzter Kapazitäten hinausgehenden individuellen Merkmale der Entscheidungseinheiten berücksichtigt, stellt die kognitive Entscheidungstheorie eine empirisch fundierte Innensicht der Wahrnehmung von Informationen und ihrer Verarbeitung gegenüber. Bei einer solchen Betrachtungsweise wird deutlich, dass zwei Individuen auf Grund unterschiedlicher kognitiver Orientierungen in derselben Situation verschieden entscheiden können. Es liegt auf der Hand, dass solche Effekte für ein auf die Abstimmung von Einzelentscheidungen ausgerichtetes Koordinationssystem von großer Bedeutung sind und dass insbesondere homogene kognitive Orientierungen die Koordination erleichtern.

Die Einbeziehung kognitionswissenschaftlicher Erkenntnisse in ein entscheidungslogisch ausgerichtetes Koordinationskonzept stellt eine Ergänzung des aufgabenbezogenen Gestaltungsansatzes um personenbezogene Aspekte dar. Legt man die in Abb. 3 [26] gewählte Systematik zu Grunde, betrifft die kognitive Orientierung die Merkmale „Aufmerksamkeit" und „Intelligenz", die der Dimension „Eignung und Fähigkeit" zugeordnet werden.

Kognitionswissenschaftliche Studien, deren Untersuchungsobjekt im weitesten Sinne die menschliche Informationsverarbeitung ist, finden in der Organisationstheorie zunehmend Interesse.[27] In dem Maße, in dem hinsichtlich des Individuums das behavioristische Prinzip der „Black-Box"-Betrachtung aufgegeben wird und intrapersonelle Prozesse und Strukturen in die Analyse einbezogen werden, ist der Rückgriff auf kognitive Konzepte unerlässlich. Bei der Betrachtung dieser Forschungsrichtung lassen sich eine neurowissenschaftliche und eine sozialwissenschaftliche Strömung unterscheiden.[28] Im Fokus neurowissenschaftlich geprägter Ansätze, die vor allem in der Individualpsychologie verankert sind, stehen die Wahrnehmung externer Stimuli, Wissensstrukturen als Ergebnis von Erfahrungen sowie der Rückgriff auf vorhandenes Wissen beim

---

26) Vgl. S. 67.
27) Vgl. Walsh [Cognition] sowie zu den sich daraus ergebenden Perspektiven für die Organisationstheorie Miebach [Organisationstheorie] 199.
28) Vgl. den Überblick von Sackmann [Ansatz].

Handeln.[29] Eine zentrale Position nimmt in den meisten kognitiven Organisationstheorien das Konstrukt der Wissensstruktur, auch als „Schema" bezeichnet, ein. Schemata beschreiben, wie Informationen interpretiert, gespeichert und aktiviert werden. Sie weisen Mustern von externen Stimuli Bedeutung zu, erlauben Schlussfolgerungen und bestimmen weitgehend die Effizienz und Flexibilität der Informationsverarbeitung. Schemata sind Wissensblöcke, deren Elemente in hohem Maße miteinander verknüpft sind und die aus dem Gedächtnis nach dem Prinzip des „Alles-oder-Nichts"[30] abgerufen und handlungsbestimmend aktiviert werden. Das Schemakonzept hat für die Erfassung und praktische Gestaltung multipersonaler Entscheidungs- und Handlungssysteme weit reichende Bedeutung. Die Erklärungskraft kognitiver Schemata zeigt sich z.B., wenn die Schwierigkeit, implizites Wissen zu kommunizieren, betrachtet oder wenn die Funktion von Organisationskulturen analysiert wird.[31]

Sozialwissenschaftlich, d.h. sozialpsychologisch oder soziologisch verankerte kognitive Konzepte unterscheiden sich von neurowissenschaftlich fundierten Ansätzen in mehrfacher Hinsicht. Vor allem das Konzept der Wissensstruktur verliert seine zentrale Bedeutung. Während Autoren wie *Gioia*[32] ihre organisationstheoretischen Beiträge auf ein differenziertes Modell der Wissensstruktur stützen, arbeiten andere Wissenschaftler weitgehend in einem kognitiv geprägten sozialpsychologischen Rahmen, der das Schemakonzept nicht explizit einführt. Das trifft z. B. auf Autoren wie *Schein*[33] zu, die unter Rückgriff auf traditionelle Führungs- und Gruppentheorien das Konstrukt der Organisationskultur analysieren. Eine mittlere Position nimmt *Weick* mit seiner interpretativen Organisationstheorie ein[34]. Bemerkenswert ist bei ihm ein ausgeprägter Anwendungs- und Gestaltungsaspekt, der die Funktion einer „Sinnstiftung" zur Reduzierung von Komplexität durch Systemstabilisierung betont.[35]

---

29) Vgl. hierzu den arbeits- und organisationspsychologisch ausgerichteten Überblick von Lord/Maher [Theory].
30) Lord/Maher [Theory] 35.
31) Vgl. hierzu Lord/Maher [Theory] 7 und 34 ff. sowie Heppner [Organisation] 135 ff.
32) Gioia [State].
33) Schein [Culture].
34) In einem mit *Daft* verfassten Beitrag wird der Grundgedanke auf folgende einprägsame Formel gebracht: „Interpretation is a process through which information is given meaning and actions are chosen."(Weick/Daft [Effectiveness] 87). Vgl auch Daft/Weick [Model] und Weick [Sense]. Eine methodologische Charakterisierung interpretativer Ansätze gibt Wollnick [Organisationstheorie].
35) Vgl. Weick/Daft [Effectiveness] 88: „If organizations encounter increasing turbulence in their environments, the ability to provide stable frameworks within which participants can function may turn out to be a critical activity for survival."

Im Unterschied zu neurowissenschaftlich verankerten Arbeiten besteht in sozialwissenschaftlichen Konzepten die Tendenz, die von kollektiven Einheiten (Gruppen) gemeinsam geteilte Sichtweise der „Welt" als eigenständiges soziales Konstrukt aufzufassen, das nicht auf individuelle Kognitionen reduziert werden kann. Vor allem *Weick* vertritt diese sozialkonstruktivistische Position. Während die individualistische Sichtweise Informationsaktivitäten auf kognitive Prozesse und Strukturen der einzelnen Person zurückführt („what goes on in individual heads"[36]), betrachtet *Weick* soziale Strukturen („what goes on in the practice of groups"[37]) und sieht in der jeweiligen Kultur das Ergebnis von Lernen („culture as a symbol and storage of past learning"[38]).

Die Bedeutung kognitionswissenschaftlicher Erkenntnisse für die Analyse und Gestaltung von Koordinationssystemen zeigt sich vor allem in Beiträgen zur Organisationskultur, die in den letzten Jahrzehnten in Theorie und Praxis große Beachtung gefunden haben. Dabei wird vielfach auf ältere soziologische und sozialpsychologische Arbeiten zurückgegriffen. Zwischen der klassischen Deutung von *Selznick*[39], dass die Kernaufgabe der Führung in der Schaffung einer Sozialstruktur durch Sinnstiftung bestehe, und dem in der Forschung zur Organisationskultur vorherrschenden Bild des Führers, der durch Werte, Symbole und Handlungen „soziale Realität" schafft und aufrecht erhält, bestehen enge Beziehungen. [40]

Die folgende Skizzierung des Kulturkonzepts, die sich an Arbeiten von *Schein*[41] anlehnt, bewegt sich in der Tradition der sozialpsychologischen Führungsforschung und interpretiert Organisationskulturen als Systeme heuristischer Prinzipien zur Reduktion von Komplexität und Ungewissheit. Nach *Schein* sieht sich jedes arbeitsteilige Handlungssystem mit zwei komplexen Herausforderungen konfrontiert. Es muss nach außen die erfolgreiche Anpassung an die Umwelt und nach innen die Integration der Mitglieder sicherstellen. Bei der Auseinandersetzung mit diesen Problemen, die laut *Schein* besonders in der Phase der Unternehmungsgründung überragende Bedeutung haben, bilden sich Grundannahmen und Grundüberzeugungen heraus, die später nicht mehr ohne weiteres in Frage gestellt, sondern als gegeben unterstellt werden. Solche Prinzipien werden von den Mitgliedern gleichsam als „Glaubenssätze" internalisiert, weil sie die als wesentlich angesehenen Probleme wiederholt zuverlässig

---

36) Weick/Westley [Learning] 442.
37) Weick/Westley [Learning] 446.
38) Weick/Westley [Learning] 445.
39) Selznick [Leadership] 60.
40) Vgl. den Überblick über Konzepte der Organisationskultur bei Smircich/Calás [Culture]; Schreyögg [Organisation] 363 ff.
41) Schein [Culture].

gelöst haben. Sie beeinflussen die Wahrnehmung und Auseinandersetzung mit Problemen der Umwelt und zeigen den als „richtig" empfundenen Weg zur gedanklichen und emotionalen Verarbeitung komplexer Probleme.[42]

Das Konzept der Organisationskultur wird von *Schein* durch die Unterscheidung mehrerer Ebenen abgegrenzt. Die eigentliche Organisationskultur, die als gegeben angesehenen Werte, Grundauffassungen und Grundüberzeugungen, bildet die unterste Ebene eines mehrschichtigen Wirkungszusammenhangs. Auf den überlagernden Ebenen werden die Manifestationen der Kultur sichtbar. Sie finden ihren Ausdruck vor allem in Symbolisierungen und in physischen Artefakten (z.B. Gebäudeausstattung). Die Hauptfunktionen der Organisationskultur ergeben sich unmittelbar aus der eingeführten begrifflichen Abgrenzung. Auf Grund gemeinsam geteilter Grundauffassungen und Grundüberzeugungen werden die Probleme der externen Anpassung und internen Integration ähnlich wahrgenommen und ihre Lösung unter Rückgriff auf weitgehend übereinstimmende Prinzipien gesucht.

Hinsichtlich der externen Anpassung äußert sich die jeweilige Organisationskultur häufig in einem breiten Konsens über die Kernelemente der Unternehmungsstrategie. Die Ausprägung dieser Grundauffassungen lässt sich unter Umständen auf die besonderen Bedingungen der Gründungssituation zurückführen. *Schein* veranschaulicht die herausragende Bedeutung der Entstehungsphase einer Unternehmung für die Ausdifferenzierung einer Organisationskultur anhand von zwei Beispielen.[43]

Die eine Unternehmung verdankt ihre positive Entwicklung und ihre gegenwärtige Position den technologischen Konzepten und dem technisch-wissenschaftlichen Sachverstand ihres Gründers, der durch Produktinnovationen neue Märkte erschlossen hatte. Die Ausrichtung auf die Entwicklung, Gestaltung und Produktion technisch anspruchsvoller Erzeugnisse bestimmt bis in die Gegenwart alle unternehmerischen Überlegungen. Dementsprechend haben die Funktionen „Entwicklung" und „Produktion" ein ungleich größeres Gewicht als z. B. Marketing- und Vertriebsaufgaben. Der offensichtliche Erfolg dieser kognitiven Orientierung erklärt die von den meisten Mitgliedern des Managements geteilte Überzeugung, dass in der Unternehmungsleitung Personen aus den Bereichen Entwicklung und Produktion einen dominierenden Einfluss haben sollten. Diese Regeln spiegeln in hohem Maße die gegenwärtige Organisationskultur wider. Die Kultur der anderen von *Schein* betrachteten Unternehmung ist durch eine stärker kundenorientierte Ausrichtung bestimmt. Das ist

---

42) Schein [Culture] 6 ff.
43) Vgl. Schein [Culture] 57 f.

primär das Ergebnis einer Reaktion auf den vom Kunden artikulierten Bedarf. Diese reaktive Beziehung zum Markt lässt sich auch in dieser Unternehmung auf Erfahrungen aus der Gründungsphase zurückführen. Die Reaktion auf erkannte Marktchancen, die Entwicklung eines Marketingkonzepts, stand am Anfang der historischen Entwicklung; die Aufgaben der Entwicklungsabteilung und die Konzipierung von Produkten ordnen sich ganz der jeweils verfolgten Marketingkonzeption unter. In dieser Unternehmung wird die Unternehmungspolitik vorrangig von Marketingüberlegungen und von Managern mit ausgeprägter Marketingkompetenz bestimmt.

Der Aufgabe der internen Integration kann im Wesentlichen durch den Aufbau, die Sicherung und die zielorientierte Ausrichtung der sozialen Beziehungen entsprochen werden. Vor allem die Struktur des Kommunikationssystems, die Verteilung von Einfluss, Macht und Autorität sowie der Einsatz von Anreizen spiegeln dabei die Organisationskultur der Unternehmung wider. Die Ausprägung dieser Komponenten ist selten eindeutig und unmittelbar zu erkennen; ein Zugang eröffnet sich häufig nur über Mythen, Riten und Zeremonien, in denen sich das Selbstbild der Unternehmung widerspiegelt und aus denen hervorgeht, wie – vor allem in Krisen – externe und interne Probleme gelöst wurden und auch gegenwärtig noch gelöst werden können. [44]

Da *Schein* die Entstehung einer Organisationskultur vor allem innerhalb einer durch den Gründer geprägten Kerngruppe einer Unternehmung betrachtet, kann er von unternehmungsweiten Auswirkungen der sich herausbildenden kognitiven Orientierungen sprechen. Es wäre jedoch verfehlt, grundsätzlich von einer homogenen kognitiven Orientierung aller Einheiten einer Unternehmung auszugehen. Empirische Studien belegen, dass einzelne Bereiche und Gruppen ihre eigene (Mikro-)Kultur entwickeln.[45] Die Führungs- und Gruppenforschung lässt sogar den Schluss zu, dass die bloße Zugehörigkeit zu einer Gruppe die kognitive Orientierung der Mitglieder einander annähert. In diesem Sinne stellt *Levinson*[46] fest: „Subsystems tend to develop their own autonomy and to have internal norms or shared beliefs, goals, and values. They become behavioral settings for the people who work in them, shaping their thoughts, aspirations, and feelings about themselves, their work, and the organization." Auch die einflussreiche Studie von *Lawrence* und *Lorsch* zeigt, dass sich Manager, die verschiedenen Bereichen zugehören, in ihrer kognitiven und emotionalen Ausrichtung unterscheiden.[47] Dieser Gruppeneffekt bildet das zentrale

---

44) Vgl. Schein [Culture] 65 ff.
45) Vgl. z.B. Donnellon/Gray/Bougon [Communication]
46) Levinson [Diagnosis] 5.
47) Lawrence/Lorsch [Environment] 11.

Element des organisationstheoretischen Konzepts von *Lawrence* und *Lorsch* und beeinflusst ihre Gestaltungsempfehlungen. [48]

Bemerkenswert sind darüber hinaus Studien, die außerhalb der klassischen sozialpsychologischen Paradigmen der Gruppenforschung die Herausbildung kognitiver Schemata in Gruppen untersuchen. Ein Ergebnis ist die für die Gestaltung von Koordinationsbeziehungen bedeutsame Erkenntnis, dass sich eigenständige kognitive Schemata vor allem dann herausbilden, wenn die Gruppe sich mit Aufgabenanforderungen konfrontiert sieht, die ein hohes Maß an Komplexität aufweisen und zu ihrer Bewältigung die Fähigkeit zur Improvisation erfordern.[49]

Mit Blick auf das noch zu behandelnde Problem der effizienten organisatorischen Gestaltung[50] stützen die skizzierten kognitionswissenschaftlichen Forschungsergebnisse die These, dass sich Kommunikations- und Problemlösungsaktivitäten innerhalb einer Gruppe effizienter als zwischen verschiedenen Gruppen vollziehen. Wie noch im Einzelnen zu erörtern ist, lässt sich insbesondere für Entscheidungsaufgaben mit komplexen Anforderungen daraus die Empfehlung ableiten, durch eine entsprechende Bereichsbildung kritische Schnittstellen zu internalisieren.

---

[48] In der sozialpsychologischen Gruppenforschung bilden diese Effekte den Gegenstand vieler Studien. Hingewiesen sei nur auf das Konstrukt der Gruppenzugehörigkeit, das Phänomen des Gruppendenkens und die Bedeutung von Konformitätsprozessen sowie auf die Theorie der sozialen Identität. Vgl. hierzu Fischer/Wiswede [Grundlagen] 645 ff., 683 ff. sowie 724 ff.
[49] Vgl. hierzu Brown/Duguid [Learning].
[50] Vgl. S. 281 ff.

II. Grundtatbestände der Motivation

Das Konzept der entscheidungsorientierten Organisationsgestaltung stellt das Handeln von Individuen und Gruppen in den Mittelpunkt der Betrachtung. Dabei geht es darum, durch organisatorische Regelungen arbeitsteiliges Handeln auf das übergeordnete Unternehmungsziel auszurichten. Bei der Verfolgung dieses Anliegens erfolgt eine separate Betrachtung individueller und kollektiver Handlungen aus der Sicht der Koordination und Motivation. In dieser Trennung wird ein leistungsfähiges heuristisches Prinzip bei der Ableitung von Gestaltungsempfehlungen gesehen. In diesem Abschnitt werden die für die Gestaltung relevanten Grundtatbestände der Motivation herausgearbeitet.

a. Motivationsorientierte Organisationsgestaltung

Die vorangegangene koordinationsbezogene Analyse beruht im Wesentlichen auf einem Aufgabenkonzept, das Handlungsanforderungen an die betrachteten Individuen durch Rückgriff auf funktionale Zusammenhänge zwischen dem Einsatz von Ressourcen und der Erreichung bestimmter Zwecke formuliert. In Bezug auf die im betrachteten Koordinationskontext handelnden Individuen werden Aufgaben vorgegeben, die durch die jeweils heranzuziehende Technologie bestimmt werden; z.B. Montagehandlungen bei der Erstellung eines Motorblocks in einem Automobilwerk. Zumeist handelt es sich um physische und kognitive Anforderungen, in die Vorstellungen darüber einbezogen werden, welche Leistungen auf Grund personalwirtschaftlicher Erkenntnisse von einer „Standard"-Person zu erwarten sind. Alle Merkmale, die sich auf individuelle Merkmale konkreter Individuen beziehen, z.B. die Bereitschaft, durch Leistungsanstrengungen ein anspruchvolles Ziel zu realisieren, werden vernachlässigt.

Sollen die individuellen Merkmale konkreter Personen, die bei der Verfolgung der Koordinationsperspektive ausgeblendet werden, in die Organisationsgestaltung einbezogen werden, sind Erkenntnisse solcher Disziplinen heranzuziehen, die gemeinhin als „empirische Verhaltenswissenschaften"[1] bezeichnet werden. Die Berücksichtigung solcher Erkenntnisse stellt eine Anforderung dar, der angesichts der Heterogenität der theoretischen Konzepte und der Unvoll-

---

1) Im angloamerikanischen Schrifttum ist die Bezeichnung „organizational behavior" verbreitet.

kommenheit der empirischen Forschungsergebnisse nur selektiv entsprochen werden kann. Die folgende Erörterung stützt sich auf den Teil der empirischen Verhaltenswissenschaft, der dem Komplex der „Motivationstheorien" zugeordnet wird und beschränkt sich hier auf eine – allerdings in der Fachwelt weit verbreitete – Richtung.

Der Rückgriff auf die Ergebnisse der Motivationsforschung erfolgt zum einen, weil diesem Teil der empirischen Verhaltenforschung ganz überwiegend ein Handlungskonzept zu Grunde liegt, das dem hier verfolgten entscheidungsorientierten Gestaltungsansatz entspricht. Zum anderen ist in den motivationstheoretischen Modellen – im Unterschied zu vielen anderen verhaltenwissenschaftlichen Konzepten – der Anwendungs- und Gestaltungsaspekt in besonderem Maße präsent, weil die Frage der Generierung von Handlungsimpulsen in Abhängigkeit von der Ausprägung bestimmter Variablen den Untersuchungsgegenstand bildet. In diesem Sinne umreißen *Steers*, *Mowday* und *Shapiro*[2] das gemeinsame Merkmal der verschiedenen motivationstheoretischen Ansätze so: „They are all principally concerned with factors or events that energize, channel, and sustain human behavior over time." Aus der Fülle der motivationstheoretischen Theorien[3] wird im Folgenden das Zielmodell von *Locke* und *Latham*[4] ausgewählt und der konzeptionellen Erfassung der Motivationstheorie im hier verfolgten Gestaltungsansatz zu Grunde gelegt. Die damit zum Ausdruck kommende Einschätzung der hohen Aussagefähigkeit des Locke-Latham-Modells wird im Übrigen international von den Vertretern des Fachs „Organizational Behavior" (vorrangig Psychologen und Sozialpsychologen) geteilt. In einer Befragung, die *Miner*[5] unter den genannten Fachvertretern durchführte, erreichte das Locke-Latham-Modell hinsichtlich der Einschätzung der Wichtigkeit[6] die höchsten Werte.

---

2) Steers/Mowday/Shapiro [Motivation] 379.
3) Vgl. hierzu den knappen Überblick über die Entwicklung der Motivationstheorie und ihren gegenwärtigen Stand bei Locke/Latham [Theory] XIII ff. und die eingehende Darstellungen bei Fischer/Wiswede [Grundlagen] 93 ff. sowie Mitchell [Matching] und Mitchell/Daniels [Motivation].
4) Vgl die umfassende Entwicklung des Gesamtkonzepts in Locke/Latham [Theory] und Zusammenfassungen des aktuellen Stands bei Locke [Motivation] und Locke/Latham [Goal].
5) Miner [Importance].
6) Drei Merkmale wurden in der Befragung bei der Bewertung der „Wichtigkeit" herausgehoben (Miner [Importance] 254): (1) Die Theorie sollte sich als nützlich für das Verständnis, die Erklärung und die Prognose der Funktionsweise von Organisationen oder des Verhaltens in ihnen erwiesen haben. (2) Die Theorie sollte signifikante Anstöße für die Durchführung weiterer Forschungsarbeiten vermittelt haben. (3) Die Theorie sollte eindeutige Implikationen für die Praxis beim Management der Handlungszusammenhänge in arbeitsteiligen Systemen haben.

Das Zielmodell ist der kognitiven Motivationstheorie zuzurechnen – und auch aus dieser Ausrichtung ergeben sich Beziehungen zu dem hier verfolgten entscheidungsorientierten Ansatz. Die kognitionsorientierte Motivationstheorie beruht auf der methodischen Annahme, dass das Konstrukt eines seine Situation und seine Handlungsalternativen bewusst erfassenden und abwägenden Individuums[7] einen aussichtsreichen Weg zur Erklärung des individuellen Verhaltens bei der Aufgabenerfüllung eröffnet. *Bandura* hat den kognitiven Motivationsansatz in folgender Weise prägnant charakterisiert: „In cognitively generated motivation, people motivate themselves and guide their actions through the exercise of foresought. They anticipate likely outcomes of prospective actions; they set goals for themselves and select courses of action designed to realize valued future."[8]

b. Motivationstheoretische Erklärung des Aufgabenverhaltens

In einem Überblick über den Stand der Motivationstheorie hat Locke die wichtigsten für die Erklärung des Aufgabenverhaltens relevanten Variablen und ihre Beziehungen zu einem Gesamtmodell integriert.[9] Die vereinfachte Darstellung dieses Modells in Abb. 20 weist die eingeführten Variablen und Beziehungen zwei Teilmodellen zu. Das Teilmodell A betrachtet vorrangig Motivationseffekte hinsichtlich ihrer Auswirkung auf das realisierte Handlungsergebnis, das Teilmodell B erfasst den Zusammenhang zwischen Motivationsvariablen und dem Zufriedenheitsgrad. Die Differenzierung erfolgt nicht nur zur Vereinfachung der Betrachtung eines komplexen Systems, sie eröffnet auch einen Zugang zur anschließenden Erörterung der Anwendbarkeit der Forschungsergebnisse für die praktische Organisationsgestaltung. Die auf das Handlungsergebnis ausgerichtete Analyse des Motivationszusammenhangs legt eine wesentliche Grundlage für die motivationsbezogene Gestaltung des Steuerungssystems. Der durch seine Auswirkungen auf den Grad der Arbeitszufriedenheit gekennzeichnete Ausschnitt aus dem Gesamtmodell ist vor allem für die motivationsbezogene Gestaltung des Kompetenzsystems relevant.

---

7) Locke und Latham [Goal] 750, sprechen von „conscious regulation of action".
8) Im Vorwort zu Locke/Latham[Theory] XI/XII.
9) Vgl. Locke [Motivation] sowie den durch Locke und Latham [Goal] 252 ff. beschriebenen „high performance cycle".

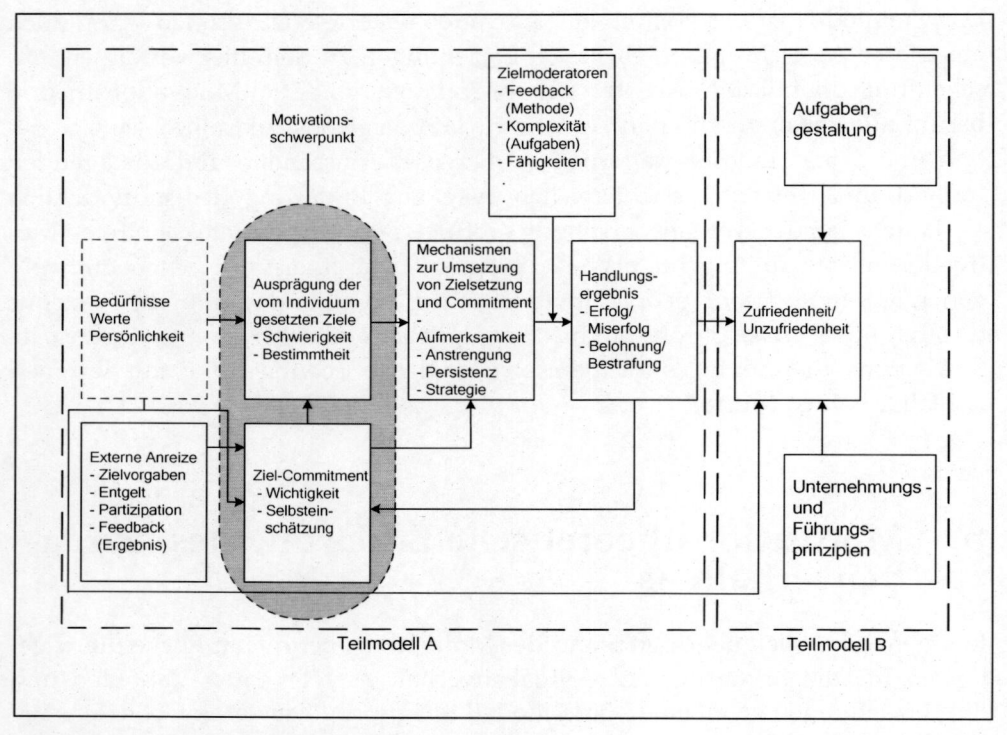

Abb. 20:   Motivationsmodell

1.   Motivation und Handlungsergebnis

Das auf die Erklärung des Handlungsergebnisses ausgerichtete Teilmodell A bildet den eigentlichen Untersuchungsgegenstand der Motivationsforschung von *Locke* und *Latham*.

Locke und *Latham* wollen mit ihrer Motivationstheorie erklären, warum bestimmte Mitarbeiter bei der Erfüllung der ihnen übertragenen Aufgaben erfolgreicher sind als andere. Ihre Antwort lautet, dass das Ergebnis der Aufgabenerfüllung, das Handlungsergebnis, vor allem von vier über die jeweilige Vorgabe von Zielen ausgelösten Effekten abhängt.[10] Über den *Aufmerksamkeitseffekt* wird die Leistungsanstrengung auf bestimmte Aktivitäten gelenkt. Der *Anstrengungseffekt* findet seinen Ausdruck in dem Anteil der vorhandenen Leistungs-

---

10)   Vgl. Locke [Motivation].

kapazität, die bei einer Zielsetzung mit einem bestimmten Schwierigkeitsgrad in die Aufgabenerfüllung eingebracht wird. Der *Persistenzeffekt* äußert sich in der Aufrechterhaltung der Anstrengung über eine gewisse Zeit. Die jeweilige methodische Vorgehensweise bei der Lösung einer Aufgabe wird über die von *Locke* und *Latham* als *Strategieeffekt* bezeichnete Wirkung erfasst.

Die konzeptionelle Erfassung und empirische Fundierung der Bestimmungsgrößen des Mitarbeiterverhaltens bei der Aufgabenerfüllung stellen außerordentliche Anforderungen. Im Grunde kann eine unüberschaubare Vielzahl von Variablen – z.B. Umweltbedingungen, Persönlichkeitsmerkmale, Führungsstile, Aufgabengestaltungen und monetäre Anreize – das Handlungsergebnis erklären. *Locke* und *Latham* gewährleisten die Handhabbarkeit ihres Modells durch eine Reihe von Annahmen, deren methodische Begründung hier nicht im Einzelnen erfolgen kann. Vor allem die folgenden drei Annahmen führen über die Reduzierung der zu berücksichtigenden Variablen und Beziehungen zu einer Reduzierung der Modellkomplexität:

1. Betonung primärer Wirkungssequenzen.

   Das Modell bildet vorrangig Variablen ab, die in einer Richtung auf die zu erklärenden Handlungsergebnisse wirken. Betrachtet man drei Variablengruppen A, B und C, dann beeinflusst in der Sequenz die Gruppe A die Gruppe B und die Gruppe B die Gruppe C. Sekundäre Wirkungseffekte, die Beeinflussung der Variablengruppe A durch die Variablengruppe C, werden nur in geringem Maße berücksichtigt.

2. Konzentration auf „handlungsnahe" Variablen.

   Vorrangig betrachtet werden Variable, die in einer Handlungssituation in hohem Maße dem Gestaltungseinfluss des Managements unterliegen. Nicht oder nur begrenzt berücksichtigt werden langfristig fixierte Merkmale der Person wie Begabung, Qualifikation und Wissenstand.[11]

3. Heraushebung von Kernvariablen.

   Locke und *Latham* weisen einer Gruppe von Variablen eine herausgehobene Position bei der Motivation zu unternehmungszielkonformen Ver-

---

[11] Diese Vorgehensweise entspricht einem verbreiteten Abgrenzungsprinzip unter den Motivationsforschern. Vgl. hierzu die viel zitierte Definition von Campbell/Pritchard [Motivation] 64: „...motivation has to do with a set of independent/dependent variable relationships that explain the direction, amplitude, and persistence of an individual's behaviour, *holding constant the effects aptitude, skill, and understanding of the task, and the constraints operating in the environment.*" (Hervorhebung Autoren)

halten zu. Es handelt sich um Einflussgrößen mit einer großen „zeitlichen und kausalen Nähe" zur Handlung. Sie bilden den Motivationsschwerpunkt im Modell – *Locke* und *Latham* sprechen vom „motivational hub"[12] – und erfassen alle Variablen, die mit dem Ziel-Commitment und dem individuellen Setzen von Zielen die wesentlichen Elemente der persönlichen Zielbildung beim einzelnen Mitarbeiter beschreiben.

Das charakteristische Merkmal des Locke-Latham-Modells ist die durch die Einführung der beschriebenen Kernvariablen des Motivationsschwerpunkts bestehende Fokussierung auf die Bedingungen der Zielbildung beim einzelnen Mitarbeiter. Diese Sichtweise prägt den Erklärungsansatz: Aus den Merkmalsausprägungen der vom Individuum gesetzten Ziele, z.B. hinsichtlich des durch den Schwierigkeitsgrad angestrebten Anspruchsniveaus bei der Zielrealisation, werden spezifische Aufmerksamkeits-, Anstrengungs-, Persistenz- und Strategieeffekte abgeleitet, von denen die Handlungsergebnisse beeinflusst werden. In Abb. 20 wird die zentrale Position, die dieser Wirkungssequenz für das Modell zukommt, deutlich. Die Darstellung zeigt auch, dass bestimmte Variablen, insbesondere die Komplexität der zu erfüllenden Aufgabe, die Fähigkeiten des Mitarbeiters und das Feedback über die Wirksamkeit der angewendeten Methoden einen moderierenden Einfluss auf das Handlungsergebnis haben.

Neben den Merkmalsausprägungen der vom Individuum gesetzten Ziele wird von *Locke* und *Latham* auch die Variable „Ziel-Commitment" als Teil des Motivationsschwerpunkts angesehen. Ziel-Commitment liegt nach *Locke*[13] vor, wenn sich ein Individuum unmittelbar durch ein Ziel angesprochen fühlt und das Erreichen des Ziels zu seinem Anliegen macht. Die Höhe des Ziel-Commitments hängt ab von dem Grad an Wichtigkeit, das ein Ziel für einen Mitarbeiter hat, und von der Selbsteinschätzung hinsichtlich der persönlichen Fähigkeit zur Realisierung des gesetzten Ziels. Dieses Konstrukt der von *Bandura*[14] in die Motivationstheorie eingeführten „self-efficacy" bringt die Einschätzung des Individuums hinsichtlich seiner Fähigkeit zum Ausdruck, die zur Erfüllung des gesetzten Ziels erforderlichen physischen und mentalen Ressourcen und Kräfte zu mobilisieren.[15] Aus der Sicht des Managements, das die Motivation der Mitarbeiter planmäßig zur Gewährleistung eines angestrebten Handlungsergebnisses beeinflussen will, sind externe Anreize in Form von Zielvor-

---

12) Locke [Goals] 11, charakterisiert diese Variablengruppe so: "A hub is a „center of activity". In the context of motivation theory it refers to the place where the action is. Or, more precisely, that part of the motivation sequence that is closest to action. By closest I mean closest in time and in causal influence."
13) Locke [Goal Setting].
14) Bandura [Foundations] 391.
15) Vgl. zu einer knappen Darstellung Locke [Motivation] 387 f. und Mitchell [Matching] 78.

gaben, Entgelten, Partizipationskonzepten und Ergebnisrückkopplungen die wichtigsten Instrumente zur Beeinflussung der Variablen des Motivationsschwerpunkts, d.h. der Merkmale gesetzter Ziele und des Ziel-Commitments.

Die vorangegangene Betrachtung hat die in Abb. 20 erfassten Wirkungszusammenhänge nur grob skizziert. Sie beschreibt die Variablen lediglich relativ global und erläutert nur einen Teil der Beziehungen zwischen den Variablen. Um eine skizzenhafte Darstellung kann es auch nur gehen, wenn im Folgenden die von *Locke* und *Latham* präsentierten empirischen Befunde wiedergegeben werden. Für eine detaillierte Auseinandersetzung mit dem Stand der Forschung muss der Leser auf die entsprechenden Publikationen der Autoren verwiesen werden.[16] Hier sollen Ergebnisse bisheriger empirischer Untersuchungen nur in so weit referiert werden, als es für anschließende Schlussfolgerungen hinsichtlich der Organisationsgestaltung geboten erscheint.

Im Folgenden wird ein Überblick über empirische Ergebnisse hinsichtlich der Wirkungen der Variablen bzw. Variablengruppen „Merkmalsausprägungen der vom Individuum gesetzten Ziele", „Ziel-Commitment", „Externe Anreize" und „Feed Back" auf das Handlungsergebnis gegeben.[17]

Ausprägungen von Zielmerkmalen

Als zentrales Ergebnis ihrer langjährigen Forschung sehen *Locke* und *Latham* die Hypothese von einem positiven linearen Zusammenhang zwischen dem Schwierigkeitsgrad des Ziels und der Höhe des Realisationsgrads des Handlungsergebnisses bestätigt. Diese Aussage gilt unter der Voraussetzung, dass ein bestimmtes Maß an Ziel-Commitment gegeben ist und dass vorhandene Fähigkeiten und das Handlungswissen die Grundlage für effektives Handeln schaffen. Bedeutsam ist auch die Eindeutigkeit der Zielsetzung. Je eindeutiger oder expliziter das Ziel formuliert ist, desto präziser wird – unter der Voraussetzung, dass das Individuum den Handlungsprozess kontrollieren kann – das Handlungsergebnis gesteuert. Den höchsten Grad an Eindeutigkeit weisen quantitative Formulierungen von Zielmerkmalen und detaillierte Auflistungen der zu erfüllenden (Teil-)Aufgaben auf. Als Gesamtergebnis lässt sich feststellen: Ziele, die zugleich spezifisch und schwierig sind, führen zu den höchsten Graden der Zielrealisation.

---

16) Neben dem grundlegenden Werk Locke/Latham [Theory] können informative Übersichtsartikel herangezogen werden; vgl. u.a. Locke [Goal Setting]; Locke [Motivation]; Locke [Goals]; Locke/Latham [Goal].
17) Vgl. hierzu den Überblick bei Locke [Goal Setting].

Ziel-Commitment

Ziel-Commitment wird immer dann zu einer entscheidenden Einflussgröße, wenn die Ziele spezifisch und anspruchsvoll sind. Bei vagen und leicht zu realisierenden Zielen spielt Ziel-Commitment keine wesentliche Rolle. Unter diesen Bedingungen gilt, dass der Realisationsgrad des Handlungsergebnisses mit dem Grad des Ziel-Commitments steigt. Ein hohes Maß an Ziel-Commitment kann erreicht werden, wenn das Individuum das Ziel für wichtig hält und davon überzeugt ist, dass das Ziel erreichbar ist[18], d.h. wenn eine hohe Selbsteinschätzung gegeben ist. Ein hohes Ziel-Commitment wirkt vor allem über ein hohes Maß an Selbsteinschätzung auf das Handlungsergebnis. Bei hoher Selbsteinschätzung steigt die Wahrscheinlichkeit, dass der Mitarbeiter anspruchsvolle Ziele setzt oder schwierige Zielvorgaben akzeptiert. Eine hohe Selbsteinschätzung wirkt auch auf die Ausprägung von Zieleffekten. Das gilt insbesondere hinsichtlich des Persistenz- und des Strategieeffekts.

Externe Anreize

Externe Anreize beeinflussen im Locke-Latham-Modell vor allem die Ausprägung des Ziel-Commitments. Die wahrgenommene *Wichtigkeit* des Ziels kann durch monetäre Anreize erhöht werden – es sei denn, das Ziel wird als nicht erreichbar eingeschätzt. Die empirischen Ergebnisse sind aber nicht eindeutig.[19] Die Partizipation der betroffenen Mitarbeiter an der Formulierung von Zielvorgaben hat einen Einfluss auf die wahrgenommene Wichtigkeit durch die bloße Vermittlung aufgabenrelevanter Informationen. Allerdings lässt sich ein vergleichbares Ausmaß an Commitment auch durch eine Zielvorgabe mit überzeugender Begründung erreichen.[20] Die Selbsteinschätzung als Komponente des Ziel-Commitments wird vor allem durch anspruchsvolle Zielvorgaben beeinflusst, in denen die positive Einschätzung des Managements der Leistungsfähigkeit des Mitarbeiters ihren Ausdruck findet.

Feed Back

Feed Back, Rückkopplung über das Ergebnis der Aufgabenerfüllung, wird im Locke-Latham-Modell als moderierende und als „mediatisierende" Variable berücksichtigt. Eine moderierende Variable verstärkt oder verringert den Effekt

---

[18] Diese Aussage schließt die Überzeugung ein, dass das Individuum Fortschritte beim Streben nach Erreichen eines Ziels erwartet.
[19] Vgl. hierzu Locke [Goal].
[20] Locke und Latham [Goal] 709, resümieren: „...the benefits of participation in decision making are primarily cognitive than motivational."

einer Variable auf eine andere Variable. In dieser Form hat Feed Back über die Leistungsfähigkeit der bei der Aufgabenerfüllung eingesetzten Methoden Einfluss auf den Zusammenhang zwischen generierten Umsetzungseffekten und Handlungsergebnis. Bedeutsamer sind mediatisierende Wirkungen von Ergebnis-Feed Back auf das Ziel-Commitment. Entscheidende Bedeutung kommt dabei der Selbsteinschätzung zu. Bei einer ausgeprägten Selbsteinschätzung besteht selbst bei negativen Ergebnisinformationen eine Tendenz zur Beibehaltung des bisherigen Zielanspruchs oder sogar zur Steigerung der Schwierigkeit des Ziels. Bei schwacher Selbsteinschätzung ist dagegen eine Reduzierung des Zielanspruchs mit der Konsequenz einer verringerten Leistungsanstrengung zu erwarten.

2. Motivation und Zufriedenheitsgrad

Bei der Behandlung der im Teilmodell B erfassten Motivationseffekte (vgl. Abb. 20) greift *Locke* weniger auf eigene Forschungen zurück; er referiert vielmehr den Stand der Literatur. Mit dem Kriterium der Zufriedenheit rückt eine Variable in den Mittelpunkt der Betrachtung, die hinsichtlich ihrer Operationalisierung und ihrer möglichen Auswirkungen auf die Realisierung von Unternehmungszielen vielfältige und komplexe Fragen aufwirft. Nach *Locke*[21] lässt sich Arbeitszufriedenheit definieren als ein vom Individuum als erfreulich oder positiv empfundener emotionaler Zustand, der das Ergebnis der übertragenen Aufgabe oder der Erfahrung mit der Aufgabenerfüllung ist.

Die Frage, welche Beziehungen zwischen den Variablen „Zufriedenheitsgrad" und „Handlungsergebnis" (im Sinne der Erreichung von Unternehmungszielen) bestehen, ist ein klassisches Thema der Organisationspsychologie. Relativ eindeutige Auffassungen bestehen hinsichtlich der Auswirkungen des realisierten Handlungsergebnisses auf den Zufriedenheitsgrad. *Locke*[22] bringt das Ergebnis auf eine einfache Formel: Das Erreichen eines Ziels führt zu Zufriedenheit, das Nicht-Erreichen eines Ziels zu Unzufriedenheit. Wesentlich uneinheitlicher sind die Auffassungen und Forschungsergebnisse hinsichtlich des jeweiligen Grads an Zufriedenheit auf die Realisierung des Unternehmungsziels bzw. auf die aus diesem Ziel abzuleitenden Ersatzziele (z.B. Produktivität und Aufgaben-Commitment).[23] Diese Feststellung gilt auch hinsichtlich möglicher dysfunktionaler Verhaltensweisen als Ergebnis eines geringen Zufrieden-

---

21) Locke [Nature] 1304.
22) Locke [Motivation].
23) Vgl. hierzu Iaffaldano/Muchinsky [Satisfaction].

heitsgrades wie Abwesenheit vom Arbeitsplatz, Leistungsverweigerung und Kündigung. Die detaillierte Erörterung dieser Fragen würde den Rahmen der in diesem Abschnitt angestrebten Grundlegung sprengen. Die folgende Darstellung beschränkt sich deshalb auf die knappe Herausarbeitung der Einflüsse, die von der Aufgabengestaltung und den praktizierten Führungsprinzipien ausgehen.

Aufgabengestaltung und Zufriedenheitsgrad

Mit der Frage nach den mit der jeweiligen *Aufgabengestaltung* verbundenen Motivationseffekten wendet sich die Motivationstheorie dem zentralen organisatorischen Problem zu, wie verschiedene Formen der Segmentierung und Strukturierung hinsichtlich ihrer Motivationswirkungen zu beurteilen sind. Allerdings wird dieser Struktur-Verhaltens-Zusammenhang aus einer spezifischen und relativ engen Perspektive betrachtet. In den meisten Studien wird untersucht, welche Merkmale eine Aufgabe aufweisen sollte, die einem Mitarbeiter übertragen wird. Gegenstand ist dabei die einzelne Person oder eine überschaubare Gruppe („Arbeitsgruppe"), nicht die Organisationsstruktur der Gesamtunternehmung. Unverkennbar ist auch eine vorrangige Beschäftigung mit Problemen der Produktion. Diese Perspektive erklärt sich daraus, dass die wissenschaftliche Auseinandersetzung mit der Aufgabengestaltung ihre entscheidenden Impulse aus der Kritik an tayloristischen Prinzipien der Fertigungsorganisation erhielt.

Bemerkenswert für den Stand der in der angloamerikanischen Literatur durch den Begriff „Job Design" charakterisierten Forschungsrichtung ist der über drei Jahrzehnte währende Einfluss der konzeptionellen und empirischen Arbeiten einer einzigen Forschergruppe. Ende der siebziger Jahre des vorigen Jahrhunderts haben die US-amerikanischen Organisationspsychologen *Hackman* und *Oldham* mit ihrem „Job Characteristics Model" bis heute in der Fachwelt breit rezipierte konzeptionelle Grundlagen gelegt und durch ihre empirischen Untersuchungen für die Forschung weit reichende Akzente gesetzt.[24] Der Inhalt dieser Theorie der Aufgabengestaltung lässt sich prägnant durch die folgenden drei Thesen beschreiben, die *Hackman* und *Lawler*[25] zur Erfassung der Motivationswirkungen alternativer Formen der Aufgabengestaltung formulieren:

1. Das Individuum muss sich persönlich für einen sinnvollen Teil seiner Aufgabe verantwortlich fühlen. Nach *Hackman* und *Lawler* erfordert

---

24) Vgl. vor allem Hackman/Oldham [Work] sowie aus jüngerer Zeit Piccolo/Colquitt [Leadership].
25) Hackman/Lawler [Reactions].

die Verwirklichung dieser Forderung die Sicherung eines gewissen Maßes an Autonomie durch die Aufgabenformulierung.

2. Die Aufgabenerfüllung muss zu Ergebnissen führen, die über interne Belohnungen motivieren oder aus anderen Gründen vom Individuum als erstrebenswert angesehen werden. Es bereitet Schwierigkeiten, generell zu sagen, wie eine Aufgabe beschaffen sein muss, um solche Ergebnisse zu ermöglichen. Nach *Hackman* und *Lawler* ist es jedoch möglich, für Individuen, die der Befriedigung hochrangiger Bedürfnisse großes Gewicht beimessen, dementsprechende Aufgabenkriterien abzuleiten. Vor allem zwei Alternativen der Aufgabengestaltung kommen ihrer Ansicht nach in Betracht:

- Die erste Gestaltungsalternative ist darauf gerichtet, dem Individuum das Gefühl zu vermitteln, seine Aufgabe stelle einen eigenständigen, abgrenzbaren Teil dar, dessen Erfüllung ein gewisses Maß an Bedeutung besitze. Die Voraussetzungen dafür ist nach *Hackman* und *Lawler*, daß sich die Aufgabe durch ein hohes Maß an Abgeschlossenheit (task identity) auszeichnet.
- Die zweite Gestaltungsalternative stellt darauf ab, dem Individuum bei der Aufgabenerfüllung die Möglichkeit zu geben, von ihm besonders hoch bewertete Fähigkeiten einzusetzen. *Hackman* und *Lawler* gehen davon aus, daß dies durch ein hohes Maß an Aufgabenvielfalt (variety) gewährleistet werden kann.

3. Die Aufgabe muss so gestaltet sein, dass sie dem Individuum ein gewisses Maß an Rückkopplung über das erzielte Ergebnis ermöglicht.

Die Autoren suchen die Auswirkungen der durch Perzeptionsmaße erfassten Aufgabenmerkmale durch eine Mehrzahl abhängiger Variablen zu erfassen. Neben dem Zufriedenheitsgrad werden die Variablen „Motivation", „Leistung" und „Abwesenheitsrate" berücksichtigt. Die zentrale These, die *Hackman* und *Lawler* durch ihre empirischen Studien bestätigt sehen, lautet: Die Variablen „Motivation", „Leistung" und „Zufriedenheit" erreichen einen hohen Wert und die Variable „Abwesenheitsrate" einen niedrigen Wert, wenn die Aufgabenmerkmale „Autonomie", „Abgeschlossenheit", „Vielfalt" und „Rückkopplung" eine starke Ausprägung aufweisen.

Allerdings kann diese Einschätzung nicht als repräsentativ für den gegenwärtigen Forschungsstand gelten. Relativ große Übereinstimmung besteht hinsichtlich der herausgehobenen Bedeutung, die der Arbeitszufriedenheit unter den eingeführten abhängigen Variablen eingeräumt wird. Auch die These, dass der Zusammenhang zwischen Aufgabengestaltung und Arbeitszufriedenheit auf intrinsischen Effekten beruht, die aus der Aufgabe resultieren, kann als vorherrschender Erklärungsansatz gelten. Hinsichtlich der Auswirkungen alternativer Aufgabenzuweisungen auf die einzelnen Zielvariablen, insbesondere auf ergebnisorientierte Ziele, ergibt sich dagegen kein einheitliches Bild.[26]

Führungsverhalten und Zufriedenheitsgrad

Während sich bei der konzeptionellen Erfassung der Einflussgröße „Aufgabengestaltung", die in hohem Maße durch ein gemeinsames Grundverständnis von der Technologie der Aufgabe gekennzeichnet ist, die Forschung an relativ einheitlichen Erklärungsmustern orientiert, gilt das nicht für die Führungsforschung. Führung als ein Prozess zielbezogener Verhaltensbeeinflussung eröffnet mit der Fokussierung auf interpersonelle Interaktionen, vorrangig zwischen Manager („Führer") und Mitarbeiter („Geführter"), ein so breites Spektrum bei der konzeptionellen Ausgestaltung der Ansätze, dass von einem einheitlichen Erscheinungsbild der Forschung nicht gesprochen werden kann.[27]

Diese Feststellung gilt auch angesichts der Tatsache, dass die wissenschaftliche Auseinandersetzung mit der Erfassung und Operationalisierung des Führungsverhaltens bis auf den heutigen Tag durch die Führungsstil-Forschung geprägt ist, die mit den Arbeiten einer Gruppe um *Lewin* in den dreißiger Jahren begann[28], und die in der Human-Relations-Bewegung ihre einflussreiche Fortsetzung fand. Bei aller Vielfalt, die den gegenwärtigen Stand der Führungstheorie kennzeichnet, lassen sich zumindest bei der Abbildung des Führungsverhaltens zwei Schwerpunkte feststellen. Gemeint sind hier zum einen die in vielen Studien anzutreffende Unterscheidung zwischen einem aufgabenorientierten und einem personenorientierten Führungsverhalten und zum anderen das Ausmaß der Beteiligung der Geführten an den jeweiligen Entscheidungsprozessen (Partizipation). [29]

Unabhängig von diesen vorherrschenden Ansätzen bei der Operationalisierung und der vorrangigen Erfassung der Führungseffekte durch die Variable „Zufriedenheit" ist es im höchsten Maße schwierig, wenn nicht unmöglich, für die in allen arbeitsteiligen Systemen die Handlungen überlagernden und durchdringenden interpersonellen Interaktionen wissenschaftlich fundierte Empfehlungen zu formulieren, die die Bedingungen des Einzelfalls berücksichtigen. Durch Rückgriff auf den Stand der Theorie lassen sich deshalb hier – im Unterschied zur dargestellten Konzeption der Aufgabengestaltung von *Hackman* und *Oldham* – keine Forschungsansätze hervorheben, denen mit einiger Berechti-

---

26) Vgl. hierzu den Überblick bei Mitchell [Matching] 106 ff.
27) Vgl hierzu den Überblick bei Fischer/Wiswede [Grundlagen] 487 ff.
28) Vgl. Lewin/Lippitt/White [Patterns].
29) Weibler [Führung].

gung der Anspruch zugewiesen werden kann, repräsentativ für die Führungsforschung zu sein.

c. Motivationstheorien und Gestaltung des Kompetenz- und Steuerungssystems

Nach der vorangegangenen Erörterung konzeptioneller und empirischer Fragen der Motivationstheorie soll abschließend mit Blick auf die in den folgenden Abschnitten zu entwickelnden Prinzipien der motivationsorientierten Gestaltung des Kompetenz- und Steuerungssystems die Umsetzung der Forschungsergebnisse in der Realität thematisiert werden. Die Frage nach der Anwendbarkeit von Theorien mit empirischem Erklärungsanspruch wurde im zweiten Teil[30] in ihrer grundlegenden Bedeutung für die Organisationsgestaltung behandelt. Die folgenden Überlegungen verfolgen einen wesentlich stärker begrenzten Anspruch. Sie wollen für die in den folgenden Kapiteln betrachtete motivationsorientierte Gestaltung des Kompetenz- und Steuerungssystems handhabbare Kriterien formulieren, die es dem Manager erlauben, sich ein erstes Urteil über das Fundierungspotenzial der dargestellten Theorien zu bilden.

Zunächst ist festzustellen, dass für die theoretische Fundierung der motivationsorientierten Gestaltung des Steuerungssystems das dargestellte Motivationsmodell[31] vor allem durch die im Teilmodell A ausgewiesenen Motivationseffekte einen Beitrag leisten kann. Die hier erfasste Beeinflussung des Handlungsergebnisses ist unmittelbar für die Steuerung relevant. Von den im Teilmodell B abgegrenzten Motivationszusammenhängen betreffen die Aussagen zum Führungsverhalten zentrale Probleme der Steuerung. Die im Teilmodell B für die Einflussgröße „Aufgabengestaltung" ausgewiesenen Forschungsergebnisse bilden eine potenzielle Grundlage für die Gestaltung des Kompetenzsystems.

Die folgenden Überlegungen setzen sich mit der Problematik aus der Sicht eines Managers auseinander, der den Stand der Forschung auf den beiden Gebieten hinsichtlich der Unterstützung seines Gestaltungshandelns nach zwei Kriterien prüft:

- Das erste Kriterium lässt sich durch folgende Frage verdeutlichen: Sieht sich der Manager bei der Lösung seiner Gestaltungsprobleme mit einer Fülle heterogener, seine Kapazität zur Erfassung und Verarbeitung der

---

30) Vgl. S. 22 ff.
31) Vgl. S. 136.

präsentierten Informationen möglicherweise überfordernden Theorien und Einzelaussagen gegenüber, die in der Wissenschaft zur Erklärung des Motivationsverhaltens entwickelt wurden? Das eingeführte Kriterium betrifft damit das Ausmaß der Bündelung der empirischen Forschungsergebnisse in einem in der Fachwelt breit rezipierten theoretischen Konzept. Je mehr der Stand der Forschung fragmentiert durch eine Vielzahl, möglicherweise konträrer theoretischer Konzepte repräsentiert wird, desto geringer ist die praktische Unterstützungsleistung der Wissenschaft.

- Das zweite Kriterium lässt sich mit folgender Frage einführen: Wird die ganze Breite und Vielfalt der in der Realität existierenden Gestaltungsanforderungen durch die den Stand der Forschung repräsentierenden Theorien erfasst? Werden durch die entsprechende Operationalisierung der Variablen die Bedingungen der Gestaltungssituation umfassend und mit hinreichender Genauigkeit abgebildet? Je globaler und selektiver die Variablen den relevanten Anwendungsbereich abbilden, desto geringer ist der gestaltungsleitende Beitrag im konkreten Einzelfall.

Der Rückgriff auf diese beiden Kriterien führt bei den motivationstheoretischen Konzepten (Zielbildung, Aufgabengestaltung, Führung) zu unterschiedlichen Einschätzungen. Insgesamt werden die weiteren Erörterungen zeigen[32], dass von der Zielbildung über die Aufgabengestaltung zur Führung der Fundierungsbeitrag der Theorien für die praktische Gestaltung abnimmt.

---

32) Vgl. S. 256 ff.

III. Kompetenz- und Steuerungssystem

a. Entscheidungsspielräume als Ergebnis und Objekt der Organisationsgestaltung

Wie bei der Herausarbeitung der entscheidungslogischen Grundtatbestände begründet wurde, ist mit der Übertragung einer Entscheidungsaufgabe auf eine Einheit die Einräumung eines Entscheidungsspielraums verbunden. Die Fragen, welche Einflussgrößen das Ausmaß des Entscheidungsspielraums bestimmen und wie die unternehmungszielkonforme Ausfüllung des Spielraums durch die mit der Entscheidungsaufgabe betraute Einheit sichergestellt werden kann, bilden Kernprobleme der Organisationsgestaltung. Begrifflich wird im Folgenden die Lösung der ersten Frage als Regelung der Kompetenz, die der zweiten Frage als Regelung der Steuerung bezeichnet. In Verfolgung des heuristischen Prinzips der Bildung von bis zu einem gewissen Grade voneinander unabhängigen Teilproblemen bildet die Unterscheidung zwischen der Gestaltung des Kompetenzsystems und der Gestaltung des Steuerungssystems einen Grundpfeiler des hier vertretenen entscheidungsorientierten Gestaltungsansatzes.

Dass die Herausbildung der beiden Gestaltungsperspektiven „Rahmensetzung" und „Rahmenausfüllung" ein generelles Merkmal der Organisation arbeitsteiliger Entscheidungssysteme ist, findet ihren Ausdruck auch in entsprechenden Unterscheidungen der Organisationspraxis. Sie differenziert bei der Zuweisung von Aufgaben zwischen der langjährigen Festlegung der Stellenaufgabe in Form einer „Dauerregelung" und der laufenden Ausfüllung des auf diese Weise umrissenen Rahmens durch kurzfristige „Aufträge"[1]. Während die hier mit den Begriffen „Kompetenzsystem" und „Steuerungssystem" bezeichneten Bereiche der Organisationsgestaltung auch in der Praxis unterschieden werden, findet sich in der als Bezugskonzept für unsere Betrachtung gewählten Teamtheorie[2] keine entsprechende Zweiteilung. Da die detaillierten Entscheidungs- und Informationsprogramme (Informationserfassung, Kommunikation) den Einheiten keinen Entscheidungsspielraum lassen, gibt es kein Steuerungsproblem. Jedem Vertriebsmanager sind für seinen Teilmarkt alle mit der Akquisition von Aufträgen verbundenen Kompetenzen zugewiesen und es ist z.B. im Voraus detailliert geregelt, unter welchen Bedingungen ein Auftrag anzunehmen oder abzulehnen ist. In der Realität ist dagegen allein die Frage, welchen poten-

---

1) Vgl. z.B. Schwarz/Nicolai [Arbeitsplatzbeschreibungen]; Thom [Stelle].
2) Vgl. S. 29 ff.

ziellen Kunden der Vertriebsmanager seine vorrangige Aufmerksamkeit widmet und wie er sich gegenüber Kunden verhält, die Preisnachlässe fordern, ein komplexes Steuerungsproblem.

Unter dem Kompetenzsystem wird im Folgenden das Ergebnis einer längerfristigen Festlegung von Aufgaben für organisatorische Einheiten, nach der Terminologie der betriebswirtschaftlichen Organisationslehre die Festlegung von „Stellenaufgaben", verstanden. Die inhaltliche Bestimmung und Abgrenzung der zugewiesenen Entscheidungsaufgaben erfolgt dabei durch Maßnahmen der Segmentierung (Kompetenzinhalt) und der Strukturierung (Kompetenzspielraum). Die Gestaltung des Kompetenzsystems schließt auch die längerfristige Regelung der Kommunikationsbeziehungen zwischen organisatorischen Einheiten, insbesondere die Festlegung von „Kommunikationskanälen", ein. Das Steuerungssystem regelt die Ausfüllung des durch das Kompetenzsystem definierten Entscheidungsrahmens.[3] Steuerungsmaßnahmen beziehen sich auf die Formulierung von Steuerungsnormen, die Auslösung von Entscheidungsaktivitäten, die Gewinnung und Übermittlung von Informationen sowie den eigentlichen Akt der Entscheidung als Auswahl zwischen Handlungsalternativen.

Das Kompetenzsystem und das Steuerungssystem sind weitgehend unabhängig voneinander. Nur so lässt sich das Gebot der Gewährleistung der Stabilität des Gesamtsystems mit der Forderung, die Flexibilität des Handelns angesichts der zu bewältigenden Dynamik und Komplexität zu sichern, in Einklang bringen. Gleichwohl bestehen wechselseitige Abhängigkeiten zwischen den beiden Systemen. So hat jede Reorganisation des Kompetenzsystems, insbesondere jede Strukturierungsmaßnahme, Auswirkungen auf die Steuerung. Je höher der Detaillierungsgrad der zugewiesenen Entscheidungskompetenzen wird, desto detaillierter lassen sich in der Regel die Auslösung von Entscheidungsaktivitäten, die Informationssuche und der Entscheidungsakt beschreiben. Vom Steuerungssystem gehen vor allem Einflüsse auf die Gestaltung des Kompetenzsystems aus, wenn der effektive Einsatz bestimmter Steuerungskonzepte gefördert werden soll. So ist in der Praxis die Auffassung weit verbreitet, dass eine auf den bereichsbezogenen Ausweis von monetären Erfolgen beruhende Steuerung über die Generierung von Handlungsdruck bestimmte Anforderungen an die Segmentierung (Abgeschlossenheit der Kompetenzbereiche) und die Strukturierung (Einräumung von Entscheidungsautonomie) stellt.

---

3) Vgl. zu dieser Kennzeichnung auch Eisenhardt [Control]; Engels [Steuerung]; Lehmann [Märkte]; Theuvsen [Marktsteuerung].

b. Planung als Basis der Organisationsgestaltung

Ronald H. Coase kennzeichnete 1937 in seinem einflussreichen Aufsatz „The Nature of the Firm"[4] die bei der Abstimmung arbeitsteiliger Aktivitäten im Markt und in der Unternehmung zur Anwendung kommenden Prinzipien wie folgt: „Außerhalb der Unternehmung steuern Preisbewegungen die Wirtschaft; das geschieht durch eine Abfolge von Tauschtransaktionen auf dem Markt. Innerhalb der Unternehmung werden diese Markttransaktionen aufgehoben und an die Stelle komplizierter Marktstrukturen mit Tauschtransaktionen tritt die Koordination durch den Unternehmer, der die wirtschaftlichen Aktivitäten steuert. Es ist offensichtlich, dass es sich hier um alternative Instrumente zur Koordination handelt".[5] Aufbauend auf dieser Unterscheidung begründet *Coase* das Entstehen von Unternehmungen mit Effizienzvorteilen gegenüber dem Markt. Da die Nutzung des Preismechanismus keineswegs – wie von den Neoklassikern unterstellt – kostenlos ist, lassen sich Situationen identifizieren, in denen der Rückgriff auf hierarchische Weisungen, also die Zusammenfassung von ökonomischen Aktivitäten „unter dem Dach" einer Unternehmung, zur Vermeidung beziehungsweise Reduzierung von Transaktionskosten vorteilhaft erscheint. Diese Überlegungen von *Coase* führen zu einer Schlussfolgerung mit weit reichenden Konsequenzen: Die hierarchische, in der Autorität der Unternehmungsleitung verankerte Planung wird zum bestimmenden Merkmal der Unternehmung. Auf eine einfache Formel gebracht besagt die Coase'sche Argumentation: In der Unternehmung ersetzt die hierarchisch verankerte Planung der Leistungserstellung die unter Marktpartnern autonom ausgehandelte Transaktion.

Wenn Planung das konstitutive Element der Unternehmung ist, kann es nicht überraschen, dass sich die bisherigen Fortschritte der modernen Managementlehre vor allem in der Entwicklung immer „mächtigerer" Methoden zur Planung äußerten. Das Leitmotiv blieb von den ersten ingenieurwissenschaftlichen Ansätzen des Scientific Management über die Management-Innovationen US-amerikanischer Unternehmungen in der ersten Hälfte des vorigen Jahrhunderts bis zu den mathematischen und informationstechnologischen Systemansätzen der vergangenen Jahrzehnte unverändert. Es ging um die Steigerung der Fähigkeit zur Planung, insbesondere zur Ausweitung der Möglichkeiten einer umfassenden Unternehmungsplanung.[6]

---

4) Coase [Firm].
5) Coase [Firm] 388.
6) Vgl. zur historischen Betrachtung mit einem Vergleich der Entwicklung in den USA und Deutschland Frese [Organisationstheorie] 97 ff.

Angesichts einer solchen Dominanz der Planung liegt es nahe, die Anforderungen an eine Organisationsgestaltung zu betrachten, die einen solchen Regelungsanspruch umsetzt. Auch hier ist ein Blick auf die Teamtheorie aufschlussreich. Sie lässt sich als ein dem Rationalkalkül der Planung verpflichteter Organisationsansatz beschreiben. Im Modell der Teamtheorie werden die Aktivitäten der einzelnen Einheiten durch Kommunikations- und Entscheidungsprogramme geregelt, die in Abhängigkeit von den übermittelten und selbst gewonnenen Informationen ihre Entscheidungen spezifizieren. Die Regeln sind das Ergebnis einer planerischen Durchdringung der für die Unternehmung bestehenden Entscheidungsprobleme durch den Organisationsgestalter (in der Teamtheorie die nicht explizit erwähnte Unternehmungsleitung).

Die in der Teamtheorie modellierten Zusammenhänge zwischen Planung und Organisationsgestaltung gelten auch in der Realität. Allerdings lässt die realistische Berücksichtigung der begrenzten Informationsverarbeitungskapazität der Einheiten, der Unsicherheit der Erwartungen, der ungleichen Verteilung von Informationen unter den Einheiten und der Existenz zahlreicher Entscheidungsinterdependenzen detaillierte Planungsvorgaben in der Regel nicht zu. Auf Grund ihrer langfristigen Perspektive sind Kompetenzzuweisungen das Ergebnis relativ globaler Planung, während die kurzfristigere Ausrichtung der Steuerung detaillierte Planvorgaben erlaubt. Man kann sogar in vielen Unternehmungen feststellen, dass die mittelfristige und kurzfristige Unternehmungsplanung und das Steuerungssystem eng verzahnt sind. Angesichts der Bedeutung, die dem Steuerungssystem bei den weiteren Überlegungen zukommt, erscheint es sinnvoll, den Aufbau des Planungssystems näher zu erörtern.

In der umfangreichen Planungsliteratur lässt sich eine bemerkenswerte Übereinstimmung bei der Gliederung des gesamten Planungssystems in Teilsysteme feststellen.[7] Das vorherrschende Prinzip ist dabei die Hierarchisierung des Planungszusammenhangs. Dieser Grundgedanke findet seinen prägnantesten Ausdruck in dem Planungskonzept von *Anthony*[8], das die Planungsliteratur nachhaltig beeinflusst hat. *Anthony* unterscheidet drei Planungsebenen, die er folgendermaßen beschreibt:

- Strategic Planning
  „Strategische Planung ist der Prozess von Entscheidungen über die Ziele der Unternehmung, über Änderungen dieser Ziele, über die zur Realisation dieser Ziele erforderlichen Ressourcen und über die Leitlinien, die für den

---

[7] Vgl. hierzu Hahn/Hungenberg [Controllingkonzepte]; Horváth/Gleich [Unternehmensplanung]; Schröder [Controlling] 105 ff.
[8] Vgl. Anthony [Planning].

Erwerb, die Nutzung und den Einsatz von Ressourcen gelten sollen."[9] Das Ergebnis der strategischen Planung sind nach *Anthony* Pläne mit wesentlichen Konsequenzen für die Unternehmung.

- Management Control
  „Management Control ist der Prozess, durch den Manager sicherstellen, dass Ressourcen in wirtschaftlicher Weise beschafft und zur Verwirklichung der Unternehmungsziele eingesetzt werden."[10] Management Control sucht nach Anthony, im Rahmen gegebener Ziele den Manager in seinen laufenden Aktivitäten im Sinne des Unternehmungsziels zu beeinflussen; dieser Teil der Planung ist personen- und bereichsorientiert.

- Operational Control
  „Operational Control ist der Prozess, der sicherstellt, dass spezifizierte Aufgaben in wirtschaftlicher Weise erfüllt werden."[11] Operational Control bezieht sich nach *Anthony* auf Aufgaben und Prozesse, die weitgehend strukturiert sind und hinsichtlich ihrer Realisation nur geringe Spielräume eröffnen.

Die von *Anthony* eingeführte Gliederung des Planungssystems soll terminologisch durch folgende Unterscheidung erfasst werden:

- strategische Unternehmungsplanung,
- operative Unternehmungsplanung,
- realisationsbezogene Prozessplanung.

Die strategische Unternehmungsplanung hat die langfristige Sicherung des Erfolgs- und Ressourcenpotenzials zum Gegenstand. Diese Planung setzt den langfristig gültigen Rahmen für alle Aktivitäten in den nachgelagerten Teilsystemen der Unternehmungsplanung.

Die operative Unternehmungsplanung ist innerhalb des durch die strategische Planung vorgegebenen Rahmens auf die „laufenden" Unternehmungsaktivitäten ausgerichtet. Durch diese Planung wird die produkt- und projektbezogene Beschaffung von und die Verfügung über Ressourcen festgelegt. Die zeitliche Reichweite ist durch eine mittel- oder kurzfristige Perspektive gekennzeichnet. Die operative Planung ist aus organisatorischer Sicht für die Detaillierung der Entscheidungskompetenzen der wichtigste Teilplan.

Die realisationsbezogene Prozessplanung nimmt unter den Teilsystemen der Unternehmungsplanung eine besondere Stellung ein. Die diesem Planungssy-

---

9) Anthony [Planning] 16.
10) Anthony [Planning] 16 f.
11) Anthony [Planning] 18.

stem zuzurechnenden Aktivitäten – etwa die detaillierte Ablaufplanung im Fertigungsbereich eines Industriebetriebs – sind vor allem in methodischer und organisatorischer Hinsicht vom Planungsprozess der übrigen Teilsysteme bis zu einem gewissen Grade getrennt. Mit dieser Feststellung soll nicht der enge sachliche Zusammenhang zwischen der operativen Unternehmungsplanung und der realisationsbezogenen Prozessplanung in Frage gestellt werden. Für die realisationsbezogene Prozessplanung ist jedoch das Ergebnis der operativen Planung ein Datum, von dem die Prozessgestaltung ausgeht. Das erklärt sich vor allem aus der Tatsache, dass diese Planung den prozessbezogenen Einsatz gegebener Ressourcen festlegt. Die realisationsbezogene Prozessplanung wird auf Grund ihrer skizzierten Sonderstellung bei den folgenden Darstellungen nicht berücksichtigt.

Generell lässt sich mit Blick auf die unterschiedlichen Ausprägungen in den einzelnen Unternehmungen feststellen, dass die Zweiteilung zwischen strategischer und operativer Planung einen Zugang zum Verständnis der verschiedenen Lösungen eröffnet.

Planerstellung aus organisatorischer Sicht

Die operative Unternehmungsplanung, die mehrperiodige Planung der laufenden Unternehmungsaktivitäten, bildet den Kern des Unternehmungsplanungssystems. Sie hat die größte Bedeutung für die organisatorische Regelung von Entscheidungen und steht daher unter Beschränkung auf den Koordinationsaspekt im Vordergrund der folgenden Betrachtung.

Den Mittelpunkt der operativen Unternehmungsplanung bilden das Produktions- bzw. Dienstleistungsprogramm der Unternehmung und die sich aus diesem Programm ableitenden realen und nominalen Teilprozesse. Eine vorherrschende Bedeutung hat bei allen diesen Planungsaktivitäten die Prognose von Absatzentwicklungen.[12] Abb. 21 veranschaulicht das Modell der verschiedenen Teilpläne.[13]

Dieses System der Unternehmungsteilpläne ist allerdings insofern unvollkommen, als es die zwischen den einzelnen Teilplänen bestehenden Interdependenzen[14] nicht ausweist. Bedenkt man, dass schon hinsichtlich der knappen Res-

---

12) Vgl. hierzu Eliasson [Business] 102 ff.
13) Vgl. Mag [Planung] 46.
14) Aus Gründen der sprachlichen Vereinfachung soll im Folgenden von Interdependenzen zwischen Teilplänen und nicht wie es der oben definierte Interdependenzbegriff (vgl. S. 112 ff.) erfordern würde, von Interdependenzen zwischen den die Teilpläne erstellenden Entscheidungseinheiten gesprochen werden. Vgl. vertiefend zu Planungsinterdependenzen Theuvsen [Beratung] 41 ff.

source Kapital alle Teilpläne untereinander verknüpft sind, dann wird deutlich, dass jede Teilplanung die Prämissen für alle anderen Teilplanungen tangiert.

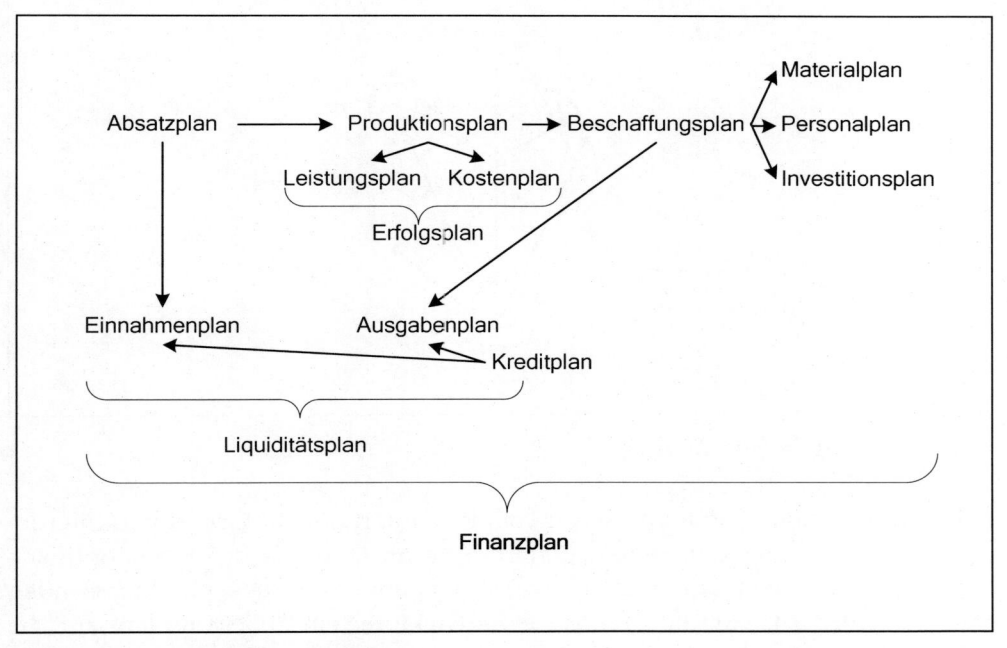

```
Absatzplan ──────▶ Produktionsplan ──▶ Beschaffungsplan ──▶ Materialplan
                         ⇅                                   Personalplan
                  Leistungsplan  Kostenplan                  Investitionsplan
                         Erfolgsplan
                                         │
                                         ▼
Einnahmenplan            Ausgabenplan
     ◀────────────────────────── Kreditplan

         ⎨─────────────────⎬
          Liquiditätsplan
   ⎨──────────────────────────────────⎬
                Finanzplan
```

Abb. 21:   System der Teilpläne

In der Berücksichtigung der Interdependenzstruktur liegt eine wesentliche Problematik der Konzeption von Planungssystemen. Strengen, die Optimalität sichernden Anforderungen würde nur ein simultaner Planungsansatz gerecht. Ein solcher hoher Anspruch lässt sich jedoch praktisch nicht einlösen – es ist unmöglich, die Komplexität realer, die gesamte Unternehmung erfassender Planungsprobleme in einem geschlossenen Modell abzubilden und eine optimale Lösung zu bestimmen.

Vor diesem Hintergrund muss es als die zentrale Aufgabe bei der Gestaltung eines leistungsfähigen Planungssystems angesehen werden, Prinzipien zu entwickeln, die eine nachhaltige Vereinfachung der Interdependenzstruktur ermöglichen und dennoch eine möglichst vollkommene Realisierung des Unternehmungsziels garantieren. Vor allem in der Auswahl und im Einsatz solcher Verfahren unterscheiden sich die in den Unternehmungen verwirklichten Planungssysteme. Das Grundproblem und die grundlegenden Planungsprinzipien sollen an einem einfachen Modell verdeutlicht werden.

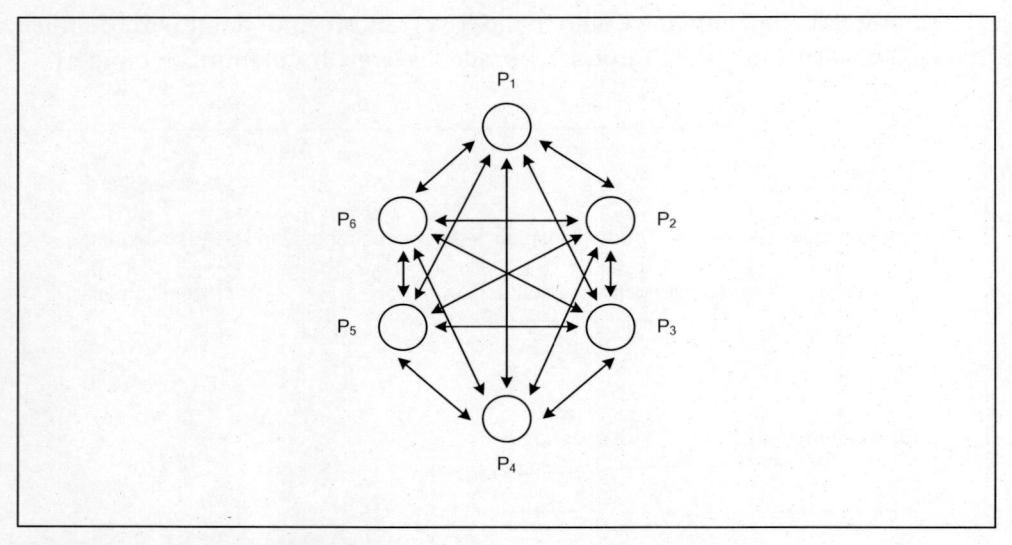

Abb. 22:   Simultane Planung

Abb. 22 stellt das Modell von sechs Teilplänen dar, die auf Grund von Interdependenzen voneinander abhängig sind. Eine im theoretischen Sinne optimale Lösung würde einen simultanen, alle Interdependenzen lückenlos erfassenden Ansatz erfordern. Für die praktische Entwicklung eines Gesamtplans für die Unternehmung muss jedoch auf Prinzipien zur Vereinfachung der komplexen Planungsanforderungen zurückgegriffen werden.

Die im Folgenden näher zu betrachtenden Prinzipien, das Sequenzprinzip und das Parallelprinzip, beruhen auf dem gleichen Grundgedanken: Es erfolgt eine – unter Umständen vorläufige – isolierte Erstellung von Teilplänen. Diese Teillösungen setzen Prämissen für die weiteren Planungsschritte; sie stellen Vorentscheidungen dar, die für die Restplanung eine Reduzierung der Komplexität bedeuten. Voraussetzung für die Vorgehensweise ist, dass vor Beginn der eigentlichen Planungsaktivitäten Planungsprämissen vorgegeben werden, die als Eckdaten die einzelnen Planungsdaten strukturieren. Nur dann ist es möglich, den Gesamtplan in relativ selbständige Teilpläne zu zerlegen. Diese Funktion erfüllen vor allem aus der strategischen Planung abgeleitete Vorgaben. Der Absatzplan und der Produktionsplan sind dann z.B. durch die Planungsprämissen schon so weit fixiert, dass nach Aufstellung des Absatzplans ohne extrem hohen Abstimmungsaufwand die Anpassung des schon vorbereiteten Produktionsplans erfolgen kann.

Auf die Prinzipien der sequenziellen und parallelen Aufstellung von Teilplänen lassen sich die meisten Vorgehensweisen bei der Festlegung der Unternehmungsaktivitäten in einem Gesamtplan zurückführen. Die Gegenüberstellung der beiden Prinzipien darf allerdings nicht so verstanden werden, als wären das Sequenzprinzip und das Parallelprinzip einander ausschließende Methoden. In den meisten Unternehmungen lassen sich sowohl die eine wie auch die andere Methode nachweisen; die Ausprägung der beiden Prinzipien ist lediglich unterschiedlich stark.

Bei der Anwendung des *Sequenzprinzips* wird eine Rangfolge unter den Teilplänen gebildet. Der Teilplan mit der höchsten Rangordnung (Priorität) wird zuerst aufgestellt; das Ergebnis bildet Prämissen oder Restriktionen für die nachfolgenden Teilpläne (vgl. Abb. 23).

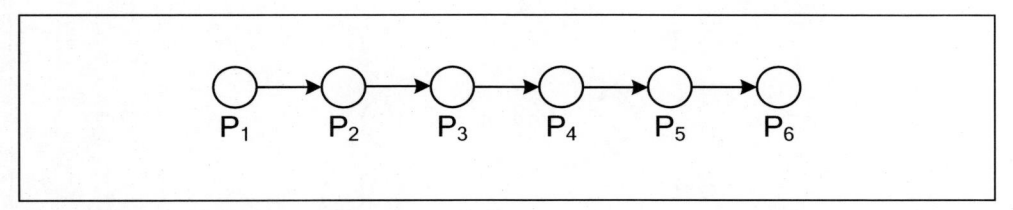

Abb. 23:   Sequenzielle Planung

Die Problematik sequenzieller Planungsverfahren liegt vor allem darin, dass durch die Formulierung einer Rangordnung unter den Teilplänen das Ergebnis der Planung mit der höchsten Priorität die Richtung aller nachfolgenden Teilplanungen festlegt. Auf diese Weise werden zwangsläufig durchaus interessante Handlungsalternativen gar nicht erst in die Überlegungen einbezogen.

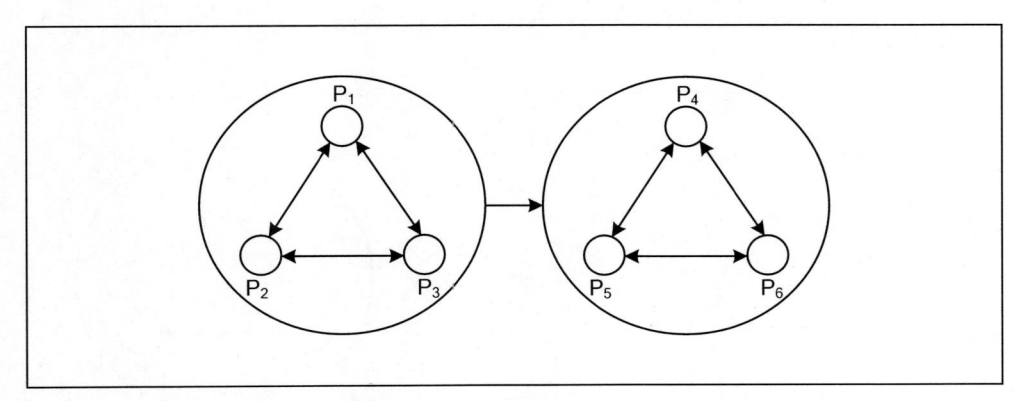

Abb. 24:   Sequenzielles Plangruppenverfahren

Eine Abwandlung dieses Sequenzprinzips liegt vor, wenn die Teilpläne zu Plangruppen zusammengefasst werden, zwischen denen Rangfolgen formuliert werden. Innerhalb der Plangruppen werden die jeweils bestehenden Interdependenzen umfassend berücksichtigt (vgl. Abb. 24).

Das zweite praktisch bedeutsame Planungsprinzip könnte man als *Parallelplanung* bezeichnen. Die einzelnen Teilpläne werden zunächst unabhängig voneinander aufgestellt; es bestehen keine durch die Ergebnisse anderer Teilpläne formulierten Restriktionen. In einem zweiten Schritt erfolgt dann unter Einbeziehung der Interdependenzen eine Abstimmung der jeweiligen Planungsergebnisse zu einem Gesamtplan (vgl. Abb. 25).

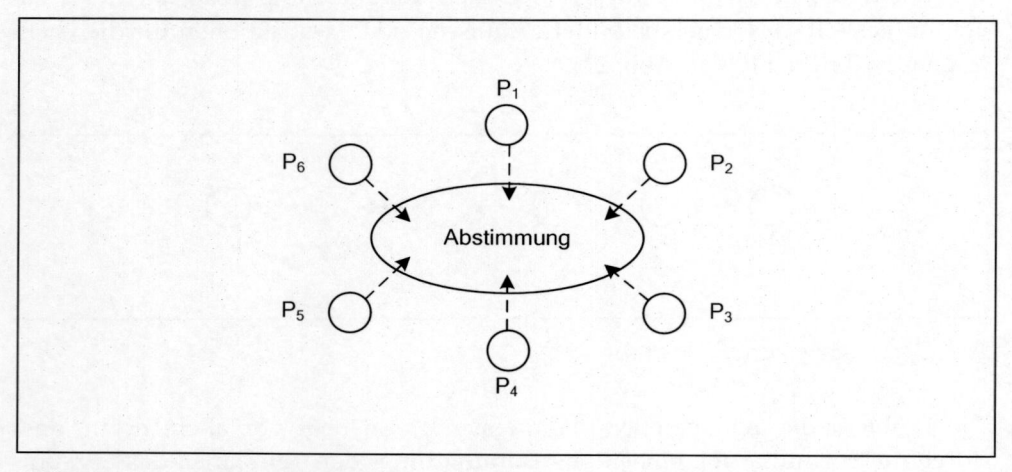

Abb. 25: Parallele Planung

Auch in diesem Fall ist eine Modifizierung in der Weise möglich, dass in Teilgruppen zunächst zwischen einer begrenzten Zahl von Teilplänen die bestehenden Interdependenzen umfassend berücksichtigt werden (vgl. Abb. 26).

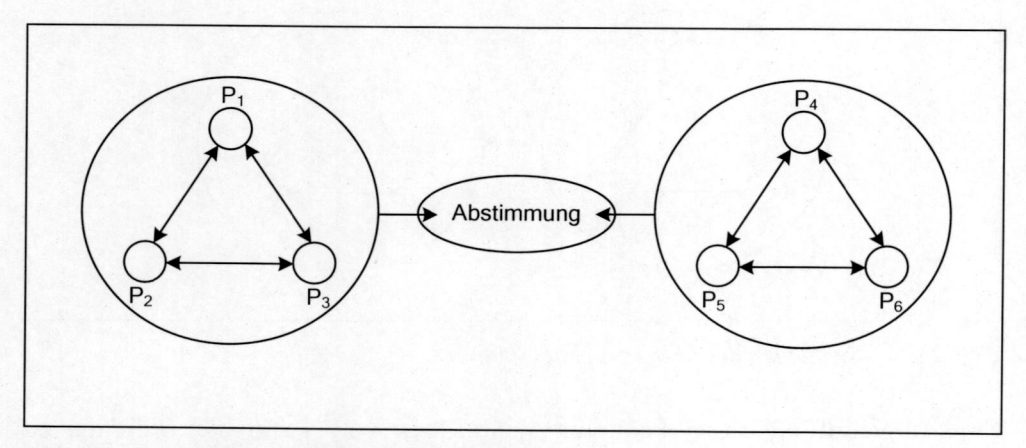

Abb. 26: Paralleles Plangruppenverfahren

Analysiert man die Struktur der Planungsprozesse und -systeme in realen Unternehmungen, so kann man – wenn auch selten in reiner Form – die alternative Orientierung am Sequenz- und Parallelprinzip nachweisen. Ohne Zweifel besteht ein enger Zusammenhang zwischen dem jeweils praktizierten Prinzip und der Struktur des Produktionsprogramms bzw. der Organisationsform. Bei Unternehmungen mit relativ geringer Diversifikation des Programms und Orientierung an der funktionalen Gliederung der Gesamtunternehmung herrscht weitgehend das Sequenzprinzip vor. Dagegen überwiegt in Unternehmungen mit diversifizierten Produktaktivitäten und produktorientierter bzw. regionaler Gliederung der Organisationsstruktur das Parallelprinzip.

c. Kompetenzregelung als Rahmensetzung

Durch die Festlegung von Entscheidungskompetenzen wird einer Entscheidungseinheit das Recht übertragen, in dem durch die Struktur der jeweils übertragenen Entscheidungsaufgabe gezogenen Rahmen Entscheidungen zu fällen. Die Abgrenzung von Entscheidungskompetenzen erlaubt eine erste Ausrichtung der Teilentscheidungen auf das Gesamtziel.

Jedes Entscheidungsproblem ist durch Feld-, Handlungs- und Zielinformationen bestimmt. Entsprechend können bei der Formulierung einer Entscheidungskompetenz alle drei Entscheidungskomponenten einbezogen werden.[15]

Feldkomponente

Über die *Feldkomponente* werden Entscheidungskompetenzen formuliert:

- durch Zuteilung von Ressourcen,
- durch Zuweisung von Umwelt- bzw. Marktbereichen.

Die Zuteilung von Ressourcen erlaubt eine indirekte Beeinflussung der von einer Entscheidungseinheit bei ihren Entscheidungen zu berücksichtigenden Handlungen. Da jede Entscheidung eine Verfügung über Ressourcen bedeutet, ist die Abgrenzung der verfügbaren Ressourcen eine in der Praxis sehr verbreitete Maßnahme. Im Rahmen der Kompetenzfestlegung erstrecken sich entsprechende Regelungen vorwiegend auf die Zuweisung von Sachanlagen und Personal. Die Verteilung monetärer Ressourcen, etwa im Rahmen der Budgetierung[16], erfolgt dagegen weitgehend im Rahmen des Steuerungssystems. Durch

---

15) Die folgende Darstellung vernachlässigt die Regelung der Kommunikationsbeziehungen; vgl. hierzu S. 220 ff.
16) Merchant/Van de Stede [Management] 329 ff.

die Zuweisung von Marktbereichen werden für eine Entscheidungseinheit die zu beschaffenden Umweltinformationen auf einen bestimmten Bereich des gesamten Entscheidungsfeldes der Unternehmung beschränkt. Diese Art der Kompetenzabgrenzung ist nur für unmittelbar marktbezogene Entscheidungen von Bedeutung. Ein Beispiel ist die Gliederung des Absatzbereichs nach Marktregionen.

Handlungskomponente

Die Begrenzung der zulässigen Handlungsmenge schränkt die auf Grund der verfügbaren Ressourcen prinzipiell möglichen *Handlungen* ein. Organisatorische Regelungen dieser Art finden sich in vielfacher Form. Die Handlungskomponente kann durch Auflistung der zulässigen oder durch Festlegung nicht-zulässiger Aktivitäten präzisiert werden. Der erste Fall liegt beispielsweise vor, wenn einer Einheit alle Entscheidungen über den Einkauf von Ersatzteilen übertragen werden. Ein Beispiel für den zweiten Fall, den Ausschluss von Handlungen, ist gegeben, wenn der Absatzleitung einer produktorientierten Unternehmungssparte die Aufgabe „Produktdesign" entzogen und einem so genannten „Zentralbereich" zugewiesen wird. Eine differenzierte Form der Festlegung von Handlungen bildet die Konditionierung von Handlungen durch Vorgabe von Entscheidungsprogrammen.[17] Hier werden nicht – wie bisher betrachtet – Handlungen vorgeschrieben oder ausgeschlossen, sie werden vielmehr mit einem Vorgang, sei es einer anderen Handlung oder einem sonstigen Ereignis, verknüpft: In einem Entscheidungsprogramm wird einem Ereignis, abgebildet durch eine Information, ein System von Verfahrensregeln zugeordnet. Die möglichen Entscheidungsprogramme einer Unternehmung weisen im Einzelnen Unterschiede auf. Es gibt Programme, deren Regelungen Routine und Wiederholungsvorgänge betreffen; die Impuls gebende Information wie auch der auszulösende Programmablauf sind detailliert festgelegt. Daneben bestehen Regelungen für einmalige und neuartige Situationen; die Verbindung zwischen Information und Programmablauf sowie der Programmablauf selbst sind dann nur allgemein festgelegt. Das Ausmaß der Programmierung zeigt sich in dem Anteil besonderer Suchprozesse an der Problemlösung; der Anteil selbständig von der Entscheidungseinheit durchzuführender Akte der Informationsgewinnung und -verarbeitung nimmt mit zunehmender Programmierung ab.

---

17) Vgl. March/Simon [Organizations] 141 ff; Luhmann [Funktionen] 98 ff. und 230 ff.

Zielkomponente

Durch *Zielvorgaben* wird in Organisationen eine indirekte Festlegung von Handlungen angestrebt. Bei der Auseinandersetzung mit dem Grundmodell der Entscheidung wurde die Unterscheidung zwischen dem Sachziel und dem Formalziel eingeführt.

Das Sachziel beschreibt für eine Entscheidungseinheit die materielle Struktur des anzustrebenden Zustandes; das erwartete Realisationsergebnis wird mehr oder weniger detailliert umrissen.

Nach Maßgabe des Formalziels vollzieht sich die Auswahl zwischen Handlungsalternativen in dem durch das Sachziel gesetzten Rahmen; dem erwarteten Realisationsergebnis wird dabei ein Nutzenwert zugeordnet. Der jeweilige Nutzenwert, beispielsweise konkretisiert im ökonomischen Erfolg, resultiert aus der Bewertung des Ressourceneinsatzes und der mit dem Ressourceneinsatz realisierten Marktleistungen, den Umsatzerlösen. Die Aufspaltung des gesamten Entscheidungskomplexes in getrennte Entscheidungsbereiche – etwa die funktionale Aufteilung in Beschaffungs-, Produktions- und Absatzentscheidungen – schließt häufig die Formulierung eines alle Komponenten umfassenden Erfolgsziels für die einzelnen Bereiche aus. Die Folge ist die isolierte Vorgabe von Kosten- und Erlöskomponenten. So können im Produktionsbereich die Formalzielgrößen keine Erlösgrößen enthalten, da keine unmittelbar marktbezogenen Entscheidungen gefällt werden.[18] Während Erlösgrößen nur in unmittelbar marktbezogenen Einheiten formuliert werden können, lassen sich Kostenkriterien für jede Einheit formulieren, da jede Einheit Verfügungen über knappe Ressourcen trifft.

Aus Sicht der Organisationsgestaltung stellt das Sachziel die dominierende Zieldimension dar. Durch das Formalziel allein ist keine Ausrichtung der verschiedenen arbeitsteiligen Entscheidungseinheiten auf das Unternehmungsziel möglich. In einer Unternehmung, in der die verschiedenen Einheiten keine Information über die Art des zu realisierenden Leistungsprogramms, sondern nur über das Formalziel „Gewinnmaximierung" besitzen, ist eine Abstimmung der einzelnen Handlungen ausgeschlossen. Der Verzicht auf die explizite Vorgabe des Formalziels führt unter Umständen zu Entscheidungen, die dem Prinzip der Wirtschaftlichkeit nicht genügen – der Verzicht auf die explizite Vorgabe des Sachziels schließt die arbeitsteilige Lösung eines komplexen Problems überhaupt aus.

---

18) Die Bildung „interner Märkte" und die Funktion interner Preise wird hier vernachlässigt. Vgl. dazu S. 168 ff. Allgemein zum sogenannten Controllability-Prinzip vgl. im Überblick Kunz/Linder [Controllability].

d. Steuerung der Rahmenausfüllung

Der Begriff der Steuerung wird hier im Sinne des angloamerikanischen „Control"[19] für diejenigen Aktivitäten benutzt, die im Rahmen der zugewiesenen Kompetenzen das Handeln der Entscheidungsträger in der Unternehmung auf das Unternehmungsziel ausrichten. Die Merkmale eines Steuerungsaktes lassen sich aus dem eingeführten Handlungsmodell[20] ableiten: Eine gegebene Ausgangssituation wird in eine veränderte Ergebnissituation transformiert. In der Organisationstheorie wird zumeist vereinfachend unter Verzicht auf die explizite Berücksichtigung der Ausgangssituation (Ressourcen, Märkte) nur zwischen Handlungs- und Ergebnissteuerung unterschieden.[21] „Handlung" und „Ergebnis" sind damit die elementaren Komponenten der Steuerung, die durch entsprechende inhaltliche Vorgaben und als Beurteilungskriterien Steuerungseffekte auslösen. Die umfassende Erfassung der Steuerung erfordert, dass neben diesen Komponenten zusätzlich die Träger und die Normen berücksichtigt werden. Hinsichtlich der Träger kann zwischen Selbst- und Fremdsteuerung unterschieden werden. Selbststeuerung setzt auf die Fähigkeit und Bereitschaft von Individuen, bei der Ausfüllung des eingeräumten Spielraums eigenverantwortlich zu handeln. Fremdsteuerung besagt, dass der Handelnde durch Handlungs- und Ergebnisvorgaben formulierte Restriktionen zu beachten hat. Unter Steuerungsnormen sollen Kriterien verstanden werden, die der Ableitung von Handlungs- und Ergebnisvorgaben, insbesondere des erwarteten Anspruchsniveaus bei ihrer Umsetzung, zu Grunde liegen. Die im Folgenden berücksichtigte Plan- und Marktsteuerung unterscheiden sich hinsichtlich der methodischen Ableitung der Vorgaben. Plannormen sind das Ergebnis einer analytischen Durchdringung von Handlungsproblemen. Sie erfüllen eine handlungsleitende Funktion durch methodisch abgeleitete Vorgaben und durch die Überprüfung ihrer Umsetzung in Form von Soll-Ist-Vergleichen. Marktnormen sind demgegenüber nicht das Ergebnis unternehmensinterner Analysen. Als externe Vergleichsgrößen bilden sie vielmehr Ergebnisse und Verhaltensweisen anderer Unternehmungen ab. Sie erfüllen eine Orientierungsfunktion und erzeugen Leistungsdruck durch Wettbewerb um Best Practice.

---

19) Vgl. Merchant [Budgeting]; Emmanuel/Otley/Merchant [Accounting]; Theuvsen [Marktsteuerung] 28 ff.
20) Vgl. S. 97 ff.
21) Vgl. Thompson [Organizations]; Ouchi [Framework]; Eisenhardt [Control]. Daneben kann die Steuerung arbeitsteiliger Handlungen auch durch gemeinsam geteilte Werte und Normen sichergestellt werden; vgl. dazu die Ausführungen zur Organisationskultur S. 129 ff. sowie exemplarisch den Typus der „missionary organization" bei Mintzberg [Management].

Im Folgenden werden die Formen der Selbst- und Fremdsteuerung, der Handlungs- und Ergebnissteuerung sowie der Plan- und Marktsteuerung erörtert.

1. Selbst- und Fremdsteuerung

Mit der Selbststeuerung und der Fremdsteuerung werden zwei Grundformen betrachtet, die in der Organisationstheorie seit langem Beachtung finden. Zum Stellenwert von Selbst- und Fremdsteuerung lassen sich deshalb relativ gut abgesicherte Aussagen treffen. Der Stand der empirischen Forschung stützt insbesondere die These, dass der Entscheidungsspielraum einer organisatorischen Einheit zunimmt, wenn die Komplexität der übertragenen Aufgabe steigt.[22]

Selbststeuerung setzt auf die Fähigkeit und Bereitschaft von Unternehmungseinheiten, Erfolgspotenziale auf strategischer Ebene aufzubauen und zu sichern sowie auf operativer Ebene auszuschöpfen. Je weniger Restriktionen bei der Wahrnehmung der Aufgaben vorgegeben sind, desto größer ist der Grad an Selbststeuerung. Die Einräumung eines gewissen Maßes an Entscheidungsautonomie ergibt sich in Organisationen - wie schon erläutert wurde[23] - als notwendige Folge der interpersonellen Arbeitsteilung. Auch Motivationsüberlegungen können die Stärkung der Selbststeuerung rechtfertigen. Wenn auch Selbststeuerung das Engagement der Mitarbeiter und eigenverantwortliches, unternehmerisches Handeln fördern kann, so eröffnet sie aber auch Spielräume für abweichendes Verhalten. Selbststeuerung erfordert damit nicht nur Qualifikationsmaßnahmen und permanentes Lernen. Sie stellt im Unterschied zu anderen Steuerungsformen auch höhere Anforderungen an die Loyalität der Organisationsmitglieder, die sich in der Identifikation mit den Unternehmungszielen äußert[24].

Fremdsteuerung kann als Hierarchie- und Expertensteuerung ausgeübt werden. Bei der *hierarchischen Steuerung* suchen übergeordnete Einheiten auf der Grundlage einer Weisungsrechte vermittelnden Autoritätsposition die möglichst effiziente Wahrnehmung der den Organisationseinheiten übertragenen Aufgaben sicherzustellen. Hierarchische Steuerung substituiert Selbststeuerung. Je intensiver sich die Unternehmungsleitung oder andere übergeordnete Einheiten engagieren, desto geringer ist die eingeräumte Autonomie. Die Grenzen hierarchischer Steuerung liegen zum einen in der gegebenen qualitativen und quantitativen Kapazität der hierarchischen Einheiten und zum anderen in

---

22) Vgl. Frese [Organisationstheorie] 145 ff.
23) Vgl. S. 123 ff.
24) Vgl. Simon [Behavior] 12 ff.

ihrer Fähigkeit zur Kooperation mit nachgeordneten Bereichen. *Expertensteuerung* wird durch interne und externe Beratungseinheiten ausgeübt. Für die Ausgestaltung des Steuerungssystems von besonderer Bedeutung ist Expertenhandeln durch interne Stäbe und Zentralbereiche.[25] Ihre Aufgabe besteht vor allem darin, durch die Generierung, Bereitstellung und Aufbereitung von Informationen hierarchische Steuerung und Selbststeuerung zu unterstützen. An die Expertensteuerung werden angesichts ihrer nicht mit Weisungsrechten verbundenen Beratungsposition besondere Anforderungen an die Fähigkeit zur Kooperation und an die soziale Sensitivität gestellt. Diese Schwierigkeiten der Beraterrolle bilden als Stab-Linie-Konflikt ein klassisches Thema der Organisationstheorie.[26]

2. Handlungs- und Ergebnissteuerung

Da jede Entscheidung eine Feld-, Handlungs- und Zielkomponente umfasst, lassen sich diese Bestandteile in jedem Steuerungssystem nachweisen. Die hier mit der Gegenüberstellung von Handlungs- und Ergebnissteuerung gewählte Akzentuierung betrachtet ein Steuerungssystem aus einer engeren Perspektive. Sie verfolgt vorrangig die in der Literatur verbreitet diskutierte Frage, ob die Orientierung an der Handlungskomponente oder an der Ergebnis- bzw. Zielkomponente das dominierende Prinzip bei der Gestaltung des Steuerungssystems sein sollte.[27]

Das Ausmaß, in dem die Ziele einer Unternehmung bei gegebenen Umweltbedingungen realisiert werden, hängt von den Handlungen der Unternehmungsmitglieder ab. Insofern bestehen starke Tendenzen, die Regelung von Handlungen in den Mittelpunkt der organisatorischen Gestaltung zu stellen. Die Ausformung dieses Gedankens soll zunächst durch Rückgriff auf drei bedeutsame organisatorische Ansätze, auf die Teamtheorie[28], auf das Handlungskonzept von *Thompson*[29] und *Ouchi*[30] sowie auf das Delegationsmodell der Agency Theory[31] verdeutlicht werden. Daran schließt sich die Herausarbei-

---

25) Vgl. hierzu S. 466 ff.; Theuvsen [Beratung]; Frese/v. Werder [Zentralbereiche].
26) Vgl. S. 194 ff.
27) Vgl. hierzu die Diskussion um die Vorteile des „Management by Objectives" in Odiorne [Management].
28) Vgl. S. 29 ff. und Marschak/Radner [Theory].
29) Thompson [Organizations].
30) Ouchi [Framework].
31) Vgl. Hart/Holmström [Theory].

tung der Bedingungen und Annahmen an, die eine Überlegenheit der Ergebnissteuerung begründen.

Teamtheorie

Im Modell der Teamtheorie plant die Unternehmungsleitung auf der Grundlage bekannter Wahrscheinlichkeitsverteilungen der Menge relevanter Umweltzustände (Preise auf dem Absatzmarkt) den Erwartungswert alternativer organisatorischer Entscheidungs- und Informationsstrukturen. Wie in dem Werftbeispiel dargestellt[32], wird durch solche Handlungsvorgaben die gewinnmaximale Ausschöpfung der Produktionskapazitäten einer Werft durch zwei Vertriebsmanager gesteuert. Bei der Ausschöpfung der gegebenen Kapazitäten sind zentrale Handlungsvorgaben umso unerlässlicher, je anspruchsvoller die angestrebten Grade der Zielrealisation sind. Wenn es um die gewinnmaximale Nutzung der begrenzten Werftkapazität geht, kann dieses Ziel nur durch Handlungsvorgaben für die Vertriebsmanager sichergestellt werden. Diese erschließen sich angesichts der bestehenden Ressourceninterdependenzen nicht aus der Perspektive einer einzelnen Einheit.

Die organisatorische Problematik der Steuerung von Ressourceninterdependenzen, die dem Werftbeispiel zu Grunde liegt, soll für eine Unternehmung, die eine zentrale Marktforschungsabteilung zur Deckung des Informationsbedarfs der Unternehmungsbereiche etabliert hat, hinsichtlich der Handlungsvorgaben näher betrachtet werden. Die entstehenden operativen Steuerungsaktivitäten lassen sich drei Aufgabenbereichen zuordnen:

1. Handlungsregeln für die Marktforschungsabteilung, die eine kosteneffiziente Leistungserstellung unter Berücksichtigung von Qualität und Lieferzuverlässigkeit sicherstellen (Leistungserstellung).

2. Handlungsregeln für die Unternehmungsbereiche, die eine unternehmungszielkonforme Inanspruchnahme der Marktforschungskapazität gewährleisten (Leistungsinanspruchnahme).

3. Handlungsregeln für die Marktforschungsabteilung und die Unternehmungsbereiche, die bei Kapazitätsengpässen den Zugriff auf Marktforschungsleistungen regeln (Schnittstellenmanagement).

Jeder dieser Regelungsaspekte erfordert in der Realität die Formulierung eines Bündels von zum Teil differenzierten Handlungsvorgaben. Bei der Erstellung von Leistungen müssen die Handlungsvorgaben den Trade-Off zwischen Kosten, Qualität und Durchlaufzeit beachten. Hinsichtlich der Inanspruchnahme

---

32) Vgl. S. 30 ff.

der Leistung durch die Unternehmungsbereiche kann angestrebt werden, durch entsprechende Vorgaben die vorrangige Nutzung der Marktforschung für neue Produkte und neue Märkte sicherzustellen. Das Schnittstellenproblem kann zur Etablierung detaillierter Reihenfolgeregelungen und zur Ermöglichung eines begrenzten Zugangs zum externen Markt zum Abbau von Engpässen führen. In der Realität ist jede Unternehmung von einem Netz solcher Handlungsregeln überzogen, die von den Bereichen selbst entwickelt (Selbststeuerung) oder in Form der Fremdsteuerung extern von Experten (Expertensteuerung) oder übergeordneten Einheiten (Hierarchiesteuerung) vorgegeben werden.

Unter diesen Bedingungen werden Einhaltung und Anpassung der Regeln insbesondere für die Unternehmungsleitung zu einem zentralen Problem. In der Teamtheorie ist mit der Ableitung und Vorgabe von Handlungsprogrammen das Managementproblem weitgehend gelöst. Die Fragen der Erstellung und der Inanspruchnahme der Dienstleistungen werden durch die vereinfachenden Modellannahmen ausgeblendet; das Schnittstellenproblem ist in den vorgegebenen Regeln berücksichtigt. Die Unternehmungsleitung muss nur neu planen, wenn sich der externe Datenrahmen (Wahrscheinlichkeitsverteilung der Marktpreise) ändert. Keinen Gedanken muss sie auf die Einhaltung der vorgegebenen Regeln verwenden. Es gibt in der Teamtheorie kein Motivationsproblem; alle Mitglieder orientieren sich an dem übergeordneten Teamziel. Das sieht in der Realität natürlich anders aus. Sicherung regelkonformen Verhaltens, Änderungen der internen und externen Daten – diese Themen beschäftigen jedes Management in hohem Maße. Insbesondere die Kontrolle der Regeleinhaltung stellt sich dabei auf Grund von Informationsasymmetrien als schwierig dar. Unmittelbare Beobachtung ist nur sehr begrenzt möglich und die Dokumentation des Regelverhaltens ist aufwändig sowie ihrerseits schwer zu kontrollieren. Zur Lösung dieser Probleme weist die Teamtheorie keinen Weg.

Modell von Thompson und Ouchi

Während die Teamtheorie die Wahl zwischen der Handlungssteuerung und der Ergebnissteuerung nicht in Betracht zieht, steht die substitutive Beziehung zwischen diesen beiden Steuerungsformen im Zentrum des *Thompson-Ouchi-Modells* und des *Principal-Agent-Modells*. Das Konzept von *Thompson* und dessen Weiterentwicklung durch *Ouchi* ist dem klassischen organisationstheoretischen Ansatz zuzuordnen, der Elemente verhaltenstheoretischer Konzepte mit solchen der Organisationsgestaltung verbindet.[33] Die Principal-Agent-Theorie stellt einen der bedeutendsten mikroökonomischen Beiträge zur Integration

---

33) Vgl. S. 23 ff.

organisatorischer Elemente in die traditionelle Theorie der Unternehmung dar. Bei allen methodischen Unterschieden teilen beide Modelle mit dem Problem der Delegation denselben Untersuchungsgegenstand: Der Prinzipal (eine übergeordnete Einheit) delegiert Aufgaben, die durch eine Handlungs- und Ergebniskomponente beschrieben werden können, an einen Agenten (eine untergeordnete Einheit). In beiden Modellen entsteht das Steuerungsproblem durch Agenten, die ihr Eigeninteresse verfolgen, durch Zielkonflikte und durch unvollkommene Informationen. Obwohl in beiden Modellen unterschiedliche Annahmen hinsichtlich der drei Elemente eingeführt werden und die jeweilige Handlungssituation verschieden modelliert wird, weisen beide der Ergebniskomponente die dominierende Steuerungsfunktion zu und kommen zu derselben Schlussfolgerung: Wenn hohe Komplexität und Unsicherheit der Aufgabensituation die Möglichkeit der Formulierung von Handlungsvorgaben einschränkt und damit Spielräume für zielabweichendes Verhalten auf Seiten der Agenten entstehen, ist die Handlungssteuerung tendenziell durch Ergebnissteuerung zu ersetzen.

Ouchi, der auf den Arbeiten von *Thompson* aufbaut, verfolgt eine aufgabenorientierte Sicht und sieht das zentrale Steuerungsproblem in der Ableitung von Handlungsvorgaben. Bei einer geringen Programmierbarkeit bestehen für den Prinzipal unabhängig von der Frage, ob er die Handlungen des Agenten beobachten oder durch Dokumentation erfassen kann, Grenzen in der Beurteilung der vollzogenen Handlungen. *Ouchi* argumentiert nun, dass, wenn sich Ergebnisgrößen für die Aufgabenerfüllung definieren und messen lassen, Handlungssteuerung durch Ergebnissteuerung abgelöst wird. Wenn etwa für eine Verkaufseinheit die übergeordnete Einheit die Qualität der Verkaufsaktivitäten nicht beurteilen kann, wird z.B. das Verkaufsvolumen, der Umsatz, als Beurteilungsmaßstab gewählt.

Die von *Ouchi* betonte Eigenschaft der Messbarkeit von Ergebnisgrößen übersieht allerdings, dass es angesichts der begrenzten Programmierbarkeit der Handlungen für den Prinzipal ebenso schwierig sein muss, die Qualität des Ergebnisses zu beurteilen. Er hat zwar mit dem Verkaufsumsatz ein Kriterium, das operationale Messungen zulässt – wie auch das (möglicherweise problematische) Handeln des Verkäufers exakt beschrieben werden könnte –, die Qualität der Aufgabenerfüllung kann er nach wie vor nicht beurteilen. Es ist daher nicht überraschend, dass empirische Studien zu dem Ergebnis kommen, dass eine Ergebnissteuerung vor allem bei sehr strukturierten Aufgaben, die kaum Qualitätsprobleme aufwerfen, erfolgreich ist.[34] *Ouchi* führt als Ersatzgrößen Indikatoren ein, die im Beispiel des Verkaufsagenten über den Umsatz selektiv

---

34) Vgl. im Überblick Prendergast [Provision].

Merkmale der Ergebniskomponente erfassen. Er begründet nicht schlüssig, warum bei eingeschränkter Programmierbarkeit von Aufgaben Ergebnisindikatoren Handlungsindikatoren überlegen sind.

Principal-Agent-Modell

Das Steuerungskonzept des *Principal-Agent-Modells* ist personenorientiert; Unsicherheit hinsichtlich der Handlungen und Charakteristika der Agenten bestimmen das Steuerungsproblem. Restriktionen bei der Beurteilung ergeben sich für den Prinzipal aus den Kosten der informationellen Erfassung der Handlungen; Wissensdefizite bezüglich der Technologie der Handlung werden nicht thematisiert. Während im *Ouchi*-Modell Ergebnisse materielle Erwartungen hinsichtlich des Handlungsprozesses formulieren, bilden sie im Principal-Agent-Modell nur die Basis für die Entgeltfestsetzung. Die Anforderungen an die Gestaltung des Steuerungssystems ergeben sich zum einen aus der Notwendigkeit, die Risiken zu berücksichtigen, die für den Agenten aus unterschiedlichen Prinzipien der Entgeltfestsetzung entstehen. Zum anderen müssen die Präferenzen des Agenten für monetäre und nicht-monetäre Effekte der Aufgabenerfüllung in die Gestaltung einbezogen werden. Da prinzipiell der Entgeltindikator auch an einen Merkmal der Handlungskomponente anknüpfen könnte, muss auch hier die Überlegenheit der Ergebniskomponente begründet werden. Im Principal-Agent-Modell gewinnt die Ergebniskomponente ihren herausgehobenen Stellenwert durch die Tatsache, dass der monetäre Erfolg (Gewinn, Verlust) den Ergebnisindikator bildet. Unterstellt wird, dass der Prinzipal zwar nicht ohne Weiteres die Handlungen, sehr wohl jedoch die Ergebnisse des Agenten beobachten kann.[35] Der monetäre Erfolg ist jedoch im Agency-Modell kein Indikator, der selektiv (stellvertretend) Merkmale der Ergebniskomponente benennt. Er erfasst unmittelbar das originäre Formalziel des Prinzipals, das die Bewertung aller Aktivitäten der Aufgabenerfüllung erlaubt. Eine solche Zielgröße kann allerdings nur für ein Zwei-Ebenen-Modell eingeführt werden, in dem ein Agent als Manager (zweite Ebene) für den Eigentümer die gesamte Unternehmung leitet. Für nachgeordnete Delegationsbeziehungen, etwa zwischen dem Absatzleiter und dem ihm untergeordneten Werbeleiter, kann die Ergebnisgröße nur selektiv durch Indikatoren des Sachziels, z.B. den für ein Produkt erzielten Umsatz, abgebildet werden.

Die vorangegangene Analyse zeigt, dass die drei Modelle nicht oder allenfalls in Ansätzen begründen, warum bei der Steuerung der Rahmenausfüllung die Ergebnis- gegenüber der Handlungskomponente bei zunehmender Komplexi-

---

35) Jost [Prinzipal] 106 ff.

tät der Steuerungssituation die überlegene Steuerungsform sein könnte. Die Auffassung, Handlungs- und Ergebnissteuerung generierten verschiedene Steuerungseffekte, ist nicht ohne weiteres plausibel und bedarf einer eingehenden Begründung. Sollen für eine Einheit anspruchsvolle, realistische Ergebnisvorgaben formuliert werden, so ist das ohne Berücksichtigung der zu wählenden Handlungen sowie der gegebenen Ressourcen- und Marktsituation nicht möglich. Steuert man über Handlungsvorgaben, so ist die Berücksichtigung der angestrebten Ergebnisse sowie der Ressourcen- und Marktsituation erforderlich. Hinsichtlich der beiden Steuerungsinstrumente scheint also prinzipiell kein Unterschied in den Informationsanforderungen zu bestehen.

Zu einer anderen Bewertung kommt man, wenn zwischen den betrachteten Einheiten ein hohes Maß an Informationsasymmetrie besteht und die nachgeordnete Einheit einen wesentlich besseren Informationsstand über den Handlungsprozess als die übergeordnete Einheit hat. Würde in dieser Situation Handlungssteuerung praktiziert, könnte die angewiesene Einheit (häufig mit guten Gründen) einwenden, die Vorgaben seien unfundiert und nicht umsetzbar. Für eine Ergebnisvorgabe lassen sich jedoch Argumente anführen, die eine Überlegenheit gegenüber der Handlungssteuerung begründen.

Das erste Argument besagt, dass die übergeordnete Einheit in vielen Aufgabensituationen präzisere Vorstellungen über das angestrebte Ergebnis als über das angemessene Handeln hat. Selbst wenn die Unternehmungsleitung wenig von der Arbeit eines Verkäufers versteht, kann sie in der Lage sein, zu realisierende Ergebnisse, z.B. Umsatzwerte, vorzugeben. Das formulierte Niveau des Umsatzes mag nicht ganz realistisch sein, es kann aber aufgabenbezogene, die Selbststeuerung fördernde Impulse generieren, die in die angestrebte Richtung führen. Dazu kommt, dass die Position der übergeordneten Einheit bei der Ergebnissteuerung stärker ist als bei der Handlungssteuerung. So lässt sich z.B. der Verweis auf marktübliche Renditen nicht ohne weiteres zurückweisen. Solche Plausibilitätsüberlegungen stützen letztlich die These, dass bei ausgeprägter Informationsasymmetrie ein Ergebnis-Benchmarking in der Regel eher möglich ist als ein Handlungs-Benchmarking. Das zweite Argument weist der Ergebnissteuerung ebenfalls eine überlegene Wirkung zu. Mit zunehmender Globalität der Vorgaben wird bei der Handlungssteuerung eher als bei der Ergebnissteuerung der Punkt erreicht, bei dem die Steuerung ihre handlungsleitende Funktion einbüßt. Das dritte Argument betrifft die Kosten, die mit der Erfassung von Informationen über die Aufgabenerfüllung verbunden sind. Das in Unternehmungen am weitesten entwickelte Informationssystem, das Rechnungswesen, erfasst in hohem Maße Ergebnisinformationen und nur sehr begrenzt Informationen über Handlungen. Im Beispiel der Verkaufseinheit liefern etablierte Informationssysteme ohne nennenswerte zusätzliche Kosten relevante ergebnisorientierte Größen. Der Versuch, detaillierte Informationen über das Handeln der Agenten zu erfassen, würde dagegen eine aufwändige Ausdifferenzierung der bestehenden Informationssysteme erfordern.

3. Plan- und Marktsteuerung

Bei der Ausfüllung von Spielräumen der Gesamtplanung kann auf Formen der Plansteuerung und der Marktsteuerung zurückgegriffen werden. Ihr Einsatz kann zur Erzielung von Koordinations- und Motivationseffekten erfolgen. Wird das Koordinationsanliegen verfolgt, sind die Steuerungsformen danach zu beurteilen, wie weit sie die methodischen Anforderungen an die Bewältigung von Komplexität und Ungewissheit bei der Allokation von Ressourcen erfüllen. Motivationseffekte sind in die Betrachtung einzubeziehen, wenn bei der Steuerung auf Seiten der betroffenen organisatorischen Einheiten mögliche Defizite im unternehmungszielkonformen Verhalten überwunden oder abgebaut werden sollen. Die folgende Darstellung betrachtet aus Gründen der Vereinfachung zunächst nur die Koordinationsdimension.

Die Unterscheidung zwischen den Formen der Plansteuerung und der Marktsteuerung erfordert zunächst eine begriffliche Klärung. Versteht man unter „Planung" die gedankliche Vorbereitung zukünftigen Handelns, dann bildet auch die „Marktsteuerung" eine Form der Planung. Insofern wäre es konsequent, von der Plansteuerung als Oberbegriff auszugehen und – wie im Folgenden erläutert wird – die beiden Formen der nicht-pretialen und der pretialen Steuerung[36] gegenüberzustellen. Wenn im Weiteren die erste Form als „Plansteuerung" und die zweite als „Marktsteuerung" bezeichnet wird, dann erfolgt damit eine Anpassung an den in Wissenschaft und Praxis verbreiteten Sprachgebrauch. Eine solche begriffliche Abgrenzung wählt als unterscheidendes Merkmal den Ansatz von Preisen für betriebliche Potenziale (Ressourcen, Märkte).

Ein Beispiel, das in einem späteren Kapitel erörtert wird,[37] soll die hier den Begriffen „Plan"- und „Markt"-Steuerung zugeordneten Sichtweisen verdeutlichen. Der US-amerikanische Mikroprozessorenhersteller *Intel* hatte in den 1980er Jahren einen großen Teil seiner Produktion in einem Werk konzentriert, dessen Kapazitäten von den einzelnen Produktbereichen für ihre Produkte in Anspruch genommen wurden. Wir unterstellen zur Veranschaulichung der folgenden Darstellung, dass das Werk aus drei Anlagen bestand, auf denen insge-

---

[36] Der Begriff der pretialen Lenkung wurde von Schmalenbach [Wirtschaftslenkung] in die Literatur eingeführt.
[37] Vgl. S. 616 ff.

samt acht Produkte der Produktbereiche hergestellt wurden. Das von *Intel* ursprünglich bei der Zuteilung der Produktionskapazitäten praktizierte Verfahren entsprach dem „klassischen" Ansatz der Produktionsplanung. Formuliert man die damals vorgenommene Allokation der Kapazitäten als Problem der Linearen Programmierung, dann war formal betrachtet das folgende Gleichungssystem zu optimieren:

$$G = \sum_{j=1}^{n} c_j \cdot x_j \rightarrow MAX!$$

mit:

$$\sum_{j=1}^{n} a_{ij} \cdot x_j \leq b_i \quad (i = 1, 2, ..., m)$$

$$x_j \geq 0 \quad (j = 1, 2, ..., n)$$

G : primaler Zielwert

c_j : Deckungsbeitrag von Produkt j

x_j : Menge von Produkt j

b_i : Kapazität der Anlage i

a_{ij} : Einsatzmenge von Kapazität von Anlage i zur Produktion einer Einheit von Produkt j

Aus dem dargestellten Problem wird deutlich, dass durch die Festlegung der zu produzierenden Menge von Produkt j (j = 1, 2, ..., 8) unter Beachtung der begrenzten Kapazität der Anlage i (i = 1, 2, 3) die Maximierung des Gewinns angestrebt wird. Diese Formulierung wird in der Theorie der linearen Optimierung üblicher Weise als „primales" lineares Optimierungsmodell bezeichnet. Zu jedem primalen linearen Optimierungsproblem existiert ein „duales" lineares Optimierungsmodell, das in unserem Beispiel zu folgendem Gleichungssystem führt.

$$U = \sum_{i=1}^{m} u_i \cdot b_i \rightarrow MIN!$$

mit:

$$\sum_{i=1}^{m} a_{ij} \cdot u_i \geq c_j \quad (j = 1, 2, ..., n)$$

$$u_i \geq 0 \quad (i = 1, 2, ..., m)$$

U : dualer Zielwert

u_i : Wert einer Einheit von Anlage i bei Realisierung eines bestimmten Produktionsprogramms

Während aus mathematischer Sicht das Wesentliche der Dualität darin liegt, dass mit den entsprechenden Dualitätssätzen der Optimalitätsbeweis für eine zulässige Lösung erbracht werden kann, liegt aus der Sicht der Organisationsgestaltung die Bedeutung der Optimalität in der Erkenntnis, dass die marktliche („duale") eine Alternative zur nicht-marktlichen („primalen") Steuerung darstellt: Wenn man das duale Problem optimal löst, also marktlich steuert, erhält man die optimale Lösung des primalen Programms.

Interpretiert man die Variable u_i als (internen) Preis für die Kapazitätseinheit der Anlage i (i = 1, 2, 3), so erscheint es aufschlussreich, die duale Problemformulierung aus der Perspektive des *Intel*-Falls zu betrachten. Als bei *Intel* die Praktizierung des „zentralen" Ansatzes zu Problemen führte, wurde ein „dezentrales" Verfahren zur Allokation der Produktionskapazitäten eingeführt. Den Produktbereichen wurden für die Inanspruchnahme der Produktionsanlagen Preise in Rechnung gestellt. Diese Preise gingen in die interne Erfolgsrechnung der Bereiche ein und beeinflussten deren Dispositionen hinsichtlich der Nutzung der Produktionskapazitäten.

Wie der Vergleich der primalen mit der dualen Problemformulierung zeigt, bestehen u. a. Unterschiede in den Zielfunktionen. Während in der primalen Zielfunktion die Mengen der Produkte die Entscheidungsvariablen darstellen, bilden in der dualen Zielfunktion Werte für die Kapazitätseinheiten der Produktionsanlagen die Entscheidungsvariablen. Wie das Gleichungssystem zeigt, führt der duale Ansatz zur Bestimmung von Preisen, aber nicht unmittelbar zur Bestimmung der für die Koordination letztlich handlungsrelevanten Produktionsmengen. Aus der Sicht der Koordination ist deshalb die Lösung des dualen Problems nur nützlich, wenn die Kenntnis der Preise einen Weg zur Bestimmung der Produktmengen weist. Der Gedanke liegt nahe, die ermittelten Preise für die Kapazitätseinheiten der Anlagen den Produktbereichen vorzugeben, die dann „dezentral" diese Informationen ihren Entscheidungen über die Produktionsmengen zu Grunde legen. Eine solche dezentrale Lösung, wie sie bei *Intel* realisiert wurde, lässt sich im Übrigen auch aus der Sicht der Dekompositionsmethode interpretieren, die im Rahmen der Linearen Programmierung zur Lösung komplexer Probleme entwickelt wurde. Im Fall mehrerer Sparten, die zum Teil auf eigene Ressourcen, zum Teil gemeinsam auf Ressourcen eines Produktionsbereichs zurückgreifen, wird in einem iterativen Abstimmungsprozess auf der Basis dualer Preise zwischen dem Produktionsbereich und den Sparten ein Gesamtoptimum ermittelt.

Die Frage, wie weit solche Ansätze die Optimalität gewährleisten können, ist u.a. Gegenstand der Theorie der Verrechnungspreise; sie kann hier nicht erörtert werden.[38] Auch die mathematischen Beziehungen zwischen dem primalen und dem dualen Problem können an dieser Stelle nicht vertieft werden.[39] Ebenso soll nicht der Versuch unternommen werden, die Zielfunktion und die Ne-

---

[38] Vgl. hierzu S. 175.
[39] Vgl. zu dem Preistheorem, das die Beziehungen zwischen den Problemformulierungen erfasst, und zu organisatorischen Interpretationen Hax [Koordination] 154 ff.

benbedingungen des dualen Problems ökonomisch differenziert zu interpretieren. Einen intuitiven Zugang zu dieser Frage eröffnet vielleicht die Charakterisierung, dass im Rahmen des primalen Problems Werte für Entscheidungsvariable (in unserem Beispiel Produktmengen) gesucht werden, die den mit dem Programm verbundenen Gewinn maximieren. Das duale Programm ließe sich demgegenüber charakterisieren, wenn man die abgebildete Situation aus der Sicht einer Marktbeziehung deutet. Die für die Produkte j verantwortlichen Sparten kaufen beim Produktionsbereich Kapazitäten der Anlagen i. Es wird die Höhe der Zahlungen u_i für Kapazitäten der Anlage i ausgehandelt. Die duale Zielfunktion U lässt sich dann interpretieren als Vorgabe, Überzahlungen für die in Anspruch genommenen Kapazitäten zu minimieren. Die Nebenbedingungen verlangen, dass für jedes Produkt j der mit dem Preis u_i bewerte Ressourceneinsatz a_{ij} je produzierter Einheit von Produkt j den Deckungsbeitrag des Produktes (c_j) nicht unterschreitet.

Der vorangegangene Rückgriff auf das in der ökonomischen Theorie entwickelte Preistheorem beschränkt sich auf die bloße Skizzierung zweier alternativer, aber in enger Beziehung stehender Problemformulierungen. Er soll dem Leser vermitteln, dass der für den entscheidungstheoretischen Ansatz grundlegenden Unterscheidung zwischen der Plansteuerung und der Marktsteuerung ein Prinzip zu Grunde liegt, das in der ökonomischen Theorie verankert ist und die Thematisierung alternativer Sichtweisen der Problemlösung erlaubt.

Plansteuerung

Aus der Sicht der Koordination bedeutet Plansteuerung die Fortführung bzw. Detaillierung der übergeordneten „zentralen" Gesamtplanung auf nachgeordneten Ebenen. Formal betrachtet handelt es sich um die Lösung eines Allokationsproblems unter Beachtung der durch die Rahmenplanung festgelegten Daten. Allerdings lässt sich eine anspruchsvolle Planung, die den strengen Kriterien der Optimalität genügt, in der Praxis selten realisieren. So bereitet es schon häufig Schwierigkeiten, ein operationales Formalziel zu formulieren, das mit dem übergeordneten Unternehmungsziel kompatibel ist. In der Produktionsplanung äußert sich dieses Problem z.B. in der Frage, ob in dem durch die Programmplanung gesetzten Rahmen als Ziel die Minimierung der Kosten, die Minimierung der Durchlaufzeit oder die Maximierung der Kapazitätsauslastung gewählt werden soll. Die Komplexität und Dynamik der Planungssituation nimmt in dem Maße zu, in dem auf Grund bestehender Interdependenzen der Einfluss der Entscheidungen anderer Bereiche berücksichtigt werden muss. In der Realität liegen der Plansteuerung deshalb zumeist heuristische Prinzipien der Problemvereinfachung zu Grunde,[40] die dem Lösungsansatz unter Umständen den Charakter einer „Quasi-Planung" geben.

Vor diesem Hintergrund vollzieht sich die planerische Ausfüllung von Spielräumen aus organisatorischer Sicht entweder als Fremdsteuerung oder als Selbststeuerung, auch Kombinationen dieser beiden Formen sind möglich und weit verbreitet. Bei der Fremdsteuerung wird bei Wahrnehmung eines Steuerungsbedarfs eine bereichsübergreifende Planung ausgelöst. Die Plansteuerung kann dann z.B. einer übergeordneten Einheit oder einem Ausschuss übertragen werden. Wenn die betroffene Einheit den bestehenden Spielraum auf Grund eingeräumter Entscheidungsautonomie eigenständig ausfüllt, wird Selbststeuerung praktiziert. Durch Vorgabe genereller Regelungen für Informations- und Entscheidungsaktivitäten kann versucht werden, die Steuerungsaktivitäten auf das übergeordnete Unternehmungsziel auszurichten.

Wendet man sich der Motivationsdimension zu, rückt die Verhaltenswirkung von planbasierten Steuerungsnormen in den Mittelpunkt der Betrachtung. Bei der hier verfolgten Motivationskonzeption, die dem Vergleich eines realisierten Ergebnisses mit einem Beurteilungsstandard – also dem Soll-Ist-Vergleich – eine große Bedeutung zuweist, ist die Aussagefähigkeit der Plannorm für die Generierung von Verhaltenseffekten entscheidend. Die Aussagefähigkeit ist umso höher, je mehr die Normen das Ergebnis einer detaillierten, methodisch anspruchsvollen und auf einer zuverlässigen Datenbasis beruhenden Planung sind. Je mehr diese Voraussetzungen erfüllt sind, umso ausgeprägter sind der Wahrnehmungseffekt (Ausweis von Planabweichungen) und der Sucheffekt. Bei zuverlässiger, detaillierter Planung führt jeder ineffiziente Ressourceneinsatz zu einem Wahrnehmungseffekt, und mit der Wahrnehmung eines Problems lässt sich auch die Abweichungsursache systematisch identifizieren.

Marktsteuerung (interne Märkte)

Die folgende Darstellung der Marktsteuerung betrachtet den Fall, dass in der Unternehmung der Leistungstransfer zwischen Teilbereichen durch Einführung interner Preise gesteuert wird. Es werden interne Märkte[41] gebildet.

Aus organisationstheoretischer Sicht liegt es nahe, die unterscheidenden Merkmale von „Markt" und „Unternehmung" aus der Betrachtung multipersonaler Entscheidungssysteme abzuleiten. Betrachtet werden zwei Einheiten A (Anbieter) und N (Nachfrager), deren zu einem bestimmten Zeitpunkt gegebene Ressourcenausstattung prinzipiell wechselseitige Ressourcenübertragungen gestat-

---

40) Vgl. hierzu Müller [Produktionsplanung].
41) Vgl. den Überblick in Frese [Märkte] sowie Lehmann [Märkte]; Frost [Märkte].

tet. Die Modalität der Ressourcenübertragung zwischen A und N hängt von den jeweils eingesetzten Steuerungsinstrumenten ab. In einem solchen Modell lassen sich „Transaktionsbeziehungen" im Markt und „Transferbeziehungen" in der Unternehmung unterscheiden.[42] Transaktionsbeziehungen im Markt liegen vor, wenn A und N die Frage der Übertragung von Ressourcen jeweils unter Orientierung am Prinzip der Reziprozität[43] durch Rückgriff auf ihre Ziele Z_A und Z_N beurteilen. Es gibt dabei keine übergeordnete Zielsetzung, an der sich A und N gleichermaßen ausrichten. Aus der Zielautonomie folgt auch, dass keine geschlossene Betrachtung der Entscheidungsfelder von A und N (ihre jeweiligen Ressourcen und Märkte) erfolgt. Der Preis ist die einzig verbindende Information zwischen A und N.[44] Er erlaubt beim Anbieter die monetäre Bewertung des potenziellen Outputs und beim Nachfrager die des potenziellen Inputs mit der abrechnungstechnischen Konsequenz eines Ausweises monetärer Transaktionsergebnisse für beide Einheiten, von dem (extrinsische) Motivationseffekte erwartet werden.

Bei Transferbeziehungen in Unternehmungen existiert dagegen eine übergeordnete Zielsetzung, die bei der Steuerung der Ressourcenübertragungen (Transfer) zwischen A und N beachtet werden muss. Es existiert keine Trennung der Entscheidungsfelder. Bei der Steuerung des Transfers muss A (N) prinzipiell berücksichtigen, welche Konsequenzen die Modalitäten des Transfers auf das Entscheidungsfeld von N (A) haben. Im Unterschied zur marktlichen Transaktion, wo mit Blick auf die Ressourcenübertragung von einer Problemsegmentierung gesprochen werden kann, besteht bei der Transferbeziehung in der Unternehmung ein Problemverbund. Er ist z.B. auf Interdependenzeffekte zurückzuführen, die zur Realisierung eines möglichst hohen Niveaus der übergeordneten Unternehmungsziele berücksichtigt werden müssen. In Unternehmungen ist deshalb ein bereichsübergreifendes Steuerungsproblem zu lösen. Zur Wahrnehmung der Steuerungsaufgaben kann auf ein breites Spektrum von Instrumenten zurückgegriffen werden.

In diesem Kontext alternativer Steuerungsinstrumente, die als funktionale Äquivalente zu begreifen sind, soll das Konzept unternehmungsinterner Märkte betrachtet werden. Der Begriff des internen Marktes wird für ein Steuerungskonzept benutzt, das den Leistungstransfer zwischen einem Unter-

---

42) Diese Unterscheidung trifft Lehmann [Märkte] 163 f.
43) Gouldner [Norm].
44) Es bedarf wohl nur eines kurzen Hinweises, dass die an der Zielautonomie orientierte Abgrenzung von „Markt" und „Unternehmung" idealtypisch ist. Nicht betrachtet werden auch die von Williamson [Organization] als „Hybride" bezeichneten vielfältigen Erscheinungsformen zwischen „Markt" und „Hierarchie", die häufig eine Entscheidung darüber, ob begrifflich noch ein Markt vorliegt, erschweren.

nehmungsbereich A und einem Unternehmungsbereich N durch Einführung interner Preise in eine Markttransaktion transformiert. Damit lassen sich für A und N bereichsbezogene monetäre Transaktionsergebnisse ausweisen.

Allerdings muss bei realistischer Betrachtung davon ausgegangen werden, dass sich eine so konzipierte Marktsteuerung auf Grund des erläuterten Problemverbunds immer im Rahmen einer hierarchisch geprägten Unternehmungsplanung vollzieht. Je nach Detaillierung der Planung bleiben unterschiedliche Spielräume für die Marktsteuerung.

Organisationstheoretische Behandlung interner Märkte

Die theoretische Auseinandersetzung mit internen Märkten hat eine lange Tradition. Sie beginnt in der Betriebswirtschaftslehre unter dem Einfluss volkswirtschaftlicher Marktmodelle vor etwa 100 Jahren mit *Eugen Schmalenbach*[45] und hat in den letzten zwei Jahrzehnten eine bemerkenswerte Intensivierung erfahren. Die folgende Unterscheidung von vier Strömungen soll den gegenwärtigen Stand der Theorie transparent machen.

Mikroökonomisch geprägte Konzepte

In den letzten drei Jahrzehnten hat ein mikroökonomisch geprägtes Konzept des internen Marktes Eingang in die ökonomische Theorie gefunden. Gegenstand der Betrachtung sind Ressourcen, die längerfristig in der Unternehmung gebunden sind. Vor allem für Kapital- und Humanressourcen gilt, dass sich ihr Einsatz häufig weitgehend abgekoppelt vom externen Faktormarkt auf so genannten „internen Märkten" vollzieht. Ausgearbeitete Theorien existieren deshalb vor allem für interne Kapital- und Arbeits-„Märkte".[46] Die folgenden Anmerkungen beschränken sich auf die Betrachtung von Kapitalressourcen.

Williamson, der Anfang der siebziger Jahre bei der Analyse der Organisationsstruktur großer Unternehmungen den Begriff des internen Kapitalmarkts verwendet[47] und seine Verbreitung gefördert hat, beschäftigt sich mit einem Allokationsproblem, das sich durch zwei Fragen beschreiben lässt:[48] 1. Lenkt der externe Kapitalmarkt die richtigen Kapitalmengen in die einzelnen Unternehmungen? 2. Lenken interne Regelungen die richtigen Kapitalmengen in die verschiedenen Projekte innerhalb der Unternehmung? Nach *Williamson* gibt es

---

45) Schmalenbach [Verrechnungspreise].
46) Vgl. Williamson [Markets]; Stein [Agency]; Doeringer/Piore [Markets].
47) Williamson [Markets].
48) Vgl. auch Stein [Agency].

Gründe für die Überlegenheit der internen Allokation. Er sieht sie in dem – gegenüber einem externen Kapitalmarkt – besseren Informationsstand und in wirksameren Anreizen zur Kontrolle auf Seiten der Unternehmungsleitung.

Allerdings liegt dieser mikroökonomischen Sichtweise kein interner Markt nach der hier eingeführten Definition zu Grunde. Im Mittelpunkt steht die interne Allokation von Ressourcen durch das Management. Nicht die Preissteuerung der „invisible hand", sondern die „visible hand" des Managers[49)] prägt die Steuerung.

Modelle optimaler Verrechnungspreise

Mathematische Modelle, die über die Festlegung des internen Preises („Verrechnungspreise") die Zielfunktion der Unternehmung optimieren, haben ihre entscheidenden Impulse in den sechziger Jahren des vorigen Jahrhunderts durch die Entwicklung von Verfahren des Operations Research erfahren.[50)] Bedeutsam war auch die Übertragung mikroökonomischer Preismodelle auf den Leistungstransfer in Unternehmungen.[51)] Die Preisoptimierung wurde dabei lange Zeit als Koordinationsproblem unter Ausklammerung des Motivationsaspekts behandelt.[52)] Die Entwicklung der Agency-Theorie hat in den letzten Jahren die Perspektive erweitert und zu Untersuchungen über die Funktion von Verrechnungspreisen zur Überwindung bzw. Reduzierung von Motivationsproblemen geführt.[53)]

Strategiekonforme Ausgestaltung interner Märkte

Einen aus theoretischer und praktischer Sicht gleichermaßen bedeutsamen Beitrag hat *Robert Eccles*[54)] mit der Einbeziehung der Unternehmungsstrategie zur Weiterentwicklung der Theorie interner Märkte geleistet. *Eccles* wesentliche Leistung liegt in dem Nachweis, dass die Ausgestaltung interner Märkte die jeweils von der Unternehmung verfolgte Strategie berücksichtigen muss. Die Strategie bestimmt zum einen die Entscheidung, wie weit internen Anbietern und Nachfragern Zugang zum externen Markt eingeräumt werden soll – ob

---

49) Doeringer/Piore [Markets] 1 f., sprechen von einem „set of administrative rules and procedures". In dem Überblicksartikel von Stein [Agency] ist „interner Kapitalmarkt" ein Sammelbegriff für die Allokation interner Kapitalressourcen.
50) Vgl. Whinston [Price].
51) Hirshleifer [Economics].
52) Vgl. Frese/Glaser [Spartenorganisationen]; Bruckschen [Verrechnungspreise]; Kloock [Verrechnungspreise].
53) Vgl. Holmström/Tirole [Pricing].
54) Vgl. Eccles [Pricing]; Eccles [Agency].

also interner Liefer- und Bezugszwang bestehen sollte oder nicht. Die Beantwortung dieser Frage erfordert die Klärung des strategischen Stellenwerts von vertikaler Integration und Diversifikation. Hier kommt *Eccles* zu überzeugenden Ergebnissen. Seine zentrale These lautet: Wenn zur Realisierung von Wettbewerbsvorteilen eine Strategie der vertikalen Integration verfolgt wird, sind interne Lieferungen und Bezüge obligatorisch.

Weniger gelungen ist sein Versuch, den Ansatz der Verrechnungspreise (insbesondere die Wahl zwischen Marktpreisen und Kostenwerten) aus dem strategischen Kontext abzuleiten. Die von ihm formulierten Empfehlungen übersehen vor allem, dass bei einer Strategie der vertikalen Integration mit der Konsequenz eines internen Liefer- und Bezugszwangs der Verrechnungspreis keine Allokationsfunktion erfüllt, sondern zu einem reinen Motivationsinstrument wird. Der Ansatz der die Höhe der Bereichserfolge bestimmenden Verrechnungspreise ist dann aus dem jeweils verfolgten Motivationskonzept abzuleiten – Annahmen über die Motivationseffizienz bestimmen unabhängig vom strategischen Kontext den Ansatz markt- oder kostenbasierter interner Preise.

Konzepte interner Märkte als organisatorische Gestaltungsphilosophien

Die Theorie der Organisationsgestaltung analysiert unternehmungsinterne Märkte verstärkt hinsichtlich der in ihnen zum Ausdruck kommenden Gestaltungsphilosophien. Subjektive Einschätzungen der Wirksamkeit plan- und marktorientierter Formen der Steuerung sind nach dieser Betrachtung für die Bildung interner Märkte bestimmend. In Deutschland hat *Eugen Schmalenbach* in diesem Sinne schon zu Beginn des vorigen Jahrhunderts die Mobilisierung des Marktes zur Bekämpfung bürokratischer Tendenzen in Unternehmungen gefordert.[55] Allerdings ist die Rezeption der *Schmalenbach*'schen „pretialen Lenkung"[56] in der Betriebswirtschaftslehre in hohem Maße aus der eingeschränkten Perspektive des Rechnungswesens erfolgt. Dass *Schmalenbach* der erste deutsche Organisationstheoretiker war, der eine differenzierte marktbasierte Gestaltungsphilosophie entwickelt hat, wurde bisher weniger gewürdigt.[57] Der Glanz des großen Theoretikers auf dem Gebiet des Rechnungswesens stellt zu leicht die Tatsache in den Schatten, dass *Schmalenbach* einen herausragenden organisationstheoretischen Entwurf hinterlassen hat. Mit seiner, wenn auch häufig skizzenhaften konzeptionellen Verknüpfung von internem Planungs- und Anreizsystem, Unternehmungsverfassung und Wirtschaftsordnung

---

55) Schmalenbach [Verrechnungspreise].
56) Schmalenbach [Wirtschaftslenkung].
57) Vgl. hierzu Frese [Planung].

sprengte er den Rahmen der traditionellen Betriebswirtschaftslehre. In welchem Maße *Schmalenbach* Teile der heutigen theoretischen Konzeption vorwegnahm, zeigt sich darin, dass er Planversagen und Anreizdefizite als Kernprobleme ausmachte und als Abhilfe eine auf Marktdruck setzende Gestaltungskonzeption empfahl.

Über ein halbes Jahrhundert hat sich *Schmalenbach* mit internen Märkten in Form der von ihm als „pretiale Lenkung" bezeichneten Konzeption, auseinandergesetzt. Im Jahre 1948 führt er in einer seiner letzten Publikationen noch einmal eine deutliche Sprache: „Mit dem Wachsen der Großbetriebe hängt zusammen, dass man eine große Zahl von Menschen zu Beamten statt zu Unternehmern erzogen hat; (…) es wimmelt von Bürokraten".[58] Schon 1908 hatte er die seiner Ansicht nach richtige Lösung verkündet: „Und hier gibt es nur einen Ausweg: die einzelnen Teile des Betriebes müssen in einen rechnerischen Verkehr treten. Und diese Rechnung muss sich der Bewertung der gegenseitigen Leistungen bedienen. Und es entsteht hier ein eigenartiger Preis: der Verrechnungspreis."[59]

Schmalenbach war aber keineswegs der erste, der Planversagen reklamierte. Etwa 50 Jahre vor der ersten Äußerung von *Schmalenbach* – bald nach dem Entstehen der ersten Großunternehmungen – werden in den nordamerikanischen Eisenbahngesellschaften schon Auswüchse eines überzogenen Planungsanspruchs beklagt. So stellt im Jahre 1856 *Daniel McCallum*, General Superintendant der *Erie Railroad*, fest: „Der Umfang der mit dem Schienenverkehr verbundenen Geschäftsaktivitäten, ihre zahlreichen und bedeutsamen Verflechtungen und die große Zahl der Beschäftigten hat viele, deren Meinung Bedeutung verdient, zu der Erkenntnis kommen lassen, dass die sorgfältige Beachtung aller Details, die den Erfolg beim Management von Eisenbahnen so nachhaltig bestimmt, unmöglich durch einen die ganze Unternehmung umfassenden Plan sichergestellt werden kann. (…) Ich bin fest davon überzeugt, in der Verfolgung der Idee eines in allen Details perfekten Systems, permanent aktualisiert und konsequent durchgesetzt, liegt die Ursache ihres Scheiterns".[60] *McCallum* selbst sieht die Lösung wohl nicht in Formen der Marktsteuerung. Allerdings beschäftigte sich *Henry Varnum Poor*, Eisenbahnmanager und nach dem Urteil von *Chandler* der erste Amerikaner, der die Managementprobleme der modernen Großunternehmung untersuchte, schon in der Mitte des 19. Jahrhunderts mit marktorientierten Lösungen in Form des Profit-Center-Konzepts.[61]

---

58) Schmalenbach [Wirtschaftslenkung] 14.
59) Schmalenbach [Verrechnungspreise] 167.
60) Zitiert nach McGraw [Evolution] 6 f.
61) Vgl. im Einzelnen Chandler [Poor] 269.

Ausprägungen interner Märkte

Die Beurteilung der Leistungsfähigkeit interner Märkte muss von der Unterscheidung zwischen *realen* und *fiktiven* internen Märkten ausgehen, wobei dem internen Preis jeweils eine andere Funktion zukommt. Auf realen internen Märkten erfüllt der Preis eine Koordinations- und ggf. zusätzlich eine Motivationsfunktion. Es besteht für die betrachtete Einheit ein Spielraum bei der Beantwortung der Frage, welche Ressourcen in welchen Mengen für eine Aktivität eingesetzt werden sollen. Dabei kann der Handlungsspielraum möglicherweise sogar die Frage umfassen, ob die fraglichen Ressourcen überhaupt genutzt werden. Das vorstehende Beispiel des Mikroprozessorherstellers *Intel* beschreibt einen solchen Markt. Liegen fiktive interne Märkte vor, hat der Preis eine Benchmarking-Funktion. Beispielsweise ist im Modell von *Marschak* über die Beanspruchung der fraglichen Ressourcen in Form der Erteilung eines Produktionsauftrages durch die Vertriebsmanager an die Werft bereits durch Planung entschieden. Der Preis eröffnet dann nur noch die Möglichkeit eines Erfolgsausweises für den betrachteten Bereich, hier die Werft. Fiktive interne Märkte sind ein Instrument zur Leistungsbeurteilung von Bereichen und zur Generierung von Motivationseffekten.

Reale interne Märkte

Reale interne Märkte sollen Planversagen überwinden, das seine Ursache in den Anforderungen der methodischen Bewältigung der Planung hat. Vom internen Markt wird in diesem Fall ein methodischer Beitrag zur Vereinfachung des Steuerungsproblems erwartet. Die Unternehmungsbereiche entscheiden im Beispiel der Marktforschung unter eigenständiger Verfolgung ihrer bereichsindividuellen Zielfunktion, ob die Marktforschungskosten geringer sind als der erwartete Nutzen der Dienstleistung. Reale interne Märkte werden häufig gebildet, wenn plastische Leistungsbeziehungen bestehen. Als „plastisch" soll in Anlehnung an *Alchian* und *Woodward*[62] eine Beziehung bezeichnet werden, bei der hinsichtlich des Bedarfs ein Ermessensspielraum besteht; die Input-Output-Beziehungen sind dann mehrdeutig. Diese Mehrdeutigkeit eröffnet Spielräume, die einer unwirtschaftlichen Inanspruchnahme der jeweiligen Ressource Vorschub leisten kann. Eine solche Situation ist vor allem bei Informationsdienstleistungen (z.B. Beratungsdienstleistungen, Marktforschung) gegeben, deren Informationswert das Ergebnis komplexer Nutzenbewertungen ist.[63] Im Bei-

---

[62] Alchian/Woodward [Firm].
[63] Bei dem Beispiel von *Schmalenbach* aus dem Kaufhaus Tietz handelt es sich um eine solche Entscheidung über den Informationswert. Das Problem des Handlungsregeln vorgebenden Planers schildert *Schmalenbach* wie immer sehr farbenprächtig: „Leonhard Tietz traf

b.w.

spiel der Marktforschung besteht dann die Gefahr, dass mehr Daten und Analysen angefordert werden, als zur Fundierung von Entscheidungen in den Unternehmungsbereichen nötig sind. Die wirtschaftliche Inanspruchnahme solcher „zentralen" Ressourcen kann durch eine zentrale Planung nur sehr begrenzt sichergestellt werden. Die Bindung interner Märkte sucht dieses Problem über den Ansatz von internen Preisen, die in das Nachfrageverhalten in höherem Maße ökonomische Elemente einbringen, zu lösen.

Allerdings muss die Preisfestsetzung auf realen internen Märkten zwei gegenläufige Anforderungen erfüllen. Zum einen muss der Preis so hoch sein, dass beim Nachfrager die Sensibilität für den Wert der Ressourcen gestärkt wird. Zum anderen darf der Preis nicht die Inanspruchnahme derjenigen Ressourcen, in deren Nutzung ein strategischer Wettbewerbsvorteil gesehen wird, unterbinden. In der Wahrung dieser Balance liegt das eigentliche Problem realer interner Märkte.

Unterstellt man, dass das Management in der Vorhaltung der Ressourcen einen strategischen Wettbewerbsvorteil sieht (und internen Bezugszwang vorschreibt), dann ist die entscheidende Frage, ob die Preissteuerung die strategisch begründete Nutzung von Ressourcenpotenzialen sicherstellt. Für das Beispiel der Marktforschung ist dann etwa zu klären, ob die Dienstleistungen wirklich primär für neue Produkte und neue Märkte genutzt werden – oder ob möglicherweise gerade diese Nachfrager im internen Preiswettbewerb benachteiligt werden.[64]

Fiktive interne Märkte

Während auf realen internen Märkten unter Einbeziehung der Anbieter- und Nachfragerseite die Koordinations- und Motivationsfunktion gleichermaßen erfüllt wird, sind *fiktive interne Märkte* ausschließlich auf die Erzielung von Motivationswirkungen beim Anbieter durch Entfaltung von Marktdruck ausgerichtet. Entscheidend über den Leistungsaustausch sind nicht zu treffen. Insofern werden Kunden-Lieferanten-Beziehungen nur inszeniert; die Mengensteuerung erfolgt durch Planung.

---

ich eines Tages bei seinem gewöhnlichen Vormittagsärger. (…) Dieses Mal handelte es sich um die sehr nachdrückliche, wortreiche und in lautem Tone geführte Beschwerde eines der Abteilungsleiter, da man ihm nicht genug Schaufensterraum bewilligt hatte. Wenn er nicht dauernd ein Schaufenster für sich hätte, könne er für den Erfolg seiner Abteilung nicht garantieren und lehne jede Verantwortung ab, und was man in einem solchen Augenblick sonst noch daherredet." (Schmalenbach [Geltungszahl] 68 f.).

64) Dass eine interne Marktsteuerung mit den strategischen Zielen kollidieren kann, lässt sich eindrucksvoll am Beispiel der *Intel Corporation* zeigen. Vgl. hierzu Burgelman [Strategy] 610 ff.

Im Folgenden werden fiktive interne Märkte als Anreizinstrumente zur Durchsetzung kosteneffizienten Verhaltens betrachtet. Ein Beispiel ist die Abbildung der Lieferbeziehungen zwischen der Gießerei und der Montage einer Motorenfabrik durch einen internen Markt als Anreizinstrument zur Durchsetzung kosteneffizienten Verhaltens. Im Unterschied zum vorangegangenen Beispiel der Marktforschung liegt hier eine deterministische Input-Output-Beziehung vor, die durch eine Stückliste abgebildet wird und die auf Grund detaillierter Produktionsplanung keinen Verhandlungsspielraum bei den Markttransaktionen lässt. Es geht ausschließlich darum, Anreizwirkungen zu generieren, die das Kostenverhalten der Gießerei im Sinne des Unternehmungsziels beeinflussen.

Unbestritten die beste Lösung für die Gewährleistung eines kosteneffizienten Ressourceneinsatzes wäre ein System flächendeckender detaillierter Planvorgaben, das in Form einer Plankostenrechnung für alle Aktivitäten methodisch gesicherte Effizienzstandards formuliert. Ein solches System der Planung ist allerdings mit zunehmender Komplexität der Anforderungen immer weniger zu realisieren. Die Schwierigkeit für ein leistungsfähiges Kostenmanagement liegt unter diesen Umständen darin, trotz der begrenzten Möglichkeiten einer Planung von Kostenstandards Kosteneffizienz auf möglichst hohem Niveau zu gewährleisten.

In diesem Problemkontext sind fiktive interne Märkte zu beurteilen. Sie generieren durch den Ausweis monetärer Bereichserfolge Wahrnehmungseffekte und geben Anhaltspunkte dafür, ob ein Problem existiert oder nicht. Billigt man dem Indikator „Bereichserfolg" eine gewisse Aussagefähigkeit zu – wobei der Ausweis von Gewinnen oder Verlusten allerdings nicht zwingend Rückschlüsse auf den Grad der Kosteneffizienz zulässt –, dann erlauben interne Märkte nach dem Prinzip des „management by exception" eine zeitliche Dosierung der Managementaktivitäten.

Marktsteuerung als Herausforderung für das Management

Bei der praktischen Umsetzung einer solchen Marktsteuerung dürfen ihre Grenzen nicht übersehen werden. Die Vorstellung, man könne bei der Steuerung der Unternehmungsprozesse und bei der Anpassung bestehender Strukturen ganz auf die ordnende Kraft des (externen und internen) Marktes zurückgreifen, übersieht die Unvollkommenheiten von Marktmechanismen bei der Generierung und Übermittlung von Informationen und unterschätzt die Anforderungen an die Steuerung komplexer Wertschöpfungsprozesse. Ohne eine leistungsfähige Unternehmungsplanung, ohne fundierte Kenntnisse über die jeweiligen Geschäftsfelder und einen zuverlässigen Informationsstand über die operativen Aktivitäten lassen sich Erfolgspotenziale nicht aufbauen und ausschöpfen. Das gilt es angesichts einer verbreiteten positiven Grundstimmung zu beachten, die häufig in wenig differenzierter und reflektierter Weise in der Anwendung von Markt- und Wettbewerbskonzepten die nahe liegende Lösung für die verschiedensten Probleme sieht. Häufig leitet dabei eher ein etwas diffuser Glaube an die Effizienz des Marktes[65] als das fundierte Verständnis eines komplexen Konzepts das Handeln.

Auf jeden Fall ist die Vorstellung illusorisch, das Management könnte sich stärker aus dem „laufenden" Geschäft zurückziehen und das Handeln weitgehend den Gesetzen des Marktes überlassen. Die meisten internen Märkte sind insofern keine Veranstaltungen der „unsichtbaren Hand". Sie sollen in erster Linie Problemindikatoren generieren, die ein rasches und gezieltes Handeln des Managements ermöglichen. Für sie gilt: „… by opening up a ‚can of worms' they do not give answers but prompt interrogation and inquiry and by themselves provide an incomplete and inaccurate picture."[66] Auf internen Märkten regiert dann die „sichtbare Hand" des Managers. Positive Effekte sind dabei zu erwarten, wenn die Unternehmungsleitung die Elemente der Marktsteuerung konsequent in ihr Führungshandeln integriert. Nur, wenn sie die ausgewiesenen Bereichserfolge ernst nimmt und auf der Grundlage der generierten Informationen tätig wird, können interne Märkte ihre Wirkung entfalten.

---

65) Es handelt sich dabei um eine kognitive Prägung der Präferenz der verantwortlichen Manager für interne Märkte. Vgl. hierzu die empirischen Studien von Egelhoff/Frese [Preferences] und Egelhoff/Frese [Planning] zum Einfluss der subjektiven Einschätzung der eigenen Planungsfähigkeit und des Glaubens an die generelle Überlegenheit des Marktes („Marktideologie").

66) Carter/Klein/Day [Organizations] 49.

B. Koordination

I. Kompetenzsystem

Durch die Festlegung von Entscheidungskompetenzen wird einer Entscheidungseinheit das Recht übertragen, in dem durch die Struktur der jeweils übertragenen Entscheidungsaufgabe gezogenen Rahmen Entscheidungen zu fällen. Die Abgrenzung von Entscheidungskompetenzen erlaubt eine erste Ausrichtung der Teilentscheidungen auf das Gesamtziel. Der Begriff der Entscheidungskompetenz wird im Folgenden im weitesten Sinne gebraucht; jede Zuweisung von Entscheidungsproblemen bedeutet eine Formulierung von Entscheidungskompetenzen.

Bei der Erläuterung der Koordinationsfunktion von Entscheidungskompetenzen werden zwei Aspekte unterschieden:

1. Die Bestandteile einer einzelnen Entscheidungskompetenz.
2. Das Problem der Abgrenzung verschiedener Entscheidungskompetenzen voneinander.

Im Abschnitt über die konzeptionellen Grundlagen des Kompetenz- und Steuerungssystems wurden mit der Feld-, der Handlungs- und der Zielkomponente bereits die wesentlichen Bestandteile einer Entscheidungskompetenz beschrieben.[1] Im Folgenden wird dargestellt, wie die Verteilung von Entscheidungskompetenzen in arbeitsteiligen Systemen erfolgen kann, welche Kriterien also die Abgrenzung von Kompetenzen determinieren. Entscheidungskompetenzen sind das Ergebnis von Segmentierungs- und Strukturierungsmaßnahmen; die jeweils angewendeten Segmentierungs- und Strukturierungsprinzipien bestimmen deshalb die Abgrenzung von Kompetenzen.

a. Segmentierung

1. Festlegung des Kompetenzinhalts

Segmentierung heißt horizontale Aufteilung eines gegebenen Entscheidungskomplexes; auf diese Weise wird der *Kompetenzinhalt* einer Entscheidungsein-

---

1) Vgl. S. 93 ff.

heit fixiert. Die Aufteilung von Entscheidungskompetenzen kann sich an der Feld-, Handlungs- und Zielkomponente orientieren.[2]

Feldorientierte Segmentierung

Die feldorientierte Aufteilung eines Entscheidungskomplexes führt zur Abgrenzung von Teilentscheidungen nach Ressourcen- oder Marktmerkmalen (vgl. Abb. 27).

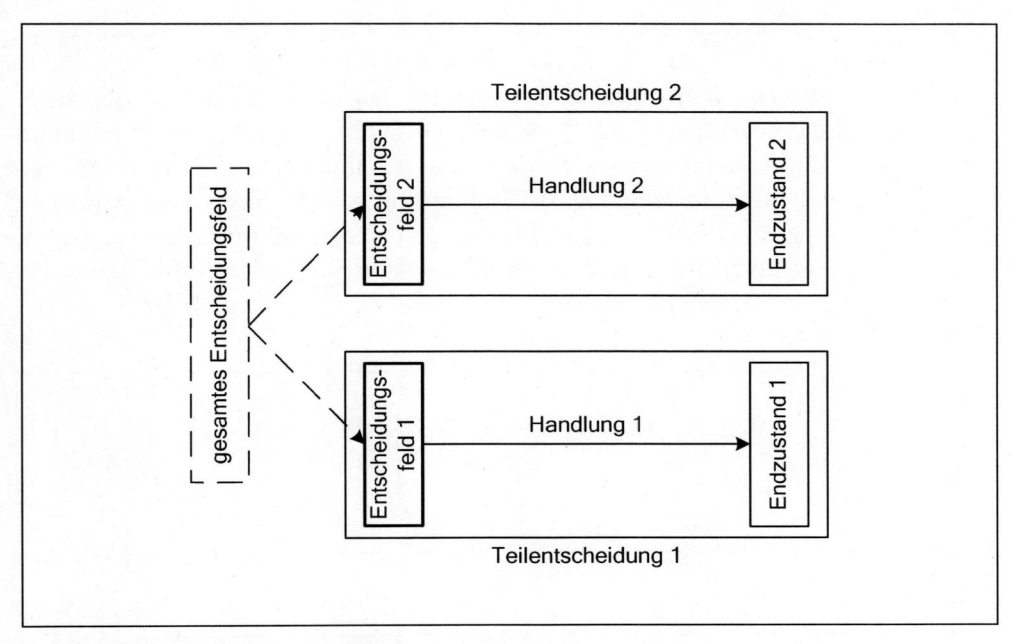

Abb. 27:   Feldorientierte Segmentierung

Bei ressourcenbezogener Segmentierung entstehen Entscheidungsprobleme, die durch den Charakter der verfügbaren Ressourcen determiniert sind. Ein Beispiel ist die Gliederung des Produktionsbereichs nach der Art der eingesetzten Betriebsmittel.

Marktsegmentierung – beispielsweise die Gliederung des Vertriebsbereichs nach regionalen Märkten – begründet Entscheidungsprobleme, die auf bestimmte Marktbereiche ausgerichtet sind. Feldorientierte Segmentierungskrite-

---

[2] In der betriebswirtschaftlichen Organisationslehre wird lediglich zwischen der Verrichtungs- und der Objektgliederung unterschieden (vgl. Kosiol [Organisation] 49 ff.). Der Ausdruck „Objekt" wird dabei sowohl für den Feldaspekt als auch für den Zielaspekt verwendet.

rien werden in der Praxis vorwiegend bei der Untergliederung von Teilbereichen – etwa im Produktions- und Absatzbereich – angewendet.

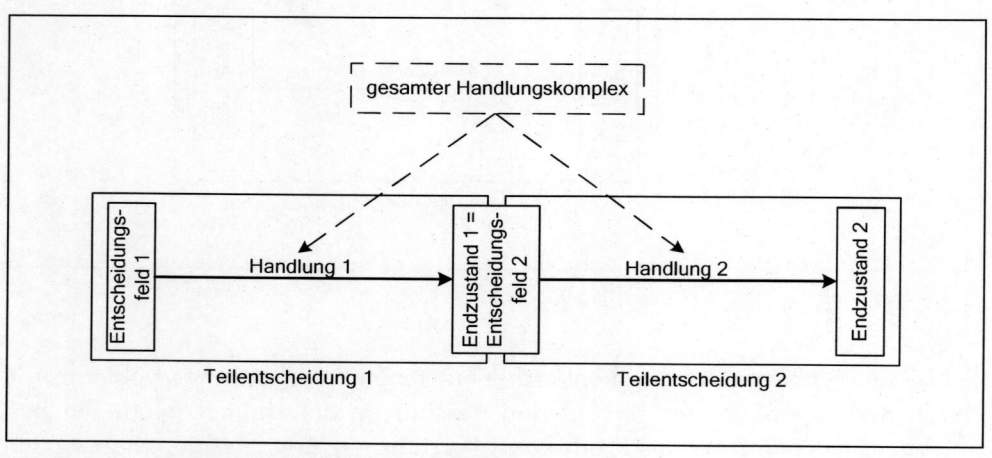

Handlungsorientierte Segmentierung

Bei einer handlungsorientierten Segmentierung erfolgt die Zerlegung einer gegebenen Handlungsmenge in Handlungsklassen nach dem Kriterium der Gleichartigkeit. Obwohl bei dieser Segmentierung verschiedene Kriterien denkbar sind, hat die an den Phasen des Realisationsprozesses anknüpfende funktionale Gliederung – etwa in Beschaffungs-, Produktions- und Absatzentscheidungen – die größte praktische Bedeutung erlangt. Dieses Segmentierungsprinzip soll als „Funktionsprinzip" bezeichnet werden. Die so entstehenden Entscheidungsbereiche beruhen auf einer Zerlegung von Handlungsprozessen in Handlungsfolgen. Das Ergebnis einer vorgelagerten Teilhandlung bildet dann den Ausgangspunkt für die nachgelagerte Teilhandlung. Der durch eine Handlung verwirklichte Endzustand geht in den Ausgangszustand (Entscheidungsfeld) für die folgende Einheit ein. Abb. 28 stellt die handlungsorientierte Segmentierung nach dem Funktionsprinzip dar.

Abb. 28:   Handlungsorientierte Segmentierung

Zielorientierte Segmentierung

Zielorientierte Segmentierungen orientieren sich am Sachziel. Das Formalziel eignet sich nicht zu einer materiellen Aufteilung von Entscheidungen. Die Segmentierung eines Sachzielkomplexes bedeutet die Zerlegung einer Menge angestrebter Handlungsergebnisse (Endzustände) in Teilergebnisse, z.B. einer Produktgruppe in einzelne Produkte (vgl. Abb. 29).

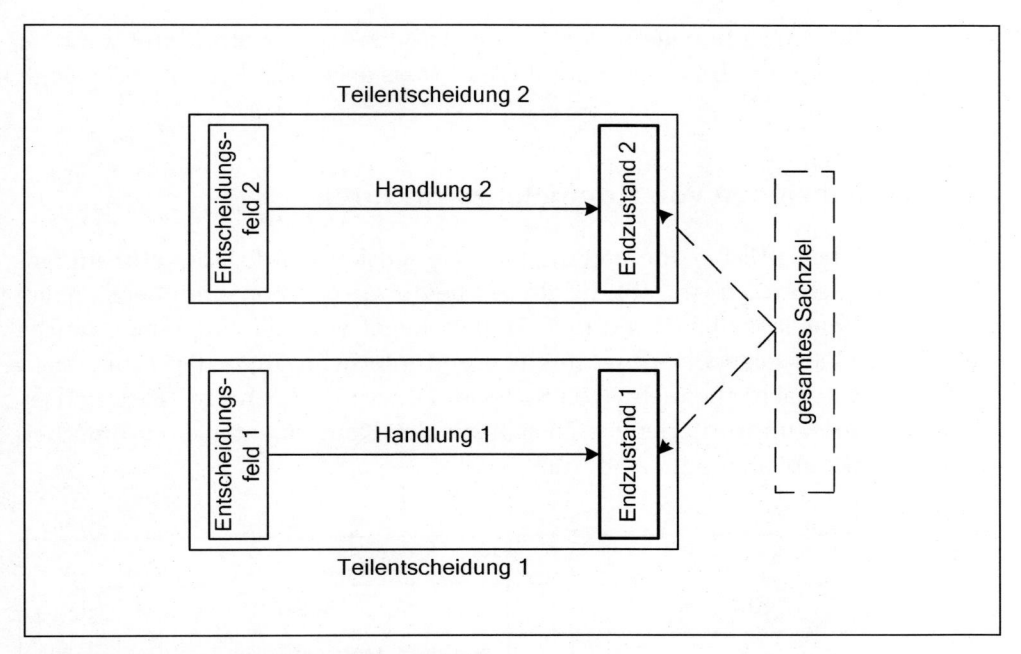

Abb. 29:   Zielorientierte Segmentierung

Die so entstandenen Entscheidungsprobleme sind auf die Festlegung der Handlungen ausgerichtet, die zur Verwirklichung des jeweiligen Sachziels erforderlich sind.

2. Ein- und mehrdimensionale Kompetenzsysteme

Die Feld-, Handlungs- und Zielbestandteile einer Entscheidung bilden die elementaren Dimensionen, auf deren spezifische interpersonelle Aufteilung sich alle Kompetenzstrukturen in der Realität zurückführen lassen. Eine nähere Analyse der in Unternehmungen verwirklichten Organisationsstrukturen zeigt, dass die meisten organisatorischen Regelungen in dem Sinne „mehrdimensional" sind, als ihnen die „gleichzeitige" Berücksichtigung mehrerer Dimensionen bei der Segmentierung zu Grunde liegt. Bei der Betrachtung mehrdimensionaler organisatorischer Lösungen in der Praxis ist es zumindest aus methodischen Gründen eine sinnvolle Annahme zu unterstellen, dass jede Kompetenzstruktur auf eine Kerndimension zentriert ist. Es handelt sich dabei um die Kernkonfiguration, aus der sich bestehende Strukturen in Form von Modifikationen ableiten lassen. In diesem Abschnitt wird das Konzept der Dimensionalität von Kompetenzstrukturen präzisiert. Besonderes Gewicht wird dabei auf die konzeptionelle Erfassung mehrdimensionaler Strukturen und auf ihre Erläuterung durch Rückgriff auf in der Praxis existierende Formen[3] gelegt.

2.1 Dimensionen von Kompetenzstrukturen

Obwohl die begriffliche Abgrenzung der „Dimension" in der Literatur im einzelnen unterschiedlich ist, geht die Unterscheidung zwischen eindimensionalen und mehrdimensionalen Strukturen in aller Regel von der Frage aus, ob die Zerlegung eines gegebenen Systems (Gesamtunternehmung oder Teilbereich) in Teilsysteme nach einem einzigen Kriterium oder nach mehreren Kriterien erfolgt. Die Zerlegungskriterien lassen sich aus den Komponenten einer Entscheidungsaufgabe ableiten (vgl. Abb. 30).

	Kriterium		Beispiel
Feld	Ressource		Personal, Material Anlagen, Information, Kapital
	Umwelt	Region	Region Nord, Region Süd
		Kunde	Kunde A, Kunde B
Handlung	Handlung	inhaltlicher Aspekt	Beschaffung, Produktion Absatz
		formaler Aspekt	Planung, Kontrolle
Ziel	Produkt		Produkt(-gruppe) A, Produkt(-gruppe) B

Abb. 30:   Komponenten und Dimensionen einer Entscheidungsaufgabe

Eindimensionale Strukturen entstehen, wenn eine komplexe Entscheidungsaufgabe, z.B. die Gesamtunternehmungsaufgabe, nach einem einzigen Kriterium in

---

[3] Vgl. hierzu auch die umfassende Darstellung bei Bleicher [Organisation].

Teilaufgaben zerlegt wird, die jeweils bestimmten organisatorischen Teileinheiten einer Hierarchieebene zugewiesen werden (Abb. 31).

```
                    Komplexe
                Entscheidungsaufgabe
                ┌───────┼───────┐
            Produkt A  Produkt B  Produkt C
```

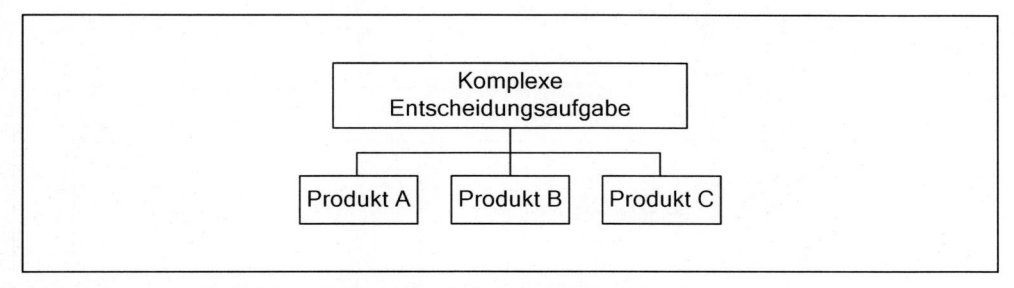

Abb. 31:   Zerlegung nach einem Kriterium (Produkt)

Mehrdimensionale Strukturen entstehen, wenn bei der Zerlegung einer komplexen Entscheidungsaufgabe auf mehr als ein Kriterium gleichzeitig zurückgegriffen wird und eine entsprechende Zuordnung auf organisatorische Einheiten erfolgt (Abb. 32).

```
                Komplexe Entscheidungsaufgabe
      ┌──────────┬──────────┬──────────┬──────────┐
  Produkt A  Produkt B  Produkt C  Region Nord  Region Süd
```

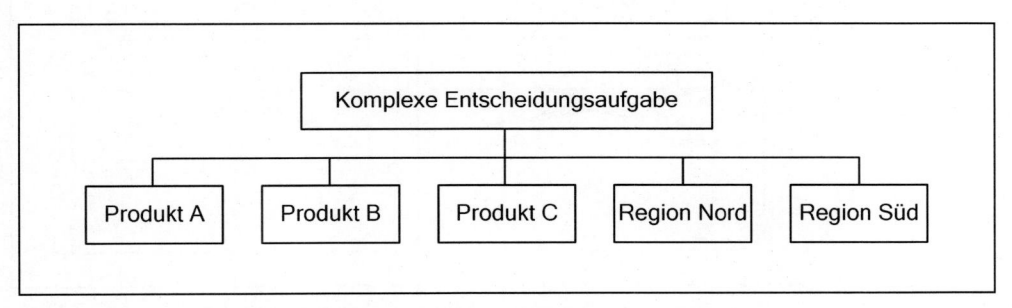

Abb. 32:   Zerlegung nach zwei Kriterien (Produkt, Region)

Bei der Bildung mehrdimensionaler Strukturen entstehen organisatorische Einheiten auf einer Hierarchieebene, die nicht in „einem Schritt" durch die Anwendung eines Kriteriums abgeleitet werden können. Bei mehrdimensionalen Organisationsstrukturen sind die Einheiten, die durch die Anwendung verschiedener Gliederungskriterien entstanden sind – vor dem Hintergrund der noch zu erläuternden Bildungsprinzipien der Mehrdimensionalität –, voneinander in unterschiedlichem Maße abhängig. Es können bei mehrdimensionalen Lösungen (abgesehen von der Stabslösung) nie Kompetenzen entstehen, die in Bezug auf die jeweilige Dimension umfassend sind. Jede organisatorische Einheit trägt entsprechend ihrer dimensionsorientierten Problemperspektive verantwortlich zur Lösung der komplexen Entscheidungsaufgabe bei. Bei dem gewählten Beispiel in Abb. 32 besitzt die Einheit Produkt A sämtliche Kompetenzen für das entsprechende Produkt, mit Ausnahme der für die Marktbereiche Nord und

Süd. Diese mit der Bildung mehrdimensionaler Strukturen verbundene Einschränkung in der umfassenden Verantwortung einer Einheit hinsichtlich der ihr zugewiesenen, dimensionsspezifischen Aufgabe bildet das Grundmerkmal der organisatorischen Mehrdimensionalität.

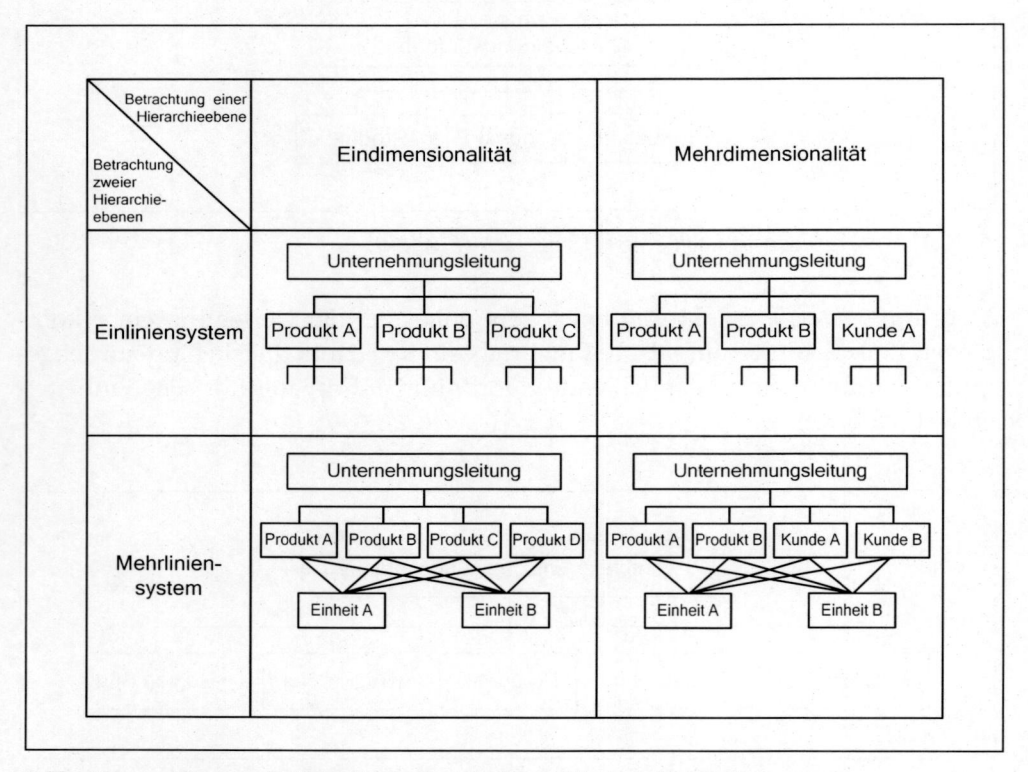

Abb. 33:   Ein- und Mehrdimensionalität vs. Ein- und Mehrliniensystem

Neben dem begriffsbestimmenden Merkmal mehrdimensionaler Organisationsstrukturen (mindestens zwei unabhängige Kriterien für die Segmentierung desselben Aufgabenkomplexes) werden in der Literatur häufig weitere notwendige und hinreichende Bedingungen genannt, die von mehrdimensionalen Strukturen erfüllt werden müssen. Zu nennen sind hier „Kompetenzüberschneidung" der mehrdimensionalen Einheiten, „Gleichgewichtigkeit" bzw. „Symmetrie" hinsichtlich der Kompetenzverteilung zwischen den mehrdimensionalen Einheiten und „Mehrliniensystemen". Vor diesem Hintergrund wird verständlich, warum bei der Diskussion mehrdimensionaler Strukturen oft ausschließlich von der Matrixorganisation (oder der Tensororganisation mit mehr als zwei Segmentierungskriterien) gesprochen wird. Dieser engen Sichtweise soll hier nicht gefolgt werden; insbesondere wird von der Bedingung der „Mehrliniensysteme" abgewichen.

Die Frage der Mehrdimensionalität bezieht sich stets auf eine Hierarchieebene und thematisiert die Inhalte entscheidungsbezogener Aufgaben organisatorischer Einheiten. Ein- und Mehrliniensysteme beziehen sich hingegen auf die Gestaltung von Weisungsbefugnissen zwischen Instanzen zweier – nicht unbedingt aufeinander folgender – Hierarchieebenen und sind unabhängig von der (Ein-/Mehr-)„Dimensionalität" der Aufgabengliederung. Die für die untergeordnete Entscheidungseinheit weisungsbefugten Einheiten müssen dabei nicht einer Hierarchieebene angehören.

Ein- und Mehrliniensysteme können somit in ein- und mehrdimensionalen Organisationsstrukturen angewendet werden (vgl. Abb. 33).

Auch für die im Rahmen der Verteilung von Weisungsbefugnissen diskutierte Trennung in fachliche und disziplinarische Weisungsrechte kann kein zwingender Zusammenhang zur hier getroffenen Definition der Mehrdimensionalität festgestellt werden.

Bei der Analyse der Dimensionalität von Organisationsstrukturen kann hinsichtlich der zeitlichen Dimension in permanente und zeitlich befristete Aufgaben differenziert werden. Permanente Aufgaben stellen letztlich immer Produktaufgaben dar. Produktaufgaben beziehen sich unmittelbar auf die von einer Unternehmung zu erbringenden Güter und Leistungen. Diese Aufgaben sind in der Regel in dem Sinne nicht zeitlich begrenzt, als trotz der Existenz eines so genannten Produktlebenszyklus produktbezogene Aktivitäten nicht von vornherein zeitlich limitiert sind. Befristete Aufgaben werden im Folgenden in Form von Projektaufgaben betrachtet. Unter einem Projekt wird in diesem Zusammenhang ein zeitlich begrenztes, komplexes Vorhaben verstanden. Der in der Literatur verbreiteten Auffassung, dass die Gliederung nach Projekten neben den hier betrachteten Segmentierungskriterien eine weitere Dimension darstellt, wird hier nicht gefolgt; vielmehr werden bei der Behandlung der Projektorganisation zwei Problemfelder unterschieden[4]. Der eine Fragenkreis setzt sich mit dem Problem auseinander, wie jeweils im Rahmen der beiden Aufgabenbereiche (Produktaufgaben, Projektaufgaben) die organisatorische Gestaltung erfolgt. Dabei werden im Folgenden die drei Segmentierungskriterien „Feld", „Handlung" und „Ziel" berücksichtigt. Der andere Fragenkreis beschäftigt sich mit der organisatorischen Verselbständigung von Projektaufgaben im Rahmen eines bestehenden, auf die Erfüllung von permanenten Aufgaben ausgerichteten Systems[5].

---

4) Vgl. S. 488 ff.
5) Vgl. S. 498 ff.

2.2 Eindimensionale Kompetenzstrukturen

In diesem Abschnitt werden eindimensionale Strukturen unter Rückgriff auf konkrete Strukturen aus der Praxis beispielhaft für die Gliederung der Gesamtunternehmung dargestellt. Die für die zweite Hierarchieebene aufgezeigten Prinzipien besitzen jedoch generell auch für die organisatorische Gestaltung jedes Teilbereichs Gültigkeit; sie finden sowohl bei der Zerlegung permanenter als auch zeitlich befristeter Aufgaben Anwendung. Daher gelten die nachfolgenden Ausführungen für die organisatorische Gestaltung von Projektaufgaben analog.

Wie aus der in Abb. 30 wiedergegebenen Systematik hervorgeht, kann sich die Bildung eindimensionaler Strukturen an der Feld-, der Handlungs- oder der Zielkomponente orientieren.

Feldorientierte Strukturen

Bei der Orientierung am Entscheidungsfeld der betrachteten Unternehmung werden einem Bereich alle Entscheidungen zugeordnet, die sich auf bestimmte Ressourcen oder auf Umweltbereiche, insbesondere Märkte, beziehen.

Feldorientierte Abgrenzungen finden sich vor allem in Form markt- bzw. kundenorientierter Gliederungen; ressourcenorientierte Kriterien lassen sich demgegenüber in der Praxis kaum nachweisen.

Erfolgt auf der zweiten Hierarchieebene eine marktorientierte Segmentierung der Entscheidungskompetenzen, so entsteht in der Regel eine Regionalorganisation (vgl. Abb. 34). Die im Prinzip mögliche Gliederung nach Kunden besitzt in der Praxis geringere Bedeutung.

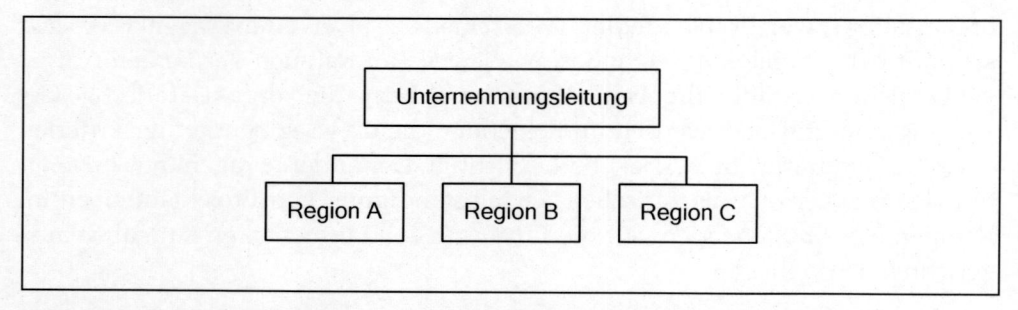

Abb. 34: *Marktorientierte Organisationsstruktur (Regionalorganisation)*

Das Gesamtsystem ist dann in Teilsysteme zerlegt, denen jeweils Entscheidungskompetenzen für bestimmte Marktregionen zugeordnet sind. Ein marktorientiertes Gliederungsprinzip lag z.B. zwischenzeitlich dem Geschäftsbereich

Pharma der *Bayer AG* zu Grunde. Die Unternehmungsaktivitäten waren auf der zweiten Hierarchieebene feldorientiert in die Marktsegmente „Nordamerika", „Japan", „Europa" und „Sonstige Regionen" aufgeteilt. Die Funktionen „Forschung", „Produktentwicklung", „Technik", „Qualitätssicherung" und „Geschäftsplanung und Administration" waren daneben in eigenständigen organisatorischen Einheiten verankert. Auf diese Weise erfährt die marktorientierte Grundstruktur eine handlungsorientierte Ergänzung (vgl. Abb. 35).

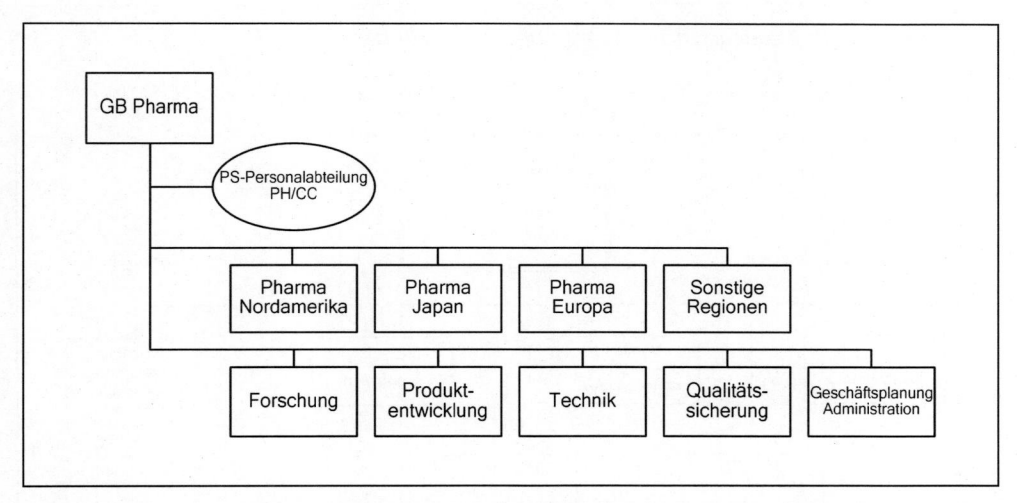

Abb. 35: Grundstruktur des Geschäftsbereiches Pharma der Bayer AG (1998)

Handlungsorientierte Strukturen

Die Entscheidungen eines Bereichs sind bei der Orientierung an diesem Kriterium auf die Festlegung gleichartiger Handlungen ausgerichtet. Ein handlungsorientiertes Gliederungskriterium liegt der funktionalen Organisationsstruktur (Funktionalorganisation) zu Grunde, der neben der ressourcenorientierten Struktur historisch ältesten und auch heute in der Praxis wohl noch verbreitetsten Organisationsform (vgl. Abb. 36).

Ein Beispiel für eine organisatorische Gliederung nach funktionalen Kriterien bildet die Struktur des Vorstandes der *Audi AG*. Die Bereiche „Beschaffung", „Technische Entwicklung", „Produktion", „Finanz und Organisation", „Marketing und Vertrieb" sowie „Personal- und Sozialwesen" sind Ausdruck einer handlungsorientierten Segmentierung (vgl. Abb. 37).

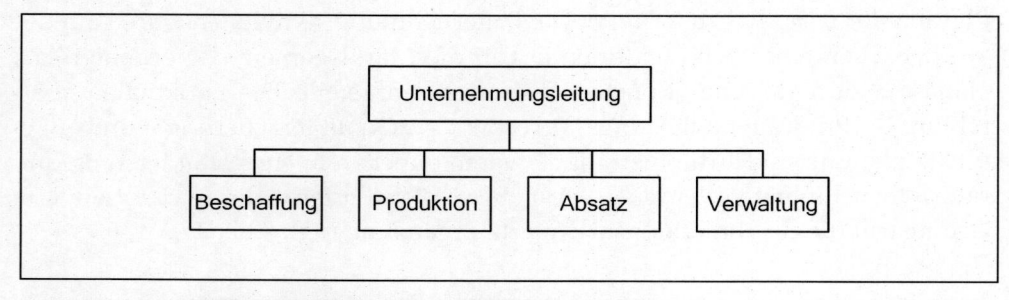

Abb. 36:   *Funktionsorientierte Organisationsstruktur*

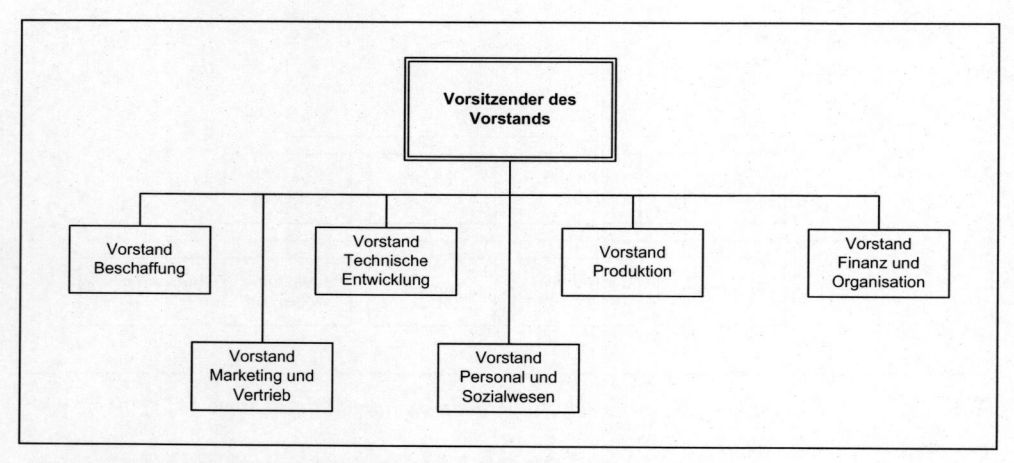

Abb. 37: Organisationsstruktur der Audi AG (2011)

Zielorientierte Strukturen

Alle Entscheidungen, die an der Realisierung bestimmter Sachziele, insbesondere verschiedener Komponenten des jeweiligen Leistungsprogramms, orientiert sind, werden bei Anwendung dieses Prinzips in einem Bereich zusammengefasst. Bei der Betrachtung der Gesamtunternehmung kann so eine produktorientierte Segmentierung der Entscheidungskompetenzen auf der zweiten Hierarchieebene erfolgen. Auf diese Weise entsteht die produktorientierte Spartenorganisation. Das Gesamtsystem ist in diesem Fall in Teilsysteme zerlegt, die jeweils auf ein anderes Produkt bzw. eine andere Produktgruppe ausgerichtet sind (vgl. Abb. 38).

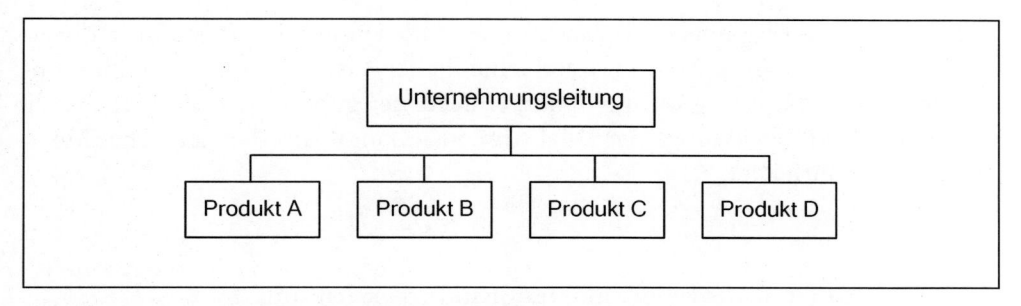

Abb. 38:   Produktorientierte Organisationsstruktur

Ein Beispiel für die praktische Realisierung der Spartenorganisation bildet die Organisationsstruktur des *Siemens*-Konzerns (vgl. Abb. 39).

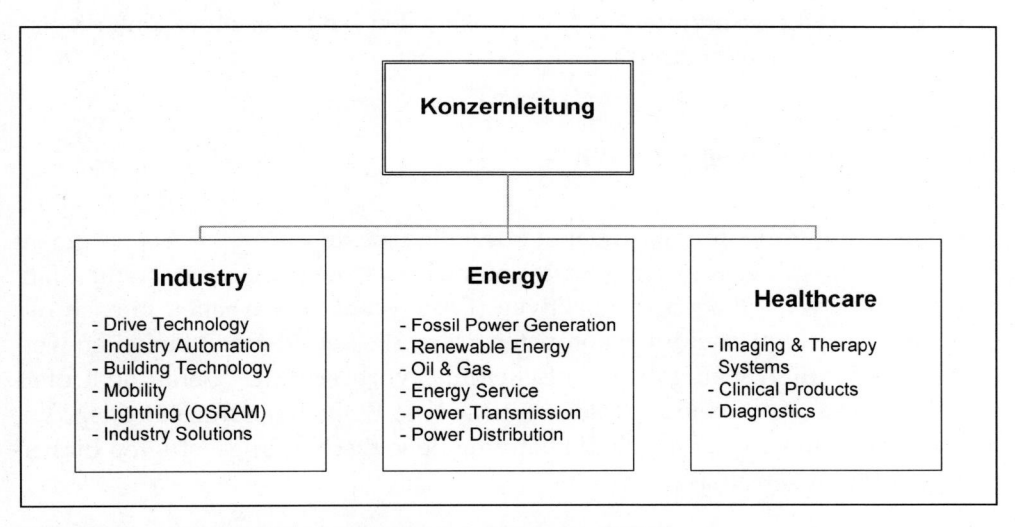

Abb. 39:   Grundstruktur des Siemens-Konzerns (2011)

2.3 Mehrdimensionale Kompetenzstrukturen

Der Einführung mehrdimensionaler Strukturen liegt das Ziel zu Grunde, die Qualität der Entscheidungen zu verbessern. Man will möglichen negativen Folgen einer gewissen Einseitigkeit eindimensionaler Strukturen bei der Problemsicht vorbeugen, die ohnehin in jedem organisatorischen System durch die Prinzipien der Arbeitsteilung und Spezialisierung gefördert wird. Die Bildung von organisatorischen Einheiten, die an verschiedenen Dimensionen orientiert sind, soll die Einbeziehung mehrerer Perspektiven bei der Lösung von Entscheidungsproblemen organisatorisch verankern. Wesentlich ist dabei, dass die organisatorischen Einheiten mit unterschiedlicher Orientierung auf einer Entscheidungsebene, d.h. auf einer Hierarchieebene, gebildet werden. So ist die nachhaltige Einbeziehung der Mehrdimensionalität in den Entscheidungsprozess gewährleistet.

2.3.1 Prinzipien mehrdimensionaler Strukturausrichtung

Die strukturelle Verankerung der Mehrdimensionalität kann sich prinzipiell an den beiden Bildungsprinzipien „Überschneidung von Aufgaben" und „Ausgliederung von Aufgaben" orientieren. Die unterschiedlichen Ausprägungen lassen sich auf das Ausmaß der zugewiesenen Entscheidungskompetenzen über den Einsatz bestimmter, mehrdimensionalen Anforderungen unterliegender Ressourcen zurückführen.

2.3.1.1 Überschneidung von Aufgaben

Die Gesamtunternehmungsaufgabe oder ein spezifisches Aufgabensegment (z.B. die Absatzaufgabe) wird jeweils von mehr als einer organisatorischen Einheit aus unterschiedlichen Perspektiven (Dimensionen) bearbeitet. Je nach der Zuweisung von Entscheidungskompetenzen an die betreffenden Einheiten werden entweder die Teilaufgaben „Entscheidungsvorbereitung" (Beratung, Unterstützung) und „Entscheidung" auf verschiedene Einheiten aufgeteilt oder können Entscheidungen nur durch die betreffenden entscheidungsbefugten Einheiten gemeinsam getroffen werden.

Stabsprinzip

Im Rahmen des Stabsprinzips besitzen organisatorische Einheiten, die eine bestimmte Dimension repräsentieren, keine Kompetenz über die unter mehrdimensionalen Perspektiven einzusetzenden Ressourcen. Ein gegebener Aufgabenkomplex wird in einem ersten Schritt in die Teilkomplexe „Entscheidungsvorbereitung" und „Entscheidungsfindung" zerlegt (Orientierung am Informationsgewinnungs- und -verarbeitungsprozess des Entscheidungssystems). Die so entstandenen Teilkomplexe werden in einem zweiten Schritt jeweils nach verschiedenen Segmentierungskriterien in Teilaufgaben zerlegt.

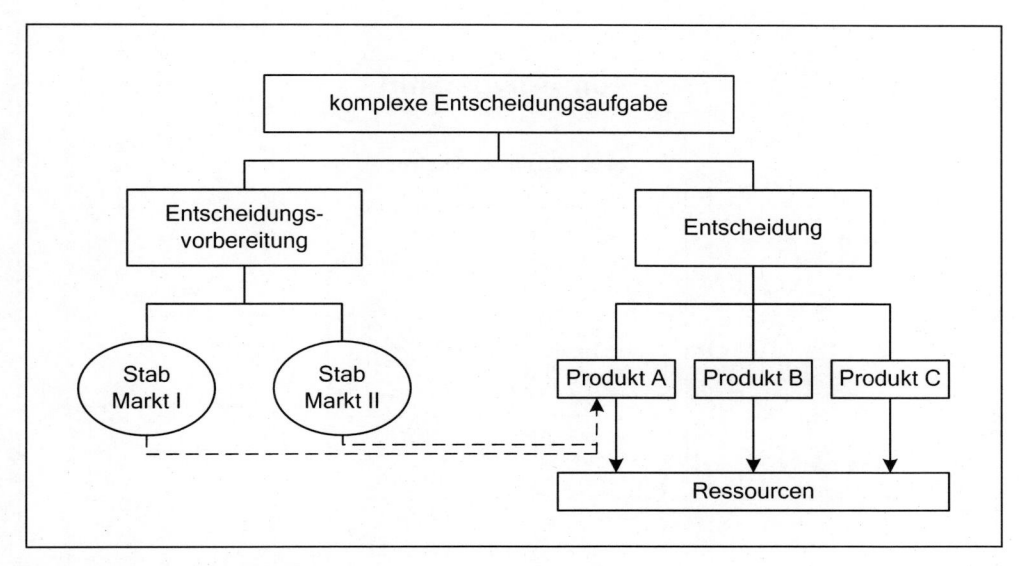

Abb. 40:   Stabsprinzip

Die im Beispiel (Abb. 40) vorliegenden marktorientierten Stabseinheiten unterstützen die Entscheidungsprozesse der produktorientierten Linieneinheiten durch die Aufbereitung von Marktinformationen oder die Entwicklung von stärker marktorientierten Entscheidungsalternativen.

Wie eingangs schon dargestellt, hat der Stab keinen unmittelbaren Einfluss auf den Einsatz von Ressourcen (abgesehen von den für die Stabsarbeit einzusetzenden Ressourcen); Stabsaktivitäten können nur über die Entscheidungen der zuständigen Linieneinheiten realisationswirksam werden. In diesem Modell stellt sich folglich das Problem der Abgrenzung von Entscheidungskompetenzen nicht; realisationswirksame Verfügungen über den Einsatz von Ressourcen werden nur von der Linieneinheit gefällt.

Im *Bayer*-Konzern sind Stabsaufgaben in einer eigenständigen Unternehmung, den *Bayer Business Services*, verankert (vgl. Abb. 41); inwiefern die abgebildeten Aufgaben, wie beispielsweise „Finance & Accounting Services" oder „IT Business Solutions", tatsächlich Stabscharakter haben, kann nur in Kenntnis der jeweiligen Entscheidungsbefugnisse beurteilt werden.

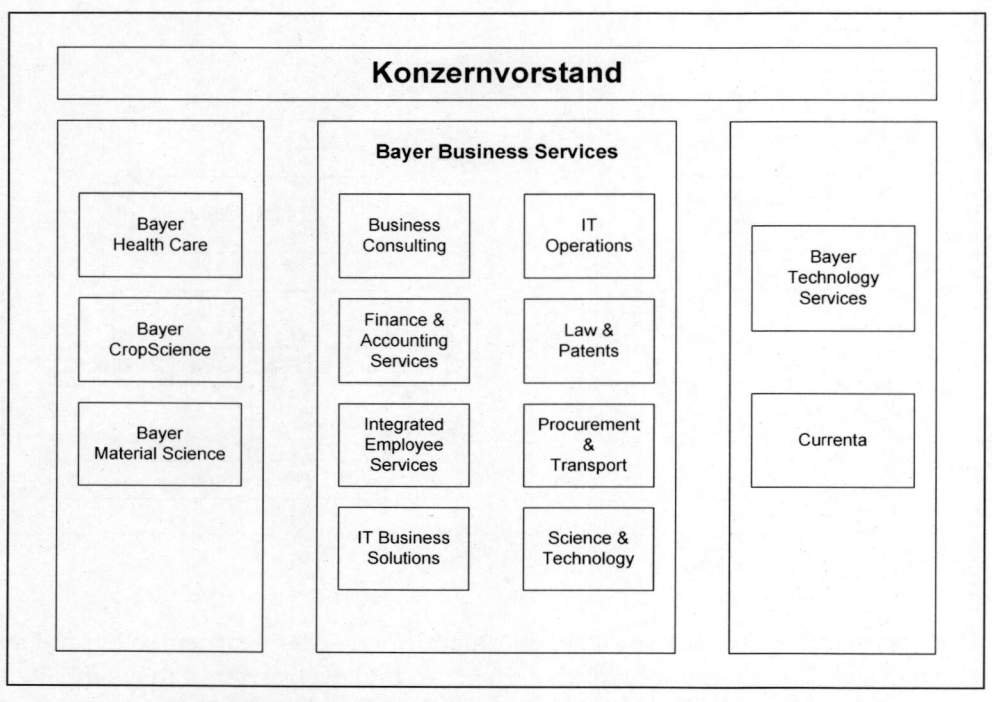

Abb. 41: Verankerung von Stabsaufgaben im Bayer-Konzern (2011)

Matrixprinzip

Matrixstrukturen[6] lassen sich auf die parallele Segmentierung eines Entscheidungskomplexes nach unabhängigen Segmentierungskriterien zurückführen (vgl. Abb. 42). Im Unterschied zum Stab-Linie-Prinzip werden alle so abgeleiteten Aktivitäten Entscheidungseinheiten zugewiesen. Damit werden in Bezug auf bestimmte Ressourcen von verschiedenen Einheiten aus unterschiedlichen Perspektiven Entscheidungen über die Art des Ressourceneinsatzes getroffen. Matrixstrukturen begründen also immer Ressourceninterdependenzen. Auf diese Weise werden die Entscheidungen organisatorischer Einheiten, die verschiedene Dimensionen verfolgen, durch geplante Kompetenzüberschneidungen hinsichtlich des Einsatzes von Ressourcen untereinander gekoppelt und zu einer Abstimmung ihrer Entscheidungen gezwungen.

---

6) Vgl. den Überblick bei Scholz [Matrix].

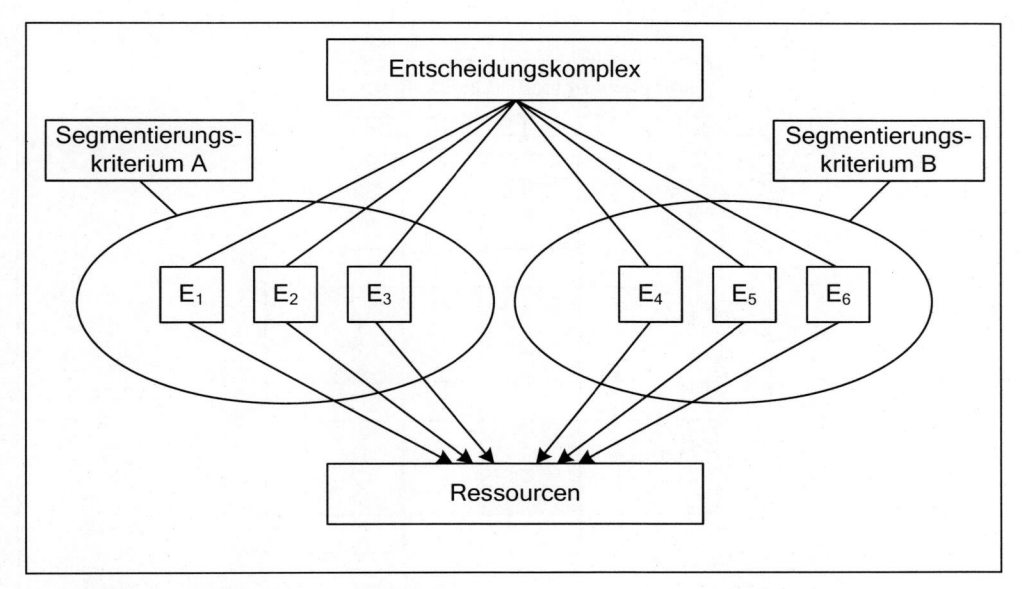

Abb. 42:   Ableitung von Matrixstrukturen

Beim Matrixprinzip sind damit die durch unterschiedliche Dimensionen gekennzeichneten organisatorischen Einheiten durch eine eingeschränkte Verfügungskompetenz über die unter Beachtung mehrdimensionaler Perspektiven einzusetzenden Ressourcen geprägt. Die Kompetenzteilung bezüglich des gemeinsamen mehrdimensionalen Entscheidungsproblems ist beabsichtigt (vgl. Abb. 43 mit der Überschneidung von Produkt- und Marktkompetenzen).

Beide Matrixeinheiten müssen gemeinsam entscheiden, um Entscheidungsinterdependenzen, die bei einer unabhängigen Entscheidung der Einheiten möglicherweise entstünden, explizit zu berücksichtigen und in ihre Entscheidungsfindung einzubeziehen.

Durch die Berücksichtigung zusätzlicher Dimensionen in Form entscheidungsberechtigter Einheiten wird die Problemsicht hinsichtlich der relevanten Entscheidungsaufgaben ausgeweitet. Dies ließe sich zwar auch durch das Stabsprinzip realisieren, das Vetorecht der Matrixeinheiten führt jedoch zu einer stärkeren Verankerung der Problemdimensionen. Das Matrixprinzip wird daher gerade dort zur Anwendung empfohlen, wo der Einbringung unterschiedlicher Problemperspektiven ein hoher Stellenwert beigemessen wird.[7]

---

7)   Vgl. Brede [Gewinn].

```
┌─────────────────────────────────────────────────────┐
│              komplexe Entscheidungsaufgabe          │
│                                                     │
│                   Produkt    Produkt                │
│                     A          B                    │
│                                                     │
│         Markt   ▓▓▓▓▓▓                              │
│           A                                         │
│                                                     │
│         Markt           ▓▓▓▓▓▓                      │
│           B                                         │
│                                                     │
│         ▓▓▓ gemeinsame Entscheidungsaufgabe         │
└─────────────────────────────────────────────────────┘
```

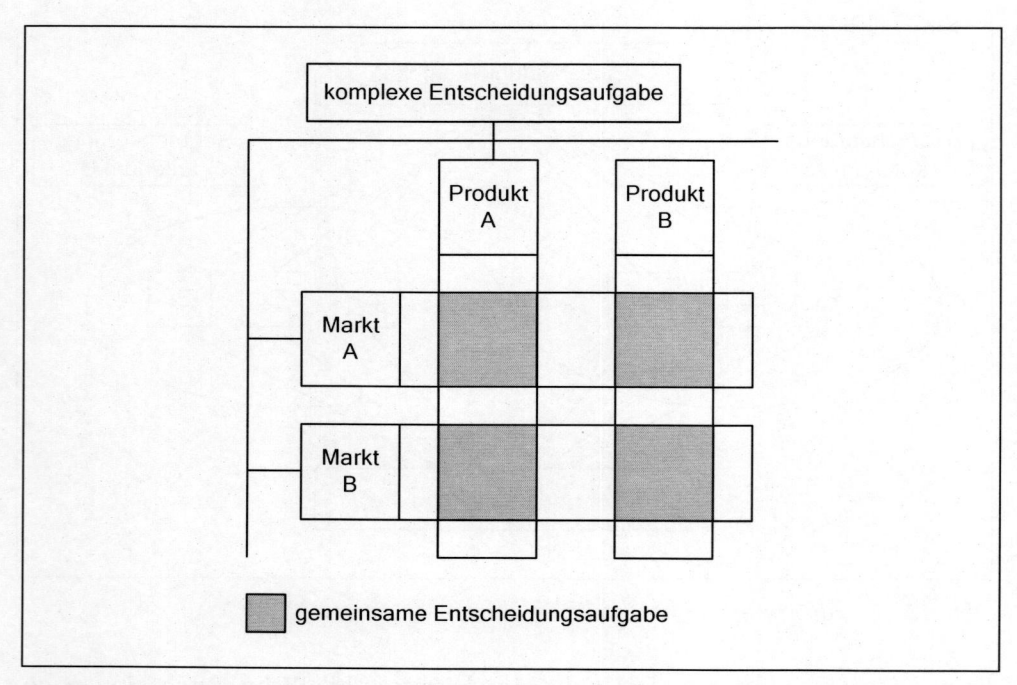

Abb. 43:   Matrixprinzip

In diesem Zusammenhang ist darauf hinzuweisen, dass das viel zitierte *Taylor*-sche Funktionsmeistersystem[8] nicht als „Matrix"-Lösung interpretiert werden kann. Kompetenzüberschneidungen kommen nicht vor; die Kompetenzen sind vielmehr zur Sicherung des Spezialisierungseffekts funktional voneinander abgegrenzt auf die Funktionsmeister aufgeteilt. *Taylor* will mit seinem Modell keineswegs eine Mehrdimensionalität mit den immanenten Abstimmungsprozessen organisatorisch verankern; dies widerspräche auch der von ihm propagierten Philosophie der operativen Rationalisierung. Konflikte, die für die Matrix-Konzeption typisch sind, wirken im *Taylor*schen System als Störfaktor.

Matrixstrukturen sind nicht zwangsläufig Mehrliniensysteme. Dies ist nur dann der Fall, wenn eine Einheit (Schnittstelle) von übergeordneten Matrixstellen verschiedener Dimensionen Weisungen erhält und somit die Verknüpfung und Selbstabstimmung der Dimensionen über die Schnittstelle erfolgt. Wird jedoch das aus unterschiedlichen Perspektiven (Dimensionen) zu lösende gemeinsame Entscheidungsproblem der Matrixstellen unmittelbar zwischen diesen abgestimmt, kann auf die strukturelle Schnittstelleneinheit verzichtet werden. Das

---

8)   Taylor [Principles].

Beziehungsgefüge zwischen den Matrixstellen und den nachgeordneten Einheiten entspricht dann dem Einliniensystem.

Die in der Matrixstruktur gegebene Ressourcenüberschneidung der Entscheidungskompetenzen stellt besondere Anforderungen an die Koordination; bei jeder Matrixlösung existieren ex definitione Ressourceninterdependenzen. Effizienzhemmende Konflikte, gegenseitiges Blockieren der Entscheidungen und die Überlastung übergeordneter Einheiten durch Rückdelegation lassen sich nur vermeiden, wenn die am Entscheidungsprozess Beteiligten den hohen Anforderungen dieses mehrdimensionalen Modells gerecht werden.

Matrixlösungen nehmen in der Realität sehr unterschiedliche Gestalt an; die für das Verständnis der Gesamtkonzeption wichtigen Details lassen sich nur an konkreten Beispielen verdeutlichen. Die bisherige Analyse der Matrixstruktur soll deshalb durch die Darstellung einer ehedem in der Praxis realisierten Matrixkonzeption ergänzt werden, wobei insbesondere die Regelung der Entscheidungskompetenz zu analysieren ist. Hierbei wird auf die Arbeit von *Leumann*[9] zurückgegriffen, die sich unter Bezugnahme auf die Ende der 1970er Jahre bestehende Organisationsstruktur der schweizerischen Maschinenfabrik *Gebrüder Sulzer AG* mit der grundsätzlichen Problematik der Matrixorganisation auseinandersetzt.

Der Konzernleitung der *Sulzer AG* waren seinerzeit sowohl funktionsorientierte Einheiten (Bereiche) als Zentralbereiche bzw. „Stäbe" als auch regionale und produktorientierte Einheiten zugeordnet. Die folgenden Überlegungen konzentrieren sich auf die beiden Dimensionen „Region" und „Produkt", obwohl die funktionsorientierten Einheiten streng genommen die dritte Dimension einer Tensororganisation darstellen. Zur Erörterung der Matrixstruktur sollen mit *Leumann* die Produkt- und Regionaleinheiten als „Matrixstellen", die betroffenen Einheiten der Landesgesellschaften als „Schnittstellen" bezeichnet werden; eine Fülle bestehender Sonderregelungen wird nachfolgend vernachlässigt. So werden vor allem nur Schnittstellen betrachtet, die sowohl einer Produkt- als auch einer Regionalstelle unterstehen.

Die allgemeine Kompetenz der Produkt-Matrixstellen wurde nach den *Sulzer*-Führungsrichtlinien so formuliert[10]: „Der Produktleiter hat durch Planung und Koordination aller Belange eines bestimmten Produkts im Konzern den wirtschaftlichen Erfolg seines Produkts weltweit auf lange Sicht sicherzustellen. Er veranlasst die Entwicklung und Konstruktion von marktgerechten Produkten sowie den Aufbau einer schlagkräftigen Verkaufsorganisation und erlässt auf

---

9) Vgl. Leumann [Matrix].
10) Leumann [Matrix] 196.

Grund des genehmigten mittelfristigen Plans die zur Verwirklichung der Zielsetzungen nötigen produktbezogenen Richtlinien und Programme".

Für die Regional-Matrixstellen galt folgende Abgrenzung[11]: „Der Regionalleiter schafft in einer ihm zugeteilten Region mit Unterstützung der Produktleiter und der Fachgebietsleiter[12] die organisatorischen und vertriebsmäßigen Voraussetzungen, damit ein größtmöglicher Marktanteil mit wirtschaftlichem Erfolg langfristig gesichert werden kann".

Entscheidungsregel 1 (Entscheid mit Information)
Die Matrixstelle A hat das alleinige, uneingeschränkte Entscheidungsrecht. Sie ist gehalten, die interessierten bzw. beteiligten Stellen zu informieren und sich beraten zu lassen.

Entscheidungsregel 2 (Entscheid nach Rücksprache)
Die Matrixstelle A ist verpflichtet, vor dem Entscheid die Matrixstelle B zu konsultieren und deren Meinung einzuholen. Bei schwerwiegenden Bedenken gegen den Entscheid hat die Matrixstelle B das Recht und die Pflicht, bei der nächst höheren Instanz Rekurs einzureichen. Dieser hat aufschiebende Wirkung.

Entscheidungsregel 3 (Entscheid im Einverständnis)
Die Matrixstelle A und die Matrixstelle B entscheiden gemeinsam. Es liegt ein 'Coentscheid' vor. Wird keine Einigung erzielt, so muss der Entscheid von der nächst höheren Instanz gefällt werden.

Entscheidungsregel 4 (Entscheid nach Rücksprache)
Die Matrixstelle B ist verpflichtet, vor dem Entscheid die Matrixstelle A zu konsultieren und deren Meinung einzuholen. Bei schwerwiegenden Bedenken gegen den Entscheid hat die Matrixstelle A das Recht und die Pflicht, bei der nächst höheren Instanz einen Rekurs einzureichen. Dieser hat aufschiebende Wirkung.

Entscheidungsregel 5 (Entscheid mit Information)
Die Matrixstelle B hat das alleinige, uneingeschränkte Entscheidungsrecht. Sie ist gehalten, die interessierten bzw. beteiligten Stellen zu informieren und sich beraten zu lassen.

Übersicht 4: Führungsrichtlinien für Matrixeinheiten

Aufschlussreich sind die in den Führungsrichtlinien formulierten Regeln zur Ausübung der Entscheidungskompetenzen durch die Matrixeinheiten. Fünf Re-

---

11) Leumann [Matrix] 198.
12) Betrifft die hier vernachlässigten Konzernstäbe.

geln wurden formuliert, wobei „A" und „B" zwei verschiedene Dimensionen, z.B. „Markt" und „Produkt" repräsentieren (vgl. auch Übersicht 4)[13].

Analysiert man die Ausführungen von *Leumann* zur Anwendung dieser Entscheidungsregeln[14], so lässt sich feststellen, dass die Regeln 1 und 5 sehr selten vorgeschrieben werden. Nur bei laufenden Geschäften der Landesgesellschaften, die kein technisches und/oder wirtschaftliches Risiko enthalten, entscheiden die Landesgesellschaften unter Information der betroffenen Produktbereiche bzw. nach Beratung durch diese Bereiche. Entsprechendes gilt für die Produktbereiche. Diese Regelung der Mehrdimensionalität entspricht im Grunde weitgehend dem Stab-Linie-Modell. Hinsichtlich der übrigen Regeln überwiegt eindeutig Regel 3.

Die differenzierte Regelung der Entscheidungskompetenzen macht deutlich, dass Matrixlösungen eine Fülle von Abstufungen ermöglichen. Bedenkt man weiter, dass Matrixstrukturen praktisch nur funktionsfähig sind, wenn bei allen Beteiligten eine ausgeprägte Kooperationsbereitschaft vorhanden ist, dann besteht eine um so stärkere Veranlassung, die strenge Trennung zwischen der Matrixlösung und den übrigen mehrdimensionalen Formen in Frage zu stellen. So würde eine empirische Überprüfung vermutlich zeigen, dass in der Praxis die regionale Koordination verschiedener Produktaktivitäten sich häufig hinsichtlich der faktischen Ausübung von Entscheidungskompetenzen bei einer als „Stabs"-Lösung bezeichneten Struktur nicht wesentlich von einer „Matrix"-Lösung unterscheidet.

2.3.1.2 Ausgliederung von Aufgaben

Wie beim Matrixprinzip wird auch beim Ausgliederungsprinzip ein Aufgabenkomplex parallel nach mindestens zwei Segmentierungskriterien zerlegt. Dabei wird aus den nach einem bestimmten Gliederungskriterium (z.B. Produkt) zu bildenden Aufgabenbereichen einer komplexen Entscheidungsaufgabe gleichzeitig ein Aufgabenbestandteil, der einem anderen Kriterium entspricht (z.B. Handlung), herausgelöst. Der so abgeleitete Aufgabenteil wird einer eigenständigen organisatorischen Einheit zugeordnet, die – im Gegensatz zum Matrixprinzip – mit uneingeschränkter Verfügungskompetenz über die einzusetzenden Ressourcen ausgestattet ist. Kompetenzüberschneidungen mit anderen Einheiten hinsichtlich des Ressourceneinsatzes werden bewusst vermieden (Abb. 44).

---

13) Vgl. Leumann [Matrix] 202.
14) Vgl. Leumann [Matrix] 204.

Die Kopplung der verschiedenen Dimensionen erfolgt nicht wie beim Matrixprinzip durch ein gemeinsam zu lösendes Entscheidungsproblem, sondern durch bewusst hervorgerufene innerbetriebliche Leistungsverflechtungen. In Abb. 44 erbringt der F & E-Bereich Forschungs- und Entwicklungsleistungen für sämtliche Produktsparten. Das Ergebnis der organisatorischen Regelung sind in diesem Fall Produktbereiche (Sparten), die bis auf die Funktion „Forschung & Entwicklung" alle für die Realisation des Produktziels relevanten Funktionen besitzen.

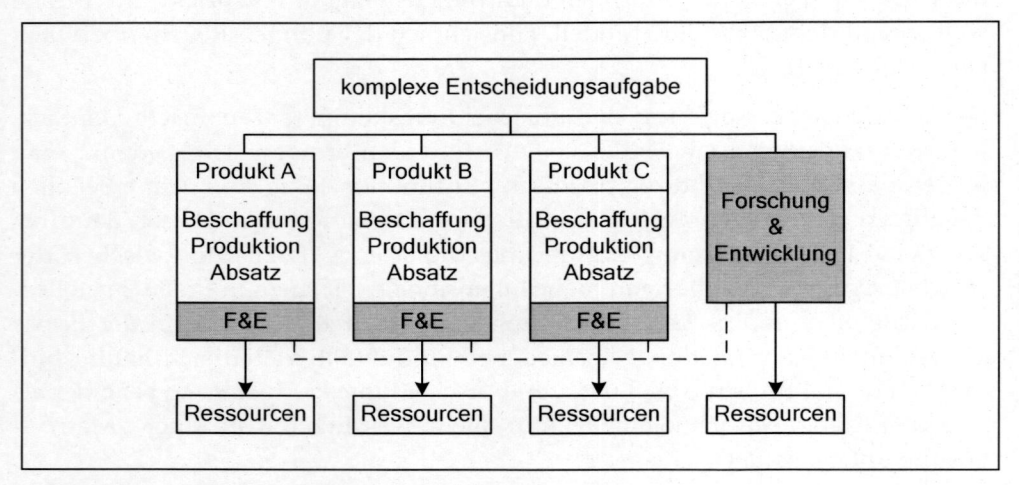

Abb. 44:   Ausgliederungsprinzip

Solche Lösungen sind in der Praxis weit verbreitet. Nahezu jede Unternehmung, die nach dem Spartenprinzip organisiert ist, wendet das Ausgliederungsprinzip in Form der Bildung von „Zentralbereichen" an. So sind z.B. im *Bayer*-Konzern die Bereiche „Produkt- und Technologieentwicklung" (Handlungskomponente) und „IT Operations" (Ressourcenkomponente) aus den operativ tätigen Gesellschaften (Geschäftsbereiche) ausgegliedert und in eigenen Servicegesellschaften organisatorisch (und rechtlich) verselbstständigt worden.

Wie Abb. 44 zeigt, führt das Ausgliederungsprinzip im Unterschied zum Matrixprinzip nicht zu Kompetenzüberschneidungen hinsichtlich bestimmter Ressourcen. Jede organisatorische Einheit kann über den Einsatz der ihr zugewiesenen Ressourcen selbständig entscheiden. Diese Regelung vereinfacht ohne Zweifel die Koordination. Sie schränkt jedoch den zentralen Vorteil ein, der mit der mehrdimensionalen Matrixstruktur verbunden ist: Es besteht nicht der organisatorisch gewährleistete Zwang zur gemeinsamen Problemlösung, welcher beim Matrixprinzip gegeben ist. Angesichts dieser Struktureigenschaften kann es nicht überraschen, dass die Kooperation zwischen den verschiedenen Einheiten, in unserem Beispiel zwischen dem Bereich „Forschung & Entwicklung" und den Produktsparten auf Grund interner Leistungsverflechtungen, in der Praxis häufig Probleme aufwirft und zusätzliche organisatorische Maßnahmen, wie z.B. die Einrichtung von Ausschüssen, erfordert.

2.3.2 Erscheinungsformen mehrdimensionaler Kompetenzstrukturen

Nachdem in den vorangegangenen Abschnitten die verschiedenen Möglichkeiten der Zerlegung komplexer Aufgaben und die unterschiedlichen Prinzipien mehrdimensionaler Strukturausrichtung eingeführt wurden, soll nachfolgend ein systematischer Überblick über die praktischen Erscheinungsformen mehrdimensionaler Organisationsstrukturen gegeben werden.

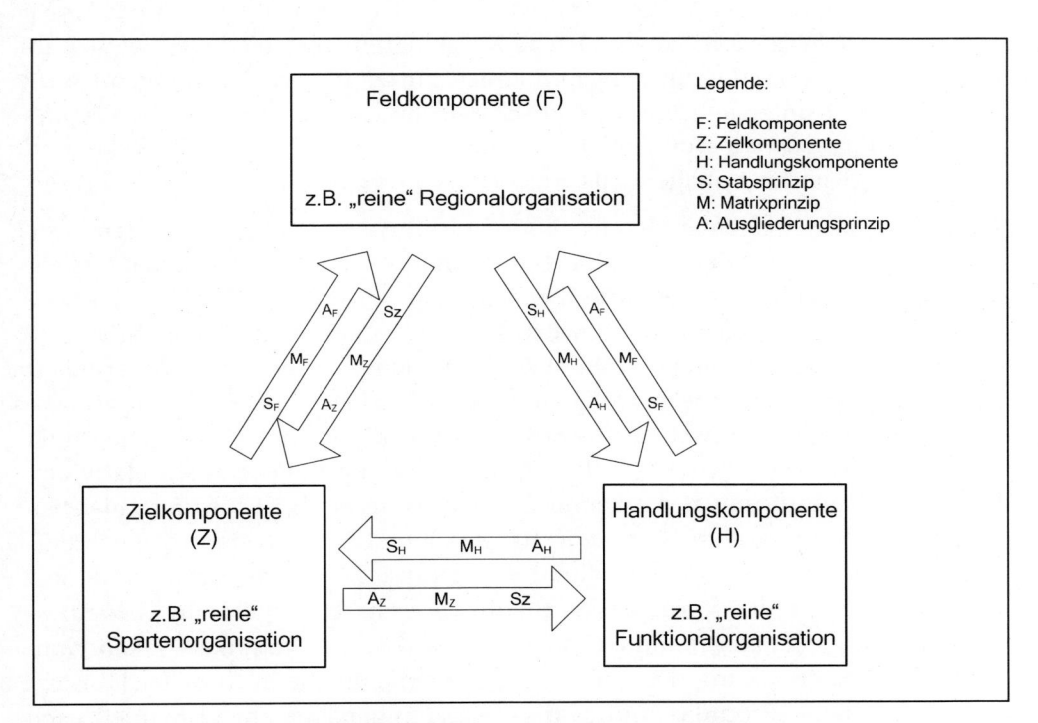

Abb. 45: Praktisch relevante mehrdimensionale Organisationsstrukturen

Wie Abb. 45 veranschaulicht, entstehen mehrdimensionale Strukturen immer durch zwei, voneinander unabhängige organisatorische Gestaltungsentscheidungen; zum einen durch die Bestimmung des anzuwendenden Segmentierungskriteriums und zum anderen durch die Festlegung des relevanten Verankerungsprinzips. Ausgehend von den reinen, an den Merkmalen Feld (F), Handlung (H) und Ziel (Z) ausgerichteten eindimensionalen Grundstrukturen kann eine weitere Dimension durch Anwendung der beschriebenen Prinzipien

Stab (S), Matrix (M) und Ausgliederung (A) verankert werden, je nachdem, wie stark der Einfluss der zusätzlich berücksichtigten Dimension auf die Entscheidungsfindung sein soll.

Die Zielkomponente kann z.B. um die feldorientierte Dimension ergänzt werden. Hierzu wird eine organisatorische Einheit gebildet, in der die Entscheidungskompetenzen hinsichtlich homogener Umweltbereiche (z.B. im Rahmen eines Regionalmanagements) oder gleichartiger Ressourcen (z.B. Informationsmanagement) gebündelt sind. Diese feldorientierte Erweiterung kann als Stabs- (S_F), Matrix- (M_F) oder Ausgliederungslösung (A_F) erfolgen, wobei der Index "F" auf die gewählte zweite (oder weitere) Dimension hinweist (siehe auch Pfeilrichtung). Zweidimensionale Strukturen können nach demselben Prinzip um eine weitere Dimension ergänzt werden. Die vielfältigen Ausprägungen mehrdimensionaler Strukturen in der Unternehmungspraxis lassen sich auf diese Weise auf die spezifische Kombination verschiedener Segmentierungskriterien und Verankerungsprinzipien zurückführen. Nachfolgend wird vereinfachend unterstellt, dass praktisch relevante mehrdimensionale Organisationsstrukturen den Konzepten des Funktions-, des Produkt-/Projekt- und des Markt-/Kundenmanagements zugeordnet werden können.

Das Funktionsmanagement ist als ein organisatorisches Konzept zu charakterisieren, bei dem neben einer produkt- oder markt-/kundenorientierten Grundstruktur die handlungsorientierte Dimension in Form der Stabs-, Matrix- oder Ausgliederungslösung verankert wird. Im Prinzip kann jede betriebliche Teilfunktion im Rahmen eines Funktionsmanagements organisatorisch verankert werden; entsprechend vielgestaltig sind die in der betrieblichen Praxis zu beobachtenden organisatorischen Lösungen. Es lassen sich nur für wenige Funktionen, insbesondere für „Logistik", „Controlling" und „Personal", relativ einheitliche Gestaltungsmuster erkennen[15]. Charakteristisch ist für diese hier beispielhaft genannten Aufgaben – wie für das Funktionsmanagement generell – die bereichsübergreifende Koordinationswirkung. Im Rahmen des Funktionsmanagements werden vornehmlich für die gesamte Unternehmung bedeutsame Teilfunktionen, so genannte Querschnittsfunktionen, verankert. Die organisatorische Ausgestaltung des Funktionsmanagements, die in formaler Hinsicht ebenso wie beim Produkt- und Markt-/Kundenmanagement prinzipiell nach dem Stabs-, Matrix- oder Ausgliederungsprinzip erfolgen kann, soll an dieser Stelle nicht weiter thematisiert werden.

Im Gegensatz zum „Funktionsmanagement" verbinden sich in Organisationstheorie und -praxis mit den Bezeichnungen „Produktmanagement" und

---

15) Zur Organisation der genannten Teilfunktionen vgl. z.B. Seeck [Erfolgsfaktor] 33 ff.; Gleich/Michel [Controlling]; Jung [Personalwirtschaft] 29 ff.

„Marktmanagement" – trotz unternehmungsspezifischer Besonderheiten im Einzelfall – relativ einheitliche Vorstellungen.[16] Dies ist vermutlich darauf zurückzuführen, dass die bereichsübergreifende organisatorische Absicherung der Koordination von Produkt- und Marktaktivitäten zu relativ homogenen Aufgaben führt, die bis zu einem gewissen Grade einer generell gültigen Analyse und spezifischen Gestaltungsempfehlungen zugänglich sind. Während der Anwendungsschwerpunkt des Funktionsmanagements auf Grund der angestrebten bereichsübergreifenden Koordinationswirkung auf der Gesamtunternehmungsebene liegt, haben die Konzepte des Produkt- und Markt-/ Kundenmanagements vor allem im betrieblichen Absatzbereich und damit auf Teilbereichsebene Bedeutung.

b. Strukturierung

Im Wege der Strukturierung wird der *Kompetenzspielraum*, die Entscheidungsautonomie, einer Entscheidungseinheit festgelegt. Je detaillierter die Entscheidungskomponenten formuliert sind, desto mehr ist die Entscheidungseinheit bei der Festlegung von Handlungen eingeschränkt.

1. Einräumung von Entscheidungsautonomie

Bevor die Formen und Bestimmungsgrößen der Einräumung von Entscheidungsautonomie analysiert werden, soll die arbeitsteilige Lösung von Entscheidungsproblemen, die in den vorangegangenen Abschnitten bereits in ihren Grundzügen beschrieben wurde[17], eingehender erörtert werden. Diese Überlegungen bilden die entscheidungslogische Ausgangssituation für die Auseinandersetzungen mit dem Problem der Entscheidungsautonomie.

Bei der arbeitsteiligen Lösung von Entscheidungsproblemen vollzieht sich der Entscheidungsprozess sukzessive über mehrere Ebenen hinweg bis eine realisationsreife Lösung vorliegt. Die erste an der Lösung des Gesamtproblems beteiligte Entscheidungseinheit bestimmt selber nicht die durchzuführende Handlung. Sie begrenzt für die nachgeordnete Einheit das Entscheidungsproblem durch Einschränkung der Feld-, Handlungs- und Zielkomponente; das Ent-

---

16) Vgl. zu diesen Konzepten Tietz [Produktmanagement]; Josten [Determinanten]; Diller [Kundenmanagement]; Gruner/Garbe/Homburg [Formen]; Köhler [Marketing-Organisation]; Töpfer [Handbuch].
17) Vgl. S. 93 ff.

scheidungsproblem wird strukturiert. Das auf diese Weise eingegrenzte Problem wird zur weiteren Strukturierung und unter Umständen Segmentierung weitergegeben.

Im Folgenden soll dieser sich schrittweise vollziehende Entscheidungsprozess untersucht werden. Die Überlegungen konzentrieren sich dabei auf die Strukturierung. Als Ausgangspunkt für die Darstellung des Strukturierungsvorgangs sei angenommen, dass die Handlungsergebnisse (Endzustände) der mit einem komplexen Entscheidungsproblem[18] konfrontierten Entscheidungseinheit noch nicht bis in alle Details bestimmt sind. Die von der Einheit betrachteten Ergebnisse lassen sich als Teilmengen der Menge der möglichen Endzustände E auffassen. Eine solche Teilmenge $E^* \subset E$, die von der Entscheidungseinheit als mögliches Ergebnis abgegrenzt werden kann, soll als Ergebnisbereich bezeichnet werden. Die Menge aller von der Entscheidungseinheit betrachteten Ergebnisbereiche $E \subset P(E)$ gibt deren Ergebnisvorstellung wieder.

Im Folgenden wird unterstellt, dass die Ergebnisvorstellung der Entscheidungseinheit durch eine Partition $p(E)$ der Menge der möglichen Endzustände E charakterisiert ist; d.h. die Ergebnisvorstellung ist vollständig und berücksichtigt nur sich ausschließende Ergebnisse. Unter dieser Voraussetzung lässt sich durch Partition der Menge der Handlungen und Umweltzustände eine problemgerechte Informationsstruktur für die Entscheidungseinheit bestimmen, in der $p(E)$ als Ergebnismenge betrachtet wird. Zwischen allen Endzuständen e, die in einem Element $e' \in p(E)$ zusammengefasst sind, wird von der Entscheidungseinheit nicht unterschieden.

Zwischen den so abgegrenzten Ergebnisbereichen wählt die Entscheidungseinheit nach Maßgabe ihres Formalziels den Bereich mit dem höchsten Nutzenwert aus. Die Lösung des vorgegebenen Entscheidungsproblems äußert sich dann in der Festlegung des Ergebnisbereichs als eingeschränktes neues Sachziel und gegebenenfalls in einer entsprechenden Strukturierung der übrigen Entscheidungskomponenten[19].

Der Lösungsbeitrag der bisher betrachteten Entscheidungseinheit, die wir mit E_1 bezeichnen wollen, geht als Prämisse in die Entscheidungsaktivitäten der nachgeordneten Einheit E_{11} ein; sie bestimmt das von E_{11} zu lösende Entscheidungsproblem. Aufgabe der Entscheidungseinheit E_{11} ist es nun, durch Verfei-

---

[18] Die Frage, wie das Entscheidungsproblem für die betrachtete Einheit entstanden ist, wird an dieser Stelle vernachlässigt.

[19] Der hier betrachtete sukzessive Strukturierungsvorgang hat zur Folge, dass die schließlich als bestmögliche ausgewählte Handlung im allgemeinen nicht für das ursprüngliche Gesamtproblem als optimal angesehen werden kann, da immer nur der Ergebnisbereich mit dem höchsten erwarteten Nutzen weiter verfeinert wird.

nerung der Partitionen für die Feld-, Handlungs- und Zielkomponenten in dem vorgegebenen eingeschränkten Bereich das Problem weiter zu strukturieren. Als Ergebnis ihrer Entscheidung formuliert E_{11} ein Entscheidungsproblem für die nachgeordnete Einheit E_{111}. Formal lässt sich dieser arbeitsteilige Entscheidungsprozess so beschreiben (vgl. Abb. 46): Durch die Entscheidungsaktivitäten der Einheit E_{11} wird ein Entscheidungsproblem, dessen Komponenten durch die Informationsstruktur mit der Feinheit p_1 abgebildet sind, in ein Entscheidungsproblem transformiert, das durch die Informationsstruktur mit der Feinheit p_{11} beschrieben ist und sich auf einen eingeschränkten Bereich des ursprünglichen Entscheidungsfeldes bezieht; dabei gilt $p_{11} \prec p_1$ [20]. Der Entscheidungsbeitrag der Einheit E_{11} besteht also – wenn man von der Segmentierung und der Einschränkung des Entscheidungsfeldes absieht – in der Überführung eines Entscheidungsproblems in eine feinere Partition [21].

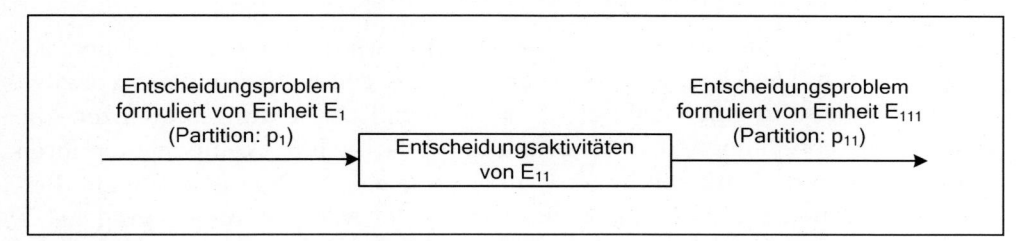

Abb. 46: *Ausschnitt aus einem arbeitsteiligen Entscheidungsprozess*

Mit der Formulierung des Entscheidungsproblems für die Einheit E_{11} auf der Grundlage der Informationsstruktur p_1 ist für die Einheit E_1 das Entscheidungsproblem gelöst; sie ist gegenüber feineren Abbildungen der Entscheidungskomponenten indifferent. Die Entscheidungsaktivitäten von E_{11} werden durch die Auflage ausgelöst, das nur grob formulierte Entscheidungsproblem realisationsreif zu formulieren bzw. einer realisationsreifen Formulierung näher zu bringen. Die Erfüllung dieser Aufgabe erfordert im Rahmen eines eigenständigen Suchprozesses die Beschaffung detaillierterer Informationen über die Feld-, Handlungs- und Zielkomponente. Der Strukturierungsbeitrag und damit die Feinheit der Informationsstruktur, in der die Strukturierung der Entscheidungskomponenten erfolgt, wird dabei durch die Kapazität der Entscheidungseinheit E_{11} bestimmt. Reicht die gegebene Entscheidungskapazität dieser Einheit zur

---

20) Bei dieser und der folgenden Feststellung wird davon abgesehen, dass die betrachteten Partitionen streng genommen nur zu vergleichen sind, wenn sie auf die gleiche Menge von Elementarereignissen bezogen werden.
21) Vgl. zur sukzessiven Einengung und Präzisierung von Entscheidungsproblemen auch Laux/Liermann [Grundlagen] 55 ff.

realisationsreifen Formulierung aus, werden alle Entscheidungskomponenten so strukturiert, dass eine unmittelbare Realisation der festgelegten Handlung(en) möglich ist. Erlaubt die vorhandene Kapazität keine realisationsreife Formulierung, erfolgt eine weitere Strukturierung der Entscheidungskomponenten.

Bei der beschriebenen schrittweisen Strukturierung eines Entscheidungsproblems müssen auf jeder Stufe des Entscheidungsprozesses die Entscheidungskomponenten mit zunehmender Feinheit abgebildet werden. Soweit die benötigten Informationen in der Unternehmung vorhanden sind, ergibt sich aus dieser Tatsache die Notwendigkeit sich ständig wiederholender Prozesse einer detaillierteren Aufbereitung des vorhandenen Bestandes an Informationen. Sind die fraglichen Informationen nicht in der Unternehmung zugänglich, müssen von den Entscheidungseinheiten neben Maßnahmen der Informationsverarbeitung auch eigenständige Suchprozesse durchgeführt werden.

Der bisher betrachtete Strukturierungsprozess lässt sich folgendermaßen zusammenfassen: Die Lösung eines komplexen Entscheidungsproblems vollzieht sich stufenweise in einer Abfolge hierarchischer Entscheidungssequenzen, die in einer fortschreitenden Strukturierung der Entscheidungskomponenten ihren Ausdruck finden. „Entscheidungen" äußern sich also in Organisationen im Beitrag einer Einheit zur stärkeren Strukturierung der Komponenten eines gegebenen Entscheidungsproblems. Jede auf diese Weise auf einer Stufe des Entscheidungsprozesses vorgenommene Strukturierung der Komponenten verringert den Lösungsraum und schränkt den Spielraum für die Entwicklung von Alternativen auf den nachfolgenden Stufen ein. Das Entscheidungsproblem wird als gelöst betrachtet, wenn eine realisationsreife Handlung festgelegt ist; es sind dann alle Komponenten des Entscheidungsproblems vollkommen strukturiert.

Das Modell hierarchischer Entscheidungssequenzen beschreibt ohne Zweifel eine schon aus logischen Gründen gültige Grundstruktur arbeitsteiliger Entscheidungsprozesse[22]. Ohne Orientierung an den von einer übergeordneten Einheit vorgegebenen Entscheidungskomponenten kann eine nachgeordnete Einheit keinen Beitrag zur Realisation des Unternehmungsziels leisten. Es darf allerdings nicht übersehen werden, dass in der Realität das Modell hierarchischer Entscheidungssequenzen unterschiedliche Ausprägungen erfährt. Auf zwei Tatbestände soll im Folgenden hingewiesen werden:

---

[22] Vgl. in diesem Zusammenhang das von *Koch* formulierte „Prinzip der hierarchisch gespaltenen Unternehmenspolitik" (vgl. Koch [Globalplanung] 226) sowie die Arbeit von Emery [Planning].

Der erste Tatbestand betrifft die Formulierung einer problemgerechten Informationsstruktur. Praktische Erfahrungen und empirische Studien[23)] sprechen gegen die Annahme, jede Entscheidungseinheit könne ihre problemgerechte Informationsstruktur artikulieren. Der mathematische Nachweis, dass eine problemgerechte Informationsstruktur existiert, eröffnet allein noch keinen praktikablen Weg zur Bestimmung einer derartigen Partition. Aus diesem Grund ist zu erwarten, dass der arbeitsteiligen Lösung von Entscheidungsproblemen nicht immer eine problemgerechte Informationsstruktur zu Grunde liegt. Darüber hinaus ist anzunehmen, dass nicht immer alle Entscheidungskomponenten explizit ausgewiesen werden und dass die Informationen über die ausgewiesenen Komponenten unvollständig sind.

Der zweite Tatbestand betrifft den in der Praxis verbreiteten Einsatz entscheidungsvorbereitender Einheiten, vor allem in Form von Stäben und Ausschüssen. Die Entscheidungen einer Einheit E_1, die für zwei nachgeordnete Entscheidungseinheiten E_{11} und E_{12} Entscheidungskompetenzen formuliert, werden bei dieser Betrachtung durch Einheiten mit Aufgaben der Informationsgewinnung und -aufbereitung vorbereitet. Diese Fragen werden im nächsten Abschnitt bei der Behandlung des Planungssystems wieder aufgegriffen.

2. Bestimmungsgrößen der Entscheidungsautonomie

Die Entscheidungsautonomie einer Einheit bildet ab, bis zu welchem Grade die betrachtete Entscheidungseinheit bei der Lösung von Entscheidungsproblemen frei von Beschränkungen ist. Jeder Versuch, die Entscheidungsautonomie einer Entscheidungseinheit zu ermitteln und die Bestimmungsgrößen der Autonomie zu untersuchen, muss von der jeweiligen Entscheidungskompetenz ausgehen.

Mit der Formulierung und Vorgabe einer Entscheidungskompetenz, d.h. mit der Festlegung der Feld-, Handlungs- und Zielkomponente, wird für eine Einheit die Menge der zulässigen Handlungen bestimmt. Sind die Entscheidungskomponenten unvollkommen aufeinander abgestimmt, so wird die zulässige Handlungsmenge durch die Komponente definiert, die zu der stärksten Einschränkung der Handlungen führt.

Generell kann man feststellen: Eine Einheit besitzt Entscheidungsautonomie, wenn die zulässige Handlungsmenge Handlungsalternativen offen lässt – nur dann besteht überhaupt ein Entscheidungsproblem. Mit der Formulierung einer

---

23) Vgl. den Überblick bei Gemünden [Informationsverhalten]; Putz-Osterloh [Entscheidungsverhalten]; Lindstädt [Rationalität].

Entscheidungskompetenz wird damit notwendigerweise Entscheidungsautonomie eingeräumt[24]. Besteht keine Entscheidungsautonomie mehr, dann ist das Entscheidungsproblem gelöst, es geht nur noch um die Realisation der Entscheidung.

Wir wollen die Frage nach den Bestimmungsgrößen der Entscheidungsautonomie vor dem Hintergrund der Kompetenzverteilung auf den beiden höchsten Hierarchieebenen einer Unternehmung verdeutlichen. Es wird unterstellt, die Unternehmungsleitung habe im Rahmen einer groben Gesamtplanung ein komplexes Entscheidungsproblem durch Strukturierung und Segmentierung auf die nachgeordneten Einheiten „Beschaffung", „Produktion" und „Absatz" aufgeteilt. Der Beschaffungsleiter hat u.a. über die Beschaffung eines von mehreren Betrieben am Markt angebotenen Aggregates, das in eine von der Unternehmung hergestellte Maschine eingebaut wird, zu entscheiden. Für die Unternehmungsleitung stellt sich bei der Formulierung der Entscheidungskompetenz die Frage, bis zu welchem Preis dem Beschaffungsleiter die Befugnis eingeräumt werden soll, über die Beschaffung des Aggregates zu entscheiden, und ab welchem Preis die Entscheidungsautonomie des Beschaffungsleiters aufzuheben ist.

Aus entscheidungslogischer Sicht wird in der beschriebenen Situation der „kritische" Preis dann erreicht, wenn die Unternehmungsleitung hinsichtlich der Endzustände, wie sie auf Grund der Beschaffungsentscheidung zu erwarten sind, nicht mehr indifferent ist. Die Höhe des kritischen Preises und damit das Ausmaß an Entscheidungsautonomie der betreffenden Einheiten hängt also von dem Strukturierungsgrad der Unternehmungsleitung ab. Die Unternehmungsleitung würde bei Überschreitung dieses kritischen Marktpreises eine andere Entscheidung fällen als der Beschaffungsleiter. Sie würde unter Umständen entscheiden, das bisher gekaufte Aggregat selbst zu fertigen. Die bestehende Planung würde revidiert; anstelle des bisherigen Fremdbezugs würde die Eigenfertigung treten.

Die vorangegangenen Überlegungen lassen sich folgendermaßen verallgemeinern: Die Entscheidungsautonomie einer Entscheidungseinheit ist davon abhängig, welche Feinheit die problemgerechte Informationsstruktur der jeweils übergeordneten Einheit besitzt. Je ausgeprägter das Differenzierungsvermögen hinsichtlich der Entscheidungsergebnisse auf Seiten der übergeordneten Einheit ist, desto geringer ist die Entscheidungsautonomie der nachgeordneten Einhei-

---

[24] Auf diesen Tatbestand ist in der organisationstheoretischen Literatur bereits früh hingewiesen worden; vgl. z.B. Gutenberg [Unternehmensführung] 104 f.; Mesarovic/Macko/Takahara [Theory] 50 und Morgenstern [Prolegomena]. Vgl. in diesem Zusammenhang die primär arbeitspsychologische Analyse des Handlungsspielraums bei Osterloh [Handlungsspielräume].

ten. muss sich die übergeordnete Einheit an ihre begrenzte Informationsverarbeitungskapazität durch eine Vergröberung der problemgerechten Informationsstruktur anpassen, so wird die Entscheidungsautonomie der nachgeordneten Einheit erweitert. Es werden dann Entscheidungen „nach unten" delegiert. Hat die übergeordnete Einheit dagegen auf Grund bestehender Kapazitätsreserven oder auf Grund einer Zuordnung entscheidungsvorbereitender Einheiten die Möglichkeit, ihren Entscheidungen eine feinere problemgerechte Informationsstruktur zu Grunde zu legen, verringert sich die Entscheidungsautonomie der nachgeordneten Einheit.

Abschließend ist eine Anmerkung zum Charakter der bisher betrachteten „übergeordneten Einheit" angebracht. Bei dieser Einheit handelt es sich nicht immer um eine individuelle Entscheidungseinheit. Die Entscheidungsautonomie kann auch durch kollektive Entscheidungseinheiten – Ausschüsse, denen die betroffenen Einheiten angehören können – festgelegt werden. In dem erörterten Beispiel könnte in diesem Fall die Entscheidungsautonomie des Beschaffungsleiters im Wege der Selbstabstimmung durch einen Ausschuss, dem die Leiter des Beschaffungs-, des Absatz- und des Produktionsbereichs angehören, abgegrenzt werden.

Die Vorteile solcher Ausschüsse sind offensichtlich. Sie erlauben unter vereinfachenden Kommunikationsbedingungen den unmittelbaren Rückgriff auf die Sachkenntnis der zu koordinierenden Einheiten. Auf der anderen Seite dürfen jedoch gravierende Nachteile der Bildung von Koordinationsausschüssen nicht übersehen werden. Abgesehen von einigen Problemen der Gruppenlösung wird die Leistungsfähigkeit dieses Koordinationsinstruments unter Umständen durch den Ressortegoismus der einzelnen Mitglieder beeinträchtigt[25].

3. Entscheidungsautonomie und (De)Zentralisation

Obwohl der im vorangegangenen Abschnitt eingeführte Begriff der Entscheidungsautonomie einen grundlegenden Sachverhalt jedes arbeitsteiligen Entscheidungssystems beschreibt, finden sich kaum organisationstheoretische Beiträge, die unmittelbar die Entscheidungsautonomie einer Einheit zum Gegenstand haben. Große Aufmerksamkeit wird dagegen dem Phänomen der Entscheidungsautonomie bei der Entwicklung von auf die gesamte Organisation bezogenen Zentralisations- und Dezentralisationsmaßen gewidmet. Bevor die Problematik von (De)Zentralisationsmaßen erörtert wird, soll zunächst die Fra-

---

[25] Vgl. zu diesem Problem S. 448 f.

ge untersucht werden, wie man die Entscheidungsautonomie einzelner Entscheidungseinheiten abbilden und vergleichen kann. Gegenstand der folgenden Überlegungen ist damit die Möglichkeit der Entwicklung eines Autonomiemaßes und dessen Aussagefähigkeit; dabei sind ordinale und kardinale Autonomiemaße denkbar.

Ein nahe liegendes ordinales Autonomiemaß orientiert sich an der Inklusionsbeziehung: Wenn die Menge der zulässigen Handlungen der Einheit E_{11} eine Teilmenge der Menge der zulässigen Handlungen der Einheit E_1 ist, dann ist die Entscheidungsautonomie von E_1 größer als die von E_{11}. Ein so konzipiertes ordinales Autonomiemaß gestattet jedoch nur den Vergleich zwischen bestimmten Entscheidungseinheiten. So kann man in Abb. 47 wohl die Einheiten E_0, E_1, E_{11} und E_{111} untereinander vergleichen, nicht jedoch z.B. die Einheiten E_1 und E_{21}. Verglichen werden können die Einheiten, die in der sich zunehmend verästelnden Entscheidungshierarchie auf „einer Linie" liegen. Nur zwischen diesen Einheiten lassen sich auf der Grundlage der Inklusionsbeziehung Vergleiche hinsichtlich des Ausmaßes an Entscheidungsautonomie durchführen.

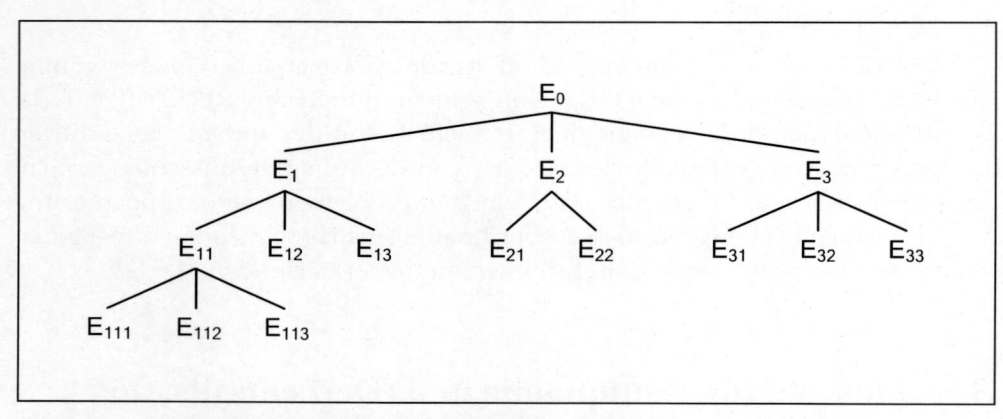

Abb. 47:   Hierarchisch angeordnete Entscheidungseinheiten

Betrachtet man eine nach dem Kriterium der Inklusion geordnete Anzahl von Entscheidungseinheiten, so findet in der zunehmenden Einschränkung der Entscheidungsautonomie die schrittweise Lösung eines gegebenen Entscheidungskomplexes ihren Ausdruck. Im Grad der Entscheidungsautonomie zeigt sich die Realisationsreife des zu lösenden Entscheidungsproblems. Je näher ein Entscheidungsproblem seiner realisationsreifen Formulierung ist, desto geringer wird auf Grund vorgelagerter Entscheidungen die Entscheidungsautonomie der mit der Lösung des Entscheidungsproblems betrauten Einheiten.

Die bisherigen Überlegungen haben gezeigt, dass durch ordinale Maße ein begrenzter Vergleich von Entscheidungseinheiten hinsichtlich des jeweiligen Ausmaßes an Entscheidungsautonomie möglich ist. Es stellt sich die Frage, ob man sinnvolle kardinale Autonomiemaße formulieren kann, die Vergleiche zwischen allen Entscheidungseinheiten, in Abb. 47 also z.B. auch zwischen den Einheiten E_1 und E_{21}, gestatten.

Ein kardinales Maß ist z.B. gegeben, wenn man zwei Entscheidungseinheiten, etwa den Absatzleiter und den Lagerverwalter im Beschaffungsbereich, hinsichtlich der Anzahl der zulässigen Handlungen vergleicht. Eine solche kardinale Skala wirft jedoch vor allem zwei Probleme auf. Das erste Problem entsteht dadurch, dass eine Handlungsmenge eine unendliche Zahl von Handlungsalternativen enthalten kann. Diese Situation ist z.B. im Produktionsbereich gegeben, wenn sich die Ausbringungsmenge auf Grund der Teilbarkeit eines Produktes stetig variieren lässt. Unter diesen Umständen sind Vergleiche zwischen verschiedenen Entscheidungseinheiten problematisch. Die zweite Schwierigkeit wird durch die Notwendigkeit begründet, Handlungsmengen mit unterschiedlicher Partition zu vergleichen. Die zulässige Handlungsmenge des Absatzleiters kann auf Grund einer groben Informationsstruktur aus weniger Handlungsalternativen bestehen als die wesentlich feiner abgebildeten Handlungen eines Lagerverwalters im Beschaffungsbereich. Die Messung der Entscheidungsautonomie wäre auf dieser Basis kaum sinnvoll. Diese Schwierigkeiten ließen sich nur umgehen, wenn die Handlungsmengen der zu vergleichenden Entscheidungseinheiten in Mengen mit realisationsreifer Feinheit transformiert würden. Eine solche Transformation ist jedoch nicht praktikabel.

Die kardinale Messung der Entscheidungsautonomie verliert auch dadurch nichts von ihrer Problematik, dass hinsichtlich einiger Entscheidungskomponenten kardinale Messoperationen möglich sein können. Ein Beispiel sind monetäre Budget- und Zielvorgaben. Selbst bei Entscheidungseinheiten, deren Entscheidungskompetenzen monetäre Größen aufweisen, werden diese Bestandteile in der Regel nur in Verbindung mit nicht-monetären Größen bei der Abgrenzung von Entscheidungskompetenzen herangezogen. So wird die Entscheidungskompetenz des Werbeleiters neben finanziellen Restriktionen weitere Einschränkungen hinsichtlich des relevanten Absatzmarktes und der einzusetzenden Werbemedien enthalten. Entsprechende Regelungen werden beim Leiter des Beschaffungsbereichs festzustellen sein. Der Vergleich der finanziellen Kompetenzen dieser beiden Entscheidungseinheiten gibt unter diesen Umständen kaum Aufschluss über die gesamten Unterschiede in ihrer Entscheidungsautonomie.

Insgesamt lässt sich deshalb feststellen, dass kardinale Maße kaum herangezogen werden können, um für organisationstheoretische Fragestellungen aussagefähige Unterschiede in der Entscheidungsautonomie verschiedener Entscheidungseinheiten abzubilden.

Vor dem Hintergrund dieser messtheoretischen Überlegungen soll im folgenden die Problematik von (De)Zentralisationsmaßen diskutiert werden.

3.1 (De)Zentralisationsbegriffe in der Literatur

Es gibt neben den Begriffen „Zentralisation" und „Dezentralisation" kaum ein anderes Begriffspaar, das in den verschiedensten Disziplinen – z.B. Volks- und Betriebswirtschaftslehre, Politische Wissenschaft, Soziologie und Sozialpsychologie – eine vergleichbare Bedeutung erlangt hat. Die weit verbreitete Auseinandersetzung mit Zentralisations- und Dezentralisationsproblemen lässt zunächst vermuten, dass in der Organisationstheorie über den Begriffsinhalt weitgehend Übereinstimmung herrscht. Die kritische Sichtung der Aussagen in der Literatur widerlegt jedoch diese Annahme. Auch ist nur selten versucht worden, Zentralisations- und Dezentralisationsmaße operational zu definieren.

Die meisten Begriffsfassungen lassen sich entsprechend dem ursprünglichen Wortsinn als Bewegung zu einem Zentrum hin bzw. als Konzentration eines Merkmals in einem Zentrum (Zentralisation) oder von einem Zentrum weg bzw. als Verteilung eines Merkmals über mehrere Einheiten (Dezentralisation) deuten. Allerdings können auf diese Weise Gemeinsamkeiten zwischen den Definitionen nur auf einem hohen Abstraktionsniveau festgestellt werden. Erwähnt sei in diesem Zusammenhang eine systemtheoretische Interpretation des (De)Zentralisationsphänomens. Die „zentrale" Position eines Elements in einem System hängt nach dieser Auffassung davon ab, in welchem Maße dem Element eine dominierende Rolle als „leading part" zufällt. Kleine Veränderungen im Input eines „zentralen" Elements haben verstärkte Auswirkungen für das Gesamtsystem[26]. Die Vorstellung einer „zentralen" Position liegt auch dem Zentralisations- bzw. Zentralitätsbegriff, wie er von dem sozialpsychologischen Zweig der Kleingruppenforschung sowie zum Zwecke der Analyse sozialer Netzwerke entwickelt wurde, zu Grunde[27].

Die weiteren Überlegungen konzentrieren sich auf die (De)Zentralisationsbegriffe, die in einem hierarchischen System[28] die Verteilung von Entscheidungen

---

26) Vgl. v. Bertalanffy [Outline] 150 f.; Hall [Methodology] 67; Hall/Fagen [System] 22.
27) Vgl. zur Struktur dieser Konzepte Flament [Applications] und insbesondere zur Kritik verschiedener Zentralisationsmaße der Kleingruppenforschung Sabidussi [Centrality]; zur Messung von Zentralität im Rahmen sozialer Netzwerke vgl. Trappmann/Hummell/Sodeur [Strukturanalyse] 25 ff.
28) In einem weiteren Sinne wird das Begriffspaar in der betriebswirtschaftlichen Organisationslehre verwendet, wenn Zentralisation und Dezentralisation als generelle Prinzipien der Aufgabenverteilung interpretiert werden (vgl. Bleicher [Zentralisation]). Auf die verbreitete Gleichsetzung von „Dezentralisierung" und „Einführung der Spartenorganisati-

b.w.

abbilden[29]. Die den verschiedensten organisationstheoretischen Ansätzen zu Grunde liegenden Vorstellungen der (De)Zentralisation von Entscheidungen lassen sich durch folgende Umschreibung von *Simon*[30] umreißen: „Eine Organisation ist in dem Maße zentralisiert, in dem Entscheidungen auf relativ hohen Ebenen der Hierarchie gefällt werden; sie ist in dem Maße dezentralisiert, in dem Entscheidungen vom Top-Manager auf untere Ebenen delegiert werden."

3.2 Ausgewählte Messkonzepte

Bevor im nächsten Abschnitt die Aussagefähigkeit verschiedener (De)Zentralisationsmaße diskutiert wird, soll die messtheoretische Struktur zweier (De)Zentralisationsmaße, des Konzepts von *Whisler* und des Konzepts der *Aston-Gruppe*, im Einzelnen analysiert werden.

Whisler

Whisler hat in einer Reihe von Aufsätzen[31] ein Maß zur Erfassung des (De)Zentralisationsgrades organisatorischer Strukturen bezüglich des Merkmals „Ausübung von Control" entwickelt. Unter „Control" werden jede direkte Ausübung von Einfluss sowie alle generellen Maßnahmen zur Beeinflussung der Handlungen einer Gruppe oder Organisation verstanden[32]. *Whisler* entwickelt in seinen Beiträgen keine exakte Definition des Einflussbegriffs, die eine Operationalisierung von Einflussbeziehungen erlaubte. Mit dem Fall der vollkommenen Zentralisation oder Dezentralisation werden lediglich zwei extreme Ausprägungen der Einflussverteilung beschrieben. Bei vollkommener Zentralisation ist die Ausübung von Einfluss in einer Person konzentriert, bei vollkommener Dezentralisation haben alle Mitglieder die gleiche Einflussmöglichkeit. Für die praktisch relevanten Zwischenformen lassen sich jedoch keine Messvorschriften aus den beiden extremen Positionen ableiten. Damit ist zugleich eine

---

on" wird noch eingegangen (vgl. S. 436 ff.). Vgl. generell zur Zentralisation und Dezentralisation den Überblick bei Beuermann [Zentralisation]; Schanz [Organisationsgestaltung] 214 ff. und die Studien von Drumm [Paradigma] sowie Frese [Dezentralisierung].

29) Die generellen Beziehungen zwischen Hierarchie und Dezentralisation hat *Simon* so formuliert: „Hierarchische Systeme bedingen ihrem Wesen nach immer ein gewisses Maß an Dezentralisation." (Simon [Automation] 103 f.).

30) Simon et al. [Centralization] 1. Vgl. zu weiteren Definitionen in der empirischen Organisationsforschung z.B. Hage [Theory] 294 und Hage/Aiken [Centralization] 77 f. sowie in der Managementliteratur z.B. Brech [Centralization] 9 und Dale [Planning] 149 f.

31) Vgl. z.B. Whisler [Centralization].

32) Vgl. Whisler [Centralization] 315.

kritische Beurteilung des von *Whisler* vorgeschlagenen indirekten Messverfahrens erschwert. *Whisler* erfasst nicht direkt die Ausübung von Einfluss in einer Organisation, er bildet vielmehr indirekt den (De)Zentralisationsgrad durch Orientierung an dem Kriterium „Höhe der Gehalts- und Lohnzahlungen" ab[33]. Eine Organisation besitzt einen umso höheren Zentralisationsgrad, je mehr die Gehalts- und Lohnzahlungen auf den oberen Ebenen konzentriert sind. *Whisler* rechtfertigt die Anwendung dieses Messverfahrens mit folgenden Überlegungen: Jede organisatorische Regelung, die zu einer bestimmten interpersonellen Verteilung von „Control" führt, stellt bestimmte Anforderungen an die Aufgabenträger. Die Anforderungen beziehen sich auf individuelle Eigenschaften wie Intelligenz, Wissen, Initiative und ähnliche Merkmale. Diese Fähigkeiten sind unter den einzelnen Individuen ungleichmäßig verteilt, wobei Personen mit einer breiten Ausprägung dieser Eigenschaften relativ selten sind und darum höhere Gehälter erfordern. Für diese Personen besteht nach *Whisler* eine generelle Präferenz, die über die Nachfrage die Preise auf dem – von der Unternehmung nicht zu beeinflussenden – Arbeitsmarkt bestimmt. Aus den jeweiligen Anforderungen für die „Control"-Funktionen der Organisation wird so eine spezifische Struktur des Gehalts- und Lohngefüges abgeleitet.

Gegenüber dem Ansatz von *Whisler* lässt sich eine Reihe kritischer Einwände vorbringen. Abgesehen von dem Problem, ein aussagefähiges Verteilungs- und Konzentrationsmaß zu entwickeln, muss die Beschränkung auf monetäre Größen bemängelt werden. Nicht-monetäre Leistungen, die neben dem Gehalt gewährt werden, sind im Ansatz von *Whisler* nicht berücksichtigt. Diese Tatsache ist deshalb problematisch, da vor allem auf den oberen Hierarchieebenen die Funktion von Gehalts- und Lohnzahlungen als alleinige Anreizquelle fraglich ist. Die Möglichkeit zur Ausübung von Einfluss und die Einräumung eines gewissen Status bedeuten schon eine mit monetären Zahlungen konkurrierende Kompensation. Unabhängig von dieser Kritik ist darauf hinzuweisen, dass eine Konzentration von Gehalts- und Lohnzahlungen nicht ohne weiteres Rückschlüsse auf das Ausmaß der Ausübung von Einfluss zulässt. So stellt in forschungsintensiven Industrien die Forschungs- und Entwicklungsabteilung einen Bereich dar, dessen Gehaltsstruktur im Rahmen der gesamten Hierarchie eigenen Gesetzmäßigkeiten unterliegt. Weitere Einschränkungen ergeben sich aus der Tatsache, dass zeitliche Verschiebungen in der Gehalts- und Lohnstruktur bei einer expansiven Unternehmungspolitik zu erwarten sind. Die Annahme erscheint realistisch, dass bei der Vorbereitung expansiver Maßnahmen zunächst auf den oberen Hierarchieebenen und im Forschungs- und Entwicklungsbereich das Potenzial an Mitarbeitern erweitert oder umstrukturiert wird.

---

33) Vgl. Whisler [Centralization] 317.

Der Anteil von Gehaltszahlungen auf den oberen Hierarchieebenen wird solange überproportional im Verhältnis zu den übrigen Ebenen ansteigen, bis auch auf den mittleren und unteren Ebenen bei der Realisation der Wachstumspolitik eine Ausweitung des Personalbestandes eintritt.

Ohne Zweifel bestehen zwischen der Kompetenzverteilung in der Hierarchie einer Organisation und den monetären Entgelten der Organisationsmitglieder Beziehungen. Es erscheint jedoch äußerst fraglich, ob auf dieser Grundlage ein für organisationstheoretische Analysen aussagefähiges (De)Zentralisationsmaß entwickelt werden kann.

Aston-Gruppe

Besondere Bedeutung für die Weiterentwicklung der empirischen Organisationsforschung haben in den siebziger Jahren die Ergebnisse der so genannten *Aston-Gruppe* gehabt – einer Forschungsgruppe, die hinsichtlich der methodischen Fundierung und der empirischen Breite eines der bemerkenswertesten organisationstheoretischen Forschungsprojekte durchgeführt hat. Die Ergebnisse der verschiedenen Studien werden an anderer Stelle zusammengefasst und kommentiert[34]. Hier soll nur das von der *Aston-Gruppe* zu Grunde gelegte Konzept zur Abbildung der Entscheidungs(de)zentralisation kritisch betrachtet werden.

Die Entscheidungszentralisation einer Organisationsstruktur wird durch die hierarchische Verteilung der Entscheidungsbefugnisse bezüglich 37 in einer Liste zusammengefasster Entscheidungsaufgaben gemessen. Um die Vergleichbarkeit der durch Befragungen ermittelten hierarchischen Positionen innerhalb einer Organisation und zwischen verschiedenen Organisationen mit unterschiedlicher Zahl an Hierarchieebenen sicherzustellen, wird in dem Zentralisationsmaß der *Aston-Gruppe* die Verzweigung von Hierarchien auf eine „Linie" reduziert und die Zahl der Hierarchieebenen normiert. Die Normierung der Hierarchiestufen erfolgt durch die Festlegung von sechs Ebenen (Skalierung: niedrigste Ebene = 0, höchste Ebene = 5). Das jeweilige Zentralisationsmaß einer Organisationsstruktur wird durch die Summe der für die aufgelisteten Entscheidungen ermittelten Skalenwerte bestimmt. Abb. 48 fasst die methodische Vorgehensweise der *Aston-Gruppe* zusammen[35].

---

34) Vgl. Frese [Organisationstheorie] 111 ff.
35) Das methodische Grundkonzept der *Aston*-Gruppe zur Abbildung des Zentralisationsgrades findet sich in verschiedenen Variationen in vielen empirischen Organisationsstudien.

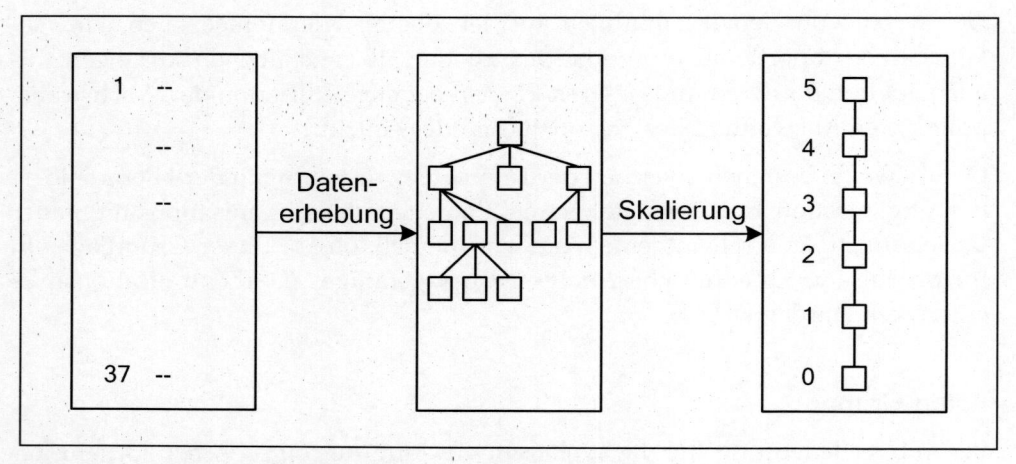

Abb. 48: Zentralisationsmaß der Aston-Gruppe

Gegen das Zentralisationskonzept der *Aston-Gruppe* lassen sich vor allem folgende Einwände erheben:

1. Die Liste der ausgewählten Entscheidungen berücksichtigt nur einen Bruchteil der in einer Organisation zu fällenden Entscheidungen. Es entsteht damit die Frage, wie man Entscheidungen, die für die (De)Zentralisationstendenz verschiedener Organisationen repräsentativ sind, auswählt.

2. Die aufgelisteten Entscheidungen müssen so eindeutig formuliert sein, dass bei der Befragung eine exakte Zuordnung zu den einzelnen Hierarchieebenen gewährleistet ist. So dürfte etwa die bloße Charakterisierung einer Entscheidung als „Investitionsentscheidung" zu ungenau sein, da auf verschiedenen Hierarchieebenen Investitionsentscheidungen mit unterschiedlicher Reichweite gefällt werden. Das eigentliche Dilemma besteht darin, Entscheidungsaufgaben mit „mittlerem" Strukturierungsgrad zu formulieren. Die Forderung, eindeutige Entscheidungsaufgaben zu formulieren, könnte zu einer Überbetonung von Entscheidungen im unteren Hierarchiebereich führen.

3. Eine schwerwiegende Problematik des Zentralisierungsmaßes liegt in der Übertragung der in der Befragung für die jeweilige Organisationsstruktur ermittelten Hierarchiepositionen auf die normierte Hierarchie. Eine operationale Anweisung zur Durchführung dieser Transformation – etwa bei Organisationen mit unterschiedlicher Größe – wird von den Autoren nicht formuliert.

3.3 Problematik von (De)Zentralisationsmaßen

Beschränkt man sich bei der Auseinandersetzung mit der meßtheoretischen Problematik auf die an der Verteilung von Entscheidungskompetenzen oder -aufgaben in einem hierarchischen System orientierten (De)Zentralisationsmaße, so gehen die meisten Konzepte implizit oder explizit von der Verteilung der Entscheidungsautonomie in einer Organisation aus. Die eigentlichen meßtheoretischen Schwierigkeiten entstehen durch die Verfolgung des Ziels, den (De)Zentralisationsgrad für die Gesamtorganisation zu ermitteln.

(De)Zentralisationsmaße für gesamte Systeme erfordern – je nachdem wie umfassend dieser Anspruch erfüllt werden soll – unter Umständen den Vergleich aller Entscheidungseinheiten. Auf die Problematik eines solchen Vergleichs wurde bei der einleitenden Erörterung der Abbildung der Entscheidungsautonomie schon hingewiesen. Ein aussagefähiger Vergleich lässt sich nach diesen Überlegungen unter bestimmten Voraussetzungen nur auf der Basis ordinaler Meßverfahren für eine einzige Organisation zwischen Einheiten, die auf „einer Linie" liegen, durchführen.

Betrachtet man aus dieser Sicht die Messkonzepte, die sich um eine operationale Formulierung von (De)Zentralisationsmaßen bemühen, so lässt sich ihre eigentliche Problematik darauf zurückführen, dass die engen Grenzen einer ordinalen Abbildung der Entscheidungsautonomie durch Einführung zusätzlicher Annahmen abgebaut werden. Diese Feststellung lässt sich an den dargestellten *Aston* und *Whisler*-Konzepten verdeutlichen.

Die *Aston-Gruppe* reduziert zunächst das abzubildende hierarchische Entscheidungssystem auf „eine Linie" und erfüllt so die Bedingung für den Vergleich von Einheiten innerhalb einer Organisation. Durch die Normierung der Hierarchiestufen und durch Einführung einer Messskala werden dann die Voraussetzungen für einen Vergleich von Organisationen mit unterschiedlicher Zahl an Hierarchieebenen geschaffen. *Whisler* führt unmittelbar eine kardinale Messskala ein[36], indem er die (De)Zentralisation indirekt über die Konzentration der

---

[36] Interessant ist in diesem Zusammenhang der Ansatz von *Jaques* zur wissenschaftlichen Fundierung der Entscheidungen über Lohn-, Gehalts- und Statusfragen die Stellenanforderungen über die Abbildung des jeweiligen Entscheidungsspielraums zu erfassen. Jede Tätigkeit beinhaltet nach *Jaques* zwei Bestandteile, den Bereich der vorgeschriebenen Aufgabenelemente und den Ermessensbereich. Die Anforderung der Stelle wird nach *Jaques* ausschließlich dadurch bestimmt, in welchem Umfang diese dem Stelleninhaber einen Entscheidungsspielraum einräumt. Das Ausmaß des Spielraums misst *Jaques* durch eine Größe, die er „time span of discretion" (zeitliche Kontrollspanne) nennt. Die „time span of discretion" ist die Zeitspanne, die durch den Zeitpunkt des Aufgabenbeginns und den Zeitpunkt der Kontrolle der Aufgabenerfüllung bestimmt ist. (vgl. Jaques [Measurement]; siehe hierzu auch die zusammenfassende Darstellung in Jaques [Praise]) Ohne auf die Problematik des *Jaques*'schen Konzepts im einzelnen einzugehen, muss als entscheidende

b.w.

Gehalts- und Lohnzahlungen erfasst. Die unter diesen Umständen mögliche Berücksichtigung aller Entscheidungseinheiten in einer Organisation gestattet die Bestimmung des (De)Zentralisationsgrades für die Gesamtorganisation und den Vergleich zwischen verschiedenen Organisationen.

c. Kommunikationsbeziehungen

Unter Kommunikation soll der Austausch von Informationen zwischen organisatorischen Entscheidungseinheiten verstanden werden. In arbeitsteiligen Systemen werden Kommunikationsakte generell notwendig, wenn der Ort des Informationsanfalls oder der Informationsspeicherung und der Ort des Informationsbedarfs auseinander fallen.

1. Elemente der Kommunikation

Die organisatorische Regelung der Kommunikation erstreckt sich vor allem auf folgende Elemente eines Kommunikationsvorgangs:

1. Das eine Kommunikation auslösende Ereignis. Hier geht es – wie beim Entscheidungsprogramm – um die konditionale Verknüpfung eines Ereignisses mit einer Handlung, in diesem Fall einer Kommunikationsaktivität.

2. Die eine Information übermittelnde Einheit („Sender").

3. Die eine Information empfangende Einheit („Empfänger").

4. Das Kommunikationsmedium. In diesem Bereich beziehen sich organisatorische Maßnahmen auf die Auswahl des nachrichtentechnischen Instrumentariums bzw. der Signalträger.

5. Der Kommunikationsweg. Der Kommunikationsweg ist definiert durch die als Sender, Übermittler und Empfänger am Kommunikationsprozess beteiligten Einheiten.

6. Der Kommunikationsinhalt.

Es soll hier darauf verzichtet werden, detailliert darzustellen, wie Kommunikationsvorgänge durch Festlegung der genannten Kommunikationselemente or-

---

Schwäche die fehlende eindeutige Beziehung zwischen Entscheidungsspielraum und zeitlicher Kontrollspanne bezeichnet werden. Auch in diesem Ansatz wird versucht, die Grenzen ordinalen Messens durch die Einführung einer kardinalen, an der Zeitdimension orientierten Skala zu umgehen.

ganisatorisch gestaltet werden. Welche Bedeutung die einzelnen Elemente eines Kommunikationsvorgangs in Abhängigkeit von den jeweiligen Koordinationsbedingungen haben, wird bei der Erörterung der wichtigsten Koordinationsprinzipien im nächsten Abschnitt untersucht.

2. Kommunikationsarten

Kommunikationsakte vollziehen sich in einer Organisation in vielfacher Form und erfüllen die verschiedensten Funktionen[37]. Bei einer entscheidungslogischen Analyse der Informationsübermittlung in Organisationen kann zwischen entscheidungsabhängiger und entscheidungsunabhängiger Kommunikation unterschieden werden. Bei entscheidungsabhängiger Kommunikation leitet eine Entscheidungseinheit A an eine Einheit B Informationen weiter, die ein Ergebnis der Entscheidungsaktivitäten von A übermitteln. Dabei kann es sich um kompetenzbezogene oder interdependenzbezogene Kommunikation handeln. Entscheidungsunabhängige Kommunikation wird dagegen nicht unmittelbar durch die Entscheidungsaktivitäten der informationsübermittelnden Einheit ausgelöst. Die genannten Kommunikationsarten lassen sich folgendermaßen präzisieren:

Kompetenzbezogene Kommunikation

Diese Kommunikation äußert sich im Rahmen der vertikalen Arbeitsteilung als vollzugsverbindliche Übertragung einer Entscheidungsaufgabe durch eine übergeordnete Entscheidungseinheit auf eine nachgeordnete Einheit, beispielsweise vom Absatzleiter auf den Werbeleiter. Auf diese Weise entsteht für die nachgeordnete Einheit eine Entscheidungsaufgabe; es wird eine Entscheidungskompetenz formuliert und der Rahmen für die Entscheidungsaktivitäten umrissen.

Interdependenzbezogene Kommunikation

Während durch die kompetenzbezogene Kommunikation eine Entscheidungsaufgabe begründet wird, vollzieht sich interdependenzbezogene Kommunikation bei der Erfüllung bestehender Entscheidungsaufgaben. Sie dient der Abstimmung interdependenter (hierarchisch unabhängiger) Entscheidungseinheiten.

---

37) Einen umfassenden Überblick über das komplexe Phänomen der Kommunikation vermitteln Gebert [Kommunikation]; Fischer/Wiswede [Grundlagen] 349 ff.

Entscheidungsunabhängige Kommunikation

Die Notwendigkeit entscheidungsunabhängiger Kommunikation ergibt sich losgelöst von den bisher betrachteten Kompetenz- und Interdependenzbeziehungen aus der Tatsache, dass eine Organisationseinheit unter Umständen Informationen besitzt, die für die Entscheidung einer anderen Einheit von Bedeutung sind. Auf diese Weise wird der in einer Organisation unterschiedlich verteilte Informationsstand und Sachverstand für die Verwirklichung des Gesamtziels nutzbar gemacht. Entscheidungsunabhängige Kommunikation ist richtungsmäßig nicht gebunden, sie kann sich sowohl im Rahmen der Hierarchie als auch unabhängig von der Hierarchie vollziehen.

II. Steuerungssystem

In jeder Unternehmung ist die koordinationsorientierte Steuerung durch das System der Unternehmungsplanung geprägt. Formen der Marktsteuerung haben als „marktwirtschaftliche Inseln" im Planungssystem allenfalls den Charakter ergänzender Steuerungsmechanismen. Die folgende Darstellung sieht in der Regelung bereichsinterner und bereichsübergreifender Steuerungsaktivitäten die Kernprobleme. Bei der bereichsinternen Betrachtung geht es um die Analyse des Steuerungsprozesses mit den Phasen der Auslösung, der informationellen Fundierung und des Treffens von Entscheidungen. Das Problem der bereichsübergreifenden Steuerung lässt sich durch die Frage nach dem Ausmaß der vertikalen und horizontalen Informationsautonomie erfassen. Die Bedeutung realer interner Märkte liegt aus dieser Sicht in der Reduzierung des Ausmaßes bereichsübergreifender Steuerungsaktivitäten, die auf den Entkopplungseffekt interner Preise zurückzuführen ist.

a. Entscheidungsautonomie im Rahmen umfassender Unternehmungspläne

Das bei der Darstellung des Kompetenzsystems eingeführte Modell hierarchischer Entscheidungssequenzen[1] beschreibt eine aus logischen Gründen gültige Grundstruktur arbeitsteiliger Entscheidungsprozesse. Allerdings ist zu berücksichtigen, dass das Modell hierarchischer Entscheidungssequenzen durch den Einsatz entscheidungsvorbereitender Einheiten, vor allem in Form von Stäben und Ausschüssen, eine besondere Ausprägung erfährt. Die Entscheidungen einer Einheit E_1, die für zwei nachgeordnete Entscheidungseinheiten E_{11} und E_{12} Entscheidungsprämissem formuliert, werden bei dieser Betrachtung durch Einheiten mit Aufgaben der Informationsgewinnung und -aufbereitung vorbereitet (vgl. Abb. 49).

Die Einschaltung derartiger entscheidungsvorbereitender Einheiten ermöglicht es, dass eine Einheit einen im Vergleich zum bisher betrachteten Modell hierarchischer Entscheidungssequenzen größeren Beitrag zur Strukturierung des Entscheidungsproblems leistet. Auf diese Weise wird zugleich tendenziell die Zahl der notwendigen Entscheidungssequenzen reduziert.

---

1) Vgl. S. 205 ff.

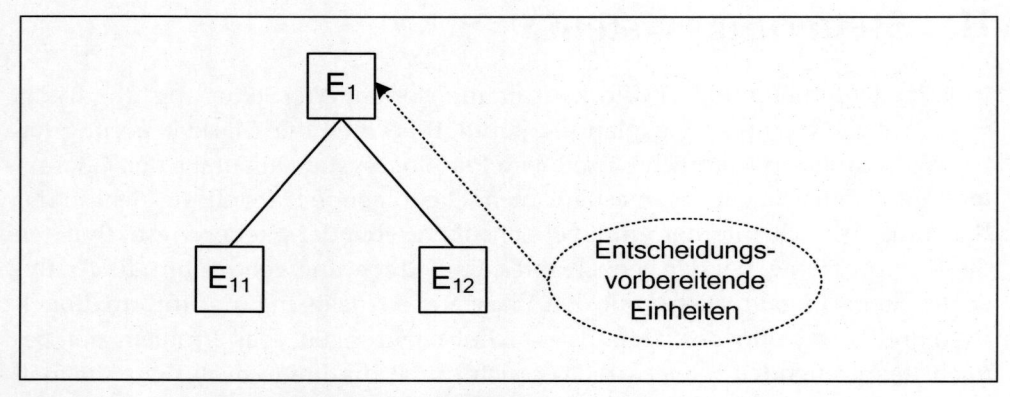

Abb. 49:   *Einsatz entscheidungsvorbereitender Einheiten*

Umfangreiche Strukturierungsbeiträge sind bei komplexen Entscheidungsproblemen vor allem im ersten Strukturierungsschritt unumgänglich. Betrachtet man ein so umfassendes Entscheidungsproblem wie die Errichtung einer zusätzlichen Produktionsstätte in einer Großunternehmung, wird die Vorstellung unrealistisch, die Unternehmungsleitung würde im Rahmen ihrer begrenzten Kapazität auf der Grundlage in hohem Maße aggregierter Informationen eine Vorentscheidung über die Verwirklichung des Projekts fällen. Die Anpassung der Entscheidungsaktivitäten an die begrenzte Kapazität einer Einheit, hier die der Unternehmungsleitung, durch eine entsprechende Vergröberung der Abbildungsgenauigkeit setzt voraus, dass die betrachtete Einheit bereit ist, die Differenzierungsfähigkeit des Formalziels in Abhängigkeit von der Entscheidungskapazität beliebig zu variieren. Nur unter dieser Annahme lassen sich gröbere problemgerechte Informationsstrukturen ableiten. Das könnte im Extremfall bedeuten, dass z.B. die Unternehmungsleitung nur noch zwischen zwei Ergebnisklassen, „Gewinn" und „Verlust" oder „mindestens 8% Rentabilität" und „weniger als 8% Rentabilität" differenzieren würde. Eine differenziertere Ausprägung der Nutzenvorstellung ließe sich auf Grund der dann entstehenden Belastung durch Informations- und Entscheidungsaktivitäten nicht realisieren. Geht man dagegen von der realistischen Annahme aus, dass die Struktur des Formalziels nicht beliebig vergröbert werden kann, dann ist auf bestimmten Ebenen eine untere Grenze für den Strukturierungsgrad der Entscheidungskomponenten definiert. Reicht die Kapazität der jeweiligen Entscheidungseinheit zur Erfüllung dieser Anforderungen nicht aus, dann ist notwendigerweise der Rückgriff auf entscheidungsvorbereitende Assistenzeinheiten erforderlich.

Zur Vermeidung dieser Konsequenz könnte die Entscheidungseinheit allenfalls Entscheidungen unter Ungewissheit in Kauf nehmen, indem sie auf bruchstückhaft vorhandene Informationen mit feiner Partition zurückgreift. Auf diese Weise vermeidet die Einheit zwar eine Vergröberung des Formalziels, kann aber die Entscheidungskomponenten nur unzuverlässig abschätzen. Dann können sich bei nachfolgenden Entscheidungssequenzen Widersprüche zwischen den Komponenten herausstellen. Es könnte beispielsweise sein, dass das vorgegebene Sachziel mit der Handlungs- oder Feldkomponente auf Grund unzureichender Ressourcen nicht vereinbar ist. Das Entscheidungsproblem müsste dann an die jeweils übergeordnete Entscheidungseinheit zur Umformulierung zurückverwiesen werden. Ein solches Verfahren würde die oberen Hierarchieebenen erheblich belasten und den Entscheidungsprozess verzögern. Will man diese Konsequenzen vermeiden – und wir unterstellen, dass dies der Fall ist – so sind ebenfalls entscheidungsvorbereitende Einheiten erforderlich.

Bezieht man bei der Betrachtung des arbeitsteiligen Lösungsprozesses den Segmentierungsprozess in die Überlegungen ein, so erfolgt die schrittweise Strukturierung in einem sich zunehmend verästelnden System von Teilentscheidungen. Isolierte Entscheidungen als Abfolge von Entscheidungssequenzen sind unter diesen Umständen nur bedingt möglich; die Existenz von Entscheidungsinterdependenzen erfordert die möglichst weitgehende Abstimmung der Einzelaktivitäten. Diese Forderung lässt sich nur erfüllen, wenn Entscheidungen auf relativ hoher Ebene oder durch Ausschüsse im Wege der gegenseitigen Abstimmung gefällt werden. Beide Formen sind jedoch nicht ohne Probleme. Zunächst ist festzustellen, dass sich sowohl die Verlagerung von Entscheidungen auf höhere Hierarchieebenen als auch die Zusammenfassung der betroffenen Einheiten in Ausschüssen angesichts gegebener Informationsverarbeitungskapazität nur in begrenztem Umfang realisieren lassen.

Aus den vorangegangenen Überlegungen lässt sich der Schluss ziehen, dass bei realistischer Betrachtung arbeitsteilig ablaufender Entscheidungsprozesse die Übertragung von Planungsaufgaben auf entscheidungsvorbereitende Einheiten unumgänglich ist[2]. Struktur und Ablauf solcher Planungsaktivitäten sollen am Beispiel eines Planungssystems in einer Unternehmung mit mehreren Produktsparten verdeutlicht werden[3].

Die im Rahmen der hier zu Grunde gelegten Spartenorganisation ablaufenden Planungsaktivitäten lassen sich folgendermaßen grob umreißen: Die Unternehmungsbereiche stellen „Wirtschaftspläne" für jeweils ein Jahr auf, die mit der Unternehmungsleitung abgestimmt und von dieser schließlich genehmigt

---

[2] Auf die Tatsache, dass die Erfüllung von Planungsaufgaben durch diese Einheiten ihrerseits wiederum Probleme der Arbeitsteilung aufwirft, sei an dieser Stelle nur hingewiesen.
[3] Vgl. hierzu die Unternehmungsbeispiele in Hahn/Hungenberg [Controllingkonzepte]. Eine umfassende Studie hat *Bower* der Organisation der Unternehmungsplanung und insbesondere der Investitionsplanung gewidmet (vgl. Bower [Managing]).

werden. Alle Planungsaktivitäten vollziehen sich im Rahmen langfristiger Perspektiven, die von der Unternehmungsleitung erarbeitet werden.

Der gesamte Unternehmungsplan entwickelt sich aus den Unternehmungsbereichen heraus von „unten nach oben". Im Hinblick auf die Beteiligung der Unternehmungsleitung lassen sich bei der bereichsbezogenen Planung zwei Phasen unterscheiden: Die Erarbeitung von „Entwicklungszielen" für die einzelnen Unternehmungsbereiche und die Aufstellung der eigentlichen Pläne. Beide Aspekte sind eng miteinander verknüpft. Entwicklungsziele lassen sich nur als Ergebnis von Planungen formulieren und die Aufstellung von Plänen dient der Verwirklichung der Entwicklungsziele.

Entwicklungsziele werden in den Unternehmungsbereichen in den ersten Phasen des Planungsprozesses von Planungsstäben der Bereiche erarbeitet, mit der Unternehmungsleitung diskutiert und schließlich als verbindlich vereinbart. Die Entwicklungsziele beziehen sich auf Größen wie Auftragseingang, Umsatz, Ergebnis, Rentabilität des investierten Kapitals, Finanzbedarf und Investitionen.

Auf der Grundlage der vereinbarten Entwicklungsziele erfolgt die Aufstellung der Wirtschaftspläne in den einzelnen Unternehmungsbereichen. Diese Arbeiten werden von Planungsstellen in den Bereichen koordiniert. Nach Abschluss der Planung werden die Pläne jedes Unternehmungsbereichs auf der Ebene der Unternehmungsleitung präsentiert und im Hinblick auf ihre Vereinbarkeit mit den für verbindlich erklärten Entwicklungszielen überprüft. Die auf diese Weise akzeptierten Einzelpläne werden dann zum Gesamtunternehmungsplan zusammengefasst, der von der Unternehmungsleitung verabschiedet wird.

Das dargestellte System der Gesamtplanung verdeutlicht: Die Unternehmungsleitung leistet auf der Grundlage umfassender Pläne einen weitgehend strukturierten Entscheidungsbeitrag.

Zusammenfassend lässt sich feststellen: Entscheidungen über komplexe Probleme werden durch Einschaltung entscheidungsvorbereitender Einheiten[4] in Form umfangreicher Planungsaktivitäten vorbereitet[5].

Das Ausmaß an vorbereitenden Planungsaktivitäten bei der arbeitsteiligen Lösung komplexer Entscheidungsprobleme hat unmittelbare Konsequenzen für das Ausmaß an vertikaler Autonomie. Je detaillierter die Planung erfolgt, um so

---

4) Vgl. in diesem Zusammenhang die Darstellung der Funktionen von Zentralbereichen auf S. 466 ff.

5) Diese Feststellung gilt in besonderem Maße für Managementfunktionen auf den oberen Hierarchieebenen. Eine Bestätigung für diese Auffassung findet sich in empirischen Studien zum Aufgabenbereich des Managers. Vgl. vor allem die Arbeit von *Mintzberg*, der die bisherigen empirischen Arbeiten auswertet und mit den Ergebnissen einer eigenen empirischen Untersuchung konfrontiert (vgl. Mintzberg [Nature]).

mehr nimmt die Notwendigkeit ab, den Entscheidungseinheiten Entscheidungs- und Informationsautonomie einzuräumen. Könnte man alle Realisationsakte in einem umfassenden Plan bis ins letzte Detail festlegen, dann wäre jede Einräumung von Entscheidungsautonomie überflüssig. Es wäre bereits alles durch den Plan entschieden. Diese extreme Situation lässt sich jedoch angesichts der in jeder realistischen Entscheidungssituation bestehenden Ungewissheit nicht verwirklichen – die begrenzte Kapazität der Entscheidungseinheiten erlaubt im Planungszeitpunkt keine detaillierte Festlegung aller zeitlich nachgelagerten Realisationsprozesse. Die Einräumung von Entscheidungs- und Informationsautonomie ist damit in einem arbeitsteiligen Entscheidungssystem unvermeidlich.

b. Bereichsinterne Steuerungsaktivitäten

Dieser Abschnitt untersucht Anforderungen an die Steuerung, wenn die Ausfüllung des durch die umfassende Unternehmungsplanung vorgegebenen Spielraums nur Auswirkungen berücksichtigen muss, die sich auf den jeweils betrachteten Bereich beziehen. Bereichsübergreifende Zusammenhänge gehen dann nicht in die Betrachtung ein. Ein Beispiel ist bei der Absatzplanung die Änderung des art- und mengenmäßigen Einsatzes der absatzpolitischen Instrumente mit dem Ziel, das angestrebte Umsatzziel mit geringeren Kosten als bisher zu realisieren. Betrachtet wird im Folgenden nur die Plansteuerung; Fragen der Marktsteuerung werden in einem gesonderten Abschnitt behandelt.[6]

Die so abgegrenzten Maßnahmen der Plansteuerung sind auf die Detaillierung oder Anpassung von Plänen ausgerichtet. Sie lassen sich den Phasen der Auslösung von Steuerungsaktivitäten, der Suche nach Lösungsalternativen (insbes. Gewinnung von Informationen) und der Entscheidung als abschließendem Wahlakt zuordnen. Zur Frage, wie sich Planung im Steuerungskontext vollziehen sollte bzw. wie sie sich in der Realität vollzieht, gibt es eine große Zahl von Studien.[7] Es bedarf keiner näheren Begründung, dass angesichts der Komplexität der Anforderungen und der begrenzten Rationalität der Akteure die vom Management verfolgten Gestaltungsphilosophien in hohem Maße die im konkreten Fall angewendeten Prinzipien bestimmen. Gleichwohl lassen die klassischen Studien der „Pittsburgher Schule" um *Simon*, *March* und *Cyert* Aussagen zu dem Gegenstand unserer Untersuchung zu, die den Anspruch auf eine gewisse Allgemeingültig erheben können. Vor allem die 1963 erschienene „Beha-

---

6) Vgl. S. 271 ff.
7) Vgl. z.B. Hahn/Hungenberg [Controllingkonzepte].

vioral Theory of the Firm" von *Cyert* und *March*[8] eröffnet auch heute noch aufschlussreiche Zugänge zu den Problemen der Steuerung.

Unter Rückgriff auf das Konzept von *Cyert* und *March* lassen sich Steuerungsprobleme im Kontext mehrdeutiger Planungssituationen[9] und kognitionsbestimmter Prinzipien bei der Wahrnehmung von Problemen und beim Problemlösungsverhalten analysieren. Vor allem zwei Merkmale kennzeichnen bei der Verfolgung dieser Perspektive die Ausprägung von Steuerungsprozessen. Die Akteure können zum einen ihre Aufmerksamkeit nur Teilaspekten widmen; diese Tatsache erklärt vor allem das Vorherrschen einer problemorientierten Ausrichtung der Suchaktivitäten. Zum anderen sind die Verhaltensweisen in hohem Maße regelbestimmt; die Regeln sind häufig das Ergebnis langjähriger Erfahrungen und werden nicht ohne weiteres geändert.

Cyert und *March* weisen in ihrer Theorie den Variablen „Ziele", „Erwartungen" und „Wahlakte (Entscheidungen)" zentrale Positionen zu.[10]

Hinsichtlich des Ziels kann als grundlegendes Prinzip angesehen werden, dass das einem Plan zu Grunde liegende Konzept erst dann in Frage gestellt wird und Steuerungsaktivitäten ausgelöst werden, wenn die Zielerreichung ein als angemessen erachtetes Mindestniveau unterschreitet. Außerdem werden bei der Identifizierung von Steuerungsbedarf in der Regel nicht alle entscheidungsrelevanten Zielkriterien, sondern nur wenige ausgewählte Indikatoren herangezogen.

Die Bildung von Erwartungen ist das Ergebnis von Schlussfolgerungen aus verfügbaren Informationen. Die Verfügbarkeit von Informationen hängt wesentlich ab von der Intensität, mit der die Suche nach Problemursachen und -lösungen in als relevant erachteten Bereichen des Entscheidungsfeldes betrieben wird. Die Suche ist im Allgemeinen problemorientiert; ihre Intensität wird von der wahrgenommenen Stärke des Problemdrucks bestimmt. Sie wird entweder ausgelöst durch die Wahrnehmung eines drängenden Problems oder durch die routinemäßigen Anforderungen der laufenden Planung. Ein wichtiges Merkmal ist der lokale Charakter der Suche. Die Aktivitäten beschränken sich zunächst auf Bereiche, die in der Nähe des wahrgenommenen Problems liegen. Nur wenn diese Vorgehensweise keinen Erfolg verspricht, wird die Suche ausgedehnt.

---

8) Cyert/March [Theory].
9) Die Mehrdeutigkeit äußert sich vor allem in der mangelnden Konsistenz der Präferenzstruktur der Akteure und in unvollkommenen kausalen Verknüpfungen der verschiedenen Aktivitäten.
10) Cyert/March [Theory] 114 ff.

Entscheidungen, die als Wahl zwischen Handlungsalternativen den Prozess abschließen, beruhen zumeist auf relativ einfach strukturierten Regeln. Geprägt wird dieses Regelwerk durch Orientierung an zwei generellen Prinzipien, die Vermeidung von Ungewissheit und die Beibehaltung bewährter Verfahrensweisen. Nur in besonderen Situationen, insbesondere bei der Bewältigung neuartiger Situationen, werden diese Prinzipien aufgegeben oder abgewandelt.

Insgesamt lässt sich durch Rückgriff auf die Studie von *Cyert* und *March* die für jede organisatorische Gestaltung bedeutsame Feststellung treffen, dass in vielen Unternehmungen der Kontext für Steuerungsaktivitäten eine hohe Stabilität aufweist.

Die zu Beginn dieses Abschnitts eingeführte Unterscheidung zwischen der Detaillierung und Anpassung von Plänen erlaubt unter Einbeziehung des *Cyert-March*-Konzepts eine differenzierte Betrachtung von Steuerungsprozessen.

Plandetaillierung bestimmt die Steuerung, wenn die bestehenden Pläne die zukünftigen Realisationshandlungen nur grob umreißen. Die Steuerung besteht dann aus der Fortführung der im Rahmen der übergeordneten Planung lediglich auf die Erarbeitung globaler Vorgaben ausgerichteten Planungsaktivitäten „vor Ort" mit dem Ziel, realisationsreifen Handlungsvorgaben näher zu kommen.

In hohem Maße regelbestimmt sind Plandetaillierungen mit Routinecharakter. In diesem Fall bestehen Planspielräume, weil über ihrer Art nach bekannte Ereignisse, von deren Eintreten die Handlungen im Realisationszeitpunkt abhängen, bei der Entwicklung der Gesamtplanung nur ein begrenzter Informationsstand gegeben ist. Die Steuerung reagiert dann auf Entwicklungen und Impulse im Entscheidungsfeld. Bei der Vertriebssteuerung kommen dann z.B. Regeln zur Anwendung, die auf Entwicklungen der Nachfrage oder auf Aktionen von Konkurrenten reagieren. Interne Bereiche des Entscheidungsfeldes sind für die Steuerung in solchen Bereichen von besonderer Bedeutung, die in einem Leistungsverbund mit anderen Bereichen stehen. Beispiele sind Marktforschungseinheiten und Produktionsbereiche, die an andere Unternehmungsbereiche „liefern". In diesem Fall werden die Steuerungsaktivitäten durch interne Aufträge ausgelöst. Es liegt auf der Hand, dass die Steuerung in diesen Fällen häufig einen bereichsübergreifenden Charakter hat. Bei Plandetaillierungen, die keinen Routinecharakter haben, sind die Steuerungsaktivitäten weniger regelbestimmt, wenngleich auch hier die Orientierung an bewährten Routinen eine große Rolle spielt. Als Beispiel kann auf die Planung von Investitionsprojekten verwiesen werden.

Die Steuerung erfolgt nach dem Muster der Plananpassung, wenn die Änderung bestehender Pläne Objekt der Steuerung ist. Die Anforderungen an die Steuerung unterscheiden sich hier von denen der Plandetaillierung, weil in diesem Fall der Steuerungsbedarf nicht offensichtlich ist. Bei der Plandetaillierung ist allen Beteiligten bewusst, dass ein „unfertiger" Plan Handlungen zur Vorbereitung der Realisation erfordert, bei der Plananpassung muss die Aufmerksamkeit des Bereichsmanagements durch besondere Steuerungsprinzipien auf möglicher Weise notwendiges Handeln gelenkt werden.

Die Aufmerksamkeit des Bereichsmanagements lässt sich immer dann relativ leicht aktivieren, wenn im Wege der Fremdsteuerung übergeordnete Einheiten die Prämissen der Planung, insbesondere über neue Vorgaben hinsichtlich des Sachziels, ändern. Problematischer ist die Wahrnehmung von Anpassungsbedarf bei Selbststeuerung. Als dominierende Form wird man in diesem Fall die probleminduzierte Steuerung bezeichnen können. Vor allem die schon thematisierte Unterschreitung des angestrebten Realisationsniveaus für ausgewählte Ziele, z.B. die Einhaltung von Kostenvorgaben, löst Steuerungsaktivitäten aus und bestimmt über wahrgenommenen Problemdruck das Steuerungsverhalten. Ungleich komplexer ist die Regelung der Steuerung, wenn Anpassungen nicht auf ausgewiesene Probleme, sondern auf wahrgenommene Chancen zurückzuführen sind. Ein Beispiel ist die Erschließung neuer Käuferschichten für ein eingeführtes Produkt. Im Unterschied zur probleminduzierten Auslösung von Aktivitäten ist hier der Steuerungsdruck im Allgemeinen geringer. Auch müssen häufig ungleich stärkere Widerstände zur Anpassung bestehender Konzepte überwunden werden. Da die Probleme einer auf die Wahrnehmung von Chancen ausgerichteten Steuerung bei der dynamischen Organisationsgestaltung große Bedeutung haben und im vierten Teil[11], eingehend behandelt werden, kann hier auf eine Vertiefung der Fragestellung verzichtet werden.

c. Bereichsübergreifende Steuerungsaktivitäten

Bereichsübergreifende Steuerungsaktivitäten sind zwangsläufig mit Einschränkungen der Informationsautonomie für die betrachteten Bereiche verbunden. In dem Maße, in dem bei der Detaillierung und Anpassung von Plänen die Auswirkungen der Steuerungsaktivitäten auf andere Bereiche berücksichtigt werden müssen, stellt sich bei Entscheidungen und Ereignissen die Frage, wie weit die entsprechenden Informationen an andere Einheiten weiter zu leiten sind. In diesem Abschnitt wird das Problem auf der Grundlage der Unterscheidung von vertikaler und horizontaler Informationsautonomie erörtert.

---

11) Vgl. S. 565 ff.

1. Vertikale Informationsautonomie

Vertikale Informationsautonomie beschreibt die Struktur der Kommunikationsbeziehung zwischen Entscheidungseinheiten, die in einem hierarchischen Verhältnis der Unter- bzw. Überordnung zueinander stehen. Durch den jeweiligen Grad der vertikalen Informationsautonomie wird für eine Entscheidungseinheit festgelegt, in welchem Umfang sie Informationen aus ihrem Bereich an über- oder untergeordnete Einheiten weiterleiten muss. Besitzt eine Entscheidungseinheit vertikale Informationsautonomie, so muss sie nicht alle, im Grenzfall keine der anfallenden Informationen nach „oben" bzw. „unten" kommunizieren.

Bevor die Bestimmungsgrößen der vertikalen Informationsautonomie analysiert werden, sollen aus entscheidungslogischer Sicht die verschiedenen Formen der Kommunikation auf ihre Bedeutung für die hier verfolgte Fragestellung überprüft werden. Nach dem Charakter der übermittelten Information lassen sich – wie oben ausgeführt wurde – die drei folgenden Kommunikationsarten unterscheiden:

Kompetenzbezogene Kommunikation

Im Wege der kompetenzbezogenen Kommunikation werden einer Entscheidungseinheit Entscheidungskomponenten als Bestandteile der Entscheidungskompetenz verbindlich vorgegeben. Kompetenzbezogene Informationen werden deshalb nur in einer Richtung, von „oben" nach „unten", übermittelt. Für kompetenzbezogene Informationen besteht bzw. stellt sich das Problem der vertikalen Informationsautonomie nicht: Die Festlegung von Entscheidungskompetenzen kann nur wirksam werden, wenn die entsprechende Struktur der Feld-, Handlungs- und Zielkomponente an die betroffene Einheit auch übermittelt wird.

Interdependenzbezogene Kommunikation

Der Fall interdependenzbezogener Kommunikation wird bei der Behandlung der vertikalen Informationsautonomie nicht berücksichtigt, da der Begriff der Entscheidungsinterdependenz in dieser Arbeit auf horizontale Interdependenzen beschränkt ist[12]. Interdependenzbezogene Informationen werden an eine hierarchisch übergeordnete Einheit allenfalls zur Vereinfachung der Kommunikation weitergeleitet, wenn ein horizontaler Informationsaustausch zwischen

---

12) Vgl. hierzu S. 120 f.

den betroffenen Entscheidungseinheiten Probleme aufwirft[13]). Die an die übergeordnete Einheit übermittelte Information ist dann für deren Entscheidungen nicht relevant; die Einheit gibt die Information lediglich an eine andere Entscheidungseinheit weiter.

Entscheidungsunabhängige Kommunikation

Während die bisher betrachteten kompetenz- und interdependenzbezogenen Kommunikationsvorgänge durch Entscheidungen der die Information übermittelnden Einheit ausgelöst werden, bezieht sich die entscheidungsunabhängige Kommunikation auf alle übrigen Informationen, die einer Entscheidungseinheit zugänglich sind. So kann z.B. der Leiter des Beschaffungsbereichs die Unternehmungsleitung darüber informieren, dass der Preis für einen bestimmten Rohstoff eine bestimmte Höhe erreicht hat. Der vertikale Austausch entscheidungsunabhängiger Informationen kann sich sowohl von „oben nach unten" als auch in umgekehrter Richtung vollziehen. Wie bei interdependenzbezogenen Informationen entsteht auch bei entscheidungsunabhängiger Information das Problem, den Grad an Informationsautonomie für eine Entscheidungseinheit festzulegen.

Aus den vorangegangenen Überlegungen ergibt sich also, dass nur entscheidungsunabhängige Informationen bei der Abgrenzung der vertikalen Informationsautonomie berücksichtigt werden müssen. In Bezug auf diese Informationsart lassen sich bei der Analyse der vertikalen Informationsautonomie zwei Gruppen von Informationen unterscheiden.

Der eine Teil der weiterzuleitenden Informationen lässt sich aus den Grenzen der Entscheidungsautonomie ableiten: Der übergeordneten Einheit sind diejenigen Ereignisse mitzuteilen, die solche Entscheidungen auslösen, die sich die übergeordnete Einheit selbst vorbehalten hat. Wenn in dem oben dargestellten Beispiel der Preis für das bisher beschaffte Aggregat eine bestimmte Grenze überschreitet, ist der Beschaffungsleiter nicht mehr befugt, Beschaffungsentscheidungen zu fällen. Es ist dann die Weiterleitung der Information an die Unternehmungsleitung erforderlich, die ihrerseits angesichts der gegebenen Situation zu entscheiden hat. Nur über Ereignisse, die außerhalb der Entscheidungsautonomie der betrachteten Einheit auftreten, muss die jeweils übergeordnete Einheit[14]) informiert werden. Hinsichtlich aller Ereignisse, die innerhalb der

---

13) Vgl. hierzu die Ausführungen auf S. 235 ff. im nächsten Abschnitt.
14) Es ist auch möglich, dass die fragliche Information nicht direkt an die Entscheidungseinheit, sondern an eine ihr zugeordnete entscheidungsvorbereitende Einheit, z.B. an eine Stabsstelle, weitergeleitet wird. Für eine solche Regelung spricht die Tatsache, dass die Assistenzeinheit in der Regel mit der Auswertung der Information und der Vorbereitung et-
b.w.

Entscheidungsautonomie liegen, besitzt die Einheit vertikale Informationsautonomie. Die übergeordnete Einheit ist auf Grund der Abgrenzung der Entscheidungsautonomie bezüglich dieser Entscheidung indifferent. Das Ausmaß an vertikaler Informationsautonomie deckt sich also in diesem Fall mit der jeweils eingeräumten Entscheidungsautonomie.

Die zweite Gruppe von Informationen, die bei der Betrachtung der vertikalen Informationsautonomie zu berücksichtigen ist, steht in keinem unmittelbaren Zusammenhang mit der Entscheidungskompetenz der betrachteten Einheit. Es handelt sich um Informationen, die mehr „zufällig" einer Einheit vorliegen und die unter Umständen für die jeweils übergeordnete Einheit von Belang sind. So kann in dem zitierten Beispiel der Beschaffungsleiter erfahren, dass ein Lieferant der Unternehmung eine Kapazitätserweiterung plant und zusätzliche maschinelle Anlagen benötigt. Wenn die eigene Unternehmung entsprechende Anlagen in ihrem Produktionsprogramm hat, kann eine Information „nach oben" – wenn sie nicht unmittelbar an den Absatzbereich weiterzuleiten ist – für die Entscheidung der Unternehmungsleitung von Bedeutung sein.

Generell lässt sich auf Grund der vorangegangenen Überlegungen für die Abgrenzung der vertikalen Informationsautonomie folgendes Kriterium formulieren: Das Ausmaß an entscheidungslogisch sinnvoller vertikaler Informationsautonomie wird bestimmt durch den individuellen Informationsbedarf der die Information empfangenden Entscheidungseinheit. Damit ist zugleich jeder Versuch, allgemeingültige Aussagen für die Einschränkung der vertikalen Informationsautonomie zu formulieren, zum Scheitern verurteilt. Das Ausmaß an vertikaler Informationsautonomie lässt sich nur durch Auflistung der an die Empfängereinheit weiterzuleitenden Informationen im konkreten Fall abgrenzen. Je nach Entscheidungskapazität der Empfängereinheit wird die Menge der relevanten Informationen unterschiedlich groß sein. Je mehr Entscheidungen eine übergeordnete Einheit „an sich zieht", desto größer ist die Zahl der Informationen, die „nach oben" weitergeleitet werden müssen – desto geringer ist das Ausmaß an vertikaler Informationsautonomie bei der untergeordneten Einheit. Da in einem arbeitsteiligen Entscheidungssystem eine übergeordnete Einheit nie alle Entscheidungen übernehmen kann, besitzt jede Entscheidungseinheit in einer Organisation zwangsläufig ein gewisses Maß an vertikaler Informationsautonomie.

Zum Abschluss unserer Überlegungen zu den Bestimmungsgrößen der vertikalen Informationsautonomie ist auf die Tatsache hinzuweisen, dass die Einräu-

---

waiger Entscheidungen betraut ist. Unabhängig von dieser Frage des Informationsempfängers wird die Auswahl der weiterzuleitenden Informationen durch die Grenzen der Entscheidungsautonomie bestimmt.

mung von Entscheidungsautonomie und die Einräumung vertikaler Informationsautonomie nicht immer in der Beziehung stehen, die auf Grund unserer vorangegangenen entscheidungslogischen Analyse zu erwarten wäre. Häufig scheint eine Vergrößerung der Entscheidungsautonomie sogar mit der gegenläufigen Tendenz einer Reduzierung der vertikalen Informationsautonomie, insbesondere durch verstärkte Kontrollen, verbunden zu sein. Auf zwei mögliche Ursachen für diese Erscheinung soll an dieser Stelle hingewiesen werden.

Die eine Ursache könnte in der Tatsache liegen, dass es bei komplexen Entscheidungsproblemen, die durch ein hohes Maß an Ungewissheit gekennzeichnet sind, außerordentlich schwierig ist, die Entscheidungsautonomie einer Einheit eindeutig abzugrenzen. In einer derartigen Situation besteht bei der jeweils übergeordneten Einheit die Tendenz, die Pflicht zur Weiterleitung von Informationen durch die jeweils untergeordnete Einheit auszudehnen. Die übergeordnete Einheit hat dann die Möglichkeit, auf Grund der vorliegenden Informationen die Grenzen der Entscheidungsautonomie von Fall zu Fall festzulegen. Unter diesen Umständen fallen Entscheidungsautonomie und vertikale Informationsautonomie auseinander.

Zur Aufdeckung einer zweiten möglichen Ursache muss die bisherige entscheidungslogische Betrachtung von Informationen um die Motivationsperspektive ergänzt werden. Informationsbeziehungen lassen sich nicht nur auf den „objektiven", entscheidungslogisch begründeten Informationsbedarf der Empfängereinheit zurückführen, Informationen sind auch ein Instrument zur Verhaltensbeeinflussung. Das zeigt sich besonders deutlich bei der Weiterleitung von Kontrollinformationen „nach oben". Kontrollinformationen bilden ab, ob die erwarteten Ergebnisse von Entscheidungen den tatsächlich realisierten Ergebnissen entsprechen. Aus entscheidungslogischer Sicht brauchen Realisationsergebnisse, die innerhalb des durch die Entscheidungsautonomie abgesteckten Rahmens liegen, nicht „nach oben" weitergeleitet zu werden; insofern decken sich Entscheidungsautonomie und vertikale Informationsautonomie auch in Bezug auf Kontrollinformationen. In der Praxis müssen jedoch darüber hinaus auch Kontrollinformationen, die Ereignisse in dem durch die Entscheidungsautonomie abgedeckten Bereich abbilden, an die jeweils übergeordnete Einheit weitergeleitet werden.

Eine solche Regelung kann, wenn man von dem Problem mangelnder Eindeutigkeit bei der Abgrenzung der Entscheidungsautonomie absieht, nur darauf zurückgeführt werden, dass von der Durchführung von Kontrollen positive Auswirkungen auf das Leistungsverhalten erwartet werden[15]. Die Beurteilung

---

15) Vgl. zur Verhaltenswirkung von Kontrollen Frese/Simon [Kontrolle].

dieser Annahmen ist – wie jede Auseinandersetzung mit verhaltensorientierten Maßnahmen – letztlich ein empirisches Problem[16].

2. Horizontale Informationsautonomie

Horizontale Informationsautonomie beschreibt die Struktur der Kommunikationsbeziehung zwischen Entscheidungseinheiten, die nicht in einem hierarchischen Verhältnis der Über- und Unterordnung stehen[17]. Durch den jeweiligen Grad der horizontalen Informationsautonomie wird für eine Entscheidungseinheit festgelegt, in welchem Umfang sie Informationen aus ihrem Bereich an andere – hierarchisch unabhängige – Einheiten weiterleiten muss. Besitzt eine Entscheidungseinheit horizontale Informationsautonomie, so muss sie nicht alle (eingeschränkte Informationsautonomie), im Grenzfall keine (uneingeschränkte Informationsautonomie) der anfallenden Informationen „horizontal" kommunizieren.

Von den eingeführten Kommunikationsarten sind lediglich interdependenzbezogene und entscheidungsunabhängige Kommunikationsvorgänge bei der Auseinandersetzung mit dem Problem der horizontalen Informationsautonomie zu behandeln. Kompetenzbezogene Informationen werden durch Einräumung horizontaler Informationsautonomie nicht geregelt. Die folgende Darstellung konzentriert sich auf interdependenzbezogene Kommunikationen. Auf die spezifischen Koordinationsprobleme, die sich bei der Festlegung der horizontalen Informationsautonomie im Hinblick auf entscheidungsunabhängige Kommunikation ergeben, wird jeweils hingewiesen.

Gegen die in diesem Abschnitt vorgenommene Beschränkung der horizontalen Dimension auf den Austausch von Informationen über vollzogene Entscheidungen könnte man vielleicht einwenden, es handele sich um eine zu enge Perspektive. Es sei keineswegs so, dass z.B. in Abb. 50 die Einheit E_{11} lediglich Informationen über vollzogene Entscheidungen an die Einheit E_{12} weiterleite, die sich dann mit ihrer Entscheidung an die neue Situation anzupassen habe. Vielmehr müsse berücksichtigt werden, dass sich beide Einheiten vor ihren jeweiligen Entscheidungen in einem selbständigen Abstimmungsprozess einigen könnten. Ein Beispiel wäre die Aushandlung der Inanspruchnahme einer knappen Produktionskapazität zwischen den betroffenen Einheiten. Ohne Zweifel

---

16) Vgl. hierzu die motivationsbezogene Betrachtung von Steuerungsaktivitäten auf S. 223 ff.
17) Im Vergleich zur vertikalen wird die horizontale Kommunikation in der organisationstheoretischen Literatur weniger intensiv behandelt. Eine Ausnahme bildet die Studie von Galbraith [Organization] 111 ff.

sind solche Koordinationsprozesse von praktischer Bedeutung. Allerdings handelt es sich dann um ein Problem der Einräumung von Entscheidungsautonomie: Die jeweilige Entscheidungsautonomie von E_{11} und E_{12} wird durch die Entscheidungen der ad hoc gebildeten kollektiven Entscheidungseinheit E_1, die sich aus E_{11} und E_{12} zusammensetzt, festgelegt.

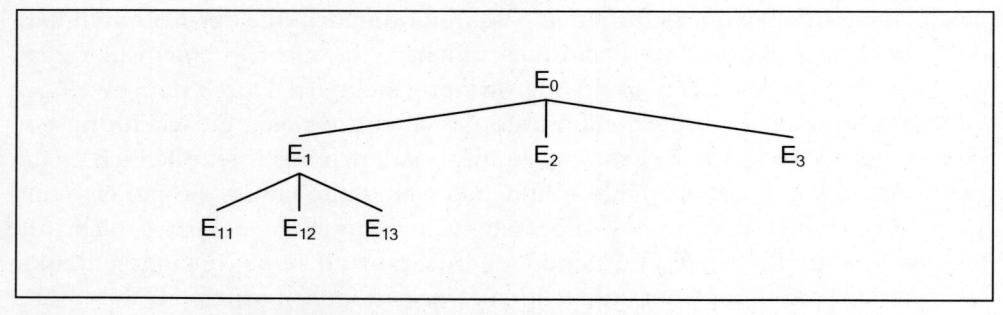

Abb. 50:   *Einfaches hierarchisches Entscheidungssystem*

2.1 Interdependenzen und Steuerungsaktivitäten

Die Einräumung horizontaler Informationsautonomie bestimmt den Informationsaustausch zwischen Einheiten mit gegebenen Entscheidungskompetenzen. Der Rahmen für die horizontale Kommunikation ist durch die Strukturierungs- und Segmentierungsmaßnahmen zur Abgrenzung der Entscheidungskompetenzen festgelegt. Von besonderer Bedeutung für die Struktur des horizontalen Informationsaustausches ist das der Bildung von Teilentscheidungen zu Grunde gelegte Segmentierungskriterium, da von der Art der jeweiligen Segmentierung die Struktur der Entscheidungsinterdependenzen in gewissen Grenzen beeinflusst wird. Bevor wir uns der Frage zuwenden, ob und wie bestehende Entscheidungsinterdependenzen bei der horizontalen Koordination durch Kommunikationsakte berücksichtigt werden, soll deshalb das vorgelagerte Problem untersucht werden, welche Entscheidungsinterdependenzen überhaupt in Abhängigkeit von den jeweils gewählten Segmentierungskriterien entstehen.

Der Auseinandersetzung mit dem Zusammenhang zwischen Segmentierung und Entscheidungsinterdependenz soll die Übersicht 5 zu Grunde gelegt werden.

Art der Interdependenz	Segmentierungskriterium		Beispiel
Prozessinterdependenz	Feld	Ressourcen	Produkte durchlaufen verschiedene Produktionsbereiche, die nach Merkmalen der jeweiligen Anlagen abgegrenzt sind.
	Feld	Markt	Ein Konzern hat je einen Betrieb mit dem gleichen Produktionsprogramm für den Auslandsmarkt (Betrieb A) und den Inlandsmarkt (Betrieb B) gegründet. Auf Grund einer Produktionsstörung im Betrieb A liefert Betrieb B vorübergehend ein Produkt an Betrieb A.
		Handlung	Terminentscheidungen im Produktionsbereich haben Einfluss auf Entscheidungen im Absatzbereich.
		Sachziel	Ein produktorientierter Unternehmungsbereich liefert Produkte an einen anderen produktorientierten Unternehmungsbereich.
Ressourceninterdependenz	Feld	Ressourcen	Zwei nach den Merkmalen der jeweiligen Produktionsanlagen abgegrenzte Produktionsbereiche sind zum Teil auf die gleichen Facharbeiter angewiesen.
	Feld	Markt	Zwei für unterschiedliche regionale Märkte zuständige Absatzeinheiten sind von einem gemeinsamen Werbebudget abhängig.
		Handlung	Beschaffungs- und Produktionsbereich müssen bei ihren Entscheidungen von einer gemeinsam zu nutzenden Lagerhalle ausgehen.
		Sachziel	Zwei produktorientierte Unternehmungsbereiche nehmen die gleiche knappe Produktionsanlage in Anspruch.
Marktinterdependenz		Ressourcen	Zwei nach den Merkmalen der jeweiligen Produktionsanlagen abgegrenzte Produktionsbereiche beziehen Rohstoffe von dem gleichen Lieferanten.
		Markt	Preispolitik auf dem Auslandsmarkt beeinflusst Käuferverhalten auf dem Inlandsmarkt.
		Handlung	Ein Lieferant (Beschaffungsbereich) ist zugleich Kunde (Absatzbereich) derselben Unternehmung.
		Sachziel	Zwei produktorientierte Unternehmungsbereiche konkurrieren um die gleiche Käuferschicht.

Übersicht 5: Zusammenhang zwischen Segmentierung und Entscheidungsinterdependenz

Die Darstellung unterscheidet zwischen Prozess-, Ressourcen- und Marktinterdependenzen[18]. In Bezug auf die Formen der Segmentierung wird auf die

---

18) Vgl. zu den Formen von Entscheidungsinterdependenzen S. 112 ff.

eingeführte[19] Differenzierung zwischen Feld- (Ressourcen- oder Marktsegmentierung), Handlungs- und Zielsegmentierung zurückgegriffen. Übersicht 5 zeigt, welche Interdependenzen bei einem bestimmten Segmentierungskriterium auftreten können, und erläutert die ausgewiesenen Interdependenzen durch ein Beispiel. Im Einzelnen lässt sich folgendes feststellen:

Prozess- und Ressourceninterdependenzen können bei jedem Segmentierungsprinzip auftreten, weil die Möglichkeit der Abhängigkeit von einer gemeinsam zu nutzenden knappen Ressource oder die Existenz einer innerbetrieblichen Leistungsbeziehung unabhängig von dem gewählten Segmentierungskriterium besteht. Es lässt sich allenfalls feststellen, dass eine bestimmte Art der Segmentierung zu Interdependenzen mit relativ geringer Intensität führt oder dass eine Segmentierung nur in Einzelfällen Interdependenzen hervorruft. So kann es bei einer sachzielorientierten Segmentierung in Form produktorientierter Unternehmungsbereiche durchaus sein, dass einer Entscheidungseinheit Entscheidungskompetenz für alle auf ein Produkt ausgerichteten Realisationsprozesse eingeräumt wird. Zwischen den einzelnen Bereichen bestehen dann keine innerbetrieblichen Leistungsverflechtungen. Dagegen entsteht diese Interdependenzart zwangsläufig bei einer handlungsorientierten Segmentierung.

Ebenso können bei jedem Segmentierungsprinzip Marktinterdependenzen entstehen. Marktinterdependenzen lassen sich zwei Gruppen zuordnen. Einmal können Interdependenzen auf dem Beschaffungsmarkt durch die Auswahl des jeweiligen Lieferanten ausgelöst werden. Bei den aufgeführten Beispielen trifft diese Situation für die ressourcen- und handlungsorientierte Segmentierung zu. Zum anderen können Marktinterdependenzen davon abhängen, wie exakt eine Aufteilung des Absatzmarkts in Teilmärkte möglich ist (vgl. das angeführte Beispiel für marktorientierte Segmentierung) oder ob der Diversifikationsgrad des Produktionsprogramms die Bildung von einander unabhängiger Absatzmärkte garantiert (vgl. das angeführte Beispiel für sachzielorientierte Segmentierung).

Die vorangegangenen Überlegungen machen deutlich, dass sich die Existenz von Interdependenzen bei keinem Segmentierungsprinzip ausschließen lässt. Segmentierungskriterium und Interdependenzart sind prinzipiell unabhängig voneinander. Allerdings müssen nicht bei jedem Segmentierungskriterium zwangsläufig Interdependenzen entstehen und wenn Interdependenzen auftreten, kann ihre Intensität sehr unterschiedlich sein. Der Spielraum bei der Gestaltung der Interdependenzstruktur ist ohne Zweifel bei Ressourceninterdependenzen, die auf Feldüberschneidungen beruhen, am größten. Hier besteht prinzipiell immer die Möglichkeit einer physischen oder organisatorischen Ressour-

---

19) Vgl. S. 93 ff.

centrennung. Im ersten Fall kann jede Einheit auf ihre eigenen Ressourcen zurückgreifen, im zweiten Fall wird zwar eine Ressource von mehreren Einheiten genutzt, der jeweilige Anteil ist jedoch starr festgelegt[20]. Anders ist die Situation bei Marktinterdependenzen. Bei diesen Interdependenzen stellt sich in der Regel nur die Frage, ob die bestehenden Interdependenzen durch Kommunikationsaktivitäten berücksichtigt werden sollen oder nicht.

Nach der Auseinandersetzung mit der Frage, in welchem Maße die Struktur der Entscheidungsinterdependenz vom Segmentierungskriterium abhängt, soll nun das Problem erörtert werden, wie das Ausmaß der einer Entscheidungseinheit eingeräumten horizontalen Informationsautonomie gestaltet werden kann. Bei den folgenden Ausführungen wird zwischen uneingeschränkter und eingeschränkter Informationsautonomie unterschieden, wobei – ohne Einschränkung der Allgemeingültigkeit – jeweils zwei Entscheidungseinheiten betrachtet werden.

2.2 Uneingeschränkte Informationsautonomie

Eine Entscheidungseinheit besitzt im Rahmen der horizontalen Koordination in Bezug auf eine andere Einheit uneingeschränkte Informationsautonomie, wenn sie keine Informationen aus dem eigenen Bereich an die andere Einheit weiterleiten muss. Wenn man den Fall entscheidungsunabhängiger Kommunikation vernachlässigt und nur den Aspekt der Interdependenz berücksichtigt, kann uneingeschränkte Informationsautonomie auf folgende zwei Tatbestände zurückgeführt werden:

1. Die Entscheidungen der einen Einheit verändern das Entscheidungsfeld der anderen Einheit nicht zielrelevant; es bestehen keine Entscheidungsinterdependenzen.

2. Obwohl die Entscheidungen das Entscheidungsfeld der anderen Einheit zielrelevant beeinflussen, also Entscheidungsinterdependenzen bestehen, wird zur Vermeidung von Kommunikationskosten auf die Weiterleitung von Informationen verzichtet und eine Entscheidung unter Ungewissheit in Kauf genommen.

---

20) Eine weitere, in der Praxis oft vorzufindende Form der organisatorischen Trennung ist die Verselbständigung der Ressourcen in einem Teilbereich (z.B. in einem Zentralbereich). Hierdurch wird die zwischen zwei Einheiten bestehende Ressourceninterdependenz in zwei Prozessinterdependenzen zwischen den Einheiten und der neu geschaffenen Einheit überführt.

Keine Beeinflussung des Entscheidungsfeldes

Zur Verdeutlichung dieses Falles soll ein einfaches Beispiel herangezogen werden. Die Einheit $I_{P,A}$ ist für alle Produktions- und Absatzentscheidungen von Produkt I, die Einheit $II_{P,A}$ für die entsprechenden Entscheidungen bezüglich Produkt II zuständig. Es liegen also zwei Entscheidungsprobleme vor, die nach einem sachzielorientierten Segmentierungskriterium gebildet wurden. Wir unterstellen, dass die Formulierung der Entscheidungskompetenzen mit einer eindeutigen Ressourcentrennung verbunden ist. Diese Ausprägung der sachzielorientierten Segmentierung wird als Spartenprinzip bezeichnet[21]. Es sind auf diese Weise zwei an Produkten orientierte, voneinander hinsichtlich der Ressourcennutzung unabhängige Entscheidungseinheiten entstanden. Geht man weiter davon aus, dass die Entscheidungen einer Einheit keine zielrelevanten Auswirkungen auf die Marktsituation der anderen Einheit haben und dass keine innerbetriebliche Leistungsverflechtung besteht, dann sind die Voraussetzungen des unter 1. genannten Tatbestandes gegeben. Abb. 51 symbolisiert die Situation, dass zwischen den betrachteten Einheiten keine Interdependenzen bestehen.

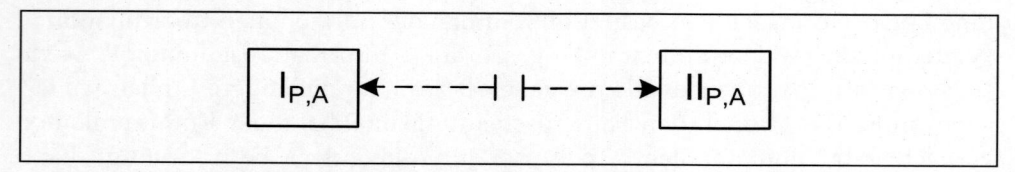

Abb. 51:   *Beispiel für zwei voneinander unabhängige Entscheidungseinheiten*

Das geschilderte Spartenprinzip bildet die extreme Form, durch Ressourcentrennung Ressourceninterdependenzen zu vermeiden. Eine – zumindest zeitweise – Aufhebung von Ressourceninterdependenzen lässt sich häufig auch schon durch die bloße quantitative Erweiterung vorhandener Ressourcen erreichen[22]. Bei Ressourceninterdependenzen, die durch die gemeinsame Nutzung einer knappen Ressource durch zwei Einheiten entstehen, kann unter Umständen die Knappheit und damit die Interdependenz durch die Erweiterung des Ressourcenpotenzials aufgehoben werden. Die Entscheidungen der einen Ein-

---

21) Das Spartenprinzip stellt die extreme Ausprägung eines allgemeinen Bestrebens dar, komplexe Systeme so zu zerlegen, dass die Interaktionen innerhalb der Teilsysteme intensiver sind als zwischen den Teilsystemen (vgl. Gagsch [Partition]). Die Organisationstheorie bezeichnet diesen Zustand als „Self-Containment" (vgl. Simon/Smithburg/Thompson [Administration]; Galbraith [Organization] 51 f. und Morris [Decentralization] 44 f.). Vgl. in diesem Zusammenhang auch die Ausführungen zur Spartenorganisation auf S. 436 ff.
22) Vgl. hierzu vor allem Thompson [Organizations] 19 ff.

heit haben dann keine zielrelevanten Auswirkungen auf das Entscheidungsfeld der anderen Einheit. Eine entsprechende Wirkung kann bei Prozessinterdependenzen erzielt werden. Durch Bildung von Zwischenlagern auf nachgelagerten Stufen lassen sich einzelne Phasen des Realisationsprozesses für eine gewisse Zeit entkoppeln[23]. Die Entscheidung auf der nachgelagerten Stufe ist dann für diese Zeit nicht mehr von Entscheidungen auf der Vorstufe abhängig.

Verzicht auf Kommunikation trotz bestehender Interdependenzen

Zur Kennzeichnung dieser Situation wandeln wir das bisher betrachtete Beispiel ab: Die Produktionseinheit $P_{I,II}$ hat Entscheidungskompetenz über den Einsatz einer gemeinsam von den Produkten I und II in Anspruch genommenen Produktionsanlage; die Absatzeinheit $A_{I,II}$ entscheidet über die mit dem Absatz der beiden Produkte verbundenen Aktivitäten. Das Beispiel beschreibt eine handlungsorientierte Kompetenzabgrenzung nach dem Funktionsprinzip. Die Entscheidung von $P_{I,II}$ kann das Entscheidungsfeld (interne Umwelt) von $A_{I,II}$ zielrelevant beeinflussen. $P_{I,II}$ entscheidet z.B. auf Grund eines Maschinenausfalls über eine Änderung der Maschinenbelegung und verzögert damit unter Umständen die Auslieferung bestimmter Produkte an den Absatzbereich. Wenn es sich dabei um eine für $A_{I,II}$ zielrelevante Auswirkung handelt, bestehen zwischen beiden Einheiten Entscheidungsinterdependenzen (vgl. Abb. 52).

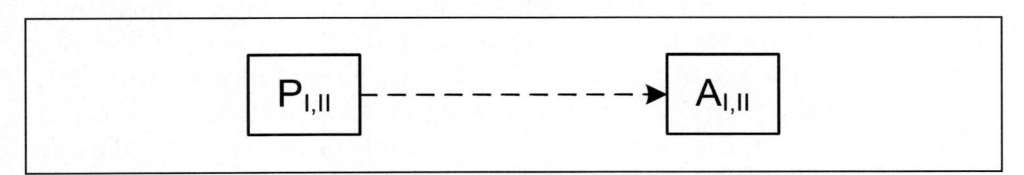

Abb. 52: Beispiel für Entscheidungsinterdependenzen zwischen zwei Einheiten

Zur Vermeidung von Kommunikationskosten wird trotz bestehender Interdependenzen auf die Weiterleitung von Informationen verzichtet. Im Grenzfall könnte eine horizontale Kommunikation ganz unterbleiben. Der Absatzbereich würde dann jeweils ad hoc auf die Ergebnisse der Realisation im Produktionsbereich – im Beispiel also auf die tatsächliche Auslieferung der Produkte durch den Produktionsbereich – reagieren. Man nimmt dann aber unter Umständen zusätzliche Kosten, beispielsweise für Zwischenlager oder nicht ausgenutzte Kapazitäten, in Kauf, um Kommunikationskosten zu vermeiden.

---

[23] Vgl. hierzu Emery [Planning] 26 f.

2.3 Eingeschränkte Informationsautonomie

Nach dem Fall der uneingeschränkten Informationsautonomie soll nun die Situation betrachtet werden, dass eine Entscheidungseinheit an eine andere Einheit Informationen weiterleiten muss. Die Einheit besitzt dann lediglich eine eingeschränkte Informationsautonomie. Dies setzt notwendigerweise voraus, dass ein Teil der Informationen in Bezug auf andere Einheiten koordinationsrelevant ist. Koordinationsrelevanz liegt vor, wenn die einer Einheit A verfügbare Information bei ihrer Übermittlung an die Einheit B deren Handlungsauswahl beeinflusst. Koordinationsrelevante Informationen können sich auf interdependenzbezogene und auf entscheidungsunabhängige Ereignisse beziehen; die erste Informationsart steht bei den folgenden Überlegungen im Vordergrund.

Die Gestaltung der Kommunikation erstreckt sich bei eingeschränkter Informationsautonomie vor allem auf zwei Tatbestände: Auf die Festlegung des koordinationsrelevanten, eine Kommunikation auslösenden Ereignisses (Information) und auf die Regelung der Informationsübermittlung, insbesondere hinsichtlich Empfänger, Sender und Kommunikationsweg.

Das Problem der Kommunikationsauslösung ist eng verbunden mit dem Problem der Ereignisselektion: Es muss für eine Einheit festgelegt werden, ob ein Ereignis für eine andere Einheit eine koordinationsrelevante Information darstellt. Wie bei der Determinierung der Informationsautonomie im Rahmen der vertikalen Koordination entsteht auch bei der horizontalen Koordination die Notwendigkeit, Kriterien für die Festlegung koordinationsrelevanter Ereignisse zu formulieren. Die Koordinationsrelevanz hängt von der Frage ab, ob das fragliche Ereignis eine zielrelevante Veränderung im Entscheidungsfeld einer anderen Einheit bildet. Die Frage lässt sich nur beantworten, wenn das Entscheidungsproblem der potenziellen Empfängereinheit bekannt ist – eine Voraussetzung, die in arbeitsteiligen Systemen nur begrenzt erfüllt ist. Berücksichtigt man weiter, dass selbst bei gegebener Koordinationsrelevanz angesichts entstehender Kommunikationskosten nicht zwangsläufig eine Kommunikation die Folge ist, so wird deutlich, dass viele Entscheidungseinheiten nicht in der Lage sind, die Notwendigkeit einer Weiterleitung von Informationen selbständig zu beurteilen. Im Rahmen der horizontalen Koordination kann der Austausch von Informationen deshalb häufig nur anhand einer detaillierten Auflistung der zu kommunizierenden Informationen erfolgen.

Angesichts dieser Tatsache, dass die organisatorische Regelung der horizontalen Koordination unter Umständen sehr hohe Anforderungen stellt, kann es nicht überraschen, dass in der Praxis nicht immer detaillierte Kommunikationsregeln ausgearbeitet werden. In diesem Fall entsteht für eine Entscheidungseinheit das Problem, wie sie sich bei einem Ereignis, das vielleicht koordinationsrelevant ist, verhält. Vor diesem Hintergrund müssen die vielfältigen in der Praxis nachzuweisenden Kommunikationsprinzipien gesehen werden.

Relativ weit verbreitet ist das Verfahren, Informationen, deren Behandlung nicht geregelt ist, an die jeweils übergeordnete Einheit weiterzuleiten. Das geschieht häufig in der Annahme, der größere Überblick des Vorgesetzten sichere die Weiterleitung der Information an die „betroffene" Einheit. Dieser Lösung sind jedoch Grenzen gesetzt. Einmal ist die entscheidungslogische Annahme, der Vorgesetzte besitze bezüglich des fraglichen Ereignisses einen besseren Überblick, nicht unproblematisch, zum anderen führt diese Regelung zu einer zusätzlichen Belastung der übergeordneten Einheit mit Kommunikationsaufgaben.

Eine andere Vorgehensweise, die allerdings nur eine Festlegung der zu informierenden Bereiche erlaubt, ist insbesondere bei Prozessinterdependenzen nahe liegend. Eine Entscheidungseinheit orientiert sich bei der Weiterleitung eines koordinationsrelevanten Ereignisses an der Abfolge der Phasen des Realisationsprozesses. Der Beschaffungsbereich gibt dann beispielsweise Informationen über Lieferverzögerungen an den Produktionsbereich – und nicht auch noch an den ebenfalls betroffenen Absatzbereich – weiter.

Diese relativ einfachen Regeln können komplexeren Koordinationsanforderungen nicht gerecht werden. In Situationen mit hohen Koordinationsanforderungen wird die Weiterleitung von Informationen – unter Umständen auch das Problem der Identifizierung koordinationsrelevanter Ereignisse – von besonderen Koordinationseinheiten übernommen. Die in Theorie und Praxis diskutierten organisatorischen Lösungen – wie auch ihre begrifflichen Kennzeichnungen – sind vielfältig: Sie reichen von speziellen Koordinationsstellen über die Bildung von Ausschüssen bis zum Konzept der Matrix-Organisation[24].

Bei der Regelung der Kommunikation, dem zweiten im Rahmen der horizontalen Informationsübermittlung zu berücksichtigenden Tatbestand, erweist es sich häufig als schwierig, den potenziellen Empfänger für eine Information zu bestimmen. Während im Rahmen der vertikalen Koordination als Informationsempfänger nur die rangmäßig über- und untergeordneten Einheiten in Frage kommen, stellt die Identifizierung des Informationsempfängers im Rahmen der horizontalen Koordination in der Regel ein wesentlich komplexeres Problem dar. Ein Beispiel soll diese Problematik verdeutlichen. Der Leiter des Produktionsbereichs entscheidet, dass auf Grund eines Maschinenschadens kurzfristig die Maschinenbelegung geändert wird. Durch diese Entscheidung verzögert

---

24) Vgl. vor allem Galbraith [Organization] 148 und Galbraith [Determinants]. Die Problematik dieser Organisationsformen wird auf S. 194 ff. eingehend untersucht.

sich die Fertigstellung eines bestimmten Produkts um zwei Tage. Es ist zu klären, ob diese Information für die Entscheidungen des Absatzbereichs relevant ist. Betrachtet man diese Frage zunächst aus der Sicht des Informationsbedarfs auf Seiten des Absatzleiters, so hängt die Relevanz des Ereignisses für den Absatzleiter vom Strukturierungsgrad seines Entscheidungsproblems ab. Je höher der Strukturierungsgrad ist, desto detaillierter müssen die benötigten Informationen sein. Ist die Information über die Produktionsverzögerung für den Absatzleiter nicht relevant, dann muss untersucht werden, ob eine andere dem Absatzleiter nachgeordnete Entscheidungseinheit über das fragliche Ereignis zu informieren ist. Die Bestimmung des Informationsempfängers kann von der informationsübermittelnden Einheit nicht selbständig aus einem übergeordneten Prinzip abgeleitet werden, sondern erfordert eine detaillierte organisatorische Regelung.

Untersucht man das Problem der Bestimmung des Informationssenders, so könnte in einem arbeitsteiligen System prinzipiell jede Einheit mit jeder anderen Einheit kommunizieren. Tatsächlich bestehen jedoch nur zwischen bestimmten Einheiten Kommunikationsbeziehungen. Geht man von der Annahme bestehender Kommunikationskanäle aus, so wird die Auswahl des jeweiligen Informationssenders weitgehend durch den Empfänger der zu übermittelnden Information bestimmt. Mit der Auswahl von Sender und Empfänger ist damit zugleich der Kommunikationsweg festgelegt. Ist z.B. der Leiter des Absatzbereichs Empfänger einer bestimmten Information und besteht nur zwischen dem Produktionsleiter und dem Absatzleiter eine Kommunikationsbeziehung, dann ist für Informationen aus dem Produktionsbereich zwangsläufig der Produktionsleiter die informationsübermittelnde Einheit. Horizontale Kommunikation erfordert deshalb, je nach dem Ort des Informationsanfalls, häufig vorgelagerte vertikale Kommunikationsaktivitäten.

3. Schnittstellenmanagement

Bereichsübergreifende Steuerung lässt sich als Schnittstellenmanagement bezeichnen. Da Fragen des Schnittstellenmanagements in Wissenschaft und Praxis breite Beachtung finden,[25] erscheint an dieser Stelle die Behandlung des Konzepts sinnvoll.

---

25) Vgl. generell zur aktuellen Bedeutung des Schnittstellenmanagements Galbraith [Competing]. Darüber hinaus finden sich in der Literatur zahlreiche Beiträge zum Management der Schnittstellen zwischen konkreten Funktionsbereichen wie z.B. Forschung und Entwicklung und Produktion (Adler [Interdependence]), Forschung/Entwicklung und Mar-

b.w.

Eine Schnittstelle liegt vor, wenn zwischen zwei organisatorischen Einheiten ein potenzieller Koordinationsbedarf besteht. Das ist in „horizontaler" Hinsicht der Fall, wenn zwischen den betrachteten Einheiten Interdependenzen oder koordinationsrelevante Potenzialtrennungen existieren. In „vertikaler" Hinsicht entsteht eine Schnittstelle, wenn zwischen zwei Einheiten die hierarchische Aufspaltung einer Entscheidung erfolgt. Unter dem Begriff des Schnittstellenmanagements werden folglich alle Maßnahmen zusammengefasst, die zu einer Ver-Verringerung der dysfunktionalen Wirkungen von Interdependenzen, Potenzialtrennungen und hierarchischen Aufspaltungen beitragen können.

Zur Einengung der Problemstellung und zur Berücksichtigung der in der Praxis vorherrschenden Betrachtungsweise soll der Schnittstellenbegriff in zweifacher Hinsicht eingeschränkt werden. Es werden einmal nur horizontale Schnittstellen zwischen Einheiten einer Ebene betrachtet. Das Schnittstellenmanagement vollzieht sich zum anderen unter Rückgriff auf die Informationen und das methodische Know-how der betrachteten Einheiten. Die durch die organisatorische Grundstruktur vorgegebene übergeordnete Ebene greift also nicht durch Maßnahmen der Strukturierung in die Koordination ein. Allerdings sind Strukturierungsmaßnahmen auf der betrachteten Ebene (z.B. durch Entscheidungsausschüsse oder gesonderte Integrationseinheiten) nicht ausgeschlossen. Es handelt sich insofern um eine pragmatische Abgrenzung des Schnittstellenmanagements.

Die konkrete Ausgestaltung des Schnittstellenmanagements berührt drei Problemkreise, die nachfolgend skizziert werden.

1. Beurteilung der Notwendigkeit des Einsatzes von Maßnahmen des Schnittstellenmanagements

2. Auswahl geeigneter Maßnahmen des Schnittstellenmanagements

3. Auswahl der Einheiten, denen die Aufgabe der Schnittstellenabstimmung übertragen wird

Zu 1.: Den Ausgangspunkt aller Überlegungen zum Schnittstellenmanagement bildet die Frage, ob eine identifizierte Schnittstelle überhaupt abgestimmt werden sollte. Als Alternative zur Abstimmung ist der Verzicht auf ein aktives Schnittstellenmanagement in Betracht zu ziehen. Unter ökonomischen Gesichtspunkten ist für diese Entscheidung ausschlaggebend, ob die sich aus dem Einsatz der Instrumente des Schnittstellenmanagements ergebende Verbesserung der arbeitsteiligen Entscheidungen den hiermit verbundenen Ressourceneinsatz übersteigt. Demnach kann ein Verzicht auf die Abstimmung von

---

keting (Brockhoff [Management]) sowie Marketing und Produktion (Wermeyer [Marketing]).

Schnittstellen unter folgenden Umständen sinnvoll sein: Zum einen ist es denkbar, dass die Schnittstelle sich als nicht sonderlich kritisch darstellt und die nachteiligen Folgen auch bei der Wahl der „Unterlassens-Alternative" vernachlässigbar sind. Zum anderen sind Situationen vorstellbar, in denen eine Abstimmung der beteiligten Einheiten nur durch die Implementierung aufwändiger Koordinationskonzepte gelingt.

Zu 2.: Wird die Abstimmung der betrachteten Schnittstelle befürwortet, so sind nachfolgend geeignete Instrumente auszuwählen. Da von einer gegebenen Kompetenzstruktur ausgegangen wird, zählen die Segmentierungskonzepte, die auf einer Veränderung der Entscheidungsinhalte und Interdependenzstrukturen beruhen, nicht zu den Instrumenten des Schnittstellenmanagements, wie es hier verstanden wird. Maßnahmen des Schnittstellenmanagements beruhen daher auf Strukturierungs- und Kommunikationskonzepten sowie auf Segmentierungskonzepten, die sich ausschließlich auf den Bereich der Entscheidungsvorbereitung beziehen. Betrachtet werden damit drei Maßnahmen:

- Eine erste Reduzierung des Koordinationsbedarfs lässt sich durch eine Regelung der Kommunikation zwischen den betroffenen Einheiten erreichen. Bei der Weitergabe entscheidungsabhängiger Informationen (entscheidungsunabhängige Informationen werden vernachlässigt) informiert z.B. der Beschaffungsbereich den Produktionsbereich über eine getroffene Beschaffungsentscheidung. Die betroffene Einheit, hier der Produktionsbereich, kann sich dann nur durch ihre eigene Entscheidung an die veränderte Situation anpassen. Je frühzeitiger die Information erfolgt, umso größer ist der Handlungsspielraum. Je eher die Beschaffungseinheit die Produktionseinheit z.B. über den Zeitpunkt der Verfügbarkeit des Materials informiert, umso größer ist deren Spielraum bei der Festlegung des Produktionsprogramms.

    Der Einsatz von Kommunikationsmaßnahmen bietet den Vorteil, dass die bestehende Rahmenstruktur nicht verändert wird und sich der zusätzliche Gestaltungsaufwand in Grenzen hält. Allerdings ist hinsichtlich der Leistungsfähigkeit von Kommunikationsregelungen einschränkend anzumerken, dass eine gesamtzielkonforme Abstimmung der betroffenen Einheiten – insbesondere im Falle konfliktärer Bereichsziele – nicht sichergestellt werden kann.

- Durch Strukturierung wird im Rahmen des Schnittstellenmanagements der zwischen zwei Einheiten bestehende Koordinationsbedarf aufgehoben. Es werden die Fälle definiert, in denen Entscheidungsprobleme bereichsübergreifend betrachtet und entschieden werden (z.B. durch einen aus den beteiligten Einheiten gebildeten Ausschuss oder durch eine gesonderte Integrationseinheit). Während im Zuge der Kommunikation lediglich die Erhöhung des Informationsstandes der beteiligten Einheiten über geplante oder bereits vollzogene Handlungen der jeweils anderen Einheit sichergestellt wird, haben Strukturierungsmaßnahmen eine umfassendere Abstimmungswirkung.

- Schließlich können durch die Anwendung zusätzlicher Segmentierungskriterien auf der betrachteten hierarchischen Ebene bereichsübergreifende Problemperspektiven in den Entscheidungsprozess eingebracht werden, mit der Folge, dass die „Bereichsblindheit" verringert wird. Da von einer gegebenen Stellenstruktur ausgegangen wird und damit die Entscheidungsinhalte festliegen, können Einheiten, die im Rahmen des Schnittstellenmanagements auf Grund von Segmentierungsmaßnahmen gebildet werden, ausschließlich Kompetenzen im Bereich der Entscheidungsvorbereitung besitzen. Es handelt sich hierbei z.B. um Beratungsausschüsse oder Integrationseinheiten mit Beratungskompetenz (Fachstäbe). Nicht berücksichtigt werden insofern eindimensionale Segmentierungskonzepte sowie das Ausgliederungs- und das Matrixprinzip, da es sich hierbei unter Zugrundelegung der eingeführten Gestaltungsheuristik nicht um Schnittstellenmanagement, sondern um eine Modifikation oder vollständige Neugestaltung der Kompetenzstruktur handelt.

zu 3.: Neben der Auswahl geeigneter Instrumente muss geklärt werden, welchen Einheiten die Aufgabe der Schnittstellenabstimmung übertragen wird. In diesem Zusammenhang kommen mit der Selbststeuerung und der Fremdsteuerung zwei idealtypische Konzepte in Betracht.

Selbststeuerung stellt auf die unmittelbare Interaktion der betroffenen Einheiten entweder im Rahmen der existierenden Struktur oder durch die Entsendung von Repräsentanten in eigens zur Abstimmung geschaffene Kollegialorgane (Ausschüsse) ab. Maßnahmen der Selbststeuerung sind im Allgemeinen empfehlenswert, wenn die Handhabung der durch Schnittstellen verursachten Konfliktpotenziale keine nennenswerten Probleme aufwirft. Maßnahmen der Selbstabstimmung stoßen vor allem bei zunehmender Komplexität der Interdependenz- und Potenzialstrukturen sowie bei einer zunehmenden Aufgabendynamik an ihre Grenzen[26].

Bei der Fremdsteuerung werden Dritte zur Koordination der Schnittstelle herangezogen. Auf Fremdsteuerung beruhende Maßnahmen zielen insbesondere auf eine Harmonisierung von Konflikten oder auf eine Kanalisierung unproduktiver Konflikte durch Integrationseinheiten und Kommunikation ab. Die genannten Instrumente unterscheiden sich dahingehend, dass bei ersteren die zusätzliche Einheit aktiv an koordinationsrelevanten Entscheidungen partizi-

---

26) Weiterführende Überlegungen zum Zusammenhang von Unsicherheit und Komplexität und Instrumenten des Schnittstellenmanagements finden sich bei Adler [Interdependence] und Van de Ven/Delbecq/Koenig [Determinants] 323 ff.

piert, während bei letzteren der Schwerpunkt auf der Moderation des Abstimmungsprozesses liegt[27]. Inwieweit dabei eine Kanalisierung von Konflikten gelingt, hängt in hohem Maße von der Rolle und den persönlichen Eigenschaften des Integrators ab. Folgende Konstellationen haben sich hierbei als besonders Erfolg versprechend erwiesen[28]:

- Der Einfluss des Integrators beruht nicht auf seiner formalen Autorität, sondern auf seiner Unabhängigkeit, seiner Fachkompetenz und seiner Erfahrung.
- Die Wahrnehmungsmuster und die Zielorientierung des Integrators entsprechen seiner Vermittlerrolle, so dass es ihm gelingt, die unterschiedlichen Positionen der betroffenen Bereiche gleichermaßen zu würdigen.
- Die Leistungsbeurteilung des Integrators orientiert sich am Vermittlungsergebnis.
- Der Integrator fördert eine offene Konfliktaustragung und versucht nicht, vorhandene Konflikte zu überspielen oder Entscheidungen zu erzwingen.

In Übersicht 6 sind die organisatorischen Regelungen des Schnittstellenmanagements zusammenfassend systematisiert. Dabei erfolgt die Gruppierung zum einen danach, welche strukturellen Schnittstellenmaßnahmen (Kommunikation, Strukturierung, Segmentierung) zum Einsatz kommen, und zum anderen danach, auf welches Steuerungsprinzip (Selbststeuerung, Fremdsteuerung) zurückgegriffen wird[29].

---

27) Vgl. Galbraith [Organization] 155.
28) Vgl. hierzu Lawrence/Lorsch [Environment] 55 ff.
29) In der Organisationstheorie lässt sich unter den unterschiedlichsten Bezeichnungen eine Reihe weiterer Systematisierungen nachweisen. Vgl. z.B. Brockhoff/Hauschildt [Schnittstellen-Management] S. 400 ff.; Frese/Noetel [Auftragsabwicklung] 36 ff.; Galbraith [Organization] 111 ff. und Laßmann [Koordination] 285 ff.

Maßnahmen \ Prinzipien	Selbststeuerung	Fremdsteuerung
Kommunikation	- unmittelbarer Informationsaustausch - Informationsausschuss	- Integrationseinheit zur Unterstützung der Kommunikation
Strukturierung	- Entscheidungsausschuss	- Integrationseinheit mit Entscheidungskompetenz - Entscheidungsausschuss mit Integrationseinheit als Mitglied
Segmentierung	- Beratungsausschuss	- Integrationseinheit zur Beratung

Übersicht 6: Formen des Schnittstellenmanagements

d. Reale interne Märkte

Durch die Etablierung realer interner Märkte wird der interne Leistungstransfer zwischen Einheiten in eine marktliche Transaktion transformiert. Bestehen auf internen Märkten Spielräume für die Transaktionen und ist es möglicherweise sogar offen, ob überhaupt ein Leistungsaustausch zwischen den Transaktionspartnern zu Stande kommt, liegt ein realer interner Markt vor. Die Mengensteuerung angebotener und nachgefragter Leistungen erfolgt dann über interne Preise.

Die folgende Betrachtung realer interner Märkte beschränkt sich auf den Fall, dass über den internen Markt die Inanspruchnahme von Unternehmungspotenzialen durch mehrere Einheiten geregelt wird. Obwohl sich die Marktsteuerung formal betrachtet auch auf die gemeinsame Nutzung eines Marktpotenzials beziehen kann, hier sind die gemeinsam genutzten Marktpotenziale durch interne Preise so zu bewerten, dass die angestrebten Koordinationseffekte realisiert werden können[30], wird im Folgenden ausschließlich die Nutzung eines

---

30) Vgl. Kloock [Verrechnungspreise].

Ressourcenpotenzials, z.B. die Inanspruchnahme einer Marktforschungsabteilung, betrachtet. Auch die Marktsteuerung zweier in einer sequenziellen Wertschöpfungskette durch interne Leistungsbeziehungen mit einander verbundenen Einheiten, z.B. der Teilefertigung und der Montage, für die Modelle der Preissteuerung existieren[31], wird im Folgenden nicht betrachtet.

Aus der Sicht der Koordination liegt der Vorteil der Marktsteuerung bei der Nutzung eines Ressourcenpools durch mehrere Einheiten darin, dass über die Einführung interner Preise der Anteil bereichsübergreifender Steuerungsaktivitäten begrenzt werden kann. Solange die durch interne Preise gesteuerte Inanspruchnahme der Ressourcen im Rahmen der vorhandenen Kapazitäten realisiert werden kann, ist der Rückgriff auf die fragliche Ressource ein Problem der bereichsinternen Steuerung. Ist jedoch die Nachfrage höher als die vorhandene Kapazität, entsteht ein bereichsübergreifendes Steuerungsproblem, das ein komplexes, in aller Regel nur durch Planung zu bewältigendes Schnittstellenmanagement auslösen kann.

Zur weiteren Charakterisierung realer interner Märkte lassen sich die Möglichkeit einer freien Wahl des Transaktionspartners, das zur Disposition stehende Transaktionsspektrum sowie die Ausstattung der beteiligten Einheiten mit Ressourcenkompetenzen heranziehen.

Transaktionspartner

Anbietender und nachfragender Bereich sind zwei Einheiten einer Unternehmung, die im Unterschied zu Akteuren auf externen Märkten hinsichtlich der Wahl ihrer Transaktionspartner bestimmten Restriktionen unterworfen sind. Es besteht für beide Parteien ex definitione keine Möglichkeit, einen externen Transaktionspartner zu wählen, sofern dies mit Konsequenzen für die Zielerreichung des anderen Bereichs verbunden ist[32]. Freie Wahlmöglichkeiten bestehen allenfalls hinsichtlich interner Partner. Die Aufwertung bisher lediglich in den innerbetrieblichen Leistungstransfer eingebundener Einheiten zu „Lieferanten" und „Kunden" lässt in der Praxis schnell die Frage nach dem Zugang zum externen Markt entstehen. Man könnte argumentieren, es entspräche dem unternehmerischen Selbstverständnis, wenn der interne Anbieter auch an den externen Markt liefern könnte und der interne Nachfrager zwischen einem internen und einem externen Lieferanten zu wählen hätte. Bei einer solchen Öffnung zum Markt würde die nachfragende Einheit dann laufend über Insourcing und

---

31) Vgl. z.B. Hirshleifer [Economics].
32) Dies schließt nicht aus, dass interne Überkapazitäten an unternehmungsfremde Nachfrager verkauft bzw. bei Kapazitätsrestriktionen des liefernden Bereichs zusätzlicher Bedarf der nachfragenden Einheit auf dem externen Markt gedeckt wird.

Outsourcing entscheiden. Eine solche Argumentation übersieht, dass bei der Steuerung zwischen der Nutzung gegebener Kapazitäten und der Festlegung bzw. Anpassung von Kapazitäten zu unterscheiden ist. Im ersten Fall handelt es sich um ein operatives, im zweiten um ein eher strategisches Steuerungsproblem.

Ein Blick auf die Großunternehmung, für die interne Märkte in besonderem Maße relevant sind, macht den unterschiedlichen Charakter der beiden Steuerungsformen deutlich. Großunternehmungen finden ihre ökonomische Rechtfertigung in den Vorteilen der Größe; sie erlauben die Realisation von Verbundeffekten (Markt-, Ressourcen- und Prozessverbund). Werden keine Verbundeffekte angestrebt, können sich die Unternehmungsbereiche wie selbstständige Unternehmungen im Markt verhalten. Die Frage interner Märkte stellt sich dann nicht. Entscheidet sich die Unternehmungsleitung aber für den Aufbau von Kapazitäten zur Ausschöpfung von Verbundeffekten, weil darin ein strategischer Wettbewerbsvorteil gesehen wird, dann muss der Vorteil auch konsequent genutzt werden: Es besteht interner Liefer- und Bezugszwang[33]. Das operative Steuerungssystem ist dann ganz darauf ausgerichtet, die effiziente Nutzung der gegebenen Kapazität sicherzustellen. Die Vorstellung, man könnte aus Indikatoren, die von der operativen Steuerung generiert werden (z.B. in Form des monetären Transaktionserfolgs bzw. des Bereichserfolgs), laufend die strategisch begründeten längerfristigen Kapazitätsentscheidungen überprüfen und Anpassungen auslösen, verkennt die Komplexität von Investitionsentscheidungen. Solche Entscheidungen beruhen immer auf Sonderrechnungen, die nur in größeren Zeitabständen durchgeführt werden können.

Transaktionsspektrum

Auf realen internen Märkten ist im Gegensatz zu externen Märkten in aller Regel nicht das volle Transaktionsspektrum Gegenstand der Verhandlungen. Leistungsmerkmale und Konditionen sind bis zu einem gewissen Grade a priori durch hierarchische Planung determiniert. Es bleibt auf realen internen Märkten aber insbesondere in preislicher und mengenmäßiger Hinsicht immer ein Spielraum, der unter Orientierung am monetären Transaktionserfolg ausgefüllt wird.

---

33) Vgl. im Einzelnen Frese/Lehmann [Outsourcing] und die grundlegende Arbeit von Eccles [Pricing].

Ressourcenkompetenz

Ebenso wie auf externen Märkten besitzen die Transaktionspartner auf realen internen Märkten Ressourcenkompetenz, d.h. sie verfügen über Entscheidungskompetenzen hinsichtlich eines transaktionsbezogenen Einsatzes von Ressourcen. Auf welche Weise die getätigten Transaktionen die Ressourcensituation von internen Anbietern und Nachfragern beeinflussen, ist im Wesentlichen davon abhängig, welche Allokationsmechanismen unternehmungsintern eingesetzt werden. In der Unternehmungspraxis kommen sehr unterschiedliche Modelle zur Anwendung; aus Vereinfachungsgründen werden mit der Budgetierung und dem Profit-Center-Konzept lediglich zwei Allokationssysteme näher betrachtet, die einen vergleichsweise hohen Verbreitungsgrad besitzen.

Transaktionen auf realen internen Märkten sind budgetwirksam, wenn den Transaktionspartnern frei verfügbare Budgets vorgegeben sind und die Inanspruchnahme einer Leistung zur Reduzierung des für zukünftige Transaktionen zur Verfügung stehenden Budgets führt. Die Nachfrage eines Unternehmungsbereichs, z.B. nach Leistungen des Zentralbereichs „Marktforschung", wird dann durch das Zusammenspiel von Preis der Leistung und Höhe des Budgets beeinflusst. Jede interne Beschaffung schränkt den Dispositionsspielraum des beschaffenden Bereichs – im Falle der Festlegung von „Globalbudgets", die nicht zwischen Ausgaben für unterschiedliche Ressourcen differenzieren, möglicherweise sogar in Bezug auf den externen Markt – ein.

Ressourcenkompetenz kann aber auch vorliegen, ohne dass monetäre Budgets eingeführt werden. In diesem Fall agieren die Transaktionspartner auf der Grundlage der klassischen Kosten-Erlös-Rechnung als Profit Center unter Orientierung am Transaktionserfolg. Jede Entscheidung über den Bezug beeinflusst die Kostensituation eines Profit-Center-Leiters insoweit, als er zumindest mittel- bis langfristig einen Überschuss der Erlöse über die Kosten erzielen muss. Allerdings hängt die Koordinationswirkung realer interner Märkte in diesem Fall stark davon, ob ein erwirtschafteter Gewinn auch in den Nachfolgeperioden im Bereich verbleibt oder ob unternehmungsintern periodenbezogen eine (zentrale) Reallokation der zur Verfügung stehenden Mittel erfolgt.

Wie schon erläutert wurde[34], entstehen reale interne Märkte vor allem, wenn auf Grund einer „plastischen" Leistungsbeziehung hinsichtlich des Bedarfs beim Nachfrager ein Ermessensspielraum besteht; die Input-Output-Beziehungen sind dann mehrdeutig. Hinsichtlich der Menge eines Einsatzfaktors (z.B. Umfang an Marktforschungsdaten) bei angestrebter „Ausbringung" (z.B. Prognosequalität) bestehen dann unter Experten unterschiedliche Auffas-

---

34) Vgl. S. 249 f.

sungen. Plastizität ist vor allem bei Informationsdienstleistungen (z.B. Beratung) gegeben, deren Informationswert nur durch komplexe Nutzenanalysen ermittelt werden kann.

Für die Abschätzung der Einsatzmöglichkeiten realer interner Märkte und für das Verständnis ihrer praktischen Erscheinungsformen empfiehlt es sich, zwischen zwei grundlegenden Entscheidungssituationen zu unterscheiden – der Veränderung von Kapazitäten und der effizienten Nutzung gegebener Kapazitäten.

Reale interne Märkte könnten zum einen gebildet werden, um die Veränderung – also den Aufbau bzw. den Abbau – von Kapazitäten zu steuern. Über interne Preise würde dann z.B. die Nachfrage der Unternehmungsbereiche nach Investitionsmitteln zum Aufbau neuer Fertigungskapazitäten gesteuert. Allerdings legen Studien über den Ablauf von Investitionsentscheidungen in der betrieblichen Praxis[35] den Schluss nahe, dass Entscheidungen über Investitionsvorhaben nicht über interne Märkte abgestimmt werden[36]. Investitions- und Desinvestitionsentscheidungen beruhen vielmehr auf (häufig) aufwändigen Planungskalkülen.

Vor diesem Hintergrund kann der Einsatzschwerpunkt realer interner Märkte bei der effizienten Ausschöpfung gegebener Kapazitäten vermutet werden. Die effiziente Ausschöpfung des Potenzials hängt vom Verhalten der internen Anbieter und Nachfrager ab. Diese Problemstellung bildet den praktisch bedeutsameren Anwendungsbereich für interne Märkte. Es bedarf keiner näheren Begründung, dass die Koordinationswirkung realer interner Märkte sehr eng mit ihrer Motivationswirkung verbunden ist. Im Falle „plastischer" Nachfrage lassen sich durch interne Marktmechanismen vor allem in das Nachfrageverhalten in höherem Maße ökonomische Elemente einbringen. Beim Nachfrager soll auf diese Weise die verantwortungsvolle Nutzung der intern angebotenen Dienstleistungen sichergestellt werden, d.h. ihre Inspruchnahme wird einem Kosten-Nutzen-Kalkül unterworfen.

Es liegt auf der Hand, dass vor allem in Großunternehmungen die wirtschaftliche Inspruchnahme solch „plastischer" Ressourcen durch eine zentrale Planung nur sehr begrenzt sichergestellt werden kann. Die bis zu einem gewissen Grade willkürliche Festlegung interner Preise muss dabei zwei gegenläufige Anforderungen erfüllen. Zum einen muss der Preis so hoch sein, dass beim

---

35) Vgl. insbesondere die klassische Untersuchung von Bower [Managing].
36) In der Theorie werden Modelle, die zur marktlichen Allokation von Ressourcen in Unternehmungen herangezogen werden können, allerdings zunehmend diskutiert. Einen Überblick über verschiedene Konzepte, die in diesem Sinne interpretiert werden können, vermitteln Gomber/Schmidt/Weinhardt [Synergie].

Nachfrager die Sensibilität für den Wert der Ressourcen gestärkt wird[37]. Zum anderen darf der Preis nicht die Inanspruchnahme der Ressourcen unterbinden, in deren Nutzung ja ein strategischer Wettbewerbsvorteil gesehen wird. Die auf den ersten Blick nahe liegende und in der Praxis weit verbreitete Orientierung an externen Marktpreisen ist daher nicht unproblematisch. Die internen Nachfrager werden in diesem Fall bei der Nutzung interner Dienstleistungen hinsichtlich des Preises mit ihren Konkurrenten, die am externen Markt beziehen müssen, gleichgestellt; sie können ihren potenziellen Wettbewerbsvorteil, sofern er auf den Möglichkeiten einer günstigeren internen Beschaffung beruht, nicht ausnutzen. Es empfiehlt sich daher der Ansatz von Marktpreisen mit einem Abschlag, der diese strategischen Überlegungen berücksichtigt. Auf diese Weise haben die internen Nachfrager einen Vorteil gegenüber externen Konkurrenten (die kein eigenes Informationsdienstleistungsangebot haben), die zu Marktpreisen beziehen müssen. Gleichzeitig berücksichtigt man die verbreitete Akzeptanz von Marktpreisen und kann – wie im Abschnitt über motivationsorientierte Steuerungskonzepte erläutert wird[38] – beim Anbieter die Benchmarking-Funktion marktorientierter Preise nutzen.

Dass eine interne Marktsteuerung mit den strategischen Zielen kollidieren kann, lässt sich eindrucksvoll am Beispiel der *Intel* Corporation zeigen[39]. Ursprünglich bildeten Speichermedien die strategische Domäne von *Intel*. Die einzelnen Produktbereiche konkurrierten auf Grund der seinerzeit gültigen Organisationsstruktur um die Nutzung der Kapazitäten des zentralen Produktionsbereichs. Die Steuerung war marktorientiert; der Preis für die Produktionsressourcen wurde unter Heranziehung der spezifischen Deckungsbeiträge der konkurrierenden Produkte abgeleitet[40]. Dieses Steuerungsprinzip führte dazu, dass ertragsstarke Nischenprodukte die unter externem Preisdruck stehenden Speicherprodukte verdrängten. Da vor allem solche Nischenprodukte, die das *Intel*-Know-how für die Entwicklung von Informationsverarbeitungs-Komponenten nutzten, durch die Marktsteuerung begünstigt wurden, verschob sich allmählich der strategische Fokus und *Intel* entwickelte sich zu einem weltweit führenden Hersteller von Mikrochips. *Burgelman* widmet diesem evolutorischen Prozess der internen Selektion in seiner Theorie der strategischen Anpassung eine sehr gründliche Analyse[41].

---

37) In diesem Argument wird die Überlagerung der Koordinationsfunktion realer interner Märkte durch Motivationsüberlegungen deutlich.
38) Vgl. S. 223 ff.
39) Vgl. hierzu Burgelman [Strategy].
40) Vgl. Burgelman [Strategy] 65 ff.
41) Vgl. hierzu die Darstellung auf S. 612 ff.

In diesem Abschnitt, der sich auf die statische Sicht der Organisationsgestaltung beschränkt, kann die evolutionstheoretische Interpretation interner Märkte nicht diskutiert werden. Es ist aber offensichtlich, dass eine Ressourcensteuerung, die – wie bei *Intel* – der gültigen Unternehmungsstrategie zuwider läuft, problematisch sein kann.

Insgesamt empfiehlt es sich, den Einsatz interner realer Märkte mit „plastischen" Angebots-Nachfrage-Beziehungen kritisch zu betrachten. Dahinter steht möglicherweise keine durchdachte Diversifikationsstrategie, sondern mangelnde Reflexion über den wettbewerbsstrategischen Stellenwert solcher Ressourcen. Das gilt beispielsweise dann, wenn Großunternehmungen Teile ihrer Kapazitäten für Informationsdienstleistungen rechtlich verselbstständigen und den entstehenden Gesellschaften aufgeben, nicht nur interne, sondern auch externe Kunden unter Marktbedingungen zu beliefern. In der Regelung, die Ressourcenallokation (internen und externen) Märkten zu überlassen, zeigt sich allzu oft die mangelnde Fähigkeit oder Bereitschaft des Managements, den strategischen Stellenwert der fraglichen Ressourcenpotenziale zu beurteilen. Das Problem ist dann weniger Planversagen als Managerversagen.

C. Motivation

I. Kompetenzsystem

Welchen Stellenwert haben Motivationsüberlegungen bei der Gestaltung des Kompetenzsystems aus der Sicht des Managements? Wie weit und in welcher Form gehen in Entscheidungen über alternative Formen der Segmentierung und der Strukturierung sowie in die Regelung der Kommunikationsbeziehungen Annahmen über die Motivationswirkungen der getroffenen Maßnahmen ein? Diese Fragen bilden den Gegenstand dieses Kapitels. Bei ihrer Beantwortung wird zunächst die Motivationstheorie daraufhin überprüft, welchen Beitrag zur Lösung praktischer Gestaltungsprobleme sie verspricht. Daran schließt sich der Versuch an, aus Studien über Reorganisationen in der Praxis Rückschlüsse auf die Bedeutung von Motivationseffekten bei der Gestaltung des Kompetenzsystems zu ziehen. Abschließend werden die Umrisse einer Gestaltungsphilosophie entwickelt, die Motivationseffekte aus dem Charakter der Kompetenzgestaltung als Rahmen setzender Regelung ableitet.

a. Motivationstheoretische Fundierung

Wie die bei der Darstellung der motivationstheoretischen Grundtatbestände vorgenommene Charakterisierung der motivationstheoretischen Ansätze gezeigt hat,[1] existiert hinsichtlich der Einflussgröße „Aufgabengestaltung" eine relativ einheitliche Theorie. Die von *Hackman* und *Oldham* entwickelte motivationsorientierte Theorie der Aufgabengestaltung repräsentiert einen beachtlichen Teil der empirischen Forschungsergebnisse. In dieser Tatsache kann prinzipiell ein Unterstützungspotenzial für praktische Gestaltungsmaßnahmen gesehen werden. Geringer einzuschätzen ist demgegenüber der Fundierungsbeitrag, wenn die Genauigkeit bei der Erfassung der Bedingungen der Gestaltungssituation betrachtet wird.

Die Tatsache, dass sich auf Grund der Fokussierung auf den Zufriedenheitsgrad allenfalls mittelbare Beziehungen zwischen der Art der Gestaltung und der Realisation der Unternehmungsziele herstellen lassen und dass hinsichtlich des Gestaltungsobjekts eine relativ enge Sichtweise vorherrscht, stellen für die organisatorische Gestaltung Restriktionen dar. Sie schränken die Möglichkeiten

---

[1] Vgl. S. 133 ff.

ein, bei Fragen der Kompetenzgestaltung die vorliegenden Forschungsergebnisse zu nutzen.

Mit der Fokussierung der Motivationseffekte auf den jeweils resultierenden Grad der Arbeitszufriedenheit lassen sich allenfalls mittelbare Beziehungen[2] zu Effizienzkriterien herstellen, die eine Bewertung alternativer Segmentierungs- und Strukturierungsmaßnahmen aus der Sicht der Unternehmungsziele erlauben. Eine wissenschaftliche Fundierung dieser mittelbaren Beziehungen ist angesichts des dargestellten Erkenntnisstands jedoch nur sehr begrenzt möglich.

Die enge Auswahl des Gestaltungsobjekts äußert sich vor allem darin, dass in den Studien jeweils isoliert die Zuordnung von Aufgaben auf ein Individuum betrachtet wird. Diese Beschränkung, die aus dem Anliegen resultiert, individuelle Verhaltensweisen zu erklären, schließt die Erfassung und Beurteilung umfassender Organisationsstrukturen, im Extremfall die der Gesamtunternehmung, aus. Zwar könnte man argumentieren, auch umfassende Strukturzusammenhänge ließen sich durch Auswirkungen der Aufgabenzuweisungen auf die betroffenen individuellen Einheiten erfassen und beurteilen. Die Forderung nach individuellen Aufgabenzuordnungen, die den Kriterien der Autonomie, der Abgeschlossenheit und der Vielfalt entsprechen, lässt sich aber – abgesehen von der offenen Frage, welche Segmentierungs- und Strukturierungsmaßnahmen diesen Anforderungen am besten entsprechen – schwerlich als allgemeines Prinzip bei der Gestaltung komplexer arbeitsteiliger Systeme rechtfertigen. Es liegt in der Logik der Arbeitsteilung, dass in der Realität jede Unternehmung einer Vielzahl von Mitarbeitern Aufgaben zuweisen muss, die den Thesen von *Hackman* und *Oldham* nicht immer entsprechen können. Dazu kommt, dass die Theorien der Aufgabengestaltung – wie schon betont wurde – vorrangig realisationsnahe Aufgaben betrachten. Diese Sichtweise ist auf den historischen Ursprung der Beschäftigung mit der Aufgabengestaltung, dem Bemühen um die Überwindung der einseitigen tayloristischen Spezialisierung in der Produktion, zurückzuführen. Autonomie, Abgeschlossenheit, Vielfalt und Rückkopplung sind Aufgabenmerkmale, mit denen sich problematische Auswirkungen der Spezialisierung aufheben oder reduzieren lassen. Je mehr sich die Gestaltungsperspektive von realisationsnahen Aufgaben auf Managementaufgaben verlagert, desto weniger ist das Problem der Spezialisierung relevant und desto geringer ist der Aussagegehalt der von *Hackman* und *Oldham* eingeführten Kriterien. Die veränderte Sichtweise zeigt sich vor allem hinsichtlich des Stellenwerts der Rückkopplung. Die Sicherstellung der Rückkopplung hängt weniger vom Charakter der Aufgaben, wie er durch die jeweilige Segmentierung bestimmt ist, ab. Sie ist im Prinzip bei jedem Segmentierungskriterium gewähr-

---

2) Vgl. zu diesem indirekten Wirkungszusammenhang auch Mitchell [Matching] 99.

leistet – ihre Realisierung ist ein technisches Problem. Die Herausforderung liegt woanders. Je höher die betrachtete Aufgabe in der Unternehmungshierarchie positioniert ist, umso mehr wird ihre Realisation im Wege der Delegation an nachgeordnete Einheiten angestrebt und umso problematischer wird die Zurechnung eines Realisationsergebnisses zu den Entscheidungen der den Delegationsvorgang auf einer oberen Ebene auslösenden Einheit. Dazu kommt, dass der Grad der Strukturiertheit einer Aufgabe die Möglichkeit der Rückkopplung beeinflusst – je unstrukturierter die Aufgabe, umso unpräziser die Rückkopplung.

b. Kompetenzsystem und Motivationsannahmen des Managements

Die vorangegangene Analyse des Stands der Motivationstheorie kommt zu dem Ergebnis, dass das Modell der Aufgabengestaltung von *Hackman* und *Oldham* nicht die generelle Grundlage für die Gestaltung des Kompetenzsystems bilden kann. Damit ist nicht die Frage nach dem Stellenwert von Motivationsüberlegungen bei der Regelung von Kompetenzen in der Praxis beantwortet. Ihre Beantwortung ist letztlich ein empirisches Problem. Da systematische empirische Untersuchungen nicht vorliegen, lassen sich allenfalls Rückschlüsse aus Berichten über einzelne Reorganisationen ziehen. Im Folgenden wird eine der meist zitierten historischen Reorganisationen, die um 1920 erfolgte Einführung der produktorientierten Spartenorganisation bei der *Du Pont Company*, herangezogen. Der Rückgriff auf eine so lange zurückliegende Reorganisation könnte den Einwand der mangelnden Aussagefähigkeit für aktuelles Gestaltungshandeln provozieren. Eine solche mögliche Kritik wird aus zwei Gründen in Kauf genommen. Zum einen kommt der Darstellung dieser häufig als „Organisationsinnovation"[3] bezeichneten, detailliert dokumentierten[4] Reorganisation ein erheblicher Eigenwert zu. Zum anderen zeigt ein Vergleich der seiner Zeit bei *Du Pont* relevanten Überlegungen mit denen aktuellerer Reorganisationen, wie sie mit den Organisationsänderungen von *SEL* und *IBM* in nachfolgenden Kapiteln[5] betrachtet werden, dass die Argumente des *Du Pont* Managements nach wie vor aktuell sind.

---

3) Vgl. S. 644 ff.
4) Chandler [Strategy] 52 ff.; die folgende Darstellung stützt sich auf Chandler/Tedlow [Capitalism] 670 ff.
5) Vgl. bezüglich *SEL* S. 430 ff., bezüglich *IBM* S. 347 ff.

Bei *Du Pont* führte die forcierte Strategie der Diversifikation um 1920 zu einer nachhaltigen Verschlechterung der Gewinnsituation. Während die meisten Konkurrenten auf den vergleichbaren Produktfeldern Gewinne erzielten, wiesen die Erfolgsrechnungen für die entsprechenden Produkte bei *Du Pont* Verluste aus. Die Ursache für die als bedrohlich eingestufte Situation wurde auf organisatorische Probleme zurückgeführt. Die bestehende funktionale Organisationsstruktur würde den neuen Anforderungen der Diversifikation nicht mehr gerecht – so lautete die Diagnose der vom Management zur Untersuchung der Situation eingesetzten Arbeitsgruppe. Sie empfahl die Abkehr von der Funktionalorganisation und die Einführung der produktorientierten Spartenorganisation. Dieser Vorschlag löste eine kontroverse Diskussion aus, über deren Inhalt und Verlauf *Chandler* in seiner einflussreichen Studie über die Einführung der Spartenorganisation in den USA[6] detailliert berichtet.

Analysiert man die in der Diskussion vorgebrachten Argumente, so wurden die folgenden drei Anforderungen formuliert, die bei der Reorganisation des Kompetenzsystems beachtet werden sollten:

1. Die Neuregelung der Kompetenzen sollte die wirtschaftliche Nutzung wichtiger Ressourcen sicherstellen.

   Mit Blick auf diese Anforderung brachte *Irénée Du Pont*, der Präsident von *Du Pont*, Bedenken gegen die Produktgliederung vor, weil sie vor allem hinsichtlich des bisher konzentrierten Einkaufs Vorteile aufgab. Er befand, die produktorientierte Zuordnung dieser Aufgabe verletze das Prinzip der Spezialisierung. Ein entsprechender Einwand wurde – in diesem Fall allerdings gegen die Beibehaltung der Funktionalorganisation – wegen der mangelnden Konzentration absatzmarktrelevanter Wissensressourcen vorgebracht.[7]

2. Die Neuregelung der Kompetenzen sollte die Abstimmung zwischen den verschiedenen Einheiten und Bereichen sicherstellen.

   Bei der Funktionalorganisation wurde insbesondere die Abstimmung zwischen Marketing und Produktion als kritisch angesehen: „Interdepartmental coordination grew comparably troublesome".[8]

3. Die Neuregelung der Kompetenzen sollte den Erfolgsausweis für die verschiedenen Produktgruppen ermöglichen.

---

6) Chandler [Strategy].
7) Chandler/Tedlow [Capitalism] 681 u. 686.
8) Chandler/Tedlow [Capitalism] 680.

Das Problem wird auf eine prägnante Formel gebracht: „...we have been unable to find the exact responsibility for profits."[9] Die Lösung ist ebenso eindeutig: „The responsibility of profits and the control of the business be in the same place."[10]

Betrachtet man die Argumentation aus der Sicht unserer Fragestellung, so betreffen die beiden ersten Anforderungen die Koordinationsdimension der Kompetenzgestaltung. Motivationsüberlegungen gehen über die dritte Anforderung in die Gestaltung ein. Das bestehende und das vorgeschlagene Kompetenzsystem werden hier danach beurteilt, wie weit sie die Etablierung eines bestimmten Steuerungssystems, bei *Du Pont* die Einführung eines erfolgsorientierten Steuerungssystems mit Marktelementen[11], erlauben. Die Spartenorganisation wird positiv beurteilt, weil die Produktgliederung in besonderem Maße diese Voraussetzungen schafft.[12] Die wesentliche Schlussfolgerung für unsere weitere Betrachtung lautet: Die Annahme erscheint plausibel, dass in den Gestaltungsphilosophien des Managements aus den Aufgabenmerkmalen, wie sie sich als Ergebnis der jeweils vorgenommenen Segmentierung herausbilden, keine unmittelbaren Motivationseffekte abgeleitet werden.[13] Motivationsüberlegungen kommen indirekt ins Spiel, wenn die Eignung des durch die Kompetenzregelung definierten Aufgabenrahmens für die Unterstützung des Steuerungssystems bewertet wird.

c. Motivationseffekte und steuerungsorientierte Kompetenzregelung

Welche Gestaltungsphilosophien lassen sich hinsichtlich der motivationsbezogenen Gestaltung des Kompetenzsystems mit einem gewissen Anspruch auf Allgemeingültigkeit aus Einzelstudien zu Reorganisationen ableiten? Es bedarf keiner näheren Begründung, dass eine solche empirische Basis nur zu vorläufigen Hypothesen führen kann, die einer weiteren empirischen Überprüfung bedürfen. Mit diesen Einschränkungen legen es die Überlegungen im vorangegangenen Abschnitt nahe, die bei der Regelung von Kompetenzen wirksamen

---

9) Chandler/Tedlow [Capitalism] 684.
10) Chandler/Tedlow [Capitalism] 686.
11) Das wird in der Empfehlung deutlich, marktbasierte interne Preise einzuführen. Chandler/Tedlow [Capitalism] 683.
12) Vgl. hierzu im Einzelnen S. 436 ff.
13) Bei dieser Feststellung wird nur die Segmentierung betrachtet; mögliche Motivationseffekte, die mit der Strukturierung (Dezentralisierung) und der Bildung von Kommunikationskanälen entstehen, werden vernachlässigt.

Gestaltungsphilosophien des Managements durch zwei Verhaltensmuster zu erfassen. Das erste Verhaltenmuster soll als motivationsunabhängige, koordinationsbestimmte, das zweite Muster als motivationsflankierende, steuerungsbestimmte Kompetenzgestaltung bezeichnet werden.

Bei der *motivationsunabhängigen Kompetenzgestaltung* verzichtet das Management weitgehend darauf, Motivationseffekte bei der organisatorischen Kompetenzregelung zu berücksichtigen. Eine solche Annahme ist schon deshalb plausibel, weil mit der Orientierung an den Koordinationsanforderungen eine vergleichsweise operationale Bewertungsgrundlage besteht, die – wie noch im Einzelnen zu begründen ist – durch Rückgriff auf ein System von Effizienzkriterien[14] die Bewertung alternativer Kompetenzregelungen erlaubt. Motivationsüberlegungen würden dann im Wesentlichen bei der Gestaltung des Steuerungssystems und bei der Handhabung der Steuerungsprinzipien wirksam werden.

Bei der *motivationsflankierenden Kompetenzgestaltung* berücksichtigt das Management – wie im Beispiel der *Du Pont*-Reorganisation beschrieben – Motivationswirkungen insofern, als bei den organisatorischen Regelungen auch das Anliegen verfolgt wird, die motivationseffiziente Ausgestaltung des Steuerungssystems zu erleichtern.

Unter Rückgriff auf die eingeführten Gestaltungsmuster lässt sich die jeweilige Gestaltungsphilosophie des Managements nach der Intensität der Ausprägung des Gedankens der Flankierung beschreiben. Es erscheint plausibel, hinsichtlich der Ausprägung der Motivationsorientierung von einem Zusammenhang mit der jeweiligen Einschätzung der Planungsfähigkeit auszugehen. Je höher die Selbsteinschätzung hinsichtlich der Fähigkeit zur Planung ist, desto geringer ist die Berücksichtigung von Motivationseffekten bei der Gestaltung des Kompetenzsystems. Für die Begründung dieser empirisch zu überprüfenden These lässt sich die von *Cyert* und *March*[15] entwickelte Theorie der problemorientierten Suche heranziehen. Es dürfte der Realität entsprechen, wenn man davon ausgeht, dass die Aufmerksamkeit des Managements in hohem Maße von laufenden Steuerungsaktivitäten, die sich in dem durch das Kompetenzsystem definierten Aufgabenrahmen vollziehen, in Anspruch genommen wird. Impulse für eine Reorganisation des Kompetenzsystems – nach *Cyert* und *March* das problemindizierte Initiieren von Suchaktivitäten – mit dem Ziel, den Aufgabenrahmen zu verändern, sind insbesondere dann zu erwarten, wenn die Komplexität und Dynamik der Steuerungsbedingungen die Planungsfähigkeit

---

14) Vgl. S. 290 ff.
15) Cyert/March [Theory] 120 ff.; vgl. auch S. 34 ff.

in Frage stellen. Dann werden möglicherweise – wie erläutert[16] – relativ autonome Produktsparten gebildet, weil nach Einschätzung des Managements auf diese Weise günstige strukturelle Rahmenbedingungen auf der Steuerungsebene für die Bildung von Zielen und die Kontrolle der Zielrealisation geschaffen werden.

Die vorangegangenen Überlegungen erlauben zusammenfassend zwei Schlussfolgerungen:

- In Unternehmungen mit einer hohen Selbsteinschätzung der Planungsfähigkeit ist die Frage nach der motivationsbezogenen Gestaltung des Kompetenzsystems sekundär. Das Management sieht sich in der Lage, die Anforderungen, die aus der Komplexität und Dynamik der Situation resultieren, unabhängig von der Struktur des Kompetenzsystems durch eine leistungsfähige Planung zu erfüllen. Diese Gestaltungsphilosophie scheint z.B. für *IBM* typisch zu sein.[17]

- In Unternehmungen mit einer mittleren oder geringen Selbsteinschätzung der Planungsfähigkeit erlangt eine Gestaltung des Kompetenzsystems, die das Anliegen einer Unterstützung der Steuerungsaktivitäten verfolgt, besondere Bedeutung. Das war in dem dargestellten Beispiel der *Du Pont Corporation* der Fall. Diese Überlegungen gelten für planbasierte und marktbasierte Steuerungssysteme gleichermaßen. Mit Blick auf die betrachtete produktorientierte Segmentierung ist in diesem Zusammenhang festzustellen, dass eine produktorientierte Kompetenzregelung sowohl die Plansteuerung[18] als auch die Marktsteuerung[19] unterstützt.

---

16) Vgl. S. 225 ff.
17) Vgl. hierzu S. 347 ff.
18) Vgl. die auf S. 171 eingeführten Formen der Plansteuerung
19) Vgl. die Erörterung der Spartenorganisation auf S. 436 ff.

II. Steuerungssystem

a. Motivationstheoretische Fundierung

Wie im Kapitel über die Grundtatbestände der Motivation[1] erläutert wurde, soll der Beitrag der betrachteten Motivationstheorien zur Gestaltung von Steuerungssystemen nach dem Grad der Bündelung der Forschungsergebnisse in einem breit rezipierten Konzept und nach dem Grad der Erfassung der für die Praxis relevanten Gestaltungssituationen beurteilt werden. Im Folgenden werden aus dieser Sicht zunächst die Zielbildungstheorie und die Führungstheorie charakterisiert. Daran schließt sich die Frage an, welche Gestaltungsphilosophien das Management verfolgt, um die Sicherung von Handlungsergebnissen und die Förderung von Handlungs-Commitment zu gewährleisten.

Zielbildung

Die zielorientierte Motivationstheorie von *Locke* und *Latham* erfüllt das Kriterium der konzeptionellen Bündelung der Forschungsergebnisse in hohem Maße. Sie stellt ein breit akzeptiertes Erklärungsmuster für aufgabenbezogenes Verhalten dar. Orientiert sich der Manager bei der Lösung seiner praktischen Gestaltungsprobleme an diesem Konzept, handelt er in Einklang mit einer in der Fachwelt verbreiteten Vorstellung vom Stand des relevanten Wissens.

Hinsichtlich des zweiten Kriteriums, der Genauigkeit in der Erfassung möglicher Gestaltungssituationen, ist das Urteil differenzierter. Zunächst ist festzustellen, dass *Locke* und *Latham* durch die Operationalisierung ihrer Variablen zu konkreten Schlussfolgerungen kommen. Ihre zentrale Aussage lautet: Anspruchsvolle Handlungsergebnisse sind nur zu erwarten, wenn sich die mit der Erfüllung von Aufgaben betrauten Individuen anspruchsvolle und eindeutige Ziele setzen. Das ist ein Ergebnis, das in Gestaltungsempfehlungen umgesetzt werden kann – und *Locke* und *Latham* stufen den Anwendungsbeitrag ihrer Ergebnisse relativ hoch ein.[2] Als weiteres für die organisatorische Gestaltung bedeutsames Ergebnis lässt sich feststellen, dass das Management mit der Vorgabe herausfordernder Ziele Einfluss auf den individuellen Zielsetzungsprozess nimmt. Zwar schließen *Locke* und *Latham* nicht aus, dass bei einem hohen Ziel-Commitment Mitarbeiter aus eigenem Antrieb anspruchsvolle Ziele setzen, mit der Einräumung von Autonomie beim Setzen von Zielen sind aber keine nach-

---

1) Vgl. S. 133 ff.
2) Vgl. hierzu Latham [Performance].

haltigen positiven Effekte hinsichtlich des Anspruchsniveaus von Zielen verbunden.[3] Es wird vielmehr deutlich, dass sie dem Management eine aktive Rolle bei der Zielbildung zuweisen. Damit stellt sich jedoch die Frage, wie weit die vorliegenden Forschungsergebnisse die durch das Zusammenspiel von Manager und Mitarbeiter bestimmte Gestaltungssituation angemessen erfassen. Die eindrucksvolle Zahl der vorliegenden empirischen Untersuchungen der Motivationsforschung kann zur Beantwortung dieser Frage gegenwärtig allenfalls einen geringen Beitrag leisten, weil die in den Studien betrachtete Handlungssituation vorwiegend sehr konkrete, überschaubare und realisationsnahe Aufgaben berücksichtigen, die für Managemententscheidungen nur sehr bedingt repräsentativ sind.[4]

Das Kernproblem in der Umsetzung der motivationstheoretisch fundierter Gestaltungsempfehlungen liegt darin, dass der begrenzte Informationsstand der am Zielbildungsprozess Beteiligten und die auf Grund vielfältiger Interdependenzen eingeschränkte Möglichkeit, abgegrenzte Ziele zu formulieren, der Festlegung eines fordernden Anspruchsniveaus und der Formulierung eindeutiger Zielvorgaben Grenzen setzen.

Für die Gestaltung des Steuerungssystems ergeben sich aus diesen Grenzen einer unmittelbaren Umsetzung der Motivationstheorie vor allem zwei Fragen:

1. Lässt sich ohne Bezug auf zuverlässige Zielvorgaben Handlungsdruck in der Weise erzeugen, dass der Mitarbeiter seinen Informationsstand nutzt oder ihn verbessert, um sich selbst anspruchsvolle Ziele zu setzen? Die Antwort muss berücksichtigen, dass aus Gründen des beschränkten Informationsstands die Kontrollmöglichkeiten des Managements begrenzt sind. Von großer Relevanz ist in diesem Zusammenhang der empirische Nachweis, dass der Appell an die Mitarbeiter, „to do their best", nicht die Verfolgung anspruchsvoller Ziele garantiert.[5]

2. Lassen sich die Grenzen einer anspruchsvollen und eindeutigen Vorgabe von Zielen durch die Einführung von Ersatzzielen überwinden, denen – zumindest in der Wahrnehmung der Beteiligten – ein hohes Maß an Aussagefähigkeit und Verbindlichkeit zugesprochen werden kann? Die Beantwortung dieser Frage erfordert insbesondere eine gründliche Auseinandersetzung mit der Funktion von Indikatoren zur Signalisierung von Problemen und zur Aufdeckung ihrer Ursachen.

---

3) Vgl. Locke/Latham [Theory] 169: „Self-set goals are not consistently more effective in bringing about goal commitment or an increase in performance than other methods of setting goals." Vgl. auch Locke [Motivation] 389.
4) Eine knappe Beschreibung typischer Aufgaben findet sich bei Locke/Latham [Goal] 711.
5) Vgl. Locke/Latham [Goal] 711.

Führung

Die Kernproblematik eines Rückgriffs auf den Stand der Führungstheorie bei der Gestaltung des Steuerungssystems ist schnell beschrieben. Zum einen existiert – im Unterschied zur Zielbildungstheorie – keine relativ einheitliche Theorie, die den Anspruch erheben könnte, wesentliche Teile der vorliegenden Forschungsergebnisse in ein geschlossenes Konzept integrieren zu können. Wie schon betont wurde[6], kennzeichnet das Gebiet der Führungstheorie eine Fülle heterogener Ansätze, die sich nicht nur hinsichtlich ihrer methodologischen Ausrichtung und der Wahl des untersuchten Realitätsausschnittes unterscheiden, sie sind häufig auch durch normative Setzungen geprägt.[7] Zum anderen erfordert der ganze Komplex interpersoneller Interaktionen eine so hohe Sensitivität hinsichtlich der individuellen Eigenschaften und Einstellungen der betroffenen Personen sowie der jeweiligen Bedingungen der Führungssituation, dass von keiner Theorie umsetzungsfähige detaillierte Aussagen erwartet werden können.

Angesichts dieser Problembeschreibung lässt sich die These rechtfertigen, dass die Entwicklung von Führungsprinzipien ein Gebiet ist, das wie kein anderes von den subjektiven Gestaltungsphilosophien des Managements bestimmt wird. Die intensive Durchdringung jedes Steuerungssystems mit subjektiven Führungsannahmen der agierenden Personen wird verständlich, wenn man bedenkt, dass sich der weitaus größte Teil aller Mitarbeiter einer Unternehmung mit den Anforderungen der Führung konfrontiert sieht und dass – im Unterschied zur praktischen Gestaltung des Kompetenzsystems – die Orientierung an technologisch geprägten Anforderungen der Koordination keinen Zugang zur Wahrnehmung von Führungsaufgaben eröffnet.

b. Sicherung von Handlungsergebnissen

Dieser Abschnitt behandelt die Frage, wie der auf Grund des begrenzten Forschungsstands der Zielbildungstheorie bestehende Spielraum vom Management durch subjektive Gestaltungsphilosophien ausgefüllt wird. Die Betrachtung konzentriert sich dabei auf plan- und marktbasierte Steuerungskonzepte.

---

6) Vgl. S. 144 f.
7) Vgl. zu emanzipatorischen, auf die Förderung von Selbstentfaltung und Selbstverwirklichung ausgerichteten Führungskonzepten den Überblick bei Frese [Organisationstheorie] 343 ff.

1. Planung und Benchmarking

Die Bildung und Verfolgung von Zielen, sei es im Rahmen der Selbst-, der Hierarchie- oder der Expertensteuerung, bildet den Kern eines jeden, auf die Sicherung von Handlungsergebnissen ausgerichteten Steuerungssystems. Damit bestimmen die Entwicklung von Sollgrößen, die Erfassung ihrer Umsetzung durch Istgrößen und der Soll-Ist-Vergleich zur Identifizierung möglicher Abweichungsursachen und zur anschließenden Veranlassung von Korrekturmaßnahmen die Steuerungsaufgaben des Managements.

Die folgenden Überlegungen setzen sich mit diesen Aufgaben aus der Perspektive der Hierarchiesteuerung auseinander. Das geschieht zur Vereinfachung der Darstellung. Eine solche Betrachtungsweise erscheint umso mehr vertretbar, als die im Folgenden behandelten Fragen des Einsatzes der Plan- und Marktsteuerung bei der Hierarchiesteuerung weitgehend denen der Selbststeuerung entsprechen. Auf keinen Fall unterstellt die gewählte Vorgehensweise eine größere Bedeutung der Hierarchiesteuerung – eine solche Auffassung würde die überragende Bedeutung des Sachverstands „vor Ort" für die Lösung vieler Managementprobleme verkennen. So ist es ein in der Praxis verbreitet akzeptiertes Prinzip des modernen Kostenmanagements, das im Übrigen in hohem Maße durch japanische Produktionskonzepte geprägt ist[8], dass die Sicherung und Steigerung der Kosteneffizienz nur durch Aktivierung von Selbststeuerung möglich ist.

Angesichts der Subjektivität der zu betrachtenden Gestaltungsphilosophien ist es naturgemäß schwierig, Anforderungen und Merkmale zu benennen, deren Erfüllung aus der Sicht des Managements die Attraktivität eines Steuerungskonzepts begründet. Da zu dieser Frage kaum empirische Untersuchungen vorliegen[9], muss jeder Versuch einer Rekonstruktion der Präferenzen von Managern bei der Entwicklung oder Übernahme von Steuerungskonzepten spekulativ bleiben. Unter diesem Vorbehalt werden die folgenden zwei Thesen formuliert, die einen Zugang zum Verständnis in der Praxis nachzuweisender Steuerungskonzepte eröffnen könnten:

- Ein Steuerungssystem ist für das Management attraktiv, wenn es ihm nach seiner Einschätzung angesichts der in aller Regel bestehenden Überflutung durch Informationen erlaubt, nach dem Prinzip des „management by exception" immer dann tätig werden zu können, wenn die

---

[8] Vgl. Fujimoto [Evolution]; Adler/Cole [Learning].
[9] Eine Ausnahme bildet die klassische Studie von Simon et al. [Centralization] zum Informationsbedarf bei der Erfüllung von Controllingaufgaben. Hinzuweisen ist auch auf die Studie von McKinnon/Bruns [Mosaic].

operativen Prozesse steuernder Eingriffe bedürfen. Das Steuerungssystem muss also die schon beschriebenen Wahrnehmungseffekte[10] generieren, die das Management in die Lage versetzen, seine Aufmerksamkeit in ökonomischer Weise verschiedenen Aktivitäten zu widmen.

- Ein Steuerungssystem ist für das Management attraktiv, wenn es ihm erlaubt, bei Bedarf auf nachgeordnete Einheiten Handlungsdruck auszuüben und wenn in dieser Hinsicht auch prophylaktische Wirkungen erwartet werden können. Das Steuerungssystem muss also die Durchsetzung der angestrebten Ziele fördern. Das kann u.a. dann erwartet werden, wenn das Steuerungssystem die Identifizierung tatsächlicher oder vermeintlicher Problemursachen – und damit häufig die Aufdeckung von Fehlverhalten – erlaubt. Dieses Merkmal von Steuerungssystemen wurde bei der Entwicklung des Steuerungskonzepts[11] als die Fähigkeit zur Generierung von Sucheffekten beschrieben.

Die Betrachtung alternativer Steuerungssysteme aus der Sicht dieser beiden Merkmale rückt die Frage der Festlegung der Sollgrößen in den Mittelpunkt. Das Spektrum der in der Praxis nachzuweisenden Sollgrößen-Konzepte ist weit. Es reicht von differenzierten Konzepten der Plankostenrechnung über die Generierung externer Maßstäbe des „best practice" im Wege des Betriebsvergleichs bis zu Modellen des japanischen Produktionsmanagements, die als anzustrebenden und zu visualisierenden Sollzustand die „fließende" Produktion[12] sehen. Diese Vielfalt lässt sich durch Rückgriff auf zwei Prinzipien bei der Ableitung von Sollgrößen verringern. Sollgrößen können entweder von einer Unternehmung eigenständig entwickelt werden, indem sie ihre Problemlösungskapazität hinsichtlich eines Problems, z.B. der Gewährleistung von Mindeststandards für die Qualität der produzierten Produkte, unter Berücksichtigung der relevanten Situationsbedingungen und des ihr verfügbaren Wissens[13] nutzt. Dieser Ansatz soll im Folgenden als „Planung" bezeichnet werden. Dabei wird nicht übersehen, dass angesichts der methodischen Unvollkommenheit vieler praktischer Vorgehensweisen häufig der Ausdruck „Quasiplanung" angemessen wäre. Verzichtet eine Unternehmung (weitgehend) auf die eigenständige planerische Ableitung von Sollgrößen und übernimmt mehr oder weniger die von anderen Unternehmungen entwickelten oder in diesen Institutionen entstandenen Sollvorstellungen für die Steuerung ihrer eigenen Prozesse,

---

10) Vgl. S. 172.
11) Vgl. ebenda.
12) Vgl. hierzu Frese [Dimension].
13) Die Beurteilung der Verfügbarkeit muss immer auch die Frage des ökonomischen Einsatzes von Ressourcen beim Zugriff auf vorhandenes Wissen berücksichtigen.

so wird das Prinzip des „Benchmarking" verfolgt. Ein solches Konzept hat in der Regel den Vorteil, dass diese Etablierung der Steuerungsnorm geringere Kosten als die eigene Planung verursacht. Es stellt sich aber immer die Frage, wie gut die externe Vergleichsnorm die individuellen Bedingungen der Unternehmung und die Ansprüche der Unternehmungsleitung an die Handlungsergebnisse erfasst.[14]

2. Planbasierte Steuerungseffekte

Es bedarf keiner näheren Begründung, dass ein System flächendeckender, methodisch gesicherter Planvorgaben die besten Voraussetzungen für die Etablierung von Sollgrößen bildet. Die Signalisierung von problematischen Entwicklungen (Wahrnehmungseffekt) und die Identifizierung ihrer Ursachen (Sucheffekt) sind bei diesem Konzept am besten gewährleistet.

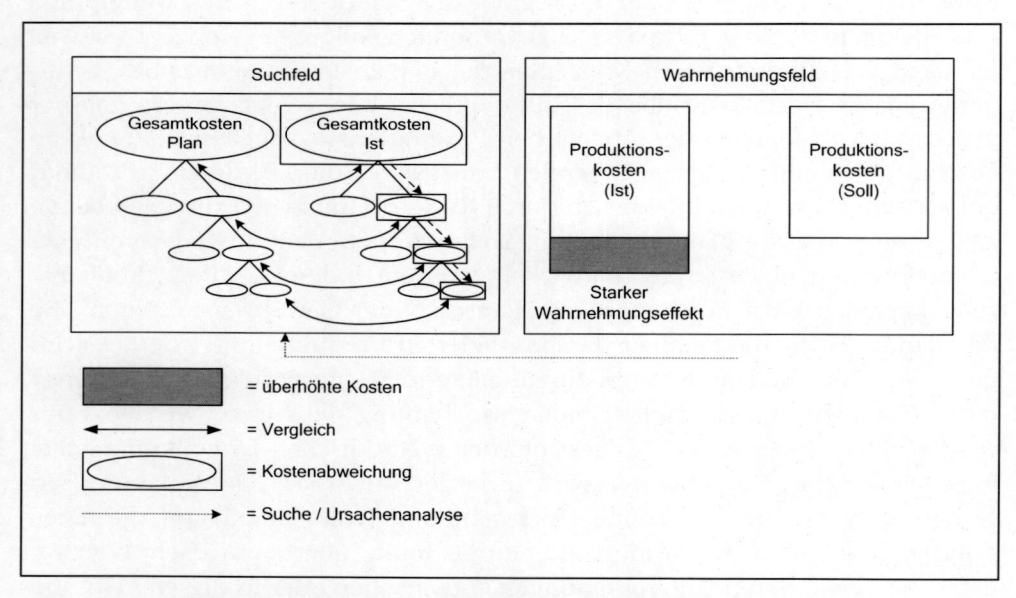

Abb. 53:   Wahrnehmungs- und Sucheffekte bei der Plansteuerung

Abb. 53 verdeutlicht am Beispiel der Kostensteuerung eines Produktionsbereichs, dass die Plansteuerung gleichermaßen ausgeprägte Wahrnehmungs- und Sucheffekte gewährleistet. Wahrnehmungseffekte werden im Wahrneh-

---

14) Vgl. zu diesem Problem Walgenbach/Hegele [Apfel].

mungsfeld – mit dieser Zuordnung sollen die Aktivitäten des Vergleichs von Plan- und Istgrößen abgegrenzt werden – generiert. Bei anspruchsvoller Planung, die auf anspruchsvollen Plananalysen und eindeutigen, detaillierten Standards beruht, führt jeder ineffiziente Ressourceneinsatz zu einem Wahrnehmungseffekt. Mit der Wahrnehmung eines Problems ist bei detaillierter Kostenplanung die Abweichungsursache schnell identifiziert. Die Suche vollzieht sich systematisch im Suchfeld, das alle Suchaktivitäten umfasst, auf einem durch das jeweilige Prinzip der Kostenaufgliederung bestimmten Pfad von der Gesamtabweichung zur Abweichung auf der Stufe mit dem höchsten Detaillierungsgrad.

Der Anspruch, das Unternehmungsgeschehen planerisch zu erfassen und die Aktivitäten gedanklich vorwegzunehmen, findet seine Grenzen in den Anforderungen der Planungssituation und in dem Entwicklungsstand der Planungsmethodik. Die Planungssituation wird im Wesentlichen durch das Ausmaß an Komplexität und Ungewissheit bestimmt, die wiederum von der Dynamik der Märkte geprägt sind.[15] Der Stand der Planungsmethodik hängt neben den verfügbaren methodischen Instrumenten in erster Linie von der Leistungsfähigkeit der Technologie, etwa der Informationstechnologie, ab.

Eine Unternehmung wird umso erfolgreicher sein, je umfassender ihr Informationsstand über die Struktur des relevanten Marktes ist und je besser es ihr gelingt, die Nutzung des Handlungsspielraums am Markt mit den internen Produktionsbedingungen abzustimmen. Die eigentliche Herausforderung liegt dabei in der Tatsache, dass der Markt raschen Schwankungen und tief greifenden Änderungen unterworfen sein kann, die sich einer Kontrolle durch die Unternehmung weitgehend entziehen. In vielen Branchen haben sich tief greifende Veränderungen der Märkte vollzogen, die an die Anpassungsfähigkeit und damit an die Planung außerordentlich hohe Anforderungen stellen.

Die eindrucksvollen Fortschritte der Informationstechnologie[16] und die Weiterentwicklung mathematischer Lösungsverfahren haben zwischenzeitlich einer Überschätzung des Planungskalküls Vorschub geleistet. Wenn auch die Entwicklung der modernen Informations- und Kommunikationstechnologien den Informationsstand der Planer in beachtlichem Maße verbessert hat und vor allem im Produktionsbereich die Anlagenflexibilität die Komplexität von Planungsproblemen tendenziell reduziert, bleibt doch festzustellen, dass bei vielen Anwendungen die Grenzen der Planung erreicht oder bereits überschritten sind.

---

15) Vgl. hierzu S. 323 ff.
16) Vgl. hierzu S. 391 ff.

Verstärkt wird die Skepsis gegenüber der Entwicklung und dem Stand der Planungspraxis durch das Entstehen und teilweise Ausufern einer Planungsbürokratie. Das Konzept einer unternehmungsweiten Planung lässt sich ohne eine Infrastruktur zur Koordination der Planerstellung, zur Überwachung der Planumsetzung und zur Einleitung von Anpassungsmaßnahmen nicht realisieren. Ein ausdifferenziertes System zentraler Planung und Kontrolle führt in Großunternehmungen zur Herausbildung von unterstützenden Stäben und Zentralbereichen. Bei zentralen Planungssystemen, die immer auch eine Domäne von Experten sind, ist ein Eigenleben nicht ausgeschlossen. Die Bürokratisierung der Planungsprozesse mit den Begleiterscheinungen einer problematischen Ressourcenbindung sowie einer formalisierten, umständlichen und zeitraubenden Kommunikation ist bis zu einem gewissen Grade die unvermeidliche Folge formaler Planungssysteme.

Im Zuge dieser Entwicklungen, die in der beschriebenen Überschätzung des Planungskalküls und der Bürokratisierung von Prozessen gipfeln können, ist eine zunehmend kritische Einstellung gegenüber der Leistungsfähigkeit komplexer formaler Planungssysteme festzustellen. Sie findet in der Managementliteratur ihren nachhaltigen Ausdruck in dem Plädoyer von *Henry Mintzberg*[17] für ein Umdenken und eine neue Sichtweise bei der Bewertung formaler Planungsansätze.

Vor diesem Hintergrund sind die zunehmende Hinwendung zum Markt und das Bestreben zu betrachten, die Unternehmungsaktivitäten möglichst konsequent an den Signalen des Marktes auszurichten und in einen ständigen Vergleich mit Marktalternativen zu stellen. Allerdings muss die Bewertung dieser Entwicklung beachten, dass Manager ihre persönliche Planungsfähigkeit und die Kapazität der Unternehmungsplanung verschieden einschätzen. Es spricht Einiges für die These, dass Unterschiede auch kulturell begründet sind. Das gilt hinsichtlich der Unternehmungskultur als auch der nationalen Kultur. Als Unternehmung, der eine ausgeprägte Kultur der Planung zugesprochen wird, gilt *IBM*.[18] Auch die These, dass die Einschätzung der Planungsfähigkeit länderspezifisch ausgeprägt ist, erscheint plausibel und findet empirische Unterstützung.[19]

---

17) Mintzberg [Rise]; vgl. auch Elliasson [Objectives]; Bogsness [Budgeting].
18) Vgl. auch die Darstellung des Vertriebskonzept von *IBM* auf S. 347 ff.
19) Vgl. hierzu S. 73 ff.

3. Steuerungseffekte fiktiver interner Märkte

Motivationswirkungen gehen sowohl von realen wie fiktiven internen Märkten aus.[20] Die folgende Betrachtung konzentriert sich aus Gründen der Vereinfachung auf fiktive interne Märkte. Sie sind Instrumente des „Behavioral Accounting", die in einem System innerbetrieblicher Leistungsbeziehungen ganz auf die Erzielung von Motivationswirkungen ausgerichtet sind.

Im Konzept fiktiver Märkte werden die Sollnormen aus Vergleichsobjekten des externen Marktes abgeleitet. Werden Steuerungssysteme mit einer solchen Benchmarking-Funktion gebildet, dann bestimmen die von vergleichbaren Anbietern auf dem externen Markt für Produkte und Leistungen erzielten Preise die internen Preise. So werden z.B. Gussstücke, die von der eigenen Gießerei eines Maschinenbauers an den Montagebereich geliefert werden, mit solchen am externen Markt orientierten Preisen bewertet. Auf Absatzmärkten hängen die Erlöse eines Anbieters von den Preisen für Güter und Leistungen ab; sie bestimmen neben den Kosten zur Erstellung der Güter und Leistungen seinen monetären Erfolg in einer Periode. Die Fähigkeit eines Anbieters, Gewinne zu erzielen, wird in marktwirtschaftlichen Systemen als Ausdruck seiner Leistungsfähigkeit angesehen. Das Konzept fiktiver interner Märkte überträgt dieses Beurteilungsprinzip auf Unternehmungsbereiche.[21]

Ein solcher Problemindikator vermittelt allerdings keine präzisen Informationen über die Problemursachen. Der Ausweis eines Verlustes muss nicht bedeuten, dass die Produktion kosteninneffizient ist – wie ein Gewinn nicht besagt, dass der Ressourceneinsatz kosteneffizient ist. Der Sucheffekt ist also nur schwach ausgeprägt. Wenn Anstöße aus dem Wahrnehmungsfeld Prozesse ausgelöst haben, die auf die Prüfung der Existenz von Problemen und im Falle der Problemidentifizierung auf die Lösung der Probleme ausgerichtet sind, sieht sich jede Unternehmung mit den Herausforderungen einer weitgehend unstrukturierten Suche konfrontiert. Im Unterschied zur Plansteuerung zeigen die auf den internen Märkten generierten Indikatoren keinen Weg zur Lösung des Problems auf; das ist die Aufgabe des verantwortlichen Managements und der sie unterstützenden Experten. Der mangelnde Sucheffekt führt dazu, dass das Management im Suchfeld aus der Analyse der Kosteneinflussgrößen (Mengen und Preise der Ressourcen) die Sollgrößen ableiten muss (vgl. Abb. 54). Im Grunde muss bei der Ursachenanalyse die analytische (planerische) Durchdringung der Leistungsprozesse nachgeholt werden. Nimmt das Management diese

---

20) Vgl. hierzu S. 178 ff.
21) Diese Funktion fiktiver interner Märkte wird in einer umfassenden Studie für den Bereich des öffentlich-rechtlichen Rundfunks untersucht, vgl. Frese [Marktsteuerung].

Aufgabe nicht wahr, degenerieren interne Märkte zu einem reinen Abrechnungsritual ohne nachhaltige Motivationswirkungen.

Zusammenfassend lässt sich damit feststellen: Fiktive interne Märkte lassen sich nur mit Wahrnehmungseffekten begründen.

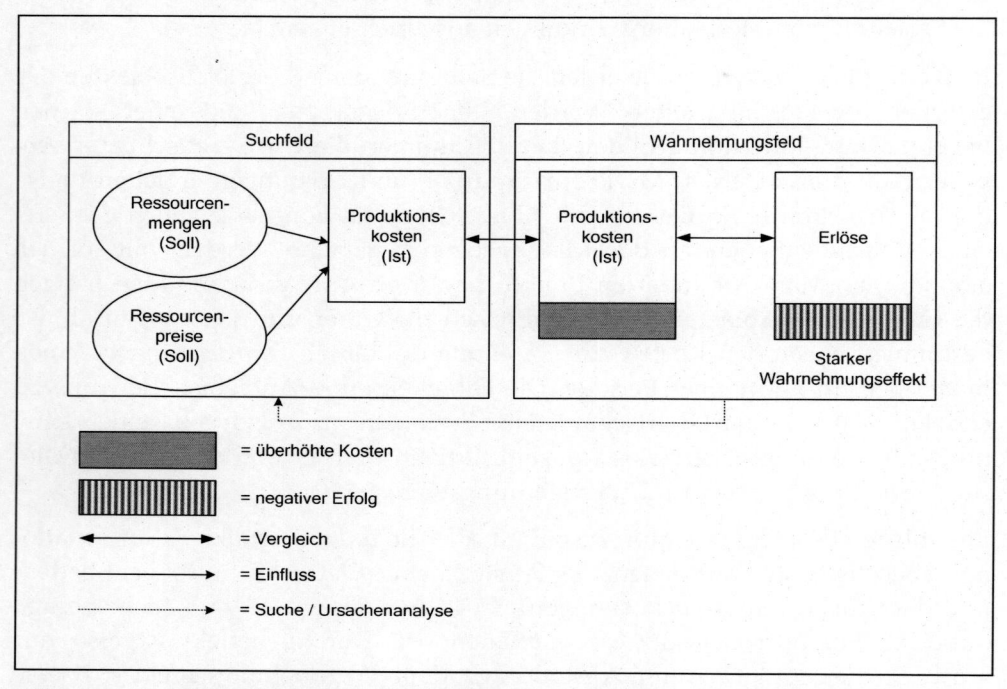

Abb. 54: Wahrnehmungs- und Sucheffekte auf fiktiven internen Märkten

Wie schon diese Grenzen der Marktsteuerung zeigen, bildet die Entscheidung zwischen einer Plansteuerung bzw. einer „Quasi-Plansteuerung" und einer Marktsteuerung zur Generierung von Motivationseffekten ein komplexes Problem. Eine solche Entscheidung muss auch berücksichtigen, dass fiktive interne Märkte mit zwei weiteren Problemen behaftet sind.

Das erste hier zu erwähnende Problem liegt in der Einseitigkeit des Marktdrucks. Im Idealfall sollte ein Rückgriff auf marktliche Prinzipien sowohl für den Anbieter als auch für den Nachfrager unternehmungsinterner Leistungen positive Motivationswirkungen entfalten. Auf Grund des Einsatzbereichs und der Wirkungsweise fiktiver interner Märkte wird jedoch über den monetären Transaktionserfolg in erster Linie auf den Transaktionspartner der Anbieterseite Leistungsdruck ausgeübt. Im Fall ausschließlich interner Leistungen wird über den internen Preis die gesamte Erlöskomponente des Anbieters bestimmt. Wenn seine Kosten durch den angesetzten internen Preis nicht gedeckt werden, findet dieses Defizit unmittelbar seinen Ausweis im Bereichserfolg. Beim Nachfrager sind – bezogen auf das von ihm erstellte Produkt – die Preise für intern bezogene Leistungen in der Regel nur ein Kosten verursachendes Element unter vielen. Interne Preise, die zur Erzielung von Motivationseffekten gebildet werden, decken bei ihm damit nicht zwangsläufig vorhandene Leistungsdefizite auf. Man kann deshalb feststellen, dass der Anbieter eher auffällt als der Nachfrager. Eine gewisse Einseitigkeit des Leistungsdrucks fiktiver interner Märkte auf der Anbieterseite ist somit unverkennbar.

Das zweite Problem ergibt sich aus der Selektivität der Steuerungsindikatoren. Fiktive interne Märkte kommen häufig in Situationen zum Einsatz, die sich durch eine hohe Starrheit der Leistungsbeziehungen auszeichnen. In derartigen Situationen ist lediglich ein geringer Teil des Transaktionsspektrums Gegenstand marktlicher Aushandlungsprozesse; in weitaus höherem Maße sind die Charakteristika der Transaktion das Ergebnis vorgelagerter Planungen durch das Management. Dies hat zur Folge, dass der Bedarf des (internen) Kunden und seine Anforderungen an Leistungsmerkmale und Konditionen unter Umständen vom (internen) Anbieter nur sehr eingeschränkt berücksichtigt werden. Die durch den fiktiven internen Markt generierten Problemindikatoren sind deshalb selektiv. Sie beziehen sich ausschließlich auf die Preiskomponente und erfassen damit in erster Linie das Kostenverhalten des Anbieters. Weitere aufschlussreiche Informationen über das Leistungsniveau der Anbieterseite lassen sich nur über zusätzliche, vom Management zu initiierende Maßnahmen gewinnen. Hierzu gehören u.a. Befragungen zur Zufriedenheit der Kunden mit den intern bereitgestellten Leistungen, die Beobachtung von Konflikten zwischen den Transaktionspartnern, eine begrenzte Öffnung interner Märkte für externe Anbieter (und Nachfrager) zur Erhöhung des Marktdrucks sowie die ergänzende Einholung von Expertenurteilen[22].

Angesichts dieser Grenzen erschließt sich ein Teil der Attraktivität fiktiver interner Märkte für das Management vor allem über drei wahrgenommene Vorteile. Interne Märkte bestechen, erstens, durch die *geschlossene Ableitung und flächendeckende Anwendung* eines einzigen Prinzips. Sie erlauben eine transparente Ableitung erfolgsorientierter Indikatoren. Da formal betrachtet für jeden Leistungstransfer durch Einführung interner Preise monetäre Bereichserfolge ausgewiesen werden können, gibt es im technischen Sinne keine Grenze der Anwendung. Interne Märkte erfahren, zweitens, mit hoher Wahrscheinlichkeit

---

22) Vgl. hierzu auch das Plädoyer von *Eccles* ([Manifesto]) für die Ergänzung von monetären Erfolgsindikatoren um weitere „weiche" Faktoren, der damit eine zentrale Idee des Konzepts der Balanced Scorecard vorweggenommen hat; vgl. Kaplan/Norton [Scorecard]. Hinzuweisen ist in diesem Zusammenhang auch auf laterale Steuerungseffekte, die sich auf internen Märkten ergeben; vgl. hierzu Lehmann [Märkte] 261 ff.

Akzeptanz auf Seiten der Beteiligten und Betroffenen. In marktwirtschaftlich geprägten Gesellschaftssystemen sind Markt und Wettbewerb in der Regel positiv besetzt. Marktindikatoren lassen sich deshalb mit hoher Wahrscheinlichkeit durchsetzen. Sie werden als faire Beurteilungskriterien empfunden.[23] Interne Märkte eröffnen, drittens, faktische und rhetorische *Optionen für Selbststeuerung und Fremdsteuerung*. Die bisherige Charakterisierung marktbasierter Indikatoren stellte auf die Perspektive des übergeordneten Managements, d.h. auf Hierarchiesteuerung, ab. Von dem Erfolgsausweis lassen sich jedoch zugleich positive Wirkungen auf die Selbststeuerung erwarten. Je nach Persönlichkeit des Managers mag die Attraktivität marktbasierter Indikatoren auch darin liegen, dass sie es in besonderem Maße erlaubt, durch eine Rhetorik der Selbststeuerung die Praktizierung von Fremdsteuerung zu verschleiern.

c. Förderung von Handlungs-Commitment

Die zu Beginn dieses Kapitels[24] entwickelte These, dass in der Realität der Unternehmungen die Allgegenwart des Führungsproblems und die brüchige Basis der Führungstheorien die Entstehung und Ausdifferenzierung subjektiver Gestaltungsphilosophien in besonders hohem Maße fördern, findet schon in der Frühphase des Aufkommens großer Unternehmungen ihre Bestätigung.[25] Die in dieser Zeit zu Beginn des 19. Jahrhunderts veröffentlichten Schriften zu Fragen der Organisation, die zumeist von Praktikern stammen, beschäftigten sich vorrangig mit dem „richtigen" Führungsverhalten. Ein eindrucksvolles Beispiel solcher Anleitungen für Manager sind die in Übersicht 7 wiedergegebenen Empfehlungen von *William Brown*.[26] *Brown* war im schottischen Dundee Eigentümer einer großen Flachsspinnerei und äußerte sich um 1820 in einer Reihe von Aufsätzen und kleinen Broschüren zu Führungsfragen.

Das Bedürfnis sich als erfahren und erfolgreich einschätzender Manager, ihre Einsichten in die Bewältigung der Anforderungen von Managementaufgaben Mitarbeitern und Kollegen zugänglich zu machen, ist auch fast 200 Jahre nach *Browns* Publikationen ungebrochen. Das belegen exemplarisch die Führungs-

---

23) Vgl. zum Fairnessgedanken bei der Beurteilung Eccles [Control].
24) Vgl. S. 265 ff.
25) Vgl. Frese [Organisationstheorie] 7 ff.
26) Zitiert nach Chapman [Brown] 237.

und Managementregeln, die *Jack Welch* (ehemals CEO von *General Electric*) formuliert hat und die in Übersicht 8 wiedergegeben werden.[27]

> "Das Erteilen von Anweisungen und Anleitungen gegenüber Mitarbeitern (servants) ist ein Vorgang, der sich in einem Betrieb einige hundertmal am Tag ereignet und der wohl verstanden sein will; aber trotz seiner Bedeutung widmen die meisten Leute der Frage, wie man sich dabei verhält, keine Aufmerksamkeit. Beim Erteilen von Anweisungen sollte man sich nicht verteidigen, gleichgültig, wie hart die Maßnahme auch sein mag. Man sollte aber sehr darauf achten, nicht etwas zur falschen Zeit oder etwas Unvernünftiges zu verlangen. Wenn die Anweisungen in einer einfühlsamen, vernünftigen Weise erteilt werden, wird der Mitarbeiter wahrscheinlich sein Äußerstes geben, um sie zu erfüllen; werden die Anweisungen dagegen in einer rüden, humorlosen Art gegeben, wird er nur gerade das Nötigste tun. Vorgesetzte (masters) profitieren davon, wenn es ihnen gelingt, ihre Mitarbeiter für ihre Arbeit zu interessieren, wenn ihnen das Gefühl vermittelt wird, sie seien für das, was sie produzieren, selbst verantwortlich und wenn sie sich über ihre Erfolge freuen können, wenn man sie nicht unterdrückt oder durch verdrießliche Blicke und harte Ausdrücke beleidigt. Vorgesetzte, die sich in dieser Hinsicht richtig verhalten, sind bei den Mitarbeitern immer willkommen und ihre Anwesenheit wird begrüßt; die dagegen, die die falschen Methoden anwenden, werden nicht geschätzt und ihre Abwesenheit wird sehnlichst erhofft."

Übersicht 7 : Führungsprinzipien von William Brown (um 1820)

---

27) Die Zusammenstellung greift zurück auf Locke [Management] 203. Vgl. in diesem Zusammenhang auch die vergleichende Analyse der Führungsprinzipien von *Jack Welch* (*General Electric*) und *Ferdinand Piëch* (*Volkswagen AG*) in Graumann [Managementkonzepte].

> **Prinzipien, die das persönliche Handeln von Welch leiten**
>
> - Setze Dich mit der Realität auseinander, wie sie wirklich ist - nicht wie Du möchtest, dass sie wäre.
> - Nimm Dein Geschick in die eigene Hand, sonst machen es andere.
> - Nimm Änderungen aus eigenem Antrieb vor, bevor Du dazu gezwungen wirst.
> - Stelle dich dem Wettbewerb, um zu gewinnen.
>
> **Werte und Prinzipien, die für alle Mitarbeiter von General Electric gelten sollen**
>
> - Sei integer.
> - Bekämpfe bürokratische Auswüchse.
> - Sei offen gegenüber neuen Ideen, gleichgültig wer sie vorbringt.
> - Verfolge die Ziele hoher Qualität, geringer Kosten und schnellen Handelns.
> - Sei selbstbewusst.
> - Verfolge klare, die Realität beachtende Visionen.
> - Entwickle Energien und mobilisiere andere.
> - Setze fordernde Ziele und nutze abgestufte Anreize (Belohnungen).
> - Verstehe Veränderungen als Chance, nicht als Bedrohung.

Übersicht 8: Führungsprinzipien von Jack Welch (um 1995)

Dass sich neben Managern mit eigener Führungserfahrung eine unübersehbare Zahl von Autoren unter mehr oder weniger starker Einbeziehung des Forschungsstands der relevanten Wissenschaften mit der Führungsthematik auseinandersetzen, sei nur am Rande vermerkt. Besondere Hervorhebung verdient, dass die Frage nach der Fundierung von Aussagen zum Führungsverhalten ein zentrales Problem für die akademische Ausbildung des Managementnachwuchses darstellt. Als Beispiel werden in Übersicht 9 die Prinzipien, die *Locke*[28] in seinen Lehrveranstaltungen vermittelt, zusammengefasst.

1. Nimm Fakten, nimm die Realität ernst. Nichts kommt zu einem guten Ende, wenn Du den Kontakt zur Realität verlierst. Die Realität hat Priorität, danach kommen Wünsche, Forderungen und das Ego.
2. Führe durch Visionen. Das erfordert Voraussicht und den Blick auf das Ganze mit einem langfristigen Fokus.
3. Fördere die Entstehung und Verankerung von Kernwerten für die Unternehmung. Geld allein darf nicht im Mittelpunkt stehen, sonst wird eigennütziges und moralisch fragwürdiges Verhalten gefördert.
4. Kommuniziere in alle Richtungen und nutze dabei viele Medien. Diese Regel umfasst sowohl Zuhören als auch Reden und schließt die Aufgeschlossenheit gegenüber konstruktivem Widerspruch und Konflikten ein.
5. Sei aktiv und eigeninitiativ nach „unten" und „oben". Demonstriere Energie, Leidenschaft, Enthusiasmus und rasches Handeln.
6. Setze klare und herausfordernde Ziele.
7. Strahle Glaubwürdigkeit aus durch Kompetenz, Charakter und soziale Sensitivität.
8. Bilde effektive Gruppen, wenn die Anforderungen der Koordination und Kommunikation eine solche Regelung nahe legen.
9. Fördere und entwickle die Handlungskapazität der Mitarbeiter, insbesondere hinsichtlich ihrer Fähigkeit, Ziele zu erreichen. Delegiere nicht die Verantwortung für Kernwerte und Visionen an Mitarbeiter.
10. Führe durch positiv wahrgenommenes Handeln, nicht durch Verbreitung von Furcht.

Übersicht 9: Führungsprinzipien von Edwin A. Locke (2002)

---

28) Locke [Management].

Da das Motivationsmodell von *Locke* der vorangegangenen Darstellung des Forschungsstands zu Grunde liegt, verdienen seine Auffassungen hier besonderes Interesse. In einem – nicht in jeder Hinsicht transparenten – Rückgriff auf empirische Ergebnisse der Führungstheorie und auf Rekonstruktionen von Managementverhalten entwickelt er seine Führungsregeln.

Die in dem hier verfolgten Ansatz betonte Bedeutung subjektiver Gestaltungstheorien wird von den Autoren solcher Regelkataloge nicht direkt thematisiert. Die große Ausnahme bildet *Argyris*[29], der in seinen Arbeiten die hinter den Prinzipien stehenden subjektiven Philosophien – er spricht von „theories-in-use" – analysiert. Er kommt in seinen Untersuchungen zu der Erkenntnis, dass sich, wenn man der Frage nach den Grundannahmen der Gestaltungsphilosophien nachgeht, hinter der Vielfalt der propagierten und praktizierten Führungsprinzipien („causal claims about leadership") relativ einheitliche und verbreitete Muster erkennen lassen.

Argyris unterscheidet in seinem Konzept zwei Modelle. Modell I ist das in der Praxis vorherrschende Modell, das es nach seiner Auffassung zu überwinden gilt. Es ist gekennzeichnet durch das Streben nach Absicherung von Positionen und beschreibt ein eher passives Handeln. Demgegenüber umreißt das Modell II den anzustrebenden Zustand. Die Beteiligten sind bei Orientierung an diesem Modell offen über ihre Motive und zeigen durch ihr Verhalten, dass sie ihre handlungsleitenden Prinzipien kritisch hinterfragen bzw. hinterfragen lassen. Die beiden Modelle werden von *Argyris* nach den zu Grunde liegenden *Leitprinzipien*, den zur Umsetzung der Prinzipien verfolgten *Verhaltensregeln* und nach den *Konsequenzen* ihrer Anwendung charakterisiert. Im Einzelnen erfolgen folgende Charakterisierungen:

Modell I

Grundlegende Leitprinzipien: Manager suchen im Führungskontext

- eine Position einseitiger Kontrolle zu realisieren,
- zu gewinnen und nicht zu verlieren,
- negative Gefühle zu vermeiden bzw. zu unterdrücken und
- sich rational zu verhalten.

Praktizierte Verhaltensweisen: Bei Interaktionen im Führungskontext finden die Leitprinzipien ihren Ausdruck darin, dass Manager

---

29) Vgl. vor allem Argyris/Schön [Learning]. Die folgende Darstellung stützt sich auf die knappe Darstellung des Konzepts in Argyris [Learning].

- für ihre Position in einer Weise eintreten, die eine Kontrolle der Situation und ein „Gewinnen" gewährleistet, und
- um die einseitige „Wahrung des Gesichts" hinsichtlich der eigenen wie der anderer beteiligter Personen bemüht sind.

Konsequenzen der Verhaltensweisen: Die Folgen sind

- misslungene Kommunikation, die zu Missverständnissen und Misstrauen führt,
- hohe Irrtumshäufigkeit,
- sich selbst erfüllenden Vorhersagen und
- das Vorherrschen in sich abgeschlossener, von anderen Interaktionen abgekoppelter Prozesse.

Modell II

Grundlegende Leitprinzipien:

- Einbringung und Übermittlung zuverlässiger Informationen.
- Entscheidungen bei möglichst hohem Informationsstand.
- Aufmerksame Verfolgung der Umsetzung getroffener Maßnahmen, um Fehler festzustellen und zu korrigieren.

Praktizierte Verhaltensweisen:

- Darlegung, wie die positive Bewertung einer vorgeschlagenen Maßnahme zustande gekommen ist und wie weit der Bewertungsprozess auf Grund seiner Gestaltung kritisches Hinterfragen und die Überprüfung durch Dritte fördert.
- Expliziter Ausweis der Prämissen und Schlussfolgerungen der jeweiligen Argumentation. Die Schlussfolgerungen sollten unabhängig von der „persönlichen Logik" des Managers in einer Weise strukturiert sein, dass ihre Überprüfung durch Dritte erleichtert wird.
- Konsequenzen und Ansprüche, die für die Betroffenen unangenehm und sogar peinlich sein können, werden in der Argumentation nicht umgangen oder verschleiert.

Konsequenzen der Verhaltensweisen:

- Vermeidung der Nachteile von Modell I und
- Förderung eines effektiven Problemlösungsverhaltens.

Das Konzept von *Argyris* ist das Ergebnis einer fünf Jahrzehnte dauernden Auseinandersetzung mit der Inkongruenz zwischen den Bedürfnissen eines mündigen Mitarbeiters und den in den vorherrschenden Management- und Organisationssystemen zumeist verwirklichten Prinzipien.[30] Es steht in der Tradition des Humanressorcen-Ansatzes, der entscheidend von Autoren wie *McGregor*[31] und *Likert*[32] geprägt wurde. Das Anliegen von *Argyris* geht über die bloße Analyse und Klassifizierung von Verhaltensweisen hinaus – durch eine Strategie der Bewusstmachung des praktizierten Verhaltens und durch Aufdeckung der Leitlinien der subjektiven Gestaltungsphilosophie, die dem einzelnen Manager in der Regel nur zum Teil bewusst sind, soll eine Änderung in Richtung der Prinzipien von Modell II erreicht werden. Dieser ausgesprochen emanzipatorische Anspruch von *Argyris* wirft eine Reihe normativer und methodischer Fragen auf, die hier aber nicht behandelt werden können.

---

30) Vgl. hierzu Frese [Organisationstheorie] 345 ff. und die Würdigung des Ansatzes von Argyris in Franken [Grundlagen] 276 ff.
31) McGregor [Side].
32) Likert [Patterns].

D. Koordinations- und motivationseffiziente Gestaltung

Tief greifende Änderungen der Organisationsstruktur von Unternehmungen sind keine Seltenheit. Bedenkt man, dass solche Umstrukturierungen weit reichende ökonomische Konsequenzen haben, so stellt sich die Frage, an welchen Kriterien sich diese Gestaltungsentscheidungen orientieren sollten. Im Folgenden werden organisatorische Gestaltungen als Entscheidungsprobleme aufgefasst, deren Komplexität die Einführung von Ersatzzielen erfordert. Die Ableitung von Ersatzzielen – sie werden im Folgenden als Effizienzkriterien bezeichnet – geht von der Unterscheidung zwischen Koordinations- und Motivationsanforderungen einerseits und Kompetenz- und Steuerungsanforderungen andererseits aus.

Bei der Verfolgung dieser Fragestellung werden die Ergebnisse der vorangegangenen Analysen der Koordinations- und Motivationsanforderungen im Kompetenz- und Steuerungssystem in ein geschlossenes Effizienzkonzept eingebracht. Es soll einen methodisch fundierten Zugang zu der Frage eröffnen, welche Ziele in einer konkreten Gestaltungssituation der Entscheidung zwischen alternativen organisatorischen Regelungen zu Grunde gelegt werden sollten. Dabei müssen vor allem die folgenden drei Anforderungen berücksichtigt werden:

1. Das Konzept muss die primär entscheidungslogische Perspektive der Koordination mit der empirischen Verhaltensperspektive der Motivation verbinden.

2. Das Konzept muss die globale Regelungsperspektive des Kompetenzsystems mit der detaillierten Regelungsperspektive des Steuerungssystems verbinden.

3. Das Konzept muss eine Mehrzahl häufig konfliktärer Effizienzkriterien zu einer Gesamtbeurteilung zusammenführen.

Das Konzept einer koordinations- und motivationsbezogenen Organisationsgestaltung wird im Folgenden in vier Schritten entwickelt.

Zunächst wird die Zielproblematik bei der organisatorischen Gestaltung erörtert. Es wird begründet, warum bei Entscheidungen über alternative organisatorische Regelungen mehrere Ziele herangezogen werden und wie man Entscheidungsprobleme mit Mehrfachzielen löst. (*Abschnitt I.: Organisatorische Gestaltung als Entscheidungsproblem*).

Danach werden Kriterien zur Beurteilung der Koordinationseffizienz für die Gestaltung des Kompetenz- und Steuerungssystems abgeleitet. Die jeweiligen Ausprägungen der Kriterien werden auf die unterschiedlichen Funktionen zurückgeführt, die von den beiden Systemen zu erfüllen sind. Das Kompetenzsystem dient der Rahmensetzung; seiner Gestaltung liegt die Auseinandersetzung mit einem durch Potenzial- und Prozesseffekte verursachten globalen Koordinationsbedarf zu Grunde. Das Steuerungssystem ist darauf ausgerichtet, die sich in dem durch das Kompetenzsystem gesetzten Rahmen vollziehenden Entscheidungs- und Kommunikationsaktivitäten zu regeln. Der so entstehende detaillierte Koordinationsbedarf erfordert das Abwägen der mit der betrachteten Regelungen verbundenen Autonomie- und Abstimmungskosten; es wird der Informationswert der Steuerungsaktivitäten bestimmt. (*Abschnitt II.: Kriterien der Koordinationseffizienz*).

An die Behandlung der Koordinationseffizienz schließt sich die Auseinandersetzung mit der Einführung von Kriterien für die motivationsbezogene Gestaltung des Kompetenz- und Steuerungssystems an. Während bei der Begründung der Koordinationseffizienz weitgehend auf die normative Entscheidungstheorie zurückgegriffen werden kann, erlauben die brüchige empirische und die unvollständige konzeptionelle Basis der Motivationstheorie keine vergleichbar zwingende Begründung von Kriterien der Motivationseffizienz. Hinsichtlich des Kompetenzsystems stellt sich überhaupt die Frage, ob für organisatorische Regelungen die Motivationseffizienz verglichen mit der Koordinationseffizienz nicht lediglich eine nachrangige, flankierende Bedeutung hat (sekundäre Motivationseffizienz). Demgegenüber hat die Motivationseffizienz für die Gestaltung des Steuerungssystems unbestreitbar herausragende Bedeutung. Die Ableitung der Effizienzkriterien stützt sich auf die Motivationstheorie von *Locke* und *Latham* und sieht in der Einführung von Indikatoren einen aussichtsreichen Weg zur Gewährleistung positiver Steuerungseffekte. (*Abschnitt III.: Kriterien der Motivationseffizienz*).

Abschließend wird die Frage erörtert, wie weit sich durch Rückgriff auf als plausibel erscheinende subjektive Gestaltungsphilosophien ein umfassendes Effizienzmodell konzipieren lässt. Gestaltungsphilosophien erlauben nicht nur die inhaltliche Begründung der einzelnen Kriterien der Motivationseffizienz, sie leisten auch einen Beitrag zur Reduzierung der Komplexität bei der Bewältigung der Trade-Off-Beziehungen. (*Abschnitt IV.: Stellenwert von Gestaltungsphilosophien*).

Als Ergebnis der Effizienzanalysen werden vier Felder einer unternehmungszielkonformen Organisationsgestaltung unterschieden, die in Abb. 55 wiedergegeben werden.

```
┌─────────────────────────────────────────────────────────────────┐
│  KOORDINATIONSEFFIZIENZ           MOTIVATIONSEFFIZIENZ          │
│  ┌───────────────────────┐        ┌───────────────────────┐     │
│  │   Kompetenzsystem     │        │   Kompetenzsystem     │     │
│  │                       │        │                       │     │
│  │  Markteffizienz       │        │  Orginäre             │     │
│  │  Ressourceneffizienz  │  ←→    │  Motivationseffizienz │     │
│  │  Prozesseffizienz     │        │                       │     │
│  │  Delegationseffizienz │        │  Derivative           │     │
│  │                       │        │  Motivationseffizienz │     │
│  └───────────────────────┘        └───────────────────────┘     │
│            ↕                                ↕                   │
│  ┌───────────────────────┐        ┌───────────────────────┐     │
│  │  Steuerungssystem     │        │  Steuerungssystem     │     │
│  │                       │        │                       │     │
│  │  Informationswert     │        │  Indikatoreffizienz   │     │
│  │  • Autonomiekosten    │        │  • Indikatorpräzision │     │
│  │  • Abstimmungskosten  │        │  • Indikatoraufwand   │     │
│  │                       │        │  • Indikatorakzeptanz │     │
│  └───────────────────────┘        └───────────────────────┘     │
│                                                                 │
│   ←→   Trade-Off-Beziehung                                      │
└─────────────────────────────────────────────────────────────────┘
```

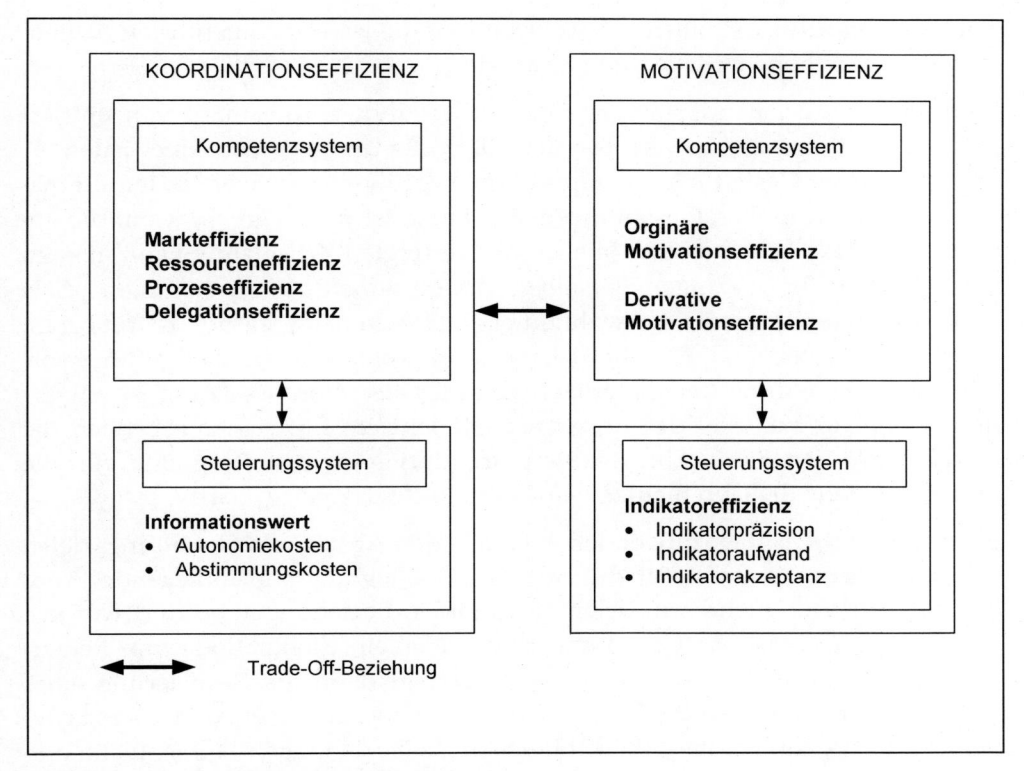

Abb. 55: Felder der Effizienzbeurteilung

I. Organisatorische Gestaltung als Entscheidungsproblem

Wie im zweiten Teil erörtert wurde[1], unterscheidet sich die Auswahl zwischen alternativen organisatorischen Strukturmaßnahmen in ihrer formalen Struktur nicht von anderen Entscheidungen in einer Unternehmung. Angesichts der Komplexität organisatorischer Gestaltungsentscheidungen kommt keine anwendungsorientierte Gestaltungskonzeption ohne vereinfachende Annahmen über die zu Grunde zu legende Zielstruktur sowie über die einzubeziehenden Gestaltungsinstrumente und über ihre Verhaltenswirkungen aus. Jede auf die Lösung betrieblicher Gestaltungsprobleme ausgerichtete Organisationstheorie

---

1) Vgl. S. 50 ff.

sieht sich mit dieser Problematik konfrontiert; die jeweils eingeführten Annahmen prägen in hohem Maße ihren Charakter.

Die folgende Auseinandersetzung mit der Gestaltungsproblematik konzentriert sich auf die Frage der zu verfolgenden Ziele, die Kernelemente eines jeden organisatorischen Gestaltungskonzepts. Eine begründete Auswahl unter alternativen organisatorischen Gestaltungsmaßnahmen ist nur möglich, wenn die angestrebten Ziele bekannt sind. Je nach der verfolgten Zielsetzung kann man zu verschiedenen Bewertungen derselben Organisationsstruktur kommen. Ziele ermöglichen nur dann die Auswahl unter alternativen Organisationsstrukturen, wenn sie messbar sind. Ein Ziel ist messbar, wenn eine eindeutige Messvorschrift zur Abbildung der Zielgröße existiert. Diese Voraussetzung ist z.B. erfüllt, wenn für das Ziel der Ressourceneffizienz im Entwicklungsbereich die Ausprägung der Entwicklungskosten pro Entwicklungsauftrag und für die Prozesseffizienz die Durchlaufzeit eines Produktes festgelegt wird.

Bevor wir uns der Frage zuwenden, wie man den Ansatz von Gestaltungszielen begründen kann, soll das für die weiteren Überlegungen grundlegende Problem der zwischen mehreren Zielen bestehenden Beziehungen erörtert werden. Für die organisatorische Gestaltung sind vor allem Zielkonflikte von Bedeutung. Die Realisierung eines Ziels beeinträchtigt dann die Realisierung eines anderen. Betrachtet man die Fülle der in Abb. 55 ausgewiesenen Effizienzkriterien, so wird deutlich, dass die zahlreichen Zielbeziehungen beträchtliche methodische Anforderungen bei der Entscheidung zwischen alternativen Organisationskonzepten stellen.

Die Lösung, die gemeinhin für Entscheidungen mit Mehrfachzielen vorgeschlagen wird, besteht in der Gewichtung der einzelnen Teilziele. Diese Vorgehensweise erlaubt die Aggregation der einzelnen Zielwerte zu einem Gesamtwert. Die präskriptive Entscheidungstheorie hat differenzierte und leistungsfähige Konzepte für die Ableitung solcher Gesamtwerte entwickelt. Die Struktur dieser Methoden soll im Folgenden am Beispiel der so genannten multiattributiven Wertanalyse betrachtet werden.[2]

Diese Analyse ist auf die Generierung einer multiattributiven Wertfunktion ausgerichtet, die eine Bewertung von Alternativen mit ihren Auswirkungen auf mehrere Ziele erlaubt. Ein Beispiel ist die Entscheidung eines Universitätsabsolventen unter drei Stellenangeboten, die sich hinsichtlich der Kriterien „Höhe des Gehalts" und „Länge der Arbeitszeit" unterscheiden.[3] Die Präferenzanalyse verlangt, dass der Entscheider in der Lage ist, seine Präferenzen hinsichtlich

---

[2] Vgl. im Einzelnen Eisenführ/Weber/Langer [Entscheiden] 129 ff.
[3] Vgl. Eisenführ/Weber/Langer [Entscheiden] 130.

der unterschiedlichen Ausprägungen der beiden Kriterien zu artikulieren. Es muss für jedes Kriterium eine Einzelwertfunktion existieren. Des Weiteren wird unterstellt, dass er imstande ist, die Austauschraten (Trade-offs) zwischen zwei Zielgrößen zu nennen, bei denen er indifferent ist. So könnte der Entscheider z. B. hinsichtlich der beiden Stellenangebote „55.000 €/60 Std." und „30.000 €/20 Std." indifferent sein. Aus diesen Indifferenzen kann auf die Gewichte der einzelnen Ziele geschlossen werden.

Fragt man hinsichtlich der Stellenentscheidung, wie die einbezogenen Ziele begründet werden, so sind sie Ausdruck der subjektiven, ganz persönlichen Präferenzen des Entscheiders. Eine andere Person würde den Zielkatalog möglicher Weise um die Qualität des kulturellen Angebots am Unternehmungsstandort ergänzen. Entsprechend verhält es sich mit den artikulierten Austauschbeziehungen zwischen den Zielen.

Bei betrieblichen Entscheidungen besteht eine andere Situation. So spielt bei der Entscheidung über die Beschaffung einer Werkzeugmaschine aus einer Mehrzahl angebotener Fabrikate die subjektive Präferenz weder bei der Begründung der Ziele noch bei der Ermittlung der Austauschbeziehungen eine Rolle – zumindest sollten persönliche Vorlieben keinen Einfluss haben. Wenn bei der Auswahl Ziele wie „Prozessgeschwindigkeit", „Verfügbarkeit" und „Erhalt der Funktionalität" zu Grunde gelegt werden, dann erfordert die Festlegung der Ziele und die Ermittlung von Austauschbeziehungen den Rückgriff auf ein Konstrukt, das zunächst, bevor eine Präzisierung erfolgt, als „Aufgabenanforderungen" bezeichnet werden soll.

Bevor die Aufgabenanforderungen näher betrachtet werden, soll der Gedanke, man könnte die Zielrealisation nach ihrem Beitrag zum Unternehmungsgewinn bewerten, behandelt werden. Unterstellt man, dass die Erzielung einer von den Eigentümern vorgegebenen Mindestrentabilität das Hauptziel der Unternehmung ist und vernachlässigt man Probleme wie die zeitliche Abgrenzung der betrachteten Gewinnperioden, dann ist der Kapitalwert das treffende Kriterium für die fragliche Investition. Vor diesem Hintergrund kann ein Verzicht auf die Verwendung dieses Kriteriums nur mit einer prohibitiven Schwierigkeit der Prognose von Auswirkungen alternativer Handlungsmöglichkeiten auf den Gewinn begründet werden. Um im Beispiel zu bleiben: Wenn sich die Auswirkungen der Beschaffung alternativer Maschinen auf den Kapitalwert nicht hinreichend zuverlässig abschätzen lassen, muss ein Ersatzziel verwendet werden.[4] In einem solchen Fall ist das Ziel „Erhöhung des Gewinns" zwar messbar aber nicht operational.[5]

Die hier aufgezeigte Beurteilungsproblematik lässt sich anschaulich am Schachspiel demonstrieren[6]. Die Beschreibung der Beurteilungssituation ist beim Schachspiel leicht möglich: Bei einer gegebenen Ausgangssituation besteht eine endliche Zahl von Alternativen, die nach ihrem Beitrag zur Realisierung der Matt-Situation zu bewerten sind. Im strengen Sinne sind die einzelnen Züge nach dem Endziel „Mattsetzen des Gegenspielers" zu beurteilen; das ist jedoch nur in einigen Endspielsituationen möglich. In der Regel lassen sich die Konsequenzen eines Zuges nicht so weit verfolgen, dass ihr Einfluss auf die Realisierung des Endziels überprüft werden kann. Um trotz dieser Schwierigkeit praktisches Handeln zu gewährleisten, wird die Komplexität der Beurteilungssituation durch Einführen von Ersatzzielen – z.B. Sicherung der Königsfigur, Aufrechterhaltung des Figurengleichgewichts, Kontrolle des Zentrums – reduziert. Die Auswahl unter alternativen Zügen orientiert sich dann nur noch an den Ersatzzielen. Diese Zielorientierung bedeutet gegenüber der Verfolgung des Endziels insofern eine Vereinfachung des Beurteilungsproblems, als die bei der Beurteilung zu berücksichtigenden Konsequenzen eingeschränkt werden. Am Beispiel des Schachspiels lässt sich die fokussierende Wirkung von Ersatzzielen erkennen. Je nach konkreter Problemstellung werden spezifische Realitätsausschnitte vom Ersatzziel beleuchtet.

Die Vorgehensweise beim Schachspiel beschreibt sehr anschaulich ein Problem, das auch bei der Effizienzbeurteilung von Organisationsmaßnahmen existiert. *Simon*[7] vergleicht das Unterfangen, alternative Organisationsstrukturen hinsichtlich ihrer Gewinnkonsequenzen zu bewerten, mit dem Versuch, die Auswirkungen eines Regenschauers in Minnesota auf die Niagarafälle zu ermitteln. Aus diesem Grund erweist sich auch hier zur Reduzierung der Komplexität die Einführung von Ersatzzielen als erforderlich.

Abb. 56 verdeutlicht die Funktion von Ersatzzielen bei der Beurteilung von Organisationsstrukturen. Aus der dargestellten Beurteilungsproblematik ergibt sich, dass ein Ersatzziel nicht logisch zwingend aus einem gegebenen Ziel abgeleitet werden kann. Anderenfalls könnte das Endziel gleich angewendet werden und es erübrigte sich der Rückgriff auf Ersatzziele. Die Begründung eines Ersatzziels ist vielmehr prinzipiell ein empirisches Problem. Der Nachweis,

---

4) Für eine Abstufung unterschiedlicher Zuverlässigkeitsgrade siehe v. Werder [Unternehmungsführung] 214 ff.
5) Vgl. zu dieser Unterscheidung Keeney [Thinking] 82.
6) Vgl. im Einzelnen Frese [Entscheidungsstrategien] 293 ff.
7) Vgl. Simon et al. [Centralization] VI.

dass die Orientierung an einem Ersatzziel auch der Realisierung des Endziels dient, wird aber – vor allem bei die gesamte Unternehmung umfassenden Maßnahmen – bis zu einem gewissen Grade spekulativ und intuitiv sein. Allerdings lassen sie sich in einem höheren Maße methodisch fundieren als das beim Schachspiel der Fall ist.

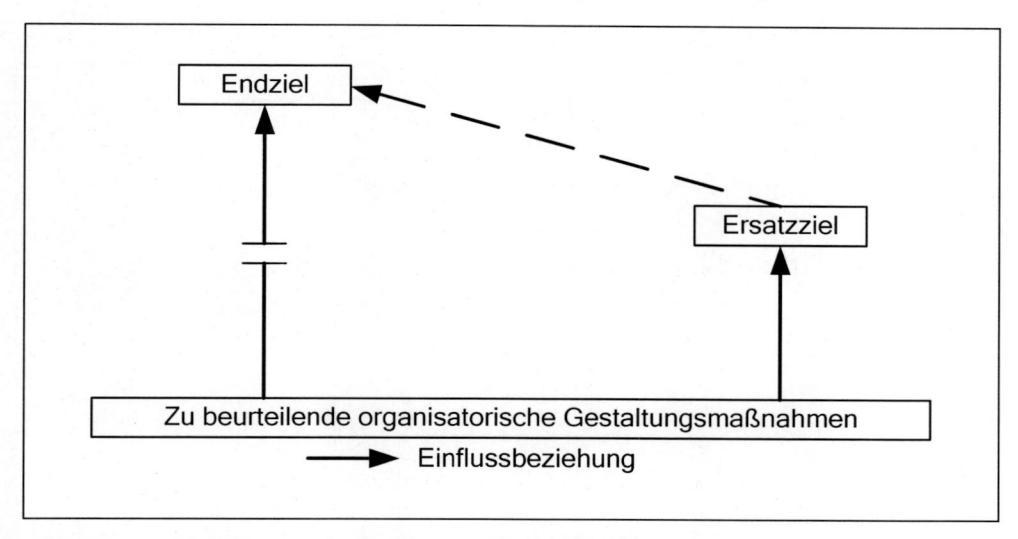

Abb. 56: Einführung von Ersatzzielen bei der Bewertung von Organisationsstrukturen

Angesichts der Brüchigkeit der empirischen Basis bei der Ableitung von Ersatzzielen aus einem Endziel ist das Spektrum an empfohlenen Ersatzzielen häufig breit.[8] Für den hier zu entwickelnden Gestaltungsansatz beruht die Einführung von Ersatzzielen für das Gewinnziel auf der These, dass der Aufbau und die Sicherung eines strategischen Wettbewerbsvorteils positive Auswirkungen auf die Gewinnerzielung haben. An Stelle des Gewinnziels werden also strategische Ziele verfolgt. Die Frage, wie gesichert die Annahme ist, dass eine bestimmte Wettbewerbsstrategie das Gewinnziel stärkt, kann an dieser Stelle nicht erörtert werden. Hier muss sich das Management ein eigenes Urteil über die verschiedenen strategischen Konzepte bilden, die alle in ihrem Kern Hypothesen über den Zusammenhang zwischen strategischer Position und Gewinnaussicht enthalten (sollten).

Die für die Organisationsgestaltung relevanten Ziele formulieren damit den Anspruch, eine bestimmte Wettbewerbsstrategie, z.B. eine kundenorientierte

---

8) Vgl. die klassische Studie von Mahoney/Weitzel [Models].

Strategie, umzusetzen. Aus dieser Sicht betrachtet, stellen die bei der Erörterung der Entscheidung über die Beschaffung einer Werkzeugmaschine eingeführten „Aufgabenanforderungen" Spezifizierungen eines Strategieziels in Form von Mittel-Zweck-Beziehungen dar. Die Generierung der einzelnen Ziele und die Ermittlung von Austauschbeziehungen zur Bestimmung von Gewichten ergeben sich aus dem Strategieziel.

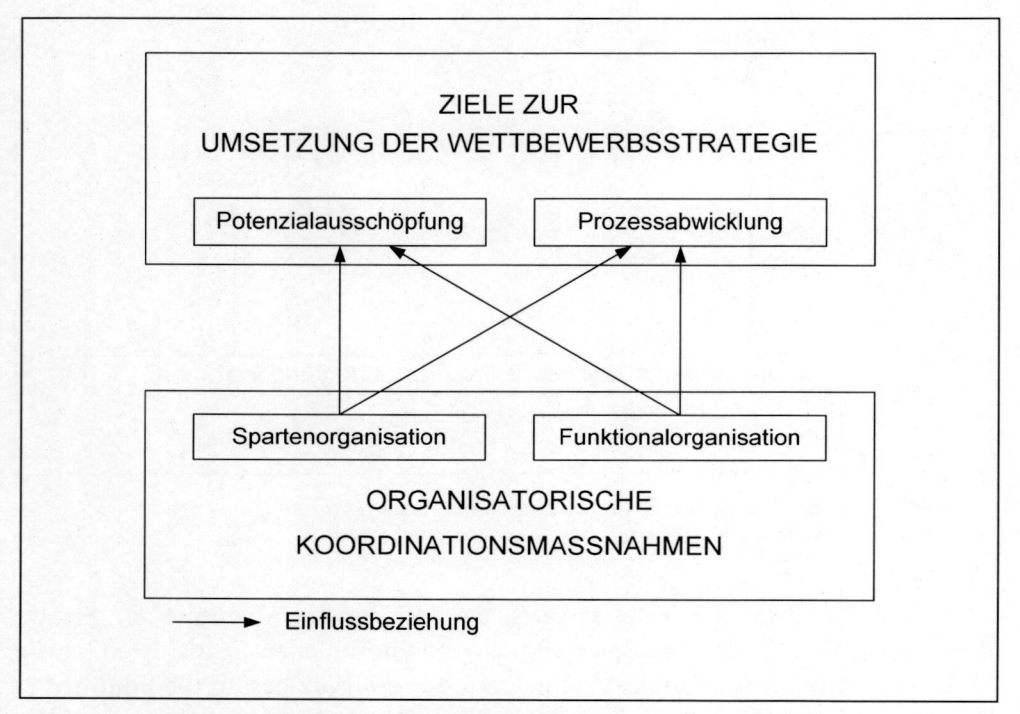

Abb. 57:   Strategiebestimmte Ziele der Organisationsgestaltung

Abb. 57 soll die vorangegangenen Überlegungen am Beispiel der Gestaltung koordinationseffizienter Kompetenzsysteme, die im folgenden Abschnitt detailliert behandelt werden, verdeutlichen, Als Ersatzziel für das Gewinnziel werden die Ziele „Maximierung der Potenzialausschöpfung" und „Maximierung der Qualität der Prozessabwicklung" eingeführt. Die Ziele müssen messbar sein. Die Erfüllung dieser Voraussetzung erfordert häufig die Beschränkung der Betrachtung auf strategisch kritische Potenziale (z.B. bestimmte Technologieressourcen) und Prozesse (z.B. Abstimmung zwischen Vertrieb und Entwicklung). Die Forderung der Beeinflussbarkeit der Zielrealisation durch die betrachteten Gestaltungsalternativen ist erfüllt, weil – wie noch zu zeigen ist – jede Regelung von Kompetenzen Auswirkungen auf die Art der Ausschöpfung von Potenzialen (Ressourcen, Märkte) und die Abwicklung von Prozessen hat.

Auch die Frage der Gewichtung ist bei den eingeführten Zielen strategiebestimmt. Das lässt sich hinsichtlich der konfliktären Zielvariablen „Potenzialausschöpfung" und „Prozessabwicklung" beispielhaft skizzieren. Bei einer auf die Sicherung von Kostenvorteilen ausgerichteten Strategie des Angebots von Standardleistungen rückt die Gewährleistung der kosteneffizienten Ausschöpfung von Ressourcen ganz in den Vordergrund der Überlegungen. Die Frage, welches Mindestmaß an Durchlaufzeit hinsichtlich der Prozessabwicklung garantiert sein muss, um negative Kundenreaktionen zu vermeiden, ist dann in einem relativ abgegrenzten Problemfeld zu klären. Eine Strategie des kundenindividuellen Leistungsangebots ordnet dagegen möglicher Weise der Prozessabwicklung das größere Gewicht zu und Fragen der Ressourcenausschöpfung verlieren, differenziert nach Ressourcengruppen, an Bedeutung. Im nächsten Kapitel[9], das die Prinzipien strategiekonformer Organisationsgestaltung behandelt, werden diese Fragen der Effizienzbeurteilung vertieft.

Das Problem, wie unter Gestaltungsaspekten eine zielorientierte Bewertung komplexer Organisationsstrukturen durchgeführt werden kann, hat in der Organisationstheorie relativ geringe Beachtung gefunden[10]. Diese Feststellung mag angesichts der Tatsache überraschen, dass die Zielproblematik in der organisationstheoretischen Literatur relativ breit diskutiert wird. Der größte Teil dieser Beiträge thematisiert jedoch die Funktion von Zielen im Rahmen verschiedener Organisationstheorien, ohne Fragen einer gestaltungsorientierten Bewertung zu betrachten.[11]

---

9) Vgl. S. 323 ff.
10) Vgl. vor allem Ansoff/Brandenburg [Language] sowie Grundei [Effizienzbewertung]; Thom/Wenger [Organisation]. Entscheidungstheoretisch fundierte Ableitungen von Effizienzkriterien aus der jeweils verfolgten Wettbewerbsstrategie finden sich bei Graumann [Untersuchung] 128 ff. und Lang [Entwicklung] 201 ff.
11) Vgl. den Überblick in Staehle [Management] 414 ff.

II. Kriterien der Koordinationseffizienz

a. Kompetenzsystem

In diesem Abschnitt werden für die Gestaltung des Kompetenzsystems, d.h. für Maßnahmen der Segmentierung und Strukturierung, Kriterien der Koordinationseffizienz entwickelt. Das präsentierte Effizienzkonzept berücksichtigt die Verzahnung zwischen Kompetenz- und Steuerungssystem. Da Kompetenzregelungen den Rahmen für die Steuerungsaktivitäten setzen, muss jede Segmentierung und Strukturierung von Kompetenzen die Auswirkungen für die Etablierung und Praktizierung von Steuerungsprinzipien in die Betrachtung einbeziehen.

1. Globaler Koordinationsbedarf und Effizienzbeurteilung

Im Wege der *Segmentierung* werden die Kompetenzinhalte (z.B. Beschaffung, Produktion oder Absatz) organisatorischer Einheiten festgelegt und von einander abgegrenzt. Diese Maßnahme kann zwei Konsequenzen haben.

Zum einen können durch die Kompetenzaufteilung zusammenhängende Handlungskomplexe getrennt werden. In diesem Fall entstehen zwischen den Einheiten, denen jeweils Teilhandlungen zugewiesen werden, Entscheidungsinterdependenzen. Die Existenz derartiger Interdependenzen bedeutet, dass Entscheidungen einer Organisationseinheit die Entscheidungsmöglichkeiten anderer Einheiten beeinflussen. Eine mangelnde Abstimmung bestehender Interdependenzen führt tendenziell zu Qualitätseinbußen von Entscheidungen (Autonomiekosten). Koordinationsaktivitäten, die mit Abstimmungskosten verbunden sind, streben die Reduzierung dieser Nachteile an. [1]

Die Segmentierung kann zum anderen eine Aufspaltung vorhandener Ressourcen- oder Marktpotenziale bewirken. Die Folge hiervon ist, dass ökonomische Vorteile einer Zusammenfassung von Potenzialen (z.B. Spezialisierungsvorteile und Vorteile der Größendegression bei Ressourcen) nicht genutzt werden können. Auch hier kann unter Abwägen der entstehenden Autonomie- und Abstimmungskosten eine Vermeidung dieser Nachteile durch Koordinationsmaßnahmen angestrebt werden.

---

1) Vgl. zur Definition von Autonomie- und Abstimmungskosten S. 125 ff.

Im Wege der *Strukturierung* werden die Kompetenzspielräume der einzelnen Organisationseinheiten bestimmt und damit die Delegationsverhältnisse zwischen über- und untergeordneten Einheiten geregelt. Geht man in Verfolgung der entscheidungslogischen Sicht der Koordination davon aus, dass eine übergeordnete Einheit den Informationsstand und das methodische Know-how der ihr untergeordneten Einheiten hat oder einholen kann sowie die Auswirkungen einer Entscheidung auf mehrere Einheiten der nachgeordneten Ebene abschätzen kann (größere Problemumsicht),[2] so sinkt mit zunehmender Delegation tendenziell die Entscheidungsqualität. Dieser Konsequenz kann durch Abstimmungskosten verursachende Koordinationsmaßnahmen begegnet werden.

Abb. 58 gibt einen Überblick über die eingeführten Determinanten des Koordinationsbedarfs und verdeutlicht ihre Auswirkung auf die Koordinationseffizienz.

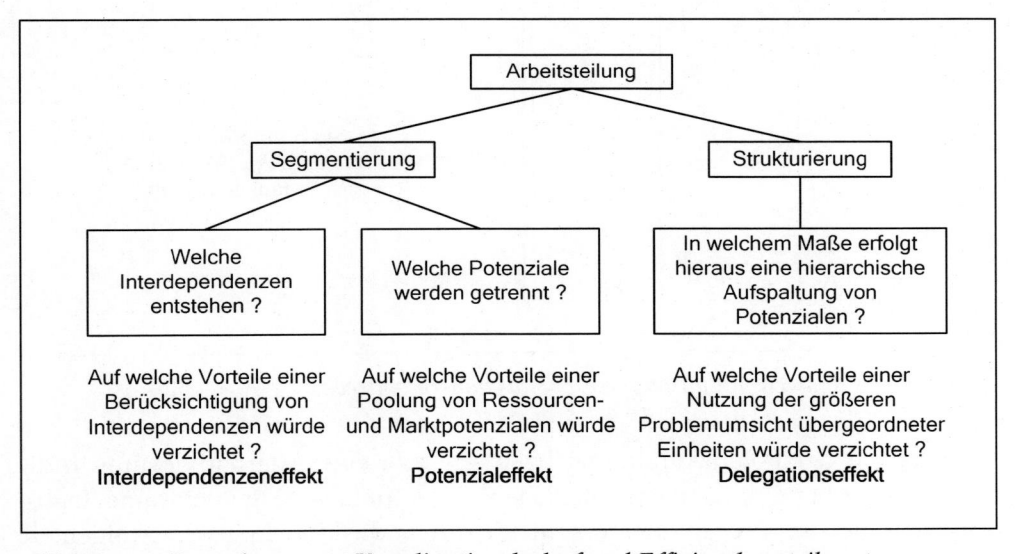

Abb. 58:   Entstehung von Koordinationsbedarf und Effizienzbeurteilung

2. Segmentierungseffizienz

Ein Beispiel soll die in diesem Abschnitt zu behandelnde Frage, ob eine organisatorische Regelung von Kompetenzen Kriterien einer effizienten Koordination

---

[2] Da Problemumsicht ein Potenzial darstellt, kann die hierarchische Aufspaltung als Potenzialtrennung bezeichnet werden.

entspricht, verdeutlichen. Betrachtet werden zwei Kompetenzregelungen, die auf der Anwendung unterschiedlicher Segmentierungskriterien beruhen.

Bei der einen Struktur handelt es sich um eine Spartenorganisation.[3] Die Sparten sind jeweils für eine Produktgruppe (A, B oder C) zuständig und verfügen über eigene Produktionsanlagen R (vgl. Abb. 59). Es wird unterstellt, dass die betrachteten Produktionsressourcen identisch sind. Die Sparten nutzen also jeweils gleiche Anlagen. Das Ergebnis dieser Segmentierungsentscheidung ist u.a. eine bestimmte Interdependenzstruktur, die einen (potenziellen) Koordinationsbedarf verursacht. Eine Aussage über die Vorteilhaftigkeit dieser Struktur müsste neben der Interdependenzproblematik auch den Aspekt der Nutzung des Ressourcenpotenzials berücksichtigen.

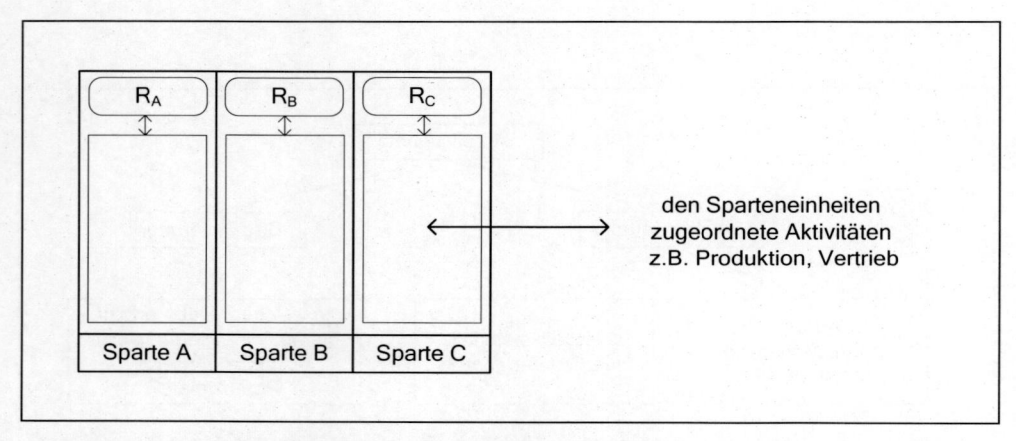

Abb. 59:   Sparten mit autonomen Produktionsressourcen

Hinsichtlich der Potenzialnutzung ließe sich z.B. eine Alternativlösung in die Gestaltungsüberlegungen einzubeziehen. So könnte eine gemeinsame Inanspruchnahme der Produktionsressourcen durch die drei Sparten erfolgen. In Abb. 60 ist dieser Gedanke durch die Ausgliederung der Produktionsressourcen verwirklicht. Zwischen den Sparten und dem neu entstandenen Ressourcenbereich bestehen dann interne Leistungsverflechtungen (Prozessinterdependenzen).

---

3)   Vgl. zur Spartenorganisation S. 436 ff.

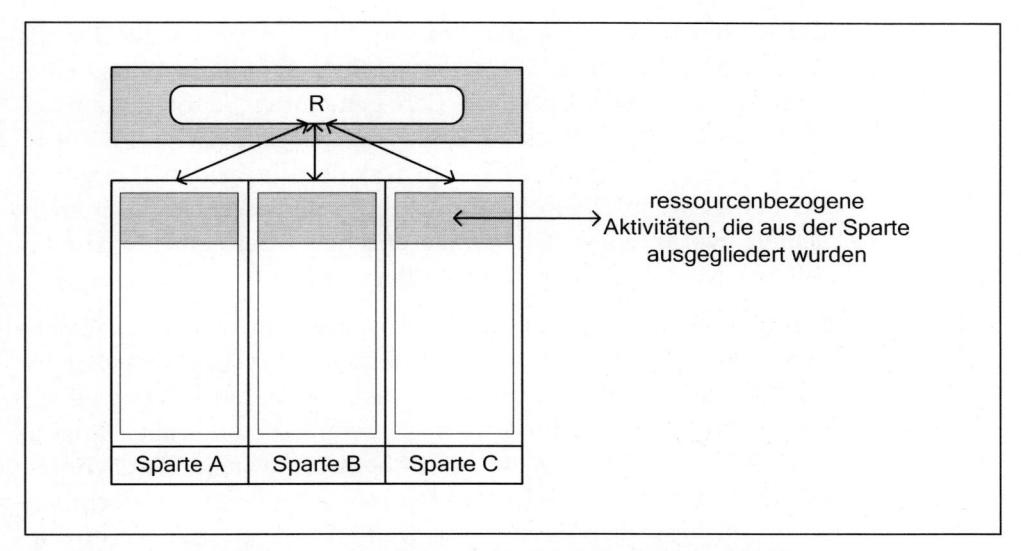

Abb. 60:   Spartenstruktur mit ausgegliederten Produktionsressourcen

Die im Folgenden zu entwickelnden Effizienzkriterien sollen das Management in die Lage versetzen, die Vorteilhaftigkeit der in Abb. 59 und Abb. 60 skizzierten, durch die Anwendung unterschiedlicher Segmentierungsprinzipien entstandenen Organisationsformen zu beurteilen.

Wie bei der Erörterung der Grundtatbestände der Koordination hervorgehoben wurde, wird in einer Unternehmung durch Koordination arbeitsteiliges Handeln auf vorgegebene Ziele ausgerichtet. Für die Bewertung alternativer Regelungen der Koordination erscheint es zweckmäßig, Handeln danach zu unterscheiden, ob es auf die Nutzung vorhandener Potenziale oder auf die Sicherung der Prozessabwicklung ausgerichtet ist.[4]

Potenziale beziehen sich auf Ressourcen und Märkte, die jeweils nach verschiedenen Kriterien weiter untergliedert werden können. Eine Fokussierung auf Potenziale bedeutet, der Nutzung von Markt- und Ressourcenpotenzialen besondere Aufmerksamkeit zu widmen.

Bei der Fokussierung auf Prozesse rückt u.a. der Aspekt der Leistungserstellung mit dem mengenmäßigen und zeitlichen Einsatz von Produktionsfaktoren in den Vordergrund.

Bevor im Folgenden entwickelt wird, wie der Potenzial- und Prozessaspekt bei der Formulierung von Effizienzkriterien berücksichtigt wird, erweist sich die

---

4)   Vgl. hierzu auch Abb. 57 auf S. 288.

Präzisierung der beiden Begriffe als zweckmäßig. Bisher wurden die Begriffe „Prozess" und „Potenzial" in einer Weise eingeführt, die an ein unterstelltes Vorverständnis beim Leser anknüpft und den gemeinten Begriffsinhalt beispielhaft erläutert. Vor allem mit Blick auf den Prozessbegriff reicht eine solche Vorgehensweise nicht aus. Es empfiehlt sich deshalb, die beiden Kategorien „Potenzial" und „Prozess" in einem konzeptionell geschlossenen Zusammenhang zu betrachten, wofür wissenschaftstheoretischen Überlegungen zur betriebswirtschaftlichen Modellbildung die Grundlage bilden.[5]

Betriebswirtschaftliche Modelle, die mit einem Anspruch antreten, realitätsnahe Aussagen zu formulieren, müssen ihre Bestandteile in eine Beziehung zur Dimension der Zeit bringen und in diesem Sinne als „Geschehnisse" begreifen.[6] Geschehnisse existieren entweder nur kurz als „Ereignisse" oder aber längerfristig und sind in diesem Fall danach zu unterscheiden, ob sie in Geschehnisse zerlegbar sind oder aber nicht. Diese Unterscheidung ist für organisationstheoretische Überlegungen deswegen bedeutsam, weil sie eine präzise Kontrastierung der Begriffe „Potenzial" und „Prozess" ermöglicht. So sind Potenziale im Modell stets als zeitlich längerfristig existierende Geschehnisse zu konstruieren, die sich nicht weiter in Ereignisse aufteilen lassen. Prozesse hingegen bestehen immer aus Ereignissen und erlangen ihre Einheit (und damit ihre längerfristige Existenz) nur dadurch, dass sie der Gesamtheit der von ihnen erfassten Ereignisse einen Sinn aufprägen.[7] Prozesse sind – so formuliert *Luhmann* anschaulich – „nicht einfach Faktenreihen. Von Prozess sollte nur gesprochen werden, wenn die *Selektion* eines Ereignisses die *Selektion* eines anderen mitbestimmt. Dabei braucht nicht an kausales Bewirken gedacht werden. Es genügt, wenn durch ein Ereignis der Möglichkeitsspielraum für folgende so erheblich eingeschränkt wird, dass Relevanz spürbar ist."[8] Was ist das nun für eine Relevanz aus organisationstheoretischer Sicht?

Im Koordinationskontext thematisiert der Prozessbegriff Ereignisse, deren Zusammengehörigkeit auf Interdependenzen und Kommunikationsaktivitäten beruhen kann. So wurden auch bereits bei der Analyse der Zielproblematik in Abb. 57[9] mit der Gegenüberstellung von Potenzial- und Prozessziel die Begriffe „Potenzial" und „Prozess" weitgehend im vorgenannten Sinne gebraucht. Im zu entwickelnden Konzept der Koordinationseffizienz wird nun aber der Prozessbegriff – wie das auch schon bei der Ableitung von Interdependenzen er-

---

5) Vgl. Graumann [Theoriebildung] 375 ff.
6) Vgl. Graumann [Theoriebildung] 378 ff.
7) Vgl. Graumann [Theoriebildung] 388.
8) Luhmann [Gesellschaftsstruktur] 250.
9) Vgl. S. 288.

folgt ist – in einem engeren Sinne verwendet. Diese Vorgehensweise wählen wir, um uns beim zentralen Konzept der „Prozess"-Effizienz nicht vom Sprachgebrauch der Praxis zu entfernen. Abb. 61 verdeutlicht die Zuordnung des für die weitere Betrachtung gültigen Begriffs des Prozesses im engeren Sinne. Der Prozessbegriff im weiteren Sinne wird unter Beschränkung auf Interdependenzbeziehungen für die weitere Analyse des Koordinationszusammenhangs differenziert in Prozesse (im engeren Sinne) und in Ereignisgesamtheiten, die auf Markt- und Ressourceninterdependenzen beruhen. Es erfolgt damit eine Trennung danach, ob Interdependenzen auf Überschneidungen von Entscheidungsfeldern oder auf sequenziellen Verknüpfungen von Realisationsprozessen beruhen.[10]

```
                        Prozesse
                   (im weiteren Sinne)
                   /                \
        Ereignisgesamtheit         Ereignisgesamtheit
                                   (Prozesse im engen Sinne)

        Überschneidung von         Sequenzielle Verknüpfung von
        Entscheidungsfeldern       Realisationsprozessen

        • Ressourceninterdependenzen   • Prozessinterdependenzen
        • Marktinterdependenzen
```

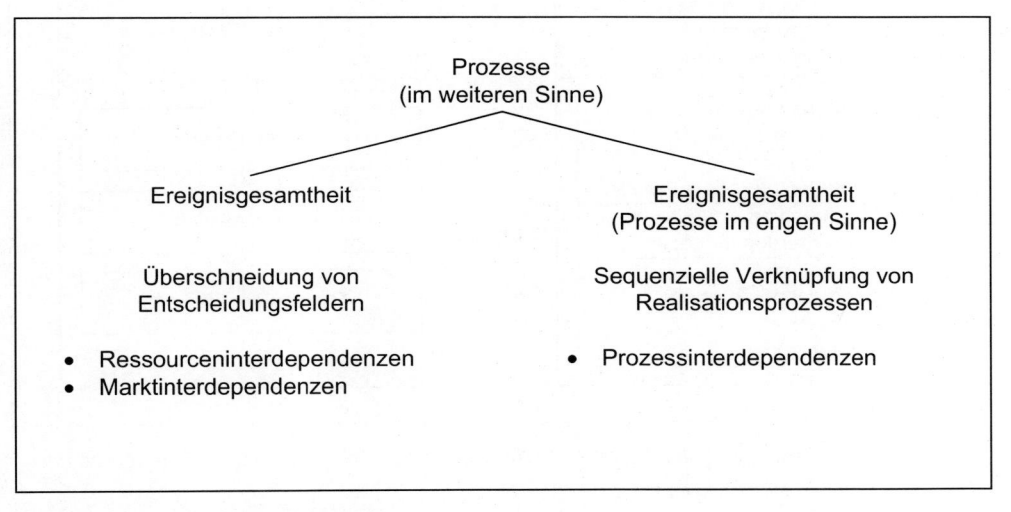

Abb. 61:   Arten von Prozessen

Nach dieser begrifflichen Klärung stellen sich im Kontext der Segmentierung hinsichtlich der Beurteilung der Koordinationseffizienz zwei Fragen:

1. Wie gut werden bei einer Kompetenzregelung Interdependenzen abgestimmt? Die Antwort beurteilt die jeweilige Interdependenzeffizienz.

2. Wie gut werden bei einer Kompetenzregelung entscheidungsunabhängige Informationen zur besseren Ausschöpfung von Markt- und Ressourcenpotenzialen ausgeschöpft? Die Antwort beurteilt die jeweilige Potenzialeffizienz.

---

10)   Vgl. hierzu S. 112 ff.

In Abb. 62 wird die Koordinationseffizienz von Segmentierungsregelungen nicht durch die Unterscheidung von Interdependenz- und Potenzialeffizienz erfasst. Es werden vielmehr Kriterien der Markt-, der Ressourcen- und der Prozesseffizient eingeführt. Markteffizienz erfasst, wie weit eine Kompetenzregelung die mit der Entstehung von Marktinterdependenzen und der Trennung von Marktpotenzialen anfallenden Autonomiekosten reduziert. Entsprechendes gilt bei der Ressourceneffizienz hinsichtlich der Interdependenzen und Potenziale. Prozesseffizienz erfasst, wie weit eine Regelung die mit der Entstehung von Prozessinterdependenzen anfallenden Autonomiekosten reduziert.

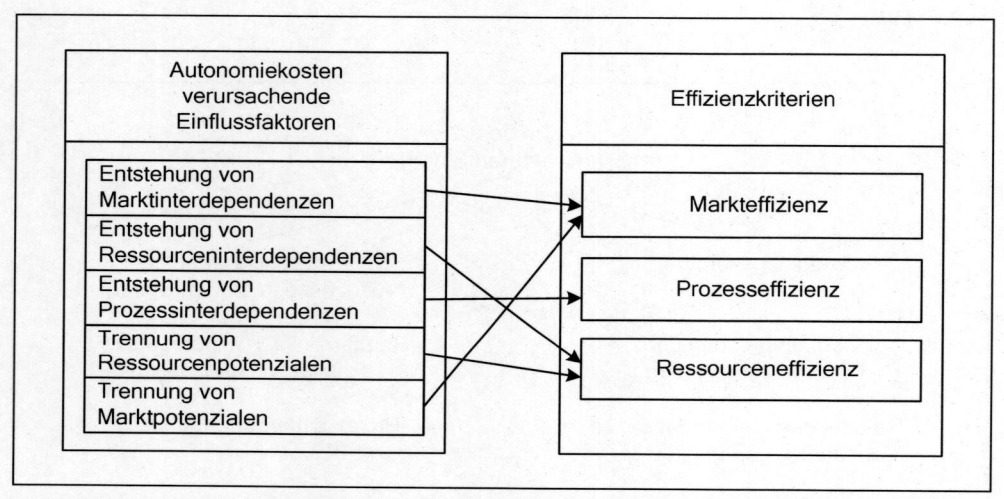

Abb. 62:   Abgrenzung der Effizienzkriterien nach betroffenen Handlungsbereichen (Segmentierung)

Die in Abb. 62 verdeutlichte begriffliche Fassung der Effizienzkriterien soll die Kommunikation mit der Unternehmungspraxis erleichtern. Allerdings darf nicht übersehen werden, dass die eingängigen Begriffe „Markt", „Ressource" und „Prozess" im Kontext der Effizienzbeurteilung möglicherweise durch vorgeprägte Begriffsassoziationen in der Praxis missverstanden werden. Eine hohe „Dispositionsfähigkeit" gegenüber den Wünschen der Kunden, etwa bezüglich der Forderung nach kurzen Lieferzeiten, würde man im landläufigen Sinne vermutlich mit dem Prädikat „hohe Markteffizienz" belegen. Sie ist aber nach der hier gültigen Abgrenzung vor allem das Ergebnis einer hohen Prozesseffizienz. Die präzise Definition der Kriterien ist deshalb unerlässlich. Das soll im Folgenden geschehen:

Markteffizienz

Gegenstand ist die Nutzung von Chancen auf dem externen Beschaffungs- und Absatzmarkt. Interne Märkte sind nicht erfasst; sie sind Gegenstand der Prozesseffizienz. Die Verwirklichung von Markteffizienz erfordert, die Kontakte mit Marktpartnern (Kunden, Lieferanten) zur Berücksichtigung von Marktinterdependenzen und zur Nutzung von Informationen über Marktpotenziale über Bereichsgrenzen hinweg auf die Ziele der Gesamtunternehmung auszurichten. Je nach Betrachtung des Absatz- oder Beschaffungsmarktes sind unterschiedliche Aspekte relevant. Auf dem Absatzmarkt stehen das koordinierte Auftreten gegenüber dem Kunden und die Erzielung von produkt- und regionenübergreifenden Verbundeffekten im Vordergrund. Auf dem Beschaffungsmarkt geht es vor allem um die Bündelung der Nachfrage zur Stärkung der Marktmacht. Mangelnde Markteffizienz äußert sich auf dem Absatzmarkt vor allem in entgangenen Absatzchancen und schlechten Konditionen bei der vertraglichen Regelung von Markttransaktionen. Es handelt sich damit in hohem Maße um „externe" Auswirkungen. Auf dem Beschaffungsmarkt findet mangelnde Markteffizienz, wenn z.B. verschiedene Sparten unabängig voneinander bei denselben Lieferanten einkaufen, insbesondere ihren Ausdruck in ungünstigen Einkaufskonditionen und unter Umständen in Qualitätseinbußen.

Ressourceneffizienz

Gegenstand ist die Nutzung von Ressourcen in Form von Potenzialfaktoren (Personen, Anlagen, immaterielle Ressourcen). Verbrauchsfaktoren werden, wenn man von dem Fall bereichsübergreifend dispositionsfähiger Verbrauchsfaktoren (Material, Bauteile) in Eingangs- und Ausgangslagern bzw. in Zwischenlagern absieht, von der Prozesseffizienz erfasst. Die Realisierung von Ressourceneffizienz erfordert, die Nutzung von Ressourcen und die Berücksichtigung von Ressourceninterdependenzen über Bereichsgrenzen hinweg auf die Ziele der Gesamtunternehmung auszurichten. Organisationsstrukturen führen dann tendenziell zu einer Beeinträchtigung der Ressourceneffizienz, wenn die Entscheidungskompetenz über den Einsatz homogener Ressourcen auf mehrere Einheiten verteilt ist. Mangelnde Ressourceneffizienz äußert sich u.a. in Leerkapazitäten und der problematischen Allokation knapper Ressourcen. Ressourcenbezogene Effizienzeinbußen entstehen z.B., wenn Sparten mit gleicher technologischer Produktionsstruktur autonom über eigene Produktionsanlagen verfügen.

Prozesseffizienz

Gegenstand ist die Gestaltung des Leistungsprozesses von seiner Auslösung bis zur Vertragserfüllung gegenüber (externen oder internen) Kunden. Bei der Betrachtung externer Kunden geht es in Industriebetrieben u.a. um die Regelung der Fragen, wann Verbrauchsfaktoren beschafft werden sowie wann, in welcher Reihenfolge und über welche Potenzialfaktoren (Anlagen, Personal) die interne Transformation in Marktleistungen erfolgen soll. Betrachtet werden Einheiten, die über die sequenzielle Verknüpfung der Realisationsprozesse (interne Leistungsverflechtung) miteinander verbunden sind. Die Verwirklichung von Prozesseffizienz erfordert, den Leistungsprozess über alle Stufen auf die Ziele der Gesamtunternehmung auszurichten. Eine spezifische Ausrichtung besteht darin, unter Wahrung vorgegebener Qualitäts- und Produktivitätsnormen die Durchlaufzeit möglichst zu reduzieren. Mangelnde Prozesseffizienz äußert sich u.a. in Form von Zwischenlagern und Terminüberschreitungen. Sie können, je nach Situation, externe Auswirkungen haben, d.h. die Verhandlungsposition oder Vertragserfüllung gegenüber Marktpartnern tangieren, oder interner Natur sein. Prozessbezogene Effizienzdefizite entstehen z.B., wenn der Vertrieb nicht über Umdispositionen der Produktion informiert wird.

Die abgeleiteten Kriterien der Markt-, Ressourcen- und Prozesseffizienz beschreiben relativ abstrakt Merkmale organisatorischer Regelungen, die sich durch die Vermeidung nachteiliger Wirkungen der interpersonellen Arbeitsteilung in Form nicht berücksichtigter Interdependenzen und nicht effizient genutzter Potenziale auszeichnen. Es werden gewissermaßen Aussagen darüber gemacht, wie weit es durch die betrachtete organisatorische Regelung gelungen ist, die „nachteiligen" Wirkungen der interpersonellen Arbeitsteilung aufzuheben oder zu reduzieren.

Nach der Herausarbeitung der Effizienzkriterien und der Interpretation von Koordination als Streben nach möglichst weitgehender Vermeidung nachteiliger Wirkungen interpersoneller Arbeitsteilung, erscheint es geboten, die Beurteilung effizienter Strukturen genauer zu betrachten. Dazu wird auf die in Abb. 57 skizzierte Entscheidung über die Organisationsstruktur (Sparten- oder Funktionalorganisation) zurückgegriffen.

Unterstellt man, dass in der fraglichen Unternehmung die Strategie den Technologieressourcen ein großes Gewicht zuweist, dann stellt sich die Frage, ob die Konzentration aller Entwicklungsaktivitäten in einem Bereich diesem Ziel am besten entspricht. Ihre Beantwortung könnte in Form eines Kostenvergleichs erfolgen. Die Konzentration wäre effizienter, wenn der Austausch der relevanten Informationen zwischen verschiedenen Potenzialbereichen (vgl. Abb. 60) höhere Kosten verursachte als der Austausch innerhalb eines Bereichs (vgl. Abb. 59). Diesen Ansatz wählt die Teamtheorie; es werden die mit der Koordination verbundenen Kosten der Informationsbeschaffung und Kommunikation bei verschiedenen Organisationsformen herangezogen.

Da eine solche monetäre Bewertung der Kommunikationsaktivitäten keine praktische Lösung darstellt, ist zu prüfen, ob das Kostenkriterium durch ein anderes Kriterium abgelöst werden kann. Bei der Verfolgung dieses Gedankens erscheint es aussichtsreich, Kontextbedingungen herauszuarbeiten, die den Austausch von Informationen zwischen organisatorischen Einheiten fördern. Im Folgenden wird die These eingeführt und am Beispiel der Abstimmung von Interdependenzen erläutert, dass die Internalisierung der Kommunikation den Informationsaustausch fördert, d.h. effizienter gestaltet.

Internalisierung kann sich zum einen in der Form äußern, dass bestimmte Entscheidungen nur einer einzigen Person zugewiesen werden. So können Marktinterdependenzen vermieden werden, wenn alle Vertriebsentscheidungen in Bezug auf eine Kundengruppe einer Person übertragen werden. Diese extreme Form der Internalisierung führt zur Aufhebung von Interdependenzen. In den meisten praktischen Fällen bedeutet Internalisierung, dass die Interdependenzen abstimmenden Einheiten demselben System oder Teilbereich zugehören. Ein Beispiel ist ein Teilbereich, dem alle mit einem Produkt verbundenen Entscheidungen zugewiesen sind. Die Abstimmung von Prozessinterdependenzen vollzieht sich dann bereichsintern.

Wie schon bei der Erörterung der kognitionswissenschaftlichen Grundlagen der Koordination ausgeführt wurde,[11] beruht die Gestaltungsrelevanz einer Internalisierung auf der These, dass die Zugehörigkeit zu einem Teilsystem die Einstellung und das Verhalten der Mitglieder beeinflusst[12]. Den Anforderungen ihrer hauptsächlich wahrzunehmenden Aufgabe entsprechend, konzentrieren sich die Mitarbeiter auf bestimmte Informationen und Stimuli, die ihre Interpretation der Realität prägen. Die Abgrenzung organisatorischer Einheiten beeinflusst demnach in hohem Maße die Wahrnehmungs- und Lösungsmuster der Entscheidungsträger. Ein klassisches Beispiel für die divergierende Herausbildung von Teilzielen mit der Folge unterschiedlicher Problemorientierungen bieten Vertriebs- und Produktionseinheiten. Während im Allgemeinen in Vertriebseinheiten die Marktorientierung vorherrscht und kurzfristige Umsatzsteigerungen angestrebt werden, dominiert in Produktionseinheiten die Produktperspektive, wobei meist eine weniger kurzfristige Orientierung an Kostenzielen im Mittelpunkt steht[13]. In dem Maße, in dem die Teilziele zweier organisatorischer Einheiten und die Verhaltens- und Denkschemata der Bereichsmitglieder voneinander abweichen, steigt die Wahrscheinlichkeit, dass sich zwischen den Einheiten Kommunikationsbarrieren und Konfliktpotenziale aufbauen.

---

11) Vgl. S. 126 ff.
12) Vgl. zu dieser und anderen Verhaltensannahmen sowie zu ihrer Bedeutung für eine Theorie der Organisationsgestaltung Laßmann [Koordination].
13) Vgl. Lawrence/Lorsch [Environment] 37 sowie Cyert/March [Theory] 40 ff.

In Verfolgung des Internalisierungsprinzips sind die Aktivitäten so zu gliedern und zusammenzuführen, dass die kritischen Abstimmungen möglichst innerhalb eines Teilbereichs erfolgen können. Auf diese Weise soll erreicht werden, dass in Bezug auf wichtige Entscheidungen schnell und problemlos gehandelt wird und die Unternehmungsleitung möglichst wenig eingreifen muss. Dieses in der Praxis offensichtlich breit akzeptierte Gestaltungsprinzip findet eine gewisse empirische Absicherung in den klassischen Studien von *Lawrence* und *Lorsch*.[14]

Wie schon bei der Darstellung der Grundtatbestände der Koordination betont wurde,[15] beeinträchtigt die Verfolgung von Ressourcen- und Markteffizienz die Realisierung der Prozesseffizienz. In dem betrachteten Beispiel würde die Einbringung von Gewichten, die aus dem Trade-off zwischen den Zielen abgeleitet wurden, die Betrachtung weiterer Organisationsformen „zwischen" Sparten- und Funktionalorganisation erfordern. Käme der Prozesseffizienz hinsichtlich der Abstimmung zwischen Vertrieb und Entwicklung ein nennenswertes Gewicht zu, müsste unter Umständen eine modifizierte Form der Spartenorganisation in die Bewertung einbezogen werden. Man könnte eine Schnittstelleneinheit[16] im Vertrieb einrichten, die mit so viel Technologiewissen auszustatten wäre, dass sie die Prozesseffizienz nachhaltig steigern könnte. In Betracht zu ziehen ist auch die Möglichkeit, die Prozesseffizienz durch Investitionen in die informationstechnologische Infrastruktur nachhaltig zu verbessern.

3. Strukturierungseffizienz

Zur Veranschaulichung der in diesem Abschnitt zu erörternden Effizienzproblematik kann auf die in Abb. 59 dargestellte Spartenorganisation zurückgegriffen werden. Bei der vorangegangenen Analyse der Effizienz alternativer Segmentierungen diente das Beispiel zur Veranschaulichung der Frage, wie die spartenbezogene Aufteilung von Ressourcenpotenzialen zu beurteilen ist. Diese horizontale Betrachtung wird bei der Strukturierung von Kompetenzen, bei der Festlegung von Kompetenzspielräumen, durch eine vertikale Sichtweise abgelöst. Thematisiert wird das Problem, in welchem Maße eine hierarchische Aufspaltung von Entscheidungen erfolgen sollte. Unter Bezug auf die in Abb. 59 dargestellte Organisationsstruktur werden dann z.B. die Beziehungen zwischen

---

14) Vgl. Lawrence/Lorsch [Environment]; Walker/Lorsch [Choice]; Lorsch/Allen [Managing] und die zusammenfassende Darstellung bei Frese [Organisationstheorie] 155 ff.
15) Vgl. S. 10.
16) Vgl. zu dieser Form des Schnittstellenmanagements S. 451 ff.

der Leitung der Sparte C und den Leitungen der nachgeordneten Spartenbereichen zum Gegenstand der Betrachtung. Es geht damit um die Regelung der Delegationsverhältnisse zwischen über- und nachgeordneten Einheiten.

Unter den Prämissen einer koordinationsbezogenen Analyse der Kompetenzregelung – die Motivationswirkungen alternativer Formen der Delegation werden also ausgeblendet – reduziert sich die Beurteilung der Delegationseffizienz auf die folgende Frage, die bei der Erörterung der vertikalen Informations- und Entscheidungsautonomie[17] bereits diskutiert wurde: Auf welche Vorteile einer Nutzung der größeren Problemumsicht übergeordneter Einheiten wird bei einem bestimmten Delegationsgrad verzichtet?

Vor diesem Hintergrund lässt sich das Kriterium der *Delegationseffizienz* folgender Maßen beschreiben:

Gegenstand ist die Nutzung des Informations- und Problemlösungspotenzials von Einheiten auf unterschiedlichen Hierarchieebenen. Beurteilt wird, auf welcher Hierarchieebene bestimmte Entscheidungen gefällt werden. Aus entscheidungslogischer Sicht wird unterstellt, dass eine übergeordnete Einheit potenziell den Informationsstand und das methodische Know-how der ihr nachgeordneten Einheiten hat oder einholen kann. Darüber hinaus können übergeordnete Einheiten die Auswirkungen einer Entscheidung auf mehrere Einheiten der nachgelagerten Ebene abschätzen; sie besitzen damit größere Problemumsicht. Die Zusammenfassung von Entscheidungen in einer hierarchisch übergeordneten Einheit erlaubt damit potenziell die bessere Potenzialausschöpfung. Wäre die Problemumsicht alleiniges Beurteilungskriterium der Delegationseffizienz, so müssten alle Entscheidungen auf möglichst hohen Ebenen verankert werden. Bei einer solch engen Betrachtungsweise würde aber vernachlässigt, dass entscheidungsrelevante Informationen nicht nur auf den oberen, sondern auch auf den nachgelagerten Hierarchieebenen anfallen können. In eine Beurteilung der Delegationseffizienz sind daher auch Kosten einer eventuell notwendigen Informationsaufbereitung und vertikalen Weiterleitung einzubeziehen. Delegationseffizienz liegt somit vor, wenn es gelingt, die hierarchische Aufspaltung von Entscheidungen so vorzunehmen, dass die Vorteile einer Nutzung der Problemumsicht übergeordneter Einheiten mit den Nachteilen einer Verursachung von Informationsverarbeitungs- und Kommunikationskosten ausgeglichen werden. Mangelnde Delegationseffizienz[18] äußert sich generell in einer problematischen Allokation von Ressourcen. Delegationsbezogene Effizienzeinbußen entstehen z.B., wenn risikoreiche Kreditentscheidungen in einer Bank an

---

17) Vgl. S. 220 ff.
18) Hier einschränkend unter Vernachlässigung von Kommunikationskosten auf die Existenz delegationsbezogener Autonomiekosten bezogen.

Sachbearbeiter delegiert werden, obwohl der Abteilungsleiter über die größere Umsicht für die Bonitätsprüfung verfügt.

Die Gestaltung des Kompetenzsystems muss berücksichtigen, dass zwischen Segmentierung und Strukturierung gegenseitige Abhängigkeiten bestehen. Insbesondere haben Strukturierungsmaßnahmen Einfluss auf die Interdependenzstruktur. Die vergleichende Betrachtung erfordert deshalb neben der Erfassung der vertikalen Auswirkungen (Nutzung der Problemumsicht übergeordneter Einheiten, Dauer der vertikalen Kommunikation, Ressourceneinsatz zur vertikalen Abstimmung) die Bewertung der durch die jeweilige Festlegung des Delegationsgrads bewirkten Veränderung der Interdependenzstruktur. Durch Strukturierung, d.h. durch die Festlegung der Entscheidungsautonomie, wird das Ausmaß an Interdependenzen in einem arbeitsteiligen Entscheidungssystem bestimmt. Je größer der Zentralisationsgrad ist, desto mehr Entscheidungen werden auf höheren Hierarchieebenen getroffen. Auf Grund der Baumstruktur des hierarchischen Entscheidungsgraphen werden bei der Zentralisationstendenz zunehmend bisher (auf nachgelagerten Ebenen) interpersonell getrennte Entscheidungen in der Entscheidungskompetenz einer Einheit zusammengefasst. Interdependenzen werden dadurch aufgehoben oder in ihrer Intensität reduziert. Der Zentralisationseffekt kann mithin auch durch den Abbau von Interdependenzen verstärkt werden. Diese Betrachtung müsste bei der Bewertung organisatorischer Strukturen streng genommen für jede Hierarchieebene durchgeführt werden.

b. Steuerungssystem

Dieser Abschnitt arbeitet Kriterien der Koordinationseffizienz für die Gestaltung des Steuerungssystems heraus. Betrachtet werden Koordinationsaktivitäten, die sich im Rahmen des Kompetenzsystems vollziehen und die in hohem Maße von den realisierten Segmentierungs- und Strukturierungsmaßnahmen abhängen.

1. Detaillierter Koordinationsbedarf und Effizienzbeurteilung

Während bei der Gestaltung des Kompetenzsystems nur eine grobe Abschätzung des Koordinationsbedarfs in die Effizienzbeurteilung eingeht, erfordert die effiziente Gestaltung des Steuerungsproblems die detaillierte Analyse der laufenden Entscheidungen auf den verschiedenen Ebenen der Unternehmungshierarchie.

Effizienzüberlegungen beziehen sich im Rahmen des Steuerungssystems auf alle Entscheidungs- und Informationsaktivitäten, die auf die zielkonforme Ausfüllung der bestehenden Kompetenzspielräume auszurichten sind. Es geht damit um die Sicherung der Entscheidungsqualität angesichts der Tatsache, dass arbeitsteilige Einzelentscheidungen regelmäßig vom Gesamtoptimum abweichen und daher Autonomiekosten[19] verursachen. Die Effizienzkriterien für das Steuerungssystem werden deshalb im Folgenden als Summe von Autonomie- und Abstimmungskosten formuliert.

Im Fokus der folgenden Darstellung stehen Regeln, die auf die Verbesserung des Informationsaustausches und der Methodenbasis ausgerichtet sind. Zur Veranschaulichung werden zwei Einheiten E_1 und E_2 betrachtet, zwischen denen auf Grund von Interdependenzen (z. B. zwischen den Funktionsbereichen „Entwicklung" und „Vertrieb") und der Existenz entscheidungsunabhängiger Informationen Beziehungen (z.B. in Form einer Information von der Sparte „Fasern" an die Sparte „Farbstoffe", dass ein gemeinsamer Kunde einen Bedarf an Farbstoffen hat) bestehen (Abb. 63). Es stellt sich dann die Frage, wie durch eine entsprechende Gestaltung der Gewinnung, Verarbeitung und Weiterleitung von Informationen – ganz im Sinne des Informationswertkonzepts der Teamtheorie[20] – die Qualität der Entscheidungen von E_1 und E_2 gewährleistet werden kann. In Abhängigkeit von der Art und Intensität der drei Aktivitäten entstehen unterschiedlich hohe Abstimmungskosten. Sie sind in dem Maße gerechtfertigt, in dem die Qualität der arbeitsteiligen Entscheidungen der beiden Einheiten dem idealen Gesamtoptimum angenähert werden kann, d.h. in dem Autonomiekosten abgebaut werden können. Zu beurteilen ist damit auch bei diesem Problem, wie weit durch Steuerungsmaßnahmen die „nachteiligen" Wirkungen der interpersonellen Arbeitsteilung aufgehoben oder reduziert werden können.

Für die Erörterung der Beurteilung der Effizienz von Regelungen des Steuerungssystems ist es erforderlich, die Determinanten von Autonomie- und Abstimmungskosten eingehender zu analysieren.[21] Aus entscheidungslogischer Sicht beruhen Autonomiekosten im Kontext der Steuerung im Einzelnen darauf, dass die Qualität der arbeitsteiligen Einzelentscheidungen auf Grund einer geringeren Informationsbasis oder einer weniger leistungsfähigen Informationsverarbeitungsmethode (Know-how) nicht optimal ist. Als Folge der Arbeitsteilung werden mit anderen Worten die formalen Anforderungen, dass

---

19) In Höhe der Differenz: Ergebnis bei optimaler Gesamtentscheidung abzüglich tatsächliches Ergebnis bei arbeitsteiliger Einzelentscheidungen, vgl. im Einzelnen S. 125ff.; S. 290 ff.
20) Vgl. S. 29 ff.
21) Vgl. in diesem Zusammenhang die Ausführungen in Simon et al. [Centralization] VI ff. und zur Begründung des Wirkmodells Frese/v. Werder [Zentralbereiche].

Entscheidungen möglichst umfassend informationell und methodisch gestützt sein sollen, unzureichend realisiert.

```
            entscheidungsunabhängige
     E₁  ←——    Information      ——→  E₂
              Interdependenzen

  • Informationsgewinnung          • Informationsgewinnung
  • Informationsverarbeitung       • Informationsverarbeitung
  • Informationsweiterleitung      • Informationsweiterleitung
```

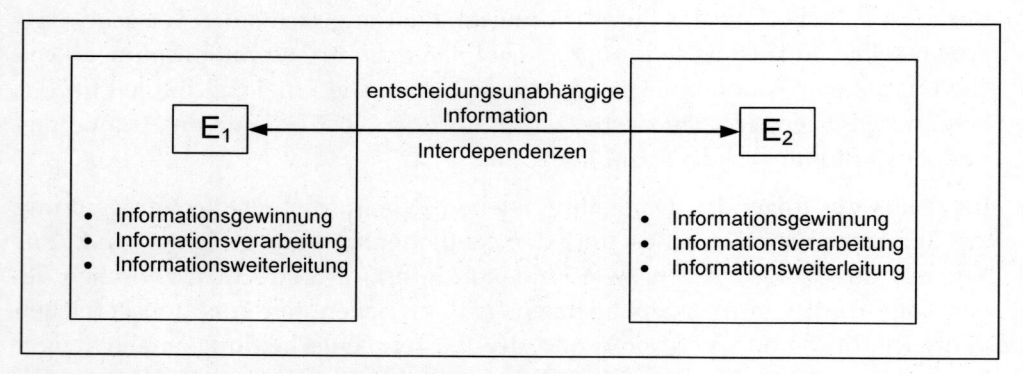

Abb. 63: Steuerungsbedarf und Steuerungsaktivitäten

Autonomiekosten lassen sich prinzipiell dadurch abbauen, dass unter dem Gesichtspunkt einer hohen Entscheidungsqualität die in die Entscheidungen eingehenden Informationen und das methodische Know-how verbessert werden. Die Entscheidungsqualität ist umso höher, je umfassender das spezifische Wissen der durch koordinationsrelevante Beziehungen verbundenen Einheiten zur Erhöhung der Problemumsicht einbezogen und die sichere und genaue Übermittlung koordinationsrelevanter Informationen gewährleistet werden. Sämtliche Informationsgewinnungs- und -verarbeitungsaktivitäten zur Verbesserung informationeller und methodischer Grundlagen von Entscheidungen setzen allerdings den Einsatz von Ressourcen voraus und verursachen damit Abstimmungskosten.

Das hier zu Grunde gelegte Konzept der koordinationsbestimmten Steuerung ist somit durch das Spannungsverhältnis zwischen dem Streben nach Entscheidungen hoher Qualität und dem Streben nach einem ressourcensparsamen Einsatz der Koordinationsinstrumente geprägt (vgl. Abb. 64). Beide Pole dieses Spannungsverhältnisses umschließen aber auch zeitliche Determinanten. Die Aktivitäten der Gewinnung, Übermittlung und Verarbeitung von Informationen vollziehen sich in der Zeit. Der Einsatz von Ressourcen zur Abstimmung von Entscheidungen bei interpersoneller Arbeitsteilung muss deshalb im Zeitablauf betrachtet werden. Dabei gilt, dass in gewissem Rahmen der Einsatz von Ressourcen durch den Einsatz von Zeit substituiert werden kann und umgekehrt, doch benötigen Informationsaktivitäten in einem minimalen Umfang sowohl Ressourcen als auch Zeit.

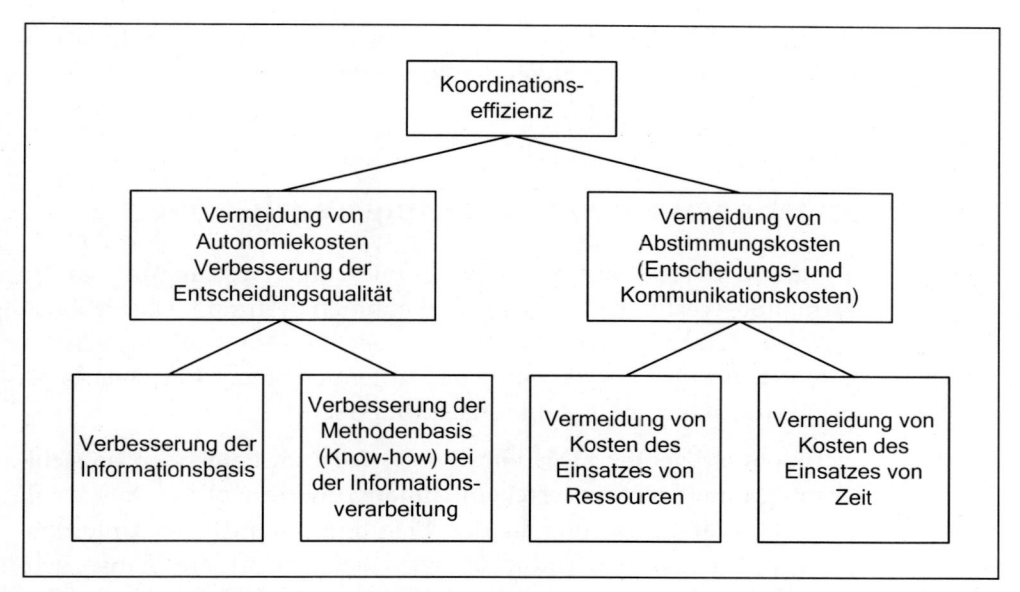

```
                          Koordinations-
                            effizienz
                    ╱                    ╲
    Vermeidung von                        Vermeidung von
    Autonomiekosten                       Abstimmungskosten
    Verbesserung der                      (Entscheidungs- und
    Entscheidungsqualität                 Kommunikationskosten)
       ╱         ╲                        ╱              ╲
                   Verbesserung der
                   Methodenbasis      Vermeidung von    Vermeidung von
   Verbesserung der (Know-how) bei    Kosten des        Kosten des
   Informationsbasis der Informations- Einsatzes von    Einsatzes von
                   verarbeitung       Ressourcen        Zeit
```

Abb. 64:   Determinanten der Koordinationseffizienz für das Steuerungssystem

Neben der Zeitdauer eines Entscheidungsprozesses bestimmt bei den meisten Entscheidungen auch der Zeitpunkt der Entscheidung ihre Qualität, d.h. ihren Beitrag zur Realisierung des Unternehmungsziels. Für viele Entscheidungen lässt sich ein Mindeststandard an Qualität nur erreichen, wenn keine zeitlichen Restriktionen, z.B. Liefertermine, verletzt werden.

Das Kriterium „Zeit" ist mithin in zweifacher Weise zu berücksichtigen. Einmal muss bei der Abstimmung arbeitsteiliger Entscheidungen der Einsatz von Ressourcen, z.B. Personalressourcen für die Koordination von Produktions- und Vertriebsentscheidungen in einem Ausschuss, hinsichtlich der zeitlichen Dimension durch Rückgriff auf Opportunitätskosten bewertet werden. Zum anderen muss das zunehmende Risiko, durch die zeitliche Ausdehnung des Abstimmungsprozesses zeitliche Restriktionen zu verletzen oder die Verhandlungsposition gegenüber Marktpartnern zu verschlechtern, als spezifische Art von Autonomiekosten berücksichtigt werden. Je mehr diese Kosten im Prozess der Abstimmung ins Gewicht fallen, desto stärker ist die Tendenz, den Einsatz von Zeit durch den Einsatz von Ressourcen (Personen, Anlagen) zu substituieren oder auf die Abstimmung zur Steigerung der Entscheidungsqualität zu verzichten und Autonomiekosten in Kauf zu nehmen. Jedes Steuerungskonzept ist somit durch spezifische Autonomie- und Abstimmungskosten gekennzeichnet. Die Beurteilung organisatorischer Alternativen besteht daher in der gegenseitigen Abwägung der jeweiligen Autonomie- und Abstimmungskosten, oder anders ausgedrückt: in der Abwägung der alternativenspezifischen Entscheidungsqualität und der hierfür aufzuwendenden Zeit und Ressourcen.

2. Informationswert von Steuerungsregelungen

Durch die Prognose der Summe von Autonomie- und Abstimmungskosten wird der Informationswert von Steuerungsmaßnahmen bestimmt. Das Problem der Ermittlung des Informationswerts entsteht bei der Auswahl alternativer Steuerungskonzepte und bei der Regelung des laufenden Steuerungsbedarfs bei gegebenem Steuerungskonzept in konkreten Situationen.

Die Frage nach dem effizienten *Steuerungskonzept* wird im Folgenden hinsichtlich der Festlegung untersucht, in welchem Umfang und in welcher Ausgestaltung Elemente der Marktsteuerung in das Planungssystem einer Unternehmung integriert werden sollten. Betrachtet wird beispielhaft die Inanspruchnahme eines Marktforschungs-Centers durch die einzelnen Unternehmungsbereiche. Mit Blick auf das strategisch begründete Ziel der effizienten Potenzialausschöpfung entstehen hier Autonomiekosten in dem Maße, in dem die Inanspruchnahme der Marktforschungskapazitäten nicht oder nur begrenzt dem vorgegebenen Ziel gerecht wird.

Besteht z.B. das Ziel in einer Unternehmung mit einer technologieorientierten Wettbewerbsstrategie darin, vorrangig New-Venture-Einheiten durch Marktforschungsleistungen zu unterstützen, dann muss dieses Kriterium die Allokation der Ressourcen bestimmen. Vermeidung von Autonomiekosten bedeutet dann z.B., dass die nachfragenden Bereiche und das Marktforschungscenter entsprechende Aktivitäten der Gewinnung, Verarbeitung und Weiterleitung von Informationen vornehmen. Die nachfragenden Bereiche müssen in unserem Beispiel den Bedarf gegenüber dem Center strategisch begründen. Nur auf der Grundlage solcher Informationen, die möglicherweise auf Seiten des Centers durch eigene Recherchen zu ergänzen sind, können bei Engpässen die richtigen Prioritäten gesetzt werden. Je anspruchsvoller und differenzierter das strategische Ziel ist, desto höher sind die beim ausschließlichen Rückgriff auf Formen der Plansteuerung entstehenden Abstimmungskosten. Im Prinzip lassen sich in jedem Planungssystem durch Modifikationen beliebig viele Abstufungen im Anfall von Autonomie- und Abstimmungskosten realisieren. Eine extreme Form – sehr hohe Autonomiekosten und sehr geringe Abstimmungskosten – liegt vor, wenn die Zuweisung von Kapazitäten nach dem zeitlichen Eingang der Aufträge erfolgt.

Die Marktsteuerung erscheint auf den ersten Blick als eine Regelungsform, die in „eleganter" Weise, z.B. nicht durch Rückgriff auf das offensichtlich problematische Verfahren eines „first come, first serve", eine Reduzierung von Abstimmungskosten erlaubt. Die Einführung von Preisen entlastet das Center weitgehend von steuerungsbezogenen Informationsaktivitäten und die Bereiche entscheiden autonom über ihre Nachfrage. Allerdings entstehen hohe Autonomiekosten. Bei der Allokation der Ressourcen zählt im Zweifel der von den Bereichen erzielte Deckungsbeitrag und nicht der strategische Stellenwert des jeweiligen Produkts. Allerdings lassen sich zur Reduzierung von Autonomiekosten auch bei der Marktsteuerung entsprechende Modifizierungen vornehmen. So kann eine Preisdifferenzierung erfolgen, wobei der Bereich mit den strategisch priorisierten Produkten einen Preisnachlass erhält.

Insgesamt lässt sich je nach der Ausgestaltung der Plan- und Marktsteuerung eine Vielzahl von Steuerungsformen mit jeweils unterschiedlicher Autonomiekosten-Abstimmungskosten-Balance generieren. Der Nachweis einer generellen Überlegenheit der Markt- oder der Plansteuerung dürfte nur schwer zu führen sein. Dennoch wird hier die empirisch zu prüfende These aufgestellt, dass das Management vor allem in Situationen, in denen der Abbau von Abstimmungskosten absolute Priorität hat, eine Präferenz für die Marktsteuerung entwickelt.

Bei der folgenden Betrachtung der *laufenden Steuerung* im Rahmen eines gegebenen Steuerungskonzepts wird zu Vereinfachung von einer Plansteuerung ausgegangen. Dabei wird zwischen dem Fall der horizontalen und der vertikalen Steuerung unterschieden.

Eine horizontale Steuerungsproblematik liegt zum Beispiel vor, wenn die durch Prozessinterdependenzen verbundenen Aktivitäten einer Vertriebseinheit und einer Produktionseinheit koordiniert werden sollen. In dem schon betrachteten Fall einer Maschinenstörung im Produktionsbereich[22] entstehen Autonomiekosten, wenn die Produktionseinheit bei ihren Maßnahmen zur Anpassung an die Störung die Anforderungen einer kundenorientierten Strategie nicht berücksichtigt und die Vertriebseinheit nicht informiert. Der Vertrieb hat dann nicht die Möglichkeit, die Vorstellung wichtiger Kunden in die Änderung des Produktionsplans einzubringen. Ein Abbau von Autonomiekosten lässt sich in der geschilderten Situation nur erreichen, wenn beide Einheiten die Anpassungsentscheidungen mit Blick auf wichtige Kunden gemeinsam treffen. Je konsequenter und intensiver dieses Prinzip verfolgt, möglicher Weise sogar unterstützt durch die Einrichtung eines ständigen Ausschuss, desto höher sind die Abstimmungskosten.

Vertikale Steuerungsprobleme sind z.B. zu lösen, wenn der Leiter der Beschaffung für Outsourcing-Entscheidungen zuständig ist und eine nachgeordnete

---

22) Vgl. S. 56.

Beschaffungseinheit die Preisentwicklung und das Angebot neuer Produkte und Leistungen auf dem Markt beobachtet. Hohe Autonomiekosten würden entstehen, wenn die Marktbeobachtung oder die Information der Leitung unterbliebe. Die Chance, durch eine Revision der Outsourcing-Entscheidung eine kosteneffizientere Lösung zu realisieren würde nicht genutzt. Allerdings wären dann die Abstimmungskosten wegen der geringen Intensität der Kommunikation niedrig.

Die bisherige Darstellung hat sich darauf beschränkt, Tendenzen für die Entstehung von Autonomiekosten und Abstimmungskosten aufzuzeigen. Die Frage der Messbarkeit der Kosten wurde nicht aufgeworfen. Lassen sich bei den beschriebenen Regelungen der Steuerung quantitative Informationswerte bestimmen? Ein Blick auf die Teamtheorie ist für die Beantwortung dieser Frage aufschlussreich.

Die Teamtheorie zeigt am dargestellten Beispiel der Werft[23], wie sich Informationswerte für Steuerungsregelungen berechnen lassen. Das Gestaltungsproblem ist allerdings in diesem Beispiel radikal vereinfacht. Der Koordinationsbedarf hängt nur von den Veränderungen der Preise auf dem Absatzmarkt ab, wobei das Änderungsspektrum relativ gering ist. Es werden keine Prozesse betrachtet, die mehrere Stufen der Leistungserstellung umfassen. Nur über die Annahme und Ablehnung von Aufträgen ist zu entscheiden. Die Notwendigkeit, der Komplexität von Entscheidungen durch die Einführung von Ersatzzielen Rechnung zu tragen, existiert nicht. Jede Koordinationsmaßnahme kann unmittelbar hinsichtlich ihrer Auswirkung auf das Gewinnziel beurteilt werden. Die mit den Informationsaktivitäten und Entscheidungen verbundenen Kosten sind bekannt. Selbst unter diesen sehr einschränkenden Annahmen erweist sich die Ermittlung von Informationswerten als sehr aufwändig. Es bedarf keiner Diskussion, dass ein solcher Ansatz schnell den Rahmen des praktisch Lösbaren sprengt.

Gleichwohl muss die Alternative nicht in der bloß intuitiven Abschätzung der fraglichen Kosten bestehen. Allein in dem Versuch, Vorstellungen über Opportunitätskosten (Autonomiekosten) zu artikulieren und das Ergebnis den sorgfältig analysierten Abstimmungskosten gegenüber zu stellen, könnte ein positiver ökonomischer Effekt liegen. Eine solche Vorgehensweise kann sicher nicht für die Lösung konkreter Steuerungsprobleme „vor Ort" gelten. Für die Identifizierung besonders strategiekritischer Probleme und die Entwicklung entsprechender Regelungen für die Steuerung erscheint der Versuch einer quantitativen Abschätzung der Kosten aber aussichtsreich.

---

23) Vgl. S. 29 ff.

III. Kriterien der Motivationseffizienz

Eine der Koordinationseffizienz vergleichbare Rückführung aussagefähiger Kriterien der Motivationseffizienz auf ein geschlossenes theoretisches Konzept ist nicht möglich. Ein eindeutiges Bezugskonzept zur Ableitung von Effizienzkriterien ist auf Grund der Vielfalt der entwickelten Theorien und der Brüchigkeit der empirischen Basis nicht erkennbar. Daher kann eine Beurteilung der Effizienz von Organisationsstrukturen unter dem Aspekt, ob sie günstige Voraussetzungen für unternehmungszielkonformes Verhalten bieten, nur unter Rückgriff auf einzelne Theoriemodule erfolgen. Im Kapitel zu den Grundtatbeständen der Motivation[1] wurde für die Gestaltung des Kompetenzsystems der auf die Sicherung des Handlungs-Commitments ausgerichteten Theorie der Forschergruppe um *Hackman*, für die Gestaltung des Steuerungssystems der auf die Sicherung des Handlungsergebnisses ausgerichteten Theorie der Forschergruppe um *Locke* besondere Aussagefähigkeit zugeschrieben. Allerdings wäre es mit Blick auf die in der Praxis vorherrschenden Gestaltungsphilosophien verfehlt, von einer „Anwendung" dieser Theorien zu sprechen. Es ist angesichts der noch weitgehend ausstehenden empirischen Analyse der vorherrschenden Gestaltungsphilosophien schon problematisch, einen wesentlichen Einfluss zu behaupten. Insofern sind die im Folgenden vorrangig betrachteten Kriterien der Motivationseffizienz in zweifacher Hinsicht das Ergebnis einer subjektiven Interpretation. Es werden zum einen auf der Grundlage in der Literatur vorrangig thematisierter anwendungsnaher Probleme und Lösungen bestimmte Gestaltungsphilosophien als „typisch" bezeichnet. Zum anderen werden die so herausgearbeiteten Muster von Gestaltungsphilosophien hinsichtlich ihrer Nähe zu theoretischen Motivationskonzepten charakterisiert

a. Kompetenzsystem

In diesem Abschnitt wird die Frage untersucht, wie weit sich durch eine entsprechende Festlegung von Kompetenzen Motivationswirkungen erzielen lassen, die eine unternehmungszielkonforme Ausrichtung der Aktivitäten fördern. Die Begründung von Kriterien der Motivationseffizienz greift dabei auf Ausführungen im Abschnitt „Grundtatbestände der Motivation"[2] zurück, die insbesondere die von *Hackman* und *Oldham* entwickelte Theorie der Aufgabenge-

---

1) Vgl. S. 133 ff.
2) Vgl. ebenda.

staltung berücksichtigen. Insgesamt wurde dieser Theorie nur eine eingeschränkte Bedeutung für die praktische Gestaltung des Kompetenzsystems zugesprochen. Die folgende Erörterung wird zeigen, dass ein Einfluss vor allem bei der Ableitung von Kriterien der originären Motivationseffizienz festzustellen ist.

1. Kompetenzvorgabe und motivationsbezogene Effizienzbeurteilung

Da präskriptive und tatsächliche Verhaltensweisen nicht notwendigerweise übereinstimmen, können die aus Koordinationssicht „optimalen" Strukturen häufig nicht ohne weiteres eingeführt werden. Soll eine Organisationsmaßnahme nicht von vornherein ihr Ziel verfehlen, stehen bei Verhaltensabweichungen vielmehr prinzipiell nur die beiden Möglichkeiten offen, durch geeignete Motivationsmaßnahmen die tatsächlichen Verhaltensweisen an das koordinationsadäquate Verhalten heranzuführen oder aber aus Motivationsgründen, d.h. über die flankierende Durchführung von Motivationsmaßnahmen hinaus, von der rein koordinationslogisch zweckmäßigen Organisationsform chen[3].

Das Verhältnis zwischen der Koordinations- und der Motivationsdimension der Effizienz soll an einem Beispiel veranschaulicht werden. Bei den getroffenen Verhaltensannahmen stellt sich aus sachlogischer Perspektive die Qualität von Entscheidungen im Fall einer hohen Entscheidungszentralisation auf übergeordneten Hierarchieebenen als vergleichsweise gut dar, da hierarchisch hoch positionierte Einheiten zum einen ihre eigenen Informationen und Methodenkenntnisse verwerten und zum anderen jederzeit zusätzliches Wissen von ihren nachgelagerten Einheiten abrufen können und dies annahmegemäß auch tun. Stellt sich in der Praxis aber heraus, dass übergeordnete Einheiten – aus welchen Gründen auch immer[4] – die prinzipiell offen stehenden Informationsquellen nicht wie im Rahmen der Koordinationsüberlegungen angenommen nutzen, so kann entweder eine stärkere informationelle Nachfrage durch entspre-

---

[3] Die ausschließliche Aufnahme tatsächlicher Verhaltensweisen in die Kriterien der Koordinationseffizienz ist dagegen keine prinzipielle Lösung, wenn ein Bewertungskonzept für zweckmäßige Organisationsstrukturen entwickelt werden soll.

[4] Zu denken ist beispielsweise an Tendenzen der Informationsselektion zum Abbau kognitiver Dissonanzen bei vorab gefassten Beschlüssen (vgl. Festinger [Theory]) oder an Phänomene der informationellen Abschottung beim „group think" (vgl. hierzu Janis [Victims]).

chende Anreize angeregt oder aber eine stärkere Delegation von dungskompetenzen erwogen werden.

Im folgenden Abschnitt werden die beiden aufgezeigten Tendenzen durch die Unterscheidung zwischen einer originären und einer derivativen Motivationseffizienz berücksichtigt. Bei der Betrachtung der originären Motivationseffizienz wird unter Ausblendung der koordinationsbezogenen Effizienzbeurteilung ganz auf die Motivationswirkung abgestellt. Die derivative Motivationseffizienz berücksichtigt dagegen neben der Motivationsdimension auch die Anforderungen der Koordination. Eine besondere Form der derivativen Motivationseffizienz liegt vor, wenn motivationsbezogene Kompetenzregelungen lediglich eine flankierende Funktion zur Absicherung des Koordinationskonzepts zugewiesen wird.

2. Originäre und derivative Motivationseffizienz

Konzepte, die bei der Gestaltung des Kompetenzsystems Kriterien der originären Motivationseffizienz verfolgen, sind vielfältig und weit verbreitet. Hier soll beispielhaft auf Kriterien verwiesen werden, die den dysfunktionalen Erscheinungen von Organisationsstrukturen in Form einer Ausbreitung bürokratischer Strukturen und Verhaltensweisen entgegentreten sollen. Seit Bestehen der modernen Großunternehmung wird die Gestaltung der Motivationsdimension durch das Bestreben dominiert, Bürokratisierungstendenzen zu verringern, die in der Verfolgung von Aufgaben und Aktivitäten, die für die Unternehmung keinen Nutzen stiften, überflüssiger Ressourcenbindung, formeller, umständlicher und zeitraubender Kommunikation, ausgeprägter Risikoscheu sowie mangelnder Innovationsbereitschaft ihren Ausdruck finden.

Die hier eingeführten Kriterien der Motivationseffizienz,

- das Kriterium der Eigenverantwortung und
- das Kriterium der Überschaubarkeit

lassen sich damit bis zu einem gewissen Grade auch als Prinzipien der Entbürokratisierung auffassen[5].

Grundgedanke des Kriteriums der *Eigenverantwortung* ist die betonte Delegation von Entscheidungen, die Vergrößerung des Entscheidungsspielraums „vor Ort". Ausgehend davon, dass günstige Voraussetzungen für eine hohe Motivation eines Mitarbeiters bestehen, wenn dieser seine Arbeit als sinnhaft erlebt

---

5) Vgl. zur Begründung dieser Kriterien im Einzelnen Frese/v. Werder [Organisation].

und Verantwortung für das Arbeitsergebnis empfindet[6], nimmt die Leistungsbereitschaft tendenziell mit der Ausweitung seines Entscheidungsspielraums durch die übergeordnete Instanz zu. Gleichzeitig fördert der Verzicht auf detaillierte und restriktive Aufgabenvorgaben rasches und eigenverantwortliches Handeln. Das kreative Potenzial der Mitarbeiter und ihre Vertrautheit mit der jeweiligen Aufgabenumwelt können besser genutzt werden. Die Propagierung des Kriteriums der Eigenverantwortung ist nicht neu. Es wird bezeichnenderweise immer dann in den Prozess organisatorischer Umstrukturierungen als Forderung eingebracht, wenn sich durch Veränderungen in der Unternehmungsumwelt (z.B. Wettbewerbsverschiebungen, Technologiesprünge) ein besonderer Zwang zur Anpassung ergibt[7].

Nach dem Kriterium der *Überschaubarkeit* wirken die Bildung möglichst abgeschlossener Aufgabenkomplexe, die Realisierung kleiner Einheiten und die damit verbundene Möglichkeit der räumlichen Konzentration der Aktivitäten tendenziell motivierend auf die Mitarbeiter. Während das Kriterium der Eigenverantwortung die vertikale Dimension betont, geht es hier um die horizontale Abgrenzung einer organisatorischen Einheit. Ein Bereich ist in dem Maße abgeschlossen, in dem keine oder nur wenige Interdependenzen (vor allem interne Leistungsverflechtungen) zu anderen Bereichen bestehen. Die Überschaubarkeit nimmt zu, weil der Aufgabenzusammenhang nicht in seinen vielfältigen Verästelungen bis in andere Bereiche verfolgt werden muss.

Die positiven Motivationswirkungen von Überschaubarkeit beruhen auf unterschiedlichen Wirkungshypothesen: Zum einen erlaubt Abgeschlossenheit die Orientierung an einem gemeinsamen Bezugsobjekt und fördert dadurch die Identifizierung mit der Aufgabe und die Gruppenkohäsion. Diese Effekte werden durch räumliche Nähe, die die Visualisierung von Vorgängen und Ergebnissen ermöglicht, verstärkt. Des Weiteren vereinfacht sich die Kommunikation zwischen den beteiligten Mitarbeitern. Vor allem aber lässt sich das organisatorische Ziel der Realisierung von Abgeschlossenheit aus dem Anreizgedanken herleiten. Anreizmaßnahmen sollen sicherstellen, dass die Einheiten durch Intensivierung der Leistungsanstrengung die Verhaltenserwartungen der Unternehmung möglichst umfassend erfüllen. Der Kern der zu Grunde liegenden Gestaltungsphilosophie kann so formuliert werden: Je vollkommener die Zurechnung von Anreizen zu organisatorischen Einheiten gelingt, desto besser ist die Anreizwirkung. Abgeschlossenheit schafft die Voraussetzung einer Zuord-

---

6) Vgl. Hackman/Oldham [Work] 78 ff.
7) Vgl. hierzu die sehr aufschlussreiche Analyse der Managementliteratur der letzten Jahrzehnte durch Eccles/Nohria [Hype].

nung von Ergebnissen, es lassen sich für organisatorische Einheiten Verhaltenserwartungen formulieren und damit Motivationswirkungen erzeugen.

Da die Entstehung von Interdependenzen wesentlich durch das Segmentierungsprinzip bei der Aufgabenabgrenzung bestimmt wird, sind für das Prinzip der Überschaubarkeit spezifische Segmentierungskriterien, insbesondere produkt- oder marktorientierte Kriterien, relevant. Das Plädoyer für überschaubare Strukturen, für die kleine Lösung, durchzieht alle Phasen der wirtschaftlichen Entwicklung seit der Industrialisierung. Auch hier wird die Rückbesinnung auf die Devise „small is beautiful"[8] insbesondere dann zum Programm, wenn Großunternehmungen auf Grund bürokratischer Tendenzen an Handlungsfähigkeit verlieren[9].

Geht man im Sinne einer derivativen Motivationseffizienz von einer flankierenden Funktion der Motivationskriterien im Hinblick auf die primär koordinationsbestimmten Gestaltungsmaßnahmen aus, unterstellt man also die Verfolgung derivativer Motivationseffekte, so wird die Umsetzung koordinationseffizienter Formen unterstützt. Die Kriterien der Motivationseffizienz sind dann verglichen mit denen der Koordinationseffizienz nachrangig.

Die Orientierung am Kriterium der derivativen Motivationseffizienz kann sich in Form einer Abschwächung oder Verstärkung der koordinationsbestimmten Kompetenzlösung äußern. Eine Abschwächung liegt zum Beispiel vor, wenn die aus der Sicht der Koordination gebotene Konzentration der Vertriebsaktivitäten gar nicht oder nur für bestimmte Vertriebsaktivitäten realisiert wird, um positive Motivationseffekte auf Grund einer größeren Eigenverantwortung und Überschaubarkeit der Produktbereiche zu gewährleisten. Verstärkende Motivationsmaßnahmen lassen sich hinsichtlich einer Kompetenzregelung erläutern, bei der aus Gründen der Koordinationseffizienz die Bildung eigenständiger Produktbereiche vorgesehen ist. Zur Generierung zusätzlicher Motivationseffekte wird eine nachhaltige Delegation von Entscheidungen in die Bereiche vorgenommen.

Für die effiziente Gestaltung des Kompetenzsystems gilt bei der Anwendung der Kriterien der Motivationseffizienz die hinsichtlich der Koordinationseffizienz erläuterte Vorgehensweise zur Messung der Ziele und zur Ableitung der Gewichte. Die Beurteilung des Kompetenzsystems aus der Sicht der derivativen Motivationseffizienz würde sich dann in einer relativ geringen Gewichtung der Kriterien der Motivationseffizienz äußern.

---

8) Vgl. vor allem Schumacher [Small].
9) Vgl. z.B. Brown [Control] und den Überblick bei Frese [Geschäftssegmentierung].

b. Steuerungssystem

Im Abschnitt zur motivationstheoretischen Fundierung der Gestaltung des Steuerungssystems[10] wurde die Aussagefähigkeit der auf die Sicherung des Handlungsergebnisses ausgerichteten Motivationstheorie von *Locke* und *Latham* herausgearbeitet. Angesichts der Grenzen einer anspruchsvollen und eindeutigen Vorgabe von Zielen wurde die Funktion von Indikatoren bei der Signalisierung von Problemen und der Aufdeckung ihrer Ursachen in den Mittelpunkt der Gestaltung gestellt. Dieser Abschnitt führt diesen Ansatz fort und konzentriert sich auf die Ableitung von Kriterien der Indikatoreffizienz.

1. Laufender Motivationsbedarf und Effizienzbeurteilung

Wie bei der koordinationsbestimmten Steuerung stellt sich auch bei der motivationsbestimmten Steuerung aus der Sicht des Managements die Aufgabe, angesichts der sich laufend ändernden Rahmenbedingungen die unternehmungszielkonforme Ausfüllung der Kompetenzspielräume sicherzustellen. Die Darstellung und Beurteilung ausgewählter Motivationstheorien[11] hat ergeben, dass zur Erfüllung dieser Anforderungen prinzipiell eine Reihe verschiedener Ansätze in Betracht kommen. So wurde gezeigt, dass sich durch entsprechende Formen der interpersonellen Interaktion verhaltensbeeinflussende Impulse generieren lassen. Auch wurde deutlich, dass sich durch Rückgriff auf motivationswirksame Informationen Formen der Selbst- und Fremdsteuerung hinsichtlich der laufenden Handlungen motivationswirksam gestalten lassen. Allerdings wurde deutlich, dass es in hohem Maße schwierig ist, anwendungsbezogene Aussagen aus diesen Ansätzen abzuleiten. Mit Blick auf seine Anwendung und Verbreitung in der Praxis wurde ein in der Zieltheorie von *Locke* und *Latham* verankertes Indikatorkonzept als aussagefähig eingestuft. Unter Nutzung dieses Modells lässt sich zeigen, wie die Generierung motivationswirksamer Effekte bei der organisatorischen Gestaltung des Steuerungssystems angestrebt werden kann.

---

10) Vgl. S. 263 ff.
11) Vgl. S. 145 ff.

2. Indikatororientierte Motivationseffizienz

Indikatoren sind informationelle Konstrukte, die Ereignisse und Zustände zu einem bestimmten Zeitpunkt abbilden. Je nach der Indikatorstruktur werden spezifische Wahrnehmungs- und Sucheffekte generiert. Die folgende Erörterung geht von einem Indikatorkonzept aus, das über einen Soll-Ist-Vergleich Aufschluss über Handlungsergebnisse vermittelt Ein Beispiel ist ein Indikator, der auf der Grundlage vorgegebener Sollgrößen und realisierter Istgrößen ausweist, ob die in dem Gießereibereich einer Unternehmung ausgewiesenen Kosten für Ausschuss bei der Produktion den Vorgaben entsprechen.. Die Tatsache, dass ein Problem aufgezeigt wird und dass eine solche Information möglicher Weise zur Aufdeckung der Problemursache führt, hat Motivationswirkungen. Sie können sich über Formen der Fremd- und der Selbststeuerung vollziehen. Im Folgenden wird vor allem die Fremdsteuerung betrachtet[12]. Es bedarf keiner näheren Begründung, dass die Abschätzung der Motivationswirkung beim Einsatz von Indikatoren in hohem Maße subjektiv ist. Auch die im Folgenden getroffenen Annahme, dass die Indikatoreffizienz mit zunehmender Indikatorpräzision, mit abnehmendem Indikatoraufwand und zunehmender Indikatorakzeptanz steigt, stellt angesichts zahlreicher weiterer Einflussgrößen eine Vereinfachung dar.

Die *Indikatorpräzision* ist ein Maß dafür, wie zuverlässig von der generierten Abweichung auf die Qualität der betrachteten Handlung, z.B. eine ausschussfreie Produktion, geschlossen werden kann. Wenn man von der Feinheit der Messung, d.h. von der Feinheit bzw. Grobheit der Abbildung der Merkmalsausprägungen, absieht, bestimmen im Wesentlichen die Eindeutigkeit der Abbildung sowie die methodische und informationelle Basis der Sollgröße die Präzision eines Indikators.

Die *Eindeutigkeit der Abbildung* betrifft die Beziehung zwischen dem Indikator und dem abgebildeten Handlungsmerkmal. Ein Indikator soll als spezifisch bezeichnet werden, wenn er alle relevanten Merkmale – und nur diese – der relevanten Handlung erfasst. Bei einem aggregierten Indikator erfasst die Sollgröße neben dem relevanten Merkmal weitere Merkmale. Werden z.B. nur die Ausschusskosten erfasst liegt ein spezifischer Indikator vor, werden die gesamten Produktionskosten einschließlich der Ausschusskosten erfasst, ist der Indikator aggregiert. Ein Indikator soll als derivativ bezeichnet werden, wenn eine indirekte Abbildung des Merkmals in der Weise erfolgt, dass auf einen Indikator zurückgegriffen wird, der nicht direkt das fragliche Merkmal abbildet. Ein

---

[12] Hervorzuheben ist, dass Indikatoren auch bei der koordinationsbestimmten Steuerung eine Rolle spielen. Die Generierung von Wahrnehmungs- und Sucheffekten wird dann nach den Kriterien des Informationswertes beurteilt.

Beispiel wäre die Erfassung der Entwicklung der Ausschusskosten über die Entwicklung der Kundenreklamationen bezüglich der Produktqualität. Die folgende Betrachtung vernachlässigt derivative Indikatoren.

Die Abstufung hinsichtlich der *methodischen und informationellen Basis* der Indikatorkonstruktion greift auf die eingeführte Unterscheidung zwischen Planung und Benchmarking zurück.[13] Beim Planungsansatz erfolgt eine mehr oder weniger anspruchsvolle analytische Durchdringung des Handlungszusammenhangs unter Rückgriff auf das unternehmungsinterne Methoden- und Informationspotenzial. Hinsichtlich ihrer Präzision lassen sich die extremen Formen der exakten Planung und der groben Quasiplanung unterscheiden. Benchmarking beruht auf der Übernahme externer Informationen und ihrer Übertragung auf die Situation der Unternehmung. Je nach der Intensität der Prüfung, wie weit eine Benchmarking-Größe eine Norm für anspruchsvolles Handeln in der betrachteten Unternehmung darstellt, lassen sich unterschiedliche Präzisionsgrade eines solchen Indikators unterscheiden. Bei der weiteren Betrachtung werden zwei weitere Formen von Benchmarking-Größen unterschieden. Die Ausprägungen des relevanten Handlungsmerkmales können unmittelbar auf der Merkmalsebene oder mittelbar auf der Ebene des monetären Bereichserfolgs erfasst werden. Im ersten Fall wird eine externe Vergleichsnorm für die Höhe der Ausschusskosten herangezogen, im zweiten Fall der Einfluss der Kostenentwicklung über den Bereichserfolg erfasst. Der Benchmarking-Effekt liegt bei dem Erfolgsindikator in der Übernahme des externen Marktpreises als internen Preis für die Bewertung der Gießereileistungen.[14]

Abb. 65 zeigt Abstufungen hinsichtlich der Präzision von Indikatoren, die auf die eingeführten Determinanten zurückgeführt werden können. Die Aussage, dass von Typ A über Typ B nach Typ C die Präzision des Indikators abnimmt, lässt sich mit der zunehmenden Schwierigkeit begründen, Rückschlüsse vom Indikator auf die Ausprägung des relevanten Merkmals zu ziehen. Nicht zwingend ist dagegen, dass auf Planung beruhende Indikatoren eine geringere Präzision aufweisen als Benchmarking-Indikatoren. Ohne Zweifel kann eine grobe Quasiplanung in einem konkreten Fall eine geringere Präzision aufweisen als ein Benchmarking. Die in Abb. 65 vorgenommene Abstufung beruht auf der Annahme, dass ein aus externen Informationen abgeleitetes Benchmarking die Besonderheiten der jeweiligen Unternehmung in aller Regel nur unvollkommen erfasst. Insbesondere wird unterstellt, dass erfolgsbezogene Indikatoren, die auf internen Märkten generiert werden, die geringste Präzision besitzen. Das bedeutet: Der Indikator vom Typ A generiert Wahrnehmungseffekte mit dem

---

13) Vgl. S. 266 ff.
14) Vgl. im Einzelnen S. 271 ff.

größten, der Indikator vom Typ C auf der Grundlage marktbasierten Benchmarking Aktivitäten mit dem geringsten Sucheffekt.

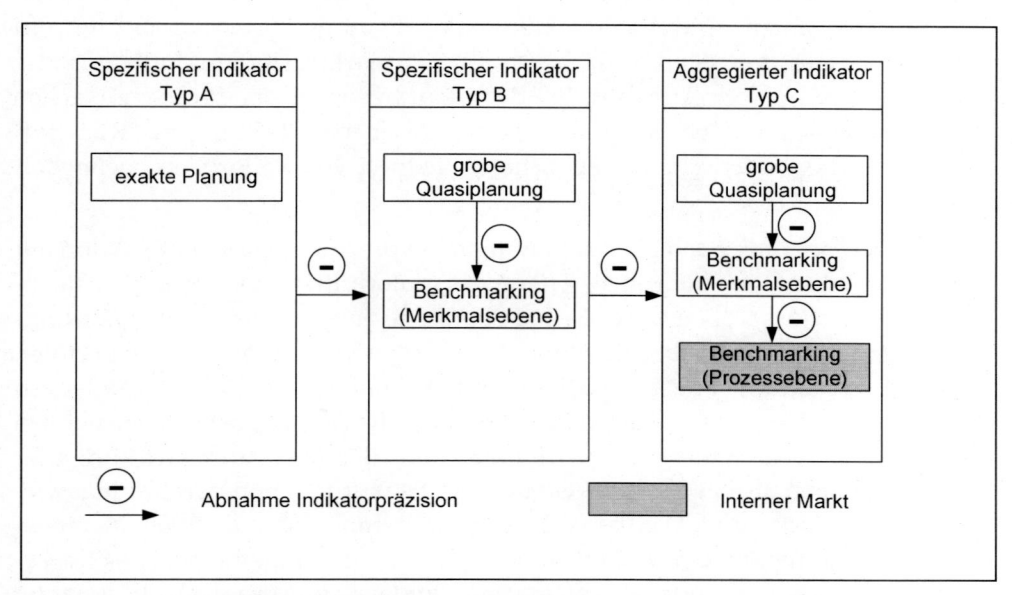

Abb. 65: Abstufungen der Indikatorpräzision

Beim *Indikatoraufwand* ist danach zu unterscheiden, ob der Aufwand bei der Generierung der Sollgröße oder bei der Auswertung der Soll-Ist-Abweichung entsteht.

Der Aufwand bei der *Generierung* besteht vor allem aus den Kosten des Personals (z.B. Controller, Experten aus Zentralbereichen), mit deren Hilfe die Sollgrößen ermittelt und präzisiert sowie laufend an Änderungen angepasst werden. Je anspruchsvoller die Planung ist, desto höher ist der Aufwand für den Einsatz von Methoden und die Sicherung der Informationsbasis. Der Anspruch einer analytischen Durchdringung der Handlungszusammenhänge lässt sich in der Regel nur durch Rückgriff auf das methodische Know-how von Experten einlösen. Die Ableitung von Marktnormen, die als Sollgrößen dem Benchmarking zu Grunde liegen, gestaltet sich demgegenüber einfacher. Solche Normen existieren häufig bereits im externen Markt und erfordern dann einen überschaubaren Such-, Überarbeitungs- und Anpassungsaufwand. Im einfachsten Fall werden von den leistungsfähigen externen Marktteilnehmern, die den Standard für „Best Practice" setzen, Vergleichswerte übernommen. Aber auch hier gilt – und das erhöht den Aufwand –, dass die Ermittlung marktbezogener Vorgabewerte und ihre laufende Anpassung ohne Rückgriff auf Zentralbereiche in der Regel nicht möglich sind.

Der *Auswertungsaufwand* steht in engem Zusammenhang mit der Indikatorpräzision. Auswertungen, die vor allem eine zielgenaue und zeitnahe Einleitung von Korrekturmaßnahmen sicherstellen sollen, werden durch ein differenziertes, alle relevanten Aktivitäten abbildendes Planungssystem erleichtert. In Abb. 65 nehmen von Typ A nach Typ C mit marktbasiertem Indikator der Sucheffekt ab und der Aufwand bei der Identifizierung der Problemursachen zu. Im Grunde muss bei anspruchsvoller Ursachenaufdeckung bei Rückgriff Auf Typ C die analytische (planerische) Ableitung von Sollgrößen nachgeholt werden.

Hinsichtlich der *Indikatorakzeptanz* könnte man von einer positiven Reaktion auf Seiten der Betroffenen ausgehen, gelänge es, unter differenzierter Berücksichtigung aller Einflussgrößen zuverlässige Planwerte zu ermitteln. Wenn allerdings eine aussagefähige und überzeugende Ableitung von Plannormen nicht erfolgt, ist die Akzeptanz in Frage gestellt. Vor dem Hintergrund dieser Tendenzen wird hier die These entwickelt, dass unzulängliche (unpräzise) Sollnormen bei der Plansteuerung andere Auswirkungen auf die Motivationswirkung der Steuerung haben als bei der Marktsteuerung. Es wurde schon darauf hingewiesen,[15] dass Markt und Wettbewerb in Unternehmungen, die sich in einem marktwirtschaftlichen Umfeld bewähren müssen, im Allgemeinen positiv besetzt sind. Marktorientierte Benchmarking-Standards müssen deshalb, so lautet die These, selbst wenn sie unpräzise sind, niedrigere Akzeptanzschwellen überwinden als Plangrößen mit einem vergleichbar niedrigen Grad an Präzision.

Die Bewertung alternativer Steuerungsformen nach den Kriterien der Indikatoreffizienz orientiert sich hinsichtlich der Anforderungen der Messbarkeit und der Ableitung von Gewichten an den erläuterten Prinzipien.

---

15) Vgl. S. 271 f.

IV. Stellenwert von Gestaltungsphilosophien

Gestaltungsphilosophien ersetzen die mangelnde empirische Fundierung von Aussagen über Gestaltungseffekte durch subjektive Annahmen des Managements. Angesichts der nur begrenzten empirischen Absicherung der Organisationstheorie lässt sich feststellen, dass jede Gestaltungsmaßnahme bis zu einem gewissen Grad auf Gestaltungsphilosophien beruht. Wie noch begründet wird, erscheint die These plausibel, dass die motivationsbezogene Gestaltung in höherem Maße auf Gestaltungsphilosophien angewiesen ist als der koordinationsbezogene Einsatz von Organisationsinstrumenten.

Gestaltungsphilosophien beruhen auf Annahmen, die – empirisch betrachtet – wahr oder falsch sein können. Und da es nur wenige fundierte empirische Untersuchungen zu Gestaltungsphilosophien gibt, läuft jeder Verweis auf Gestaltungsphilosophien Gefahr, als spekulativ kritisiert zu werden. Umso mehr ist es geboten, hinsichtlich der folgenden Analyse auf die im zweiten Teil dieses Buches entwickelte Konzeption des Begriffs der Gestaltungsphilosophie zu verweisen[1]) und die dort eingeführten Annahmen zu begründen. Drei Aspekte sind hierfür besonders hervorzuheben:

(1) die These, dass Manager bei der Abschätzung von Gestaltungswirkungen zwischen aufgabenbezogenen und personenbezogenen Effekten, d.h. zwischen Koordinations- und Motivationsanforderungen, unterscheiden,

(2) die These, dass Manager der Koordinationseffizienz einen hohen Stellenwert einräumen sowie

(3) die These, dass die verfolgten Gestaltungsphilosophien ein hohes Maß an gemeinsamen Annahmen aufweisen.

Mit These (1) wird nicht behauptet, dass Koordinations- und Motivationsaspekte immer getrennt wahrgenommen und bewertet werden. In der Realität sind beide Dimensionen häufig auf das Engste miteinander verbunden. Unterstellt wird aber bei der weiteren Analyse, dass Koordinations- und Motivationsüberlegungen Gestaltungsentscheidungen in unterschiedlichem Maße beeinflussen.

Was These (2) anbelangt, so erscheint der hohe Stellenwert einer aufgabenbezogenen Analyse der Unternehmungsaktivitäten schon deshalb als plausibel, weil Unternehmen in marktwirtschaftlichen Systemen nur dann Bestand haben, wenn ihr Produktionsprogramm vom Markt akzeptiert wird. Jede erfolgreiche Unternehmung ist deshalb in ganz ausgeprägter Weise marktorientiert. Die

---

1) Vgl. S. 71 ff.

Bewältigung der Marktaufgabe, das Erkennen von Marktchancen und -risiken sowie die Gewährleistung der technologischen Aufgabenerfüllung, erlangt damit überragende Bedeutung. Der vorrangigen Ausrichtung der organisatorischen Gestaltung an „Sachzwängen", die aus den technologischen Anforderungen der Marktaufgabe resultieren, kann daher eine beträchtliche Plausibilität nicht abgesprochen werden. Dieser besondere Stellenwert von sachlogischen Zusammenhängen erklärt auch, warum Konzepte wie die betriebswirtschaftliche Organisationslehre,[2] die ganz auf die Lösung praktischer Gestaltungsprobleme ausgerichtet sind, den Aufgabenzusammenhang in den Mittelpunkt stellen.

These (3), dass der koordinationsbezogenen Gestaltung Philosophien mit relativ einheitlichem Orientierungsmuster zu Grunde liegen, findet eine breite Absicherung durch empirische Untersuchungen. Hinzuweisen ist in diesem Zusammenhang zum einen auf empirische Studien zur strategiekonformen Segmentierung von Kompetenzsystemen.[3] Zum anderen zeigen empirische Untersuchungen zur Delegationsproblematik, dass der koordinationsbestimmte Gedanke, die Problemumsicht höherer Hierarchie-Ebenen möglichst auszuschöpfen, Zentralisations- und Dezentralisationstendenzen in der Praxis gut erklärt. Aufschlussreich sind in diesem Zusammenhang Studien des „situativen Ansatzes"[4] und der Konfigurationsansatz von *Mintzberg*[5]. Vor allem *Child*[6] argumentiert bei seinen Plausibilitätsüberlegungen und Bemühungen um theoretische Verallgemeinerungen der dem situativen Ansatz zuzurechnenden *Aston*-Studien[7] primär koordinationsbezogen. Als Bezugspunkt kann dabei die nicht explizit formulierte These von einer „natürlichen Tendenz" zur Zentralisation in arbeitsteiligen Systemen gelten.

Die bisher umrissene koordinationsbezogene Gestaltungsphilosophie kennzeichnet im Wesentlichen die für das Kompetenzsystem wirksamen Effizienzannahmen. Das Steuerungssystem wird insofern einbezogen, als die auf der Ebene des Kompetenzsystems berücksichtigten Effizienzkriterien die Auswirkungen alternativer Strukturlösungen auf das Steuerungssystem erfassen. Wie weit in der Praxis ausgeprägte und einheitliche Wirkungsannahmen die Abschätzung der Autonomie- und Abstimmungskosten bei den Regelungen für den laufenden Informationsaustausch zwischen den Einheiten bestimmen, ist

---

2) Nordsieck [Grundlagen]; Kosiol [Organisation].
3) Vgl. hierzu S. 342 ff.
4) Vgl. Ebers [Kontingenzansatz].
5) Mintzberg [Structuring].
6) Child [Strategies].
7) Vgl. im Einzelnen Frese [Organisationstheorie] 190 ff.

schwer zu beurteilen. Empirische Studien liegen zu dieser Frage nicht vor. Es erscheint plausibel, von einer allenfalls schwachen Ausprägung von Gestaltungsphilosophien auszugehen. Im Unterschied zur Gestaltung des Kompetenzsystems, die häufig weit reichende Folgen hat und zu der im Management nicht selten kontroverse Auffassungen bestehen, sind viele Regelungen des Informationsaustausches eher historisch gewachsen. Sie weisen im Zeitablauf eine relativ große Stabilität auf[8] und Änderungen sind selten so tief greifend, dass sie eine explizite Artikulation konsistenter Wirkungsannahmen erforderten.

Verglichen mit der an Kriterien der Koordinationseffizienz orientierten Organisationsgestaltung sieht sich die auf die Erfüllung von Motivationsanforderungen ausgerichtete Einführung effizienter Organisationsstrukturen wesentlich stärker mit dem Problem der unzulänglichen empirischen Basis konfrontiert. Die Frage, wie das Problem der Divergenz zwischen individuellem und kollektivem Ziel durch Organisationsmaßnahmen gelöst werden kann, lässt je nach dem vom Manager unterstellten Menschenbild und seiner persönlichen Prägung eine Fülle von Antworten zu.

Wie bei der Analyse der koordinationsbestimmten Gestaltungsphilosophie erscheint auch hier die These aussichtsreich, dass sich ausdifferenzierte Philosophien immer dann herausbilden, wenn das betrachtete Problem ein erhebliches Gewicht hat und kontroverse Auffassungen den Rückgriff auf ein die Argumentation stützendes Konzept erfordern. Betrachtet man die Anwendung von Kriterien der Motivationseffizienz aus dieser Sicht, dann erscheint die herausgearbeitete Orientierung an lediglich derivativen Effizienzkriterien bei der Gestaltung des Kompetenzsystems plausibel. In dem Maße, in dem die Gestaltung des Kompetenzsystems koordinationsbestimmt ist, bildet sich keine eigenständige motivationsbasierte Gestaltungsphilosophie heraus.

Wie schon betont wurde, unterstützt die angeführte Literatur diese These. Sie ist allenfalls insofern zu modifizieren, als bei realisationsnaher Festlegung von Kompetenzen motivationsbezogene Gestaltungsphilosophien eine eigenständige Ausprägung finden. Bestätigt wird diese Tendenz in empirischen Studien zur Organisation der Produktion. So sind die in der Praxis entstandenen japanischen Konzepte der Produktorganisation in hohem Maße durch Motivationsannahmen geprägt.[9]

Einen wesentlich höheren Stellenwert und eine eigenständige Bedeutung haben dagegen motivationsbezogene Gestaltungsphilosophien für den Steuerungsbereich. Differenziert ausgeprägte Gestaltungsphilosophien sind vorrangig hin-

---

8) Vgl. hierzu Cyert/March [Theory]
9) Vgl. zum Überblick über die Literatur Frese/Theuvsen [Fertigungsorganisation].

sichtlich der Indikatoreffizienz zu erwarten. Die Frage, wie man angesichts der begrenzten Einsicht in die Angemessenheit und Effizienz des Mitarbeiterhandelns „vor Ort" Unternehmungszielkonformität sicherstellen kann, ist von so großer Bedeutung für den Bestand jeder Unternehmung, dass sich kein Management diesem Problem verschließen kann. Da koordinationsbezogene Gestaltungsphilosophien– im Unterschied zur Gestaltung des Kompetenzsystems – keinen Zugang zur Lösung dieses Problems eröffnen, bilden sich zwangsläufig differenzierte Gestaltungsphilosophien heraus. Ihre Erfassung und Systematisierung ist in der Organisationstheorie bisher noch wenig Aufmerksamkeit gewidmet worden. Der in den vorangegangenen Abschnitten entwickelte Ansatz einer plan- und marktbasierten Typisierung der Effizienzvorstellungen unternimmt den Versuch einer Weiterentwicklung der anwendungsorientierten Organisationstheorie.

Zusammenfassend und vereinfachend lässt sich mit dem Anspruch der Plausibilität feststellen, dass die Kriterien der koordinationsbestimmten Gestaltung des Kompetenzsystems und die Kriterien der motivationsbestimmten Gestaltung des Steuerungssystems bei den meisten Organisationsmaßnahmen das größte Gewicht haben. Ein solches Muster der Gestaltungsphilosophie könnte in der Praxis zu einer beträchtlichen Reduzierung der Komplexität der Gestaltungsaufgabe, insbesondere zur Reduzierung der zu berücksichtigenden Trade-Off-Beziehungen führen. Im Extremfall könnte mit der Beschränkung auf die Gestaltungsfelder „Koordinationseffizienz des Kompetenzsystems" und „Motivationseffizienz des Steuerungssystems" die Zahl der zu berücksichtigenden Effizienzkriterien nachhaltig reduziert werden.

E. Strategiebestimmte Organisationsgestaltung

Die vorangegangene Darstellung der Grundelemente einer koordinationsbezogenen Gestaltungsheuristik, die im Wesentlichen auf der Verfolgung von bis zu einem gewissen Grade verselbständigten Subzielen, der Selektionswirkung einer am Aufgabenzusammenhang orientierten Gestaltungsperspektive und der Einführung vereinfachender Verhaltensannahmen beruht, hat die Notwendigkeit eines zusätzlichen Rückgriffs auf strategische Elemente deutlich gemacht. Die jeweilige Gestaltungsheuristik wird durch das strategische Konzept einer Unternehmung in zweifacher Weise bestimmt:

- Jede praktische Gestaltungsheuristik ist auf die Orientierung an einer Mehrzahl von Ersatzzielen bzw. Effizienzkriterien angewiesen. Dadurch entstehen Entscheidungsprobleme mit Mehrfachzielsetzungen, deren Lösung in aller Regel die Gewichtung der einzelnen Kriterien erfordert. Der Stellenwert des einzelnen Kriteriums kann nur aus der Wettbewerbsstrategie abgeleitet werden.

- Jede praktische Gestaltungsheuristik setzt die Abstufung der verschiedenen Entscheidungs- und Kommunikationsaktivitäten nach ihren Koordinationsanforderungen voraus. Die Orientierung an bestimmten Effizienzkriterien und ihre Verknüpfung mit Verhaltensannahmen führt nur zu einer Reduzierung der Gestaltungskomplexität, wenn sich der Gestaltungsprozess auf eine begrenzte Menge kritischer Objekte beschränken kann. Die Identifizierung kritischer Potenziale, Interdependenzen und Delegationsobjekte ist Aufgabe des strategischen Managements.

I. Organisatorischer Stellenwert von Strategien

Strategien sind für die organisatorische Gestaltung in zweifacher Hinsicht von Bedeutung. Sie werden zum einen Gegenstand organisatorischer Maßnahmen, wenn durch Kompetenz- und Steuerungsregelungen sicherzustellen ist, dass die Aufgabe der Entwicklung von Strategien in einer unternehmungszielkonformen Weise erfüllt wird. In diesem Sinne können Aufgaben des strategischen Managements einem Zentralbereich „Unternehmungsentwicklung" zugewiesen werden. Dieser Gestaltungsaspekt wird im Folgenden vernachlässigt. Zum anderen formuliert die von der Unternehmungsleitung verabschiedete Strategie Leitlinien, an denen sich auch die organisatorische Gestaltung des operativen

Systems auszurichten hat. Die Strategie bezeichnet die Potenziale, die zielkonform auszuschöpfen sind, und die Interdependenzen, die bei der Koordination eine vorrangige Berücksichtigung erfahren müssen. In Verfolgung eines solchen Gestaltungsanliegens kann z.B. die strategisch kritische Ressource „Entwicklungs-Know-how" in einem Unternehmungsbereich konzentriert werden. Dieser Strategie-Struktur-Zusammenhang, also die Frage, wie eine gegebene Strategie die Struktur des Kompetenz- und Steuerungssystems beeinflusst, ist Gegenstand dieses Abschnitts.

Wie für die Organisationsgestaltung gilt auch für die Strategieentwicklung, dass in der Literatur hinsichtlich des Gegenstands, der zu unterscheidenden Instrumente und der Möglichkeiten einer planvollen Gestaltung sehr unterschiedliche Auffassungen existieren.[1] Hier wird ein Ansatz verfolgt, wie er in den klassischen Beiträgen von Porter[2] seinen Ausdruck findet.

Strategien sind darauf ausgerichtet, für eine Unternehmung zukünftige Erfolgspotenziale aufzubauen und zu sichern. Strategische Entscheidungen sind damit längerfristig gültige Grundsatzentscheidungen; sie bilden die Basis und den Rahmen für künftige, detaillierte Entscheidungen.[3] Nach *Hofer* und *Schendel*[4] äußert sich die Verfolgung einer Strategie im grundlegenden Muster des Ressourceneinsatzes und der Interaktionen zwischen Unternehmung und Markt. Die Gestaltung von Ressourcenpotenzialen sowie die Abgrenzung des relevanten Marktes und die Definition des Verhaltens auf dem Markt bilden die Fundamente jeder Strategie.

Für die hier betrachtete organisatorische Gestaltungsproblematik empfiehlt sich die Differenzierung zwischen der Unternehmungsstrategie und der Wettbewerbsstrategie. Die Unternehmungsstrategie grenzt das Betätigungsfeld der Unternehmung durch die Festlegung von Produkt-Markt-Kombinationen ab; hierdurch werden Geschäftsfelder gebildet. Für die Produkt-Markt-Kombinationen wird durch die Formulierung von Wettbewerbsstrategien die Basis des Wettbewerbs definiert. Eine Wettbewerbsstrategie bringt zum Ausdruck, wie die Unternehmung gegenüber den übrigen Marktteilnehmern (im Wesentlichen Kunden, Konkurrenten, Lieferanten) Wettbewerbsvorteile erzielen will. Obwohl sich sowohl aus der Unternehmungsstrategie wie auch aus der Wettbewerbsstrategie jeweils organisatorische Anforderungen ableiten lassen, beschränkt sich die folgende Darstellung auf die Betrachtung der Wettbewerbs-

---

1) Vgl. hierzu den Überblick Macharzina/Wolf [Unternehmensführung] und Welge/Al-Laham [Management].
2) Porter [Wettbewerbsstrategie]; Porter [Wettbewerbsvorteile].
3) Vgl. Frese [Unternehmungsführung] 117.
4) Vgl. Hofer/Schendel [Strategy].

strategie. Insbesondere die bedeutsame Frage, wie bei einer Unternehmungsstrategie, die mehrere Geschäftsfelder mit verschiedenen Wettbewerbsstrategien umfasst, die Gesamtkoordination sichergestellt werden kann, wird damit nicht thematisiert.

Durch die strategische Positionierung ihrer Aktivitäten verfolgt eine Unternehmung das Ziel, sich in einer Weise von den Konkurrenten zu unterscheiden, die längerfristige Wettbewerbsvorteile verspricht.[5] Die jeweils gewählte Lösung bestimmt den Charakter der Wettbewerbsstrategie.

Für die organisatorische Gestaltung besteht die Herausforderung darin, die Merkmale einer Wettbewerbsstrategie herauszuarbeiten, die je nach ihrer Ausprägung unterschiedliche organisatorische Anforderungen stellen. Ohne Rückgriff auf ein organisatorisch fundiertes Konzept der Wettbewerbsstrategie lassen sich die bei der organisatorischen Gestaltung zu berücksichtigenden Potenziale und Interdependenzbeziehungen nicht erkennen, die für die Umsetzung der Strategie und für die Realisierung der Unternehmungsziele entscheidend sind.

Betrachtet wird im Folgenden ausschließlich die *koordinationseffiziente Gestaltung des strategiekonformen Kompetenz- und Steuerungssystems*. Die Frage, wie Motivationsanforderungen durch flankierende organisatorische Regelungen berücksichtigt werden, bleibt unberücksichtigt.

Das Kompetenzsystem ist das Ergebnis einer Bewertung alternativer Formen der Aufgabenzuweisung hinsichtlich der Ausschöpfung von Markt- und Ressourcenpotenzialen sowie der Abstimmung von Prozess- und Marktinterdependenzen[6]. Im Folgenden wird nur die Segmentierung betrachtet; Strukturierungsmaßnahmen bleiben unberücksichtigt. Das Steuerungssystem regelt – vor allem durch Rückgriff auf Formen der Plan- und Marktsteuerung – die Ausfüllung von Entscheidungsspielräumen, die das Kompetenzsystem lässt. Die Koordinationsanforderungen an die strategiekonforme Gestaltung des Steuerungssystems werden durch den strategischen Stellenwert der zu regelnden Interdependenzen bestimmt. Vom strategischen Stellenwert hängt die Höhe der Autonomiekosten ab, die durch einen Verzicht auf die Regelung von Interdependenten entstehen würden.

Das für die Organisationsgestaltung zentrale Problem, einen Ausgleich zwischen den Anforderungen der Potenzial- und der Interdependenzeffizienz herzustellen, erfordert zu seiner Lösung die Analyse der zu berücksichtigenden

---

[5] Porter [Wettbewerbsstrategie] 26.
[6] Ressourceninterdependenzen werden wegen ihrer geringen praktischen Bedeutung hier nicht berücksichtigt.

Komplexität und Ungewissheit. Im idealtypischen Fall einer Koordination ohne Ungewissheit besteht selbst bei ausgeprägter Komplexität kein Trade-off zwischen den Zielen der Potenzial- und Interdependenzeffizienz. Alle Kompetenzen über den Einsatz von Ressourcen und die Ausschöpfung von Märkten könnten in jeweils einem Bereich konzentriert werden. Die auf Grund der Konzentration von Potenzialen entstehenden vielfältigen Interdependenzen ließen sich generell regeln. Streng genommen bestünden keine Interdependenzen, weil keine Entscheidungsspielräume mehr existierten. Mit zunehmender Ungewissheit und Komplexität der zu koordinierenden interdependenten Entscheidungen wird die Ausbalancierung von Potenzial- und Interdependenzeffekten allerdings schwieriger. Die Frage, wie die Wettbewerbsstrategie die Komplexität und Ungewissheit der zu treffenden Entscheidungen beeinflusst, muss deshalb im Mittelpunkt der organisatorischen Gestaltung stehen.

Als Ergebnis der Analyse des Strategie-Struktur-Zusammenhangs lässt sich hinsichtlich der Koordination feststellen (vgl. Abb. 66): Die strategiekonforme Gestaltung des operativen Wertschöpfungssystems muss den strategischen Stellenwert der Potenziale und Interdependenzen (ihre „Kritizität") und den durch die Strategie bestimmten Grad an Komplexität und Ungewissheit sowie die strategische Gewichtung der Effizienzkriterien berücksichtigen.

Abb. 66: Einfluss der Wettbewerbsstrategie auf die organisatorische Gestaltung

II. Koordinationsrelevante Merkmale von Wettbewerbsstrategien

Im Folgenden wird die Frage untersucht, wie Wettbewerbsstrategien zur Erfassung ihrer organisationsrelevanten Merkmale zu unterscheiden sind. Die Überlegungen orientieren sich an den Grundgedanken von *Porter*[1], greifen aber mit der Unterscheidung zwischen der Produktpositionierung und der Marktabgrenzung auf ein von *Mintzberg*[2] entwickeltes Konzept der Wettbewerbsstrategie zurück. Die Darstellung orientiert sich an dem in Abb. 67 wiedergegebenem Modell. Den Kern der organisatorischen Gestaltungsentscheidung bildet aus Sicht der Koordinationseffizienz das Abwägen von Abstimmungs- und Autonomiekosten. Der Einfluss der Wettbewerbsstrategie wird deshalb auf den Einfluss der Strategie auf die Abstimmungs- und Autonomiekosten zurückgeführt. Dieser Zusammenhang wird schrittweise durch die Betrachtung der folgenden Modellkomponenten herausgearbeitet:

- Abstimmungskosten und Ausprägung von Komplexität/Ungewissheit
- Autonomiekosten und Ausprägung von Potenzialen/Interdependenzen
- Produktmerkmale und Marktbearbeitung als strategische Parameter
- Strategie und Komplexität/Ungewissheit
- Strategie und Potenziale/Interdependenzen.

Abstimmungskosten und Komplexität/Ungewissheit

Die Höhe der Abstimmungskosten, d.h. der bewertete Ressourcen- und Zeiteinsatz für Koordinationsmaßnahmen, hängt vom Charakter der Entscheidungsaufgaben und den daraus resultierenden Anforderungen an die quantitative und qualitative Kapazität der Entscheidungseinheit ab. Es gehört zu den (wenigen) in der Organisationstheorie weitgehend unstrittigen Auffassungen, dass die Anforderungen an die Koordination arbeitsteiliger Entscheidungen mit zunehmender Komplexität und Ungewissheit der Aufgabenstruktur steigen.[3]

Komplexität bildet bei einem Entscheidungsproblem die Zahl der zu berücksichtigenden Variablen und die Beziehungen zwischen ihnen ab. Mit zunehmender Zahl von Variablen und Beziehungen steigt die Komplexität. Durch das Merkmal der Ungewissheit wird die Stabilität der Struktur eines Entschei-

---

1) Porter [Wettbewerbsstrategie].
2) Mintzberg [Strategies].
3) Vgl. den Überblick bei Laßmann [Koordination] 81 ff.

dungsproblems im Zeitablauf erfasst. Die Ungewissheit ist umso größer, je häufiger sich die Elemente des Entscheidungsfeldes ändern und je neuartiger die zu berücksichtigenden Elemente sind.

Aus der Sicht der Abstimmung von Entscheidungen haben Komplexität und Ungewissheit jeweils spezifische Konsequenzen. Komplexität verhindert bei einem gewissen Umfang des Entscheidungsproblems die „Totallösung". Es ist kein simultaner, die Optimalität garantierender Lösungsansatz, sondern nur eine sukzessive Vorgehensweise möglich. Ungewissheit führt zu einer Reduzierung des zeitlichen Handlungsspielraums. Es ist nicht möglich, frühzeitig eine realisationsreife Lösung für das Entscheidungsproblem zu entwickeln. Es bleibt die Notwendigkeit von Ad-hoc-Entscheidungen im Realisationszeitpunkt.

Unter sehr stabilen Bedingungen, bei nahezu deterministischen Problemen, reduziert sich die Bewältigung von Komplexität auf ein Problem der Informationsverarbeitungskapazität. Prinzipiell ließen sich dann für die Abstimmung detaillierte Entscheidungsprogramme formulieren. Die eigentliche Herausforderung für den Abstimmungsprozess entsteht erst, wenn Entscheidungsprobleme zugleich ungewiss und komplex sind.

Hervorzuheben ist, dass sich bei Verursachung von Ungewissheit deren Auswirkung nicht ohne weiteres auf einer Stufe des Prozesses isolieren lässt. In begrenztem Maße ist dies durch Puffer für Potenzial- und Verbrauchsfaktoren möglich. Im Prinzip pflanzt sich jede Änderung in Richtung Beschaffungsmarkt und in Richtung Absatzmarkt durch die gesamte Prozesskette fort („Kaskadeneffekt"[4]) – eine Tatsache, die bei der strategischen Analyse besondere Beachtung erfordert, weil mit zunehmender Ausprägung der Kundenorientierung die Zahl der Prozess-Stufen zunimmt, auf denen Ungewissheit auftreten kann.

Generell kann man feststellen, dass mit steigender Ungewissheit die Anforderungen an die horizontale Koordination steigen. Höhere Ungewissheit schränkt die Möglichkeiten ein, die Aktivitäten detailliert im Voraus zu planen. Ein großer Teil der Abstimmung wird damit auf die Ebene der betroffenen Einheiten verlagert. Dabei nimmt die Notwendigkeit zu, in Ausschüssen gemeinsam zu entscheiden. Da höhere Ungewissheit die Intensität der Gewinnung und Verarbeitung von Informationen und die Häufigkeit des Rückgriffs auf neues methodisches Know-how steigert, führt höhere Ungewissheit zu höheren Abstimmungskosten.

Während die Höhe der im nächsten Abschnitt zu behandelnden Autonomiekosten das Ergebnis einer Bewertung der strategischen Bedeutung der betrachteten Potenziale und Interdependenzen ist, unterliegt der Ansatz der Abstimmungs-

---

4) Vgl. Hüsch [Angebotsabwicklung] 71.

kosten strategieunabhängigen Kriterien der Koordination. Es geht um die monetäre Bewertung des Einsatzes von Ressourcen und der aufzuwendenden Zeit, die angesichts der strategiebestimmten Komplexität und Ungewissheit erforderlich sind.

Autonomiekosten und Potenziale/Interdependenzen

Autonomiekosten sind Opportunitätskosten, die abbilden, welche Erfolgschancen der Unternehmung durch mangelnde Ausschöpfung von Ressourcen- und Marktpotenzialen sowie mangelnde Berücksichtigung von Interdependenzen entgehen.

Es ist sicher nicht unrealistisch zu unterstellen, dass in gut geführten Unternehmungen eine „natürliche" Tendenz besteht, alle Effizienzkriterien möglichst gleichzeitig zu erfüllen und damit alle Autonomiekosten möglichst weitgehend abzubauen. Die konsequente Umsetzung dieses Bestrebens ist allerdings – wie die weiteren Überlegungen zeigen werden – nicht möglich. Die Zusammenhänge zwischen den vier Kriterien der Koordinationseffizienz (Markt-, Ressourcen-, Prozess- und Delegationseffizienz) bedürfen deshalb in jeder Situation einer besonderen Betrachtung. Trotz dieser Situationsabhängigkeit lässt sich aber ein besonderer Stellenwert der Prozesseffizienz unter den Effizienzkriterien begründen.

Zunächst ist auf die schon im vorangegangenen Abschnitt hervorgehobene Tatsache zu verweisen, dass, gleichgültig welche strategische Akzentuierung für die Unternehmung gilt, die Prozesseffizienz häufig die dominierende Perspektive bildet. Mangelnde Markt- und Ressourceneffizienz bedeutet zumeist nur mangelnde Ausschöpfung von Marktpotenzialen und mangelnde Ausnutzung von Ressourcensynergien. Ihre Konsequenzen werden für die Unternehmung in der Regel erst auf mittlere und längere Sicht Existenz bedrohend. Mangelnde Prozesseffizienz wird auf Grund der physischen Verknüpfung über interne Leistungsverflechtungen unmittelbar sichtbar und stellt die Erbringung der Marktleistung selbst oder ihre Akzeptanz durch den Kunden in Frage.

Diese prozessbezogene Fokussierung der Effizienzbewertung wird noch dadurch verstärkt, dass die Intensivierung der Bemühungen um eine Steigerung der Ressourcen- und Markteffizienz in den meisten Fällen die Anforderungen an die Gewährleistung der Prozesseffizienz erhöht. Streben nach höherer Ressourcen- und Markteffizienz bedeutet tendenziell, dass umfassendere Prozesskomplexe abgestimmt werden müssen. Wird z.B. zwischen verschiedenen Sparten hinsichtlich der Produktionsressourcen ein Kapazitätsausgleich eingeführt, vergrößert sich auf Grund der veränderten Interdependenzstruktur das zu koordinierende Prozesssegment. Ein entsprechender Effekt tritt ein, wenn der direkte Kundenkontakt von Produktions- und Vertriebseinheiten abgestimmt werden soll. Verstärkt werden diese Effekte noch, wenn auf Grund hoher Ungewissheit auf den übergeordneten Ebenen der Hierarchie die Notwendigkeit zur Delegation von Entscheidungen entsteht. Die gestiegene Prognoseungewissheit führt zu steigenden Abstimmungskosten. Vor diesem Hintergrund wird verständlich, warum Unternehmungen mit ausgeprägter Kundenorientierung Ressourceneffizienz im umfassenden Sinne nicht realisieren können.

Es ist angesichts der Dominanz der Prozesseffizienz im Übrigen ein viel versprechendes heuristisches Prinzip, bei der Bewertung alternativer Organisationsstrukturen die Prozesseffizienz in den Mittelpunkt zu stellen und die Steigerung der Ressourcen- bzw. Markteffizienz durch Reorganisationen zunächst hinsichtlich ihrer Auswirkungen auf die Prozesseffizienz zu erfassen.

Letztlich ist der besondere Stellenwert der Prozesseffizienz Ausfluss der schon wiederholt betonten Tatsache, dass jede Organisationsentscheidung eine Entscheidung unter Mehrfachzielsetzung ist. Ohne eine Gewichtung der Kriterien ist unter diesen Umständen keine Entscheidung möglich. Allerdings leistet die Gewichtung auf der Ebene der globalen Einteilung in Prozess-, Ressourcen-, Markt- und Delegationseffizienz unter Umständen noch keinen ausreichenden Beitrag für das praktische Handeln. Die einzelnen Kriterien müssen zunächst in hinreichend operationale Teilkriterien zerlegt werden, ehe die Gewichtung erfolgen kann. Die Zerlegung ist dabei kein schematischer Prozess; sie muss sich an den Anforderungen der jeweils verfolgten Strategie orientieren. Insofern ist das Problem der Gewichtung von Effizienzkriterien von der Frage nach der Identifizierung kritischer Potenziale und Interdependenzen[5] nicht ganz zu trennen.

Bei den vorangegangenen Überlegungen wurde schon deutlich, dass die Frage nach der Gewichtung der Effizienzkriterien eng mit dem Problem verbunden ist, die kritischen Objekte der Koordination zu identifizieren[6].

Kritisch ist eine organisatorische Anforderung dann, wenn unterschiedliche organisatorische Regelungen (z.B. Externalisierung, Internalisierung und Aufhebung als Maßnahmen zur Berücksichtigung von Interdependenzen bzw.

---

5) Auch bestimmte hierarchische Beziehungen können grundsätzlich kritisch sein. Sie sind allerdings schwierig zu identifizieren. Außerdem erlaubt die vertikale Koordination die graduelle Nutzung der Problemlösungspotenziale der Einheiten unterschiedlicher Hierarchieebenen. Da aus diesem Grund eine Tendenz zur Angleichung der Potenziale über- und untergeordneter Einheiten besteht, ist der Stellenwert delegationsbezogener Autonomiekosten häufig vergleichsweise gering. Kritische hierarchische Beziehungen werden deshalb im Weiteren nicht betrachtet.

6) Diese Frage ist in der Literatur für „kritische" Interdependenzen bzw. (genereller) für die Bestimmung des „kritischen" Koordinationsbedarfs mit insgesamt für die Lösung praktischer Organisationsprobleme nicht sehr überzeugenden Ergebnissen untersucht worden. Einen Überblick geben Laßmann [Koordination] und Hüsch [Angebotsabwicklung].

Konzentration und Dekonzentration als Kompetenzregelungen zur Ausschöpfung von Potenzialen) sich stark in ihrer Wirkung auf die Realisierung der Wettbewerbsstrategie unterscheiden. Eine organisatorische Anforderung ist unkritisch, wenn unterschiedliche Ausprägungen keine oder nur geringe Nutzenunterschiede bewirken. Eine solche Abstufung hinsichtlich der Kritizität organisatorischer Anforderungen entspricht einer Gewichtung der organisatorischen Effizienzkriterien. Die Aussage, mit dem Grad an „Kritizität" einer organisatorischen Anforderung würde ausgedrückt, wie stark unterschiedliche organisatorische Regelungen (z.B. die Intensität der Interdependenzabstimmung) zu Schwankungen in der Nutzenwirkung führten, entspricht der Feststellung, dass mit steigender Kritizität die Autonomiekosten zunehmen.

Im Folgenden werden Überlegungen zur Präzisierung des „Kritischen" angestellt[7]. Es wird unterstellt, dass über die strategiekonforme Detaillierung und Gewichtung der Effizienzkriterien bereits eine Vorstrukturierung des Gestaltungsproblems erfolgt, die die Analyse auf ausgewählte Felder der Koordination richtet.

Bei kritischen Marktpotenzialen handelt es sich um Marktpartner (Kunden/Lieferanten), die in Bezug auf Aktivitäten, die verschiedenen Einheiten zugewiesen werden können, potenziell gemeinsame Verhandlungspartner sind. Außerdem kommt den Marktpotenzialen aus strategischer Sicht ein besonderes Gewicht zu, so dass ein geschlossenes, unternehmungseinheitliches Auftreten auf dem Markt anzustreben ist.

Kritische Ressourcen weisen ein Leistungsprofil auf, das für die erfolgreiche Umsetzung der Strategie wesentlich ist und nur durch beachtliche Investitionen dupliziert werden kann. In vielen Branchen sind insbesondere Humanressourcen, z.B. in Bezug auf technologisches Know-how, kritisch. Die Gewährleistung der bereichsübergreifenden Nutzung solcher Potenziale ist dann ein Gebot rationellen Wirtschaftens.

Kritische Interdependenzen entstehen durch Entscheidungen, die (häufig unter Zeitdruck) auf Ereignisse mit einem hohen Maß an Ungewissheit erfolgen. Ihre Auswirkungen können durch eine vorausschauende Planung nur sehr begrenzt erfasst werden; auch eine Lokalisierung der Auswirkungen durch Abpufferung von vor- und nachgelagerten Einheiten im Leistungsprozess ist nur im eingeschränkten Maße möglich. Kritische Interdependenzen werden u.a. verursacht durch Kundeneinfluss (z.B. Änderungswünsche nach Produktionsbeginn), Lieferanteneinfluss (z.B. Lieferverzug), Ausfall von Potenzialfaktoren (z.B. Ma-

---

7) Vgl. hierzu auch das methodische Konzept bei Frese/Noetel [Auftragsabwicklung].

schinenstörung) und Ausfall von Zwischenprodukten (z.B. Ausschussproduktion).

Produktmerkmale und Marktabgrenzung als strategische Parameter

Die Betrachtung beschränkt sich zunächst auf Wettbewerbsstrategien für ein Produkt unter Einbeziehung der für dieses Produkt angebotenen Verbundoptionen und verbundenen Dienstleistungen. Der strategisch und organisatorisch bedeutsame Fall, dass ein Kunde mehrere Produkte nachfragt (produktübergreifende Nachfrage), wird erst später berücksichtigt. Eine so abgegrenzte Wettbewerbsstrategie legt fest, auf welchem Markt ein durch bestimmte Merkmale beschriebenes Produkt abgesetzt werden soll. Die Unternehmungsleitung muss bei der Entwicklung einer solchen Wettbewerbsstrategie zwei Entscheidungen treffen. Sie muss sich zum einen durch die Festlegung von Produktmerkmalen gegenüber dem potenziellen Kunden positionieren. Das Ziel ist dabei, sich vom Wettbewerber durch Produktmerkmale zu unterscheiden, die vom Kunden wahrgenommen und als relevant für die Kaufentscheidung angesehen werden. Während die Produktpositionierung auf die Erhöhung des akquisitorischen Potenzials beim Kunden ausgerichtet ist, geht es bei der zweiten strategischen Entscheidung um die Sicherung eines effizienten Einsatzes des absatzpolitischen Instrumentariums durch eine entsprechende Auswahl des zu bearbeitenden Marktes. Beide Entscheidungen haben über die Generierung von Komplexität und Ungewissheit sowie über die Definition kritischer Potenziale und Interdependenzen Auswirkungen auf die organisatorische Gestaltung.

Abb. 67 gibt das Modell wieder, das der Analyse des Zusammenhangs zwischen Strategie und Organisationsstruktur im Folgenden zu Grunde liegt. Bei seiner Erläuterung werden zunächst die Produktpositionierung und die Marktabgrenzung als Instrumente der strategischen Positionierung betrachtet. Daran schließt sich eine Analyse der Auswirkungen an, die von der gewählten Wettbewerbsstrategie auf die Koordinationsanforderungen ausgehen.

Die Festlegung der vom Kunden wahrgenommenen Produktmerkmale ist abhängig von dem zu Grunde gelegten Modell des Käuferverhaltens. Die in Abb. 67 ausgewiesenen Merkmale sind Beispiele und nicht aus einer geschlossenen Systematik abgeleitet. Von den herangezogenen sechs Merkmalen bedürfen die Positionierungen über „Verbundoptionen" und „verbundene Dienstleistungen" einer näheren Erläuterung.

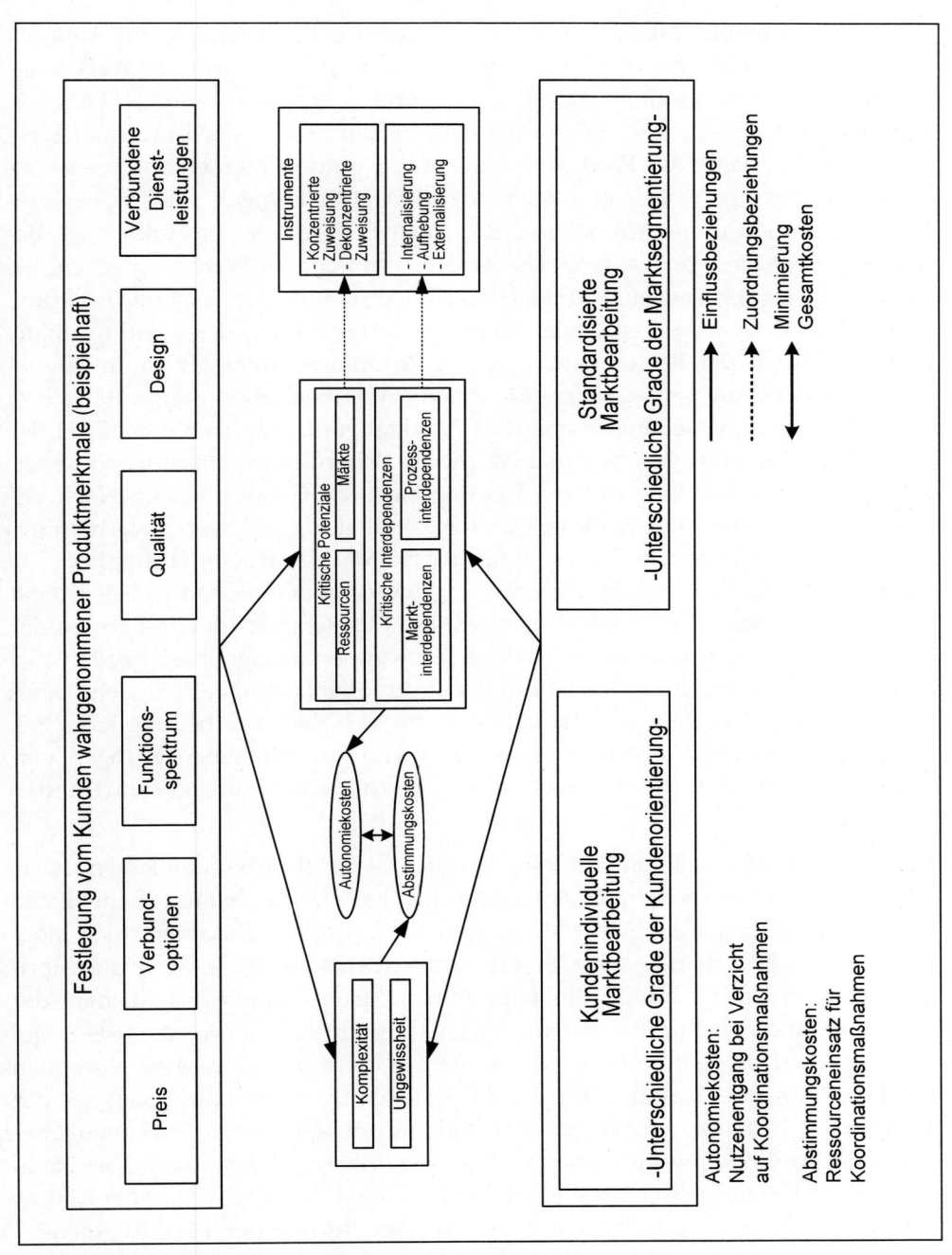

Abb. 67: Wettbewerbsstrategie und Koordinationsanforderungen

Verbundoptionen erlauben dem Kunden, das betrachtete Produkt mit anderen Produkten zu verbinden. Diese Eigenschaft kann zum Beispiel für Werkzeugmaschinen von Bedeutung sein, die vom Kunden in eine verkettete Fertigung eingebracht werden sollen. Verbundeffekte spielen auch in der Konsumelektronik eine Rolle, wenn das Produkt mit anderen Komponenten einer Systemkonzeption kompatibel sein soll. „Verbundene Dienstleistungen" stellen Leistungen dar, die neben den Modalitäten der Auslieferung eines Produktes den Bereich des Pre-Sales- und After-Sales-Service betreffen. Bei Werkzeugmaschinen handelt es sich um Dienstleistungen, die der Aufnahme der Leistungsfunktion, dem Erhalt der Funktionsfähigkeit und der Veränderung des Leistungsfokus dienen.[8] Neben der Positionierung durch Produktmerkmale bestimmt die jeweilige *Abgrenzung des relevanten Marktes* die Wettbewerbsstrategie. *Mintzberg* unterscheidet verschiedene Formen der Marktabgrenzung nach dem Grad der Selektivität der Marktbearbeitung. Da dieses Kriterium organisatorisch aussagefähig ist, wird es den weiteren Überlegungen zu Grunde gelegt. Nach der Selektivität der Marktbearbeitung ist eine Zweiteilung der Wettbewerbsstrategie in kundenindividuelle und standardisierte Marktbearbeitung möglich. Die kundenindividuelle Marktbearbeitung weist einen höheren Grad an Selektivität auf als die standardisierte Marktbearbeitung. Kundenindividuelle Formen der Marktbearbeitung sind auf einen konkreten Kunden ausgerichtet. Ein Beispiel ist die Konstruktion und Herstellung einer Abfüllanlage nach Vorgaben eines Getränkeherstellers. Eine standardisierte Form der Marktbearbeitung kann z.B. von einer Versicherung beim Verkauf von Kraftfahrzeugversicherungen verfolgt werden, der nicht auf individuelle Merkmale des potenziellen Kunden abstellt.

Die kundenindividuelle und die standardisierte Marktbearbeitung lassen sich je nach den gewählten Kriterien weiter untergliedern. So ist eine unterschiedliche Kundenindividualisierung bei der Ausgestaltung der Produktmerkmale möglich. Im Maschinenbau lassen sich z.B. unterschiedliche Grade der Kundenorientierung bei der Definition des Funktionsspektrums durch das Ausmaß der Einflussnahme des Kunden auf die Produktgestaltung nachweisen.[9] Den geringsten Grad an Kundeneinfluss weisen Standardprodukte ohne Varianten auf. Eine schrittweise Ausweitung des Kundeneinflusses vollzieht sich mit der Modularität in Form von Standardprodukten mit definierten Varianten über typisierte Produkte mit kundenindividuell vereinbarten Varianten bis zu gänzlich kundenindividuell gefertigten Produkten. Bei der standardisierten Marktbearbeitung ist eine Unterscheidung nach dem Prinzip der Marktsegmentie-

---

8) Frese/Lehnen/Valcárcel [Maschinenbau].
9) Vgl. hierzu Schomburg [Entwicklung]; Frese/Noetel [Auftragsabwicklung]; Hüsch [Angebotsabwicklung].

rung organisatorisch aufschlussreich. Unter einem Marktsegment soll eine Gruppe potenzieller Kunden verstanden werden, die hinsichtlich des Einsatzes absatzpolitischer Instrumente homogene Merkmale aufweisen. Das Prinzip der Marktsegmentierung wird z.B. verfolgt, wenn sich ein Reiseanbieter auf Bildungsreisen nach Griechenland spezialisiert. Bei diesen Kunden kann ein gemeinsames Interesse an historischen Fragen unterstellt werden, das eine entsprechende Gestaltung der Werbung erlaubt. Ein Verzicht auf Marktsegmentierung liegt vor, wenn das Produktangebot undifferenziert auf den gesamten Markt ausgerichtet ist (z.B. die Kraftfahrtzeugversicherungen für alle Kraftfahrzeughalter).

Strategie und Komplexität/Ungewissheit

Generell lässt sich feststellen, dass die bei der organisatorischen Gestaltung zu berücksichtigenden Komplexität am stärksten durch die Festlegung der wettbewerbsrelevanten Produktmerkmale, die Ungewissheit am stärksten durch die Abgrenzung des Absatzmarktes bestimmt wird.

Die Festlegung der Produktmerkmale hat Einfluss auf die bei den Entscheidungen zu berücksichtigenden Variablen und auf die zwischen den Variablen bestehenden Beziehungen; sie bestimmt damit die Komplexität des Koordinationszusammenhangs. Auch die zu berücksichtigende Ungewissheit wird – allerdings in einem wesentlich geringeren Maße – durch die Produktpositionierung beeinflusst. Je nach der Gestaltung des Produkts sind unterschiedliche (Beschaffungs-)Märkte relevant, die sich hinsichtlich der zu berücksichtigenden Ungewissheit unterscheiden können. Unternehmungsintern geht Ungewissheit vom Verhalten der Mitarbeiter und dem Betreiben von Anlagen sowie der Verarbeitung von Material aus. Diese Formen der Ausprägung von Ungewissheit werden im Folgenden nicht behandelt.

Bezüglich der Ausprägung von Komplexität in Abhängigkeit von der Art der Marktbearbeitung gilt, dass hier in erster Linie ein Einfluss über Strategien der Individualisierung entsteht. Dabei wird Komplexität fast ausschließlich über die Festlegung der Produktmerkmale verursacht. Da die kundenindividuelle Marktbearbeitung den Kunden Einfluss auf die Festlegung der Produktmerkmale einräumt, erhöht diese Form der Marktbearbeitung den Grad an Komplexität. Ob sich das Angebot von Standardprodukten auf Kunden in einem bestimmten Segment oder auf den ganzen Markt bezieht, ist dagegen für die Ausprägung von Komplexität aus der Sicht der organisatorischen Gestaltung irrelevant.

Die ausgeprägte Beeinflussung der Ungewissheit durch die Abgrenzung des relevanten Absatzmarktes lässt sich darauf zurückführen, dass Unternehmungen hinsichtlich der Akteure auf dem Absatzmarkt verglichen mit den Faktormärkten und dem internen Wertschöpfungssystem die geringsten Einflussmöglichkeiten haben. Zudem sind alle Unternehmungen tendenziell bereit, zur Erhöhung des akquisitorischen Potenzials auf Wünsche potenzieller Kunden hinsichtlich der Ausgestaltung der Produkt- und Leistungsstruktur einzugehen. Für alle Formen der Marktbearbeitung wird die Ungewissheit prinzipiell in gleicher Weise in zeitlicher und mengenmäßiger Hinsicht durch Schwankungen in der Nachfrage beeinflusst. Bei der kundenindividuellen Marktbearbeitung erhöht sich die Ungewissheit zusätzlich auf Grund des Kundeneinflusses. Allerdings darf nicht übersehen werden, dass es auch Turbulenzen (z.B. Ölkrise) und tief greifende Veränderungen (z.B. technologische Umbrüche) geben kann, die auf dem Faktormarkt eine stärkere Dynamik verursachen als Änderungen auf dem Absatzmarkt.

Die Steigerung der Kundenindividualisierung weist von allen strategischen Einflussgrößen die weitest reichenden organisatorischen Auswirkungen auf. Zunächst steigen die Koordinationsanforderungen durch eine Zunahme der Ungewissheit. Mit der Planbarkeit der Einbindung eines Kunden und dem Umfang seiner Einbindung sind hier zwei Einflussfaktoren zu unterscheiden:[10] Die Planbarkeit ist eine zeit- und potenzialbezogene Größe. Es geht um die Frage, inwieweit der Zeitpunkt der Kundeneinbindung sowie die für eventuell erforderliche Abstimmungsprozesse vorzuhaltenden Unternehmungsressourcen im Voraus festgelegt werden können. Das Ausmaß der Kundeneinbindung wird durch die vom Anbieter umzusetzenden Kundenanforderungen bestimmt. Wie komplex die Zusammenhänge bei dieser für die Koordinationsproblematik so bedeutsamen strategisch bestimmten Einflussgrößen sind, wird mit der Unterscheidung zwischen dem Grad bzw. der Intensität der Einflussnahme durch den Kunden und der Verschiedenartigkeit bzw. Varietät seiner Anforderungen an Leistungsprozess und -ergebnis[11] deutlich. Die Intensität des Kundeneinflusses betrifft die Frage, wie stark isolierte Kundenanforderungen überhaupt Berücksichtigung finden bzw. wie intensiv sich die Mitwirkung des einzelnen Kunden an der Leistungserstellung vollzieht. Die Varietät macht Aussagen darüber, wie weit die speziellen Kundenwünsche von anderen durch den Anbieter bereits umgesetzte Kundenanforderungen abweichen. Die Koordinationsrelevanz dieser Unterscheidung liegt auf der Hand: Wenn ein Kunde erheblichen Einfluss auf die Leistungen des Herstellers nimmt, sich seine Wünsche aber nicht wesentlich von den Anforderungen anderer Kunden unterscheiden, dann ist die für den Hersteller resultierende Ungewissheit verhältnismäßig gering. Anders dürfte der entgegen gesetzte Fall zu beurteilen sein: Beschränkt

---

10) Vgl. Frese/Lehnen/Valcárcel [Maschinenbau] 896 ff.
11) Vgl. hierzu in Bezug auf Dienstleistungen Engelhardt [Marketing] 282 f.

sich der Kunde auf eine punktuelle Einflussnahme, weist die Umsetzung seiner Vorstellungen für die Unternehmung aber einen erheblichen Neuartigkeitsgehalt auf, sind die ungewissheitsinduzierten Koordinationsanforderungen relativ stark ausgeprägt.

Strategie und Potenziale/Interdependenzen

Die Ausgestaltung der Produktmerkmale hat Auswirkungen auf die Wertschöpfung in Form von erforderlichen Potenzialen und entstehenden Interdependenzen. Wenn z.B. eine Werkzeugmaschine mit breitem und anspruchsvollem Funktionsspektrum angeboten werden soll, kommt der Ressource „Produkt-Know-how" eine besondere Bedeutung zu. Prozessinterdependenzen entstehen im Zuge der Auftragsbearbeitung; ihre Struktur und Ausprägung hängen ganz von der Festlegung der Produktmerkmale ab. So kann bei einer Erhöhung des akquisitorischen Potenzials durch einen niedrigen Preis das Gebot der Kosteneffizienz der Koordination von Prozessinterdependenzen zur Vermeidung von Zwischenlagern einen hohen Stellenwert zuweisen.

Es liegt auf der Hand, dass jede Form der Marktbearbeitung bestimmten Potenzialen eine herausgehobene Bedeutung einräumt. Bei Betrachtung der auf diese Weise entstehenden Koordinationsanforderungen stellt wiederum die kundenindividuelle Marktbearbeitung besondere Anforderungen. Das gilt insbesondere hinsichtlich des im Verhandlungsprozess bereitzustellenden Ressourcenpotenzials in Form von Wissen. Zunächst erscheint die Annahme plausibel, dass mit zunehmender Individualisierung umfassenderes und zugleich detaillierteres Produkt- und Prozesswissen verfügbar sein muss. Darüber hinaus gewinnt mit steigender Individualisierung der erstellten Leistungen Kundenwissen an Bedeutung.

Richtet man den Blick auf die strategieinduzierten Interdependenzeffekte, so sind bei der Marktbearbeitung vorrangig Marktinterdependenzen zu betrachten. Da sich die in Abb. 67 betrachtete strategische Positionierung auf nur ein Produkt beschränkt, sind im Wesentlichen Marktinterdependenzen zu betrachten, die im Zuge der Auftragsbearbeitung entstehen, wenn verschiedene Einheiten Entscheidungen hinsichtlich desselben Kunden treffen.[12] Diese Form der Marktinterdependenz wird für eine Unternehmung umso mehr zu einem Koordinationsproblem, je kundenindividueller die Marktbearbeitung ist. Insgesamt kann man unter Einbeziehung von Auswirkungen auf die Produktmerk-

---

12) Marktinterdependenzen, die bei einer Strategie der Diversifikation entstehen, werden deshalb nicht berücksichtigt. Allerdings darf nicht übersehen werden, dass sich auch im „Einprodukt"-Fall aus einem verselbstständigten After-Sales-Service Marktinterdependenzen ergeben können.

male feststellen, dass Kundenindividualisierung in der Regel hinsichtlich aller Interdependenzen zu wachsenden Koordinationsanforderungen führt. Die Wahrscheinlichkeit, dass Leistungen aus verschiedenen Unternehmungsbereichen berücksichtigt werden müssen, nimmt um so höhere Werte an, je stärkeren Einfluss der Kunde auf die Ausgestaltung des Produktes ausübt, insbesondere wenn sich diese Einflussnahme auf eine Erweiterung des Leistungsspektrums bezieht. Ausgeprägte Prozessinterdependenzen wären in einer solchen Situation die Folge. Geht steigende Kundenindividualisierung mit einer Zunahme der Produktkomplexität einher, ist mit einem verstärkten Auftreten von Marktinterdependenzen zwischen dem Vertrieb und anderen organisatorischen Einheiten, die in den Akquisitionsprozess eingebunden sind, zu rechnen.

Organisationsorientierter Vergleich zweier Strategietypen

Bei einer konzeptionellen Erfassung von Wettbewerbsstrategien über die Ausprägungen von Produktmerkmalen und Formen der Marktbearbeitung eröffnet sich ein weites Spektrum für die Ausrichtung von Strategien. Eine Kernfrage des strategischen Managements ist deshalb die Bewertung der Effizienz alternativer Strategiekonzepte. Die Formulierung und Begründung von Kriterien, die Effizienzaussagen erlauben, nehmen in Beiträgen zur Strategieforschung einen zentralen Platz ein.[13] Auf die Auseinandersetzung mit diesem komplexen Bewertungsproblem kann hier verzichtet werden, obwohl die organisatorischen Implikationen einer Strategie Teil dieser Entscheidung sind.

Die folgende Erörterung soll an zwei typologisierten Wettbewerbsstrategien die vorangegangenen Ausführungen zur Ableitung strategiebestimmter Koordinationsanforderungen exemplarisch verdeutlichen.

Betrachtet wird zunächst eine Strategie, die Wettbewerbsvorteile durch das Angebot standardisierter Produkte realisieren will. Das dominierende Produktmerkmal ist der Preis. Die Unternehmung sieht ihre Vorteile im Kostenwettbewerb. Die Reduzierung der mit der Leistungserstellung verbundenen Kosten wird damit zum bestimmenden Prinzip. Nur so lässt sich in der Preispolitik gegenüber den Konkurrenten ein größerer Dispositionsspielraum realisieren. Eine solche Strategie kennzeichnet eine ausgeprägt interne Ausrichtung der Koordination; sie wird durch eine weitgehende Abschottung der laufenden Aktivitäten vom Absatzmarkt unterstützt.[14] Typisch sind diese Strategien für Automobilhersteller im unteren und mittleren Preissegment.

---

13) Porter [Wettbewerbsstrategie].
14) Vgl. zu den Koordinationsanforderungen solcher Strategien Laßmann [Koordination] 101 ff.

Abb. 68 gibt die wichtigsten Strategiemerkmale, Koordinationsanforderungen und organisatorischen Regelungen wieder.

```
                    STANDARDISIERTE PRODUKTE
                - relativ starke Abschottung vom Absatzmarkt -
                        Beispiel: Automobilindustrie

        Gewichtung von          Ungewissheit/         Kritische Potenziale
       Effizienzkriterien       Komplexität                   und
                                                        Interdependenzen

  - (Materialfluss-)Prozesseffizienz   relativ schwache    - Beschaffungsmarkt
  - (Beschaffungs-) Markteffizienz     Ausprägung von      - Ressourcen
  - Ressourceneffizienz                Ungewissheit        - Materialfluss
```

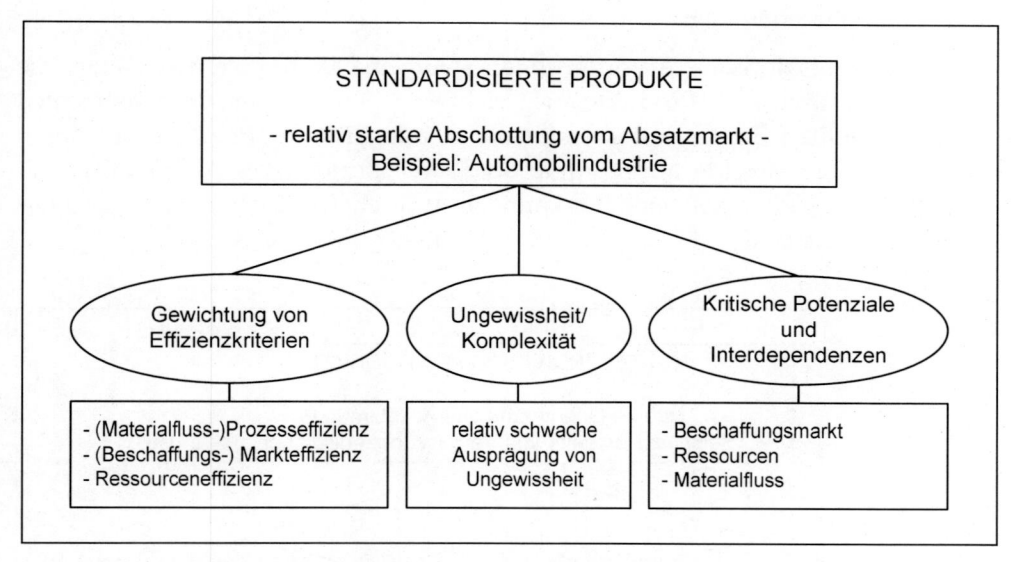

Abb. 68:   *Wettbewerbsstrategie standardisierter Produkte*

Als kritische Interdependenzen und Potenziale sind anzusehen:

- Prozessinterdependenzen (z.B. diejenigen, die durch Beeinflussung des Materialflusses einen großen Einfluss auf die Kapitalbindungskosten haben),
- Beschaffungsmarktpotenziale (z.B. diejenigen, bei denen sich durch die Bündelung von Beschaffungsaufträgen Senkungen der Beschaffungskosten erreichen lassen) sowie
- Ressourcenpotenziale (z.B. diejenigen, bei denen sich durch Bündelung von Fertigungsaufträgen Fertigungskosten senken lassen).

Der verhältnismäßig geringe Grad an Ungewissheit und die dadurch tendenziell geringen Abstimmungskosten erlauben eine relativ hohe Regelungsdichte der Koordination. Durch vertragliche Vereinbarung mit den Lieferanten kann angestrebt werden, die Ungewissheit auf dem Beschaffungsmarkt möglichst gering zu halten.

Für eine Wettbewerbsstrategie auf der Grundlage standardisierter Produkte kommt folgenden Effizienzkriterien ein besonderes Gewicht zu:

- materialflussbezogene Prozesseffizienz,
- (Beschaffungs-)Markteffizienz sowie
- Ressourceneffizienz.

Andere organisatorische Anforderungen stellt eine Wettbewerbsstrategie, die auf kundenindividuelle Produkte ausgerichtet ist (vgl. Abb. 69). Im Unterschied zur dargestellten Strategie des Angebots standardisierter Produkte ist dieser Strategietyp durch eine ausgeprägte absatzmarktorientierte Ausrichtung der Koordination gekennzeichnet. Er kann als typisch für Unternehmungen des Maschinenbaus gelten, die kundenindividuelle Lösungen anbieten.

```
┌─────────────────────────────────────────────────────────────┐
│                  KUNDENINDIVIDUELLE PRODUKTE                │
│              - starke Orientierung am Absatzmarkt -         │
│         Beispiel: Hersteller von Verpackungsmaschinen       │
│                                                             │
│      Gewichtung von      Ungewissheit/    Kritische         │
│      Effizienzkriterien  Komplexität      Potenziale und    │
│                                           Interdependenzen  │
│                                                             │
│   - (Kunden-)Prozess-    relativ starke   - Abwicklung      │
│     effizienz            Ausprägung von     Kundenauftrag   │
│   - (Absatz-) Markt-     Ungewissheit/    - Absatzmarkt-    │
│     effizienz            Komplexität        interdependenzen│
│   - Ressourceneffizienz                   - kundenspezi-    │
│                                             fisches Know-How│
│                                           - produktspezi-   │
│                                             fisches Know-How│
└─────────────────────────────────────────────────────────────┘
```

Abb. 69: Wettbewerbsstrategie kundenindividueller Produkte

Kritische Organisationsanforderungen entstehen bei einer Strategie kundenindividueller Produkte vor allem durch

- Prozessinterdependenzen (z.B. diejenigen, die über die Beeinflussung der Durchlaufzeit eines Kundenauftrags Auswirkungen auf die zu vereinbarenden Liefertermine haben),
- (Absatz-)Marktinterdependenzen (z.B. diejenigen, die auf nicht abgestimmte Entscheidungen des Vertriebs und der Konstruktion über die Produktgestaltung zurückgeführt werden können) sowie
- Ressourcenpotenziale (z.B. Kundenwissen, bei dem sich durch seine Poolung Kundenanforderungen in einer für den Kunden nutzenstiftenden Weise bearbeiten lassen).

Entsprechend dieser strategisch bedingten Anforderungen müssen als Effizienzkriterien mit dem höchsten Gewicht angesehen werden:

- (kundenauftragsbezogene) Prozesseffizienz,
- (Absatz-)Markteffizienz sowie
- Ressourceneffizienz.

Als Kernproblem der Bewältigung der Koordinationsanforderungen von Strategien mit kundenindividueller Marktbearbeitung[15] kann gelten, dass die Intensivierung der Bemühungen um eine Steigerung der Ressourcen- und Markteffizienz in den meisten Fällen die Anforderungen an die Gewährleistung der Prozesseffizienz erhöht. Streben nach höherer Ressourcen- und Markteffizienz bedeutet tendenziell, dass umfassende Prozesskomplexe abgestimmt werden müssen. Dieser Effekt muss z.B. berücksichtigt werden, wenn der direkte Kundenkontakt von Produktions- und Vertriebseinheiten abgestimmt werden soll. Da mangelnde Prozesseffizienz auf Grund der physischen Verknüpfung über interne Leistungsverflechtungen – im Unterschied zur mangelnden Ausschöpfung von Markt- und Ressourcenpotenzialen – unmittelbar sichtbar wird und die Erbringung der Marktleistung selbst oder ihre Akzeptanz durch den Kunden in Frage stellen kann, kommt der Prozesseffizienz in der Regel ein herausgehobener Stellenwert zu. Vor diesem Hintergrund wird verständlich, warum Unternehmungen mit ausgeprägter Kundenorientierung Ressourceneffizienz nur begrenzt realisieren können.

---

15) Vgl. zu den Koordinationsanforderungen kundenindividueller Strategien Frese/Lehnen/Valcárcel [Maschinenbau].

III. Ausprägung strategiekonformer Organisationsstrukturen in der Praxis

Die theoretische und empirische Analyse des Zusammenhangs zwischen Wettbewerbsstrategie und Organisationsstruktur verdankt der Studie von Chandler[1)] zur Reorganisation der *Du Pont Co.* In den 1920er Jahren wichtige Impulse. Eine große Zahl von Studien setzt sich mit dem von Chandler postulierten Strategie-Struktur-Zusammenhang auseinander.[2)]. Die folgende Erörterung greift auf Studien zurück, die unter Rückgriff auf den entscheidungsorientierten Ansatz die These ausarbeiten und stützen, dass sich Regelmäßigkeiten in den Organisationsstrukturen durch Rückgriff auf die jeweils verfolgte Wettbewerbsstrategie erklären lassen.[3)] In diesem Abschnitt soll das Konzept der strategiekonformen Organisationsgestaltung anhand dreier Studien verdeutlicht werden. Untersucht werden die Auftragsabwicklung in Produktion und Vertrieb in mittelständischen Unternehmungen des Maschinenbaus, die Vertriebsorganisation der *IBM* und die Produktentwicklung in Software-Unternehmungen.

Strategiekonforme Auftragsabwicklung in mittelständischen Unternehmungen der Investitionsgüterindustrie

Unter der Auftragsabwicklung wird in der hier darzustellenden empirischen Studie[4)] der vom Kunden ausgelöste Leistungserstellungsprozess verstanden. Er umfasst sämtliche Aktivitäten, die unmittelbar mit der zu erbringenden Leistung in Beziehung stehen, vom Auftragsanstoß bis zur Fertigmeldung.[5)] In den untersuchten Unternehmungen umfasst der Vertrieb die Teilaufgaben der Kundenakquisition, Angebotsbearbeitung und Auftragsbearbeitung, während die Produktion in die Teilaufgaben der Konstruktion, technischen Arbeitsplanung, Fertigungsplanung und Fertigungssteuerung gegliedert ist.[6)]

---

1) Chandler [Strategy].
2) Vgl. den Überblick in Schewe [Strategie]; Wolf [Strategie].
3) Die Studien umfassen die Bereiche Produktion/Logistik (Feser [Fertigungssegmentierung], Frese/Heppner [Ersatzteilversorgung], Simon [Organisation]), Maschinenbau/Investitionsgüterindustrie (Frese/Noetel [Auftragsabwicklung], Hüsch [Angebotsabwicklung], Noetel [Geschäftsfeldstrategie], Utikal [Organisation]), Dienstleistungen (Graumann [Untersuchung], Lang [Entwicklung]) und Non-Profit-Institutionen (Hurlebaus [Organisationsgestaltung], Streibl [Organisationsgestaltung]), Rubel [Gestaltung]).
4) Frese/Noetel [Auftragsabwicklung].
5) Vgl. Hahn/Laßmann [Produktionswirtschaft].
6) Vgl. Eversheim [Organisation].

Alle befragten Unternehmungen wiesen eine handlungsorientierte Segmentierung der Auftragsabwicklung auf. Unterschiede bestanden jedoch hinsichtlich der organisatorischen Regelung bestimmter Vertriebs- und Produktionsaufgaben. Der Versuch, die abweichenden organisatorischen Lösungen auf Strategieeinflüsse zurückzuführen, konzentriert sich auf folgende drei in der Stichprobe nachzuweisende Strukturmuster (vgl. Abb. 70)[7]:

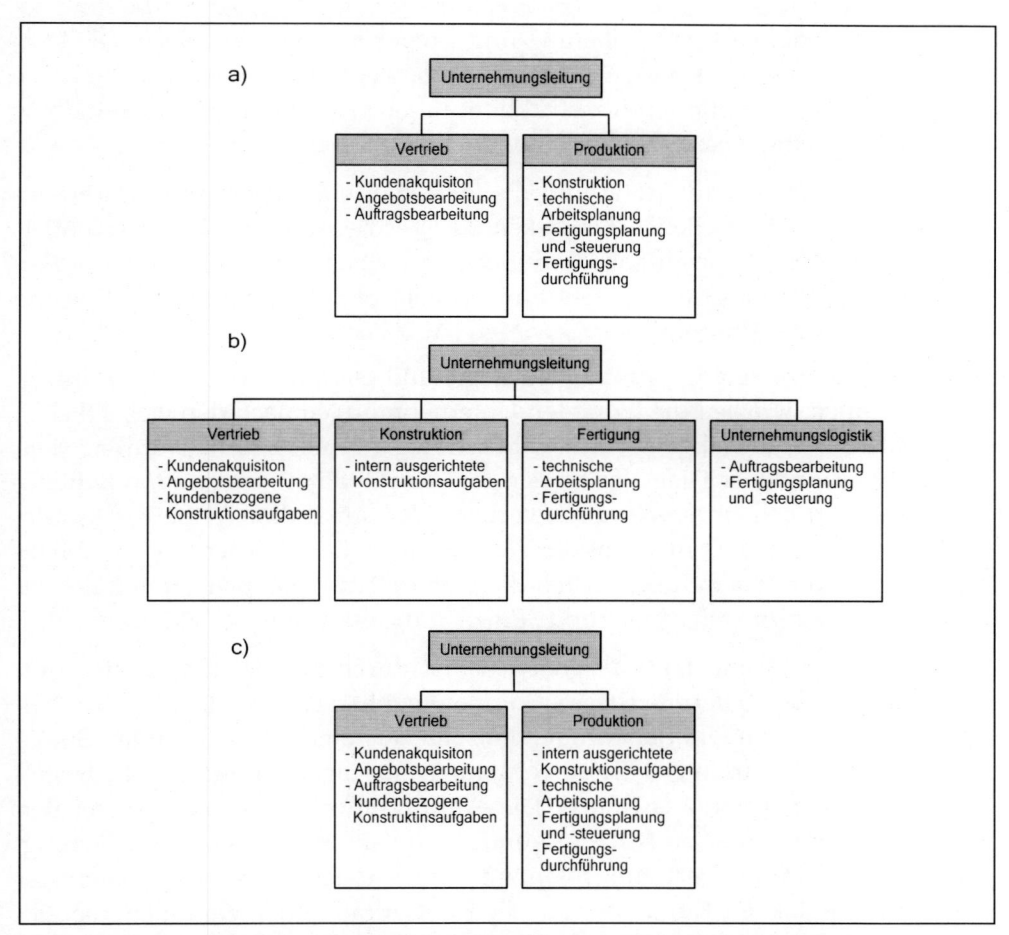

Abb. 70: Organisation der Auftragsabwicklung in Unternehmungen des Maschinenbaus

---

[7] Die folgende Darstellung konzentriert sich auf die Betrachtung der jeweiligen Form der Marktbearbeitung als Ausdruck der verfolgten Wettbewerbsstrategie. Die Produktpositionierung, z.B. die Gestaltung des Produktelements „Preis", wird hinsichtlich ihrer Anforderungen an die organisatorische Gestaltung nicht berücksichtigt.

- Neben der Auftragsbearbeitung ist der Vertrieb für die Kundenakquisition und die Angebotsbearbeitung verantwortlich. Die Produktion ist dagegen zuständig für die Konstruktion, die Fertigungsplanung und -steuerung, die technische Arbeitsplanung sowie die Fertigungsdurchführung (Abb. 70a).

- Die neben dem Vertriebs-, dem Konstruktions- und Fertigungsbereich existierende Unternehmungslogistik ist für die Auftragsbearbeitung sowie für die Fertigungsplanung und -steuerung verantwortlich. Die kundenorientierten Konstruktionsaufgaben werden vom Vertrieb und die fertigungsorientierten Konstruktionsaufgaben von einem eigenständigen Konstruktionsbereich wahrgenommen (Abb. 70b).

- Die Auftragsbearbeitung und die kundenorientierten Konstruktionsaufgaben fallen in die Zuständigkeit des Vertriebs, die fertigungsorientierten Konstruktionsaufgaben mit der technischen Arbeitsplanung, der Fertigungsplanung und -steuerung sowie der Fertigungsdurchführung werden der Produktion zugewiesen (Abb. 70c).

Um den Zusammenhang zwischen Strategie und Organisationsstruktur aufzeigen zu können, wurden die befragten Unternehmungen nach den wesentlichen Merkmalen ihrer jeweiligen Wettbewerbsstrategie typologisiert. Während dem Angebot verbundener Dienstleistungen und der Qualität immer ein relativ hoher Stellenwert beigemessen wurde, variierte der durch die Wettbewerbsstrategie bedingte Kundeneinfluss auf die Auftragsabwicklung erheblich. In Abhängigkeit vom Kundeneinfluss wurden die Unternehmungstypen „Standardfertiger", „Rahmenauftragsfertiger" und „Einzelauftragsfertiger" gebildet.

Das Produktspektrum der *Standardfertiger* ist durch Standarderzeugnisse mit Varianten geprägt. Hiermit ist eine kundenunabhängige Festlegung der Produktstruktur verbunden; der Kunde kann nur aus einem feststehenden Spektrum von Produktvarianten, die sowohl auf Lager als auch auf Kundenbestellung gefertigt werden, auswählen. Die Auftragsabwicklung umfasst bei den Standardfertigern die Aufgaben Kundenakquisition, Angebotsbearbeitung, Auftragsbearbeitung, Fertigungsplanung und -steuerung sowie Fertigungsdurchführung. Da der Kunde nur auf die Konfiguration der Varianten, die Liefermenge und den Lieferzeitpunkt Einfluss nehmen kann, muss bei den genannten Aufgaben eine im Vergleich zu den anderen Unternehmungstypen geringere Ungewissheit berücksichtigt werden. Die Aufgabenkomplexität ist infolge der vorherrschenden Produktstruktur überdurchschnittlich hoch. Das von den Standardfertigern angestrebte Lieferserviceniveau führt dazu, dass eine schnelle Abstimmung von Prozessinterdependenzen zwischen den Unternehmungseinheiten, die in die Auftragsabwicklung eingebunden sind, besonders wichtig ist (Prozesseffizienz). Demgegenüber ist für die organisatorische Gestaltung der nicht in die Auftragsabwicklung eingebundenen Aufgaben

(Konstruktion und technische Arbeitsplanung) eine möglichst umfassende Ressourcennutzung (Ressourceneffizienz) von besonderer Relevanz.

Eine stärkere Einbindung des Kunden in die Auftragsabwicklung erfolgt bei den *Rahmenauftragsfertigern*. Diese Gruppe setzt sich in der Stichprobe aus Zulieferern von Automobilherstellern zusammen, deren wesentliches Merkmal eine Auftragsauslösung in der Form von Rahmenaufträgen bildet. Vor Abschluss eines Rahmenvertrags erfolgt eine kundenindividuelle Gestaltung der Produkte, wohingegen nach Abschluss des Rahmenvertrags ein Standarderzeugnis auf Kundenabruf innerhalb gewisser – durch den Rahmenvertrag festgelegter – zeitlicher und mengenmäßiger Grenzen gefertigt wird. Die wesentliche Eigenschaft der Rahmenauftragsfertiger bildet die Zweiteilung der Auftragsabwicklung in die Anbahnung und den Abschluss von Rahmenaufträgen (erste Phase) und in die Abwicklung von Rahmenaufträgen (zweite Phase). Während der ersten Phase bestimmen die Beziehungen zwischen der Kundenakquisition, der Angebotsbearbeitung, der Konstruktion und der technischen Arbeitsplanung die Koordinationsproblematik. Die kundenindividuelle Konstruktion von Produkten führt dazu, dass diese Aufgaben eine hohe Ungewissheit bewältigen müssen und dass neben Prozessinterdependenzen insbesondere Marktinterdependenzen koordinationsrelevant sind. Demgegenüber stehen in der zweiten Phase Prozessinterdependenzen zwischen der Auftragsbearbeitung, der Fertigungsplanung und -steuerung sowie der Fertigungsdurchführung im Vordergrund. Ungewissheit resultiert in dieser Phase nur aus dem kurzfristigen Abruf von Aufträgen durch den Kunden. Während die organisatorischen Lösungen bei der Anbahnung und dem Abschluss von Rahmenaufträgen auf Grund des ausgeprägten Kundenkontakts eine hohe Markt- und Prozesseffizienz gewährleisten müssen, steht bei der späteren Abwicklung von Rahmenaufträgen vorwiegend die Prozesseffizienz im Mittelpunkt.

Für die an der Erhebung beteiligten *Einzelauftragsfertiger* ist wegen der kundenindividuellen Produktgestaltung auf der Basis einzelvertraglicher Kundenbestellungen eine besonders ausgeprägte Einbindung des Kunden in die gesamte Auftragsabwicklung charakteristisch. Im Vergleich zu den übrigen Unternehmungen treten bei den Einzelauftragsfertigern die anspruchsvollsten Koordinationsprobleme auf. Dies zeigt sich zunächst darin, dass für eine erfolgreiche Auftragsabwicklung das gesamte Spektrum der betrachteten Vertriebs- und Produktionsaufgaben relevant ist. Eine Einschränkung der Betrachtungen auf einzelne Aufgaben (Standardfertiger) oder eine Aufteilung der Auftragsabwicklung in zwei Phasen (Rahmenauftragsfertiger) ist in diesem Fall nicht möglich. Zudem zeichnen sich diese Aufgaben infolge der starken Abhängigkeit von Vorgaben der Kunden durch eine ausgeprägte Ungewissheit und auf Grund der aufwändigen Produktstruktur durch eine hohe Komplexität aus. Demnach ist die Koordination von Marktinterdependenzen und von Prozessinterdependenzen zwischen den für die Auftragsabwicklung verantwortlichen Organisationseinheiten von entscheidender Bedeutung. Die Organisation der gesamten Auftragsabwicklung muss somit vor allem einer hohen Markt- und Prozesseffizienz Rechnung tragen.

Die funktionale Gliederung der Auftragsabwicklung in die Bereiche „Vertrieb" und „Produktion" (Abb. 70a) kann zu ausgeprägten Prozess- und Marktinterdependenzen führen. Die organisatorische Trennung der Konstruktion vom Vertriebsbereich ist aus der Sicht der Standardfertiger nicht nachteilig, weil die Konstruktion in der Regel nicht an diesem vom Kunden veranlassten Leistungserstellungsprozess beteiligt ist. Es können deshalb keine Marktinterdependenzen zwischen Konstruktion und Vertrieb auftreten. Dies begünstigt in Verbindung mit der geringen kundeninduzierten Ungewissheit die Trennung von Vertriebs- und Produktionsaufgaben. Ebenfalls ist eine nachhaltige Beeinträchtigung der Prozesseffizienz nicht zu erwarten, weil die bestehenden Interdependenzen auf Grund der relativ geringen Ungewissheit durch zusätzliche Maßnahmen des Schnittstellenmanagements (z.B. wöchentliche Terminkonferenz) koordiniert werden können.

Diese organisatorische Lösung würde bei den Rahmenauftragsfertigern und den Einzelauftragsfertigern zu umfangreichen Prozess- und Marktinterdependenzen zwischen Vertrieb und Produktion führen. Daher sind solche Unternehmungen bestrebt, die klassische Trennung der Vertriebs- und Produktionsaufgaben zumindest partiell aufzuheben, um eine angemessene Markt- und Prozesseffizienz zu realisieren. Die Verankerung von Konstruktionsaufgaben im Vertriebsbereich, die einen unmittelbaren Kundenkontakt erfordern, ermöglicht diesen Unternehmungen die aus ihrer Perspektive kritischen Markt- und Prozessinterdependenzen im Vertrieb zu internalisieren. Hingegen führt diese Organisationsstruktur bei den Standardfertigern im Rahmen der Auftragsabwicklung zu keiner nachhaltigen Verbesserung von Markt- und Prozesseffizienz, da hier die Konstruktion auf Grund des feststehenden Variantenspektrums nicht in die Auftragsabwicklung eingebunden ist. Mit der Aufspaltung der Konstruktionsaufgaben sind zusätzliche Prozessinterdependenzen zwischen Vertrieb und Konstruktion (Abb. 70b) bzw. Produktion (Abb. 70c) verbunden. Vergegenwärtigt man sich jedoch, dass die schnelle Reaktion auf Kundenwünsche bei den Einzel- und Rahmenauftragsfertigern im Vordergrund steht, so wird deutlich, dass die mit der internen Umsetzung verbundenen Interdependenzen demgegenüber von geringerer Bedeutung sind.

Darüber hinaus stellt sich die Frage, inwieweit die Zusammenfassung von Auftragsbearbeitung sowie Fertigungsplanung und -steuerung in der Unternehmungslogistik zu einer Steigerung der Koordinationseffizienz beitragen kann. Im Unterschied zu den Einzelauftragsfertigern kann bei den Rahmenauftragsfertigern die Einrichtung einer Unternehmungslogistik sinnvoll sein, weil die

Fertigungsplanung und -steuerung von der technischen Arbeitsplanung getrennt werden kann. Beide Aufgaben fallen bei den Rahmenauftragsfertigern in unterschiedlichen Phasen der Auftragsabwicklung an, so dass mit einer organisatorischen Trennung keine kritischen Interdependenzen externalisiert werden. Zudem lässt die bei diesen Unternehmungen im Vergleich zu den Einzelauftragsfertigern geringere Aufgabenungewissheit die Trennung der Fertigungsplanung und -steuerung von der Fertigungsdurchführung zu. Obwohl die Standardfertiger ähnlich günstige Voraussetzungen für die Bildung einer Unternehmungslogistik aufweisen, wurde bei den befragten Unternehmungen dieses Typs ein solches organisatorisches Konzept nicht eingesetzt. Dies lässt sich unter anderem auf die relativ geringe Aufgabenungewissheit (teilweise Lagerfertigung) und die im Vergleich zu den Rahmenauftragsfertigern geringere Bedeutung des Lieferservice zurückführen. Der Vorteil dieser Lösung resultiert aus der Internalisierung von Prozessinterdependenzen zwischen Vertrieb und Produktion in der Unternehmungslogistik. Hiermit ist eine nachhaltige Verbesserung der Prozesseffizienz der Rahmenauftragsfertiger verbunden. Wie bereits dargelegt wurde, sind allerdings die für diesen Unternehmungstyp weitgehend unkritischen Prozessinterdependenzen zur Fertigung nicht zu vermeiden.

Strategiekonforme Gestaltung der Vertriebsorganisation der IBM

Die Vertriebsorganisation der *IBM* ist schon deshalb für das Verständnis des Strategie-Struktur-Zusammenhangs ein aufschlussreiches Untersuchungsobjekt, weil es weltweit wenige Unternehmungen mit einer vergleichbaren Komplexität der verfolgten Wettbewerbsstrategien geben dürfte.[8] Das Produktspektrum umfasst nicht nur ein sehr breites Spektrum heterogener Produkte, für die jeweils spezifische Konzepte der Produktpositionierung und Marktabgrenzung gelten. Die Entwicklung und Umsetzung von Wettbewerbsstrategien verfolgt auch das Ziel, Marktpotenziale weltweit mit anspruchsvoller Methodik zu erfassen und konsequent auszuschöpfen.

Zur Analyse des durch ein solch anspruchsvolles Strategiekonzept entstehenden Koordinationsbedarfs erweist es sich als zweckmäßig, hinsichtlich der Vertriebsaktivitäten zwischen drei Problemfeldern zu differenzieren:

1. Sicherstellung einer adäquaten Wissensbasis für die Verhandlungen mit den Kunden,

---

8) Vgl. die Darstellung in Frese/Lehmann [Weg].

2. Abstimmung von im Verhandlungsprozess entstehenden Interdependenzen und

3. Gewährleistung einer umfassenden Ausschöpfung des Markt- bzw. Kundenpotenzials.

Zu 1.: Der Erfolg absatzmarktbezogener Verhandlungen hängt im Wesentlichen davon ab, ob der Vertrieb über das für die Akquisition relevante Wissen verfügt oder es sich ohne größere Probleme bei anderen organisatorischen Einheiten beschaffen kann. Von den benötigten Wissenskomponenten kommt Markt-, Kunden-, Produkt- und Prozesswissen besondere Bedeutung zu. Als Marktwissen werden alle Wissensbestandteile bezeichnet, die sich auf den Status quo des generellen Marktumfeldes der Unternehmung (z.B. Konkurrenzintensität, Verhalten der Wettbewerber oder Kundenstruktur) beziehen bzw. allgemeine absatzmarktrelevante Trends (z.B. Eintritt neuer Wettbewerber, globale Bedarfsverschiebungen oder technologische Entwicklungen) abbilden. Kundenwissen umfasst sämtliche „externen" Kenntnisse, die im Rahmen von Verhandlungsprozessen zur Anbahnung und Abwicklung von Markttransaktionen mit einem einzelnen Kunden von Bedeutung sind. Diesbezügliche Wissensinhalte sind weit gefächert; sie können sich z.B. auf den Bedarf des Kunden für von der eigenen Unternehmung erstellte Leistungen nach Art und Umfang, auf Strukturen und Prozesse im „Buying Center" des Kunden oder auf dessen bisheriges Beschaffungsverhalten beziehen. Unter Produktwissen sind alle Wissenselemente zu subsumieren, die technologische oder funktionale Eigenschaften der abzusetzenden Leistungen zum Gegenstand haben. Prozesswissen bezeichnet sämtliche Kenntnisse über Strukturen und Abläufe der Leistungserstellung. Die Vertriebsrelevanz entsprechender Wissensbestandteile erschließt sich, wenn man in Betracht zieht, dass z.B. Durchlaufzeiten in der Fertigung oder Engpässe im Entwicklungsbereich von Bedeutung für den Zeitpunkt der Leistungserbringung beim Kunden sind.

Zu 2.: Charakter und Intensität von Interdependenzen im Verhandlungsprozess werden maßgeblich dadurch bestimmt, wie die Unternehmung ihre Außenkontakte organisiert, d. h. welche organisatorischen Einheiten unmittelbar mit dem Kunden in Kontakt treten. Das Spektrum organisatorischer Lösungen für die Bewältigung dieses Gestaltungsproblems ist weit gefächert.[9] Idealtypisch kann zwischen drei Modellen unterschieden werden: Zunächst ist es vorstellbar, dass sämtliche an der Wertschöpfung beteiligten Einheiten (Entwicklung, Produktion, Vertrieb) gesonderte Kontakte zu ihren Pendants beim Kunden unterhalten („unmittelbare Außenbeziehungen"); in dieser Situation muss mit einem ver-

---

9) Vgl. hierzu im Detail Utikal [Organisation] 105 ff.

stärkten Auftreten von Marktinterdependenzen gerechnet werden. Daneben ist es möglich, dass der Vertriebsbereich primärer Ansprechpartner für den Kunden ist und er je nach den Erfordernissen des Einzelfalls andere organisatorische Einheiten zu den Verhandlungen hinzuzieht („unterstützte Außenkontakte"). Für die Interdependenzstruktur hat eine solche Lösung insofern Konsequenzen, als das Auftreten von Marktinterdependenzen zumindest ansatzweise verhindert wird; dieser Vorteil wird allerdings durch zusätzlichen internen Koordinationsbedarf erkauft. Die konsequenteste Form der Bündelung von Außenkontakten stellt eine Zusammenfassung aller absatzmarktbezogenen Kompetenzen im Vertriebsbereich („one face to the customer") dar. Bei diesem Modell sind die aus einer vollständigen Vermeidung von Marktinterdependenzen erwachsenden Vorteile gegen mögliche Wissensdefizite im Vertriebsbereich und die aus dem Zwang zur intensiven unternehmungsinternen Abstimmung resultierenden Kosten abzuwägen.

Es ist offensichtlich, dass die Rahmenstruktur der Unternehmung von ausschlaggebender Bedeutung für die adäquate Organisation der Kontakte zum Kunden ist. Mit Blick auf die folgende Analyse der *IBM*-Organisationsstruktur wird von einer Mehrprodukt-Unternehmung mit Produktsparten ausgegangen (vgl. Abb. 71).

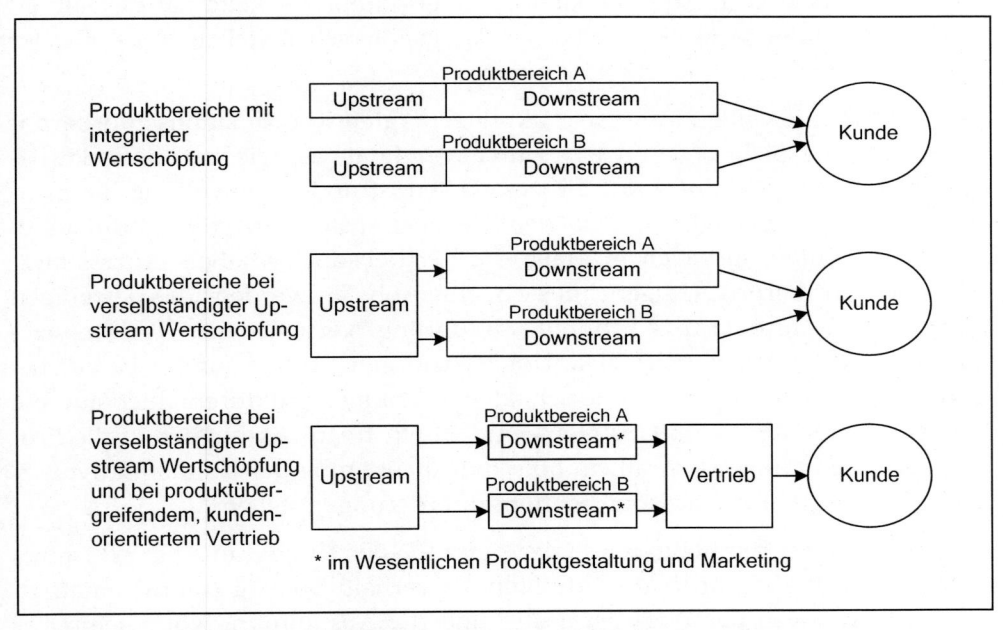

Abb. 71: Formen der Vertriebskoordination und Rahmenstruktur

Wie aus Abb. 71 ersichtlich ist, stellt die Frage, ob die Upstream-Aktivitäten (Beschaffung, Entwicklung, Produktion) sowie die Downstream-Aktivitäten (im

Wesentlichen Produktgestaltung, Marketing, Vertrieb) in die Produktsparten integriert sind oder nicht, nach der hier vertretenen Auffassung das zentrale Merkmal zur Differenzierung zwischen verschiedenen Rahmenstrukturen dar.[10]

Zu 3.: Das Problem, auf welche Weise das Nachfragepotenzial der Unternehmung ausgeschöpft werden soll, findet seinen strukturellen Niederschlag primär in der internen Ausgestaltung des Vertriebsbereichs. In diesem Zusammenhang ist von besonderer Bedeutung, wie den Bedarfsstrukturen unterschiedlicher Kunden(-gruppen) durch eine differenzierte Marktbearbeitung Rechnung getragen werden kann. Ob und in welchem Maße kundenorientierte Strukturen im Vertrieb zum Einsatz kommen sollen, erfordert eine differenzierte Untersuchung des Spannungsverhältnisses zwischen der reibungslosen Abwicklung des gesamten Wertschöpfungsprozesses auf der einen sowie der möglichst umfassenden Ausschöpfung des Marktpotenzials auf der anderen Seite.

Der Vertrieb ist in vielfältiger Weise mit den übrigen Wertschöpfungsaktivitäten einer Unternehmung verbunden. Koordinationsdefizite, mögen sie ihre Ursache im Upstream- oder im Downstream-Bereich haben, äußern sich letztlich in Diskrepanzen zwischen Kundenerwartung und Leistungsrealisation und sind damit von ausschlaggebender Bedeutung für den Erfolg des Akquisitionsprozesses. Die Koordination entlang der Wertschöpfungskette hat deshalb einen hohen, häufig sogar einen unternehmungspolitischen Stellenwert – und der Vertrieb ist der Sachwalter dieser Aufgabe.

Die durch die jeweilige Rahmenstruktur geprägten Koordinationsanforderungen hängen aus Sicht des Vertriebs zum einen davon ab, wie spezifisch der Bedarf an Kunden-, Produkt- und Prozesswissen ist und inwieweit die Rahmenstruktur einen eventuell erforderlichen Wissenstransfer unterstützt. Zum anderen ist zu prüfen, in welchem Maße die Vertriebsdispositionen Prozessinterdependenzen berücksichtigen müssen. In Abb. 72 werden die jeweiligen Koordinationsanforderungen durch Einführung verschiedener Bedingungskonstellationen systematisiert. Die Unterscheidungen fußen auf der bereits begründeten Annahme, dass unterschiedliche Rahmenstrukturen (hier auf die Frage der Integration von Upstream- und Downstream-Aktivitäten in die Produktbereiche reduziert) vor allem über die Ausprägung der Kundenindividualisierung unterschiedliche Koordinationsanforderungen stellen.

Der Fall geringer Kundenindividualisierung (Felder 1 und 3 in Abb. 72) ist aus Sicht der Vertriebskoordination deshalb als verhältnismäßig unproblematisch zu beurteilen, weil der Wissenstransfer und die Abstimmung von – selbst be-

---

10) Ähnlich auch Galbraith [Corporation].

reichsübergreifenden (Feld 3) – Prozessinterdependenzen über standardisierte Regeln gewährleistet werden können. Auf Seiten des Kunden besteht beim Verzicht auf weit reichende Individualisierungsmaßnahmen ein Beratungsbedarf, dem selbst bei hoher Produktkomplexität vom Vertrieb durch Rückgriff auf eigenes Wissen oder auf das Wissen im Downstream-Bereich Rechnung getragen werden kann. Prozessinterdependenzen, deren Berücksichtigung vor allem bei der Vereinbarung von Lieferfristen wichtig ist, lassen sich weitgehend durch eine auf längerfristigen Marktprognosen beruhende Planung abstimmen.

		gering	hoch
Integration von Upstream- und Downstream-Aktivitäten	ja	keine besonderen An- forderungen an die Koordination des Vertriebs ①	hohe Koordinationsanforderungen bei günstiger Rahmenstruktur ②
	nein	keine besonderen Anforderungen an die Koordination des Vertriebs ③	hohe Koordinationsanforderungen bei ungünstiger Rahmen- struktur ④
		Kundenindividualisierung	

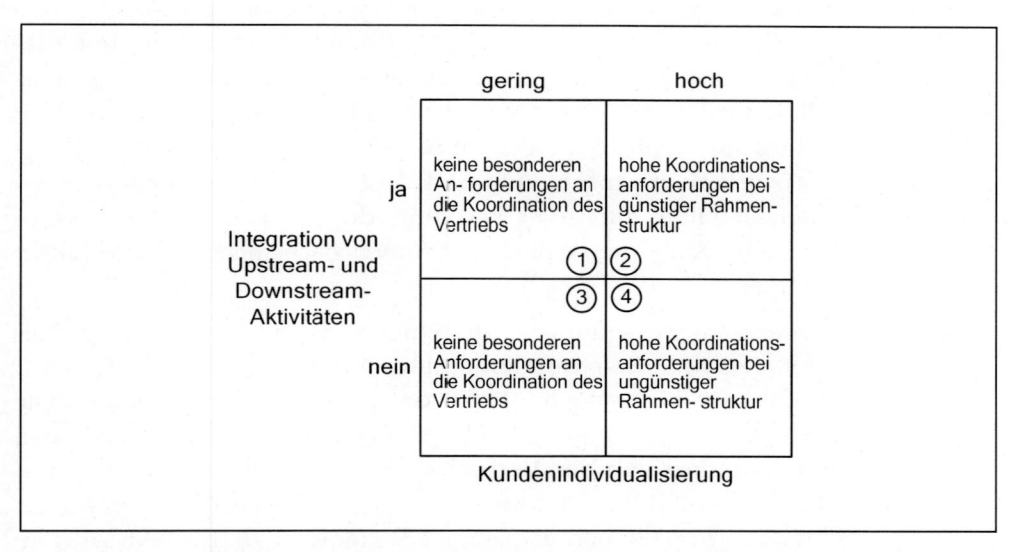

Abb. 72:   Rahmenstruktur und Anforderungen an die Vertriebskoordination

Die Felder 2 und 4 repräsentieren Fälle, in denen aus einer hohen Kundenindividualisierung ausgeprägte Koordinationsanforderungen resultieren. In Feld 2 begünstigt eine Internalisierung der Downstream-Aktivitäten im Produktbereich die Koordination entlang der Wertschöpfungskette; in Feld 4 wird die Abstimmung schwieriger, weil sie sich bereichsübergreifend (zwischen Vertrieb, Produktbereichen und zentralen Upstream-Einheiten) vollzieht. Die durch Feld 4 erfasste Situation stellt die Vertriebskoordination dann vor ein lösbares Problem, wenn als Folge hoher Kundenindividualisierung und Produktkomplexität zwar ein ausgeprägter Beratungsbedarf auf Seiten des Kunden existiert, entsprechende Beratungsleistungen aber größtenteils vom Downstream-Bereich erbracht werden können. Diese Voraussetzung ist vor allem dann gegeben, wenn auf Grund eines Modularisierungskonzepts weitgehend standardisierte Produkt- und Leistungskomponenten nach standardisierten Integrationsprinzipien entsprechend den Wünschen des Kunden kombiniert werden. Eine Entkoppelung wesentlicher Upstream- und Downstream-Aktivitäten von den Produktbereichen sowie untereinander wird in dem Maße problematisch, in dem die Kundenindividualität der zu erbringenden Leistung eine Einbeziehung von Einheiten des Upstream-Bereiches in die Akquisition erfordert, weil die umfassende Vorhaltung von Produkt- und Prozesswissen im Downstream-Bereich aus Kostengründen nicht zu realisieren ist.

Wendet man den Blick weg von der Koordination „entlang der Wertschöpfungskette" und hin zur internen Ausgestaltung des Vertriebsbereiches, so ändert sich das Spektrum der Koordinationsanforderungen. Sicherzustellen sind die Präsenz akquisitionsrelevanten Wissens, die möglichst umfassende Ausschöpfung des Marktpotenzials und die Berücksichtigung von Marktinterdependenzen. Unter diesen Bedingungen gewinnen kundenorientierte Vertriebsstrukturen, d. h. Einheiten mit kundenbezogener Informations- und Wissensbasis sowie Entscheidungskompetenz, Bedeutung. Sie sind umso vorteilhafter, je höher der Stellenwert einer Einbringung und Kumulierung kundenbezogenen Wissens in einer Einheit, je intensiver Marktinterdependenzen und je ausgeprägter die potenzielle Nachfrage einzelner Kunden nach mehreren Produkten der Unternehmung sind.

In Abb. 73 werden Unterscheidungen für Situationen mit verschiedenartiger Ausprägung der genannten Koordinationsanforderungen getroffen. Es wird vereinfachend davon ausgegangen, dass vor allem die Strategiemerkmale „Kundenindividualisierung" und „produktübergreifende Nachfrage" den Koordinationsbedarf innerhalb der Vertriebseinheit bestimmen. Unter den in Abb. 73 berücksichtigten Einflussfaktoren des Koordinationsbedarfs kommt der Kundenindividualisierung ein herausragender Stellenwert zu. Deshalb wird im Fall 1 (produktübergreifende Nachfrage, aber geringe Kundenindividualisierung) kein nachhaltiger Impuls zur Einführung kundenorientierter Vertriebsstrukturen generiert. Während die in Abb. 73 durch Feld 3 erfasste Konstellation kundenorientierte Strukturen als wenig relevant erscheinen lässt, kann die Situation in Feld 2 als „Potenzierung" kundenbezogener Koordinationsanforderungen bezeichnet werden. Hier ist eine kundenorientierte Gliederung des Vertriebs unausweichlich. Schließt die Nachfrage des Kunden auch intensive Kontakte zum Upstream-Bereich ein und entstehen Marktinterdependenzen auf Grund eines durch kundenindividuelle Auftragsanbahnung und -abwicklung begründeten Zwangs zur Einbindung mehrerer Bereiche, kann sich darüber hinaus eine differenzierte Regelung der Koordinationsaufgaben innerhalb der Kundeneinheit als unerlässlich erweisen. In der durch Feld 4 erfassten Situation verstärken sich, verglichen mit dem in Feld 3 dargestellten Fall, die Tendenzen zur Einführung kundenorientierter Vertriebsstrukturen in den einzelnen Produktbereichen.

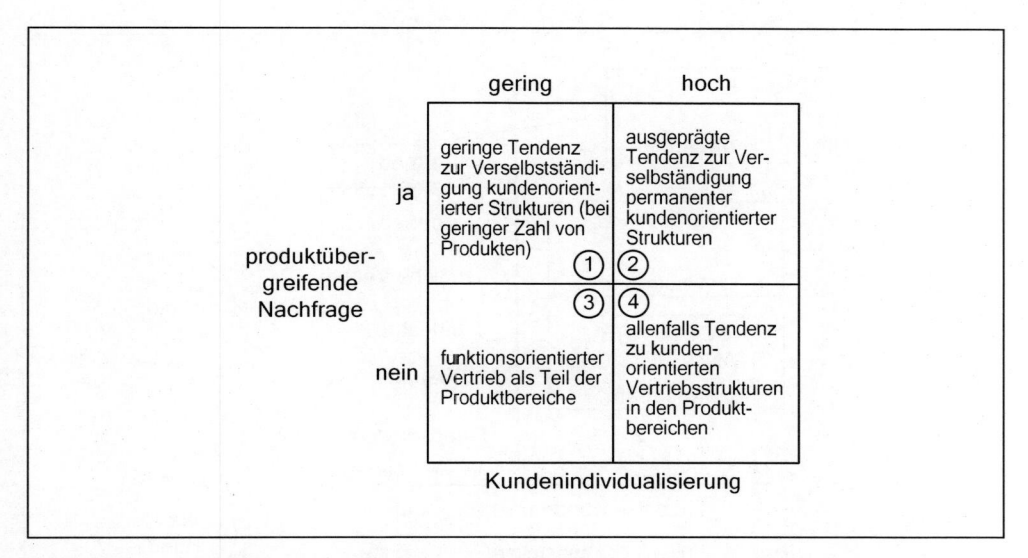

```
                        gering          hoch
                   ┌─────────────┬─────────────┐
                   │ geringe     │ ausgeprägte │
                   │ Tendenz     │ Tendenz zur │
                   │ zur Ver-    │ Verselbst-  │
              ja   │ selbstständi│ ständigung  │
                   │-gung kunden-│ permanenter │
                   │ orientierter│ kunden-     │
                   │ Strukturen  │ orientierter│
                   │ (bei geringer│ Strukturen │
produkt-           │ Zahl von    │             │
übergreifende      │ Produkten)  │             │
Nachfrage          │     ①       │     ②       │
                   ├─────────────┼─────────────┤
                   │             │ allenfalls  │
                   │     ③       │     ④       │
                   │ funktions-  │ Tendenz zu  │
              nein │ orientierter│ kunden-     │
                   │ Vertrieb als│ orientierten│
                   │ Teil der    │ Vertriebs-  │
                   │ Produkt-    │ strukturen  │
                   │ bereiche    │ in den Pro- │
                   │             │ duktbereichen│
                   └─────────────┴─────────────┘
                        Kundenindividualisierung
```

Abb. 73:   Koordinationsanforderungen und interne Organisation des Vertriebs

Die gegenwärtige Vertriebsorganisation der *IBM*, die Abb. 74 vereinfacht darstellt, bildet den Kern der Organisations-Konzeption, die *Louis V. Gerstner*, Chairman of the Board und Chief Executive Officer, nach seiner Ernennung 1993 in einem mehrjährigen Entwicklungsprozess einführte. *Gerstner* löste damals *John Akers* ab, der mit seinem Modell unabhängiger Unternehmungseinheiten, die sich – ausgestattet mit beträchtlicher Autonomie – flexibel am Markt bewegen sollten, gescheitert war.[11] Mit Blick auf die verfolgte Wettbewerbsstrategie lassen sich als prägende Elemente der *IBM*-Vertriebsorganisation produktübergreifende Nachfrage, hohe Produktkomplexität und flächendeckende Marktausschöpfung identifizieren.

---

11) Vgl. zur Organisationskonzeption von Gerstner – insbesondere zu seiner Einschätzung der Dezentralisierungspolitik von Slater [Leadership] 79 ff. sowie Garr [IBM] 55 ff.

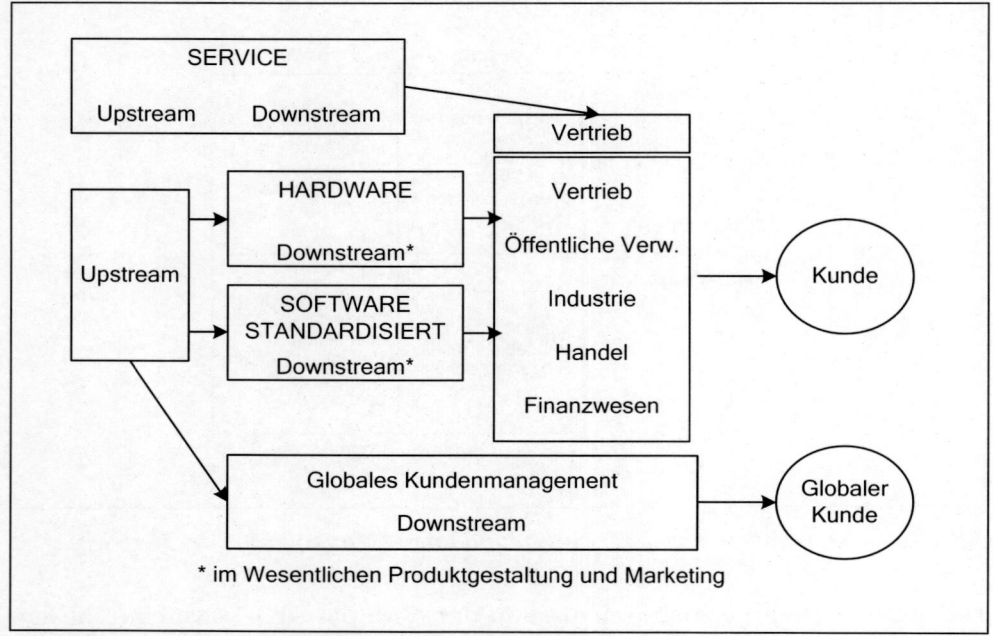

```
          SERVICE
    Upstream   Downstream
                              Vertrieb
              HARDWARE        Vertrieb
              Downstream*     Öffentliche Verw.
   Upstream                   Industrie          Kunde
              SOFTWARE        Handel
              STANDARDISIERT
              Downstream*     Finanzwesen

              Globales Kundenmanagement         Globaler
                    Downstream                   Kunde

    * im Wesentlichen Produktgestaltung und Marketing
```

Abb. 74:   Vereinfachte Darstellung des IBM-Vertriebs

Produktübergreifende Nachfrage

Bei *IBM* sind viele Kunden Nachfrager für einen großen Teil der Produkte oder gar für alle angebotenen Produkte. Der strategische Stellenwert der produktübergreifenden Nachfrage lässt sich mit dem Hinweis auf den Systemcharakter vieler Leistungsangebote auf dem Gebiet der Informationstechnologie und auf absatzwirtschaftliche Verbundeffekte zwischen Pre-Sales- und After-Sales-Leistungen erklären. Ohne eine konsequente kundenorientierte Ausrichtung des Vertriebs nach dem Prinzip des „One face to the customer" lässt sich ein so strukturiertes Nachfragepotenzial beim Kunden nicht einmal annähernd ausschöpfen. Darüber hinaus erfordert die Kundenindividualität vieler Produkte und Leistungen das geschlossene Auftreten beim Kunden. Zwar ist der größte Teil der Hardware- und Softwareprodukte standardisiert; ihre kundenspezifische Konfiguration zu einem System orientiert sich aber sehr oft an den Anforderungen eines konkreten Kunden. Die Kundenorientierung gilt in ganz ausgeprägter Weise für alle Dienstleistungen, die organisatorisch im Bereich „Global Services" zusammengefasst sind. Dieser Bereich gliedert sich in vier Teileinheiten: Strategic Outsourcing Services (z.B. Übernahme von operativen Aufgaben der Informationsverarbeitung wie etwa der Betrieb von Rechenzentren), Business Innovation Services (z.B. Entwicklung und Implementierung kundenindividueller Software), Integrated Technology Services (z.B. After-Sales-Service) und Learning Services (z.B. Ausbildungsprogramme).

Hohe Produktkomplexität

Die Produkte der *IBM* sind technisch in hohem Maße anspruchsvoll, so dass die Präsenz von Produkt- und Prozesswissen in Verhandlungen mit dem Kunden zu einem entscheidenden Faktor für den Vertriebserfolg wird. Die organisatorische Lösung für die Berücksichtigung dieser Anforderung muss von der ökonomisch begründeten Ansicht ausgehen, dass in den relativ kleinen Kundeneinheiten (in der Regel ein fünfköpfiges Team) kein breites Spektrum differenzierten Produktwissens vorgehalten werden kann. Der in diesem Kontext erforderliche bereichsübergreifende Transfer von Wissen stellt hohe Anforderungen[12], weil das Wissen weit gestreut ist. Die Diffusion produktrelevanten Wissens wird vor allem durch den hohen Standardisierungsgrad der Hardwareprodukte und der meisten Softwareprodukte gefördert; bei *IBM* sind die Upstream- und Downstream-Aktivitäten getrennten Bereichen zugeordnet. Die Produktbereiche „Personal and Printing Systems" (General Purpose Computer Systems) und „Enterprise Systems" (Server) umfassen nur Downstream-Aktivitäten (Marketing, Vertrieb); sie beziehen die Hardwareprodukte von dem Upstream-Bereich „Technology and Manufacturing". Eine entsprechende Struktur gilt für die standardisierte Software (vereinfacht: Software für Serverbasierte Systeme und E-Business); auch hier umfasst der Produktbereich „Software" nur Downstream-Aktivitäten. Im Einklang mit der entwickelten These[13] führt bei *IBM* die Kundenindividualisierung zur Integration der Wertschöpfungskette in einem Bereich. So sind im Bereich „*IBM* Global Services" die Upstream- und Downstream-Wertschöpfung für kundenindividuelle bzw. kundenangepasste Software organisatorisch zusammengefasst.

Mit der Konzeption der Produktbereiche, in besonderem Maße mit dem Modell der auf Downstream-Aktivitäten reduzierten Produktbereiche, trägt die *IBM*-Organisation der selbst bei einem ausgeprägten Absatzverbund eigenständigen Bedeutung der Produktperspektive Rechnung. Allein die Notwendigkeit, Absatzprognosen zu erstellen, das Konkurrentenverhalten zu beobachten und einzuschätzen sowie zur Sicherung der Lieferzuverlässigkeit die Wertschöpfungs-

---

12) Das wird in folgender Feststellung von *Douglas T. Elix*, Senior Vice President, zuständig für den Bereich „*IBM Global Services*", deutlich – auch wenn der Zusammenhang positiv gewendet wird: „When we start to put together a solution, being hardwired to colleagues who have great customer relationships at one end and who are actually building the products and technologies at the other end is a trump card we play again and again and again." (Annual Report 2000, S. 25).

13) Vgl. S. 351 f.

prozesse abzustimmen, legt eine Bildung von Produktbereichen nahe. Im Rahmen einer durch die Kundendimension dominierten Vertriebsorganisation füllen Produktbereiche eine weitere Funktion, wenn technologisch ansvolles Wissen weit gestreut ist. Die produktbezogene Bündelung von Produkt- und Prozesswissen dürfte der einzig praktikable Weg sein, um den heiten einen raschen, den Verhandlungsanforderungen im Akquisitionsprozess entsprechenden Wissenszugriff zu ermöglichen. Das Unterstützungspotenzial für die Vertriebsaktivitäten der Kundeneinheiten wird damit weitgehend in den Produktbereichen vorgehalten.[14] Seine effiziente Nutzung steht und fällt mit der Fähigkeit und Bereitschaft zur bereichsübergreifenden Kooperation.

Das Erfordernis einer intensiven bereichsübergreifenden Abstimmung bildet die zentrale Herausforderung der *IBM*-Vertriebskonzeption, weil trotz unbestrittener Dominanz der Kundeneinheit auch die Vertriebseinheiten der Produktbereiche in direktem Kontakt zum Kunden stehen. Dies ist nicht allein Ausfluss der beschriebenen Unterstützungsfunktion (Bereitstellung produktbezogenen Wissens) für die Kundeneinheit. Ohne Kenntnis der Kundenbedürfnisse, was bis zu einem gewissen Grade die Einbeziehung von Produktbereichen in den Prozess der Identifizierung und Lösung von Kundenproblemen erfordert, ist eine nachhaltige Unterstützung der Kundeneinheit nicht gewährleistet. Darüber hinaus werden viele Aufträge, die sich lediglich auf ein isoliertes Produkt beziehen, unmittelbar zwischen Produktbereich und Kunde abgewickelt. Gleichwohl liegt die Verantwortung für Transaktionen auf dem Absatzmarkt bei der Kundeneinheit – und daraus ergibt sich ihre Verantwortung für die Kontrolle aller Kundenkontakte mit der möglichen Konsequenz einer Einschränkung des Engagements kompetenter, eigenständiger Produktbereiche. Diese konfliktträchtige Matrixstruktur stellt außerordentliche Anforderungen an die Fähigkeit und Bereitschaft zur bereichsübergreifenden Kooperation.[15]

Konsequente Marktausschöpfung

Ein Markt, der wie der für Informationstechnologie-Produkte eine globale Ausdehnung aufweist und eine Fülle verschiedenartiger Nachfrager umfasst, lässt sich nicht nur über einen Vertriebskanal erschließen. Zu einem Kunden, der eine E-Commerce-Infrastruktur für seine globale Geschäftstätigkeit benötigt, führt in der Regel ein anderer Weg als zum Käufer eines mobilen PC. Allein das

---

14) Besondere Bedingungen gelten für das noch zu erläuternde „globale Kundenmanagement".

15) Nur angemerkt sei, dass diese Gratwanderung komplexe Anreizprobleme heraufbeschwört. So erhalten nach derzeit gültiger *IBM*-Regelung sowohl die Kundeneinheit als auch die beteiligte Produkteinheit Umsatzprovisionen.

Diktat der Vertriebskosten hat eine Differenzierung und damit möglicherweise auch eine Duplizierung von Distributionswegen zur Konsequenz. Bei *IBM* lassen sich neben E-Commerce und Kooperation mit externen Vertriebspartnern zwei Vertriebswege mit jeweils spezifischen Formen des Kundenkontakts und unterschiedlicher organisatorischer Einbindung voneinander abgrenzen:

- Globales Kundenmanagement

    Am stärksten organisatorisch verselbstständigt ist der Weg zu etwa 150 global tätigen Unternehmungen, deren jährliches Beschaffungsbudget für Informationstechnologie-Produkte eine Schaffung autonomer kundenorientierter Vertriebseinheiten rechtfertigt. Die globalen Kundeneinheiten können auf eigene Marketing- und Vertriebsressourcen zurückgreifen und sind hinsichtlich des Produkt- und Prozesswissens nicht auf die Produktbereiche angewiesen.

- Nationales (regionales) Kundenmanagement

    Diese Kundeneinheiten betreuen mit nationalem Schwerpunkt Kunden, deren Beschaffungsbudget die Kosten des Direktvertriebs trägt. Sie sind in die Landesgesellschaften[16] nach Branchen eingegliedert (vgl. Abb. 74); so ist die für die Daimler-AG zuständige Kundeneinheit dem Branchenbereich „Industrie" der *IBM*-Deutschland GmbH zugeordnet. Die nationalen Kundeneinheiten bestehen aus kleinen Teams, die im Bedarfsfall auf das Vertriebs- und Wissenspotenzial der Produktbereiche zurückgreifen.

Man wird dem Vertriebskonzept der *IBM* eine hohe Strategiekonformität bescheinigen können. Allerdings stellt seine erfolgreiche Umsetzung Koordinationsanforderungen, die keineswegs trivial sind. Hier soll nur auf das Problem der mit einer kundenorientierten Vertriebsorganisation verbundenen Tendenz zur Fragmentierung von Vertriebsaktivitäten eingegangen und auf das von der *IBM* entwickelte Branchenkonzept hingewiesen werden. Die weltweite Verwirklichung des Prinzips „One face to the customer" mit der Bildung kleiner Kundeneinheiten führt zur Fragmentierung der Vertriebsaktivitäten. Die Kapazität der Kundeneinheit zur eigenständigen Analyse des Kundenbedarfs, insbesondere auch hinsichtlich seiner zeitlichen Entwicklung, sowie die Fähigkeit, entsprechende Einschätzungen der Marktentwicklung sowie des Konkurrentenverhaltens vorzunehmen, sind begrenzt. Aus Sicht der Gesamtunternehmung stellt sich bei einer konsequenten Verfolgung einer Marktpenetrations-

---

16) Die Zuständigkeit einer Landesgesellschaft entspricht nicht immer den nationalen Grenzen. Die deutsche Landesgesellschaft ist z.B. auch für das deutschsprachige Europa und einige osteuropäische Länder verantwortlich.

strategie die Frage, wie sichergestellt werden kann, dass das bestehende Kundenpotenzial ausgeschöpft und der gesamte Markt flächendeckend effizient bearbeitet wird. Es handelt sich dabei im Wesentlichen um Planungsaufgaben, deren organisatorische Bewältigung die Prinzipien der Problemnähe und der Problemkompetenz zu beachten hat. Die Zuordnung einer solchen Aufgabe zu Produktbereichen scheidet aus den dargelegten Gründen aus. In Erwägung gezogen werden könnte eine regionale Verankerung von Vertriebsaufgaben. Das Kriterium der Problemnähe wäre bei dieser Lösung erfüllt, umfassende Problemkompetenz ließe sich in den Regionen aber nur mit unverhältnismäßig hohem Aufwand entwickeln und vorhalten. Die von *IBM* im letzten Jahrzehnt entwickelte Branchengliederung erweist sich vor dem Hintergrund der vorangegangenen Überlegungen als das wohl einzig tragfähige Modell. Die globale Branchenorientierung ermöglicht eine Spezialisierung auf branchentypische Entwicklungen und Anforderungen und gewährleistet damit Problemkompetenz in den Vertriebseinheiten. Die Differenzierung nach fünf Branchen (vgl. Abb. 74) reduziert die Problemkomplexität und gewährleistet die notwendige Problemnähe. Bei *IBM* steuern damit branchenorientierte Analysen und Vorgaben die Kundeneinheiten; darüber hinaus wird durch flankierende Aktionen (so genanntes Kampagnen-Management) die konsequente Ausschöpfung des Marktpotenzials unterstützt.

Insgesamt lässt sich feststellen: Die *IBM*-Organisation will das Ziel einer größeren Kundennähe unter Verzicht auf die Einrichtung autonomer Produktbereiche durch eine hochgradige Zentralisation von Entscheidungen auf der Ebene der Unternehmungsleitung erreichen. Der Firmensitz in Amonk wird neben dem strategischen Zentrum zunehmend auch der Ort eines großen Teils des operativen Geschäfts; die Landesgesellschaften bilden lediglich noch die Infrastruktur für die Vertriebsaktivitäten. Das Konzept erscheint schlüssig: Die Verfolgung des Ziels einer anspruchsvollen Marktausschöpfung lässt angesichts intensiver Prozessinterdependenzen und mehrdimensionaler Matrixstrukturen keine andere Wahl. Zentrale Planung wird allerdings gemeinhin mit bürokratischen Verhaltensweisen, mit dem Verlust an Initiative und Kreativität assoziiert. Das ist jedoch keine Zwangsläufigkeit. Wenn eine Unternehmung über Jahrzehnte hinweg den Beweis einer überragenden Kompetenz zur Planung erbracht hat, dann ist es *IBM*. Aber das Gerstner-Modell verfolgt den Gedanken der Zentralisation – ganz im Gegensatz zu dem weltweit verbreiteten Plädoyer für überschaubare und eigenverantwortliche Einheiten – in einer so radikalen Weise, dass der Ausgang dieses Experiments im höchsten Maße aufschlussreich sein wird.

Organisatorische Gestaltung der Software-Entwicklung

Die Durchführung großer Entwicklungsprojekte stellt hohe Anforderungen an die organisatorische Gestaltung. Auf Grund der Komplexität dieser Vorhaben und des zu Beginn der Projektaktivitäten in der Regel begrenzten Wissens können viele Abhängigkeiten zwischen den einzelnen Teilaufgaben nur sehr begrenzt im Voraus erfasst werden. Diese Problembeschreibung gilt in besonderem Maße für umfangreiche Software-Entwicklungsvorhaben, an deren Durchführung mitunter mehrere hundert Entwickler beteiligt sind. Bei der organisatorischen Gestaltung dieser Vorhaben sind die Verteilung der Entwicklungsaufgaben auf die einzelnen Entwickler und Teams und die Abstimmung zwischen diesen Einheiten zu unterscheiden. Die folgende Betrachtung konzentriert sich auf den ersten Aspekt[17] und leitet Aussagen über zweckmäßige organisatorische Regelungen aus der Wettbewerbsstrategie ab. Darüber hinaus werden die jeweiligen Bedingungen der Entwicklung berücksichtigt. Beide Elemente werden hier unter dem Begriff Gestaltungssituation zusammengefasst. Wie verschieden die organisatorischen Anforderungen und die zu betrachtenden Lösungen sein können, wird im Folgenden mit Blick auf die strategisch relevanten Merkmale der Festlegung von Produktmerkmalen und der Marktabgrenzung anhand zweier alternativer Gestaltungssituationen aufgezeigt.[18]

In Unternehmungen der Software-Industrie stellen aus der Sicht des Kunden vor allem Zuverlässigkeit, Funktionalität, Produktflexibilität, Service-Leistungen, Produktdokumentation, Benutzerfreundlichkeit, Kosten und Zeit der Implementierung, Zukunftssicherheit sowie Effizienz (Reaktionszeit der Software, Datendurchsatz, Speicherbedarf) zentrale Produktmerkmale dar. Gleichermaßen gute Ausprägungen hinsichtlich aller oder mehrerer dieser Merkmale sind nur selten möglich. Deshalb besteht ein wesentlicher Aspekt der Definition einer Wettbewerbsstrategie darin, Produktmerkmale auszuwählen, denen ein besonders hoher Stellenwert zukommt. Aus Kundensicht besonders wichtig sind häufig die Merkmale der Zuverlässigkeit und der Funktionalität.

Hinsichtlich der Marktabgrenzung ist die Unterscheidung zwischen dem Angebot von Standard- und Individualsoftware aussagefähig. Aus Gründen der Vereinfachung werden im Weiteren lediglich zwei Strategietypen betrachtet. Während der *Strategietyp I* das Angebot von Standardsoftware mit (im Ver-

---

17) Die weitere Darstellung orientiert sich an der Studie von *Lang*, die den Zusammenhang zwischen Wettbewerbsstrategie und Organisationsstruktur bei der Software-Entwicklung untersucht; vgl. Lang [Entwicklung].
18) Zu einer detaillierten Ableitung von Wettbewerbsstrategien und Gestaltungssituationen für die Software-Entwicklung vgl. Lang [Entwicklung] 212 ff, 255.

gleich zu den Wettbewerbern) umfangreicher Funktionalität bezeichnet, basiert der *Strategietyp II* auf dem Angebot von zuverlässigkeitsorientierter Individualsoftware. Bei letzterem Strategietyp kommt häufig auch der Effizienz der Software ein hoher Stellenwert zu.

Zu den relevanten Bedingungen zählen z.B. die Neuartigkeit des zu entwickelnden Softwareproduktes (Erstentwicklung oder Anpassungs- bzw. Weiterentwicklung), die Wettbewerbsdynamik und die Veränderlichkeit der Kundenpräferenzen. Diese Variablen haben erheblichen Einfluss auf die zu Beginn und während der Entwicklung bestehende Unsicherheit. Zur Kontrastierung werden im Folgenden zwei Gestaltungssituationen mit stark unterschiedlicher Unsicherheit gewählt. Bei der *Gestaltungssituation A*, in der der Strategietyp I verfolgt wird, wird angenommen, dass Neuartigkeit, Wettbewerbsintensität und Veränderlichkeit der Kundenpräferenzen ausgesprochen hoch sind. In dieser Gestaltungssituation kommt der Entwicklungszeit eine zentrale Bedeutung zu.[19] Die *Gestaltungssituation B* sei hingegen durch die Verfolgung einer Wettbewerbsstrategie vom Typ II und eher geringen Ausprägungen auf den eingeführten Bedingungen gekennzeichnet.

Bei der Kompetenzverteilung geht es nun darum, die relevanten Entwicklungsaufgaben so auf die einzelnen Entwickler und Teams zu verteilen, dass sie den Anforderungen der Gestaltungssituationen möglichst gut entsprechen. Die weiteren Ausführungen konzentrieren sich hierbei auf den organisatorischen Gestaltungsaspekt der Koordination. Bevor eine Kompetenzverteilung erfolgen kann, müssen zunächst die verschiedenen Entwicklungsaufgaben identifiziert werden. In Anbetracht der Vielzahl möglicher Entwicklungsaufgaben erfolgt eine Bündelung zu Teilprozessen. Es werden vereinfachend nur die Teilprozesse der Konzeption, der Analyse, des Entwurfs und der Implementierung unterschieden.[20]

Gegenstand der Konzeption ist die Erhebung der funktionalen und nichtfunktionalen Anforderungen der Kunden an das zu entwickelnde Softwareprodukt. Die Beschreibung dieser Anforderungen muss so erfolgen, dass sie für die Kunden nachvollziehbar ist. Im Rahmen der Analyse wird diese (vorläufige) kundennahe Produktdefinition in eine teil-formalisierte entwicklungsorientierte Produktspezifikation überführt und konkretisiert. Gegenstand des Entwurfs ist die Entwicklung eines technischen Realisierungskonzeptes (Prototyp der Softwarearchitektur, Spezifikation der Algorithmen und Datenstrukturen). In der Implementierung erfolgen auf Basis der Entwurfs-Ergebnisse die Programmie-

---

19) Vgl. hierzu näher Lang [Entwicklung] 244 f.
20) Für eine detailliertere Betrachtung vgl. Lang [Entwicklung] 33 ff, 280 ff.

rung der einzelnen Komponenten sowie deren Integration zu einem lauffähigen Softwaresystem.

Ein wesentliches Problem bei der organisatorischen Gestaltung der Software-Entwicklung liegt in der Vielzahl der Interdependenzen, die zwischen den einzelnen Teilaufgaben bestehen. Wie Abb. 75 verdeutlicht wird in der Analyse- und Entwurfsphase die Interdependenzproblematik durch eine Fülle von Teilprozessen und Teilprodukten (Modulen) bestimmt. Die zentrale Frage nach den kritischen Interdependenzen kann nur unter Rückgriff auf die vorliegende Gestaltungssituation beantwortet werden.

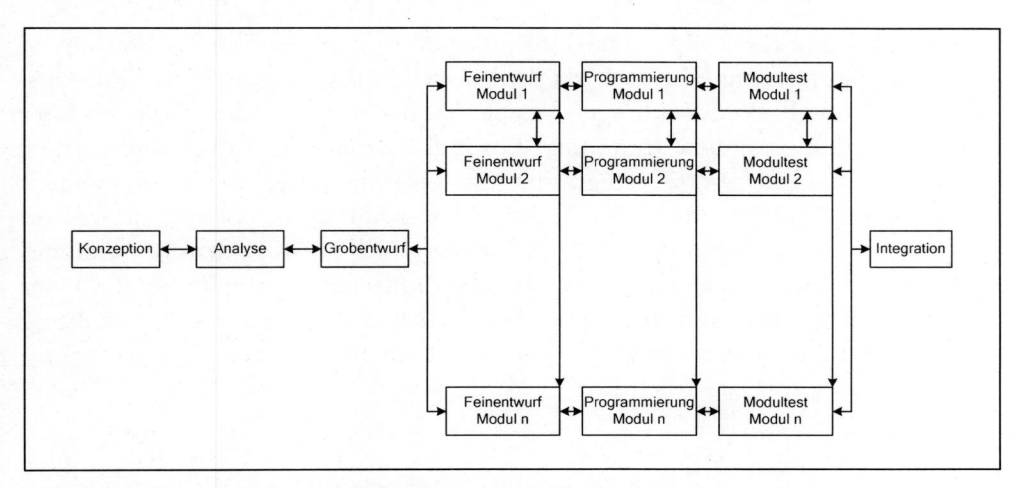

Abb. 75:   Teilprozess- und Teilprodukt-Interdependenzen

Gestaltungssituation A

Auf Grund der in dieser Gestaltungssituation bestehenden hohen Unsicherheit ist eine sequenzielle Vorgehensweise hinsichtlich der einzelnen Teilprozesse nicht möglich. Die Produktdefinition kann auf Grund der Neuartigkeit des zu entwickelnden Produktes, der Veränderlichkeit der Kundenpräferenzen und eventueller Neuheiten bei den Konkurrenzprodukten nicht zu Beginn mit verbindlicher Wirkung erfolgen. Es bestehen insbesondere die beiden Probleme, dass zu Beginn nicht zuverlässig abgeschätzt werden kann, welches Produkt der Kunde erwartet und wie vom Kunden eingebrachte Anforderungen realisiert werden können. Die Erarbeitung der zweckmäßigen Produktdefinition und die Festlegung der Wege zu seiner Realisierung müssen gleichzeitig und aufeinander abgestimmt erfolgen. Während die Entwicklung der Produktdefinition Gegenstand der Konzeption und Analyse ist, muss die Lösungssuche im Rahmen der Teilprozesse des Entwurfs und der Implementierung erfolgen.

Ohne eine Zusammenführung der beteiligten Mitarbeiter in einem Team lassen sich diese Interdependenzen nicht angemessen berücksichtigen. Nur so kann der hohe Kommunikationsbedarf zwischen den Teilprozessen bewältigt werden. Wichtig ist in diesem Zusammenhang auch, dass durch die Zusammenführung der Entwickler mit der Konsequenz einer Vereinfachung der Kommunikation wechselseitig Wissen hinsichtlich der Anforderungen der jeweils anderen Teilprozesse aufgebaut wird.

Die vorangegangene Darstellung zeigt, dass in der Gestaltungssituation A die Teilprozess-Interdependenzen besonders kritisch sind. Die Internalisierung dieser Interdependenzen durch die beschriebene Form der Teambildung führt zur

Externalisierung der Teilprodukt-Interdependenzen. Diese Externalisierung ist vergleichsweise weniger kritisch, da die Entwicklungsprojekte der Gestaltungssituation A aus Erstentwicklungen bestehen. Hier muss zunächst Wissen über den Anwendungskontext und über Lösungsalternativen aufgebaut werden, bevor an eine verbesserte Integration der einzelnen (relativ unabhängigen) funktionalen Produktkomponenten gedacht werden kann. Wichtig ist, dass in möglichst kurzer Zeit ein Produkt mit (im Vergleich zur Konkurrenz) umfangreicher Funktionalität angeboten wird. Die Optimierung der Integration der funktionalen Produktelemente – und damit auch die verbesserte Abstimmung der Teilprodukt-Interdependenzen – erfolgt dann im Rahmen von Weiterentwicklungen.

Gestaltungssituation B

Die Gestaltungssituation B ist durch eine zuverlässigkeitsorientierte Wettbewerbsstrategie, die Entwicklung eines Individual-Softwareprodukts als Variantenentwicklung sowie durch eine geringe technische und marktliche Dynamik gekennzeichnet. Betrachtet werden damit Unternehmungen, die in der Vergangenheit bereits ähnliche Produkte entwickelt haben und bei denen das aktuell zu entwickelnde Softwareprodukt als Variante dieser früheren Produkte angesehen werden kann. Auf Grund der vorausgegangenen Entwicklungsprojekte und der geringen technischen Dynamik kann von einem hohen Wissensstand hinsichtlich des Anwendungskontextes und der relevanten Software- und Hardwaretechniken ausgegangen werden. Es bestehen ferner hohe Anforderungen sowohl an die Zuverlässigkeit als auch an die Effizienz (Datendurchsatz, Reaktionszeit) der Software.

Der geringere Stellenwert der Entwicklungsdauer im Vergleich zur Gestaltungssituation A führt dazu, dass die Abstimmung der Teilprozess-Interdependenzen in zeitlicher Hinsicht weniger kritisch ist. Gleichzeitig nimmt in der Gestaltungssituation B die Bedeutung der Teilprozessergebnisse zu. Zum einen ist auf Grund der Erwartungen der Kunden an die Liefertreue und des hohen

Stellenwerts der Planungstreue – Kostensteigerungen können nur sehr begrenzt an die Kunden weitergegeben werden, da heute viele Individualsoftwareprojekte auf Basis von Festpreisen durchgeführt werden – das frühzeitige Vorliegen einer möglichst stabilen Produktdefinition in der Konzeption (und Analyse) wichtig.[21] Auf Grund der relativ geringen Unsicherheit in der Gestaltungssituation B, kann diese Voraussetzung in der Regel erfüllt werden. Zum anderen verlangen die hohen Anforderungen an die Zuverlässigkeit und Effizienz des Softwareproduktes eine hohe Qualität der Integration der einzelnen Produktkomponenten.

Eine geringe Zuverlässigkeit oder Fehlfunktionen eines Softwaresystems sind häufig das Ergebnis eines nicht vorhergesehenen Zusammenwirkens verschiedener Komponenten oder Prozesse. Wenn die Entwicklung der Softwarearchitektur in einer organisatorischen Einheit erfolgt und nicht wie in der Gestaltungssituation A auf verschiedene Einheiten verteilt wird, dann kann erwartet werden, dass solche Probleme auf Grund der intensiven Kommunikation zwischen den betroffenen Einheiten frühzeitig erkannt werden. Generell lässt sich hinsichtlich der betrachteten Projekte feststellen, dass mit den steigenden Anforderungen an die Effizienz die Internalisierung der für die Sicherung der Effizienz bedeutsamen Teilprodukt-Interdependenzen eine große Bedeutung erlangt. Nur so kann in der Regel die für eine erfolgreiche Abstimmung erforderliche Intensität und Qualität der Kommunikation erreicht werden. Die Externalisierung von Teilprodukt-Interdependenzen muss daher im Unterschied zu den dargestellten Bedingungen der Gestaltungssituation B vermieden werden.

Gleichzeitig nimmt der Stellenwert der Internalisierung von Teilprozess-Interdependenzen ab. Das ist zum einen vor allem darauf zurückzuführen, dass hinsichtlich vieler dieser Systeme inzwischen ein umfangreiches Architekturwissen vorliegt. Zum anderen erlaubt die geringe Unsicherheit hinsichtlich des Wissens über technische Komponenten und Anwendungsbedingungen, dass weite Teile der Softwareentwicklung ohne eine weitgehende Synchronisation der Definition und Lösung von Problemen erfolgen können. Darüber hinaus verringert sich der prozessbezogene Abstimmungsbedarf auf Grund der relativ geringen Dynamik und der frühzeitigen Festlegung einer stabilen Produktdefinition.

Insgesamt bleibt mit Blick auf die Gestaltungssituation B festzustellen, dass eindeutige Aussagen hinsichtlich der Behandlung produkt- und prozessbezogener Interdependenzen schwierig sind. Berücksichtigt man jedoch, dass der

---

21) Die Spezifikation der funktionalen und nicht-funktionalen Anforderungen bilden in der Regel die Grundlage für die Vertragskalkulation zwischen Unternehmung und Kunde.

Ausschöpfung von Wissenspotenzialen (Anwendungskontext, Technik, Software-Engineering) bei den betrachteten Projekten ein überragender Stellenwert zukommt,[22] spricht vieles dafür, in der Gestaltungssituation B der Integration von Teilprodukt-Interdependenzen einen hohen Stellenwert einzuräumen.

---

22) Vgl. Lang [Entwicklung] 329 ff.

F. Integration von Koordinations- und Motivationseffekten in ausgewählten Konzepten

I. Gestaltung von Gruppen

Die Bildung von Gruppen – eine Aufgabe wird dann befristet oder unbefristet einer Mehrheit von Mitarbeitern übertragen – ist ein in der Praxis sehr verbreitetes Prinzip der Organisationsgestaltung. Die ausgeprägte Eignung von Gruppen, Koordinations- und Motivationseffekte zu realisieren, erklärt, warum sich ein beträchtlicher Teil der Unternehmungsaktivitäten in Gruppen vollzieht. Aus der Sicht der Koordination erlaubt die Gruppe durch die räumliche und zeitlich abgestimmte Präsenz einer Mehrheit von Personen mit jeweils unterschiedlichem Informationsstand eine nachhaltige Vereinfachung der Kommunikation. Ein historisches Beispiel ist die Bildung von produktorientierten Gruppen als die Diversifikationsstrategie der *Du Pont Co.* die Koordinationseffizienz der Funktionalorganisation beeinträchtigte.[1] Motivationseffekte der Gruppenbildung sind ein zentrales Untersuchungsobjekt der Sozialpsychologie. Mit den Hawthorne-Experimenten, die Ende der zwanziger Jahre des vorigen Jahrhunderts von einer Forschungsgruppe unter Leitung des Harvard-Professors Mayo durchgeführt wurden und in denen die Untersuchung des Zusammenhangs zwischen Gruppenbildung und Leistungsverhalten einen Schwerpunkt bildet,[2] entsteht die Sozialpsychologie als eigenständiges Fach. Die Gruppenforschung hat auch ein breites Spektrum von Kognitionseffekten aufgedeckt. So können sich in Gruppen gemeinsame Orientierungsmuster bei der Wahrnehmung und Lösung von Problemen herausbilden[3] und der Einsatz von Gruppen eröffnet Möglichkeiten des kollektiven Lernens.[4]

Die nicht mehr zu übersehende Zahl an Untersuchungen auf dem Gebiet der Gruppenarbeit kommt im Einzelnen zu sehr unterschiedlichen, häufig einander widersprechenden Ergebnissen.[5] Ein Rückgriff auf empirisch „gesichertes" Wissen bei der Gestaltung der Gruppenarbeit in Unternehmungen ist deshalb nur bedingt möglich.

---

1) Vgl. S. 440 ff.
2) Mayo [Problems].
3) Vgl. hierzu S. 126 ff.
4) Vgl. Adler/Cole [Learning].
5) Vgl. den Überblick bei Fischer/Wiswede [Grundlagen] 583 ff.

J. R. Hackman, Psychologe und Sozialpsychologe, hat die von ihm (primär im Forschungsdesign) ausgemachten Schwächen der Gruppenforschung zum Anlass genommen, Prinzipien, die aus einem geschlossenen theoretischen Konzept abgeleitet werden, für die Gestaltung der Gruppenarbeit in der Praxis zu formulieren[6]. Sein Modell, das auf die praktischen Anforderungen an die Gruppenarbeit ausgerichtet ist, ist dadurch gekennzeichnet, dass Gestaltungsempfehlungen, die auf „bewährtes" Wissen, vor allem auf Elemente der kognitiven Motivationstheorie, zurückgreifen, und Effizienzkriterien eingeführt werden. Mit Hilfe dieser Effizienzkriterien formuliert *Hackman* Anforderungen an eine erfolgreiche Gruppenarbeit, die sich wesentlich von den üblicherweise in empirischen Untersuchungen berücksichtigten Kriterien unterscheiden. Im Einzelnen handelt es sich um folgende Kriterien:

- Das Gruppenergebnis sollte die Erwartungen der Personen, für die die Arbeitsergebnisse bestimmt sind bzw. die diese Ergebnisse beurteilen, erfüllen bzw. übertreffen.

- Die eingesetzten Instrumente und Mechanismen der Gruppenarbeit sollten die Fähigkeit der Mitglieder erhalten oder verbessern, auch bei zukünftigen Gruppenaufgaben zusammenzuarbeiten.

- Die Erfahrung mit der Gruppenarbeit sollte insgesamt die persönlichen Bedürfnisse der Mitglieder befriedigen und nicht – wie häufig in der Praxis auszumachen – beeinträchtigen.

Die Gestaltungsempfehlungen zur Realisierung dieser Ziele beruhen auf folgenden drei von *Hackman* identifizierten Determinanten effizienter Gruppenprozesse:

- Grad der Leistungsanstrengung, der von den Gruppenmitgliedern gemeinsam initiiert wird, um die Aufgabe zu erfüllen. Die zu prüfende Frage ist, ob sich die Gruppe in ausreichendem Maße engagiert, um die ihr übertragene Aufgabe in der gewünschten Qualität und zu dem gesetzten Termin zu erfüllen.

- Ausmaß an Wissen und Fähigkeiten, das die Mitglieder in die Gruppenarbeit einbringen. Zu prüfen ist hier, ob die Gruppenmitglieder die für die Aufgabenerfüllung erforderliche Erfahrung besitzen sowie ihre Fähigkeiten und ihr Wissen in effizienter Weise nutzen.

---

6) Vgl. Hackman [Teams].

- Aufgabenbezogene Angemessenheit der Problemlösungsstrategie, die von den Mitgliedern angewandt wird. Die Frage ist, ob die Gruppe einen dem zu lösenden Problem voll entsprechenden Zugang zur Gruppenarbeit entwickelt hat und ob diese Vorgehensweise angemessen umgesetzt wird.

Die Philosophie des Gruppenkonzepts von *Hackman* besteht nun darin, dass nicht versucht wird, im Wege einer direkten Intervention die Ergebnisvariablen zu beeinflussen, sondern vielmehr eine „natürliche Gruppenentwicklung" über folgende drei Gestaltungsvariablen zu erreichen:

- Gestaltung der Gruppe als Problemlösungseinheit.
  Als Variablen werden die Struktur der Gruppenaufgabe, die Zusammensetzung der Gruppe sowie Gruppennormen zur Beeinflussung des Mitgliederverhaltens berücksichtigt.
- Gestaltung des Unternehmungskontexts.
  Gestaltungsvariablen sind die Struktur des Anreiz-, Ausbildungs- und Informationssystems sowie die Zusammensetzung und der Umfang materieller Ressourcen, auf die von der Gruppe zurückgegriffen werden kann.
- Gestaltung der Synergiebedingungen für die Gruppenarbeit.
  Gestaltungsmaßnahmen sind hier auf die Interaktion der Gruppenmitglieder bei der Aufgabenerfüllung, aus der Gruppensynergie resultiert, ausgerichtet. Sie äußert sich nach *Hackman* in zweierlei Weise:
  1. Die Mitglieder der Arbeitsgruppe können innovative Wege zur Vermeidung von „Prozessverlusten" entwickeln und auf diese Weise die Vergeudung der Zeit, der Energie und des Talents der Mitglieder verringern bzw. vermeiden.
  2. Die Gruppenmitglieder können so zusammenarbeiten, dass durch die Zusammenarbeit bisher nicht verfügbares internes Potenzial entsteht.

Zur Einflussnahme auf die oben dargestellten Kriterien effizienter Gruppenprozesse schlägt *Hackman* eine Vielzahl von Instrumenten vor, die er jeweils einer der drei Gruppen von Gestaltungsvariablen zuordnet. Dabei ist zu beachten, dass sich die Möglichkeit der Einwirkung durch einzelne Instrumente jeweils auf bestimmte Determinanten der Gruppenprozesse beschränkt; eine Beeinflussung mehrerer Determinanten mit Hilfe des isolierten Einsatzes eines Instrumentes ist aus diesem Grunde nicht realisierbar. Aus dieser Tatsache folgt zusätzlich, dass zwischen den einzelnen Instrumenten keine Substitutionsbeziehung besteht; vielmehr verspricht nur die kombinierte Anwendung des gesamten Instrumentariums eine Effizienzsteigerung der Gruppenarbeit.

Übersicht 10 fasst die Empfehlungen von *Hackman* zur Ausdifferenzierung der genannten Gestaltungsvariablen für die drei Determinanten der Gruppenprozesse zusammen.

Prozessbezogene Effizienzkriterien / Gestaltungsvariablen	Aufgabenbezogene Leistungsanstrengung	Stand der bei der Aufgabenerfüllung eingesetzten Fähigkeiten und Kenntnisse	Aufgabenangemessenheit der angewandten Problemlösungsstrategie
Gestaltung der Gruppe als Problemlösungseinheit	Motivation der Gruppenmitglieder über die Aufgabenstruktur: - Abgeschlossenheit - Anforderungsgehalt - Autonomie der Gruppe - Bedeutung des Gruppenoutputs für andere Organisationseinheiten - Rückkopplung über den Zielerreichungsgrad	- hoher aufgabenbezogener Wissensstand der Gruppenmitglieder - aufgabenadäquate Gruppengröße - aufgabenentsprechende und soziale Kompetenz der Mitglieder - moderater Differenzierungsgrad der Mitglieder	Beeinflussung des Gruppenverhaltens durch Ausbildung von Gruppennormen hinsichtlich der - Fähigkeit zur Selbstorganisation - Erfassung und Beurteilung der Situation und der Entwicklung geeigneter Aufgabenerfüllungsstrategien
Unternehmungskontext	Implementierung eines Anreizsystems unter Berücksichtigung folgender Komponenten: - genau umrissene Ziele mit hohem Anforderungsgehalt - positive Beurteilung hervorragender Ergebnisse - Dominanz kollektiver (nicht individueller) Anreize	Die Unternehmung muss gewährleisten, dass - in der Organisation ein Qualifizierungssystem (Ausbildung, Beratung) existiert und dass - dieses Qualifizierungssystem der Gruppe bei Bedarf zur Verfügung steht	- Klarheit über die Rahmenbedingungen der Aufgabenerfüllungssituation - Zugriff auf Informationen zur Abschätzung der wahrscheinlichen Konsequenzen alternativer Aufgabenerfüllungsstrategien
Synergiebedingungen innerhalb der Gruppe	- Minimierung von Koodinations- und Motivationsverlusten - Gefühl der Verpflichtung aller Gruppenmitglieder gegenüber der Gruppe und ihrer Aufgabe	- Vermeidung unangemessener Gewichtung der Beiträge von Gruppenmitgliedern zur Aufgabenerfüllung - Förderung kollektiven Lernens	- Vermeidung von Reibungsverlusten bei der Strategieumsetzung - Generierung innovativer Aufgabenerfüllungs- und Problemlösungsstrategien

Übersicht 10: Gestaltungsvariablen von Gruppenprozessen

Als Erweiterung des oben beschriebenen „normativen Modells" entwickelt *Hackman* durch explizite Einbeziehung der zeitlichen Dimension ein von ihm so genanntes „Aktionsmodell", das eine mögliche Vorgehensweise bei der Gestaltung von Arbeitsgruppen darstellt. Die einzelnen Phasen der Gruppenentwicklung mit ihren wesentlichen inhaltlichen Schwerpunkten werden in der Übersicht 11 aufgeführt.

Stufe 1	Stufe 2	Stufe 3	Stufe 4
Vorarbeiten	Gestaltung der Rahmenbedingungen der Aufgabenerfüllung	Zusammenstellung und Gestaltung der Gruppe	Bereitstellung fortlaufender Unterstützung der Gruppe
- Analyse der zu erfüllenden Gruppenaufgabe - Bestimmung des notwendigen Autonomiegrades der Gruppe - Durchführbarkeitsstudien, Kosten-Nutzen-Analysen bezüglich der Erfüllung der Aufgabe durch eine Gruppe	- Gestaltung der Gruppenaufgabe - Auswahl von Gruppenmitgliedern - Sicherung der Unterstützung durch andere organisatorische Einheiten - Beschaffung und Zuordnung der benötig- Ressourcen	- Unterstützung der Gruppe bei der Definition und Gestaltung von Schnittstellen - Unterstützung der Gruppe bei der internen Definition der zu erfüllenden Aufgabe - Unterstützung bei der Entwicklung von Gruppennormen und Rollen einzelner Mitglieder	- Schaffung von Möglichkeiten innerhalb der Gruppe, bei Bedarf relevante Aspekte der Aufgabenerfüllungssituation neu festzulegen - Bereitstellung von prozessualer Unterstützung zur Erzielung von Synergieeffekten - Schaffung von Rahmenbedingungen innerhalb derer die Gruppe aus ihren Erfahrungen lernen und das Gelernte umsetzen kann

Übersicht 11: Phasen der Gruppenentwicklung

II. Ausdifferenzierung des internen Rechnungswesens

Die Etablierung des Regelsystems „Internes Rechnungswesen" unterscheidet sich im Hinblick auf ihre Komplexität und die Notwendigkeit, heuristische Gestaltungsprinzipien einzuführen, prinzipiell nicht von der Organisation anderer betrieblicher Teilsysteme. Allein schon die Notwendigkeit, bei der Ausdifferenzierung des internen Rechnungswesens eine Lösung für die konzeptionelle Integration der Koordinations- und Motivationsanforderungen zu finden, legt eine geschlossene organisatorische Betrachtung nahe.

a. Organisatorische Dimension des internen Rechnungswesens

Nach *Schneider* umfasst das Rechnungswesen Regeln, „nach denen der wirtschaftliche Aspekt vergangener oder erwarteter Tatbestände und Handlungsabläufe gemäß vorzugebenden Wissenswünschen strukturgleich in Zahlen abzubilden, d.h. zu messen, ist."[1] Die Objekte dieses Regelsystems sind Informationen. Es wird festgelegt, welche Informationen in welcher Weise zu verknüpfen sind. *March* bezeichnet deshalb die Gestaltung des Rechnungswesens zutreffend als Information Engineering.[2] Der Zweck des internen Rechnungswesens kann in der unternehmungszielkonformen Steuerung von Entscheidungen der Unternehmungseinheiten gesehen werden; die Grundlage der Steuerung bilden dabei vornehmlich monetäre Größen. Aus dem eingeführten System des internen Rechnungswesens, z.B. aus einer Teilkostenrechnung, werden die Vorgaben für die Entscheidungsaufgaben der einzelnen Unternehmungseinheiten abgeleitet. Für den Verkaufs-Außendienst einer Unternehmung würden beispielsweise Verhaltenserwartungen bei der Akquisition von Aufträgen auf der Basis einer Deckungsbeitragsrechung formuliert.

Es stellt sich die Frage, nach Maßgabe welcher Kriterien die informationellen Vorgaben an die Unternehmungseinheiten durch das Rechnungswesen formuliert werden sollen. In dem Maße, in dem bei der Abgrenzung relevanter Informationen und der Festlegung anzuwendender Methoden unternehmungszielkonformes Verhalten unterstellt wird, erfolgt die Modellierung der Verhaltenserwartung ohne Einbindung von Motivationsüberlegungen ausschließlich

---

1) Schneider [Rechnungswesen] 3.
2) Vgl. March [Ambiguity].

nach entscheidungslogischen Kriterien. Es ist jedoch – wie schon diskutiert wurde – nicht auszuschließen, dass organisatorische Einheiten ihre eigenen Ziele auch zu Lasten der Unternehmungsziele verfolgen und bei der Erfassung, Übermittlung und Verarbeitung von Informationen von dem Muster abweichen, das von der offiziellen Modellierung der Informations- und Entscheidungsaktivitäten vorgezeichnet ist. In diesem Fall sind weitere Gestaltungsanforderungen zu berücksichtigen, d.h., es ist eine motivationsbezogene Modifikation der entscheidungslogischen Grundausrichtung des internen Rechnungswesens vorzunehmen. In dem Beispiel der Außendienststeuerung könnte die entscheidungslogisch begründete Deckungsbeitragssteuerung einer Reduzierung der Verkaufsanstrengungen Vorschub leisten. Wenn der Außendienstmitarbeiter weiß, dass auch ein niedriges Preisangebot des Kunden noch einen positiven Deckungsbeitrag garantiert, kann das zu einer zu großen Nachgiebigkeit bei Verkaufsverhandlungen führen. Die mangelnde Übereinstimmung zwischen offiziell vorgegebenen Zielen (hier: möglichst hohe Preise) und individuellen Zielen (hier: Präferenz für die „bequeme" Lösung bei Verhandlungen) offenbart in diesem Fall ein Motivationsproblem und kann zu Handlungsdefiziten führen.

Im Folgenden soll von „Handlungsdefiziten" gesprochen werden, wenn die offiziell formulierte Handlungserwartung durch das tatsächliche Handeln[3], sei es aus Gründen mangelnder Fähigkeiten oder ungenügender Leistungsanstrengungen, nicht erfüllt wird. Ein Handlungsdefizit liegt z.B. vor, wenn Fachbereiche im Rahmen der Budgetierung überhöhte Mittelanforderungen stellen oder wenn sich die Leitung des Produktionsbereichs nicht um die Umsetzung neuer Produktionskonzepte zur Reduzierung der Stückkosten bemüht. Mit der Frage, wie die potenzielle Diskrepanz zwischen offizieller Verhaltenserwartung und individueller Präferenz durch eine entsprechende Gestaltung des Regelsystems berücksichtigt werden kann, wird im Folgenden ein zentrales Problem des Rechnungswesens aufgegriffen.[4]

Zur Verdeutlichung der in der weiteren Betrachtung verfolgten Fragestellung erscheint es sinnvoll, den Begriff des Handlungsdefizits von der entsprechenden begrifflichen Kategorie der Agency-Theorie abzugrenzen. Der Agency-Theorie[5] und der hier verfolgten Perspektive ist die Verankerung des Problems „abweichenden Verhaltens" in der Situation der Aufgabenerfüllung gemeinsam. Beide Sichtweisen wollen letztlich sicherstellen, dass der Mitarbeiter

---

[3] Auch im Unterlassen einer Handlung kann ein Handlungsdefizit liegen. Entsprechend der in Kapitel A (vgl. S. 93 ff.) entwickelten Konzeption wird im Folgenden unter „Handeln" „Entscheidungshandeln" verstanden.
[4] Vgl. hierzu den Überblick bei Ewert/Wagenhofer [Unternehmungsrechnung] 399 ff.
[5] Vgl. zum Überblick über Fragestellungen und Hauptströmungen Eisenhardt [Theory].

(Agent) im Handlungszeitraum ein den Vorstellungen der Unternehmung (Prinzipal) entsprechendes Handlungsergebnis erzielt. Die Agency-Theorie betrachtet dieses gemeinsame Problem aus einer vertragstheoretischen Perspektive. Sie bezieht damit insbesondere die Frage in die Analyse ein, ob und wie abweichendes Verhalten im Handlungszeitpunkt schon in der Phase des Vertragsabschlusses berücksichtigt werden kann.

Aus Sicht der Agency-Theorie bestehen zwei Vertragsprobleme, die sich als Qualitätsunsicherheit und als Verhaltensunsicherheit äußern.[6] Qualitätsunsicherheit bedeutet in diesem Zusammenhang, dass der Agent auf Grund fehlender und dem Prinzipal verschwiegener Eigenschaften, die in seiner Person begründet liegen, möglicherweise nicht in der Lage ist, die erwartete Leistung zu erbringen („Können"). Verhaltensunsicherheit entsteht, weil der Agent nach Vertragsabschluss bei der Erbringung von Arbeitsleistungen die bestehende Kontrolllücke ausnutzen kann und sein Leistungsvermögen unter Umständen nicht – wie im Vertrag vereinbart – voll ausschöpft („Wollen"). Die Berücksichtigung beider Formen der Unsicherheit bei der Ausgestaltung von Verträgen ist bestimmt durch die Annahmen unterschiedlicher Ziele und bestehender Ungleichheit der Informationsverteilung (Informationsasymmetrie) auf Seiten der Vertragspartner. Aus den Annahmen von Unsicherheit und Informationsasymmetrie folgt: Der Prinzipal kann nicht von der vorbehaltslosen Verfolgung des Unternehmungsziels durch den Agenten ausgehen, und der Agent weiß mehr über seine handlungsrelevanten Eigenschaften sowie über sein tatsächliches Verhalten in der Handlungssituation als der Prinzipal.

Für die Agency-Theorie ist die Unterscheidung zwischen diesen beiden Formen der Unsicherheit wesentlich; ihre Bewältigung stellt hinsichtlich des Abschlusses von Verträgen verschiedene Anforderungen.[7] Die Agency-Theorie untersucht, wie unter den eingeführten Modellannahmen die potenziellen Vertragspartner zu einvernehmlichen Lösungen kommen können. Hinsichtlich der Qualitätsunsicherheit lassen sich die Lösungen auf das Bestreben des Agenten zurückführen, zur Vermeidung für ihn nachteiliger Effekte („Adverse Selection") den Informationsstand des potenziellen Prinzipals zu verbessern (so genanntes „Signalling"). Verhaltensunsicherheit kann der Prinzipal ohne ergänzende Maßnahmen zur Reduzierung der Informationsasymmetrie durch die Vereinbarung eines Entgelts für den Agenten berücksichtigen, das erfolgsabhängige (und damit variable) Bestandteile enthält.

---

[6] In der Literatur lassen sich verschiedene Ansätze zur Typologisierung der Unsicherheitssituation nachweisen; vgl. hierzu Spremann [Information]. Die Reduzierung der Problematik auf zwei Formen (Qualitäts- und Verhaltensunsicherheit) folgt der überzeugenden Argumentation von Neus [Einführung] 94 ff.
[7] Vgl. z.B. Neus [Einführung] 96 ff.

Die folgende Betrachtung beschränkt sich aus Gründen der Vereinfachung auf Verhaltensunsicherheit; analysiert wird das Motivationsproblem in der Situation der Aufgabenerfüllung.

Wie bei anderen Teilsystemen erscheint es auch beim Rechnungswesen plausibel, in Entsprechung zur Koordinationsdimension als dominantem Prinzip der organisatorischen Gestaltung für die Modellierung der Informations- und Entscheidungsaufgaben die Ausrichtung auf die Anforderungen der Marktaufgabe zu Grunde zu legen und den Anspruch intendiert rationalen Entscheidens als gestaltungsprägende Orientierungsgröße zu wählen. Nach dem Leitbild der Entscheidungslogik wird eine Regel-Grundstruktur entwickelt, die mehr oder weniger detailliert festlegt, auf welche Informationen die Entscheidungseinheiten bei der Erfüllung bestimmter Aufgaben zurückgreifen sollen und ob Informationen von anderen internen oder externen Einheiten zu beschaffen sind. Da für viele Entscheidungsaufgaben das Regelsystem die relevanten Informationen nur grob umreißen kann, bleibt für die Entscheidungseinheiten ein zum Teil erheblicher Spielraum bei der Konkretisierung ihres Informationsbedarfs.[8]

Angesichts des Spannungsverhältnisses, das sich zwischen dem Anspruch einer entscheidungslogisch fundierten Modellierung von Entscheidungsvorgaben und dem tatsächlichen, durch individuelle Präferenzen bestimmten Entscheidungsverhalten offenbart, muss man sich bei der Entwicklung des Regelsystems „Internes Rechungswesen" mit der Frage auseinandersetzen, ob und auf welche Weise mögliche dysfunktionale Verhaltensweisen in die Überlegungen einzubeziehen sind. Die Antwort kann drei verschiedene Vorgehensweisen beinhalten:

- Die Ausgestaltung des Regelsystems kann sich ganz auf die Umsetzung entscheidungslogischer Kriterien beschränken und die Problematik möglicher Motivationsdefizite ignorieren. Im oben angeführten Außendienstbeispiel würde danach für den Vertrieb eine auf das System der Teilkostenrechnung zurückgreifende Deckungsbeitragssteuerung implementiert.

- Die nicht auszuschließende Tendenz zu abweichendem Verhalten kann aber auch die Verfolgung einer Gestaltungskonzeption nahe legen, welche bereits bei der Modellierung von Entscheidungsvorgaben mögliche Handlungsdefizite zu berücksichtigen sucht (endogene Verhaltenssteuerung). Im Außendienst könnte eine endogen angelegte Modifizierung der entscheidungslogisch begründeten Ansätze zur Unterbindung einer übergroßen Preisnach-

---

[8] Vgl. hierzu die empirische Studie von McKinnon/Bruns [Mosaic] und die Ausführungen von Kaplan/Norton [Scorecard] 75, zur Bedeutung der Wettbewerbsstrategie für die Identifizierung kritischer Informationen.

giebigkeit mit einer Umstellung der Vertriebssteuerung auf Vollkosten hergehen.[9)]

- Schließlich kann auch der Versuch unternommen werden, die potenzielle Diskrepanz zwischen individuellen Zielen und Unternehmungszielen durch Implementierung eines Kontrollsystems zu überbrücken, das auf der Grundlage der ermittelten Daten (auch) motivierende Maßnahmen erlaubt (exogene Verhaltenssteuerung). Die Unternehmungsleitung könnte z. B. einen im Vergleich zur vorangegangenen Periode geringeren Akquisitionserfolg des Außendienstmitarbeiters zum Anlass nehmen, die Art der Aufgabenerfüllung eingehend zu überprüfen.

Den hier aufgezeigten Möglichkeiten im Umgang mit Handlungsdefiziten kommt im Rahmen des internen Rechnungswesens eine große praktische Bedeutung zu. Gleichwohl fehlt eine systematische Verknüpfung der Gestaltungsprinzipien zu einem geschlossenen, für praktische Probleme aussagefähigen Konzept, das alle verhaltenssteuernden Instrumente erfasst. Die folgenden Abschnitte bemühen sich, die Umrisse eines solchen Gestaltungskonzepts zu entwickeln.

b. Handlungsdefizit, Steuerung und verhaltensorientierte Informationsgestaltung

Zur konzeptionellen Erfassung des für das interne Rechnungswesen charakteristischen Spannungsverhältnisses zwischen offizieller Verhaltenssteuerung und individueller Verhaltenspräferenz werden mit dem Handlungsdefizit, der Steuerung und der verhaltensorientierten Informationsgestaltung drei Elemente in die Untersuchung eingeführt. In Abb. 76 wird das im Folgenden erläuterte Konzept skizziert. Ausgangspunkt ist eine Handlungssituation, die mit der Generierung von Unternehmungsplänen, der Ausfüllung von Planungsspielräumen und der Überprüfung von Infrastrukturen drei für den Einsatz des internen Rechnungswesens als besonders wichtig eingeschätzte Handlungen (Entscheidungen) unterscheidet. Hinsichtlich aller drei Handlungen sind Defizite nicht auszuschließen. Maßnahmen der Steuerung (hierarchische Steuerung, Selbststeuerung und Expertensteuerung) sind darauf ausgerichtet, Handlungsdefizite zu vermeiden, zu reduzieren oder zu korrigieren. Das interne Rechnungswesen stellt zur Lösung dieser Aufgabe Instrumente der endogenen und exogenen Verhaltensbeeinflussung bereit.

---

9) Vgl. hinsichtlich weiterer Beispiele Zimmerman [Costs] und Ewert/Wagenhofer [Unternehmensrechnung] 505 ff.

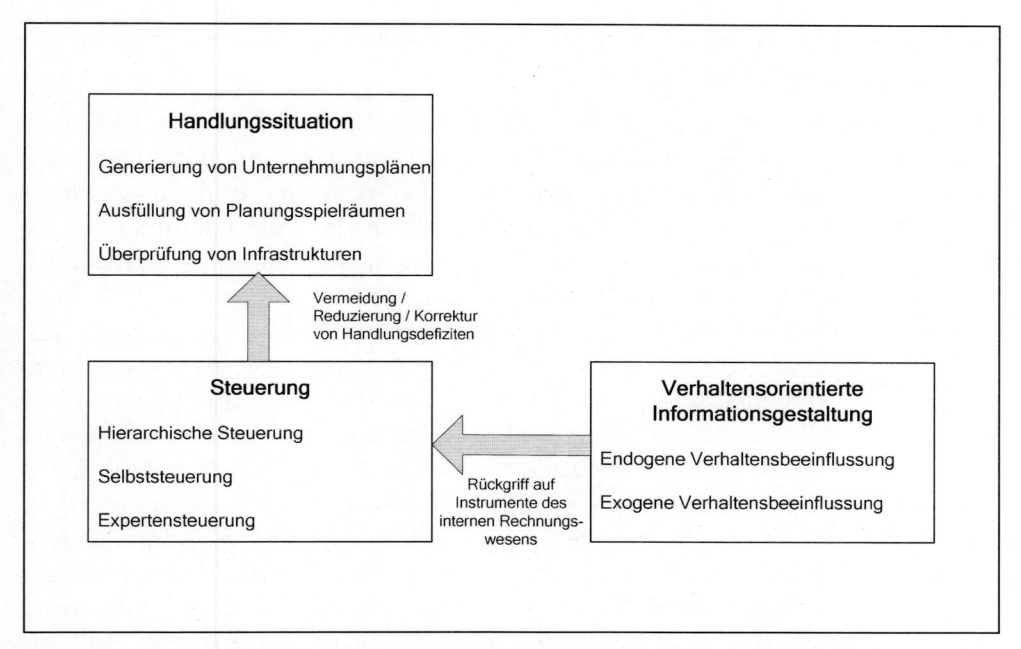

Abb. 76: Verhaltensorientiertes Modell des internen Rechnungswesens

Handlungsdefizit

Wie schon erläutert wurde[10] können wegen der in vielfältiger Form mit allen Unternehmungsaktivitäten verbundenen Unsicherheit nicht alle Handlungen durch Planung detailliert festgelegt werden. Es bleiben Handlungsspielräume, die ausgefüllt werden müssen. Im Unterschied zur bloßen Umsetzung weitestgehend detaillierter Pläne, die einer Soll-Ist-Steuerung leicht zugänglich sind, eröffnet sich bei der Generierung von Plänen und bei der Ausfüllung von Spielräumen ein weites Feld für nur schwer aufzudeckendes abweichendes Verhalten. Für die Gestaltung des internen Rechnungswesens von besonderer Bedeutung ist die Tatsache, dass die auf die Ausfüllung von Planungsspielräumen ausgerichteten Maßnahmen die gegebenen Rahmenstrukturen (z.B. Produktionskapazitäten, Organisationsstrukturen) in der Regel als gegeben unterstellen. Die laufende Überprüfung und unter Umständen erforderliche Änderung dieser Infrastrukturen bilden eigenständige Verhaltenserwartungen; Handlungsdefizite äußern sich hier vor allem als unterlassene Handlungen (z.B. Verzicht auf Desinvestitionen). Im Folgenden werden Handlungsdefizite bei der Gene-

---

10) Vgl. S. 147 ff.

rierung von Plänen, bei der Ausfüllung von Planungsspielräumen und bei der Überprüfung von Infrastrukturen kurz erläutert.

Die Rolle der verschiedenen Einheiten bei der Generierung von Unternehmungsplänen wird zum einen bestimmt durch die Notwendigkeit, Unternehmungsaktivitäten und Zuweisungen von Ressourcen bis zu einem gewissen Grade zentral zu planen. Die Pläne werden durch die Unternehmungsleitung verbindlich vorgegeben; sie definieren den jeweiligen Handlungsspielraum aller nachgelagerten Unternehmungseinheiten. Mit zunehmender Unternehmungsgröße und steigendem Regelungsanspruch der Planung gewinnt der unterstützende Einsatz von Experten (insbesondere in Form von Stäben und Zentralbereichen) an Bedeutung. Zum anderen ist der Rückgriff auf die Vertrautheit der operativen Einheiten mit den jeweiligen Marktanforderungen und den einzusetzenden Technologien unerlässlich. Vor allem in Großunternehmungen entstehen Pläne deshalb in der Weise, dass die dezentralen Bereiche und Einheiten unter Beachtung vorgegebener Eckdaten Handlungsprogramme entwickeln und der Unternehmungsleitung unter Ausweis der erforderlichen Ressourcen zur Genehmigung vorlegen. Da die Unternehmungsleitung auf Grund ihres begrenzten Informationsstandes über die Bedingungen „vor Ort" die Plananträge nicht umfassend prüfen kann, eröffnet sich für abweichendes Verhalten ein weites Feld. Insofern besteht immer die Gefahr, dass Aktivitäten verfolgt werden, die nicht dem Unternehmungsziel entsprechen. In der Literatur sind insbesondere Tendenzen untersucht worden, durch zu optimistische Prognosen die Aussichten für eine Plangenehmigung zu erhöhen sowie durch die großzügige Beantragung von Ressourcen den Handlungsspielraum zu erweitern und den Erfolgsdruck zu reduzieren.[11]

Vor dem Hintergrund vorgegebener Unternehmungspläne lässt sich das „laufende Geschäft" der operativen Einheiten als Ausfüllen von Planungsspielräumen beschreiben. Abweichendes Verhalten äußert sich dann zu einem erheblichen Teil als Verfolgung von Zielen, die nicht mit den Vorgaben übereinstimmen, oder als mangelnde Leistungsanstrengung. Beispiele sind das Bestreben, den eigenen Bereich zu Lasten des vorgegebenen Erfolgsziels zu vergrößern, oder fehlende Anstrengungen zur Reduzierung der Ausschussquote in der Produktion.

Infrastrukturen entstehen durch Zuweisung langfristig zu nutzender Ressourcen (z.B. Personal, maschinelle Anlagen) und durch ihre organisatorische Einbindung; der Aufbau eines solchen Handlungspotenzials vollzieht sich als Teil der Investitionsplanung. Für die Sicherung des langfristigen Unternehmungser-

---

11) Vgl. Schiff/Lewin [Budgets]; Merchant [Budgeting].

folges kommt der Überprüfung und Änderung der bestehenden Infrastruktur durch die Unternehmungsbereiche eine herausragende Bedeutung zu. Ein Beispiel ist die Auflösung der Abteilung für Softwareerstellung und der Übergang zur Beschaffung von Standardsoftware auf dem externen Markt. Für nachgelagerte Bereiche stellt ein solches permanentes Änderungsmanagement besondere Anforderungen nicht nur an die Qualifikation, sondern auch an die Motivation, insbesondere bei Desinvestitionsentscheidungen[12]. Die Fähigkeit, Bestehendes (und scheinbar Bewährtes) radikal in Frage zu stellen, erfordert angesichts komplexer, durch bereichsübergreifende Interdependenzen geprägter Infrastrukturen den Rückgriff auf besondere Analysemethoden und die Bereitschaft, sich auf konfliktträchtige Verhandlungen einzulassen.

Steuerung

Mit der hierarchischen Steuerung, der Selbststeuerung und der Expertensteuerung werden im Folgenden die schon eingeführten Instrumente[13] berücksichtigt. Während im Rahmen der hierarchischen Steuerung übergeordnete Einheiten (hier vor allem die Unternehmungsleitung) Steuerungsfunktionen ausüben, vollzieht sich Selbststeuerung durch die jeweiligen Einheiten. Maßnahmen der Expertensteuerung, die sowohl externen als auch – den im Folgenden primär betrachteten – internen Beratungseinheiten übertragen werden können, weisen darüber hinaus die Besonderheit auf, dass hier den Steuerungsträgern Entscheidungskompetenzen fehlen. Ihre Aufgabe liegt vor allem darin, durch die Generierung und Bereitstellung von Informationen die hierarchische Steuerung und die Selbststeuerung zu unterstützen.

Verhaltensorientierte Informationsgestaltung

Bei einem System wie dem internen Rechnungswesen, das auf die Gewinnung, Übermittlung und Verarbeitung von Informationen ausgerichtet ist, sind die Gestaltungsprinzipien im hohen Maße informationsbezogen. Wenn man Verfahrensaspekte, wie die Beteiligung bei der Festlegung von Budgets,[14] vernachlässigt, lassen sich endogene und exogene Prinzipien der informationellen Beeinflussung des Entscheidungsverhaltens unterscheiden.

Die *endogene Verhaltensbeeinflussung*, die Auslösung entscheidungswirksamer Impulse, berücksichtigt schon bei der Modellierung der Entscheidungsaufgabe hinsichtlich der anzuwendenden Lösungsmethoden und der relevanten Infor-

---

12) Vgl. Mensching [Desinvestition].
13) Vgl. S. 160 ff.
14) Vgl. hierzu die Studie von Griffin [Effects].

mationen potenzielle Motivationsdefizite der Entscheidungseinheiten. Die dem entscheidungslogischen Modell entsprechende Vorgabe wird hinsichtlich einzelner Komponenten modifiziert oder manipuliert. Im Wege einer informationellen Manipulation wird versucht, erwartete Handlungsdefizite bei der Verfügung über Ressourcen zu kompensieren. Solche Ressourcenverfügungen treten z.B. in Zusammenhang mit der Generierung von Plänen (insbesondere mit der Erstellung von Investitionsplänen), mit dem Bezug interner Dienstleistungen und mit dem Kostenvergleich zwischen alternativen Verfahren bei der Anpassung bestehender Infrastrukturen auf. Für alle diese Beispiele lassen sich Formen der endogenen Beeinflussung nennen. Bei der Investitionsplanung werden zur Eindämmung überhöhter Ressourcenanforderungen z.B. erhöhte, über den tatsächlichen Kapitalkosten liegende Mindestrenditen vorgegeben. Die Etablierung interner Märkte mit zentral vorgegebenen (manipulierten) Verrechnungspreisen zur Steigerung der Kostensensitivität bei der Inanspruchnahme interner Dienstleistungen ist ein weiteres Beispiel.[15] Beim Verfahrensvergleich kann etwa durch entsprechende Kostenumlagen die „Verteuerung" von Personalressourcen erreicht und durch einen solchen Impuls die Änderung einer bestehenden Infrastruktur in Richtung einer angestrebten höheren Automatisierung gefördert werden.[16] Nicht übersehen werden darf allerdings, dass jede endogene Verhaltensbeeinflussung ein schwieriges Unterfangen ist. Die Herausforderung liegt – abgesehen von dem noch zu thematisierenden Problem der Glaubwürdigkeit solcher „doppelbödigen" Prinzipien – in dem allenfalls unvollkommen lösbaren Problem, die informationellen Impulse so zu bemessen, dass der Ausgleich der negativen Auswirkungen des Handlungsdefizits gelingt, ohne neue Probleme (z.B. Verzicht auf die sinnvolle Nutzung zentraler Dienstleistungen auf Grund übererhöhter Verrechnungspreise) zu schaffen.

Während die endogene Verhaltensbeeinflussung ex ante das Handeln der Einheiten zu beeinflussen sucht, beruht die *exogene Verhaltensbeeinflussung* auf Indikatorinformationen, die ex post im Wege der Analyse durch unmittelbare Beobachtung bzw. Dokumentation der Handlungen oder durch mittelbare Erfassung von Sachverhalten verhaltensändernde Effekte auslösen sollen. Ein Beispiel für eine *Indikatorinformation* ist der Ausweis von Handlungsergebnissen in Form des erzielten Gewinns. Je nach Präzision der generierten Informationen lösen Indikatorinformationen mehr oder weniger intensive Analyseaktivitäten zur Identifizierung und Analyse kritischer Handlungskomplexe aus. Die Aufgabe, Informationen über Handlungsdefizite zu generieren, erklärt, dass die meisten Indikatoren auf dem Vergleich zwischen einer Sollvorstellung und ei-

---

15) S. 253 ff.
16) Vgl. hierzu, mit dem Hinweis auf japanische Kostenrechnungspraktiken, Pfaff [Kostenrechnung] 438 und Wagenhofer [Steuerung] 85 ff. sowie Ittner/Kogut [Systems].

ner tatsächlich bestehenden Situation beruhen. Ein Kernproblem besteht dabei in der situationsgerechten Einbringung von Sollnormen. So kann ein Kostenindikator nur Aufschluss über die Wirtschaftlichkeit des Ressourceneinsatzes geben, wenn die Sollnorm, z.B. die Kosten bei unternehmungszielkonformem Handeln, an die jeweilige Ausprägung der Kostendeterminanten (z.B. Beschäftigungsgrad) angepasst wird.

Prinzipien der Analyse können zunächst danach unterschieden werden, wie die Informationsprozesse zur Gewinnung von Urteilen über die Handlungsqualität ausgelöst und gesteuert werden. Eine Möglichkeit besteht darin, nach dem Zufallsprinzip Handlungen unmittelbar zu beobachten oder Berichte und Dokumente auszuwerten. Diese Methode hat zwar in bestimmten Situationen durchaus ihre Berechtigung und kann prophylaktische Verhaltenswirkungen zeitigen, ihre Grenze muss jedoch in der unsystematischen und ungerichteten Art der Informationsgewinnung und -auswertung gesehen werden. Der Schwerpunkt des internen Rechnungswesens liegt daher in der Konstruktion von Indikatoren, die laufend („automatisch") generiert werden können und nach dem Prinzip des „Management by Exception" fallweise, zielgerichtete Eingriffe erlauben.

Eine weitere Differenzierung bei der Charakterisierung von Indikatoren ist hinsichtlich der Annahmen über den Ursache-Wirkungs-Zusammenhang möglich. Indikatoren können Informationen generieren, bei denen ein unmittelbarer Zusammenhang mit der zu beurteilenden Handlung unterstellt werden kann. Es können aber auch Indikatoren eingeführt werden, die nur mittelbaren Aufschluss über die Handlung geben. Wenngleich letztlich jede Information Indikatoreigenschaften erlangen kann, sofern ihr das Management die Eignung als motivationsrelevantes Analyseinstrument zuspricht, orientiert sich die Praxis bei ihren Bemühungen, Aufschluss über Leistungsanstrengung und Zielorientierungen zu erhalten, möglichst eng an den beeinflussbaren Handlungskomponenten.[17] Dem Verursachungsprinzip kommt dabei eine besondere Bedeutung zu.[18]

Schließlich lassen sich Prinzipien der Indikatorbildung und Analyse danach unterscheiden, ob sie auf der Inputseite (z.B. Art und Menge der verwendeten Einsatzfaktoren) oder der Outputseite (z.B. Ausbringungsqualität und -volumen) ansetzen bzw. ob sie globale Größen zum Ergebnis haben, durch die Ele-

---

17) Vgl. hierzu Schneider [Rechnungswesen] 395 ff. und den Überblick bei McNair/Carr [Responsibility].
18) Bei Kriterien wie dem Verursachungsprinzip wird zudem unterstellt, dass sie von den Betroffenen als fair empfunden und deshalb akzeptiert werden. Vgl. zum Prinzip der Fairness bei der Verhaltenssteuerung Eccles [Agency] 152 ff.

mente beider Seiten gleichzeitige Berücksichtigung erfahren. Entsprechend der bereits angesprochenen Dominanz monetärer Kriterien finden diese Möglichkeiten im internen Rechnungswesen ihren Ausdruck in Gestalt von Kosten-, Erlös- und Erfolgsgrößen.

In der Praxis lässt sich bei der Gestaltung des internen Rechnungswesens das Bestreben beobachten, die Erfüllung der Handlungserwartungen möglichst durch Einbeziehung des Markterfolgs zu erfassen. In den folgenden Sätzen von *Kaplan* und *Cooper* wird diese Auffassung deutlich: „Some companies are motivating their employees by providing them with profit information about their operations. Profit is a more comprehensive financial signal than cost, and profit enhancement is proving to be a more powerful motivator for improvement than cost reduction. These systems provide real psychological benefits by focusing the teams on the positive action of increasing profits as opposed to the negative action of decreasing or avoiding costs."[19] Die Betonung der Erfolgsperspektive gegenüber der bloßen Betrachtung von Kosten ist angesichts der überragenden Bedeutung des Markterfolges ein nahe liegendes Prinzip. Allerdings sind der Beurteilung von Einzelhandlungen anhand von erfolgsorientierten Indikatoren in arbeitsteiligen Systemen enge Grenzen gesetzt. Bei der Beurteilung von Handlungssegmenten ohne direkten Zugang zum Absatzmarkt, z.B. von Produktionsbereichen, lassen sich diese Grenzen nur überwinden, wenn interne Märkte gebildet werden.[20] Erfolgsorientierte Indikatoren werden hier durch Rückgriff auf interne Verrechnungspreise generiert.

Kostenindikatoren suchen die Handlungsqualität über den Faktorverbrauch zu beurteilen. Die Auswahl der zu berücksichtigenden Kosten, insbesondere das klassische Problem der Kostenumlage,[21] bestimmt die praktische und wissenschaftliche Auseinandersetzung mit dieser Vorgehensweise. Dabei besteht unverkennbar die Tendenz, eine „verursachungsbezogene" Abgrenzung der „relevanten" Kosten anzustreben. Auch hier gilt, wie schon betont, dass die Einschätzung der Verhaltenswirkung alternativer Umlageverfahren letztlich eine empirische Frage ist. Empirische Studien zeigen, dass die gewünschte Verhaltenswirkung keineswegs nur bei Realisierung des Verursachungsprinzips erreicht wird.[22]

Ein Vergleich kosten- und erfolgsbasierter Ansätze hinsichtlich der Leistungsfähigkeit der generierten Indikatoren muss von der Feststellung ausgehen, dass beide Indikatoren auf den Faktoreinsatz zur Beurteilung einer Handlung oder

---

19) Kaplan/Cooper [Cost] 65.
20) Vgl. hierzu auch die Ausführungen auf S. 271 ff.
21) Vgl. hierzu die aufschlussreiche Studie von Fremgen/Liao [Allocation].
22) Vgl. Ugras [Allocation].

eines Handlungssegments abstellen. Der kostenorientierte Indikator lenkt die Analyse der Leistungsfähigkeit gleich auf die Angemessenheit der Kosten; der am Markt orientierte Erfolgsindikator löst über den Ausweis eines Transaktionserfolges möglicherweise einen Suchprozess aus, der auch zu einer Auseinandersetzung mit der Kostenwirtschaftlichkeit führen kann. Bei der Fokussierung der Analyseaktivitäten auf die kritischen Untersuchungsobjekte hat der kostenbasierte Indikator deshalb gewisse Vorteile. Für den Einsatz erfolgsbasierter Indikatoren sprechen vor allem Akzeptanzüberlegungen: Die „Bewährung im Markt" und der Vergleich mit Marktleistungen sind in marktwirtschaftlichen Systemen, wie sie für Unternehmungen westlicher Industriestaaten gelten, generell positiv besetzt. Eine bedeutsame Verhaltenswirkung interner Märkte, die allerdings im Wesentlichen auf reale interne Märkte begrenzt ist, liegt in der Auslösung von Aktivitäten, die über die Betrachtung der einzelnen Transaktionen hinaus die Wirtschaftlichkeit der gesamten Infrastruktur überprüfen. Wenn interne Dienstleistungen nicht oder nur in geringem Maße nachgefragt werden, entstehen beim Anbieter nicht genutzte Kapazitäten, deren Existenz die Frage nach der Eignung und Qualität des angebotenen Programms aufwerfen kann.

c. Integration verhaltensorientierter Gestaltungsinstrumente

Mit dem Handlungsdefizit, der Steuerung und der verhaltensorientierten Informationsgestaltung wurden in den vorangegangenen Abschnitten drei Elemente in die Betrachtung des internen Rechnungswesens eingeführt. Bevor im Folgenden der Zusammenhang zwischen diesen Elementen herausgearbeitet wird, soll zur Präzisierung der Grundlagen für die weiteren Überlegungen auch hier der Unterschied zur Vorgehensweise der Agency-Theorie herausgearbeitet werden. Zwei Unterschiede sind von besonderer Bedeutung.

Ein erster Unterschied betrifft die Modellierung der exogenen Verhaltensbeeinflussung. Die Agency-Theorie unterstellt[23], dass auf Grund stochastischer Umwelteinflüsse der Prinzipal nicht von dem (ihm prinzipiell zugänglichen) Handlungsergebnis auf das tatsächliche Verhalten des Agenten in der Aufgabenerfüllungssituation schließen kann. Unter dieser Prämisse könnten die Prinzipien der exogenen Verhaltenssteuerung keinen Beitrag zur Lösung des Motivationsproblems, wie es die Agency-Theorie betrachtet, leisten. Das interne Rechnungswesen hätte als Instrument zur Kontrolle des zwischen Prinzipal und Agent

---

[23] Von Ansätzen, die Kontrollsysteme modellieren (Monitoring), wird hier abgesehen.

abgeschlossenen Vertrags nur eine Dokumentationsfunktion zu erfüllen. Es hätte primär die Aufgabe, solche wirtschaftlichen Sachverhalte durch Zahlen abzubilden, die Grundlage der zwischen Prinzipal und Agent vereinbarten Ergebnisverteilung sind. Die hier entwickelte Konzeption geht von zwei anderen Annahmen aus:

- Zum einen wird unterstellt, dass durch das Rechnungswesen Indikatoren generiert werden können, die für den Prinzipal über die üblichen Annahmen zur Korrelation zwischen Handlung und Ergebnis[24] hinaus einen Zugang mit höherem Informationsgehalt eröffnen. In der Praxis ist offensichtlich die Auffassung verbreitet, dass sich aussagefähige Indikatoren vor allem durch Ermittlung von Abweichungen hinsichtlich zeitlich vorangegangener Aktivitäten oder im Wege des Vergleichs mit anderen internen und externen Einheiten bilden lassen. Die Tatsache, dass ein Mitarbeiter im Außendienst im Vergleich mit früheren Leistungen oder mit den Leistungen anderer Mitarbeiter schlechter abschneidet, kann dann für den Prinzipal der Anlass sein, der Möglichkeit einer mangelnden Leistungsanstrengung nachzugehen.

- Zum anderen wird angenommen, dass der Prinzipal ex post in der Phase der durch Indikatorinformationen ausgelösten Analyse auf Grund eigener Kompetenz bzw. durch Heranziehung interner oder externer Experten unter Rückgriff auf mündliche und schriftliche Belege das tatsächliche Verhalten des Agenten bis zu einem gewissen Grade rekonstruieren kann. So kann er z.B. die Tourenplanung sowie die Dauer der Verhandlungsgespräche im Außendienst überprüfen (lassen).

Der Grundgedanke der im Weiteren zu erläuternden Konzeption zur Gestaltung der exogenen Verhaltensbeeinflussung lässt sich auf die bei der Erörterung der methodischen Grundlagen der Organisationsgestaltung im Einzelnen begründeten These[25] zurückführen, dass die Bildung von Indikatoren und die Vorgehensweise bei der Analyse in hohem Maße von der subjektiven Gestaltungsphilosophie des Managements bestimmt werden. Ohne Annahmen über die Wirkungen alternativer Formen der Informationsgestaltung, seien sie das Ergebnis eigener Erfahrung oder das einer Übernahme verbreiteter Managementmodelle, ist praktisches Handeln bei der Ausgestaltung des internen Rechnungswesens nicht möglich.

Auch hinsichtlich der endogenen Verhaltensbeeinflussung unterscheiden sich die folgenden Überlegungen von der Agency-Theorie. Diese geht von rationa-

---

24) Vgl. hierzu im Einzelnen Hart/Holmström [Theory].
25) Vgl. S. 71 ff.

lem Verhalten der beteiligten Vertragspartner aus; Prinzipal und Agent verhalten sich als Nutzenmaximierer. Ausgehend von der (bekannten bzw. unterstellten) Nutzenfunktion kann der Prinzipal die Verhaltenswirkungen einer Manipulation von Informationen auf den Agenten bestimmen. Die folgende tung schließt sich dieser einschränkenden Prämisse nicht an. Sie geht vielmehr davon aus, dass der Prinzipal – wie im Fall der exogenen Verhaltensbeeinflussung – seiner (subjektiven) Gestaltungsphilosophie folgt. Eine solche Gestaltungsphilosophie könnte z.B. durch die Überzeugung geprägt sein, dass über die Manipulation der vom Agenten wahrgenommenen Handlungsbedingungen das Handeln, insbesondere die Intensität der Leistungsanstrengung, beeinflusst werden kann. Die Vorgabe von Vollkosten im Außendienst kann etwa von der Auffassung bestimmt sein, dass die gesteigerte „Kritizität" der Situation (geringe Marge) über die Entstehung von Handlungsdruck zu einer größeren Leistungsanstrengung führt.

Die folgende Darstellung erläutert auf dieser methodischen Grundlage die Integration der verhaltensorientierten Gestaltungsinstrumente. Zunächst werden, differenziert nach den drei eingeführten Handlungsdefiziten, die verschiedenen Formen der Informationsgestaltung beschrieben und der jeweilige Stellenwert der einzelnen Formen der Handlungssteuerung erörtert (Übersicht 12). An diese Betrachtung schließt sich die Auseinandersetzung mit der Frage an, wie sich der Einfluss der jeweiligen Gestaltungsphilosophie bei der Ausdifferenzierung der endogenen und exogenen Verhaltensbeeinflussung äußert. Dieser Zusammenhang wird am Beispiel marktgeprägter Gestaltungsphilosophien gezeigt (Übersicht 13).

In Übersicht 12 wird das Spektrum der Informationsgestaltung zur Vermeidung oder Reduzierung von Handlungsdefiziten wiedergegeben.

Bei der endogenen Verhaltensbeeinflussung werden in Abhängigkeit von den betrachteten Handlungsdefiziten Antrags-, Handlungs- und Strukturänderungsimpulse unterschieden. Über den Antragsimpuls werden in der Phase der Planerstellung durch eine entsprechende motivationswirksame Informationsmodellierung, z.B. durch die Vorgabe einer (erhöhten) Mindestverzinsung, unternehmungszielkonforme Pläne angestrebt. Handlungsimpulse suchen die Ausfüllung von Planungsspielräumen durch Einführung motivationsorientierter Informationen, z.B. durch den Ansatz entsprechender Verrechnungspreise, im Sinne des Unternehmungsziels zu beeinflussen. Impulse zur Steuerung von Strukturänderungen sind auf die endogen ausgelöste Überprüfung von Infrastrukturen ausgerichtet. Ein Beispiel ist die Vorgabe einer Mindestverzinsung für das in einem Produktionssystem gebundene Kapital.

Informationsgestaltung / Handlungsdefizite	Endogene Verhaltenssteuerung	Exogene Verhaltenssteuerung	
Generierung von Unternehmungsplänen	Antragsimpuls Selbststeuerung *Beispiel:* Vorgabe einer Mindestverzinsung	Antragsindikator ⇒	Antragsanalyse Hierarchiesteuerung Expertensteuerung *Beispiel:* Überprüfung von Absatzprognosen
		Beispiel: Konsistenzprüfung: Ressourcenverbrauch vergangener Perioden	
Ausfüllung von Planungsspielräumen	Handlungsimpuls Selbststeuerung *Beispiel:* Interne Märkte für Dienstleistungen	Handlungsindikatoren ⇒	Handlungsanalyse Hierarchiesteuerung Expertensteuerung Selbststeuerung *Beispiel:* Überprüfung von Vertriebsaktivitäten
		Beispiel: Kostenbasiertes Benchmarking	
Überprüfung von Infrastrukturen	Strukturänderungsimpuls Selbststeuerung *Beispiel:* Mindestverzinsung für das in Produktionsstätten gebundene Kapital	Strukturindikator ⇒	Strukturanalyse Hierarchiesteuerung Expertensteuerung Selbststeuerung *Beispiel:* Prämissenkontrolle angesichts technischen Fortschritts
		Beispiel: Ausweis der Kapazitätsauslastung	

Übersicht 12: Informationsgestaltung zur Vermeidung oder Reduzierung von Handlungsdefiziten

Die Instrumente der exogenen Verhaltensbeeinflussung werden nach Indikatoren und Analysen unterschieden. Indikatoren sind Informationen, von denen angenommen wird, dass sie *Wahrnehmungseffekte* generieren und auf Handlungsdefizite hindeuten. Analysen sind durch Indikatoren ausgelöste *Sucheffekte* zur Identifizierung der Ursachen von Handlungsdefiziten.

Antragsindikatoren und -analysen sind auf die Aufdeckung von Handlungsdefiziten bei der Generierung von Plänen ausgerichtet. Durch Rückgriff auf Konsistenzprüfungen kann z.B. eine Kontrolle der in die Plananträge eingegangenen Daten zur Begründung hoher Ressourcenforderungen ausgelöst werden. Mit Hilfe der Handlungsindikatoren und -analysen wird Aufschluss über die Qualität der Handlungen bei der laufenden Ausfüllung der Planungsspielräume angestrebt. Handlungsindikatoren können z.B. durch Abbildung der jeweiligen Wertschöpfungskette vom Beschaffungs- bis zum Absatzmarkt den monetären Erfolg von Handlungen ausweisen und zu einer Überprüfung der Vertriebsaktivitäten führen. Entsprechende Überprüfungen können auch die Folge eines kostenbasierten Benchmarking sein. Strukturindikatoren und -analysen sollen Versäumnisse bei der Anpassung bestehender Infrastrukturen erfassen. Für die Auslösung von Strukturanalysen kommt ein breites Spektrum von Informationen (z.B. Informationen über die Kapazitätsauslastung) in Betracht.

In Übersicht 12 werden die jeweiligen Formen der Steuerung ausgewiesen, die für das betrachtete Impuls-, Indikator- oder Analyseinstrument relevant sind. Die Übersicht zeigt, dass alle Instrumente der exogenen Verhaltensbeeinflussung für die Hierarchie- und Expertensteuerung zur Einleitung von Anreizmaßnahmen (Belohnung, Bestrafung) genutzt werden können. Endogene Steuerungsinstrumente, bei denen informationelle Impulse in den individuellen Entscheidungskalkül eingebracht werden, sind ex definitione Formen der Selbststeuerung. Allenfalls könnte man in der Handhabung der informationellen Manipulation eine Form der Hierarchie- oder Expertenkontrolle sehen; das geschieht hier nicht. Bei den Analyseinstrumenten stellt die Antragsanalyse keine Form der Selbststeuerung dar, weil Selbststeuerung zur Aufdeckung der eigenen Informationsmanipulation ein Widerspruch in sich selbst ist. Über Handlungs- und Strukturindikatoren können bei einer Einheit informationelle Anstöße auch zur Überprüfung des eigenen Verhaltens ausgelöst werden. Allerdings setzt diese Form der Selbststeuerung die Bereitschaft zur Verhaltensüberprüfung voraus.

Wie schon hervorgehoben wurde[26], stellt die endogene Verhaltensbeeinflussung, insbesondere die Steuerung über Antrags- und Handlungsimpulse, ein diffiziles Instrument dar. Die Aufgabe, abweichendes Verhalten zu prognostizieren und durch kompensierende Maßnahmen der Informationsmanipulation in seiner Wirkung zu neutralisieren, stellt eine schwierige Gratwanderung dar. Hinsichtlich der verhaltensorientierten Manipulation erscheint es ausgeschlossen, angesichts der Vielfalt individueller, dem Gestalter des Regelsystems weitgehend verborgener Präferenzen der verschiedenen Einheiten die angestrebte

---

[26] Vgl. S. 378.

kompensierende Wirkung zu erzielen. Die Folge kann sein, dass durch die Verzerrung entscheidungslogischer Kriterien sowohl die unternehmungszielkonforme Steuerung der Aktivitäten beeinträchtigt als auch die Organisationsloyalität der Mitarbeiter in Frage gestellt wird. Die Praxis scheint deshalb diesen Weg nur begrenzt zu verfolgen. Die folgenden Überlegungen beschränken sich auf die exogene Verhaltensbeeinflussung und stellen die Bildung von Indikatoren in den Mittelpunkt. Zunächst wird die Frage des angemessenen Strukturierungsgrades von Indikatoren untersucht.

Hinsichtlich des anzustrebenden Strukturierungsgrades eines Indikators ist zunächst festzustellen, dass auch sehr globale Indikatoren über die Auslösung eines diffusen Handlungsdrucks nachhaltige Anstöße zu Such- und Analyseprozessen geben können. Allerdings fördert ein relativ unstrukturierter Indikator keine fokussierte Suche. Die Unternehmungsleitung kann sich in diesem Fall nur schwer ein Urteil darüber bilden, wie intensiv und sorgfältig die Such- und Analyseprozesse zur Aufdeckung vermuteter Probleme waren. Je unmittelbarer und konkreter der Indikator das Problem oder die Problemzone beschreibt, desto gezielter kann die Suche sein. Die Bedingungen für die Generierung strukturierter, die Problemsuche lenkender Indikatoren sind bei den drei in Übersicht 12 ausgewiesenen Analyseinstrumenten unterschiedlich.

Die größten Einschränkungen ergeben sich für die Konzipierung von Indikatoren mit einem hohen Informationsgehalt beim *Antragsindikator*. In einer Situation, in der es um die Aufstellung von Plänen geht, sind die Möglichkeiten des Rückgriffs auf planbasierte Sollnormen begrenzt. Auch aus dem Benchmarking-Ansatz lassen sich für das Stadium der Planung nur begrenzt Vergleichsmaßstäbe herleiten. Ein Antragsindikator, der nur auffällige Abweichungen im beantragten Ressourcenbedarf zu den vorangegangenen Jahren ausweist, kann unter Umständen die Überprüfung des gesamten Antrags erfordern. Letztlich können für eine problembezogene Ausrichtung von Indikatoren nur Erfahrungen mit dem abweichenden Verhalten der Antragsteller herangezogen werden.

Von allen drei Indikatoren bietet der *Handlungsindikator* prinzipiell die umfassendsten Möglichkeiten zur problemorientierten Ausgestaltung. Da sich die betrachteten Handlungen im Rahmen der Planung vollziehen, sind der Handlungs- und damit auch der Analysebereich eingeschränkt. Für die Ausfüllung des Planungsspielraums selbst, d.h. für den Handlungskomplex, der nicht durch detaillierte Planvorgaben festgelegt ist, lassen sich zwangsläufig nur begrenzt planbasierte Sollwerte ableiten. Die Schwierigkeit, aussagefähige Handlungsindikatoren zu generieren, steigt in dem Maße, in dem der Stellenwert der zentralen Planung zugunsten des eigenverantwortlichen ("dezentralen") Handelns vor Ort zurückgenommen wird. Sofern Erfahrungswerte vorliegen, bleibt häufig nur der Rückgriff auf Vergleichswerte vergangener Perioden und auf Benchmarking-Informationen. Dass eine Organisationsphilosophie der betonten

Dezentralisierung erfolgreich nur mit Vertrauen in die Fähigkeit und Bereitschaft zu verantwortungsvollem Handeln der Mitarbeiter verfolgt werden kann und insofern indikatorgestützten hierarchischen Interventionen Grenzen gesetzt sind, darf in diesem Zusammenhang allerdings nicht übersehen werden.

Besondere Anforderungen hinsichtlich der Identifizierung und Beseitigung von Handlungsdefiziten stellen *Strukturindikatoren*. Infrastrukturen sind auf längere Sicht angelegt. Wenn eine Struktur aufgebaut ist, kann es daher zunächst nur darum gehen, die bestehenden qualitativen und quantitativen Kapazitäten wirtschaftlich zu nutzen. Eine solche Zwecksetzung fördert bei allen Verantwortlichen die Tendenz, das Potenzial für die laufenden Aktivitäten als gegeben anzusehen und nicht in Frage zu stellen. Dazu kommt, dass Infrastrukturen häufig sehr vielfältige Merkmale umschließen (z.B. Kapazitäten, Technologie, Organisation, Personal), die nicht durch einen einzigen Indikator erfasst werden können. Auch kann das interne Rechnungswesen in der Regel nur einen Teil der relevanten Einflüsse abbilden; technologische Entwicklungen und Strukturinnovationen erfordern zu ihrer Berücksichtigung jeweils besondere Indikatoren. Es gibt deshalb keinen Indikator, der die Suche so steuern könnte, dass die ganze Spannbreite potenzieller Probleme erfasst würde. Planwerte haben, wenn es vor allem darum geht, die unter bestimmten Prämissen geplante Struktur auf ihre Effektivität und Effizienz laufend zu überprüfen, zwangsläufig eine geringe Bedeutung. Zwar können Abweichungen von geplanten Kapazitätsauslastungen durchaus Aufschluss über Handlungsdefizite geben,[27] bei komplexen Infrastrukturen ist die Einbringung von Benchmarking-Normen, die vor allem von Konkurrenten im Markt gesetzt werden, jedoch unerlässlich.

Infrastrukturen bestimmen nachhaltig das Handlungspotenzial einer Unternehmung; ihnen kommt im internationalen Wettbewerb der Rang eines strategischen Wettbewerbsfaktors zu. Es kann unter diesen Umständen nicht überraschen, dass ein erheblicher Teil neuerer Konzepte des internen Rechnungswesens über die Generierung von Indikatoren und die Strukturierung der Analyseaktivitäten auf die Beseitigung von Handlungsdefiziten bei der Überprüfung und Umgestaltung von Infrastrukturen ausgerichtet ist. Neue Modelle wie die Prozesskostenrechnung, das Target Costing und das Kaizen Costing sind in diesem Zusammenhang ganz auf die Verhaltensbeeinflussung ausgerichtet und durch bestimmte Verhaltensannahmen des Managements ge-

---

[27] Vgl. hierzu die Bedeutung von Allokationsregeln für die Auslösung von Anpassungsentscheidungen im Konzept der „internal selection" von Burgelman [Theory].

prägt.[28] Sie wollen zur radikalen Infragestellung überkommener Strukturen motivieren.[29]

Nach der Darstellung der verschiedenen Formen der Informationsgestaltung und der Erörterung der Modalitäten ihres Einsatzes soll im folgenden der in den vorangegangenen Ausführungen wiederholt hervorgehobene Einfluss der vom Management verfolgten Gestaltungsphilosophie thematisiert werden. Der Charakter von Gestaltungsphilosophien, der durch subjektive Werte und Überzeugungen der handelnden Manager bestimmt ist, lässt bei der Betrachtung der einzelnen Instrumente der Informationsgestaltung nur beispielhafte Aussagen zu. In diesem Sinne ist Übersicht 13 zu verstehen. Sie greift mit der Einbringung marktgeprägter Gestaltungsprinzipien einen generellen Trend auf, der bei den Reorganisationen in Deutschland und in anderen Industrienationen gegenwärtig zu beobachten ist.

Wie Übersicht 13 ausweist, sind marktgeprägte Gestaltungsprinzipien vor allem bei der Ausfüllung von Planungsspielräumen und der Überprüfung von Infrastrukturen von Bedeutung. Zur Vermeidung oder Reduzierung von Handlungsdefiziten auf Grund zu optimistischer Prognosen in der Phase der Generierung von Unternehmungsplänen kommt marktgeprägten Prinzipien dagegen kein nennenswerter Einfluss zu. Allenfalls bei der Bildung von Antragsindikatoren könnten zur Konsistenzprüfung marktbasierte Vergleichsgrößen berücksichtigt werden. Die folgenden Erläuterungen vernachlässigen deshalb Handlungsdefizite in der Phase der Plangenerierung.

Bei der Gestaltung der endogenen Verhaltenssteuerung äußert sich die Verfolgung einer marktgeprägten Managementphilosophie am deutlichsten in der Bildung interner Märkte für Bereiche, die keinen unmittelbaren Zugang zum externen Markt haben. Lassen sich keine realen Märkte bilden, werden die Handlungen der Unternehmungseinheiten durch Einführung von Verrechnungspreisen oder anderer Marktelemente so beurteilt, als ob sie marktlichen Bedingungen unterlägen. Handlungsimpulse in Form von internen Preisen sollen sicherstellen, dass die Bereitstellung und Inanspruchnahme von Leistungen den Kriterien der Effizienz genügen. Marktbasierte Strukturänderungs-Impulse sollen das Bewusstsein dafür schärfen, dass sich auch Infrastrukturen, die für einen längeren Zeitraum geplant sind, ständig dem Wettbewerb stellen müssen.

---

28) Vgl. McNair/Carr [Responsibility]; Cooper [Enterprises]; Lee/Monden [Kaizen]; sowie Kaplan/Cooper [Cost] 57 ff.

29) Vgl. hierzu die Ausführungen zur Prozesskostenrechnung bei Kaplan/Cooper [Cost] 100 f. Ausweis und Zuordnung von Kosten sollen nach Auffassung der Autoren die Aufmerksamkeit auf kritische Bereiche lenken.

Informations- gestaltung Handlungs- defizite	Endogene Verhaltenssteuerung	Exogene Verhaltenssteuerung	
Generierung von Unternehmungsplänen	Antragsimpuls „Überlisten"	Antragsindikator Stimmigkeitstest auf Grund Annahmen über Verhalten	⇒ Antragsanalyse Analyse gestützt durch Annahmen über abweichendes Verhalten
	(kein unmittelbarer Einfluss marktgeprägter Gestaltungsphilosophien)		
Ausfüllung von Planungs-spielräumen	Handlungsimpuls Einführung interner Preise	Handlungsindikatoren Marktbasiertes Benchmarking	⇒ Handlungsanalyse Einsatz externer Experten zur Einbringung von Know-how über „Best - Practice"
Überprüfung von Infrastrukturen	Strukturänderungsimpuls Marktorientierte Problemsensibilisierung durch Ausweis monetärer Transaktionserfolge	Strukturindikator Ausweis monetärer Transaktionserfolge bei gleichzeitiger Öffnung zum externen Markt	⇒ Strukturanalyse Einsatz externer Experten zur Einbringung von Know-how über „Best - Practice"

Übersicht 13: Beispiel für marktgeprägte Gestaltungsphilosophie bei der Informationsgestaltung

Eine den beschriebenen endogenen Impulsen entsprechende Ausgestaltung können auch Handlungs- und Strukturindikatoren erfahren. Auch hier wird in Übersicht 13 ein Marktstandard als Vergleichsnorm herangezogen, wobei sich der Marktdruck durch die Möglichkeit von Transaktionen mit dem externen Markt als Alternative zu ausschließlich internen Leistungsbeziehungen noch verstärken lässt. Für die Handlungs- und Strukturanalyse stellt die Übertragung der entsprechenden Aufgaben an externe Experten (Berater) eine besonders ausgeprägte Form der Marktorientierung dar. Ihr liegt häufig der Gedanke zu Grunde, neben dem methodischen Sachverstand auch das Wissen über die Lösungen leistungsfähiger Konkurrenten zu nutzen.

III. Gestaltung computergestützter Informationssysteme

Die Bereitstellung, Speicherung und Weiterverarbeitung von Informationen erfolgt in Unternehmungen im Rahmen von betrieblichen Informations- und Kommunikationssystemen. Auf Grund eines sehr hohen Informationsbedarfs und immer größere Anforderungen an die Verarbeitungsgeschwindigkeit lassen sich diese Systeme nur noch mittels moderner Informationstechnik realisieren. Angesichts der ungebrochenen Dynamik der technologischen Entwicklung[1] stellt sich die Frage, welche Implikationen sich daraus für die Organisationsgestaltung ergeben. Im Folgenden wird gezeigt, dass der Einsatz von Informationstechnik der organisatorischen Gestaltung zwar gewisse Restriktionen auferlegt, prinzipiell jedoch von einem erweiterten Gestaltungsspielraum ausgegangen werden kann. Die Konsequenzen des erweiterten Spielraums für die organisatorische Gestaltung werden untersucht und die Art der Nutzung des Gestaltungspotenzials thematisiert.

a. Informationstechnische Entwicklung

Versucht man, die Entwicklung der Informationstechnik in Hinblick auf ihre Auswirkungen auf die organisatorische Gestaltung zu analysieren, so bietet sich eine Orientierung an den Stufen Großrechnersysteme, PC-basierte Systeme, intraorganisationale und interorganisationale Vernetzung an.

Großrechnersysteme

In den 1950er Jahren wurden die ersten betrieblichen Anwendungen der Informationstechnik ausschließlich durch den Einsatz von Großrechnersystemen ermöglicht. Diese wurden überwiegend für die Automatisierung von administrativen Routinetätigkeiten bei großen Datenmengen, wie etwa des Rechnungswesens sowie der Lohn- oder Gehaltsabrechnung, eingesetzt. Bis Mitte der 1960er Jahre konnte die Bearbeitung nur im Batchbetrieb erfolgen. Hierbei mussten die Aufträge vor der Bearbeitung vollständig spezifiziert sein. Ferner konnten diese nur nacheinander bearbeitet werden. Die Ein- und Ausgabe der Daten musste in räumlicher Nähe zum Großrechner erfolgen. Später wurden durch die Einführung des Dialogbetriebs Anwendungen bei dispositiven Auf-

---

1) Vgl. Hehl [Trends].

gaben – z. B. Materialwirtschaft – möglich. Der Vorteil des Dialogbetriebs ist, dass die Aufträge vor ihrer Bearbeitung nicht mehr vollständig spezifiziert sein müssen. Vielmehr kann der Benutzer während der Bearbeitung insbesondere variable Daten im Dialog mit dem Rechner eingeben. Weiterhin konnten im Time-Sharing-Betrieb Aufträge jetzt quasi parallel bearbeitet werden.

PC-basierte Systeme

Die zweite organisatorisch bedeutende Stufe des Technikeinsatzes beginnt mit der Anwendung der Mikroprozessortechnik Mitte der 1970er Jahre. Durch die Mikroprozessortechnik wurde es möglich, die gesamte Rechen- und Steuerungslogik auf einem Chip zu integrieren. Zu den Mikrocomputern zählen sowohl die eher im technisch-wissenschaftlichen Bereich angesiedelten Workstations als auch die 1981 eingeführten Personal Computer (PC). Auf Grund eines umfangreichen Angebotes an integrierter Standardsoftware für die Mikrocomputer wurde die Nutzung der Informationstechnik in Fachabteilungen – ohne die Notwendigkeit des Rückgriffs auf die Dienste der zentralen Datenverarbeitung – möglich (sog. individuelle Datenverarbeitung). Auf Grund vergleichsweise niedriger Preise, einer breiten Palette an Standard-Anwendungssoftware, einer erhöhten Flexibilität des Einsatzes und einfach zu bedienenden graphischen Benutzeroberflächen erlangten Personal Computer innerhalb kurzer Zeit eine weite Verbreitung.

Intraorganisationale Vernetzung

Die dritte Stufe der informationstechnischen Entwicklung lässt sich durch die zunehmende Vernetzung von Personal Computern und Großrechnern beschreiben. Diese beginnt bald nach Einführung der Personal Computer. Wenngleich bereits zuvor Möglichkeiten der Vernetzung gegeben waren, beschränkten sich diese jedoch vorrangig auf die Anbindung von Endgeräten (insb. von Terminals und Druckern) an Großrechner. Durch die weit reichenden Optionen der Vernetzung von Personal Computern untereinander als auch mit den vorhandenen Großrechnern ergaben sich vielfältige Möglichkeiten der informationstechnischen Abbildung horizontaler und vertikaler Kommunikationsbeziehungen. So wurde mittels E-Mail-Systemen die direkte, asynchrone Kommunikation aller Mitarbeiter möglich. Dieser Trend ist zuletzt durch soziales Computing und die weite Verbreitung mobiler Endgeräte weiter verstärkt worden mit unmittelbaren Auswirkungen auf die innerbetriebliche Kommunikation.[2]

---

2) Vgl. Bruns/König [Entwicklung].

Durch die Integration der Teilsysteme wird ein durchgängiger Informationsfluss sichergestellt. Insbesondere stehen einmal erfasste Daten allen Teilsystemen in einheitlicher, konsistenter und aktueller Form zur Verfügung. Eine Mehrfacherfassung erübrigt sich. Außerdem kann auf Schnittstellen für den Datenexport und -import mit anderen Softwaresystemen (z. B. technische Systeme, Büroinformationssysteme) zurückgegriffen werden.

Insgesamt wird deutlich, dass die konventionelle Datenverarbeitung und die Informations- und Kommunikationstechnik immer enger zusammengewachsen sind. Die informations- und kommunikationstechnische Infrastruktur – vor allem die existierenden Kommunikationsnetze – stellen eine entscheidende Randbedingung für die unternehmungsweite Koordination dar. Sie geben gewissermaßen die Menge möglicher Kommunikationsbeziehungen vor.

Interorganisationale Vernetzung

Ergänzend zu den innerbetrieblichen Kommunikationsnetzen sind Unternehmungen in unternehmungsübergreifende Netze eingebunden. Hierunter wird die informationstechnische Anbindung von Kunden und Lieferanten, von Mitarbeitern mit externen Arbeitsplätzen sowie von weiteren Akteuren, beispielsweise der öffentlichen Hand oder der breiteren Öffentlichkeit, zusammengefasst. Unternehmungsübergreifende Informations- und Kommunikationssysteme haben die Voraussetzung für bestimmte Formen zwischenbetrieblicher Kooperation (z.B. Just-in-Time-Lieferbeziehungen, gemeinsame Produktentwicklungsaktivitäten von Zulieferern und Abnehmern) wie auch veränderte Formen der Kommunikation vor allem mit Endverbrauchern und der breiteren Öffentlichkeit, etwa durch Nutzung von Social Software, Podcasts, RSS-Feeds oder anderen Web 2.0-Anwendungen[3], geschaffen.

Zusammenfassend lässt sich feststellen, dass der betriebliche Einsatz der Informations- und Kommunikationstechnik den Gestaltungsspielraum erweitert hat. Es werden sowohl neue Strukturen und Abläufe als auch neue Geschäftsfelder – wie etwa Electronic Commerce und Electronic Publishing – möglich. Der Einsatz von Informations- und Kommunikationstechnik führt dazu, dass Organisationsgrenzen durchlässiger werden. Dies betrifft sowohl die Diffundierung funktionaler Bereichsgrenzen, die Realisierbarkeit flacherer Hierarchien, die Reduktion von räumlichen und geographischen Bindungen als auch die unmittelbare Einbeziehung unternehmungsexterner Lieferanten und Kunden in die eigenen Geschäftsprozesse. Als Merkmal der unter dem Einfluss von Informations- und Kommunikationstechnologien entstehenden „boundaryless organi-

---

[3] Vgl. Alby [Web 2.0].

zation" gilt daher die – zumindest partielle – Überwindung vertikaler, horizontaler, zwischenbetrieblicher wie auch räumlicher Grenzen.[4] Schlagworte wie „Enterprise 2.0", „Open Innovation", „Crowdsourcing", „Wikinomics" oder „Commons-based-peer production" zeigen zudem, dass durchaus weitreichende Veränderungen die Folge sein können, im Zuge derer Stakeholder generell näher an die Unternehmungen heranrücken und sich neue Rollen in Wertschöpfungsprozessen (etwa die des „Prosumenten", der gleichzeitig Produzent und Konsument ist), herausbilden können.[5]

b. Organisatorische Konsequenzen

„Organizations are consumers, managers, and purveyors of information. Rules for gathering, storing, communicating, and using information are essential elements of organizational operating procedures."[6] Die von *Martha S. Feldman* und *James G. March* so anschaulich charakterisierte informationelle Durchdringung aller Prozesse und Strukturen legt es nahe, jeden informationstechnologischen Fortschritt mit der Frage nach seinen organisatorischen Auswirkungen zu verbinden Die Antworten sind so unterschiedlich wie die konzeptionelle Erfassung der Informationstechnologie und der Organisation, ganz zu schweigen von Einflüssen des methodologischen Zugangs zum Charakter ihrer Beziehungen. Schon deshalb kann es nicht überraschen, dass die Prognosen über die unter dem Einfluss der Informationstechnologie zu erwartenden langfristigen organisatorischen Veränderungen ein breites Spektrum abdecken.

Eine wissenschaftliche Diskussion über organisatorische Konsequenzen der Informationstechnik wurde maßgeblich durch die frühen Thesen von *Leavitt* und *Whisler* entfacht. In ihrem 1958 erschienenen Aufsatz *Management in the 1980's*[7] prophezeiten sie eine zunehmende Zentralisation von Entscheidungskompetenzen, die von einer Reduzierung der Aufgaben mittlerer Managementebenen begleitet werde. Andere Autoren wiesen dagegen auf Dezentralisationswirkungen hin, die durch erweiterte Kontrolltätigkeiten begünstigt würden[8]. *Peter F. Drucker* erwartete gar für das erste Jahrzehnt dieses Jahrhunderts eine „in-

---

4) Vgl. Rivard et al. [Information] 69 ff.
5) Vgl. Benkler [Penguin]; Chesbrough [Innovation]; Howe [Crowdsourcing]; Scheuermann [Netzökonomie]; Tapscott/Williams [Wikinomics].
6) Feldman/March [Information] 171.
7) Vgl. Leavitt/Whisler [Management] 41 ff. Vgl. auch Grochla [Diskussion] und Grochla [Auswirkungen].
8) Vgl. z.B. Burlingame [Information] 121 ff. sowie Klatzky [Automation] 141 ff.

formationsbasierte Organisation", die mehr Ähnlichkeit mit einem Symphonie-Orchester als mit einer Produktionsunternehmung des Jahres 1950 haben sollte.[9] Es bleibt festzuhalten, dass aus dem Einsatz computergestützter Informationssysteme weder in deterministischer Weise strukturelle Konsequenzen abgeleitet werden können, noch gesicherte Aussagen über die Wirkungen auf einzelne Individuen möglich sind; vielmehr ergeben sich neue Optionen der organisatorischen Gestaltung, die Unternehmungen für sich nutzen können.[10]

1. Informationszugriff und Problemlösungshilfe als informationstechnologische Potenziale

Organisatorische Regelungen beziehen sich letztlich auf Entscheidungshandlungen, die als Akte der arbeitsteiligen Informationsgewinnung und -verarbeitung zur Problemlösung interpretiert werden können. Aus dieser Perspektive lassen sich die skizzierten Eigenschaften der neuen Techniken zu zwei organisatorisch relevanten Merkmalen verdichten[11]:

1. Verbesserte Bereitstellung von Informationen
   Die Informations- und Kommunikationstechniken haben einen qualitativen Sprung in den Möglichkeiten bewirkt, Handlungsträger mit Informationen zu versorgen. Mit ihrer Hilfe lassen sich mächtigere Informationsbestände vorhalten sowie schneller, über prinzipiell unbegrenzte Distanzen und unabhängig(er) von der zeitlichen Präsenz eines Kommunikationspartners (asynchrone Kommunikation) übermitteln bzw. abfragen. Informationen können damit in größeren Mengen und – dank mobiler Endgeräte – grundsätzlich an beliebigen Orten aktuell und jederzeit zugänglich sein.

2. Verbesserte Bereitstellung von Problemlösungshilfen
   Die Potenziale der neuen Techniken können ferner dazu genutzt werden, Handlungsträger mit zusätzlichen Kapazitäten zur problemorientierten Verarbeitung von Informationen auszustatten. Neben der Rechnerunterstützung im Rahmen strukturierter Problemstellungen ist hierbei vor allem an die Bereitstellung methodischer Verfahrenshilfen (Know-how) zu denken, die die Bewältigung von Problemen erleichtern, die, zumindest aus der Sicht des betroffenen Aufgabenträgers, schlecht strukturiert sind. Sie können von programmierten Lösungsabläufen für solche Probleme, die aus Unternehmungssicht gut strukturiert sind, im Sinne einer „Benutzerführung"

---

9) Vgl. Drucker [Organization].
10) Vgl. Scott Morton [Corporation]; Dewett/Jones [Role].
11) Zu den nachfolgenden Ausführungen vgl. auch Frese/v. Werder [Kundenorientierung].

über modellgestützte Analysehilfen, z.B. für Simulations-, Sensitivitäts- und Szenarioanalysen, bis hin zu wissensbasierten Expertensystemen reichen.

2. Gestaltungsoptionen

Betrachtet man den Beginn der informationstechnischen Entwicklung, so zeichnete sich zunächst ein klares Bild ab: Für den Fall, dass Unternehmungen die Informationstechnik wirtschaftlich nutzen wollten, waren sie auf Grund des ungünstigen Preis-Leistungs-Verhältnisses zur Einrichtung von speziellen Datenverarbeitungsabteilungen gezwungen. Dort wurden in voluminösen Anlagen, die ausschließlich von Spezialisten bedient werden konnten, vorwiegend operative Systeme aus administrativen Anwendungsbereichen betrieben. Da zwischen den betroffenen Verwaltungsbereichen und der DV-Abteilung Leistungsverflechtungen entstanden, wurden diese häufig in einer organisatorischen Einheit zusammengefasst. Die erstmalige Einführung der neuen Technologie traf seinerzeit zudem auf eine organisationstheoretische Denkrichtung, die von einem deterministischen Ursache-Wirkungs-Zusammenhang ausging. Mehr Informationstechnologie führte nach diesem Verständnis zu Änderungen in der Konfiguration, abgebildet durch Merkmale wie Zentralisation, Spezialisierung und Standardisierung.

Im Gegensatz hierzu sind die neuen Informationstechniken nicht mit „starren" Implikationen für die Ausgestaltung der Organisationsstruktur verbunden. Das Fehlen eines „technologischen Determinismus" liegt darin begründet, dass die modernen Techniken auf Grund ihres breiten Leistungsspektrums, ihrer funktionellen Flexibilität und ihrer räumlichen Mobilität vielseitig und vielerorts eingesetzt werden können. Infolge dieser Anwendungsoffenheit existiert nicht mehr prinzipiell nur eine Organisationslösung, die eine zufrieden stellende Ausschöpfung der technischen Potenziale verspricht. Das charakteristische Merkmal der modernen Informationstechnik ist unter Gestaltungsaspekten vielmehr darin zu sehen, dass sie lediglich Optionen für die organisatorische Gestaltung eröffnet. Sie unterscheidet sich hierdurch grundlegend von den älteren dedizierten DV-Systemen. Die Verwendung monofunktionaler Textautomaten in der Frühzeit des IT-Einsatzes in Unternehmungen etwa war schon auf Grund der seinerzeit hohen Anschaffungskosten und der erforderlichen Ressourcenauslastung mit einer deutlichen Tendenz zur Zusammenfassung von Schreibarbeiten in Form von zentralen Schreibbüros verbunden. Folglich war hier in der Regel nur eine organisatorische Gestaltungsform als technikadäquat anzusehen. Demgegenüber verhält sich der Einsatz vernetzter Personal Computer wie auch mobiler Endgeräte im Prinzip organisationsneutral.

In Anbetracht dieses Optionscharakters können sich die organisatorischen Implikationen der Informationstechnik primär nach den verfolgten Zielen der Organisationsgestaltung richten und hängen nur in zweiter Linie von den Leistungsmerkmalen der neuen Technik ab. Angesichts der wenig restriktiven informationstechnischen Gestaltungsbedingungen liegen die eigentlichen organisatorischen Herausforderungen der modernen Techniken heute vorwiegend in der Überprüfung der organisatorischen Soll-Konzeption. Diese Überprüfung kann ergeben, dass die bisherige Organisationsstruktur bei der Einführung der neuen Techniken beibehalten werden soll. Dieser Fall ist aus der Sicht der Organisationsgestaltung als bloße „Elektrifizierung" bislang traditionell abgewickelter Vorgänge einzuordnen.[12] Der Technikeinsatz ist hier also nicht mit organisatorischen Gestaltungsimplikationen verbunden, sondern kann – neben eventuellen Motivationsfolgen – allenfalls eine effizientere Abwicklung der grundsätzlich unveränderten Aufgaben bewirken.

Organisatorische Implikationen stellen sich demgegenüber dann ein, wenn im Zuge der Technikeinführung Reorganisationsmaßnahmen eingeleitet werden. Auf Grund der beschriebenen Gestaltungsoffenheit der neuen Techniken beruhen diese Organisationsänderungen allerdings grundsätzlich nicht, wie dies bei dedizierten Systemen der Fall war, darauf, dass bestimmte organisatorische Ziele (z.B. Rationalisierung des Schreibdienstes) nur mit Hilfe technischer Sachmittel (Textautomaten) zu erreichen und diese Sachmittel nur im Rahmen bestimmter Organisationsstrukturen (zentrale Schreibbüros) wirtschaftlich nutzbar sind. Die Reorganisationsmaßnahmen in Zusammenhang mit den neuen Informationstechniken sind – bei überzeugenden organisatorischen Lösungen – vielmehr darauf zurückzuführen, dass die (seit jeher oder neuerdings angestrebten, in der Vergangenheit nicht oder nur unvollkommen realisierten) Strukturen mit informationstechnischer Hilfe überhaupt erst oder zumindest besser verwirklicht werden können. Informationstechnologien werden daher in der jüngeren Organisationsforschung verstärkt als „enabler" neuer Organisationskonzepte betrachtet.[13]

Eine Untersuchung der gewonnenen Möglichkeiten muss aus entscheidungsorientierter Sicht an den beiden Koordinationsinstrumenten, der Festlegung von Entscheidungskompetenzen sowie der Regelung von Kommunikationsbeziehungen, ansetzen. Da bei der Formulierung von Entscheidungskompetenzen die Möglichkeiten der Kommunikation zwischen den Einheiten zu antizipieren sind, werden die Kommunikationsoptionen zunächst vorgestellt. Vor

---

12) Vgl. Hammer [Reengineering].
13) Vgl. Davenport [Process]; Gaitanides [Prozessorganisation] 53 f.

diesem Hintergrund werden dann Strukturierungs- und Segmentierungsoptionen behandelt.

2.1 Kommunikationsoptionen

Das Ziel der Kommunikation ist die Versorgung organisatorischer Einheiten mit entscheidungsrelevanten Informationen. Vor diesem Hintergrund liegen die Vorteile computergestützter Informationssysteme im Wesentlichen darin, dass über Datenbanksysteme und Netzwerke große Datenmengen schnell und über beliebige räumliche Distanzen übermittelt, gespeichert und abgerufen werden können. Damit wird die Informationsbasis von Entscheidungseinheiten erheblich aktualisiert und erweitert. Bevor nun konkrete Möglichkeiten beim Einsatz der Kommunikationsinstrumente skizziert werden, soll im Folgenden zunächst geklärt werden, unter welchen Umständen computergestützte Kommunikationstechniken zum Einsatz gelangen.

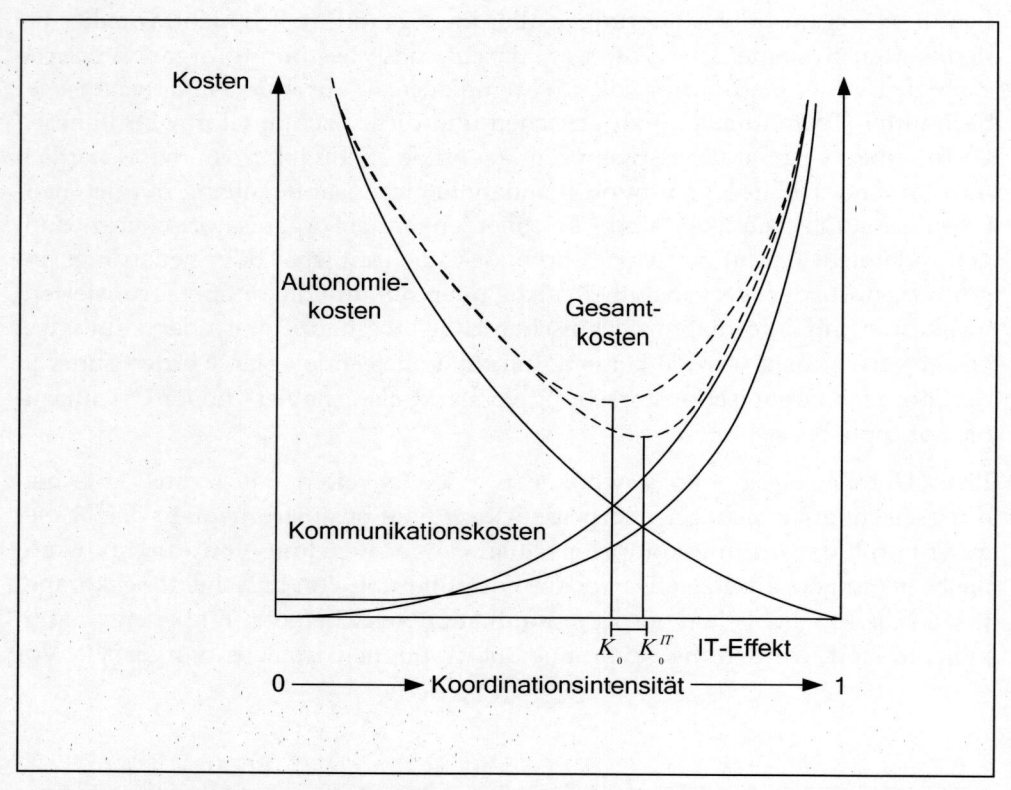

Abb. 77:   Auswirkungen der Informationstechnik auf die Kommunikationskosten

Die Informationsgrundlage von Entscheidungen kann dann als verbessert gelten, wenn die der Entscheidung zu Grunde liegende Ungewissheit reduziert wird und somit die Autonomiekosten der Unternehmung gesenkt werden. Der sinnvolle Einsatz computergestützter Informationssysteme im Rahmen der Kommunikation kann wiederum durch die graphische Gegenüberstellung von Kommunikations- und Autonomiekosten verdeutlicht werden. Auf Grund des ständig verbesserten Preis-Leistungs-Verhältnisses der Technik kann davon ausgegangen werden, dass die Kommunikationskostenkurve durch den Technikeinsatz wie in Abb. 77 dargestellt verschoben wird. Das hat zur Folge, dass die Autonomiekosten infolge gesteigerter Kommunikationsaktivitäten sinken[14].

Studien über die Tätigkeiten von Managern unterstreichen die organisatorische Bedeutung von Kommunikationsverbesserungen[15]. Es wurde festgestellt, dass der überwiegende Teil der Arbeitszeit zum Austausch von Informationen aufgewendet wird. Sehr aufschlussreich für den potenziellen Einsatz von Datenbanksystemen und Kommunikationstechniken ist darüber hinaus die Erkenntnis, dass die Art der ausgetauschten Informationen mit der hierarchischen Position der kommunizierenden Personen variiert. Auf unteren Ebenen dominieren tendenziell eher „hard facts"[16]. Diese können als eindeutige, meist quantifizierbare Daten mit üblicherweise konstanter Struktur umschrieben werden. Hingegen tragen die bei Top-Managern ausgetauschten „soft facts" eher den Charakter von qualitativen Indizien, die im Sinne der zu Grunde liegenden Problemstellung zu interpretieren sind. Während sich „hard facts" primär für wohl definierte Probleme mit einer eindeutigen Informationsstruktur eignen, werden „soft facts" auf höheren Hierarchieebenen zur Bewältigung komplexer Problemstellungen mit häufig wechselnder und daher nicht eindeutiger Informationsstruktur herangezogen. In einer Untersuchung über die in Organisationen verwendeten Kommunikationsmittel stellten *Daft et al.*[17] fest, dass die jeweiligen Medien nach der Art der übermittelten Informationen ausgewählt werden. Es muss berücksichtigt werden, dass computergestützte Informationssysteme nur in begrenztem Maße „soft facts" speichern und übertragen können. So wird beispielsweise beim Übergang von persönlichen Gesprächen zu Mailbox-Informationen jegliche Gestik und Mimik herausgefiltert. Da Informationen nur

---

14) Vgl. Emery [Planning] 31 sowie zur beobachteten Intensivierung der Kommunikation in Unternehmungen Dewett/Jones [Role], z.B. 316 und 321.
15) Vgl. den Überblick bei Culnan/Markus [Information] 420 ff. sowie bei Mintzberg [Nature] 199 ff., insbesondere die empirischen Ergebnisse 230 ff.
16) Vgl. Mintzberg [Fakt] 86 ff.
17) Vgl. Daft/Lengel/Trevino [Message] 355 ff.

in einen beschränktem Umfang formalisiert werden können[18], erscheint insbesondere die Einsatzmöglichkeit von herkömmlichen Datenbanksystemen begrenzt. Je weniger eine Problemstellung definiert ist, desto mehr wird sich die Informationsgewinnung auf „reichere" Kommunikationswege konzentrieren[19]. Obwohl etwa Mailboxen, Videokonferenzen, Internet-Telefonie etc. deutliche Verbesserungen darstellen, werden auch weiterhin konventionelle Kommunikationskanäle, speziell das persönliche Gespräch, nicht an Bedeutung verlieren[20].

Unter Beachtung der genannten Einschränkungen ergeben sich für die neuen Kommunikationsinstrumente folgende Einsatzmöglichkeiten: Im Rahmen der vertikalen Kommunikation können Handlungsanweisungen in einer höheren Frequenz und einer präziseren Formulierung situationsgerecht an untergeordnete Einheiten übermittelt werden[21]. Durch die gestiegene Leistungsfähigkeit der Kommunikationswege lassen sich auch komplexe Zusammenhänge des Entscheidungsfeldes spezifizieren[22]. Dabei ermöglicht es eine flexible, hierarchieungebundene Vernetzung, Informationen von Stellen inner- und außerhalb der Organisation als Prämissen nachgeordneter Entscheidungsaufgaben heranzuziehen. So können in zunehmend mehr Anwendungsfeldern die Erkenntnisse von Experten direkt in Handlungsprogramme einfließen[23]. Wenngleich die Entscheidungskompetenz nur auf hierarchischem Wege festgelegt werden kann, können die zu ihrer Formulierung notwendigen Daten des Entscheidungsfelds auch durch andere Kommunikationskanäle zufließen. Gleichermaßen lassen sich auch Kontrolldaten unter Umgehung des Instanzenwegs unmittelbar erheben, so dass mittlere Ebenen in ihrer Funktion als Informationsübermittler entlastet werden können[24].

Infolge des sich ständig verbessernden Preis-/Leistungsverhältnisses der Kommunikationssysteme kann in zunehmendem Maße eine weitere Einschränkung der Informationsautonomie zur Entschärfung von Interdependenzen ökonomisch gerechtfertigt werden. Durch verstärkte horizontale Kommunikationsaktivitäten werden interdependente Einheiten über Veränderungen in ihrem

---

18) Vgl. Galbraith [Organization] 99 f.
19) Vgl. Daft/Lengel/Trevino [Message] 355 ff. bzw. Barrif/Galbraith [Considerations] 15 ff. Hinzuweisen ist in diesem Zusammenhang allerdings auf das Potenzial computergestützter Gruppenarbeit; vgl. Geibel [Gruppenarbeit].
20) Vgl. Huber [Theory] 47 ff.
21) Vgl. Galbraith [Organization] 97 ff.
22) Vgl. Simon [Consequences] 212 ff., insbesondere 222.
23) *Mertens et al.* weisen darauf hin, dass mit Hilfe von Expertensystemen das spezielle Wissen weniger Fachkräfte „multipliziert" werden kann (vgl. Mertens/Borkowski/Geis [Expertensystemanwendungen] 12 f.).
24) Vgl. z.B. Huber [Theory] 47 ff.

Entscheidungsfeld informiert. Dabei gewinnt die Geschwindigkeit der Kommunikationskanäle bei sehr sensiblen Leistungsverflechtungen, wie sie in den Prozessabläufen der Produktion vorzufinden sind, eine besondere Bedeutung. Durch eine verbesserte Abstimmung der am Leistungserstellungsprozess beteiligten Einheiten können u.U. Puffer abgebaut werden. Aktuelle Anwendungsbeispiele zeigen zudem, dass durch die konsequente Nutzung von Informations- und Kommunikationstechnologien, etwa durch eine Verknüpfung von Customer Relationship Management- und Warenwirtschaftssystemen sowie den Einsatz mobiler, GPS-gestützter Endgeräte, Prozess- und Marktinterdependenzen in Beschaffungs-, Absatz- und Logistikprozessen deutlich besser als in der Vergangenheit abgestimmt werden können.[25]

In Analogie zu den internen Kommunikationsoptionen besteht auch die Möglichkeit, externe Stellen in den Kommunikationsverbund einzubinden. Das Spektrum möglicher Gestaltungsalternativen reicht hier vom Bezug entscheidungsrelevanter Informationen aus Servicedatenbanken bis zur datentechnischen Integration der am Leistungserstellungs- und -verwertungsprozessbeteiligten Unternehmungen und Haushalte. Das Ziel ist es auch dabei weiterhin, die Unsicherheit über die externe Umwelt zu reduzieren. Eine typische neuere Entwicklung in diesem Bereich sind sog. Rückverfolgbarkeitssysteme. Sie gestatten es Unternehmungen, mit Hilfe von Informationstechnologien, speziell Datenbanksystemen, und Identifikationstechnologien, etwa Radio Frequency Identification (RFID), Warenflüsse lückenlos zu verfolgen und zu dokumentieren und auf diese Weise Logistikprozesse zu verbessern, Produktfälschungen zu verhindern und eventuell erforderliche Warenrückrufe zu vereinfachen.[26] Erreicht werden auf diese Weise u.a. eine Verbesserung der Prozesseffizienz und eine Flexibilisierung von Geschäftsprozessen.[27]

Mit den hier skizzierten Kommunikationsoptionen werden wesentliche Voraussetzungen zur Erweiterung der Informationsbasis von Entscheidungseinheiten geschaffen. Daraus ergeben sich größere Freiheitsgrade hinsichtlich der Strukturierung und Segmentierung.

---

25) Vgl. exemplarisch Theuvsen/Voss [Organisationskonzepte] 279 f.
26) Vgl. FMRIC [Handbook]; Strassner/Fleisch [Innovationspotenzial].
27) Vgl. Strassner [RFID] 111 ff.

2.2 Strukturierungsoptionen

Unter Strukturierungsgesichtspunkten ist zunächst auf die Möglichkeit hinzuweisen, Entscheidungseinheiten zu entlasten bzw. ihre Problemlösungskapazität zu erhöhen.

Neben dem Effekt, dass insbesondere mittlere Managementebenen durch eine hierarchieungebundene Vernetzung bis zu einem gewissen Grad in ihrer Rolle als Informationsübermittler entlastet werden können, lassen sich durch die jeweils zur Verfügung stehenden Kommunikationsmedien Informationsbeschaffungsmaßnahmen wesentlich erleichtern. Weiterhin erlauben es computergestützte Methoden und Modelle, die Informationsverarbeitungskapazität zu erhöhen[28]. So können zum einen realisationsnahe Routinetätigkeiten weitgehend automatisiert und aufwändige Kalkulationen unterstützt werden. Zum anderen gelangen komplexe wissenschaftliche Methoden (z.B. Entscheidungsbäume, Diagnose- und Prognosemodelle etc.) zunehmend zur Anwendung[29], so u.a. in der betrieblichen Produktions- und der Absatzplanung. Schließlich ermöglicht die Integration der Informations- und Kommunikationstechnik die unmittelbare Weiterverarbeitung kommunizierter Informationen, so dass aufwändige Transformationsschritte entfallen.

In Analogie zum Stabskonzept konzentriert sich das kapazitätserweiternde Potenzial computergestützter Informationssysteme auf die informationsgewinnenden und -verarbeitenden Tätigkeiten. Wenngleich gelegentlich auf eine technikbedingte Substitution des Stabes verwiesen wird, ist nicht zu verkennen, dass Computer gerade in diesen Einheiten eine breite Anwendung finden. Wie allerdings oben schon angemerkt wurde, fallen die hier skizzierten kapazitätssteigernden Effekte je nach Art der zu bearbeitenden Aufgabe sehr unterschiedlich aus[30]. Auch die Bestrebungen, mit Hilfe von wissensbasierten Systemen nicht algorithmisierbare Vorgänge zu unterstützen, führten nur partiell zu nennenswerten Erfolgen; ihr Anwendungsbereich wird – obwohl weltweit inzwischen mehrere tausend Expertensysteme im Einsatz sind – auch weiterhin eher im Bereich begrenzter, klar definierter Aufgabenbereiche gesehen[31].

Es stellt sich nun die Frage, wie diese technischen Optionen im Rahmen der Strukturierung genutzt werden können. Es ist zunächst offensichtlich, dass übergeordnete Einheiten selbst einen höheren Beitrag zur Problemlösung leis-

---

[28] Vgl. z.B. Huber [Theory] 47 ff.
[29] Vgl. Simon [Consequences] 212 ff., insbesondere 220 f.
[30] Vgl. hierzu die Differenzierung in strukturierte und unstrukturierte Aufgaben im Rahmen der Segmentierungsoptionen auf S. 407 f.
[31] Vgl. Beierle/Kern-Isberner [Methoden].

ten können, so dass die Delegation der entsprechenden Lösungsschritte entbehrlich wird. Wie die widersprüchlichen Ergebnisse der empirischen Studien allerdings belegen, wird diese Option zur Rezentralisierung nicht durchweg gewählt. Zur Begründung können gewisse Vorteile der Delegation angeführt werden. Vielfach gebieten die bessere Informationsbasis sowie das fachliche Verständnis untergeordneter Einheiten eine Dezentralisation[32]. Zudem besitzen infolge eines steigenden Wettbewerbsdrucks besonders in marktnahen Bereichen kurze Reaktionszeiten eine große Bedeutung[33]. Dabei kann das in Autonomiekosten auszudrückende Delegationsrisiko durch mehrere Mechanismen ausgeschaltet werden. Zunächst lassen sich mit Hilfe horizontaler Informationssysteme Abstimmungsprobleme der untergeordneten, interdependenten Einheiten reduzieren. Weiterhin können anhand vertikaler Kommunikationssysteme die Vorgänge auf unteren Ebenen permanent kontrolliert und gegebenenfalls korrigiert werden. An Stelle einer starren Strukturierung werden Aufgaben dann grundsätzlich delegiert, aber selektiv rezentralisiert. Schließlich ist darauf hinzuweisen, dass augenscheinlich weit formulierte Entscheidungskompetenzen häufig durch die in der Software eingebundenen Programme und Regeln erheblich vorstrukturiert sind[34]. Damit sind die den Aufgaben zu Grunde liegenden Problemstellungen weitgehend gelöst, bevor sie delegiert werden[35].

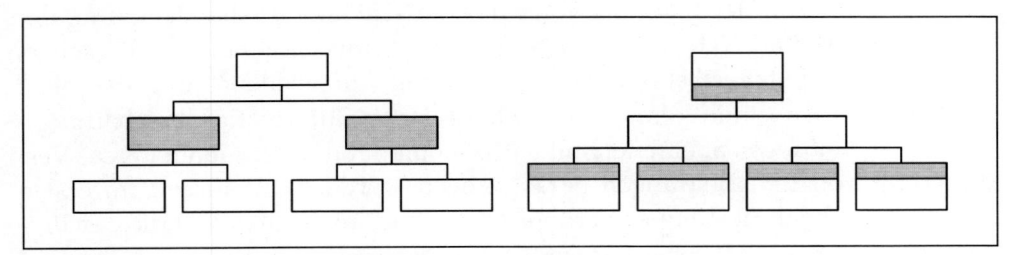

Abb. 78: Technikbedingte Abflachung der Hierarchie

Wenn jedoch der Einsatz computergestützter Informationssysteme nicht zwingend zu einer Zentralisation führt, bleibt offen, wie die kapazitätserweiternden

---

32) Vgl. z.B. Barrif/Galbraith [Considerations] 15 ff.
33) Vgl. Huber [Theory] 47 ff.
34) Vgl. Blau et al. [Technology] 20 ff., insbesondere 32.
35) Ein solcher Effekt zeigt sich beispielsweise im Kreditgewerbe, wo Expertsysteme zur Bonitätsanalyse eingesetzt werden. Bislang wurde durch Mitarbeiter in den Filialen nur ein begrenzter Teil von Kreditanträgen bearbeitet. Oberhalb eines gewissen Kreditvolumens war die Beurteilung erfahrenen Experten am Hauptsitz vorbehalten. Mit dem Einsatz von Expertsystemen können die Sachbearbeiter in den Filialen in einem interaktiven Prozess auf dieses Analysepotenzial zugreifen.

Potenziale genutzt werden. Eine Möglichkeit, die skizzierten Zentralisations- und Delegationsoptionen parallel zu verwirklichen, ist der Abbau von Hierarchieebenen, wie ihn Abb. 78 idealtypisch illustriert und wie er unter dem Einfluss des in den 1990er Jahren populären Business Process Reengineering eine Zeit lang verstärkt empfohlen und in Unternehmungen umgesetzt worden ist[36].

Wird ein Teil mittlerer Managementaufgaben rezentralisiert, ein anderer wiederum delegiert, erübrigt sich die Beibehaltung der mittleren Ebene[37]. Obwohl die Zahl der Kommunikations- und Entscheidungswege insgesamt sinkt, nimmt die Zahl der Kommunikationskanäle der Instanz zu. Infolge der höheren Leitungsspanne wird die übergeordnete Einheit durch die Erteilung von Anweisungen und die Entgegennahme von Informationen in gestiegenem Maße beansprucht. Das Ausmaß dieser Belastung kann jedoch durch den gezielten Einsatz von Kommunikationsmedien begrenzt werden. Wenngleich die in der Literatur vielfach diskutierte These von der technikbedingten Abflachung der Hierarchie auf Grund der Ausdünnung mittlerer Hierarchieebenen in der empirischen Forschung keine eindeutige Bestätigung findet[38], zeichnet sich dennoch im mittleren Management eine Tendenz zum Funktionswandel ab, dessen Ausprägung allerdings im Einzelfall von den situativen Rahmenbedingungen der Organisation, etwa dem jeweiligen Zentralisationsgrad, abhängt[39].

Eine weitere Form der Nutzung von Kapazitätseffekten ist die Steigerung der Aufgabenintensität. Neben den – sicherlich nicht unbedeutenden – Tätigkeiten, die durch Computer selbst induziert werden, der Aufgabenerfüllung aber nicht direkt förderlich sind, können die intensivierten Informationsbeschaffungs- und -verarbeitungsmaßnahmen zur Beschleunigung oder qualitativen Verbesserung von Entscheidungen herangezogen werden[40]. Während im ersten Fall die Entscheidungsfrequenz erhöht wird, sinkt im zweiten Fall die der Problemlösung anhaftende Unsicherheit.

Schließlich ist auf eine materielle Erweiterung des Entscheidungsinhalts zu verweisen, die bei den im Folgenden dargestellten Segmentierungsoptionen behandelt wird.

---

36) Vgl. Theuvsen [Business]; Dewett/Jones [Role] 329 f.
37) Zum Funktionsverlust mittlerer Managementebenen vgl. die Übersicht bei Schirmer [Funktionswandel] 353 ff.
38) Vgl. Barrif/Galbraith [Considerations] 15 ff.
39) Vgl. Schirmer [Funktionswandel] 353 ff. sowie den Forschungsüberblick und die im öffentlichen Dienst der Vereinigten Staaten gesammelten empirischen Ergebnisse bei Heintze/Bretschneider [Information].
40) Vgl. Huber [Theory] 47 ff. und Schirmer [Funktionswandel] 353 ff.

2.3 Segmentierungsoptionen

Im Rahmen der Segmentierung wird eine Entscheidungsaufgabe auf mehrere Einheiten derselben Hierarchieebene verteilt. Bei der Untersuchung der technikbedingten Gestaltungsoptionen ist neben dem zu Grunde liegenden Segmentierungskriterium insbesondere der Spezialisierungsgrad zu beachten.

Durch die Festlegung des Spezialisierungsgrades wird die inhaltliche Breite der Aufgaben bestimmt, die durch die entsprechenden Aufgabenträger zu erfüllen sind. Spezialisierungstendenzen ergeben sich aus begrenzten Informationsgewinnungs- und -verarbeitungskapazitäten, so dass eine relativ enge Formulierung des Aufgabenumfangs es dem Entscheider seinerseits ermöglicht, einen höheren Problemlösungsbeitrag zu leisten. Im Hinblick auf die Erstellung technischer Unterlagen ist beispielsweise zu entscheiden, ob erforderliche Graphiken von den Dokumentautoren selbst angefertigt werden sollen. Übernehmen stattdessen Spezialisten die Erstellung der Zeichnungen, können sich die Autoren verstärkt ihrer eigentlichen Aufgabe, der Dokumentation, widmen. Da der Spezialisierungsgrad graduell variiert werden kann, decken die Gestaltungsmöglichkeiten der Arbeitsteilung ein Kontinuum ab.

Mit der Wahl des Segmentierungskriteriums wird die Art der Aufgabenabgrenzung und damit die Perspektive determiniert, die die einzelnen Aufgabenträger (primär) verfolgen. Im Gegensatz zur Spezialisierung lässt sich die Aufgabengliederung nicht „dosieren", sondern lediglich nach alternativen Gliederungsmerkmalen (vor allem Funktions-, Produkt- und Marktaspekte) vornehmen.

Spezialisierungsgrad und Segmentierungskriterium sind nicht vollkommen unabhängig voneinander wählbar: Die Breite der Aufgabeninhalte kann zwar sowohl bei funktionaler als auch bei produkt- und marktorientierter Gliederung grundsätzlich ausgedehnt werden, bei einer Segmentierung nach Produkten oder Märkten lässt sie sich aber nicht beliebig reduzieren, da (bzw. soweit) es keine „halben" Produkte oder Märkte (z.B. Kunden) gibt. Die Spezialisierung ist daher bei Produkt- und Marktaufgaben tendenziell geringer als bei funktionsorientierten Aufgaben. Da der Aspekt der Spezialisierung üblicherweise vor dem Hintergrund vergleichsweise schmaler Aufgabeninhalte diskutiert wird, wird im Folgenden in Übereinstimmung mit dem vorherrschenden Begriffsverständnis nur die (Verrichtungs-)Spezialisierung im Bereich der Funktionsaufgaben betrachtet.

Die Vorteile einer Verrichtungsspezialisierung liegen unter den herkömmlichen (technischen) Bedingungen vor allem im Bereich der Ressourcennutzung. Zum einen stellt die Spezialisierung durch „Lernkurveneffekte" eine vergleichsweise hohe Produktivität hinsichtlich der übertragenen Aufgabenelemente sicher. Zum anderen werden „Rüstkosten" abgebaut, die durch den bei häufigen Umstellungen auf wechselnde Aufgabenanforderungen notwendigen Zugriff auf verschiedene, unter Umständen räumlich getrennte Personen, Informationen und Sachmittel entstehen. Die Nachteile der Spezialisierung bestehen demgegenüber zur Hauptsache in Abstimmungs- und Motivationsproblemen. Die spezialisierungstypische Aufsplitterung zusammenhängender Aufgaben ruft einerseits intensive Interdependenzen zwischen den einzelnen Arbeitsplätzen hervor, die sich bei unvorhergesehenen Änderungen der Aufgabenbedingungen in einem hohen Abstimmungsbedarf und in der Schwerfälligkeit von Fehlerkorrekturen durch vorgelagerte Bearbeitungsstufen niederschlagen. Andererseits kann die Arbeitsmotivation auf Grund der mangelhaften Erfolgszurechenbarkeit negativ beeinflusst werden[41].

Durch die Abnahme der Rüstkosten des Informationszugriffs und die methodische Unterstützung von Entscheidungen, die die Informationstechnik bedingt, werden die Informations- und Qualifikationsschwellen für die Übertragung umfassender Aufgabenkomplexe tendenziell abgesenkt[42]. Diese Technikeffekte wirken im Prinzip gleichermaßen im Bereich der Spezialisierung und der Aufgabengliederung. Unter Spezialisierungsaspekten eröffnet die im Rahmen der Strukturierungsoptionen bereits diskutierte Erweiterung der Problemlösungskapazität prinzipiell auch den Weg zu einer horizontalen Aufgabenintegration. Eine solche inhaltliche Ausweitung der Aufgabenbreite einer organisatorischen Einheit wirkt den oben aufgeführten Nachteilen der Spezialisierung entgegen. Den Möglichkeiten zur Verringerung des Spezialisierungsgrades stehen gleichfalls solche zu seiner Erhöhung gegenüber[43]. Aus der stärkeren horizontalen Zerlegung einer Aufgabe, also einer erhöhten Zahl hierarchisch gleichgestellter Einheiten, erwachsen üblicherweise zusätzliche Interdependenzen. Sofern der Technikeinsatz zu einer vereinfachten Abstimmung interdependenter Einheiten herangezogen werden kann, können diese Interdependenzen durch horizontale Kommunikation berücksichtigt werden.

In analoger Weise kann auch die Art der Aufgabengliederung durch die Wahl eines alternativen Segmentierungskriteriums verändert werden. Indem Handlungsträger mit technischer Unterstützung (erstmals oder besser) in die Lage versetzt werden, die informationellen und fachlichen Anforderungen bestimmter Funktions-, Produkt- oder Marktaufgaben zu bewältigen, wird die Formulierung entsprechender funktionaler, produkt- oder marktorientierter Aufgabenkomplexe überhaupt erst zu einer realistischen Alternative. Kann darüber hinaus die kommunikationstechnische Integration interdependenter Einheiten

---

41) Vgl. hierzu S. 136 ff.
42) Vgl. Dewett/Jones [Role] 328.
43) Vgl. Huber [Theory] 47 ff.

vorangetrieben werden, verliert die Optimierung der Interdependenzstruktur zugunsten einer stärkeren Betonung der Problemlösungsfähigkeit organisatorischer Einheiten tendenziell an Bedeutung.

Die technisch bedingte Erweiterung der Gestaltungsspielräume bei der Festlegung von Entscheidungskompetenzen findet dort ihre Grenzen, wo auch mit Hilfe der modernen Informations- und Kommunikationstechnik Informationen und Know-how entweder nicht oder in nicht so ausreichendem Maße zur Verfügung gestellt werden können, dass die bislang wirksamen Gestaltungsrestriktionen aufgehoben werden. Der Verlauf dieser Grenze hängt somit von den informationellen und fachlichen Aufgabenanforderungen einerseits und den informationstechnischen Potenzialen andererseits ab und lässt sich konkret nur im jeweiligen Einzelfall bestimmen. In Hinblick auf die Aufgabenanforderungen kann aber immerhin als grobe Klassifizierung zwischen (eher) strukturierten und (eher) unstrukturierten Problemen unterschieden werden. Diese Trennlinie ist bis auf den heutigen Tag von herausragender Bedeutung für die betrieblichen Informationsprozesse und –systeme[44]. Strukturierte Aufgaben sind dadurch gekennzeichnet, dass die zur Aufgabenerfüllung erforderlichen Arbeitsschritte und der mengenmäßig-zeitliche Anfall der Aufgaben(-elemente) – zumindest der Unternehmung, wenn auch (zunächst) nicht unbedingt jedem Mitarbeiter – relativ gut bekannt sind. Unstrukturierte Aufgaben hingegen weisen die gegensätzlichen Merkmale auf, indem die geeigneten Verfahren zur Aufgabenerfüllung oder der Aufgabenanfall (auch für die Unternehmung) wenig transparent sind. Im Falle strukturierter Aufgaben können somit die erforderlichen Informationen und methodischen Problemlösungshilfen an den einzelnen Arbeitsplätzen gezielt (im Rahmen der Systementwicklung) bereitgestellt werden. Da diese Aufgaben vorwiegend auf der Ebene der Sachbearbeitung angesiedelt sind und lange Zeit durch ein hohes Maß an Spezialisierung gekennzeichnet waren, ist zu vermuten, dass den organisatorischen Implikationen der Informationstechnik in Form einer stärkeren Aufgabenintegration hier durchaus ein bedeutendes Gewicht zukommt.

Die neuen Integrationsoptionen bei den für den Managementbereich charakteristischen unstrukturierten Aufgaben sind demgegenüber vermutlich weniger tief greifend. Auf Grund des spezifischen Aufgabencharakters sind hier in einer betonten Strategie der Spezialisierung ohnehin engere Grenzen gesetzt. Für diesen Bereich wird sich daher primär nur die Option ergeben, Aufgaben der Sachbearbeiterebene, die, wie etwa die Textverarbeitung oder die Erstellung von Graphiken, heute „handwerklich" einfach zu bewältigen sind, in den Aufgabenkomplex der Führungskraft einzubeziehen.

---

44) Vgl. Sorg/Bartonitz/Windisch [Wegweiser] 13 ff.

Die Grenzen technikinduzierter Änderungen der Aufgabengliederung resultieren zum einen ebenfalls aus den Schranken, die einer Bereitstellung aufgabenrelevanter Informationen und Problemlösungshilfen gezogen sind. Zum anderen haben Reorganisationsüberlegungen in diesem Bereich aber in weit stärkerem Maße als in der Spezialisierungsfrage die allgemeinen Vor- und Nachteile der verschiedenen Organisationsformen abzuwägen. Vor allem die segmentierungsabhängigen Konsequenzen für die Ressourcennutzung und die Koordination stellen Restriktionen dar, die selbst bei ausreichenden Informationen und Problemlösungsfähigkeiten der Verwirklichung einer bestimmten Aufgabengliederung entgegenstehen können. Ist beispielsweise eine (konsequente) marktorientierte Gliederung nur um den Preis einer zu unwirtschaftlichen Ausnutzung der vorhandenen Ressourcen zu verwirklichen, so wird sie selbst dann nicht eingeführt werden, wenn marktbezogene Aufgabenkomplexe von einem Aufgabenträger sowohl informationell als auch fachlich beherrscht werden könnten.

3. Netzbasierte Kommunikationseffekte

In diesem Abschnitt wird die Frage untersucht, welche Veränderungen in der Organisationsstruktur von Unternehmungen bei konsequenter Nutzung der Internet-Technologie zu erwarten sind.[45] Ausgangspunkt der Überlegungen ist das aus betriebswirtschaftlicher Sicht entscheidende Merkmal der netzbasierten Kommunikation. Technologische Entwicklungen, Ausformungen von Standards und sinkende Nutzungskosten haben globale Kommunikationsnetze entstehen lassen, in denen alle Teilnehmer in effizienter Weise und in großem Umfang jederzeit miteinander Informationen austauschen können. Für viele Unternehmungen gilt schon heute, dass im Rahmen des Internet bzw. der unternehmungsinternen Form des Intranet (sowie weiterer neuer Kommunikationsformen wie z.B. Short Message Service (SMS)) jedes Mitglied mit jedem anderen weitgehend unabhängig von Ort und Zeit kommunizieren kann. In dieser Ubiquität der netzbasierten Kommunikation ist das Neue des Mediums „Internet" zu sehen. Die Veränderungen des Kommunikationsverhaltens sind so nachhaltig, dass neue betriebliche Aufgaben wie z.B. das E-Mail-Management entstanden sind[46]. In einem ähnlich weitreichenden Umbruch befindet sich unter dem Einfluss des Web 2.0 die Kommunikation mit externen Stakeholdern einschließlich der breiteren Öffentlichkeit, ohne dass Unterneh-

---

45) Vgl. hierzu auch Frese/Stöber [Organisation] mit theoretischen Analysen und Praxisberichten.
46) Vgl. Degener [E-Mail].

mungen schon immer die richtigen Antworten auf die neuen Herausforderungen in diesem Bereich gefunden hätten[47].

Betrachtet man zwei Einheiten einer Unternehmung (oder eines anderen arbeitsteiligen Systems wie z.B. des Marktes), dann können zwischen ihnen enge, lose oder keine Kommunikationsbeziehungen bestehen. Die Möglichkeiten der netzbasierten Kommunikation erlauben es, bei sehr geringen Kosten in einem System die Zustände „lose Beziehungen" oder „keine Beziehungen" in einen Systemzustand zu überführen, der sich durch eine höhere Intensität der Kommunikation auszeichnet. Darin liegt die elementare Wirkung einer netzbasierten Kommunikation. Vor diesem Hintergrund lassen sich die durch den Einsatz des Internet ausgelösten Organisationsänderungen auf drei Effekte zurückführen:

Der *Rationalisierungseffekt* besteht darin, dass es möglich ist, den Informationsaustausch mit hoher Effizienz hinsichtlich Kosten-, Zeit- und Qualitätsanforderungen zu gestalten.

Der *Treffpunkteffekt* schafft die Voraussetzungen dafür, dass zwei Einheiten mit jeweils aktivem Interaktionsinteresse mit hoher Effizienz hinsichtlich Kosten-, Zeit- und Qualitätsanforderungen zusammengeführt werden. Grundlage dieses Effekts ist die themenspezifische Definition und Bekanntmachung von Treffpunkten. Beispiele sind „elektronische" externe und interne Märkte, virtuelle Communities, Plattformen, die dem Filesharing in Peer-to-Peer-Netzwerken dienen, sowie Social Software-Lösungen, die die gemeinsame Arbeit an Dokumenten oder Inhalten, etwa in Wikis, unterstützen[48].

Der *Auskunftseffekt* beschreibt den Fall, dass zwischen einer Einheit mit einer aktiv verfolgten Informationsnachfrage und einer Einheit, die zur Vermittlung von Informationen fähig und bereit ist, ein Kontakt mit hoher Effizienz hinsichtlich Kosten-, Zeit- und Qualitätsanforderungen hergestellt wird. Grundlage dieses Effekts ist die durch themenspezifische Katalogisierung und Bekanntmachung ermöglichte gezielte Suche nach relevanten Einheiten (Personen, Datenbanken, Dokumenten, Websites usw.). An Komplexität gewinnt die Situation durch die zunehmende Bedeutung von User Generated Content im Internet, der dazu beiträgt, dass die Rollen von Informationsnachfrager und –empfänger nicht mehr immer eindeutig verteilt sind.

---

[47] Vgl. Pleil [Media] sowie exemplarisch Theuvsen/Gärtner [Bedeutung] und für den Nonprofit-Bereich Kiefer [NGOs].
[48] Vgl. Alby [Web 2.0].

Ein Beispiel sind Kommentarmöglichkeiten, etwa Kundenrezensionen in Online-Shops, Weblogs und Communities auf Unternehmungs-Websites [49].

Im Einzelnen lassen sich Organisationsänderungen – wie in den vorangegangenen Abschnitten schon erörtert – auf den Rationalisierungseffekt zurückführen, wenn reduzierte Kommunikationskosten bisherige Organisationsstrukturen in Frage stellen. In diesem Zusammenhang ist u.a. die These zu prüfen, dass die Nutzung netzbasierter Kommunikationsmöglichkeiten zu einer Rezentralisierung von Entscheidungen führt. Entsprechende Überlegungen sind hinsichtlich des Treffpunkt- und des Auskunftseffektes anzustellen. Zum einen ist zu prüfen, welche Organisationsstrukturen angemessen sind, wenn diese Effekte erstmalig genutzt werden sollen. Zu untersuchen ist in diesem Zusammenhang z.B. die These, dass über die Etablierung interner Märkte mit dem Ziel einer bereichsübergreifenden Nutzung freier Kapazitäten die Tendenz zur Bildung eigenverantwortlicher Einheiten (Geschäftssegmentierung) gefördert wird. Zum anderen stellt sich die Frage der Reorganisation, wenn Treffpunkt- und Auskunftseffekt durch „traditionelle" Organisationslösungen angestrebt werden. Zu denken ist hier beispielsweise an die Bildung eines Zentralbereichs, dem die Funktion übertragen wird, als „Broker" Kapazitäten bereichsübergreifend zu vermitteln oder alle Web 2.0-Aktivitäten wahrzunehmen. Dann ist die These zu analysieren, dass angesichts der neuen Möglichkeiten netzbasierter Kommunikation diese Funktion in die Bereiche reintegriert wird.

Die bisher betrachteten Änderungen der Organisationsstruktur lassen sich auf den „direkten" Einfluss der drei Effekte zurückführen. Daneben müssen „indirekte" Wirkungen berücksichtigt werden, auf Grund derer es zu Veränderungen in der Struktur der (externen) Märkte und der Beziehungen von Unternehmungen zum Markt durch Nutzung von Rationalisierungs-, Treffpunkt- und Auskunftseffekten kommt. Mit Blick auf den Absatz- und Beschaffungsmarkt gilt, dass die Technologie der netzbasierten Kommunikation den strategischen Spielraum von Unternehmungen erweitert, indem sie neue Produkte, Partner oder Marktzugänge hervorbringt. Neue Unternehmungs- und Wettbewerbsstrategien, etwa in Form einer betonten Diversifikation, einer Veränderung des Grads der vertikalen Integration oder eines Einstiegs in den Online-Handel, bedingen dann strategiekonforme Anpassungen der Organisationsstrukturen. In der Erfassung der direkten und indirekten Wirkungen der Effekte und ihrer Überlagerung liegt die Herausforderung einer organisationstheoretischen Analyse der organisatorischen Optionen fortschrittlicher Netztechnologien.

---

49) Vgl. Pleil [Media] 10 f.; Theuvsen/Gärtner [Bedeutung].

Auch für das technologische Fundament des Internet und Intranet gilt – wie die weitere Erörterung zeigen wird – die Feststellung, die schon auf frühe Phasen der „elektronischen Leistungsexplosion" zutraf,[50] dass sich der Fortschritt vornehmlich in einer verbesserten Bereitstellung von Informationen und weniger im Angebot leistungsfähigerer methodischer Lösungshilfen für unstrukturierte Probleme äußert.[51] Informationstechnologische Optionen für die Gestaltung organisatorischer Strukturen müssten deshalb vorrangig auf Kommunikationseffekte zurückgeführt werden – angesichts der Entwicklungen netzbasierter Kommunikation ein lohnendes Untersuchungsobjekt. Dabei scheint die These gerechtfertigt, dass die Netztechnologie die bisher weitreichendsten organisatorischen Perspektiven eröffnet. Diese Aussage stützt sich auf drei Veränderungen im Bereich der Kommunikation:

(1) Die Kosten der Nutzung von Übertragungsmedien sind dramatisch gefallen. In einem Kommunikationsnetz, das jedem Interessierten offen steht, bedeutet das eine radikale Veränderung der Kommunikationslandschaft.

(2) Die Möglichkeiten, Informationen unabhängig von ihrem Strukturierungsgrad mit geringem Kodierungsaufwand abzubilden und zu übertragen[52], nehmen zu.

(3) Die netzbasierte Kommunikation führt in einem bisher nicht erfahrenen Ausmaß zu Änderungen im Kommunikationsverhalten. So fördert E-Mail den Abbau formeller Regelungen[53] und senkt Kommunikationsbarrieren. Zugleich verwischen mehr und mehr die Rollen (Sender, Empfänger) der Kommunikationspartner.

Wie keine der früheren informationstechnologischen Neuerungen schafft die netzbasierte Kommunikation darüber hinaus eine neue Plattform für die Gestaltung unternehmungsübergreifender Markttransaktionen. Markttransaktionen bestehen bis auf den abschließenden Akt der physischen Erfüllung vertraglicher Vereinbarungen[54] vor allem aus informationellen Aktivitäten. Das Internet bewirkt einen so radikalen Wandel hinsichtlich der möglichen Wege zum Markt, dass tief greifende, teilweise spektakuläre strategische Neupositionie-

---

50) Eine Übersicht über die verschiedenen Phasen der informations- und kommunikationstechnologischen Entwicklung findet sich in DeSanctis/Dickson/Price [Perspective] 2 ff.
51) Vgl. Frese/v. Werder [Kundenorientierung].
52) Vgl. hierzu Boisot [Knowledge] 200 ff.
53) Vgl. Sproull/Kiesler [Connections] 40.
54) Es sei denn, der Charakter des Produkts lässt eine elektronische Übermittlung zu (z.B. Bild- und Tonprodukte).

rungen erfolgen. Strategische Änderungen sind in aller Regel die Vorläufer organisatorischer Änderungen.

3.1 Koordinationseffekte

Zur Beurteilung der Koordinationseffizienz organisatorischer Regelungen werden im Folgenden die Kriterien der Prozess-, der Markt- und der Ressourcen- und der Delegationseffizienz berücksichtigt.[55] Bevor die einzelnen Kriterien der Koordinationseffizienz aus der Sicht netzbasierter Kommunikationseffekte diskutiert werden, muss der aus Sicht der Koordination herausragende Stellenwert der Kommunikation betont werden. Er beruht auf der schon erläuterten zentralen Annahme[56], die als „Kooperationsthese" bezeichnet wurde und besagt, dass sich die Kommunikation innerhalb eines Teilsystems reibungsloser vollzieht als zwischen unterschiedlichen Teilsystemen.[57] Die Folgen dieser auch in der Praxis verbreitet unterstellten Regelmäßigkeiten im Kommunikations- und Kooperationsverhalten für die organisatorische Gestaltung sind weit reichend. Immer dann, wenn die reibungslose Abstimmung einer bestimmten Schnittstelle[58] besonders wichtig ist, sucht man durch ihre „Internalisierung" in einem Subsystem den Zwang zur Koordination über Bereichsgrenzen hinweg so weit wie möglich zu vermeiden.

Angesichts der überragenden Bedeutung der Kooperationsthese für die Koordination müsste eine auf Fortschritten der Informationstechnologie beruhende „neue Qualität" bereichsübergreifender Kommunikation weit reichende Strukturkonsequenzen haben.[59] Sie würde den Trade-off zwischen den Kriterien der Koordinationseffizienz, insbesondere zwischen Ressourcen- und Prozesseffizienz, so nachhaltig verändern, dass eine andere organisatorische Landschaft zu erwarten wäre. Allerdings lässt schon die Tatsache, dass sich hierfür bisher keine Anzeichen finden, Zweifel an einem so nachhaltigen Kommunikationseffekt aufkommen. Im Folgenden soll dieser Zusammenhang näher betrachtet werden.

---

55) Vgl. S. 291 ff.
56) Vgl. S. 87.
57) Vgl. Thompson [Organizations] 58; Lawrence/Lorsch [Environment] 44; Laßmann [Koordination] 198 ff.
58) Vgl. S. 244 ff.
59) Vgl. zur Bedeutung dieses Effekts und zum Stellenwert der informationstechnologischen Entwicklung bei der organisatorischen Verankerung von Naturwissenschaftlern und Ingenieuren in projektintensiven Aufgabenbereichen die Studien von Allen [Structure]; Allen/Hauptman [Influence].

Die Notwendigkeit einer Übermittlung von Informationen ist im Koordinationsmodell die zwangsläufige Folge arbeitsteiligen Handelns. Vertikale und horizontale Kommunikation sind die unerlässliche Voraussetzung für eine Verfolgung übergeordneter Unternehmungsziele sowie die Berücksichtigung von Interdependenzen und die Sicherung der Potenzialausschöpfung (Ressourcen, Märkte). Verglichen mit den noch zu behandelnden Formen der Kommunikation unter dem Aspekt der Wissensakquisition vollzieht sich der Informationsaustausch im Koordinationszusammenhang in der Regel unter stabilen Rahmenbedingungen. Kommunikationspartner (Sender, Empfänger) und Kommunikationswege sind durch die Ausrichtung auf einen gemeinsam zu realisierenden, die relevanten Ressourcen und Märkte festlegenden Wertschöpfungsprozess weitgehend bekannt. Unter diesen Bedingungen ließ sich schon immer ein hoher Grad an Koordinationseffizienz realisieren. Der Einsatz netzbasierter Kommunikationssysteme führt deshalb mit Blick auf die Koordination zu insgesamt nur wenig spektakulären Konsequenzen. Die umfassende empirische Studie von *Sproull* und *Kiesler*[60] zum Einsatz von E-Mail belegte bereits früh vor allem den Abbau von Kommunikationsbarrieren, insbesondere auch die stärkere Einbeziehung „peripherer Einheiten"[61]. Die Kommunikationsbereitschaft steigt nachhaltig – nicht zuletzt dadurch, dass die Konventionen hinsichtlich Inhalt und Form nicht mehr so restriktiv sind.[62] Die Ergebnisse anderer Studien, z.B. der Untersuchung von *Sarbough-Thompson* und *Feldman*,[63] stützen diese Aussagen. Neuere Untersuchungen belegen eine weitere Intensivierung des Kommunikationsverhaltens, eine Zunahme der Zahl alternativ genutzter Kommunikationsmedien, eine dem jeweiligen Kommunikationszweck angepasste Wahl des Kommunikationsmediums sowie zunehmend über Unternehmungsgrenzen hinausreichende Kommunikationsbeziehungen, etwa auf Grund der Aktivitäten von Managern in sozialen Netzwerken[64].

Es lässt sich zeigen, dass solche Kommunikationseffekte, so bedeutsam sie auch im Einzelnen sein mögen, nicht den Kern der Problematik bereichsübergreifender Kommunikation betreffen. Die Koordination von Schnittstellen ist vor allem

---

60) Vgl. Sproull/Kiesler [Connections].
61) Hierbei handelt es sich um Einheiten, die zur betrachteten Bezugseinheit eine größere hierarchische Distanz aufweisen oder mit ihr nicht durch Interdependenzen im Wertschöpfungsprozess verbunden sind. Vgl. Sproull/Kiesler [Connections] 95; vgl. hierzu auch die Untersuchung von Kraut/Attewell [Media] 326 f.
62) Vgl. Sproull/Kiesler [Connections] 39.
63) Nach Sarbough-Thompson/Feldman [Communication] wird dieser Effekt allerdings durch eine deutliche Abnahme persönlicher, insbesondere informeller Kommunikation überkompensiert. Die Autorinnen arbeiten die weitreichenden organisatorischen Konsequenzen dieser Entwicklung heraus, indem sie auf Funktionen und Folgen des informellen Kontakts für den Aufbau kommunikativer Vertrauenswürdigkeit verweisen.
64) Vgl. Turner et al. [Exploring].

dann kritisch, wenn die Lösung eines nur begrenzt strukturierten Problems zwei getrennten Einheiten übertragen wird. Handlungsspielräume, die aus der bereichsübergreifenden Perspektive des Wertschöpfungsprozesses ausgefüllt werden müssten, können dann über die jeweilige bereichsbezogene Wahrnehmung und Lösung von Problemen[65] zu (möglicherweise problematischen) bereichsspezifischen Ergebnissen führen. Bei einer Wettbewerbsstrategie der kundenindividuellen Produktgestaltung würde im Falle einer organisatorischen Trennung von Vertrieb und Entwicklung der Vertrieb die Aufgaben vornehmlich aus der Perspektive des Kunden, die Entwicklung das Problem primär als technische Herausforderung begreifen. Ohne Zweifel kann die mit der netzbasierten Kommunikation verbundene Intensivierung des Informationsaustausches über die Förderung des gegenseitigen Verständnisses die Bewältigung des Schnittstellenproblems erleichtern. Ob als Folge der Nutzung der neuen Kommunikationsmöglichkeiten über die Angleichung der Problemperspektiven eine nachhaltige Verbesserung der Kooperationsfähigkeit zu erwarten ist, lässt sich gegenwärtig noch nicht abschließend beurteilen. Zur Klärung dieser bedeutsamen Frage können allein empirische Untersuchungen beitragen. Auch wenn empirische Belege noch rar sind, so argumentieren einige Autoren dennoch dahingehend, dass der vermehrte IT-Einsatz Konflikte zwischen Abteilungen in Unternehmungen reduziert. Als Ursache wird die Intensivierung der abteilungsübergreifenden Kommunikation genannt, die das Verständnis beispielsweise von Beschaffungsverantwortlichen für die Arbeit und die Wünsche der Abteilungen, für die sie tätig sind, verbessert, zur Angleichung der Orientierungen und damit der Wahrnehmungsmuster beiträgt und dadurch konfliktmindernd wirkt[66].

Im nächsten Abschnitt wird nun die Wirkung netzbasierter Kommunikation auf die einzelnen Kriterien der Koordinationseffizienz näher beleuchtet.

Prozesseffizienz

Die Bedeutung netzbasierter Technologien für die Realisierung von hoher Prozesseffizienz ist zunächst im strategischen Kontext zu sehen. Das in vielen Branchen schon jetzt wettbewerbsbestimmende Prinzip des „time to market" erfährt mit den informationstechnologischen Neuerungen eine nochmalige Steigerung. Das mit niedrigen Eintrittsbarrieren verbundene Internet erleichtert neuen Wettbewerbern den Marktzugang und führt zu größerer Markttransparenz; Kunden können sich zu vergleichsweise geringen Kosten in kurzer Zeit

---

65) Vgl. im Einzelnen S. 126 ff.
66) Vgl. Osmonbekov/Bello/Gilliland [Adoption] 159 f.

über neue Angebote informieren.[67] In dieser durch zunehmenden (Zeit-)Wettbewerb gekennzeichneten Situation haben Unternehmungen zur Sicherung ihres dauerhaften Bestands regelmäßig kurze Produktentwicklungs- und Leistungserstellungsprozesse zu gewährleisten. Vielfach sind geringe Durchlaufzeiten sowie die Vermeidung bremsender Puffer geboten: Der strategische Stellenwert der Prozesseffizienz steigt.

Gleichzeitig eröffnen die neuen Technologien aber auch Möglichkeiten zur verbesserten Abstimmung der verschiedenen Wertschöpfungsaktivitäten. Das gilt zum einen für die Unterstützung der Aufgabenerfüllung in den einzelnen Teilfunktionen (z.B. in der Beschaffung, in der Produktion oder in Zentralbereichen wie dem Personalbereich). Exemplarisch seien hier internet-basierte Algorithmen zur Planung der Beschaffung oder zur Abstimmung der Produktionsaktivitäten sowie web-basierte Schulungsmöglichkeiten genannt.[68] Auf Grund der weitgehenden Standardisierung internet-basierter Kommunikation ist zum anderen eine umfassende Abstimmung des gesamten betrieblichen Leistungsprozesses möglich. Relevante Prozess- und Ressourceninterdependenzen zwischen verschiedenen Teilbereichen können auf Grund des verbesserten Informationsstandes frühzeitiger erkannt und wirksamer koordiniert werden[69]. Ähnliche Effekte treten im Verhältnis zwischen Unternehmungen auf, wo Informations- und Kommunikationstechnologien ebenfalls zur besseren Abstimmungen von Interdependenzen beitragen[70].

Markteffizienz

Das Kriterium der Markteffizienz besitzt insbesondere für diejenigen Unternehmungen eine hohe (zum Teil herausragende) Bedeutung, die sich für eine Nutzung des Internet als zusätzlichen Vertriebskanal entschieden haben.[71]

In dem Maße, in dem Unternehmungen das Internet neben ihren traditionellen Distributionswegen als zusätzlichen Vertriebskanal nutzen, gewinnt die Frage der Abstimmung von Marktinterdependenzen zwischen den Vertriebswegen

---

67) Vgl. Porter [Internet] 69.
68) Vgl. Porter [Internet] 75.
69) Vgl. allgemein Dewett/Jones [Role] 321 sowie Hsu/Chen [Impacts] zur Verbesserung der Abstimmung zwischen Fertigungs- und Marketingbereich.
70) Vgl. Mulligan/Gordon [Impact] 39 f.
71) Es ist zu betonen, dass hier nur die organisatorische Dimension der Marktbearbeitung behandelt wird. Das Auftreten mehrerer Einheiten in demselben Marktsegment wird koordiniert um zu vermeiden, dass der Unternehmung durch mangelnde Abstimmung mögliche Gewinne entgehen. Dass die Internet-Technologie neue Zugänge zum Kunden und neue Chancen der Marktausschöpfung eröffnet, ist unstrittig, aber nicht Gegenstand der Betrachtung.

an Relevanz. Eine mangelnde Berücksichtigung bestehender Wechselbeziehungen kann beispielsweise zu strategisch unerwünschten Substitutionseffekten zwischen dem „Online"- und dem „Offline-Vertrieb" oder zwischen den Internetaktivitäten verschiedener Regionaleinheiten bzw. Landesgesellschaften führen. Eine unzureichende Absatzmarkteffizienz kann sich auch in einer ungenügenden Berücksichtigung von Komplementärbeziehungen zwischen Vertriebskanälen äußern; sogenannte Cross-Selling-Potenziale werden dann unzureichend ausgeschöpft. Im Konsumgütergeschäft ist die mangelnde Abstimmung von Online-und Offline-Geschäft als wesentliche Misserfolgsursache identifiziert worden[72)].

Die Leistungssteigerungen der Informationstechnologie bieten vielfältige Möglichkeiten zur Koordination von Absatzmarktinterdependenzen sowie zur Berücksichtigung von Marktpotenzialen. Eine erste Abstimmung kann z.B. durch die – auf Basis der Internet-Technologie im Vergleich zu alternativen Technologien preiswert durchführbare – Weiterleitung relevanter Kundeninformationen erzielt werden. Ausgewählte Fragestellungen können daneben via E-Mail oder durch die Nutzung web-basierter Telekonferenzsysteme von Vertretern verschiedener Distributionswege gemeinsam behandelt werden.[73)] In dem durch die eingeschränkte Medienreichhaltigkeit elektronischer Kommunikationskanäle begrenzten Rahmen können netzbasierte Kommunikationstechnologien auf diese Weise über eine intensive Übermittlung von Informationen sowie durch die Unterstützung bereichsübergreifender Entscheidungsprozesse einen Beitrag zur Realisierung einer hohen Absatzmarkteffizienz leisten.

Ressourceneffizienz

Besondere Bedeutung gewinnt das Kriterium der Ressourceneffizienz auf Grund der branchenweit zunehmenden Intensität des Wettbewerbs, der konsequentem Kostenmanagement einen strategischen Stellenwert einräumt. Dieser Stellenwert wird durch die Internet-Technologie noch gesteigert. Die mit der Verbreitung des Internet einhergehende erhöhte Markttransparenz führt zu steigendem Preisdruck und erfordert verstärkte Bemühungen, um einen effizienten Einsatz von Ressourcen sicherzustellen. Organisatorischer Handlungsbedarf entsteht in diesem Zusammenhang in zwei Situationen mit jeweils spezifischen Strukturbedingungen.

Die erste Bedingungskonstellation ist durch die strategische Dominanz der Prozesseffizienz bestimmt. Im Wege einer strategiekonformen Gestaltung werden

---

72) Vgl. Heinemann [Channel] 69 f.
73) Vgl. Deise et al. [E-Business] 226 ff.

dann weitgehend ressourcenautonome Bereiche, insbesondere Produktbereiche, geschaffen, um kritische Schnittstellen zu internalisieren. Wenn die Internet-Technologie hier einen Beitrag zur Steigerung der Ressourceneffizienz leisten sollte, dann müsste dieser den bereichsübergreifenden Kapazitätsausgleich betreffen.[74] Dies würde bedeuten, dass bei bereichsbezogener Zuweisung von Ressourcen Über- und Unterkapazitäten mit Internet-Technologie besser ausgeglichen werden könnten als beim Verzicht hierauf. Ob die Annahme eines solchen Effekts realistisch ist, lässt sich nur unter Würdigung der spezifischen Produktionsbedingungen beurteilen. Für die bereichsübergreifende Nutzung von Produktionsanlagen erscheinen die Möglichkeiten eines Kapazitätsausgleiches geringer als für den Austausch personeller Ressourcen. Beim Blick auf die zeitweise Überlassung von Personal könnte sich zukünftig durch die Etablierung interner elektronischer Marktplätze eine realistische Option für die bereichsübergreifende Potenzialausschöpfung ergeben. Interessante Beispiele für die Nutzung von Internet-Technologien zur Verbesserung der Ressourcennutzung finden sich bereits in Dienstleistungsindustrien, etwa der Luftfahrtbranche, in der im Rahmen von Online-Buchungssystemen innovative Pricing-Systeme zur Optimierung der Kapazitätsauslastung eingesetzt werden[75].

Der zweiten Bedingungskonstellation sind Situationen zuzuordnen, in denen es aus Gründen der vorrangigen Ressourceneffizienz unerlässlich ist, Ressourcen in einem Bereich zu poolen. Auch in diesem Zusammenhang eröffnen elektronische interne Märkte neue Möglichkeiten. Für alle Ressourcen, die ohnehin schon auf internen Märkten angeboten werden (als Beispiel sei auf das verbreitete Inhouse-Consulting verwiesen), eröffnen sich auch hier neue (elektronische) Wege zum internen Kunden. Viele der im Zusammenhang mit der Markteffizienz erörterten Themen gelten auch für diese internen Märkte. Eine weitere Dimension erhalten die unternehmungsweite Nutzung gepoolter Ressourcen und der Rückgriff auf interne Märkte, wenn netzbasierte Kommunikation die verbesserte Ausschöpfung vorhandener Ressourcen durch ein erweitertes Produkt- und Leistungsprogramm erlaubt. Aus Sicht der Unternehmungsstrategie erlangen entsprechende Ressourcen dann einen neuen Stellenwert. Ein Beispiel ist die Logistikinfrastruktur einer Versandhandelsunternehmung, die eine flächendeckende Belieferung ihrer Kunden mit eigenen Fahrzeugen, aber auch die Abwicklung Versandaufträge Dritter, etwa neu in das Online-Geschäft einsteigender Hersteller oder Händler, sowie den Aufbau ganz neuer Geschäftsfelder (z.B. Paketdienst) ermöglicht. In dem Maße, in dem die neuen Möglichkeiten

---

74) Effizienzsteigerungen, die unabhängig von der organisatorischen Zuordnung von Ressourcen erreicht werden können (z.B. durch verbesserte Algorithmen der Losgrößenplanung), werden hier nicht untersucht.
75) Vgl. Mang/Spann/Post [Implementierung].

des elektronischen Zugangs zum Markt zu einer Diversifizierung von Geschäftsaktivitäten führen und zusätzliche interne und externe Nachfrage nach Logistikleistungen auslösen, steigen die Koordinationsanforderungen. In dieser Situation könnten sich (intranetbasierte) interne Märkte als effizienter Abstimmungsmechanismus erweisen.

3.2 Motivationseffekte

Beim Einsatz von Informationstechnik können Motivationswirkungen sowohl über eine entsprechende Ausgestaltung des Kompetenzsystems als auch des Steuerungssystems erzielt werden. Die folgende Betrachtung des Einsatzes von Motivationsinstrumenten beschränkt sich auf das Steuerungssystem.

Bei der folgenden Erörterung der Frage, ob sich durch die Verbreitung der netzbasierten Kommunikation über Veränderungen im Steuerungssystem Auswirkungen auf den Einsatz von Motivationsinstrumenten ergeben, soll ist vor allem ein kommunikationstechnischer Aspekt zu berücksichtigen. Ohne Zweifel eröffnet die Möglichkeit, alle Mitarbeiter in ein Kommunikationsnetz einzubinden, das die Kontaktmöglichkeiten prinzipiell von Raum- und Zeitrestriktionen löst, ganz neue Dimensionen der Kontrolle.[76] Der Kontrolleffekt findet schon darin seinen Ausdruck, dass Nicht-Erreichbarkeit[77] zu einem auffälligen Tatbestand „abweichenden Verhaltens" wird. Die neue Technologie kann in diesem Zusammenhang auch Tendenzen fördern, trotz einer Rhetorik der Autonomie die hierarchische Steuerung durch intensive Verhaltenskontrollen nachhaltig zu erhöhen und aufgrund der starken Verbreitung mobiler Endgeräte – zum Teil unbewusst – bis in den privaten Bereich hinein auszudehnen.[78]

Während die These einer stärkeren Fremdkontrolle auf Grund der neuen Kommunikationsmedien plausibel erscheint, sind grundsätzliche Verschiebungen im Plan-Markt-Spektrum eher unwahrscheinlich. Wenn die Möglichkeiten netzbasierter Kommunikation aus Sicht des Managements die Planungsfähigkeit nachhaltig verbessern würden, wäre zu erwarten, dass der durch zunehmende Komplexität der Märkte und Technologien begründete Trend zu marktbasierten Steuerungssystemen abgeschwächt oder sogar umgekehrt würde. Da der bisherige informationstechnologische Fortschritt des Internet in erster Linie

---

76) Allerdings auch der Beratung und Unterstützung.
77) „Absence unavailability" nach Sarbough-Thompson/Feldman [Communication] 695.
78) Vgl. zu diesen Aspekten Orlikowski [Environment] sowie Mazmanian/Yates/Orlikowski [Email].

einen besseren Informationszugriff (mehr Informationen können schneller erfasst werden) ermöglichte, hinsichtlich der Bewältigung der methodischen Anforderungen aber keine nachhaltige Änderung bedeutete, ergab sich bislang keine bemerkenswerte positive Veränderung der Planungsfähigkeit. Eine offene Frage ist bislang, inwieweit sich Prognosen, denen zufolge aktuelle Entwicklungen wie das Cloud Computing die Erschließung von „collective intelligence" erlauben werden[79], als zutreffend erweisen werden. Ungeachtet dessen ist allerdings nicht ausgeschlossen, dass das Management die Möglichkeiten einer umfassenden und detaillierten Erfassung von Ergebnis- und Verhaltensdaten nutzen kann, um den Anschein einer gestiegenen Planungsfähigkeit zu erwecken. Allein der bloßen Informationserfassung und der dadurch begründeten Planungsfiktion werden dann positive Motivationswirkungen zugeschrieben.

Die vorangegangenen Überlegungen beschränkten sich auf direkte, unmittelbar aus der informationstechnologischen Option resultierende Motivationseffekte. Die Bewertung möglicher Veränderungen im Steuerungssystem muss jedoch auch indirekte Effekte berücksichtigen. Indirekte Effekte ergeben sich, wenn die Umsetzung strategischer Optionen, welche durch die Internet-Technologie attraktiver werden, mit organisatorischen Konsequenzen verbunden ist.

Die in diesem Zusammenhang zu untersuchenden Änderungen in der strategischen Positionierung beziehen sich auf die vertikale Integration (Wertschöpfungstiefe) und die Diversifikation.

Eine Veränderung der vertikalen Integration in Form einer Reduzierung der Fertigungstiefe lässt sich vor allem auf neue Optionen für die Bewältigung der Schnittstelle zum Beschaffungsmarkt zurückführen, die eine Forcierung des Outsourcing begründen. Die These, dass abnehmende Transaktionskosten (d.h. Kosten der Anbahnung, des Abschlusses und der Kontrolle von Verträgen über Markttransaktionen) Outsourcing fördern, wird durch informationsökonomische und transaktionskostentheoretische Studien gestützt.[80] Neben dem Effekt erhöhter Markttransparenz sind hier die neuen Möglichkeiten der Produktbeurteilung durch eine aussagefähigere digitale Präsentation der zu beschaffenden Produkte von Bedeutung. Beide Effekte bewirken eine Reduzierung von Transaktionskosten, wodurch sich z.B. die Notwendigkeit einer Übertragung von Einkaufsentscheidungen an Zentralbereiche verringert. Die Folge ist eine stärkere Verankerung bzw. Rückverlagerung von Beschaffungsent-

---

79) Vgl. Riley/Delic [Enterprise].
80) Vgl. Malone/Yates/Benjamin [Markets]; Lucking-Reiley/Spulber [Business] 64 f. Diese Tendenz schließt eine Herausbildung hybrider Formen zwischen Markt und Unternehmung nicht aus; die Informationstechnologie eröffnet hier neue Optionen, vgl. Holland/Lockett [Structures].

scheidungen in den bzw. in die operativen Einheiten. Als Ergebnis zeichnen sich Tendenzen zur stärkeren Herausbildung „marktfähiger" operativer Einheiten ab, die nach dem Konzept der Geschäftssegmentierung ihre Wertschöpfungskette in höherem Maße selbst kontrollieren.

Eine verstärkte Tendenz zur Geschäftssegmentierung auf Grund der durch das Internet ausgelösten Diversifikationsbestrebungen ist zudem dadurch zu erwarten, dass in dem Maße, in dem Unternehmungen über die Etablierung von Portalen und elektronischen Marktplätzen eine digitale Absatzinfrastruktur schaffen, die Set-up-Kosten für die operative Verselbstständigung von Vertriebskanälen sinken. Die Zahl der operativen Einheiten würde sich aus diesen Gründen erhöhen. Werden für diese Vertriebseinheiten zur Realisierung von Verbundeffekten interne Bezüge vorgeschrieben, können interne Märkte je nach den Charakteristika der Lieferbeziehungen auch eine gewisse Verantwortung für Beschaffungsentscheidungen einschließen. Diese Entscheidungen gewinnen noch mehr an Gewicht und führen zum Ausbau des ursprünglichen Vertriebskanals in ein eigenständiges Geschäftsfeld, wenn die Produktpalette unter Rückgriff auf externe Beschaffungsquellen erweitert wird. Niedrige Transaktionskosten erlauben – wie gezeigt wurde – eine solche Politik der Programmauffächerung. Als Beispiel kann eine Handelsunternehmung angeführt werden, das Porzellan und Geschirr traditionell an das Hotel- und Gaststättengewerbe vertreibt. Unter Nutzung aller Möglichkeiten der elektronischen Beschaffung bietet die Unternehmung inzwischen ein umfassendes, den weit gefächerten Bedarf im Hotel- und Gaststättenbereich berücksichtigendes Leistungsspektrum an.

Bestätigen sich die aufgezeigten Tendenzen einer Geschäftssegmentierung in der Realität, würden als Folge einer netzbasierten Kommunikation vermehrt operative Einheiten mit ausgeprägter unternehmerischer Autonomie und umfassender Marktverantwortung entstehen. Marktorientierte Anreizsysteme, insbesondere Profit-Center-Konzepte, würden dann im E-Business an Bedeutung gewinnen. Aus der Sicht von *Williamson* ließe sich das Problem von „low powered incentives"[81] vermeiden, das existiert, wenn aus Gründen einer eingeschränkten Erfolgszurechnung keine Entsprechung zwischen dem Gesamterfolg der Unternehmung und dem Einkommen der Unternehmungseinheiten besteht.

Allerdings darf nicht übersehen werden, dass nicht alle durch das Internet ausgelösten Diversifikationsstrategien den Trend zur Bildung autonomer Einheiten fördern. In dem Maße, in dem mit einer Strategie der Diversifikation Verbund-

---

81) Vgl. Williamson [Institutions] 153.

effekte realisiert werden sollen, ist das Konzept einer Unternehmungseinheit, die autonom Transaktionen auf den (internen und externen) Beschaffungs- und Absatzmärkten abwickelt, nur noch eingeschränkt geeignet, gesamtzielkonforme Anreize zu generieren. Wenn Ressourcen- und Marktpotenziale bereichsübergreifend ausgeschöpft werden sollen – und E-Business schafft auch hierfür die Voraussetzungen –, dann erfordert die Realisierung der Unternehmungsziele Einschränkungen in der Entscheidungsautonomie der Einheiten. In diesem Fall stellt sich für die Organisationsgestaltung die Herausforderung, die Voraussetzungen für bereichsübergreifende Kooperation zu schaffen und die Entwicklung leistungsfähiger Planungssysteme sicherzustellen.

G. Organisatorische Gestaltung der Gesamtunternehmung

I. Konfiguration der Gesamtunternehmung

Die organisatorische Konfigurierung der Gesamtunternehmung, die Entwicklung einer Rahmenstruktur für alle Unternehmungsaktivitäten, lässt sich in zwei Teilprobleme mit jeweils spezifischen Anforderungen trennen. Es muss einmal die Ebene der Unternehmungsleitung gestaltet werden. Gegenstand der Betrachtung sind hier die Aufgaben der Kerngruppe – der Gruppe, die durch die Unternehmungsverfassung zur Formulierung und Durchsetzung der für alle Unternehmungsaktivitäten verbindlichen Ziele legitimiert ist. Das zweite Problem bei der Festlegung der Rahmenstruktur bildet die Gestaltung der nachgelagerten Unternehmungsbereiche. Der Schwerpunkt der Aktivitäten liegt auf der Ebene der Unternehmungsbereiche in der Wahrnehmung des „operativen Geschäfts", das sich in dem von der Unternehmungsleitung vorgegebenen Handlungsrahmen vollzieht.

Die Gliederung einer Unternehmung in Unternehmungsbereiche, die das organisatorische Gesamtbild einer Unternehmung nachhaltig prägt und die sich in der Realität in einer großen Vielfalt an Formen äußert, lässt sich auf die reine Anwendung oder auf Modifizierungen der drei eindimensionalen Grundformen Funktionalorganisation, Spartenorganisation und Regionalorganisation zurückführen[1]. Die Darstellung der drei Grundformen steht deshalb im Mittelpunkt der Auseinandersetzung mit der organisatorischen Gestaltung der Unternehmungsbereiche.

Nach einer Charakterisierung der jeweiligen Merkmale werden die für die Grundform typischen Koordinations- und Motivationskonsequenzen herausgearbeitet. Da die Grundformen aus der Anwendung bestimmter Segmentierungskriterien abgeleitet werden, konzentriert sich die Analyse der Koordinationskonsequenz auf die Ressourcen-, Markt- und Prozesseffizienz. Die Delegationseffizienz kann weitgehend vernachlässigt werden, weil zwischen der Segmentierungs- und der Strukturierungsdimension kein zwangsläufiger Zusammenhang besteht. Unter Rückgriff auf das Stabs-, Matrix- und Ausgliederungsprinzip werden die für die einzelnen Grundformen typischen Modifizierungen entwickelt und erörtert. Die Darstellung jeder Grundform endet mit Hinweisen auf den Stand der empirischen Organisationsforschung.

---

1) Vgl. S. 424 ff.

Die Auseinandersetzung mit der organisatorischen Gestaltung der Unternehmungsleitung steht im Spannungsfeld zwischen Unternehmungsverfassung und Organisationstheorie (Corporate Governance). Der Einfluss der Unternehmungsverfassung, deren Gegenstand die Regelung der Entscheidungs- und Anreizstruktur der Kerngruppe einer Unternehmung ist, findet seinen nachhaltigsten Ausdruck in gesetzlichen und vertraglichen Normen. Insofern besteht vor allem die Notwendigkeit, bei der Auseinandersetzung mit Fragen der Unternehmungsleitung rechtsformspezifische Unterscheidungen zu treffen. Organisatorische Fragen konzentrieren sich in diesem Rahmen im Wesentlichen auf die Grenzziehung zwischen den Aufgaben der Unternehmungsleitung und dem „operativen Geschäft" der Unternehmungsbereiche, auf die Regelung der internen Arbeitsteilung in der Kerngruppe und auf die Überwachung der Geschäftsführung.

II. Organisatorische Grundformen von Unternehmungsbereichen

a. Handlungsorientierte Organisationsstrukturen: Funktionalorganisation

Die funktionale Organisationsstruktur ist ohne Zweifel die älteste Organisationsform des Industriebetriebs. Auch nach der industriellen Revolution behielt sie trotz rasch anwachsender Größe der Unternehmungen zunächst ihre dominierende Stellung. Erst mit zunehmender Diversifikation des Produktionsprogramms gewinnen produktorientierte Strukturalternativen zunächst in Form von Modifikationen, dann mit der konsequenten Produktausrichtung durch die Spartenorganisation an Bedeutung. Aber auch gegenwärtig ist ein beträchtlicher Teil der deutschen Unternehmungen funktional organisiert. Für Klein- und Mittelbetriebe dürfte die Funktionalorganisation die vorherrschende Organisationskonzeption sein. Insofern ist die funktionale Organisation sicher die am weitesten verbreitete Strukturform.

1. Charakterisierung der Funktionalorganisation

Der Grundgedanke der Funktionalorganisation lässt sich folgendermaßen umschreiben: Durch Anwendung des Funktionsprinzips entstehen Entscheidungseinheiten, die – bei reiner Verwirklichung der Konzeption – alle für eine homogene Gruppe von Handlungen notwendigen Kompetenzen auf sich vereinen.

Analysiert man die Organisationsstrukturen der größten deutschen Unternehmungen, so lassen sich branchenspezifische Schwerpunkte hinsichtlich der Verteilung funktionaler Grundstrukturen erkennen.

Funktionale Organisationsstrukturen sind vor allem in Unternehmungen mit homogenem Produktionsprogramm verwirklicht. Ganz ausgeprägt ist das Vorherrschen funktionaler Organisationsstrukturen in der Automobilindustrie.[1] Neben Handelsunternehmungen sind weitere Branchenschwerpunkte die Energiewirtschaft und die Verkehrswirtschaft. Ein typisches Beispiel für die organisatorische Verselbständigung von einzelnen Geschäftsfeldern großer Konzerne stellt die in Abb. 79 wiedergegebene, Ende der 1990er Jahre existierende funktionale Lösung des Bereichs *Lufthansa Passage Airline* des *Lufthansa-*

---

1) Vgl. die Struktur der Audi AG (Abb. 37), S. 192.

Konzerns dar. Die Bereiche „Vertrieb", „Produkt/Service" und „Operations" werden ergänzt durch Entscheidungskompetenzen für die Funktionen „Personal", „Betriebswirtschaft" und „Netzmanagement/Marketing".

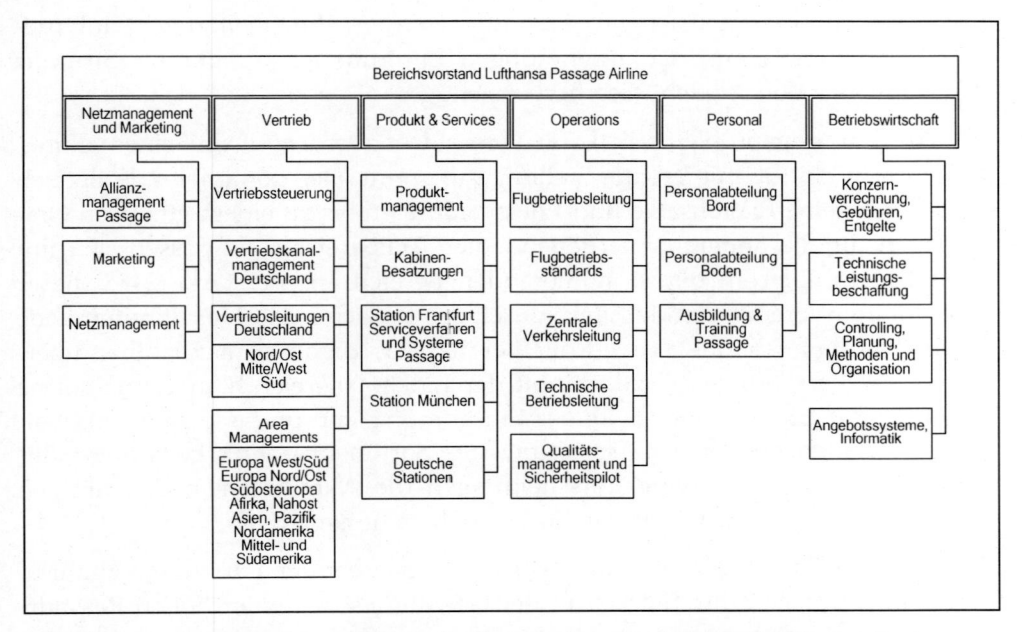

Abb. 79: Organisationsstruktur des Unternehmungsbereichs Lufthansa Passage Airline (1998)

2. Koordinations- und Motivationseffizienz

Koordinationseffizienz

Die Koordinationsproblematik der Funktionalorganisation wird durch die Existenz von Prozessinterdependenzen geprägt. Es gibt keine andere organisatorische Grundform, bei der diese Interdependenzart und damit das Kriterium der Prozesseffizienz eine so überragende Bedeutung hat. Da die Abstimmung dieser Interdependenzen zur Gewährleistung reibungslos ablaufender Betriebsprozesse im Allgemeinen unerlässlich ist – die Autonomiekosten beim Verzicht auf die Abstimmung interdependenter Leistungsprozesse sind sehr hoch –, werden an die Koordination in funktionsorientierten Organisationsstrukturen hohe Anforderungen gestellt.

Die intensiven Prozessinterdependenzen finden in funktionalen Organisationsstrukturen ihren nachhaltigsten Ausdruck in der Bildung von Koordinationsausschüssen. Ausschüsse werden nicht nur zur laufenden Koordination eingesetzt, auch bei der Beteiligung der Funktionsbereiche an der Erstellung der kurz- und mittelfristigen Planung werden die vielfältigen Interdependenzen in größeren Unternehmungen mit funktionsorientierter Struktur durch ein Netz von Ausschüssen berücksichtigt.

Die Abstimmungsproblematik kann vereinfacht werden, wenn einem Funktionsbereich eine dominierende Stellung zukommt. Der dominierende Bereich setzt durch seine Planansätze und Entscheidungen bis zu einem gewissen Grade Daten für die anderen interdependenten Teilbereiche; sie passen sich mit ihren Maßnahmen an den dominierenden Bereich an. Verstärkt wird dieser koordinationsvereinfachende Effekt durch die Tatsache, dass der dominierende Bereich häufig auch eine aktive Rolle bei den Koordinationsmaßnahmen übernimmt. Im Versandhandel z.B. nimmt der Einkaufsbereich häufig eine solche dominierende Stellung ein. Bei einer Einräumung von umfassenden Entscheidungskompetenzen bei der Gestaltung der Sortimentspolitik beeinflusst der Einkaufsbereich durch seine Entscheidungen die Aktivitäten in den übrigen Funktionsbereichen, insbesondere im Vertrieb, in hohem Maße.

Während die Prozesseffizienz die kritische Größe bei der Funktionalorganisation darstellt, liegen ihre Stärken in der Gewährleistung einer hohen Ressourcen- und Markteffizienz.

Das Handlungspotenzial einer Unternehmung wird durch ihre Ressourcen bestimmt. Die organisatorische Zusammenfassung von Handlungen zu homogenen Handlungsklassen im Rahmen der Funktionalorganisation impliziert damit tendenziell auch die organisatorische Gliederung der Ressourcen[2] nach dem Kriterium ihrer Gleichartigkeit. Die funktionsorientierte Organisationsstruktur ist deshalb die Konzeption, die allen anderen Organisationsformen hinsichtlich der Ressourceneffizienz tendenziell überlegen ist. Dieser Vorteil der Funktionalorganisation kann allenfalls mit einer zunehmenden Heterogenität des Produktionsprogramms an Bedeutung verlieren. Das gilt insbesondere hinsichtlich der Vorteile einer produktorientierten Bündelung von Know-how.

Durch die organisatorische Zusammenfassung aller Marktaktivitäten in einem Funktionsbereich wird ein hohes Maß an Markteffizienz erreicht: Alle marktorientierten Entscheidungen sind in einem Bereich zusammengefasst. Nach dem Kriterium der Markteffizienz ist die Funktionalorganisation den beiden ande-

---

[2] Unter „Ressourcen" werden hier vorwiegend physische („technologienahe") Potenzialfaktoren verstanden.

ren Organisationsformen eindeutig überlegen; bei der Spartenorganisation können Marktinterdependenzen zu einem gewichtigen, die produktorientierte Konzeption in Frage stellenden Problem werden[3], bei der Regionalorganisation hängt die Entstehung von Marktinterdependenzen von der Trennbarkeit der regionalen Teilmärkte ab[4]. Angesichts dieser Tatsache kann es nicht überraschen, dass mit zunehmender Dominanz des Absatzmarktes bei allen unternehmerischen Aktivitäten die funktionale Organisationskonzeption insbesondere für produktorientiert gegliederte Unternehmungen wieder attraktiv werden kann[5]. Wie bei allen globalen, auf die Beziehungen zwischen den Unternehmungsbereichen konzentrierten Betrachtungen darf allerdings auch hier nicht übersehen werden, dass innerhalb des Absatzbereichs bei der unumgänglichen Segmentierung der Absatzaufgaben Marktinterdependenzen auftreten können.

Bei der Bewertung der Spartenorganisation wird näher zu begründen sein, dass die Heterogenität des Produktionsprogramms als wichtige Einflussgröße der Koordinationsanforderungen angesehen werden muss. Mit zunehmender Heterogenität des Produktionsprogramms, insbesondere bei Verfolgung einer ausgeprägten Diversifikationspolitik, kann die Prozesseffizienz in einem Maße eingeschränkt werden, dass die Vorteile der besseren Ressourceneffizienz und der Markteffizienz aufgehoben werden. Es ist schwierig, generelle Aussagen über die Koordinationseffizienz funktionaler Strukturen zu machen. Einiges spricht dafür, dass selbst Großunternehmungen mit funktionaler Organisationsstruktur die besonderen Koordinationsanforderungen dieser Organisationsform bis zu einem gewissen Grad meistern. Ausschüsse sind in diesem Zusammenhang offensichtlich sehr leistungsfähige Koordinationsinstrumente. Diese These wird durch die beachtliche Zahl industrieller Unternehmungen mit funktionaler Struktur gestützt. Gleichwohl sprechen aktuelle Umstrukturierungen in Großunternehmungen mit diversifiziertem Produktionsprogramm dafür, dass bei einer Verschärfung des Wettbewerbs funktionale Strukturen in Frage gestellt werden müssen. Das wird verständlich, wenn man bedenkt, dass der größte Teil der nach dem Spartenprinzip organisierten Großunternehmungen, etwa alle Konzerne der chemischen Industrie, relativ selbständige Sparten mit zum Teil Milliarden-Umsätzen aufweisen. Diese Sparten sind für sich betrachtet Großunternehmungen, und in aller Regel – trotz häufig beachtlicher Heterogenität des Produktionsprogramms – funktional gegliedert. Das Konzept der Geschäftssegmentierung[6], die Bildung „kleiner Einheiten" bei Betonung

---

[3) Vgl. hierzu S. 444 ff.
[4) Vgl. hierzu S. 459.
[5) Vgl. hierzu die Ergebnisse der empirischen Untersuchung bei Frese [Marktinterdependenzen] 278 ff.
[6) Vgl. Frese [Geschäftssegmentierung].

der Produktgliederung, sucht die Grenzen funktionaler Strukturen in Großunternehmungen zu überwinden.

In der organisationstheoretischen Literatur wird für die Funktionalorganisation häufig die These vertreten, dass der Koordinationsbedarf zwischen den einzelnen Funktionsbereichen – im Unterschied zur Situation in der Spartenorganisation – die Unternehmungsleitung stärker zum Engagement im „laufenden Geschäft" zwingt. Eine intensive Auseinandersetzung mit dieser Auffassung von der Auswirkung funktionaler Strukturen auf die Delegationseffizienz erfolgt bei der Darstellung der Spartenorganisation[7]; hier sollen nur einige ausschließlich auf funktionsorientierte Strukturen bezogene Überlegungen angestellt werden. Eine umfassende, methodischen Ansprüchen genügende empirische Untersuchung über die Belastung der Unternehmungsleitungen in Funktionalorganisationen liegt unseres Wissens nicht vor, insofern hat die These von dem starken Engagement von Unternehmungsleitungen funktionsorientierter Unternehmungen spekulativen Charakter. Obwohl eine stärkere, häufig schlichtende Einbeziehung in die konfliktträchtige Abstimmung der Interessen der Funktionsbereiche nicht unplausibel ist[8], kann man die Zwangsläufigkeit einer solchen Auswirkung funktionaler Strukturen nicht ohne weiteres unterstellen. So kann z.B. bei einer Übertragung von Entscheidungskompetenzen an Koordinationsausschüsse eine Delegation von Entscheidungen auf die zweite Hierarchieebene erfolgen. Allerdings ist es durchaus denkbar, dass Unternehmungsleitungen von funktional strukturierten Unternehmungen von sich aus ein größeres Engagement im „laufenden Geschäft" betreiben. Da Funktionalorganisationen vor allem für Unternehmungen mit relativ homogenem Produktionsprogramm, im Extremfall für Einprodukt-Unternehmungen, typisch sein dürften, kann auf Seiten der Unternehmungsleitung eine hohe fachliche Kompetenz mit der Folge vorliegen, dass sie über vergleichsweise höhere Kapazitäten zur Problemlösung verfügt. Unter diesen Umständen wäre die stärkere Beteiligung der Unternehmungsleitungen an eher operativen Aufgaben ein Gebot wirtschaftlicher Rationalität. Unterschiede zur Spartenorganisation, deren Produktionsprogramm in der Regel eine größere Heterogenität aufweisen wird, wären damit nicht durch die Organisationsstruktur, sondern durch Unterschiede in der Fachkompetenz bedingt.

---

7) Vgl. S. 443 ff.
8) Vgl. in diesem Zusammenhang die Überlegungen bei Bühner [Strategie] 397 ff.

Motivationseffizienz

Für die Funktionalorganisation lassen sich – wie auch für die übrigen Organisationsstrukturen – keine umfassenden empirischen Studien über die Motivationswirkungen nachweisen. Es sind deshalb allenfalls Plausibilitätsüberlegungen möglich. Unterstellt man, dass insbesondere die interne Motivationswirkung durch ein gewisses Maß an Abgeschlossenheit und Autonomie bei der zu erfüllenden Aufgabe gefördert wird, dann könnte man angesichts der Leistungsverflechtungen zwischen den Funktionsbereichen motivationale Beeinträchtigungen erwarten. Entscheidend für die Beurteilung dieser These dürfte jedoch die durch den Funktionsbereich wahrgenommene Autonomie sein – nicht die „objektive" Struktur der Leistungsverflechtungen ist letztlich maßgebend, sondern die Frage, ob insbesondere die Bereichsleiter die Tatsache des Leistungsverbunds als eine nachhaltige Restriktion für ihren Handlungsspielraum sehen.

Eine in der Literatur häufig vertretene Motivationsthese soll abschließend kurz erörtert werden. Funktionsorientierten Teilbereichen wird von einigen Autoren[9] eine besondere Neigung zum Ressortegoismus zugeschrieben. Die generelle Annahme einer Beziehung zwischen dem jeweils gewählten Segmentierungskriterium und der spezifischen Orientierung von Teilbereichen erscheint durchaus plausibel. Nicht überzeugend ist dagegen die Auffassung, dass in Funktionsbereichen diese Ausprägung stärker als in Sparten oder Regionalbereichen ist. Vielleicht erklärt sich die These vom ausgeprägten Ressortegoismus funktionsorientierter Bereiche durch die Tatsache, dass sich der Ressortegoismus von Funktionsbereichen auf Grund des hohen Koordinationsbedarfs in funktionsorientierten Strukturen besonders störend auswirkt.

3. Typische Modifizierungen

Vergleicht man Unternehmungen mit funktionaler Grundstruktur, so entsteht der Eindruck, dass Funktionalorganisationen die geringsten Modifikationen aufweisen. Da sich die regionale Komponente in funktionalen Strukturen relativ problemlos durch eine entsprechende Gliederung des Vertriebsbereichs berücksichtigen lässt, stellt im Wesentlichen die Produktkomponente eine kritische Dimension dar. Auffächerungen der Produktprogramme, die eine gemeinsame technologische oder marktliche Basis nicht verlassen, werden bei einer funktionalen Grundstruktur organisatorisch weitgehend durch Ausschüsse

---

9) Vgl. z.B. Bühner [Strategie] 399.

(sei es nach dem Stabs- oder nach dem Matrixprinzip) integriert. Liegt jedoch eine ausgeprägte Diversifikation vor, dann sind bei einer funktionalen Grundstruktur zur Gewährleistung der Prozesseffizienz und zur Poolung von Produkt-Know-how weiter gehende strukturelle Modifizierungen erforderlich.

Ein auch für gegenwärtige Reorganisationen aufschlussreiches Beispiel für produktorientierte Modifikationen einer Funktionalorganisation stellt die 1980 eingeführte Organisationsstruktur des Unternehmensbereichs „Nachrichtentechnik" der *Standard Elektrik Lorenz AG (SEL)* dar. Es handelte sich um den immer noch aktuellen Versuch, trotz eines breiten Produktprogramms und beachtlichen Anforderungen an die Prozesseffizienz die mit einer funktionalen Struktur verbundenen Vorteile der Ressourcen- und Markteffizienz zu nutzen. Schon nach wenigen Jahren wurde die Organisationsstruktur wieder geändert; auf die Analyse der Gründe für die relativ kurze Geltungsdauer der funktionalen Struktur kann hier verzichtet werden. Die folgende Darstellung bezieht sich auf das Jahr 1982.

Die *Standard Elektrik Lorenz AG*, eine Unternehmung der Elektroindustrie, betätigte sich Anfang der achtziger Jahre vor allem in folgenden Bereichen: Nachrichtentechnik, Datensysteme, Bauelemente sowie Rundfunk, Fernsehen und Phono. Die *SEL* war zum Zeitpunkt der hier zu betrachtenden Reorganisation in die vier relativ selbständigen produktorientierten Sparten „Nachrichtentechnik", „Private Nachrichten- und Datensysteme", „Audio-Video-Elektronik" und „Bauelemente" gegliedert; diese Sparten wurden firmenintern „Unternehmensgruppen" (UGR) genannt. Die folgenden Überlegungen konzentrieren sich auf die Unternehmensgruppe „Nachrichtentechnik". Da diese Gruppe im Rahmen der Gesamtunternehmung ein hohes Maß an Eigenständigkeit besaß, kann sie bei der folgenden Darstellung gewissermaßen als eine eigenständige Unternehmung betrachtet werden.

Die UGR „Nachrichtentechnik" war nach Umsatz und Anzahl der Beschäftigten die mit Abstand größte Unternehmensgruppe innerhalb der *SEL*: Der weitaus größte Teil des Umsatzes der UGR entfiel auf Geschäfte mit den öffentlichen Kundenbereichen „Post", „Bahnen" und „Luftfahrt/Verteidigung". Bis Ende 1979 war die UGR nach dem Spartenkonzept in produktorientierte Teilbereiche, so genannte „Erzeugnisgebiete", gegliedert. Die Erzeugnisgebiete wurden als Profit Center geführt; sie zeichneten sich durch ein hohes Maß an Eigenständigkeit aus. Ihnen unterstanden eigene Vertriebs- und Entwicklungsbereiche. Lediglich einen eingeschränkten Zugriff hatten sie auf die im Zentralbereich „Operations" zusammengefassten Produktionskapazitäten (Werke).

Anstöße zur Reorganisation kamen aus zwei unterschiedlichen Richtungen. Der erste Anstoß hatte seinen Ursprung in marktbezogenen Überlegungen. In den letzten Jahren hatten sich in zunehmendem Maße Überschneidungen zwischen Produkt- und Marktdimension ergeben. Im Prinzip lieferte jedes der Erzeugnisgebiete an jeden Kunden. Diese Fülle von Marktinterdependenzen machte die Entwicklung einer kundeneinheitlichen Absatzstrategie – und damit die Realisierung einer hohen Markteffizienz – nahezu unmöglich. Verstärkt wurden die Auswirkungen dieser Überschneidungen durch die generelle Tendenz, den Kunden in zunehmendem Maße komplexe Problemlösungen (Systeme), die Produkte mehrerer Erzeugnisgebiete umfassten, und weniger Einzelaggregate und Komponenten anzubieten. Die Abwicklung dieser Aktivitäten sprengte den Rahmen eines einzelnen Erzeugnisgebiets und erforderte die Institutionalisierung von produktübergreifenden Projekten. Die Folge war, dass die produktorientierte Organisationsstruktur durch ein Netz von projektorganisatorischen Regelungen überlagert wurde. Der zweite Anstoß zur Reorganisation resultierte aus dem gleichzeitigen Einsatz der Digitalisierungs- und Mikroprozessorentechnologie. Er führte zu der Entscheidung, die gesamten bisher produktweise zugeordneten Entwicklungsaktivitäten zur Erhöhung der Ressourceneffizienz in einem Zentralbereich „Entwicklung" zusammenzufassen.

Die am 1.1.1980 eingeführte Organisationsstruktur war durch folgende drei Grundprinzipien gekennzeichnet:

- Fertigungskonzentration
  Wie die alte Organisationsstruktur sieht auch das neue Organisationskonzept die Zentralisierung der Fertigungsaktivitäten in einem Bereich vor (Ressourceneffizienz).

- Technologiekonzentration
  Die Entwicklungsaktivitäten, die früher den (produktorientierten) Erzeugnisgebieten zugeordnet waren, sind jetzt in einem Zentralbereich zusammengefasst (Ressourceneffizienz).

- Markt- bzw. Kundenorientierung
  Die Anwendung dieses Prinzips führte zur Bildung markt- und kundenorientierter Bereiche, so genannte „Geschäftsbereiche". Die Geschäftsbereiche wurden nach Marktsegmenten (Kundengruppen) abgegrenzt und erhielten Verantwortung für das gesamte Geschäft, d.h. für alle Produkte der UGR, mit der ihnen zugeordneten Kundengruppe (Markteffizienz).

Trotz der Zuordnung eines umfassenden Aufgabenspektrums (Verantwortung für das gesamte Geschäft mit einer Kundengruppe), waren die Geschäftsbereiche im Kern Vertriebseinheiten, so dass die in Abb. 80 wiedergegebene funktionale Segmentierung die Organisationsstruktur vereinfacht abbildet.

Die faktische Reduzierung der Aufgaben der Geschäftsbereiche auf Vertriebstätigkeiten ergibt sich aus der besonderen Verankerung der Produktdimension, die eine komplexe Modifizierung der Funktionalorganisation mit weit reichenden Koordinationsauswirkungen darstellt. Die Komplexität der gewählten Modifizierung wird schon darin deutlich, dass die eindeutige begriffliche Erfassung der Regelung Schwierigkeiten bereitet. Sie lässt sich – je nach Betrachtung verschiedener produktbezogener Aufgaben – als Ausgliederungs-, Stabs- oder Matrixprinzip interpretieren.

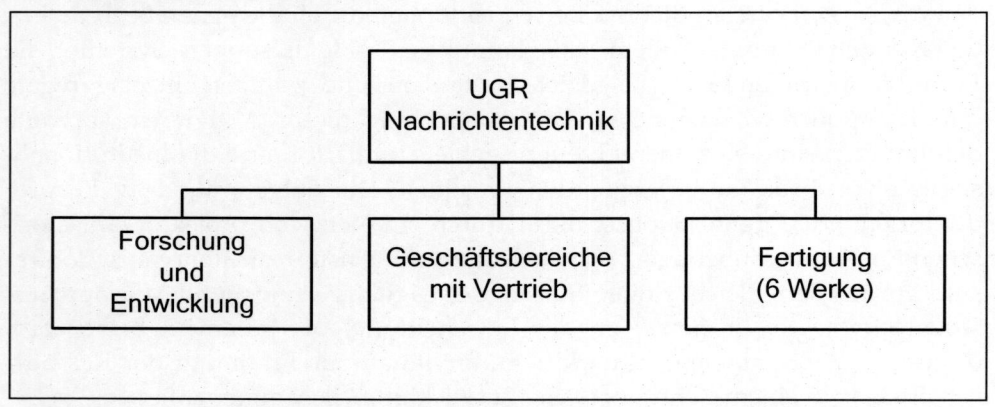

```
                    ┌──────────────────┐
                    │       UGR        │
                    │ Nachrichtentechnik│
                    └──────────────────┘
                             │
        ┌────────────────────┼────────────────────┐
┌───────────────┐  ┌──────────────────┐  ┌───────────────┐
│   Forschung   │  │  Geschäftsbereiche│  │   Fertigung   │
│      und      │  │    mit Vertrieb   │  │   (6 Werke)   │
│  Entwicklung  │  │                   │  │               │
└───────────────┘  └──────────────────┘  └───────────────┘
```

Abb. 80:   Organisationsstruktur der Unternehmensgruppe „Nachrichtentechnik" der Standard Elektrik Lorenz AG (1980)

Grundgedanke der Modifizierung war das Bestreben, produkttechnologisches Know-how marktnäher in Form gesonderter Produktbereiche zu verankern. Da in der Unternehmung das produkttechnologische Know-how eine für den Markterfolg bedeutsame Größe ist und die Zusammenarbeit zwischen Vertrieb, Entwicklung und Produktion hohe Anforderungen stellt, waren die Aufgaben der Produktbereiche vielschichtig. Zwei Aufgabenschwerpunkte standen im Vordergrund. Die Produktbereiche beobachteten zum einen den Markt (insbesondere die Konkurrenzsituation), erstellten Marktanalysen, formulierten die marktsegmentübergreifende Produktpolitik und förderten für die von ihnen zu betreuenden Produkte die Vertriebsaktivitäten der Geschäftsbereiche, z.B. durch Einbringen technologischen Know-hows in der Akquisitions- und Angebotsphase. Aus dieser Sicht war die Bündelung von Produkt-Know-how primär auf die Gewährleistung von Ressourceneffizienz ausgerichtet. Zum anderen war der Produktbereich für das interne Prozessmanagement, d.h. für die Koordination der Zusammenarbeit zwischen Vertrieb, Entwicklung und Produktion, zuständig. Hier diente die Bildung gesonderter Produkteinheiten der Sicherung der Prozesseffizienz.

Eine nahe liegende Modifizierung der Funktionalstruktur hätte in der Bildung eines gesonderten Produktbereichs durch Anwendung des Ausgliederungsprinzips bestanden (vgl. Abb. 81). Diese Lösung wurde offensichtlich verworfen, um die angestrebte Dominanz der Markt- und Kundenorientierung nicht auszuhöhlen. Die Produktbereiche wurden deshalb den Geschäftsbereichen (im Wesentlichen nach Maßgabe ihres Umsatzschwerpunkts) zugeordnet (vgl.

Abb. 82). Abb. 83 verdeutlicht die auf diese Weise etablierte Position der Produktbereiche als „Informationsdrehscheiben".

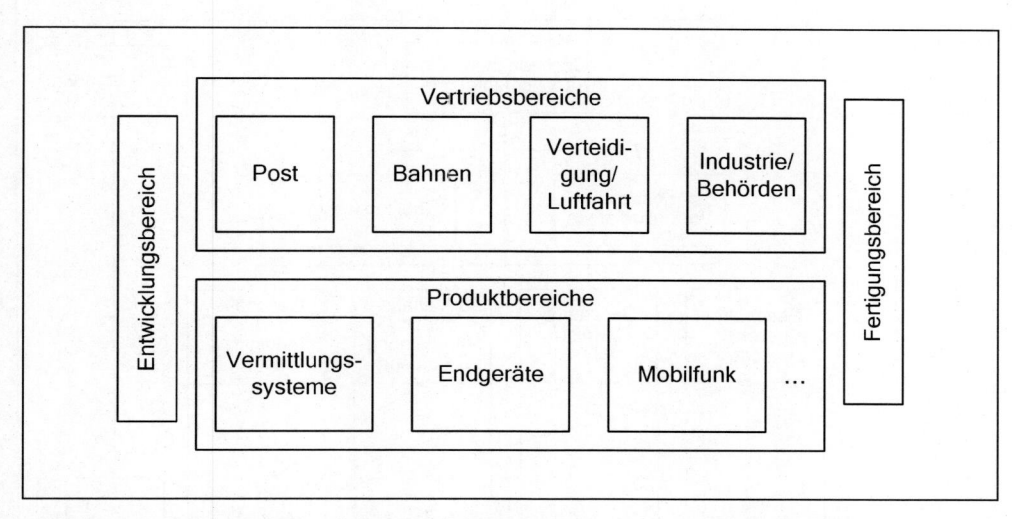

Abb. 81:   *Bildung besonderer Produktbereiche nach dem Ausgliederungsprinzip*

Geschäftsbereiche	Produktbereiche
Post	Vermittlungssysteme Übertragungssysteme Endgeräte Datentechnik
Bahnen	Bahnsteuerungstechnik Urbaner Verkehr Bahnausrüstungen
Verteidigung und Luftfahrt	Wehrtechnische Produkte Führungssysteme Flugsicherung Technisch-logistische Systembetreuung
Industrie und Behörden	Mobilfunk und Funkanlagen Leistungselektronik Sonderwerkzeuge

Abb. 82:   *Zuordnung der Produktbereiche zu den Geschäftsbereichen der Standard Elektrik Lorenz AG*

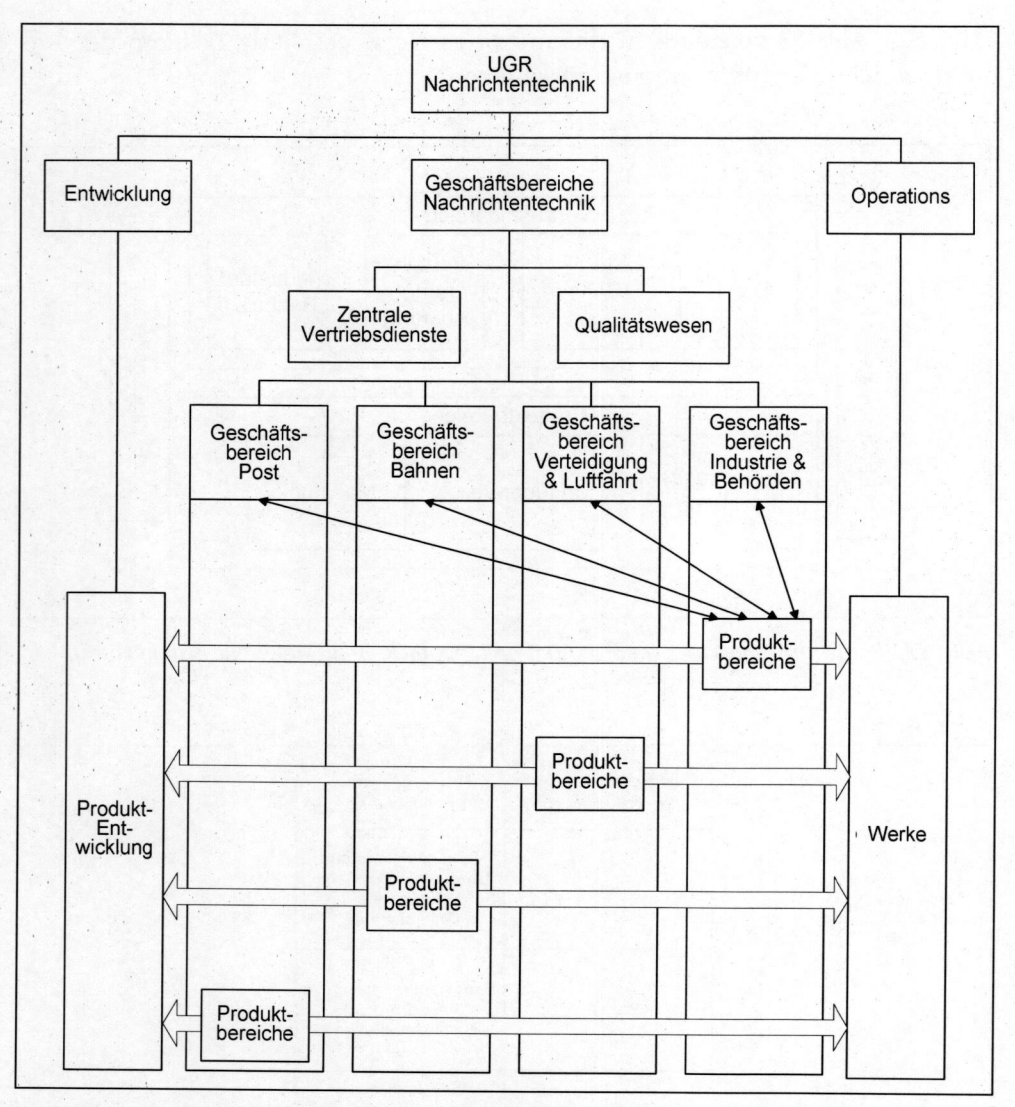

Abb. 83: Produktbereiche als Informationsdrehscheiben

In Abb. 84 wird die Reorganisation der *SEL*, die Abkehr von der produktorientierten und die Hinwendung zur funktionsorientierten Struktur, durch Ausweis der Interdependenzstrukturen in ihren Koordinationskonsequenzen deutlich gemacht. Durch die Funktionalstruktur werden im Wesentlichen Marktinterdependenzen aufgehoben, dafür aber vielfältige Prozessinterdependenzen in Kauf genommen. In Unternehmungen mit heterogenem Produktprogramm ist die Steigerung der Markteffizienz (bei Gewährleistung eines bestimmten Grades an Ressourceneffizienz) immer mit der Beeinträchtigung der Prozesseffizienz verbunden. An diesem prinzipiellen Zusammenhang können auch noch so differenzierte Modifikationen nichts ändern.

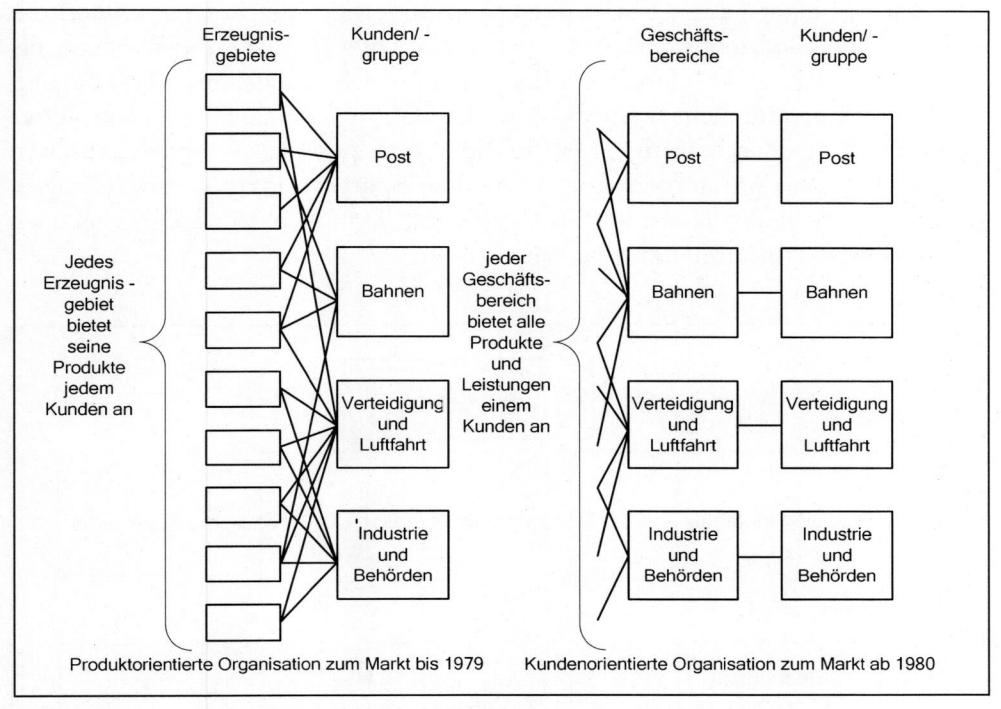

Abb. 84: Interdependenzstruktur und Organisationsstruktur

4. Empirische Studien

Die empirische Organisationsforschung hat sich Fragen der Funktionalorganisation vorwiegend in der Form von Vergleichen mit der Spartenorganisation gewidmet. Auf diese Studien wird bei der Behandlung der Spartenorganisation hingewiesen.

b. Produktorientierte Organisationsstrukturen: Spartenorganisation

Seit den sechziger Jahren des vorigen Jahrhunderts findet in Deutschland das Konzept der Spartenorganisation – auch als Divisionalisierungskonzept bezeichnet – verstärktes Interesse[10]. Es handelt sich dabei um eine Organisationsstruktur, die nicht mehr die traditionelle funktionale Gliederung – etwa in die Bereiche „Beschaffung", „Produktion" und „Absatz" – vorsieht, sondern bei der die Gesamtunternehmung nach dem Spartenprinzip in produktbezogene Teilbereiche gegliedert ist. Ein Beispiel ist die in Abb. 85 wiedergegebenen Organisationsstrukturen der *Schott AG*[11].

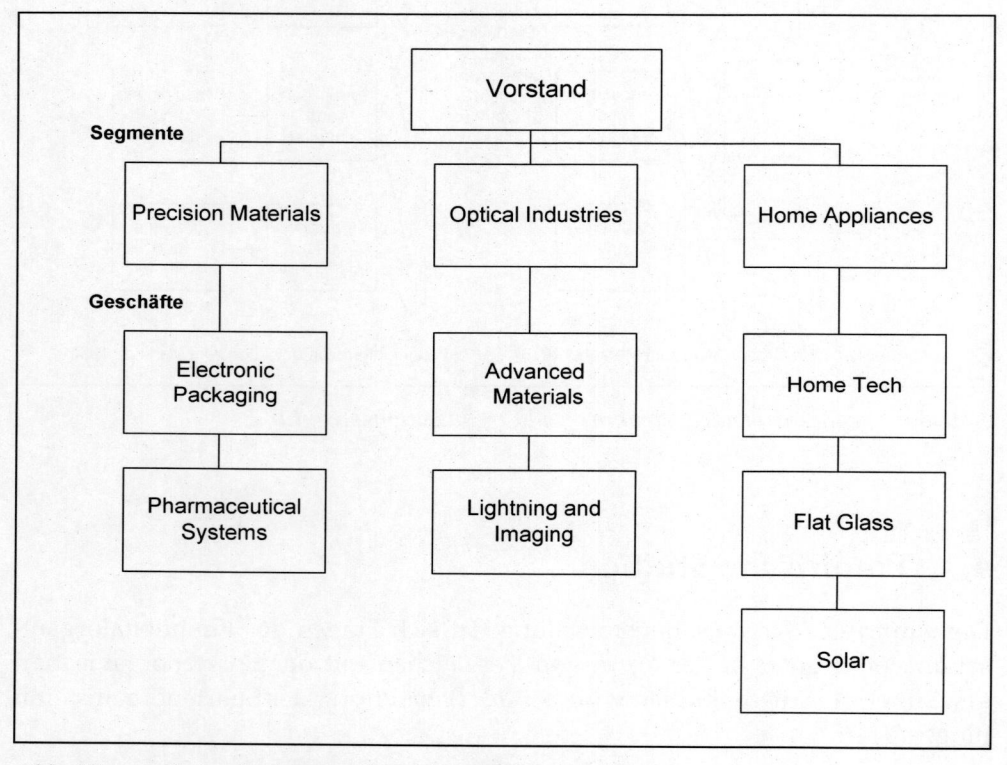

Abb. 85:   *Organisationsstruktur der Schott AG (2009)*

---

10) Vgl. zum Begriff sowie generell zum Konzept der Spartenorganisation Bühner [Spartenorganisation].
11) Die Schott AG ist eine auf dem Gebiet von Spezialgläsern international tätige Unternehmung.

Die Auseinandersetzung mit dieser Organisationsform ist keineswegs neu. Schon in den zwanziger Jahren erregte in den USA die Einführung der Spartenorganisation bei *Du Pont* und *General Motors* großes Aufsehen[12]. Diese historischen Organisationsentscheidungen haben in den USA die Diskussion über die Organisationsstruktur großer Unternehmungen nachhaltig beeinflusst[13]. Heute kann man jedoch feststellen, dass das Spartenkonzept in Großunternehmungen weit verbreitet ist.

1. Charakterisierung der Spartenorganisation

Vergleicht man das Organisationsschaubild einer Spartenorganisation mit dem einer funktional gegliederten Organisation, so lässt sich in jedem Fall ein Unterschied auf der zweiten Hierarchieebene feststellen. Bei funktionsorientierten Strukturen existieren z.B. Entscheidungsbereiche wie „Beschaffung", „Produktion" und „Absatz". Spartenorganisationen weisen auf der gleichen Ebene Entscheidungsbereiche für bestimmte Produkte oder Produktgruppen auf. Bei der Bildung von Spartenorganisationen entstehen damit auf der zweiten Hierarchieebene sachzielorientierte Entscheidungskompetenzen. Durch Segmentierung nach dem Spartenprinzip werden bei konsequenter Umsetzung des Konzepts alle für die Realisierung eines Produktziels erforderlichen Entscheidungskompetenzen bezüglich Ressourceneinsatz und Marktaktivitäten den jeweiligen Spartenleitern zugeordnet[14].

Abb. 86 und Abb. 87 verdeutlichen die Unterschiede zwischen funktions- und spartenorientierten Organisationen am Beispiel der historischen Organisationsschaubilder der *Du Pont Co.*[15]; die Unternehmung erweiterte ihr Produktprogramm, das im Wesentlichen die Herstellung von Sprengstoffen umfasste, um eine breite Palette chemischer Produkte.

---

12) Vgl. Chandler [Strategy] 97 ff. sowie Frese [Organisationstheorie] 89 ff.
13) Vgl. Chandler [Decentralization] 115 ff.
14) Häufig wird in der Literatur die Spartenbildung als „Dezentralisierung" bezeichnet. Diese begriffliche Gleichsetzung ist irreführend. Vgl. zur allgemeinen Problematik des Dezentralisierungsbegriffs S. 211 ff. sowie zum besonderen Problem der Gleichsetzung der Begriffe „Spartenkonzept" und „Dezentralisierungskonzept" Lorsch/Allen [Managing] 5 ff.
15) Vgl. Chandler [Strategy] 73 ff.

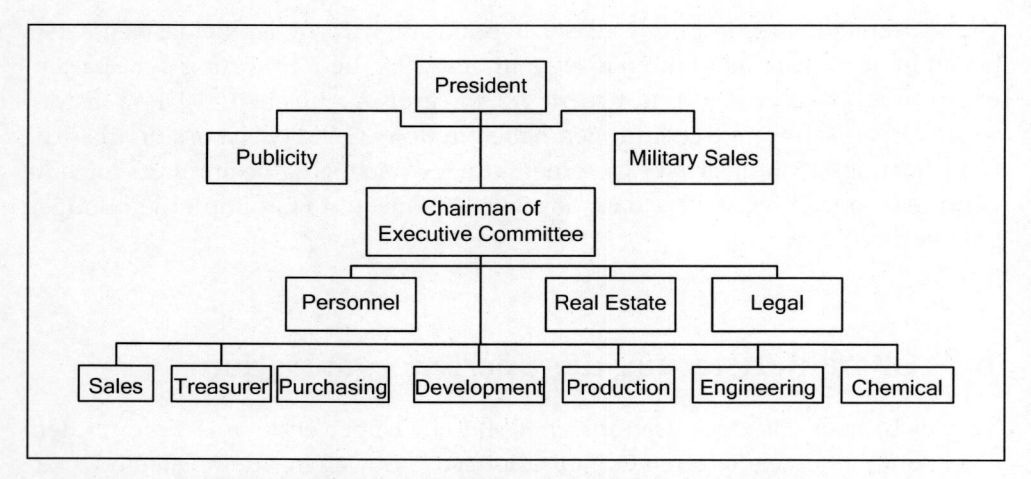

```
                          President
                             │
        ┌────────────────────┼────────────────────┐
    Publicity                │              Military Sales
                    Chairman of
                 Executive Committee
        ┌────────────────────┼────────────────────┐
    Personnel            Real Estate            Legal
        │
  ┌──┬──┬──┬──┬──┬──┬──┐
Sales Treasurer Purchasing Development Production Engineering Chemical
```

Abb. 86:   *Funktionsorientierte Organisationsstruktur von Du Pont (1919 bis 1921)*

Es wurde bereits betont[16], dass eine sachzielorientierte Segmentierung auf die Existenz der drei Interdependenzarten (Prozess-, Ressourcen- und Marktinterdependenzen) unterschiedliche Auswirkungen hat. Grundsätzlich kann zwar bei keinem Segmentierungsprinzip die Entstehung von Interdependenzen ausgeschlossen werden, der organisatorische Gestaltungsspielraum ist jedoch hinsichtlich der einzelnen Interdependenzen unterschiedlich. Bei der Anwendung des Spartenprinzips lassen sich Ressourceninterdependenzen zwischen den Sparten grundsätzlich vermeiden – es ist eine Frage der ökonomischen Effizienz, ob eine solche Gestaltungsmaßnahme sinnvoll ist. Auch die Struktur der Prozessinterdependenzen kann bis zu einem gewissen Grade durch Gestaltungsmaßnahmen verändert werden. Marktinterdependenzen entziehen sich dagegen bei der Bildung von Sparten weitgehend einer organisatorischen Beeinflussung.

Ob zwischen einzelnen Sparten Marktinterdependenzen bestehen, hängt vor allem vom Diversifikationsgrad des Absatzprogramms der Unternehmung ab[17]. Ist der Diversifikationsgrad sehr hoch, dann lassen sich Marktinterdependenzen weitgehend vermeiden. Bei einem geringen Grad an Diversifikation werden dagegen Marktinterdependenzen zwischen den Sparten unvermeidlich

---

16) Vgl. S. 236 ff.
17) Vgl. zum Zusammenhang zwischen Diversifikation und Interdependenz Allen [Relationships] 18 und Donaldson [Divisionalization].

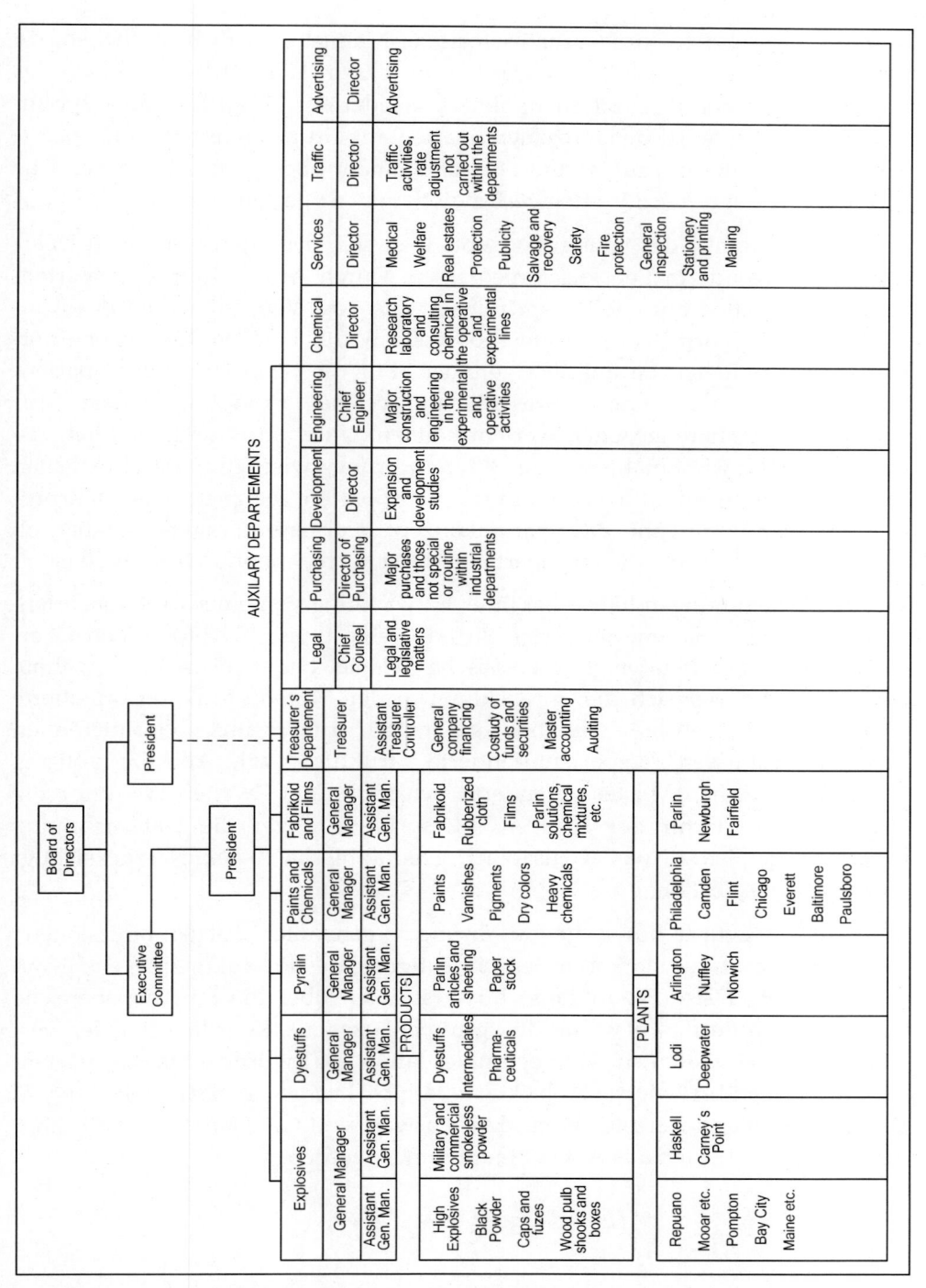

Abb. 87: Vorschlag einer Spartenorganisation für Du Pont (1921)

sein. Sie lassen sich durch organisatorische Maßnahmen nicht aufheben, sie können allenfalls vernachlässigt werden. In diesem Fall wird im Rahmen der unternehmerischen Produktlinienpolitik entweder der Einsatz der absatzpolitischen Instrumente bei den einzelnen Sparten auf Grund unternehmungspolitischer Entscheidungen auf bestimmte voneinander abgegrenzte Marktbereiche beschränkt, oder es wird Wettbewerb zwischen den Sparten zugelassen[18].

Der Grundgedanke des Spartenkonzepts lässt sich nach den bisherigen Überlegungen folgendermaßen zusammenfassen: Durch Anwendung des Spartenprinzips entstehen Entscheidungseinheiten, die – bei Verwirklichung des Konzepts in reiner Form – alle für ein Produkt bzw. für eine Produktgruppe notwendigen Kompetenzen auf sich vereinen. Für die Beurteilung des Spartenkonzepts ist die Frage wesentlich, welche Produktmerkmale zur Spartenbildung herangezogen werden können. Unter strukturtechnischen Aspekten ist jedes Merkmal, das eine Differenzierung zwischen unterschiedlichen Produktaspekten gestattet, zur Bildung von Sparten geeignet. Jede Mehrproduktunternehmung kann das Spartenkonzept realisieren. Fraglich ist aber, ob die strukturtechnisch mögliche Spartenbildung auch ökonomisch sinnvoll ist.

Viele Unternehmungen haben bei ihrer Entwicklung von einer funktionsorientierten zu einer spartenorientierten Struktur eine typische Abfolge von Übergangsformen durchlaufen. Das klassische Beispiel bildet die schon erwähnte *Du Pont Co*, bei der sich die Entwicklung in den Stufen „funktionsorientierte Struktur" (vgl. Abb. 86), „funktionsorientierte Struktur mit koordinierenden Produktausschüssen", „spartenorientierte Struktur" (vgl. Abb. 87) vollzog. Nach dem gleichen Muster veränderte sich nach dem Zweiten Weltkrieg die Organisationsstruktur der *Bayer AG*. Ursprünglich war die Unternehmung funktional gegliedert, wobei zusätzlich geographische Aspekte berücksichtigt wurden (vgl. Abb. 88).

Im Jahre 1965 wurde durch die Einführung so genannter „Fachkommissionen" ein erster Schritt zur stärkeren Berücksichtigung des Produktgedankens getan (vgl. Abb. 89). Diese Produktausschüsse strebten über die Funktionsbereiche hinweg die produkt- bzw. produktgruppenbezogene Koordination der verschiedenen Aktivitäten an. Mit Beginn des Jahres 1971 wurde dann die Spartenstruktur eingeführt, wie sie Abb. 90 wiedergibt. Die gegenwärtige Struktur, in der die Produktgliederung durch den Ausweis von Geschäftsbereichen ihren Ausdruck findet, kann aus Abb. 91 entnommen werden.

---

18) Vgl. zum Problem des Wettbewerbs zwischen Sparten Hirshleifer [Economics] 99 und Frese [Marktinterdependenzen].

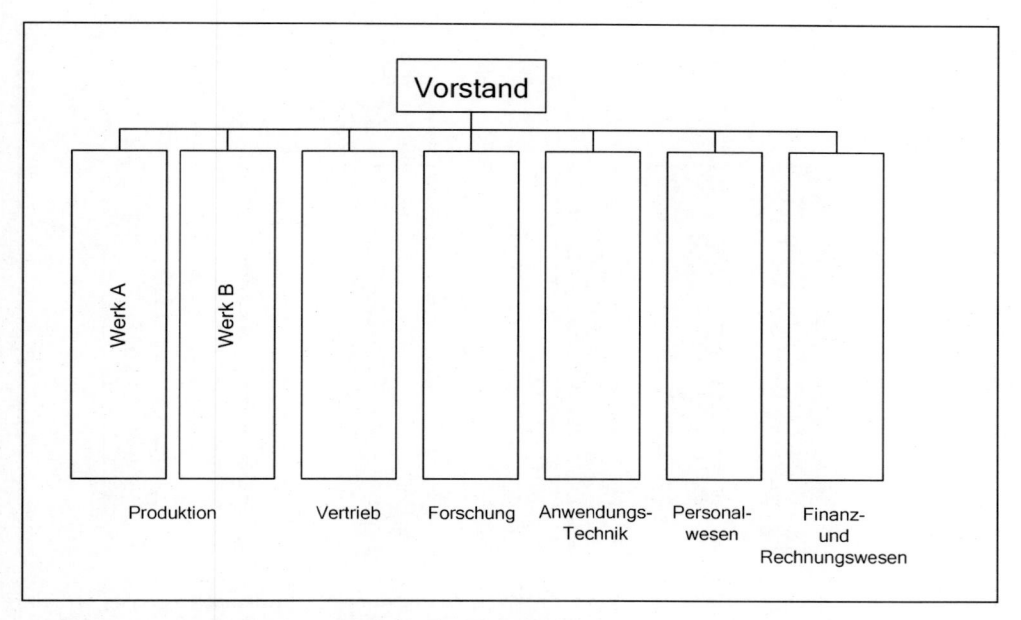

Abb. 88:   Organisationsstruktur der Bayer AG vor 1965

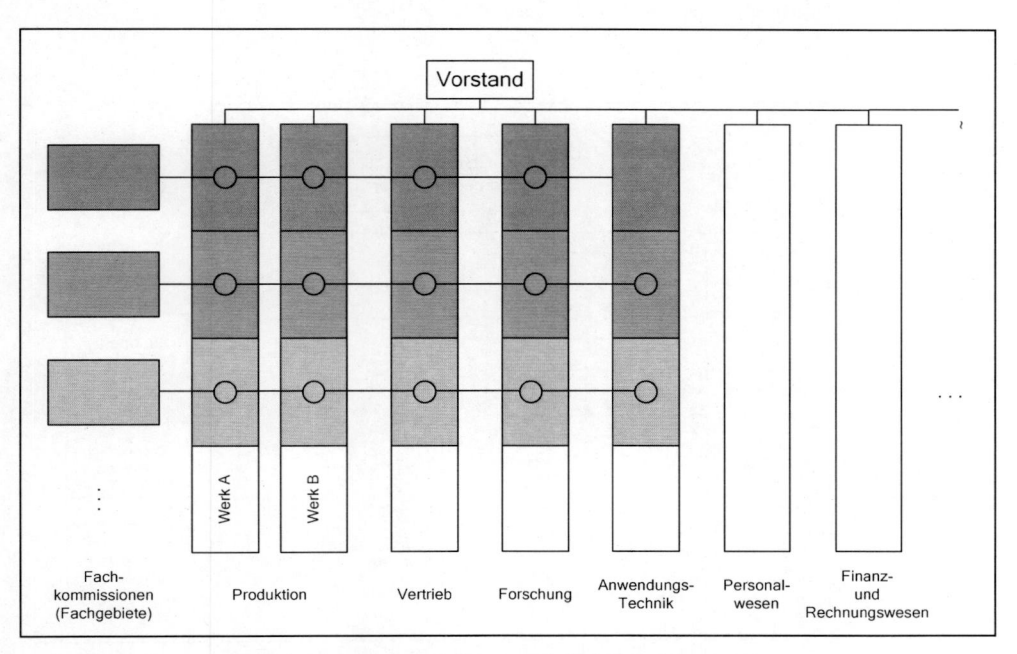

Abb. 89:   Organisationsstruktur der Bayer AG (1965 bis 1970)

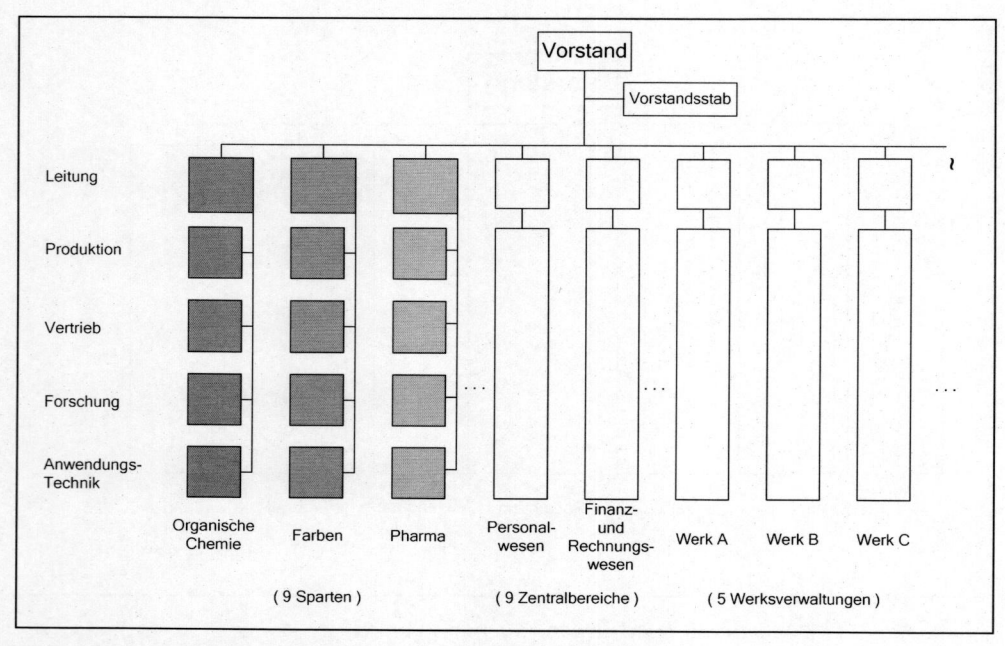

Abb. 90:   Organisationsstruktur der Bayer AG (1971)

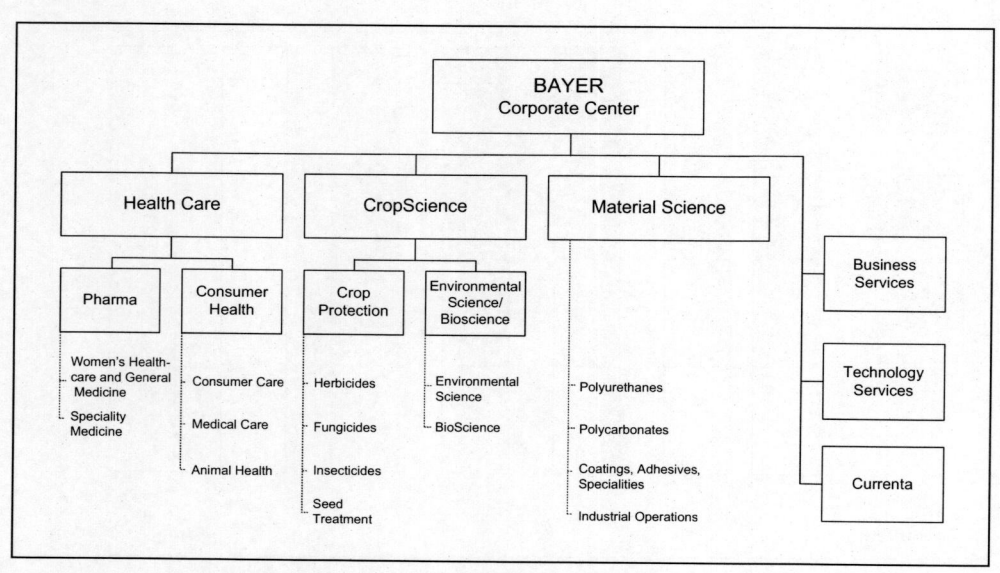

Abb. 91:   Organisationsstruktur der Bayer AG (2011)

2. Koordinations- und Motivationseffizienz

In diesem Abschnitt soll untersucht werden, welche Koordinations- und Motivationskonsequenzen sich aus der Spartenstruktur ergeben.

Koordinationseffizienz

Die konsequente Verwirklichung des Spartenprinzips, d.h. die produktbezogene Trennung von Ressourcen, kann die Ressourceneffizienz negativ beeinträchtigen.

Bei physischer Ressourcentrennung liegt die Ursache für diese Tatsache in der eingeschränkten Teilbarkeit bestimmter Ressourcen. Hier sind vor allem zwei ökonomische Auswirkungen zu unterscheiden. Einmal kann die Zuteilung von Ressourcen zu verschiedenen organisatorischen Einheiten die Gesamtkapazität der betrachteten Ressourcen erhöhen und so Leerkapazitäten schaffen. Zum anderen bedingt die Ressourcentrennung unter Umständen den Verzicht auf die Ausnutzung von Vorteilen der Größendegression. Allerdings kann man davon ausgehen, dass das Problem der bedingten Teilbarkeit einer Ressource bei einer bestimmten Größe der Sparte an Bedeutung verliert[19].

Im Fall der organisatorischen Ressourcentrennung, d.h. bei der Nutzung einer Ressource durch verschiedene Sparten nach Maßgabe fester Quoten, entstehen nachteilige Folgen durch den bei einer derartigen starren Ressourcenzuteilung zwangsläufigen Verzicht auf die flexible Ausnutzung vorhandener Ressourcen.

Das aufgezeigte Problem einer unzulänglichen Nutzung von Ressourcen wird in der Praxis durchaus als ein kritischer Bereich des Spartenkonzepts erkannt. Das wird nicht zuletzt durch die verschiedenen ressourcenorientierten Modifizierungen der Spartenorganisation belegt[20].

Unter dem Aspekt der Ressourcennutzung ist bei der Beurteilung der Spartenorganisation die Nutzung des vorhandenen Managementpotenzials von besonderer Bedeutung. In der Managementliteratur äußert sich dieser Beurteilungsaspekt vor allem in der Auseinandersetzung mit der Frage, ob die funktionale Organisationsstruktur in höherem Maße als die spartenorientierte Struktur die Nutzung der Kenntnisse und Fähigkeiten des Managementpotenzials und damit die Realisierung von Spezialisierungsvorteilen[21] erlaube. Häufig wird da-

---

19) Den Einfluss der Unternehmungsgröße auf die Effizienz der Spartenorganisation hat *Poensgen* in einer empirischen Studie untersucht (Poensgen [Geschäftsbereichsorganisation]).
20) Vgl. S. 451 ff.
21) Vgl. hierzu die schon angeführte Argumentation von *Irénée Du Pont* bei der Diskussion um die Reorganisation der *Du Pont Co.* (vgl. S. 437 ff.).

bei die funktionale Struktur als die überlegene Organisationsform bezeichnet. In so genereller Form ist diese These sicher nicht haltbar. Die Beibehaltung einer funktionalen Organisationsstruktur ist aus der Sicht der Nutzung von Managementressourcen solange sinnvoll, wie die betrachteten Manager sowohl hinsichtlich der Funktion als auch hinsichtlich der Produkte für alle Entscheidungsaspekte kompetent sind. In Unternehmungen mit einem relativ homogenen Absatzprogramm ist diese Voraussetzung in der Regel erfüllt. Unter diesen Umständen wäre es beispielsweise zweckmäßig, die Kompetenz für die Absatzentscheidungen aller Produkte einer Person als Leiter des Absatzbereichs zuzuordnen.

Der in der Literatur unterstellte Vorteil einer besseren Nutzung vorhandener Managementressourcen in funktional gegliederten Strukturen verliert in dem Maße an Bedeutung, in dem auf Grund einer betonten Diversifikationspolitik das Absatzprogramm heterogener wird – wenn etwa das Programm eines Tabakkonzerns um Getränke erweitert wird. In diesem Fall liegt die Einführung der Spartenorganisation nahe. Allerdings lassen sich unter Umständen auch bei einem diversifizierten Produktionsprogramm durch die gemeinsame Nutzung bestimmter Managementressourcen, beispielsweise im Bereich der Werbung, ökonomische Vorteile realisieren. Es wird dann zwar der Übergang zur Spartenstruktur vollzogen, bestimmte Managementaufgaben werden jedoch ausgegliedert und nach dem Funktionsprinzip organisatorisch zusammengefasst. Das Ergebnis sind die noch zu behandelnden Modifizierungen des Spartenkonzepts.[22]

Generell lässt sich damit feststellen, dass die Entscheidung zwischen der Gliederung nach Funktionen und der nach Produkten unter dem Aspekt der Nutzung vorhandener Managementressourcen maßgeblich durch den Diversifikationsgrad des Absatzprogramms bestimmt wird.

Bisher wurde bei der Betrachtung der Managementressourcen der Einsatz des vorhandenen Potenzials betrachtet. Von großer Bedeutung ist darüber hinaus die Frage, wie die Möglichkeiten zur Ausbildung des Managementnachwuchses durch die jeweilige Organisationsstruktur beeinflusst werden. Aus dieser Sicht gilt die Spartenstruktur der funktionsorientierten Struktur als überlegen[23]. Zahlreiche praktische Beispiele belegen, dass die Position des Spartenleiters, die alle wesentlichen unternehmerischen Aufgaben umfasst, ein wichtiges Reservoir zur Besetzung höchster Führungspositionen ist.Die Anwendung des Spartenprinzips führt zu einer produktorientierten Segmentierung der Ent-

---

22) Vgl. S. 451 ff.
23) Vgl. u.a. Dean [Measurement] 423.

scheidungskompetenzen auf der zweiten Hierarchieebene. Bestehen zwischen den einzelnen Produkten Marktinterdependenzen, so werden diese Interdependenzen bei konsequenter Verwirklichung des Spartenkonzepts, d.h. bei der Bildung autonomer Produktbereiche, vernachlässigt. Außerdem kann die produktorientierte Gliederung zur Aufsplitterung von Marktpotenzialen führen. Diese schon näher analysierten Tatsachen[24] führen zu einer Beeinträchtigung der (Absatz-)Markteffizienz und stellen ohne Zweifel eine entscheidende Schwäche des Spartenkonzepts dar. In dieser Hinsicht ist die spartenorientierte der funktionsorientierten Struktur eindeutig unterlegen. Bezeichnenderweise wird ein erheblicher Teil der praktischen Modifizierungen des Spartenkonzepts mit Marktüberlegungen begründet[25].

Die eingeschränkte Markteffizienz der Spartenorganisation wird häufig angesichts der viel – und mit einigem Recht – gerühmten Marktorientierung des Spartenkonzepts übersehen. Der Grund für die zum Teil sehr ausgeprägte Form der Marktinterdependenz und für die mangelnde Ausschöpfung vorhandener Marktpotenziale bei Spartenorganisationen liegt darin, dass die Gliederung nach Produkten sehr oft einheitliche Märkte auseinander reißt[26].

Die Vielfalt möglicher Beeinträchtigungen der Markteffizienz lässt sich im Wesentlichen auf drei praktisch bedeutsame Formen zurückführen:

1. Konditionenpolitische Interdependenzen zwischen Sparten
2. Substitutionskonkurrenz zwischen Sparten
3. Marktbezogene Synergieeffekte zwischen Sparten.

Konditionenpolitische Interdependenzen zwischen Sparten

Aus organisatorischer Sicht ist die Behandlung dieser Interdependenzformen relativ unproblematisch. Die Grundprinzipien der Konditionenpolitik werden für die gesamte Unternehmung in aller Regel zentral koordiniert.

Substitutionskonkurrenz zwischen Sparten

Dass verschiedene Sparten mit ihren Produkten auf bestimmten Märkten als Konkurrenten auftreten, ist in Spartenorganisationen keine Seltenheit. Als Beispiel sei die chemische Industrie genannt, bei der die Produktbereiche „Kautschuk", „Kunststoffe" und „Polyurethane" häufig mit einigen ihrer Chemie-

---

[24] Vgl. S. 236 ff.
[25] Vgl. S. 451 ff.
[26] Vgl. zu dieser Tatsache und den folgenden Ausführungen Frese [Marktinterdependenzen].

werkstoffe in der Automobilindustrie unmittelbar konkurrieren. In einer solchen Situation stellt sich die Frage, ob und wie weit man einen echten Wettbewerb zwischen den Sparten zulassen soll, ob also letztlich der Markt unmittelbar über den Produkterfolg entscheiden soll, oder ob die interdependenten Aktivitäten koordiniert werden sollen.

Marktbezogene Synergieeffekte zwischen Sparten

In diesem Fall können sich einzelne Sparten bei ihren Marktaktivitäten gegenseitig unterstützen. Diese Situation liegt z.B. vor, wenn Textilbetriebe durch den Kauf von Fasern bei der Sparte „Fasern" einer Chemieunternehmung zugleich potenzielle Abnehmer der Produkte aus der Sparte „Farbstoffe" werden. Hier liegt es naturgemäß eindeutig im Interesse der Gesamtunternehmung, durch ein abgestimmtes Auftreten auf dem Markt den Gesamterfolg zu erhöhen. Das Ergebnis dieser Abstimmung muss sicherstellen, dass die Unternehmung bei Kunden, die von mehreren Sparten beziehen, mit einer kundeneinheitlichen Marktstrategie auftritt.

Das Problem der Beeinträchtigung der Markteffizienz wird allerdings – wie die Frage einer möglichst vollständigen Nutzung vorhandener Ressourcen – mit zunehmender Diversifikation des Absatzprogramms an Bedeutung verlieren. Bei extremer Diversifikation, bei so genannten Konglomeraten, bestehen zwischen den verschiedenen Produktbereichen keine relevanten Marktinterdependenzen und die Gefahr einer Aufsplitterung von Marktpotenzialen ist gering.

Der entscheidende Koordinationsvorteil der Spartenorganisation liegt in der Gewährleistung einer hohen Prozesseffizienz. Bei konsequenter Verwirklichung des Spartenkonzepts werden Prozessinterdependenzen in den Sparten internalisiert. Die Schwierigkeit, bei wachsenden Unternehmungsgrößen und zunehmender Diversifikation des Produktionsprogramms in der Funktionalorganisation Prozessinterdependenzen zu koordinieren, bildet denn auch – historisch gesehen – den Auslöser für die Einführung der Spartenorganisation. Bei einer nach dem Funktionsprinzip gegliederten Unternehmung sind die Bereichsleiter im Extremfall an den Entscheidungen für alle Produkte beteiligt – vorausgesetzt, man bemüht sich um eine möglichst umfassende Berücksichtigung bestehender Interdependenzen und um eine möglichst vollkommene Nutzung vorhandener Ressourcen. Zwar wird die Belastung in der Realität nicht für alle Bereichsleiter gleich hoch sein. Man kann aber davon ausgehen, dass für die jeweils „kritischen" Bereiche, häufig für den Produktions- und Absatzbereich, eine starke Inanspruchnahme durch bereichsübergreifende Koordinationsaufgaben gegeben ist.

In funktional gegliederten Strukturen versucht man in der beschriebenen Situation die produktbezogene Koordination der Investitionsaktivitäten vor allem über Ausschüsse, denen die einzelnen Bereichsleiter angehören, sicherzustellen. Aufschlussreich für die Bedeutung produktorientierter Ausschüsse in funktionalen Strukturen sind in diesem Zusammenhang die Ergebnisse der Studie von *Chandler* zur Einführung der Spartenorganisation[27]. Wie *Chandler* ausführt, traten im Jahre 1921 bei der funktionsorientierten *Du Pont*-Organisation angesichts zunehmender Diversifikation Koordinationsprobleme bei Produktion und Vertrieb von Farbstoffen auf. Es wurde deshalb ein Dreier-Ausschuss mit je einem Mitglied aus dem Entwicklungs-, Verkaufs- und Produktionsbereich eingesetzt; diesem so genannten „Paint Steering-Committee" wurde nach und nach volle Verantwortung für die Koordination des Farbensektors eingeräumt. Diese Lösung wurde auch auf andere Produktgruppen übertragen[28]. *Du Pont* hatte damit praktisch eine produktorientierte Organisation, obwohl das Organisationsschaubild noch eine funktionale Gliederung aufwies. Dass selbst bei herausragenden Größendimensionen von Unternehmungen mit einem hohen Grad an Diversifikation die Koordination der Teilsysteme im Rahmen einer formellen Funktionsgliederung realisiert werden kann, beweist das von *Chandler*[29] angeführte Beispiel der *Aluminium Company of America (ALCOA)*. Den Kern des Koordinationssystems bildeten zum Zeitpunkt der Erhebung ungefähr 100 „Interdepartmental Committees".

Bei der Auseinandersetzung mit den Koordinationskonsequenzen der Spartenorganisation wird in der Organisationsliteratur auch die Delegationseffizienz dieser Organisationsform thematisiert. Es geht dabei insbesondere um die Frage, ob und wieweit Unternehmungsleitungen in funktions- und spartenorientierten Strukturen unterschiedliche Koordinationsaufgaben zu erfüllen haben[30]. *Williamson*[31] stellt in diesem Zusammenhang die These auf, dass die Anwendung des Sparten- oder Funktionsprinzips verschiedene Koordinationsanforderungen an die Unternehmungsleitung stellt. Er führt diese Tatsache auf unterschiedliche Prinzipien der Aufgabentrennung zwischen den beiden höchsten Hierarchieebenen zurück; dabei beruft er sich im Wesentlichen auf die Studie von *Chandler*[32]. In Spartenorganisationen konzentriert sich nach *Williamson* die

---

27) Vgl. Chandler [Strategy] 100 ff.
28) Vgl. hierzu die historische Parallele bei der *Bayer AG* in Form der Einführung so genannter Fachkommissionen (vgl. Abb. 89, S. 441).
29) Vgl. Chandler [Strategy] 339 f.
30) Diese Frage wird in der Literatur häufig bejaht. Vgl. z.B. Allen [Relationships] 21; Ansoff/Brandenburg [Language] B-719; Bower [Managing] 290 ff.; Dearden [Mirage] 141 und Eisenführ [Entscheidung] 743.
31) Vgl. Williamson [Control] 120 ff.
32) Chandler [Strategy]. Vgl. hierzu auch S. 455 f.

Unternehmungsleitung auf strategische Entscheidungen. Die operativen Aufgaben werden von den einzelnen Sparten wahrgenommen. Diese Regelung wird für funktionale Organisationsstrukturen als nicht realisierbar angesehen. Es wird vielmehr unterstellt, dass sich die Unternehmungsleitung auch mit operativen Aufgaben zu beschäftigen hat, und dass eine Entlastung der Unternehmungsleitung nur durch eine stärkere Einbeziehung der Bereichsleiter bei der Lösung strategischer Aufgaben erfolgen kann. Diese Regelung besitzt seiner Ansicht nach zwei schwerwiegende Mängel. Einmal kann der Ressortegoismus der Bereichsleiter die Qualität der Entscheidungen beeinträchtigen, zum anderen sind die Bereichsleiter fachlich nur bedingt für die vorwiegend strategischen Aufgaben der Unternehmungsleitung qualifiziert.

Selbst wenn man der durch Rückgriff auf die Studie von *Chandler* keineswegs einfach zu belegenden Auffassung von *Williamson* folgt, dass in den untersuchten Fällen der Übergang zur produktorientierten Unternehmungsgliederung mit einer Trennung der strategischen von den operativen Aufgaben verbunden war, bleibt die Frage nach der Verallgemeinerung. Die Argumentation, nur die produktorientierte Gliederung erlaube eine derartige für die Unternehmungsleitung entlastende Trennung und Zuordnung strategischer und operativer Aufgaben, ist problematisch. Es ist nicht einzusehen, warum nicht auch in funktionsorientierten Strukturen – etwa durch die Bildung von Ausschüssen auf der Ebene der Bereichsleiter – eine derartige Aufgabentrennung zwischen den beiden höchsten Hierarchieebenen möglich ist.

Wenn auch *Williamson* hinsichtlich seiner These von der Trennung strategischer und operativer Aufgaben nicht gefolgt werden kann, erscheint die Annahme plausibel, dass die funktionale Struktur auf Grund der ausgeprägten Interdependenzen zwischen den Unternehmungsbereichen besonders hohe Koordinationsanforderungen an die Unternehmungsleitung stellt. Die Delegationseffizienz wäre aus dieser Sicht in der Funktionalorganisation für die Ebene der Unternehmungsleitung besonders kritisch. Allerdings handelt es sich bei der stärkeren Einbeziehung der Unternehmungsleitung in das „laufende" Geschäft um keine zwangsläufige Tendenz. Nur wenn die Delegation von Entscheidungen durch die Unternehmungsleitung an die Bereichsleitungen Autonomiekosten in einer Höhe zur Folge hätte, die Abstimmungskosten in Form eines verstärkten Engagements der Unternehmungsleitung rechtfertigen, wäre eine ausgeprägte Zentralisationstendenz in der Funktionalorganisation zu erwarten. Prinzipiell ist ein solcher Effekt jedoch auch bei der Spartenorganisation nicht auszuschließen, wenn Marktinterdependenzen zwischen den Sparten ein kritisches Gewicht aufweisen. Gleichwohl wird man in der Realität angesichts der „Merklichkeit" Prozessinterdependenzen in funktionalen Strukturen häufig höhere Koordinationsanforderungen nachweisen können. So lässt sich unter Vorgriff auf die noch zu behandelnde Problematik der Motivationseffizienz auch die

These aufstellen, der unumgängliche Einsatz von Ausschüssen sei bei der Vorbereitung produktbezogener Entscheidungen – insbesondere angesichts des virulenten Ressortegoismus – konfliktträchtiger und zwinge die Unternehmungsleitung zu zeitraubenden Schlichtungsmaßnahmen.

Abschließend sei auf den Tatbestand verwiesen, dass die Spartenstruktur durchaus Spielraum für unterschiedliche Formen der Arbeitsteilung zwischen Unternehmungsleitung und Spartenleitung zulässt. Eine wesentliche Bestimmungsgröße der Arbeitsteilung bildet die Art der personellen Verzahnung zwischen Unternehmungs- und Spartenleitung. Die stärkste Verklammerung ist gegeben, wenn Spartenleiter zugleich Mitglieder der Unternehmungsleitung sind, beispielsweise als Vorstandsmitglieder in Aktiengesellschaften[33]. Nicht übersehen werden darf in diesem Zusammenhang die Frage, in welchem Umfang die Koordination zwischen den betrachteten Ebenen durch Stäbe bzw. Stabsabteilungen unterstützt wird, und wie die Stabseinheiten organisatorisch zugeordnet werden.

Motivationseffizienz

In der Praxis spielen Motivationsüberlegungen bei der Einführung des Spartenkonzepts eine überragende Rolle.

Die Managementpraxis scheint die Motivationswirkungen des Spartenkonzepts, den Äußerungen in der Literatur nach zu urteilen, überwiegend positiv zu beurteilen. Der größte Teil der Argumente lässt sich auf die von *Drucker*[34] gezogene Analogie zum „freien Unternehmer" zurückführen. Nach dieser Auffassung entstehen durch die Spartengliederung selbständige Wirtschaftsbereiche mit einem Spartenleiter, der in der Position eines selbständig handelnden Unternehmers sein Streben nach Autonomie verwirklichen kann. Die Motivationswirkung der Spartenstruktur wird damit auf einen spezifischen Zusammenhang zwischen Organisationsstruktur und Anreizgestaltung zurückgeführt[35].

Eine wissenschaftliche Absicherung dieser Auffassung durch die empirische Organisationsforschung ist gegenwärtig nicht möglich. Zwar erscheint die Annahme plausibel, dass auf den höheren Ebenen der Organisations-Hierarchie das Streben nach Autonomie und Selbstverwirklichung an Bedeutung gewinnt,

---

33) Vgl. hierzu im Einzelnen S. 526 f.
34) Vgl. Drucker [Praxis] 171.
35) Aus diesem Grunde bestehen enge Beziehungen zwischen dem Spartenkonzept und dem Profit-Center-Konzept; vgl. hierzu Frese/Lehmann [Center].

ob das Spartenprinzip die Verwirklichung dieser Ziele eher erlaubt als das Funktionsprinzip, ist jedoch damit noch nicht beantwortet.

Während das bisher betrachtete Motivationsargument auf die Größe „Autonomie" Bezug nimmt, lässt sich ein weiterer in der Managementliteratur diskutierter Motivationsvorteil der Spartenstruktur auf die Größen „Abgeschlossenheit" und „Rückkopplung" zurückführen.[36] Das Spartenprinzip führt nach dieser Vorstellung bei seiner Verwirklichung in reiner Form zur Aufhebung von Interdependenzen und erlaubt auf diese Weise eine eindeutige Ergebniszurechnung. Der Spartenleiter kann das Ergebnis seiner Entscheidungen und damit seinen Beitrag zum Gesamtgewinn der Unternehmung unmittelbar len[37]. Ergebnisse verhaltenswissenschaftlicher Untersuchungen scheinen die Annahmen einer positiven Motivationswirkung zu rechtfertigen.

Nicht übersehen werden darf bei der Beurteilung der Effizienz der Spartenstruktur der Aspekt der Steuerung. Autonomie und Abgeschlossenheit (mit der Konsequenz einer erleichterten Zuordnung von Ergebnissen) erlauben die Nutzung ausgeprägter Effekte der Selbst- und Fremdsteuerung. Bei aller Würdigung der von Drucker hervorgehobenen Analogie zum Unternehmer, die auf die Selbststeuerung abstellt, dürfen Effekte der Fremdsteuerung nicht übersehen werden. Die durch die Ressourcenunabhängigkeit der Sparten gegebene Möglichkeit der eindeutigen Ergebniszurechnung stärkt ohne Zweifel die Stellung der Unternehmungsleitung gegenüber den Sparten bei der Durchführung von Kontrollen. Die Spartenleiter sind für das erzielte Ergebnis verantwortlich; sie können sich bei möglichen Auseinandersetzungen über das Kontrollergebnis nicht – wie bei funktionalen Organisationsstrukturen – auf die Position zurückziehen, das Ergebnis sei durch Einflüsse anderer Unternehmungsbereiche beeinflusst; mit anderen Worten: „Ausreden" werden abgeschnitten. Dieser Kontrolleffekt ist in jeder Organisation die Kehrseite der Einräumung von Autonomie.

Die Möglichkeiten gezielter Kontrollen und Sanktionen werden in dem Maße beeinträchtigt, in dem das Spartenkonzept modifiziert wird. Das gilt insbesondere für ressourcenorientierte Modifizierungen, die zu Interdependenzen zwischen den Sparten führen. Die Existenz von Interdependenzen beeinträchtigt unter Umständen die Motivationswirkung des ausgewiesenen Spartenerfolgs, die entscheidend von der Möglichkeit der Erfolgszuordnung zu den einzelnen Sparten und der Möglichkeit der Beeinflussung des Erfolgs durch den Sparten-

---

36) Vgl. zu diesen Merkmalen S. 135 ff.
37) Vgl. zur Diskussion dieses Aspekts in der Managementliteratur z.B. Newman/Summer/Warren [Management] 76.

leiter abhängt. In derartigen, in der Praxis weit verbreiteten Situationen kommt internen Märkten zentrale Bedeutung zu[38].

3. Typische Modifizierungen

Bei der Bildung von Spartenorganisationen wird in der Realität das Spartenprinzip selten in reiner Form verwirklicht. In der Regel erfolgt eine ressourcen- und/oder marktorientierte Modifizierung. Solche Modifizierungen äußern sich auf Grund der aufgezeigten Einschränkungen spartenorientierter Strukturen bei der Ressourcen- und Markteffizienz insbesondere in der Tatsache, dass bestimmte Aktivitäten aus den quasi-autonomen Produktbereichen ausgegliedert und die Kompetenzen Zentralbereichen übertragen werden[39].

Ressourcenorientierte Abwandlungen existieren in vielfacher Form. Durch Einführung dieser Formen soll insbesondere verhindert werden, dass durch eine Trennung von Ressourcen Vorteile der Größendegression oder der Spezialisierung aufgegeben werden. In diesem Sinne werden häufig angesichts der nur bedingt teilbaren Ressource „Werbepotenzial" alle Werbeaktivitäten einer nach dem Spartenprinzip gegliederten Unternehmung in einer zentralen Werbeabteilung durchgeführt.

Eine praktisch sehr verbreitete Form der ressourcenorientierten Modifizierung des Spartenkonzepts stellt die Zusammenfassung von Produktionsaktivitäten in so genannten „Werken" dar[40].

Die meisten Modifizierungen des Spartenkonzepts lassen sich auf das Ziel der Steigerung der Markteffizienz angesichts der mit jeder produktorientierten Segmentierung verbundenen ausgeprägten Marktinterdependenzen zurückführen. Die folgende, schon Jahrzehnte zurückliegende Schilderung der Ausschöpfung von Marktpotenzialen in der spartenorientierten *BASF AG* beschreibt ein nach wie vor aktuelles Problem: „Ein typisches Beispiel ist die Sparte Dispersionen, in der alle Polymerlösungen und Dispersionen von der Technologie her zusammengefasst sind. Bei dem sehr breit gestreuten Einsatz dieser Produkte führt das im Markt zwangsläufig zu Überschneidungen mit anderen Sparten. So ist z.B. die Papierindustrie sowohl für die Sparte Dispersionen als auch für die Sparte Farbstoffe und Hilfsmittel ein wichtiger Kunde. Bei den Papierherstellern muss das Unternehmen jedoch als einheitli-

---

[38] Vgl. auch S. 271 ff.
[39] Vgl. zur Funktion von Zentralbereichen S. 466 ff.
[40] Vgl. hierzu die in Abb. 90, S. 442 wiedergegebene Regelung der *Bayer AG*.

cher Geschäftspartner auftreten. Die notwendige Harmonisierung unserer Verkaufsinteressen findet beim Verkaufsbüro statt. Da wir unsere Produktionsstruktur grundsätzlich nicht nach den Gegebenheiten des Marktes ordnen können, wird es immer Überschneidungskonflikte geben, deren Entschärfung eine permanente Aufgabe ist."[41] Bei der *BASF AG* wurde im Falle von Marktüberschneidungen die Koordination der Vertriebsaktivitäten verschiedener Sparten somit durch eine besondere Stelle (Verkaufsbüro) sichergestellt.

Vor diesem Hintergrund äußern sich marktorientierte Modifizierungen vor allem darin, dass unter Beibehaltung der im Übrigen produktorientierten Grundstruktur Teilbereiche der Unternehmung markt- oder kundenorientiert sind. Solche Abwandlungen der Spartenorganisation finden sich vor allem im Bereich der unmittelbaren Kundenkontakte, im Vertriebsbereich.[42] Die Vertriebsaktivitäten oder ein Teil dieser Aktivitäten werden dann aus den Sparten ausgegliedert und auf eine „zentrale", regional gegliederte Verkaufsorganisation übertragen. Bei dieser, insbesondere in der chemischen und elektrotechnischen Industrie nachzuweisenden organisatorischen Regelung wird somit die Koordination von Marktinterdependenzen bis zu einem gewissen Grade „vor Ort" in die regionalen „Verkaufsbüros" verlagert.

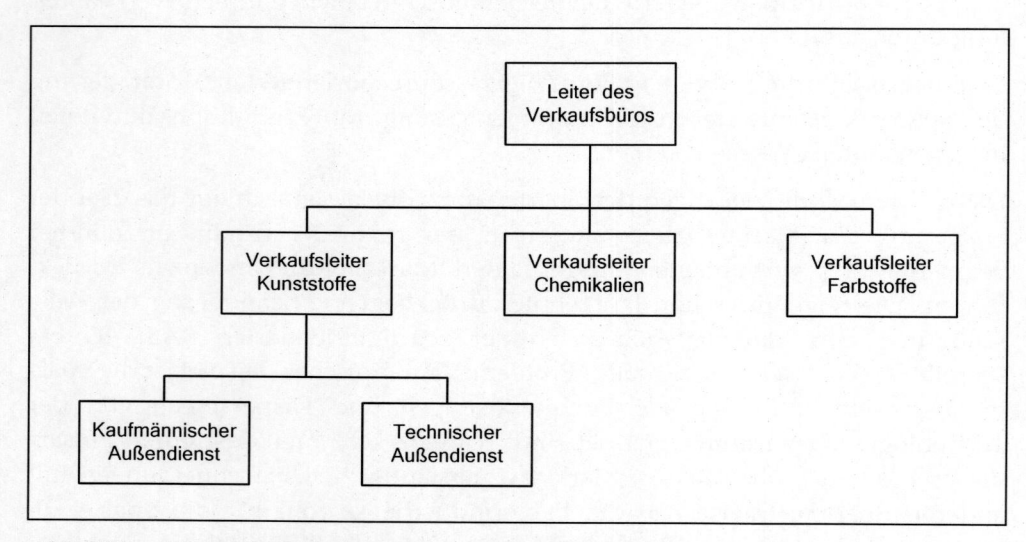

Abb. 92: Organisatorische Struktur eines Verkaufsbüros

---

41) Interview mit dem Vorsitzenden des Vorstands der BASF AG. In: Zeitschrift für Organisation, 46. Jg. 1977, S. 23-25, hier S. 25.
42) Vgl. hierzu die Darstellung der *IBM*-Vertriebsorganisation auf S. 347 ff.

Abb. 92 gibt die typische interne organisatorische Struktur eines Verkaufsbüros in der chemischen Industrie wieder. Wie aus der Abbildung deutlich wird, findet die Spartengliederung der Gesamtunternehmung bis zu einem gewissen Grade ihre Entsprechung in der organisatorischen Gliederung des Verkaufsbüros.

Die Einrichtung regionaler Verkaufsbüros bildet den organisatorischen Rahmen zur Erleichterung der Abstimmung zwischen den Sparten; zu einer effizienten Nutzung bedarf es jedoch zusätzlicher Maßnahmen. Zentrale Bedeutung kommt dabei der Regelung der Kundenkontakte zu.

Die stärkste Form der Kundenorientierung ist gegeben, wenn im Rahmen der jeweiligen Region ein Mitarbeiter des Verkaufsbüros für alle Kontakte mit einem Kunden zuständig ist. In einigen Unternehmungen der chemischen Industrie wird diese Funktion jeweils dem regionalen Spartenvertreter übertragen, dessen Produkte bei einem Kunden von allen Sparten den größten Umsatzanteil aufweisen. Diese Regelung hat ohne Zweifel den Vorteil, dass sich ein Mitarbeiter in besonderem Maße auf die spezifischen Anforderungen des jeweiligen Kunden einstellen kann, und dass sich auf diese Weise die Zahl der Kundenbesuche reduziert. Die Schwäche dieser Regelung ist insbesondere in der Tatsache zu sehen, dass der für einen Kunden zuständige Mitarbeiter bezüglich der gesamten Produktpalette nur ein begrenztes produktspezifisches Wissen aufweist. Er kann deshalb unter Umständen nur erste Kontaktgespräche führen und muss zur Fortsetzung von Verkaufsgesprächen den umständlichen Weg einer Vermittlung des jeweiligen Spartenvertreters als Gesprächspartner beschreiten.

Eine andere Lösung mit einer schwächeren Ausprägung der Kundenorientierung ist gegeben, wenn in den regionalen Verkaufsbüros jeder Spartenvertreter unmittelbar Kontakte zu den Kunden anknüpft und pflegt. Eine Unternehmung ist dann bei einem Kunden durch mehrere Repräsentanten vertreten. Diese Regelung führt dazu, dass jeweils der Mitarbeiter mit dem größten produktspezifischen Informationsstand die Unternehmung vertritt. Ein kundeneinheitliches Verkaufskonzept lässt sich dann allerdings nur durch zusätzliche Koordinationsmaßnahmen innerhalb des Verkaufsbüros erreichen.

Stellt man die Frage nach den generellen Kriterien bei der Gestaltung der Kundenkontakte, so ist von Bedeutung, ob die Produkte im Rahmen laufender Lieferbeziehungen abgesetzt werden oder nicht. Bei Kontakten im Rahmen laufender Lieferbeziehungen – wie sie etwa in der chemischen Industrie bei der Lieferung von Chemiewerkstoffen an Unternehmungen der Automobilindustrie oder bei der Lieferung von Roh- und Hilfsstoffen an Unternehmungen der Textilindustrie bestehen – ist eine produktorientierte Regelung dieser Verkaufskontakte vermutlich die sinnvollste Lösung, die sich im Übrigen zwangsläufig ergeben dürfte. Bei Investitionsgütern, die weniger Komponenten betreffen als vielmehr produktübergreifende Systemlösungen erfordern und durch einen sporadisch auftretenden Bedarf gekennzeichnet sind, wie das z.B. in der elektrotechnischen Industrie bezüglich der Lieferung von kommunikationstechnischen Einrichtungen der Fall ist, gewinnt dagegen die kundeneinheitliche Ausrichtung der Verkaufsaktivitäten ein ganz anderes Gewicht.

Sehr verbreitet in der Praxis ist im Hinblick auf den Beschaffungsmarkt die Bildung zentraler Einkaufs- und Beschaffungsbereiche. Zur Realisierung zusätzlicher Verbund- und Größeneffekte wird häufig eine Verselbständigung der unternehmungsübergreifenden Funktionen der Materialwirtschaft vorgenommen. Der getrennte Ausweis eines zentralen Einkaufsbereichs neben den Produktsparten darf allerdings nicht so interpretiert werden, als seien alle Beschaffungsfunktionen aus den Sparten ausgegliedert. Nach wie vor ermitteln die Sparten selbständig ihren Bedarf. Die benötigten Mengen werden lediglich an den Zentralbereich weitergeleitet, der unter Beachtung der einzelnen Bedarfswerte angesichts der jeweiligen Marktsituation die eigentlichen Bedarfsdeckungsentscheidungen fällt.

4. Empirische Studien

Die Spartenorganisation hat das Interesse verschiedener Richtungen der Organisationstheorie gefunden. Das findet seinen Ausdruck nicht zuletzt in empirischen Studien, in denen die Konsequenzen einer produktorientierten Segmentierung – zumeist in Form des Vergleichs mit funktionalen Strukturen – auf der Grundlage ganz unterschiedlicher organisationstheoretischer Konzepte[43] analysiert werden. Die meisten empirischen Untersuchungen lassen sich einer der drei folgenden Gruppen zuordnen:

Kontingenztheoretische („situative") Studien

Untersucht wird durch Rückgriff auf einen sozialpsychologisch ausgerichteten Bezugsrahmen der Einfluss produkt- bzw. funktionsorientierter Strukturen auf Einstellungs- und Verhaltensvariablen. Sehr prägnant haben *Lawrence* und *Lorsch* die Bedeutung des Verhaltensaspekts in ihrer Kritik an der klassischen Studie von *Gulick*[44] und anderen „Klassikern" der Organisationslehre formuliert: „... sie haben nicht erkannt, dass die Gliederung einer Organisation in

---

[43] Erwähnenswert ist in diesem Zusammenhang der Versuch von Fligstein [Spread], die Aussagefähigkeit verschiedener organisationstheoretischer Ansätze zur Erklärung der Verbreitung der Spartenorganisation empirisch zu überprüfen.
[44] Vgl. Gulick [Notes].

Teilbereiche das Verhalten der Organisationsmitglieder auf verschiedene Weise beeinflusst."[45]. Hinzuweisen ist insbesondere auf die empirischen Studien von *Khandwalla*[46], *Walker* und *Lorsch*[47] sowie *Lorsch* und *Allen*[48]

Strategieorientierte Studien

Gegenstand dieser Studien sind produkt- und funktionsorientierte Strukturausrichtungen im Kontext der jeweils verfolgten Unternehmungsstrategie. Die organisationstheoretische Analyse der Spartenorganisation wird bis auf den heutigen Tag nachhaltig beeinflusst durch das 1962 erschienene Buch „Strategy and Structure" des Harvard-Historikers *Alfred D. Chandler*[49] – ohne Zweifel eines der einflussreichsten Werke der modernen Organisationstheorie.

Chandler untersucht in seinem Werk „Strategy and Structure" die Einführung der Spartenorganisation in den zwanziger Jahren und verallgemeinert seine Befunde durch Einbeziehung einer größeren Stichprobe nordamerikanischer Unternehmungen in einem Modell zur Erklärung der Anpassung der Organisationsstruktur an die jeweils verfolgte Unternehmungsstrategie. *Scott*[50] hat Anfang der siebziger Jahre des vorigen Jahrhunderts die Ergebnisse von *Chandler* aufgegriffen und zu einem umfassenden Forschungsprogramm der Harvard Business School ausgearbeitet. Aus den so entstandenen Forschungsschwerpunkten sind zahlreiche Arbeiten, insbesondere Dissertationen, hervorgegangen. Besondere Bedeutung kommt den Arbeiten von *Wrigley*[51] und *Rumelt*[52] zu[53].

Mikroökonomische Studien

Die Spartenorganisation hat in ganz ungewöhnlicher Weise das Interesse der Mikroökonomie gefunden. Ausgelöst und bis auf den heutigen Tag bestimmt wird die mikroökonomische Debatte um die Spartenorganisation durch die so genannte Transaktionskostentheorie von *Williamson*[54]. *Er* arbeitet die Vorteile

---

45) Lawrence/Lorsch [Environment] 8). Vgl. in diesem Zusammenhang auch Ansoff/Brandenburg [Language] B-720 und Bower [Managing] 287 f.
46) Khandwalla [Uncertainty].
47) Walker/Lorsch [Choice].
48) Lorsch/Allen [Managing].
49) Chandler [Strategy].
50) Scott [State].
51) Wrigley [Autonomy].
52) Rumelt [Strategy].
53) Vgl. zu den Harvard-Studien Galbraith/Kazanjian [Strategy].
54) Vgl. Williamson [Institutions].

der Spartenorganisation, er bezeichnet sie als „M-Form"[55], im Vergleich mit der Funktionalorganisation, die er „U-Form"[56] nennt, heraus. Die Überlegenheit der Spartenorganisation wird von *Williamson* vor allem auf folgende Bedingungen zurückgeführt:

- Die Spartengliederung führt zu quasi-autonomen Bereichen. Die Bereichsergebnisse können nach monetären Erfolgskriterien beurteilt werden. Das erlaubt das Umschichten der Ressourcen zwischen den miteinander in Wettbewerb stehenden Sparten nach Rentabilitätskriterien.
- Die Unternehmungsleitung kann sich in höherem Maße vom operativen Geschäft der Sparten abkoppeln und sich ganz auf strategische Aufgaben konzentrieren.
- Die Unternehmungsleitung hat einen größeren Spielraum bei der Gestaltung der Anreizstruktur.
- Die Spartenorganisation schafft die Voraussetzungen eines internen Kapitalmarkts, der gegenüber dem externen Kapitalmarkt Effizienzvorteile aufweist. *Williamson* führt diese Überlegenheit darauf zurück, dass die Unternehmungsleitung auf ein leistungsfähigeres Informationssystem zurückgreifen kann und dass die Allokation von Kapitalressourcen zwischen Sparten mit geringeren Transaktionskosten als am Kapitalmarkt möglich ist.

In einer Reihe von Studien ist der Versuch unternommen worden, die *Williamson*-Thesen empirisch zu überprüfen[57].

c. Marktorientierte Organisationsstrukturen: Regionalorganisation

1. Charakterisierung der Regionalorganisation

Marktorientierte Organisationskonzepte[58] orientieren sich bei der Abgrenzung von Entscheidungskompetenzen an Kriterien, die Merkmale der Abnehmer ab-

---

55) M: Multidivisional.
56) U: Unitary.
57) Vgl. Armour/Teece [Structure]; Teece [Organization]; Cable [Market]; Cable/Yasuki [Organization] und Hoskisson/Galbraith [Effect]. Eine bemerkenswerte empirische Untersuchung hat Freeland [Myth] durchgeführt. Er überprüft für *General Motors*, wieweit nach Einführung der Spartenorganisation in den zwanziger Jahren das Prinzip der organisatorischen Trennung strategischer und operativer Aufgaben praktiziert wurde.
58) Die hier behandelten Organisationsstrukturen beschränken sich auf den Absatzmarkt.

bilden. Die organisatorische Gestaltung kann dabei prinzipiell auf eine große Fülle denkbarer Abgrenzungskriterien zurückgreifen, wie nicht zuletzt die umfangreiche Literatur zum Problem der Marktsegmentierung belegt. Analysen der historischen Entwicklung von Organisationsstrukturen wie auch die Überprüfung der gegenwärtigen Verbreitung von Strukturen zeigen jedoch, dass marktorientierte Gesamtstrukturen nahezu ausnahmslos regional orientiert sind. Andere marktorientierte Kriterien, etwa die Ausrichtung nach bestimmten Kundengruppen (z.B. Großkunden) oder nach Branchen (z.B. Bergbau), lassen sich wohl bei der organisatorischen Gliederung von Teilbereichen, nicht aber bei der Strukturierung der Gesamtunternehmung nachweisen. Die folgende Darstellung beschränkt sich daher auf regional gegliederte Organisationen.

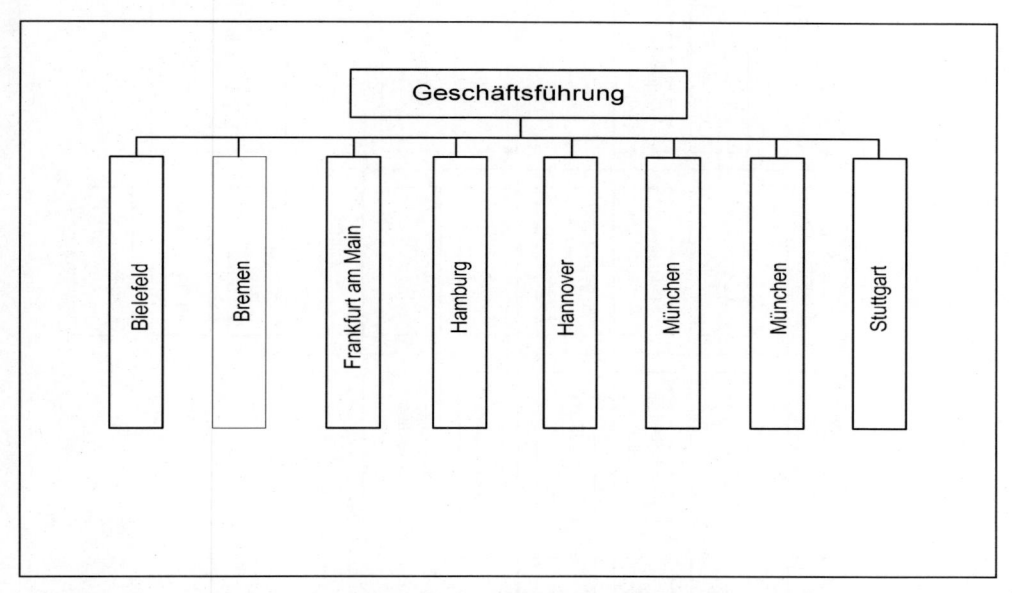

Abb. 93: Organisationsstruktur der Willis GmbH & Co. KG (2011)

Der Regionalorganisation liegt eine Gliederung der Gesamtunternehmung in Teilbereiche zu Grunde, denen alle Kompetenzen für Entscheidungen über den Einsatz von Ressourcen hinsichtlich der Abnehmer eines geographischen Bereichs zugeordnet sind. Bei reiner Verwirklichung des Regionalprinzips sind die Entscheidungen hinsichtlich aller Produkte, die in einer bestimmten Region abgesetzt werden, für sämtliche Funktionen in einem organisatorischen Bereich zusammengefasst.

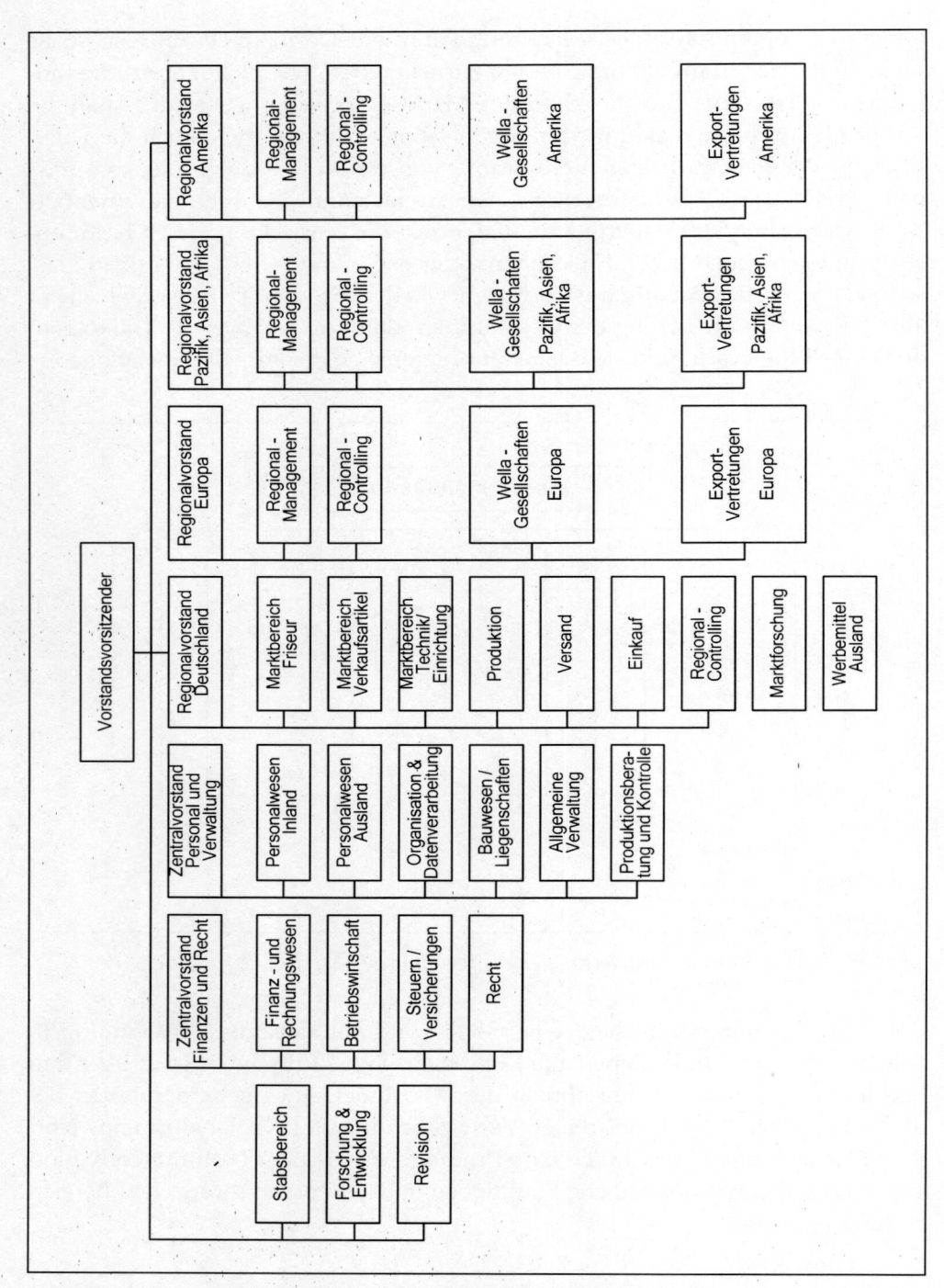

Abb. 94: Organisationsstruktur der Wella AG (bis 1992)

Das Regionalprinzip ist in der Praxis, wenn auch selten in reiner Form, sowohl für den nationalen Markt als auch für die organisatorische Zuordnung internationaler bzw. weltweiter Aktivitäten nachzuweisen. Beispiele für regionale Gliederungen im nationalen Bereich finden sich vor allem im Dienstleistungssektor. Abb. 93 gibt die Organisationsstruktur der Willis GmbH & Co. KG wieder.[59]

Eine große Bedeutung hat die regionale Gliederung bei Unternehmungen mit umfangreichen Auslandsaktivitäten. Die bis in die 1990er Jahre gültige Organisationsstruktur der *Wella AG* ist ein klassisches Beispiel für diese Lösung (vgl. Abb. 94)[60].

2. Koordinations- und Motivationseffizienz

Aussagen über die Effizienz der Regionalorganisation sind in hohem Maße von der jeweils verfolgten Internationalisierungsstrategie abhängig. Aus diesem Grunde muss sich die folgende Bewertung der Regionalorganisation auf die Herausarbeitung genereller Koordinations- und Motivationskonsequenzen beschränken.

Koordinationseffizienz

Die Regionalorganisation ist eine Strukturform, die ganz durch das Kriterium der Markteffizienz geprägt ist. Das einheitliche, koordinierte Auftreten auf einem regional abgegrenzten Markt reduziert das Ausmaß an Marktinterdependenzen und erlaubt die Ausschöpfung des Marktpotenzials durch eine schnelle Reaktion auf Kundenwünsche und Konkurrentenverhalten. Ein einheitliches Auftreten in einer Region gewinnt vor allem immer dann an Bedeutung, wenn die absatzpolitischen Maßnahmen für ein Produkt den Erfolg anderer Produkte positiv oder negativ beeinflussen. Eine positive Beeinflussung beruht auf Synergieeffekten, die insbesondere in Industriezweigen, in denen komplexe, Komponenten verschiedener Produktlinien umfassende Systeme große Bedeutung haben (z.B. elektrotechnische Industrie), immer größere Beachtung erfordern. Negative Effekte können sich ergeben, wenn die Produkte verschiedener Produktlinien in Substitutionskonkurrenz zueinander stehen. Allerdings darf nicht übersehen werden, dass das Problem der Marktinterdependenzen bei einer re-

---

59) Die Willis GmbH & Co. KG ist Teil der internationalen Willis Group, einer der weltweit führenden Industrie-Versicherungsmakler.
60) Vgl. o.V. [Organisation] 73.

gionalen Gliederung in dem Maße auftritt, in dem eine eindeutige Zuordnung von Abnehmern zu einzelnen Regionen Schwierigkeiten bereitet.[61] Die „Durchlässigkeit" von Landesgrenzen und die „Multinationalität" potenzieller Abnehmer sind die Hauptursachen für dieses Problem. Ein organisatorisches Modell, das einige dieser Interdependenzprobleme verhindern soll, besteht darin, die Regionalbereiche über größere geographische Räume zu definieren[62].

Der konsequenten Verwirklichung des Regionalprinzips stehen in aller Regel Anforderungen aus der Sicht der Ressourceneffizienz entgegen. Wenn sich aus Gründen der räumlichen Distanz auch starke Tendenzen ergeben, Regionalbereichen eine relativ hohe Ressourcenautonomie einzuräumen, ist doch zumeist die gemeinsame Nutzung „kritischer" Ressourcen durch mehrere Bereiche unerlässlich. Das gilt vor allem für Unternehmungen, deren Produkte einen hohen Innovationsgrad aufweisen, und in denen die Ressource „technologisches Know-how" einen besonderen Stellenwert besitzt. Diese Ressource lässt sich häufig sinnvoll nur an einem Ort konzentrieren Die regionalen Produktions- und Marketingeinheiten sind dann auf die Partizipation an diesem Know-how angewiesen – und die Sicherung der Prozesseffizienz gewinnt Bedeutung. Diese Abhängigkeit wird sich auf Grund einer Modifizierung der Regionalstruktur als Prozessinterdependenz äußern, da das formelle Verfügungsrecht über das Produkt-Know-how praktisch immer einer gesonderten Einheit, z.B. Produktsparten, zugeordnet wird.

Gleichgültig, wie die organisatorische Regelung bezüglich des Zugriffs auf die Ressource im Einzelnen ausgestaltet ist, die Existenz der beschriebenen Prozessinterdependenzen fördert die Bildung von Sparten mit weltweiter Produktverantwortung. Auf diese Weise lassen sich solche Interdependenzen – allerdings um den Preis einer weitgehenden Verwässerung des Regionalprinzips – aufheben.[63]

Motivationseffizienz

Eine Regionalorganisation, in reiner Form verwirklicht, weist auf Grund der großen Autonomie der Regionaleinheiten positive Motivationswirkungen auf. Sie teilt diese Vorteile mit der Spartenorganisation, bei der die positiven Wirkungen auf die Autonomie der Produkteinheiten zurückgeführt werden können.

---

61) Vgl. hierzu die Ausführungen zum Regionalmanagement auf S. 478 ff.
62) Vgl. zu diesen Problemen Stopford/Wells [Managing] 56.
63) Vgl. hierzu die Darstellung typischer Modifizierungen der Regionalorganisation im nächsten Abschnitt.

Allerdings werden die Motivationsvorteile der Regionalorganisation in dem Maße eingeschränkt, in dem das Regionalprinzip modifiziert wird – und das ist in der Praxis, wie im nächsten Abschnitt erläutert wird, sehr häufig der Fall. Es gibt vermutlich keine Organisationskonzeption, deren praktische Umsetzung so vielfältigen Modifizierungen unterliegt. Allein das Spannungsverhältnis zwischen Markt und Produkt zwingt zu besonderen organisatorischen Anpassungsmaßnahmen, die – wenn man die Vielzahl praktischer Lösungen überblickt – in der Regel in starkem Maße zu einer produktorientierten Modifizierung der Regionallösung führen. Die Folge solcher modifizierenden Maßnahmen ist eine Einschränkung der Regionalautonomie; denn die zusätzlich entstehenden Interdependenzen erfordern Koordinationsmaßnahmen, durch die der Gedanke der Regionalautonomie zwangsläufig tangiert wird. Diese Tendenz äußert sich nicht zuletzt in der Tatsache, dass der Versuch, das Profit-Center-Konzept auf der Grundlage der Regional- bzw. Marktautonomie zu realisieren, mit zunehmender Modifizierung immer problematischer wird.

3. Typische Modifizierungen

Keine in der Praxis verwirklichte Organisationsstruktur lässt sich auf die konsequente Anwendung eines einzigen Abgrenzungskriteriums zurückführen; in der Realität herrschen Mischformen und Modifizierungen vor. Diese Feststellung gilt in besonderem Maße für regional orientierte Organisationsstrukturen, deren praktische Ausgestaltung vor allem durch das Spannungsverhältnis zwischen Markt- und Produktdimension gekennzeichnet ist[64].

Im Folgenden sollen die wichtigsten Modifikationsformen dargestellt werden. Ausgangspunkt ist dabei die Verwirklichung des Regionalprinzips in reiner Form (Abb. 95).

Der Extremfall der Modifizierung ist gegeben, wenn die Regionalgliederung ganz aufgegeben wird und Produktsparten mit weltweiter Produktverantwortung gebildet werden (Abb. 96). Denkbar wäre auch eine Abkehr vom Regionalprinzip zu Gunsten der Einführung einer funktionalen Struktur, wobei den Funktionsbereichen weltweite Verantwortung übertragen würde. Diese Lösung lässt sich jedoch in der Praxis nur selten nachweisen[65].

---

64) Einen Überblick über einige Modifizierungsformen vermitteln Stopford/Wells [Managing] 84 ff.
65) Vgl. dazu Stopford/Wells [Managing] 60 und Bühner [Strategie] 484; Daniels/Pitts/Tretter [Organizing] 230 f.

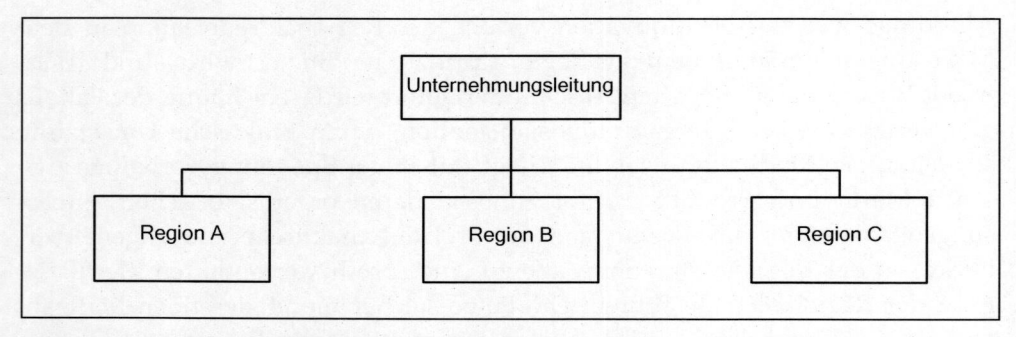

Abb. 95:   *Regionalprinzip in reiner Form*

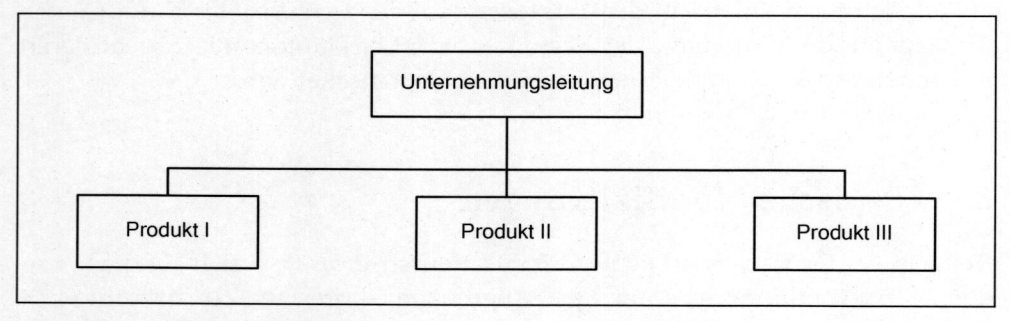

Abb. 96:   *Produktsparten*

Betrachtet man vor dem Hintergrund dieser Extreme die wichtigsten Zwischenlösungen, so lassen sich nach der schon dargestellten Systematik mehrdimensionaler Strukturen[66] drei prinzipielle Modelle unterscheiden:

1. Abwandlung des Regionalkonzepts durch produkt- und funktionsorientierte Stäbe oder Ausschüsse.

2. Abwandlung des Regionalkonzepts durch Matrixstrukturen, die zusätzlich die Produkt- und/oder Funktionsdimension verankern.

3. Abwandlung des Regionalkonzepts durch Ausgliederung von Produkt- und/oder Funktionsbereichen.

---

[66] Vgl. S. 193 ff.

Zu 1):

Bei dieser Modifikation wird die in einer Unternehmung vorherrschende regionale Perspektive organisatorisch durch Assistenzeinheiten ergänzt, die bereichsübergreifende funktions- und produktorientierte Überlegungen institutionalisieren. Ein Beispiel ist der so genannte Marken- und Produktausschuss der zur damaligen Zeit regional gegliederten *Wella AG*, in dem alle Bereiche vertreten sind. Dieser Ausschuss soll vor allem die Einheitlichkeit der Marken- und Produktpolitik sichern[67].

Zu 2):

In diesem Fall sind neben der Regionaldimension die Produkt- und/oder Funktionsdimensionen mit Entscheidungskompetenz verankert. Ein Beispiel für diese Modifikationsform stellt die Anfang der neunziger Jahre bestehende, inzwischen geänderte Lösung des weltweit operierenden *ABB-Konzerns* dar. Abb. 97 zeigt die Organisationsstruktur der *ABB*, die zum einen nach Regionen und zum anderen nach Produktsegmenten gegliedert war[68]. Auf der regionalen Ebene trugen insgesamt 34 Landesgesellschaften die operative Verantwortung gegenüber dem Kunden und die Ergebnisverantwortung im Rahmen der Konzernziele. Die regionenübergreifende Nutzung von technologischem Knowhow und die weltweite Koordination der Produktstrategien wurden über die 50 „Business Areas" sichergestellt. Als Ergebnis einer solchen Matrixlösung entstanden auf der operativen Ebene dezentrale Einheiten, die bei der *ABB* als Profit Center geführt wurden. Weltweit existierten ca. 5.000 lokale, rechtlich selbständige Gesellschaften, die auf regionaler Ebene der jeweiligen nationalen *ABB-Holding* und auf Produktebene dem Leiter der jeweiligen „Business Area" unterstanden. Auf der Ebene des operativen Geschäfts waren die Profit Center durch Marktnähe, Autonomie und unternehmerisches Handeln gekennzeichnet. Bei der weltweiten Steuerung der Einzelgesellschaften stand der Konzernleitung ein leistungsfähiges Management-Informationssystem zur Verfügung, mit dessen Hilfe die monatlichen Ergebnisrechnungen der Profit Center gesammelt und verarbeitet wurden.

---

67) Vgl. Interview mit dem Vorstand der Wella AG. In: Zeitschrift für Organisation, 48. Jg. 1979, S. 75-81, hier S. 77. Vgl. zur Funktion solcher Ausschüsse auch Stopford/Wells [Managing] 86.
68) Vgl. v. Koerber [Geschäftssegmentierung] 1060 ff.

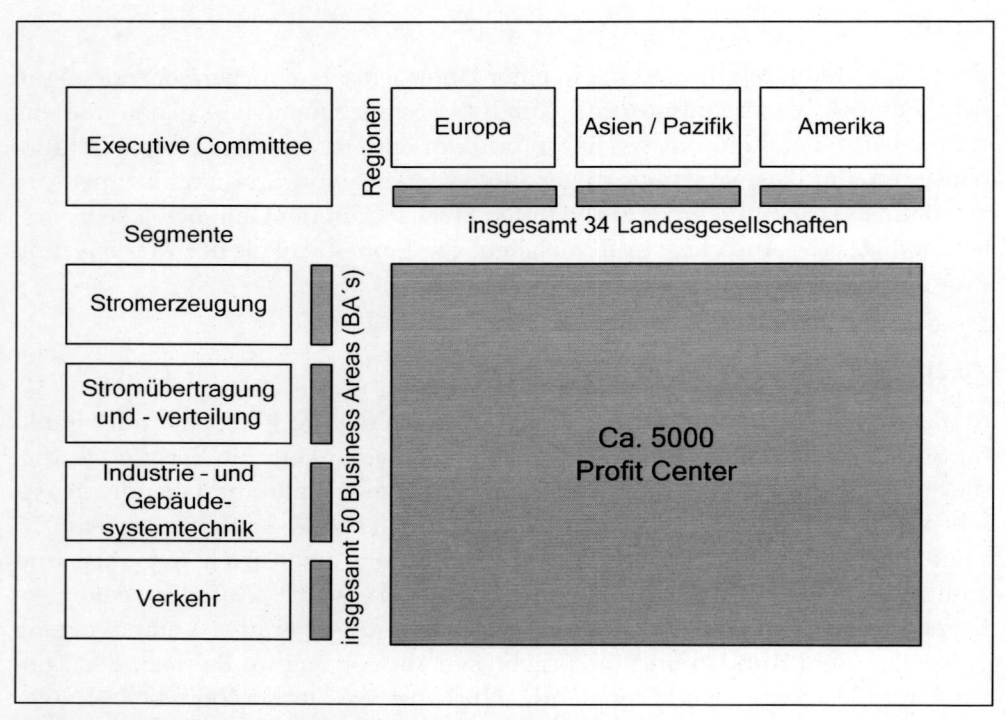

Abb. 97:   *Organisationsstruktur der ABB (1993)*

Zu 3):

Die Modifikation der Regionalorganisation nach dem Ausgliederungsprinzip führt zur Ergänzung der Regionalbereiche um Funktions- und/oder Produktbereiche. Die den so geschaffenen zusätzlichen Bereichen zugewiesenen Kompetenzen werden dann aus den Regionalbereichen ausgegliedert. Abb. 98 gibt den Fall der Ausgliederung von Forschungs- und Entwicklungsfunktionen wieder. Auch die Ausgliederung von Produktsparten ist denkbar (Abb. 99). Die Voraussetzungen einer solchen Lösung können z.B. gegeben sein, wenn ein Produkt wenige Beziehungen zu den übrigen Produkten hat.

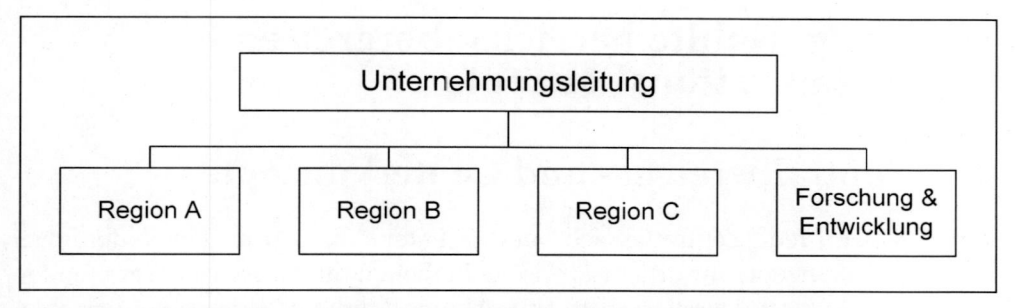

```
                    ┌─────────────────────────┐
                    │  Unternehmungsleitung   │
                    └───────────┬─────────────┘
        ┌───────────┬───────────┼───────────┬──────────────┐
   ┌────┴────┐ ┌────┴────┐ ┌────┴────┐ ┌────┴──────────┐
   │Region A │ │Region B │ │Region C │ │Forschung &    │
   │         │ │         │ │         │ │Entwicklung    │
   └─────────┘ └─────────┘ └─────────┘ └───────────────┘
```

Abb. 98:   *Regionalorganisation mit Ausgliederung von Forschung und Entwicklung*

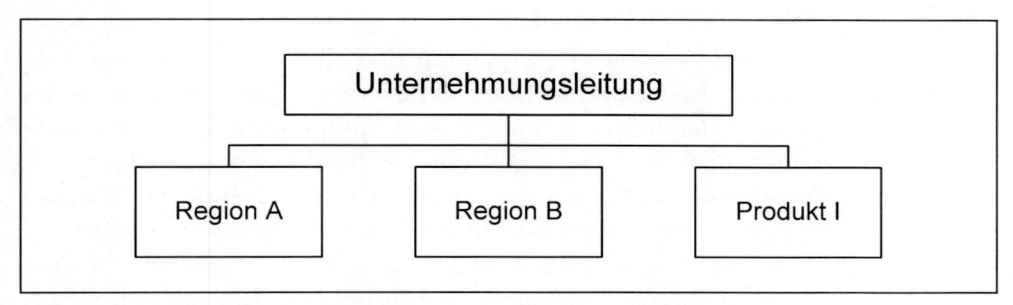

```
                    ┌─────────────────────────┐
                    │  Unternehmungsleitung   │
                    └───────────┬─────────────┘
           ┌────────────────────┼────────────────────┐
      ┌────┴────┐          ┌────┴────┐          ┌────┴────┐
      │Region A │          │Region B │          │Produkt I│
      └─────────┘          └─────────┘          └─────────┘
```

Abb. 99:   *Regionalorganisation mit ausgegliederter Produktsparte*

4. Empirische Studien

Zu den Bestimmungsgrößen der Ausprägung des Regionalkonzepts in Unternehmungen mit weltweiten Geschäftsaktivitäten sind zahlreiche empirische Untersuchungen durchgeführt worden. Eine der aufschlussreichsten Untersuchungen führten *Stopford und Wells*[69] durch, die in ihre Studie 187 nordamerikanische Unternehmungen einbezogen haben. Hinzuweisen ist auch auf die Studie von *Daniels, Pitts und Tretter*[70] sowie auf die umfassende Arbeit von *Egelhoff*.[71]

---

69) Stopford/Wells [Managing]. Eine Ergänzung zur Studie von *Stopford* und *Wells* stellt die Untersuchung von Franko [Multinationals] dar.
70) Daniels/Pitts/Tretter [Strategy]
71) Egelhoff [Organizing]

III. Ausgewählte bereichsübergreifende Organisationskonzepte

a. Zentralbereichs- und Centerkonzepte

Mit den Begriffen „Zentralbereich" und „Center" werden im Folgenden zwei Gestaltungskonzepte für organisatorische Einheiten mit bereichsübergreifenden Funktionen erfasst. Dieser begrifflichen Unterscheidung liegen zwei verschiedene Gestaltungsaspekte zu Grunde. Zentralbereiche lassen sich auf die Anwendung von Segmentierungskriterien zurückführen; das Gestaltungsobjekt ist das Kompetenzsystem. Center finden ihre jeweilige Ausprägung durch den Einsatz bestimmter Steuerungsprinzipien.

Zentralbereiche haben im Zuge der organisatorischen Ausdifferenzierung der industriellen Großunternehmung seit der Mitte des vorigen Jahrhunderts zunehmende praktische Bedeutung erlangt[1]. In auffälligem Gegensatz zu dieser praktischen Bedeutung steht die weit gehende Vernachlässigung des Themas in der Organisationstheorie. Lediglich der *Arbeitskreis „Dr. Krähe" der Schmalenbach-Gesellschaft* hatte 1952 Ergebnisse einer Untersuchung[2] veröffentlicht, in deren Mittelpunkt – allerdings unter starker Betonung der Konzernproblematik – Fragen der Zentralbereiche standen. Erst in neuerer Zeit hat der *Arbeitskreis „Organisation" der Schmalenbach-Gesellschaft/Deutsche Gesellschaft für Betriebswirtschaft*, der die Aktivitäten des *Arbeitskreises „Dr. Krähe"* seit 1986 fortführt, die Ergebnisse einer umfassenden theoretischen und empirischen Auseinandersetzung mit der Problematik der Zentralbereiche vorgelegt[3]. Die folgende Darstellung orientiert sich an dem Konzept dieser Studie, das in dem Einführungsbeitrag[4] entwickelt wird.

Die Termini „Center" oder „Responsibility Center" bezeichnen ganz allgemein organisatorische Einheiten, deren Erfolgsbeitrag für die Unternehmung auf Grund ausgewählter, vorzugsweise monetärer Indikatoren beurteilt wird. Das Centerkonzept, wie es heute in der Literatur weit verbreitet ist, geht auf Arbeiten an der Harvard Business School zurück, an der die Auseinandersetzung mit

---

1) Vgl. insbesondere die historische Untersuchung von *Chandler* (vgl. Chandler [Strategy] und Chandler [Hand]) sowie die Darstellung der historischen Entwicklung bei Frese [Organisationstheorie] 11 ff.
2) Vgl. Arbeitskreis Dr. Krähe [Konzern].
3) Vgl. Frese/v. Werder/Maly [Zentralbereiche]; vgl. darüber hinaus Kreisel [Zentralbereiche].
4) Vgl. Frese/v. Werder [Zentralbereiche]

Fragen im Schnittfeld von Organisation, Planung und Unternehmungsrechnung eine lange Tradition hat. Nachhaltige Impulse verdankt die Entstehung eines relativ geschlossenen Centerkonzepts den frühen Arbeiten von *Anthony*[5] und *Dearden*.[6]

1. Zentralbereiche als Ausformung von Kompetenzsystemen

1.1 Erscheinungsformen und begriffliche Präzisierung

Obwohl sich vor allem in der Praxis mit dem Begriff des Zentralbereichs relativ einheitliche Vorstellungen verbinden[7], zeigt eine intensive Auseinandersetzung mit der Thematik, dass der Terminus „Zentralbereich" für eine Vielfalt organisatorischer Tatbestände verwendet wird[8].

Der Charakter von Zentralbereichen lässt sich am anschaulichsten verdeutlichen, wenn man von einer gegebenen Rahmenstruktur für die Gesamtunternehmung ausgeht, in der die Unternehmungsbereiche (ohne Modifizierungen) nach einer der drei eingeführten Grundformen (Sparten-, Funktional- oder Regionalorganisation) ausdifferenziert sind. Für die weitere Darstellung wird die Existenz einer Spartenstruktur unterstellt. Organisatorische Einheiten oder Bereiche, die als „Zentralbereiche" bezeichnet werden sollen, entstehen dann durch spezifische organisatorische Ausdifferenzierungen in der Sphäre der Unternehmungsleitung (Gesamtheit aller aus der Sicht der Kerngruppe nicht an die Unternehmungsbereiche delegierbaren Aufgaben) und in der Sphäre der Unternehmungsbereiche (Gesamtheit aller aus der Sicht der Kerngruppe delegationsfähigen Aufgaben)[9].

Die Bildung von Zentralbereichen äußert sich darin, dass eine – verglichen mit der Umsetzung der eindimensionalen Grundform – modifizierte Zuweisung von Aufgaben erfolgt. Es findet also eine zusätzliche Segmentierung, in der Regel nach einem der beiden verbleibenden Segmentierungskriterien, statt. Dabei werden dann gesonderten Einheiten, „Zentralbereichen", Aufgaben übertragen, die bei konsequenter Umsetzung der Grundform nur den Unternehmungsbe-

---

5) Anthony [Planning].
6) Dearden [Systems].
7) Zum Zentralbereichsbegriff vgl. Kreisel [Zentralbereiche] 8 ff.
8) Vgl. den Überblick bei Kreikebaum [Zentralbereiche].
9) Vgl. zum Charakter der Kernaufgaben im Einzelnen S. 515 ff.

reichen zuzuweisen wären. Die Zentralbereiche können „neben" und „über" den Unternehmungsbereichen verankert werden.

Zentralbereiche „neben" den Unternehmungsbereichen entstehen, wenn in der Sphäre der Unternehmungsbereiche Aufgaben aus den Unternehmungsbereichen ausgegliedert werden. Dabei sind zwei Fälle zu unterscheiden, die für die noch zu behandelnde Typologie von Zentralbereichen wichtig sind. Einmal kann die Ausgliederung dazu führen, dass die betrachtete Aufgabe nicht mehr in den Unternehmungsbereichen und nur noch im Zentralbereich erfüllt wird. Diese Lösung liegt z.B. vor, wenn in einer Spartenorganisation die Aufgaben der Marktforschung nur von einem Zentralbereich wahrgenommen werden. Wie noch zu erläutern ist, handelt es sich dabei um einen „Kernbereich". Zum anderen kann eine doppelte organisatorische Zuordnung von Aufgaben vorgenommen werden. Bestimmte Aufgaben werden dann sowohl in den Unternehmungsbereichen als auch zusätzlich im Zentralbereich verankert. Marktforschungsaufgaben können dann z.B., je nach Entscheidung der Unternehmungsbereiche, von diesen Bereichen selbst oder von Zentralbereichen übernommen werden. Ein Beispiel für diese Lösung ist das noch zu behandelnde Modell des „Servicebereichs".

Zentralbereiche „über" den Unternehmungsbereichen entstehen, wenn Aufgaben aus den Unternehmungsbereichen aus der Sicht der Kerngruppe nicht delegationsfähig sind und in der Sphäre der Unternehmungsleitung angesiedelt werden. Dieser Fall ist z.B. gegeben, wenn ein Zentralbereich „Unternehmungs-Controlling" für die gesamte „Infrastruktur" des Controlling (Festlegung von Planungszeiträumen, von Planungs- und Kontrollkonzepten usw.) zuständig ist. Dieser Typ wird im nächsten Abschnitt als „Richtlinienbereich" bezeichnet und näher erläutert.

Zusammenfassend kann man für die Ebene der Unternehmungsbereiche[10] feststellen: Zentralbereiche entstehen durch Ausgliederung von Aufgaben in gesonderten Einheiten zur Verankerung einer bereichsübergreifenden Perspektive. Sie kennzeichnen damit ein Prinzip zur Verankerung von Mehrdimensionalität in einer eindimensionalen Grundstruktur.

---

10) Vgl. zur Bildung von Zentralbereichen auf der Ebene der Unternehmungsleitung Frese/ v. Werder [Zentralbereiche] 3 f.

1.2 Typisierung von Zentralbereichen

Das breite Spektrum praktischer Erscheinungsformen von Zentralbereichen wird in Übersicht 14 systematisiert[11]. Die Differenzierung verschiedener Typen erfolgt nach dem Einfluss der Geschäftsbereiche mit den beiden Extremen „keine Bildung von Zentralbereichen" (Autarkiemodell) und „vollständige Ausgliederung von Aufgaben" (Kernbereichsmodell) sowie den „Zwischenlösungen" des Richtlinien-, des Matrix-, des Service- und des Stabsmodells. Die sechs Modelle werden im Folgenden näher beschrieben. Praktische Beispiele zu den einzelnen Typen finden sich in der erwähnten Studie des *Arbeitskreises „Organisation"*.[12]

Beim Modell des Kernbereichs ist die betrachtete Aufgabe aus den operativen Unternehmungsbereichen vollumfänglich ausgelagert (Ausgliederungsprinzip) und in nur einer (permanenten) organisatorischen Einheit verankert. Der Kernbereich, der intern natürlich weiter untergliedert sein kann, beschließt allein über die vorzunehmenden Aktivitäten und besorgt auch ihre Durchführung. Er liefert mit anderen Worten die Ergebnisse seiner Entscheidungen und Realisationsmaßnahmen gleichsam „ungefragt" (und nicht wie der Servicebereich nach Auftrag) an die operativen Einheiten.

Das Modell des Richtlinienbereichs sieht im Vergleich zur Kernbereichslösung die Verankerung der Aufgaben in mehreren Einheiten vor, die teils zentral und teils in den operativen Unternehmungsbereichen angesiedelt sind. Der Richtlinienbereich ist für die Grundsatzentscheidungen der betreffenden Aufgaben allein entscheidungsbefugt und gegenüber den in den Unternehmungsbereichen mit den Aufgaben befassten Einheiten weisungsberechtigt. Bei dieser Lösung, die somit auf dem Hierarchieprinzip aufbaut, sind die nachgelagerten Einheiten (in den Unternehmungsbereichen) für die Umsetzung der Entscheidungen des Richtlinienbereichs zuständig und können nur im Rahmen seiner Vorgaben selbst (Detail-)Entscheidungen treffen.

Ein Matrixmodell liegt vor, wenn die betrachtete Aufgabe sowohl in den Unternehmungsbereichen als auch in einer zentralen Einheit verankert ist. Diese Organisationseinheiten sind jedoch nicht allein, sondern nur gemeinsam entscheidungsbefugt. Besonders in Konfliktsituationen bilden sie einen oder mehrere Entscheidungsausschüsse zur Selbstabstimmung[13]. Der Matrixausschuss trifft

---

11) Vgl. im Einzelnen Frese/v. Werder [Zentralbereiche] 39 ff.
12) Vgl. Frese/v. Werder/Maly [Zentralbereiche].
13) Darüber hinaus ist eine Abstimmung über eine beiden Einheiten untergeordnete organisatorische Schnittstelle denkbar. Vgl. zu dieser Form des Schnittstellenmanagements S. 244 ff.

wie der Richtlinienbereich Entscheidungen für untergeordnete Einheiten und schränkt damit im Wege der Strukturierung deren Handlungsspielräume ein. Der Entscheidungsausschuss der Matrix unterscheidet sich von dem Richtlinienbereich neben der Tagungsfrequenz aber insbesondere dadurch, dass er mit gleichberechtigt entscheidungsbefugten Vertretern hierarchisch unverbundener Einheiten besetzt ist, die gewissermaßen eine „Selbststrukturierung" vornehmen. Im Richtlinienbereich sind hingegen, aus Sicht der nachgelagerten Einheiten, Dritte tätig, die eine andere – übergeordnete – Perspektive verfolgen können.

Das Modell des Servicebereichs kann auf ein modifiziertes Ausgliederungsprinzip (Serviceprinzip) zurückgeführt werden. Diese Organisationsform wird hier wegen ihrer großen Bedeutung bei der organisatorischen Verankerung von Aufgaben mit Dienstleistungscharakter als gesonderter Modelltyp herausgestellt. Die charakteristischen Merkmale des Servicemodells bestehen in der Zuordnung jeweils spezifischer Kompetenzarten zu einer zentralen Einheit sowie den Unternehmungsbereichen. Aufgaben werden hier in Dispositionen über das „Ob", „Was" und „Wie" aufgeteilt. Die Unternehmungsbereiche sind jeweils für die Entscheidungen über die Art der aufgabenbezogenen Maßnahmen zuständig („Ob" und „Was") und erteilen entsprechende Aufträge an den zentralen Servicebereich. Dem Servicebereich obliegen sodann die Entscheidungen über das „Wie" der Auftragserfüllung. Eine Variante dieses Modells kann auch vorsehen, dass die Unternehmungsbereiche wählen dürfen, ob sie die Aufträge an den Servicebereich oder aber den externen Markt vergeben.

Ähnlich wie das Servicekonzept kombiniert die Organisationsform des zentralen Stabes eine ausdifferenzierte Konfiguration aus zentraler Einheit und Unternehmungsbereichen mit einer Aufteilung der Aufgabenstellungen. Im Unterschied zum Servicebereich ist der Stab jedoch nicht mit der Erfüllung von Unternehmungsbereichsaufgaben betraut. Er nimmt vielmehr Aufgaben der Entscheidungsvorbereitung wahr und dient damit der informationellen und methodischen Unterstützung der Unternehmungsbereiche (Stabsprinzip). Die jeweiligen Beschlüsse der Unternehmungsbereiche zu den betrachteten Aufgaben beruhen somit auf den unternehmungsbereichsinternen und den vom Stab erarbeiteten Daten und Kenntnissen.

Das Modell autarker Geschäftsbereiche schließlich liegt vor, wenn die betrachteten Aufgaben geschlossen in den einzelnen operativen Einheiten institutionalisiert und die Geschäftsbereiche insoweit jeweils allein entscheidungs- und durchführungsbefugt sind. Das Autarkiekonzept repräsentiert somit die einzige Organisationslösung im Kreis der hier vorgestellten Grundmodelle, bei der vollständig auf einen (nach welchem Prinzip auch immer gebildeten) Zentralbereich verzichtet wird.

Kernbereichs- modell:	Richtlinien- modell:	Matrix- modell:	Service- modell:	Stabs- modell:	Autarkie- modell:

⟵ abnehmend ——— Einfluss der Geschäftsbereiche ——— zunehmend ⟶

Kernbereichsmodell:	Die betrachtete Teilfunktion wird aus dem operativen Geschäftsbereichen vollständig ausgelagert und nur in einer gesonderten organisatorischen Einheit verankert
Richtlinienmodell:	Verankerung von Aufgaben der betrachteten Teilfunktion teils in einem Zentralbereich, teils in den Geschäftsbereichen. Der Richtlinienbereich ist für die Grundsatzentscheidung der betreffenden Aufgaben allein entscheidungsbefugt und gegenüber den Geschäftsbereichen weisungsbefugt
Matrixmodell:	Verankerung von Aufgaben der betrachteten Teilfunktion sowohl in einem Zentralbereich als auch in den Geschäftsbereichen; Zentralbereich und Geschäftsbereich sind nur gemeinsam entscheidungsberechtigt (Entscheidungsausschuß).
Servicemodell:	Zuordnung jeweils spezifischer Kompetenzarten bezüglich einer Teilfunktion in einem Zentralbereich und in den Geschäftsbreichen. Die Geschäftsbereiche sind jeweils für die Entscheidungen über die Art der funktionsbezogenen Maßnahmen zuständig ('ob' und 'was') und erteilen entsprechenden Aufträge an den Zentralbereich. Dem Servicebereich obliegt dann die Entscheidung über das 'Wie' der Auftragserfüllung.
Stabsmodell:	Verankerung von Aufgaben der betrachteten Teilfunktion teils im Zentralbereich, teils in den Geschäftsbereichen. Der Zentralbereich nimmt Aufgaben der Entscheidungsvorbereitung wahr und Unterstützt damit die Geschäftsbereiche. Die Entscheidungskompetenz liegt ausschließlich bei den Geschäftsbereichen.
Autarkiemodell:	Die Aufgaben der betrachteten Teilfunktion werden vollständig von den Geschäftsbereichen wahrgenommen

Übersicht 14: Typen von Zentralbereichen

1.3 Koordinations- und Motivationseffizienz

Aus der Sicht der Kriterien der Koordinationseffizienz lassen sich die meisten Zentralbereiche auf das Bestreben zurückführen, die Ressourcen- oder Markteffizienz zu verbessern. Es sollen die Vorteile einer organisatorischen Zusammenfassung von Entscheidungen über den Einsatz von Ressourcen oder die Ausschöpfung von Marktpotenzialen genutzt werden. In diesem Sinne werden etwa in Unternehmungen mit Spartenstruktur Zentralbereiche für Forschung und Entwicklung (Ressourcenaspekt) und für Vertriebsaktivitäten (Marktaspekt) eingerichtet. In aller Regel beeinträchtigt die Bildung von Zentralbereichen die Prozesseffizienz. Wenn Vertriebsaktivitäten aus den Sparten ausgegliedert werden, entstehen interne Leistungsverflechtungen zwischen den Sparten und dem zentralen Vertriebsbereich. Entsprechende Konsequenzen hat die Konzentration der Forschungs- und Entwicklungsaktivitäten in einem Zentralbereich.

Bezüglich der Wirkung auf die Motivationseffizienz erscheint die Bildung von Zentralbereichen problematisch[14]. Das gilt insbesondere für das Kriterium der Überschaubarkeit. So geht die Konzentration einer Teilfunktion in einem Zentralbereich unmittelbar mit einer Einschränkung der horizontalen Geschäftsbereichsautonomie einher. Die schon im Zusammenhang mit der Prozesseffizienz angeführten Interdependenzen auf Grund innerbetrieblicher Leistungsverflechtungen stehen der Abgeschlossenheit der Geschäftsbereichsaufgaben entgegen. Die operativen Tätigkeiten der Geschäftsbereiche sind stets in einem gewissen Umfang von den Aktivitäten der zentralen Einheit abhängig. Für den Einsatz leistungsorientierter Anreizsysteme bedeutet das, dass eine faire Beurteilung der Geschäftsbereiche auch stets die Entscheidungen der Zentralbereiche im Auge haben muss. In ähnlicher Weise sind auch die Zentralbereiche nicht autonom, so dass auch hier eine Erfolgsmessung nur unter gewissen Vorbehalten möglich ist.

Die Frage nach der Überschaubarkeit hängt eng mit dem Kriterium des Marktdrucks zusammen. Sieht man einmal von zentralen Vertriebs- oder Beschaffungsbereichen ab, dann führt die Konzentration von Teilfunktionen in einem Zentralbereich zu organisatorischen Einheiten ohne Marktzugang. Entsprechend schwierig gestalten sich die Möglichkeiten, Marktdruck auf die Zentralbereiche auszuüben. Inwieweit zu diesem Zweck die Beschaffung marktbezogener Informationen gelingt, ist in erster Linie durch die Art der zu Grunde liegenden Teilfunktion bestimmt. Während z.B. für die Informationsverarbeitung Marktdaten durch Publikationen oder den Vergleich mit externen Rechenzentren verfügbar sind, liegen entsprechende Informationen z.B. für das Controlling oder den Bereich der Forschung und Entwicklung nur in sehr begrenztem Umfang vor.

Unabhängig von der Frage nach der Verfügbarkeit solcher „Benchmarks" stellt sich das Problem ihrer innerbetrieblichen Anwendbarkeit. Es ist unmittelbar

---

[14] Bei der Diskussion der Motivationseffizienz wird diese hier immer nur aus der Sicht der Gesamtunternehmung betrachtet und nicht isoliert aus der Perspektive des jeweiligen Zentralbereichs.

einsichtig, dass ein Zentralbereich nur dann auf der Basis externer Informationen zu beurteilen ist, wenn entsprechende Rahmenbedingungen vorliegen. In diesem Zusammenhang spielt die Kompetenzabgrenzung der Zentralbereiche, mit anderen Worten das zu Grunde liegende Zentralbereichsmodell, eine herausragende Rolle. Je eingeschränkter die Entscheidungskompetenzen des Zentralbereiches sind, desto weniger lassen sich verfügbare Benchmarks zur Beurteilung der Zentralbereiche anwenden.

Reorganisationen deutscher Großunternehmungen[15] bestätigen, dass der verschärfte Wettbewerb zu einer vorrangigen Verfolgung der Prozesseffizienz und zur Realisierung einer hohen Motivationseffizienz mit der Konsequenz eines Abbaus von Zentralbereichen führt[16]. Das ist allerdings noch eine sehr globale Feststellung. Die Herausarbeitung der Bestimmungsgrößen der horizontalen Autonomie erfordert eine differenzierte Betrachtung, die den strategischen Stellenwert der verschiedenen Aktivitäten, insbesondere ihre zeitliche Sensitivität, zum Ausgangspunkt der Überlegungen macht. Die Komponenten des Leistungsprozesses, die Kette der Aktivitäten von der Auftragsauslösung bis zur Auslieferung an den Kunden, stellen ohne Zweifel die höchsten Anforderungen. Jede Disposition auf einer Stufe hat Auswirkungen auf den Dispositionsspielraum der nachfolgenden Stufe. Hier bestehen deshalb die ausgeprägtesten Tendenzen, unter Orientierung an den Kriterien der Prozesseffizienz und der Motivationseffizienz umfassend horizontal Autonomie einzuräumen[17].

Weniger zeitkritisch sind die Aktivitäten, die aus den Kernaufgaben des Leistungsprozesses abgeleitet sind und einen eher unterstützenden Charakter haben. Es handelt sich dabei um Aktivitäten wie finanzielle Transaktionen, Unterstützung der Planungs- und Entscheidungsprozesse, Beschaffung und Einsatz von Potenzialfaktoren (z.B. Personal, Anlagen) sowie gesetzliche, gesellschaftliche und soziale Aufgaben (z.B. Umweltschutz). In dem Maße, in dem bei diesen Aufgaben das Kriterium der Prozesseffizienz an Gewicht verliert, gewinnt die Bildung von Zentralbereichen zur Realisierung von Poolungseffekten größere Bedeutung. Diese These findet eine gewisse Bestätigung durch die eingangs erwähnte empirische Untersuchung des *Arbeitskreises „Organisation" der Schmalenbach Gesellschaft/Deutsche Gesellschaft für Betriebswirtschaft* in zwölf deutschen Großunternehmungen. Bei den untersuchten Teilfunktionen – Controlling,

---

15) Vgl. Frese/v. Werder/Maly [Zentralbereiche] und Kreisel [Zentralbereiche].
16) Vgl. Frese/v. Werder/Maly [Zentralbereiche]; Kreisel [Zentralbereiche].
17) Vgl. in diesem Zusammenhang die Analyse des Konzepts der Geschäftssegmentierung bei Frese [Geschäftssegmentierung].

Marketing, Informationsverarbeitung und Personalwirtschaft – waren, wenn auch mit unterschiedlicher Intensität, „zentrale" Elemente unverkennbar[18].

Die Bildung von Zentralbereichen führt nicht nur zur Verringerung der Prozesseffizienz, auch Motivationsvorteile der horizontalen Autonomie werden aufgegeben. Damit stellt sich die Frage, ob von den Unternehmungsbereichen auf die Zentralbereiche ein den wirtschaftlichen Einsatz der Ressourcen fördernder Marktdruck ausgeübt werden kann. Zur Lösung dieses Problems bieten sich vor allem zwei Gestaltungsprinzipien an. Einmal kann man vorrangig Zentralbereichsformen realisieren, die den Unternehmungsbereichen Einfluss auf die Modalität der Leistungserstellung in den Zentralbereichen gewähren. Zum anderen kann nach dem Profit-Center-Konzept über Verrechnungspreise ein interner Markt für die Dienstleistungen der Zentralbereiche geschaffen werden. Da der Einsatz von Verrechnungspreisen schon behandelt wurde[19], beschränken sich die folgenden Überlegungen auf den ersten Aspekt.

Die größten Einflussmöglichkeiten auf die Zentralbereiche gewährt den Unternehmungsbereichen das Servicemodell. Hier ist der Dispositionsspielraum für die nachfragenden Bereiche am größten; sie können den Zeitpunkt und die Art der Leistung bestimmen. Eine mangelnde Leistungsfähigkeit der Zentralbereiche äußert sich dann letztlich auf Grund zurückgehender Nachfrage in einer mangelnden Auslastung der Zentralbereichs-Kapazitäten. Dieser Effekt und die damit verbundenen potenziellen Sanktionen durch die Unternehmungsleitung sind umso wirksamer, je umfassender die Möglichkeiten der Unternehmungsbereiche sind, die vom Zentralbereich angebotenen Leistungen auch am externen Markt zu beziehen. Die Voraussetzungen für eine solche Regelung sind allerdings nicht für alle Teilfunktionen gegeben[20]. In Bezug auf das praktisch besonders bedeutsame Kriterium der Überschaubarkeit lässt sich folgende Gestaltungsregel formulieren: Erweist sich zur Ausschöpfung von Ressourcen- und Marktpotenzialen die Bildung von Zentralbereichen als unumgänglich, sollte die Einführung des Servicemodells vorrangig angestrebt werden. Sind die Voraussetzungen einer solchen Regelung nicht gegeben, ist vor dem Richtlinien- und Kernbereichsmodell das Matrixmodell zu überprüfen.

---

18) Vgl. im Einzelnen Krüger/v. Werder [Zentralbereiche].
19) Vgl. S. 249 ff. und S. 271 ff.
20) Vgl. hierzu die aufschlussreichen Ergebnisse des *Arbeitskreises „Organisation"* hinsichtlich der Marktforschung und der Informationsverarbeitung und die Kommentierung bei Krüger/v. Werder [Zentralbereiche] 247 ff.

2. Zentralbereiche als Center

Gegenwärtig gibt es in der Wirtschaft starke Tendenzen, Zentralbereiche als Center zu führen.[21] Wenn eine solche organisatorische Regelung in Erwägung gezogen wird, müssen die bisher bei der Analyse der Zentralbereichsformen herangezogenen Kriterien zur Beurteilung von Kompetenzregelungen um solche zur Beurteilung der Steuerungseffizienz erweitert werden.

Center werden in der Literatur überwiegend als Einheiten bezeichnet, deren Beitrag für die Unternehmungsziele anhand globaler, vorzugsweise monetärer Ergebnisindikatoren beurteilt wird.[22] In Abhängigkeit von dem zu Grunde liegenden Ergebnisindikator werden üblicherweise die folgenden vier Centertypen unterschieden:[23]

- Kosten Center

  Bei diesem Centertyp wird der Ressourceneinsatz über Kostenvorgaben gesteuert. Als Maßstab für die Effizienz der Aufgabenerfüllung wird die Differenz zwischen Istkosten und Sollkosten (z.B. Plankosten) herangezogen. Kosten Center kommen zum Einsatz, wenn der Bereichsoutput nach Art und Menge weitestgehend durch die Entscheidungen anderer organisatorischer Einheiten determiniert ist.

- Budget Center

  Dieser Form, die auch als Discretionary Expense Center bezeichnet wird, liegt die Einhaltung von Budgetvorgaben in Form von Höchstgrenzen für Ausgaben zu Grunde. Ihre Implementierung wird empfohlen, wenn keine eindeutige Beziehung zwischen Input und Output herstellbar ist.

- Erlös Center

  Im Unterschied zu den bisher betrachteten Typen, deren Steuerungsprinzipien an inputorientierten Größen ansetzen, werden beim Erlös Center monetär bewertete Outputgrößen ausgewiesen. Diese Lösung wird empfohlen, wenn zwar die wesentliche Erlöskomponente zuverlässig erfasst und durch den betrachteten Bereich beeinflusst werden kann, ein Großteil der Leistungserstellungskosten jedoch der unmittelbaren Einflussnahme des Centers

---

21) Vgl. hierzu die konzeptionelle und empirische Studie von v. Werder/Stöber [Center-Organisation].
22) Vgl. Anthony/Dearden/Govindarajan [Control] 126; Horngren/Foster/Datar [Accounting] 194
23) Vgl. Anthony/Dearden/Govindarajan [Control] und Lehmann [Märkte] 86 ff.

entzogen ist. Vor allem bei Einheiten mit Vertriebsaufgaben findet sich diese Form.

- Profit Center

  Profit Center erlauben einen monetären Erfolgsausweis für organisatorische Einheiten; Kosten und Erlöse finden gleichermaßen Berücksichtigung. Für Einheiten, die keinen direkten Zugang zum externen Markt haben, lassen sich durch die Bildung interner Märkte die Voraussetzungen zur Ermittlung von Bereichserfolgen schaffen.

- Investment Center

  Beim Investment Center wird die Verantwortung über den periodenbezogenen Bereichserfolg hinaus auf die zur Erfolgserwirtschaftung getätigten Investitionen ausgedehnt. Für die Abbildung des Investment-Center-Erfolges stehen unterschiedliche Verfahren und Kennziffern zur Verfügung.

Von praktischer Bedeutung und theoretischem Interesse ist die Frage, welche Form der Centerbildung zur Realisierung koordinations- und motivationsbezogener Steuerungseffekte für die einzelnen Zentralbereichs-Typen von Bedeutung ist. Grundsätzlich ist festzustellen, dass sich für jeden der eingeführten Zentralbereichstypen alle Centerkonzepte anwenden lassen. Für die Praxis stellen sich bei der Bildung von Zentralbereichen vor diesem Hintergrund zwei Fragen: (1) Ist das Centerkonzept für die Erfüllung der Steuerungsanforderungen eine sinnvolle Lösung? (2) Welche Centerform kommt bei der Etablierung einer Centersteuerung in Frage?

Zu (1): Verzicht auf Centersteuerung

In diesem Fall würde für einen Zentralbereich kein periodischer Ausweis monetärer Ergebnisindikatoren erfolgen. Die Unternehmung würde dann auf andere Formen der Handlungs- und Ergebnissteuerung oder auf Expertenurteile zurückgreifen. Ein solcher Verzicht auf eine Centersteuerung könnte zum einen mit den Kosten der Etablierung und Praktizierung dieser Regelung begründet werden. Zum anderen könnte sich zeigen, dass die angestrebten Steuerungswirkungen durch andere Lösungen besser zu realisieren sind. In diesem Zusammenhang stellt sich die Frage, ob es Aufgaben gibt, die sich besonders für die Bildung von Centern eignen. Hier wird die These aufgestellt, dass die Praktizierung des Centerkonzepts nur sinnvoll ist, wenn sich für einen Zentralbereich in der fraglichen Periode eine größere Zahl abgrenzbarer Transaktionen unterscheiden lässt. Bei den meisten Produktionsaufgaben wie dem Herstellen von Gussteilen in einer mehrere Unternehmungsbereiche beliefernden Gießerei, ist diese Voraussetzung erfüllt. Jeder Auftrag löst eine Transaktion aus. Bei der Aufgabe „Gebäudemanagement", die sich im Wesentlichen auf die Pflege und

Sicherung der Infrastruktur bezieht, lassen sich nicht sinnvoll Einzeltransaktionen unterscheiden. Die Relevanz einer Unterscheidung nach diesem Merkmal der Transaktionen liegt in der Schwierigkeit, aussagefähige Vergleichsgrößen (Soll-Indikatoren) für Aufgabenkomplexe wie solche des Infrastrukturmanagements zu generieren. Bei einer Steuerung des Zentralbereichs „Gebäudemanagement" als Kosten Center dürfte es praktisch unmöglich sein, im Wege der Planung oder des Benchmarking aussagefähige Vergleichsgrößen abzuleiten. Wird unter diesen Umständen ein Kosten Center eingerichtet, kann das Management nur auf die motivierende Wirkung des periodischen Ausweises der Gesamt-Istkosten setzen. Die Etablierung eines Profit Centers müsste bei der Festlegung der Preiskomponente auf die Konditionen für Rahmenverträge bei externen Anbietern zurückgreifen. Solche Preiskonditionen sind aber das Ergebnis individueller und in der Regel aufwändiger Angebote, die mit der bloßen Absicht, Benchmarking-Informationen zu erhalten, kaum mit der Aussicht auf Erfolg initiiert werden können.

Zu (2): Alternative Formen der Centersteuerung

Lassen sich Einzeltransaktionen unterscheiden und sind damit gemäß der vorangegangenen Überlegungen die Voraussetzungen zur Centersteuerung erfüllt, stellt sich die Frage nach der Vorteilhaftigkeit der verschiedenen Centerformen. Dazu sollen beispielhaft hinsichtlich des Kosten Centers und des Profit Centers aus der Perspektive der Zielsetzung, den Zentralbereich zu kosteneffizientem Verhalten zu motivieren, einige Überlegungen angestellt werden. Relativ eindeutig ist die Situation, wenn der Zentralbereich unmittelbaren Kontakt zum externen Absatzmarkt hat; ein Beispiel ist der Zentralbereich „Vertrieb". In diesem Fall liegt die Bildung eines Profit Centers nahe. Eine differenzierte, auf die relevanten Kriterien der Steuerungseffizienz zurückgreifende Analyse erfordert der in den meisten Unternehmungen bedeutsame Fall, dass der Zentralbereich keine extern generierten Erlöse aufweist. Bei Betrachtung der in der Praxis vorherrschenden Prinzipien bei der Bildung von Centern gewinnt man den Eindruck, dass die Einschätzung der Zugänglichkeit aussagefähiger Benchmarking-Informationen entscheidend ist. Profit Center und Kosten Center unterscheiden sich in diesem Zusammenhang in einem wesentlichen Punkt. Lassen sich keine internen Preise generieren, die Aussicht haben, vom Center akzeptiert zu werden, stellt das Profit-Center-Konzept keine sinnvolle Gestaltungsalternative dar. Solche Zentralbereiche werden dann als „Kosten Center" geführt, selbst wenn das Fehlen aussagefähiger Sollkosten das Center zu einer Einheit mit bloßem periodischem Ausweis angefallener Istkosten ohne nachhaltige Motivationswirkungen macht.

In der bisherigen Erörterung der Frage, ob für gegebene Zentralbereichs-Typen eine Centerbildung Vorteile verspricht und welche Centerform zu wählen ist, wurde nur ein Teilaspekt der Effizienzbeurteilung erfasst. Ein umfassender Gestaltungsansatz muss kompetenz- und steuerungsbezogene Effizienzkriterien gleichermaßen berücksichtigen und die zu betrachtenden Gestaltungsalternativen definieren. Die einzelnen Schritte der Effizienzbeurteilung können hier nicht im Einzelnen erläutert werden.[24] Es muss deshalb der Hinweis genügen, dass über drei interdependente Teilprobleme zu entscheiden ist. Erstens muss analysiert werden, ob überhaupt ein Zentralbereich gebildet werden soll. Verglichen wird dann eine konzentrierte mit einer dekonzentrierten Zuweisung von Ressourcen. Bei der konzentrierten Lösung nehmen die Unternehmungsbereiche z.B. die Leistungen des Zentralbereichs „Marktforschung" in Anspruch, bei der dekonzentrierten Lösung verfügt jeder Bereich über eigene Marktforschungs-Ressourcen. Soll ein Zentralbereich gebildet werden muss zweitens über die Kompetenzabgrenzung zwischen Zentralbereichen und Unternehmungsbereichen anhand der einzelnen Zentralbereichsformen entschieden werden. Drittens sind die verschiedenen Centerformen (einschließlich der Alternative „kein Center") einzubeziehen; es werden damit alternative Steuerungsgrößen verglichen. Diese drei organisatorischen Gestaltungsentscheidungen werden anhand einzelner Teilbewertungen getroffen, deren Ergebnisse dann in einem iterativen, Zielgewichte einführenden Prozess zu einem Gesamtwert zusammenzuführen sind.

b. Regionalmanagement im Kontext von Internationalisierungsstrategien

Der in den meisten Branchen beobachtbare Zwang zur Intensivierung grenzüberschreitender Aktivitäten und zur regionalen Konfiguration der Wertschöpfungskette stellt für viele Unternehmungen eine große Herausforderung dar. Für die organisatorische Gestaltung entsteht aus dieser Entwicklung das Problem, einerseits die Koordination der Entscheidungen der einzelnen Landesgesellschaften in Hinblick auf das Gesamtziel der Unternehmung sicherzustellen, andererseits jedoch die Auslandsgesellschaften mit einem Mindestmaß an Entscheidungsautonomie auszustatten, um unternehmerisches Handeln „vor Ort" zu gewährleisten. Die folgende Darstellung arbeitet die Zusammenhänge heraus, die zwischen der Lösung der Koordinationsanforderungen und der verfolgten Wettbewerbsstrategie bestehen.

---

24) Vgl. hierzu im Einzelnen Frese [Services].

1. Koordinationskonsequenzen der regionalen Konfiguration der Wertschöpfungskette

Im Folgenden wird eine Unternehmung betrachtet, die auf mehreren Auslandsmärkten durch Landesgesellschaften oder andere Formen der Repräsentanz vertreten ist. Untersucht wird die Frage, welche Koordinationsprobleme sich bei unterschiedlichen Strategien ergeben. Die Analyse beschränkt sich auf den Einfluss der Wettbewerbsstrategie. Es wird davon ausgegangen, dass die Unternehmung im Rahmen ihrer Gesamtstrategie bereits die zur Bearbeitung anstehenden Geschäftsfelder festgelegt hat. Damit werden nachfolgend Wettbewerbsstrategien im internationalen Kontext auf der Ebene der Unternehmungsbereiche betrachtet. Die Analyse konzentriert sich auf die Entstehung von Absatzmarkt- und Prozessinterdependenzen zwischen den verschiedenen Landeseinheiten (interregionale Markt- und Prozessinterdependenzen).

Interregionale Absatzmarktinterdependenzen entstehen z.B. bei Substitutionskonkurrenz und im Falle konditionenpolitischer Abhängigkeiten[25]. Die folgende Analyse beschränkt sich auf den Fall der Substitutionskonkurrenz; ein Kunde in einem Land A kann dann z.B. dasselbe Produkt bei der Landesgesellschaft in Land A oder in Land B kaufen. Die Landesgesellschaften eines LKW-Herstellers in Österreich und der Schweiz stehen in einer solchen Situation im Wettbewerb um dieselben schweizerischen und österreichischen Kunden. Interregionale Substitutionskonkurrenz hängt von zwei Voraussetzungen ab:

- Die Landesgesellschaften A und B bieten ein Produkt an, das den Bedarf der betrachteten Kunden gleichermaßen decken kann.
- Die Kunden haben die Möglichkeit, bei der Beschaffung zwischen Lieferung durch Landesgesellschaft A und B zu entscheiden. Die Wahl des Lieferanten kann für den Kunden zum einen aus rechtlichen und logistischen Gründen nicht bestehen. Zum anderen kann der Fall gegeben sein, dass die Unternehmung grenzüberschreitende Geschäfte für ihre Landeseinheiten untersagt und die Einhaltung dieser Regelung kontrollieren kann.

In vielen Branchen nimmt das Ausmaß an Substitutionskonkurrenz zu, weil logistische Hindernisse abgebaut werden, die Kundenpräferenzen sich international angleichen (mit der Folge des Angebots weitgehend identischer Produkte auf verschiedenen Märkten) und sich der Informationsstand über das Produkt- und Leistungsangebot auf den einzelnen nationalen Märkten verbessert.

Marktinterdependenzen entstehen auch, wenn am Prozess der Auftragsabwicklung mehrere Landeseinheiten beteiligt sind und mit dem Kunden Vereinba-

---

[25] Vgl. S. 443 ff.

rungen abschließen. So können mit einem Automobilhersteller in den USA bei einem Zulieferer sowohl der Entwicklungsbereich im deutschen Stammhaus als auch die vertriebsorientierte Landesgesellschaft „vor Ort" verhandeln und bindende Verpflichtungen eingehen.

Mit der Einbeziehung von Absatzmarktinterdependenzen, die im Prozess der Auftragsabwicklung entstehen, wird die regionale Konfiguration der Wertschöpfungskette[26] in die Untersuchung einbezogen. Die regionale Konfiguration berücksichtigt die räumliche Verteilung der Standorte der einzelnen (Wertschöpfungs-)Aktivitäten und die Anzahl dieser Standorte. Das Spektrum der Konfigurationsalternativen reicht von der geographischen Konzentration, d.h. der weitestgehenden Verankerung der Aktivitäten in einem Land (z.B. im Stammhaus), über eine geographische Streuung, bei der jede Landesgesellschaft sich auf die Wahrnehmung bestimmter Aufgaben wie die Entwicklung oder die Produktion konzentriert, bis hin zur regionalen Verankerung aller bzw. eines erheblichen Teils der Wertschöpfungsaktivitäten in jeder einzelnen Auslandsgesellschaft. Die Unternehmung muss bei ihrer Entscheidung zwischen der räumlichen Konzentration der Teilfunktionen und deren Diffusion auf verschiedene Landesgesellschaften insbesondere der strategischen Bedeutung der einzelnen Teilfunktionen Rechnung tragen[27].

In jüngerer Zeit zeichnet sich angesichts des sich verschärfenden Wettbewerbs eine Entwicklung dahingehend ab, dass immer mehr Unternehmungen die geographische Konzentration aller Aktivitäten zu Gunsten einer stärkeren Streuung aufgeben; begünstigt wird diese Tendenz durch die sich ständig verbessernden Informations- und Telekommunikationstechnologien, die eine intensivere Koordination aller Aktivitäten erlauben[28]. Als Ergebnis bilden sich so genannte Netzwerk-Konfigurationen heraus, bei denen an verschiedenen Produktionsstandorten unterschiedliche Bauteile oder Produkttypen hergestellt werden. Auch die F&E-Aktivitäten werden oftmals regional gestreut verankert; ihre Ansiedlung erfolgt dann in der Nähe solcher Märkte, die den neuesten technologischen Entwicklungsstand aufweisen[29]. Es gibt jedoch auch Funktionen, deren Standortwahl engen Restriktionen unterliegt. Dazu zählen vor allem kundennahe Aktivitäten, so genannte Downstream-Aktivitäten (Auftragsabwicklung und Distribution, Marketing und Verkauf, Kundendienst),

---

26) Die Konfiguration der Aktivitäten wurde vor allem von Porter in die Analyse von Internationalisierungsstrategien eingebracht; vgl. Porter [Wettbewerb] 25 ff.
27) Vgl. hierzu auch die Studie von zur Nedden [Internationalisierung].
28) Vgl. Porter [Wettbewerb] 61 ff.
29) Vgl. Porter [Wettbewerb] 57 f. Patel/Pavitt [Accumulation] kommen allerdings in ihrer empirischen Studie zu dem Ergebnis, dass international tätige Unternehmungen den weitaus größten Teil ihrer F&E-Aktivitäten im Stammhaus ansiedeln.

die – abgesehen von einigen Ausnahmen, z.B. der Produktion von Werbemitteln – in jedem für den Absatz vorgesehenen Markt angesiedelt werden müssen.

Es ist unmittelbar einsichtig, dass die von einer international tätigen Unternehmung verfolgte Standortpolitik Ausmaß und Intensität der interregionalen Prozessinterdependenzen bestimmt. Die jeweilige regionale Konfiguration der Wertschöpfungskette bestimmt die Struktur der interregionalen Prozessinterdependenzen. Da in vielen Branchen die regionale Aufteilung der Wertschöpfungskette vor allem durch den Abbau rechtlicher und logistischer Hemmnisse sowie die Überwindung kommunikationstechnischer Barrieren zunimmt, steigt mit der stärkeren Ausprägung von Prozessinterdependenzen der Koordinationsbedarf.

Die vorangegangenen Überlegungen zur Entstehung von interregionalen Markt- und Prozessinterdependenzen eröffnen einen Zugang zur Einschätzung der Auswirkung der wettbewerbsstrategischen Positionierung auf den Koordinationsbedarf. Unter Rückgriff auf das eingeführte wettbewerbsstrategische Modell[30] lassen sich aufschlussreiche Beziehungen herstellen.

Die Wettbewerbsstrategie legt fest, wie die Unternehmung die durch die Unternehmungsstrategie abgegrenzten Produkt-Markt-Kombinationen zur Erringung von Wettbewerbsvorteilen gegenüber der Konkurrenz durch eine entsprechende Ausgestaltung des Produktprogramms und der Marktabgrenzung bearbeiten will. Die Festlegung strategischer Produktmerkmale bestimmt weitgehend die regionale Konfiguration und hier vor allem die Verteilung der Upstream-Wertschöpfung. In dem Maße, in dem der internationale Wettbewerb aus der Position der Kostenführerschaft geführt wird, gilt es, international durch Ausnutzung absoluter und komparativer Kostenvorteile, die Realisierung von Größendegressionseffekten oder die beschleunigte Ansammlung von Erfahrungen die Kostenposition zu verbessern. Im Rahmen einer internationalen Konfiguration kann eine Unternehmung aber ebenso strategische Vorteile durch die Realisierung regionaler Lerneffekte (z.B. durch die weltweite Nutzung nationaler Know-how-Vorsprünge) mit der Folge ausgeprägter interregionaler Prozessinterdependenzen erzielen.[31]

Die Ausprägung interregionaler Prozessinterdependenzen wird auch durch die Ausgestaltung der Marktbearbeitung, d.h. durch den Grad der Kundenorientierung, bestimmt. In dem Maße, in dem es über die bloße Vertriebspräsenz hinaus zur Vermeidung interregionaler kundenkritischer Schnittstellen erforder-

---

30) Vgl. S. 323 ff.
31) Vgl. Porter [Wettbewerbsstrategie] und Stopford [Resources].

lich ist, Teile der Upstream-Wertschöpfung im Zielmarkt zu verankern[32], hängt die Struktur der interregionalen Prozessinterdependenzen auch von Selektivität der Marktbearbeitung ab. Da über die Dimension der Marktbearbeitung festgelegt wird, ob eine Standardleistung oder eine Kundenleistung angeboten wird, bestimmt sie weitgehend die Existenz von Marktinterdependenzen in der Auftragsabwicklung.

	Standardleistung	Kundenleistung
Substitutions-Konkurrenz	<u>Ausgeprägt</u> Erhöhte Markttransparenz durch Standardisierung	<u>Schwach ausgeprägt</u> Geringe Markttransparenz Tendenz zu individualisierten längerfristigen Geschäftsbeziehungen Akquisition erfordert Präsenz vor Ort
Marktinterdependenzen/ Auftragsabwicklung	<u>Schwach ausgeprägt</u> Kundenkontakte weitgehend auf Vertrieb beschränkt	<u>Stark ausgeprägt</u> Regionale Trennung von Upstream- und Downstreamaktivitäten und Kundenkontakt mit Einheiten aus dem Upstreambereich
Prozessinterdependenzen	<u>Geringe Unterschiede zwischen Standard- und Kundenleistung</u>	
	Tendenziell: Größere Bedeutung Der Kostenführerschaft führt Zu ausgeprägteren Prozessinterdependenzen	Tendenziell: Kundenorientierte Konzentration von Wertschöpfung im Zielmarkt verringert Ausmaß an Prozessinterdependenzen

Übersicht 15: Grad an Kundenorientierung und interregionale Interdependenzen

Während interregionale Prozessinterdependenzen und Absatzmarktinterdependenzen in der Auftragsabwicklung entscheidend von der verfolgten Wettbewerbsstrategie abhängen, gilt das für Absatzmarktinterdependenzen in Form von Substitutionskonkurrenz in geringerem Maße. Hinsichtlich dieser Interdependenzform sind zwei Aussagen möglich. Zum einen begründet die mit einer Marktleistung verbundene Standardisierung einen höheren Grad an Markt-

---

32) Vgl. generell zum Einfluss organisatorischer Anforderungen auf die Standortentscheidung international tätiger Unternehmungen Frese [Einfluß].

transparenz, der die Tendenz zu Substitutionskonkurrenz fördert, wenn nicht logistische Barrieren bestehen (vgl. Übersicht 16, Beispiel Zementindustrie). Zum anderen ergeben sich bei Kundenleistungen Einschränkungen für länderübergreifende Substitutionseffekte. Der Grund ist vor allem darin zu sehen, dass die unternehmungsinterne Einschränkung und Kontrolle grenzüberschreitender Geschäfte bei kundenindividuellen Leistungen (im Folgenden: „Kundenleistungen"), vor allem, wenn sie die Akquisition bei Kunden „vor Ort" erfordern, leichter möglich ist als bei standardisierten Leistungen (im Folgenden: „Standardleistungen"). Bei Kundenleistungen ist die „Grenzüberschreitung" einer Landeseinheit offenkundig und kann leichter unterbunden werden.

Übersicht 15 fasst die erläuterten Zusammenhänge zwischen der Ausprägung der Kundenorientierung (Standardleistung, Kundenleistung) und den koordinationsbestimmenden interregionalen Interdependenzen (Substitutionskonkurrenz, Marktinterdependenzen bei Auftragsabwicklung, Prozessinterdependenzen) zusammen.

2. Koordinationsanforderungen bei länderbezogenem und länderübergreifendem Fokus der Wertschöpfungskette

Die Ausprägung interregionaler Interdependenzen hat unmittelbare Auswirkungen auf die Koordinationsanforderungen. Je intensiver die Interdependenzen zwischen den Entscheidungen von Unternehmungseinheiten in verschiedenen Ländern sind, desto höher ist der länderübergreifende Abstimmungsbedarf und desto mehr ist die Autonomie der Landesgesellschaften[33] eingeschränkt. Dieser organisatorische Zusammenhang soll im Folgenden durch eine Typologie von Landesgesellschaften erfasst werden, die zwischen einem länderbezogenen und einem länderübergreifenden Fokus unterscheidet. Zwischen Landesgesellschaften mit länderbezogenem Fokus sind interregionale Interdependenzen allenfalls schwach ausgeprägt. Die Aktivitäten der Landesgesellschaften können sich bei der Verfolgung des Unternehmungsziels weitgehend auf die Ausschöpfung der nationalen Markt- und Ressourcenpotenziale konzentrieren. Demgegenüber sehen sich Landesgesellschaften mit länderübergreifendem Fokus ausgeprägten interregionalen Interdependenzen gegenüber, die einen grenzüberschreitenden Koordinationsbedarf verursachen und die Autonomie der Landesgesellschaften einschränken.

---

[33] Die folgenden Überlegungen unterstellen, dass die betrachtete Unternehmung in den verschiedenen Auslandsmärkten durch Landesgesellschaften vertreten ist.

Wie die vorangegangenen Ausführungen gezeigt haben, hängt der jeweilige Fokus einer Landesgesellschaft in hohem Maße von der verfolgten Wettbewerbsstrategie ab. In Übersicht 16 wird dieser Zusammenhang für ausgewählte Branchen beispielhaft erläutert. Um die vielfältigen branchenspezifischen Ausprägungen der Typologie zu verdeutlichen, wird im Folgenden für die unterschiedenen Fälle jeweils ein weiteres Beispiel eingeführt.

Landesgesellschaften mit länderbezogenem Fokus, die Standardleistungen anbieten, sind typisch für die Nahrungsmittelindustrie. Hier besteht keine Substitutionskonkurrenz, wenn die Produkte verschiedener Landesgesellschaften ganz auf den landesspezifischen Bedarf ausgerichtet sind oder wenn für Kunden alternative Beschaffungen nicht relevant sind. Marktinterdependenzen im Rahmen der Auftragsabwicklung sind bei standardisierten Konsumgütern nicht relevant. Die weitgehende Konzentration der Wertschöpfung im Zielmarkt, begründet durch den weitgehenden Einsatz landesspezifischer Ressourcen, macht eine länderübergreifende Leistungsverflechtung (Prozessinterdependenzen) überflüssig.

Als Beispiel für Kundenleistungen bei länderbezogenem Fokus können Dienstleistungen mit der Notwendigkeit, sich in hohem Maße auf nationale Besonderheiten auszurichten, angeführt werden. Diese Voraussetzung ist z.B. bei international tätigen Wirtschaftsprüfungsgesellschaften gegeben. Da in diesen Gesellschaften der wesentliche Teil der erforderlichen Ressourcen und des benötigten Know-hows im Zielmarkt verfügbar ist, sind Marktinterdependenzen im Rahmen der Auftragsabwicklung und Prozessinterdependenzen allenfalls schwach ausgeprägt. Ein gewisser länderübergreifender Koordinationsbedarf entsteht allerdings durch die länderübergreifende Betreuung international tätiger Klienten.

Für Landesgesellschaften mit länderübergreifendem Fokus lassen sich für Standardleistungen viele Beispiele nennen, da Produkte und Leistungen mit einem hohen Standardisierungsgrad immer noch ein wesentliches Merkmal globaler Branchen sind[34]. So gelten die für die Automobilindustrie in Übersicht 16 genannten Merkmale im Wesentlichen auch für andere Standardleistungen, z.B. für die Medizintechnik und die Konsumelektronik.

---

34) Vgl. zu den Merkmalen globaler Branchen Hout/Porter/Rudden [Companies]; Jolly [Strategies]; Frese [Dimension].

LÄNDERBEZOGENER FOKUS DER LANDESGESELLSCHAFT

Standardleistung   Beispiel: Zementindustrie

- Keine Substitutionskonkurrenz, weil logistische Hemmnisse Beschaffung im jeweiligen nationalen Markt erfordern.
- Keine Marktinterdependenzen im Rahmen der Auftragsabwicklung (standardisiertes Massenprodukt).
- Keine Prozessinterdependenzen, Konzentration der Wertschöpfung vor allem aus logistischen Gründen im Zielmarkt.

Kundenleistung   Beispiel: Tiefbauindustrie

- Substitutionskonkurrenz in dieser Branche tendenziell gering, da regionale Akquisitionsaktivitäten der Landesgesellschaften vom Stammhaus kontrolliert.
- Marktinterdependenzen im Rahmen der Auftragsabwicklung tendenziell gering, da Entwicklung, Vertrieb und weitere Wertschöpfungsaktivitäten durch Projektorganisation gebündelt und koordiniert.
- Kaum Prozessinterdependenzen, da aus logistischen Gründen ausgeprägte Konzentration der Wertschöpfung im Zielmarkt.

LÄNDERÜBERGREIFENDER FOKUS DER LANDESGESELLSCHAFT

Standardleistung   Beispiel: Automobilindustrie

- Substitutionskonkurrenz ausgeprägt, da geringe logistische Hemmnisse und tendenziell abnehmende Kontrolle der Vertriebskanäle (z.T. gefördert durch Freizügigkeit).
- Marktinterdependenzen im Rahmen der Auftragsabwicklung nicht relevant.
- Ausgeprägte Prozessinterdependenzen durch regionale Streuung der Upstream - Wertschöpfung.

Kundenleistung   Beispiel: Automobilzulieferer

- Substitutionskonkurrenz gering, da regionale Akquisitionsaktivitäten der Landesgesellschaften vom Stammhaus kontrolliert werden können.
- Marktinterdependenzen im Rahmen der Auftragsabwicklung bedeutsam.
- Prozessinterdependenzen bedeutsam, da zur Realisierung von Kostenvorteilen und zur Erhöhung des akquisitorischen Potenzials ausgeprägte Tendenzen zur regionalen Streuung der Upstream - Wertschöpfung.

Übersicht 16: Branchenspezifischer Fokus von Landesgesellschaften

Als weiteres Beispiel für Kundenleistungen kann auf bestimmte Bereiche der Werkzeugmaschinenindustrie, insbesondere auf den Sondermaschinenbau, hingewiesen werden. Hier besteht auf Grund der weitgehenden Kontrolle regionaler Akquisitionsaktivitäten durch das Stammhaus keine nennenswerte Substitutionskonkurrenz. Marktinterdependenzen im Rahmen der Auftragsabwicklung sind dagegen durch die Einbeziehung von im Stammhaus verankerter Entwicklungskompetenz sehr ausgeprägt. Prozessinterdependenzen nehmen in dem Maße zu, in dem zur Realisierung von Kostenvorteilen und zur Erhöhung des akquisitorischen Potenzials die regionale Streuung der Upstream-Wertschöpfung an Bedeutung gewinnt. Verallgemeinernde Aussagen zur Werkzeugmaschinenindustrie sind nicht nur wegen der großen Heterogenität der Branche nur begrenzt möglich. Es kommt dazu, dass der hohe Anteil mittelständischer Unternehmungen hinsichtlich der Präsenz auf Auslandsmärkten und der Möglichkeiten zur regionalen Verteilung der Upstream-Wertschöpfung ganz spezifische Bedingungen schafft[35].

Wie die relativierenden Anmerkungen zur Charakterisierung der Werkzeugmaschinenindustrie zeigen, erlauben die Ausprägungen der jeweils verfolgten Wettbewerbsstrategie und weitere unternehmungs- und branchenspezifische Rahmenbedingungen nicht immer die eindeutige Zuordnung zu einem der eingeführten Typen für Landesgesellschaften. Zwischen dem länderbezogenen und länderübergreifenden Fokus existiert ein breites Spektrum an Zwischen- und Übergangsformen. So gibt es z.B. bei Haushaltsgeräten, die ohne Zweifel als Standardleistungen einzustufen sind, einerseits starke, im nationalen Verbraucherverhalten verankerte Besonderheiten, andererseits aber auch Tendenzen zur regionalen Streuung von Teilen der Upstream-Wertschöpfung. Eine Zwischenposition nimmt auch die kundenorientierte Erstellung von Schienenfahrzeugen ein, soweit sie auf Standardtechnologien zurückgreift. Hier ist die Substitutionskonkurrenz nicht besonders ausgeprägt und die Upstream-Wertschöpfung ist zu einem erheblichen Teil im Zielmarkt verankert. Die Entstehung von Marktinterdependenzen im Prozess der Auftragsabwicklung hängt von der Konzentration von Entwicklungs-Know-how im Stammhaus und der Notwendigkeit einer unmittelbaren Einbeziehung der entsprechenden Einheiten in den Akquisitionsprozess beim Kunden ab.

---

35) Vgl. zu den strategischen und organisatorischen Besonderheiten international tätiger mittelständischer Maschinenbauunternehmungen Frese/Lehnen/Valcárcel [Dienstleistungen] und Lehnen [Wettbewerbsstrategie].

3. Entscheidungsautonomie der Landesgesellschaften

In diesem Abschnitt wird die Frage erörtert, welche Auswirkungen die jeweils verfolgte Strategie auf den Entscheidungsspielraum der Landesgesellschaft hat

Die Einräumung von Entscheidungsautonomie ist aus der Perspektive der Koordination nur durchführbar, wenn gleichzeitig zwei Bedingungen erfüllt sind. Erstens muss es möglich sein, den nachgelagerten Einheiten autonome Komplexe von Teilentscheidungen zuzuweisen, so dass aufwendige Abstimmungsprozesse vermeidbar sind. Zweitens ist es erforderlich, dass aus dem übergeordneten Unternehmungsziel Kriterien abgeleitet und den nachgeordneten Einheiten verbindlich vorgegeben werden können, um eine zielkonforme Ausfüllung des Entscheidungsspielraumes zu gewährleisten.

Im Falle der Landesgesellschaften mit länderübergreifendem Fokus sind beide Voraussetzungen für die Delegation nicht oder nur sehr begrenzt erfüllt. Das Stammhaus und die zahlreichen Landesgesellschaften sind Bestandteil eines internationalen Leistungs- und Marktverbundes, so dass die Möglichkeit zur Bildung relativ autonomer Entscheidungskomplexe nicht besteht. Da die Zielsetzung letztlich in der länderübergreifenden Nutzung von Verbundvorteilen besteht, die nur aus der Perspektive einer Zentrale, in der Regel des Stammhauses, erkannt und realisiert werden können, sind allenfalls begrenzt Subziele ableitbar, die den Landesgesellschaften eigenverantwortliches Handeln ermöglichen könnten. Somit bewirkt diese Strategie grundsätzlich eine Stärkung der Zentrale bei gleichzeitiger Schwächung der Stellung der einzelnen Landesgesellschaften. Gleichwohl wird den Landesgesellschaften in der Regel Entscheidungsautonomie in Bezug auf marktnahe Downstream-Aktivitäten (z.B. Kundendienst) eingeräumt, da bei der zentralen Koordination solcher Aktivitäten kaum Verbundvorteile realisiert werden können und ihre Durchführung rechtzeitige und flexible Entscheidungen „vor Ort" erfordert. Für die praktische Umsetzung bedeutet dies, dass in der Zentrale primär strategische Grundsatzentscheidungen getroffen werden, während sich die Entscheidungsautonomie der Landesgesellschaften eher auf operative Aufgaben beschränkt.

Mit der hohen Zentralisierung sind allerdings aus der Sicht der Koordination[36)] gewisse Gefahren einer geringen Anpassungsflexibilität an Veränderungen in der Umwelt verbunden. Sie lassen sich einerseits auf die im Vergleich zu den Landesgesellschaften größere räumliche Entfernung der Zentrale zu den Absatzmärkten und die damit einhergehende geringere Reaktionsgeschwindigkeit zurückführen. Andererseits kann bei einer ausgeprägten Entscheidungszentralisation das in den Auslandsgesellschaften akkumulierte Markt- und Entwick-

---

36) Der Motivationsaspekt wird hier nicht behandelt.

lungs-Know-how von der Zentrale nur unvollständig genutzt werden. Zur Vermeidung dieser Nachteile versuchen Unternehmungen in dieser Situation, die Auslandsgesellschaften stärker in die Entscheidungsprozesse einzubeziehen. In diesem Zusammenhang ist das so genannte Lead Country-Konzept[37] beachtenswert, bei dem eine Landesgesellschaft für einen größeren regionalen Bereich, im Extremfall für den gesamten Weltmarkt, die Koordination aller Aktivitäten in Bezug auf ein Produkt oder eine Produktgruppe übernimmt, gleichzeitig aber alle anderen Landesgesellschaften aktiv in den Prozess der Ideengenerierung und Entscheidungsfindung einbezogen werden. Mit diesem Konzept kann nicht nur eine signifikante Verbesserung der Entscheidungsqualität in den Auslandsgesellschaften erzielt werden; bei konsequenter Anwendung führt es auch zu einer veränderten Rolle des Stammhauses. Wenn stark diversifizierte multinationale Unternehmungen ihren Auslandsgesellschaften in bestimmten Kernmärkten die weltweite Produktverantwortung übertragen, lässt sich die Annahme einer hierarchischen Ausrichtung der Unternehmensbereiche bzw. Landesgesellschaften an dem Stammhaus nicht mehr aufrechterhalten. Eine Zentrale der Gesamtunternehmung im eigentlichen Sinne des Wortes existiert dann nicht; stattdessen fungieren neben der ursprünglich dominanten Muttergesellschaft gleichrangige Landesgesellschaften als „Gravitationszentren" für bestimmte Produkte bzw. Produktgruppen[38].

Für Landesgesellschaften, die einen länderbezogenen Fokus aufweisen, wird die Entscheidungsautonomie weitgehend vom Stammhaus auf die Ebene der Auslandsgesellschaften übertragen. Da in diesem Fall jede Landesgesellschaft über nahezu sämtliche zur Leistungserstellung erforderlichen Wertschöpfungsaktivitäten verfügt und länderübergreifenden Verbundvorteilen nur eine sehr geringe Bedeutung zukommt, ist eine weit reichende Delegation der Entscheidungskompetenzen auch mit strategischem Charakter möglich und sinnvoll. Die Muttergesellschaft beschränkt sich dann auf länderübergreifende Aufgaben, z.B. auf einen gelegentlichen Know-how-Transfer oder die lockere Führung der Tochtergesellschaften anhand finanzieller Kennziffern.

c. Projektmanagement

Häufige Änderungen der Technologie und der Märkte sowie wachsende Unternehmungsgrößen haben zur Entwicklung von Organisationskonzepten für das

---

[37] Bartlett/Ghoshal [Arbeitsteilung] 54 f.
[38] Vgl. zu diesen auch als „heterarchisch" bezeichneten internationalen Unternehmen Hedlund/Rolander [Action].

Projektmanagement geführt, mit denen die Grenzen der traditionellen Organisation bei der Bewältigung komplexer Aufgaben überwunden werden sollen.

1. Projekte in Unternehmungen

1.1 Projektbegriff und Projektaufgaben

Die Anforderungen an die Projektorganisation ergeben sich aus den Eigenarten eines Projektes: Projekte umfassen Aufgaben, die durch die Merkmale „zeitliche Befristung", „Komplexität" und „relative Neuartigkeit" gekennzeichnet sind [39]. Obwohl Anfang und Schluss definiert werden, können Projektaufgaben wegen ihres einmaligen Charakters mit erheblichem Risiko behaftet sein. Sie enthalten eine Vielzahl von schwer vorausbestimmbaren Teilaktivitäten und Interdependenzen, deren Wirkungen die Grenzen eines Unternehmungsbereiches überschreiten. Projekte erfordern daher in hohem Maße die Mitwirkung verschiedener Spezialisten und die Bereitstellung unter Umständen erheblicher technischer und finanzieller Ressourcen. Auf der Grundlage dieses Projektbegriffs lässt sich die eigentliche Problematik der Projektorganisation vor allem durch die Hervorhebung zweier Aspekte beschreiben:

1. Projekte sind befristete Vorhaben. Sie bringen deshalb ein instabiles Element in ein auf Dauer angelegtes organisatorisches System. Für die organisatorische Gestaltung entsteht damit die Frage, ob man die bestehende Organisation ganz auf die Anforderungen des Projekts – mit allen Konsequenzen der Einrichtung und Auflösung – ausrichten soll, oder ob man das Projekt im Rahmen der bestehenden Organisation abwickelt. Mit der letztgenannten Lösung würde man zwar die Stabilität des bestehenden Systems aufrechterhalten, unter Umständen aber auf eine effiziente Projektorganisation verzichten. Diese Schwierigkeit bestimmt weitgehend die Diskussion um die Gestaltung der Projektorganisation.

2. Erschwert wird die Lösung dieses Dilemmas durch die Tatsache, dass Projekte in der Regel die Mitwirkung verschiedener Unternehmungsbereiche erfordern [40].

---

39) Eine prägnante Definition findet sich bei *Cleland und King*: "A combination of human and nonhuman resources pulled together in a „temporary" organization to achieve a specified purpose." (Cleland/King [Analysis] 187). Vgl. auch Frame [Projects] 2 f. und Archibald [Projects] 25.

40) Vgl. z.B. Stuckenbruck [Integration] 59.

Unter „Projektmanagement" wird in der Literatur vorwiegend die Planung, Steuerung und Kontrolle der einzelnen Projektaktivitäten in Bezug auf Zeit, Kosten und Ressourcenbereitstellung verstanden[41]. Zur methodischen Unterstützung steht dabei das umfangreiche Instrumentarium der Netzplantechnik zur Verfügung[42].

Für die Auseinandersetzung mit der organisatorischen Problematik projektbezogener Aktivitäten sollen Fragen des Projektmanagements jedoch in den Hintergrund treten. Bei der Diskussion organisatorischer Aspekte stehen die Zuordnung bestimmter Projektaufgaben zu den einzelnen Aufgabenträgern sowie die Herstellung von Kommunikationsbeziehungen im Mittelpunkt.

Projektaufgaben sind alle Aktivitäten, die erforderlich sind, um das vorab definierte Projektergebnis zu realisieren. Wie bei den bisherigen Ausführungen soll auch hier nach der generell gültigen Einteilung in projektbezogene Planungs- und Realisationsaufgaben unterschieden werden. Bei den projektbezogenen Realisationsaufgaben wird zwischen Aufgaben der Beschaffung und des Einsatzes von Ressourcen (z.B. Beschaffung von Personal für eine bestimmte Projektphase) und den unmittelbar auf die Realisation des Projektziels ausgerichteten Aufgaben (z.B. Lösung eines bestimmten Konstruktionsproblems) differenziert.

1.2 Projektphasen und Projektarten

Die organisatorische Gestaltung von Projektaktivitäten muss von der differenzierten Betrachtung der einzelnen Phasen, die ein Projekt bis zu seinem Abschluss durchläuft, ausgehen.

In der Literatur herrscht weitgehende Übereinstimmung über die Grundstrukturen der Phaseneinteilung. Die meisten Vorstellungen lassen sich auf die Zweiteilung in Projektplanung und Projektrealisation zurückführen. Einzelne Autoren entwickeln, etwa durch die Einbeziehung der Phasen „Projektidee" bzw. „Projektbetreuung", differenziertere Gliederungen. Aufschlussreich ist in diesem Zusammenhang der Beitrag von *Haberfellner*[43], die sich um eine generell gültige, von den materiellen Zielformulierungen des einzelnen Projekts abstrahierende Phasengliederung bemühen.

---

41) Vgl. z.B. Frame [Projects] 5; Kerzner [Management] 2 ff.; Archibald [Projects] 4 f. sowie Burghardt [Projektmanagement] 12.
42) Vgl. Frame [Projects] 154 ff.; Roman [Projects] 141 ff.; Kerzner [Management] 584 ff.; Archibald [Projects] 186 ff. und Moder [Techniques] 324 ff.
43) Vgl. Haberfellner [Systems] 378.

Verglichen mit der Gliederung nach Phasen lassen sich hinsichtlich verschiedener Prozessarten viele Systematisierungen nachweisen[44]. Sie sind je nach der formulierten Zwecksetzung unterschiedlich zu beurteilen. Die verbreitete materielle Einteilung, etwa nach dem Charakter des Projektziels in Bauvorhaben, Anlagenprojektierungen, Entwicklung neuer Produkte, Fusionen von Unternehmungen sowie die Umstellung auf neue Produktions- und Informationsverarbeitungssysteme, hat den Nachteil, dass sich daraus nur begrenzt organisationsspezifische Schlussfolgerungen ableiten lassen.

Hier sollen drei Unterscheidungen eingeführt werden, die für die weitere Auseinandersetzung mit der organisatorischen Problematik aussagefähig sind:

Sachzielorientierte Projekte – prozessorientierte Projekte

Sachzielorientierte Projekte sind auf die Veränderung des Produktions- und Absatzprogramms einer Unternehmung ausgerichtet. Ein Beispiel ist die Entwicklung eines neuen Produkts. Besondere Bedeutung erlangen sachzielorientierte Projekte, wenn – wie im Anlagenbau – das Produktions- und Absatzprogramm zum größten Teil im Rahmen von Projekten realisiert wird.

Prozessorientierte Projekte knüpfen an den unternehmungsinternen Prozessen an, also den Verfahren, die auf die jeweilige Erzeugung eines bestimmten (Zwischen-) Produkts bzw. einer (internen) Dienstleistung ausgerichtet sind. Bei den prozessorientierten Projekten kann zwischen Leistungs- und Verwaltungsprozessen unterschieden werden. Leistungsprozesse sind Realisationsvorgänge vor allem im Beschaffungs-, Produktions- und Absatzbereich. Die Umstellung der Fertigung vom Fließband- zum Werkstattprinzip ist ein Beispiel für ein auf die Struktur des Leistungsprozesses ausgerichtetes Projekt. Verwaltungsprozesse umfassen vor allem Informationsprozesse zur Koordination der Leistungsprozesse. Als Projekt ist hier beispielsweise die Automatisierung der Informationsverarbeitung in einem bestimmten Unternehmungsbereich zu nennen.

Die Rechtfertigung der organisationsbezogenen Unterscheidung zwischen sachziel- und prozessorientierten Projekten liegt in der Tatsache begründet, dass die Projekttypen nach ihrer Realisation zu unterschiedlichen Konsequenzen für die Unternehmungsstruktur führen. Sachzielorientierte Projekte sind in der Regel nach ihrer Realisation für die Unternehmung abgeschlossen. Es ergeben sich durch das Projektergebnis keine zwangsläufigen Auswirkungen auf die Unternehmungsstruktur. Diese Feststellung schließt nicht aus, dass mit der Einfüh-

---

44) Beck [Projektorganisation] 59 ff.

rung eines neuen Produkts ganz neue Aufgaben- und Strukturanforderungen entstehen können. Prozessorientierte Projekte haben dagegen nach ihrer Realisation notwendigerweise Auswirkungen auf die Aufgaben- und Unternehmungsstruktur. So ändert sich mit der Automatisierung der Informationsverarbeitung für die Zukunft die Struktur bestimmter Verwaltungsprozesse. Bei prozessorientierten Projekten hat deshalb die Phase „Projektbetreuung und Projektnutzung" ein ganz anderes Gewicht als bei sachzielorientierten Projekten. Die organisatorischen Fragen der Durchsetzung von Änderungen[45]) sind ein zentrales Problem prozessorientierter Projekte. Ohne Zweifel stellen darüber hinaus sachziel- und prozessorientierte Projekte hinsichtlich der Auslösung des Projekts unterschiedliche Anforderungen an die Organisationsstruktur. Unter diesem Aspekt, der vor allem die Beziehungen zwischen Unternehmung und Umwelt berührt, ergeben sich Überschneidungen mit dem folgenden Merkmal „Ausmaß der externen Beeinflussung".

Extern beeinflusste Projekte – extern unbeeinflusste Projekte

Bei dieser Unterscheidung kann es sich nur um eine graduelle Abstufung handeln, denn letztlich sind alle Projekte in einer Unternehmung extern durch Marktvorgänge ausgelöst. Es lässt sich in diesem Rahmen eine unterschiedliche Intensität externer Einflussnahme auf die Projektaktivitäten feststellen. So ist bei dem Projekt einer Großanlage, die ganz auf die individuellen Anforderungen des Auftraggebers ausgerichtet ist, die externe Einflussnahme ohne Zweifel größer als bei der mit eigenen Mitteln durchgeführten Umstellung eines Fertigungsverfahrens.

Aus der Existenz externer Einflussmöglichkeiten ergeben sich spezifische Anforderungen an die organisatorische Struktur des Projektbereichs. Neben der schon erwähnten Problematik der Projektauslösung muss vor allem durch organisatorische Regelungen die Kommunikation zwischen Projektbereich und externen Projektinteressenten gesichert werden. So ist beispielsweise in einigen Betrieben der Werftindustrie eine besondere Projektstelle für den Kontakt mit dem auftraggebenden Reeder verantwortlich. Generell kann man sagen, dass die Koordination der Projektaktivitäten mit zunehmender externer Einflussnahme anspruchsvoller wird, da die Ungewissheit für die Projektplanung wächst.

---

45) Vgl. zum Problem der Durchsetzung von Änderungen und des Widerstands gegen Innovationen Hauschildt/Salomo [Innovationsmanagement] 120 ff.

Projekte mit hohem Neuartigkeitsgrad – Projekte mit geringem Neuartigkeitsgrad

Jedes Projekt besitzt ex definitione ein gewisses Maß an Neuartigkeit. Abstufungen ergeben sich hinsichtlich dieses Merkmals durch die Tatsache, dass verschiedene Projekte in der Regel bestimmte Teilprobleme gemeinsam haben. Der Anteil bekannter, bereits früher gelöster Teilprobleme an dem gesamten Problembestand eines Projekts bestimmt den jeweiligen Grad der Neuartigkeit. Es bedarf keiner weiteren Diskussion, dass mit zunehmendem Grad an Neuartigkeit die Anforderungen an die Projektplanung bzw. an die Projektkoordination und der Umfang der einzusetzenden Ressourcen steigen.

2. Projektorientierte Organisationsformen

Die Zahl der Vorschläge zur Systematisierung der verschiedenen projektorientierten Organisationsformen ist kaum noch zu übersehen. Nur auf wenigen Gebieten der Organisationslehre hat es in den letzten Jahren – vor allem von praktischer Seite – eine so lebhafte Auseinandersetzung mit organisatorischen Strukturformen gegeben. In dieser Tatsache spiegelt sich die hier zu behandelnde Grundproblematik des Projektbereichs wider: Die Gestaltung des „Fremdkörpers" Projektorganisation im Rahmen bestehender, auf die Erfüllung von Produktaufgaben ausgerichteter, Organisationsstrukturen. Den meisten Klassifikationsvorschlägen liegt das Kriterium der Kompetenzaufteilung zwischen Projekteinheiten und „Linien"-Einheiten, d.h. den Stellen der bestehenden Organisationsstruktur, zu Grunde[46].

Bei der Analyse der Projektorganisation können zwei Betrachtungsweisen unterschieden werden.

Die eine Betrachtungsweise stellt die Frage nach der organisatorischen Gestaltung von Projektaufgaben. Wie bei der organisatorischen Regelung von permanenten Leistungserstellungsprozessen lassen sich dabei prinzipiell handlungsorientierte, (projekt-)zielorientierte und feldorientierte Grundformen unterscheiden. Von besonderer praktischer Bedeutung sind diese Strukturalternativen bei der Errichtung selbständiger Institutionen für die Abwicklung von Großprojekten[47], bei auf die Durchführung von Projekten spezialisierten Un-

---

46) Vgl. hierzu insbesondere die Arbeiten von Galbraith [Matrix]; Wheelwright/Clark [Revolutionizing] 190 ff.; Krüger/Homp [Kernkompetenzmanagement] 373 ff.; Reiß [Projektmanagement]; Steinle [Projektarbeit] sowie den Übersichtsartikel von Larson/Gobeli [Structures].
47) Vgl. hierzu Doralt/Grün/Nowotny [Rechtsform].

ternehmungen (z.B. Ingenieurbüros) und bei der internen Strukturierung der noch zu behandelnden „Reinen Projektorganisation"[48]. Bei handlungsorientierten Strukturen ist der Projektbereich nach den zu erfüllenden Projektfunktionen gegliedert. Abb. 100 gibt ein vereinfachtes Beispiel für ein verfahrenstechnisches Projekt wieder. Alle Entscheidungen, die auf die Realisierung bestimmter Projektziele oder Projektteilziele ausgerichtet sind, werden bei zielorientierten Strukturen in einem Bereich zusammengefasst. Abb. 101 gibt die Grundstruktur einer nach Teilprojekten (Baugruppen) gegliederten Projektorganisation aus dem Rüstungsbereich wieder. Feldorientierte Strukturen können sich an markt- und ressourcenorientierten Merkmalen ausrichten. Die Marktdimension dürfte allerdings wohl nur in Sonderfällen, etwa bei einem auf die Markteinführung von Produkten ausgerichteten Projekt, in Frage kommen. Realistisch erscheint allenfalls eine Segmentierung nach Ressourcen. Es werden dann alle Entscheidungen, die sich auf den Einsatz bestimmter Ressourcen beziehen, in einem Bereich zusammengefasst. Aber auch diese Lösung hat offensichtlich keine praktische Bedeutung, wie die Durchsicht der umfangreichen Projektliteratur belegt.

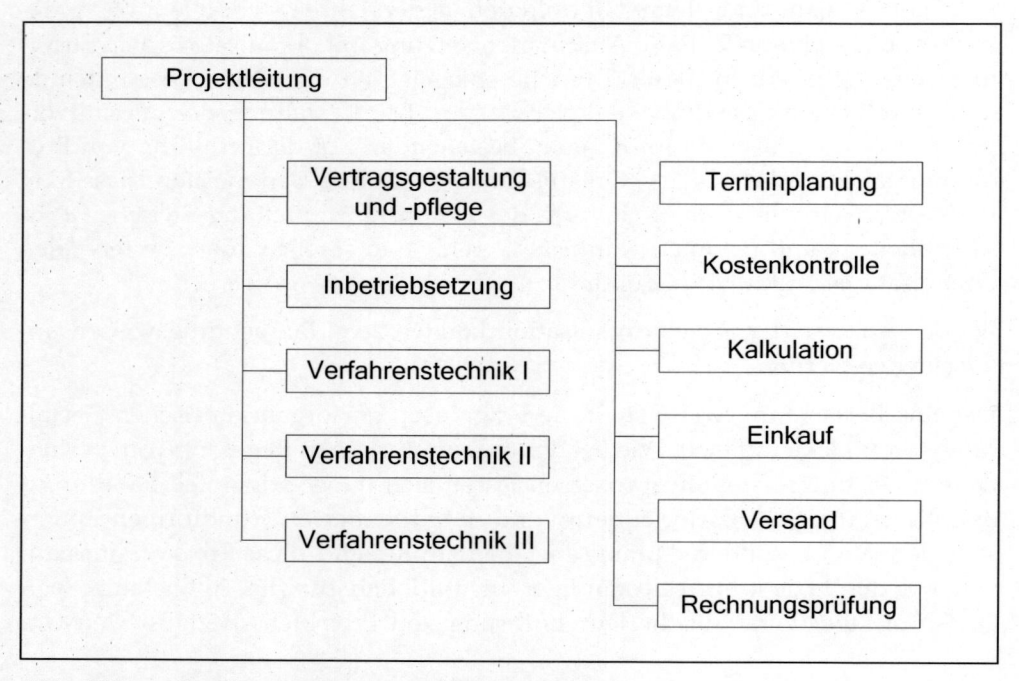

Abb. 100:   Handlungsorientierte Projektorganisation

[48) Vgl. S. 498 ff.

Die andere Betrachtungsweise betrifft die organisatorische Verankerung von Projektaufgaben im Rahmen einer bestehenden, auf die Erfüllung von permanenten Aufgaben ausgerichteten Organisationsstruktur. Diese Fragestellung steht im Mittelpunkt dieses Abschnitts. Entsprechend der bei der Behandlung mehrdimensionaler Organisationsstrukturen eingeführten Abstufung nach Anwendung des Stabs-, Matrix- oder Ausgliederungsprinzips lassen sich verschiedene Organisationsformen unterscheiden. Zusätzlich eingeführt wird der Fall der Abwicklung von Projektaufgaben ohne die Bildung gesonderter Projekteinheiten. Damit ergeben sich vier Formen:

1. Organisation ohne strukturelle Projektausrichtung
2. Stabs-Projektorganisation
3. Matrix-Projektorganisation
4. Reine Projektorganisation

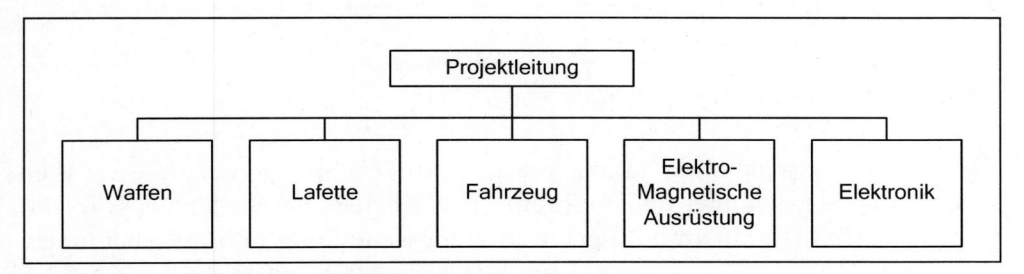

Abb. 101:   Zielorientierte Projektorganisation

2.1   Organisation ohne strukturelle Projektausrichtung

Einen Grenzfall bei der organisatorischen Gestaltung des Projektbereichs bildet der Verzicht auf die Einrichtung projektbezogener Einheiten. Die bestehende funktions-, produkt- oder marktorientierte Organisationsstruktur wird dann nicht an die spezifischen Bedingungen eines Projekts angepasst. Die Koordination der Projektaktivitäten fällt in den Aufgabenbereich bestehender Stellen, sei es der Unternehmungsleitung oder eines Geschäftsbereichs. Bei den weiteren Überlegungen kann diese organisatorische Strukturalternative vernachlässigt werden, weil sie allenfalls für unbedeutende Projekte geringen Komplexitätsgrades ausreicht.

2.2 Stabs-Projektorganisation

Bei dieser Organisationsform werden bestimmte Projektaufgaben von Stäben wahrgenommen; ein Beispiel ist in Abb. 102 dargestellt.

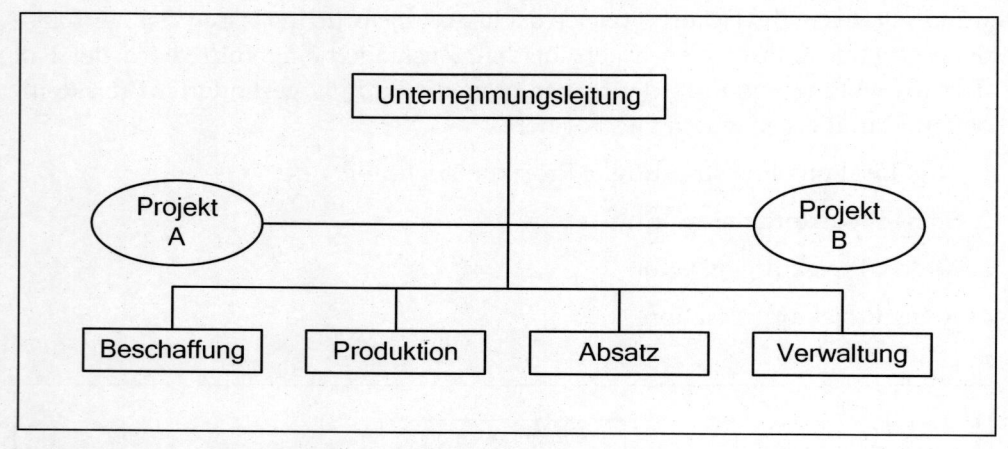

Abb. 102:   Stabs-Projektorganisation

Die einzelne Projekteinheit hat entsprechend ihrer Stabseigenschaft keine Weisungsbefugnis gegenüber den an ihrem Projekt beteiligten Stellen. Die Projektstäbe sind vielmehr allein mit der Informationssammlung und Entscheidungsvorbereitung für das von ihnen zu betreuende Projekt beauftragt.

Auf Grund ihrer engen Zusammenarbeit mit den projektbeteiligten Stellen, ihres hohen Informationsstandes und ihres Fachwissens üben Projektstäbe faktisch einen wesentlich stärkeren Einfluss auf die Projektaktivitäten aus, als es der Stabskonzeption entspricht[49].

2.3 Matrix-Projektorganisation

Die in der Praxis häufig anzutreffende[50] Matrix-Projektorganisation beruht auf einer Kompetenzaufteilung zwischen dem auf die Erfüllung permanenter Aufgaben („Produktaufgaben") ausgerichteten und dem projektbezogenen Lei-

---

[49] So wird diese Organisationsform in der Literatur in Anlehnung an Steiner/Ryan [Project] 7 ff. häufig auch als „Einfluss"-Projektorganisation bezeichnet. Vgl. auch Burghardt [Projektmanagement] 79.

[50] Vgl. für die Durchführung von F & E Projekten in deutschen Industrieunternehmungen Rickert [Multi-Projektmanagement] 88.

tungssystem; Abb. 103 gibt die Struktur der Matrix-Projektorganisation beispielhaft wieder. In der Matrix-Projektorganisation liegt eine Überschneidung von Entscheidungskompetenzen hinsichtlich des Einsatzes von Ressourcen vor.

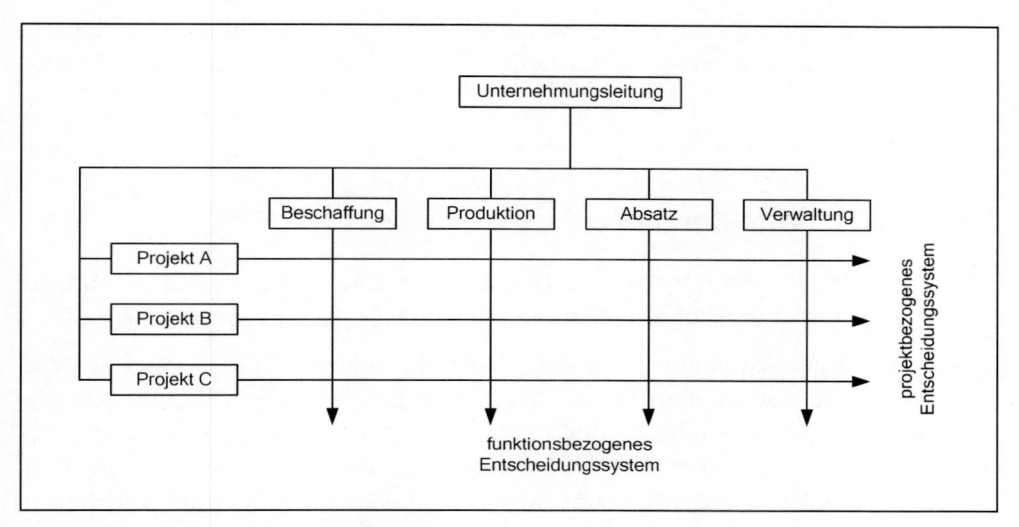

Abb. 103: Matrix-Projektorganisation

Der Begriff der Matrix-Projektorganisation wird in der Literatur häufig als Oberbegriff für eine Vielzahl von Varianten der Projektorganisation benutzt[51]. Wenn man von einigen vagen Umschreibungen absieht, die den Eindruck einer Gleichsetzung von Projektorganisation und Matrix-Projektorganisation erwecken, brauchen die meisten Autoren den Begriff „Matrix" für alle die Fälle, in denen die Projektaktivitäten in Zusammenarbeit mit verschiedenen Fachabteilungen abgewickelt werden. Die Mitglieder an einem Projekt sind also nicht aus ihren angestammten Abteilungen ausgegliedert. Diese begriffliche Fassung des Matrixkonzepts wird hier nicht übernommen. [52] Es erfolgt vielmehr eine Einschränkung auf die Fälle, in denen die Projekteinheiten (und auch die mit der Erfüllung permanenter Aufgaben betrauten Einheiten) unmittelbar Weisungsbefugnis gegenüber den in den Stammabteilungen verbleibenden Projektmitarbeitern haben[53].

---

51) Vgl. die schon erwähnten Klassifikationen von Galbraith [Matrix]; Wheelwright/Clark [Revolutionizing] und Larson/Gobeli [Structures].
52) Vgl. zum Matrixbegriff auch S. 196 ff.
53) Vgl. hierzu auch das Konzept des „Heavyweight-Team-Managers" bei Clark/Fujimoto [Development] 241 ff.

Die Verbindung funktions- (bzw. markt- oder produkt-)orientierter und projektbezogener Perspektiven führt durch die bereits angesprochene Überschneidung von Entscheidungskompetenzen[54] zu einem erhöhten Konfliktpotenzial und Abstimmungsbedarf. Die hieraus resultierende spezifische Problematik des Matrixkonzepts wird bei der Analyse der Koordinationskonsequenzen der verschiedenen projektorientierten Organisationsstrukturen[55] noch im Einzelnen untersucht[56].

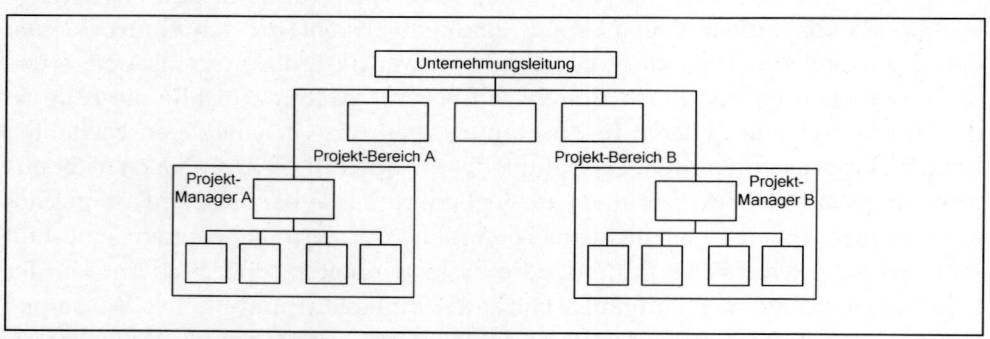

2.4 Reine Projektorganisation

Die nachhaltigste Anpassung der bestehenden Organisationsstruktur an die Anforderungen eines Projekts stellt die „Reine Projektorganisation" dar.

Bei dieser Organisationsform werden projektbezogene Aufgaben aus den Geschäftsbereichen ausgegliedert und die Projektbeteiligten aus den verschiedenen Unternehmungsbereichen der Projektleitung in einem selbständigen Projektteilbereich zugeordnet. Der Projektleiter hat dann uneingeschränkte Weisungsbefugnis gegenüber diesen Mitarbeitern. Nicht selten werden solche nach dem Prinzip der „Reinen Projektorganisation" gebildeten Projektbereiche zur Keimzelle für neue, eigenständige Geschäftsbereiche[57]. Abb. 104 gibt ein Beispiel für eine „Reine Projektorganisation" wieder.

Abb. 104:   Reine Projektorganisation

---

54) Eine Erörterung und empirische Analyse der Kompetenzverteilung zwischen Projektmanagern und Fachabteilungsleitern findet sich bei Rickert [Multi-Projektmanagement] 88 ff.
55) Vgl. S. 504 ff.
56) Zur Problematik von Matrixstrukturen vgl. auch Groetschel [Matrixprojektorganisation]; Denis [Matrix]; Ford/Randolph [Structures] und Gobeli/Larson [Effectiveness].
57) Vgl. Clark/Wheelwright [Teams] 14.

Bisher wurde unterstellt, dass die nach dem Konzept der „Reinen Projektorganisation" zusammengefassten Mitarbeiter an einem Projekt durch Freistellung aus den verschiedenen Teilbereichen rekrutiert werden. Diese dem Task-Force-Modell[58] entsprechende Vorgehensweise liegt den meisten praktischen Lösungen zu Grunde. Es ist natürlich auch denkbar und durchaus üblich, für einen Projektbereich unternehmungsexterne Mitarbeiter anzuwerben. „Reine Projektorganisationen" werden problematisch, wenn sich die Projekte über einen größeren Zeitraum erstrecken und damit die Projektmitarbeiter entsprechend lange aus ihren (funktionalen) Teilbereichen abgezogen werden. Wenn man von der These ausgeht, dass stabile, funktionsorientierte Bereiche den dauernden fachlichen Austausch zwischen auf ähnlichen Gebieten arbeitenden Spezialisten fördern und somit zur Know-how-Bildung beitragen, können sich „reine Projektorganisationen" als nachteilig erweisen. Hier besteht die Gefahr, dass insbesondere in Arbeitsfeldern, in denen sich das zu Grunde liegende Know-how sehr schnell ändert (z.B. Biotechnologie, Halbleiterindustrie), die abgestellten Projektmitarbeiter den Anschluss an neue fachspezifische Entwicklungen verpassen. Vor diesem Hintergrund stellen Allen/Hauptmann weiterführende Überlegungen an, welchen Einfluss neuere Entwicklungen in der Informationstechnologie (hier insbesondere E-Mail, Bulletin-Bords, Datenbank-/Recherchesysteme etc.) auf die Auswahl zwischen Funktional- und (reinen) Projektstrukturen haben können. Die jeweils zu bevorzugende organisatorische Ausgestaltung eines Projekts hängt in ihrem kommunikationsorientierten Modell grundsätzlich von den Parametern „Änderungsrate der Wissensbasis", „Aufgabendauer" und „aufgabenbezogene Interdependenzen" ab und kann durch die Einbringung von Informationstechnologie zusätzlich beeinflusst werden [59].

Als eine extreme Ausprägung der Form der „Reinen Projektorganisation" kann die Gründung projektspezifischer Einzweckunternehmungen bezeichnet werden. Solche Lösungen sind nur bei großen Projekten sinnvoll, wie sie vor allem in der Raum- und Luftfahrt zu finden sind.

---

58) Vgl. zum Task-Force-Ansatz Frame [Projects] 101; Kerzner [Management] 114 ff.; Ellis [Groups] 142.
59) Vgl. Allen/Hauptmann [Influence] 475 ff. Grundsätzliche Überlegungen zu den Kommunikationskonsequenzen der Alternativen „Funktionalorganisation" und „(reine) Projektorganisation" im Bereich F&E finden sich bei Allen [Structure] 212 ff.

3. Ausgestaltung der Projektorganisation

3.1 Hierarchische Eingliederung des Projektbereichs in die Gesamtorganisation

Bei der hierarchischen Einordnung des Projektbereichs in die Gesamtorganisation geht es um die Frage, welcher Organisationseinheit die oberste Stelle des Projektbereichs unterstellt wird. Maßgeblich ist hierbei die Identifizierung der für das betrachtete Projekt zuständigen Projektinstanz. Als Projektinstanz soll die Stelle bezeichnet werden, die auf Grund ihrer Entscheidungskompetenz die Ressourcenausstattung und den Ablauf der Projektaktivitäten in dem betrachteten Projektbereich bestimmen kann.

Die Voraussetzungen einer Projektinstanz sind natürlich immer bei der Unternehmungsleitung gegeben; die Unterstellung eines Projektbereichs unmittelbar unter die Unternehmungsleitung ist in der Praxis auch durchaus keine Seltenheit. Allerdings ist eine solche Regelung wohl nur bei außerordentlich bedeutsamen Projekten sinnvoll. Ein Beispiel ist die Umstrukturierung der gesamten Unternehmung von einer funktionsorientierten in eine spartenorientierte Struktur. Darüber hinaus wird die unmittelbare Unterstellung unter die Unternehmungsleitung häufig gewählt, um die Autorität und Unabhängigkeit der Projektleitung zu stärken. In der Regel wird die projektbezogene Entscheidungskompetenz und damit der Charakter einer Projektinstanz auf Einheiten, die der Unternehmungsleitung nachgeordnet sind, übertragen. Die Projektinstanz braucht keine Singularinstanz zu sein; häufig werden die Entscheidungsfunktionen von eigens gegründeten Ausschüssen wahrgenommen.

Betrachtet man das Problem der Einordnung des Projektbereichs aus dieser Perspektive, so ist im Rahmen der Stabs-Projektorganisation die Lösung unproblematisch: Die Projekteinheit wird als Stab der Projektinstanz zugeordnet. Nur so kann der Projektstab seiner Assistenzfunktion gerecht werden.

Auch bei der Matrix-Projektorganisation bildet die Projektinstanz den Bezugspunkt bei der Einordnung in die Organisationsstruktur. Da die Projekte hinsichtlich der Inanspruchnahme von Ressourcen in der Regel bereichsübergreifenden Charakter haben, wird üblicherweise eine bereichsunabhängige Lösung gewählt. So wäre es im Falle des schon wiederholt zitierten *Concorde*-Projekts ohne Zweifel problematisch, den Leiter für das Projekt dem Fachbereich „Rohrleitungsbau" einzugliedern. Eine solche bereichsbezogene Lösung wäre allenfalls bei unbedeutenden oder in dem entsprechenden Fachbereich konzentrierten Projekten vertretbar. Bei komplexen Projekten wird dagegen die Projektleitung meist bereichsunabhängig installiert und der Projektinstanz unmittelbar unterstellt. Die bereichsunabhängige Vorgehensweise scheint auch in der Praxis – schon aus Gründen der Durchsetzung – die am meisten verbreitete Form zu sein.

Eine andere Dimension erhält die Einordnungsproblematik im Konzept der „Reinen Projektorganisation". Da der Projektbereich organisatorisch verselbständigt und auf die Ressourcen anderer Unternehmungsbereiche nicht angewiesen ist, hat hier die Diskussion um die Vorteile bereichsunabhängiger oder bereichsintegrierter Lösungen keine Bedeutung. Das wird ganz deutlich, wenn der Projektbereich als Neben- oder Parallelhierarchie außerhalb der ständigen Organisationshierarchie angesiedelt ist. Entscheidend für die Einordnung ist die Frage, wie die Verbindung zur Projektinstanz gesichert wird. Diese Frage wird im Folgenden noch eingehend diskutiert.

3.2 Interne Organisation des Projektbereichs

Bei den folgenden Überlegungen zur internen Struktur des Projektbereichs sollen die Probleme der Projektleitung getrennt von denen der Projektausführung behandelt werden. Je nach der Zahl der an der Projektleitung beteiligten Mitarbeiter kann man zwischen einer einfachen unipersonellen Leitungsstruktur, bei der die Leitung des Projekts nur einem einzelnen Aufgabenträger obliegt, und einer aufwendigeren multipersonellen Leitungsstruktur unterscheiden. Bei den weiteren Überlegungen beschränken wir uns auf den zweiten Fall; im Mittelpunkt steht damit das Problem der Arbeitsteilung in der Projektleitung.

Bevor die Frage nach den Kriterien zur Gestaltung der Leitungsstruktur erörtert wird, soll auf die grundsätzlichere Frage nach der Institutionalisierung einer Projektleitung in der Organisationsstruktur einer Unternehmung eingegangen werden. Bei den bisherigen Überlegungen wurde unterstellt, dass die Einrichtung einer Projektorganisation eine vorübergehende Erscheinung ist, die mit der Beendigung eines Projekts wieder aufgelöst wird. Das trifft für eine große Zahl von Projekten ohne Zweifel zu. Allerdings lässt sich in der Praxis mit zunehmender Häufigkeit von Projekten – zumal wenn sie, wie im Anlagenbau, auf verwandter technologischer Basis beruhen – eine Tendenz zu permanenten Regelungen beobachten.

Im Folgenden soll nun das Problem diskutiert werden, wie eine multipersonelle Projektleitung zu strukturieren ist, damit sie ihre Aufgaben effizient erfüllen kann[60]. Interessante Aufschlüsse zu dieser von der Organisationsforschung

---

60) Der Projekterfolg hängt allerdings nicht nur von einer effizienten Strukturierung der Projektleitung ab, sondern auch von den individuellen Fähigkeiten und Eigenschaften der Projektleiter, wovon hier abstrahiert wird. Eine empirische Untersuchung zum Phänomen

b.w.

kaum behandelten Frage vermittelt eine auch heute noch aufschlussreiche empirische Studie von *Burns* [61].

Burns untersuchte Matrixorganisationen für umfangreiche Projekte. Die Leitung dieser Projekte hatte einen Ausgleich zwischen zwei unterschiedlichen Problemperspektiven sicherzustellen: Die zu koordinierenden ausführenden Projektaktivitäten waren in der Regel nach selbständigen Teilprojekten gegliedert, die zu beschaffenden Ressourcen waren in den verschiedenen Fachbereichen üblicherweise nach bestimmten Ressourcenmerkmalen zusammengefasst. Orientierte sich die organisatorische Gliederung der Projektleitung an den für die Projektausführung gebildeten Teilprojekten, so entstanden andere Kommunikationsbeziehungen zwischen Projektkoordination und den in Anspruch zu nehmenden Fachbereichen als bei einer Gliederung, die sich an der ressourcenbezogenen Fachbereichseinteilung ausrichtete (vgl. Abb. 105 und Abb. 106).

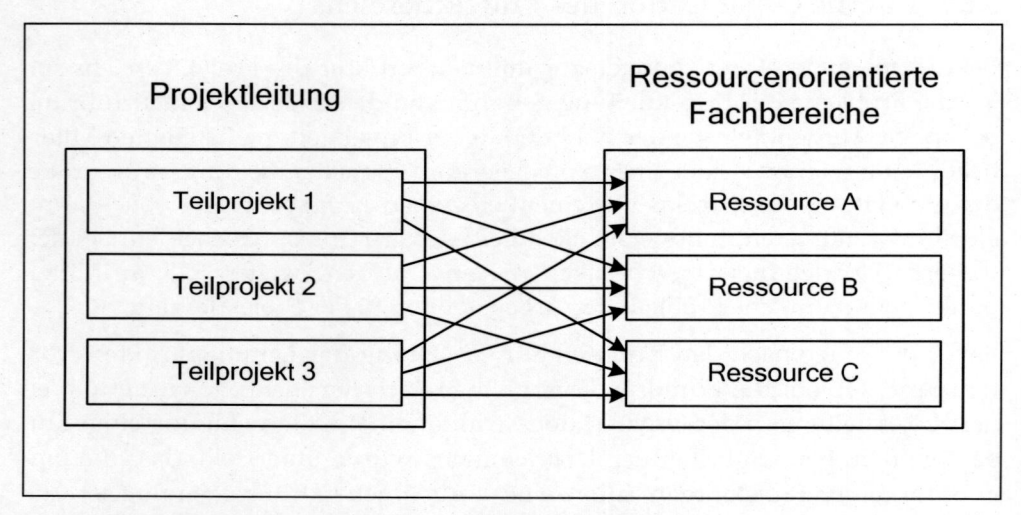

Abb. 105: Teilprojektorientierte Gliederung der Projektleitung

Es liegt nahe, dass die ressourcenorientierte Gliederung der Projektleitung die Kooperation mit den Fachbereichen fördert. Die jeweiligen Projekteinheiten, können sich besser auf die Eigenarten und Bedingungen einer Ressourceneinheit einstellen. Berücksichtigt man jedoch, dass die Leitung eines Projekts sich im Wesentlichen an Teilprojekten orientiert, so muss eine ressourcenorientierte Gliederung die Kooperation innerhalb der Projektleitung sowie zwischen Pro-

---

des Projektleiters liefert Keim [Projektleiter]; siehe auch Hauschildt/Keim [Promotorenmodell].
61) Vgl. Burns [Management] 144 ff.

jektleitung und Projektausführung zwangsläufig erschweren[62]. Die Lösung wird im Einzelfall entscheidend von dem Ausmaß der externen Ressourcenabhängigkeit eines Projektbereichs und von dem Knappheitsgrad der Ressourcen bestimmt.

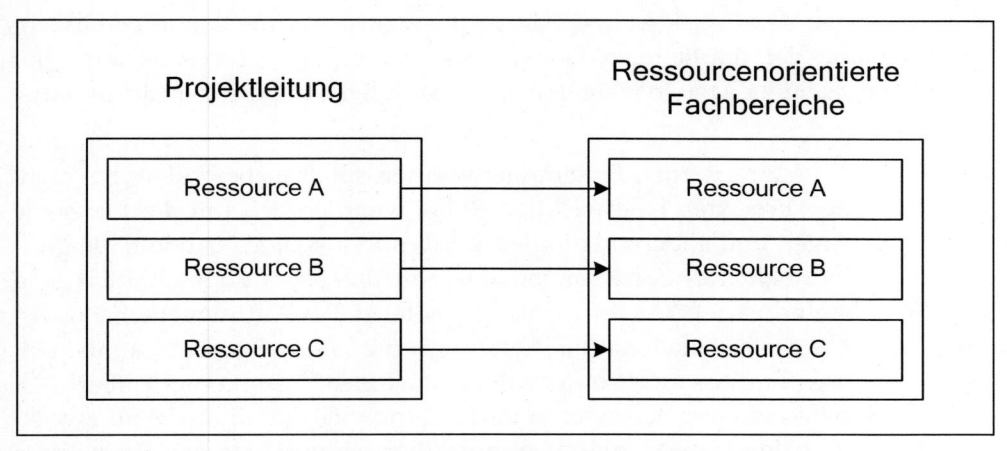

Abb. 106:   Ressourcenorientierte Gliederung der Projektleitung

3.3   Verbindung zu Projektexternen

Als Projektexterne sollen hier sowohl die übrigen Unternehmungsbereiche als auch unternehmungsexterne Projektinteressenten betrachtet werden.

Die Verbindungen zwischen dem Projektbereich und den übrigen Unternehmungsbereichen unterscheiden sich je nach der betrachteten Form der Projektorganisation. Bei der Matrix- und der Stabs-Projektorganisation ist das Problem der organisatorischen Sicherung der Beziehungen zu anderen Unternehmungsbereichen offensichtlich; die Ressourcenabhängigkeit erfordert zwangsläufig die Auseinandersetzung mit dieser Frage. Aber auch in der „Reinen Projektorganisation" bestehen – trotz Ressourcenunabhängigkeit – vielfältige Beziehungen zu anderen Unternehmungsbereichen. Das gilt vor allem bei prozessorientierten Projekten; das Ergebnis der Projektarbeit hat hier unter Umständen weit reichende Konsequenzen für die anderen Unternehmungsbereiche[63].

---

62)   Vgl. zu diesem Problem auch Burns [Management] 146.
63)   Vgl. hierzu auch Wilemon/Baker [Research] 863.

Die organisatorische Absicherung der Beziehungen zwischen Projektbereich und Unternehmungsbereichen kann durch die Einrichtung besonderer Ausschüsse und Verbindungseinheiten erfolgen[64]. Solche Gremien nehmen vorwiegend Informations- und Beratungsfunktionen wahr, wie z.B. Unterrichtung der betroffenen Unternehmungsbereiche über Fortgang und voraussichtliche Auswirkungen des Projektes und Abbau potenzieller Widerstände bereits vor Durchsetzung der erarbeiteten Lösung; sie können aber durchaus auch mit mehr oder weniger weit reichenden Entscheidungskompetenzen ausgestattet sein[65].

Die Verbindung zu externen Projektinteressenten spielt insbesondere bei sachzielorientierten Projekten eine wichtige Rolle, wenn es sich um die Lieferung von Großanlagen und anderen komplexen Investitionsgütern handelt, die ganz auf die individuellen Anforderungen des Auftraggebers zugeschnitten sind (z.B. Schiffbauindustrie)[66]. Aber nicht nur (potenzielle) Auftraggeber, sondern auch staatliche Stellen, Lieferanten, Beratungsunternehmungen etc. können einen erheblichen Einfluss auf Projektvorhaben nehmen[67]. In diesem Fall erweist sich die Einrichtung einer besonderen Verbindungsstelle (Stabsstelle) als zweckmäßig, über die der Kontakt zwischen Projektbereich und externen Projektinteressenten hergestellt wird. Solche Verbindungsstellen können entweder dem Projektleiter als zusätzliche Stabsstelle zugeordnet werden[68] oder – bei Großprojekten – direkt der Unternehmungsleitung unterstellt werden.

4. Koordinations- und Motivationseffizienz

4.1 Projektplanung und Entscheidungskompetenz

Der Zusammenhang zwischen Planung und Entscheidungskompetenz ist weiter oben[69] schon behandelt worden. In diesem Abschnitt soll diese Frage für die Projektorganisation betrachtet werden

Für die Durchführung der Projektplanung bestehen verschiedene Möglichkeiten. Man kann einmal von „zentraler" Stelle aus einen vollständigen Projekt-

---

64) Vgl. auch Stuckenbruck [Integration] 76 ff.
65) Burghardt [Projektmanagement] 83 ff. z.B. unterscheidet im Einzelnen Planungs-, Steuerungs-, Kommunikations- und Beratungsgremien.
66) Vgl. auch Patterson [Role] 112 f.
67) Vgl. Frame [Projects] 35 ff.
68) Vgl. die Stelle des „Assistant Project Manager" bei Patterson [Role] 111 f.
69) Vgl. S. 223 ff.

plan aufstellen. Als Ergebnis einer solchen detaillierten Projektplanung sind alle Projektaktivitäten, etwa in Form eines Netzplans, bis ins letzte Detail festgelegt. Unter diesen Umständen besteht keine Notwendigkeit mehr, Entscheidungen über den projektbezogenen Einsatz von Ressourcen zu fällen. Das Entscheidungsproblem ist gelöst; es geht nur noch um die Realisation des Projektplans.

Eine andere Vorgehensweise bei der Planung besteht darin, auf eine detaillierte „zentrale" Planung zu verzichten und zunächst nur einen Rahmenplan zu erstellen. Die Ausfüllung dieses Rahmens, d.h. die Detaillierung der Planung, wird bestimmten Einheiten der Projektleitung übertragen. In diesem Fall werden die vorhandenen Planungsspielräume durch die Ausübung von Entscheidungskompetenzen ausgefüllt. Vor diesem Hintergrund betrachtet, bedeutet die Einräumung und Ausübung von Entscheidungskompetenz, dass die jeweiligen Entscheidungseinheiten an der Projektplanung beteiligt sind. Eine derartige Kompetenzausstattung lässt sich nur rechtfertigen, wenn die Planung noch nicht bis ins letzte Detail durchgeführt ist. Man kann deshalb generell sagen: Koordination durch Ausübung von Entscheidungskompetenz gewinnt in dem Maße an Bedeutung, in dem eine die Betriebsprozesse nur grob eingrenzende Planung noch Spielräume für Einzelentscheidungen lässt.

Wie groß der durch die Projektrahmenplanung umrissene Entscheidungsspielraum ist, hängt von den Bedingungen des Einzelfalls ab. Gerade im Projektbereich, der in der Regel außerordentlich komplexe Interdependenzstrukturen aufweist, ist der Verzicht auf eine bloße Rahmenplanung zu Gunsten einer detaillierten Feinplanung offensichtlich weit verbreitet[70]. Bezeichnenderweise wird „Projektmanagement" begrifflich häufig mit dem Planungsinstrumentarium, insbesondere mit der Netzplantechnik, gleichgesetzt.

Relativ unproblematisch hinsichtlich ihrer organisatorischen Konsequenzen ist die Einräumung von Entscheidungskompetenzen dann, wenn projektbezogene Entscheidungen isoliert ohne Abstimmung gefällt werden können, weil keine Entscheidungsinterdependenzen zu beachten sind. Diese Voraussetzung ist beispielsweise gegeben, wenn keine Ressourcenengpässe bestehen. Auch der Fall, dass einem Projekt höchste Priorität eingeräumt wird, wirft bei der Ausübung von Entscheidungskompetenz keine Probleme auf.

Bei den meisten Projektentscheidungen besteht das Problem jedoch darin, die verschiedenen Entscheidungsaktivitäten unter Berücksichtigung bestehender Interdependenzen aufeinander abzustimmen. Wie bei der Analyse der Koordination in arbeitsteiligen Systemen deutlich wurde, lässt sich dieses Ziel jedoch

---

70) Vgl. zur Bedeutung und Verbreitung von Planungsaktivitäten im Rahmen des Projektmanagements Frame [Projects] 154 ff.; Archibald [Projects] 236 ff.; Madauss [Projektmanagement] 177 ff.

nur bis zu einem gewissen Grade verwirklichen. Die Einräumung von Entscheidungskompetenz führt damit zwangsläufig zu Abstimmungskosten. Die Analyse der Auswirkungen von Planungsspielräumen kann unter Rückgriff auf eine Kooperations- und eine Konfliktthese erfolgen.

Die Kooperationsthese unterstellt, dass die Entscheidungseinheiten ihre Entscheidungskompetenz unter Berücksichtigung bestehender Interdependenzen im Wege eines wechselseitigen Abstimmungsprozesses ausüben[71]. Auf diese Weise wird der Prozess der Feinplanung auf der Ebene der von der horizontalen Interdependenz Betroffenen gewissermaßen nachgeholt. Aus planungstechnischer Sicht handelt es sich um eine zeitliche Verschiebung von Planungsaktivitäten in Richtung der Realisationsphase. Der unbestreitbare Vorzug einer solchen Vorgehensweise ist darin zu sehen, dass mit zunehmender Nähe zum Realisationszeitpunkt der Informationsstand über die Projektanforderungen besser wird und unter Umständen der letzte Stand der technologischen Entwicklung berücksichtigt werden kann. Die zwangsläufige Konsequenz dieses Planungsprinzips ist allerdings ein erhöhter Abstimmungsaufwand in Form von Kommunikation und Ausschusssitzungen, der mit zunehmender Komplexität der Planung und mit wachsenden Ansprüchen an die Qualität des Planungsergebnisses steigen wird. Abgesehen von diesen planungstechnischen Einflussgrößen lässt sich die Kooperationsthese nur halten, wenn auf Seiten der betroffenen Organisationsmitglieder eine entsprechende Bereitschaft und Fähigkeit zur Kooperation gegeben ist. Dass diese Voraussetzung nicht immer erfüllt ist, wird darin deutlich, dass die Rolle des Projektmanagers in der Literatur vielfach als konfliktträchtige Grenzposition beschrieben wird. „Projektmanagement" wird in einigen Beiträgen geradezu mit „Konfliktmanagement" gleichgesetzt.[72]

Bei der Konfliktthese geht man bei der Einräumung von Entscheidungskompetenz davon aus, dass Abstimmungsprobleme, sei es angesichts der Komplexität der Planungsaufgabe oder bedingt durch mangelnde Kooperationsbereitschaft der Beteiligten, durch Konflikte sichtbar werden. Konfliktsituationen sind dann Indikatoren, die aufzeigen, dass die Lösung eines Planungsproblems auf der Ebene der unmittelbar Projektbeteiligten nicht möglich ist. Nach dem Koordinationsprinzip des Management by Exception ist dann die umfassendere Auseinandersetzung mit dem Allokationsproblem auf einer höheren Hierarchieebene erforderlich.

---

71) Als empirischen Beleg für eine solche Unterstellung vgl. Kerzner [Management] 412.
72) Vgl. z.B. Kerzner [Management] 409 ff.

4.2 Koordinationseffizienz

Vor dem Hintergrund der dargestellten Zusammenhänge zwischen Planung und Entscheidungskompetenzen behandeln die folgenden Abschnitte die Koordinations- und Motivationseffizienz von Projektstrukturen[73]. Die Beurteilung der Koordinationseffizienz der Projektorganisation beschränkt sich auf die Ressourceneffizienz und auf die Prozesseffizienz. Die Gewährleistung von (Absatz-)Markteffizienz ist nur in Projekten, die Marktaktivitäten zum Gegenstand haben, relevant, wie beispielsweise bei der Erprobung neuer Produkte auf Testmärkten.

Ressourceneffizienz

Bei einer Beurteilung projektbezogener Organisationsstrukturen nach dem Kriterium der Ressourceneffizienz ist die „Reine Projektorganisation" ohne Zweifel allen anderen Formen unterlegen. Da diese Organisationsstruktur auf der Anwendung der Zielsegmentierung mit der Folge einer projektorientierten Ressourcentrennung beruht, gelten auch hier die Konsequenzen der eingeschränkten Teilbarkeit von Ressourcen. Je mehr man sich auf der Skala der organisatorischen Gestaltungsmöglichkeiten der Stabs-Projektorganisation nähert, desto höher sind die organisatorischen Lösungen hinsichtlich der Ressourcennutzung zu bewerten.

Allerdings stellt sich in der Praxis die Frage der Ressourcentrennung im Rahmen der Projektorganisation durchaus unterschiedlich. Es empfiehlt sich in diesem Zusammenhang eine Differenzierung zwischen Projekten, die vorwiegend Personalressourcen in Anspruch nehmen, und Projekten, die in starkem Maße mit Hilfe maschineller Anlagen abgewickelt werden. Beide Ressourcenarten unterscheiden sich durch den Grad ihrer Teilbarkeit. Dieses Merkmal ist von großer organisatorischer Bedeutung: Je größer der Grad der Teilbarkeit der einzusetzenden Ressourcen ist, desto umfassender kann die Organisationsstruktur an die jeweiligen Projektanforderungen angepasst werden. Die Aussagefähigkeit einer ressourcenorientierten Betrachtung wird deutlich, wenn man ein Datenverarbeitungsprojekt mit einem Projekt im Industrieanlagenbau vergleicht. Die Durchführung eines Datenverarbeitungsprojekts erfordert nahezu ausschließlich personelle Ressourcen. Der Bau einer Anlage bedingt, falls es sich um projektierende Lieferfirmen mit eigener Fertigung handelt, den Einsatz maschineller Fertigungsanlagen. Diese Tatsache erklärt, warum in der Praxis für Projekte im Anlagenbau die „Reine Projektorganisation" allenfalls in der Planungsphase

---

73) Zur grundsätzlichen Problematik, die Effizienz bzw. den Erfolg von Projektorganisationen zu beurteilen, vgl. Rickert [Multi-Projektmanagement] 106 ff.

nachzuweisen ist, während sie für Datenverarbeitungsprojekte große Bedeutung hat[74].

Aus diesen Gründen kann sich die Beurteilung von Projektorganisationen nach der Ausnutzung von Ressourcen – ohne sich der Gefahr einer unzulässigen Vereinfachung der Problemsituation auszusetzen – auf den Vergleich von „Reiner Projektorganisation" und Matrix-Projektorganisation hinsichtlich der Nutzung von Personalressourcen beschränken. Beurteilungskriterium ist dabei, wieweit es gelingt, den Personalbestand des Projektbereichs jeweils an den tatsächlichen Personalbedarf anzupassen. So muss berücksichtigt werden, dass der Personalbedarf in der Konzept- und Planungsphase meist überproportional zunimmt, während er gegen Ende der Realisationsphase und in der Projektnutzungsphase stark zurückgeht[75]. Beispiele aus der Praxis lassen vermuten, dass sich dieses Ziel grundsätzlich sowohl in der Matrixstruktur als auch in der „Reinen Projektorganisation" verwirklichen lässt. Allerdings sprechen Argumente für die Überlegenheit der Matrixlösung.

Der Grund für diese Tatsache muss in der unterschiedlichen organisatorischen Verteilung der Entscheidungskompetenz über den Ressourceneinsatz gesehen werden. Bei der Matrixorganisation ist die Verwaltungskompetenz über den Einsatz einer bestimmten Gruppe von Spezialisten in einer einzigen organisatorischen Einheit, dem jeweiligen Leiter des betreffenden Fach- oder Funktionsbereichs, konzentriert. Diese Stelle hat somit einen umfassenden Überblick über den Personalbedarf bzw. die Personalauslastung in den verschiedenen Projektbereichen. In der „Reinen Projektorganisation" liegt dagegen sowohl die Kompetenz über den Ressourceneinsatz als auch die der Ressourcenverwaltung ausschließlich bei der jeweiligen Projektleitung. Damit ist zugleich eine Aufsplitterung der Informationen über die Entwicklung des Personalbedarfs in der Unternehmung und der Personalauslastung in den einzelnen Projektbereichen verbunden. Ergeben sich unter diesen Umständen in einem Projekt freie Kapazitäten, so ist der Projektleitung in der Regel nicht der mögliche Personalbedarf in einem anderen Projektbereich bekannt[76]. Unabhängig davon sind Befürchtungen, das Angebot freier Kapazität könnte als Indiz für eine zu großzügige Personalausstattung gewertet werden und die freigestellten Mitarbeiter würden bei eigenem Bedarf nicht rechtzeitig wieder freigesetzt, zusätzliche Hindernisse für den flexiblen Einsatz von Personalressourcen.

---

74) Zur phasenbezogenen (dynamischen) Projektorganisation vgl. Wildemann [Organisation] 31 ff.
75) Vgl. Kerzner [Management] 202 ff.
76) Vgl. hierzu auch Archibald [Projects] 49.

Prozesseffizienz

Bei der Regelung der Projektorganisation können außerordentlich komplexe Interdependenzstrukturen entstehen. Das lässt sich an einem einfachen Beispiel zeigen. In einer Unternehmung ist zwei Projektleitern Entscheidungskompetenz für jeweils ein Projekt eingeräumt worden. Sie müssen zur Realisierung ihrer Projektziele auf Lieferungen aus zwei Zentralbereichen zurückgreifen, über deren Ressourcen jeweils die Zentralbereichsleiter verfügen. Die Ressourcen der Zentralbereiche werden auch von zwei Produktbereichen in Anspruch genommen. Die Folge dieser Ressourcen- und Leistungsverflechtungen ist ein komplexes Abstimmungsproblem, das die Gewährleistung einer hohen Prozesseffizienz für die Projektaktivitäten außerordentlich erschwert.

Die Realisierung von Prozesseffizienz wird in dem Maße erleichtert, in dem das jeweilige Projektziel organisatorisch verselbständigt wird. In der „Reinen Projektorganisation" sind die Aktivitäten aller Projektbeteiligten ausschließlich auf ein Projektziel ausgerichtet. Dagegen wird in der Matrix-Projektorganisation ein Teil der Mitarbeiter gleichzeitig durch Aufgaben anderer Projekte und/ oder Produkte in Anspruch genommen. Diese Abschwächung der Zielorientierung erreicht ihren Höhepunkt in der Stabs-Projektorganisation. Die durch diese Abstufung abgebildete Zunahme der Koordinationsproblematik findet ihre Entsprechung in einer abnehmenden Prozesseffizienz. Eine Einschränkung muss allerdings hinsichtlich des Vergleichs zwischen der Matrix-Projektorganisation und der Stabs-Projektorganisation gemacht werden. Die am Kriterium der Entscheidungskompetenz orientierte Abgrenzung zwischen den beiden Organisationsformen verliert in dem Maße an Aussagefähigkeit, in dem die Fülle der einem Stab zur Verfügung stehenden Einflussmöglichkeiten in die Betrachtung einbezogen wird. Aus diesem Grunde beschränken sich die folgenden Überlegungen auf den Vergleich der Matrix-Projektorganisation mit der „Reinen Projektorganisation".

Die gegenüber der „Reinen Projektorganisation" eingeschränkte Prozesseffizienz im Rahmen der Matrix-Projektorganisation lässt sich letztlich auf die Tatsache zurückführen, dass die Projektplanung in Matrixstrukturen schwerfälliger ist. In der Konfliktträchtigkeit der Matrixorganisation findet diese Tatsache ihren sichtbaren Ausdruck. Aus dieser Sicht ist die „Reine Projektorganisation" der Matrix-Projektorganisation überlegen. Die entscheidende Frage bei der Gestaltung der Projektorganisation ist damit die Gewichtung der Ressourceneffizienz (begünstigt die Matrixlösung) und die der Prozesseffizienz (begünstigt die „Reine Projektorganisation").

4.3 Motivationseffizienz

Die Motivationswirkungen organisatorischer Strukturen bilden eine kritische Größe bei der Gestaltung des Projektbereichs[77]. Bei den folgenden Überlegungen soll die Motivationsproblematik hinsichtlich der Projektleitung und den übrigen, d.h. ausführenden Projektmitarbeitern behandelt werden[78]. Die Motivationskonsequenzen von Projektstrukturen hinsichtlich der übrigen Unternehmungsbereiche – und damit in Bezug auf die nicht direkt am Projekt beteiligten Mitarbeiter – werden ausgeblendet.

Im Rahmen der „Reinen Projektorganisation" gelten für den Projektleiter ähnliche Motivationsüberlegungen wie für den Leiter einer autonomen Sparte. Die Verselbständigung des Projektbereichs bedingt für die Projektleitung einen relativ hohen Grad an Eigenverantwortung und gibt ihr die Möglichkeit, sich mit dem erzielten Projekterfolg zu identifizieren. Bei der Matrix-Projektorganisation werden die positiven Motivationswirkungen der Eigenverantwortung in Abhängigkeit von der gegebenen Kompetenzaufteilung zwischen Projekt- und Funktionsmanagern graduell eingeschränkt. Auch in der Matrixstruktur hat der Projektleiter auf Grund der ihm übertragenen Verantwortung für das gesamte Projekt die Möglichkeit, weitgehend unabhängig von anderen Unternehmungsbereichen eine Projektkonzeption zu entwickeln. Motivationsmindernde Wirkungen können sich allerdings bei der Verwirklichung der Konzeption ergeben, wenn die Ressourcen anderer Bereiche in Anspruch genommen werden müssen. In dieser Situation kontrolliert der Projektleiter nicht mehr alle Einflussgrößen des Projekterfolgs; die eindeutige Ergebniszurechnung ist auf Grund von Interdependenzen aufgehoben. In Matrix-Projektorganisationen und auch in Stabs-Projektorganisationen bildet außerdem die Konfliktträchtigkeit[79] der Beziehungen zu den übrigen Unternehmungsbereichen eine potenzielle Beeinträchtigung der Motivation.

Dem Kriterium der Überschaubarkeit kommt vorwiegend bei der Bildung von Projektteams im Rahmen der „Reinen Projektorganisation" und eingeschränkt im Rahmen der Matrix-Projektorganisation eine zentrale Bedeutung zu[80]. Die Bildung von Projektgruppen vereinfacht, insbesondere bei räumlicher Zusammenfassung der Projektmitarbeiter, die Kommunikation und fördert durch die Orientierung an dem gemeinsamen Projektziel die Identifizierung mit den

---

77) Vgl. zur Bedeutung der Motivationskonsequenzen projektorientierter Organisationsstrukturen Pinto/Pinto [Determinants] 17 und Cremer [Motivation].
78) Vgl. hierzu auch Slevin/Pinto [Leadership].
79) Vgl. hierzu die Ausführungen zur Konfliktthese auf S. 506 ff.
80) Vgl. generell zur Bildung von Projektgruppen Stokes [Teams]; Frame [Projects] 88 ff. sowie Kerzner [Management] 182 f.

übertragenen Aufgaben. Negative Motivationswirkungen können sich allerdings dann einstellen, wenn es auch auf Grund der zeitlichen Befristung von Projekten an eindeutigen Kompetenzregelungen hinsichtlich der Gehalts- und Aufstiegsmodalitäten für die Projektmitarbeiter mangelt. Eine weitere Einschränkung im Zusammenhang mit der Bildung möglichst kleiner Einheiten resultiert bei der Projektgruppenbildung aus der Notwendigkeit der Einbindung aller betroffenen Unternehmungsbereiche und Interessengruppen[81]. Je nach Größe und Bedeutung des Projekts sollten in den Teams nicht nur die unmittelbar betroffenen Funktionsbereiche, sondern unter Umständen auch Unternehmungsexterne (Kunden, Zulieferer, Berater) vertreten sein.

Das Kriterium des Marktdrucks ist für die Projektorganisation in der Regel nur für sachzielorientierte Projekte relevant. Die Einbringung von Marktdruck kann hier durch einen ausgeprägten Einbezug des Marketing- bzw. Absatzbereichs in die Projektentwicklung erfolgen und wird somit am besten in Projektteams im Rahmen der „Reinen Projektorganisation" und in der Matrix-Projektorganisation realisiert.

Den eigentlichen Problembereich bei der Beurteilung der Motivationskonsequenzen projektorientierter Organisationsstrukturen bildet die aus der zeitlich begrenzten Lebensdauer eines Projekts herrührende Unsicherheit über den Status der Mitarbeiter nach Beendigung des Projekts[82]. Allerdings liegen bisher kaum durch empirische Untersuchungen gestützte Aussagen zur Motivationswirkung projektorientierter Organisationsstrukturen vor. Eine der Ausnahmen bildet eine Erhebung von *Reeser*[83], der durch Befragungen die kritischen Motivationskonsequenzen projektorientierter Organisationsstrukturen ermittelte. *Reeser* kommt im Wesentlichen zu dem Ergebnis, dass die Gewissheit um das Ende eines Projekts Befürchtungen und Frustrationen bei den betroffenen Projektmitarbeitern hervorrufen kann. Die Gründe für die bestehende Unsicherheit reichen von der Gefahr, entlassen zu werden, bis zu Befürchtungen, vor Einsatz in einem neuen Projekt mehr oder weniger unausgelastet durch nicht attraktive Aufgaben „mitgeschleppt" zu werden oder Nachteile bei der Eingliederung in die alte Aufgabe bzw. bei der Übernahme einer neuen Aufgabe in Kauf nehmen zu müssen[84]. Als Ergebnis dieser Situation konnte *Reeser* eine gewisse „Söldner-Mentalität" bei Projektmitarbeitern mit häufigen Transfers von Projekt zu Projekt feststellen: Die Aufgaben wurden ohne inneres Engagement, ohne Gefühle der Loyalität gegenüber der Unternehmung erfüllt. Mangelnde Konti-

---

81) Vgl. hierzu auch Archibald [Projects] 240 f.
82) Vgl. z.B. Wilemon/Cicero [Project] 279.
83) Vgl. Reeser [Problems].
84) Vgl. zu dieser Problematik auch Madauss [Projektmanagement] 403 f.

nuität der Arbeitsbedingungen ist vor allem bei der Form der „Reinen Projektorganisation" gegeben, da insbesondere in diesem Fall das Problem der Rückführung in den bisherigen Bereich bzw. der Überführung in ein neues Projekt entsteht. Allerdings wird das Problem der Kontinuität auch in Matrixstrukturen in dem Maße aktueller, in dem der Anteil der Projektaufgaben an der Gesamtaufgabe eines Unternehmungsbereichs wächst.

Diese durch die mangelnde Kontinuität der Arbeitsbedingungen verursachte allgemeine Motivationsproblematik fand in der Studie von *Reeser* ihren Ausdruck in den folgenden drei speziellen Motivationsnachteilen projektorientierter Strukturen[85]:

- Beeinträchtigung persönlicher Entwicklungschancen
- Belastung durch Konfliktsituationen
- Unklare Unterstellungsverhältnisse.

5. Neuere Entwicklungen

Im Trend des „Lean-Managements" und der in diesem Zusammenhang diskutierten Abflachung von Hierarchien wird der Einrichtung projektorientierter Strukturen ein relativ hoher Stellenwert eingeräumt[86]. Die zunehmende Orientierung an Geschäftsprozessen erfordert eine Überwindung der Bereichsgrenzen durch Teams und Projektgruppen, d.h. eine Überlagerung der abteilungsbezogenen „Primärorganisation" durch projektbezogene „Sekundärstrukturen"[87]. Durch die bereichsübergreifende Kooperation in Projektteams soll die sukzessive Vorgehensweise traditioneller funktionsorientierter Strukturen („throwing it over the wall") zu Gunsten einer stärkeren Parallelisierung und Integration projektbezogener Aktivitäten abgelöst werden[88].

Die Auseinandersetzung mit dem klassischen organisatorischen Dilemma zwischen Spezialisierung und Integration bezogen auf die Bildung leistungsfähiger Projektteams bildet den Ausgangspunkt der empirischen Untersuchung von *Clark* und *Fujimoto*[89]. Im Rahmen einer umfangreichen Studie wurden Automobilhersteller in Nordamerika, Japan und Westeuropa bezüglich der organi-

---

85) Vgl. auch die Ausführungen zum Kriterium der Überschaubarkeit auf S. 311 ff.
86) Vgl. Frese/v. Werder [Organisation].
87) Vgl. Frese [Dimension] 63 ff.; Frese [Einfluß] 132 ff.; Frese/v. Werder [Organisation] 15 f.; Krüger [Organisation] 373 ff.
88) Vgl. hierzu auch Wildemann [Organisation].
89) Clark/Fujimoto [Development]; vgl. auch Wheelwright/Clark [Revolutionizing] sowie Clark/Wheelwright [Teams].

satorischen Verankerung und Gestaltung der Produktentwicklung befragt. Bei den Massenherstellern zeigte sich ein eindeutiger Trend in Richtung auf eine nach dem Matrixprinzip verankerte Produktentwicklung mit einer starken Stellung des Projektleiters bzw. Produktmanagers („Heavyweight Product Manager"). Nur ein mit entsprechenden Entscheidungskompetenzen ausgestatteter Projektleiter ist in der Lage, sowohl die interne Integration, d.h. die Koordination des aus den Mitgliedern der einzelnen Funktionsbereiche zusammengesetzten Projektteams, als auch die externe Integration, d.h. die Erreichung einer möglichst weitgehenden Übereinstimmung von Projektziel (Produkt) und Kundenerwartung sicherzustellen[90]. Eine an Funktionsbereichen orientierte Projektorganisation („functional team structure") mit einer disziplinarischen Unterstellung der Gruppenmitglieder erfordert hingegen eine Dekomposition des Produktentwicklungsprozesses zu Beginn des Projekts und führt damit zu einer Beeinträchtigung von Koordination und Integration. Ein im Gegensatz dazu nach dem Prinzip der „Reinen Projektorganisation" gebildetes autonomes Projektteam („autonomous team structure") fördert zwar eine schnelle und effiziente Produktentwicklung, es besteht jedoch die Gefahr einer zu starken Verselbständigung des Projektbereiches[91].

Es wurde deutlich, dass die Qualität des Produktentwicklungsprozesses bzw. des Projektergebnisses allgemein in hohem Maße durch das sachliche und zeitliche Ineinandergreifen der einzelnen Projektaktivitäten bestimmt wird[92]. Eine solche integrative Vorgehensweise erfordert eine bereichsübergreifende Zusammenarbeit aller beteiligten Funktionsbereiche, repräsentiert durch die Projektteammitglieder. Im Gegensatz zu einem autonomen Projektbereich im Sinne der „Reinen Projektorganisation" entfaltet eine am Matrixprinzip orientierte Projektstruktur durch eine stärkere Bindung der Projektmitarbeiter an ihren angestammten Funktionsbereich eine stärkere gesamtunternehmungsbezogene Integrationswirkung. Des weiteren wird auf diese Weise auch der Gefahr des Verlustes fachspezifischen Know-hows entgegengewirkt[93].

Matrixorientierte Projektstrukturen werden in der aktuellen Literatur nach wie vor kontrovers diskutiert. Dies liegt jedoch zu einem großen Teil auch an den bereits angesprochenen unterschiedlichen Begriffsauffassungen[94]. So stellen z.B. *Wheelwright* und *Clark* bei der Abgrenzung der einzelnen Formen der Pro-

---

90) Vgl. im Einzelnen Clark/Fujimoto [Development] 247 ff.
91) Vgl. hierzu Clark/Wheelwright [Teams].
92) Vgl. Clark/Fujimoto [Development] 250 Einen Spezialfall solcher simultaner Prozesse stellt das Konzept des „simultaneous engineering" dar, welches die parallele Entwicklung von Produkt und Produktionsmitteln umfasst.
93) Vgl. Wildemann [Organisation] 29.
94) Vgl. S. 496 f.

jektorganisation den Aspekt der Teambildung in den Mittelpunkt ihrer Untersuchungen[95], während andere Autoren eher Fragen der Eingliederung des Projektbereiches in die Organisationsstruktur behandeln[96]. Während – wie bereits oben gesehen wurde – die Matrix-Projektorganisation bezüglich Fragen der Teambildung tendenziell positiver als die Form der „Reinen Projektorganisation" beurteilt wird, stellen Kritiker des Matrixkonzeptes aus struktureller Perspektive die Problematik der starren, zeitkonstanten Aufbauorganisation, der Mehrfachunterstellung und der bestehenden Interessenkonflikte in den Vordergrund[97].

---

95) Vgl. Wheelwright/Clark [Revolutionizing] 188 ff.
96) Vgl. z.B. Wildemann [Organisation] 28 ff. und Madauss [Projektmanagement] 101 ff.
97) Vgl. z.B. Wildemann [Organisation] 29 f.; Madauss [Projektmanagement] 107 ff. sowie Groetschel [Matrixprojektorganisation] 27 ff.

IV. Organisatorische Gestaltung der Unternehmungsleitung (Corporate Governance)

Unter „Unternehmungsleitung" wird ein Individuum oder eine Gruppe als höchste Ebene der Unternehmungshierarchie verstanden, die zur Formulierung der offiziellen, für alle Unternehmungsaktivitäten verbindlichen Unternehmungsziele legitimiert ist. Die Ausdifferenzierung der Unternehmungsleitung ist Teil der Gestaltung der Unternehmungsverfassung (Corporate Governance). Am Anfang dieses Abschnitts steht die Abgrenzung und Beschreibung der Kerngruppe. Fragen der Gremienstruktur und der Delegationsbeziehungen bilden Schwerpunkte der weiteren Darstellung.

a. Unternehmungsleitung als Kerngruppe der Unternehmung

In Großunternehmungen, die den primären Bezugspunkt der folgenden Erörterung bilden, besteht die Unternehmungsleitung in aller Regel aus mehreren Personen. Diese Mehrheit von Personen soll als „Kerngruppe" bezeichnet werden. Untersucht werden die Abgrenzung, die Zusammensetzung und die Aufgaben der Kerngruppe.

1. Unternehmungsleitung

Da die Unternehmungsleitung als höchste, zur Formulierung der Unternehmungsziele legitimierte Ebene der Unternehmungshierarchie definiert wird und damit der begrifflichen Abgrenzung ein organisatorisches Kriterium zu Grunde liegt, erscheint die Identifizierung der höchsten hierarchischen Einheit zunächst als unproblematisch. In vielen Unternehmungen, vor allem in Großunternehmungen, kann die eindeutige Bestimmung der Kerngruppe jedoch mit Schwierigkeiten verbunden sein. In einer Einzelunternehmung, etwa in einem Handwerksbetrieb, ist die Unternehmungsleitung mit der Person des Eigentümers, der allein die Ziele seiner Unternehmung festlegt, eindeutig beschrieben. Bei Personengesellschaften, zum Beispiel in einer Kommanditgesellschaft, erfordert die Abgrenzung der Unternehmungsleitung schon eingehende Analysen des gesetzlichen Gestaltungsrahmens der Kompetenzverteilung und seiner tatsächlichen Ausfüllung. Vor allem die Abgrenzung der Unternehmungsleitung in Aktiengesellschaften bedarf differenzierter Betrachtungen. Hervorzuheben ist vor allem, dass die Vorstellung von einer einzigen Einheit „Unternehmungsleitung" irreführend ist. Es ist deshalb sinnvoll, die Unternehmungsleitung über die Zuordnung der Aufgaben der „Unternehmungsführung" zu identifizieren. Bei diesen „Kernaufgaben" handelt es sich um folgende, prinzipiell nicht an nachgelagerte Hierarchieebenen delegierbare Handlungsbereiche:

- Strategische Entscheidungen als längerfristig gültige Grundsatzentscheidungen,
- Konzipierung und Implementierung des (operativen) Planungs- und Kontrollsystems und
- Konzipierung und Implementierung des Organisationssystems.

2. Unternehmungsverfassung

Unter Unternehmungsverfassung wird im Folgenden das System gesetzlicher und vertraglicher Regelungen verstanden, das die Entscheidungs- und Anreizstruktur der Kerngruppe einer Unternehmung festlegt[1]. Die gesetzlichen und vertraglichen Regelungen als Inbegriff der Unternehmungsverfassung erstrecken sich auf

- die Abgrenzung der zur Wahrnehmung der Kernaufgaben legitimierten Einheiten (Individuen, Gruppen) und
- die Fixierung ihrer Rechte und Pflichten.

Die Kerngruppe kann sich mit der Trägergruppe, der Interessengruppe und dem Management aus drei Teilgruppen zusammensetzen. Die Beziehungen zwischen diesen Teilgruppen und ihr Zusammenspiel lässt sich erklären, wenn man von einer aus der jeweiligen Wirtschaftsordnung abgeleiteten Trägergruppe ausgeht, die durch „Zuladung" und „Verlängerung" zur Kerngruppe erweitert wird. Der Trägergruppe kommt nach der jeweiligen Wirtschaftsordnung – zumindest offiziell – eine dominante Position im Rahmen des Zielbildungsprozesses zu. In einer eigentümerorientierten Marktwirtschaft sind die Eigentümer bzw. die Anteilseigner in der Trägergruppe vertreten. „Zuladung" führt zu einer Einschränkung des Handlungsspielraums der Trägergruppe durch die Verpflichtung, Interessen bestimmter Gruppen zu berücksichtigen (Interessenaspekt). Charakteristisch für die Struktur der in deutschen Unternehmungen realisierten Unternehmungsverfassungen ist bezüglich dieses Interessenaspekts die Beteiligung von Arbeitnehmern an ausgewählten Entscheidungen. „Verlän-

---

1) Vgl. Frese [Führung].

gerung" bedeutet eine personelle Erweiterung der Trägergruppe (bzw. der Kerngruppe im Falle der erfolgten „Zuladung") durch Manager, um die Geschäftsführungskompetenz der Gruppe zu erhöhen (Professionalisierungsaspekt). So werden in einer Aktiengesellschaft die Aufgaben der Unternehmungsführung nur begrenzt durch die Anteilseigener (Trägergruppe) selbst, sondern im Wesentlichen vom Vorstand wahrgenommen.

Bei dieser Fokussierung auf die Trägergruppe lässt sich die Struktur der Unternehmungsverfassung durch drei Merkmale beschreiben:

1. Ausgestaltung der Trägergruppenrechte unabhängig von Maßnahmen der Zuladung und Verlängerung (Beispiele sind Mitverwaltungs-, Vermögens-, Kontroll- und Lösungsrechte in Personengesellschaften des HGB).
2. Einschränkung des Handlungsspielraums bzw. Reduzierung der Mitwirkung der Trägergruppe:
    - „Zuladung" durch Einschränkung des Entscheidungsspielraums in Gestalt von rechtlichen Schutzvorschriften (z.B. Beschränkungen in Vermögensdispositionen zur Gewährleistung des Gläubigerschutzes),
    - „Zuladung" durch Teilhabe von Interessengruppen am Prozess der Willensbildung (z.B. Mitbestimmung auf Unternehmensebene gemäß MitbestG) oder
    - „Verlängerung" durch Übertragung von Aufgaben an das Management (z.B. durch Übertragung der Leitungskompetenz auf den Vorstand der AG gem. § 76 I AktG).
3. Interne Organisation der Kerngruppe bzw. ihrer Gremien zur arbeitsteiligen Erfüllung der Kernaufgaben.

Im Folgenden werden der Interessenaspekt („Zuladung") und der Professionalisierungsaspekt („Verlängerung") als Gründe für die Erweiterung der Trägergruppe zur Kerngruppe näher betrachtet.

Interessenwahrnehmung durch „Zuladung"

Die Erweiterung der Trägergruppe durch Zuladung zu einer Kerngruppe lässt sich u.a. auf die Berücksichtigung von Externalitäten oder auf die Verbesserung von Transaktionsbedingungen zurückführen.[2] Unter Externalitäten versteht

---

[2] Die folgenden Ausführungen zur konzeptionellen Begründung der Verankerung von Interessen erheben nicht den Anspruch einer umfassenden Darstellung. Zur Arbeitnehmer-Mitbestimmung geben die Beiträge von Frick [Mitbestimmung] und Streeck [Mitbestimmung] Überblicke über den Stand der Forschung.

man die nicht durch Marktpreise bewertete positive oder negative Auswirkung der Aktivitäten einer Wirtschaftseinheit auf die einer anderen. Das klassische Beispiel für Externalitäten sind Umweltschäden. Aber auch gesundheitliche Schäden von Arbeitnehmern durch schlechte Arbeitsbedingungen stellen Externalitäten dar. Die Existenz von Externalitäten begründet bei bestimmten Gruppen ein besonderes Interesse an einer Unternehmung. Zu solchen Interessengruppen können z.B. Kapitalgeber, Arbeitnehmer, Kunden/Verbraucher, Lieferanten, Anwohner und der Staat zählen. Prinzipiell kann sich die Berücksichtigung unternehmungsspezifischer Interessengruppen über die Einschränkung des Handlungsspielraums der Kerngruppe durch Gesetz oder Vereinbarung oder durch Teilhabe von Repräsentanten einer Interessengruppe an den Entscheidungen vollziehen.

Da in der Regel die Teilhabe an den Kernaufgaben den stärksten Eingriff in die Struktur der Kerngruppe darstellt und die Effizienz des Willensbildungsprozesses stärker tangiert als die Pflicht, noch so einschränkende Gesetze zu beachten, kann es nicht überraschen, dass die Teilhabe nur bei wenigen Interessengruppen vorgesehen ist. In eigentümerorientierten Unternehmungsverfassungen finden sich auf Dauer[3] ausgerichtete Teilhaberegelungen nur hinsichtlich der Arbeitnehmer; von allen potenziellen Interessengruppen ist hier der Bezug zur Unternehmung am engsten.

Wie bei jeder interessenbezogenen Erweiterung der Kerngruppe stellt sich auch für die Mitbestimmung von Arbeitnehmern die Frage, ob die Einbeziehung von Repräsentanten von Interessengruppen zu einer Einschränkung der Ziele der Trägergruppe (z.B. Markterfolg, Rentabilität) führt. Entscheidend sind für die Einschätzung möglicher Auswirkungen der Mitbestimmung, deren Beurteilung letztlich ein empirisches Problem ist, die Mehrheitsverhältnisse. Grundsätzlich behält die Trägergruppe in marktwirtschaftlichen Systemen immer die Mehrheit, wie das z.B. auch nach dem MitbestG der Fall ist. Somit kann die Trägergruppe bei Geschlossenheit interessenbegründete Einbußen durch Abstimmung stets abwehren. Die Teilhabe von Repräsentanten einer Interessengruppe (mit Minderheitsstatus) hat unter diesen Bedingungen dann die Funktion, den Informationsstand der (gutwilligen) Trägergruppe bei Entscheidungen mit interessenrelevanten Implikationen zu verbessern.

---

[3] Einen zumeist befristeten Charakter hat die Beteiligung von Gläubigern (z.B. in Unternehmungskrisen mit einer akuten Gefährdung des eingesetzten Kapitals).

Professionalisierung durch „Verlängerung"

Neben der interessenbezogenen „Zuladung" bewirkt auch die kompetenzbezogene „Verlängerung" eine Erweiterung der Trägergruppe zur Kerngruppe. Die Frage der „Verlängerung" stellt sich immer dann, wenn die quantitative und qualitative Kapazität der Trägergruppe nicht zur Erfüllung der Kernaufgaben ausreicht. Die Übertragung von Kernaufgaben auf professionalisierte Manager erweist sich insbesondere in zwei Situationen als unvermeidlich. Einmal stellt sich das Delegationsproblem, wenn die Trägergruppe relativ klein und ihre Zusammensetzung festgelegt ist. Ein Beispiel ist die Familiengesellschaft, in der sich der Zugang zur Trägergruppe im Wege der Erbfolge vollzieht. Wenn sich unter diesen Bedingungen in der Trägergruppe kein Unternehmer findet, bleibt nur die Delegation von Kernaufgaben auf Manager, die an die Unternehmung über Dienstverträge gebunden werden. Zum anderen müssen Kernaufgaben an nicht der Trägergruppe zugehörende Personen delegiert werden, wenn die Größe der Trägergruppe keine zu legitimierende Identifikation und Auswahl des in der Gruppe möglicherweise vorhandenen unternehmerischen Potenzials erlaubt. Ein Beispiel ist die deutsche Aktiengesellschaft mit weit gestreutem Aktienbesitz („Publikums-Gesellschaft").

Die aus der begrenzten Kapazität der Trägergruppe resultierende „Verlängerung" durch Berufung von Managern äußert sich in den Verfassungen deutscher Unternehmungen in vielfältiger Form. Ein besonderer Stellenwert kommt hierbei der Frage nach dem Ausmaß an Entscheidungsautonomie zu, das dem Management (rechtlich oder faktisch) eingeräumt wird. Im deutschen Gesellschaftsrecht sind die Kompetenzen des Managements je nach Rechtsform unterschiedlich geregelt. Am stärksten ausgeprägt ist die juristische Fixierung der Übertragung von Kernaufgaben an das Management bei Kapitalgesellschaften. Hier schreibt das Gesetz die Bildung von Geschäftsführungs- und Vertretungsorganen vor. Bei der Aktiengesellschaft ist dies vor allem der Vorstand, der gemäß § 76 I AktG die Geschäfte in eigener Verantwortung zu führen hat. Bei der GmbH besteht dagegen in dieser Hinsicht keine zwingende Zuständigkeitsabgrenzung. Die unternehmerische Leitung kann sowohl bei der Trägergruppe („Gesamtheit der Gesellschafter") als auch beim Management („Geschäftsführer") liegen. Die Geschäftsführer sind im Rahmen von Gesetz und Unternehmungsverfassung den Weisungen der Gesellschafter unterworfen. In der Personengesellschaft sind die persönlich haftenden Mitglieder der Trägergruppe geborene Mitglieder der Geschäftsführung. Eine „Verlängerung" der Trägergruppe ist hier nur durch freiwillige Delegation an ein Management mit allen Risiken der persönlichen Haftung im Falle des Scheiterns möglich. Neben diesen rechtlichen Bestimmungsgrößen hängt die faktische Ausprägung der

Entscheidungsautonomie in hohem Maße von der jeweiligen Machtkonstellation zwischen Trägergruppe und Management ab[4].

Mit der Frage nach der Festlegung der Entscheidungsautonomie für das Management ist zugleich die Frage nach der Kontrolle ihrer Ausübung aufgeworfen. Der Zusammenhang zwischen Delegation und Kontrolle steht im Mittelpunkt jeder organisationstheoretischen Analyse der Unternehmungsverfassung und wird im letzten Abschnitt dieses Kapitels aufgegriffen und im Einzelnen erörtert.

b. Kompetenzabgrenzung innerhalb der Unternehmungsleitung

In diesem Abschnitt werden die Gremien der Unternehmungsleitung differenzierter betrachtet. Im Vordergrund der Darstellung steht dabei die Struktur der nach deutschem Recht mitbestimmten Kapitalgesellschaft. Drei Fragen werden behandelt. Zunächst wird die Frage der Grenzziehung zum operativen Geschäft erörtert; im Wesentlichen geht es dabei um die Prinzipien der Abgrenzung von Kernaufgaben und um die Regelung der Beziehungen zwischen Unternehmungsleitung und Unternehmungsbereichen. Daran schließt sich die Analyse der internen Struktur der Unternehmungsleitung an. Den Abschluss bildet eine Auseinandersetzung mit den Fragen nach der Angliederung unterstützender Einheiten, ihren Formen und wahrzunehmenden Aufgaben.

1. Grenzziehung zum operativen Geschäft

Die Frage, welche Aufgaben sich die Unternehmungsleitung neben den Kernaufgaben vorbehalten und welche sie an die nachgelagerten Unternehmungsbereiche delegieren sollte, wird in der Unternehmungspraxis sehr unterschiedlich beantwortet. Die Antwort hängt vor allem von den Anforderungen der Märkte, von der jeweils verfolgten Organisations- und Führungsphilosophie und von den gesellschaftsrechtlichen (rechtsformspezifischen) Normen ab. Es kann daher nicht verwundern, dass sich in der betriebswirtschaftlichen und rechtswissenschaftlichen Literatur keine einheitliche Auffassung herausgebildet hat.

---

[4] Vgl. Mintzberg [Power]. Der Analyse dieser Machtbeziehungen ist ein großer Teil der empirischen Untersuchungen zur Struktur der Kerngruppe, insbesondere im angelsächsischen monistischen System (Board-System) und im deutschen dualen System (Aufsichtsrat, Vorstand) gewidmet. Vgl. Lorsch [Pawns], Gerum [Aufsichtsratstypen] und Potthoff [Wandlungen].

Die Bedeutung des ersten Faktors, die Abhängigkeit von den jeweiligen *Anforderungen der Märkte*, bedarf keiner längeren Begründung. In Unternehmungen, die sich dynamischen Märkten gegenüber sehen und die durch ein diversifiziertes Produktprogramm gekennzeichnet sind, hat die Unternehmungsleitung andere Aufgaben als in Unternehmungen mit stabilen Märkten und homogenem Programm. Zur Untermauerung dieser These lässt sich die ganze Fülle der Ergebnisse der empirischen Organisationsforschung zu den Bestimmungsgrößen der Delegation von Entscheidungen heranziehen[5].

Unabhängig von diesen organisationstheoretischen Aspekten darf man nicht übersehen, dass die Bewältigung der komplexen Anforderungen an die Unternehmungsleitung in hohem Maße von der individuellen *Führungsphilosophie* der agierenden Personen geprägt ist. Die alles beherrschende Frage ist dabei die nach dem angemessenen Ausmaß des Engagements im „laufenden Tagesgeschäft".

Unbestritten ist, dass die Aufgaben der Unternehmungsleitung zunehmend anspruchsvoller und komplexer geworden sind. *Kotter*[6] hat die Herausforderung an die Unternehmungsleitung so beschrieben: „Diese Managementaufgaben bedeuten heute für den Inhaber solcher Positionen, dass er für ein komplexes System verantwortlich ist, das er nicht unmittelbar kontrollieren kann, das er nicht einmal vollständig versteht. Es wird von ihm erwartet, dass er alle Probleme erkennt und Lösungen entwickelt angesichts einer Umwelt, in der die Beziehungen zwischen Aktionen und Ergebnissen unklar sind, dass er mit der Tatsache fertig wird, dass eigentlich tausende verschiedener Vorgänge und Probleme seine Zeit und Aufmerksamkeit in Anspruch nehmen müssten, dass er einen Ausgleich zwischen der kurzfristigen und der langfristigen Perspektive herstellt, trotz eines gewissen Zwangs die letztere zu vernachlässigen, dass er es irgendwie schafft, bei einer großen Zahl von Mitarbeitern durch Motivationsmaßnahmen gute Leistungen zu fördern und sich mit unbefriedigenden Leistungen angemessen auseinanderzusetzen, dass er eine sehr heterogene Gruppe von Menschen zu harmonischer und effizienter Kooperation führt und dass er es schafft, eine Menge anderer, ebenso beschäftigter und überlasteter Personen, über die er keine formale Autorität hat, zur Zusammenarbeit mit ihm zu bewegen."

Es kann nicht überraschen, dass Manager ganz unterschiedliche, auch im Zeitablauf wechselnde Antworten auf diese ungewöhnlich komplexen Herausforderungen geben. Und es ist auch nicht verwunderlich, dass gerade diese Ant-

---

5) Vgl. Frese [Organisationstheorie] 112 ff.
6) Kotter [Managers] 10 f.

worten nicht unbeeinflusst vom Wechsel der Management-„Moden" sind[7]. Auf jeden Fall ist Skepsis angebracht gegenüber Vorstellungen von einer radikalen Abkoppelung der Unternehmungsleitung vom operativen Geschäft und einer vorrangigen Beschränkung auf strategische Grundsatzentscheidungen. Ein Mindestmaß an Vertrautheit mit den Bedingungen der einzelnen Geschäftsfelder und die Fähigkeit, sich über eine breite Palette operativer Entscheidungen auf dem laufenden zu halten, sind für einen erfolgreichen Manager unerlässlich. *Wrapp* formuliert diese Anforderungen in seinem klassischen Aufsatz *Good Managers Don't Make Policy Decisions* so[8]: „Er weiß, dass er nur, wenn er über laufende Entscheidungen informiert ist, jene Sterilität vermeiden kann, die man so oft bei Managern findet, die von den operativen Entscheidungen isoliert sind. Folgt er Empfehlungen, sich vom operativen Bereich abzukoppeln, kann er sich in einer Lage wieder finden, in der er sich von einer Diät von Abstraktheiten ernährt, wobei die Entscheidung darüber, was er zu sich nimmt, auch noch bei seinen Mitarbeitern liegt."

Inwieweit es der Kerngruppe gelingt, die schwierige Gratwanderung zu bewältigen, sich auf die Aufgaben des strategischen Managements zu konzentrieren und gleichzeitig die Kontrolle über das operative Geschäft zu behalten, hängt vor allem von der organisatorischen Gestaltung der nachgelagerten Unternehmungsbereiche ab.

Die *juristischen Grenzen* der Delegation von Entscheidungen durch die Unternehmungsleitung sind ähnlich schwer fassbar wie die bisher erörterten Einflussfaktoren. Gleichwohl ergeben sich vor allem aus dem Gesellschaftsrecht für einzelne Rechtsformen Restriktionen für die Delegation. Das gilt z.B. für die Aktiengesellschaft. Wenn nach § 76 I AktG der Vorstand eigenverantwortlich für die Geschäftsführung zuständig ist, dann ist damit nicht nur das Recht, sondern auch die Pflicht zur aktiven Wahrnehmung der Unternehmungsleitung definiert. Eine zu weit reichende Übertragung von Entscheidungsbefugnissen an nachgeordnete Unternehmungsbereiche könnte mit dieser vorgegebenen eigenverantwortlichen Leitungspflicht kollidieren und unter Umständen die Frage der Haftung berühren[9].

---

7) Vgl. hierzu Engels [Unternehmen];Kieser [Myth].
8) Wrapp [Managers] 92.
9) Vgl. v. Werder [Unternehmungsleitung].

2. Interne Gremienstruktur

Wie bei jeder organisatorischen Gestaltung hängen auch hinsichtlich der internen Organisation der Unternehmungsleitung die Anforderungen wesentlich von der Struktur der Aufgaben ab. Die Frage nach der organisatorischen Ausgestaltung der höchsten hierarchischen Ebene stellt sich in besonderem Maße für große Unternehmungen. Die Aufgaben der Unternehmungsführung weisen hier ein solches Maß an Komplexität auf, dass sie die qualitative und quantitative Kapazität einer einzelnen Person überfordern und multipersonelle Lösungen für die Unternehmungsleitung unerlässlich sind. Diese Einschätzung wird auch vom Gesetzgeber geteilt, wenn er für den Vorstand der Aktiengesellschaften gemäß §§ 76 II, 77 I AktG dieses Prinzip sogar gesetzlich verankert und den Fall der Einpersonen-Leitung als eine an enge Bedingungen geknüpfte Ausnahme regelt. Dieses generelle Argument für eine multipersonelle Wahrnehmung der Aufgaben der Unternehmungsführung wird noch durch die Tatsache bekräftigt, dass gerade die Kernaufgaben der Unternehmungsleitung einer effizienten Gruppenarbeit besonders zugänglich sind. Betrachtet man das Problem der Positionierung der Kernaufgaben auf der höchsten Ebene der Hierarchie unter Rückgriff auf das Konzept der effizienten Gruppenarbeit von *Hackman*[10], so wird deutlich, dass Gruppenarbeit für die oberste Leitungseinheit einen hohen Stellenwert hat. So sind die von *Hackman* formulierten Gestaltungsempfehlungen, die eine hohe aufgabenbezogene Leistungsanstrengung der Gruppenmitglieder sicherstellen sollen, hinsichtlich der beiden Dimensionen „Gestaltung der Gruppe als Problemlösungseinheit" sowie „Unternehmungskontext" bei der Wahrnehmung von Kernaufgaben ohne Zweifel relevant. Sowohl die Struktur der Kernaufgaben, die zum Beispiel den Kriterien der Abgeschlossenheit, des Anforderungsgehalts, der Bedeutung für andere Organisationseinheiten und der Autonomie der Gruppe in hohem Maße entspricht, als auch die bei Aufgaben der Unternehmungsführung vorliegenden Anreizbedingungen lassen eine wirksame Motivation der Gruppenmitglieder erwarten.

Wenn eine Mehrzahl von Personen mit der Wahrnehmung von Kernaufgaben betraut ist, stellt sich die Frage nach der internen Ausgestaltung dieses Gremiums. Einen Zugang zur systematischen Erfassung der vielfältigen praktischen Formen eröffnet sich, wenn man bei der Analyse der Gruppenstruktur in Anlehnung an *v. Werder*[11] von der gruppeninternen Verteilung von Aufgaben der Entscheidung und der Entscheidungsvorbereitung ausgeht.

---

10) Vgl. im Einzelnen S. 365 ff.
11) V. Werder [Führungsorganisation] 173 ff.

Für das Verständnis der folgenden Überlegungen ist die Tatsache wesentlich, dass die „Unternehmungsleitung", die als höchste, zur Formulierung der Unternehmungsziele legitimierte Ebene der Unternehmungshierarchie definiert wurde, nicht notwendigerweise mit dem rechtlich vorgegebenen Gremium „Leitungsorgan" deckungsgleich ist. Zum Leitungsorgan zählen die Personen, die von einem dazu berufenen Bestellungsorgan zu Leitungsorganmitgliedern ernannt werden (juristische Kategorie); der Unternehmungsleitung sind dengenüber nach der hier gültigen Definition die Handlungsträger der Unternehmung zuzurechnen, die die Führungsaufgabe der hierarchischen Spitzeneinheit ausüben (betriebswirtschaftliche Kategorie). Damit impliziert die (formelle) Mitgliedschaft in einem Leitungsorgan nicht zwangsläufig die (ausschließliche) Wahrnehmung von Aufgaben der Unternehmungsführung. So können Vorstandsmitglieder, d.h. Mitglieder des Leitungsorgans, in einer Aktiengesellschaft neben Aufgaben der Unternehmungsführung auch mit der Leitung nachgeordneter Unternehmungsbereiche betraut werden. In diesem Fall decken Leitungsorganmitglieder funktionell mehrere Ebenen der Hierarchie organisatorischer Entscheidungseinheiten ab und operieren auch unterhalb der Unternehmungsleitung. Darüber hinaus zählen Mitglieder des Leitungsorgans nicht notwendigerweise auch zugleich zur Unternehmungsleitung. So gehört beispielsweise ein Mitglied der Geschäftsführung einer GmbH, das ausschließlich mit der Leitung nachgeordneter Unternehmungsbereiche betraut ist und nicht – auch nicht beratend – an den Aufgaben der Unternehmungsführung beteiligt ist, gemäß der zu Grunde gelegten begrifflichen Abgrenzung zwar zum Leitungsorgan, nicht aber zur Unternehmungsleitung.

Auch wenn die betriebswirtschaftlich-organisatorische Perspektive vorherrscht, setzen die im Folgenden dargestellten organisatorischen Lösungen an dem nach juristischen Kriterien abgegrenzten Leitungsorgan an [12]. Dieser Vorgehensweise liegen zwei Überlegungen zu Grunde: Zum einen würde die ausschließliche Betrachtung der Gestaltungsdimension der Organisation der Unternehmungsleitung eine Reihe bedeutsamer Fragestellungen ausklammern, die sich aus den speziell für das Leitungsorgan geltenden und damit für die organisatorischen Besonderheiten der Unternehmungsführung relevanten Rechtsvorschriften ergeben. Zum anderen können zur Einschätzung der relativen Vorteilhaftigkeit alternativer organisatorischen Lösungen für die Unternehmungsleitung die jeweiligen Regelungen in Bezug auf die Verteilung von Aufgaben und Kompetenzen im Leitungsorgan von Bedeutung sein.

---

12) D.h., dass leitungsorganbezogene Organisationsprobleme, die unterhalb der Ebene der Unternehmungsleitung ansetzen, in die Betrachtung miteinbezogen werden.

Alternativen zur internen Organisation des Leitungsorgans lassen sich unter Rückgriff auf die Systematik von *v. Werder*[13] mit der Arbeitsteilung im Leitungsorgan (Portefeuillebindung, Ressortbindung) und dem Status der Leitungsorganmitglieder (Kollegialprinzip, Direktorialprinzip) anhand von zwei Dimensionen ableiten.

Die Form der Arbeitsteilung stellt auf inhaltliche Differenzierungen der Aufgabenbereiche der Organmitglieder ab. Im Mittelpunkt steht hier die Frage, für welchen speziellen Aspekt des Handlungsproblems der Unternehmung die einzelnen Organmitglieder – zumindest für eine bestimmte Zeitspanne – zuständig sind, d.h., wie die anfallenden Aufgaben unter den Organmitgliedern verteilt werden[14]. Da danach unterschieden werden kann, ob sich die inhaltlich abgegrenzten Aufgabenbereiche der Organmitglieder allein auf entscheidungsvorbereitende Informationsprozesse beziehen oder aber Entscheidungskompetenzen beinhalten, wird im Folgenden zwischen den beiden Formen der portefeuillegebundenen und der ressortgebundenen Unternehmungsführung differenziert. Portefeuillebindung von Aufgaben besagt, dass Mitglieder des Leitungsorgans für bestimmte Aufgabensegmente (Portefeuilles) Entscheidungen der Unternehmungsleitung vorbereiten, darüber hinaus aber keine individuellen Entscheidungskompetenzen besitzen. Im Fall der ressortgebundenen Unternehmungsführung sind die einzelnen Mitglieder des Leitungsorgans hingegen für ihre jeweiligen Zuständigkeitsbereiche (Ressorts) entscheidungsbefugt[15].

Neben der qualitativen Arbeitsteilung können Kompetenzunterschiede zwischen den Organmitgliedern auch auf Statusdifferenzierungen beruhen. Beim Kollegialprinzip sind die Organmitglieder gleichberechtigt: Entscheidungen werden von sämtlichen Mitgliedern des Leitungsorgans gemeinsam getroffen. Kommt es zu Meinungsverschiedenheiten, werden diese nach dem Mehrheits- oder Einstimmigkeitsprinzip gelöst. Dahingegen führt das Direktorialprinzip zu einer hierarchischen Abstufung der Entscheidungskompetenzen innerhalb des Leitungsorgans. Bestimmte Mitglieder oder Mitgliedergruppen des Organs

---

13) V. Werder [Organisation] 176.
14) Ein genereller Verzicht auf prinzipiell arbeitsteilige Regelungen innerhalb des Leitungsorgans hieße, dass anfallende Aufgaben der Entscheidungsvorbereitung und der Entscheidung allenfalls ad hoc unter den Organmitgliedern verteilt würden. Da dies unter Effizienzgesichtspunkten wenig überzeugen kann und zudem in Unternehmungen ab einer gewissen Größenordung empirisch nicht nachzuweisen ist, wird dieser Fall im Weiteren nicht berücksichtigt.
15) Da ein Ressort im Vergleich zur Unternehmungsleitung zwangsläufig einen strukturierteren Entscheidungsspielraum aufweist, ist es entscheidungslogisch auf der zweiten Ebene der Hierarchie angesiedelt.

können Entscheidungen unabhängig von anderen Organmitgliedern fällen; sie sind weisungsbefugt gegenüber den übrigen Leitungsorganmitgliedern.

Zum Merkmal „Status der Mitglieder" ist anzumerken, dass die Anwendung des Kollegial- bzw. des Direktorialprinzips im deutschen Gesellschaftsrecht rechtsformspezifisch geregelt ist: Das Aktiengesetz schreibt mit § 77 I AktG zwingend das Kollegialprinzip für die Willensbildung im Vorstand vor. Eine dem Direktorialprinzip folgende hierarchische Abstufung oder Entscheidungen gegen die Vorstandsmehrheit sind damit nach Aktiengesetz nicht zulässig. Das GmbH-Gesetz kennt dagegen solche einschränkenden Festlegungen für das Leitungsorgan nicht. Die Geschäftsführung der GmbH kann deshalb sowohl nach dem Kollegialprinzip als auch nach dem Direktorialprinzip gestaltet werden.

Anhand der vier vorgestellten Konstruktionselemente lassen sich mit dem „Sprecher-Modell", dem „Stabs-Modell", dem „Hierarchie-Modell" und dem „Modell der Personalunion" vier Grundalternativen der Organisation des Leitungsorgans ausweisen (vgl. Tabelle 4).

Arbeitsteilung im Leitungsorgan \ Status der Mitglieder im Leitungsorgan	Kollegialprinzip	Direktorialprinzip
Portefeuillebindung	Sprecher-Modell	Stabs-Modell
Ressortbindung	Modell der Personalunion	Hierarchie-Modell

Tabelle 4:   Modelle der internen Organisation der Unternehmungsleitung (nach v. Werder)

Das Sprecher-Modell, als Kombination aus Portefeuillebindung und Kollegialprinzip, zeichnet sich dadurch aus, dass sich alle Leitungsorganmitglieder auf die (gemeinsam zu treffenden) Entscheidungen konzentrieren. Sie übernehmen keine operative Verantwortung in Unternehmungsbereichen und sind allenfalls entscheidungsvorbereitend für verschiedene Handlungsaspekte zuständig. Das Modell der Personalunion vereint das Prinzip der Ressortbindung mit dem Kollegialprinzip. Mitglieder des Leitungsorgans übernehmen neben ihrer Beteiligung an den gemeinsam zu treffenden Entscheidungen der Unternehmungsführung auch Verantwortung für Unternehmungsbereiche auf der zweiten Hierarchieebene („Zwei-Hüte-Prinzip"). Das Stabs-Modell ist durch eine portefeuillegebundene Unternehmungsführung bei gleichzeitiger Statusdifferenzierung der Organmitglieder charakterisiert. Die Kompetenz zur Wahrnehmung der Kernaufgaben besitzen nur ausgewählte Mitglieder oder Mitgliedergruppen des Leitungsorgans. Die übrigen Organmitglieder übernehmen für bestimmte Problemaspekte entscheidungsvorbereitende Aufgaben, verfügen aber ansonsten über keine individuellen oder kollektiven Entscheidungskompetenzen. Die nicht entscheidungsbefugten Organmitglieder üben somit gleichsam eine Stabsfunktion aus. Die vierte Alternative stellt das direktorialressortgebundene Hierarchie-Modell dar. Hierbei werden Mitglieder des Leitungsorgans auf der zweiten Hierarchieebene teilbereichsleitend eingesetzt, d.h., sie sind für ein bestimmtes Ressort mit individuellen Entscheidungskompetenzen ausgestattet. Gleichwohl sind sie hinsichtlich ihrer Kompetenzen von bestimmten Organangehörigen, die die Unternehmungsleitung im organisatorischen Sinne bilden, hierarchisch abgestuft und unterliegen deren Weisungen.

Die abschließende Effizienzbewertung beurteilt die relative Vorteilhaftigkeit der vier Modelle unter Rückgriff auf das Konzept der Gruppenarbeit von *Hackman*[16]. Es gelten damit die drei prozessbezogenen Effizienzkriterien „aufgabenbezogene Leistungsanstrengung", „Stand der bei der Aufgabenerfüllung eingesetzten Fähigkeiten und Kenntnisse" und „Aufgabenangemessenheit der angewandten Problemlösungsstrategie". Eine im Hinblick auf diese Kriterien erfolgreiche Gruppenarbeit führt *Hackman* auf spezifische Gestaltungsbedingungen zurück[17]. Je nach dem, welches Modell der internen Organisation des Leitungsorgans Anwendung findet, ergeben sich spezifische Ausprägungen der Gestaltungsvariablen, von denen Einflüsse auf die Qualität der Gruppe als Problemlösungseinheit sowie auf die Synergiebedingungen innerhalb der Gruppe ausgehen. Im Folgenden wird analysiert, wie die Arbeitsteilung und der Mitarbeiterstatus im Leitungsorgan die Gestaltungsbedingungen und damit die Effizienz der vier Modelle beeinflussen.

Mit der Art der Arbeitsteilung wird festgelegt, ob sich die Gruppenmitglieder ausschließlich der Gruppenarbeit widmen oder darüber hinaus auch mit der Führung eines nachgelagerten Unternehmungsbereichs betraut sind. Die Entscheidung für eine portefeuillegebundene bzw. ressortgebundene Unternehmungsführung hat im Hinblick auf die Effizienz der Gruppenarbeit vor allem unter zwei Aspekten Bedeutung:

---

16) Vgl. S. 365 ff.
17) Vgl. Hackman [Teams] 324 ff.

- Informationsbasis und Aktualisierung von Wissen

    Die ressortgebundene Unternehmungsführung zeichnet sich durch die Nähe der Gruppenmitglieder zum laufenden Geschäft aus. Die Kenntnisse der Anforderungen des jeweiligen Geschäftsfelds und die intime Vertrautheit mit dem Tagesgeschäft in den Unternehmungsbereichen verbessern den Informationsstand der Unternehmungsleitung und haben positiven Einfluss auf die Entscheidungsqualität der Gruppe. Durch das Engagement in der Teilbereichsleitung werden darüber hinaus das Wissen und die Fähigkeiten der Gruppenmitglieder ständig aktualisiert.

    Auf der anderen Seite stellt eine ressortlose Unternehmungsführung eine hohe Leitungskapazität für die Hierarchiespitze zur Verfügung, da sich sämtliche Gruppenmitglieder auf die unternehmungsleitenden, insbesondere strategischen Aufgaben konzentrieren und keiner Doppelbelastung ausgesetzt sind. Auf Grund der fehlenden Einbindung in konkrete Fragestellungen der Teilbereichsleitung kann bei der portefeuillegebundenen Unternehmungsführung unterstellt werden, dass die Gruppenmitglieder eher dazu neigen, mit Ideen und Ressourcen zu experimentieren. Während die Verantwortung im Tagesgeschäft tendenziell zu einer Lösungssuche im Bereich erprobter Managementmethoden verleitet, fördert Ressortlosigkeit die Bereitschaft, etablierte Handlungsmuster aufzugeben und sich dem Risiko des Neuen zu stellen.

- Bereichsneutralität

    Im Rahmen der ressortgebundenen Unternehmungsführung sind Mitglieder im Leitungsgremium, bei denen auf Grund ihres Engagements in den zugewiesenen Ressorts die Verfolgung bereichsegoistischer Ziele und damit Interessenkonflikte zwischen dem Unternehmungsziel und dem Bereichsziel nicht auszuschließen sind. Die Befürchtung, dass einzelne Gruppenmitglieder Gefahr laufen, die Interessen ihrer Teilbereiche über die Erreichung der Gruppenziele zu setzen, ist ohne Zweifel ein wesentliches Argument gegen die ressortgebundene und für die ressortlose Unternehmungsführung. Insbesondere bei Entscheidungen über die Allokation von Ressourcen auf die Unternehmungsbereiche (Investitionen/Desinvestitionen) spricht jede praktische Erfahrung dafür, dass die Neutralität der Beurteilung solcher Entscheidungen auf Seiten der betroffenen Leiter von Unternehmungsbereichen nicht immer gewährleistet ist.

Die Frage nach einer möglichen Statusdifferenzierung der Leitungsorganmitglieder äußert sich im Hinblick auf die Gruppenstruktur darin, ob es zu einer Separierung von entscheidungsbefugten und lediglich entscheidungsvorbereitenden bzw. beratenden Gruppenmitgliedern kommt[18]. Effizienzrelevante Implikationen ergeben sich aus der Anwendung des Kollegial- bzw. Direktorialprinzips vor allem unter folgenden Gesichtspunkten:

- Potenzialausschöpfung

  Eine rangmäßige Abstufung unter den Mitgliedern der Unternehmungsleitung, die im Prinzip eine gleichwertige Einbringung und Berücksichtigung der Kenntnisse sämtlicher Organmitglieder verhindert, kann zu einer Verschwendung von Talent, Energie und Motivation führen. Gleichberechtigung als Ausfluss des Kollegialprinzips fördert dahingegen die unvoreingenommene Berücksichtigung des Know-hows aller Gruppenmitglieder, vermeidet eine unangemessene Gewichtung der Beiträge von Gruppenmitgliedern und schafft tendenziell günstige Voraussetzungen für kollektive Lernvorgänge.

- Koordination der Gruppenarbeit

  Das Kollegialprinzip bewirkt, dass anstehende Entscheidungsprobleme durch die Vielzahl der Beteiligten tendenziell intensiver, damit aber möglicherweise auch langwieriger diskutiert werden. Die gemeinsame Entscheidungsfindung kann sich auch technisch aufwändiger gestalten, wenn je nach gewähltem Formalisierungsgrad innerhalb der Gruppe bestimmte Regelungen zu beachten sind (z.B. Versand von Einladungen zu den offiziellen Sitzungen des Gesamtgremiums mit Ankündigungen der Tagesordnungspunkte, Berücksichtigung des Quorums für die Beschlussfähigkeit sowie Unterschriftsregelungen). Die Gefahr zeitlicher Reibungsverluste der gemeinsamen Entscheidungsfindung sowie ineffizienter Kollegialkompromisse ist beim Direktorialprinzip herabgesetzt.

Abb. 107 führt die Konstruktionselemente der vier Modelle mit den relevanten Gestaltungsempfehlungen effizienter Gruppenarbeit von *Hackman* zusammen.

Diese Gegenüberstellung lässt Rückschlüsse darüber zu, inwieweit die einzelnen Modelle der internen Organisation des Leitungsorgans Voraussetzungen zur effizienten Gruppenarbeit schaffen. Dabei gilt wie bei jeder Effizienzaussage über Organisationsstrukturen: Ein generelles Urteil ist nicht möglich – es muss auch hier der Trade-off zwischen den einzelnen Subzielen beachtet werden, und das ist ohne die Einbeziehung situativer Annahmen nicht möglich.

---

18) Diese Unterscheidung stellt allein auf die Gestaltungsdimension der internen Gruppenstruktur ab. Organmitglieder, die im Hinblick auf die Aufgaben der Unternehmungsführung ausschließlich eine beratende Funktion ausüben, können durchaus individuelle Entscheidungsbefugnisse auf der zweiten Hierarchieebene innehaben.

	Konstruktionselemente → Gestaltungsempfehlungen ↓	Status der Mitglieder im Leitungsorgan		Arbeitsteilung im Leitungsorgan	
		Direktorialprinzip	Kollegialprinzip	Ressortbindung	Portefeuillebindung
Aufgabenbezogene Leistungsanstrengungen	Minimierung von Koordinationsverlusten	+	−		
	Minimierung von Motivationsverlusten	−	+		
	Gefühl der Verpflichtung gegenüber der Gruppe und ihrer Aufgabe			−	+
Stand bei der Aufgabenerfüllung eingesetzter Kenntnisse und Fähigkeiten	Hoher aufgabenbezogener Wissensstand der Gruppenmitglieder			+¹ −²	−¹ +²
	Vermeidung unangemessener Gewichtung der Beiträge von Gruppenmitgliedern	−	+		
	Förderung kollektiven Lernens	−	+		
Aufgabenangemessenheit der angewandten Problemlösungsstrategie	Vermeidung von Reibungsverlusten bei der Strategieumsetzung	+	−		
	Generierung innovativer Aufgabenerfüllungs- und Problemlösungsstrategien			−	+

(Kriterien effizienter Gruppenarbeit nach Hackman)

1) altes Wissen
2) neues Wissen

Abb. 107: Konstruktionselemente und Gestaltungsempfehlungen

Gleichwohl wird man feststellen können, dass für die Praxis das Problem von Bereichsegoismen das dominierende Kriterium ist. Damit ergeben sich für das Sprecher-Modell und des Stabs-Modell Vorteile. Wenn darüber hinaus der breiten, gleichwertigen Nutzung der Fähigkeiten aller Gruppenmitglieder hohe Priorität eingeräumt wird – folglich das Kollegialprinzip dem Direktorialprinzip vorzuziehen ist –, eröffnet tendenziell eine dem portefeuillegebundenen-kollegialen Sprecher-Modell folgende interne Organisation des Leitungsorgans die günstigsten Bedingungen zur effizienten Wahrnehmung der Kernaufgaben der Unternehmung.

3. Angliederung unterstützender Einheiten

Jede Unternehmungsleitung sieht sich bei wachsenden Geschäftsaktivitäten und zunehmender Diversifikation mit der Frage konfrontiert, wie sie den steigenden Anforderungen an die Unternehmungsführung bei gegebener quantitativer und qualitativer Kapazität gerecht werden kann. Sie hat dabei prinzipiell drei strukturelle Alternativen. Die erste Möglichkeit besteht in der Erhöhung der personellen Kapazität der Kerngruppe durch Vergrößerung der Mitgliederzahl und/oder in der Änderung der Arbeitsteilung innerhalb der Kerngruppe. Die Angliederung unterstützender Einheiten stellt die zweite Alternative dar. Während die bisher betrachteten Strukturoptionen den Bestand an Aufgaben der Unternehmungsleitung unverändert lassen, führt die dritte Möglichkeit, die Delegation von Aufgaben an nachgelagerte Unternehmungsbereiche, zu einer neuen Grenzziehung zwischen den Aufgaben der Unternehmungsleitung und denen der Unternehmungsbereiche. Da Fragen der personellen Zusammensetzung und der internen Arbeitsteilung in der Kerngruppe[19] sowie die Frage der Grenzziehung zum operativen Geschäft[20] schon erörtert wurden, beschränkt sich die folgende Darstellung auf die Angliederung unterstützender Einheiten.

Die Analyse der organisatorischen Strukturen der Unternehmungsleitungen deutscher Großunternehmungen zeigt, dass beim Rückgriff auf das Unterstützungs- und Beratungspotenzial angegliederter Einheiten zwei Formen unterschieden werden können: Es kann zum einen eigene Beratungskompetenz auf der Ebene der Unternehmungsleitung aufgebaut werden, zum anderen ist die Nutzung der Beratungskompetenz nachgelagerter Unternehmungsbereiche möglich. Die erste Form soll im Folgenden als Zentralbereichsmodell[21], die zweite als Ausschussmodell[22] bezeichnet werden.

Beim Zentralbereichsmodell werden auf der Ebene der Unternehmungsleitung Stabseinheiten gebildet. Dagegen erfordert die Nutzung der Beratungskompetenz nachgelagerter Unternehmungsbereiche, abgesehen von den – keineswegs unbedeutenden – Fällen der unmittelbaren Kommunikation, die Bildung von Ausschüssen. In der Realität sind die beiden Modelle kaum in reiner Form verwirklicht. Typisch sind Kombinationen von Zentralbereichs- und Ausschusslösungen mit unterschiedlicher Betonung der beiden Formen.

Die organisationstheoretische Auseinandersetzung mit der Ausgestaltung unterstützender Einheiten[23] muss die Frage, wie weit die Unternehmungsleitung in das operative Geschäft eingebunden ist, in den Mittelpunkt stellen. Je intensiver sich die Unternehmungsleitung im operativen Geschäft engagiert, je detaillierter die Planvorgaben und je eingehender die Kontrollen sind, umso größer ist tendenziell der Unterstützungsbedarf der Unternehmungsleitung. Bei einer intensiven Beteiligung am operativen Geschäft sprechen viele Argumente für den Aufbau einer eigenständigen Beratungskompetenz in Form von Zent-

---

19) Vgl. S. 523 ff.
20) Vgl. S. 520 ff.
21) Vgl. zur Grundlegung S. 193 ff.
22) Vgl. ebenda
23) Einen Überblick über praktische Lösungen in deutschen Unternehmungen gibt der Sammelband von v. Werder/Stöber [Center-Organisation].

ralbereichen auf der Ebene der Unternehmungsleitung. Der mit dem gesonderten Aufbau von Unterstützungspotenzial möglicherweise verbundene Ressourceneinsatz verliert angesichts des Aufgabenvolumens an Bedeutung. Der Rückgriff auf das in den Unternehmungsbereichen vorhandene Potenzial würde dem erhebliche Koordinationsprobleme verursachen und die Frage nach der Neutralität der Betroffenen aufwerfen. Allerdings darf in diesem Zusammenhang nicht übersehen werden, dass die Beziehung zwischen der Intensität des Engagements im operativen Geschäft und dem Aufbau von Zentralbereichen nicht einseitiger Natur sind. Die Einschätzung, dass sich das notwendige leistungsfähige Unterstützungspotenzial in Form von Zentralbereichen nicht ohne weiteres aufbauen lässt, kann zu einer Beschränkung auf wesentlichere Kernaufgaben führen. Vor allem dem Prinzip der Entbürokratisierung kommt in diesem Zusammenhang große Bedeutung zu. Häufig ist in Großunternehmungen der Trend, die Eigenständigkeit der Unternehmungsbereiche zu stärken und Zentralbereiche auf der Ebene der Unternehmungsleitung abzubauen, auf solche Überlegungen zurückzuführen.

c. Überwachung des Geschäftsführungsorgans börsennotierter Aktiengesellschaften

Die gegenwärtige Auseinandersetzung mit der Gestaltung der Corporate Governance konzentriert sich in Wissenschaft und Praxis auf das Problem, wie die Trägergruppe (Aktionäre) und wie Interessengruppen (vor allem Arbeitnehmer) die Überwachung des Managements (Vorstand) sicherstellen können.[24] Dieser Abschnitt soll einen organisationstheoretischen Beitrag zur Klärung dieser Frage leisten und strebt die konzeptionelle Einordnung der einflussreichsten Strömungen und Reformkonzepte an. Auf eine geschlossene und umfassende Darstellung der Vielzahl existierender Ansätze wird verzichtet.[25] Betrachtet wird die Corporate Governance großer deutscher Aktiengesellschaften mit gestreutem Aktienbesitz, bei der die begrenzte Einflussmöglichkeit und die verbreitete Passivität der Aktionäre unkontrollierte Handlungsspielräume des Managements begründen. Es wird gezeigt, dass in Deutschland die Reform- und Änderungsbewegungen mit dem Partizipations-, dem Audit- und dem Disziplinierungsmodell auf drei Konzepte mit unterschiedlicher theoretischer Fundierung zurückgeführt werden können. Beim Partizipationsmodell werden

---

24) Vgl. die pointierte Herausarbeitung dieser Fragestellung in der anglo-amerikanischen Literatur durch Shleifer/Vishny [Survey]; Davis/Useem [Management]; Tirole [Theory].
25) Vgl. dazu Walsh/Seward [Efficiency]; Davis/Useem [Management]; Dalton/Hitt/et al. [Agency].

unabhängige Experten (Aufsichtsräte) als Delegierte von Anspruchsgruppen (Aktionäre, Arbeitnehmer) unter Betonung der Plansteuerung in die Entscheidungen des Vorstands eingebunden. Beim Auditmodell überprüfen unabhängige Experten (z.B. Abschlussprüfer) unter Konzentration auf das Instrumentarium der Handlungssteuerung, ob der Vorstand vorgegebene Regeln einer sorgfältigen Geschäftsführung einhält. Beim Disziplinierungsmodell wird unter Rückgriff auf die Marktsteuerung durch marktbezogene Analysen und Sanktionen versucht, ein eigennütziges, die Realisation der Ziele legitimierter Anspruchsgruppen beeinträchtigendes Verhalten des Vorstands zu unterbinden.

1. Delegation und Kontrolle

Die Übertragung von Kernaufgaben durch die Eigentümer auf ein professionalisiertes Management begründet Delegationsprobleme, deren Lösung alle anderen Fragen der Gestaltung der Corporate Governance überragt. Im Mittelpunkt steht das Problem, dass die delegierende Trägergruppe aus Gründen der Kompetenz, Motivation oder Größe nur begrenzt zur Wahrnehmung der Kernaufgaben bereit oder in der Lage ist. Diese Situation kennzeichnet vor allem große Unternehmungen mit weit gestreutem Aktienbesitz („Publikumsgesellschaft").

Eine Auseinandersetzung mit dieser Thematik muss bedenken, dass jede Erfolg versprechende Delegation von Kernaufgaben eine komplexe, beachtlichen Sachverstand voraussetzende Entscheidung ist. Erforderlich sind die Beurteilung der Eignung des zu beauftragenden Managements, die Formulierung des Entscheidungsspielraums und die Kontrolle der Umsetzung der vorgegebenen Aufgaben. Wenn die quantitative und qualitative Kapazität zur Erfüllung dieser Anforderungen auf Seiten der Eigentümer nicht gewährleistet ist, wie das in Publikumsgesellschaften weitgehend der Fall ist, besteht die Gefahr, dass sich die Handlungen des Managements unkontrolliert vom Eigentümer vollziehen. In deutschen Unternehmungen findet diese Konsequenz häufig ihren extremen Ausdruck in der Tatsache, dass der Aufsichtsrat de facto nach den Personalvorstellungen des Vorstands besetzt wird. In Umkehrung der ursprünglichen Beziehung stellt der Aufsichtsrat dann gewisser Maßen die „Verlängerung" des Vorstands dar.[26] Ähnliche Entwicklungen lassen sich beim amerikanischen Board-System beobachten.[27]

---

26) Vgl. in diesem Zusammenhang die Typisierungen von Gerum [Aufsichtsratstypen].
27) Vgl. Lorsch [Pawns].

Für eigentümerorientierte Unternehmungsverfassungen werden diese Delegationsdefizite gesehen und kontrovers diskutiert, seit es Publikumsgesellschaften gibt. Die Problematik gewinnt ihre Dynamik und Brisanz durch ihre ordnungspolitische Dimension, die über die bloß „technische" Lösung eines Kontrollproblems hinausgeht. Aus der Perspektive der Wirtschaftsordnung betrachtet, steht die auf die effiziente Akquirierung umfangreichen anonymen Kapitals ausgerichtete große Kapitalgesellschaft im Widerspruch zur „traditionellen Logik des Eigentums"[28]. Nach dieser Eigentumsthese resultiert die Dynamik des unternehmerischen Handelns aus der Einheit von Unternehmer und Eigentümer. Die Entkoppelung dieser Verbindung und die weitgehende Delegation des unternehmerischen Handelns an Manager müssen deshalb die Effizienzthese der Wirtschaftsordnung in Frage stellen. Die Diskussion um diesen Systembruch, seine Ursachen und Folgen, ist alt. Sie beginnt im 18. Jahrhundert mit dem Aufkommen von Kapitalgesellschaften mit gestreuten Anteilen und findet in den dreißiger Jahren des vorigen Jahrhunderts ihren bis heute nachwirkenden Höhepunkt mit *Berle* und *Means*[29], die sich um den empirischen Nachweises der „Managerherrschaft" bemühen.

Die Vorstände großer Unternehmungen sehen sich angesichts globaler und dynamischer Märkte zunehmend äußerst anspruchsvollen Aufgaben gegenüber. Mit Blick auf die bei der Behandlung des Steuerungssystems[30] herausgearbeiteten Wirkzusammenhänge sollte man angesichts solcher Anforderungen die Ausprägung relativ einheitlicher Steuerungsmuster erwarten. Das ist aber nur sehr begrenzt der Fall. So zeigt sich in den aktuellen Reformen zwar eine Tendenz zu mehr Selbststeuerung, insgesamt überwiegt aber die Stärkung der Fremdsteuerung. Beispiele dafür sind die zunehmende Partizipation des Aufsichtsrats an den Entscheidungen des Vorstands und die den Entscheidungsspielraum einschränkenden gesetzlichen Regeln zur Informationsfundierung. Auch der eigentlich zu vermutende Trend zu mehr Ergebnis- und weniger Handlungssteuerung wird in der Realität nicht bestätigt. Die Ergebnissteuerung gewinnt zwar an Bedeutung, insbesondere bei Änderungen der Rechnungslegung, unverkennbar ist aber eine Aufwertung der Handlungssteuerung durch Einführung der genannten Regeln und durch die Verankerung der Unternehmungsplanung in der Corporate Governance. Kein einheitliches Bild vermittelt auch die Nutzung der Plan- und Marktsteuerung. Während das Partizipations- und das Auditmodell die Überwachung des Vorstands mit einem leistungsfähigen System der Unternehmungsplanung sicherstellen wollen,

---

28) Vgl. Berle/Means [Corporation] 333 ff.
29) Vgl. Berle/Means [Corporation].
30) Vgl. S. 223 ff.

kommt im Disziplinierungsmodell Marktsteuerung und Einbringung von Marktdruck herausragende Bedeutung zu.

Wie ist die Heterogenität und Gegenläufigkeit der vom Gesetzgeber verfolgten Steuerungsprinzipien angesichts derselben Herausforderung zu erklären?

Ein Grund ist sicher darin zu suchen, dass die Gestaltung des Aktiengesetzes immer auch das Ergebnis politischer Prozesse ist. Die Verfolgung einheitlicher Gestaltungsprinzipien und die transparente, sorgfältige Herausarbeitung der Wirkannahmen sind deshalb eher die Ausnahme. Seit der Betonung des öffentlichen Charakters von Großunternehmungen durch *Schmoller* vor mehr als einem Jahrhundert[31] wird die Feststellung Zustimmung finden, dass der Gesetzgeber häufig auf öffentlichen Druck reagiert, wenn er ein in der Öffentlichkeit als Fehlentwicklung kritisiertes Problem „abstellt", z.B. durch die „Deckelung" von Vorstandsbezügen. Die Grenze zu bloß symbolischem Handeln, bei dem der differenzierte Wirkungsnachweis ohnehin nicht erbracht werden kann, ist daher fließend.

Ein weiterer Grund liegt ohne Zweifel in den außerordentlichen Anforderungen des Regelungsobjekts. Angesichts unsicherer Daten und mehrdeutiger Probleme lassen sich Maßnahmen zur Überwachung des Vorstands nicht ohne weiteres nach den Kategorien „richtig" und „falsch" beurteilen. Der Versuch, die Qualität von Vorstandsentscheidungen zu beurteilen, findet nicht nur in der Entscheidungskomplexität seine Grenzen. Es kommt hinzu, dass die Urteilsbildung zumeist auf Distanz erfolgen muss. Der Vorstand wird von Personen beurteilt, deren begrenzter Zugang zu Informationen und eingeschränkte Kapazität zur Informationsverarbeitung ausgeprägte Informationsasymmetrien zur Folge haben. Der Vorstand weiß immer mehr als die Repräsentanten externer Anspruchsgruppen. Für eine solche anspruchsvolle Gestaltungsaufgabe gibt es keine eindeutigen Antworten auf die Frage, welche Steuerungsinstrumente eine effektive Überwachung des Vorstands gewährleisten. Die nur begrenzt mögliche empirische Absicherung der unterstellten Steuerungseffekte bedeutet, dass alle Wirkannahmen auf brüchigem Fundament stehen. Das gilt z.B., wenn *Mintzberg*[32] in seiner machttheoretischen Untersuchung einen Zusammenhang zwischen dem Machtpotenzial von Anspruchsgruppen und der Struktur des Steuerungssystems postuliert oder wenn *Bebshuk* und *Fried*[33] Vorschläge zur Beteiligung der Hauptversammlung an der Festlegung von Managerbezügen bewerten. In jeder Diskussion um Änderungen und Reformen konkurrieren alternative, auf expliziten oder impliziten Wirkannahmen beruhende Vorschlä-

---

31) Schmoller [Wesen].
32) Mintzberg [Power] 231 f.
33) Bebchuk/Fried [Pay] 195 ff.

ge um die beste Lösung und nur selten kann der überzeugende Nachweis eines überlegenen Zielbeitrags geführt werden.[34]

2. Einführung und vergleichende Betrachtung des Partizipations-, Audit- und Disziplinierungsmodells

Aus der Perspektive der vorstehend entwickelten Anforderungen, insbesondere hinsichtlich der Ableitung und Bewertung von Steuerungseffekten bei der Überwachung des Vorstands, werden im Folgenden das Partizipations-, das Audit- und das Disziplinierungsmodell erörtert. Die Abgrenzung der Modelle ist das Ergebnis einer typologischen Erfassung der den wichtigsten aktienrechtlichen Reformen zu Grunde liegenden Steuerungskonzepte. Die Typologien bringen zum Ausdruck, dass die in den gegenwärtigen gesetzlichen Änderungen nachzuweisenden Steuerungsmuster jeweils einem Steuerungsinstrument eine dominierende Stellung einräumen. Nach einer Charakterisierung der Modelle erfolgt eine vergleichende Betrachtung der jeweiligen Gestaltungsanliegen. Ein solcher Vergleich kann auf eine Vielzahl von Merkmalen zurückgreifen. Die folgende Auswahl berücksichtigt vier Merkmale, die für die betriebswirtschaftliche Beurteilung eines Steuerungskonzepts als bedeutsam eingestuft werden:

- Bezugstheorie: Welche Organisationstheorien bilden die Basis der Regelungen?
- Empirische Fundierung: Wie werden die angestrebten Steuerungseffekte begründet?
- Anwendungsbreite: Wie weit sind die Modelle anspruchsgruppenneutral?
- Informationsdefizit: Wie weit bestimmt die Überwindung von Informationsasymmetrien das Gestaltungsanliegen?

Charakterisierung der Modelle

Das Partizipationsmodell bringt die Urteilsfähigkeit unabhängiger, kompetenter Treuhänder als loyale Delegierte (Aufsichtsräte) externer Anspruchsgruppen in die Kontrolle des Vorstands ein. Ein solcher Steuerungsansatz positioniert den Sachverstand der Aufsichtsräte in großer Nähe zum Vorstand. Die Voraussetzungen einer konsequenten Praktizierung der planbasierten Steue-

---

[34] Vgl. hierzu den aufschlussreichen Überblick über den Stand der empirischen Forschung in Dalton/Hitt/ et al. [Agency].

rung sind damit in hohem Maße gegeben. Planung ist deshalb das vorherrschende Steuerungsinstrument; der Vorstand kann unter Plandruck gesetzt werden. Dem Aufsichtsrat steht durch das „Einklinken" in das System der Unternehmungsplanung ein leistungsfähiges Unterstützungssystem zur Verfügung, zumal dem Vorstand außerdem umfangreiche Informations- und Kooperationspflichten obliegen. Der zentrale Steuerungseffekt beruht auf der Annahme, dass die Plansteuerung die Aktivierung externer Kompetenz zur fundierten Beurteilung des Vorstands „auf gleicher Augenhöhe" erlaubt.

Das Auditmodell will die informationelle Fundierung des Vorstandshandelns, eine „ordentliche und sorgfältige" Geschäftsführung, sichern. Es entwickelt ein System von Regeln für eine leistungsfähige Infrastruktur (Prozesse, Organisationsstrukturen) zur Sicherung dieses Anliegens. Das vorherrschende Instrument ist die Handlungssteuerung; der Vorstand wird durch Regelvorgabe und Regelkontrolle unter Handlungsdruck gesetzt.

Das Disziplinierungsmodell sucht durch eine marktbasierte, primär monetäre Anreizgestaltung das Vorstandshandeln auf die Ziele der Anspruchsgruppen auszurichten. Das grundlegende Prinzip ist das implizite Einwirken auf die Entscheidungen des Vorstands zur Erfüllung der Renditeerwartungen der Aktionäre. Unter Betonung der Selbststeuerung dominiert die Marktsteuerung; der Vorstand steht vor allem unter Marktdruck. Das Disziplinierungsmodell schafft Anreizbedingungen, die es für den Vorstand in seinem eigenen Interesse vorteilhaft erscheinen lassen, auf die Marktsignale im Sinne der Aktionäre zu reagieren.

Bezugstheorien

Die Frage, aus welchen Bezugstheorien und mit welcher Stringenz die Gestaltungskonzepte abgeleitet werden, eröffnet den Zugang zu den unterstellten Wirkeffekten. Die drei Modelle unterscheiden sich hinsichtlich ihrer Bindung an eine geschlossene Bezugstheorie.

Die lockerste Bindung an Bezugstheorien weist das Auditmodell auf. Es findet im Wesentlichen seine organisationstheoretische Verankerung in Modellen der Informationsbewertung[35]. Allerdings vermitteln diese Bezugstheorien im Wesentlichen eine logische und entscheidungstheoretische Grundorientierung. Das gilt vor allem für das *Marschak*sche Konzept der Informationsbewertung; ein unmittelbar praktisches Handeln stützender Beitrag kann auf Grund sehr einschränkender Prämissen nicht erwartet werden. Das Konzept der Argumentati-

---

35) Toulmin [Uses]; Marschak [Information]; v. Werder [Unternehmungsführung].

onsrationalität von *Toulmin*[36] entwickelt demgegenüber Prinzipien zur logischen Prüfung der Überzeugungskraft vorgebrachter Argumente, die – wie die Arbeiten von *v. Werder*[37] sowie von *Graumann* und *Beier*[38] zeigen – durchaus Leitlinien für die Gestaltung von Informationsaktivitäten vermitteln. Handeln im konkreten Fall können aber auch sie nur begrenzt absichern.[39]

Eine mittlere Position hinsichtlich der Bindung an Bezugstheorien nimmt das Partizipationsmodell ein. Es ist vor allem in betriebswirtschaftlichen und sozialwissenschaftlichen Organisationstheorien verankert, die so zentrale Konstrukte wie Koordination, Steuerung und Delegation untersuchen.[40] Eine unmittelbare Umsetzung der Bezugstheorien ist zwar auch hier nur bedingt möglich. Die theoretisch gut fundierte betriebswirtschaftliche Theorie der Planung kann aber eine vermittelnde Funktion zwischen Bezugstheorien und praktischer Gestaltung erfüllen.

Die engste theoretische Bindung besitzt das Disziplinierungsmodell mit seiner Verankerung in der mikroökonomischen Theorie der Unternehmung, insbesondere der Agency-Theorie und der Theorie institutioneller Arrangements. Die Agency-Theorie modelliert kooperatives Verhalten angesichts der Existenz von Interessenkonflikten und Informationsasymmetrien.[41] Die Theorie der institutionellen Arrangements beschäftigt sich aus der Perspektive des Marktes mit der Entstehung von Unternehmungen und der Herausbildung ihrer internen Prozesse und Strukturen.[42] Diese beiden Theorien bilden das theoretische Fundament des Disziplinierungsmodells. Beim Rückgriff auf diese Theorien unterscheiden sich die Autoren vor allem in der Rigorosität, mit der sie Schlussfolgerungen für praktisches Handeln ziehen. Die folgende Skizzierung stützt sich zur pointierten Herausarbeitung des vorherrschenden Lösungsansatzes auf *Jensen* und *Williamson*. Sie begründen die beiden, die mikroökonomische Sicht der Governance prägenden Thesen besonders kompromisslos. Ihre Thesen lauten: 1. Das Management verfolgt in opportunistischer Weise persönliche Ziele zu Lasten der Aktionärsinteressen. 2. Jede Etablierung von Unternehmungen bedeutet den Verzicht auf die Effektivitätsvorteile der Marktkoordination. Dass sich Manager mit der vorrangigen Verfolgung von Umsatz- und Wachstumszielen über die Renditeziele ihrer Aktionäre hinwegsetzen, hat schon in den

---

36) Toulmin [Uses].
37) V. Werder [Unternehmungsführung].
38) Graumann/Beier [Haftungsabwehr].
39) Vgl. Valcárcel [Theorie] 229 ff.
40) Thompson [Organizations]; Simon [Behavior]; Hackman [Teams].
41) Vgl. Jensen/Meckling [Theory]; Holmström [Moral]; Grossman/Hart [Analysis]; Shapiro [Agency].
42) Vgl. Coase [Firm]; Alchian/Demsetz [Production]; Williamson [Institutions].

1950er Jahren im so genannten Managerialismus[43] eine erste konzeptionelle Ausformung erfahren. Die mikroökonomische Unternehmenstheorie hat diesen Ansatz mit der Unterstellung eines uneingeschränkten Opportunismus, der arglistige Täuschung einschließt, noch schärfer formuliert.[44] Die ausgeprägte Präferenz für Marktlösungen, der Glaube an das überlegene Koordinationspotenzial der „unsichtbaren Hand", fördert eine generell kritische Bewertung unternehmungsinterner Prozesse und Strukturen. So weist *Williamson* jedem, der sich bei der Regelung ökonomischer Transaktionen für die Unternehmung und gegen den Markt entscheidet, die Beweislast zu: „... try markets... and resort to firms when all else fails...".[45] *Jensen* ist in seinem Urteil nicht weniger strikt, wenn er mit Blick auf unternehmensinterne Kapitalallokationen lapidar feststellt: „Wall Street allocates capital more effectively than public-company CEO do."[46]

Empirische Fundierung

Dem Partizipations-, Audit- und Disziplinierungsmodell liegen unterschiedliche Prinzipien der empirischen Fundierung der Aussagen zu Grunde. Methodisch betrachtet, lassen sich zwei Ansätze unterscheiden.[47]

Der erste Ansatz besteht in der Übertragung bewährter organisatorischer Steuerungsmodelle und ihrer Anpassung an die besonderen Anforderungen der Corporate Governance. Diese Vorgehensweise berücksichtigt in der Regel nur einen Teil des gesamten Gestaltungsproblems und verfolgt eine eher pragmatische Identifizierung und Lösung von Teilproblemen. Diese Prinzipien kennzeichnen das Partizipationsmodell. Das übertragene Steuerungsmodell orientiert sich an einem Modul, das Steuerungseffekte durch die Einbringung von personalem Unterstützungspotenzial und den Aufbau von Kontrollmacht generiert.[48] Das Leitbild ist dabei der treuhänderisch handelnde Experte. Die Herausforderung dieses Ansatzes liegt in der Identifizierung und der empirischen Fundierung der angestrebten Wirkeffekte. Die Lösung wird vorwiegend zum einen durch Rückgriff auf praktische Erfahrungen gesucht. Ein bedeutendes Beispiel sind die Empfehlungen des Deutschen Corporate Governance Kodex (DCGK). Zum anderen werden im Allgemeinen nur begrenzt gesicherte Ergebnisse empirischer Untersuchungen als Indikatoren für die Gültigkeit be-

---

43) Vgl. Baumol [Business]; Marris [Theory].
44) Williamson [Institutions].
45) Williamson [Strategy] 1091.
46) Jensen [Eclipse] 64.
47) Vgl. zur Systematisierung von Steuerungsansätzen Kirsch/Seidel [Steuerungstheorie].
48) Vgl. hierzu die Herausarbeitung von Steuerungsmustern in Mintzberg [Power].

stimmter Wirkungseffekte angesehen. Auf diese Weise untermauert *Lutter*[49] z.B. die These, das deutsche Aufsichtsratssystem sei dem US-amerikanischen Board-System hinsichtlich seiner Steuerungseffekte nicht unterlegen.

Der zweite Steuerungsansatz, der das Audit- und das Disziplinierungsmodell prägt, orientiert sich im Unterschied zum Partizipationsmodell weniger an bewährten materiellen Steuerungsmodulen, sondern entwickelt unter Rückgriff auf ein übergeordnetes Gestaltungsprinzip Lösungen für das betrachtete Problem, hier die Überwachung des Vorstands. Solche Prinzipien eröffnen einen umfassenden Zugang zum Überwachungsproblem. Sie gewinnen einen herausragenden Stellenwert und finden eine weite Verbreitung, wenn sie den Charakter institutionalisierter Praktiken erlangen. In einem Anwendungsbereich, z.B. in einer Branche,[50] haben solche Praktiken dann auf Grund gemeinsam geteilter Vorstellungen und Überzeugungen vom Umgang mit Gestaltungsproblemen eine Sinn stiftende Funktion. Sie fungieren als kognitive Orientierungsmuster, deren Bewährung und Gültigkeit nicht in Frage gestellt wird. Hohe Verbreitung und Nicht-Infragestellung von Praktiken („taken for granted"), die die Akteure von Rechtfertigungs- und Begründungspflichten befreit, sind die Merkmale einer Institutionalisierung[51]. Eine nicht unerhebliche Rolle spielen bei der Übernahme von institutionalisierten Gestaltungspraktiken Legitimitätszwänge[52]. Für den Gestalter, der trotz begrenzten Wissens unter Handlungsdruck steht, hat die Institutionalisierung insgesamt eine entlastende Wirkung. Die verfolgten Praktiken müssen nicht tatsächlich effektiv sein, ihre Anwender müssen nur glauben, dass sie den angestrebten Beitrag liefern.

Für die aktuellen Reformen des Aktiengesetzes sind in diesem Kontext zwei Prinzipien von Bedeutung. Es handelt sich zum einen um das Rationalitätsprinzip bei der Fundierung von Entscheidungen, insbesondere bei der Informationsgewinnung (Auditmodell). Zur Institutionalisierung des Rationalitätsprinzips kann auf Studien zur Entstehung und Verbreitung von Planungssystemen verwiesen werden.[53] Wenn auch die Planungspraxis in Unternehmungen durchaus kritisch betrachtet wird[54], so ist doch die prinzipielle planungs- und entscheidungstheoretische Fundierung des Managementhandelns unbestritten. Kein anderer Lösungsansatz setzt mit vergleichbarer Le-

---

49) Lutter [Aufsichtsrat] 429.
50) DiMaggio/Powell [Cage] 148 f. sprechen von „organizational fields".
51) Vgl. Green [Theory]; Green/Li/Nohria [Webs].
52) Vgl. Meyer/Rowan [Structure] 340.
53) Vgl. Merkle [Management]; Eccles/Nohria [Hype]; Guillen [Management].
54) Vgl. Bogsnes [Budgeting]; Elliasson [Objectives].

gitimität in der Unternehmung den Standard für anspruchsvolles Problemlösen.

Neben dem Prinzip der Rationalität gewinnt in jüngster Zeit ein weiteres Prinzip zunehmend den Charakter einer institutionalisierten Handlungspraxis. Es strebt eine Beeinflussung des Vorstandsverhaltens durch Generierung von Marktdruck an, insbesondere durch die Etablierung marktorientierter monetärer Anreize (Disziplinierungsmodell). Institutionalisierte Praktiken sind hier für einen Anwendungsbereich entstanden, der in ausgeprägtem Maße durch das Spannungsverhältnis zwischen den Renditeerwartungen des Kapitalmarkts und den Autonomietendenzen des Managements bestimmt wird.[55] Die Institutionalisierung findet nicht zuletzt ihren Ausdruck in der Tatsache, dass unter dem Einfluss mikroökonomischer Theorien marktorientierte Orientierungen und Lösungen das Fundament berufsständischer Normen[56], z. B. für Finanzanalysten, bilden, die das praktische Handeln bei der Kontrolle des Managements nachhaltig beeinflussen.

Anspruchsgruppenneutralität

Das Merkmal der Anspruchsgruppenneutralität thematisiert die Anwendungsbreite der Steuerungskonzepte. Die Bedeutung dieser Frage zeigt sich, wenn man bedenkt, dass die angloamerikanische Corporate Governance ganz auf die Sicherung von Aktionärs-Interessen ausgerichtet ist, während das deutsche Aktienrecht Stakeholder-Interessen (neben Aktionärsinteressen auch Gläubigerinteressen, Arbeitnehmerinteressen und Kundeninteressen) wahrt und dem Gedanken des Erhalts des Unternehmens neben der Ausschöpfung von Gewinnpotenzialen eine eigenständige Bedeutung zuweist.[57]

Das Partizipationsmodell und das Auditmodell sind anspruchsgruppenneutral. Das Bestreben, die informationelle Fundierung von Vorstandsentscheidungen und von Urteilen des Aufsichtsrats zu sichern, liegt gleicher Maßen im Interesse von Aktionären und Arbeitnehmern. Das Disziplinierungsmodell ist dagegen konzeptionell ganz auf Aktionäre ausgerichtet. Die Interessen der Arbeitnehmer werden weitgehend ausgeblendet. Da mit dem deutschen Recht unter diesen Bedingungen „Marktsteuerung pur" nicht zu vereinbaren ist, stellt sich die Frage, wie Elemente des Disziplinierungsmodells in die deutsche, dem Unter-

---

55) Vgl. Davis [Markets], insbes. 39 ff.; 243 ff.
56) Vgl. Cooper/Robson [Accounting]; Scott [Lords].
57) Vgl. v. Werder [Shareholder]; Kuhner [Unternehmensinteresse].

nehmungsinteresse verpflichteten Corporate Governance integriert werden können.[58]

Informationsasymmetrie

Die Informationsasymmetrie, das Informationsgefälle zwischen Vorstand und Aufsichtsrat, hat in den drei Modellen jeweils einen anderen Stellenwert. Das Partizipationsmodell unterstellt, dass Informationsasymmetrie keine feste Größe ist, sondern durch Gestaltung verringert werden kann. Ein großer Teil der aktienrechtlichen Reformen der letzten Jahre, die sich am Partizipationsmodell orientieren, sucht durch Formulierung von Informationsrechten und -pflichten konsequent Informationsasymmetrien zu reduzieren. Das Disziplinierungsmodell hält demgegenüber die Reduzierung der Informationsasymmetrie (zwischen Vorstand und Aufsichtsrat) für zweitrangig, weil durch Einführung der extremen Opportunismus-Annahme auf Grund von Loyalitätsdefiziten die Rolle externer Experten ohnehin gering eingeschätzt wird. Der Verbesserung des Informationsstandes wird deshalb vor allem über die Rechnungslegung und zahlreiche kapitalmarktrechtliche Publikationspflichten angestrebt. Für das Auditmodell ist Informationsasymmetrie kein zentrales Problem. Die Vorgabe struktureller und prozessualer Regelungen greift ohne Einbeziehung des Vorstands auf Wissen zurück, dass, so ist die Annahme, externen Experten zugänglich ist. Allenfalls bei der Prüfung der Regeleinhaltung besteht ein Informationsvorsprung der betroffenen Unternehmenseinheiten „vor Ort".

3. Verankerung der Modelle im deutschen Aktienrecht

Dieser Abschnitt untersucht den Einfluss der drei Modelle auf gesetzgeberische Reformen. Der Rückblick auf die letzten 75 Jahre zeigt, dass abgesehen von der Rechnungslegung vor allem zwei aktienrechtliche Reformen das Konstrukt der Vorstandsüberwachung nachhaltig geprägt haben.[59] Die mit der Notverordnung von 1931 in Kraft gesetzte Aktienrechtsreform, die im Aktiengesetz von 1937 ihre Fortführung fand, schuf die Grundlagen für die heutige Trennung von Geschäftsführung und Überwachung im System des Aufsichtsrats (§ 105 Abs. 1 AktG). Davor war die Grenze zwischen Vorstand und Aufsichtsrat fließend. So war es z.B. möglich, dass eine Person Mitglied beider Organe war. Nach der klaren Rollentrennung blieb das aktiengesetzliche Modell der Vor-

---

[58] Vgl. hierzu die ökonomische Analyse von Tirole [Theory] 56 ff. und die rechtswissenschaftliche Analyse von Assmann [Governance].
[59] Vgl. zur historischen Entwicklung Lieder [Aufsichtsrat].

standsüberwachung über Jahrzehnte weitgehend unverändert. Auch die Reform des Aktiengesetzes von 1965 setzte keine bemerkenswerten neuen Akzente. Erst in den Reformen der jüngeren Vergangenheit kommt mit der Weiterentwicklung des Partizipationsmodells und der zusätzlichen Berücksichtigung des Audit- und Disziplinierungsmodells eine veränderte Sicht der Governance-Problematik zum Ausdruck. Insbesondere mit dem KonTraG von 1998[60], dem TransPuG von 2002[61], dem UMAG von 2005[62] und dem BilMoG von 2009[63] verfolgt der Gesetzgeber Reformansätze, denen eine differenzierte Betrachtung der Steuerungsinstrumente und ihrer Wirkungen zu Grunde liegt.

3.1 Planbasierte Expertenurteile des Aufsichtsrats: Partizipationsmodell

Im Partizipationsmodell wird das Management durch unabhängige Treuhänder, die als Delegierte die Interessen gesetzlich legitimierter Anspruchsgruppen im Aufsichtsrat wahrnehmen, „überwacht". Der Gesetzgeber definiert nicht die in § 111 Abs. 1 AktG übertragene Überwachungsaufgabe. Einer organisationstheoretischen Auseinandersetzung mit der Rolle des Aufsichtsrats muss deshalb eine Transformation der im Gesetz bezeichneten Einzelaufgaben in ein geschlossenes begriffliches System vorangehen.

Überwachungsaufgaben des Aufsichtsrats

Betrachtet man die Kernaufgabe des Vorstands, die Formulierung und Umsetzung der Unternehmungsziele, so sind für ihn Aktivitäten der Informationsgewinnung, der Urteilsbildung und der abschließenden Entscheidung kennzeichnend. Bei einer solchen begrifflichen Abgrenzung haben die Aufgaben des Aufsichtsrats zwei Schwerpunkte. Der Aufsichtsrat muss zum einen die Entscheidungen des Vorstands begleiten, kritisch nachvollziehen und beurteilen. Die Erfüllung dieser Aufgaben dient der Berichterstattung gegenüber den Anspruchsgruppen (z.B. hinsichtlich der Prüfung des Lageberichts gem. § 171 Abs. 2 S. 1) und der Vorbereitung der Zusammenarbeit mit dem Vorstand, die auch Beratungsaufgaben einschließt.[64] Zum anderen nimmt der Aufsichtsrat Akte der Informationsgewinnung und Urteilsfindung wahr, um fundiert eigen-

---

60) Gesetz zur Kontrolle und Transparenz im Unternehmensbereich.
61) Gesetz zur weiteren Reform des Aktien -und Bilanzrechts im Unternehmensbereich.
62) Gesetz zur Unternehmensintegrität und Modernisierung des Anfechtungsrechts.
63) Gesetz zur Modernisierung des Bilanzrechts.
64) Vgl. Kropff [Unternehmensplanung] 615.

verantwortlich Entscheidungen treffen zu können. Über lange Zeit waren die nachvollziehenden und begleitenden Elemente die bestimmenden Merkmale der vom Aufsichtsrat zu erfüllenden „Überwachungsaufgaben".[65] Diese Sichtweise ergab sich vor allem aus der dem Vorstand nach § 76 Abs. 1 AktG zugewiesenen eigenverantwortlichen Leitung der Gesellschaft, die ein Initiativrecht des Vorstands begründet.[66] Um den Wandel zu einer stärker zukunftsgerichteten Auffassung von der Überwachungsaufgabe deutlich zu machen, sollen die Entscheidungsaufgaben des Aufsichtsrats kurz erläutert werden.

Der Aufsichtsrat hat Entscheidungen teils gemeinsam mit dem Vorstand, teils autonom zu treffen.[67] Gemeinsame Entscheidungen betreffen Einzelfragen der Gesellschaft wie etwa die Rücklagenbildung (§ 58 Abs. 2 AktG), die Feststellung des Jahresabschlusses (§ 172 AktG) und die Aktienausgabe im Rahmen des genehmigten Kapitals (§ 204 Abs. 1, S. 2 AktG). Die autonomen Entscheidungen des Vorstands können mit einer positiven und einer negativen Kompetenz verbunden sein. Positive Entscheidungskompetenz, das Recht zu unmittelbar wirksamen Verfügungen über Unternehmungsressourcen, besitzt der Aufsichtsrat hinsichtlich der Bestellung und Abberufung des Vorstands (§ 84 AktG), der Festlegung der Vorstandsbezüge (§ 87 AktG), der Beauftragung des Abschlussprüfers (§111 Abs. 2 S. 3 AktG), der Billigung des Jahresabschlusses (§ 172 AktG) sowie hinsichtlich der Organisation der internen Struktur des Aufsichtsrats (§ 107 AktG). Hervorzuheben sind insbesondere die Personalentscheidungen; sie haben strategischen Rang und erfordern umfassende und anspruchsvolle Informations- und Urteilsaktivitäten.[68] Negative Entscheidungskompetenz hat der Aufsichtsrat bei Geschäften, die seiner Zustimmung unterliegen (zustimmungspflichtige Geschäfte gem. § 111 Abs. 4 S. 2 AktG). Er kann dann die vom Vorstand beabsichtigte Maßnahme durch sein Veto blockieren, kann aber keine alternative Maßnahme verbindlich vorgeben. Allerdings kann der Vorstand bei Verweigerung der Zustimmung durch den Aufsichtsrat die Zustimmung der Hauptversammlung erbitten (§ 111 Abs. 4 S. 3 u. 4 AktG), die dann die Zustimmung des Aufsichtsrats substituiert.

Betriebswirtschaftlich betrachtet sehen sich Aufsichtsrat und Vorstand prinzipiell denselben Aufgabenanforderungen gegenüber. *Lutter*[69] bezeichnet deshalb den Aufsichtsrat auch treffend als Mitunternehmer. Beide müssen unter un-

---

65) Lieder [Aufsichtsrat] 513 spricht anschaulich von einer „rückschauenden Geschäftsführungs-Kontrolle".
66) Vgl. hierzu Lutter [Aufsichtsrat] 231.
67) Vgl. im Einzelnen v. Werder [Führungsorganisation] 90 ff.
68) Vgl. hierzu Lutter [Aufsichtsrat] 226; Kropff [Informationsbeschaffungspflichten] 233 f.
69) Lutter [Aufsichtsrat].

vollkommener Einsicht in ein komplexes Problem das Potenzial möglicher Handlungen beurteilen. Organisationstheoretisch betrachtet stellt sich für beide Akteure dieselbe Frage nach einer leistungsfähigen Heuristik zur Bewältigung dieser Aufgaben. *Simon* hat in seinem, die moderne Organisationstheorie begründendes Werk „Administrative Behavior"[70] bei der Lösung komplexer Entscheidungen die selektive Wahrnehmung und Verarbeitung von Informationen als zentrales heuristisches Prinzip („attention directing mechanisms") herausgearbeitet.[71]

Einen konzeptionell überzeugenden Zugang zu diesen zentralen Fragen des Informations- und Entscheidungsverhaltens und zum Verständnis der Rollen von Vorstand und Aufsichtsrat eröffnet das organisationstheoretische Werk von *Thompson*.[72] Seine Unterscheidung von operativem und strategischem Management erlaubt die Erfassung der für Vorstand und Aufsichtsrat gleicher Maßen bestehenden Problemsituation und entwickelt Prinzipien zu ihrer Bewältigung. Nach *Thompson* muss jedes mit der Umwelt in Austausch stehende offene System in Richtung auf ein geschlossenes System verändert werden. Das geschieht in Unternehmungen durch eine bereichsweise Abkopplung vom Markt. Die Konsequenzen planvollen Handelns können unter diesen Bedingungen mit größerer Zuverlässigkeit prognostiziert werden. Im Folgenden soll dieser abgekoppelte Bereich als operative Unternehmungsdomäne bezeichnet werden. Diese Domäne ist das Ergebnis strategischer Entscheidungen; sie umfasst das aktuelle Produktionsprogramm mit seinen relevanten Ressourcen und Märkten.

Überwachung des operativen Managements

Für das operative und das strategische Management gelten unterschiedliche Selektionsprinzipien. Suchaktivitäten zur Gewinnung von Informationen in der operativen Domäne, z.B. die Erfassung der Absatzentwicklung eines Produkts, bestehen vorrangig aus Kontrollinformationen. Sie bilden ab, wie weit das Unternehmungsgeschehen vorgegebenen Sollgrößen entspricht. Sollvorgaben haben bei der Informationssuche eine Auswahl- und eine Maßstabsfunktion.[73] Die Vorgabe einer Norm, z.B. die erwartete Absatzmenge auf einem Markt, erfüllt eine Auswahlfunktion, weil sie den abzubildenden Bereich kennzeichnet. Sie hat eine Maßstabsfunktion, weil über den Soll-Ist-Vergleich der Grad der

---

70) Simon [Behavior] 100 f.
71) Dieses Prinzip ist in einer Reihe von Studien mit anwendungsorientierter Zielsetzung weiter entwickelt worden (z.B. Aguilar [Scanning]; Rockart [Chief]; McCaskey [Executive]).
72) Thompson [Organizations].
73) Frese [Unternehmungsführung] 184 ff.

Zielerreichung beurteilt werden kann. In gut geführten Unternehmungen werden Sollgrößen durch die Unternehmungsplanung generiert; sie bildet deshalb das Fundament aller Kontrollaktivitäten. Für den Aufsichtsrat erlaubt der Rückgriff auf die Planerreichungskontrolle eine strukturierte, den Suchaufwand reduzierende Urteilsbildung. Zu beachten ist allerdings, dass die volle Unterstützungsleistung der Kontrolle nur dann genutzt werden kann, wenn neben einer Kontrolle der Planerreichung auch eine Kontrolle der Qualität der Planerstellung durchgeführt wird. Nur so lässt sich wirksam überwachen, dass die Pläne auf realistischen Annahmen und moderner Planungstechnik beruhen. Wird auf die Planerstellungskontrolle verzichtet, besteht die Gefahr, dass ungeeignete Pläne verfolgt werden und neue, nicht durch die Annahmen dieser Pläne gedeckte Entwicklungen verborgen bleiben.

Nicht übersehen werden darf bei aller Bedeutung der Kontrolle, dass ihr beschriebener Vorteil durch einen gravierenden Nachteil erkauft wird. Kontrollinformationen geben nur Aufschluss über den durch die Planung definierten Realitätsausschnitt. Über Entwicklungen außerhalb dieses Bereichs, die bei jeder strategischen Entscheidung berücksichtigt werden müssen, sagen sie häufig wenig. Zwar wird letztlich jede für eine Unternehmung wesentliche Veränderung des Umfelds irgendwann durch Kontrollinformationen abgebildet – es fragt sich jedoch, ob dann noch eine erfolgreiche Anpassung an bereits vollzogene Entwicklungen möglich ist. Die Konzentration auf Kontrollinformationen beschwört deshalb das auch strategisch bedeutsame Problem der verzögerten Anpassung („lag response".[74]).

Stellt man die Betrachtung der strategischen Frage zunächst zurück, so unterstreicht die vorstehende Analyse die überragende Bedeutung der Planung für die Wahrnehmung von Überwachungsaufgaben. Es ist deshalb sehr bemerkenswert, dass in den Reformen des Gesetzgebers der letzten Jahre, insbesondere im KonTraG und im TransPuG, die Unternehmungsplanung eine umfassende Verankerung erfährt; der Begriff der Planung taucht zum ersten Mal im Aktiengesetz auf.[75] In § 90 Abs. 1 Nr. 1 AktG wird der Aufbau einer Unternehmungsplanung vorgeschrieben und dem Vorstand auferlegt, mit dem Aufsichtsrat die Planung und die tatsächliche Entwicklung regelmäßig zu erörtern. Der Aufsichtsrat nutzt damit das bestehende, vom Management zu verantwor-

---

[74] Ansoff [Theory].

[75] Es stellt sich die Frage, wie die überraschend späte Kodifizierung betriebswirtschaftlichen Planungswissens zu erklären ist. Eine wesentliche Ursache kann in der Tatsache gesehen werden, dass in deutschen Großunternehmungen geschlossene Systeme der Unternehmungsplanung erst im Zuge der durch das US-amerikanische Divisionalisierungskonzept beeinflussten Reorganisationen der 1970er Jahre etabliert wurden. Vgl. hierzu im Einzelnen Frese [Planung].

tende System der Unternehmungsplanung. Das hat drei weit reichende Konsequenzen. Der Aufsichtsrat ist, erstens, bei der Informationsversorgung auf die Kooperation des Vorstands angewiesen. Er darf, zweitens, das Problem der Zuverlässigkeit der von den zu Überwachenden übermittelten Informationen nicht aus dem Auge verlieren. Er muss, drittens, imstande sein, seinen Informationsbedarf gegenüber dem Vorstand hinreichend präzise zu artikulieren. Vor allem im KonTraG werden die Voraussetzungen geregelt, wie sich der Aufsichtsrat in die Unternehmungsplanung „einklinkt". Das vorherrschende Prinzip ist die Förderung des Informationsstandes des Aufsichtsrats; es findet in der Pflicht zur frühzeitigen und schriftlichen Berichterstattungen an den Aufsichtsrat seinen prägnanten Ausdruck (§ 90 Abs. 4 S. 2 AktG). Jedes Mitglied des Aufsichtsrates kann nach § 90 Abs. 3 S. 2 AktG zusätzliche Informationen und Berichte verlangen (allerdings nur an den Aufsichtsrat). Allerdings impliziert diese informationelle Offenheit[76] für den Aufsichtsrat auch die Pflicht, sich aktiv um seinen Informationsstand zu bemühen[77].

Überwachung des strategischen Managements

Während für die operative Überwachung die Auswahl- und Maßstabsfunktion der Planung die Aufgaben des Aufsichtsrats strukturiert, existieren hinsichtlich der strategischen Überwachung keine vergleichbaren Prinzipien des „attention directing". Der Gesetzgeber sieht offensichtlich im „zustimmungspflichtigen Geschäft" ein Instrument der strategischen Überwachung.[78] Die Rechtswissenschaft weist den zustimmungspflichtigen Geschäften mit der schrittweisen Abkehr von der lange vorherrschenden engen Abgrenzung des „Geschäfts" zunehmend eine größere Bedeutung zu[79]; seit 2002 besteht die Verpflichtung zur Formulierung zustimmungspflichtiger Geschäfte (§ 111 Abs. 4 S. 2 AktG).[80] Die Funktion eines strategischen „attention directing" können solche Vorbehalte aber nur erfüllen, wenn sie laufend den dynamischen Wandel außerhalb der operativen Unternehmungsdomäne erfassen. Diese Anforderung kann aber nur begrenzt durch in Satzungen und Geschäftsordnungen fixierte Listen „kritischer Geschäfte" erfüllt werden. Unter diesen Umständen erscheint fraglich, ob

---

76) Lutter [Information] 4: „...alles was der Vorstand weiß, darf auch der Aufsichtsrat wissen."
77) Vgl. Kropff [Informationsbeschaffungspflichten] 233.
78) Vgl. zur Historie Lieder [Aufsichtsrat] 840 ff. sowie zur zunehmenden Verbreitung die konzeptionelle und empirische Studie von Gerum [Governance].
79) Vgl. Schönberger [Zustimmungsvorbehalt]; Brouwer [Zustimmungsvorbehalte].
80) Vgl. die konzeptionellen Überlegungen und empirischen Ergebnisse einer Erfassung der Unternehmensstrategie durch zustimmungspflichtige Geschäfte in Gerum [Governance] 264 ff.

die Empfehlung im DCGK (Ziff. 3.3), die Kataloge aufzufächern, einen Beitrag zur Verbesserung der strategischen Überwachung leisten kann. Es wäre wirkungsvoller, gleich die jährliche Unternehmungsplanung, die ja in eine mehrjährige Strategie- und Investitionsplanung eingebettet ist, unter Zustimmungsvorbehalt zu stellen.[81]

Angesichts der eingeschränkten strategischen Reichweite vieler zustimmungspflichtiger Geschäfte bleiben die Beurteilung der strategischen Situation der Unternehmung und die Bewertung der strategischen Vorstellungen des Vorstands große Herausforderungen für den Aufsichtsrat. Die Entwicklung und Umsetzung von Strategien sind in hohem Maße unstrukturierte Prozesse, die auf subjektiven Wirkannahmen beruhen, über deren Gültigkeit häufig unterschiedliche Auffassungen bestehen. Dabei kann es angesichts seines Initiativrechts keinen Zweifel geben, dass die strategischen Impulse und Lösungskonzepte vom Vorstand kommen müssen. Er muss den Aufsichtsrat in einen strategischen Dialog einbinden und ihn von seinen Vorstellungen überzeugen. Gelingt das nicht und bestehen auf Seiten des Aufsichtsrats gravierende Zweifel hinsichtlich der Tragfähigkeit des Konzepts, sind letztlich personelle Konsequenzen unausweichlich.

Schlussfolgerungen

Ohne Zweifel haben die jüngsten Reformen die Position des Aufsichtsrats und seines Vorsitzenden (vgl. nur § 111 Abs. 2 S. 3 AktG; § 107 Abs. 3 S. 2 AktG; § 90 Abs. 2 AktG) nachhaltig gestärkt.[82] Die Besetzung des Aufsichtsrats und die Auswahl seines Vorsitzenden werden dadurch zu Personalentscheidungen, die in ihrer Bedeutung der Besetzung des Vorstands nicht nachstehen. Ihre überzeugende Lösung ist letztlich der Prüfstein für die Leistungsfähigkeit des Partizipationsmodells. Das wird nicht zuletzt in der aktuellen Diskussion deutlich, die zunehmend die verbreitete Regel kritisiert, dass ausscheidende Mitglieder des Vorstands in den Aufsichtsrat ihrer Unternehmung wechseln und häufig auch den Vorsitz übernehmen. Der Gesetzgeber sieht Regelungsbedarf und hat in § 100 Abs. 2 Nr. 4 AktG festgelegt, dass ein solcher Wechsel frühestens zwei Jahre nach dem Ausscheiden aus dem Vorstand erfolgen kann. Die diffizile Balance zwischen Unabhängigkeit des Urteils und unternehmungsspezifischem Sachverstand verändert sich dadurch in Richtung der Unabhängigkeit. Auf die Bewertung dieser Tendenz, auf das methodisch fundierte Abwägen zwischen diesen beiden Zielen, muss hier verzichtet werden.

---

81) Vgl. zur rechtlichen Würdigung eines Planungsvorbehalts Kropff [Unternehmensplanung] 615 ff.
82) Vgl. Theisen [Reform].

3.2 Regelbasierte Informationsfundierung: Auditmodell

Während das Partizipationsmodell die Qualität der Vorstands-Geschäftsführung durch Einbringen des Sachverstands von Aufsichtsräten sichern und verbessern will, strebt das Auditmodell dieses Ziel vorrangig durch Formulierung von Regeln an. Der Gesetzgeber ist sich angesichts der Komplexität der Aufgaben der Unternehmungsleitung der Grenzen einer Vorgabe konkreter Handlungen bewusst. Er sucht die „Sorgfalt eines ordentlichen und gewissenhaften" Geschäftsführers (§ 93 Abs. 1 S. 1 AktG) eher in indirekter Weise zu gewährleisten. Dabei werden vor allem drei Steuerungsansätze verfolgt, die sich hinsichtlich ihrer jeweiligen Wirkannahmen beispielhaft durch die folgenden Bestimmungen charakterisieren lassen. In § 93 Abs. 1 S. 1 u. S. 2 AktG wird die Generalklausel der ordentlichen und gewissenhaften Geschäftsführung eingeführt und mit der Pflicht, „auf der Grundlage angemessener Information zum Wohl der Gesellschaft zu handeln", konkretisiert. Nach § 289a Abs. 2 Nr. 2 HGB muss die Gesellschaft in ihren Lagebericht eine „Erklärung zur Unternehmensführung" aufnehmen, die u.a. „relevante Angaben zu Unternehmensführungspraktiken, die über die gesetzlichen Anforderungen hinaus angewandt werden", enthält. Mit § 91 Abs. 2 AktG wird der Vorstand verpflichtet, "ein Überwachungssystem einzurichten, damit den Fortbestand der Gesellschaft gefährdende Entwicklungen früh erkannt werden." Diese drei Einzelregelungen beschreiben das Spektrum handlungsbezogener Steuerungsmuster, mit denen die Qualität der Geschäftsführung gesichert werden soll.

Die erste Regelung appelliert an den Vorstand, die angemessene Informationsfundierung seiner Entscheidungen ernst zu nehmen. Betriebswirtschaftlich betrachtet ist die Vorgabe, insbesondere ihre Konkretisierung durch den vom UMAG eingeführten zweiten Satz, von begrenztem Informationsgehalt.[83] Sie kann nur das Ziel haben, den Vorstand flankiert durch Hinweis auf Haftungskonsequenzen hinsichtlich der Anforderungen der Geschäftsführung zu sensibilisieren. Auch die zweite Regelung will sensibilisieren und ins Bewusstsein rücken, dass zur Geschäftsführung die ständige Überprüfung, Anpassung und Weiterentwicklung der Steuerungsinstrumente gehört. Die Veröffentlichung der Erklärung im Lagebericht eröffnet darüber hinaus die Möglichkeit, den relevanten Anspruchsgruppen eine solche Aufgeschlossenheit zu vermitteln. Entsprechendes gilt für die Vorgabe, die Arbeitsweise und Zusammensetzung von Vorstand und Aufsichtsrat zu beschreiben (§ 289a Abs. 2 Nr. 3 HGB).[84] Über einen Benchmarkingeffekt soll die Sensibilisierung zusätzlich gefördert werden;

---

[83] Vgl. Graumann [Anforderungen] 222.
[84] Dieser Gedanke wird in vielen Regelungen deutlich, z.B. fordert § 289 Abs. 2 Nr. 2a HGB, dass der Lagebericht auf die Ziele und Methoden des Risikomanagements eingeht.

nach § 289a Abs. 2 Nr. 1 HGB in Verbindung mit §161 AktG ist zu erklären, ob und gegebenen Falls warum nicht den Empfehlungen des Deutschen Corporate Governance Kodex entsprochen wurde.

Augenscheinlich sollen die bisher betrachteten beiden Steuerungsmuster das methodische Bewusstsein schärfen und zu einer permanenten Überprüfung der eingesetzten Instrumente anregen. Das dritte Muster soll die informationelle und methodische Fundierung der Geschäftsführung über aufbau- und ablauforganisatorische organisatorische Vorgaben sichern. Durch Benennung und organisatorische Institutionalisierung kritischer Aufgabenbereiche wird letztlich im Sinne der modernen Organisationstheorie der Aufbau unternehmungsinterner, generelles und unternehmungspezifisches Know-how bereitstellender Wissenspotenziale gefördert. Ein positiver Einfluss auf die Qualität der Geschäftsführung kann zum einen von dem so gegebenen leichteren Zugang zu Methoden und Informationen, zum anderen durch die aktive Rolle interner Fachpromotoren bei der Nutzung des Know-hows erwartet werden. Die Herausarbeitung kritischer Aufgaben und die Etablierung entsprechender organisatorischer Systeme sind schon in Bezug auf „Planung" und „Risiko-Früherkennung" ein Reformanliegen im KonTraG. Wenn auch der Gesetzgeber nicht explizit die Einrichtung eines Planungssystems vorschreibt, ergibt sich doch aus den in § 90 Abs. 1. Nr. 1 AktG genannten Pflichten die Notwendigkeit eines solchen Systems. Ein „Überwachungssystem" zur Früherkennung von Entwicklungen, die den Fortbestand der Gesellschaft gefährden können, wird explizit in § 91 Abs. 2 AktG gefordert. Im BilMoG wird dieser organisatorisch geprägte Steuerungsansatz vor allem mit der Einrichtung eines „internen Kontrollsystems", eines „internen Revisionssystems" und eines „Risikomanagementsystems" weiter verfolgt (§ 107 Abs. 3 S. 2 AktG); § 289 Abs. 5 HGB). Außerdem müssen das interne Kontrollsystem und das Risikomanagementsystem hinsichtlich ihrer wesentlichen Merkmale in Hinblick auf den Prozess der Rechnungslegung beschrieben werden.

Aus den dargestellten Reformbestrebungen zur methodischen und informationellen Fundierung der Geschäftsführung resultieren neben den erwähnten neuen Erklärungspflichten erweiterte Berichts- und Prüfungspflichten von Vorstand, Aufsichtsrat und Abschlussprüfer. Bemerkenswert ist bei den Berichten die Tendenz, über die Konzentration auf Vorgänge der Finanzberichterstattung hinaus Einschätzungen über Entwicklungstrends und Bewertungen zur Lage der Gesellschaft abzugeben. Prüfungen, d.h. Sachverhaltsfeststellungen und ihre Beurteilung nach Maßgabe einer Norm, werden hinsichtlich prozeduraler und organisationaler Konformität ausgedehnt. Bei prozeduralen Prüfungen gewinnen neben der traditionellen normenkonformen Finanzberichterstattung die Prinzipien der angemessenen informationellen Fundierung – und dabei vor allem der Komplex der Risikobeurteilung – größere Bedeutung. Neu ist in die gesetzliche Regelung die Prüfung von Organisationsstrukturen hinsichtlich ihrer Ausgestaltung (Existenz) und Effektivität aufgenommen.

Diese Reformansätze weisen dem Vorstand, Aufsichtsrat und Abschlussprüfer neue Aufgaben zu. Tief greifend hat sich die Rolle des Abschlussprüfers verändert. Das Gesetz überträgt ihm über die bisher dominierende formelle Prüfung der Ordnungsmäßigkeit der Rechnungslegung hinaus Beurteilungen, die eine intensive Durchdringung und Würdigung der Geschäftsaktivitäten einer Gesellschaft erfordern. Mit dem KonTraG werden die auf die Rechnungslegung ausgerichteten Berichte und Prüfungen um eine risiko- und prognoseorientierte Prüfungskonzeption erweitert.[85] Sie ist ganz auf die Unterstützung des Aufsichtsrats bei seinen neuen Aufgaben ausgerichtet.[86] Der Abschlussprüfer wird in seiner erweiterten Rolle jedoch nicht mit befreiender Wirkung für den Aufsichtsrat tätig; er entlastet und unterstützt ihn bei der Vorbereitung seiner Berichte und Urteile.

Die umrissene Reformkonzeption des Gesetzgebers rückt zwei Fragen für den Aufsichtsrat und den Abschlussprüfer in den Mittelpunkt: 1. Sind die zur Stützung einer fundierten Geschäftsführung vorgeschriebenen Organisationsstrukturen vorhanden und sind die realisierten Lösungen effektiv? 2. Sind die Geschäftsführungsaktivitäten des Vorstands methodisch und informationell angemessen fundiert? Spätestens bei Würdigung dieser Fragen wird deutlich, dass das Auditmodell ein sehr anspruchsvolles Anliegen verfolgt. Seine Einlösung bereitet vor allem zwei Schwierigkeiten. Zum einen erfordert sie eine intensive Auseinandersetzung mit den operativen Geschäftsaktivitäten und mit ihrer strategischen Verankerung, die für den Aufsichtsrat und den Abschlussprüfer wegen ihrer Distanz zur Geschäftsführung und ihrer begrenzten Kapazität nur eingeschränkt möglich ist. Eine realistische Einschätzung des möglichen Beitrags der beiden Überwachungsorgane zur Beurteilung der Qualität der Fundierung von Vorstandsentscheidungen muss vor allem berücksichtigen, dass es sich bei vielen der zu prüfenden Sachverhalte nicht um strukturierte Problemstellungen mit standardisierten Lösungswegen handelt. Das juristische Konstrukt der in § 93 Abs. 1 S. 2 AktG kodifizierten „Business Judgment Rule", das dem Vorstand einen nach subjektivem Ermessen auszufüllenden Entscheidungsspielraum zubilligt,[87] ist deshalb auch hier zu beachten.

Angesichts einer solchen komplexen Prüfungssituation ist die weitgehende gesetzliche Einschränkung der Fundierungsbeurteilung auf die Behandlung der

---

85) Vgl. zu den Möglichkeiten und Grenzen Hoffmann-Becking [Risiko] und Kuhner [Prognosen].
86) Hommelhoff/Mattheus [Rolle].
87) Vgl. Lutter [Rule].

Risikoproblematik nachzuvollziehen - steigt doch für ein Unternehmen das Risiko, wenn Entscheidungen nicht auf der Grundlage ausreichender Informationen getroffen werden. Allerdings ist jedes Handeln (und Nicht-Handeln) in allen Unternehmensbereichen mit Risiken verbunden. Je höher die Ansprüche an eine umfassende und systematische Risikobeurteilung sind, desto größer ist die Notwendigkeit, die Suche nach möglichen Risiken über die Einbeziehung von Kontrollinformationen des operativen Planungssystems hinaus auszudehnen. Eine fundierte Risikoabschätzung erfordert die Ausdehnung der Suche auch außerhalb des Bereichs der operativen Unternehmensdomäne und wirft zwangsläufig die Frage einer Begrenzung des Suchfelds auf. Selbst bei einer Bewältigung dieser Schwierigkeiten kann die Risikoabschätzung nur eingeschränkt auf allseits akzeptierte Verfahren zurückgreifen, wie schon das Problem, akzeptierte Risikoniveaus zu definieren, zeigt.[88]

Im Folgenden wird aus der Risikoperspektive die vom Gesetzgeber eingeführte Beurteilung der informationellen Fundierung des Vorstandshandelns hinsichtlich der Existenz leistungsfähiger Organisationsstrukturen und der Sorgfalt der Geschäftsführung betrachtet.

Existenz leistungsfähiger Organisationsstrukturen

Die Prüfung, ob der Vorstand die gesetzlich verlangten Organisationsstrukturen etabliert hat, erscheint zunächst als eine leicht zu klärende Frage. Das trifft jedoch nicht auf alle „Systeme" zu. Ein Grund für diese Einschränkung liegt zunächst darin, dass der Gesetzgeber die herausgehobenen Aufgaben und ihre organisatorische Verankerung durch Rückgriff auf betriebswirtschaftliche Begriffe beschreibt, die nicht einheitlich verwendet werden. Von den geregelten Aufgabenbereichen und Systemen besitzen nur die Bezeichnungen „Planungssystem" und „internes Revisionssystem" eine ausreichende begriffliche Klarheit. Hier hat sich im Fach schon deshalb ein breiter begrifflicher Konsens herausgebildet, weil mit den Systemen relativ einheitlichen Aufgaben verbunden werden, deren Zuordnung sich im Urteil von Praxis und Wissenschaft bewährt hat. Diese Voraussetzungen sind für „interne Kontrollsysteme" und „Risikomanagementsysteme" nicht im gleichen Maße erfüllt. Es kommt erschwerend hinzu, dass der Gesetzgeber bei der Thematisierung der Risikoproblematik im KonTraG (1998) den Gegenstandsbereich anders bezeichnet (Überwachungssystem, Risikofrüherkennungssystem) als im BilMoG (2009) (Risikomanagementsystem). Damit stellt sich die Frage nach den maßgeblichen Regeln zur Ausle-

---

[88] Vgl. Graumann/Linderhaus/Grundei [Risikobereitschaft] und die empirische Studie von Servaes, Tamayo und Tufano [Theory] zur internationalen Handhabung des Risikomanagements.

gung dieser Begriffe. Es kann angesichts der unmittelbaren und besonderen Betroffenheit des Abschlussprüfers nicht überraschen, dass das „Institut der Wirtschaftsprüfer (IdW)" als berufsständische Institution eine klärende Funktion übernommen hat.[89] Nur unter Rückgriff auf solche Interpretationshilfen kann der Vorstand gem. 289 Abs. 5 HGB im Lagebericht die wesentlichen Merkmale des internen Kontrollsystems und des Risikomanagementsystems beschreiben und der Aufsichtsrat und der Abschlussprüfer den Lagebericht prüfen (§ 171 Abs. 1 S.1. AktG; § 317 Abs. 2 S.1 HGB).

Noch komplexer werden die Berichts- und Prüfungsaktivitäten, wenn der Gesetzgeber vom Aufsichtsrat und Abschlussprüfer Urteile über die Effektivität der etablierten organisatorischen Strukturen und Prozesse erwartet (vgl. zur Beurteilung des internen Kontrollsystems und des Risikomanagementsystems §§ 107 Abs.3 S. 2; 171 Abs.1 S.2 AktG sowie des Überwachungssystems §§ 317 Abs. 4, 321 Abs. 4 HGB). Allein der in der Organisationstheorie unbestrittene Hinweis, dass es eine für alle Unternehmungen gleichermaßen geeignete Organisationsstruktur nicht gibt,[90] unterstreicht die Problematik eines solchen Prüfungsanspruchs. Jede Aussage über die Effektivität einer Organisationsstruktur thematisiert eine komplexe Wirkungskette, die aus mehr oder weniger globalen Rahmensetzungen Konsequenzen für das Verhalten einer Mehrzahl von Personen ableitet. Die Beurteilung von Organisationskonzepten kann sich deshalb nicht nur auf die Berücksichtigung der mit jedem arbeitsteiligen Handeln verbundenen Prozess- und Ressourceneffekte beschränken; sie muss auch prüfen, ob wirksame Anreize zur Nutzung der Systeme generiert werden. Insgesamt verlangt die Effektivitätsbeurteilung eine Schwachstellenanalyse, die weite Bereiche der Unternehmensorganisation umfasst. Zwar wird sich der Abschlussprüfer bei der Prüfung der organisatorischen Verankerung der Risikoerfassung mit guten Gründen auf den Planungs- und Controllingbereich konzentrieren - die Risikovorsorge muss aber unternehmungsweit erfolgen. So ist z.B. das von *IBM* entwickelte organisatorische Konzept der globalen Branchenkoordination nicht nur ein Vertriebskonzept, sondern auch ein Risiko-Früherkennungssystem.[91] Nur angemerkt sei, dass sich die Prüfung in der Praxis weitgehend auf den Nachweis bestehender Organisationsstrukturen beschränkt. Ob die Systeme bei der Risikobewältigung wirklich genutzt werden, kann durch den Abschlussprüfer kaum überprüft werden.

Es kann angesichts der dargestellten Prüfungssituation nicht überraschen, dass die vom IdW erarbeiteten Beurteilungshilfen nur einen relativ allgemeinen

---

89) Vgl. zur rechtlichen Problematik Giebeler/Jaspers [Reform].
90) Vgl. Ebers [Kontingenzansatz].
91) Vgl. S. 347 ff.

Charakter mit eingeschränkter handlungsleitender Funktion haben. Bedenkt man, dass der ganz überwiegende Teil der betrachteten Organisationskonzepte und die Kriterien ihrer Bewertung in der Praxis entwickelt worden sind, so reproduzieren die Empfehlungen unabhängiger Institutionen weitgehend praktisches Wissen. Zwar schließt ein solcher Entstehungshintergrund nicht aus, dass die Interpretationsvorgaben den Informationsstand von Unternehmungen verbessern. Naheliegend ist jedoch die Annahme, dass – auch angesichts der relativ allgemein gefassten Vorgaben - auf die Umsetzung von Prinzipien hingewirkt wird, die in der Praxis schon verbreitet sind.

Qualität der Fundierung des Leitungshandelns

Während die vorangegangene Erörterung der Berichts- und Prüfungspflichten die organisatorische Infrastruktur betrachtete, wendet sich der folgende Abschnitt dem Leitungshandeln des Vorstands aus der die Erfassung und Bewertung von Risiken betonenden Perspektive des Abschlussprüfers zu. Eine differenzierte Berücksichtigung der rechtswissenschaftlichen Literatur zur neuen Rolle des Abschlussprüfers kann im Rahmen dieser betriebswirtschaftlichen Analyse nicht erfolgen. Die im Folgenden eingebrachten rechtswissenschaftlichen Bewertungen und Kommentare stützen sich ausschließlich auf einen Beitrag von *Hommelhoff* und *Mattheus*[92]. Das erscheint vertretbar, weil primär aufgezeigt werden soll, wie im rechtswissenschaftlichen Schrifttum die Notwendigkeit, eine komplexe Prüfungsaufgabe durch vereinfachende Annahmen und Hilfskonstruktionen beherrschbar zu machen, behandelt wird.

Für den Abschlussprüfer ergeben sich aus seinen gesetzlichen Berichts- und Prüfungspflichten im Risikokontext drei Aufgaben: Er muss Risiken (und Chancen) identifizieren, identifizierte Risiken messen und die Auswirkung der Risiken auf die Lage der Unternehmung beurteilen. Die folgende Erörterung beschränkt sich auf das erste Problem der Risikoidentifizierung. Seine Lösung muss die Intensität der Suche (Breite und Tiefe) und die Frage der Datenerfassung (Rückgriff auf Unterlagen der Gesellschaft oder eigene Recherchen) klären.

Die Begrenzung der Suche bei der Identifizierung von Risiken ist für den Abschlussprüfer kein neues Problem; es stellt sich schon bei der „klassischen" Prüfung des Jahresabschlusses. Es entsteht auf Grund der Tatsache, dass das (nominale) Rechnungswesen die (reale) Leistungsebene des Unternehmens abbildet und angesichts der Interdependenz zwischen den Elementen des Leistungsprozesses Risikoeffekte in einem Bereich Auswirkungen auf andere

---

92) Hommelhoff/Mattheus [Rolle].

Bereiche haben. Die Prüfung einer Bilanzposition nach Maßgabe des Vorsichtsprinzips löst streng genommen eine Vielzahl von Suchaktivitäten aus, deren Eingrenzung nur nach pragmatischen Kriterien möglich ist. Letztlich grenzt die Bewertungspraxis bilanznahe Risikobereiche ab. Bei der Verfolgung dieses Prinzips werden Interdependenzen lediglich über eine begrenzte Zahl von Stufen und nur bei besonders ausgeprägten Wirkungen verfolgt. Die Reformen des Gesetzgebers setzen einer solchen Grenzziehung zwischen „bilanznahen" und „bilanzfernen" Risikobereichen Grenzen. Nach §§ 264 Abs. 2 S. 1, 317 Abs. 1 S. 3 HGB ist die Prüfung des Jahresabschlusses so anzulegen, dass Unrichtigkeiten und Verstöße hinsichtlich der Darstellung der Vermögens-, Finanz- und Ertragslage erkannt werden. Nach *Hommelhoff* und *Mattheus*[93] erfordert diese Vorgabe die „systematische Suche nach Risiken aller Art", die über das finanzwirtschaftliche Audit hinaus den Charakter eines „Business Audits" annimmt. Eine den Prüfer entlastende Wirkung ergibt sich allenfalls nach Ansicht der Autoren daraus, dass nur „bilanznahe" Risiken eine Prüfungspflicht auslösen, während „bilanzferne" Risiken lediglich zu einer Berichtspflicht (gegenüber dem Aufsichtsrat) führen.[94]

Höhere Anforderungen an die Erfassung und Bewertung von Risiken mit entsprechenden Konsequenzen für den Abschlussprüfer ergeben sich aus der Pflicht, den vom Vorstand zu erstattenden Lagebericht (§ 316 Abs. 1 HGB) zu prüfen (§289 Abs. 1 HGB). Zu beurteilen ist, ob die Chancen und Risiken der künftigen Entwicklung der Gesellschaft vom Vorstand zutreffend beschrieben werden (§ 317 Abs. 2 S. 2 HGB). Diese Stellungnahme des Abschlussprüfers (§ 321 Abs. 1 HGB) erfordert die Auseinandersetzung mit komplexen Sachverhalten – zum Beispiel die Einschätzung der Risiken, die mit der Errichtung einer Produktionsstätte in China verbunden sind. Für eine solche strategische Analyse der bestehenden Ressourcenpotenziale und der Ertragsaussichten der Marktaktivitäten sind die Beherrschung der relevanten Methoden und der Zugriff auf aussagefähige Daten im Rahmen eines fundierten Strategiekonzepts unerlässlich. In Großunternehmen mit globalen, breit gestreuten Geschäftsaktivitäten stößt eine jährliche Pflichtprüfung schnell an ihre Grenzen. Ohne Einschränkungen des Prüfungsauftrages und ohne Billigung vereinfachender, den Prüfer entlastender Analysemethoden lässt sich ein solche Beurteilung nicht durchführen. *Hommelhoff* und *Mattheus*[95] kommen in ihrer Würdigung der gesetzlichen Regelungen zu dem Schluss, dass vom Abschlussprüfer keine tief greifende Analyse erwartet werden kann. Er muss vor allem keine eigen-

---

93) Hommelhoff/Mattheus [Rolle] 653.
94) Hommelhoff/Mattheus [Rolle] 655 f.
95) Hommelhoff/Mattheus [Rolle] 657 f.

ständige Bewertung des strategischen Konzepts unter Rückgriff auf eigene Informationsrecherchen vornehmen. Auf der Grundlage der vom Vorstand zu dokumentierenden strategischen Konzeption und der offengelegten Informationen erfolgt eine nachvollziehende Herausarbeitung und Beurteilung des Unternehmungsrisikos. Es liegt auf der Hand, dass der Informationsgehalt des Urteils in dem Maße abnimmt, in dem das strategische Konzept des Vorstands nicht kohärent ist und die verfügbaren Informationen unzureichend sind.

Schlussfolgerungen

Das Auditmodell wirft vor allem mit der Ausweitung auf ein „Business-Audit" und der damit definierten neuen Rolle des Abschlussprüfers eine Reihe von Fragen auf. Ihre umfassende Beantwortung ist zur Klärung der angestrebten Steuerungseffekte unerlässlich. Die durch die Reform ausgelösten Änderungen werden deutlich, wenn die bisherigen Aufgaben des Abschlussprüfers im Rahmen der „klassischen" Prüfung des Jahresabschlusses betrachtet werden. Zwar handelt es sich auch hier um durchaus anspruchsvolle Aufgaben, die Objekte der Prüfung und die anzuwendenden Methoden sind aber in hohem Maße strukturiert. Vor allem drei Merkmale kennzeichnen diesen Prüfungsauftrag:

Erstens, gesetzliche Regelungen sowie betriebswirtschaftliche und rechtswissenschaftliche Konzepte der Rechnungslegung definieren umfassend und mit beträchtlicher Eindeutigkeit das relevante Wissen. Der Abschlussprüfer hat verglichen mit den Sachverständigen der Unternehmungen (vor allem im Bereich des Rechnungswesens) kein Defizit an Know-how; er hat in aller Regel sogar einen überlegenen Wissensstand. Der Prüfer kann sich deshalb eigenständig und unabhängig sein Urteil bilden. Die Kooperation mit den zu prüfenden Unternehmungen bezieht sich im Wesentlichen auf den Zugang zu den benötigten Daten; er ist auf Grund umfassender Dokumentationspflichten und standardisierter Ordnungsprinzipien weitgehend unproblematisch.

Zweitens, der Abschlussprüfer hat in der Unternehmung mit einer begrenzten Zahl von Personen engen Kontakt. Ihre vorrangige Zuordnung zum organisatorisch verselbständigten Bereich „Rechnungswesen" fördert eine homogene Orientierung, die weitgehend der Ausrichtung des Abschlussprüfers entspricht. Die Kooperationspartner in den zu prüfenden Gesellschaften sind mit den Anforderungen der jährlichen Prüfung vertraut und stellen ihre Sinnhaftigkeit nicht in Frage.

Drittens, der strukturierte Charakter der Prüfung erlaubt den Rückgriff auf Prinzipien, die den Abschlussprüfer entlasten. Erwähnt seien die permanente begleitende Prüfung schon während des Berichtsjahrs, die Übertragung abgestimmter Prüfungsmaßnahmen auf die interne Revision und die Praktizierung stichprobenbasierter Prüfungskonzepte.

Kaum eines dieser Merkmale gilt für die neue risiko- und prognoseorientierte Prüfungskonzeption. Der Abschlussprüfer tritt den, verschiedenen Unternehmungsbereichen zugeordneten und den Prüfungsauftrag eher skeptisch betrachtenden Kooperationspartnern nicht mit unbestritten überlegener Kompetenz gegenüber. Er beschäftigt sich mit Fragen in einem in hohem Maße unstrukturierten Terrain, in dem der Vorstand viele seine Entscheidungen nach den Prinzipien der „Business Judgement Rule" trifft. Die Erfüllung des gesetzlichen Prüfungsauftrags ist deshalb mit der Notwendigkeit verbunden, externe Problemlösungsnormen in einen durch unternehmerische Entscheidungsspielräume geprägten Bereich einzuführen; es handelt sich um den Versuch einer gesetzlich induzierten Strukturierung eines weitgehend unstrukturierten Problembereichs. Die Tatsache, dass der Gesetzgeber die Normierung nicht selbst vornehmen kann, die betroffenen Gesellschaften nicht unmittelbar beteiligt werden sollten und die Praxis nicht ausgeschlossen werden darf, erklärt, warum unter staatlichem Druck und mit wissenschaftlicher Flankierung von praxis- und berufsstandnahen Institutionen (vor allem Institut der Wirtschaftsprüfer und Deutscher Corporate Governance Kodex) Normen der ordentlichen und gewissenhaften Geschäftsführung erarbeitet werden. Um den angesichts des scharfen globalen Wettbewerbs sensiblen unternehmerischen Handlungsspielraum nicht zu sehr zu beschränken und den Abschlussprüfer nicht zu überfordern, verfolgt der neue Prüfungsansatz vor allem zwei Prinzipien. Zum einen erlaubt die Konzentration auf die Vorgabe organisatorischer Infrastrukturen, den unternehmerischen Spielraum möglichst frei von externen Eingriffen zu halten. Zum anderen sind die Ansprüche an die Prüfung eher moderat – allerdings mit der Folge, dass der Prüfer nur relativ globale Beurteilungen mit eingeschränktem Informationsgehalt vornimmt. Die angesichts solcher Einschränkungen entstehende Frage nach der Sinnhaftigkeit eines solchen Steuerungsansatzes stellt sich umso mehr, als die vom Gesetzgeber aufgebaute juristische Drohkulisse (u.a. verschärfte Binnenhaftung) dysfunktionale Wirkungen hat. Unter den Beteiligten (Vorstand, Aufsichtsrat, Abschlussprüfer) bilden sich zunehmend Absicherungsrituale auf Gegenseitigkeit heraus. Alle bewegen sich vorsichtig und sind um die Dokumentation beweissicherer Beurteilungsfakten bemüht. Die Folge ist eine zunehmende Bürokratisierung. Eine so verfestigte restriktive und defensive Sichtweise lässt allzu leicht vergessen, dass Unternehmertum Risikobereitschaft und Wagemut einschließt.

3.3 Marktbasierte monetäre Anreize: Disziplinierungsmodell

Für die Vertreter des Disziplinierungsmodells, das bei den Akteuren die kompromisslose Verfolgung von Eigennutz unterstellt, kann das Partizipationsmodell mit seiner treuhänderischen Übertragung von Überwachungsaufgaben keine Lösung sein[96] - genau so wenig wie das Auditmodell mit seinen Handlungsregeln akzeptabel ist. Das Disziplinierungsmodell geht deshalb mit der Generierung von Marktdruck und seinem marktbasierten Anreizsystem einen eigenen Weg.

Marktbasierte Rahmenbedingungen

Wie schon betont, ist die Verbreitung des Disziplinierungsmodells in hohem Maße das Ergebnis von kapitalmarktnahen Institutionalisierungsprozessen in den 1980er und 1990er Jahren, denen die Überzeugung von der überlegenen Leistungsfähigkeit des Marktes zu Grunde liegt. Die Verbreitung des neuen Governance-Konzepts wird in den USA in den 1980er Jahren durch zwei Entwicklungen gefördert. Zum einen wurde die Deregulierung der Finanz- und Kapitalmärkte zu einem zentralen Anliegen der staatlichen Wirtschaftspolitik.[97] Zum anderen dominierte die mikroökonomische Kapitalmarkt- und Organisationstheorie zunehmend die Forschung und Lehre der wirtschaftswissenschaftlichen Fakultäten an den führenden Universitäten.[98] Dieses akademische Angebot mit hoher Reputation traf auf eine große Nachfrage. Der globale Bedarf an Experten und Know-how auf Seiten von Finanzdienstleistern, sonstigen Unternehmungen und institutionellen Investoren förderte die Entstehung eines berufsständischen Segments mit homogenen Orientierungsmustern und weltweiter Verbreitung.[99]

Das mikroökonomische Governance-Konzept verfolgt das grundlegende Ziel, den Handlungsspielraum des über den Einsatz seiner Kapitalressourcen entscheidenden Aktionärs zu vergrößern. Vor allem die Stärkung der Allokationsfunktion des externen Kapitalmarktes und die Unterbindung von Diversifikationsbestrebungen des Managements sind dabei zentrale Anliegen. Diversifikation fördert Gewinnthesaurierung und Quersubventionierung in der Unternehmung; beide Maßnahmen reduzieren den Einfluss des Aktionärs. Transparenz über die Unternehmungssituation ist eine weitere Forderung; nur so kann der Aktionär seinen Handlungsspielraum nutzen.[100] Neben der Eröff-

---

96) Vgl. hierzu nur Jensen [Eclipse] 64 sowie dazu die rechts- und organisationswissenschaftliche Kritik von Blair und Stout [Trust].
97) Vgl. Lounsbury [Transformation] 206 ff.
98) Vgl. Whitley [Transformation]; Lounsbury [Transformation] 257 f. und zur Kritik dieser Entwicklung Goshal [Management]; Ferrano/Pfeffer/Sutton [Theories].
99) "...constellation of rules, beliefs, practices, statuses, and actors...", Lounsbury [Transformation] 256; vgl. auch Useem [Investor]; Davis/Mizruchi [Money].
100) Hier sind entsprechende Regelungen für die externe Rechnungslegung bedeutsam. Deshalb wurde das in hohem Maße am Gläubigerschutz ausgerichtete deutsche HGB stärker an US-amerikanische Systeme (z.B. IFRS) angepasst, in der die Interessen des Aktionärs stärker berücksichtigt werden.

nung transparenter Handlungsspielräume erhöht das Disziplinierungsmodell durch Schaffung funktionsfähiger Märkte, insbesondere solcher für Unternehmungsübernahmen, den Marktdruck auf das Management.

Seine konsequente Steigerung erfährt die Marktsteuerung durch die Etablierung eines an marktbasierten Erfolgsfaktoren anknüpfenden monetären Anreizsystems, mit dem Ziel, einen Gleichklang von Managerverhalten und Aktionärszielen herzustellen:„ ... CEO compensation policies will depend on changes in shareholder wealth".[101] Das theoretische Fundament bildet die Agency-Theorie, die unter vereinfachenden Annahmen über Risiko- und Leistungsverhalten Wege zur stärkeren Durchsetzung der Aktionärsinteressen durch die Einführung variabler Entgelte weist. Über eine marktliche Selbststeuerung kann so der Ausgleich der Interessen von Aktionär und Manager erreicht werden. Ohne Zweifel beruht das Agency-Modell auf extrem vereinfachenden Annahmen, was aber seine praktische Relevanz nicht ausschließt. Auch abstrakte Konstrukte können als heuristische Prinzipien ein Fundament praktischen Handelns sein.

Gesetzgeberische Umsetzung des Disziplinierungsmodells

In welchem Maße hat das Disziplinierungsmodell die Gesetzgebung beeinflusst? Eine Antwort kann im Rahmen dieses Beitrags nur skizzenhaft gesucht werden. Sie beschränkt sich im Folgenden auf die Gestaltungsbereiche „Diversifikation", „Unternehmungsübernahmen" und „Managerbezüge".

Die mikroökonomische Kritik an der Diversifikationspolitik findet in der Gesetzgebung keinen Niederschlag. Das ist vermutlich darauf zurückzuführen, dass die Diversifikations-„Welle" in den USA ein zeitlich begrenztes Phänomen war. Der Glaube des Managements, die Rendite breit gestreuter Investitionen beurteilen und ein Bündel heterogener Aktivitäten koordinieren zu können, kennzeichnete eine vorübergehende Phase von Übertreibungen.[102] *Fligstein* und *Markowitz*[103] haben für die USA das Aufkommen und Abklingen der Diversifikationsphilosophie theoretisch und empirisch analysiert und den Einfluss der Wettbewerbsgesetzgebung der verschiedenen Regierungen herausgearbeitet. Eine Periode strikter Anti-Monopol Gesetzgebung mit ihrem Verbot marktbeherrschender Positionen führte zu einer Verfolgung von Wachstumsstrategien durch Diversifikation. In den 1990er Jahren eröffnete die Liberalisierung

---

101) Jensen/Murphy [Performance] 242.
102) So tätigte *Harold Geneen* als CEO der US Unternehmung ITT von 1960 bis 1977 mehr als 350 Akquisitionen (vgl. Homepage der ITT Corporation, Stand Juni 2011).
103) Fligstein/Markowitz [Reorganization].

der Wettbewerbspolitik unter *Reagan* wieder die Möglichkeit, Wachstumsziele in den angestammten Geschäftsfeldern zu realisieren[104]. Von Bedeutung war auch, dass das Scheitern vieler Akquisitionen[105] und das Aufkommen ressourcenorientierter Strategiekonzepte mit ihrer Fokussierung auf Kernkompetenzen zu einer Neubewertung von Diversifikationsstrategien führte. Forderungen nach einer Reduzierung von Diversifikationen verloren deshalb an Dringlichkeit und es bestand wenig Anlass für gesetzgeberische Initiativen.

Mit dem Problem der Übernahme von Unternehmungen hat sich der Gesetzgeber intensiver beschäftigt. Neben dem Wertpapierhandelsgesetz (WpHG) mit seinen vorwiegend auf die Regelung von Mitteilungs- und Veröffentlichungspflichten ausgerichteten Maßnahmen ist vor allem das „Gesetz zur Regelung von öffentlichen Angeboten zum Erwerb von Wertpapieren und von Unternehmungsübernahmen" (WpÜG) zu betrachten. Das WpÜG trat 2002 in Kraft und wurde 2006 an die Vorgaben der EU-Übernahmerichtlinie angepasst. Für deutsche Unternehmungen definiert der Gesetzgeber darin zum ersten Mal mit Blick auf die feindliche Übernahme[106] vor allem die Rolle der Vorstände von Zielgesellschaften vor, während und nach einer Übernahme. Die Regelungen seiner Neutralitätspflichten bei Abwehr- und Verteidigungsmaßnahmen und auch die für Stimmrechtsbeschränkungen berücksichtigen zentrale Elemente mikroökonomischer Kritik. Festzustellen ist jedoch, dass, obwohl zur Theorie und Empirie von Übernahmen eine breite Literatur existiert,[107] die Verhaltenswirkungen auf ein leistungsschwaches Management weitgehend ungeklärt sind. Zu fragen ist auch, ob für das leistungsstarke Management einer an Übernahmen interessierten Unternehmung der herabgewirtschaftete Marktwert einer Unternehmung diese zu einem attraktiven Akquisitionsobjekt macht. Die Integration einer übernommenen Unternehmung ist schon herausfordernd, die zusätzliche Aufgabe, die Ertragskraft des neuen Unternehmungsbereichs wieder herzustellen, macht einen solchen Kauf zu einem Projekt mit unsicherem Ausgang.[108]

Auf die Wirkung erfolgsabhängiger Anreizsysteme setzt der Gesetzgeber (vor der „Finanzkrise") durch zwei Anpassungen im Aktienrecht. § 71 Abs. 1 Nr. 2 AktG regelt den Erwerb eigner Aktien. Mit § 192 Abs. 2 Nr. 3 AktG wurden durch Anpassungen der bedingten Kapitalerhöhung Voraussetzungen für die

---

104) Vgl. die knappe Darstellung der Entwicklung in Davis [Markets] 77 ff.
105) Vgl. den Überblick über empirische Studien in Dalton/Hitt/et al. [Agency] 26 f.
106) Vgl. Lutter [Information] 255.
107) Vgl. den Überblick bei Tirole [Theory] 43 ff.; 425 ff.
108) Weitere offene Fragen analysiert aus organisationstheoretischer Sicht Miller [Dilemmas] 159 ff.

Gewährung von Bezugsrechten an Vorstände geschaffen. Bei der Begründung beider Gesetzesänderungen wird das mikroökonomische Argument der positiven Anreizwirkung flexibler Entgelte verwiesen.[109]

Motivationspotenzial und Handhabung monetärer Anreize

Das Disziplinierungsmodell hat mit seiner Ausrichtung auf monetäre Anreizwirkungen die Entgeltsysteme auf der Ebene der Unternehmungsleitung nachhaltig verändert. Das mikroökonomische Modell der Marktsteuerung hat insbesondere dazu beigetragen, Tantieme und Boni hoffähig zu machen. Die folgende Bewertung des Modells beschränkt sich deshalb auf diese monetäre Anreizwirkung.

Angesichts der eingangs herausgearbeiteten empirischen Brüchigkeit der Aussagen zur Steuerungswirkung ist nicht nur die Rechtfertigung, sondern auch die kritische Bewertung etablierter Entgeltsysteme ein schwieriges Unterfangen. Allerdings hat die Motivationstheorie einen Stand erreicht, der zumindest die These stützt, dass die Gestaltung eines wirksamen Anreizsystems für die Unternehmungsleitung eine Vielzahl von Motivationsfaktoren berücksichtigen muss.[110] Die vorherrschende Fokussierung auf die Etablierung eines Mix an fixen und variablen Entgeltbestandteilen wird dem Erkenntnisstand der modernen Motivationstheorie nicht gerecht. Schon die unbestrittenen Gefahren einer Förderung kurzfristiger Orientierungen und manipulativer Verhaltensweisen rechtfertigen diese Feststellung. Bedeutsamer und für die Betriebswirtschaftslehre herausfordernder als diese „technischen" Defizite sind die gesellschaftlichen Folgen der öffentlichen Wahrnehmung von „Auswüchsen" und die Diskussion um Verteilungs- und Fairnessdefizite. Sie hat den Gedanken einer marktkonformen Ausbalancierung von Managerbezügen erschüttert und zu einer Abwertung des Berufsstands des Managers geführt. Der Verweis auf die regelnde Kraft des Marktes[111] verliert an Überzeugungskraft.[112] Die Vorstellung, man könne Vertragsverhandlungen über ein ganzes Bündel komplexer Entgeltkomponenten dem neutralen Mechanismus des „arm's length"-Prinzips überantworten, wird immer mehr in Zweifel gezogen.[113]

---

109) Bundestags-Drucksache 13/9712, S. 13 u. S. 23.
110) Vgl. Locke/Latham [Goal]; Hackman/Wageman [Quality] und den Überblick in Rynes/Gerhart/Parks [Psychology] sowie in Osterloh [Unternehmensführung].
111) Vgl. Kaplan [CEO]; Jensen/Murphy [CEO].
112) Vgl. Bogle [Reflections]; Walsh [CEO].
113) Vgl. hierzu Bebchuk/Fried [Pay] sowie Dalton/Hitt et al. [Agency] 17 ff.

Im deutschen Aktienrecht sucht der Gesetzgeber den verbreiteten Eindruck problematischer Fehlentwicklungen durch die Aktivierung und Ausweitung der Aufgaben von Hauptversammlung und Aufsichtsrat zu berücksichtigen.

Die Einbeziehung der Hauptversammlung erfolgt – wie in anderen Industrienationen – nur zurückhaltend. Wie in England und den USA[114] führen die gesetzlichen Änderungen auch in Deutschland für die Hauptversammlung nicht zu dem Recht, bindende Beschlüsse über die Höhe von Bezügen zu fassen. Nach § 120 Abs. 4 AktG kann die Hauptversammlung ein unverbindliches Votum zu dem in der Unternehmung praktizierten System der Vorstandsvergütung abgeben. Angesichts des international verfolgten Prinzips, die Hauptversammlung möglichst nicht in laufende Entscheidungen der Geschäftsführung einzubeziehen (Ausnahme unter engen Voraussetzungen: § 111 Abs. 4 S. 3, 4, 5)[115] fällt dem Aufsichtsrat – wie bisher – die Aufgabe zu, über die Vorstandsbezüge eigenverantwortlich zu entscheiden. Allerdings wird der Aufsichtsrat vom Gesetzgeber stärker in die Pflicht genommen. Es wird von ihm erwartet, dass er für eine kritische Öffentlichkeit erkennbar Entgeltverhandlungen mit hoher Sensibilität für die Lage der Unternehmung und für die in der Gesellschaft verankerten Normen der Fairness führt. Der Gesetzgeber versucht durch flankierende gesetzliche Maßnahmen beim Aufsichtsrat das Bewusstsein für die in besonderem Maße gebotene fundierte und abgewogene Behandlung der Entgeltproblematik zu schärfen.[116] Das 2009 in Kraft getretene „Gesetz zur Angemessenheit von Vorstandsvergütungen" (VorstAG) formuliert eine Reihe von Verfahrensregeln und artikuliert Kriterien, die bei der Beurteilung der Angemessenheit von Bezügen zu beachten sind. Erwähnt seien neben der Vorschrift, dass Vergütungsentscheidungen im Plenum (und nicht nur in einem Ausschuss) des Aufsichtsrats getroffen werden müssen (§ 107 Abs. 3 S. 3 AktG), die Einbringung einer Schwelle „üblicher" Vergütungen, die nur im Ausnahmefall überschritten werden darf (§ 87 Abs. 1 S. 1 AktG), die Bindung von Boni an langfristige Erfolge (§ 87 Abs. 1 S. 2 u. 3 AktG), die nachträgliche Herabsetzung von Bezügen (§ 87 Abs. 2 AktG), die Verlängerung der Einlösefrist für Optionen

---

114) England: Companies Act 2006, section 439; USA: The Dodd-Frank Wall Street Reform and Consumer Protection Act (2010). Vgl. hierzu auch Walsh [CEO].

115) Organisationstheoretisch betrachtet kommt in dieser Regelung die schon erwähnte (vgl. S. 545 *Thompson*sche Abkopplung der Unternehmung vom Markt zur Reduzierung von Entscheidungskomplexität zum Ausdruck. Auf die Tatsache, dass in deutschen Aktiengesellschaften die Mitbestimmung der Arbeitnehmer im Aufsichtsrat der Delegation von Kompetenzen an die Hauptversammlung Grenzen setzt, sei nur hingewiesen.

116) Die in diesen gesetzlichen Initiativen zum Ausdruck kommenden Zweifel an der Kooperationsbereitschaft des Aufsichtsrats haben sicher viele Ursachen. Eine besondere Rolle dürften Befürchtungen spielen, Vorstandsmitglieder würden durch die Verflechtung ihrer Aufsichtsratsmandate Einflusspotenziale aufbauen, die zur Steigerung der Bezüge genutzt werden. Vgl. hierzu die empirische Studie von Entorf/Gattung/et al. [Einfluss].

(§ 193 Abs. 2 Nr. 4 AktG), die Haftung bei Festlegung unangemessener Vergütung (§ 116 Abs. 1 AktG) und die Ausweitung der Offenlegung der Bezüge (§§ 285 Nr. 9 lit. a) - c); 314 Abs. 1 Nr. 6 HGB).

Schlussfolgerungen

Der Gesetzgeber übernimmt bei seinen Reformen nur sehr begrenzt Elemente des Disziplinierungsmodells. Wenn Spuren des Konstrukts einer monetären Steuerung des Vorstandshandelns erkennbar werden, dann eher in dem Bestreben, empfundene Auswüchse einer Marktsteuerung einzuschränken. Solche Maßnahmen zur Eindämmung dysfunktionaler Effekte sind nicht ohne eine gewisse Ironie. Das Disziplinierungsmodell plädiert auf Grund seiner großen Skepsis hinsichtlich des Beitrags externer treuhänderischer Experten, wie der Aufsichtsräte, für die Marktlösung und bewirkt angesichts der verbreiteten Registrierung von Marktversagen eine nachhaltige Stärkung der Position eben dieser Experten. Allerdings bezieht sich diese ernüchternde Schlussfolgerung nur auf das Ausmaß expliziter marktorientierter Regelungen im Aktienrecht. Sie verkennt nicht, dass durch das Disziplinierungsmodell insgesamt die nachhaltig gestärkte kapitalmarktorientierte Sicht des Vorstandshandelns bemerkenswerte positive Effekte ausgelöst hat. Diese Tatsache gibt Veranlassung, das diesem Beitrag zu Grunde liegende Modell der Publikumsgesellschaft mit weitgehend einflusslosen Aktionären zu relativieren. Die Betrachtung einer solchen extremen Form der Publikumsgesellschaft erlaubt vor allem die pointierte Herausarbeitung der Konsequenzen einer ausgeprägten Informationsasymmetrie. In der Realität führen Konzentrationstendenzen, insbesondere das Aufkommen institutioneller Investoren, zur Herausbildung neuer Einflussformen, deren Leistungsfähigkeit Gegenstand weiterer Untersuchungen sein muss.[117]

---

117) Vgl. hierzu die grundsätzlichen Anmerkungen von Dalton/Hitt/et al. [Agency], insbesondere 40 ff., für die USA.

Vierter Teil

Dynamisches Konzept der Organisationsgestaltung – Aufbau zukünftiger Handlungspotenziale

A. Dynamische Sicht der Organisationsgestaltung

Eine betriebswirtschaftliche Theorie der Organisationsgestaltung hat Strukturmodelle zu entwickeln, die als Grundlage für Organisationsentscheidungen des Managements geeignet sind. Betrachtet man die gegenwärtig weltweit von Managern in Großunternehmungen verfolgten Organisationskonzepte, so sind sie das Ergebnis einer historischen Entwicklung, die sich im Wesentlichen während der letzten 150 Jahre vollzogen hat. Wissenschaftler und Praktiker haben in dieser Zeitspanne im Zuge der Auseinandersetzung mit der herausfordernden Aufgabe, für Unternehmungen als Systeme mit interpersoneller Arbeitsteilung Regelsysteme zur Realisierung übergeordneter Gesamtziele zu entwickeln, ein eindrucksvolles Repertoire an Lösungen erarbeitet. Bei allen Unterschieden im Detail, die vor allem auf Situationsanforderungen und auf Gestaltungsphilosophien der handelnden Manager zurückgehen, kennzeichnet die Konzepte ein einheitlicher Grundzug: Es geht primär um die Lösung der elementaren Probleme, welche bei interpersoneller Arbeitsteilung zwangsläufig durch die Trennung zusammenhängender Aufgabenkomplexe und die Einbeziehung einer Mehrzahl von Personen mit jeweils individuellen Zielen entstehen. Organisationslösungen müssen folglich die Integration von Einzelhandlungen zu einem zielbezogenen Gesamthandeln sicherstellen. Koordinations- und Motivationsmaßnahmen zur Überwindung von Differenzierungseffekten rücken dann über die Kriterien der Koordinations- und Motivationseffizienz in den Mittelpunkt organisatorischer Gestaltung. Die Auseinandersetzung mit dem zielgerichteten Einsatz von Organisationsinstrumenten ist dabei zumeist ganz auf die Lösung des statischen Gestaltungsproblems ausgerichtet. Es geht um die Entwicklung und Umsetzung von Koordinations- und Motivationskonzepten, die eine möglichst umfassende Ausschöpfung des gegebenen Handlungspotenzials im Rahmen einer relevante Märkte und Produkte abgrenzenden strategischen Domäne gewährleisten sollen. Das dynamische Gestaltungsproblem, die Sicherung zukünftiger Handlungspotenziale in einer sich (möglicherweise) ändernden strategischen Domäne durch langfristig wirksame Organisationsmaßnahmen, wird weniger beachtet. Die Auseinandersetzung mit der dynamischen Organisationsgestaltung ist Gegenstand dieses Teils.

Fragen der dynamischen Organisationsgestaltung finden in jüngster Zeit verstärkte Beachtung in der Organisationstheorie. Bei aller Vielfalt der Beiträge und bei allen Unterschieden in den theoretischen Orientierungen lässt sich als gemeinsames Merkmal der Forschungsarbeiten ihre ausgeprägt kognitionswissenschaftliche Ausrichtung feststellen. Die kognitionswissenschaftliche Sichtweise äußert sich in den meisten Studien in der Auseinandersetzung mit dem Stellenwert der Ressourcenausstattung und ihrer dynamischen Entwicklung für den langfristigen Bestand einer Unternehmung. Da sich das zukünftige Handlungspotenzial vorrangig in der Fähigkeit äußert, sich veränderten Marktbedingungen durch neue Produkte und Leistungen anzupassen, ist die dynamische Organisationsgestaltung in hohem Maße auf innovative Aktivitäten ausgerichtet.

Die neueren Ansätze zur Betrachtung der Unternehmungsressourcen aus dynamischer Sicht integrieren Konzepte der Mikroökonomie[1] und des strategischen Managements[2] in eine differenzierte Theorie der Unternehmungsentwicklung, deren zentrales Objekt die Entstehung und Veränderung von Wissen ist. Diese Theorie, die wohl die gegenwärtig einflussreichste Strömung auf dem Gebiet der Unternehmungstheorie darstellt, zeichnet sich bei allen Unterschieden in der disziplinären Verankerung der Autoren und in den begrifflichen Systemen durch bemerkenswerte konzeptionelle Übereinstimmungen aus. Als verbindendes Element der einzelnen Beiträge lässt sich die Beschäftigung mit „Routinen" bezeichnen, die das weitgehend auf Erfahrung zurückgehende Verhaltensrepertoire einer Unternehmung bestimmen. Die Phänomene „Lernen" und „Anpassung" nehmen in einer solchen dynamischen Theorie eine zentrale Position ein. Ihre gegenwärtige Ausformung verdanken diese Konzepte der Unternehmungsentwicklung dem Zusammenführen von drei in unterschiedlichen disziplinären Kontexten verankerten, jede für sich ungewöhnlich einflussreichen Theorien.

Die Beiträge der „Pittsburgher Schule", die in den fünfziger Jahren des vorigen Jahrhunderts von *Cyert*, *March* und *Simon* begonnenen Untersuchungen zum Entscheidungsverhalten, die regelorientiertem Verhalten besondere Aufmerksamkeit widmen[3], müssen bei der Erklärung der Entstehung der dynamischen Unternehmungstheorie zuerst genannt werden. Das Anliegen der Pittsburgher Gruppe wurde von *March* und seinen Schülern fortgeführt.[4] Einflussreich sind zweitens Arbeiten, die sich auf das 1982 erschienene Buch „An Evolutionary Theory of Economic Change" von *Nelson* und *Winter*[5] zurückführen lassen. Im Mittelpunkt dieser mikroökonomischen Evolutionstheorie, die von den Autoren als Alternative zur traditionellen Gleichgewichtsanalyse gesehen wird, steht die Erklärung zeitlicher Entwicklungspfade von Einheiten, deren Verhaltensweisen in „Routinen" und Handlungsregeln einer Institution gespeichert sind.

---

1) Hier ist vor allem der Beitrag von Penrose [Theory] zu nennen.
2) Eine der ersten Arbeiten stammt von Wernerfelt [View].
3) Vgl. March/Simon [Organization] und Cyert/March [Theory] und die Darstellung auf S. 34 ff.
4) Vgl. March [Decisions].
5) Nelson/Winter [Theory].

Dabei gibt es keine dynamische Entwicklung nach einem festen Plan. Veränderungen beruhen vielmehr auf unvollkommenen, fehlerhaften Prozessen des Lernens und Entdeckens, die sich in einem mehr oder weniger breiten Spektrum von Varianten vollziehen. Die dritte Richtung kann nicht wie die beiden anderen Strömungen auf ein zeitlich und durch Verweis auf eine Gruppe von Forschern abgrenzbares Forschungsanliegen zurückgeführt werden. Ihre Charakterisierung als „Ökonomische Theorie der Entwicklung technologischer Unternehmungsressourcen" dürfte dem Anliegen von Autoren wie *Teece, Dosi* und *Pisano*, die diesen Technologieansatz prägen, am besten gerecht werden[6].

Die Grenzen einer statischen Sicht der Organisationsgestaltung und die Notwendigkeit einer Einbringung der dynamischen Perspektive erschließen sich durch eine Studie von *Pisano*.[7] *Pisano* untersucht für Unternehmungen der Biotechnologie, wie durch organisatorische Strukturen über die Herausbildung und Sicherung der Fähigkeit, die zur Produktion eines neu entwickelten Produkts jeweils erforderliche Prozesstechnologien zu entwickeln, die Wettbewerbsfähigkeit beeinflusst wird. Als Indikator für die Effizienz der Maßnahmen führt *Pisano* die in der Abfolge von Entwicklungsprojekten jeweils benötigte Projektdauer ein. Die hier interessierende dynamische Strukturdimension lässt sich durch Einführung einer bereichsübergreifenden Projektorganisation in t_i hinsichtlich ihrer Wirkungen auf die Erweiterung der Wissensbasis und die Steigerung der Anpassungsfähigkeit in t_{i+n} bewerten. Wenn, wie Pisano anschaulich formuliert, „[t]he seeds of today's capabilities are sown in yesterday's experience",[8] dann erfordert eine Auseinandersetzung mit dynamischen Strukturanforderungen die Beantwortung der folgenden Frage: Welche Organisationsstrukturen sollen im Zeitpunkt t_i geschaffen werden, damit für in t_{i+n} anfallende Aktivitäten die Vorteile einer gesteigerten Anpassungsfähigkeit realisiert werden können?

Die Fragestellung von *Pisano* verdeutlicht, dass die in Wissenschaft und Praxis vorherrschenden Strukturmodelle der Organisationsgestaltung ganz auf die Sicherung der Effizienz in t_i ausgerichtet sind. Es geht in diesen Ansätzen vorrangig darum, für einen gegebenen Bestand an Aufgaben nach den Kriterien der Koordinations- und Motivationseffizienz die richtige Organisationsstruktur zu finden. Ob und wie die in t_i geschaffenen organisatorischen Regelungen die Kapazität der Unternehmung zur Bewältigung von in t_{i+n} anfallenden Aufgaben beeinflussen, bleibt weitgehend unberücksichtigt.

---

6) Vgl. Teece/Pisano/Shuen [Capabilities]; Dosi/Nelson [Theories]; Pisano [Factory].
7) Pisano [Search].
8) Pisano [Search] 150.

Eng verbunden mit der Verfolgung einer dynamischen Sichtweise ist bei der organisatorischen Sicherung zukünftiger Handlungspotenziale die Fokussierung auf Innovationen. Innovationen sind auf Änderungen ausgerichtet, sei es in Form ihrer Generierung oder ihrer Implementierung. Mit dem Begriff der Änderung wird ein weites Spektrum von Aktivitäten erfasst. Es reicht von der Einführung einer neuen Pausenregelung in der Produktion bis zum Wandel des Produktprogramms von der Speichertechnologie zur Mikroprozessorentechnologie. Änderungen können sich auf Produkte, Verfahren und Strukturen beziehen. Produktänderungen, die bei der weiteren Betrachtung im Vordergrund stehen, führen über neue Sachziele zu einer Umstrukturierung des Produktions- und Absatzprogramms. Verfahrensänderungen betreffen die technologische oder methodische Komponente bei der Erfüllung von Entscheidungs- und Realisationsaufgaben. Strukturänderungen äußern sich in der Anpassung von Organisationsstrukturen.

Da Änderungen je nach ihrer Radikalität, gemessen am Grad der Abweichung von einer gegebenen Situation, unterschiedliche organisatorische Anforderungen stellen, sind differenzierte Betrachtungen erforderlich. Diesem Anspruch kann im Rahmen des hier angestrebten Überblicks nur begrenzt entsprochen werden. Sehr differenzierte Betrachtungen würden auch schon deshalb an ihre Grenzen stoßen, weil die relevante Literatur zum Zusammenhang zwischen Organisationsstruktur und Änderungsaktivitäten den Begriff der Innovation in der Regel relativ großzügig verwendet. Außerdem reichen die empirischen Forschungsergebnisse bisher nicht aus, um generalisierende Aussagen abzuleiten.

Änderungsaktivitäten können das Objekt statischer und dynamischer Organisationsgestaltung sein.

Änderungen, z.B. die regelmäßige Neugestaltung des Katalogs einer Versandunternehmung, sind Gegenstand statischer Organisationsgestaltung, wenn für ein in seiner Struktur bekanntes Problem unter Rückgriff auf bekannte und bewährte Methoden eine organisatorische Lösung entwickelt wird. Eine solche organisatorische Gestaltungsmethodik schließt die Nutzung von Lerneffekten nicht aus. So werden beispielsweise Änderungsaktivitäten in Form inkrementellen Lernens[9] aus den Überlegungen der statischen Organisationsgestaltung nicht ausgeblendet. Für die dynamische Gestaltung ist der Stellenwert von Änderungen aber ungleich größer als der bei der statischen Gestaltung. Diese Feststellung lässt sich nicht nur damit begründen, dass Änderungen schlechthin

---

9) Vgl. hierzu die Beschreibung von Levinthal [Environments] 170: „... organizational behavior is based on routines and ... these routines change in an incremental manner in response to feedback about outcomes".

Objekte dynamischer Gestaltung sind. Ohne die Betrachtung von Änderungen kann kein Problem der dynamischen Gestaltung entstehen. Darüber hinaus zeichnen sich die in die Gestaltung einzubeziehenden Änderungen durch zwei Merkmale aus. Der Gestalter hat zum einen hinsichtlich des Zeitpunkts ihres Eintretens sowie hinsichtlich ihrer Problemstruktur und der anzuwendenden Lösungsmethoden nur einen begrenzten Informationsstand. Zum anderen kann nicht ausgeschlossen werden, dass Änderungen in einem Maße neu für die Unternehmung sind, dass nicht unterstellt werden kann, ihre Bewältigung gelänge im Rahmen der kognitiven Orientierung und der Wissensstrukturen, wie sie sich zur Lösung der im Zeitpunkt t_i anfallenden Aufgaben herausgebildet haben. Zur sprachlichen Vereinfachung der Kommunikation sollen die im Rahmen der dynamischen Organisationsgestaltung erörterten Änderungen als innovative Aktivitäten bzw. Innovationsaktivitäten bezeichnet werden.

Eine solche pragmatische Begründung der Einbringung des Attributs „innovativ", die auf eine differenzierte inhaltliche Abgrenzung des Begriffs „Innovation" verzichtet, ist nicht unproblematisch. Der Hinweis darauf, dass eine vergleichbar pragmatische Fundierung des Innovationsbegriffs den größten Teil der im Folgenden zu berücksichtigenden Literatur kennzeichnet, verweist auf eine generelle Schwierigkeit, rechtfertigt aber nicht die hier gewählte Vorgehensweise. Das Problem liegt in der Schwierigkeit, einen aussagefähigen Innovationsbegriff[10] zu wählen, der auch bei der Auseinandersetzung mit der Literatur durchzuhalten ist. Eine eindeutige Begriffsabgrenzung nehmen *Daft* und *Becker* mit der Unterscheidung zwischen „Innovation" und „Änderung" vor[11]: „Innovation is the adoption of something new; change is the adoption of something different." Die Autoren betonen darüber hinaus den objektiven Tatbestand der Neuartigkeit. Es ist damit nicht entscheidend, ob die „Innovation" von einer Unternehmung als neuartig empfunden wird – nicht wahrgenommene, sondern tatsächliche Neuartigkeit zählt. Diesem Merkmal der objektiven Neuartigkeit wird hier nicht gefolgt.[12] Für die Anforderungen an die dynamische Organisationsgestaltung ist es gleichgültig, ob die Innovation weltweit oder nur für die Unternehmung neu ist.

Für die Fragestellung der dynamischen Organisationsgestaltung sind vor allem zwei Beiträge zur Systematisierung von Innovationen aufschlussreich. *Anderson*

---

10) Vgl. zu den verschiedenen Innovationsbegriffen in der Literatur Zaltman/Duncan/Holbek [Innovations] 7 ff.; Kimberly [Innovation]; Dewar/Dutton [Adoption].
11) Daft/Becker [Organization] 4.
12) Das gilt nicht für den letzten Abschnitt dieses Teils, in dem bei der Erörterung innovativer Organisationskonzepte versucht wird, das Phänomen der objektiven Neuartigkeit zu erfassen; vgl. S. 644 ff.

und *Tushman*[13] unterscheiden zwischen Innovationen, die Wissensstrukturen aufbauen (competence enhancing) und solchen, die Wissensstrukturen entwerten (competence destroying). Die erstgenannten Innovationen entstehen auf der Grundlage bestehender Fähigkeiten und vorhandenen Wissens, die letztgenannten führen zu ihrer Entwertung. Noch engere Beziehungen zu dem hier verfolgten Innovationskonzept weist die Charakterisierung von *Galunic* und *Rodan*[14] auf. Sie führen in Einklang mit einer in der strategischen Managementlehre verbreiteten Sichtweise[15] und in Anlehnung an frühe Arbeiten von *Schumpeter*[16] und *Penrose*[17] Innovationen auf neue Formen der Kombination von materiellen Ressourcen (so genannte „Input-Ressourcen" wie Werkstoffe und Anlagen) und auf Wissensressourcen zurück. Der Prozess der Hervorbringung von Innovationen hängt nach dem Konzept von *Galunic* und *Rodan* entscheidend von den wissensbasierten Ressourcen ab. Er ist umso anspruchsvoller, je mehr bei den Ressourcenkombinationen folgende Wissensmerkmale ausgeprägt sind:

- Hoher Anteil impliziten Wissens. Das Wissen weist einen geringen Grad an Kodifizierung auf.

- Hohe Kontextspezifität. Das Wissen ist Teil eines komplexen Systems und eng mit nicht ohne weiteres zugänglichen Komponenten eines externen Problemlösungsmodells verbunden.

- Hohe Dispersion. Teile des Wissens sind auf verschiedene Personen und Speichermedien verteilt.

- Spezifische kognitive Orientierung der Kompetenzbereiche. Das Wissen verteilt sich auf Individuen und Gruppen mit hoher interner Frequenz der Interaktionen und ausgeprägten gruppenspezifischen kognitiven Orientierungsmustern.

Mit zunehmender Ausprägung der vier Wissensmerkmale kann eine Unternehmung die Generierung von Innovationen nur gewährleisten, wenn sie entsprechende Fähigkeiten zur Identifizierung, zum Transfer und zur Absorption

---

13) Anderson/Tushman [Designs]. Weniger relevant für die weitere Betrachtung sind die Unterscheidungen von Damanpour [Innovation] (radikale und inkrementelle Innovation) und von Clark [Design] (Kern- und Peripherie-Innovationen), wenngleich ihr genereller organisatorischer Aussagegehalt unbestritten ist.
14) Galunic/Rodan [Recombinations].
15) Vgl. z.B. Nahapiet/Ghoshal [Capital]; Lengnick-Hall/Lengnick-Hall/Abdinnour-Helm [Role].
16) Schumpeter [Development] 65.
17) Penrose [Theory] 25.

von Wissen besitzt oder entwickelt. Solche Innovationsaktivitäten bilden den Gegenstand der folgenden Analyse der dynamischen Organisationsgestaltung.

Das traditionelle Konzept der Organisationsgestaltung – und in ganz ausgeprägtem Maße das Modell der von *Nordsieck*[18] und *Kosiol*[19] entwickelten betriebswirtschaftlichen Organisationslehre – betont üblicherweise den Charakter der Organisationsstruktur als einer auf Dauer ausgerichteten Ordnung. Diese ausgeprägt statische Betrachtung ist überholt. Die Einsicht, dass die Herausforderungen an die Organisationsgestaltung in der Bewältigung des permanenten Wandels liegen, ist in Wissenschaft und Praxis weit verbreitet.[20] Gleichwohl darf nicht übersehen werden, dass zwischen Stabilität und Wandel in jeder Unternehmung ein Spannungsverhältnis besteht. Selbst wenn man Institutionen durchaus eine bemerkenswerte Änderungsfähigkeit zuspricht, bestehen in jeder Unternehmung ausgeprägte Tendenzen zur Invarianz, die sich vor allem auf folgende Ursachen zurückführen lassen:

1. Stabilisierung der operativen Aktivitäten zur effizienten Ausschöpfung des gegenwärtigen Handlungspotenzials:

   Die Strukturen und Prozesse einer Unternehmung werden in hohem Maße durch das gegenwärtige operative Geschäft geprägt. Nur so lässt sich die effiziente Ausschöpfung der strategisch definierten Geschäftsfelder, mit denen in der Regel weit reichende Ressourcenbindungen entstehen, sicherstellen. Die Verfolgung dieses Anliegens erfordert einen ausreichenden Zeitraum.

2. Verfestigung kognitiver Wahrnehmungs- und Problemlösungsmuster:

   Jede Unternehmung zeichnet sich durch eine spezifische, gewachsene Organisationskultur aus[21] – die Einheiten eines arbeitsteiligen Systems entwickeln im Zeitablauf gemeinsam geteilte Werte und Überzeugungen. In jeder Unternehmung besteht eine Tendenz zur Verfestigung solcher kognitiven Wahrnehmungs- und Problemlösungsmuster.[22]

3. Lokales Lernen:

   Die Fähigkeit, Neues zu erfassen und zu verarbeiten, ist für jede Unternehmung begrenzt. In dem Maße, in dem sich die Unternehmung zur Si-

---

18) Nordsieck [Grundlagen].
19) Kosiol [Organisation].
20) Vgl. Frese/Theuvsen [Organisationsmanagement].
21) Vgl. S. 129 ff.
22) Vgl. Schreyögg [Konsequenzen] zu dieser Wirkung starker Organisationskulturen sowie Miller [Architecture] zum Festhalten an verfestigten Handlungsmustern als Ursache des Scheiterns von Unternehmungen.

cherung ihres Bestands im Rahmen des operativen Geschäfts auf die Bewältigung technologischer, gesellschaftlicher und ökonomischer Dynamik auf bewährte Methoden (Exploitation) konzentriert, bleibt für das Experimentieren mit neuen Ideen (Exploration) wenig Kapazität.[23] Verstärkt wird dieser Effekt durch die Tendenz zur lokalen Fokussierung der Aktivitäten. Es wird vorrangig auf Wahrnehmungseffekte im gegenwärtigen Tätigkeitsfeld reagiert und die Lösung für ein Problem in der Nachbarschaft der bisherigen Lösung gesucht.[24] Die Folge ist häufig eine allenfalls geringfügige Modifikation bisheriger Konzepte.

4. Schwache Wahrnehmungseffekte:

Änderungsprozesse beruhen in hohem Maße auf ergebnisorientierter Rückkoppelung. Bei Maßnahmen der Organisationsgestaltung sind solche Rückkoppelungen auf Grund der diffusen Beziehungen zwischen Organisationsstruktur und Markterfolg nur schwach ausgeprägt. Deshalb haben insbesondere Impulse zur Auslösung dynamischer Gestaltungsmaßnahmen nur eine geringe Merklichkeit. Sie werden auf jeden Fall geringer sein als Wahrnehmungseffekte im statischen Gestaltungskonzept, wo z.B. eine mangelnde Koordination von Prozessinterdependenzen eine hohe Merklichkeit hat. Das weitgehende Fehlen einer ergebnisorientierten Rückkoppelung hat eine weitere, die Tendenz zur Invarianz fördernde Konsequenz. Nach *March*[25] wird in solchen Situationen ergebnisorientierte durch prozessorientierte Rückkoppelung substituiert. Reorganisationen mit ihren zumeist langwierigen und für die Beteiligten mit Konflikten verbundenen Änderungsprozessen bedeuten deshalb häufig keine positive Verstärkung der Änderungsbereitschaft.

Diese Beharrungstendenzen werden in der jüngeren Organisationsforschung auch unter dem Begriff der Pfadabhängigkeit unternehmerischen Handelns diskutiert.[26] Sie könnten das weitgehende Fehlen ausdifferenzierter expliziter „dynamischer" Gestaltungsphilosophien auf Seiten des Managements erklären. Sie könnten auch begründen, warum es gerade in durch schnellen technologischen Wandel gekennzeichneten Branchen (z.B. Pharmaindustrie, Informationstechnikbranche) immer wieder über Jahre erfolgreiche und gefeierte Unternehmungen gibt, die plötzlich einen scheinbar unaufhaltsamen Niedergang erleben. Auffällig ist jedenfalls, dass sich bisher für den Aspekt des Wandels

---

23) Vgl. March [Learning].
24) Vgl. Cyert/March [Theory]. Die Autoren haben dafür den Begriff des „lokalen Lernens" geprägt.
25) March [Learning].
26) Garud/Karnøe [Path]; Schreyögg/Sydow [Prozesse].

keine hinsichtlich ihrer Differenziertheit und Operationalität mit der Integrationseffizienz vergleichbare Gestaltungsphilosophie des Managements nachweisen lässt.[27] Das Fehlen eines Handlungs- und Gestaltungsprogramms auf Seiten des Managements wird in evolutionstheoretisch geprägten Konzepten geradezu als Charakteristikum des Wandels in komplexen arbeitsteiligen Systemen angesehen. So stellt *Fujimoto* bei seiner Interpretation der Reorganisationen des japanischen Automobilherstellers *Toyota* im Produktionsbereich fest: „There was apparently no grand strategy on the sequence of capability acquisition".[28] Auch zu Möglichkeiten der Pfadbrechung liegen bislang überwiegend nur Einzelaussagen vor.[29]

Verglichen mit der an statischen Anforderungen orientierten Organisationsgestaltung sieht sich die auf dynamische Kriterien ausgerichtete Einführung effizienter Organisationsstrukturen ungleich stärker mit dem Problem einer unzulänglichen theoretischen Fundierung konfrontiert. Die organisationstheoretische Auseinandersetzung mit dem Zusammenhang zwischen Strukturgestaltung und Wandel hat noch nicht zu einer geschlossenen Konzeption geführt. Es werden vielmehr Ansätze aus verschiedenen Disziplinen, die jede für sich durch eine Fülle durchaus heterogener Konzepte gekennzeichnet sind, zu einem noch relativ amorphen Konglomerat verknüpft. Insgesamt lässt sich feststellen: Obwohl die Bedeutung des dynamischen Handlungspotenzials für den langfristigen Unternehmungserfolg in Wissenschaft und Praxis erkannt worden ist, besitzen theoretisch fundierte und empirisch gestützte Vorschläge für die Gestaltung von Strukturen unter dynamischen Gesichtspunkten häufig noch eher schemenhafte Konturen.

Eine solche Charakterisierung des Erkenntnisstands kann nicht überraschen, wenn man die Komplexität der Fragestellung bedenkt, die *Patel* und *Pavitt*[30] sehr anschaulich beschreiben: „Finally, we should avoid trying to answer unanswerable questions, in particular about the optimality of choices of particular firms to combine particular technologies in particular ways to make particular products, from amongst the (almost) infinity of mathematical possibilities that exist. As in nature, firms evolve in a complex and path-dependent world, where history matters. If neither Darwin nor DNA can model and predict the

---

27) Allenfalls in Bereichen wie Forschungs- und Entwicklungsabteilungen, die ganz durch die Anforderungen des Aufbaus und der Nutzung von Wissensbasen bestimmt sind, lassen sich vermutlich ausdifferenzierte Gestaltungsphilosophien nachweisen, vgl. hierzu Miner [Seeking].
28) Vgl. Fujimoto [Evolution] 247. Ähnlich äußert sich Levinthal [Capabilities] 369.
29) Vgl. etwa die Beiträge in Schreyögg/Sydow [Dynamics].
30) Patel/Pavitt [Competencies] 331.

emergence of the elephant and the mouse, we should not be expected to do the equivalent in explaining why firms are what they are and not something else."

Unter Beachtung dieser methodischen Anforderungen muss die Frage nach Wegen zur Überwindung der Grenzen einer statisch angelegten Organisationsgestaltung beantwortet werden. In Verfolgung dieses Anspruchs gilt es, ein theoretisch fundiertes Konzept zu entwickeln, das Aufschluss darüber gibt, welche Eigenschaften von Organisationsstrukturen im Zeitpunkt t_i die Problemlösungs- und Handlungsfähigkeit einer Unternehmung im Zeitpunkt t_{i+n} sichern und verbessern. Dabei darf der betriebswirtschaftliche Anspruch der Anwendungsorientierung nicht außer Acht gelassen werden. Jede anwendungsorientierte Theorie der Organisationsgestaltung, jede wissenschaftliche Fundierung von Handlungsempfehlungen, unterliegt bis zu einem gewissen Grad dem Diktat des Machbaren, die Handhabbarkeit des Konzepts darf nicht vernachlässigt werden. Die erarbeiteten Lösungen müssen für den Gestalter in der Unternehmungspraxis nachvollziehbar sein und zur Bewältigung praktischer Problemstellungen herangezogen werden können. Des Weiteren ist zu beachten, dass eine bloß referierende Einbeziehung verschiedener, beim gegenwärtigen Erkenntnisstand bruchstückhafter Theorieelemente in eine Gestaltungskonzeption den Informationsstand des Managers zwar verbessern kann. Hier wie für andere Bereiche der Betriebswirtschaftslehre gilt jedoch: Das Problem des Managers ist nicht primär, zu verstehen, dass die von ihm zu bewältigende Situation komplex ist, sondern wie er trotz diagnostizierter Komplexität erfolgreich handeln kann.

Die folgende Behandlung der dynamischen Organisationsgestaltung trägt der Schwierigkeit, bei einem unvollkommenen theoretischen Erkenntnisstand fundierte anwendungsorientierte Aussagen zu entwickeln, Rechnung. Hinsichtlich des Einsatzes einzelner Gestaltungsinstrumente oder Gruppierungen von Instrumenten werden Wirkungsmuster unterschieden, die theoretisch relativ kohärent sind und eine gewisse empirische Fundierung aufweisen. Diese Sichtweise bestimmt den Aufbau der folgenden beiden Abschnitte. Im ersten Abschnitt werden mit der Einräumung individueller Handlungsspielräume, der Einführung innovationsorientierter Motivationssysteme sowie der Absorption und dem Transfer von Wissen drei Gestaltungsmodule eingeführt. Ihnen kommt in den meisten Konzepten und Studien zur dynamischen Gestaltung ein herausragender Stellenwert zu. Der zweite Abschnitt arbeitet zunächst mit der Analyse der Änderungsdynamik, der Wahrnehmung von Änderungsbedarf und den Optionen zur Sicherung der strategischen Anpassungsfähigkeit den Bedingungsrahmen für organisatorische Gestaltungsmaßnahmen heraus. Daran schließt sich die Untersuchung innovationsfördernder Organisationsstrukturen an. Behandelt werden mit dem Separations- und dem Projektmodell Organisationslösungen für Aktivitäten, die auf die Hervorbringung neuer Produkte und

Leistungen ausgerichtet sind. Anschließend werden Modelle zur Organisation bereichsübergreifender Innovationsaktivitäten und zur Konzipierung und Implementierung neuer Organisationsstrukturen thematisiert. Den Abschluss bildet eine Analyse der Merkmale innovativer Organisationskonzepte.

B. Module dynamischer Organisationsgestaltung

Drei Gestaltungsmodulen wird in der Literatur zu innovationsfördernden Strukturen eine besondere Bedeutung zugewiesen[1]:

1. Kompetenz- und Steuerungssystemen, die auf Grund einer geringen Regelungsdichte und offener Kommunikationsstrukturen individuelle Handlungsspielräume eröffnen,
2. die Realisierung innovationsorientierter, intrinsischer Motivationskonzepte und
3. Strukturen zur Förderung der Akquisition und des Transfers von Wissen.

I. Individuelle Handlungsspielräume

Die Frage, welchen Einfluss Organisationsstrukturen auf die Innovationsfähigkeit von arbeitsteiligen Systemen haben, ist ein klassisches Thema der Organisationstheorie. Die Suche nach einer konzeptionell fundierten und empirisch gesicherten Antwort bildet das zentrale Anliegen jener organisationssoziologisch orientierten Forscher, mit denen in den 1950er Jahren die empirische Organisationsforschung ihren festen Platz in der Organisationstheorie erhielt. Das Problem der mangelnden Innovationsfähigkeit wird als ein Ergebnis dieser Arbeiten auf die einprägsame Formel von der Dysfunktionalität bürokratischer Strukturen gebracht[2] und in seinen Erscheinungsformen in der Literatur relativ einheitlich beschrieben. Bürokratische Strukturen[3] führen danach auf Grund ihrer hohen Regelungsdichte bei den Mitarbeitern zu Frustration, zu Versagen, zur Verfolgung einer kurzfristigen Perspektive und zu Konflikten.[4]

Typisch für diese Sichtweise ist das Untersuchungskonzept, das *Child*[5] seiner empirischen Studie zu Grunde legt. Im Fokus seines Konzepts steht die These, dass in bürokratischen Organisationsstrukturen der hohe Grad an Spezialisierung, Standardisierung, Formalisierung und Zentralisation zu einer reglemen-

---

1) Fragen der Implementierung von Änderungen, die mit innovativen Aktivitäten verbunden sind, werden im Folgenden nicht behandelt.
2) Vgl. u.a. Gouldner [Patterns] und Merton [Theory].
3) Vgl. zu den durch das *Weber*'sche Bürokratiemodell geprägten Strukturmerkmalen der Spezialisierung, Standardisierung, Formalisierung und Zentralisierung Kieser [Bürokratie].
4) So fasst z.B. Argyris [Integrating] die Folgen der Bürokratie zusammen.
5) Child [Strategies].

tierenden Aufgabeneingrenzung beim einzelnen Mitarbeiter führt. Eine starke Spezialisierung, Standardisierung und Formalisierung schränkt über die Detaillierung der Aufgabenvorgabe und über ihren Routinegrad die Menge der zulässigen Handlungen ein. Entsprechend wird im Hinblick auf das Strukturmerkmal „Zentralisation" argumentiert; Entscheidungen werden zunehmend „nach oben" verlagert. Die Folge ist die Einschränkung von Entscheidungsspielräumen auf den nachgelagerten Ebenen und eine Reduzierung der Komplexität der zu fällenden Entscheidungen. Auf Seiten der Mitarbeiter fördern diese Strukturen ein zurückhaltendes und konformistisches Handeln. Die Fähigkeit zur Bewältigung von Konflikten und die Bereitschaft, zur Verfolgung ininnovativer Ideen Autorität in Frage zu stellen, nehmen ab.

Bis in die 1970er Jahre lassen sich vor diesem theoretischen Hintergrund Empfehlungen zur Gestaltung innovationsfähiger Organisationsstrukturen auf die Vermeidung und den Abbau bürokratischer Strukturen zurückführen. In diesem Sinne stellt *Thompson*[6] fest, dass bei weniger Bürokratie mehr Konflikte entstehen und mehr Ungewissheit zu bewältigen ist und dass beide Effekte mehr Innovationen hervorbringen. Als Strukturbedingungen für die Förderung von Innovationen werden lockere und weitgehend ungebundene Systemstrukturen, eine geringere Betonung detaillierter und exakter Aufgabenabgrenzungen, ein ungehinderter Informationsfluss und eine stärkere Förderung der Dezentralisation genannt.

Obwohl diese frühen Arbeiten wesentliche und bis heute relevante Merkmale innovationsfördernder Strukturen entwickeln, besteht doch kein Zweifel, dass hier zu schnell dem extremen Bild der bürokratischen, innovationsfeindlichen Organisation das ebenso überzeichnete der innovationsfördernden Organisation gegenübergestellt wird. Eine differenziertere Auseinandersetzung mit den Anforderungen einer innovationsfördernden Gestaltung von Organisationsstrukturen beginnt im Wesentlichen mit dem Beitrag von *Wilson*,[7] der sich um ein geschlossenes organisationstheoretisches Konzept zur Erfassung von Innovationen bemüht. Die Bedeutung seiner Arbeiten für die Weiterentwicklung der organisationstheoretischen Innovationsforschung liegt vor allem in den vorgenommenen Perspektivenerweiterungen. Die enge, durch das klassische Bürokratiemodell geprägte Fokussierung auf Merkmale der formalen Organisationsstruktur wird aufgegeben und durch die Einbeziehung von Anreizstrukturen ergänzt. Zur entscheidenden Variable wird der Differenzierungsgrad der Unternehmung, der von der Komplexität der Aufgabenstruktur (Zahl unterschiedlicher Aufgaben, Anteil nicht-programmierter Aufgaben) und der Komp-

---

6) Thompson [Innovation] 4.
7) Wilson [Innovation].

lexität des Anreizsystems (Zahl der Anreizquellen) abhängt. Die vorherrschende globale Betrachtung einer Innovation wird durch die Gliederung des Innovationsprozesses in Phasen mit unterschiedlichen Strukturanforderungen gegeben. Bemerkenswert ist insbesondere die These, dass ein hoher Differenzierungsgrad der Unternehmung die Entstehung von Innovationen fördert, zugleich aber ihre Durchsetzung erschwert.

Die in dem Beitrag von *Wilson* verfolgte differenzierte Sichtweise bestimmt seitdem den Stand der Theorie. Einfache Aussagen mit generellem Anspruch auf Gültigkeit verbieten sich deshalb. Die neue Sichtweise findet auch darin ihren Ausdruck, dass die Gleichsetzung von Regelung und bürokratischer Dysfunktionalität der Vergangenheit angehört. Man kann sogar von einer Rehabilitierung der Regel sprechen. Autoren wie *Adler* und *March* haben in ihren Arbeiten den unterstützenden Charakter von Regelungen herausgearbeitet[8] und die kognitive Bedeutung von Regeln als Wissensspeicher betont.[9] Der letztgenannte Aspekt wurde schon bei der Entwicklung der kognitionswissenschaftlichen Grundtatbestände erläutert.[10] Gleichwohl wird man mit Blick auf den gegenwärtigen Forschungsstand feststellen können, dass die These von der innovationsfördernden Wirkung ungebundener Strukturen, die den organisatorischen Einheiten ein hohes Maß an Autonomie einräumen, nach wie vor in der Literatur breite Unterstützung findet.[11] Allerdings widmet die Forschung den Determinanten der Handlungsautonomie stärkere Aufmerksamkeit. Das hat auch dazu geführt, dass mit der Einbeziehung des auf *Cyert* und *March*[12] zurückgehenden Slack-Konzepts die Bedeutung der Ressourcenausstattung in die Erklärung des Innovationsverhaltens einbezogen wird. Bemerkenswert ist auch das Konzept von *Gebert*, der die Ausbalancierung von Tendenzen zur Begrenzung der Handlungsspielräume (Ordnung/Regelung) und zur Erweiterung der Handlungsspielräume (Freiheit/Ermöglichung) in den Mittelpunkt seiner Studien zu innovativem Verhalten stellt.[13] Im Folgenden sollen theoretische Entwicklungen behandelt werden, die sich von der vorrangigen Betrachtung des Kompetenzsystems mit ihren zwangsläufig relativ globalen Aussagen zur Handlungsautonomie lösen und dem Steuerungsaspekt, d.h. der Ausfüllung der Kompetenzspielräume, größere Aufmerksamkeit widmen.

---

8) Adler [Bureaucracies]; Adler/Borys [Types]; Adler [Ambivalence].
9) March [Learning]; March/Schulz/Zhou [Rules].
10) Vgl. S. 126 ff.
11) Vgl. die Untersuchungen von Teece [Managing] 36 ff. und 53 ff. zu Strukturanforderungen technologischer Neuerungen sowie den Überblick von Aldrich [Organizations] 2 ff. und Dougherty [Innovation] 429 ff.
12) Cyert/March [Theory].
13) Vgl. Gebert [Freiheit]; Gebert [Führung] 62 ff. und 197 ff.

Obwohl einige Studien zum innovativen Verhalten das Kompetenz- und Steuerungssystem in ihrem Zusammenspiel untersuchen,[14] werden Merkmale des Kompetenzsystems meist nur als Randbedingungen bei der Analyse der Steuerung berücksichtigt. Eine solche Fokussierung auf die Steuerung charakterisiert insbesondere sozialpsychologische Studien, in denen zur Erfassung der Innovation der klassische Führungsansatz weiterentwickelt wird. Betrachtet wird im Folgenden eine Studie von *Gebert*,[15] in der der Stand der Literatur aufgearbeitet und in ein geschlossenes Konzept der innovativen Führung integriert wird. Beschreibt man den Erklärungsansatz von *Gebert* mit den begrifflichen Kategorien des hier verfolgten Gestaltungskonzepts, so wird vorrangig die Koordinations- und Motivationsdimension der Steuerung modelliert. Die Koordinationsproblematik wird dabei allerdings weniger hinsichtlich des zwischen verschiedenen Einheiten bestehenden Abstimmungsbedarfs betrachtet, untersucht wird vor allem die (kognitive) Orientierung der Mitarbeiter. Das Fähigkeitsprofil oder – in der Sichtweise der sozialpsychologischen Führungstheorie – die Merkmale der Persönlichkeit stehen im Vordergrund. Bei der Behandlung der Motivationsproblematik ist mit der vorrangigen Betrachtung intrinsischer und extrinsischer Motivationsmaßnahmen der instrumentelle Charakter stärker ausgeprägt. Da das Gestaltungsmodul „Motivationskonzept" Gegenstand des nächsten Abschnitts ist, wird hier auf die Behandlung des Motivationsaspekts verzichtet.

Der für unsere Fragestellung bedeutsame Teil des Modells von *Gebert* führt Innovationsaktivitäten von Mitarbeitern auf die jeweilige Wahrnehmung der Situation zurück.[16] Unter der Innovationsfähigkeit einer Unternehmung wird ihr Potenzial zur Verbesserung ihrer Produkte, Dienstleistungen, Prozesse und Verfahren verstanden. Die Verknüpfung von Situationswahrnehmung und Innovationsaktivitäten erfolgt im Modell von *Gebert* über zwei Bewertungsprozesse. Das Ergebnis der Bewertungen, die Beantwortung der Frage, ob die Situation als veränderungsbedürftig und als veränderungsfähig eingeschätzt wird, hat Auswirkungen auf die Auslösung von Innovationsinitiativen. Die Wahrnehmung der Änderungsbedürftigkeit beruht auf dem Vergleich der Soll-Vorstellung mit der wahrgenommenen Ist-Situation. Das Ausmaß der wahrgenommenen Diskrepanz beeinflusst den wahrgenommenen Veränderungsdruck. Mit der zweiten Bewertung wird die veränderungswürdige Situation hinsichtlich ihrer Kontrollierbarkeit, d.h. aus der Sicht der Fähigkeit, Veränderungen zu bewirken, betrachtet. Im Bewertungsergebnis kommt die subjektive Einschätzung darüber zum Ausdruck, wie weit durch eigenes Handeln oder die

---

14) Hier ist vor allem die empirische Studie von Miller/Toulouse [Personality] zu erwähnen.
15) Gebert [Führung].
16) Vgl. Gebert [Führung] 87 ff.

Initiierung von Dritthandeln die Situation durch Innovationsinitiativen zu verbessern ist (interne Kontrollüberzeugung). Dieser hier vereinfachend beschriebene Mechanismus wird von *Gebert* in ein komplexes Modell, das unter anderem auf die Theorie der Anspruchsanpassung zurückgreift, integriert.

Die Erklärung innovativen Verhaltens über den wahrgenommenen Problemdruck weist Motivationseffekten eine zentrale Bedeutung für das Modell zu. *Gebert* nimmt an, dass bei einer ausgeprägten intrinsischen Motivation, die sich in einer hohen Identifikation mit der Aufgabe äußert, Soll-Ist-Abweichungen schneller und intensiver wahrgenommen werden.[17] Die von der Innovationsforschung betonte Bedeutung ungebundener Strukturen und individueller Handlungsautonomie begründet *Gebert* im Kontext der Wahrnehmung von Veränderungsfähigkeit unter Einbeziehung des herrschenden Führungsstils: „Über eine delegative Führung werden den Geführten der Freiraum und das Recht eingeräumt, im eigenen Verantwortungsbereich selbstständig Veränderungen auszuprobieren und zu testen. Über eine partizipativ-diskursive Führung wird ergänzend eine Einflussnahme nach oben ermöglicht, so dass der Vorgesetzte zusätzlich als Transmissionsriemen für Veränderungen mobilisiert werden kann."[18]

Insgesamt lässt sich feststellen, dass die These von der innovationsfördernden Wirkung von Strukturen, die über eine geringe Regeldichte und über offene Kommunikationsstrukturen individuelle Handlungsspielräume eröffnen, durch ein breites Spektrum organisationstheoretischer Konzepte gestützt wird. Wie die vorangegangene Betrachtung gezeigt hat, unterscheiden sich die verschiedenen Ansätze hinsichtlich ihrer Differenziertheit und der konzeptionellen Fundierung der Argumente. Mit Blick auf die dynamische Organisationsgestaltung ist die Einräumung individueller Handlungsautonomie für alle Bereiche, denen innovative Aufgaben, z.B. Aufgaben der Produktentwicklung[19], zugewiesen werden, eine Empfehlung, deren Umsetzung sich schon weitgehend aus dem Charakter der Aufgaben ergibt. Die These von *Gebert*, dass über individuelle Handlungsautonomie Innovationsaktivitäten über die Wahrnehmung von Änderungsdruck und die positive Einschätzung von Änderungsfähigkeit gefördert werden kann, erlangt ihre praktische Bedeutung deshalb vorrangig für die organisatorische Gestaltung operativer Aktivitäten, die durch ein hohes Maß an Routineaufgaben gekennzeichnet sind.[20] Die Unternehmungsleitung

---

17) In diesem Zusammenhang analysiert Gebert [Führung] 169 ff. die Ursachen von Trägheitsbarrieren und untersucht Möglichkeiten zu ihrer Überwindung.
18) Gebert [Führung] 91.
19) Vgl. S. 628 ff.
20) Vgl. hierzu die Behandlung so genannter Hybridformen auf S. 629 ff.

muss in diesem Zusammenhang die unternehmungspolitisch zentrale Frage beantworten, wie weit sie innovative Aktivitäten in diesen Bereichen systematisch fördern will.

II. Innovationsorientierte Motivationssysteme

Antworten auf Fragen nach innovationsfördernden Motivationskonzepten werden in der Literatur überwiegend durch Rückgriff auf die Unterscheidung zwischen extrinsischen und intrinsischen Motivationskonzepten gesucht.[1] Organisatorische Gestaltungsmaßnahmen streben extrinsische Motivationseffekte an, wenn davon ausgegangen wird, dass der Mitarbeiter in seinem Handeln durch die erwarteten Folgen seines Handelns, etwa in Form finanzieller Kompensation oder gewonnener Reputation, beeinflusst wird. Liegt der organisatorischen Gestaltung die Annahme zu Grunde, dass der Mitarbeiter Handlungen um ihrer selbst Willen vollzieht, werden intrinsische Motivationseffekte angestrebt.

Extrinsische Motivationswirkungen beruhen auf einem von der betrachteten Person vorgenommenen Vergleich zwischen der Situation vor und nach dem Handeln. Kompensations- und Reputationszuwächse sind das Ergebnis einer positiven Bewertung der Situationsveränderung. Unter den Bedingungen einer dynamischen Organisationsgestaltung sind die Möglichkeiten einer Beschreibung der anzustrebenden Handlungsergebnisse begrenzt; aussagefähige Sollgrößen mit einem hohen Konkretisierungsgrad lassen sich bei innovativen Aktivitäten, die Bisheriges in Frage stellen, nur schwer formulieren. Diese Tatsache verbietet die bloße Übernahme im statischen Kontext entwickelter Motivationskonzepte, die sich an mehr oder weniger detailliert formulierten Handlungsvorgaben orientieren und auf definierte Kriterien für Anreizmaßnahmen zurückgreifen können. Insgesamt kann für die dynamische Organisationsgestaltung festgestellt werden: Das klassische Instrumentarium plan- und marktbasierter Anreizmechanismen kann nicht ohne weiteres auf das im Rahmen der dynamischen Organisationsgestaltung zu lösende Motivationsproblem angewendet werden.

Wenn auch das weitgehende Fehlen eines vorab definierten Katalogs anreizrelevanter Sollgrößen den Einsatz extrinsischer Motivationsinstrumente einschränkt, ist damit die extrinsische Förderung innovativer Aktivitäten nicht gänzlich ausgeschlossen. Allein eine beim Mitarbeiter, sei es auf Grund von Ankündigungen der Unternehmungsleitung oder als Ergebnis bisheriger Praxis, bestehende Erwartung, bei der Generierung von Innovationsvorschlägen „belohnt" zu werden, kann innovationsfördernde Wirkungen haben. Diesen Effekt machen sich auf realisationsnahen Hierarchieebenen beispielsweise be-

---

1) Vgl. z.B. Gebert [Führung] 92 ff.

triebliche Anreizsysteme zunutze.[2] Dennoch dürfte unbestritten sein, dass ein gezielter Einsatz extrinsischer Motivationsinstrumente angesichts der Grenzen einer Bewertung des Handlungsergebnisses und der Gefahr einer durch den externen Anreiz verursachten selektiven Handlungsorientierung nur begrenzt möglich ist. Vor diesem Hintergrund ist es nicht überraschend, dass in der Literatur überwiegend in intrinsischen Motivationskonzepten die Lösung gesehen wird.[3]

Trotz dieser noch im Einzelnen zu erörternden Vorbehalte gibt es überzeugende Argumente für die innovationsfördernde Wirkung intrinsischer Motivationskonzepte. Diese Einschätzung findet eine gewisse Unterstützung in dem Motivationskonzept, das *Hackman* und *Wageman*[4] bei der Analyse der Anforderungen eines effizienten Qualitätsmanagements entwickelt haben. Zwar vollzieht sich ein erheblicher Teil der auf eine Verbesserung von Prozess- und Ergebniswerten ausgerichteten Qualitätsmaßnahmen im Rahmen eines konkreten Handlungsprogramms unter Nutzung auf inkrementelle Verbesserungen abzielender Qualitätstechniken[5] und erfasst damit nicht ohne weiteres den Fall innovativer Änderungen. Gleichwohl erscheint ein Rückgriff auf das Motivationskonzept von *Hackman* und *Wageman* für die hier behandelte Frage sinnvoll, weil Maßnahmen zur nachhaltigen Steigerung des Qualitätsniveaus wie bei der Sicherung der Innovationsfähigkeit in besonderem Maße kognitive Orientierungsmuster der Mitarbeiter in die Betrachtung einbeziehen müssen.[6]

Die bei den Begründern der Theorie des Qualitätsmanagements[7] in ihren Grundzügen weitgehend übereinstimmenden Motivationsannahmen lassen sich mit Blick auf die Förderung und Sicherung der Innovationsfähigkeit folgender Maßen verallgemeinern: Mitarbeiter, deren Kompetenz auf differenzierten Maßnahmen der Qualifizierung beruht, haben grundsätzlich eine positive Einstellung gegenüber dem Wandel. *Hackman* und *Wageman* arbeiten die motivationstheoretischen Grundlagen dieser Annahme heraus und formulieren die These eines „natürlichen" Strebens nach Verbesserungen: „Employees naturally care about the quality of work they do and will take initiatives to improve it –

---

2) Becker [Anreizsysteme].
3) In der Praxis wird eine solche Lösung möglicher Weise auch deshalb präferiert, weil das Management (fälschlicherweise) unterstellt, intrinsische Motivationseffekte ließen sich ohne ein durchdachtes Konzept gestalterischer Maßnahmen gleichsam „automatisch" realisieren.
4) Vgl. Hackman/Wageman [Quality].
5) Pfeifer [Qualitätsmanagement] 283 ff.
6) Vgl. hierzu Cole [Managing].
7) Als Begründer gelten gemeinhin u.a. *W. Edwards Deming*, *Kaoru Ishikawa* und *Joseph M. Juran*; vgl. Zollondz [Grundlagen] 55 ff.

so long as they are provided with the tools and training that are needed for quality improvement, and management pays attention to their ideas."[8] Die Vorstellung einer kontinuierlichen Verbesserung prägt auch aktuelle Ansätze des Total Quality Management und hat insofern in hohem Maße Gestaltungskraft in Unternehmungen erlangt.[9]

Eine unmittelbare Beziehung zwischen intrinsischer Motivation und innovativem Verhalten stellt *Gebert* in seiner schon erörterten Studie her.[10] Er greift dabei u.a. auf Arbeiten von *Amabile*[11] zurück, die bei komplexen neuartigen Aufgaben intrinsische Effekte des Gefordert-Seins (challenge)[12] und der positiven Emotionalität (enjoyment) unterscheidet. Gefordert-Sein wird operationalisiert als der Grad, in dem die Auseinandersetzung mit komplexen und neuartigen Problemen als stimulierend erlebt wird. Unter positiver Emotionalität wird der Grad verstanden, „in dem sich eine Person während des Vollzugs komplexer und neuartiger Tätigkeiten emotional wohl fühlt und dabei alles um sich herum vergisst."[13] Bei Mitarbeitern, die diese Eigenschaften aufweisen, kann man erwarten, dass sie sich mit den neuen Problemen intensiver auseinandersetzen: „Sie erkennen... schneller, wenn Handlungsdruck besteht, die bisherige Form der Problembewältigung also verändert werden muss, und generieren eher neue Ideen zur Problemlösung".[14]

Unterstellt man, dass die Thesen von der neue Ideen generierenden Wirkung des Gefordert-Seins und der positiven Emotionalität empirische Bestätigung finden, bleibt die Frage nach einer organisatorischen Gestaltung, die solche Wirkungen hervorzubringen vermag. *Gebert* geht, vor allem unter Verweis auf eine Studie von *Amabile et al.*,[15] davon aus, dass die aufgabenbezogenen Effekte des Gefordert-Seins und der positiven Emotionalität in zeitlich relativ stabilen Merkmalen der Mitarbeiter begründet sind. Organisatorische Maßnahmen mit dem Ziel, die Entstehung oder Stärkung der beiden Effekte gezielt zu fördern,

---

8) Hackman/Wageman [Quality] 24.
9) Rothlauf [Quality] 448 ff.
10) Gebert [Führung].
11) Vgl. Amabile [Creativity].
12) Hinsichtlich dieser Einflussgröße bestehen enge Beziehungen zu dem schon erläuterten Motivationskonzept der Forschungsgruppe um *Hackman* (vgl. S. 142 ff.). So gehen Hackman/Lawler [Reactions] 263 ff. davon aus, dass ein hohes Maß an Aufgabenvielfalt (variety) dem Mitarbeiter die Möglichkeit eröffnet, von ihm besonders hoch bewertete Fähigkeiten bei der Aufgabenerfüllung einzusetzen.
13) Gebert [Führung] 92.
14) Gebert [Führung] 93.
15) Amabile/Hill et al. [Work].

würden dann eher zu einer zweitrangigen Frage.[16] Letztlich reduziert sich das Problem der organisatorischen Gestaltung auf die Beantwortung folgender zwei Fragen: (1) Wie identifiziert man Mitarbeiter, die im beschriebenen Sinne intrinsisch motiviert sind? (2) Wie sind Aufgaben zu gestalten, die das Potenzial intrinsisch motivierter Mitarbeiter umfassend ausschöpfen?

Die Beantwortung der ersten Frage fällt für den hier entwickelten Gestaltungsansatz in die Kompetenz der Personalwirtschaftslehre oder der Psychologie. Wird bei der Lösung dieses Problems der Anspruch einer methodisch anspruchsvollen Fundierung verfolgt, bleibt nur der Einsatz diagnostischer Instrumente der Personalbeurteilung. Sollte sich die These eines positiven Zusammenhangs zwischen Professionalisierungsgrad und Ausprägung intrinsischer Motivation empirisch bestätigen, kämen der Personalrekrutierung und der Personalentwicklung eine zentrale Bedeutung für die Förderung der Innovationsfähigkeit zu.

Mit Blick auf die zweite Frage könnte die Lösung vor allem darin bestehen, für Unternehmungsbereiche mit hohen Änderungsanforderungen innovationsfördernde Aufgabenstrukturen zu entwickeln. Die praktische Bedeutung einer solchen Gestaltungsempfehlung ist jedoch aus zwei Gründen begrenzt. Zum einen dürften die Aufgaben in Bereichen, die einem hohen Änderungsdruck unterliegen, ohnehin weitgehend die von *Gebert* genannten Merkmale der Komplexität und des Ungewöhnlichen aufweisen. Zum anderen würde das Management angesichts der Tatsache, dass auf Grund des intensiven Wettbewerbs viele Bereiche der Unternehmung dem Gebot der Innovationsfähigkeit unterliegen, die Bildung entsprechender Aufgabenstrukturen zur vorrangigen Regel für die Gestaltung des Kompetenzsystems machen. Hier zeigt sich, wie schon erörtert wurde,[17] dass ein Konzept der dynamischen Organisationsgestaltung auf eine aussagefähige Systematik zur Erfassung unterschiedlicher Innovationsgrade und auf die Unterscheidung verschiedener Modelle dynamischer Organisationsstrukturen[18] angewiesen ist.

Die vorangegangene Auseinandersetzung mit der Motivationsproblematik erlaubt die Schlussfolgerung, dass zur Gewährleistung innovativer Aktivitäten intrinsischen Motivationseffekten ein herausragender Stellenwert zukommt. Damit stellt sich abschließend die Frage, wie extrinsische Motivationseffekte in einem solchen Kontext zu beurteilen sind. Der Auseinandersetzung mit dieser

---

16) Insofern können die von *Gebert* in diesem Zusammenhang angestellten Überlegungen zur delegativen und transformationalen Führung allerdings nicht ganz überzeugen; vgl. Gebert [Führung] 174 ff. und 201 ff.
17) Vgl. S. 567 ff.
18) Vgl. S. 628 ff.

Frage kann eine gewisse Aktualität zugesprochen werden.[19] Die von *Deci*[20] aufgestellte These, extrinsische (insbesondere monetäre) Belohnungen könnten die Entfaltung intrinsischer Motivationseffekte beeinträchtigen, bildete zwischenzeitlich den Gegenstand einer Diskussion über den Stellenwert von extrinsischen Anreizen. Die Annahme eines Spannungsverhältnisses zwischen der Verfolgung intrinsischer und extrinsischer Motivationskonzepte erscheint auf Grund ihrer unterschiedlichen Verankerung in internen und externen Bezugssystemen als durchaus plausibel; trotzdem wird dieser Effekt teilweise als vernachlässigbar eingeschätzt.[21]

Dieses Spannungsverhältnis zeigt sich auch in der Ausgestaltung des Qualitätsmanagements. Extrinsische, auf die Einbringung von Handlungsdruck ausgerichtete Motivationssysteme, die auf Ergebnis- und Erfolgszuordnungen beruhen und leistungsabhängige Entgelte präferieren, werden in der theoretisch fundierten Literatur zum Qualitätsmanagement überwiegend kritisch betrachtet.[22] Allerdings scheint die Praxis nicht generell von einer dysfunktionalen Wirkung extrinsischer Motivationsmaßnahmen auf die Entfaltung innovativer Aktivitäten auszugehen. So könnte man die Tatsache interpretieren, dass in ausgesprochen innovationsorientierten Bereichen wie dem Forschungs- und Entwicklungsbereich sehr wohl leistungsabhängige monetäre Anreizsysteme etabliert werden.[23] Auch der Stand der Motivationstheorie lässt nicht den generellen Schluss zu, es bestünde eine negative Beziehung zwischen extrinsischen Motivationsmaßnahmen und der positiven Entfaltung intrinsischer Motivationseffekte.[24]

---

19) Vgl. Frey/Osterloh [Sanktionen].
20) Deci [Motivation].
21) Fischer/Wiswede [Grundlagen] 102.
22) Vgl. Hackman/Wageman [Quality] „...such as punishment for poor performance, appraisal systems that involve the comparative evaluation of employees, and merit pay".
23) Vgl. Quinn/Rivoli [Effects]; Hoskisson/Hitt/Hill [Incentives]; Galbraith/Merrill [Effect]; Gebert [Führung] 94.
24) Dysfunktionale Effekte werden vor allem bei Verfolgung einer durch Fremdsteuerung geprägten Kontrollphilosophie erwartet; vgl. hierzu Gebert [Führung] 94 ff.

III. Absorption und Transfer von Wissen

Die Frage nach der Organisationsstruktur im Zeitpunkt t_i, die sicherstellt, dass durch Innovationen der Unternehmungsbestand im Zeitpunkt t_{i+n} gewährleistet ist, kann nur unter Berücksichtigung der Determinanten beantwortet werden, von denen die Entwicklung des Wissensstands abhängt. In dem Maße, in dem davon auszugehen ist, dass die Unternehmungsentwicklung von Innovationen abhängt, die nicht ohne weiteres durch den Rückgriff auf das im Zeitpunkt t_i verfügbare Wissen generiert werden können, muss das Konzept der dynamischen Organisationsgestaltung durch Fragen der Absorption und des Transfers von Wissen erweitert werden. Im Unterschied zur Regelung der Gewinnung und Verarbeitung von Informationen im Rahmen der statischen Organisationsgestaltung ist Wissen eng mit den betrachteten individuellen und kollektiven Einheiten verbunden. Da Wissen zudem häufig nur begrenzt kodifizierbar ist, werden an seine Identifizierung, Artikulation, Weiterleitung und Aufnahme deshalb besondere Anforderungen gestellt.[1]

Wissensabsorption

Der Komplex des „Wissensmanagements" ist zu einem bevorzugten Forschungsgebiet der Organisationstheorie und zum Gegenstand zahlreicher Veröffentlichungen geworden. Zur Herausarbeitung der für das Anliegen der dynamischen Organisationsgestaltung relevanten Aussagen sollen im Folgenden die Absorption und der Transfer von Wissen unterschieden werden.[2] Bei der Absorption von Wissen wird hinsichtlich einer Person oder einer Institution die Integration neuen Wissens in die vorhandenen Wissensstrukturen betrachtet. Der sich so vollziehende Aufbau neuer Wissensstrukturen wird in der Literatur überwiegend auf die Kombination von Wissensmodulen zurückgeführt.[3] Die konzeptionelle Erfassung des Wissenstransfers orientiert sich bei den meisten Autoren an Netzwerkmodellen der Kommunikationsforschung.[4]

Der größte Teil der Studien zur Akquisition und zum Transfer von Wissen stützt sich auf zwei Theorien. Das von *Cohen* und *Levinthal*[5] formulierte Kon-

---

1) Vgl. zu dieser Charakterisierung von Wissen Kogut/Zander [Knowledge].
2) In der Literatur finden sich zahlreiche Beiträge, die eine differenziertere Phaseneinteilung vornehmen; vgl. z.B. Zahra/George [Capacity].
3) Vgl. z.B. Tsai/Ghoshal [Capital] 468.
4) Vgl. hierzu z.B. Ahuja [Networks].
5) Vgl. vor allem Cohen/Levinthal [Capacity]; March [Learning]; Levinthal/March [Myopia]; Levinthal [Environments]. Einen Überblick geben Van den Bosch/v. Wijk/Volberda [Capacity].

zept der Absorptionskapazität (absorptive capacity) bildet das Fundament der meisten Arbeiten zur Absorptionsproblematik. *Cohen* und *Levinthal* übertragen im Wesentlichen Ergebnisse der kognitiven Lerntheorie zu den Determinanten der Absorptionskapazität auf Probleme kollektiven Lernens. Die meisten Arbeiten zum Wissenstransfer stützen sich dagegen auf eine differenzierte Theorie. Es handelt sich um eine soziologische Theorie sozialer Beziehungen, die einen beachtlichen Grad an Geschlossenheit aufweist und ein leistungsfähiges methodisches Instrumentarium zur Analyse von Netzwerken bereitstellt.[6]

Die Aussagen zur Absorptionskapazität sind nicht spektakulär, haben aber weit reichende Folgen. *Cohen* und *Levinthal* stellen fest, dass die Aufnahmefähigkeit für neues Wissen von der Tiefe und Breite des beim potenziellen Empfänger bereits vorhandenen Wissens abhängt: „... prior knowledge confers an ability to recognize the value of new information, assimilate it, and apply it to commercial end."[7] Für die Fähigkeit zur Innovation wird darüber hinaus die positive Wirkung der Diversität des vorhandenen Wissens betont: „...knowledge diversity also facilitates the innovative process by enabling the individual to make novel associations and linkages."[8]

Da insbesondere bei der Gestaltung des Kompetenzsystems über die Zuordnung von Aufgaben und die Etablierung von Kommunikationsbeziehungen die Wissensstruktur nachhaltig beeinflusst wird, ist die organisatorische Relevanz der Absorptionsthese offensichtlich. Allerdings existieren keine fundierten Studien, die unter Berücksichtigung der Absorptionsthese gestaltungsorientierte Betrachtungen anstellen.[9] Es finden sich allenfalls konzeptionelle Überlegungen, mit denen die Erklärungskraft des Absorptionskonzepts demonstriert wird. Bemerkenswert ist in diesem Zusammenhang die Herausarbeitung des Spannungsverhältnisses zwischen der Ausschöpfung vorhandenen Wissens („exploitation of old certainties") und der Erschließung neuartigen Wissens („exploration of new possibilities") durch *March*.[10] Exploitation bedeutet nach *March* die Ausschöpfung vorhandener Potenziale und die Verbesserung be-

---

6) Vor allem durch die Beiträge von Coleman [Capital]; Granovetter [Strength]; Granovetter [Ties] und Burt [Holes].

7) Cohen/Levinthal [Capacity] 128. Vgl. zur Aufnahme von Wissen auch Heppner [Organisation] 203 ff.

8) Cohen/Levinthal [Capacity] 131.

9) Die vorliegenden empirischen Studien konzentrieren sich vor allem auf die Überprüfung, ob durch gezielte Maßnahmen der Wissensgenerierung in einer Unternehmung, z.B. in Form eigener Forschungs- und Entwicklungsaktivitäten, über die Förderung der Absorptionskapazität die Innovationsrate zunimmt. Vgl. z.B. Cohen/Levinthal [Capacity]; Cockburn/Henderson [Capacity] und den Überblick bei Stock/Greis/Fischer [Capacity] und Zahra/George [Capacity].

10) March [Exploration]; March [Future] sowie die Erweiterung dieses Konzepts beispielsweise durch Miller/Zhao/Calantone [Learning].

kannter Lösungen durch Rückgriff auf das vorhandene Methodenrepertoire der Unternehmung und die herrschende Managementphilosophie. Das Tagesgeschäft des Managements ist in hohem Maße durch die Exploitation-Perspektive gekennzeichnet. Im Gegensatz dazu bedeutet Exploration das Experimentieren mit neuen Ideen und Ressourcen in der Hoffnung, Alternativen zu finden, die fundamental besser als die bisherigen sind. Exploration erfordert die Offenheit des Managements für neue Ideen und die Bereitschaft, etablierte Problemlösungsmuster aufzugeben. Das Dilemma für jede Unternehmung liegt darin, dass ihre Absorptionsfähigkeit in dem Maße abnimmt, in dem sie ihre ganze Aufmerksamkeit der Ausschöpfung des gegebenen Handlungspotenzials widmet und dass es ausgeprägte Tendenzen zur vorrangigen Verfolgung der Exploitation-Perspektive gibt.[11]

Unseres Wissens wird nur in einer Studie von *Van den Bosch et al.*[12], die das Anliegen der dynamischen Organisationsgestaltung verfolgt, der Versuch einer Bewertung alternativer Organisationsstrukturen hinsichtlich ihrer Absorptionskapazität unternommen. Unter Rückgriff auf die Arbeiten von *Cohen* und *Levinthal* gehen sie von der These aus, dass mit steigender Absorptionsfähigkeit der zukünftige Handlungsspielraum einer Unternehmung zunimmt: „... firms with higher levels of absorptive capacity will tend to be more proactive."[13] Organisationsstrukturen werden vor diesem Hintergrund hinsichtlich der Absorption von Wissen nach den Kriterien „Effizienz", „Spektrum" und „Flexibilität" bewertet. Das Kriterium der Effizienz stellt auf die mit der Identifizierung, Assimilation und Ausschöpfung von Wissen verbundenen Kosten ab. Das Spektrum des Wissens berücksichtigt die Vielfalt der abgebildeten Problembereiche. Flexibilität erfasst, wie weit in einer Situation auf zusätzliches Wissen zurückgegriffen werden kann und wie weit eine Rekonfiguration von Wissenskomponenten möglich ist.

Allerdings kann die Anwendung dieser Kriterien methodisch nicht ganz überzeugen. Das zeigt sich schon darin, dass die Autoren zum Gegenstand ihrer Analyse mit der Funktions-, der Produkt- und der Matrixorganisation drei klassische Formen der statischen Organisationsgestaltung wählen. Abgesehen von

---

11) March [Learning] 17, formuliert das so: „All adaptive processes involve a trade-off between exploitation - the use of knowledge already at hand - and exploration - the search for new knowledge. It is clear that intelligence requires some mix of exploitation and exploration, but learning tends to eliminate exploration. This self-destructive characteristic of learning is not an accident but stems from the fact that the successes of exploration are systematically less certain, more distant in time, and more distant in space than the successes of exploitation. Thus, learning - which tends to be especially responsive to successes in the temporal and spatial neighbourhood of action - tends to favour exploitation".
12) Van den Bosch/Volberda/de Boer [Coevolution].
13) Van den Bosch/Volberda/de Boer [Coevolution] 554.

dem Mangel, dass die den Organisationsformen zugewiesenen Merkmale (z.B. die Ausprägung der Hierarchie) nicht immer eine zutreffende Abgrenzung der Organisationskonzepte erlaubt, fehlt weitgehend die systematische Herausarbeitung wissensrelevanter Strukturmerkmale. Die von den Autoren eingeführten Wissenstypen des Produkt-, Prozess- und Marktwissens werden beim Strukturvergleich nicht konsequent berücksichtigt. So wird bei der Funktionalorganisation als Vorteil die Existenz von Kostendegressionseffekten genannt. Das mag für Marktwissen zutreffen, gilt aber nicht für Produkt- und Prozesswissen – und stellt zudem auf ein klassisches Argument der statischen Organisationsgestaltung ab.

Wissenstransfer

Zwischen Wissensabsorption und Wissenstransfer bestehen enge Beziehungen. Mit jedem Kommunikationsvorgang ist beim Empfänger immer auch die Aufnahme von Wissen verbunden. Je heterogener auf Seiten der Kommunikationspartner der Erfahrungshintergrund sowie die Grundannahmen und Werte sind, desto schwieriger wird – vor allem bei „senderinduziertem" Transfer ohne erkennbaren unmittelbaren Handlungsbezug für den Empfänger – ein Transfer von Wissen.[14] Die Anforderungen an die Artikulation und Aufnahme können sogar ein Ausmaß erreichen, das einen bloß kommunikativen Wissenstransfer ausschließt. Eine Übertragung von Wissen kann unter diesen Umständen nur über den Transfer von Personen realisiert werden (implizites Wissen[15]). Einen Einblick in die Vielschichtigkeit dieser Frage vermitteln die Studien, die *von Hippel*[16] zum Problem der „Stickiness" von Wissen veröffentlicht hat.[17]

Es kann nicht überraschen, dass sich der größte Teil der empirischen Untersuchungen zum Komplex des Wissensmanagements mit dem Wissenstransfer beschäftigt, da sich die Netzwerktheorie durch eine langjährige Forschungstradition und einen eindrucksvollen Erkenntnisstand auszeichnet. Die klassische Netzwerktheorie, wie sie sich mit den Namen von *Granovetter* und *Coleman*[18] verbindet, untersucht vorrangig strukturelle Merkmale des Netzes und den Charakter persönlicher Beziehungen.[19] Unter strukturellen Aspekten wird – unabhängig von individuellen Merkmalen der beteiligten Personen – der for-

---

14) Einen Überblick über Probleme des Wissenstransfers gibt Argote [Transfer].
15) Nonaka/Takeuchi [Knowledge].
16) Von Hippel [Information].
17) Vgl. auch die Untersuchung von Szulanski [Stickiness], den Übersichtsartikel von Szulanski/Capetta [Stickiness] sowie Bogers/Afuah/Bastian [Users].
18) Vgl. S. 594 ff.
19) Vgl. den Überblick bei Nahapiet/Ghoshal [Capital].

male Aufbau des Netzes analysiert. Untersucht wird die Frage, wer wen auf welche Weise in einem Netz erreichen kann. Der Grad der Vernetzung ist in diesem Zusammenhang ein wichtiges Strukturmaß. Mit dem persönlichen Aspekt rückt die Art der Beziehung in den Mittelpunkt der Betrachtung und Phänomene wie Freundschaft, Respekt und auf Vertrauen beruhender Kooperation werden in ihrer Bedeutung für die Diffusion von Wissen, den Kommunikationsaufwand und die Herausbildung verschiedener Formen der Kooperation untersucht. Neben der strukturellen und persönlichen Dimension wird zudem die kognitive Orientierung der Einheiten[20] in die Analyse von Netzwerken einbezogen.

Vor allem in der Strategieforschung werden Netzwerke mit Blick auf die ökonomische Bedeutung von Vertrauen als eine Form des „Sozialkapitals" bewertet, das Wettbewerbsvorteile begründen kann. Von Bedeutung ist in diesem Zusammenhang, dass Netzwerke zu einer Intensivierung des Wissenstransfers bei geringen Transferkosten führen können.[21] Ferner wird argumentiert, dass eine hohe, durch Vertrauen geförderte Geschäftsbeziehungsqualität u.a. den Informationsaustausch zwischen Wertschöpfungspartnern begünstigt sowie die Anpassungsfähigkeit und die Effizienz von Wertschöpfungsketten fördert.[22] Vor dem Hintergrund solcher Argumente stellt sich die Frage, unter welchen Bedingungen Netzwerke ein innovationsförderndes Potenzial bereitstellen können und wie weit Maßnahmen der Gestaltung von Netzwerken und Maßnahmen der Organisationsgestaltung eine geschlossene Betrachtung erfordern, wenn das zukünftige Handlungspotenzial von Unternehmungen gesichert werden soll.

Hinsichtlich der ersten Frage ist festzustellen, dass in der Literatur Netzwerken häufig das Potenzial zur Hervorbringung neuer und innovativer Formen der Kooperation zugesprochen wird.[23] Eine solche These kann eine gewisse Plausibilität für sich beanspruchen. Allein die Existenz von Vertrauen eröffnet Optionen für Kooperationsformen, die angesichts des „arms' length principle" der klassischen Marktbeziehung nicht entstehen können.[24] Aber allein die Fähigkeit zur Realisierung neuer Formen der Kooperation gewährleistet nicht, dass ein Netzwerk für den langfristigen Bestand der Unternehmung bedeutsame Innovationen hervorbringt. Bei der Auseinandersetzung mit dieser Frage ist

---

20) Nahapiet/Ghoshal [Capital] 243 ff.: „... providing shared representation, interpretations, and systems of meaning among parties ..."
21) Vgl. Nahapiet/Ghoshal [Capital].
22) Frentrup [Transparenz]; Gerlach/Spiller/Wocken [Supplier].
23) Vgl. hierzu die Darstellung bei Nahapiet/Ghoshal [Capital] 245.
24) Fritz/Fischer [Role].

zunächst darauf hinzuweisen, dass keine einheitliche Auffassung über die Erfolgswirkungen alternativer Netzwerkstrukturen bestehen. Während *Coleman*[25] einem dichten Netzwerk, in dem die Einheiten eng miteinander verknüpft sind, ein überlegenes Erfolgspotenzial zuschreibt, sieht *Burt*[26] Vorteile in einem Netzwerk mit Teilen, die nicht unmittelbar miteinander verbunden sind („structural holes"). Unabhängig von der Klärung dieser Frage erfordert eine Aussage über das Erfolgspotenzial eines Netzwerkes die Bewertung der verfügbaren Wissensressourcen. So wie eine Unternehmung mit Blick auf das Potenzial ihrer Mitarbeiter die Sicherung des zukünftigen Handlungspotenzials unter Umständen kritisch einschätzt, kann sie hinsichtlich ihrer Einbindung in ein Netzwerk vertrauensvoller Beziehungen zu demselben negativen Ergebnis kommen.

Als ebenso komplex ist die Beantwortung der Frage nach der Gestaltung, d.h. der planmäßigen Veränderung und Weiterentwicklung bestehender Netzwerke, einzustufen. Netzwerke mit dem Charakter von Sozialkapital sind das Ergebnis langjähriger sozialer Beziehungen, die sich angesichts aktueller Herausforderungen planvollen Anpassungen mit kurzfristiger Perspektive weitgehend entziehen. Hier zeigen sich in besonderem Maße auf Grund gemeinsamer kognitiver Orientierungen Grenzen einer Öffnung von Netzen nach außen durch Erweiterung der sozialen Beziehungen, wie sie schon bei der Erörterung der Unternehmungskultur deutlich wurden.[27] In diesem Sinne bemerken *Nahapiet* und *Ghoshal*: "… the strong norms and mutual identification that may exert a powerful positive influence on group performance can, at the same time, limit its openness to information and to alternative ways of doing things, producing forms of collective blindness that sometimes have disastrous consequences".[28] In der Pfadforschung gilt eine einheitliche kognitive Orientierung der Organisationsmitglieder als eine mögliche Ursache für das „Festgefahrensein" (*lock in*) von Unternehmungen, etwa im Sinne des Festhaltens an einst erfolgreichen, inzwischen aber obsolet gewordenen Denkmustern und Handlungspraktiken.[29]

Mit Blick auf die herausgestellten Beziehungen zwischen der Gestaltung von Netzwerken und internen Organisationsstrukturen stellt sich die Frage nach den Auswirkungen alternativer Netzstrukturen auf den Unternehmungserfolg. Im Folgenden sollen einige empirische Studien, die diesen Zusammenhang untersuchen, betrachtet werden.

---

25) Coleman [Capital].
26) Burt [Holes].
27) Vgl. S. 129 ff.
28) Nahapiet/Ghoshal [Capital] 245.
29) Miller [Architecture]; Schreyögg [Konsequenzen].

Tsai und *Ghoshal*[30] prüfen für Unternehmungen der Elektroindustrie, welchen Einfluss die Höhe des Sozialkapitals über die Förderung des Austauschs von Wissen und Ressourcen auf die Zahl der Produktinnovationen hat. Sie messen das Sozialkapital durch die Intensität der sozialen Interaktionen, das gegenseitige Vertrauen und die Homogenität der geteilten Visionen. Bei der Bewertung der Ergebnisse, die einen positiven Zusammenhang aufzeigen, müssen allerdings methodische Grenzen der Studie beachtet werden. So erfasst die Operationalisierung des Sozialkapitals nur unvollkommen die besonderen Merkmale des Wissenstransfers. Die Autoren messen die Qualität der Kooperation zwischen den Unternehmungsbereichen in einer Weise, die man eher im statischen Strukturzusammenhang erwarten würde. Auch der Innovationsrate liegt ein relativ globaler Indikator zu Grunde.

Aufschlussreicher ist die Untersuchung von *Ahuja*,[31] der für eine Unternehmung der chemischen Industrie den Einfluss der Struktur des unternehmungsübergreifenden Netzwerks auf die Innovationsrate, gemessen durch die Zahl der Patentanmeldungen, erfasst. Die Netzwerkstruktur wird hinsichtlich direkter und indirekter Beziehungen sowie des Grads an Unverbundenheit zwischen den Partnern abgebildet. Die Ergebnisse stützen insgesamt die Hypothese, dass die Zahl direkter und indirekter Beziehungen die Innovationsrate positiv beeinflusst. Nach den Ergebnissen führt Unverbundenheit im Netz („structural holes") zu negativen Innovationseffekten.

Bemerkenswert ist die Studie von *Hansen*[32] zur Bedeutung von Netzwerken im Kontext der Entwicklung neuer Produkte. Hansen knüpft an die einflussreichen Arbeiten von *Granovetter*[33] zu den Funktionen und Folgen loser und enger Beziehungen in unternehmungsinternen Netzwerken an. Nach seinen Ergebnissen führt die Suche nach neuem Wissen bei der Nutzung von auf sporadischen, nicht-intensiven Kontakten beruhenden Beziehungen mit einer höheren Wahrscheinlichkeit zur redundanzfreien Wissensvermehrung als dies bei engen Kontakten der Fall ist.[34] Der Abbau von Kommunikationsbarrieren und die höhere Bereitschaft, auch mit bisher unbekannten Personen über E-Mail zu kommunizieren, also lose Beziehungen in einem Netz zu entwickeln, würde nach diesen Ergebnissen die Realisierung positiver Wissenseffekte erleichtern. Allerdings darf nicht übersehen werden, dass die Ausschöpfung einer solchen neuen Wis-

---

30) Tsai/Ghoshal [Capital].
31) Ahuja [Networks].
32) Hansen [Problem].
33) Vgl. Granovetter [Strengths]; Granovetter[Ties].
34) Vgl. zur Begründung im Einzelnen Hansen [Problem] 84 ff.; vgl. zu diesen Fragen auch Constant/Sproull/Kiesler [Kindness].

sensquelle dann Probleme aufwerfen kann, wenn die Komplexität des Wissens den Transfer erschwert. Ein hoher Komplexitätsgrad ist gegeben, wenn das Wissen nur begrenzt kodifizierbar und der zu übertragende Wissenskomplex nur schwer aus einem umfassenderen Zusammenhang herauszulösen ist. *Hansen* fasst seine Ergebnisse so zusammen: „A strong tie will constrain search, whereas a weak tie will hamper the transfer of complex knowledge."[35]

Die vorangegangene Darstellung gibt einen Überblick über den Stand der Theorie hinsichtlich des betrachteten Gestaltungsmoduls „Akquisition und Transfer von Wissen". Mit Blick auf die Anforderungen der dynamischen Organisationsgestaltung lässt sich feststellen, dass die Forschungsergebnisse gegenwärtig keinen differenzierten und methodisch fundierten Zugang zu den organisatorisch relevanten Determinanten des Wissensmanagements eröffnen.

Den geringsten Erkenntnisstand weist aus organisationstheoretischer Sicht die Forschung zum Zusammenhang zwischen der Struktur des Kompetenzsystems und der Entwicklung der Absorptionskapazität auf. Das ist angesichts der engen Beziehungen zwischen dem durch die Kompetenzregelung bestimmten Informationsbedarf einer Einheit und der Herausbildung von Wissensstrukturen überraschend. Allerdings darf nicht übersehen werden, dass die theoriekonforme empirische Abbildung wissensrelevanter Regelungen des Kompetenzsystems und die Überprüfung von Innovationseffekten sehr hohe methodische Anforderungen stellen. Bei dem Versuch, den differenzierten Anforderungen der Untersuchung wissensbasierter Innovationseffekte von Organisationsstrukturen gerecht zu werden, könnte sich auch zeigen, dass der Absorptionseffekt, wie ihn *Cohen* und *Levinthal* mit dem Verweis auf die Bedeutung von „prior knowledge" modellieren, noch zu global ist. Eine Abbildung von Aufgabenmerkmalen, die den vielfältigen Einflussgrößen des Absorptionsvorgangs gerecht wird, müsste vermutlich wesentlich differenziertere Theorien der kognitiven Psychologie berücksichtigen.

Der organisationstheoretische Erkenntnisstand über den Transfer von Wissen in Netzwerken ist verglichen mit dem über die Entstehung von Absorptionseffekten im Kompetenzsystem höher einzustufen. Das ist sicher zu einem erheblichen Teil darauf zurückzuführen, dass sich die Forschung hier auf gut entwickelte organisationstheoretisch fundierte Theorien stützen kann, in denen der soziale Dimension im Unterschied zu den Absorptionseffekte erklärende Theorien der kognitiven Psychologie ein zentraler Stellenwert zukommt.

---

[35] Hansen [Problem] 109.

C. Gestaltung innovationsorientierter Organisationsstrukturen

Mit den drei Gestaltungsmodulen wurden im vorangegangenen Abschnitt Merkmale herausgearbeitet, die in besonderem Maße Organisationsstrukturen kennzeichnen, die das Ergebnis einer dynamischen Organisationsgestaltung sind. Die Ausprägung der Gestaltungsmodule hängt im konkreten Fall von den Strukturentscheidungen des Managements ab, die ihrerseits von den gegebenen Markt- und Ressourcenpotenzialen, der Einschätzung ihrer Entwicklung sowie von der verfolgten Gestaltungsphilosophie beeinflusst werden. Eine detaillierte Auseinandersetzung mit solchen Ausformungen von Organisationsstrukturen kann im Rahmen des in diesem Abschnitt angestrebten Überblicks über die Grundprobleme der Gestaltung innovationsorientierter Organisationsformen nicht erfolgen. Die Auswahl der im Folgenden zu behandelnden Anforderungen an die dynamische Organisationsgestaltung und der darzustellenden Lösungen basiert auf zwei Überlegungen:

1. Die erste Überlegung beruht auf der Tatsache, dass im Fokus der dynamischen Gestaltung Änderungen stehen. Innovationen gewinnen nur an Bedeutung, wenn in der Umwelt eingetretene bzw. sich vollziehende Änderungen wahrgenommen werden, wenn Änderungen erwartet werden oder wenn in der aktiven Veränderung einer gegebenen Situation Chancen zur langfristigen Sicherung des Handlungspotenzials gesehen werden. Im Fokus der Auseinandersetzung mit den verschiedenen Organisationsformen steht deshalb die Analyse des Spannungsverhältnisses zwischen Änderung und Anpassungsfähigkeit. Sie muss im Kontext der von der Unternehmung verfolgten Wettbewerbsstrategie erfolgen.

2. Die zweite Überlegung unterstellt, dass nur eine typologische Vorgehensweise den angestrebten Informationsgehalt der Aussagen und Schlussfolgerungen gewährleistet, die der Vielfalt der Bedingungen in der Realität gerecht wird. Zur Umsetzung dieses Konzepts wird die Änderungsdynamik in der strategischen Domäne einer Unternehmung durch Rückgriff auf organisatorisch relevante Merkmale beschrieben und eine branchenorientierte Typologie entwickelt.

Die Sicherung der Anpassungsfähigkeit einer Unternehmung angesichts der Möglichkeit tief greifender Veränderungen in der strategischen Domäne ist vor allem aus drei Gründen für jedes Management eine Herausforderung:

1. Entscheidungen über strategische Anpassungsmaßnahmen müssen im Zeitpunkt t_i unter unvollkommenen Informationen über die Situation im Zeitpunkt t_{i+n} getroffen werden. Prognosen hinsichtlich des technologischen und marktlichen Erfolgs der Entwicklung neuer Produkte sind nur

eingeschränkt möglich. Als *Andrew Grove* 1987 als CEO die Leitung von *Intel* übernahm, konnte er nicht absehen, dass die strategische Weichenstellung hinsichtlich der Konzentration auf die Mikroprozessorentechnologie dazu führen würde, dass 10 Jahre später 95% des Umsatzes von *Intel* auf Lieferungen an Hersteller von Personal Computer beruhen würden.

2. Die Zeitspanne zwischen der Auslösung einer Anpassungsmaßnahme, z.B. der Einleitung eines Programms zur Entwicklung eines neuen Produktes, bis zur Verfügbarkeit des neuen Produkts ist häufig groß. Bei *Intel* vergingen vom Anstoß der Mikroprozessorenprodukte bis zum Aufbau einer wettbewerbsfähigen Position am Markt durch die Präsentation leistungsfähiger Produkte etwa zehn Jahre. Werden Anpassungsmaßnahmen zu spät eingeleitet, besteht die Gefahr, dass der zeitliche Vorsprung von Konkurrenten nicht mehr aufgeholt werden kann. Solche fatalen Folgen einer verzögerten Anpassung[1] geben angesichts des begrenzten Informationsstandes und der zeitlichen Dimension der Anpassung dem Problem der strategischen Änderung einen dramatischen Akzent.

3. Strategische Anpassungsentscheidungen unterliegen starken retardierenden Kräften, die zu einer Konzentration der Unternehmungsleitung auf die Ausschöpfung der Potenziale der gegebenen strategischen Domäne zu Lasten einer rechtzeitigen Auslösung von Anpassungsmaßnahmen führen.[2] Drei beharrende Tendenzen werden im Folgenden erläutert.

– Effizienzvorteile einer änderungsaversen Potenzialausschöpfung

Jede Investition kann durch ihre Amortisationsdauer beschrieben werden. Sie ist definiert durch die Zeitspanne zwischen der ersten Ausgabe des Investitionsobjekts und dem Zeitpunkt, zu dem die anfänglichen Ausgaben durch Einzahlungen (unter Berücksichtigung der zur Finanzierung anfallenden Zinsen) wieder vollständig zurückgeflossen sind. Investitionen erfordern damit einen „langen Atem". Da Änderungen im Programm der Unternehmungsaktivitäten mit Ressourcenbindungen neuer Investitionen verbunden sind, die Verfolgung des einmal beschrittenen Wegs mit der Ausschöpfung bestehender Ressourcen- und Marktpotenziale die Vorteile von

---

1) Vgl. hierzu Ansoff [Theory] 7 f.
2) Vgl. den Überblick über die Literatur bei Hill/Rothaermel [Performance] und Kraatz/Zajac [Resources].

sunk costs und eines durch Lerneffekte niedrigen Kostenniveaus hat, ergeben sich aus dem laufenden Geschäft selten nachhaltige Änderungsimpulse. Ein gutes operatives Ergebnis und positive Signale von Kunden haben eine eher bremsende Wirkung und vermitteln Anreize zur konsequenten Ausschöpfung des gegebenen Potenzials. Diese Beharrungstendenz bindet unter Umständen Kräfte, die für die Verfolgung einer Strategie der Änderung fehlen.

Für diese These gibt es empirische Belege. So kommen *Benner* und *Tushman*[3] in ihrer empirischen Studie zu dem Ergebnis, dass eine ganz auf Effizienzsteigerung ausgerichtete Restrukturierung von Prozessen mit einer Reduzierung von Anpassungsaktivitäten verbunden ist. Auch *Burgelman*[4] sieht diese Tendenz in seiner *Intel*-Studie für die zweite Phase der Unternehmungsentwicklung bestätigt. Unter dem CEO *Andrew Groves* erlebte *Intel* in der Zeitspanne von 1987 bis 1997 eine Phase ertragreichen Wachstums, die ganz auf die Ausschöpfung des Potenzials der entwickelten Mikroprozessortechnologie ausgerichtet war. Sie veranlasst *Burgelman* zu der Hypothese, dass Unternehmungen, die über längere Zeit erfolgreich sind, Tendenzen zu einer konsequenten, möglicherweise rigorosen Verfolgung einer ganz vom CEO geprägten strategischen Konzeption aufweisen, die autonomes strategisches Handeln dezentraler Einheiten weitgehend unterbindet.[5] *Miller* sieht im konsequenten Festhalten an einst erfolgreichen, nun aber überholten Handlungsmustern sogar einen wesentlichen Grund für den Niedergang von Unternehmungen.[6]

Die Problematik einer solchen Entwicklung zeigt die folgende Feststellung von *Burgelman*: „Grove's strategic leadership approximated the classical rational-actor model in pursuing Intel's enormous opportunity in the PC market segment, but at the cost of reducing Intel's capability to develop new businesses".[7] Eine ganz auf die Nutzung von Spezialisierungsvorteilen ausgerichtete, in hohem Maße zentralisierte Matrixorganisation sorgte für die konsequente Umsetzung der Strategie einer Ausschöpfung bestehender Ressourcen.

---

3) Benner/Tushman [Exploitation].
4) Burgelman [Strategy].
5) Burgelman [Inertia] 352.
6) Miller [Architecture].
7) Burgelman [Inertia] 355.

Dass sich das von *March* geprägte Bild einer Kompetenzfalle[8)] auf diese Situation anwenden lässt, belegen die folgenden Sätze von *Grove*[9)]: „But success can trap you. The more successful we are as a microprocessor company, the more difficult it will be to become something else".

– Tendenz zur lokalen Suche

Signalisieren Indikatoren des operativen Geschäfts, dass Anpassungsbedarf besteht, existieren starke Tendenzen, die Lösung zunächst in der Nachbarschaft des Problems zu suchen. Für eine solche Vorgehensweise sprechen viele Gründe, u.a. die Förderung der Sucheffizienz auf Grund der Vertrautheit mit dem Suchfeld und die Existenz selektiver Mechanismen der Wahrnehmung und Lösung von Problemen.[10)] Eine solche Verhaltensweise fördert inkrementelle Änderungen, die bei tief greifenden Umschichtungen in der strategischen Domäne die Gefahr der verzögerten Anpassung heraufbeschwören. Die strategische Bedeutung der „Lokalität" der Suche haben *Stewart* und *Podolny*[11)] in einer empirischen Studie zur Entwicklung des Marktes für Produkte der Halbleitertechnologie untersucht. Ihr Beitrag liegt vor allem in der Operationalisierung eines Konstrukts zur Messung der Lokalität. Im Wege einer Netzwerkanalyse erfolgt eine Gruppierung von Unternehmungen nach dem Grad des Rückgriffs auf dieselben technologischen Grundlagen (Patente) bei den laufenden Entwicklungsaktivitäten.

– Kognitive Orientierung mit einem hohen Commitment für das „laufende Geschäft"

Die Zahl der Studien zur Beeinträchtigung der Innovationsfähigkeit durch die jeweils vorherrschende Orientierung ist groß. Hingewiesen sei nur auf die Untersuchung von *Glasmeier*[12)] zum Niedergang der Schweizer Uhrenindustrie beim Aufkommen elektronischer Uhren. Hier soll der Einfluss von Unternehmungskulturen näher betrachtet werden. Wie schon erläutert wurde,[13)] lassen sich Unternehmungskulturen als kognitive Raster verstehen, die durch Orien-

---

8) Levinthal/March [Myopia] 102.
9) Zitiert nach Burgelman [Inertia] 343.
10) Vgl. zur lokalen Suche Cyert/March [Theory].
11) Stuart/Podolny [Search].
12) Glasmeier [Discontinuities]. Vgl. zu diesen Fragen auch Afuah [Boundaries] 1224; Almeida/Phene/Grant [Innovation] 358; Leonard-Barton [Capabilities].
13) Vgl. S. 129 ff.

tierung an gemeinsam geteilten Werten und Überzeugungen zu einer Homogenisierung bei der Wahrnehmung und Lösung von lemen führen. Da Unternehmungskulturen durch gemeinsame fahrung geprägt sind und ihre stabilisierende Wirkung durch Beschwörung einer erfolgreichen Vergangenheit gesichert wird, stellen starke Unternehmungskulturen häufig Barrieren für Änderungsinitiativen dar.[14] Dieser Effekt ist in vielen Studien untersucht worden. Die für unsere Betrachtung relevante These, dass für Unternehmungen in strategischen Domänen mit ausgeprägter Änderungsdynamik eine starke Unternehmungskultur das Unternehmungsergebnis negativ beeinflussen kann, findet empirische Unterstützung durch eine Studie von *Sørensen*.[15] Formale Strukturen, z.B. bestimmte Netzwerkbeziehungen in projektbasierten Organisationsformen, können diesen Effekt verstärken.[16]

Die Zahl der Studien, in denen erklärt wird, warum die kognitive Orientierung durch das laufende Geschäft geprägt wird, ist groß. Hingewiesen sei an dieser Stelle auf den Beitrag von *Kraatz* und *Zajac*,[17] der einen Überblick über den Stand der Literatur zum Einfluss der jeweiligen Ressourcenausstattung auf das strategische Anpassungsverhalten gibt und die entwickelten Thesen einer empirischen Überprüfung unterzieht.

Es kann angesichts der dargestellten Komplexität der strategischen Anpassung nicht überraschen, dass die Zahl der gescheiterten strategischen Anpassungen unübersehbar ist. Jede Geschichte vom Erfolg einer neuen Produktidee und dem Aufstieg einer neuen Unternehmung ist zugleich die Geschichte vom Scheitern etablierter Unternehmungen. In vielen Branchen hat sich die Dynamik der Wirtschaftsentwicklung im Niedergang etablierter Unternehmungen mit „alter" Technologie und der Einnahme dominierender Wettbewerbsposition durch neue Akteure mit „neuer" Technologie vollzogen. Die Ablösung des Kolbenmotors durch die Turbine in der Luftfahrt mit dramatischen Konsequenzen für den damaligen Marktführer *Curtiss-Wright*[18] und der Untergang der durch ihre Kompetenz in der Fertigungstechnik geprägten Schreibmaschinenindustrie als Folge der Verbreitung des Computers[19] sind Beispiele für ge-

---

14) Schreyögg [Konsequenzen].
15) Sørensen [Strength]; Leonard-Barton [Capabilities] spricht in diesem Zusammenhang von „core rigidities".
16) Sydow [Path].
17) Kraatz/Zajac [Resources].
18) Vgl. Smith [Corporations] 20 f.
19) Vgl. hierzu Hill/Rothaermel [Performance].

scheiterte Anpassungen. Dass es selbst *IBM*, einer Unternehmung mit sehr hoher Management-Reputation, nur unter großen Schwierigkeiten gelang, die durch das Aufkommen des Personal Computer ausgelösten Veränderungen der strategischen Domäne zu bewältigen,[20] kann angesichts der herausgearbeiteten Merkmale strategischer Anpassungen nicht überraschen.

Die genannten Beispiele beschreiben Situationen radikaler technologischer Änderungen. In den meisten Branchen vollziehen sich strategische Anpassungen unter stabileren Bedingungen. Das gilt z.B. für die Automobilindustrie und den Maschinenbau; hier vollzieht sich die Produktentwicklung weitgehend im Rahmen eines verbreiteten technologischen Paradigmas.[21] Die aktuelle Debatte um die Antriebstechnologie der Zukunft in der Fahrzeugindustrie[22] zeigt allerdings, dass keine Branche vor grundlegenden Veränderungen ihrer Spielregeln gefeit ist. Aussagen zu den Determinanten des strategischen Änderungsbedarfs und des Anpassungsverhaltens sowie Empfehlungen zur Ausrichtung der Anpassungsmaßnahmen müssen deshalb die jeweiligen Bedingungen der strategischen Domäne berücksichtigen. Bei einem so komplexen Entscheidungsproblem offenbaren sich die Grenzen einer wissenschaftlichen Fundierung praktischen Handelns in besonderer Weise. Der gegenwärtige Stand der Theorie, der das Ergebnis relativ junger Forschungsaktivitäten ist, erlaubt gleichwohl Aussagen mit einem bemerkenswerten Anwendungsbezug. Das ist zum einen darauf zurückzuführen, dass sich mit der vorherrschenden Verfolgung einer kognitionswissenschaftlichen Perspektive ein relativ homogenes Bezugskonzept herausgebildet hat. Diese vergleichsweise einheitliche Sichtweise erlaubt die Beschreibung des betrachteten Problems in begrifflichen Kategorien, über die in der Fachwelt weitgehender Konsens besteht. So würde die Rückführung der strategischen Anpassung auf das Problem der diffizilen Ausbalancierung von Exploitation und Exploration im Sinne von *March*[23] mit einem großen Teil der entwickelten Forschungskonzepte kompatibel sein. Zum anderen ergibt sich der Anwendungsbezug aus der eindrucksvollen Zahl der in jüngerer Zeit durchgeführten Studien, die bei ihren konzeptionellen und empirischen Beiträgen die Entwicklungen in verschiedenen Branchen und Unternehmungen in differenzierter Weise erfassen.

---

20) Vgl. hierzu Christensen [Dilemma].
21) Vgl. Abb. 110, S. 610.
22) Aigle/Marz [Automobilität].
23) Vgl. S. 590 f.

I. Änderung und Anpassungsfähigkeit

Dieser Abschnitt setzt sich mit den folgenden drei Fragen auseinander:

1. Wie kann man Art und Intensität von Änderungen in der strategischen Domäne, auf die eine Unternehmung mit innovativen Aktivitäten reagieren muss und die nicht durch den bloßen Rückgriff auf das Handlungspotenzial im Zeitpunkt t_i gelöst werden können, konzeptionell erfassen und auf dieser Grundlage Anforderungen an die organisatorische Gestaltung formulieren? Bei der Beantwortung dieser Frage wird vor allem auf Ergebnisse der Strategie- und Technologieforschung zurückgegriffen.

2. Wie nimmt das Management innovationsrelevante Änderungen in seiner strategischen Domäne wahr und wie werden Anpassungsmaßnahmen ausgelöst? Für die Auseinandersetzung mit diesen Aspekten von Änderungen ist ein breites Spektrum von Konzepten relevant, die den Komplex der Wahrnehmung und Lösung von Problemen thematisieren.

3. Welche Maßnahmen, die nicht der organisatorischen Gestaltung zuzurechnen sind, aber den Einsatz organisatorischer Instrumente nachhaltig beeinflussen, muss das Management zusätzlich in seine Überlegungen einbeziehen? Neben der Strategieforschung sind hier vor allem Beiträge zum Änderungs- und Wissensmanagement aufschlussreich.

Änderungsdynamik strategischer Domänen

Die strategische Domäne einer Unternehmung wird neben der Festlegung von Produkt- und Leistungsmerkmalen über Marktabgrenzung und Wettbewerbspositionierung definiert. Von der Marktabgrenzung und der Wettbewerbspositionierung gehen jeweils spezifische Auswirkungen auf die Änderungsdynamik aus. So sehen sich Luftfahrtunternehmungen, Mikroprozessorenhersteller, Unternehmungen der pharmazeutischen Industrie oder Werkzeugmaschinenhersteller auf Grund der jeweils relevanten Märkte mit ganz unterschiedlichen Ausprägungen der Änderungsdynamik konfrontiert. Auch die angestrebte Wettbewerbspositionierung hat Auswirkungen auf die Änderungsdynamik. Das lässt sich unter Rückgriff auf die von *Miles* und *Snow* bei der Analyse des Wettbewerbsverhaltens von Unternehmungen eingeführten Unternehmungstypen verdeutlichen.[1] Der „Defender" sucht ein gegebenes Produktprogramm

---

1) Miles und Snow [Strategy] unterscheiden den „Defender", den „Prospector", den „Analyzer" und den „Reactor", von denen hier nur die beiden ersten berücksichtigt werden.

möglichst wenig zu ändern, um unter stabilen Bedingungen über die Sicherung und Verbesserung der Qualität sowie über die Reduzierung der Produktions- und Vertriebskosten seine Wettbewerbsposition zu festigen. Für den „Prospector" ist demgegenüber die permanente Suche nach neuen Chancen, die zu Produktinnovationen und dem Erschließen neuer Märkte führt, typisch. Es liegt auf der Hand, dass die Strategie des „Prospectors" eine höhere Änderungsdynamik bewältigen muss als die des „Defenders".

Die folgenden Überlegungen erfassen die Unterschiede in der Änderungsdynamik von Unternehmungen durch eine branchenbezogene Typologie, die sich auf technologisch bedingte Änderungen konzentriert. Eine solche Sichtweise stellt nicht in Frage, dass sich Änderungen unabhängig von technologischen Entwicklungen auch auf andere Einflüsse, z.B. auf die Wahrnehmung bisher vernachlässigter Marktchancen oder auf Umschichtungen in der Nachfrage- und Angebotssituation auf den Märkten zurückführen lassen. Allerdings dürfte der weitaus größte Teil der hier betrachteten innovativen Aktivitäten ohne Betrachtung ihrer technologischen Basis nicht erklärt werden können.[2] Nicht berücksichtigt werden bei der Entwicklung der Typologie im Folgenden extreme technologische Sprünge, die wie die Ablösung der mechanischen Schreibmaschinentechnologie durch die Elektronik oder den Ersatz der Petroleumlampe durch die elektrische Glühbirne in radikaler Weise das technologische Wissen einer Unternehmung verändern.[3]

Zur Entwicklung einer Typologie[4], die den strategischen Kontext technologischer Änderungen erfasst und die Ableitung von Anforderungen an die dynamische Organisationsgestaltung erlaubt, werden Unternehmungen im Folgenden unterschieden (1) nach der Art und der Einbringung technologischen Wissens und (2) nach der Technologieabhängigkeit des angestrebten Wettbewerbsvorteils.

1. Art und Einbringung technologischen Wissens

   Hinsichtlich der Art des technologischen Wissens wird mit Blick auf den Anwendungsbezug üblicherweise zwischen Grundlagenforschung, angewandter Forschung, Entwicklung und Konstruktion differenziert. Diese Aktivitäten werden in der Literatur überwiegend im Zusammenhang

---

2) Vgl. hierzu auch den Überblick über Innovationstypen bei Tidd/Bessant/Pavitt [Innovation] 6 ff.
3) Vgl. zu diesen Fällen von „competence destroying technological change" Afuah [Boundaries] 1213.
4) Die Überlegungen greifen auf eine Typologie zurück, die von Pavitt [Characteristics] als Ergebnis einer umfassenden Auswertung der Literatur zum Technologiemanagement entwickelt wurde; vgl. auch Tidd/Bessant/Pavitt. [Innovation] 112 ff.

mit der Generierung von Produkten und Leistungen thematisiert. Daneben lassen sich Formen der Systemtechnik, z.B. in den konkreten Ausprägungen als Fertigungstechnik und Softwaretechnik, unterscheiden. Bei der Einbringung von Wissen ergeben sich unterschiedliche organisatorische Anforderungen, wenn die Unternehmung selbst über die Technologie verfügt (z.B. in einem eigenen Forschungsbereich) oder wenn sie auf Zulieferer und Kunden angewiesen ist. Die jeweilige Art des technologischen Wissens und die Form seiner Einbringung haben vielfältige organisatorische Konsequenzen. Die wichtigsten Auswirkungen sollen im Folgenden kurz skizziert werden:

- Die verschiedenen Formen technologischen Wissens unterscheiden sich hinsichtlich der Komplexität und der Ungewissheit, die mit ihrem Einsatz verbunden sind. Von der Grundlagenforschung zur Konstruktion nehmen Komplexität und Ungewissheit tendenziell ab; die organisatorischen Regelungen können mit einem steigenden Grad an Detaillierung erfolgen und erfordern einen kürzeren zeitlichen Vorlauf.

- Von der Grundlagenforschung zur Konstruktion nimmt auf Grund der zunehmenden Integration der innovativen Aktivitäten in die operativen Bereiche die Notwendigkeit zu, neben dem eigentlichen Technologiewissen auf in den Unternehmungsbereichen vorhandenes Kunden-, Markt- und Prozesswissen zurückzugreifen.

- In dem Maße, in dem externes Technologiewissen von Zulieferern und Kunden relevant wird, gewinnt das Management externer Schnittstellen größere Bedeutung.

- Die externe Einbringung technologischen Wissens kann auf Grund der Abhängigkeit von den Innovationsaktivitäten autonomer Markteinheiten zu einer Erhöhung der Änderungsdynamik führen. So stellt z.B. die hohe Änderungsdynamik in forschungsintensiven Biotechnologie-Unternehmungen hohe Anforderungen an die Zulieferer hinsichtlich der Entwicklung von Anlagen für die jeweils benötigte Prozesstechnologie. Eine in hohem Maße extern determinierte Entwicklung der Technologie kann aber auch zu einer Reduzierung der Änderungsdynamik führen. Wenn eine Unternehmung in die von ihren Zulieferern und Kunden verfolgte Technologiestrategie eingebunden ist, werden bremsende Wirkungen eines solchen Verbunds wirksam. Das gilt in besonderem Maße hinsichtlich eines nachhaltigen Technologieeinflusses von Kunden, so genannter „Lead User"[5]. Da viele technologische Änderungen bestehende Infrastrukturen in Frage stellen, ist der Markt nicht vorbehaltlos bereit, Innovationen umzusetzen. Ein solcher stabilisierender Einfluss ist branchenspezifisch. Er gilt beispielsweise für viele Unternehmungen mit technologieorientierten Lead Usern, wie für Automobilzulieferer, weniger für forschungsintensive Unternehmungen der pharmazeutischen Industrie, deren Zulieferer und Abnehmer keinen nennenswerten technologischen Einfluss haben.

– Eine stabilisierende, die Änderungsdynamik reduzierende Wirkung ist auch in dem Maße zu erwarten, in dem sich die technologisch orientierten Innovationen an einem in der Fachwelt akzeptierten „technologischen Paradigma"[6] orientieren. Es entstehen dann gemeinsam geteilte Vorstellungen (1) über gegenwärtige und inhärente Grenzen des relevanten technologischen Wissens, (2) über Prinzipien sowie Verfahren der Lösungssuche und der Nutzung innovativer Änderungen („how to make things better") und (3) über die Verbesserungsbedürftigkeit technologischer Systeme.

– In ihrer stabilisierenden Wirkung vergleichbar mit technologischen Paradigmen sind technologische Pfadabhängigkeiten.[7] Sie begrenzen – allerdings mit dem Risiko einer Beeinträchtigung der Anpassungsfähigkeit – den Einsatz des Wissens auf einen Bereich, dessen Grenzen durch die aus Entscheidungen in der Vergangenheit resultierenden Änderungskosten, das aus den Erfahrungen vergangener Perioden kumulierte Wissen und die dadurch geprägten kognitiven Orientierungen bestimmt sind.

2. Technologieabhängigkeit des angestrebten Wettbewerbsvorteils

In jeder Unternehmung durchdringt technologisches Wissen den gesamten Wertschöpfungsprozess. Es bedarf keiner weiteren Erläuterung, dass in dem Maße, in dem die Sicherung des langfristigen Wettbewerbsvorteils von der überlegenen Beherrschung leistungsfähiger Technologien abhängt, der Aufbau und die Weiterentwicklung der Wissensbasis in den Mittelpunkt der dynamischen organisatorischen Gestaltung rücken. Die herausgearbeiteten organisatorischen Konsequenzen der Art des technologischen Wissens und der Form seiner Einbringung in die Unterneh-

---

5) Vgl. von Hippel [Users].
6) Dosi/Nelson [Theories].
7) Vgl. im Überblick etwa Bassanini/Dosi [Chance].

mung erhalten bei einer solchen strategischen Orientierung einen herausgehobenen Stellenwert.

Orientiert man sich an der Art des technologischen Wissens und seiner Einbringung in die Unternehmung sowie an der Technologieabhängigkeit des angestrebten Wettbewerbsvorteils, so lassen sich nach der Ausprägung der so umrissenen technologiebestimmten Anforderungen an die dynamische Organisationsgestaltung verschiedene Unternehmungstypen unterscheiden. Im Folgenden sollen vier Unternehmungstypen eingeführt werden.

Abb. 108 fasst die Merkmale des Unternehmungstyps A zusammen, der die Anforderungen forschungsintensiver Unternehmungen erfasst. Die folgende Beschreibung konzentriert sich auf Unternehmungen der pharmazeutischen Industrie, die Wettbewerbsvorteile über Produktinnovationen suchen. Ein Teil der Charakterisierungen trifft z.B. auch auf bestimmte Innovationen von Unternehmungen der Elektronikindustrie, z.B. auf innovative Unternehmungen der Halbleiterindustrie, zu.

Forschungsintensive Unternehmungen
Beispiel: Pharmazeutische Industrie

Art / Einbringung technologischen Wissens
- Grundlagenforschung, angewandte Forschung
- Ausgeprägte eigene Technologiekompetenz

Technologieabhängiger Wettbewerbsvorteil
- Technologiekompetenz als Wettbewerbsvorteil
- Technologieabhängige Produktinnovation

Hohe technologische Änderungsdynamik
- Breites Produktspektrum
- Lange Dauer der Innovationsprozesse
- Eingeschränkte Bedeutung technologischer Paradigmen
- Keine stabilisierende Infrastruktur von Zulieferern und Kunden (Lead User)

Abb. 108: Ausprägung technologiebestimmter Anforderungen an die dynamische Organisationsgestaltung: Unternehmungstyp A

Hinsichtlich der Art und der Einbringung von Technologiewissen entstehen vorrangig organisatorische Anforderungen bei der bereichsinternen organisatorischen Gestaltung. Bereichsübergreifende interne und unternehmungsübergreifende externe Schnittstellen haben auf Grund der ausgeprägten Technologiekompetenz des Forschungsbereichs keinen herausgehobenen organisatorischen Stellenwert. Externe Transaktionen beschränken sich im Wesentlichen auf externe Forschungseinrichtungen; nennenswerte interne Schnittstellen entstehen bei der Umsetzung der Forschungsergebnisse, insbesondere im Prozess zur Herstellung der Marktreife der Forschungsergebnisse. Der Wettbewerbsvorteil beruht ganz auf der Technologiekompetenz, da Produktinnovationen wegen der relativ begrenzten Lebenszyklen der Produkte und der sprunghaft steigenden Intensität des Preiswettbewerbs nach dem Ablauf des Patentschutzes eine extrem hohe Bedeutung haben. Die Änderungsdynamik ist ausgeprägt. Wegen der breiten Produktpalette existiert kein dominierendes technologisches Paradigma und die technologische Pfadabhängigkeit ist relativ gering. Die dadurch begründete Vielfalt der Forschungsoptionen begründet die hohe Änderungsdynamik. Stabilisierende Einflüsse gehen von der Absatzseite nicht aus, weil die Abnehmer keinen Einfluss haben.[8)]

Der Unternehmungstyp B weist eine geringere Forschungsintensität auf als der Typ A. Bedeutung hat hier anwendungs- und entwicklungsorientiertes Technologiewissen. Die Merkmalsausprägung dieses Typs erfasst ein breites Spektrum an Unternehmungen. Betrachtet werden im Folgenden spezialisierte Werkzeugmaschinenhersteller (vgl. Abb. 109). Viele der Aussagen treffen aber z.B. auch auf Hersteller von Spezialwerkstoffen in der chemischen Industrie zu. Bei dieser Typologisierung muss allerdings beachtet werden, dass sich die betrachteten innovativen Aktivitäten auf Produkte beziehen, die in marktlicher und technologischer Hinsicht in hohem Maße in der bisherigen strategischen Domäne verankert sind. Je mehr sich die Innovationen von der bisherigen technologischen Basis entfernen und je mehr die Bedürfnisse neuer Kundengruppen die Struktur der neuen Produkte bestimmen, desto mehr verlieren die im Folgenden erörterten Schnittstellenanforderungen an Bedeutung. Die Anforderungen an die Organisationsgestaltung nähern sich dann denen, wie sie für den Unternehmungstyp A herausgearbeitet wurden.

Die Art der Technologie und ihre Einbringung in die Unternehmung begründen ausgeprägte unternehmungsübergreifende und unternehmungsinterne Schnittstellen. Die Produktentwicklung vollzieht sich in der Regel im intensiven Kontakt zwischen dem Entwicklungsbereich sowie Zulieferern, Kunden und verschiedenen Unternehmungsbereichen. Die Wettbewerbsposition hängt von der Beherrschung des jeweiligen Stands des Technologiewissens ab. Eigene tiefgreifende technologische Innovationen sind die Ausnahme. Neben der

---

8) Es bleibt abzuwarten, ob sich - abgesehen von weiteren staatlichen Interventionen - mit der Durchsetzung von Programmen des „Managed Care" (Fleßa [Gesundheitsökonomik] 86 ff.) Kräfte herausbilden, die eine dem „Lead User" vergleichbare Rolle übernehmen.

Technologiebeherrschung bestimmt ein ganzes Bündel nur begrenzt technologiebestimmter Fähigkeiten, wie z.B. zur Erbringung kundennaher Dienstleistungen, die Wettbewerbsposition. Insgesamt erfolgt eine zumeist überschaubare technologische Weiterentwicklung von Produkten mit relativ langer Lebensdauer in Einklang mit den Kundenbedürfnissen. Technologische Paradigmen und technologische Pfadabhängigkeiten begrenzen die Änderungsdynamik. Stabilisierende Effekte ergeben sich durch spezialisierte Zulieferer und „Lead User".

```
Spezialisierte Zulieferer
Beispiel: Werkzeugmaschinenhersteller

Art / Einbringung technologischen Wissens
  · Entwicklung / Konstruktion
  · Eigene Produktentwicklung
  · Lead User
  · Spezialisierte Zulieferer

Angestrebter technologieabhängiger Wettbewerbsvorteil
  · Kundenindividuelle technologiebestimmte Produkte
  · Technologiekompetenz als Differenzierungsbasis

Mäßige Änderungsdynamik
  · Mittleres Produktspektrum
  · Mittlere Dauer der Innovationsprozesse
  · Vorherrschen technologischer Paradigmen
  · Stabilisierende Infrastruktur bei Zulieferern und Kunden (Lead User)
```

Abb. 109: Ausprägung technologiebestimmter Anforderungen an die dynamische Organisationsgestaltung: Unternehmungstyp B

Der Unternehmungstyp C ist hinsichtlich des Technologieeinflusses durch eine ausgeprägte ingenieurwissenschaftliche Perspektive gekennzeichnet und unterscheidet sich in dieser Hinsicht nicht wesentlich vom Typ B. Auch der Unternehmungstyp C erfasst ein breites Feld von Fällen in der Realität. Neben den im Folgenden betrachteten Automobilherstellern (vgl. Abb. 110) könnten z.B. auch Unternehmungen der Konsumelektronik berücksichtigt werden.

+---+
| **Hersteller komplexer Massenprodukte** |
| **Beispiel: Automobilhersteller** |
+---+

Art / Einbringung technologischen Wissens
- Entwicklung / Konstruktion
- Fertigungstechnik
- Eigene Produktentwicklung
- Spezialisierte Zulieferer

Technologieabhängiger Wettbewerbsvorteil
- Technologiebestimmte Qualität, Sicherheit und Kosteneffizienz
- Prozesskompetenz in Entwicklung, Produktion und Logisitk
- Technologiebestimmte Skaleneffekte

Hohe technologische Änderungsdynamik
- Mäßig breites Produktspektrum
- Mittlere Dauer der Innovationsprozesse
- Vorherrschen technologischer Paradigmen
- Keine stabilisierenden Lead User-Einflüsse

Abb. 110: *Ausprägung technologiebestimmter Anforderungen an die dynamische Organisationsgestaltung: Unternehmungstyp C*

Die Hervorbringung neuer Produkte wird in der Automobilindustrie aus organisatorischer Sicht durch die extreme Ausprägung externer und interner Schnittstellen bestimmt. Der Entwicklungsbereich ist in ein Netz von Transaktionen mit externen Zulieferern und internen Unternehmungseinheiten eingebunden. Der strategische Stellenwert der Technologie hängt in starkem Maße von der verfolgten Wettbewerbsstrategie (Kostenführerschaft, Differenzierung) ab. Insgesamt ist die Entwicklung neuer Produkte – sieht man von Sonderfällen wie der Hinwendung zu neuen Antriebskonzepten ab – durch eine eher inkrementelle Integration neuen technologischen Wissens gekennzeichnet. Angesichts der Komplexität der Produkte und der Bedingungen der Massenproduktion kommt dem Einsatz der Fertigungstechnik und der Informationstechnologie herausragende Bedeutung zu. Das Vorherrschen technologischer Paradigmen und die umfassende Einbeziehung von Zulieferern führen zu einer mäßigen technologischen Änderungsdynamik.

Der Typ D erfasst Unternehmungen, bei denen technologisches Wissen weniger die Struktur des Produkts als den Prozess der Leistungserstellung bestimmt. Diese Charakterisierung trifft insbesondere auf Unternehmungen zu, die Dienstleistungen anbieten. Berücksichtigt werden in Abb. 111 Finanzdienstleister (Banken, Versicherungen). Ein weiteres Beispiel für diesen Unternehmungstyp sind Logistikunternehmen.

Technologisches Wissen beschränkt sich bei Finanzdienstleistern weitgehend auf die Konzipierung und Nutzung informationstechnologischer Systeme. Im Unterschied zu den Typen B und C ist der Einfluss externer Technologiezulieferer auf Produktinnovationen gering. Wenn auch der Einsatz leistungsfähiger Informationssysteme eine Voraussetzung für die Bewährung im Markt ist, lassen sich angesichts geringer Möglichkeiten einer nachhaltigen technologischen Differenzierung Wettbewerbsvorteile nur über innovative Vertriebskonzepte und den Aufbau langfristiger Kundenbindungen realisieren. Die technologische Änderungsdynamik ist insgesamt als gering einzustufen.

Anbieter komplexer, ausdifferenzierter Massendienstleistungen
Beispiel: Finanzdienstleister

Art / Einbringung technologischen Wissens
- Systemtechnik
- Software-Technologie
- Eigene Software-Entwicklung
- Spezialisierte Zulieferer (Systemhäuser)

Technologieabhängiger Wettbewerbsvorteil
- Begrenzter strategischer Stellenwert der Technologie
- Technologiebestimmte Prozesskompetenz (Informationstechnologie)

Geringe technologische Änderungsdynamik

Abb. 111: Ausprägung technologiebestimmter Anforderungen an die dynamische Organisationsgestaltung: Unternehmungstyp D

Die typologische Differenzierung technologiebestimmter Anforderungen an die dynamische Organisationsgestaltung ließe sich in Richtung einer abnehmenden Bedeutung technologischen Wissens fortführen. Ein zu untersuchender Unternehmungstyp wären dann Anbieter vergleichsweise arbeitsintensiver, urproduktionsnaher Produkte, wie sie etwa in der Agrar- und Ernährungswirtschaft dominieren. Da sich die folgende Erörterung auf die Unternehmungstypen A, B und C beschränkt, kann auf die Analyse weiterer Typen verzichtet werden.

Wahrnehmung von Änderungsbedarf

Im vorangegangenen Abschnitt wurde die Beantwortung der Frage angestrebt, wie man die Änderungsdynamik einer strategischen Domäne konzeptionell erfassen und entsprechende Anforderungen an die organisatorische Gestaltung ableiten kann. Die folgende Betrachtung gilt dem Problem der Wahrnehmung von Änderungsbedarf und der Auslösung von Anpassungsmaßnahmen. Die Auseinandersetzung mit der Entstehung von Änderungsimpulsen, mit ihrer Wahrnehmung durch das Management und mit der Initiierung von Änderungen ist Gegenstand eines breiten Spektrums theoretischer Ansätze. Je nach methodologischer Position und Erkenntnisinteresse kommen die Autoren zu unterschiedlichen Ergebnissen.[9]

Evolutionstheoretische Erklärungsansätze

Für die hier zu untersuchenden Fragen werden in der Literatur vor allem evolutionstheoretische Erklärungsansätze herangezogen. Ansätze, die sich als „evolutionstheoretisch" bezeichnen bzw. von der Fachwelt mit diesem Attribut gekennzeichnet werden, haben vor allem seit den wettbewerbstheoretischen Studien von *von Hayek*,[10] mit dem Ansatz der mikroökonomischen Evolutionstheorie von *Nelson* und *Winter*[11] und mit dem Konzept der „Organizational Ecology"[12] die Organisationstheorie nachhaltig beeinflusst. Man kann bezweifeln, dass der Terminus „evolutionstheoretisch" und die Einbringung biologischer Analogien immer methodisch fundiert sind. Auch gewinnt man häufig den Eindruck, dass eine Analyse immer dann als „evolutionstheoretisch" qualifiziert wird, wenn sich das Untersuchungsobjekt einer analytischen Durchdringung entzieht. In jüngster Zeit sind jedoch Beiträge erschienen, die unter Nutzung der Evolutions-Metapher zu Ergebnissen kommen, die für die Auseinandersetzung mit innovativen Aktivitäten in der Unternehmung aufschlussreich sind. Im Folgenden wird die Untersuchung von *Burgelman*[13] betrachtet, die sich mit der Bedeutung der „internen Selektion" für den Prozess der strategischen Anpassung beschäftigt.

Die Frage, wie die Leitung von Unternehmungen in Märkten mit hoher technologisch bedingter Änderungsdynamik Anpassungsbedarf wahrnimmt und strategische Anpassungen vornimmt, bildet seit mehr als zwei Jahrzehnten den

---

9) Angesichts der Heterogenität der Ansätze leistet die von Van de Ven/Poole [Development] entwickelte Typologie einen nützlichen Beitrag zum Verständnis der vielfältigen Konzepte zur Erfassung von Änderungsprozessen. Die Autoren führen die Fülle der Theorien auf vier Grundtypen zurück. Sie unterscheiden zwischen dem technologischen und dem dialektischen Modell sowie zwischen dem Evolutions- und dem Lebenszyklusmodell. In diesen Modellen wird die Frage, wie und warum Änderungen auftreten, jeweils durch Verweis auf spezifische Mechanismen beantwortet.
10) V. Hayek [Economics].
11) Nelson/Winter [Theory].
12) Carroll [Ecology]; Hannan/Freeman [Inertia]; Carroll/Hannan [Demography].
13) Burgelman [Strategy].

Forschungsschwerpunkt von *Robert A. Burgelman*.[14] Seine Beiträge sind in zweifacher Hinsicht bemerkenswert. Sie beeindrucken zum einen durch den Anspruch, eine geschlossene Theorie der strategischen Anpassung zu entwickeln. Zum anderen greifen sie auf ein ungewöhnlich reichhaltiges und in höchstem Maße aussagefähiges Material zurück, das im Wesentlichen aus der detaillierten Dokumentation der Entwicklung der *Intel Corporation* seit ihrer Gründung im Jahre 1968 besteht. Mit *Intel* als Untersuchungsgegenstand erschließt *Burgelman* für die empirische Theorie des Strategie- und Organisationsmanagements die Halbleiterindustrie, deren Produkte die Basis für die stürmische Entwicklung der Computerindustrie bilden. Es dürfte seit Beginn der Industrialisierung keine Branche mit vergleichbarer Änderungsdynamik gegeben haben. Nach der entwickelten Typologie zur Erfassung der Änderungsdynamik entspricht *Intel* dem Unternehmungstyp B.

Burgelman sucht den aus der hohen technologischen Änderungsdynamik resultierenden strategischen Anpassungsbedarfs durch ein Modell der „internen Ökologie" zu erfassen. Ohne Zweifel erlaubt die evolutionstheoretische Analogie eine plastische Beschreibung der Herausforderungen, der sich das *Intel*-Management gegenübersah. Die Charakterisierung der ersten Phase der Unternehmungsentwicklung macht das deutlich: „Während der ersten Entwicklungsphase ähnelten *Intels* strategische Aktivitäten einem internen ökologischen Modell: Das Spektrum an Kompetenzen auf dem neuen Gebiet der Halbleiter-Technologie brachte eine Vielfalt neuer Geschäftsoptionen hervor; der so ausgelöste Wettbewerb um Ressourcen führte zu einer Transformation der Unternehmung".[15]

Die folgende Erörterung soll klären, ob *Burgelmans* Konzept nur sprachliche Anleihen bei der Evolutionstheorie macht oder ob die Orientierung an letztlich biologisch fundierten Modellen der Evolution den Weg zu empirisch gehaltvollen Aussagen über strategische Anpassungen weist. Ein Zugang zum Verständnis und zur Bewertung des Konzepts von *Burgelman* eröffnet das folgende Zitat, dass die Bedeutung der evolutionstheoretischen Begriffe „Variation", „Selektion", „Retention" und „Wettbewerb" für Prozesse der strategischen Anpassung demonstriert: „Jede Unternehmung ist ein ökologisches System, in dem nach bestimmten Mustern strategische Initiativen entstehen. Die meisten Initiativen gehen auf das Top Management zurück, aber daneben werden auch Manager in den verschiedenen Unternehmungsbereichen aktiv. Diese Initiativen konkurrieren um die begrenzten Unternehmungsressourcen, um ihre relative

---

14) Die folgende Erörterung stützt sich auf die im Jahre 2002 erschienene Monographie von Burgelman [Strategy].
15) Burgelman [Strategy] 5.

Bedeutung zu erhöhen. *Variation* ist das Ergebnis des Strebens von Individuen (oder kleinen Gruppen) durch Änderungsaktivitäten ihre spezifischen Fähigkeiten zum Ausdruck zu bringen und ihre Karrierechancen zu verbessern. Diese Initiativen beruhen auf bestehenden und/oder neuen Kompetenzen und Routinen (Regeln) und nehmen Gestalt an, wenn es ihnen gelingt, Unternehmungsressourcen zu ihrer Umsetzung zu gewinnen. *Selektion* vollzieht sich durch administrative und kulturelle Mechanismen, die die Allokation von Ressourcen und Aufmerksamkeit auf die verschiedenen strategischen Initiativen regeln. *Retention* erfahren die Initiativen, die sich in der externen Umwelt durchsetzen und auf Grund ihres Wachstums für die Unternehmung bedeutsam werden. Der Prozess der Retention vollzieht sich auch in Form eines unternehmungsweiten Lernens hinsichtlich der Faktoren, die den Erfolg der Unternehmung begründen. Interner *Wettbewerb* entsteht durch das Bestreben verschiedener strategischer Initiativen, die Ressourcen zu akquirieren, die Voraussetzung für Wachstum und Bedeutungszuwachs in der Unternehmung sind. Der interne Wettbewerb zwischen strategischen Initiativen kann mehr oder weniger eng mit dem externen Wettbewerb verknüpft sein, dem die jeweiligen Initiativen ausgesetzt sind".[16]

Das so umrissene ökologische Konzept bildet die Basis des von *Burgelman* entwickelten Modells der strategischen Anpassung. Es ist in seiner Grundstruktur in Abb. 112 wiedergegeben.

Variation kann sich zum einen in Form neuer programmgeleiteter strategischer Initiativen äußern, die sich in Einklang mit der offiziellen Unternehmungsstrategie im Rahmen der definierten strategischen Domäne vollziehen. Variation kann aber zum anderen auch ihren Ausdruck in autonomen strategischen Initiativen finden, die nicht mehr der offiziellen Unternehmungsstrategie entsprechen und deren Umsetzung die strategische Domäne verändert. Das Kernproblem einer Unternehmung mit hoher Änderungsdynamik besteht in der Bewältigung des Spannungsverhältnisses zwischen programmgeleiteten und autonomen Initiativen. Ohne Zweifel muss es das Bestreben jeder Unternehmung sein, die offizielle Unternehmungsstrategie möglichst konsequent umzusetzen. Nur so lässt sich das gegebene Handlungspotenzial, dessen Struktur durch die offizielle Unternehmungsstrategie bestimmt ist, ausschöpfen. Die unkontrollierte Verfolgung autonom induzierter strategischer Initiativen stellt diese Zielsetzung in Frage. Auf der anderen Seite würde aber die rigorose Unterdrückung autonomer Initiativen das Aufkommen neuer Ideen, von deren Nutzung der Bestand einer Unternehmung in Märkten mit hoher technologischer Dynamik entscheidend abhängt, gefährden. Die Frage der Generierung,

---

16) Burgelman [Strategy] 7.

Wahrnehmung und Beurteilung autonomer strategischer Initiativen ist das zentrale Thema der strategischen Anpassung an dynamische Änderungen.

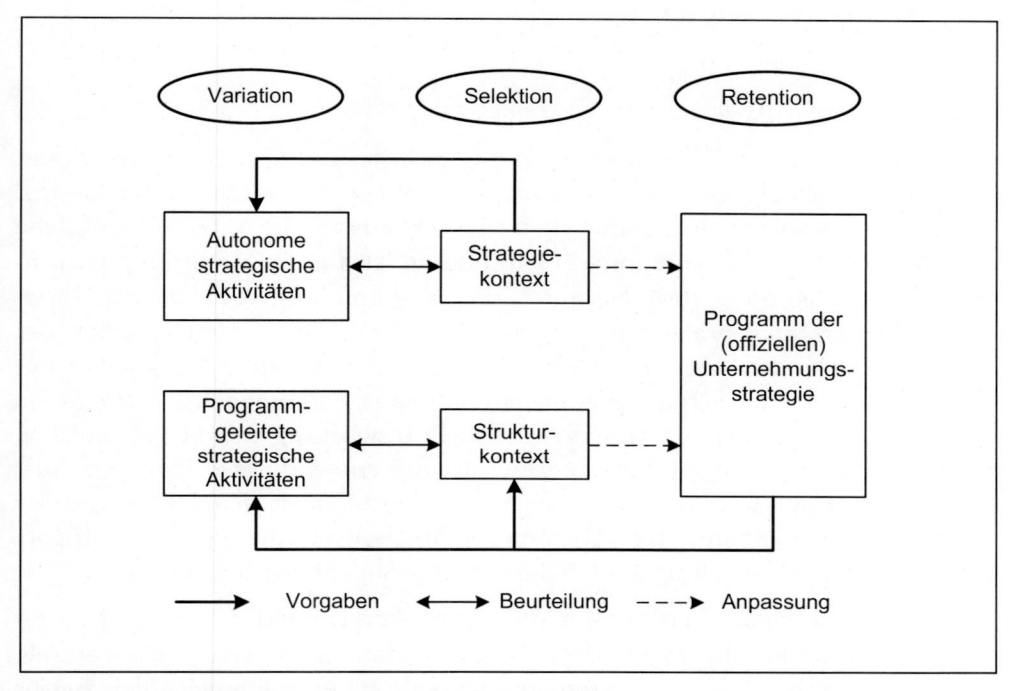

Abb. 112:   Modell der strategischen Anpassung[17]

Mechanismen der Selektion, nach *Burgelman* administrative und kulturelle Regeln, werden als Strukturkontext und als Strategiekontext modelliert. Im Strukturkontext wird durch Pläne, Organisationsstrukturen und Regeln sichergestellt, dass das operative Geschäft im Einklang mit der Unternehmungsstrategie betrieben wird. Für autonome strategische Initiativen kann es keinen Selektionsmechanismus geben, der hinsichtlich der Detaillierung der Kontrolle im Strukturkontext vergleichbar wäre. Als „Strategiekontext" bezeichnet *Burgelman* den ganzen Komplex von Maßnahmen und Instrumenten, der auf die Beurteilung von strategischen Initiativen ausgerichtet ist. Der „Selektionsprozess", an dem das Top Management, das mittlere Management und die Ideen produzierenden Einheiten („Champions") beteiligt sind, führt bei einer Förderung einer Initiative zu einer Anpassung der offiziellen Unternehmungsstrategie. „Retention" bedeutet dann, dass eine Initiative durch ihre Einbringung in das offizielle Strategieprogramm längerfristig gesichert und gestärkt wird.

---

17)   In Anlehnung an Burgelman [Strategy] 94.

Wettbewerb als vierte „ökologische" Kategorie überlagert alle strategischen Aktivitäten und besteht vor allem zwischen programmgeleiteten und autonomen strategischen Aktivitäten sowie zwischen den verschiedenen autonomen Einzelinitiativen.

Neue Produkte als Ergebnis interner Variation und Selektion

Die Aussagefähigkeit des Konzepts von *Burgelman* zeigt sich vor allem bei der Analyse der strategischen Entwicklung von *Intel* in der ersten Entwicklungsphase. Sie beginnt mit der Gründung und der Fokussierung auf die strategische Domäne der Speichertechnologie (1968) und endet mit der Änderung der offiziellen Unternehmungsstrategie durch die Positionierung von *Intel* als Unternehmung der Mikroprozessorentechnologie (1988). Diese Transformation der Unternehmung wird durch autonome strategische Initiativen ausgelöst, mit denen einzelne Unternehmungseinheiten auf wahrgenommene Änderungen in der strategischen Domäne reagierten. Die Beantwortung der Frage, welchen Beitrag *Burgelman* zur theoretischen Fundierung anwendungsorientierter Aussagen zur Bewältigung des Änderungsbedarfs leistet, muss sich deshalb mit der Entstehung und Behandlung autonomer strategischer Initiativen beschäftigen. Zwei Thesen von *Burgelman* sind in diesem Zusammenhang bedeutsam.

Die erste These besagt, dass in einem dynamischen Umfeld, wie es für *Intel* typisch ist, eine Vielzahl ungeplanter Produktvariationen entsteht. Die zentrale Bedeutung solcher autonomer strategischer Aktivitäten soll hinsichtlich zweier Innovationsinitiativen betrachtet werden. Beide wurden von der Unternehmungsleitung gefördert, bevor fundierte Vorstellungen über ihr Marktpotenzial bestanden. Das Speicherprodukt *EPROM*[18] entstand als Nebenprodukt einer Auseinandersetzung mit technischen Problemen der Prozesstechnologie. Während *EPROM* seinen Ursprung in internen Prozessproblemen hatte, geht die Entwicklung des Mikroprozessors auf einen externen Kundenauftrag zurück.[19] Eine japanische Unternehmung gab für einen Tischrechner Steuerungsmodule in Auftrag, die – obwohl sie keine Speicherprodukte darstellten – *Intel* auf Grund ihrer technologischen Kompetenz entwickeln konnte. Das so entstandene Produkt, der Mikroprozessor, wurde in der zweiten Phase der Unternehmungsentwicklung zum Kernprodukt von *Intel* und führte zur Transformation einer Unternehmung für Speicherprodukte in eine Unternehmung für Mikroprozessorprodukte.

---

18) Burgelman [Strategy] 30 und 78 ff.
19) Burgelman [Strategy] 31 und 103.

Die zweite These besagt, dass durch die Förderung autonomer Initiativen, d.h. durch den Verzicht auf die Aktivierung des Strukturkontextes, strategische Vorentscheidungen getroffen werden, die – ohne dass sich das Management dessen bewusst ist – den zukünftigen strategischen Handlungsspielraum beeinflussen. *Burgelman* beschreibt die Wirkung solcher strategischer Weichenstellungen am Beispiel einer prozesstechnischen Weichenstellung für Speicherprodukte. Der Leiter eines Entwicklungsbereichs wählte bei der Entscheidung über die Ausrichtung der Prozesstechnologie eine Lösung, die auf Grund technologischer Verbundeffekte zwischen der Speicher- und Mikroprozessortechnologie die technologische Basis des Mikroprozessorprodukts stärkte. Diese Lösung führte dazu, dass bei der Entwicklung von Speicherprodukten entstandenes Wissen unmittelbar für die Entwicklung von Mikroprozessoren genutzt werden konnte.[20] Obwohl die offizielle Unternehmungsstrategie die strategische Domäne über Speicherprodukte definierte, wurde damit durch eine dezentrale Entscheidung die Realisierung der offiziellen Strategie beeinträchtigt und eine noch nicht endgültig strategisch bewertete Produktgruppe gefördert.[21]

Strategische Vorentscheidungen mit noch weiter reichenden Wirkungen waren mit der Etablierung eines realen internen Marktes verbunden. Auf Grund der bestehenden Organisationsstruktur und der Tatsache, dass die vorhandenen Produktionskapazitäten bei begrenzten Umrüstkosten von verschiedenen Produktgruppen genutzt wurden, entstand bei *Intel* das Problem der Zuweisung knapper Produktionsressourcen. Solche Allokationsentscheidungen sollten, wenn sie methodischen Anforderungen genügen sollen, die strategische Dimension der Allokation berücksichtigen. *Intel* etablierte allerdings keinen strategiekonformen Steuerungsmechanismus, sondern einen internen Markt. Vom Vice President of Finance wurde ein Allokationsprinzip eingeführt, das die knappen Produktionsressourcen nach der Höhe der spezifischen Deckungsbeiträge der einzelnen Produkte verteilte.[22] Dieses Prinzip führte dazu, dass ertragsstarke Nischenprodukte, wie es *EPROM-* und Mikroprozessorprodukte in der ersten Phase der Unternehmungsentwicklung waren, die unter extremem Preisdruck stehenden Massenprodukte der Speichertechnologie verdrängten. Unter diesen Bedingungen konnten die Speicherprodukte, die nach der offiziellen Unternehmungsstrategie die strategische Domäne von *Intel* definierten, nicht die Volumen in der Produktion realisieren, von denen angesichts des Kostenwettbewerbs auf dem externen Markt die Wettbewerbsposition abhing.

---

20) Burgelman [Strategy] 40.
21) Burgelman [Strategy] 67: „... some ... were making decisions that implicitly or invertently undermined the idea of Intel as a memory company and pushed the company further toward becoming a microcomputer company."
22) Burgelman [Strategy] 38.

Betrachtet man den von *Burgelman* dargestellten Prozess der Transformation der *Intel Corporation*, dann erlaubt der Rückgriff auf ein evolutionsorientiertes Beschreibungsmodell die Herausbildung der zwei zentralen Prinzipien der strategischen Anpassung. Das Variationsprinzip führt in Unternehmungen mit ausgeprägter technologischer Kompetenz und dynamischen Marktbedingungen zur Hervorbringung von Innovationen, insbesondere Produktinnovationen. Das Selektionsprinzip wird wirksam, indem eine Fülle von Einzelentscheidungen ohne expliziten strategischen Bezug Bedingungen schafft, die in ihrem Zusammenwirken in nicht vorhersehbarer Weise den Erfolg der innovativen Aktivitäten bestimmen. Angesichts der begrenzten Kapazität der Unternehmungsleitung und der extremen Schwierigkeiten, autonome Aktivitäten zu registrieren und ihre Marktchancen abzuschätzen, kann man die erfolgreiche Transformation von *Intel* als Produkt des Zufalls bezeichnen. Zur Erklärung des *Intel*-Erfolgs könnte man die These formulieren, dass nur in einer Branche, in der sich Märkte und Produkte nach einer radikalen technologischen Basisinnovation erst entwickeln, eine strategische Anpassung nach dem Prinzip der internen Selektion gelingen konnte. Nur in einer solchen Phase eröffnet auf Grund der sich erst noch herausbildenden Spezialisierung auf der Anbieter- und Nachfragerseite technologische Kompetenz die Flexibilität in der Gestaltung des Produktprogramms und nur unter diesen Bedingungen führen zeitraubende Anpassungsprozesse nicht zum Ausscheiden aus dem Markt.

Welche theoretischen „Einsichten"[23)] vermittelt das Konzept über die sprachliche Anleihe bei der Evolutionstheorie hinaus hinsichtlich einer empirisch zu überprüfenden Erklärung der strategischen Anpassung? Bewertet man das Konzept der internen Selektion aus dieser Perspektive, dann muss sich die Argumentation auf die Tatsache konzentrieren, dass *Burgelman* im Kern eine Hypothese zum strategischen Informationsgehalt von Problemindikatoren formuliert, die den Produkterfolg im Markt abbilden. So stellt *Burgelman* fest: „But the Intel case also indicates it is critically important that the internal selection environment should reflect the selective pressures of the external environment."[24)] ... „Middle-level actions also provide potentially important signals about the evolution of external selection pressures especially in dynamic environments."[25)]

Es liegt auf der Hand, dass solche, aus dem operativen Geschäft abgeleiteten Wahrnehmungseffekte, wie sie in den monetären Transaktionserfolgen des etablierten realen internen Marktes für Produktionskapazitäten ihren prägnan-

---

23) Burgelman benutzt an Stelle von „Hypothesen" den Ausdruck „insight".
24) Burgelman [Strategy] 125.
25) Burgelman [Strategy] 71.

testen Ausdruck finden, nur sehr bedingt und mit dem Risiko der verzögerten Anpassung strategisches Handeln steuern können.[26] Insofern liefern die zitierten „Einsichten" von *Burgelman* wohl eine Ex-post Erklärung der *Intel*-Transformation, aber keine methodisch fundierte Basis für planvolles Handeln. Nur unter den extremen Bedingungen eines sich herausbildenden neuen Marktes und bei einer ausgeprägten Stabilität der Umweltbedingungen können operative Ergebnisse Wahrnehmungseffekte generieren. Für die Praxis ist der Wert dieser Aussagen sehr eingeschränkt: Der erste Fall beschreibt eine historische Ausnahmesituation, der zweite Bedingungen, unter denen im Grunde das Problem der strategischen Anpassung nicht besteht.

Auch *Burgelman* sieht natürlich die Grenzen einer strategischen Anpassung nach den Prinzipien einer so definierten internen Selektion. Auch er weiß, dass ohne eine aktive Unternehmungsleitung strategische Anpassung nicht möglich ist. Die folgenden Sätze umreißen *Burgelmans* Vorstellungen von einem strategischen Konzept, das strategische Sensibilität der Unternehmungsleitung mit den Prinzipien der internen Selektion eher im Sinne einer schwierigen Gratwanderung als einer handhabbaren Lösung mit einander verbindet: „To some extent, Intel was also lucky in having a distinctive competence base capable of generating new, high-growth business opportunities that provided alternatives to the DRAM business. But Intel's top management needed to be able to recognize their importance and support them in-house....Thus, determining the strategic context for a new business (microprocessors) and dissolving the strategic context for an existing one (memories) depended critically on top management's ability to see the broader strategic implications for the firm of initiatives of middle-level managers before market signals definitively confirmed their strategic importance. Strategic recognition implies the possibility of self-reflexive evaluation of means and ends in the light of changing circumstances but without having to resort to foresight or grand strategy. It also does not assume that management is necessarily the prime mover in strategy. Rather, it is predicated on strategic initiatives of middle-level managers that top management can assess and support or not support. Strategic recognition augments the adaptive value of the internal selection environment."[27]

---

26) Vgl. in diesem Zusammenhang die These von Christensen/Bower [Power] 198, dass es in Situationen technologischer Änderungen verhängnisvoll sein kann, sich zu sehr an den Reaktionen der Kunden zu orientieren.
27) Burgelman [Strategy] 72 f.

Neue Organisationsstrukturen als Ergebnis interner Variation und Selektion

Der größte Teil der in der Literatur nachzuweisenden Studien, die dem Themenkreis der dynamischen Organisationsgestaltung zuzurechnen sind, beschäftigt sich mit Produktinnovationen. Während vereinzelt auch Verfahrensinnovationen betrachtet werden[28], gibt es kaum Studien, in denen die für den Zeitpunkt t_{i+n} betrachtete Anpassung die Organisationsstruktur diskutiert wird. Eine bemerkenswerte Ausnahme bildet der Beitrag von *Fujimoto*[29], der sich ebenfalls an einem evolutionsorientierten Modell orientiert. Da sich die in diesem Abschnitt erörterte Frage der strategischen Anpassungsfähigkeit ganz auf die Hervorbringung neuer Produkte konzentriert, beschränkt sich die folgende Darstellung auf eine knappe Wiedergabe des Erklärungsansatzes.

Gegenstand der Untersuchung ist die Ende der 1980er Jahre vom japanischen Automobilhersteller *Toyota* im Bereich der Endmontage durchgeführte tief greifende Reorganisation. Sie belegt nach Auffassung von *Fujimoto*, dass *Toyota* frühzeitiger und wirksamer als die Konkurrenz auf veränderte interne und externe Bedingungen mit einer neuen kohärenten Produktionsstruktur reagiert hat. *Fujimoto* grenzt das dynamische Handlungspotenzial anhand eines Mehrebenen-Modells von dem statischen Handlungspotenzial und dem Verbesserungspotenzial ab. Nach *Fujimoto* äußern sich solche Fähigkeiten vor allem in einem effizienten Management von Informationen und Problemlösungsprozessen.

Die Überlegungen von *Fujimoto* gehen von der These aus, dass die Herausbildung des dynamischen Handlungspotenzials von *Toyota* nicht das Ergebnis eines ausgearbeiteten Plans ist.[30] Für eine vollständige analytische Durchdringung des auch durch „glückliche Umstände" und zufällige Ereignisse gekennzeichneten Entwicklungsprozesses bestehen deshalb Grenzen. Vor allem bei den Versuchen zur Erklärung der Kohärenz der neuen Strukturen im Produktionsbereich stellt sich das Problem einer ausreichenden methodischen Fundierung. *Fujimoto* sieht in der Orientierung am Modell der internen Evolution eine aussichtsreiche Vorgehensweise: „The... case of Toyota seems to indicate that there is an internal process of variety generation, screening, retention, and diffusion ..."[31].

Die Attraktivität einer evolutionstheoretischen Betrachtung der *Toyota*-Entwicklung ergibt sich für *Fujimoto* unmittelbar aus der grundlegenden evolutions-

---

28) Ein Beispiel ist die Untersuchung von Argote/Darr [Knowledge] über die Entstehung neuer Verfahren in Franchise-Unternehmungen.
29) Fujimoto [Toyota]; Fujimoto [Evolution].
30) Fujimoto [Evolution] 247.
31) Fujimoto [Evolution] 276.

theoretischen These, dass dynamische Veränderungen nicht nach einem festen Plan ablaufen. Sie beruhen vielmehr auf unvollkommenen, häufig fehlerhaften Prozessen des Lernens und Entdeckens, die in ein mehr oder weniger breites Spektrum von Varianten münden und in denen zu verschiedenen Zeitpunkten Selektionsmechanismen wirksam werden.

Die von *Fujimoto* beschriebenen Variations- und Selektionseffekte, die das dynamische Handlungspotenzial bei *Toyota* nach *Fujimoto* begründen, lassen sich durch Rückgriff auf das Modell eines internen Marktes für Ideen analysieren. Der die Herausbildung eines kohärenten Reorganisationsmusters steuernde (fiktive) interne *Toyota*-Markt lässt sich durch folgende Elemente beschreiben:

1. Die Nachfrageseite ist in Form der für die Endmontage Verantwortlichen (vor allem der Werksleitung) eindeutig definiert; diese sind berechtigt, Vorschläge zur Veränderung von Verfahren anzunehmen oder abzulehnen.

2. Die Angebotsseite besteht aus einer Mehrzahl von Einheiten mit unterschiedlichen inhaltlichen Spezialisierungen; sie greifen externe und interne Signale auf und entwickeln Lösungs- und Änderungsvorschläge.

3. Alle in den internen Markt eingebundenen Einheiten besitzen ein durch systematische Aus- und Weiterbildungsaktivitäten gesichertes hohes Qualifikationsniveau. Neue Ideen müssen also kompetenten und anspruchsvollen Kunden „verkauft" werden. Der Marktmechanismus erlaubt auch deshalb effektive Steuerungen, weil ausgeprägte, durch mitarbeiter- und kundenorientierte Einstellungen gekennzeichnete Organisationsloyalität eine hohe Kooperationsbereitschaft gewährleistet. Die Aufgeschlossenheit auf der Nachfragerseite vermeidet ein „Abblocken" neuer Ideen und fördert deren (horizontale) Verbreitung in der Gesamtunternehmung.

Generierung und Auswahl neuer Ideen lassen sich in den Kategorien des internen Marktes beschreiben. Die Erklärung der von *Fujimoto* betonten unternehmungsweiten Kohärenz der Lösungen kann demgegenüber nur über die gestaltende Funktion des Managements erklärt werden. Nach *Fujimoto* beobachtet das Management, er spricht von „key managers", Entstehung und Verbreitung neuer Lösungskonzepte auf dem internen Markt. Die sich abzeichnenden Einzellösungen werden vom Management zu einem geschlossenen, für die Gesamtunternehmung verbindlichen Konzept zusammengeführt.

Formen strategischer Anpassungsfähigkeit

Die Antwort auf die zentrale Frage der dynamischen Organisationsgestaltung, welche organisatorischen Maßnahmen im Zeitpunkt t_i zu treffen sind, damit die

Unternehmung im Zeitpunkt t_{i+n} effektiv auf mögliche Veränderungen in der strategischen Domäne reagieren kann, erfordert neben der Analyse der Änderungsdynamik und der Wahrnehmung des Änderungsbedarfs eine Berücksichtigung und Bewertung der verfügbaren Instrumente der strategischen Anpassung. Es handelt sich dabei zwar nicht nur um Instrumente der Organisationsgestaltung, sie prägen jedoch maßgeblich den Gestaltungsrahmen organisatorischer Regelungen. Diese Fragestellung wird in den folgenden Abschnitten behandelt.

Das Management kann zur Sicherung der strategischen Anpassung verschiedene Konzepte bei der Umstrukturierung der Wissensbasis verfolgen, die das Fähigkeitspotenzial einer Unternehmung bestimmt. Sie kann eine interne Lösung bei der Wissensakquisition und dem Wissenstransfer wählen. Diesen Weg ist *Intel* gegangen. Sie kann aber auch eine externe Lösung präferieren. Dann erweitert die Unternehmung ihre Wissensbasis durch Kooperation mit anderen Unternehmungen und Institutionen oder durch die Akquisition von Unternehmungen. Vor allem angesichts des kritischen Zeitfaktors kommt externen Formen der Anpassung ein besonderer Stellenwert zu.

Die folgende Erörterung strategischer Anpassungsmaßnahmen orientiert sich an der Unterscheidung zwischen internen und externen Lösungen. Die Analyse beginnt mit den in der Literatur behandelten internen Lösungen, die nach dem Grad ihrer Fokussierung und Planmäßigkeit in drei Gruppen gegliedert werden. Die anschließende Behandlung externer Lösungen bemüht sich um eine Bewertung des Stellenwerts von unternehmungsübergreifenden Kooperationen (Netzwerken) und Akquisitionen.

Interne Formen strategischer Anpassung

Eine Unternehmung kann im Zeitpunkt t_i die Veränderung ihrer Wissensbasis ohne Einbeziehung von Kooperationspartnern und ohne externen Erwerb von Wissen (Akquisition) anstreben, indem sie

1. auf Grund unternehmerischer Einschätzung von Chancen durch ein konkretes Projekt für den Zeitpunkt t_{i+n} eine Produktinnovation vorbereitet,

2. autonomes innovatives Handeln dezentraler Einheiten legitimiert und fördert und

3. durch Investition in Wissensstrukturen die Absorptionskapazität der Unternehmung verbessert.

Zu 1.: Projekte der Unternehmungsleitung

Das Engagement der Unternehmungsleitung bei der Verfolgung innovativer Aktivitäten soll hier nur kurz betrachtet werden. Die Literatur zur Unternehmungsgeschichte vermittelt zahlreiche Beispiele, wie sich Unternehmer und Manager den Herausforderungen strategischer Anpassungsmaßnahmen stellen und in die Lösung dieser komplexen Aufgabe ihre Überzeugung und Durchsetzungskraft einbringen. Ein Beispiel für eine von der Unternehmungsleitung betriebene gelungene Änderung der strategischen Domäne ist die Restrukturierung der *Mannesmann AG* in den 1980er und 1990er Jahren. Es liegt auf der Hand, dass solche, häufig auf „einsamen" Entschlüssen beruhenden Aktivitäten in besonderem Maße dem Risiko des Scheiterns ausgesetzt sind. Ein anschauliches Beispiel ist der (fehlgeschlagene) Versuch von *Pierre S. du Pont*,[32] CEO von *General Motors* in den zwanziger Jahren des vorigen Jahrhunderts, zusammen mit dem Leiter der Entwicklungsabteilung, *Charles Kettering*, unter großem Ressourceneinsatz die Technologie des luftgekühlten Motors zur Serienreife zu bringen.

Zu 2.: Autonomes innovatives Handeln dezentraler Einheiten

Bei diesem Ansatz wird nach der Terminologie von *Burgelman* die Zielsetzung der strategischen Anpassung im Rahmen einer von der Unternehmungsleitung verfolgten Strategie durch das Prinzip der internen Selektion überlagert, wenn nicht sogar ersetzt. Letztlich findet im Rückgriff auf das Innovationspotenzial operativer Einheiten die Einschätzung ihren Ausdruck, dass die Nähe zu den Problemen des operativen Geschäfts nachhaltige Änderungsimpulse generiert: „...new businesses might have to be defined by general managers who are closer to the front line".[33] Ein solches Konzept autonomer Investitionsimpulse weist der Unternehmungsleitung hinsichtlich der Definition und Verfolgung neuer Ideen eine eher passive Funktion zu. Ihre wichtigste Aufgabe liegt in der indirekten Beeinflussung der strategierelevanten Aktivitäten durch die Entwicklung und Implementierung des strategischen Kontextes. Eine entscheidende Rolle kommt in *Burgelmans* Konzept autonomer Innovationsaktivitäten dem mittleren Management zu.[34] Es bildet gewissermaßen das Scharnier zwischen den operativen Einheiten und der Ebene der Unternehmungsleitung. Die Chance einer aussichtsreichen strategischen Anpassung eröffnet sich vor allem dann, wenn das mittlere Management strategische Impulse der operativen Einheiten

---

32) Chandler/Salsbury [duPont].
33) Burgelman [Inertia] 352.
34) Vgl. hierzu im Einzelnen Burgelman [Strategy] 177 ff.

aufgreift und wenn es ihm gelingt, die Unternehmungsleitung von der Tragfähigkeit der strategischen Initiativen zu überzeugen.

Bei aller durch empirische Studien, insbesondere durch das langjährige Forschungsprogramm von *Burgelman*, bestätigten Bedeutung autonomer strategischer Initiativen dürfen ihre Grenzen für strategische Domänen mit hoher Änderungsdynamik nicht übersehen werden. Sie ergeben sich vor allem aus der Tatsache, dass eine durch operativen Problemdruck ausgelöste Aktivität den Restriktionen einer lokalen Suche unterliegt. Wenn zunächst die Lösung eines wahrgenommenen Problems oder die Realisierung einer wahrgenommenen Chance in der Nachbarschaft der bisherigen Aktivitäten gesucht wird, ist die Wahrscheinlichkeit einer radikalen Neuerung – und nur die kann häufig tief greifenden Änderungen in der strategischen Domäne gerecht werden – nicht sehr hoch. Bei genauer Betrachtung der erfolgreichen Transformation von *Intel* von einer auf Speichertechnologien spezialisierten Unternehmung zu einem Mikroprozessorhersteller bestätigt sich dieser Vorbehalt. Die strategische Initiative, die mit der Ausführung eines Kundenauftrags[35] einen Ausgangspunkt der Transformation bildete, stellte kein spektakuläres, die bestehenden Wissensstrukturen nachhaltig veränderndes Projekt dar. Strategische Anpassungen an tief greifende Änderungen lassen sich allein auf einer solchen Grundlage nicht sicherstellen. Nur die Tatsache, dass die – keinem strategischen Gesamtkonzept unterliegenden – internen Selektionsmechanismen über Jahre Nischenprodukte der Mikroprozessortechnologie begünstigten und der Markt in der Phase des Aufkommens einer neuen Technologie mit einem breiten, aber noch offenen Anwendungsspektrum eine zehnjährige Anpassungsperiode zuließ, erklären – wie erläutert[36] – die geglückte strategische Anpassung von *Intel*. Vor dem Hintergrund dieser Relativierungen empfiehlt sich eine zurückhaltende Einschätzung des Anpassungspotenzials autonomer Initiativen. Geboten erscheint insbesondere eine differenziertere theoretische Analyse des für autonome Initiativen grundlegenden Vorgangs der Generierung von Änderungsimpulsen. Aussichtsreich erscheint in diesem Zusammenhang die von *March* getroffene Unterscheidung zwischen einer problem- und einer slackinduzierten Suche.[37] Unter Slack wird eine Ausstattung mit Ressourcen verstanden, die über das Maß hinausgeht, das zur Erfüllung der Anforderungen des laufenden Geschäfts erforderlich ist. Die Nutzung von Slack, z.B. in Form nicht ausgeschöpften Know-hows von Experten, verspricht nachhaltigere Innovationen als die Reaktion auf Probleme im Absatzmarkt.

---

35) Vgl. S. 616.
36) Vgl. S. 616 ff.
37) March [Decisions] 3 ff.

Zu 3.: Investitionen in die Verbesserung der Absorptionskapazität

Gegenüber den bisher betrachteten projektbezogenen zentralen und dezentralen Maßnahmen zur Sicherung der strategischen Anpassung weist das dritte Instrument einer internen Lösung einen geringeren Bezug zu konkreten Projekten auf. Es erfolgen Investitionen in die Veränderung bestehender Wissensstrukturen in Technologiebereichen, die angesichts der Änderungsdynamik der strategischen Domäne als für die Entwicklung der Unternehmung bedeutsam eingeschätzt werden.

Investitionen in die Absorptionskapazität sollen die Fähigkeit der Unternehmung verbessern, sich in neue Bereiche mit aussichtsreichem Innovationspotenzial zu bewegen, dessen Realisierung den Rückgriff auf bisher nicht vorhandenes Wissen erfordert. Hinsichtlich der Ausprägung einer geschlossenen strategischen Konzeption weist die Investition in Absorptionsfähigkeit engere Beziehungen zum Modell der projektbezogenen Initiative der Unternehmungsleitung auf als zum Konzept autonomer dezentraler Aktivitäten. Je umfangreicher die zur Erzielung von Absorptionseffekten eingesetzten Investitionsmittel sind, desto konkreter werden (sollten) die Vorstellungen der Unternehmungsleitung über die Struktur und das Potenzial der zu entwickelnden technologieabhängigen Wissensstrukturen sein.[38] Ein auf das Prinzip der systematischen Sicherung und Erweiterung der Absorptionsfähigkeit ausgerichtetes Konzept der strategischen Anpassung wird vor allem in Branchen entscheidend für den Bestand von Unternehmungen, deren Produkte nur zeitlich begrenzt am Markt verwertet werden können und bei denen laufende Produktinnovationen das Ergebnis einer eng verzahnten und sich dynamisch entwickelnden Grundlagen- und Anwendungsforschung sind. Es kann deshalb nicht überraschen, dass die pharmazeutische Industrie das Objekt vieler Studien ist.[39]

Externe Formen strategischer Anpassung

Unbestritten kommt externen Wissensquellen bei der Sicherung der Anpassung an technologische Änderungen eine große Bedeutung zu.[40] Gleichwohl wirft der (weitgehende) Verzicht auf interne Innovationsaktivitäten und der Rückgriff auf das Innovationspotenzial externer Markteinheiten – sei es in Form der

---

38) Cohen/Levinthal [Fortune] untersuchen die Investition in Absorptionskapazität unter Ungewissheit über die technologische Entwicklung modellanalytisch unter Einbeziehung von Lerneffekten, Verhalten von Wettbewerbern und Auswirkungen auf den Unternehmungserfolg.
39) Vgl. S. 603 ff.
40) Vgl. zum Stellenwert externer Wissensquellen Almeida/Phene/Grant [Innovation].

Kooperation oder der Akquisition[41] – eine Reihe schwieriger Fragen auf. Da die durch technologische Änderungen ausgelösten Innovationsaktivitäten durch ein hohes Maß an Ungewissheit gekennzeichnet sind, hinsichtlich ihrer Zeitdauer schwer einzuschätzen sind und in der Regel einen beträchtlichen Ressourceneinsatz erfordern, lassen sich externe Lösungen vor allem auf zwei Einschätzungen zurückführen:

1. Externe Lösungen können den zeitlichen Handlungsspielraum vergrößern. Die Entscheidung über den Einsatz einer neuen Technologie bei Produktinnovationen kann zeitlich näher an den Anpassungszeitpunkt t_{i+n} verlagert werden. Auf diese Weise verbessert sich der Informationsstand über das Potenzial einer Technologie. Das Problem einer verzögerten Anpassung verliert dabei in dem Maße an Gewicht, in dem das Management davon ausgehen kann, dass der Zugriff auf die externe Ressource gesichert ist.

2. Externe Lösungen können kostengünstiger sein und eine höhere Wahrscheinlichkeit der Hervorbringung marktfähiger neuer Produkte aufweisen als interne Lösungen. Diese Effekte lassen auf eine Reihe von Faktoren, z.B. Spezialisierungsvorteile und Verbundeffekte, aber auch die Überwindung von Imitations- und Substitutionsbarrieren im Sinne des ressourcenbasierten Ansatzes im strategischen Management[42], zurückführen.

Es ist eine umfangreiche Literatur zu den hier zu betrachtenden Formen des Netzwerks und der Akquisition entstanden. Ihre Eignung zur Förderung von Innovationsaktivitäten angesichts schwer vorauszusehender technologischer Änderungen ist jedoch kaum untersucht worden.[43] Eine bemerkenswerte Ausnahme bildet die empirische Studie von *Afuah*,[44] in der für die Computerindustrie die Frage der vertikalen Integration von Forschungs- und Entwicklungsaktivitäten angesichts sich abzeichnender tief greifender technologischer Änderungen analysiert wird.

---

41) Unter Akquisition wird hier ein ganzes Bündel von Markttransaktionen verstanden, das u.a. den Kauf von Unternehmungen, die Unternehmungsfusion, den Erwerb von Lizenzen und die Einwerbung von Wissensträgern umfasst.
42) Barney [Firm].
43) So stellt Afuah [Boundaries] 1225, für Netzwerke fest: „What has received very little attention but could be important in understanding the dynamics of firm boundaries are the alliances that are in place prior to the advent of a new technology. For an alliance to perform well in the face of a technological change, what should be its nature?"
44) Afuah [Boundaries].

Die Grenzen externer Formen zur Sicherung von Innovationsaktivitäten können hier nicht im Einzelnen erörtert werden. Es soll nur auf zwei zentrale Probleme hingewiesen werden.

Bei der Akquisitionsstrategie, die den zeitlichen Handlungsspielraum angesichts nur schwer zu überschauender technologischer Entwicklungen erweitern kann, kommt der Frage nach dem Verhalten des potenziellen Transaktionspartners ein kritisches Gewicht zu. Ein Mitbewerber kann sich z.B. entschließen, das technologische Wissen zum Aufbau einer starken Wettbewerbsposition selbst auszuschöpfen, oder der geforderte Preis kann eine Höhe erreichen, die eine ertragreiche Ausschöpfung des zu erwerbenden Technologiepotenzials in Frage stellt.[45]

Wird eine externe Lösung über eine Kooperation angestrebt, ist danach zu unterscheiden, ob angesichts einer sich abzeichnenden (oder nicht auszuschließenden) technologischen Entwicklung neue Kooperationen eingegangen oder bestehende Netzwerke für die Auslösung innovativer Aktivitäten genutzt werden. Die Frage, von welchen Faktoren der Aufbau neuer Netzwerke abhängt, hat *Gulati*[46] in einer empirischen Studie untersucht. Wie nicht anders zu erwarten, erweist sich die Erschließung neuer Kooperationen als ein komplexer Prozess, bei dem der Gestaltungsspielraum durch Pfadabhängigkeiten eingeschränkt sein kann. Das Eingehen von Kooperationen ist in aller Regel keine kurzfristig realisierbare Lösung angesichts eines wahrgenommenen nachhaltigen technologischen Änderungsbedarfs. Erweist sich unter diesen Umständen der Aufbau neuer Kooperationen als wenig aussichtsreich und wird deshalb der Weiterentwicklung bestehender Netzwerke der Vorzug gegeben, sind mit der Verfolgung konkreter Innovationsprojekte, der Förderung innovativen autonomen Handelns und der Investition in Absorptionskapazität all diejenigen Probleme zu lösen, die schon bei der Betrachtung der internen Lösung diskutiert wurden.

---

45) Dass die Bewertung der Akquisitionsstrategie immer die jeweiligen Marktbedingungen berücksichtigen muss, zeigt sich z.B. in der pharmazeutischen Industrie. Für viele innovative „Start ups", z.B. in der Biotechnologiebranche, ist die Verhandlungsposition dadurch geschwächt, dass ihnen die Infrastruktur zur Realisierung der Marktreife der Produktinnovationen und zur Bewältigung der Vertriebsanforderungen fehlen. Vgl. hierzu Hill/Rothaermel [Performance].

46) Gulati [Network].

II. Organisatorische Sicherung der strategischen Anpassungsfähigkeit

Im vorangegangenen Abschnitt wurde das Problem der Anpassung strategischer Domänen, zu deren Lösung die dynamische Organisationsgestaltung einen Beitrag leisten muss, erörtert. Es wurden die Häufigkeit und Intensität von Änderungen als Bestimmungsgrößen der Änderungsdynamik typologisch erfasst, die Wahrnehmung von Änderungsbedarf behandelt sowie interne und externe Instrumente zur Sicherung der Anpassungsfähigkeit betrachtet. Als innovativ wurden dabei Änderungsaktivitäten bezeichnet, die ein breites Spektrum von Aktivitäten mit unterschiedlicher Änderungsdynamik erfassen. Im Mittelpunkt der folgenden Analyse steht die Frage, wie solche Aktivitäten in einer Unternehmung, deren Organisationsstrukturen in hohem Maße auf die Ausschöpfung des gegebenen Handlungspotenzials ausgerichtet sind, organisatorisch verankert werden können.

Systematik innovationsorientierter Organisationsstrukturen

Vergleicht man die dynamische mit der statischen Organisationsgestaltung, so ist zunächst festzustellen, dass auch statische Kriterien der Koordinations- und Motivationseffizienz für die dynamische Organisationsgestaltung von Bedeutung sind. Auch bei der organisatorischen Sicherung des zukünftigen Handlungspotenzials müssen Interdependenz- und Potenzialeffekte sowie Divergenzen zwischen individuellen und kollektiven Zielen berücksichtigt werden. Das besondere Merkmal dynamischer Organisationsgestaltung liegt in der Auseinandersetzung mit den Anforderungen der strategischen Änderungsdynamik. Die Änderung und Weiterentwicklung von Wissensstrukturen, das Generieren neuer Produkte, Leistungen und Verfahren sowie die Implementierung der Änderungen lassen sich nur begrenzt aus der Perspektive statischer Effizienzkriterien organisatorisch regeln. Da sich die eingeführten Module dynamischer Organisationsgestaltung[1] – individuelle Handlungsspielräume, innovationsorientierte Motivationssysteme, Absorption und Transfer von Wissen – häufig nicht mit den Regelungsanforderungen statischer Gestaltung vereinbaren lassen, ist die Entwicklung eines statische und dynamische Anforderungen gleichermaßen berücksichtigenden Organisationskonzepts ein komplexes Problem. Es handelt sich um eine Entscheidung unter Mehrfachzielsetzung. Die Gewichtung der beiden Ziele ist eine Aufgabe von unternehmungspolitischem Rang.

---

1) Vgl. S. 578 ff.

Auseinandersetzungen mit diesen Fragen, die den Anspruch einer gewissen Geschlossenheit erfüllen, lassen sich in der Literatur kaum nachweisen. Allerdings ist in jüngerer Zeit eine Reihe beachtlicher Studien erschienen, die sich mit Einzelfragen, insbesondere mit der organisatorischen Gestaltung der Produktentwicklung, beschäftigen.[2]

Einen gewissen Aussagegehalt für unsere Fragestellung hat die Studie von *Adler, Goldoftas* und *Levine*,[3] die – obwohl einer weitgehend statischen Perspektive folgend – eine geschlossene Konzeption für die organisatorische Integration von Routine- und „Innovations"-Aufgaben anstrebt. Gegenstand der Untersuchung sind die von japanischen Automobilherstellern entwickelten Lösungen zur Bewältigung der mit einem Modellwechsel verbundenen organisatorischen Anforderungen. Das von den Autoren entwickelte Modell ist – trotz der statischen Sicht und einiger hier nicht zu thematisierender Schwächen – für die betrachtete Fragestellung schon deshalb aufschlussreich, weil es auf einer umfassenden Auswertung der Literatur beruht. Unter Orientierung am klassischen kontingenztheoretischen Ansatz[4] entwickeln die Autoren ein Modell, das die polaren Strukturanforderungen der „Flexibilität" und der „Effizienz" (vor allem im Sinne von Kosteneffizienz) der organisatorischen Gestaltung zu Grunde legt. Die Problematik dieser begrifflichen Abgrenzung muss hier nicht erörtert werden. Es reicht die Feststellung, dass „effiziente" Lösungen für Aufgaben mit Routine- und Wiederholungscharakter, „flexible" Lösungen für Aufgaben mit Nichtroutine- und Innovationscharakter angemessen sind. Diese Konzeption hat gewisse Beziehungen zu der von *Burns* und *Stalker*[5] eingeführten Unterscheidung zwischen „mechanistischen" und „organischen" Strukturen. Nach dieser kontingenztheoretischen Konzeption sind mit „hybriden" Lösungen, die gleichermaßen Routine- und Innovationsaufgaben regeln, Einbußen hinsichtlich der „Flexibilität" und der „Effizienz" verbunden.

Unter Berücksichtigung der umfangreichen Literatur zur Funktion und Leistungsfähigkeit so genannter dualer Strukturen („ambidextrous forms"[6]) entwickeln *Adler* und seine Koautoren ein Modell, das den Trade-Off zwischen „Flexibilität" und „Effizienz" aufhebt bzw. abschwächt. Sie führen die Fähigkeit solcher hybrider Strukturen, Routine- und Innovationsaktivitäten gleichermaßen effizient wie flexibel zu erfüllen, auf die Anwendung von vier Regelungs-

---

2) Vgl. hierzu die Würdigung der Literatur und die Entwicklung eines Gestaltungskonzepts in Ellermann [Organisation] 57 ff.
3) Adler/Goldoftas/Levine [Flexibility].
4) Vgl. S. 454 ff.
5) Burns/Stalker [Management].
6) Vgl. Adler/Goldoftas/Levine [Flexibility]; Tushman/O'Reilly [Innovation] 167 ff.

prinzipien zurück. Meta-Routinen erlauben durch die Systematisierung und Programmierung von Aufgaben mit kreativem Anspruch bis zu einem gewissen Grade die Bewältigung von Routine- und Nichtroutine-Aufgaben durch dieselben Einheiten.[7] Durch Job Enrichment wird die Fähigkeit von Organisationseinheiten erhöht, gleichzeitig Aufgaben mit unterschiedlichen Routine- und Nichtroutine-Gehalt zu erfüllen. Das Prinzip des „Switching" ermöglicht Organisationseinheiten, zeitlich zwischen Routine- und Nichtroutine-Aufgaben zu wechseln. Dem „Partitioning" liegt als viertes Prinzip der Gedanke einer organisatorischen Trennung von Routine- und Nichtroutine-Aufgaben mit dem Ziel der Nutzung von Spezialisierungseffekten zu Grunde.[8]

Die Grundstruktur des von *Adler* entwickelten Konzepts ist in Abb. 113 wiedergegeben. Sie zeigt mit der Kontextgestaltung und der Effizienzbewertung die beiden zentralen Komponenten des Modells. Durch die auf Führungs-, Qualifizierungs- und Vertrauensmaßnahmen ausgerichtete Kontextgestaltung können die vier hybriden Regelungsprinzipien den Trade-off zwischen „Flexibilität" und „Effizienz" abschwächen. Die Bewertung einer Hybridform erfolgt aus der Sicht des übergeordneten Ziels, letztlich des Unternehmungserfolgs. Sie hat zum einen die positiven und negativen Wirkungen einer hybriden Regelung der Aufgabenerfüllung zu berücksichtigen. Zum anderen sind die Kosten der Gestaltung des Kontexts und der Etablierung der Regelungsprinzipien in die Gestaltung einzubeziehen.

Der Aussagewert des von den Autoren entwickelten Konzepts liegt für die organisatorische Verankerung innovativer Aktivitäten in der Herausarbeitung der Optionen bei der Ausschöpfung des in einer Unternehmung vorhandenen Potenzials an Humanressourcen für innovative Aktivitäten. Das hier als Hybridmodell bezeichnete Regelungskonzept stellt insbesondere mit der zeitlich begrenzten Einbeziehung von Mitarbeitern in Innovationsaktivitäten eine Alternative zur Verselbstständigung innovativer Aufgaben mit spezialisierten, nur diesem Bereich zugeordneten Mitarbeiter dar. Obwohl die Realität durch eine Fülle von Mischformen gekennzeichnet ist, bei der ein Teil der Aktivitäten organisatorisch verselbstständigt, ein anderer Teil nach hybriden Regelungsprinzipien verankert ist, erfolgt zur Herausarbeitung der jeweiligen Besonderheiten im Folgenden ein Effizienzvergleich des „Verselbstständigungs-Modells" mit dem „Hybridmodell".

---

[7] Dieses Konzept der „enabling bureaucracy" bildet einen Forschungsschwerpunkt von Adler; vgl. Adler/Borys [Types]; Adler [Ambivalence].

[8] „Partitioning" bedeutet nicht, dass Mitarbeitern unbefristet Nichtroutine-Aufgaben übertragen werden. Typisch ist vielmehr die Zuweisung von Mitarbeitern zu einem Team, das sich ausschließlich Nichtroutine-Aufgaben widmet, für eine längere Zeit.

```
                    Organisationsformen
                         Trade-off
  „Flexibilität" ◄─────────────────────► „Effizienz"
  ┌─────────────────┬──────────────┬─────────────────┐
  │ Innovationseffi-│  Hybridform  │ Routineeffiziente│
  │ ziente Form     │              │ Form            │
  └─────────────────┴──────────────┴─────────────────┘
```

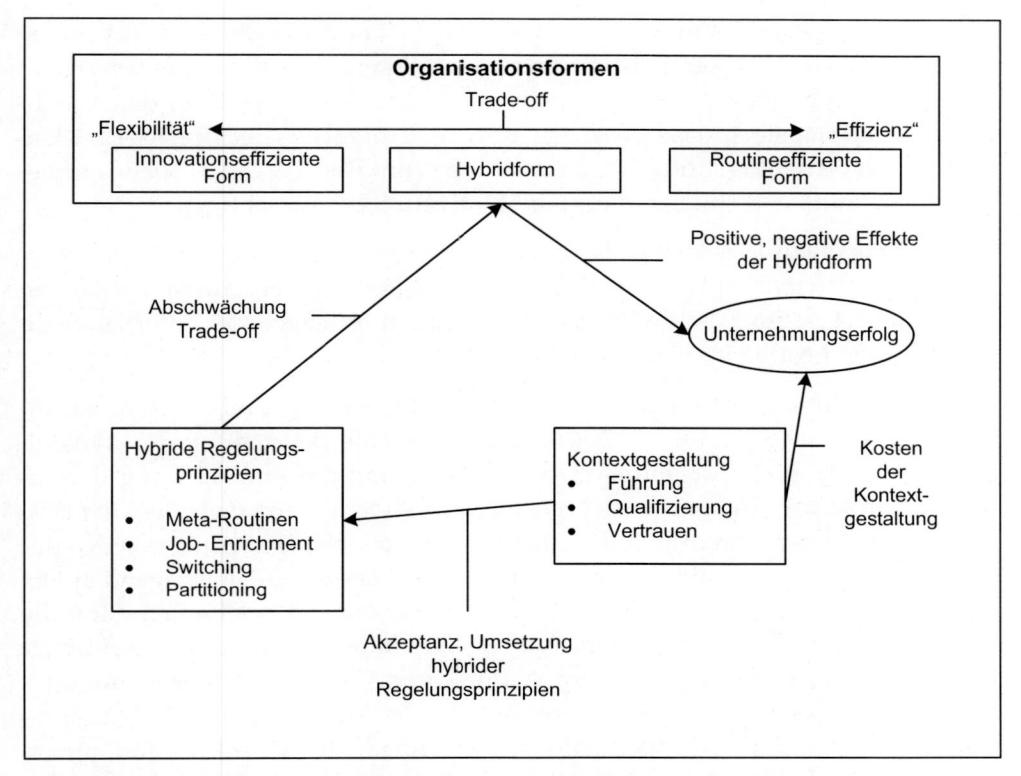

Abb. 113: Organisatorische Verankerung von Routine- und Innovationsaktivitäten[9]

Aus Sicht der Koordinationsanforderungen liegt der Vorteil der Verselbständigung innovativer Aktivitäten vor allem in der hohen Prozesseffizienz. Die Zusammenfassung aller Aktivitäten in einem Bereich, der durch eine homogene kognitive Fokussierung gekennzeichnet ist, fördert die Kooperation. Motivationsvorteile können aus der Abgeschlossenheit und Autonomie der Aufgabenzuordnung resultieren. Demgegenüber können positive Effekte einer Hybridform vor allem von einer höheren Ressourceneffizienz erwartet werden. Beschränkt man sich auf die Betrachtung von Humanressourcen, so gewinnt das Kriterium der Ressourceneffizienz in dem Maße an Gewicht, in dem Mitarbeiter gleichermaßen für routinemäßige wie auch für innovative Aufgaben eingesetzt werden können. Berücksichtigt werden müssen in diesem Zusammenhang Etablierungskosten, die dadurch entstehen, dass die Ausarbeitung und Praktizierung der hybriden Regelungsprinzipien sowie die Gestaltung des Kontexts

---

9) Abgewandelt nach Adler/Goldoftas/Levine [Flexibility].

Kosten verursachen. Kein so eindeutiges Urteil ist hinsichtlich der Motivationseffekte möglich. Man kann einerseits argumentieren, dass die Aufgabenvielfalt hybrider Kompetenzregelungen positiv motiviert. Andererseits ist die Annahme nicht unplausibel, dass die Befristung der Aufgaben, der Wechsel im Unterstellungsverhältnis und die Umstellung von Routine- auf Nichtroutine-Aufgaben konfliktträchtig sind und die Motivation beeinträchtigen.[10]

Als Zwischenfazit lässt sich feststellen, dass die Verselbständigung in dem Maße Effizienzvorteile aufweist, in dem die Auslastung der Humanressourcen gewährleistet ist und die beschriebenen Etablierungskosten der Alternative einer hybriden Lösung ins Gewicht fallen.

Diese Bewertung erfasst allerdings im Wesentlichen die statische Organisationsgestaltung. Die für unsere Betrachtung relevante Beurteilung der dynamischen Dimension der Regelung erfordert vor allem die Einbeziehung der Fähigkeit zur Absorption und zum Transfer von Wissen. Wenn das relevante Wissen in der Unternehmung auf verschiedene Bereiche verteilt ist, wird der effiziente Transfer (möglicherweise impliziten) Wissens zur überragenden Determinante der Strukturentscheidung. Hybride Lösungen bestimmen dann die organisatorische Verankerung innovativer Aktivitäten. Bei Innovationsaktivitäten, wie sie im Unternehmungstyp A (forschungsintensive Unternehmung)[11] mit einer Tendenz zur Konzentration der Innovationsaktivitäten ihre Ausprägung finden, wird man deshalb von einer Dominanz des Verselbstständigungs-Modells, beim Unternehmungstyp B (spezialisierte Zulieferer)[12] mit einer Tendenz zur Dispersion von Wissen von einer Dominanz hybrider Formen ausgehen können.

Die aufgezeigten Tendenzen zur organisatorischen Verselbstständigung und zur Hybridform lassen sich konkretisieren, wenn der Grad der Änderungsdynamik[13] in die Betrachtung einbezogen wird. Je häufiger und intensiver Anstöße zur Hervorbringung neuer Produkte und Leistungen mit der Konsequenz einer Anpassung der strategischen Domäne erfolgen und je komplexer die ausgelösten Innovationsaktivitäten sind, desto differenzierter und aufwändiger ist der organisatorische Gestaltungsbedarf. In diesem Sinne ergänzt Abb. 114 die bisher betrachtete Wissensverteilung um den Einfluss der Änderungsdynamik.

---

10) Vgl. hierzu die Ausführungen zur Projektorganisation auf S. 488 ff.
11) Vgl. S. 607 f.
12) Vgl. S. 609 f.
13) Auf dieses Merkmal wird zur Systematisierung von Innovationsaktivitäten häufig zurückgegriffen. So unterscheidet Pearson [Innovation] in seiner Typologie unterschiedlicher Formen der Hervorbringung neuer Produkte nach dem Grad der Ungewissheit hinsichtlich des Ergebnisses und des Prozesses.

Wissens-konzentration \ Änderungsdynamik	gering	mittel / hoch
gering	Gruppenmodell	Projektmodell
hoch	Betreuungsmodell	Separationsmodell

Abb. 114: Formen innovationsfördernder Organisationsstrukturen

Bei hoher Wissenskonzentration und hoher Änderungsdynamik besteht eine starke Tendenz zur Verselbständigung der innovativen Aktivitäten (Separationsmodell). Diese Form ist deshalb bei der Ausprägung der Änderungsdynamik im Unternehmungstyp A vorherrschend. Im nächsten Abschnitt wird dieser Unternehmungstyp hinsichtlich der organisatorischen Verankerung forschungsintensiver Aufgaben für die pharmazeutische Industrie untersucht.

Eine hohe Änderungsdynamik und eine hohe Wissensdispersion führen zur Herausbildung hybrider Formen, wobei der Projektorganisation eine große Bedeutung zukommt. Diese hier als Projektmodell bezeichnete Form beruht auf einem institutionalisierten Kern verselbständigter Innovationsaufgaben, der durch die flexible Einbeziehung spezialisierter Einheiten aus verschiedenen Unternehmungsbereichen erweitert wird. Eine solche in der Praxis üblicherweise für die Produktentwicklung vorgesehene Lösung lässt sich in Unternehmungen vom Typ B (spezialisierte Zulieferer) und in Unternehmungen vom Typ C (Hersteller komplexer Massenprodukte) nachweisen. Auch diese Organisationsform wird im Folgenden detailliert erörtert.

Eine schwächere institutionelle Ausprägung finden innovationsorientierte Strukturen bei geringerer Änderungsdynamik. Die nachzuweisenden Formen sind durch das Bestreben geprägt, möglichst Kosten der Etablierung zu vermeiden. Als Betreuungsmodell wird in Abb. 114 der Fall bezeichnet, in dem eine Einheit, z.B. eine Technologie-Stabsstelle, für die Absorption und Akquisition von technologischem Wissen und für die Auslösung von strategischen Anpassungen verantwortlich ist.

Bei gestreuter Wissensverteilung und geringer Änderungsdynamik fehlt ein mit dem Betreuungsmodell vergleichbarer Fokus. Diese hier als „Gruppenmodell" bezeichnete Form ist auf das Engagement der Unternehmungsleitung oder auf spontane Aktivitäten einzelner Einheiten angewiesen. Beide Formen, das Betreuungsmodell und das Gruppenmodell, werden im Folgenden nicht weiter betrachtet.

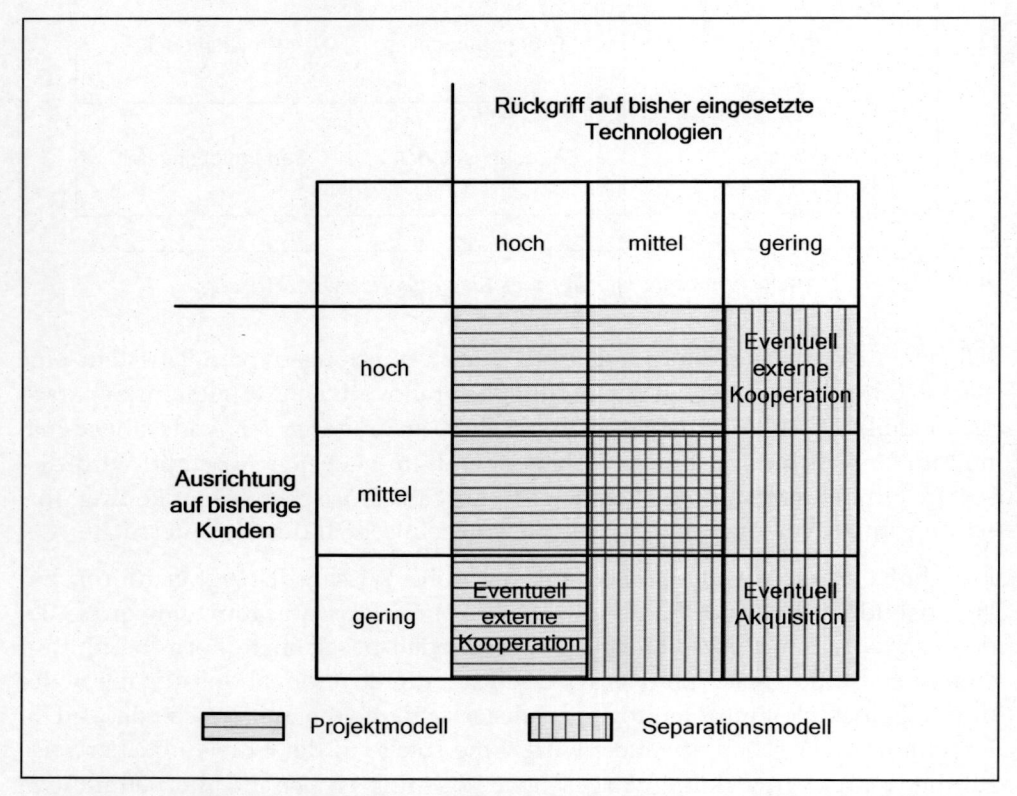

Abb. 115: Organisation der Produktentwicklung im Unternehmungstyp B und C[14]

An dieser Stelle ist ein Hinweis auf die schon bei der Erläuterung der Unternehmungstypen eingeführte Einschränkung[15] angebracht, dass die Form des Projektmodells für Produktentwicklungen empfohlen wird, die sich weitgehend im Rahmen der von der Unternehmung eingesetzten Technologien und bearbeiteten Märkte vollziehen. Abb. 115 verdeutlicht diesen Zusammenhang und zeigt, dass beim Übergang zu neuen Märkten und Technologien das Separationsmodell im Rahmen der betrachteten Branchen zunehmend Bedeutung

---

14) In Anlehnung an Burgelman [Managing] 544.
15) Vgl. S. 604 ff.

erlangt. Die Innovationsaktivitäten werden dann weitgehend in interne „Venture"-Einheiten verlagert. Diese organisatorischen Formen werden im Folgenden nicht betrachtet.[16] Abb. 115 weist in diesem Zusammenhang auch auf den Stellenwert der schon behandelten „externen" Lösungen (Kooperation, Akquisition)[17] hin.

Die bisherige Darstellung innovationsorientierter Aktivitäten konzentrierte sich auf Anpassungen in Form der Hervorbringung neuer Produkte und Leistungen. Ein wesentliches Merkmal dieser Formen ist die Existenz eines externen Marktes, der über Kundenanforderungen Anpassungsdruck erzeugt. Das zukünftige Handlungspotenzial hängt jedoch nicht nur von solchen extern orientierten und beeinflussten Produktneuerungen ab. Auch die Anpassung der Organisationsstruktur an neue Anforderungen ist eine innovative Aufgabe von unternehmungspolitischem Rang. Aus den Merkmalen einer allenfalls mittleren Dynamik, einer ausgeprägten Wissensdispersion und der im Allgemeinen nur schwach ausgeprägten externen Änderungsimpulse ergeben sich besonders anspruchsvolle Gestaltungsanforderungen. Sie werden im Folgenden unter Rückgriff auf das von *Fujimoto* zur Erklärung der Reorganisation der Produktionsstrukturen des japanischen Automobilherstellers *Toyota* entwickelten evolutionstheoretischen Modells erörtert. Der letzte Abschnitt versucht die Beantwortung der Frage nach den Merkmalen von Organisationsänderungen, denen im strengen Sinne der Charakter einer Innovation zugesprochen werden kann.

Verselbständigte Produktforschung (Separationsmodell)

Die organisatorische Verankerung innovativer Aktivitäten nach dem Separationsmodell hat in der Praxis Bedeutung für Unternehmungen, die Forschung betreiben, welche mehr oder weniger dem Bereich der Grundlagenforschung zuzuordnen ist. Bei der Erörterung dieser Organisationsform ist zu berücksichtigen, dass Unternehmungen mit ausgeprägten Aktivitäten im Bereich der Grundlagenforschung, soweit sie marktfähige Produkte hervorbringen wollen[18], immer auch anwendungsorientierte „Entwicklung" betreiben. Deshalb lassen sich im Unternehmungstyp A, der im Weiteren unter Orientierung an forschungsintensive Pharma-Unternehmungen betrachtet wird, nicht alle mit der Herausbringung neuer Produkte verbundenen innovativen Aufgaben nach dem Separationsmodell regeln. Je mehr die auf den Forschungsergebnissen

---

16) Vgl. hierzu Burgelman [Managing]; Tidd/Bessant/Pavitt [Innovation] 297 ff. und Kazanjian/Drazin/Glynn [Strategies].
17) Vgl. S. 625 ff.
18) Damit werden im Folgenden wirtschaftlich selbständige Einheiten, die Forschungsergebnisse vermarkten, nicht betrachtet.

aufbauenden Produktideen konkrete Gestalt annehmen und je mehr sich das Ergebnis dem Stadium der Marktreife nähert, desto größere Bedeutung erlangt das bereichsübergreifende Konzept des Projektmodells Bedeutung für die organisatorische Gestaltung. In der Praxis erweisen sich die Grenzziehung zwischen „Forschung" und produktbezogener „Entwicklung" sowie die Festlegung aussagefähiger Merkmale für die Abgrenzung der Aufgaben häufig als komplexe und konfliktträchtige Probleme.[19]

Für die Pharmaindustrie ist die Unterscheidung verschiedener Phasen im Prozess der Hervorbringung neuer Produkte weit verbreitet. Da die meisten Unternehmungen im globalen Wettbewerb stehen und weltweit die Zulassung neuer Arzneimittel in hohem Maße staatlich reguliert ist, haben sich relativ einheitliche Phaseneinteilungen herausgebildet.[20] Abb. 116 gibt die gegenwärtig verbreitete Phasengliederung wieder. Vereinfacht lassen sich die Phasen der Forschung, der klinischen Entwicklung, der Einführung und der Begleitprüfung unterscheiden.

Die Forschungsphase umfasst die Wirkstoffsuche und die präklinische Entwicklung. Die Wirkstoffsuche will geeignete Wirkstoffkandidaten aufspüren, ihre Eigenschaften untersuchen und die gezielte Veränderung von Wirkstoffstrukturen analysieren. Bei der präklinischen Entwicklung geht es um die chemische Synthese des Wirkstoffs.

Die klinische Entwicklung lässt sich in drei Phasen gliedern. Phase I betrifft Studien zur Sicherheit und Tolerabilität des Wirkstoffs. In Phase II erfolgen die Prüfung auf Wirksamkeit und die Ermittlung des Dosierungsschemas. Prüfungen auf Nebenwirkungen sowie Wechselwirkungen mit anderen Medikamenten werden der Phase III zugeordnet. Der Übergang zwischen den Phasen ist fließend. In Abb. 116 wird mit Blick auf entsprechende organisatorische Regelungen zwischen den Phasen II_a und II_b unterschieden.

Die Einführung umfasst die Zulassung des Medikaments durch eine staatliche Institution sowie die Einführung der Arznei auf dem Markt. Daran schließt sich

---

[19] Überlagert wird diese Problematik in der Praxis häufig von kontroversen Auffassungen zur Frage, wie weit die bereichsübergreifende Verankerung eines „zentralen" Forschungsbereichs sinnvoll ist. Die Auseinandersetzung mit diesen Fragen und insbesondere der Wechsel zwischen „zentralen" und „dezentralen" Lösungen durchzieht die Geschichte aller großen Unternehmungen der Chemieindustrie. Die Studie von Hounshell/Smith [Science] über die Strategie und Organisation der Forschung der *Du Pont Corporation* von 1902 bis 1980 stützt diese These. Aufschlussreich ist auch, welchen Stellenwert bei *Du Pont* schon 1926 das Problem der Abgrenzung von „Grundlagenforschung" für die strategische Ausrichtung und organisatorische Gestaltung hatte (vgl. Hounshell/Smith [Science] 223).
[20] Vgl. Fischer/Breitenbach [Pharmaindustrie] 24 ff.

die Phase IV an, die als Begleitprüfung langfristige Nebenwirkungen aufdecken soll.

```
┌─────────────────────────────────────────┐
│              FORSCHUNG                  │
│         • Wirkstoffsuche                │
│         • präklinische                  │
│           Entwicklung                   │
│                                         │
│              KLINISCHE                  │
│             ENTWICKLUNG                 │
│         • Phase I                       │
│         • Phase IIa                     │
│         • Phase IIb                     │
│         • Phase III                     │
│                                         │
│             EINFÜHRUNG                  │
│         • Zulassung                     │
│         • Markteinführung               │
│                                         │
│           BEGLEITPRÜFUNG                │
│         • Phase IV                      │
└─────────────────────────────────────────┘
```

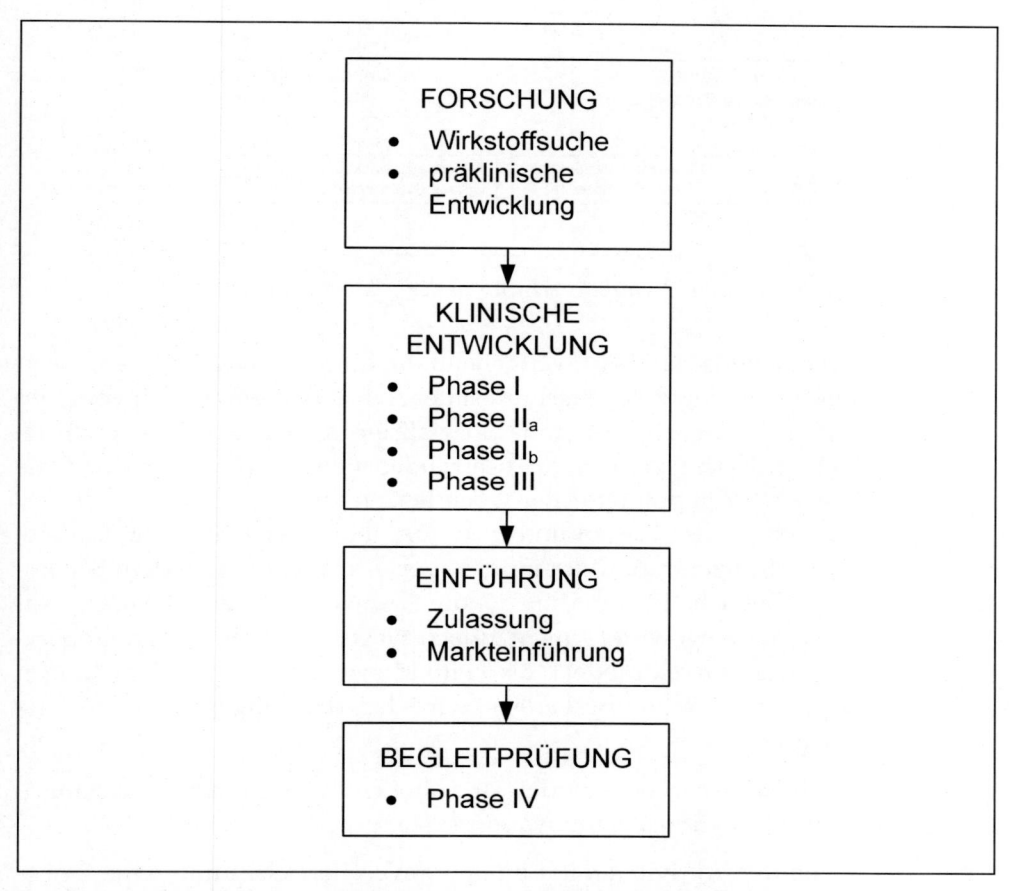

Abb. 116:   Phasen des Innovationsprozesses in der Pharmaindustrie

Informationsgespräche in einer großen deutschen Pharmaunternehmung lassen den Schluss zu, dass die Grenze zwischen den Phasen II_a und II_b für die Kompetenzregelung besonders bedeutsam ist. In der fraglichen Unternehmung werden die so gebildeten Prozessbereiche organisatorisch in Form der Bereiche „Discovery" (bis Phase II_a) und „Development & Compliance" (ab Phase II_b) verselbständigt. In Abb. 117 werden die Bezeichnungen „Forschung/Explorative Entwicklung" und „Anwendungsentwicklung/Markteinführung" gewählt.

```
                    Forschung und Entwicklung
                   /                          \
         Forschung /                    Anwendungsentwicklung /
      Explorative Entwicklung              Markteinführung
        /           \                   /          |          \
   Forschung   Klinische Entwicklung  Klinische Entwicklung  Einführung  Begleit-
               (Phase I; Phase IIa)   (Phase IIb; Phase III)              prüfung
```

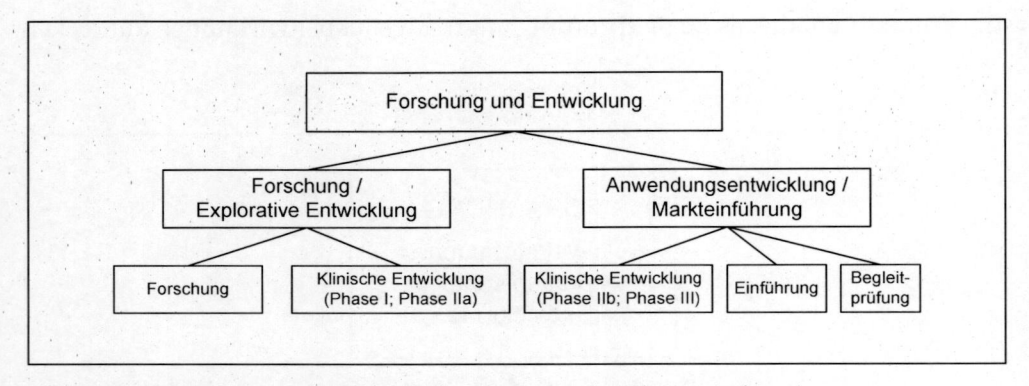

Abb. 117: Organisation der Produktforschung in der Pharmaindustrie

Der Bereich „Forschung" umfasst weitgehend die Innovationsaktivitäten, die in der entwickelten Typologie für forschungsintensive Unternehmungen vom Typ A herausgearbeitet wurden. Der hohe Spezialisierungs- und Professionalisierungsgrad der in diesem Bereich einzusetzenden Personalressourcen und die allenfalls schwach ausgeprägten Interdependenzen zu operativen Bereichen[21] führen auf der Ebene der Gesamtunternehmung oder der Unternehmungsbereiche[22] zu einer Konzentration der innovativen Aktivitäten nach dem Separationsmodell. Im Bereich der in Abb. 117 der „Anwendungsentwicklung" zugeordneten Aktivitäten gewinnt – nicht zuletzt wegen der Einbeziehung operativer Bereiche – das „Projektmodell" als Leitbild organisatorischer Regelungen an Bedeutung. Dieser Regelungsbereich wird bei der folgenden Erörterung nicht berücksichtigt.

Das so zugeordnete Separationsmodell ist in hohem Maße durch die organisatorische Verselbständigung des Innovationssystems gekennzeichnet.

Unabhängig von den Aktivitäten in den operativen Bereichen und ohne Einbeziehung potenzieller Kunden bestimmen die Absorption, der Transfer und die Weiterentwicklung technologischen Wissens die organisatorischen Anforderungen. Externe Schnittstellen beschränken sich weitgehend auf die Kooperation mit externen Forschungsinstitutionen. Das vorherrschende organisatorische Instrument der internen organisatorischen Ausgestaltung des Bereichs bilden

---

21) Zusätzlich gewinnt hier der Gedanke Bedeutung, zur Gewährleistung der Forschungseffizienz diese Bereiche bewusst von den Einflüssen operativer Einheiten abzukoppeln. So wurde bei der 1890 erfolgten Bildung des Zentrallabors der *Bayer AG* in der Satzung ausdrücklich geregelt, dass die Produktionsbereiche keinen Einfluss auf den neuen Forschungsbereich haben (vgl. Hounshell/Smith [Science] 4).

22) Vgl. zu den verschiedenen Formen der Zuordnung und ihrer Begründung Tidd/Bessant/Pavitt [Innovation] 138 ff.

Forschungsteams, deren Mitarbeiter nach ihrer fachlichen Spezialisierung für Projekte zugeordnet werden.[23)] Insofern kann man feststellen, dass auch innerhalb des Separationsmodells Projektstrukturen eine große Bedeutung haben.

Bereichsübergreifende Produktentwicklung (Projektmodell)

Gegenstand dieses Abschnitts sind innovative Aktivitäten („Produktentwicklung"[24)]), wie sie für die Hervorbringung neuer Produkte in den Unternehmungstypen B und C charakteristisch sind. In den zu betrachtenden Unternehmungen ist ein Teil der innovationsorientierten Aktivitäten und Ressourcen organisatorisch dem Entwicklungsbereich, ein anderer Teil dem „operativen" Bereich zugeordnet. Der Entwicklungsbereich ist ganz auf die Hervorbringung neuer Produkte spezialisiert. Der „operative" Bereich nimmt innovative Aktivitäten in Zusammenarbeit mit dem Entwicklungsbereich neben dem „laufenden" Geschäft wahr. Abb. 118 veranschaulicht am Beispiel der Halbleiterbranche die in die Produktentwicklung typischer Weise einbezogenen Bereiche.

Entwicklungsbereich			„operativer" Bereich	
Produkt-definition	Produkt-design	Prozess-design	Produktion	Marketing/ Vertrieb

Abb. 118:   Einbeziehung verschiedener Bereiche in die Produktentwicklung (Halbleiterbranche)

Die in Abb. 118 ausgewiesenen Aktivitäten lassen sich folgendermaßen beschreiben:[25)]

- Produktdefinition

    Spezifikation eines Produktes hinsichtlich der zu erfüllenden Funktionen (z.B. Speicherfunktionen in Computersystemen).

---

23) Vgl. hierzu und zu Anforderungen an die Steuerung solcher Forschungsaktivitäten Cardinal [Innovation].
24) Vgl. zur Abgrenzung dieser Innovationsaktivitäten S. 636 ff.
25) Vgl. Burgelman [Theory] 31 ff.

- Produktdesign

    Struktur eines Produktes (Komponenten und ihre Verknüpfung), von der die Funktionserfüllung abhängt (z.B. Integration von Schaltkreisen in einem Speicherchip).

- Prozessdesign

    Technologie, die eine Abfolge von Verfahrenschritten zur Realisierung des Produktdesign beschreibt (z.B. Auftragen mehrerer Maskenschichten auf einem Speicherchip).

- Produktion

    Herstellung marktfähiger Produkte nach den Parametern des Prozessdesigns unter Einsatz von Anlagen und Personal (z.B. Massenproduktion von Speicherchips).

- Marketing/Vertrieb

    Auswahl ertragreicher Segmente des Absatzmarktes sowie Akquisition und Betreuung von Kunden (z.B. Rahmenverträge über die Lieferung von Speicherchips an Computerhersteller).

Die Modalitäten einer bereichsübergreifenden organisatorischen Ressourcenbündelung bei der Produktentwicklung hängen weitgehend vom strategischen Stellenwert der einzelnen Aktivitäten und der zu berücksichtigenden Interdependenzen ab. Ihre jeweilige Ausprägung ist produktspezifisch, wie die vergleichende Betrachtung von Speicherprodukten und Mikroprozessorprodukten bei der *Intel Corporation* durch *Burgelman*[26]) zeigt. In der ersten Phase der Unternehmungsentwicklung, in der ausschließlich Speicherprodukte hergestellt wurden, kam dem Prozessdesign und der Produktion der größte strategische Stellenwert zu. Zur Förderung einer engen Abstimmung zwischen diesen beiden Funktionen wurden deshalb die Bereiche „Prozessdesign" und „Produktion" räumlich zusammengefasst. Mit dem Wandel vom Speicher- zum Mikroprozessorenhersteller nahm bei *Intel* die strategische Bedeutung der Produktdefinition, des Produktdesigns sowie des Marketings und des Vertriebs zu, Prozessdesign und Produktion hatten ein geringeres strategisches Gewicht. Das strategische Fundament für den Aufbau und die Sicherung von Wettbewerbsvorteilen bilden vor allem die Fähigkeiten im Bereich des Produktdesigns. Während bei den Speicherprodukten der Wettbewerbsvorteil auf der Beherrschung des durch den Werkstoff (Silizium) geprägten Prozessdesigns beruhte, entschied bei den Mikroprozessoren das Produktdesign, d.h. der hochkomplexe

---

[26]) Burgelman [Strategy] 55 ff.; Burgelman [Theory] 31 ff.

Entwurf logischer Schaltkreis-Architekturen, über den Erfolg am Markt. Die Schnittstelle zwischen Produktdesign und Prozessdesign war im Vergleich zum Speicherprodukt weniger kritisch, wenn auch nach wie vor abstimmungsintensiv. Eine nachhaltige Steigerung erfuhr auf Grund des Abschlusses langfristiger Rahmenverträge der Einfluss des Marketing- und Vertriebsbereichs.

Betrachtet man die in der Praxis für die Produktentwicklung in den Unternehmungstypen B und C entstandenen organisatorischen Lösungen, so lassen sich relativ einheitliche Grundstrukturen erkennen: Ein organisatorisch verselbständigter Entwicklungsbereich übernimmt die Federführung für die Entwicklungsaktivitäten und koordiniert die Einbeziehung von operativen Unternehmungsbereichen sowie von externen Zulieferern über eine Projektorganisation.[27]

Der größte Teil der bei der bereichsübergreifenden Produktentwicklung im Projektmodell zu lösenden Probleme unterscheidet sich nicht von den Prinzipien der statischen Gestaltung der Projektorganisation.[28] Aus der Sicht der dynamischen Organisationsgestaltung stellt die Produktentwicklung vor allem drei besondere Anforderungen. Im Unterschied zu der typischen statischen Gestaltung der Projektorganisation ist im Rahmen der Produktentwicklung das Projekt zumeist sehr komplex und weist in der Anfangsphase keine eindeutig definierten Zielvorgaben auf. Die im vorigen Abschnitt erörterten Probleme der Wahrnehmung von Änderungsbedarf und der Auslösung von Änderungsaktivitäten sind in diesem Zusammenhang von Bedeutung. Die zweite Anforderung liegt in der Notwendigkeit, in der Unternehmung vorhandenes Wissen zu erfassen und in die Produktentwicklung zu integrieren.[29] Näher zu betrachten ist im Folgenden die dritte Anforderung an die dynamische Gestaltung der Produktentwicklung. Sie liegt in der Steuerung der Projektaktivitäten. Zu diesem Thema ist eine Reihe bemerkenswerter Forschungsbeiträge erschienen.[30] Die folgende Darstellung beschränkt sich auf Studien von *Eisenhardt* und *Tabrizi* sowie von *Iansiti* und *Clark*.

Die empirische Studie von *Eisenhardt* und *Tabrizi*[31] untersucht die Steuerung von Entwicklungsprojekten in der globalen Computerindustrie, in der dem Zeitfaktor, d.h. der Fähigkeit zur Gewährleistung einer möglichst geringen

---

27) Vgl. hierzu die Darstellung von Kunda [Culture] 30 ff.
28) Vgl. hierzu S. 488 ff.
29) Vgl. Almeida/Phene/Grant [Innovation] 364 ff.
30) Vgl. hierzu die Monographien von Clark/Fujimoto [Development]; Brown/Eisenhardt [Competing] und Tushman/O'Reilly [Innovation].
31) Eisenhardt/Tabrizi [Processes].

Entwicklungszeit, eine überragende Bedeutung zukommt.[32] Mit Blick auf die Anforderungen einer solchen Branche untersuchen die Autoren, ob das „Kompressions-Modell" der Projektsteuerung eine leistungsfähige Lösung bildet. Als „Kompressions-Modell" bezeichnen *Eisenhardt* und *Tabrizi* das in weiten Bereichen der Wirtschaft dominierende Konzept der Projektsteuerung, das in der japanischen Automobilindustrie entstanden ist („Lean Production")[33].

Die Autoren charakterisieren das „Kompressions-Modell" durch drei Merkmale. Dem Modell liegt erstens die Annahme zu Grunde, dass sich die Entwicklungsaktivitäten auf eine vorhersehbare Abfolge weitgehend feststehender Entwicklungsschritte zurückführen lassen. Es wird also von einem relativ hohen Grad an Planungssicherheit ausgegangen. Als Prinzip der Beschleunigung der Entwicklung werden zweitens die konsequente Rationalisierung der Prozessstrukturen sowie die systematische Aufdeckung und Ausschöpfung von Zeitreserven angesehen. Vorherrschende Instrumente der Projektsteuerung sind drittens Planung, Einbeziehung der Zulieferer, Einsatz von Informationstechnologie (insbesondere Systeme des Computer Aided Design (CAD)), Überlappung von Teilprozessen und Anreize zur Einhaltung von Terminvorgaben.

Die empirischen Ergebnisse von *Eisenhardt* und *Tabrizi* unterstützen die These, dass unter den Bedingungen einer dynamischen Gestaltung des Entwicklungsbereichs ein Alternativmodell, das man als Konzept der „realisationsnahen Iteration"[34] bezeichnen könnte, überlegen ist: „...moving faster simply by accelerating an existing, albeit streamlined process is unrealistic".[35] In diesem Modell ist die Entwicklung organisatorischer Regelungen für Entwicklungsaktivitäten ganz durch die Bewältigung des hohen Grads an Unsicherheit geprägt. Die Entwicklungsaktivitäten folgen einem von diffusen und wechselhaften Markt- und Technologiebedingungen abhängigen unsicheren Pfad. Das Prinzip zur Beschleunigung der Entwicklungsaktivitäten ist vorrangig darauf ausgerichtet, sicherzustellen, dass die Projektbeteiligten ein Problem möglichst schnell intuitiv erfassen und rasch ein Problemverständnis entwickeln, das den Weg zu aussichtsreichen Lösungen weist. Dabei darf das schnelle Erfassen komplexer, sich ändernder Bedingungen die Fokussierung auf die vorgegebene Entwicklungsaufgabe und ihre engagierte Erfüllung nicht beeinträchtigen. Zur Sicherung der Leistungsmotivation kommt es nach Auffassung der Autoren entscheidend darauf an, allen Beteiligten zu vermitteln, dass das Konzept der realisationsna-

---

32) Die Autoren sprechen von „high-velocity industries"; vgl. Brown/Eisenhardt [Change] 86.
33) Vgl. Clark/Fujimoto [Development]; Stalk/Hout [Time] und S. 512 ff.
34) Eisenhardt/Tabrizi [Processes] sprechen von einem „experiential model".
35) Eisenhardt/Tabrizi [Processes] 91.

hen Iteration Ausdruck der Sicherung der den Wettbewerb bestimmenden Prozessbeschleunigung ist.

Die Steuerungsinstrumente und ihr Einsatz entsprechen diesen Annahmen und Prinzipien. Durch Iteration von Entwicklungslösungen („Prototyping") soll das Verständnis des jeweiligen Entwicklungskonzepts erhöht werden. Eng verbunden mit den Iterationen ist das Prinzip des ausgiebigen Testens; es führt zum frühzeitigen Aufdecken von Fehlern und erhöht das Vertrauen in die Beherrschung der Prozesse. Die Zeitorientierung wird durch häufige (kurzfristige) Vorgaben von „Meilensteinen" gefördert, die ein ständiges Überprüfen des Erreichten bedeuten und in einer unstrukturierten, diffusen Situation einen produktiven Handlungsdruck entfalten. Dieser grundlegende Gedanke der Ziel- und Handlungsfokussierung bei der Verfolgung eines unsicheren Entwicklungspfads erfordert ein durchsetzungsfähiges Projektmanagement.

Während *Eisenhardt* und *Tabrizi* mit dem Konzept der realisationsnahen Iteration verglichen mit den traditionellen Ansätzen zur Produktentwicklung stärker kognitive Elemente einbeziehen, rückt die dynamische Betrachtung der Veränderung von Wissensstrukturen als Ergebnis organisatorischer Gestaltungsmaßnahmen in den Mittelpunkt der Studie von *Iansiti* und *Clark*.[36] Sie finden für den Entwicklungsbereich der Automobil- und der Computerindustrie die These bestätigt, dass Unternehmungen, die im Zeitablauf ihre Wissensbasis hinsichtlich der Bewältigung der Anforderungen der externen und internen Integration systematisch erweitern, bessere Projektergebnisse (Qualität, Prozessdauer, Produktivität) erzielen. Die Integrationseffekte führen die Autoren zurück auf die Verbesserung der Fähigkeit zur Konzeptualisierung von Produkten, die den sich ändernden Erwartungen der Kunden entsprechen, auf die Entwicklung der technologischen Fähigkeiten und auf die Bewältigung der internen Implementierungsprozesse. Die Autoren legen ihrer Studie einen differenzierten Katalog organisatorischer Integrationsmaßnahmen zu Grunde, der hier nicht im Einzelnen erläutert werden kann.

---

36) Iansiti/Clark [Integration]. Einen vergleichbaren Ansatz wählt Pisano [Search] bei der Untersuchung, wie in Unternehmungen der Biotechnologie die Fähigkeit, die zur Produktion eines neu entwickelten Produkts jeweils erforderliche Prozesstechnologie bereitzustellen, entwickelt wird.

III. Innovative Organisationskonzepte

Organisationsinnovationen beziehen sich auf Änderungen von Organisationsstrukturen, die den Charakter der Neuartigkeit aufweisen. Zwar lässt sich jede Änderung als die Überführung einer gegebenen in eine „neue", veränderte Situation beschreiben, jedoch variiert – wie schon herausgearbeitet wurde – der Innovationsgehalt von Änderungen. Auch bereitet es häufig Schwierigkeiten, im konkreten Fall den Innovationsgehalt einer Änderung zu beurteilen. Zwei empirische Probleme erklären diese Tatsache. So ist es einerseits aufwändig, den Umfang und den Grad zu erfassen, mit der eine gegebene Situation verändert wird. Genauso aufwändig ist andererseits die Prüfung der Frage, ob die Änderung innovativ in dem Sinne ist, dass sie in dem definierten Bezugsgebiet zum ersten Mal erfolgt. Zur objektiven Beantwortung dieser beiden Fragen sind Standards zur Beschreibung von Änderungen und letztlich ein zentrales Informationssystem erforderlich. Solche Informationen existieren bisher nur im Bereich technischer Erfindungen als Teil des Patentsystems. Trotz dieser Probleme orientiert sich die folgende Betrachtung von Organisationsinnovationen – im Unterschied zur Interpretation „innovativer" Aktivitäten in vorangegangenen Abschnitten[1] – am objektiven Tatbestand der Neuartigkeit. Es zählt nicht die wahrgenommene, sondern die aus der Sicht eines kompetenten externen Betrachters gegebene Neuartigkeit.

Es bedarf keiner näheren Begründung, dass es gerade bei Managementinnovationen wie der Änderung von Organisationsstrukturen schwierig ist, zu beurteilen, ob eine Änderung wirklich weltweit als neuartig einzustufen ist. Ohne Zweifel wurde der Übergang von der funktionalen zur produktorientierten Organisationsstruktur bei *Du Pont* im Jahre 1921 durch die Verknüpfung von Koordinationseffekten der produktorientierten Kompetenzabgrenzung mit den Motivationseffekten der Erfolgszurechnung seiner Zeit als neuartiges Konzept empfunden.[2] Ob die Einführung der Spartenorganisation allerdings tatsächlich – wie manchmal unterstellt[3] – eine Organisationsinnovation darstellt, ist angesichts der früheren Ansätze zur Etablierung von Profit-Center-Konzepten unter Anwendung des Spartenkonzepts gegen Ende des 19. Jahrhunderts fraglich[4]. Im Falle des allgemein als innovativ eingestuften *Toyota*-Produktionssystems erscheint eine solche Einschätzung nicht minder schwierig.

---

1) Vgl. zur Charakterisierung des zu Grunde gelegten Innovationsbegriffs S. 570 ff.
2) Johnson [Management].
3) Chandler/Tedlow [Capitalism] 670: „They were the first to build this type of structure ...".
4) Vgl. Kocka [Unternehmenverwaltung] 378 ff. zur Einführung der Spartenorganisation bei *Siemens & Halske*.

So verweist beispielsweise *Ohno*, einer der Mitbegründer des *Toyota*-Produktionssystems, auf das Vorbild amerikanischer Supermärkte bei der Entwicklung bestimmter Module des „Kanban"-Systems.[5]

Organisationsinnovationen sind prinzipiell in zwei Erscheinungsformen denkbar. Einerseits lässt sich von Organisationsinnovationen sprechen, sofern neuartige Gestaltungskomponenten eingesetzt werden. Andererseits stellt auch der Einsatz weitgehend bekannter Gestaltungskomponenten eine Organisationsinnovation dar, insoweit die zu Grunde liegenden, in eine Gestaltungsphilosophie eingebetteten Annahmen über die Wirkungen ihres Einsatzes den Charakter der Neuartigkeit aufweisen. Ein Blick auf die neuere historische Entwicklung von Organisationskonzepten zeigt, dass Organisationsinnovationen größtenteils auf innovativen Gestaltungsphilosophien beruhen. Der Fall der Neuentwicklung organisatorischer Gestaltungskomponenten erscheint demgegenüber eher von untergeordneter Relevanz und ist allenfalls in der Analyse der historischen Entwicklung von Organisationskonzepten vom vorindustriellen zum industriellen Zeitalter von Bedeutung. Lediglich im Zuge der aktuellen informationstechnologischen Neuerungen wird erneut das Entstehen innovativer organisatorischer Gestaltungskomponenten diskutiert.[6] Inwieweit allerdings die Fähigkeit, umfangreiche Informationsbestände vorzuhalten und schnell über prinzipiell unbegrenzte Distanzen sowie unabhängig von der zeitlichen Präsenz eines Kommunikationspartners zu übermitteln und abzufragen, tatsächlich innovative organisatorische Gestaltungskomponenten hervorbringt, bleibt abzuwarten.[7]

Dass die Neuentwicklung organisatorischer Gestaltungskomponenten realistischerweise als unwahrscheinlich eingestuft werden muss, lässt sich auch mit Blick auf das eingangs erläuterte Gestaltungsproblem begründen. Betrachtet man die Organisationsgestaltung aus der Perspektive des Kompetenzsystems, dann sind die zu kombinierenden Gestaltungskomponenten in Form von Aufgaben- und Kommunikationskomponenten weitgehend gegeben. Das Prinzip der hierarchischen Problemlösung und die in hohem Maße determinierten Optionen bei der Ausgestaltung der vertikalen und horizontalen Kommunikation setzen für die Einführung neuer Koordinationsformen einen engen Rahmen. Es ist praktisch auszuschließen, dass eine Organisationsform bezüglich der formalen Regelung von Aufgaben und Kommunikation eingesetzt wird, die nicht schon bekannt wäre. Somit bleibt festzuhalten, dass Organisationsinnovationen in aller Regel auf geänderten Wirkungsannahmen beruhen. Innovative organi-

---

5) Ohno [Toyota] 25 ff.
6) Vgl. etwa Hilgers [Stakeholder].
7) Vgl. S. 394 ff.

satorische Gestalter experimentieren mit neuartigen Annahmen über die Verhaltenswirkungen der herangezogenen Gestaltungskomponenten und begründen insofern neuartige Organisationskonzepte. Mit der Abkehr vom Prinzip der Ausschöpfung bewährten Wissens ändern sich tragende Elemente ihrer Gestaltungsphilosophie.

Konzepte zur Erfassung von Organisationsinnovationen

Für die Erfassung des Innovationsgehalts von Organisationskonzepten sind zwei Studien aufschlussreich, die verschiedene Facetten innovativer Änderungen konzeptionell zu erfassen suchen. Der Beitrag von *Henderson* und *Clark*[8] beschäftigt sich mit innovativen Produktentwicklungen und ist dem Bereich des Technologiemanagements zuzuordnen. Gleichwohl sind die Ergebnisse auch für Fragen der organisatorischen Strukturgestaltung wichtig. Die Studie von *Lillrank*[9] setzt sich unmittelbar mit dem innovativen Gehalt von Organisationskonzepten auseinander.

Henderson und *Clark* betrachten Aktivitäten der Produktentwicklung, die sie unter Rückgriff auf die Unterscheidung von Komponentenwissen und Architekturwissen vier Änderungstypen zuordnen. Komponentenwissen bezieht sich auf physisch abgrenzbare Teile eines Produktes mit klar definierten Funktionen. Als Beispiel für eine Komponente nennen die Autoren den Motor in einem Belüftungssystem. Die Prinzipien, nach denen die Komponenten zu einem Gesamtsystem zusammengefügt werden, bilden das Architekturwissen. Durch die Kombination von Änderungsmöglichkeiten auf der Architektur- oder Komponentenebene lassen sich vier Änderungstypen unterscheiden. Sie sind mit der Unterscheidung zwischen Architektur- und Komponentenwissen in Abb. 119 auf das Problem der Organisationsgestaltung übertragen worden.

Da sich jede Organisationsstruktur, formal betrachtet, auf die Verknüpfung von einzelnen Gestaltungskomponenten zu einem Gesamtsystem zurückführen lässt, ist die organisatorische Bedeutung der Typologie von *Henderson* und *Clark* offensichtlich. Bezogen auf die Organisationsgestaltung stellt das Komponentenwissen das Wissen über die zur Verfügung stehenden Gestaltungskomponenten und Annahmen über deren Wirkungseffekte dar. Das Architekturwissen umfasst das Wissen über die möglichen organisatorischen Gesamtlösungen im Sinne von Konfigurationen.[10] Das soll im Folgenden beispielhaft an den in

---

8) Henderson/Clark [Innovation].
9) Lillrank [Transfer].
10) Vgl. auch die Unterscheidung von Objektwissen und Integrationswissen beim Organisationsmanagement durch Frese/Theuvsen [Organisationsmanagement].

Abb. 119 eingeführten inkrementalen, modularen, architektonischen und radikalen Änderungen erläutert werden.

Architekturwissen \ Komponentenwissen	geringfügig verändert (veränderte Wirkungsannahmen ohne neuartige Gestaltungskomponenten)	weit reichend verändert (veränderte Wirkungsannahmen und neuartige Gestaltungskomponenten)
unverändert	inkrementale Änderung	modulare Änderung
verändert	architektonische Änderung	radikale Änderung

Abb. 119 : Typologie organisatorischer Änderungen[11]

Als „inkremental" wird man eine Organisationsänderung bezeichnen können, wenn beispielsweise eine tayloristische Prinzipien anwendende Unternehmung durch den Übergang zu einer neuen Softwaregeneration die Leistungsfähigkeit der zentralen Arbeitsplanung verbessert. Wird eine bisher „konventionell" unterstützte Auftragsabwicklung durch den Einsatz informationstechnologischer Systeme unter Beibehaltung der Prozessstruktur „elektrifiziert", wird man von einer „modularen" Änderung sprechen können. Eine „architektonische" Änderung liegt vor, wenn das computergestützte zentrale PPS-System einer Unternehmung unter Einsatz weiterentwickelter Hard- und Software zu einem dezentralen, auf dem Prinzip der Selbststeuerung von Fertigungssegmenten beruhenden Konzept umgestaltet wird. Als „radikal" kann folgende Änderung bezeichnet werden: Das Verständnis von der Rolle des Mitarbeiters ändert sich von einer tayloristischen zu einer dem mündigen Mitarbeiter betonenden emanzipatorischen Sichtweise. Gleichzeitig wird das bisher gültige Gestaltungskonzept der expertenbestimmten hierarchischen Steuerung durch das Prinzip der marktgeleiteten Selbststeuerung abgelöst.

Während *Henderson* und *Clark* die verschiedenen Wissensbestandteile zur Grundlage ihrer Typologie machen, stellt *Lillrank*[12] mit Blick auf die interorganisationale Übertragung von Organisationswissen die Frage nach den inhaltlichen Besonderheiten einer Organisationskonzeption. Er unterscheidet drei Mo-

---

11) In Anlehnung an Henderson/Clark [Innovation].
12) Lillrank [Transfer].

dule, die eine Organisationskonzeption prägen. Dem *Zielmodul* werden Prinzipien („Erfolgsfaktoren") zugeordnet, die sich aus der jeweils verfolgten Wettbewerbsstrategie ableiten. Das *Strukturmodul* erfasst die eigentliche Umsetzung der verfolgten Ziele durch strategiekonforme Strukturen. Den Kern des Strukturmoduls bilden Gestaltungsprinzipien, die sich auf ein tragendes Integrationskonzept zurückführen lassen.[13] Methoden und Techniken, z.B. Problemlösungstechniken, bilden das *Methodenmodul*.

Mit Blick auf die dargestellten Typologien lässt sich die These vertreten, dass echte Organisationsinnovationen vor allem bei radikalen Änderungen zu erwarten sind. Der begrenzte Lösungsraum für organisatorische Gestaltungen lässt es als eher unwahrscheinlich erscheinen, dass die bloße Einbringung von geändertem Komponentenwissen die Bedingungen der Neuartigkeit erfüllt. Das kann allenfalls bei radikalen informationstechnologischen Neuerungen gegeben sein. Nur die gleichzeitige Einbringung von neuem Komponenten- und Architekturwissen dürfte die bisherige Sichtweise so nachhaltig in Frage stellen und eine so differenzierte Berücksichtigung der individuellen Unternehmungsbedingungen erfordern, dass als Ergebnis der Gestaltung für die betrachtete Unternehmung das Kriterium der Einzigartigkeit erfüllt sein kann. In diesem Fall wird man von einer grundlegenden Änderung der Gestaltungsphilosophie (Strukturmodul im Sinne von *Lillrank*) sprechen können.

Die Aussagefähigkeit der beiden Typologien lässt sich am Beispiel des in Japan entstandenen innovativen Konzepts der Quality Circle verdeutlichen[14]. Es handelte sich dabei zum Entstehungszeitpunkt ohne Zweifel um eine radikale Änderung im Sinne von *Henderson* und *Clark*, deren Auslöser ein verschärfter Wettbewerb war. Auf der Ebene des Komponentenwissens erforderte die strategisch begründete Einhaltung hoher Qualitätsanforderungen angesichts fehlender Spezialisten für anspruchsvolle Qualitätssicherungsmaßnahmen die radikale Überprüfung der bisherigen Einschätzung des Mitarbeiterpotenzials. Als Lösung wurde, unterstützt durch intensive Trainingsmaßnahmen, eine Verlagerung der Qualitätssicherung auf die Ausführungsebene (Vorarbeiter und Arbeiter) entwickelt. Die ungewöhnliche organisatorische Herausforderung bestand darin, das Konzept der Selbststeuerung so zu realisieren, dass die nachhaltige Unterstützung und Realisation der vom Management gesetzten Ziele gewährleistet blieb. Der Kern der so entstandenen Gestaltungsphilosophie liegt vor allem in dem Gedanken, auf der Grundlage geänderter Annahmen über

---

13) Z.B. das Prinzip der konsequenten Förderung organisatorischer Kohäsion durch unmittelbare face-to-face Kommunikation, vgl. Lillrank [Transfer] 975.
14) Vgl. im Einzelnen Lillrank [Transfer].

Kooperations- und Leistungsverhalten und durch Etablierung einer Parallelorganisation die neuen Qualitätsanforderungen zu verwirklichen.[15]

Das Beispiel der Quality Circle bestätigt die in der Literatur wiederholt betonte Einbindung von Organisationsinnovationen in bestehende technologische, kulturelle und ökonomische Rahmenbedingungen. In dieselbe Richtung weist die Charakterisierung des neuartigen japanischen Produktionssystems durch *Liker*, *Fruin* und *Adler*[16], wenn sie die systematische Durchdringung der Produktionsanforderungen, die gruppenbasierte Generierung und Verbreitung von Wissen, die Ausdifferenzierung der Unterstützungsfunktionen bürokratischer Strukturen und die Einbindung des Managementsystems in ein umfassendes Konzept einer pluralistischen Unternehmungsverfassung als kulturgeprägte Bestandteile der Gestaltungsphilosophie herausarbeiten.

Eine solche enge Verzahnung verschiedener Gestaltungskomponenten stellt an die Übertragung eines innovativen Organisationskonzepts auf andere Unternehmungen, Branchen und Länder naturgemäß hohe Anforderungen. Die Herauslösung der innovativen Idee aus ihrer historischen und kulturellen Einbettung in eine die Funktionsfähigkeit der Wirkungsannahmen erhaltenden Weise ist ein komplexer Vorgang.[17] Schon deshalb wäre es verfehlt, die Übernahme in anderen Unternehmungen und Ländern entstandener Organisationsinnovationen als einfaches, wenig inspiriertes Kopieren abzutun. *Westney*[18] hat in ihrer Studie, in der sie den gegen Ende des 19. Jahrhunderts erfolgten Transfer westlicher Organisationskonzepte nach Japan untersucht, auf diesen Aspekt hingewiesen. Der kulturübergreifende Transfer innovativen Organisationswissens beinhaltet somit nicht nur das bloße Übernehmen, sondern auch das kulturelle Anpassen von in anderen Ländern bereits erfolgreich erprobten Konzepten (imitierende Innovation).[19]

Innovative Sicht traditioneller Organisationsstrukturen

Innovativen Organisationskonzepten liegt immer eine Änderung oder Neubewertung bestehender Gestaltungsphilosophien zu Grunde. Das Management lässt sich dann bei seinen Reorganisationen von neuartigen Wirkungsannah-

---

15) Vgl. im Einzelnen Lillrank [Transfer] 981 und generell zum japanischen Produktionskonzept Coriat/Dosi [Learning] 118 ff.
16) Liker/Fruin/Adler [Management].
17) Vgl. hierzu Lillrank [Transfer] und Liker/Fruin/Adler [Management].
18) Westney [Imitation] 6.
19) Aufschlussreich ist in diesem Zusammenhang der Beitrag von Miner/Raghavan (Imitation], der in einem evolutionstheoretischen Bezugsrahmen Variations- und Selektionseffekte bei Imitationsverhalten untersucht.

men leiten. In aller Regel äußern sich innovative Gestaltungsentscheidungen nach „außen" sichtbar in veränderten formalen Organisationsstrukturen. Allerdings führt nicht jede Organisationsinnovation zwangsläufig zu einer nachhaltigen Änderung der formalen Strukturen. Die abschließende Betrachtung soll am Beispiel der produktorientierten Segmentierung, dem Spartenprinzip, deutlich machen, dass sich hinter derselben Struktur ganz unterschiedliche Gestaltungsphilosophien verbergen können – es werden im Sinne von *March* „old certainties"[20] neu bewertet (vgl. Abb. 120).

Bei der Einführung der Spartenorganisation in der US-amerikanischen *Du Pont Company* im Jahre 1921[21] erfolgte der Übergang von der Funktionalorganisation zur Spartenorganisation, von einer Form mit ausgeprägten Interdependenzen zwischen den Unternehmungsbereichen zu einer mit hoher Bereichsautonomie, primär aus der Perspektive der Koordinationseffizienz. Das grundlegende Gestaltungsprinzip dieser Organisationsform ist die Internalisierung von Schnittstellen zur Vereinfachung der horizontalen Koordination. Das so begründete und umgesetzte Spartenkonzept erfuhr schon wenig später bei *General Motors* eine weit reichende Neubewertung und Weiterentwicklung: Das Prinzip der Bereichsautonomie wurde zum Angelpunkt einer Organisationskonzeption, die über die Zurechenbarkeit von Erfolgen, über den bereichsbezogenen Erfolgsausweis, eine ganz auf die Motivationseffizienz ausgerichtete Gestaltungsphilosophie verfolgte. Es entstand ein geschlossenes, die Anreizwirkung des Rechnungswesens in die Organisationsstruktur einbeziehendes innovatives Konzept.[22]

Während die bisher erörterte Interpretation der produktorientierten Organisationsstruktur sich auf die Erzielung von Koordinations- und Motivationseffekten bezieht, „entdeckten" japanische Manager von *Toyota* in den 1960er Jahren die dynamische Dimension der Organisationsstruktur im Zusammenhang mit dem Erwerb und dem Transfer von Wissen. *Levinthal* und *March*[23] eröffnen mit der Einbringung der Lerntheorie in die Bewertung des Spartenkonzepts eine neue Dimension: „Although the transformation from functional to product organizations has usually been justified as a segregating means to enhance control and coordination, it also is a way of segregating experience." Die These von *Levinthal* und *March*, die eine neue organisationstheoretische Sicht des *Toyota*-Systems erlaubt, lautet: Eine enge Segmentkoppelung (intensive Prozessinterdependenzen, funktionale Segmentierung) fördert durch Signaleffekte die Ent-

---

20) Vgl. S. 590 f.
21) Vgl. S. 437 ff.
22) Vgl. Hawkins [Development]; Johnson [Management].
23) Levinthal/March [Myopia] 98.

deckung von Fehlern, eine lose Segmentkopplung (gering ausgeprägte Prozessinterdependenzen) fördert die Diagnose der Fehlerursache (vgl. Abb. 120).

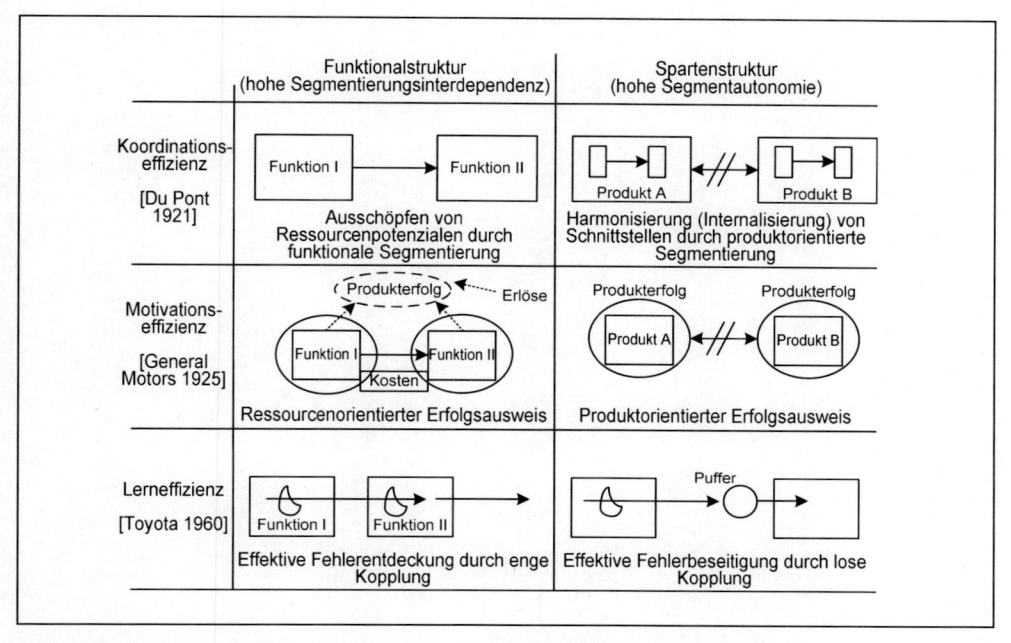

	Funktionalstruktur (hohe Segmentierungsinterdependenz)	Spartenstruktur (hohe Segmentautonomie)
Koordinationseffizienz [Du Pont 1921]	Funktion I → Funktion II Ausschöpfen von Ressourcenpotenzialen durch funktionale Segmentierung	Produkt A ⇥// Produkt B Harmonisierung (Internalisierung) von Schnittstellen durch produktorientierte Segmentierung
Motivationseffizienz [General Motors 1925]	(Produkterfolg) ← Erlöse Funktion I → Funktion II / Kosten Ressourcenorientierter Erfolgsausweis	Produkterfolg Produkterfolg Produkt A // Produkt B Produktorientierter Erfolgsausweis
Lerneffizienz [Toyota 1960]	Funktion I Funktion II Effektive Fehlerentdeckung durch enge Kopplung	Puffer Effektive Fehlerbeseitigung durch lose Kopplung

Abb. 120:   *Effizienzannahmen über das Funktional- und Spartenprinzip*

Levinthal und *March* führen damit über das Konzept der Systemkoppelung, das vor allem auf Arbeiten von *Weick*[24)] zurückgeht, lerntheoretische Elemente zur Erklärung der Steuerung der Aufmerksamkeit in die Organisationsgestaltung ein.

---

24) Weick [Organization].

Verzeichnisse

Symbolverzeichnis

1. Mathematisch-logische Zeichen

$\{\ldots\}$	„Menge"
$\emptyset$	„leere Menge"
$\in$	„Element aus"
$\notin$	„kein Element aus"
$\subset$	„Teilmenge von"
$A \times B$	kartesisches Produkt der Mengen A und B $\{(a, b) \ /\ a \in A, b \in B\}$
$P(A)$	Potenzmenge (Menge aller Teilmengen) von A
$\cup, \cup$	(mengentheoretische) Vereinigung
$\cap, \cap$	(mengentheoretischer) Durchschnitt
$\frown$	(logische) Implikation
$\frown$	(logische) Äquivalenz
$\exists$	Existenzquantor: „Es gibt mindestens ein ..."
$\forall$	Allquantor: „Für alle ..."
$\equiv$	„entspricht"
$\neq$	„ungleich"

2. Bezeichnungen im Entscheidungsmodell

R	Menge der Ressourcensituationen
$r\ (\in R)$	Ressourcensituation
X	Menge der möglichen Umweltzustände
$x\ (\in X)$	Umweltzustand
H^*	Menge der technisch möglichen Handlungen
$H\ (\subset H^*)$	Menge der relevanten Handlungen
$h\ (\in H^*)$	Handlung
E^*	Menge der technisch möglichen Endzustände

$E (\subset E^*)$	Menge der relevanten Endzustände
$e (\in E^*)$	Endzustand
$Sa (\subset E^*)$	Sachziel
E_i	Entscheidungseinheit (Index i)
$p(A)$	Partition (Zerlegung) der Menge A
$\prec$	„feiner als"
p_i	Feinheit der Informationsstruktur einer Entscheidungseinheit (Index i)
$\mathsf{E} \subset \mathsf{P}(E)$	Menge aller von der Entscheidungseinheit betrachteten Ergebnisbereiche
$e' \in p(E)$	Zu einem Element zusammengefasste Endzustände zwischen denen nicht unterschieden wird
F	Formalziel $F = ((Z, \leq), N)$
$n \in N$	Nutzenwert
$(Z, \leq)$	Präferenz (beliebige, geordnete Menge, zumeist $Z = \Re$ Menge der reellen Zahlen)
ntz_fkt:	Nutzenfunktion $\quad ntz\_fkt: E \to N$ $\quad\quad\quad\quad\quad\quad\quad\quad (e) \to n$
hnd_fkt:	Handlungsfunktion $hnd\_fkt: X \times H^* \to E^*$ $\quad\quad\quad\quad\quad\quad\quad\quad\quad\quad (x, h) \to e$

Literaturverzeichnis

ABRAHAMSON, Eric; FOMBRUN, Charles: *Macrocultures*: Determinants and Consequences. In: The Acadamy of Management Review, 19. Jg. 1994, S. 728-756.

ADLER, Paul S.: Interdepartmental *Interdependence* and Coordination. The Case of the Design/Manufacturing Interface. In: Organization Science, 6. Jg. 1995, Nr. 2, S. 147-167.

ADLER, Paul S.: Building Better *Bureaucracies*. In: Academy of Management Executive, 13. Jg. 1999, Nr. 4, S. 36-47.

ADLER, Paul S.: The Sociological *Ambivalence* of Bureaucracy: From Weber to Gouldner to Marx. In: Organization Science, Articles in Advance, http://orgsci.journal.informs.org/cgi/reprint/orsc.1100.0615v1; Download: 22. April 2011.

ADLER, Paul S.; BORYS, Bryan: Two *Types* of Bureaucracy: Enabling and Coercive. In: Administrative Science Quarterly, 41. Jg. 1996, S. 61-89.

ADLER, Paul S.; COLE, Robert S.: Designed for *Learning*: A Tale of Two Auto Plants. In: Sloan Management Review, 34. Jg. 1993, Nr. 3, S. 85-94.

ADLER, Paul S.; GOLDOFTAS, Barbara; LEVINE, David I.: *Flexibility* Versus Efficiency? A Case Study of Model Changeovers in the Toyota Production System. In: Organization Science, 10. Jg. 1999, S. 43-68.

AFUAH, Allan: Dynamic *Boundaries* of the Firm: Are Firms better of Being Vertically Integrated in the Face of a Technological Change? In: Academy of Management Journal, 44. Jg. 2001, S. 1211-1228.

AGUILAR, Francis J.: *Scanning* the Business Environment. New York - London 1967.

AHUJA, Gautam: Collaboration *Networks*, Structural Holes, and Innovation: A Longitudinal Study. In: Administrative Science Quarterly, 45. Jg. 2000, S. 425-455.

AIGLE, Thomas; MARZ, Lutz: *Automobilität* und Innovation. Versuch einer interdisziplinären Systematisierung. WZB Discussion Paper. Berlin 2007.

ALBACH, Horst: Die *Koordination* der Planung im Großunternehmen. In: Rationale Wirtschaftspolitik und Planung in der Wirtschaft von heute, Schriften des Vereins für Sozialpolitik, Neue Folge, Band 45, hrsg. von Erich Schneider, Berlin 1967, S. 332-438.

ALBY, Tom: *Web 2.0*. Konzepte, Anwendungen, Technologien. 3. Aufl., München 2008.

ALCHIAN, Armen A.; DEMSETZ, Harold: *Production*, Information Costs, and Economic Organization. In: American Economic Review, 62. Jg. 1972, S. 777-795.

ALCHIAN, Armen A.; WOODWARD, Susan: The *Firm* is Dead; Long Live the Firm: A Review of Oliver E. Williamson 'The Economic Institutions of Capitalism'. In: Journal of Economic Literature, 26. Jg. 1988, Nr. 2, S. 65 - 79.

ALDRICH, Howard E.: *Organizations* Evolving. London u.a. 1999.

ALLEN, Stephen A.: Corporate - Divisional *Relationships* in Highly Diversified Firms. In: Studies in Organization Design, hrsg. von Jay W. Lorsch und Paul R. Lawrence, Homewood, ILL 1970, S. 16-35.

ALLEN, Thomas J.: Organizational *Structure*, Information Technology and R&D Productivity. In: IEEE, Transactions on Engineering Management, Jg. EM-33. 1986, S. 212-217.

ALLEN, Thomas J.; HAUPTMAN, Oscar: The *Influence* of Communication Technologies on Organizational Structure: A Conceptual Model for Future Research. In: Information Technology and the Corporation of the 1990s, hrsg. von Thomas J. Allen und Michael S. Scott Morton, New York - Oxford 1994, S. 475-483.

ALLEN, William T.: The Corporate Director's Fiduciary *Duty* of Care and the Business Judgment Rule under U.S. Corporate Law. In: Comparative Corporate Governance. The State of the Art and Emerging Research, hrsg. von Klaus J. Hopt, Hideki Kanda et al., Oxford 1998, S. 307-331.

ALMEIDA, Paul; PHENE, Anupama; GRANT, Rob: *Innovation* and Knowledge Management: Scanning, Sourcing, and Integration. In: The Blackwell Handbook of Organizational Learning and Knowledge Management, hrsg. von Mark Easterby-Smith und Marjorie A. Lyles, Malden, MA - Oxford 2003, S. 356-371.

AMABILE, Teresa M.: A Model of *Creativity* and Innovation in Organizations. In: Research in Organizational Behaviour, 10. Jg. 1988, S. 123-167.

AMABILE, Teresa M.; HILL, Karl G. et al.: The *Work* Preference Inventory: Assessing Intrinsic and Extrinsic Motivational Orientations. In: Journal of Personality and Social Psychology, 66. Jg. 1994, S. 950-967.

ANDERSON, Philip; TUSHMAN, Michael L.: Technological Discontinuities and Dominant *Designs*: A Cyclical Model of Technological Change. In: Administrative Science Quarterly, 35. Jg. 1990, S. 604-633.

ANSOFF, H. Igor: Toward a Strategic *Theory* of the Firm. In: Business Strategy. Selected Readings, hrsg. von Igor H. Ansoff, Harmondsworth 1969, S. 11-40.

ANSOFF, H. Igor; BRANDENBURG, R. G.: A *Language* for Organization Design. In: Management Science, 17. Jg. 1971, B-705 - B-731.

(Deutsche Übersetzung in: Elemente der organisatorischen Gestaltung, hrsg. von Erwin Grochla, Reinbek bei Hamburg 1978, S. 262-288.)

ANTHONY, Robert N.: *Planning* and Control Systems. A Framework for Analysis. Boston 1965.

ANTHONY, Robert N., DEARDEN, John, GOVINDARAJAN, Vijay: Management *Control* Systems. 7. Aufl., Boston, MA 1992.

ARBEITSKREIS DR. KRÄHE: *Konzern*-Organisation. Aufgaben- und Abteilungsgliederung im industriellen Unternehmungsverbund. Köln - Opladen 1952.

ARCHIBALD, Russell D.: Managing High-Technology Programs and *Projects*. 2. Aufl., New York u.a. 1992.

ARGOTE, Linda: Knowledge *Transfer*: A Basis for Competitive Advantage in Firms. In: Organizational Behavior and Human Decision Processes, 82. Jg. 2000, S. 150-169.

ARGOTE, Linda; DARR, Eric: Repositories of *Knowledge* in Franchise Organizations: Individual, Structural, and Technological. In: The Nature and Dynamics of Organizational Capabilities, hrsg. von Giovanni Dosi, Richard R. Nelson und Sidney G. Winter, Oxford 2000, S. 51-68.

ARGYRIS, Chris: *Integrating* the Individual and the Organization. New York 1964.

ARGYRIS, Chris: Double-Loop *Learning*, Teaching, and Research. In: Academy of Management Learning & Education, 1. Jg. 2002, S. 206-218.

ARGYRIS, Chris; SCHÖN, Donald A.: Organizational *Learning*: A Theory of Action Perspective. Reading, MA 1978.

ARMOUR, Henry O.; TEECE, David J.: Organizational *Structure* and Economic Performance: A Test of the Multidivisional Hypothesis. In: Bell Journal of Economics, 9. Jg. 1978, S. 106-122.

ASSMANN, Heinz-Dieter: Corporate *Governance* im Schnittfeld von Gesellschaftsrecht und Kapitalmarktrecht. In: Bankrecht und Kapitalmarkt in der Entwicklung. Festschrift für Siegfried Kümpel, hrsg von Jens Ekkenga, Walther Hadding und Horst Hammen, Berlin 2003, S. 1-17.

BANDURA, Albert: Social *Foundations* of Thought and Action. A Social-Cognitive View. Englewood Cliffs, NJ 1986.

BARDMANN, Theodor M.; GROTH, Torsten (Hrsg): *Organisation*, Management und Beratung. Wiesbaden 2001.

BARNARD, Chester I.: The *Functions* of the Executive. Cambridge, MA. 1938.

BARNEY, Jay B.: *Firm* Resources and Sustained Competitive Advantage. In: Journal of Management; 17. Jg. 1991, Nr. 1, S. 99-120.

BARRIF, Martin L.; GALBRAITH, Jay R.: Intraorganizational Power *Considerations* for Designing Information Systems. In: Accounting, Organizations and Society, 3. Jg. 1978, Nr. 1, S. 15-27.

BARTLETT, Christopher A.; GHOSHAL, Sumantra: *Arbeitsteilung* bei der Globalisierung. In: Harvardmanager, 9. Jg. 1987, Nr. 2, S. 49-59.

BASSANINI, Andrea P.; DOSI, Giovanni: When and How *Chance* and Human Will Can Twist the Arms of Clio: An Essay on Path Dependence in a World of Irreversibilities. In: Path Dependence and Creation, hrsg. von Raghu Garud und Peter Karnøe, Mahwah, NJ - London 2001, S. 41-68.

BAUM, Joel A. C.; POWELL, Walter W.: *Cultivating* an Institutional Ecology of Organizations: Comment on Hannan, Carroll, Dundon, and Torres. In: American Sociological Review, 60. Jg. 1995, S. 529-538.

BAUM, Joel A. C.; DOBBIN, Frank (Hrsg.): *Economics* Meets Sociology in Strategic Management. Stamford, Con. 2000.

BAUMOL, William J.: *Business* Behavior, Value and Growth. New York 1967.

BEBCHUK, Lucian Arye; FRIED, Jesse M.: *Pay* without Performance. The unfulfilled Promise of Executive Compensation. Cambridge, MA - London 2004.

BECK, Thomas: Die *Projektorganisation* und ihre Gestaltung. Diss., Berlin 1996.

BECKER, Fred G.: Innovationsfördernde *Anreizsysteme*. Ein konzeptioneller Beitrag zu einem Innovationsmanagement. In: Zeitschrift für Personalforschung, 1. Jg. 1987, Nr. 1, S. 29-60.

BEIERLE, Christoph; KERN-ISBERNER, Gabriele: *Methoden* wissensbasierter Systeme. Grundlagen, Algorithmen, Anwendungen. 3. Aufl., Wiesbaden 2006.

BENKLER, Yochai: Coase's *Penguin*, or: Linux and the Nature of the Firm. In: Yale Law Journal. 112. Jg. 2002, Nr. 3, S. 369-446.

BENNER, Mary J.; TUSHMAN, Michael L.: *Exploitation*, Exploration, and Process Management: The Producitivity Dilemma Revisited. In: Academy of Management Journal, 28. Jg. 2003, S. 238-256.

BERLE, Adolf A.; MEANS, Gardiner C.: The Modern *Corporation* and Private Property. New York 1932.

V. BERTALANFFY, Ludwig: An *Outline* of General Systems Theory. In: The British Journal for the Philosophy of Science, 1. Jg. 1950, S. 134-165.

BEST, Michael H.: The New *Competition*: Institutions of Industrial Restructuring. Cambridge, MA 1990.

BEUERMANN, Günter: *Zentralisation* und Dezentralisation. In: Handwörterbuch der Organisation, 3. Aufl., hrsg. von Erich Frese, Stuttgart 1992, Sp. 2611-2625.

BEYER, Janice M.: *Ideologies*, Values, and Decision Making in Organisations. In: Handbook of Organizational Design, hrsg. von Paul C. Nystrom und William H. Starbuck, Oxford 1981, S. 166-202.

BLAIR, Margaret M.: *Ownership* and Control. Rethinking Corporate Governance for the Twenty-First Century. Washington D.C. 1995.

BLAU, Peter M. et al.: *Technology* and Organization in Manufacturing. In: Administrative Science Quarterly, 21. Jg. 1976, S. 20-40.

BLEICHER, Knut: *Zentralisation* und Dezentralisation von Aufgaben in der Organisation der Unternehmungen. Berlin 1966.

BLEICHER, Knut: *Organisation*. Strategien - Strukturen - Kulturen. 2. Aufl., Wiesbaden 1991.

BOGERS, Marcel; AFUAH, Allan; BASTIAN, Bettina: *Users* as Innovators: A Review, Critique, and Future Research Directions. In: Journal of Management, 36. Jg. 2010, Nr. 4, S. 857-875.

BOGLE, John C.: *Reflections* on CEO Compensation. In: Academy of Management Perspectives. 22. Jg. 2008, Nr.2, S. 21-25.

BOGSNESS, Bjarte: Implementing beyond *Budgeting*. Unlocking the Performance Potential. New York 2008.

BOISOT, Max H.: *Knowledge* Assets. Securing Competitive Advantage in the Information Economy. Oxford – London 1998.

Van den BOSCH, Frans A.J.; VOLBERDA, Henk W.; DE BOER, Michiel: *Coevolution* of Firm Absorptive Capacity and Knowledge Environment: Organizational Forms and Combinative Capabilities. In: Organization Science, 10. Jg. 1999, S. 551-568.

Van den BOSCH, Frans A.J.; van WIJK, Raymond; VOLBERDA, Henk W.: Absorptive *Capacity* ; Antecedents, Models, and Outcomes. In : The Blackwell Handbook of Organizational Learning and Knowledge Management, hrsg. von Mark Easterby-Smith und Marjorie A. Lyles, Malden, MA - Oxford 2003, S. 278-301.

BOWER, Joseph L.: *Managing* the Ressource Allocation Process. A Study of Corporate Planning and Investment. Boston 1970.

BRECH, E. F. L.: The Balance between *Centralization* and Decentralization in Managerial Control. In: The Balance between Centralization and Decentralization in Managerial Control, hrsg. von H. J. Kruisinga, Leiden 1954, S. 8-23.

BREDE, Helmut: *Gewinn* und Gemeinwohl im Konflikt: Organisatorische Lösungsmöglichkeiten und Chancen. In: Renaissance öffentlicher Wirtschaft, hrsg. von Christina Schaefer und Ludwig Theuvsen, Berlin 2011 (im Druck).

BREHM, Carsten R.: Organisatorische *Flexibilität* der Unternehmung. Bausteine eines erfolgreichen Wandels. Wiesbaden 2003.

BROCKHOFF, Klaus: *Management* organisatorischer Schnittstellen - unter besonderer Berücksichtigung der Koordination von Marketingbereichen mit Forschung und Entwicklung. Göttingen 1994.

BROCKHOFF, Klaus; HAUSCHILDT, Jürgen: *Schnittstellen-Management*. Koordination ohne Hierarchie. In: Zeitschrift Führung und Organisation, 62. Jg. 1993, Nr. 6, S. 396-403.

BROUWER, Tobias: *Zustimmungsvorbehalte* des Aufsichtsrats im Aktien- und GmbH-Recht. Zur Funktion und Wirkweise von Aufsichtsratsvorbehalten im Einheitsunternehmen und im Konzern. Berlin 2008

BROWN, Donaldson: Centralized *Control* with Decentralized Responsibilities. American Management Association, Annual Convention Series, Nr. 57, New York 1927.

(Wiederabdruck in: Managerial Innovation at General Motors, hrsg. von Alfred D. Chandler, New York 1979.)

BROWN, John S.; DUGUID, Paul: Organizational *Learning* and Communities-of-Practice: Toward a Unified View of Working, Learning, and Innovation. In: Organizational Science, 2. Jg. 1991, S. 40-57.

BROWN, Shona L.; EISENHARDT, Kathleen M.: The Art of Continuous *Change*: Linking Complexity Theory and Time-paced Evolution in Relentlessly Shifting Organizations. In: Administrative Science Quarterly, 42. Jg. 1997, S. 1-34.

BROWN, Shona L.; EISENHARDT, Kathleen M.: *Competing* on the Edge. Strategy as Structural Chaos. Boston, MA. 1998.

BRUCKSCHEN, Hans-Hermann: *Verrechnungspreise* in Spartenorganisationen. Frankfurt - Bern 1981.

BRUNS, Beate; KÖNIG, Andreas: Die zukünftige *Entwicklung* von Personal-, Informations- und Trainingsmanagement. Center for Education and New Learning der ZHAW. Zürich 2011. http://pd.zhaw.ch/hop/1137664012.pdf.

BÜHNER, Rolf: *Spartenorganisation*. In: Handwörterbuch der Organisation, 3. Aufl., hrsg. von Erich Frese, Stuttgart 1992, Sp. 2274-2287.

BÜHNER, Rolf: *Strategie* und Organisation. Analyse und Planung der Unternehmensdiversifikation mit Fallbeispielen. 2. Aufl., Wiesbaden 1993.

BURGELMAN, Robert A.: *Managing* the Internal Corporate Venturing Process. In: Sloan Management Review, 25. Jg. 1984, Nr. 2, S. 33-48.

BURGELMAN, Robert A.: Fading Memories: A Process *Theory* of Strategic Business Exit in Dynamic Environments. In: Administrative Science Quarterly, 39. Jg. 1994, S. 24-56.

BURGELMAN, Robert A.: *Strategy* is Destiny. How Strategy-Making Shapes a Company's Future. New York 2002.

BURGELMAN, Robert A.: Strategy as Vector and the *Inertia* of Coevolutionary Lock-in. In: Administrative Science Quarterly, 47. Jg. 2002, S. 325-357.

BURGHARDT, Manfred: *Projektmanagement*. Leitfaden für die Planung, Überwachung und Steuerung von Entwicklungsprojekten. 4. Aufl., Bern - München 1997.

BURLINGAME, John F.: *Information* Technology and Decentralization. In: Harvard Business Review, 39. Jg. 1961, Nr. 6, S. 121-126.

BURNS, James: Effective *Management* of Programs. In: Studies in Organization Design, hrsg. von Jay W. Lorsch und Paul R. Lawrence, Homewood, IL. 1970, S. 140-152.

BURNS, Tom; STALKER, G. M.: The *Management* of Innovation. London 1961.

BURRELL, Gibson; MORGAN, Gareth: Sociological *Paradigms* and Organizational Anaqlysis. Elements of the Sociology of Corporate Life. London 1979.

BURT, Ronald S.: Structural *Holes*: The Social Structure of Competition. Cambridge, MA 1992.

CABLE, John: Capital *Market* Information and Industrial Performance: The Role of West German Banks. In: The Economic Journal, 95. Jg. 1985, S. 118-132.

CABLE, John; YASUKI, Hirohiko: Internal *Organization*, Business Groups and Corporate Performance. In: International Journal of Industrial Organization, 3. Jg. 1985, S. 401-420.

CAMPBELL, John L.; HOLLINGSWORTH, Joseph R.; LINDBERG, Leon N. (Hrsg.): *Governance* of the American Economy. New York 1991

CAMPBELL, John P.; PRITCHARD, Robert D.: *Motivation* Theory in Industrial and Organizational Psychology. In: Handbook of Industrial and Organizational Psychology, hrsg. von Marvin D. Dunnette, Chicago 1976, S. 63-130.

CARDINAL, Laura B.: Technological *Innovation* in the Pharmaceutical Industry: The Use of Organizational Control in Managing Research and Development. In: Organization Science, 12. Jg. 2001, S. 19-36.

CARROLL, Glenn R.: Organizational *Ecology*. In: Annual Review of Sociology, 10. Jg. 1984, S. 71-93.

CARROLL, Glenn R.; HANNAN, Michael T.: The *Demography* of Corporations and Industries. Princeton, NY 2000.

CARTER, Neil; KLEIN, Rudolf; DAY, Patricia: How *Organizations* Measure Success: The Use of Performance Indicators in Government. London - New York 1992.

CHANDLER, Alfred D.: Henry Varnum *Poor*. Philosopher of Management. 1812-1905. In: Men in Business. Essays in the History of Entrepreneurship, hrsg. von William Miller, Cambridge, MA. 1952, S. 254-285.

CHANDLER, Alfred D.: Management *Decentralization*. A Historical Analysis. In: The Business History Review, 30. Jg. 1956, S. 111-174.

CHANDLER, Alfred D.: *Strategy* and Structure. Chapters in the History of the Industrial Enterprise. Cambridge, MA 1962.

(Auszugsweise übersetzt in: Entscheidungstheorie, hrsg. von Eberhard Witte und Alfred Thimm, Wiesbaden 1977, S. 147-180.)

CHANDLER, Alfred D.: The Visible *Hand*. The Managerial Revolution in American Business. Cambridge, MA - London 1977.

CHANDLER, Alfred D.; SALSBURY, Stephen: Pierre S. *DuPont* and the Making of the Modern Corporation. New York u.a. 1971.

CHANDLER, Alfred D.; TEDLOW, Richard S.: The Coming of Managerial *Capitalism*: A Casebook on the History of American Economic Institutions, Homewood, ILL 1985.

CHAPMAN, Dennis: William *Brown* of Dundee, 1791-1864. Management in a Scottish Flex Mill. In: Explorations in Entrepreneurial History, 4. Jg. 1932, S. 119-134.

(Wiederabdruck in: Explorations in Enterprise, hrsg. von Hugh G. J. Aitken, Cambridge, MA. 1965, S. 220-240.)

CHESBROUGH, Henry: Open *Innovation*: The New Imperative for Creating and Profiting from Technology. Boston, MA, 2003.

CHILD, John: Organizational *Structure*, Environment and Performance - The Role of Strategic Choice. In: Sociology, 6. Jg. 1972, S. 1-22.

CHILD, John: *Strategies* of Control and Organization Behavior. In: Administrative Science Quarterly, 18. Jg. 1973, S. 1-17.

Christensen, Clayton M.: The Innovator's Dilemma. When New Technologies Cause Great Firms to Fail. Boston, MA 1997.

CHRISTENSEN, Clayton M.; BOWER, Joseph L.: Customer *Power*, Strategic Investment, and the Failure of Leading Firms. In: Strategic Management Journal, 17. Jg. 1996, S. 197-218.

CLARK, Kim B.: The Interaction of *Design* Hierarchies and Market Concepts on Technological Evolution. In: Research Policy, 14. Jg. 1985, S. 235-251.

CLARK, Kim B.; FUJIMOTO, Takahiro: Product *Development* Performance. Strategy, Organization, and Management in the World Auto Industry. Boston, MA 1991.

CLARK, Kim B.; WHEELWRIGHT, Steven: Organizing and Leading „Heavyweight" Development *Teams*. In: California Management Review, 34. Jg. 1992, Spring, S. 9-28.

CLELAND, David I.; KING, William R.: Systems, *Analysis*, and Project Management. 3. Aufl., New York 1983.

COASE, Ronald H.: The Nature of the *Firm*. In: Economica, 4. Jg. 1937, S. 386-405-

COCKBURN, Iain M.; HENDERSON, Rebecca M.: Absorptive *Capacity*, Coauthoring Behavior, and the Organization of Research in Drug Discovery. In: The Journal of Industrial Economics, 46. Jg. 1998, S. 157-182.

COHEN, Wesley M.; LEVINTHAL, Daniel A.: Absorptive *Capacity*: A New Perspective on Learning and Innovation. In: Administrative Science Quarterly, 35. Jg. 1990, S. 128-152.

COHEN, Wesley M.; LEVINTHAL, Daniel A.: *Fortune* Favors the Prepared Firm. In: Management Science, 40. Jg. 1994, S. 227-251.

COLE, Robert E.: *Managing* Quality Fads: How American Business Learned to Play the Quality Game. New York u.a. 1999.

COLEMAN, James S.: Social *Capital* in the Creation of Human Capital. In: American Journal of Sociology, 94. Jg. 1988, S. 95-120.

CONSTANT, David; SPROULL, Lee; KIESLER, Sara: The *Kindness* of Strangers: The Usefulness of Electronic Weak Ties for Technical Advice. In: Organization Science, 7. Jg. 1996, S. 119-135.

CONVERSE, Philip E.: The *Nature* of Belief Systems in Mass Publics. In: Ideology and Discontent, hrsg. von David. E. Apter, Glencoe 1964, S. 206-261.

COOPER, David J.; ROBSON, Keith: *Accounting*, Professions, and Regulation: Locating the Sites of Professionalization. In: Accounting, Organizations and Society. 31. Jg. 2006, S. 415-444.

COOPER, Robin: When Lean *Enterprises* Collide. Competing through Confrontation. Boston, MA 1995.

CORIAT, Benjamin; DOSI, Giovanni: *Learning* How to Govern and Learning How to Solve Problems: On the Co-Evolution of Competences, Conflicts, and Organizational Routines. In: The Dynamic Firm: The Role of Technology, Strategy, and Regions, hrsg. v. Alfred D. Chandler, Peter Hagström und Örjan Sölvell, Oxford u.a. 1998, S. 103-133.

CREMER, Jörg: *Motivation* in Projekten. Eine empirische Erforschung von Motivations- und Erfolgsursachen im Projektmanagement. Lengerich 2002.

CULNAN, Mary J.; MARKUS, Lynne M.: *Information* Technologies. In: Handbook of Organizational Communication, hrsg. von Frederic M. Jablin et al., Newbury Park u.a. 1987, S. 420-443.

CYERT, Richard M.; MARCH, James G.: A Behavioral *Theory* of the Firm. Englewood Cliffs, NJ 1963.

DAFT, Richard L.; BECKER, Selwyn W.: The Innovative *Organization*: Innovation Adoption in School Organizations. New York u.a. 1978.

DAFT, Richard L.; LENGEL, Robert H.; TREVINO, Linda K.: *Message* Equivocality, Media Selection and Manager Performance: Implications for Information Systems. In: Management Information Systems Quarterly, 11. Jg. 1987, S. 355-366.

DAFT, Richard L.; WEICK, Karl E.: Toward a *Model* of Organizations as Interpretative Systems. In: Acadamy of Management Review, 9. Jg. 1984, S. 284-295.

DALE, Ernest: *Planning* and Developing the Company Organization Structure. New York 1952.

DALTON, Dan R.; HITT, Michael A.; CERTO, S. Trevis; DALTON, Catherine M.: The Fundamental Agency *Problem* and its Mitigation: Independence, Equity, and the Market. In: The Academy of Management Annals. 1. Jg. 2007, S. 1-64.

DAMANPOUR, Fariborz: Organizational Complexity and *Innovation*: Developing and Testing Contingency Models. In: Management Science, 42. Jg. 1996, S. 693-701.

DANIELS, John D.; PITTS, Robert A.; TRETTER, Marietta J.: *Strategy* and Structure of U.S. Multinationals: An Exploratory Study. In: Academy of Management Journal, 27. Jg. 1984, S. 292-307.

DANIELS, John D.; PITTS, Robert A.; TRETTER, Marietta J.: *Organizing* for Dual Strategies of Product Diversity and International Expansion. In: Strategic Management Journal, 6. Jg. 1985, S. 223-237.

DAVENPORT, Thomas H.: *Process* Innovation: Reengineering Work through Information Technology. Boston, MA 1993.

DAVIS, Gerald F.: Managed by the *Markets*. How Finance Reshaped America. Oxford, UK 2009.

DAVIS, Gerald F.; MIZRUCHI, Mark S.: The *Money* Center cannot hold: Commercial Banks in the U.S. System of Governance. In: Administrative Science Quarterly. 44. Jg. 1999, S. 215-239.

DAVIS, Gerald F.; USEEM, Michael: Top *Management*, Company Directors and Corporate Control. In: Handbook of Strategy and Management, hrsg. von Andrew Pettigrew, Howard Thomas und Richard Whittington, London u.a. 2002, S. 232-258.

DEAN, Joel: Profit Performance *Measurement* of Division Managers. In: The Controller, 25. Jg. 1957, Nr. 9, S. 423-449.

DEARDEN, John: *Mirage* of Profit Decentralization. In: Harvard Business Review, 40. Jg. 1962, Nr. 6, S. 140-154.

DEARDEN, John: Cost Accounting and Financial Control *Systems*. 2. Aufl., Reeding MA. 1976.

DECI, Edward L.: Intrinsic *Motivation*. New York 1975.

DEGENER, Margret: *E-Mail*-Management. In: Handbuch Sekretariat und Office-Management. 2. Aufl., hrsg. von Maria Akhavan, Angelika Rodatus and Annette Rompel, Wiesbaden 2009, S. 133-144.

DEISE, Martin V. et al.: Executive's Guide to *E-Business*. From Tactics to Strategy. New York u.a. 2000.

DENIS, Helene: Is the *Matrix* Organization a Cumbersome Structure for Engineering Projects? In: Project Management Journal, 17. Jg. 1986, March, S. 49-55.

DESANCTIS, Gerardine; DICKSON, Gary W.; PRICE, Robert: Information Technology Management. *Perspective*, Focus, and Change in the Twenty-First Century. In: Information Technology and the Future Enterprise, hrsg. von Gary W. Dickson und Gerardine DeSanctis. Upper Saddle River 2001, S. 1-24.

DEWAR, Robert D.; DUTTON, Jane E.: The *Adoption* of Radical and Incremental Innovations: An Empirical Analysis. In: Management Science, 32. Jg. 1986, S. 1422-1433.

DEWETT, Todd; JONES, Gareth R.: The *Role* of Information Technology in the Organization: A Review, Model, and Assessment. In: Journal of Management, 27. Jg. 2001, S. 313-346.

DILLER, Hermann: *Kundenmanagement*. In: Handwörterbuch des Marketing, 2. Aufl., hrsg. von Bruno Tietz, Richard Köhler und Joachim Zentes, Stuttgart 1995, Sp. 1363-1376.

DIMAGGIO, Paul J.; POWELL, Walter W.: The Iron *Cage* Revisited: Institutional Isomorphism and Collective Rationality in Organizational Fields. In: American Sociological Review. 48. Jg. 1983, S. 147-160.

DJELIC, Marie-Laure: Exporting the American *Model*. The Postwar Transformation of European Business, Oxford - New York 1998.

DOERINGER, Peter B.; PIORE, Michael J.: Internal Labor *Markets* and Manpower Analysis. Lexington MA 1971.

DONALDSON, Lex: *Divisionalization* and Size: A Theoretical and Empirical Critique. In: Organization Studies, 3. Jg. 1982, S. 321-337.

DONNELLON, Anne; GRAY, Barbara; BOUGON, Michael E.: *Communication*, Meaning, and Organized Action. In: Administrative Science Quarterly, 31. Jg. 1986, S. 43-55.

DORALT, Peter; GRÜN, Oskar; NOWOTNY, Christian: Die *Rechtsform*. Entscheidung in der Projektorganisation. Wien 1978.

DOSI; Giovanni; NELSON, Richard R.: Evolutionary *Theories*. In: Markets and Organization, hrsg. von Richard Arena und Christian Longhi, Berlin – Heidelberg 1998.

DOUGHERTY, Deborah: Organizing for *Innovation*. In: Handbook of Organization Studies, hrsg. Von Stewart R. Clegg et al., London 1996, S. 424-439.

DRUCKER, Peter F.: *Praxis* des Management. 3. Aufl., Düsseldorf 1962.

DRUCKER, Peter F.: The Coming of the New *Organization*. In: Harvard Business Review, 66. Jg. 1988, Nr. 1, S. 45-53.

DRUMM, Hans J.: Das *Paradigma* der Neuen Dezentralisation. In: Die Betriebswirtschaft, 56. Jg. 1996, S. 7-20.

EBERS, Mark: *Organisationskultur*: Ein neues Forschungsprogramm? Wiesbaden 1985.

EBERS, Mark: *Kontingenzansatz*. In: Handwörterbuch Unternehmensführung und Organisation. 4. Aufl., hrsg. von Georg Schreyögg und Axel v. Werder, Stuttgart 2004, Sp. 653-667

ECCLES, Robert G.: *Control* with Fairness in Transfer Pricing. In: Harvard Business Review, 61. Jg. 1983, Nr. 6, S. 149 - 61.

ECCLES, Robert G.: The Transfer *Pricing* Problem. A Theory for Practice. Lexington - Toronto 1985.

ECCLES, Robert G.: Transfer Pricing as a Problem of *Agency*. In: Principals and Agents: The Structure of Business, hrsg. von John W. Pratt und Richard J. Zeckhauser, Boston 1985, S. 151-186.

ECCLES, Robert G.: The Performance Measurement *Manifesto*. In: Harvard Business Review, 69. Jg. 1991, Nr. 1, S. 131-137.

ECCLES, Robert G.; NOHRIA, N.: Beyond the *Hype*. Rediscovering the Issue of Management. Cambridge, MA. 1992.

EGELHOFF, William G.: *Organizing* the Multinational Enterprise. An Information-Processing Perspective. Cambridge, MA. 1988.

EGELHOFF, William; FRESE, Erich: Understanding Managers' *Preferences* for Internal Markets versus Business Planning: A Comparative Study of German and U.S. Managers. In: Journal of International Management. 15. Jg. 2009, S. 77-91.

EGELHOFF, William; FRESE, Erich: How German, Japanese, and U.S. Executives View Markets and *Planning* as Alternative Coordination Mechanisms. In: Management International Review. (im Druck).

EISENFÜHR, Franz: Zur *Entscheidung* zwischen funktionaler und divisionaler Organisation. In: Zeitschrift für Betriebswirtschaft, 40. Jg. 1970, S. 725-746.

EISENFÜHR, Franz; WEBER, Martin; LANGER, Thomas: Rationales *Entscheiden*. 5. Aufl., Berlin u.a. 2010.

EISENHARDT, Kathleen M.: *Control*: Organizational and Economic Approaches. In: Management Science, 31. Jg. 1985, S. 134-149.

EISENHARDT, Kathleen. M.: Agency *Theory*. Assessment and Review. In: American Management Review, 14. Jg. 1989, S. 57-74.

EISENHARDT, Kathleen M.; TABRIZI, Behnam N.: Accelerating Adaptive *Processes*: Product Innovation in the Global Computer Industry. In: Adminstrative Science Quarterly, 40. Jg. 1995, S. 84-110.

EISENHARDT, Kathleen M.; ZBARACKI, Mark J.: Strategic *Decision* Making.In: Strategic Management Journal. 13. Jg. 1992, S. 17–37.

ELIASSON, Gunnar: *Business* Economic Planning. Theory, Practice and Comparison. Stockholm u.a. 1976.

ELLERMANN, Lutz: *Organisation* von diskontinuierlicher Innovation. Ein ressourcenbasierter Ansatz. Wiesbaden 2010.

ELLIASSON Gunnar: Firm *Objectives*, Controls and Organizations. The Use of Information and the Transfer of Knowledge within the Firm. Dordrecht 1996.

ELLIS, Lynn W.: Temporary *Groups*: An Alternative Form of Matrix Management. In: Matrix Management System Handbook, hrsg. von David I. Cleland, New York 1984, S. 132-150.

EMMANUEL, Clive; OTLEY, David; MERCHANT, Kenneth: *Accounting* for Management Control. 2. Aufl., London u.a. 1995.

EMERY, James C.: Organizational *Planning* and Control: Theory and Technology. London 1969.

ENGELHARDT, Hans Werner: Dienstleistungsorientiertes *Marketing* - Antwort auf die Herausforderung durch neue Technologien. In: Integration und Flexibilität. Eine Herausforderung für die Allgemeine Betriebswirtschaftslehre, hrsg. von Dietrich Adam et al., Wiebaden 1989, S. 269-288.

ENGELS, Maria: *Unternehmen* im Unternehmen. Ein organisatorisches Konzept im internationalen Vergleich. In: Zeitschrift Führung und Organisation, 66. Jg. 1997, S. 218-223.

ENGELS, Maria: Die *Steuerung* von Universitäten in staatlicher Trägerschaft. Eine organisationstheoretische Analyse. Wiesbaden 2001.

ENTORF, Horst; GATTUNG, Florian; MÖBERT, Jochen; PAHLKE, Immanuel: Aufsichtsratsverflechtungen und ihr *Einfluss* auf die Vorstandsbezüge von DAX-Unternehmen. Discussion PaperNo. 08-036. Zentrum für Europäische Wirtschaftsforschung. (ftp://ftp.zew.de/pub./zew-docs/dp/dp08036.pdf).

EREZ, Miriam; EARLEY, P. Christopher: *Culture,* Self-Identy, and Work. New York - Oxford 1993.

EVERSHEIM, Walter: Fertigung, *Organisation* der. In: Handwörterbuch der Organisation, 2. Aufl., hrsg. von Erwin Grochla, Stuttgart 1980, Sp. 680-690.

EWERT, Ralf; WAGENHOFER, Alfred: Interne Unternehmensrechnung, 6. Aufl., Berlin - Heidelberg 2005.

FABER, David: Sloan Rules. Alfred P. *Sloan* and the Triumph of General Motors. Chicago - London 2002.

FELDMAN, Martha; MARCH James G.: *Information* in Organizations as Signal and Symbol. In: Administrative Science Quarterly, 26. Jg. 1981, S. 171-186.

FERRANO, Fabrizio; PFEFFER, Jeffrey; SUTTON, Robert L.: How *Theories* can become Self-fulfilling. In: The Academy of Management Review. 30. Jg. 2005, S. 8-35.

FESER, Björn: *Fertigungssegementierung.* Strategiekonforme Organisationsgestaltung in Produktion und Logistik. Wiesbaden 1999.

FESTINGER, Leon: A *Theory* of Cognitive Dissonance. Stanford, CA 1957.

FIOL, C. Mariene; HUFF, Anne S.: *Maps* for Managers: Where are we? Where do we go from here? In: Journal of Management Studies, 29. Jg. 1992, S. 267-285.

FISCHER, Dagmar; BREITENBACH, Jörg (Hrsg.): Die *Pharmaindustrie.* Heidelberg – Berlin 2003.

FISCHER, Lorenz; WISWEDE, Günter: *Grundlagen* der Sozialpsychologie. 3. Aufl., München - Wien 2009.

FISSENI, Hermann-Josef: *Persönlichkeitspsychologie.* Auf der Suche nach einer Wissenschaft. Ein Theorienüberblick. 4. Aufl., Göttingen u.a. 1998.

FLAMENT, Claude: *Applications* of Graph Theory to Group Structure. Englewood Cliffs, NJ 1963.

FLEßA, Steffen: *Gesundheitsökonomik.* Eine Einführung in das wirtschaftliche Denken für Mediziner. Berlin - Heidelberg 2005.

FLIGSTEIN, Neil: The *Spread* of the Multidivisional Form among Large Firms, 1919 - 1979. In: American Sociological Review, 50. Jg. 1985, S. 377-391.

FLIGSTEIN, Neil: The *Transformation* of Corporate Control. Cambridge, MA - London 1990.

FLIGSTEIN, Neil; MARKOWITZ, Linda: Financial *Reorganization* of American Corporations in the 1980s. In: Sociology and thePublicAagenda, hrsg. von William Julius Wilson, Newbury Park et al. 1993, S. 185-206.

FMRIC – Food Marketing Research and Information Center: *Handbook* for Introduction of Food Traceability Systems: Guidelines for Food Traceability. Second Print, März 2008. http://www.fmric.or.jp/trace/en/handbook_traceability_en.pdf.

FORD, Robert C.; RANDOLPH, Alan W.: Cross-Functional *Structures*: A Review and Integration of Matrix Organization and Project Management. In: Journal of Management, 18. Jg. 1992, S. 267-294.

FRAME, J. Davidson: Managing *Projects* in Organizations. 2. Aufl., San Francisco - London 1995.

FRANKEN, Rolf: *Grundlagen* einer handlungsorientierten Organisationstheorie. Berlin 1982.

FRANKO, Lawrence G.: The European *Multinationals*: A Renewed Challenge to American and British Big Business. London u.a. 1976.

FREELAND, Robert F.: The *Myth* of the M-Form? Governance, Consent, and Organizational Change. In: American Journal of Sociology, 102. Jg. 1996, S. 483-526.

FREMGEN, James M.; LIAO, Shu S.: The *Allocation* of Corporate Indirect Costs. New York 1981.

FRENTRUP, Mechthild: *Transparenz* in Wertschöpfungsketten des Agribusiness: Entwicklung eines Messkonzepts und Evaluierung des Status quo am Beispiel der deutschen Milch- und Fleischwirtschaft. Lohmar - Köln 2008.

FRESE, Erich: Heuristische *Entscheidungsstrategien* der Unternehmungsführung. In: Zeitschrift für betriebswirtschaftliche Forschung, 23. Jg. 1971, S. 283-307.

FRESE, Erich: *Marktinterdependenzen* in Unternehmungen der Investitionsgüterindustrie als organisatorisches Problem. Ergebnisse einer empirischen Untersuchung. In: Zeitschrift für betriebswirtschaftliche Forschung, 37. Jg. 1985, S. 267-290.

FRESE, Erich (unter Mitarbeit von Helmut Mensching und Axel v. Werder): *Unternehmungsführung*. Landsberg/Lech 1987.

FRESE, Erich: *Organisationstheorie*. Historische Entwicklung - Ansätze - Perspektiven. 2. Aufl., Wiesbaden 1992.

FRESE, Erich: *Führung*, Organisation und Unternehmungsverfassung. In: Handwörterbuch der Betriebswirtschaft, 5. Aufl., hrsg. von Waldemar Wittman et al., Stuttgart 1993, Sp. 1284-1299.

FRESE, Erich: *Geschäftssegmentierung* als organisatorisches Konzept. Zur Leitbildfunktion mittelständischer Strukturen für Großunternehmungen. In: Zeitschrift für betriebswirtschaftliche Forschung, 45. Jg. 1993, S. 999-1024.

FRESE, Erich: Die organisationstheoretische *Dimension* globaler Strategien. Organisationstheoretisches Know how als Wettbewerbsfaktor. In: Unternehmensstrategie und Wettbewerb auf globalen Märkten und Thünen-Vorlesung, hrsg. von Manfred Neumann, Berlin 1994, S. 53-80.

FRESE, Erich: Zum *Einfluß* der „neuen" Produktions- und Organisationskonzepte auf die Standortentscheidungen international tätiger Unternehmungen. In: Vereinfachen und Verkleinern. Die neuen Strategien in der Produktion, hrsg. von Gert Zülch, Stuttgart 1994, S. 123-146.

FRESE, Erich: *Dezentralisierung* um jeden Preis? Aktuelle Anmerkungen zu einem Schmalenbach-Thema. In: Betriebswirtschaftliche Forschung und Praxis, 50. Jg. 1998, S. 169-188.

FRESE, Erich: Ausgleichsgesetz der *Planung* und Pretiale Lenkung. Betrachtungen zur Entwicklung der Betriebswirtschaftslehre aus Anlass der Geburtstage von Eugen Schmalenbach und Erich Gutenberg. In: Das Unternehmen im Spannungsfeld von Planung und Marktkontrolle, hrsg. von Erich Frese und Herbert Hax, Zeitschrift für betriebswirtschaftliche Forschung, Sonderheft 44, Düsseldorf – Frankfurt 2000, S. 1-37

FRESE, Erich: Interne *Märkte*. In: Handwörterbuch Unternehmensführung und Organisation, 4. Aufl., hrsg. von Georg Schreyögg und Axel v. Werder, Stuttgart 2004, Sp. 552-560.

FRESE, Erich: Plan- und *Marktsteuerung* in der Unternehmung. Interne Märkte im öffentlich-rechtlichen Rundfunk. Wiesbaden 2004.

FRESE, Erich: Shared *Services*. Worin liegt der Vorteil der Konzentration von Ressourcen in einem ergebnisorientierten Center? In: Organisation und Personal. Festschrift für Rolf Bühner, hrsg. von Horst Wildemann, München 2004, S. 131-158.

FRESE, Erich; GLASER, Horst: Verrechnungspreise in *Spartenorganisationen*. In: Die Betriebswirtschaft, 40. Jg. 1980, S. 109-123.

FRESE, Erich; HEPPNER, Karsten: *Ersatzteilversorgung*. Strategie und Organisation. München 1995.

FRESE, Erich; LEHMANN, Patrick: *Outsourcing* und Insourcing: Organisationsmanagement zwischen Markt und Hierarchie. In: Organisationsmanagement. Neuorientierung der Organisationsarbeit, hrsg. von Erich Frese, Stuttgart 2000, S. 199-238.

FRESE, Erich; LEHMANN, Patrick: Profit *Center*. In: Handwörterbuch Unternehmensrechnung und Controlling, hrsg. von H.-U. Küpper und A. Wagenhofer, Stuttgart 2002, Sp. 1540-1551.

FRESE, Erich; LEHMANN, Patrick: Der koordinierte *Weg* zum Kunden. Konzeption einer strategiekonformen Vertriebsorganisation. In: Marketing-Management und Unternehmensführung. Festschrift für Richard Köhler, hrsg. von Heymo Böhler, Stuttgart 2002, S. 505-546.

FRESE, Erich; LEHNEN, Marc; VALCÁRCEL, Sylvia: *Dienstleistungen* und regionale Reichweite - Zum strategischen Stellenwert von Serviceleistungen bei der Erschließung von Auslandsmärkten. In: Dienstleistungsoffensive - Wachstumschancen intelligent nutzen, hrsg. von Hans-Jörg Bullinger und Erich Zahn, Stuttgart 1998, S. 35-64.

FRESE, Erich; LEHNEN, Marc; VALCÁRCEL, Sylvia: Leistungsindividualisierung im *Maschinenbau*. Eine wettbewerbsstrategische Analyse. In: Zeitschrift für betriebswirtschaftliche Forschung, 51. Jg. 1999, S. 883-903.

FRESE, Erich; MALY, Werner (Hrsg): *Organisationsstrategien* zur Sicherung der Wettbewerbsfähigkeit. Lösungen deutscher Unternehmungen. Zeitschrift für betriebswirtschaftliche Forschung, Sonderheft 33. 1994.

FRESE, Erich; NOETEL, Wolfgang: *Geschäftsfeldstrategie* und Organisation der Auftragsabwicklung. Ergebnisse einer empirischen Untersuchung. In: VDI-Zeitschrift, 133. Jg. 1991, Nr. 10, S. 32-40.

FRESE, Erich; SIMON Robert: *Kontrolle* und Führung. In: Handwörterbuch der Führung, hrsg. von Alfred Kieser, Gerhard Gerber und Rolf Wunderer, Stuttgart 1987, Sp. 1247-1257.

FRESE, Erich; STÖBER, Harald (Hrsg.): E-*Organisation*. Strategische und organisatorische Herausforderungen des Internet. Wiesbaden 2002.

FRESE, Erich; THEUVSEN, Ludwig: *Fertigungsorganisation*. In Handwörterbuch der Produktion, 2. Aufl, hrsg. von Werner Kern, Hans-Horst Schröder und Jürgen Weber, Stuttgart 1996, Sp. 461-473.

FRESE, Erich; THEUVSEN, Ludwig: *Organisationsmanagement*: Wissensbasen und Erscheinungsformen. In: Organisationsmanagement: Neuorientierung der Organisationsarbeit, hrsg. von Erich Frese, Stuttgart 2000, S. 7-40.

FRESE, Erich; V. WERDER, Axel: *Kundenorientierung* als organisatorische Gestaltungsoption der Informationstechnologie. In: Kundennähe durch moderne Informationstechnologien, hrsg. von Erich Frese und Werner Maly, Zeitschrift für betriebswirtschaftliche Forschung, Sonderheft 25, Düsseldorf 1989, S. 1-26.

FRESE, Erich; V. WERDER, Axel: *Zentralbereiche*. Organisatorische Formen und Effizienzbeurteilung. In: Zentralbereiche. Theoretische Grundlagen und praktische Erfahrungen, hrsg. von Erich Frese, Axel v. Werder und Werner Maly, Stuttgart 1993, S. 1-50.

FRESE, Erich; V. WERDER, Axel: *Organisation* als strategischer Wettbewerbsfaktor. Organisationstheoretische Analyse gegenwärtiger Umstrukturierungen. In: Organisationsstrategien zur Sicherung der Wettbewerbsfähigkeit. Lösungen deutscher Unternehmungen, hrsg. von Erich Frese und Werner Maly, Zeitschrift für betriebswirtschaftliche Forschung, Sonderheft 33, Düsseldorf - Frankfurt 1994, S. 1-27.

FRESE, Erich; V. WERDER, Axel; MALY, Werner (Hrsg.): *Zentralbereiche*. Theoretische Grundlagen und praktische Erfahrungen. Stuttgart 1993.

FREY, Bruno; OSTERLOH, Margit: *Sanktionen* oder Seelenmassage? Motivationale Grundlagen der Unternehmensführung. In: Die Betriebswirtschaft. 57. Jg. 1997, S. 307-321.

FRICK, Bernd: *Mitbestimmung*, betriebliche. In: Handwörterbuch Unternehmensführung und Organisation, 4. Aufl., hrsg. von Georg Schreyögg und Axel v. Werder, Stuttgart 2004, Sp. 870-879.

FRITZ, Melanie; FISCHER, Christian: The *Role* of Trust in European Food Chains: Theory and Empirical Findings. In: International Food and Agribusiness Management Review, 10. Jg. 2007, Nr. 2, S. 1-21.

FROST, Jetta: *Märkte* in Unternehmen. Organisatorische Steuerung und Theorien der Firma. Wiesbaden 2005.

FUJIMOTO, Takahiro: The Evolution of a Manufacturing System at *Toyota*. New York – Oxford 1999.

FUJIMOTO, Takahiro: *Evolution* of Manufacturing Systems and ex post Dynamic Capabilities: A Case of Toyota's Final Assembly Operations. In: The Nature and Dynamics of Organizational Capabilities, hrsg. von Giovanni Dosi, Richard. R. Nelson und Sidney G. Winter. Oxford – New York 2000, S. 244-280.

GAGSCH, Siegfried: Probleme der *Partition* und Subsystembildung in betrieblichen Informationssystemen. In: Management-Informationssysteme, hrsg. von Erwin Grochla, Wiesbaden 1972, S. 623-652.

GAITANIDES, Michael: Prozessorganisation. 2. Aufl., München 2007.

GALBRAITH, Jay R.: Environmental and Technological *Determinants* of Organizational Design. In: Studies in Organization Design, hrsg. von Jay W. Lorsch und Paul R. Lawrence, Homewood, ILL 1970, S. 113-139.

GALBRAITH, Jay R.: *Matrix* Organization Designs. In: Business Horizons, 14. Jg. 1971, Nr. 1, S. 29-40.

GALBRAITH, Jay R.: *Designing* Complex Organizations. Reading, MA 1973.

GALBRAITH, Jay R.: *Organization* Design. Reading, MA - Menlo Park 1977.

GALBRAITH, Jay R.: The Value-Adding *Corporation*. Matching Strategy with Structure in Organizing for the Future. In: The New Logic for Managing Complex Organizations, hrsg. von Jay R. Galbraith und Edwin E. Lawler, San Francisco 1993, S. 15-42.

GALBRAITH, Jay R.: *Competing* with Flexible Lateral Organizations. 2. Aufl., Reading, MA. u.a. 1994.

GALBRAITH, Jay R.; KAZANJIAN, Robert K.: *Strategy* Implementation. Structure, Systems and Process. 2. Aufl., St. Paul u.a. 1978.

GALBRAITH, Craig S.; MERRILL, Gregory B.: The *Effect* of Compensation Program and Structure on SBU Competitive Strategy: A Study of Technology-Intensive Firms. In: Strategic Management Journal, 12. Jg. 1991, S. 353-370.

GALUNIC, D. Charles; RODAN, Simon: Resource *Recombinations* in the Firm: Knowledge Structures and the Potential for Schumpeterian Innovation. In: Strategic Management Journal, 19. Jg. 1998, S. 1193–1201.

GARR, Doug: *IBM* Redux. Lou Gerstner and the Business Turnaround of the Decade. Chichester 2000.

GARUD, Raghu; KARNØE, Peter (Hrsg.): *Path* Dependence and Creation. Mahwah, NJ - London 2001

GAVETTI, Giovanni; LEVINTHAL, Daniel: *Looking* Forward and Looking Backward: Cognitive and Experiental Search. In: Administrative Science Quarterly. 45. Jg. 2000, S. 113-137.

GEBERT, Diether: *Kommunikation.* In: Handwörterbuch der Organisation, 3. Aufl., hrsg. von Erich Frese, Stuttgart 1992, Sp. 1110-1121.

GEBERT, Diether: Zwischen *Freiheit* und Ordnung: Widersprüchlichkeit als Motor inkrementalen und transformationalen Wandels in Organisationen – eine Kritik des Punctuated Equilibrium-Modells. In: Organisatorischer Wandel und Transformation. Managementforschung, 10. Band 2000, hrsg. von Georg Schreyögg und Peter Conrad, S. 1-32.

GEBERT, Diether: *Führung* und Innovation. Stuttgart 2002.

GEIBEL, Richard: Computergestützte *Gruppenarbeit.* Die Förderung von Gruppenentscheidungen durch „Group Decision Support Systems". Stuttgart 1993.

GEMÜNDEN, Hans-Georg: *Informationsverhalten.* In: Handwörterbuch der Organisation, 3. Aufl., hrsg. von Erich Frese, Stuttgart 1992, Sp. 1010-1029.

GERLACH, Sabine; SPILLER, Achim; WOCKEN, Christian: *Supplier* Relationship Management in the German Dairy Industry. In: Quality Management in Food Chains, hrsg. von Ludwig Theuvsen, Achim Spiller, Martina Peupert und Gabriele Jahn, Wageningen 2007, S. 449-462.

GERUM, Elmar: *Aufsichtsratstypen.* Ein Beitrag zur Theorie der Organisation der Unternehmensführung. In: Die Betriebswirtschaft, 51. Jg. 1992, S. 719-731.

GERUM, Elmar: Das deutsche *Governance*-System. Eine empirische Untersuchung. Stuttgart 2007.

GHOSHAL, Sumantra: Bad *Management* Theories are Destroying Good Management. In: Learning & Education. 4. Jg. 2005, S. 75-91.

GIEBELER, Rolf; JASPERS, Philipp: *Reform* des Risikomanagements und internen Kontrollsystems durch das BilMoG. Vorträge des Instituts für Unternehmens- und Kapitalmarktrecht. Bucerius Law School. Band 1. Hamburg 2010.

GIOIA, Dennis A.: Conclusion: The *State* of the Art in Organizational Social Cognition. In: The Thinking Organization, hrsg. von Henry S. Sims und Dennis A. Gioia, San Francicso – London 1986, S. 336-356.

GIOIA, Dennis A.; POOLE, Peter P.: *Scripts* in Organizational Behavior. In Academy of Management Review, 9. Jg. 1984, S. 449-459.

GLASMEIER, Amy: Technological *Discontinuities* and Flexible Production Networks: The Case of Switzerland and the World Watch Industry. In: Managing Strategic Innovation and Change, hrsg. von Michael L. Tushman und Philip Anderson, New York 1997, S. 24-42.

GLEICH, Roland; MICHEL, Uwe (Hrsg.): *Organisation* des Controlling. Grundlagen, Praxisbeispiele und Perspektiven. Freiburg i. Br. 2007.

GOBELI, David H.; LARSON, Erik W.: Relative *Effectiveness* of Different Project Structures. In: Project Management Journal, 18. Jg. 1987, Nr. 2, S. 81-85.

GOMBER, P.; SCHMIDT, C.; WEINHARDT, C.: *Synergie* und Koordination in dezentral planenden Organisationen. In: Wirtschaftsinformatik, 38. Jg., 1996, S. 299 - 307.

GOULDNER, Alwin G.: *Patterns* of Industrial Bureaucracy. Glencoe, Ill. 1954.

GOULDNER, Alvin W.: The *Norm* of Reciprocity: A Preliminary Statement. In: American Sociological Review, 25. Jg. 1960, Nr. 2, S. 161-178.

GOULDNER, Alwin G.: Organizational *Analysis*. In: Sociology Today, hrsg. von Robert K. Merton, Leonard Broom, und Leonard S. Cottre, New York 1959, S. 400-428.

GRANOVETTER, Mark S.: The *Strength* of Weak Ties. In: American Journal of Sociology, 6. Jg. 1973, S. 1360-1380.

GRANOVETTER, Mark S.: The Strength of Weak *Ties*. A Network Theory Revisited. In: Social Structure and Network Analysis, hrsg. von P. V. Marsden und N. Lin. Beverly Hills u.a. 1982, S. 105-130.

GRAUMANN, Matthias: Organisationstheoretische *Untersuchung* der Rückversicherung. Ein entscheidungslogisch orientierter Ansatz. Berlin 1999.

GRAUMANN, Matthias: Ziele für die betriebswirtschaftliche *Theoriebildung*. Ein entscheidungstheoretischer Ansatz. Berlin 2004.

GRAUMANN, Matthias: Die *Managementkonzepte* von Ferdinand Piëch und Jack Welch – ein Rekontstruktionsansatz. In: Zeitschrift für betriebswirtschaftliche Forschung, 56. Jg. 2004, S. 282-298.

GRAUMANN, Matthias: Gesellschaftsrechtliche *Anforderungen* an die Informationsgrundlage unternehmerischer Entscheidungen-Versuch einer Konkretisierung unter Einbeziehung betriebswirtschaftlicher Erkenntnisse. In: Corporate Compliance Zeitschrift, 3. Jg. 2010, S. 222-228.

GRAUMANN, Matthias; BEIER, Michael: *Haftungsabwehr* durch "angemessene Information". In: Zeitschrift für Unternehmensberatung. 3. Jg. 2008, S. 198-210.

GRAUMANN, Matthias; LINDERHAUS, Holger; GRUNDEI, Jens: Wann ist die *Risikobereitschaft* bei unternehmerischen Entscheidungen „in unzulässiger Weise überspannt"? In: Betriebswirtschaftliche Forschung und Praxis. 61. Jg. 2009, S. 492-505.

GRAUMANN, Matthias; SIEGER, Christoph: Verdrängen extrinsische *Anreize* die intrinsische Motivation? Eine Übersicht über den Forschungsstand und Konsequenzen für die Gestaltung von Anreizsystemen. In: Personalführung, 37. Jg. 2004, S. 90-97.

GREEN, Sandy Edward: A Rhetorical *Theory* of Diffusion. In: Academy of Management Review. 29. Jg. 2004, S. 653-669.

GREEN, Sandy Edward; LI, Yuan; NOHRIA, Nitin: Suspended in Self-spun *Webs* of Significance: A Rhetorical Model ofIinstitutionalization and Institutionally Embedded Agency. In: Academy of Management Journal. 52. Jg. 2009, S. 11-36.

GRIFFIN, Lynn: The *Effects* of Participatory Budgeting on Both the Attractiveness of Budgetary Compliance and Motivation. In: Advances in Management Accounting 1996, S. 169-187.

GROCHLA, Erwin: Zur *Diskussion* über die Zentralisationswirkung automatischer Datenverarbeitungsanlagen. In: Zeitschrift für Organisation, 38. Jg. 1969, S. 47-53.

GROCHLA, Erwin: *Auswirkungen* der automatisierten Datenverarbeitung auf die Unternehmungsplanung. In: Zeitschrift für betriebswirtschaftliche Forschung, 23. Jg. 1971, S. 719-733.

GROETSCHEL, Eberhard: *Matrixprojektorganisation*: Bedingungen für den erfolgreichen Einsatz in industriellen Großunternehmen. München 1989.

GROSSMAN, Sanford J.; HART, Oliver D.: An *Analysis* of the Principal-Agent Problem. In: Econometrica, 51.Jg. 1983, S. 7-45.

GRUNDEI, Jens: *Effizienzbewertung* von Organisationsstrukturen. Interpretation verhaltenswissenschaftlicher Erkenntnisse am Beispiel der Marktforschung. Wiesbaden 1999.

GRUNER, Kjell; GARBE, Bernd; HOMBURG, Christian: Produkt- und Key-Account-Management als objektorientierte *Formen* der Marketingorganisation. In: Die Betriebswirtschaft, 57. Jg. 1997, Heft 2, S. 234-251.

GUILLEN, Mauro F.: Models of *Management*. Work, Authority, and Organization in a Comparative Perspective. Chicago - London. 1994.

GULATI, Ranjay: *Network* Location and Learning: The Influence of Network Resources and Firm Capabilities on Alliance Formation. In: Strategic Management Journal, 20. Jg. 1999, S. 397-420.

GULICK, Luther: *Notes* on the Theory of Organization. In: Papers on the Science of Administration, hrsg. von Luther Gulick und Lyndall Urwick, New York 1937, S. 1-45.

GUTENBERG, Erich: *Unternehmensführung*. Organisation und Entscheidungen. Wiesbaden 1962.

HABERFELLNER, Reinhard: *Systems* Engineering (SE). Eine Methodik zur Lösung komplexer Probleme. In: Zeitschrift für Organisation, 42. Jg. 1973, S. 373-386.

HACKMAN, J. Richard: The Design of Work *Teams*. In: Handbook of Organizational Behaviour, hrsg. von Jay W. Lorsch, Englewood Cliffs, NJ 1987, S. 315-342.

HACKMAN, J. Richard; LAWLER III, Edward E.: Employee *Reactions* to Job Characteristics. In: Journal of Applied Psychology Monograph, 51. Jg. 1971, S. 259-286.

HACKMAN, J. Richard; OLDHAM, Greg R.: *Work* Redesign. Reading, MA u.a. 1980.

HACKMAN, J. Richard; WAGEMAN, Ruth: Total *Quality* Management. Empirical, Conceptual, and Practical Issues. In: The Quality Movement and Organization Theory, hrsg. von R. E. Cole und W. Richard Scott. Thousand Oaks u.a. 2000, S. 23-47

HAGE, Jerald: An Axiomatic *Theory* of Organizations. In: Administrative Science Quarterly, 10. Jg. 1965, S. 289-320.

(Deutsche Übersetzung: Eine axiomatische Theorie der Organisationen. In: Organisationstheorie, hrsg. von Klaus Türk, Hamburg 1975, S. 103-123.)

HAGE, Jerald; AIKEN, Michael: Relationship of *Centralization* to other Structural Properties. In: Administrative Science Quarterly, 12. Jg. 1967, S. 72-92.

HAHN, Dietger; HUNGENBERG, Harald: PuK. Wertorientierte *Controllingkonzepte*, 6. Aufl., Wiesbaden 2001.

HAHN, Dietger; LAßMANN, Gert: *Produktionswirtschaft* – Controlling industrieller Produktion. Band 1: Grundlagen, Führung und Organisation, Produkte und Produktprogramm, Material und Dienstleistungen. 2. Aufl., Heidelberg 1990.

HALL, Arthur D.: A *Methodology* for Systems Engineering. Princeton, NJ 1962.

HALL, Arthur D.; FAGEN, R. E.: Definition of a *System*. In: General Systems, 1. Jg. 1950, S. 18-28.

HAMBRICK, Donald C.; BRANDON, Gerard L.: Executives *Values*. In: The Executive Effect: Concepts and Methods for Studying Top Managers, hrsg. von Donald C. Hambrick, Greenwich, CT – London 1988, S. 3-34.

HAMMER, Michael: *Reengineering* Work: Don't Automate, Obliterate. In: Harvard Business Review, 68. Jg., Nr. 4, 1990, S. 104-112.

HAN, Shin-Kap: Mimetic *Isomorphism* and its Effect on the Audit Services Market In: Social Forces, 73. Jg. 1994, S. 637-663.

HANNAN, Michael T.; FREEMAN, John: The Population *Ecology* of Organizations. In: American Journal of Sociology, 82. Jg. 1976, S. 929-964.

HANNAN, Michael T.; FREEMAN, John: Structural *Inertia* and Organizational Change. In: American Sociological Review, 49. Jg. 1984, S. 149-164.

HANNAN, Michael T.; PÓLOS, László; CARROLL, Glenn R.: Cascading Organizational *Change*. In: Organization Science. 14. Jg 2003, S. 463–482.

HANSEN, Morten T.: The Search-Transfer *Problem*: The Role of Weak Ties in Sharing Knowledge Across Organization Subunits. In: Administrative Science Quarterly, 44. Jg. 1999, S. 82-111.

HART, Oliver; HOLMSTRÖM, Bengt: The *Theory* of Contracts. In: Advances in Economic Theory, Teil 1, hrsg. von Truman E. Bewley, Cambridge 1987, S. 71-155.

HARVEY, Robert J.: *Job* Analysis. In: Handbook of Industrial and Organizational Psychology. 2. Bd., 2. Aufl., hrsg. von Marvin D. Dunnette und Leaetta M. Hough, Palo Alto, CA. 1991, S. 71-163.

HAUSCHILDT, Jürgen; SALOMO, Sören: *Innovationsmanagement*. 5. Aufl., München 2011.

HAUSCHILDT, Jürgen; KEIM, Gesche: Vom *Promotorenmodell* zum Projektmanagement in Innovationsprozessen. In: Individualisierung als Paradigma. Festschrift für Hans Jürgen Drumm, hrsg. von Christian Scholz, Stuttgart – Berlin - Köln 1997, S. 475-483.

HAWKINS, David F.: The *Development* of Modern Financial Reporting Practices among American Manufacturing Corporations. In: The Business History Review, 37. Jg. 1963, S. 135-167.

HAX, Herbert: Die *Koordination* von Entscheidungen. Ein Beitrag zur betriebswirtschaftlichen Organisationslehre. Köln u.a. 1965.

v. HAYEK, Friedrich A.: *Economics* and Knowledge. In: Economica, 4. Jg. 1937, S. 33-54.

HEDLUND, Gunnar; ROLANDER, D.: *Action* in Heterarchies. New Approaches to Managing the MNC, in: Managing the Global Firm, hrsg. von C. A. Bartlett, Y. Doz und G. Hedlund, London u.a. 1990, S. 15-46.

HEHL, Walter: *Trends* in der Informationstechnologie. Von der Nanotechnologie zu virtuellen Welten. Zürich 2008.

HEINEMANN, Gerrit: Cross-*Channel*-Management. Integrationserfordernisse im Multi-Channel-Handel. 3. Aufl., Wiesbaden 2011.

HEINTZE, Theresa; BRETSCHNEIDER, Stuart: *Information* Technology and Restructuring in Public Organizations: Does Adoption of Information Technology Affect Organizational Structures, Communications, and Decision Making? In: Journal of Public Administration Research and Theory, 10. Jg. 2000, Nr. 4, S. 801-830.

HENDERSON, Rebecca M.; CLARK, Kim B.: Architectural *Innovation*: The Reconfiguration of Existing Product Technologies and the Failure of Established Firms. In: Adminstrative Science Quarterly, 35. Jg. 1990, S. 9-30.

HENDRY, John: The Principal's other *Problems:* Honest Incompetence and the Specification of Objectives. In: Academy of Management Review. 27. Jg. 2002, S. 98-113.

HEPPNER, Karsten: *Organisation* des Wissenstransfers. Grundlagen, Barrieren und Instrumente. Wiesbaden 1997.

HICKSON, David J. (Hrsg): *Management* in Western Europe. Berlin u.a. 1993.

HILDEBRAND, Knut: *Informationsmanagement* - Wettbewerbsorientierte Informationsverarbeitung. München – Wien - Oldenburg 1995.

HILGERS, Dennis: *Stakeholder* Innovation – Interaktive Wertschöpfung mit Beitragenden jenseits der organisationalen Grenze. In: Stakeholder-Management in Nonprofit-Organisationen. Theoretische Grundlagen, empirische Ergebnisse und praktische Ausgestaltungen, hrsg. von Ludwig Theuvsen, Reinbert Schauer und Markus Gmür, Linz 2010, S. 311-328.

HILL, Charles W.L.; ROTHAERMEL, Frank T.: The *Performance* of Incumbant Firms in the Face of Radical Technological Innovation. In: Academy of Management Review, 28. Jg. 2003, S. 257-274.

HIRSHLEIFER, Jack: *Economics* of the Divisionalized Firm. In: The Journal of Business, 30. Jg. 1957, S. 96-108.

V. HIPPEL, Eric: Lead *Users*: A Source of Novel Product Concepts. In: Management Science, 32. Jg. 1986, S. 791-805.

V. HIPPEL, Eric: „Sticky *Information*" and the Locus of Problem Solving: Implications for Innovation. In: The Dynamic Firm. The Role of Technology, Strategy, Organization and Regions, hrsg. von Alfred D. Chandler, Peter Hagström und Örjan Sölvell. New York 1998, S. 60-77.

HOFER, Charles W.; SCHENDEL, Dan: *Strategy* Formulation: Analytical Concepts. St. Paul u.a. 1978.

HOFFMANN-BECKING, Rolf: *Risiko* und Risikosteuerung im Aktienrecht. In: Die Wirtschaftsprüfung. Sonderheft 2010, S103-S106.

HOLLAND, Christopher P.; LOCKETT, A. Geoffrey: Mixed Mode Network *Structures*: The Strategic Use of Electronic Communication by Organizations. In: Organization Science, 8. Jg. 1997, S. 475-488.

HOLMSTRÖM, Bengt H.: *Moral* Hazard and Observability. In: Bell Journal of Economics, 10.Jg. 1979, S. 74-91.

HOLMSTRÖM, Bengt; TIROLE, Jean: Transfer *Pricing* and Organization Form. In: Journal of Law, Economics, and Organizations, 7. Jg. 1991, S. 201-228.

HOMMELHOFF, Peter; MATTHEUS, Daniela: Die *Rolle* des Abschlussprüfers bei der Corporate Governance. In: Handbuch Corporate Governance, hrsg. von Peter Hommelhoff, Klaus J. Hopt und Axel v. Werder; Köln - Stuttgart 2003, S. 639-671.

HORNGREN, Charles T.; FOSTER, George; DATAR, Srikant M.: Lost *Accounting*. A Managerial Emphasis. 10. Aufl., Upper Saddle River, NJ 2000

HORVÁTH, Péter; GLEICH, Ronald (Hrsg.): Neugestaltung der *Unternehmungsplanung*. Innovative Konzepte und erfolgreiche Praxislösungen. Stuttgart 2003.

HOSKISSON, Robert E.; GALBRAITH, Craig S.: The *Effect* of Quantum Versus Incremental M-form Reorganization on Performance: A Time-Series Exploration of Intervention Dynamics. In: Journal of Management, 11. Jg. 1985, S. 55-70.

HOSKISSON, Robert E.; HITT, Michael A.; HILL, Charles W. L.: Managerial *Incentives* and Investment in R&D in Large Multiproduct Firms. In: Organization Science, 4. Jg. 1993, S. 325-341.

HOUNSHELL, David A.; SMITH, John Kenly: *Science* and Corporate Strategy. DuPont, 1902-1980. Cambridge u.a. 1988.

HOUT, Thomas; PORTER, Michael E.; RUDDEN, Eileen: How Global *Companies* Win Out. In: Harvard Business Review, 60. Jg. 1982, Nr. 5, S. 98-108.

HOWE, Jeff: *Crowdsourcing*: Why the Power of the Crowd is Driving the Future of Business. New York 2008.

HSU, Li-Ling; Chen, Minder: *Impacts* of ERP Systems on the Integrated-interaction Performance of Manufacturing and Marketing. In: Industrial Management and Data Systems, Bd. 104 2004, Nr. 1, S. 42-55.

HUBER, George P.: A *Theory* of the Effects of Advanced Information Technologies on Organizational Design, Intelligence, and Decision Making. In: Academy of Management Review, 15. Jg. 1990, Nr. 1, S. 47-71.

HÜSCH, Hans-Jürgen: Kundenorientierte *Angebotsabwicklung* in der Investitionsgüter-Industrie. Theoretische und empirische Untersuchung des Zusammenhangs zwischen Wettbewerbsstrategie und Organisationsstruktur. Diss., Köln 1992.

HURLEBAUS, Thomas: Strategiekonforme *Organisationsgestaltung* von Krankenhäusern. Eine theoretische und empirische Analyse. Wiesbaden 2004.

IAFFALDANO, Michelle T.; MUCHINSKY, Paul M.: Job *Satisfaction* and Job Performance: A Metaanalysis. In: Psychological Bulletin, 97. Jg. 1985, S. 251–273.

IANSITI, Mark; CLARK, Kim B.: *Integration* and Dynamic Capability: Evidence from Product Development in Automobiles and Mainframe Computers. In: Industrial and Corporate Change, 3. Jg. 1994, S. 557-605.

ILLGEN, Daniel R.; HOLLENBECK, John R.: The *Structure* of Work Groups: Job Design and Roles. In: Handbook of Industrial and Organizational Psychology. 2. Bd., 2. Aufl. , hrsg. von Marvin D. Dunnette und Leaetta M. Hough, Palo Alto, CA, S. 165-207.

INGLEHART, Ronald; BASAÑEZ, Miguel; MORENO, Alejandro: Human *Values* and Beliefs. A Cross-cultural Sourcebook. Ann Arbor 1998.

ITTNER, Christopher D.; KOGUT, Bruce: How Control *Systems* Can Support Organization Flexibility. In: Redesigning the Firm, hrsg. von Edward H. Bowman und Bruce M. Kogut, New York - Oxford 1995, S. 155-180.

JACQUES, Elliott: *Measurement* of Responsibility. A Study of Work, Payment, and Individual Capacity. London 1956.

JACQUES, Elliott: In *Praise* of Hierarchy. In: Harvard Business Review, 68. Jg. 1990, Nr. 1, S. 127-133.

JANIS, Irving L.: *Victims* of Groupthink. A Psychological Study of Foreign-Policy Decisions and Fiascoes. Boston u.a. 1972.

JENSEN, Michael C.: *Eclipse* of the Public Corporation. In. Harvard Business Review, 67. Jg. 1989, Nr. 5, S. 61–74.

JENSEN, Michael C.: Foundations of Organizational Strategy. Cambridge, MA - London 1998.

JENSEN, Michael C.; MECKLING, William H.: *Theory* of the Firm: Managerial Behavior, Agency Costs and Ownership Structure. In: Journal of Financial Economics, 3. Jg. 1976, S. 305-360.

JENSEN, William H.; MURPHY, Kevin J.: *Performance* Pay and Top-management Incentives. In: Journal of Political Economy. 98. Jg. 1990, S. 225-264.

JENSEN, Michael C.; MURPHY, Kevin J.: *CEO* Incentives – It's not how much you Pay, but how. In: Harvard Business Review. 68. Jg., Nr. 3, 1990, S. 138-149.

JOHNSON, H. Thomas: *Management* Accounting in an Early Multidivisional Organization: General Motors in the 1920s. In: Business History Review, 52. Jg. 1978, S. 490-517.

JOLLY, Vijay K.: Global Competitive *Strategies*. In: Strategy, Organization Design, and Human Resource Management, hrsg. von Charles G. Snow, Greenwich - London 1989, S. 55-109.

JOST, Peter-J.: Die *Prinzipal*-Agenten-Theorie im Unternehmenskontext. In: Die Prinzipal-Agenten-Theorie in der Betriebswirtschaftslehre, hrsg. von Peter-J. Jost, Stuttgart 2001, S. 11-43.

JOSTEN, Franz A.: *Determinanten* von Product-Management-Strukturen. Eine empirische Untersuchung in den USA. Frankfurt – Bern - Las Vegas 1979.

JUNG, Hans: *Personalwirtschaft*. 9. Aufl., München 2011.

KAPLAN, Steven N.: Are U.S. *CEOs* Overpaid? In: Academy of Management Perspectives. 22. Jg. 2008, Nr. 2, S. 5-20.

KAPLAN, Robert S.; COOPER, Robin: *Cost* and Effect. Using Integrated Cost Systems to Drive Profitability and Performance. Boston, MA 1998.

KAPLAN, Robert S.; NORTON, David P.: The Balanced *Scorecard*. Measures that Drive Performance. In: Harvard Business Review, 70. Jg. 1992, Nr. 1, S. 71-79.

KAZANJIAN, Robert K.; DRAZIN, Robert; GLYNN, Mary Ann: Implementing *Strategies* for Corporate Entrepreneurship: A Knowledge-Based Perspective. In: Strategic Entrepreneurship. Creating a New Mindset, hrsg. von Michael A. Hitt, R. Duane Ireland et al., Oxford 2002, S. 172–199.

KEIM, Gesche: *Projektleiter* in der industriellen Forschung und Entwicklung-Theoretische Ansätze und empirische Prüfung. Wiesbaden 1997.

KERZNER, Harold: Project *Management*: A Systems Approach to Planning, Scheduling, and Controlling. 5. Aufl., New York 1996.

KEENEY, Ralph L.: Value-Focused *Thinking*. A Path to Creative Decisionmaking. Cambridge, MA. – London 1992.

KHANDWALLA, Pradip N.: *Uncertainty* and the 'Optimal' Design of Organizations. Unveröff. Beitrag, TIMS XIX. Meeting, Houston, TX 1972.

KIEFER, Katrin: *NGOs* im Social Web – Eine inhaltsanalytische Untersuchung zum Einsatz und Potenzial von Social Media für die Öffentlichkeitsarbeit von gemeinnützigen Organisationen. In: Stakeholder-Management in Nonprofit-Organisationen. Theoretische Grundlagen, empirische Ergebnisse und praktische Ausgestaltungen, hrsg. von Ludwig Theuvsen, Reinbert Schauer und Markus Gmür, Linz 2010, S. 415-426.

KIESER, Alfred: *Myth* and Rhetoric in Management Fashion. In: Organization, 4. Jg. 1997, S. 49-74.

KIESER, Alfred: Wissenschaft und *Beratung*. Heidelberg 2002.

KIESER, Alfred: Max Webers Analyse der *Bürokratie*. In: Organisationstheorien, hrsg. von Alfred Kieser und Mark Ebers, 6. Aufl., Stuttgart 2006, S. 63-92.

KIESER, Alfred; WALGENBACH, Peter: *Organisation*. 6. Aufl., Stuttgart 2010.

KIESER, Alfred; Ebers, Mark: (Hrsg.): *Organisationstheorien*. 6. Aufl., Stuttgart – Berlin - Köln 2006.

KIMBERLY, John R.: Managerial *Innovation*. In: Handbook of Organizational Design, Vol. 1, hrsg. Von Paul Nystrom und WilliamH. Starbuck, Oxford u.a. 1981, S. 84-104.

KIRSCH, Werner; SEIDL, David: *Steuerungstheorie*. In: Handwörterbuch Unternehmensführung und Organisation. 4. Aufl., hrsg. von Georg Schreyögg und Axel v. Werder, Stuttgart 2004, Sp. 1365-1374.

KLATZKY, Sheila R.: *Automation*, Size, and the Locus of Decision-Making: The Cascade Effect. In: Journal of Business, 43. Jg. 1970, S. 141-151.

KLOOCK, Josef: *Verrechnungspreise*. In: Handwörterbuch der Organisation, 3. Aufl., hrsg. von Erich Frese, Stuttgart 1992, Sp. 2554-2572.

KLUCKHOHN, Clyde: *Values* and Value-Orientations in the Theory of Action: An Exploration in Definition and Classification. In: Towards a General Theory of Action, hrsg. von Talcott Parsons and Edward A. Shils, Cambridge, MA 1951, S. 388-433.

KOCH, Helmut: Die zentrale *Globalplanung* als Kernstück der integrierten Unternehmensplanung. In: Zeitschrift für betriebswirtschaftliche Forschung, 24. Jg. 1972, S. 222-252.

KOCKA, Jürgen: *Unternehmensverwaltung* und Angestelltenschaft am Beispiel von Siemens 1847-1914: Zum Verhältnis von Kapitalismus und Bürokratie in der deutschen Industrialisierung. Stuttgart 1969.

V. KOERBER, Eberhard: *Geschäftssegmentierung* und Matrixstruktur im internationalen Großunternehmen. Das Beispiel ABB. In: Zeitschrift für betriebswirtschaftliche Forschung, 45. Jg. 1993, S. 1060-1067.

KÖHLER, Richard: *Marketing-Organisation*. In: Handwörterbuch des Marketing, 2. Aufl., hrsg. von Bruno Tietz, Richard Köhler und Joachim Zentes, Stuttgart 1995, Sp. 1636-1653.

KOGUT, Bruce; ZANDER, Udo: *Knowledge* of the Firm, Combinative, Capabilities, and the Replication of Technology. In: Organization Science, 3. Jg. 1992, S. 383-397.

KOSIOL, Erich: *Organisation* der Unternehmung. Wiesbaden 1962.

KOTTER, John P.: The General *Managers*. New York - London 1982.

KRAATZ, Matthew S.; ZAJAC, Edward J.: How Organizational *Resources* Affect Strategic Change and Performance in Turbulent Environments: Theory and Evidence. In: Organizational Science, 12. Jg. 2001, S. 632-657.

KRAUT, Robert E.; ATTEWELL, Paul: *Media* Use in a Global Corporation: Electronic Mail and Organizational Knowledge. In: Culture of the Internet, hrsg. von Lee S. Kiesler, Mahwah, NJ 1997, S. 323-342.

KREIKEBAUM, Hartmut: *Zentralbereiche*. In: Handwörterbuch der Organisation, 3. Aufl., hrsg. von Erich Frese, Stuttgart 1992, Sp. 2603-2610.

KREISEL, Henning: *Zentralbereiche*. Wiesbaden 1995.

KRONE, Kathleen; JABLIN, Frederic M.; PUTNAM, Linda L.: Communication *Theory* and Organizational Communication: Multiple Perspectives. In: Handbook of Organizational Communication. An Interdisciplinary Perspective, hrsg. von Frederic M. Jablin, Linda L Putnam et al., Newbury Park u.a. 1987, S. 18-40.

KROPFF, Bruno: Die *Unternehmensplanung* im Aufsichtsrat. In: Neue Zeitschrift für Gesellschaftsrecht. 1. Jg. 1998, S. 613-619.

KROPFF, Bruno: *Informationsbeschaffungspflichten* des Aufsichtsrates. In: Festschrift für Thomas Raiser zum 70. Geburtstag, hrsg, von Reinhard Damm et al., Tübingen 2005, S. 225-245.

KRÜGER, Wilfried: *Organisation* der Unternehmung. 3. Aufl., Stuttgart u.a. 1994.

KRÜGER, Wilfried; HOMP, Christian: *Kernkompetenzmanagement* - Steigerung von Flexibiltät und Schlagkraft im Wettbewerb. Wiesbaden 1997.

KRÜGER, Wilfried; V. WERDER, Axel: *Zentralbereiche* - Gestaltungsmuster und Entwicklungstrends in der Unternehmungspraxis. In: Zentralbereiche, hrsg. von Erich Frese, Axel v. Werder und Werner Maly, Stuttgart 1993, S. 235-285.

KUBICEK, Herbert: Bestimmungsfaktoren der *Organisationsstruktur*. In: RKW-Handbuch Führungstechnik und Organisation. Berlin o.J. (Loseblattsammlung). Kennziffer 1412, Lieferung 1980, S. 1-62.

KÜPPER, Willi: *Mikropolitik*. In: Handwörterbuch Unternehmensführung und Organisation, hrsg. Von Georg Schreyögg und Axel v. Werder, Stuttgart 2004, Sp. 861-870.

KUHNER, Christoph: *Unternehmensinteresse* vs. Shareholder Value als Leitmaxime kapitalmarktorientierter Aktiengesellschaften. In: Zeitschrift für Unternehmens- und Gesellschaftsrecht. 33. Jg. 2004, S. 244-279.

KUHNER, Christoph: *Prognosen* in der Betriebswirtschaftslehre. In: Die Aktiengesellschaft. 51. Jg. 2006, S. 713-719.

KUNDA, Gideon: Engineering *Culture*. Control and Commitment in a High-Tech Corporation. Philadelphia 1992.

KUNZ, Jennifer; LINDER, Stefan: Das *Controllability*-Prinzip. In: Wirtschaftswissenschaftliches Studium, 40. Jg. 2011, Nr. 2, S. 100-102.

LANG, Carsten: Organisation der Software-*Entwicklung*. Probleme, Konzepte, Lösungen. Wiesbaden 2004

LANGLEY, Ann; MINTZBERG, Henry et al.: Opening up *Decision* Making: The View from the Black Stool. In: Organization Science, 6. Jg. 1995, S. 260–279.

LARSON, Erik W.; GOBELI, David: Project Management *Structures*: Is there a Common Language? In: Project Management Journal, 16. Jg. 1985, Nr. 2, S. 40-44.

LAßMANN, Arndt: Organisatorische *Koordination*. Konzepte und Prinzipien der organisatorischen Einordnung von Teilaufgaben. Wiesbaden 1992.

LAUX, Helmut; LIERMANN, Felix: *Grundlagen* der Organisation. Die Steuerung von Entscheidungen als Grundproblem der Betriebswirtschaftslehre. 6. Aufl., Berlin u.a. 2005

LATHAM, Gary P.: Motivate Employee *Performance* through Goal-setting. In: The Blackwell Handbook of Principles of Organizational Behavior, hrsg. von Edwin Locke, Oxford 2000, S. 107–119.

LAWRENCE, Paul R.; LORSCH, Jay W.: Organization and *Environment*. Managing Differentiation and Integration. Boston 1967.

LEAVITT, Harold J.; WHISLER, Thomas L.: *Management* in the 1980's. In: Harvard Business Review, 36. Jg. 1958, Nr. 6, S. 41-48.

LEE, John Y.; MONDEN, Yasuhiro: *Kaizen* Costing: Its Structure and Cost Management Functions. In: Advances in Management Accounting 1996, S. 27-40.

LEHMANN, Patrick: Interne *Märkte*. Unternehmungssteuerung zwischen Abwanderung und Widerspruch. Wiesbaden 2002.

LEHNEN, Marc: *Wettbewerbsstrategie* und regionale Reichweite. Internationalisierung mittelständischer Maschinenbauunternehmungen. Wiesbaden 2002.

LENGNICK-HALL, Cynthia A.; LENGNICK-HALL, Mark L.; ABDINNOUR-HELM, Sue: The *Role* of Social and Intellectual Capital in Achieving Competitive Advantage through Enterprise Resource Planning (ERP) Systems . In: Journal of Engineering and Technology Management, 21. Jg. 2004, Nr. 4, S. 307-330.

LEONARD-BARTON, Dorothy: Core *Capabilities* and Core Rigities: A Paradox in Managing New Product Development. In: Strategic Management Journal, 13. Jg. 1992, S. 111-125.

LEUMANN, Peter: Die *Matrix*-Organisation. Unternehmungsführung in einer mehrdimensionalen Struktur. Theoretische Darstellung und praktische Anwendung. Bern - Stuttgart 1979.

LEVENTHAL, Gerald S. (1980): What Should Be Done with *Equity* Theory? New Approaches to the Study of Fairness in Social Relationships. In: Social Exchanges: Advances in Theory and Research, hrsg. von Kenneth J. Gergen; Martin S. Greenberg; Richard H. Willis, New York, S. 27-55.

LEVINSON, Harry: Organizational *Diagnosis*. Cambridge, MA 1972.

LEVINTHAL, Daniel A.: Surviving Schumpeterian *Environments*. In: Evolutionary Dynamics of Organizations, hrsg. von Joel A. C. Baum und Jitendra V. Singh, New York – Oxford 1994, S. 167-178.

LEVINTHAL, Daniel A.: Organizational *Capabilities* in Complex Worlds. In: The Nature and Dynamics of Organizational Capabilities, hrsg. von Giovanni Dosi, Richard R. Nelson und Sidney G. Winter. Oxford – New York 2000, S. 363-379.

LEVINTHAL, Daniel A.; MARCH, James G.: The *Myopia* of Learning. In: Strategic Management Journal, 14. Jg. 1993, S. 95-112.

LEWIN, Kurt; LIPPITT, R.; WHITE, R. K.: *Patterns* of Aggressive Behavior in Experimentally Created „Social Climates". In: Journal of Social Psychology, 10. Jg. 1939, S. 271-299.

LIEDER, Jan: Der *Aufsichtsrat* im Wandel der Zeit. Leitlinien der geschichtlichen Entwicklung sowie der Fortentwicklung des deutschen Aufsichtsratsrechts. Jena 2006.

LIKER, Jeffrey K.; FRUIN, W. Mark; ADLER, Paul S.: Bringing Japanese *Management* Systems to the United States: Transplantation or Transformation? In: Remade in America: Transplanting and Transforming Japanese Management Systems, hrsg. von Jeffrey K. Liker, W. Mark Fruin und Paul S. Adler, New York u.a. 1999, S. 3-35.

LIKERT, Rensis: New *Patterns* of Management. New York – Toronto - London 1961.

LILLRANK, Paul: The *Transfer* of Management Innovations from Japan. In: Organization Science, 16. Jg. 1995, S. 971-989.

LINDSTÄDT, Hagen: Beschränkte *Rationalität*. Entscheidungsverhalten und Organisationsgestaltung bei beschränkter Informationsverarbeitungskapazität. München - Mering 2006.

LOCKE, Edwin A.: The *Nature* and Causes of Job Satisfaction. In: Handbook of Industrial and Organizational Psychology, hrsg. von Marvin D. Dunnette, Chicago 1976, S. 1297–1349.

LOCKE, Edwin A.: Motivation through Conscious *Goal Setting*. In: Applied and Preventive Psychology, 5. Jg. 1996, S. 117–124.

LOCKE, Edwin A.: The *Motivation* to Work: What we Know. In: Advances in Motivation and Achievement. 10. Jg. 1997, S. 375–412.

LOCKE, Edwin A.: Self-set *Goals* and Self-efficacy as Mediators of Incentives and Personality. In: Work Motivation in the Context of a Globalizing Economy, hrsg. von Miriam Erez, Uwe Kleinbeck und Henk Thierry, Mahwah, NJ - London 2001, S. 11–26.

LOCKE, Edwin A.: The Epistemological Side of Teaching *Management*. Teaching through Principles. In: The Acadamy of Management Learning & Education, 1. Jg. 2002, S. 195-205.

LOCKE, Edwin A.; LATHAM, Gary P.: A *Theory* of Goal Setting and Task Performance. Englewood Cliffs, NJ 1990.

LOCKE, Edwin A.; LATHAM, Gary P.: Building a Practically Useful Theory of *Goal* Setting and Task Motivation. In: American Psychologist, 57. Jg. 2002, S. 705–717.

LORD, Robert G.; MAHER, Karen J. Cognitive *Theory* in Indutrial and Organizational Psychology. In: Handbook of Industrial and Organizational Psychology. 2. Bd, 2. Aufl., hrsg. von Marvin D. Dunnette und Leaetta M. Hough, Palo Alto, CA 1991, S. 1-62.

LORSCH, Jay W.; ALLEN, Stephen A.: *Managing* Diversity and Interdependence. An Organizational Study of Multidivisional Firms. Boston, MA 1973.

LORSCH, Jay W. (unter Mitarbeit von Elizabeth MACIVER): *Pawns* or Potentates. The Reality of America's Corporate Boards. Boston, MA 1989.

LOUNSBURY, Michael: Institutional *Transformation* and Status Mobility: The Professionalization of the Field of Finance. In: Academy of Management Journal. 45. Jg. 2002, S. 255-266.

LUCKING-REILEY, David; SPULBER, Daniel F.: *Business*-to-Business Electronic Commerce. In: Journal of Economic Perspectives, 15. Jg., Nr. 1, 2001, S. 55-68.

LUCZAK, Holger: *Arbeitswissenschaft*. 2. Aufl., Berlin - Heidelberg 1998.

LUHMANN, Niklas: *Funktionen* und Folgen formaler Organisation. 3. Aufl., Berlin 1976.

LUHMANN, Niklas: Soziale *Systeme*. Grundriß einer allgemeinen Theorie. Frankfurt/Main 1984.

LUHMANN, Niklas: *Gesellschaftsstruktur* und Semantik. Studien zur Wissenssoziologie der modernen Gesellschaft. Bd. 1. Frankfurt/Main 1993.

LUTTER, Marcus: Der *Aufsichtsrat*: Kontrolleur oder Mit-Unternehmer? In: Entrepreneurial Spirits. Festschrift für Horst Albach, hrsg. von Dieter Sadowski, Wiesbaden 2001, S. 225-235.

LUTTER, Marcus: *Information* und Vertraulichkeit im Aufsichtsrat. 3. Aufl., Köln et al. 2006.

LUTTER, Marcus: Der *Aufsichtsrat* im Wandel der Zeit – von seinen Anfängen bis heute. In: Aktienrecht im Wandel. Band II. Grundsatzfragen des Aktienrechts, hrsg. von Walter Bayer und Mathias Habersack, Tübingen 2007, S. 389-429.

LUTTER, Marcus: Die Business Judgment *Rule* und ihre praktische Anwendung. In: Zeitschrift für Wirtschaftsrecht. 28. Jg. 2007, S. 841-848.

MACCRIMMON, Kenneth R.; TAYLOR, Ronald N.: *Decision* Making and Problem Solving. In: Handbook of Industrial and Organizational Psychology, hrsg. von Marvin D. Dunnette, Chicago 1976, S. 1397-1453.

MACHARZINA, Klaus; WOLF, Joachim: *Unternehmensführung*. Das internationale Managementwissen. Konzepte - Methoden - Praxis. 7. Aufl., Wiesbaden 2010.

MADAUSS, Bernd J.: Handbuch *Projektmanagement*. 5. Aufl., Stuttgart 1994.

MAG, Wolfgang: *Planung*. In: Vahlens Kompendium der Betriebswirtschaftslehre, Band 2, 3. Aufl., hrsg. von Michael Bitz et al., München 1993, S. 1-57.

MAHONEY, Thomas A.; WEITZEL, William: Managerial *Models* of Organizational Effectiveness. In: Adminstrative Science Quarterly, 14. Jg. 1969, S. 357-365.

MALONE, Thomas W.; YATES, Joanne; BENJAMIN, Robert J.: Electronic *Markets* and Electronic Hierarchies. In: Information Technology and the Corporation of the 1990s, hrsg. von T. J. Allen und M. S. Scott Morton. New York – Oxford 1994, S. 61-83.

MANG, Stefan; SPANN, Martin; POST, David: *Implementierung* eines Interactive-Priceresponse-Systems bei einer Low-Cost-Airline. In: Wirtschaftinformatik Proceedings 2009. Paper 101. http://aisel.aisnet.org/wi2009/101.

MARCH, James G.: *Ambiguity* and Accounting: The Elusive Link between Information and Decisions. In: Accounting and Culture, hrsg. von Barry E. Cushing, (o. Ort) 1987, S. 31-47 und S. 76-77.

MARCH, James G.: *Decisions* and Organizations. New York 1988.

MARCH, James G.: *Exploration* and Exploitation in Organizational Learning. In: Organization Science, 2. Jg. 1991, S. 71-87.

MARCH, James G.: *Learning* from Experience in Ecologies of Organizations. Internes Manuskript 1991.

MARCH, James G.: Organizational *Consultants* and Organizational Research. In: Journal of Applied Communication Research, 19. Jg. 1991, S. 20-31.

MARCH, James G.: The *Future,* Disposable Organizations, and the Rigidities of Imagination. In: Organization, 2. Jg. 1995, S. 427-440.

MARCH, James G.: The *Pursuit* of Organizational Intelligence. Malden, MA 1999.

MARCH, James G.; SCHULZ, Martin; ZHOU, Xuegnang: The Dynamics of *Rules*: Studies of Change in Written Organizational Codes. Stanford, CA 2000.

MARCH, James G.; SIMON, Herbert A.: *Organizations*. New York – London - Sydney 1958.

MARRIS, Robin: The Economic *Theory* of Managerial Capitalism. London 1964.

MARSCHAK, Jacob: The Payoff - Relevant *Description* of States and Acts. In: Econometrica, 31. Jg. 1963, S. 719-725.

MARSCHAK, Jacob; RADNER, Roy: Economic *Theory* of Teams. New Haven - London 1972.

MARSCHAK, Jacob: Economic *Information*, Decision, and Prediction. Boston 1974.

MAYO, Elton: The Human *Problems* of an Industrial Civilization. New York 1933.

MAZMANIAN, Melissa; YATES, Joanne; ORLIKOWSKI, Wanda: Ubiquitous *Email*: Individual Experiences and Organizational Consequences of Blackberry Use. In: Proceedings of the 65th Annual Meeting of the Academy of Management, Atlanta GA: August 2006.

MCCASKEY, Michael B.: The *Executive* Challenge: Managing Change and Ambiguity. Boston et al. 1982.

MCGRAW, Thomas K. The *Evolution* of the Corporation in the United States. In: The U.S. Business Corporation. An Institution in Transition, hrsg. von John R. Meyer und James M. Gustafson, New York 1988, S. 1-19.

MCGREGOR, Douglas: The Human *Side* of Enterprise. New York 1960.

MCKENNA, D. Douglas; WEIGHT, Patrick M.: Alternative *Metaphors* for Organization Design. In: Handbook of Industrial and Organizational Psychology. 3. Bd., 2. Aufl., hrsg. von Marvin D. Dunnette und Leaetta M. Hough, Palo Alto, CA 1992, S. 901–960.

MCKINNON, Sharon M.; BRUNS, William J.: The Information *Mosaic*. Boston, MA 1992.

MCNAIR, C.J.; CARR, Lawrence P.: *Responsibility* Redefined: Changing Concepts of Accounting-Based Control. In: Advances in Management Accounting 1994, S. 85-117.

MENSCHING, Helmut: *Desinvestition* von Unternehmungsteilen. Grundlagen der Gestaltung des Entscheidungsprozesses. Frankfurt - Bern - New York 1986.

MERCHANT, Kenneth A.: *Budgeting* and the Propensity to Create Budget Slack. In: Accounting, Organizations and Society, 10. Jg. 1985, S. 201-210.

MERCHANT, Kenneth A.; Van der Stede, Wim A.: *Management* Control Systems: Performance Measurement, Evaluation and Incentives. 2. Aufl., London 2007.

MERKLE, Judith A: *Management* and Ideology: The Legacy of the International Scientific Management Movement. Berkeley CA 1980.

MERTENS, Hans-Joachim: *Aktiengesellschaft* und Kommanditgesellschaft auf Aktien. In: Handwörterbuch der Betriebswirtschaft. 4. Aufl., hrsg. von Erwin Grochla und Waldemar Wittmann, Stuttgart 1974, Sp. 127–138.

MERTENS, Peter et al.: Grundzüge der *Wirtschaftsinformatik*. 4. Aufl., Berlin u.a. 1996.

MERTENS, Peter; BORKOWSKI, Volker; GEIS, Wolfgang: Betriebliche *Expertensystemanwendungen*. 3. Aufl., Berlin u.a. 1993.

MERTON, Robert K.: Social *Theory* and Social Structure. 3. Aufl., Glencoe, IL 1968.

MESAROVIC, M. D.; MACKO, D.; TAKAHARA, Y.: *Theory* of Hierarchical, Multilevel Systems. New York - London 1970.

MEYER, John W.; ROWAN, Brian: Institutionalized Organizations. Formal *Structure* as Myth and Ceremony. In: American Journal of Sociology, 83. Jg. 1977, S. 340–363.

MIEBACH, Bernhard: *Organisationstheorie*: Problemstellung – Modelle – Entwicklung. Wiesbaden 2007.

MILES, Raymond E.; SNOW, Charles C.: Organizational *Strategy*, Structure, and Process. New York 1978.

MILLER, Danny: The *Architecture* of Simplicity. In: Academy of Management Review, 18. Jg. 1993, Nr. 1, S. 116-138.

MILLER, Danny; TOULOUSE, Jean-Marie: Chief Executive *Personality* and Corporate Strategy and Structure in Small Firms. In: Management Science, 32. Jg. 1986, S. 1389-1409.

MILLER, Gary J.: Managerial *Dilemmas*. The Political Economy of Hierarchy. Cambridge, UK 1992.

MILLER, Kent D.; ZHAO, Meng; CALANTONE, Roger J.: Adding Interpersonal *Learning* and Tacit Knowledge to March's Exploration-Exploitation Model. In: Academy of Management Journal, 49. Jg. 2006, Nr. 4, S. 709-722.

MINER, Anne S.: *Seeking* Adaptive Advantage: Evolutionary Theory and Managerial Action. In: Evolutionary Dynamics of Organizations, hrsg. von Joel A. G. Baum und Jitendra V. Singh. New York – Oxford 1994, S. 76-89.

MINER, Anne S.; RAGHAVAN, Sri V.: Interorganizational *Imitation*: A Hidden Engine of Selection. In: Variations in Organization Science, hrsg. von Joel A.C. Baum und Bill McKelvey, Thousand Oaks, CA u.a. 1999 , S. 35-62.

MINER, John B.: The Rated *Importance*, Scientific Validity and Practical Usefulness of Organizational Behavior Theories. A Quantitative Review. In: The Acadamy of Management Learning & Education, 2. Jg 2003, S. 250-266.

MINTZBERG, Henry: The *Nature* of Managerial Work. New York u.a. 1973.

MINTZBERG, Henry: The *Structuring* of Organizations. A Synthesis of the Research. Englewood Cliffs, NJ 1979.

MINTZBERG, Henry: *Power* in and around Organizations. Englewood Cliffs, NJ 1983.

MINTZBERG, Henry: Mintzberg on *Management*: Inside our Strange World of Organizations. New York 1989.

MINTZBERG, Henry: Zwischen *Fakt* und Fiktion - der schwierige Beruf Manager. In: Harvard manager, 12. Jg. 1990, Nr. 4, S. 86-98.

MINTZBERG, Henry: Generic *Strategies*: Toward a Comprehensive Framework. In: Advances in Strategic Management, 5. Jg. 1988, S. 1-67.

MINTZBERG, Henry: The *Rise* and Fall of Strategic Planning. Reconceiving Roles for Planning, Plans, Planners. New York 1992.

MITCHELL, Terence R.: *Matching* Motivational Strategies with Organizational Contexts. In: Research in Organizational Behavior, 19. Jg. 1997, S. 57–149.

MITCHELL, Terence R.; DANIELS, Denise: *Motivation*. In: Comprehensive Handbook of Psychology. Band 12: Industrial and Organizational Psychology, hrsg. von Walter C. Bormann, Daniel R. Ilgen und Richard J. Klimoski. New York 2002, S. 225–254.

MODER, Joseph J.: Network *Techniques* in Project Management. In: Project Management Handbook, 2. Aufl., hrsg. von David I. Cleland und William R. King, New York 1988, S. 324-373.

MORGENSTERN, Oskar: *Prolegomena* to a Theory of Organization. The Rand Corporation, RM 734, Santa Monica 1951.

MORRIS, William T.: *Decentralization* in Management Systems. O. O. 1968.

MOSAKOWSKI, Elaine: *Strategy* Making under Causal Ambiguity: Conceptual Issues and Empirical Evidence. In: Organization Science, 8. Jg. 1997, S. 414–442.

MÜLLER, Angela: *Produktionsplanung* und Pufferbildung bei Werkstattfertigung. Wiesbaden 1987.

MULLIGAN, Paul; Gordon, Steven R.: The *Impact* of Information Technology on Customer and Supplier Relationships in the Financial Services. In: International Journal of Service Industry Management, 13. Jg. 2002, Nr. 1, S. 29-46.

NAHAPIET, Janine; GHOSHAL, Sumantra: Social *Capital*, Intellectual Capital, and the Organizational Advantage. In: Academy of Management Review, 23. Jg. 1998, S. 242-266.

Zur NEDDEN, Corinna: *Internationalisierung* und Organisation. Konzepte für die international tätige Unternehmung mit Differenzierungsstrategie. Wiesbaden 1994.

NELSON, Richard R.; WINTER, Sidney G.: An Evolutionary *Theory* of Economic Change. Cambridge, MA 1982.

NEUS, Werner : *Einführung* in die Betriebswirtschaftslehre aus institutionenökonomischer Sicht. 5. Aufl., Tübingen 2007.

NEWMAN, William H.; SUMMER, Charles A.; WARREN, Kirby E.: The Process of *Management*. Concepts, Behavior, and Practice. 2. Aufl., Englewood Cliffs, NJ, 1967.

NOETEL, Wolfgang: *Geschäftsfeldstrategie* und Fertigungsorganisation. Eine Analyse der Fertigungsplanung. Wiesbaden 1993.

NONAKA, Ikujiro; TAKEUCHI; Hirotaka: The *Knowledge* Creating Company. How Japanese Companies Create the Dynamics of Innovation. New York 1995.

NORDSIECK, Fritz: *Grundlagen* der Organisationslehre. Stuttgart 1934.

ODIORNE, George S.: *Management* by Objectives. New York 1965.

OHNE VERFASSER: ZO Firmenprofil: Die *Organisation* der Wella AG. In: Zeitschrift für Organisation, 48. Jg. 1979, S. 71-75.

OHNO, Taiichi: *Toyota* Production System: Beyond Large-Scale Production. Cambridge, MA u.a. 1988.

ORLIKOWSKI, Wanda J.: Integrated Information *Environment* or Matrix of Control? The Contradictory Implications of Information Technology. In: Accounting, Management and Information Technology, 1. Jg. 1991, S. 9-42.

OSMONBEKOV, Talai; BELLO, Daniel C.; GILLILAND, David I.:*Adoption* of Electronic Commerce Tools in Business Procurement: Enhanced Buying Center Structure and Processes. In: Journal of Business and Industrial Marketing, 17. Jg. 2002, Nr. 2/3, S. 151-166.

OSTERLOH, Margit: *Handlungsspielräume* und Informationsverarbeitung. Bern - Stuttgart - Wien 1983.

OSTERLOH, Margit: Wertorientierte *Unternehmensführung* und Management-Anreizsysteme. In: Unternehmensethik und die Transformation des Wettbewerbs. Shareholder-Value – Globalisierung – Hyperwettbewerb, hrsg. von Brij N. Kumar, Margit Osterloh und Georg Schreyögg, Stuttgart 1999, S. 183–204.

OUCHI, William G.: A Conceptual *Framework* for the Design of Organizational Control Mechanisms. In: Management Science, 25. Jg. 1979, S. 833-848.

PATEL, P.; PAVITT, Keith: How Technological *Competencies* Help Definite the Core (not the Boundaries) of the Firm. In: The Nature and Dynamics of Organizational Capabilities, hrsg. von Giovanni Dosi, Richard R. Nelson und Sidney G. Winter, Oxford - New York 2000, S. 313-333.

PATEL, Parimal; PAVITT, Keith: Uneven (and Divergent) Technological *Accumulation* among Advanced Countries: Evidence and a Framework of EXPLANATION. In: Technology, Organization, and Competitiveness, hrsg. von Giovanni Dosi, David J. Teece und Josef Chytry, Oxford - New York 1998, S. 280-317.

PATTERSON, Richard L.: Developing the *Role* of the Assistant Project Manager by Assessing the Needs of Project Clients. In: Project Management Handbook, 2. Aufl., hrsg. von David I. Cleland und William R. King, New York 1988, S. 111-125.

PAVITT, Keith: Key *Characteristics* of Large Innovating Firms. In: The Handbook of Industrial Innovation, hrsg. von Mark Dodgson und Roy Rothwell, Aldershot – Brookfield 1994, S. 357-366.

PEARSON, Alan W.: Managing *Innovation*: An Uncertainty Reduction Process. In: Managing Innovation, hrsg. von Jane Henry und David Walker, London u.a. 1991, S. 18-27.

PENROSE, Edith: The *Theory* of the Growth of the Firm. London 1959.

PFAFF, Dieter: *Kostenrechnung*, Verhaltenssteuerung und Controlling. In: Die Unternehmung, 49. Jg. 1995, S. 437-455.

PFEIFER, Tilo: *Qualitätsmanagement*. Strategien, Methoden, Techniken. 3. Aufl., München - Wien 2001.

PICCOLO, Ronald F.; COLQUITT, Jason A.: Transformational *Leadership* and Job Behaviors: The Mediating Role of Core Job Characteristics. In: Academy of Management Journal, 49. Jg. 2006, S. 327-340.

PINTO, Mary B.; PINTO, Jeffrey K.: *Determinants* of Cross-Functional Cooperation in the Project Implementation Process. In: Project Management Journal, 22. Jg. 1991, June, S. 13-20.

PISANO, Gary P. : The Development *Factory*. Unlocking the Potential of Process Innovation. Boston, MA 1997.

PISANO, Gary P.: In *Search* of Dynamic Capabilities: The Origins of R&D Competence in Biopharmaceuticals. In: The Nature and Dynamics of Organizational Capabilities, hrsg. von Giovanni Dosi, Richard R. Nelson und Sidney G. Winter, Oxford - New York 2000, S. 129-154.

PLEIL, Thomas: Social *Media* und ihre Bedeutung für die Öffentlichkeitsarbeit. In: Die Ernährungswirtschaft in der Öffentlichkeit. Social Media als neue Herausforderung der PR, hrsg. von Maike Kayser, Justus Böhm und Achim Spiller, Göttingen 2010, S. 3-26.

POENSGEN, Otto H.: *Geschäftsbereichsorganisation*. Opladen 1973.

PONDY, Louis L.; MITROFF, Jan J.: Beyond Open Systems *Models* of Organization. In: Research in Organization Behavior, Vol. 1, hrsg. von Barry M. Staw, Greenwich, Con 1979, S. 3–39.

PORTER, Michael E.: *Wettbewerbsstrategie*. Methoden zur Analyse von Branchen und Konkurrenten. 5. Aufl., Frankfurt - New York 1988.

PORTER, Michael E.: Der *Wettbewerb* auf globalen Märkten. Ein Rahmenkonzept. In: Globaler Wettbewerb. Strategien der neuen Internationalisierung, hrsg. von Michael E. Porter, Wiesbaden 1989, S. 17-68.

PORTER, Michael E.: *Wettbewerbsvorteile*. Spitzenleistung erreichen und behaupten. Frankfurt - New York 1989.

PORTER, Michael E.: Strategy and the *Internet*. In: Harvard Business Review, 79. Jg. 2001, Nr. 3, S. 63-78.

POTTHOFF, Erich: *Wandlungen* der Aufsichtsratstätigkeit im Wandel der Weltwirtschaft. In: Organisation im Wandel der Märkte, hrsg. von Horst Glaser, Ernst F. Schröder und Axel v. Werder, Wiesbaden 1998, S. 317–342.

PRENDERGAST, Canice: The *Provision* of Incentives in Firms. In: Journal of Economic Literature, 37. Jg. 1999, S. 639-656.

PUTZ-OSTERLOH, Wiebke: *Entscheidungsverhalten*. In: Handwörterbuch der Organisation, 3. Aufl., hrsg. von Erich Frese, Stuttgart 1992, Sp. 585-599.

QUINN, Dennis P.; RIVOLI, Pietra: The *Effects* of American- and Japanese-Style Employment and Compensation Practices on Innovation. In: Organization Science, 4. Jg. 1991, S. 323-341.

REESER, Clayton: Some Potential Human *Problems* of the Project Form of Organization. In: Academy of Management Journal, 12. Jg. 1969, S. 459-467.

REIß, Michael: *Projektmanagement*. In: Handbuch zur Unternehmensführung. Konzepte, Instrumente, Schnittstellen. Hrsg. von Hans Corsten und Michael Reiß, Wiesbaden 1995.

RICKERT, D.: *Multi-Projektmanagement* in der industriellen Forschung und Entwicklung. Wiesbaden 1995.

RILEY, Jeff A.; DELIC, Kemal A.: *Enterprise* Knowledge Clouds: Applications and Solutions. In: Handbook of Cloud Computing, hrsg. von Borko Furht und Armando Escalante, New York 2010, S. 437-452.

RIVARD, Suzanne; AUBERT, Benoit A.; PATRY, Michel; PARE, Guy; SMITH, Heather: *Information* Technology and Organizational Transformation: Solving the Management Puzzle. Oxford 2004.

ROCKART, John F.: *Chief* Executives Define their own Data Needs. In: Harvard Business Review. 57. Jg. 1979, Nr.2, S. 81-93.

ROCKART, John F.; DE LONG, David W.: Executive Support *Systems*. The Emergence of Top Management Computer Use. Homewood, IL 1988.

ROMAN, Daniel D.: Managing *Projects*: A Systems Approach. New York u.a. 1986.

ROTHLAUF, Jürgen: Total *Quality* Management in Theorie und Praxis. Zum ganzheitlichen Unternehmensverständnis. 3. Aufl., München 2010.

RUBEL, Bernd: Organisatorische *Gestaltung* der Leistungsbeziehungen in Kommunalverwaltungen. Wiesbaden 2007.

RÜHLI, Edwin: *Unternehmungsführung* und Unternehmungspolitik. Band 1, 3. Aufl., Bonn – Stuttgart - Wien 1996.

RUMELT, Richard P.: *Strategy*, Structure, and Economic Performance. Boston 1974.

RYNES, Sara L.; GERHART, Barry; PARKS, Laura: Personnel *Psychology*: Performance Rvaluation and Pay for Performance. In: Annual Review of Psychology. 56. Jg. 2005, S. 571-600.

SABIDUSSI, Gert: The *Centrality* Index of a Graph. In: Psychometrica, 31. Jg. 1966, S. 581-603.

SACKMANN, Sonja A.: Kognitiver *Ansatz*. In: Handwörterbuch Unternehmensführung und Organisation, 4. Aufl., hrsg. von Georg Schreyögg und Axel v. Werder, Stuttgart 2004, Sp. 587-596.

SARBOUGH-THOMPSON, Marjorie; FELDMAN, Martha S.: Electronic Mail and Organizational *Communication*: Does Saying „Hi" Really Matter? In: Organization Science, 9. Jg. 1998, S. 685-698.

SCHANZ, Günther: *Organisationsgestaltung*. Management von Arbeitsteilung und Koordination. 3. Aufl., München 1994.

SCHEER, August-Wilhelm; HOFFMANN, Wolfgang; WEIN, Ralf: *Customizing* von Standardsoftware mit Referenzmodellen. In: Handwörterbuch der modernen Datenverarbeitung, Heft 180/1994, S. 92-103.

SCHEIN, Edgar H.: Organizational *Culture* and Leadership. San Francisco - Washington - London 1985.

SCHEUERMANN, Michael: "Richtig oder gar nicht" – wie die *Netzökonomie* im Unternehmen zum Laufen kommt. In: Die Ernährungswirtschaft in der Öffentlichkeit. Social Media als neue Herausforderung der PR, hrsg. von Maike Kayser, Justus Böhm und Achim Spiller, Göttingen 2010, S. 73-87

SCHEWE, Gerhard: *Strategie* und Struktur. Eine Re-Analyse empirischer Befunde und Nicht-Befunde. Tübingen 1998.

SCHIFF, Michael; LEWIN, Arie Y.: The Impact of People on Budgets. In: The Accounting Review, 45. Jg. 1970, S. 259-268.

SCHILLER-MERKENS, Simone: Institutioneller *Wandel* und Organisationen. Grundzüge einer strukturationstheoretischen Konzeption. Wiesbaden 2008.

SCHIRMER, Frank: *Funktionswandel* im mittleren Management. In: Die Unternehmung, 41. Jg. 1987, Nr. 5, S. 353-364.

SCHMALENBACH, Eugen: Über *Verrechnungspreise*. In Zeitschrift für handelswissenschaftliche Forschung, 3. Jg. 1908/09, S. 165 -185.

SCHMALENBACH, Eugen: Pretiale Wirtschaftslenkung. 1. Band.: Die optimale *Geltungszahl*. Bremen 1947.

SCHMALENBACH, Eugen: Pretiale *Wirtschaftslenkung*. Bd. 2: Pretiale Lenkung des Betriebes. Bremen-Horn 1948.

SCHMOLLER, Gustav: Über *Wesen* und Verfassung der größten Unternehmungen. In: Schmoller, Gustav: Zur Social- und Gewerbepolitik der Gegenwart. Leipzig 1890, S. 372-440.

SCHNEIDER, Dieter: Betriebswirtschaftslehre. Band 2: *Rechnungswesen*. München - Wien 1994.

SCHÖNBERGER, Katja: Der *Zustimmungsvorbehalt* des Aufsichtsrats bei Geschäftsführungsmaßnahmen des Vorstands (§111 Abs. 4 Satz 2-4 AktG). Jena 2006.

SCHOLZ, Christian: *Matrix*-Organisation. In: Handwörterbuch der Organisation, 3. Aufl., hrsg. von Erich Frese, Stuttgart 1992, Sp. 1302-1315.

SCHOMBURG, Eckart: *Entwicklung* eines betriebstypologischen Instrumentariums zur systematischen Ermittlung der Anforderungen an EDV-gestützte Produktionsplanungs- und-steuerungssysteme im Maschinenbau. Diss., Aachen 1980.

SCHREYÖGG, Georg: Zu den problematischen *Konsequenzen* starker Unternehmenskulturen. In: Zeitschrift für betriebswirtschaftliche Forschung, 41. Jg. 1989, Nr. 2, S. 94-113.

SCHREYÖGG, Georg: *Organisation*. Grundlagen moderner Organisationsgestaltung. 5. Aufl., Wiesbaden 2008.

SCHREYÖGG, Georg; GRIEB, Christine: *Branchenkultur*. Ein neues Forschungsgebiet. In: Organisation im Wandel der Märkte, hrsg. von Horst Glaser, Ernst F. Schröder und Axel v. Werder, Wiesbaden 1998, S. 359-384.

SCHREYÖGG, Georg; SYDOW, Jörg (Hrsg.): Strategische *Prozesse* und Pfade. Wiesbaden 2003.

SCHREYÖGG, Georg; SYDOW, Jörg (Hrsg.): The Hidden *Dynamics* of Path Dependence: Instiutions and Organizations. London 2010.

SCHRÖDER, Ernst F.: Modernes Unternehmens-*Controlling*. 8. Aufl., Ludwigshafen 2003.

SCHUMACHER, E.F.: *Small* is Beautiful. A Study of Economics as if People Mattered. London - New York 1973.

SCHUMPETER, Joseph: The Theory of Economic *Development*. Cambridge, MA 1934.

SCHWARZ, Horst; NICOLAI, Christiana: *Arbeitsplatzbeschreibungen*. 13. Aufl., Freiburg i. Br. 1995.

SCOTT, Bruce R.: The Industrial *State*: Old Myths on New Realities. In: Harvard Business Review, 51. Jg. 1973, Nr. 2, S. 133-148.

SCOTT, W. Richard: *Lords* on the Dance: Professionals as Institutional Agents. In: Organization Studies. 29. Jg. 2008, S. 219-238.

SCOTT MORTON, Michael S.: *Management* of Tomorrow's Corporation and the Role of Information Technology. In: Business Success and Information Technology. Strategies for the 1990s. Proceedings of the second Amdahl Executive Institute Conference, London 1988, S. 105-133.

SEECK, Stephan: *Erfolgsfaktor* Logistik: Klassische Fehler erkennen und vermeiden. Wiesbaden 2010.

SELZNICK, Philip: *Leadership* in Administration. New York 1957.

SERVAES, Henri; TAMAYO, Ane; TUFANO, Peter: The *Theory* and Practice of Corporate Risk Management. In: Journal of Applied Corporate Finance. 21. Jg. (Fall) 2009, S. 60-78.

SHAPIRO, Susan P.: *Agency* Theory. In: Annual Review of Sociology, 31. Jg. 2005, S. 263-284.

SHLEIFER, Andrei; VISHNY, Robert W.: A *Survey* of Corporate Governabce. In: The Journal of Finance, 52. Jg. 1997, S. 737–783.

SIMON, Herbert A.: A Behavioral *Model* of Rational Choice. In: Quarterly Journal of Economics, 69. Jg. 1955, S. 99-118.

SIMON, Herbert A.: The Shape of *Automation* for Men and Management. New York – Evanston - London 1965.

SIMON, Herbert A.: The *Architecture* of Complexity. In: General Systems, 10. Jg. 1965, S. 63-76.

SIMON, Herbert A.: The *Structure* of Ill-structured Problems. In: Artificial Intelligence, 4. Jg. 1973, S. 181–201.

SIMON, Herbert A.: Administrative *Behavior*. A Study of Decision-Making Processes in Administrative Organization. 3. Aufl., New York - London 1976.

(Deutsche Übersetzung: Entscheidungsverhalten in Organisationen. Eine Untersuchung von Entscheidungsprozessen in Management und Verwaltung. Landsberg/Lech 1981.)

SIMON, Herbert A.: The New *Science* of Management Decision. Englewood Cliffs, NJ 1977.

SIMON, Herbert A.: The *Consequences* of Computers for Centralization and Decentralization. In: The Computer Age: A Twenty Year Review, hrsg. von Michael L. Dertouzos und Joel Moses, Cambridge, MA 1979, S. 212-228.

SIMON, Herbert A.: *Organizations* and Markets. In: Journal of Economic Perspectives, 5. Jg. 1991, S. 25-44.

SIMON, Herbert A. et al.: *Centralization* vs. Decentralization in Organizing the Controller's Department. New York 1954.

SIMON, Herbert A.; SMITHBURG, Donald W.; THOMPSON, Victor A.: Public *Administration*. New York 1950.

SIMON, Robert: Die *Organisation* der Materialflußsteuerung on der Automobilindustrie. Theoretische Analyse und empirische Untersuchung werksinternen und werksübergereifenden Materialflusses. Farnkfurt/Main 1989.

SLATER, Robert: Saving Big Blue. *Leadership* Lessons and Turnaround Tactics of IBM's Lou Gerstner. New York 1999.

SLEVIN, Dennis P.; PINTO, Jeffrey K.: *Leadership*, Motivation, and the Project Manager. In: Project Management Handbook, 2. Aufl., hrsg. von David I. Cleland und William R. King, New York 1988, S. 739-770.

SLOAN, Alfred P.: My *Years* with General Motors. New York 1965.

(Deutsche Übersetzung: Meine Jahre mit General Motors. München 1965.)

SMIRCICH, Linda; CALÁS, Marta B.: Organizational *Culture*: A Critical Assessment. In: Handbook of Orgnizational Communication. An Interdisciplinary Perspective, hrsg. von Frederic M. Jablin; Linda L. Putman et al., Newsbury Park u.a. 1987, S. 128-263

SMITH, Richard A.: *Corporations* in Crisis. New York (o.J.).

SORG, Stefan Otto; BARTONITZ, Martin; WINDISCH, Sascha: *Wegweiser* für Manager: Das papierarme Büro. Mit elektronischen Geschäftsprozessen die Wettbewerbsfähigkeit steigern. Berlin 2009.

SØRENSEN, Jesper B.: The *Strength* of Corporate Culture and the Reliability of Firm Performance. In: Administrative Science Quarterly, 47. Jg. 2002, S. 70-91.

SPREMANN, Klaus: Asymmetrische *Information*. In: Zeitschrift für Betriebswirtschaft, 60. Jg. 1990, S. 561-586.

SPROULL, Lee S.; KIESLER, Sara: *Connections*: New Ways of Working in the Networked Organization. Cambridge, MA 1991.

STAEHLE, Wolfgang H.: *Management*. Eine verhaltenswissenschaftliche Perspektive. 8. Aufl., München 1999.

STALK, George; HOUT, Thomas M.: Competing Against *Time*. How Time-Based Competition is Reshaping Global Markets. New York u.a. 1990.

STARBUCK, William H.: Concealing *Oil*: Inventing Ideologies to Justify Acting Ideologies Out. In: Journal of Management Studies, 19. Jg. 1982, S. 3-27.

STEERS, Richard M.; MOWDAY, Richard T.; SHAPIRO, Debra L.: The Future of Work *Motivation* Theory. In: Acadamy of Managament Review, 29. Jg. 2004, S. 379-387.

STEIN, Jeremy C.: *Agency*, Information, and Corporate Investment. In: Handbook of the Economics of Finance, Bd. 1 A, Coporate Finance, hrsg. von George Constantinidis, Milt Harris und René Stulz, Amsterdam 2003, S. 111-165.

STEINER, George A.; RYAN, William G.: Industrial *Project* Management. New York 1968.

STEINLE, Claus: Effiziente *Projektarbeit*: Erfolgsfaktoren und ausgewählte Steuerungsinstrumente. In: Projektmanagement. Instrument moderner Dienstleistung, hrsg. von Claus Steinle, Frankfurt/Main 1995, S. 23-36.

STOCK, Gregory N.; GREIS, Noel P.; FISCHER, William A.: Absorptive *Capacity* and New Product Development. In: The Journal of High Technology Management Research, 12. Jg. 2001, S. 77-91.

STOKES, Stewart L. Jr.: Building Effective Project *Teams*. In: Journal of Information Systems Management, 7. Jg. 1990, Nr. 3, S. 38-45.

STOPFORD, John M.; WELLS, Louis T.: *Managing* the Multinational Enterprise. Organization of the Firm and Ownership of the Subsidiaries. New York 1972.

STOPFORD, John M.: Competing Globally for *Resources*. In: Transnational Corporations. 4. Jg. 1995, S. 34-57.

STRASSNER, Martin: *RFID* im Supply Chain Management. Auswirkungen und Handlungsempfehlungen am Beispiel der Automobilindustrie. Wiesbaden 2005.

STRASSNER, Martin; FLEISCH, Elgar: *Innovationspotenzial* von RFID für das Supply-Chain-Management. In: Wirtschaftsinformatik, 47. Jg. 2005, Nr. 1, S. 45-56.

STREECK, Wolfgang: *Mitbestimmung*, unternehmerische. In: Handwörterbuch Unternehmensführung und Organisation. 4. Aufl., hrsg. von Georg Schreyögg und Axel v. Werder, Stuttgart 2004, Sp. 879–888.

STREIBL, Ulrich: *Organisationsgestaltung* in der Kommunalverwaltung. Aufgaben - Ziele - Strukturen. Wiesbaden 1996.

STUART, Toby E.; PODOLNY, Joel M.: Local *Search* and the Evolution of Technological Capabilities. In: Strategic Management Journal, 17. Jg. 1996, S. 21-38.

STUCKENBRUCK, Linn C.: *Integration*: The Essential Function of Project Management. In: Project Management Handbook. 2. Aufl., hrsg. von David I. Cleland und William R. King, New York 1988, S. 56-81.

SYDOW, Jörg: *Path* Dependencies in Project-Based Organizing – Evidence from Television Production in Germany. In: Journal of Media Business Studies, 6. Jg. 2009, Nr. 2, S. 123-139.

SZULANSKI, Gabriel: Exploring Internal *Stickiness*: Impediments to the Transfer of Best Practice Within the Firm. In: Strategic Management Journal, 17. Jg. 1996, Winter Special Issue, S. 27-43.

SZULANSKI, Gabriel; CAPPETTA, Rossella: *Stickiness*: Conceptualizing, Measuring, and Predicting Difficulties in the Transfer of Knowledge within Organizations. In: The Blackwell Handbook of Organizational Learning and Knowledge Management, hrsg. von Mark Easterby-Smith und Marjorie A. Lyles, Malden, MA - Oxford 2003, S. 513-534.

TAPSCOTT, Don; WILLIAMS, Anthony D.: *Wikinomics*: How Mass Collaboration Changes Everything. Brentford 2006.

TAYLOR, Frederick W.: The *Principles* of Strategic Management. New York 1911.

TAYLOR, Ronald N.: Strategic *Decision* Making. In: Handbook of Industrial and Organizational Psychology, 3. Bd., 2. Aufl., hrsg. von Marvin D. Dunnette und Leaetta M. Hough, Palo Alto, CA 1992, S. 961–1007.

TEECE, David J.: Internal *Organization* and Economic Performance: An Empirical Analysis of the Profitability of Principal Firms. In: The Journal of Industrial Economics, 30. Jg. 1981, S. 173-199.

TEECE, David J.: *Managing* Intellectual Capital. Organizational, Strategic, and Policy Dimensions. Oxford – New York 2000.

TEECE, David J.; PISANO, Gary G.; SHUEN, Amy: Dynamic *Capabilities* and Strategic Management. In: The Nature and Dynamics of Organizational Capabilities, hrsg. von Giovanni Dosi, Richard R., Nelson, und Sidney G. Winter, Oxford - New York 2002, S. 334-362.

THEISEN, Manuel R.: Zur *Reform* des Aufsichtsrats – Eine betriebswirtschaftliche Bestandsanalyse und Perspektive. In: Reform des Aktienrechts, der Rechnungslegung und der Prüfung, KonTraG – Corporate Governance – TransPuG, hrsg. von Dietrich Dörner; Dieter Menold et al., 2. Aufl., Stuttgart 2003, S. 431-522.

THEUVSEN, Ludwig: Interne *Beratung*. Konzept - Organisation - Effizienz. Wiesbaden 1994.

THEUVSEN, Ludwig: *Business* Reengineering. Möglichkeiten und Grenzen einer prozessorientierten Organisationsgestaltung. In: Zeitschrift für betriebswirtschaftliche Forschung, 48. Jg. 1996, S. 65-82.

THEUVSEN, Ludwig: Ergebnis- und *Marktsteuerung* öffentlicher Unternehmen. Eine Analyse aus organisationstheoretischer Sicht. Stuttgart 2001.

THEUVSEN, Ludwig; GÄRTNER, Silvia: Die *Bedeutung* von Web 2.0 für die Verbraucherkommunikation in der Ernährungswirtschaft. In: Die Ernährungswirtschaft in der Öffentlichkeit. Social Media als neue Herausforderung der PR, hrsg. von Maike Kayser, Justus Böhm und Achim Spiller, Göttingen 2010, S. 141-155.

THEUVSEN, Ludwig; VOSS, Anja: *Organisationskonzepte* und ihre Bewertung im Viehhandel. In: Vom Viehvermarkter zum Dienstleistungsprofi, hrsg. von Brigitte Petersen, Achim Spiller und Ludwig Theuvsen, Bonn 2010, S. 271-285.

THOM, Norbert: *Stelle*, Stellenbildung und -besetzung. In: Handwörterbuch der Organisation, 3. Aufl., hrsg. von Erich Frese, Stuttgart 1992, Sp. 2321-2333.

THOM Norbert; WENGER, Andreas P.: Die effiziente *Organisation*. Bewertung und Auswahl von Organisationsformen. Glattbrugg 2002.

THOMPSON, James D.: *Organizations* in Action. Social Science Bases of Administrative Theory. New York 1967.

THOMPSON, Victor A.: Bureaucracy and *Innovation*. In: Administrative Science Quarterly, 10. Jg. 1965, S. 1-20.

(Deutsche Übersetzung in: Innovation, hrsg. von Peter Schmidt, Hamburg 1976, S. 266-284.)

TIDD, Joe; BESSANT, John; PAVITT, Keith: Managing *Innovation*. Integrating Technological, Market and Organizational Change. 2. Aufl., Chichester 2001.

TIETZ, Bruno: *Produktmanagement*(s), Organisation des. In: Handwörterbuch der Organisation, 3. Aufl., hrsg. von Erich Frese, Stuttgart 1992, Sp. 2067-2077.

TIROLE, Jean: The *Theory* of Corporate Finance. Princeton - Oxford 2006.

TÖPFER, Armin (Hrsg.): *Handbuch* Kundenmanagement. Anforderungen, Prozesse, Zufriedenheit, Bindung und Wert von Kunden. 3. Aufl., Berlin - Heidelberg 2008.

TOULMIN, Stephen E.: The *Uses* of Arguments. Cambridge, UK 1958.

TRAPPMANN, Mark; HUMMELL, Hans J.; SODEUR, Wolfgang: *Strukturanalyse* sozialer Netzwerke. Konzepte, Modelle, Methoden. Wiesbaden 2005.

TSAI, Wenpin; GHOSHAL, Sumantra: Social *Capital* and Value Creation: The Role of Intrafirm Networks. In: Academy of Management Journal, 41. Jg. 1998, S. 464-476.

TÜRK, Klaus: Neoinstitutionalistische *Ansätze*. In: Handwörterbuch Unternehmensführung und Organisation, 4. Aufl., hrsg. von Georg Schreyögg und Axel v. Werder, Stuttgart 2004, Sp. 923-931.

TURNER, Thea; QVARFORDT, Pernilla; BIEHL, Jacob T.; GOLOVCHINSKY, Gene; BACK, Maribeth: *Exploring* the Workplace Communication Ecology. In: Proceedings of the 28th International Conference on Human Factors in Computing Systems, 10. – 15. April 2010, Atlanta, GA, S. 841-850.

TUSHMAN, Michael L.; O'REILLY, Charles A.: Winning through *Innovation*. A Practical Guide to Leading Organizational Change and Renewal. Boston, MA. 1997.

UGRAS, Y. Joseph: Factors Affecting *Allocation* of Noncontrollable Costs for Performance Evaluation Use: A Survey. In: Advances in Management Accounting 1994, Vol. 3, S. 255-278.

USEEM, Michael: *Investor* Capitalism: How Money Managers are Changing the Face of Corporate America. New York 1996.

UTIKAL, Hannes: *Organisation* industrieller Geschäftsbeziehungen. Strategie, Struktur, Effizienz. Wiesbaden 2001.

VALCÁRCEL, Sylvia: *Theorie* der Unternehmung und Corporate Governance. Eine vertrags- und ressourcenbezogene Betrachtung. Wiesbaden 2002.

VALCÁRCEL, Sylvia: *Rationalität*. In: Handwörterbuch Unternehmensführung und Organisation. 4. Aufl., hrsg. von Georg Schreyögg und Axel v. Werder, Stuttgart 2004, Sp. 1236-1244.

VAN DE VEN, Andrew H.; DELBECQ, André L.; KOENIG, Richard, Jr.: *Determinants* of Coordination Modes Within Organizations. In: American Sociological Review, 41. Jg. 1976, Nr. 1, S. 322-328.

Van de VEN, Andrew H.; POOLE, Marshall Scott: Explaining *Development* and Change in Organizations. In: Acadamy of Management Review, 20. Jg. 1995, S. 510-540.

WAGENHOFER, Alfred: Verursachungsgerechte Kostenschlüsselung und die *Steuerung* dezentraler Preisentscheidungen. In: Unternehmensrechnung als Instrument der internen Steuerung, hrsg. von Thomas Schildbach, Zeitschrift für betriebswirtschaftliche Forschung, Sonderheft 34, Düsseldorf – Frankfurt/M. 1995, S. 81-118.

WALGENBACH, Peter: Neoinstitutionalistische *Ansätze* in der Organisationstheorie In: Organisationstheorien, hrsg. von Alfred Kieser und Mark Ebers, 6. Aufl., Stuttgart 2006, S. 353-401.

WALGENBACH, Peter; HEGELE, Cornelia: Was kann der *Apfel* von der Birne lernen, oder wozu brauchen Unternehmen Benchmarking? In: Industrielle Beziehungen, 7. Jg. 2000, Nr. 2, S. 180-199.

WALKER, Arthur H.; LORSCH, Jay W.: Organizational *Choice*: Product vs. Function. In: Harvard Business Review, 46. Jg. 1968, Nr. 6, S. 129-138.

WALSH, James P.: Managerial and Organizational *Cognition*: Notes from a Trip Down Memory Lane. In: Organization Science, 6. Jg. 1995, S. 280-321.

WALSH, James P.: *CEO* Compensation and the Responsibilities of the Business Scholar to Society. In: Academy of Management Perspectives. 22. Jg. 2008, Nr.2, S. 26-33.

WALSH, James P.; SEWARD, James K.: On the *Efficiency* of Internal and External Corporate Control Mechanisms. In: Academy of Management Review, 15. Jg. 1990, S. 421 458.

WEIBLER, Jürgen: *Führung* und Führungstheorien. In: Handwörterbuch Unternehmensführung und Organisation, hrsg. von Georg Schreyögg und Axel von Werder, Stuttgart 2004, Sp. 294-308.

WEICK, Karl E.: Educational *Organization* as Loosely Coupled Systems. In: Administrative Science Quarterly, 21. Jg. 1976, S. 1-19.

WEICK, Karl E.: Making *Sense* of the Organization. Oxford - Malden, MA 2001.

WEICK, Karl E.; DAFT, Richard L.: The *Effectiveness* of Interpretation Systems. In: Organizational Effectiveness. A Comparison of Multiple Models, hrsg. von Kim S. Cameron und David A. Whetten, New York u.a. 1983, S. 71-93.

WEICK, Karl E.; WESTLEY, Frances: Organizational *Learning*: Affirming an Oxymoron. In: Handbook of Organizational Studies, hrsg. von Stewart R. Clegg, Cynthia Hardy und Walter R. Nord, London u.a. 1996, S. 440-458.

WEINERT, Ansfried B.; LANGER, Claudia: *Menschenbilder*: Empirische Feldstudie unter den Führungskräften eines internationalen Energiekonzerns. In: Die Unternehmung, 49. Jg. 1995, S. 75 - 90.

WELGE, Martin K.; AL-LAHAM, Andreas: Strategisches *Management*. Grundlagen, Prozess, Implementierung. 4. Aufl., Wiesbaden 2003.

V. WERDER, Axel: *Organisation* der Unternehmungsführung. In: Frese, Erich (unter Mitarbeit von Helmut Mensching und Axel v. Werder): Unternehmungsführung. Landsberg/Lech 1987, S. 299-383.

V. WERDER, Axel: Organisation der *Unternehmungsleitung* und Haftung des Top-Managements. In: Der Betrieb, 40. Jg. 1987, S. 2265-2273.

V. WERDER, Axel: *Unternehmungsführung* und Argumentationsrationalität. Grundlagen einer Theorie abgestufter Entscheidungsvorbereitung. Stuttgart 1994.

V. WERDER, Axel: Zur *Begründung* organisatorischer Gestaltungen. In: Organisation im Wandel der Märkte, hrsg. von Horst Glaser, Ernst F. Schröder und Axel v. Werder, Wiesbaden 1998, S. 479 - 509.

V. WERDER, Axel: *Shareholder* Value-Ansatz als (einzige) Richtschnur des Vorstandshandelns? In: Zeitschrift für Unternehmens und Gesaellschaftsrecht. 27.Jg. 1998, S. 69-91.

V. WERDER, Axel: *Führungsorganisation*. Grundlagen der Corporate Governance, Spitzen- und Leitungsorganisation. 2. Aufl., Wiesbaden 2008.

V. WERDER, Axel; STÖBER, Harald (Hrsg.): *Center-Organisation*. Gestaltungskonzepte, Strukturentwicklung und Anwendungsbeispiele. Stuttgart 2004.

WERMEYER, Frank: *Marketing* und Produktion. Schnittstellenmanagement aus unternehmensstrategischer Sicht. Wiesbaden 1994.

WERNERFELT, Birger: A Resource-Based *View* of the Firm. In: Strategic Management Journal, 5. Jg. 1984, S. 171-180.

WESTNEY, Eleanor D.: *Imitation* and Innovation: The Transfer of Western Organization Patterns to Meiji Japan, Cambridge, MA 1987.

WHEELWRIGHT, Steven; CLARK, Kim B.: *Revolutionizing* Product Development. Quantum Leaps in Speed, Efficiency, and Quality. New York u.a. 1992.

WHINSTON, Andrew: *Price* Guides in Decentralized Organizations. In: New Perspectives in Organization Research, hrsg. von William W. Cooper, Harold J. Leavitt und Maynard W. Shelly, New York 1964, S. 405-448.

WHISLER, Thomas L.: Measuring *Centralization* of Control in Business Organizations. In: New Perspectives in Organization Research, hrsg. von William W. Cooper, Harold J. Leavitt und Maynard W. Shelly II, New York – London - Sydney 1964, S. 314-333.

WHITLEY, Richard: The *Transformation* of Business Finance into Financial Economics: The Roles of Academic Expansion and Changes in U.S. Capital Markets. In: Accounting, Organization and Society. 11. Jg. 1986, S. 171 -192.

WHITLEY, Richard (Hrsg.): European Business *Systems*. Firms and Markets in their National Contexts, London 1992.

WILDEMANN, Horst: *Organisation* und Projektabwicklung für das Just-In-Time-Konzept in F&E und Konstruktion. In: Zeitschrift Führung und Organisation, 63. Jg. 1994, S. 27-33 und S. 128-133.

WILEMON, David L.; BAKER, Bruce N.: Some Major *Research* Findings Regarding the Human Element in Project Management. In: Project Management Handbook, 2. Aufl., hrsg. von David I. Cleland und William R. King, New York 1988, S. 847-866.

WILEMON, David L.; CICERO, John P.: The *Project* Manager - Anomalies and Ambiguities. In: Academy of Management Journal, 13. Jg. 1970, S. 269-282.

WILLIAMSON, Oliver E.: Corporate *Control* and Business Behavior. Englewood Cliffs, NJ 1970.

WILLIAMSON, Oliver E.: *Markets* and Hierarchies: Analysis and Antitrust Implications. New York - London 1975.

WILLIAMSON, Oliver E.: The Economic *Institutions* of Capitalism. Firms, Markets, Relational Contracting. New York - London 1985.

WILLIAMSON, Oliver E.: Comparative Economic *Organization*. The Analysis of Discrete Structural Alternatives. In: Administrative Science Quarterly, 36. Jg. 1991, S. 269-296.

WILLIAMSON, Oliver E.: *Strategy* Research: Governance and Competence Perspectives. In: Strategic Management Journal, 20. Jg. 1999, S. 1087–1108.

WILSON, James Q.: *Innovation* in Organizations: Notes Towards a Theory. In: Approaches to Organizational Design, hrsg. von James D. Thompson, Pittsburgh 1966, S. 193-218.

WITTE, Eberhard: Das *Informationsverhalten* in Entscheidungsprozessen. Tübingen 1972.

WOLF, Joachim: *Strategie* und Struktur 1995 – 1995. Ein Kapitel der Geschichte deutscher nationaler und internationaler Unternehmen. Wiesbaden 2000.

WOLF, Joachim: *Organisation*, Management, Unternehmensführung. Theorien, Praxisbeispiele und Kritik. 4. Aufl., Wiesbaden 2010.

WOLLNIK, Michael: *Organisationstheorie*, interpretative: In: Handwörterbuchder Organisation, 3. Aufl., hrsg. von Erich Frese, Stuttgart 1992, Sp. 1778-1797.

WRAPP, H. Edward: Good *Managers* Don't Make Policy Decisions. In: Harvard Business Review, 45. Jg. 1967, Nr. 5, S. 91-99.

WRIGLEY, Leonard: Divisional *Autonomy* and Diversification. Diss., Harvard University 1970.

ZAHRA, Shaker A.; GEORGE, Gerard: Absorptive *Capacity*: A Review, Reconceptualization, and Extension. In: Academy of Management Review, 27. Jg. 2002, S. 185-203.

ZALTMAN, Gerald; DUNCAN, Robert; HOLBEK, Jenny: *Innovations* and Organizations. New York u.a. 1973.

ZEITZ, Gerald; MITTAL, Vikas; MCAULAY, Brian: Distinguishing *Adoption* and Entrenchment of Management Practices: A Framework for Analysis. In: Organization Studies, 20. Jg. 1999, S. 741-776.

ZIMMERMAN, Jerold L.: The *Costs* and Benefits of Cost Allocations. In: The Accounting Review, 54. Jg. 1979, S. 504-521.

ZOLLONDZ, Hans-Dieter: *Grundlagen* Qualitätsmanagement. Einführung in Geschichte, Begriffe, Systeme und Konzepte. 2. Aufl., München 2006.

Sachregister

A

ABB 463 f.

Abschlussprüfer 551 ff.

Absorptionskapazität 589 f., 625 ff.

Abstimmungskosten 125 f., 303 ff., 327 ff., 398 ff.

Agency-Theorie 164 ff., 175, 371, 372 f., 381 f., 538 ff.

Aktiengesellschaft 517, 532 ff.

Aktiengesetz und Organisationstheorie 542 ff.

ALCOA 447

Änderung 570 ff.

Änderungsbedarf, Wahrnehmung von 611 ff.

Änderungsdynamik 601 ff.

Anpassungsfähigkeit, strategische 597, 603, 621 ff., 628 ff.

Anreize, monetäre 557 ff.

Arbeitszufriedenheit 141 ff., 257

Architekturwissen 646 ff.

Audi AG 191 f.

Auditmodell 533 ff., 549 ff.

Aufgabe 7 f., 64 f.

Aufsichtsrat 533 ff., 542 ff.

Ausgliederungsprinzip 201 ff.

Ausschuss 211, 246, 305, 531 ff.

Autarkiemodell, s. Zentralbereich

Autonomie, s. Entscheidungsspielraum

Autonomiekosten 125 f., 290, 296, 303 ff., 327 ff., 399 ff-

Autonomiemaße 212 f.

B

BASF AG 451 f.

Bayer AG 191, 195 f., 202, 440 ff.

Benchmarking 167, 254, 266 ff., 316 f., 385 ff., 477

Burgelman-Modell 613 ff.

Business Judgement Rule 557

C

Centerkonzepte 466 ff., 476 ff.

Corporate Governance 515 ff.

-Anspruchsgruppen 533 ff., 541 ff.

-Auditmodell 533 ff., 549 ff.

-Bezugstheorien 537 ff.

-Disziplinierungsmodell 532 ff., 557 ff.

-empirische Fundierung 536, 539 ff.

-Gremienstruktur 523 ff.

-Informationsasymmetrie 535, 542

-Partizipationsmodell 532 ff., 542 ff.

Curtiss-Wright 601

D

Delegation, Coporate Governance 533 ff.

Deutsche Lufthansa AG 424 f.

Deutscher Corporate Governance Kodex 557

Dezentralisation 211 ff.

Dezentralisationsgrad 215

Disziplinierungsmodell 532, 557 ff.

Diversifikation 558 f.

Domäne, strategische 567 ff., 597 ff.

Du Pont 258 ff., 342, 365, 437 ff., 447 ff., 644 ff.

E

Effizienzkriterien 281 ff.

Eigenverantwortung 311 ff., 510

Einzelauftragsfertiger 344 ff.

Entscheidungsautonomie, s. Entscheidungsspielraum

Entscheidungsinterdependenz. s. Interdependenz

Entscheidungskompetenz 157 ff.

Entscheidungsmodell 95 ff.

-Entscheidung 94

-Entscheidungsfeld 94 ff.

-Entscheidungsziel 96 ff.

-Handlung 93 f.

Entscheidungsprobleme, Lösung komplexer 104 ff.

Entscheidungsprogramm 158

Entscheidungsspielraum 70 f., 147 f., 161, 205 ff., 209 ff., 219 ff., 311 f.,

Ergebnissteuerung 160 ff.

Ersatzziel 55, 285 ff.

Evolutionsmodell 15

Expertensteuerung 161 f., 164, 266

F

Formalziel 96 f., 107, 159

Fremdsteuerung 230, 247

Führung 129, 144, 265, 274 ff.

Führungsregeln 278 ff.

Funktionalorganisation 424 ff.

-Effizienz 425 ff.

-Merkmale 424 f.

-Modifizierungen 429 ff.

Funktionsmanagement 204

Funktionsmeistersystem 198 f.

G

Gebrüder Sulzer AG 199 ff.

General Electric 82, 275

General Motors 82, 437, 623, 650 f.

Gesamtunternehmung, Organisation der 422 ff.

Geschäft, zustimmungspflichtiges 544, 547 ff.

Geschäftssegmentierung 410, 420 f.

Gestaltungsanforderungen, aufgabeninduzierte 61 ff.

Gestaltungsaussagen, empirische Fundierung 76

Gestaltungsdimensionen, aufgaben- und personenbezogene 64 ff.

Gestaltungsmodell 58 ff.

Gestaltungsphilosophie 58 ff., 71 ff., 176, 260 ff., 319 ff., 567, 574, 575, 645 ff.

Gremienstruktur 523 ff.

Gruppengestaltung 365 ff.

H

Hackman-Lawler-Oldham-Modell 142 ff.

Hackman-Modell 366 ff.

Handlungsdefizit 371 ff.

Handlungspotenzial, Aufbau von 567 ff.

Handlungssteuerung 164 ff.

Heuristik 55 f.

Hierarchie-Modell 526 ff.

Hierarchiesteuerung 164, 266

I

IBM 39, 81, 258, 262, 342, 347 ff., 553, 602

Ideologie 74 ff.

Indikator 315 ff.

Informationsasymmetrie 164, 167, 372, 535, 542

Informationsautonomie 230 ff., 239 ff.

-horizontale 235 ff.

-vertikale 231 ff.

Informationsgestaltung, verhaltensorientierte 374 ff.

Informationsstruktur 29 f.

-problemgerechte 97 ff., 107 f., 206 ff.

-Vergröberung der 56

Informationssystem, computergestütztes 391 ff.

-Informationszugriff 395

-organisatorische Implikationen 396 ff.

-Problemlösungshilfe 395

Informationstechnologie u. Organisation

-Kommunikation 398 ff.

-Koordinationseffekt 412 ff.

-Motivationseffekt 418 ff.

-Segmentierung 405 ff.

-Strukturierung 402 ff.

Informationswert 29, 306 ff.

Innovation 570 ff.

Innovationsfähigkeit 578 ff.

Institutionalisierung 83 ff.

Integrator 248

Intel 168, 170, 178 f., 254 f., 598 f., 613, 616 ff., 622, 624, 640

Interdependenz 8 f., 109 f., 112 ff., 236 ff.

Interessengruppe 516 ff.

Internalisierung 86 f., 132, 299 f.

Internationalisierung u. Organisation 478 ff.

Interner Markt 172 ff.

-fiktiv 179 f., 271 ff.

-real 178 f., 249 ff.

J

Job Characteristics Model 142 f., 256 f.

K

Kapitalmarktnormen 558 ff.

Kerngruppe 515 ff.

Kollegialprinzip 526 ff.

Kommunikation 220 ff., 242 ff., 398 ff.

Kommunikationseffekte, netzbasierte 408 ff.

Kompetenzinhalt 182 ff.

Kompetenzregelung 157 ff.

Kompetenzsystem 147 f.

Kompetenzsystem u. Koordination 93 ff., 123 ff., 182 ff.

-Kommunikation 220 ff.

-Segmentierung 112 ff., 182 ff.

-Strukturierung 110 f., 205 ff.

Kompetenzüberschneidung 196, 201 f.

Komplexität 171, 261 ff., 269, 326 ff., 335 ff.

Komplexität, Reduzierung von 70

Komponentenwissen 646 ff.

Konfliktverhalten 36

Kontrolle, Corporate Governance 532 ff.

Kontrollinformationen 234 f.

Koordination 126 ff., 298 ff.

Koordinationsbedarf 245, 302

Koordinationsdominanz 88 f.

Koordinationseffizienz 290 ff.

-Kompetenzsystem 281 ff., 290 ff.

- Autonomie 301
- Delegationseffizienz 301
- Markteffizienz 297
- Prozesseffizienz 297
- Ressourceneffizienz 297

-Steuerungssystem 302 ff.

- Steuerungsbedarf 306
- Steuerungsmaßnahmen 306

Koordinationsmodell 108 ff.

-Autonomie 124 f.

-Interdependenz 112

-Segmentierung 112

-Strukturierung 110

Koordinationsregeln, aufgabendominierte 29 ff.

Kundenindividualisierung 334 ff., 350 ff.

L

Lagebericht 553 f.

Landesgesellschaft 478 ff.

Lead Country-Konzept 488

Leistungsbeziehung, plastische 178, 252 ff.

Leitungsorgan 524 ff.

Lenkung, pretiale 177

Lerneffizienz 650 f.

Lernen, lokales 573 f.

Linieneinheit 195

Locke-Latham-Modell 134 ff., 263 ff.

M

Managementmodell 14

Managerialismus 539

Mannesmann AG 83, 623

Marktinterdependenzen 117 ff., 237 ff.

Marktmanagement 205

Marktsteuerung 168 ff., 172, 180 f.

Matrixprinzip 196 ff., 513 f.

Mehrdeutigkeit in Entscheidungssituationen 36

Mehrliniensystem 188 f., 198

Menschenbild 72 f.

Metapher 61 ff.

Mitbestimmung 517 f.

Modularisierung 58 f., 67 ff., 88

Motivationseffizienz 282 ff., 309 ff.

-Indikatorinformation 315 ff.

-Kompetenzsystem 309 ff.

-Steuerungssystem 314 ff.

Motivationsmodell 133 ff.

-externe Anreize 140

-Feed Back 140 f.

-Zielorientierung 136 ff.

-Zufriedenheitsgrad 141 ff.

Motivationstheorien 135 ff., 256 ff.

N

Netzwerk 589 ff., 622

O

Organisation, Begriff der 20 ff.

Organisationsaudit 549 ff.

Organisationsgestaltung

-innovationsorientierte 597 ff., 628 ff.

-methodische Grundlagen 3 ff., 20 ff., 25 ff.

-motivationsorientierte 133 ff., 258 ff.

Organisationsgestaltung, dynamische 12 ff., 61, 567 ff.

-Handlungsspielraum 578 ff.

-Motivationssystem 584 ff.

-Wissenabsorption 589 ff.

-Wissenstransfer 592 ff.

Organisationsgestaltung, entscheidungsorientierte 50 ff.

-Abstimmungskosten 124 ff.

-aufgaben-/personenbezogen 64 ff.

-Autonomiekosten 124 ff.

-Effizienz 281

-Entscheidung über Organisationsstruktur 281 ff.

-Gestaltungsentscheidung 50 ff.

-Gestaltungsregeln 58 ff.

-Gestaltungswissen 53 f.

-Grenzen 75 ff.

- Koordinations- und Motivationseffizienz 281 ff.

-Ziel 281 ff.

Organisationsinnovation 258 ff., 644 ff.

Organisationskultur 128 ff., 573

Organisationsstruktur 22 ff., 50, 81 ff.

-bürokratische 578 ff., 629 ff.

-eindimensionale 185 ff.

-innovationsorientierte 597 ff.

-mehrdimensionale 185 ff., 193 ff.

Organisationstheorien 22 ff.

-*Galbraith* 46 ff.

-*Simon et al.* 34 ff.

-*Thompson* 40 ff.

Organizational Ecology 22 f., 77 ff., 612 ff.

Orientierung, kognitive 126 ff.

Ouchi-Modell 164 ff.

P

Parallelprinzip 154 ff.

Partizipationsmodell 532 ff., 542 ff.

Personalunion 526 ff.

Persönlichkeit 64 ff.

Pfadabhängigkeit 574 f.

Plansteuerung 168 ff., 227 ff., 268 ff.

Planung 149 ff., 223 ff., 266 ff., 374 ff.

Planung u. Aufsichtsrat 545 ff.

Planungsfähigkeit 261 f., 418 f.

Planversagen 177 ff.

Portefeuille 525 ff.

Potenzial 8 f., 294 ff.

Potenzialnutzung 288 ff.

Potenzialtrennung 109 f.

Problem, unstrukturiertes 54

Produktentwicklung 629 ff.

-Betreuungsmodell 633

-Gruppenmodell 634

-Projektmodell 634, 636, 639 ff.

-Separationsmodell 633

Produktmanagement 204

Profit Center 463 f., 476

Projekt 189, 489 ff.

Projektmanagement 488 ff.

-Projektarten 490 ff.

-Projektaufgaben 489 f.

Projektorganisation 493 ff., 633 f.

-Effizienz 504 ff.

-Matrix 496 ff., 509 f.

-Reine 498 f., 509 f.

-Stab 496

Projektplanung 504 ff.

Prototyping 643

Prozess, Begriff u. Arten 295 ff.

Prozessinterdependenzen 114 ff., 241 ff.

Q

Qualitätsmanagement 585, 588

R

Rationalität 34 f., 40, 54, 57, 75, 82 f.

Rechnungswesen, internes 167, 370 ff.

-Ausdifferenzierung, organisatorische 370 ff.

-Indikatorinformation 378 ff.

-Informationsgestaltung 374 ff.

Reformdiskussion (AktG) 551 ff.

Regionalmanagement 478 ff.

Regionalorganisation 190 f., 456 ff.

-Effizienz 459 ff.

-Mermale 456 ff.

Ressortbindung 525 ff.

Ressourcenabhängigkeit 83 f.

Ressourceninterdependenzen 117 f., 238 ff.

Retention 613 ff.

Risikomanagement (AktG) 550 ff.

Routinen 568 f.

S

Sachziel 96 f., 106, 159, 192

Schnittstellenmanagement 244 ff.

Schott AG 436

Segmentierung 108 ff., 112 ff., 182 ff., 405 ff.

Selbstentfaltung, individuelle 22

Selbststeuerung 230, 247

Selektion 612, 614 f., 616

Sequenzprinzip 154 ff.

Siemens AG 193

Software-Entwicklung 359 ff.

Spartenorganisation

-Effizienz 443 ff.

-empirische Studien 454 ff.

-Mermale 437 ff.

-Modifizierungen 451 ff.

Spartenprinzip 192 f., 444, 450, 650

Spezialisierung 257

Sprecher-Modell 526 ff.

Stabs-Modell 526 ff.

Stabsprinzip 194 ff., 470 f.

Standard Elektrik Lorenz AG (SEL) 430 ff.

Standardfertiger 344 ff.

Steuerung 145 f., 160 ff., 223 f.

-Handlungs-/Ergebnissteuerung 160, 162 f.

-Markt-/ Plansteuerung 168 ff., 227 ff., 249 ff., 268 ff., 306 f.

-Selbst-/ Fremdsteuerung 161 ff., 247 ff.

Steuerungsindikatoren 273

Steuerungssystem, Effizienzbeurteilung 302 ff.

Steuerungssystem u. Koordination 223 ff.

Steuerungssystem u. Motivation 263 ff.

-fiktiver interner Markt 271 ff.

-Handlungs-Commitment 274 ff.

-Handlungsergebnis 265 ff.

Strukturierung 108 f., 205 ff., 402 ff.

Sucheffekt 172, 267, 315, 317, 384

Suchverhalten 35 f., 600

Sulzer AG 199 ff.

T

Teamtheorie 27, 29 ff., 150, 163 ff., 308

TOYOTA 82, 575, 620, 621, 635, 644, 645, 650

Trägergruppe 516 ff.

U

Überschaubarkeit 311 ff., 472, 510 ff.

Überwachung 532, 540 ff., 545 ff., 550 ff.

U-Form 456

Ungewissheit 40 ff., 47, 102 ff., 269

Unternehmungsleitung 515 ff.

Unternehmungsverfassung 516 ff.

V

Variation 613 ff.

Verhalten, regelorientiertes 36

Verlängerung 516 ff.

Vernetzung 391 ff.

Verrechnungspreis 175 f., 378 ff.

Vertriebsorganisation 347 ff.

Volkswagen AG 82, 275

Vorstand 517, 532 ff., 540 ff.

W

Wahrnehmungseffekt 172, 267 ff., 316, 384 ff., 574

Wella AG 458 f., 463

Wertschöpfung, regionale 479 ff.

Wettbewerb, technologischer 603 ff.

Wettbewerbsstrategie u. organisatorische Gestaltung 323 ff.

-Auftragsabwicklung 342 ff.

-Koordinationsanforderungen 332 ff.

-Kundenindividualität 334 ff.

-Merkmale 327 ff.

-Standardisierung 338 ff.

Wettbewerbsvorteil 604 f.

Willis GmbH & Co. KG 457

Wirkungsannahmen 74 ff., 80 f., 86 ff., 320, 645 f., 649 f.

Wissen

-Absorption 589 ff.

-implizites 592 ff.

-technologisches 606 ff.

-Transfer 592

Wissensmanagement 589 ff., 603 ff.

Wissensstruktur 127 f.

Z

Zentralbereiche 467 ff.

-Begriff 467 ff.

-Center-Konzepte 475 ff.

-Effizienz 471 ff.

-Zentralbereichsmodelle 469 ff.

Zentralisation, s. Dezentralisation

Zentralisationsmaß 211 ff.

Zielbildung 263 ff.

Zielsetzungstheorie, s. Locke-Latham-Modell

Zuladung 516 ff.

Management / Unternehmensführung / Organisation

Rico Baldegger / Pierre-André Julien
Regionales Unternehmertum
Ein interdisziplinärer Ansatz
2011. 350 S., Br. EUR 39,95
ISBN 978-3-8349-2630-2

Jörg Fischer / Florian Pfeffel
Systematische Problemlösung in Unternehmen
Ein Ansatz zur strukturierten Analyse und Lösungsentwicklung
2010. 341 S., Br. EUR 34,95
ISBN 978-3-8349-0776-9

Swetlana Franken
Verhaltensorientierte Führung
Handeln, Lernen und Diversity in Unternehmen
3. überarb. u. erw. Aufl. 2010. XII, 355 S., Br. EUR 32,95 ISBN 978-3-8349-2232-8

Jörg Freiling / Martin Reckenfelderbäumer
Markt und Unternehmung
Eine marktorientierte Einführung in die Betriebswirtschaftslehre
3., überarb. u. erw. Aufl. 2010. XXVIII, 492 S., Br. EUR 36,90 ISBN 978-3-8349-1710-2

Urs Fueglistaller / Christoph Müller / Thierry Volery
Entrepreneurship
Modelle - Umsetzung - Perspektiven
Mit Fallbeispielen aus Deutschland, Österreich und der Schweiz
2. überarb. u. erw. Aufl. 2008. XXVI, 512 S., Br. EUR 39,90 ISBN 978-3-8349-0729-5

Asmus J. Hintz
Erfolgreiche Mitarbeiterführung durch soziale Kompetenz
Eine praxisbezogene Anleitung
2011. 373 S., Br. EUR 39,95
ISBN 978-3-8349-2441-4

Harald Hungenberg
Strategisches Management in Unternehmen
Ziele - Prozesse - Verfahren
6., überarb. u. erw. Aufl. 2010. XXVI, 605 S., Br. EUR 46,95 ISBN 978-3-8349-2546-6

Hartmut Kreikebaum / Dirk Ulrich Gilbert / Glenn O. Reinhardt
Organisationsmanagement internationaler Unternehmen
Grundlagen und moderne Netzwerkstrukturen
2., vollst. überarb. u. erw. Aufl. 2002. XVI, 243 S., Br. EUR 34,95 ISBN 978-3-409-23147-3

Klaus Macharzina / Joachim Wolf
Unternehmensführung
Das internationale Managementwissen
Konzepte - Methoden - Praxis
7., vollst. überarb. u. erw. Aufl. 2010.
XXXIX, 1.181 S., Geb. EUR 59,95
ISBN 978-3-8349-2214-4

Klaus North
Wissensorientierte Unternehmensführung
Wertschöpfung durch Wissen
5., akt. u. erw. Aufl. 2010. XII, 378 S., Br. EUR 49,95 ISBN 978-3-8349-2538-1

Götz Schmidt
Einführung in die Organisation
Modelle - Verfahren - Techniken
2., akt. Aufl. 2002. X, 179 S., Br. EUR 39,95
ISBN 978-3-409-21504-6

Änderungen vorbehalten. Stand: Februar 2011.
Erhältlich im Buchhandel oder beim Verlag
Gabler Verlag . Abraham-Lincoln-Str. 46 . 65189 Wiesbaden . www.gabler.de

GABLER

Management / Unternehmensführung / Organisation

Georg Schreyögg
Organisation
Grundlagen moderner
Organisationsgestaltung
Mit Fallstudien
5., vollst. überarb. u. erw. Aufl. 2008.
XII, 516 S., Br. EUR 36,90
ISBN 978-3-8349-0703-5

Georg Schreyögg / Jochen Koch
Grundlagen des Managements
Basiswissen für Studium und Praxis
2., überarb. u. erw. Aufl. 2010. XIV, 496 S.,
Br. EUR 26,95
ISBN 978-3-8349-1589-4

Albrecht Söllner
Einführung in das Internationale Management
Eine institutionenökonomische Perspektive
2008. XXII, 487 S., Br. EUR 42,95
ISBN 978-3-8349-0404-1

Claus Steinle
Ganzheitliches Management
Eine mehrdimensionale Sichtweise
integrierter Unternehmungsführung
2005. XL, 910 S., Geb. EUR 54,95
ISBN 978-3-8349-0059-3

Horst Steinmann / Georg Schreyögg
Management
Grundlagen der Unternehmensführung
Konzepte - Funktionen - Fallstudien
6., vollst. überarb. Aufl. 2005.
XX, 952 S., Geb. EUR 44,90
ISBN 978-3-409-63312-3

Christine K. Volkmann / Kim Oliver Tokarski /
Marc Grünhagen
Entrepreneurship in a European Perspective
Concepts for the Creation and Growth
of New Ventures
2010. XXII, 499 S., Br. EUR 42,95
ISBN 978-3-8349-2067-6

Martin K. Welge / Andreas Al-Laham
Strategisches Management
Grundlagen - Prozess -
Implementierung
5., vollst. überarb. Aufl. 2008.
XXVIII, 1025 S., Geb. EUR 57,95
ISBN 978-3-8349-0313-6

Axel v. Werder
Führungsorganisation
Grundlagen der Corporate Governance,
Spitzen- und Leitungsorganisation
2., akt. u. erw. Aufl. 2008. XXVIII, 445 S.,
Br. EUR 47,95
ISBN 978-3-8349-0678-6

Joachim Wolf
Organisation, Management, Unternehmensführung
Theorien, Praxisbeispiele und Kritik
4., vollst. überarb. u. erw. Aufl. 2010.
XXVIII, 712 S., Br. EUR 46,95
ISBN 978-3-8349-2628-9

Kerstin Wüstner
Arbeitswelt und Organisation
Ein interdisziplinärer Ansatz
2006. X, 280 S., Br. EUR 34,95
ISBN 978-3-8349-0144-6

Änderungen vorbehalten. Stand: Februar 2011.
Erhältlich im Buchhandel oder beim Verlag
Gabler Verlag . Abraham-Lincoln-Str. 46 . 65189 Wiesbaden . www.gabler.de

GABLER

SUCHEN IST WOANDERS.
Wählen Sie aus dem umfassenden und aktuellen Fachprogramm und sparen Sie dabei wertvolle Zeit.

Sie suchen eine Lösung für ein fachliches Problem? Warum im Labyrinth der 1000 Möglichkeiten herumirren? Profitieren Sie von der geballten Kompetenz des führenden Wirtschaftsverlages und sparen Sie Zeit! Leseproben und Autoreninformationen erleichtern Ihnen die richtige Entscheidung. Bestellen Sie direkt und ohne Umwege bei uns. Willkommen bei **gabler.de**

www.gabler.de

Kompetenz in Sachen Wirtschaft

GABLER